明朝版 三命通会

萬民英〔著〕
鈴木基弘

東洋書院

三命通會序

昔者羲皇則河圖洛書畫卦作易乃因數究理而天地之秘始洩周茂叔作太極圖通書闡陰陽五行乃因理明數而性命之蘊益著理數合一而造化不越是矣今星家者流乃就造化中於人有生之初推年月日時立名四柱而謂之命其說肇於珞琭子衍於李虛中盛於徐居易細考其說不可謂無理也但陰陽五行流行天地間生尅制化而已今乃於生尅制化中巧立許多名目以盡人之命未免已失之鑿矧世庸術弗明道理達造化僅能誦淵源淵海等書便謂知命及詢古人論命之所以然茫然無以應之間有知者又粗浅執滯弗能洞究達変無怪乎星命之談有准與不准也余為此病乃博求古今之書尺語及陰陽五行生尅制化有關星命者必深探其源頭所以然之理久則豁然通貫乃知古人推命論納音論干支論格局論財官論禄馬論神煞取用変化要皆有至理寓馬矧吾儒格致之學茲亦所當究心者悪可概以小道棄之哉或曰命理微聖人罕言何談之易而言之詳豈命之理盡於子之言乎余曰命之理微此聖人所以罕言然未嘗不言也余悲夫世人不知天命而妄圖冥行又悲夫人事未脩而諉罪天命不知者固無足言而諉罪者則亦未為得也何也蓋人事與天命相為流通能盡人事即所以盡天命而命有窮通莫之為而為莫之致而必至無可奈何然後斯可以言命也故孔子曰君子居易以俟命又曰死生有命聖人之意斷可識矣余深念聖人垂教之意後世不明而命之理微故其說不得不詳說之既詳故其述不得不多而何敢談之易也是故博捜遠引遡源求根既探陰陽之精復窮干支之始釋神煞之吉凶據何理而得名鮮格局之名義憑何法而立例禄馬何異乎財官納音何殊乎五行男女位分剛柔行蔵頓異老幼気別衰嫩取用不同疾病由禀受之偏凶短本受煞之重先察根基次詳歳運地配星野時甯晦晴然後証以古今人命重以日時悉詳以日得之専時得之獨故也然人有日時同而貴賤迥然乃月令節気浅深之辯有八字等而壽夭不齊寔内外業縁所感之殊矧時差刻漏気判正初世分治亂運随古今風水可奪神工陰陽可改天命人生遭際脩為安得一例論乎誠能會而通之神而明之則造化消息之理在我而壽夭窮通貴賤貧富自莫能逃敢謂聖人罕言而殫於余之言乎嗚呼孔子大聖人也自叙五十始知天命故曰加我數年五十以學易易也者知天命之學也聖門諸賢頴悟莫如子貢嘆不可得而聞然則予所著述一易之理知天命之學也豈以易易言哉昔厳君平隠成都市假以売卜因人所得之卦而勸善懲悪君子至今稱之余之心亦猶是也又悪知談之易而言之詳乎或曰敬聞命矣遂吹其言以為三命通會叙云。

萬暦六年戊寅季秋吉日前進士楚江易水育吾山人萬民英書

三命通會序【訳文】

本書籍の製作は、むかし羲皇上人が[1]『河図洛書』から八卦をあきらかにし『易経』を作製することに始まっている。すなわち数理や天地の始源の秘密を究明したことに因っており、周茂叔氏が[2]『太極図説』[3]『通書』を製作され、陰陽五行の理法から象数をあきらかにし、人間の性情や命運の要素に裨益し、理法と数霊との合一を著述し、これから人の成育や変展が逸脱することはない。現今の占星家の流儀では、人間の育成変展の派生とは、まず年月日時の四柱干支の組成の詳象を推測するのを命理と云っている。そうした諸説の淵源は、珞琭子[4]から展開し、李虚中[5]にて隆盛し、徐居易[6]がその説を精究し、けっして矛盾をいっている訳ではない。ただし天地の間で陰陽五行が流行し、それら相生や相剋や抑制や合化の作用には、すでに現今その技巧の作用が確立し、たくさんの名目で分類されている。人間の寿命が尽きることからは、未だに免れることができないでいる。すでに失われた道徳養生の術を探索して復元するが、人が成育変展している道理は、すべては解明されていない。わずかによく『淵海子平』[7]などの書籍では、古代人が命運を知るために討論しており、そのため宇宙空間への応答はまったくお手上げという訳ではない。いわゆる世間には知識人もいるが、また粗野で浅はかで滞る人間も存在する。そこで星辰の命運の談義を疑念することなく、その展変に参究し練達することは難しい。それはただ「書き記すかしないか」なのである。わたしはこうした趣味のために、古今の語録書籍を博覧したのである。また陰陽五行の相生、相剋、抑制、合化などは、占星に携わる者はかならずその「みなもと」を深く探索することである。そうすれば必然の理（はたらき）により、爻（卦）の教則がたちどころに通暁し、すなわち伝統的な推命術の「納音論」「干支論」「格局論」「財官論」「禄馬論」の論説である。これらは神殺星を取用して展変するので、みな理論を総動員させなければならない。わたしの編纂は儒学の到達点の学術であり、ここで当該の参究者は、どうにか卑小な脇道を棄てる気概を持つべきである。あるいは命理の機微について、聖人の奇特な言説や易学の談義を詳説するが、どうして命運の理法のすべてがわたしの言説で言い尽くせるだろうか。わたしは命理の機微について、それが聖人の奇特な言説であることから、じつは未だ言説として存在しないと申し上げたいのである。わたしは世間の人々が天命を知らずにいるのを悲しみ、みだりに企図して冥界を経巡り、まだ人々が修養せずにいるのを悲しむのである。もとより天命を知らないとは言うまでもなく罪であり、また罪であるとは、人間が未だに天命と人事が相い流通すると得心しないためである。人間の事象とは、すなわち天命の一語に尽き、そのとき命運はときとして窮しても通じるものなのである。

そこでは到るとか到らないとかではなく、たとえどう仕様もなくとも、かならず到ることになるであろう。そのときにこそ、そこでこれを「命運」というのである。そのため孔子さまは、「君子たるはやすらかに居住して命運を俟つ」とおっしゃっている。また「聖人は意志ひとつで生死の命運を断ち切る」ことを識るべきだとおっしゃっている。わたしは聖人が「じっさい後代の人々の意思が明かされていない」という教えを、垂示することを切望する。命理の機微とは、そのためその言説を得心できず、詳説されずとも詳密であり、そのためたとえ述懐しても得心はできず、数多でもなくまた安易に談義などできないのである。そのために博く遠く典拠を捜引し、根源へ遡及して陰陽の精神を復旧して窮め、干支の起源や神殺の吉凶が何の理（はたらき）を根拠とするのかを解釈するのである。また格局の名義がどういう法則に拠っているのかを得心し、それはたとえば禄馬がなぜ異種なのか、財官や納音がなぜ特殊なのかなどである。また五行を男性と女性の位相に分類し、剛柔の所業をすみやかに分類し、老齢者と幼少者の気質を衰退か伸長するかに分類する。それは偏った凶意である殺意ある夭折を受業するための、いわゆる疾患を発症することと同意ではないのである。まず根源と基礎を観察し、ついで歳運を詳解し、星辰の配置や時勢の明暗を観て、そののち古今の人々の命運が日柱時柱の重複であることを詳解する。それはある日柱がある時柱と符合して、ある独立した象位となるためである。しかし人間は、日時柱同一者でも、各人の貴賤は広範である。また四柱八字の月令節気の深浅なども、おなじく寿命の長短は不整合である。内在的な真実や外界での業縁とは、所感では「特殊な時刻差や気象の発露の作動」で正誤を判断する。

　はじめに世間の安否を分類するならば、古今の風水の運動にしたがい、神仏の工夫を劫却し、人生の陰陽の巡り合わせや天命を改変して修身し、まずさきがけとなり安心立命すべきである。そこで誠実な巡り合わせの精神が、人の育成と展変のなりゆきの理（はたらき）が、じつは自己に存在するという法則をあきらかにするのである。そして寿命の長短や窮通や貴賤や貧富とは、みずから逃避してはならないのである。あえて聖人の奇特な言説とは、「わたしの言いたいこと」なのである。嗚呼。孔子さまは、なんと大聖人であることか。孔子さまはみずから「五十歳で天命を知る」と述懐され、そのためわたしは五十数歳で易学を学んだが、「易は天命を知る学問」と知ることができたのである。聖人諸賢氏はさきがけて悟道し、子貢[8]のように「得心できない」などと、嘆息はしない。以上の教則を見聞するに、わたしの著述とは「易学の天命の理（はたらき）を知る学問」といえるだろう。どうして容易に述懐できましょうか。昔日に厳君平先生[9]が成都[10]に隠棲され、市井に仮のすがたで卜占して八卦の所卦で君子に勧善懲悪されたが、現今のわたしの精神もまたこのようなものである。またどうしてこれを容易に知って、談義して詳説できましょうや。あるいはただ「命運」を伺候して訊きましょうや。わたしはとうとうついにその言説を鼓吹してしまったよ。これを「三命通会の序文」として申し上げる。

萬暦六年戊寅歳秋季の吉日に前進士[11]楚江易水育吾山人万民英[12]謹書する。

【注記】

(1)羲皇上人。伏羲時代の人。世捨て人、隠棲者の意味もある。
(2)周茂叔。北宋の儒者、周敦頤(一〇一七~七三)宋学者、北宋五子の濂渓先生のこと。
(3)『太極図説』。太極と無極からなる宇宙生成論。南宋の朱子(一一三〇~一二〇〇)の朱子学「理気二元論」の母胎となった。
(4)珞琭子。東周戦国期(BC四〇〇)の人物。『三命消息賦』を著した。一説に始祖。
(5)李虚中。唐代元和の人物。貞元代の進士。『李虚中命書』を著した。殿中侍御史。
(6)徐居易。五代(九二〇)の徐子平のこと。子平術の始祖で、看法を生日干支を中心に改良した。
(7)『淵海子平』。北宋(九六〇)の徐大升が当時の学説を編集した書籍。現存する最古の版本は明朝時代に編集されている。
(8)子貢。孔子門下の十哲の一人。孔子より三十一歳年少だった。
(9)厳君平。漢代の五行術士。推命術士として法灯を護持した祖師の一人。
(10)成都。現在の四川省の省都。四川平原中央の要衝地。
(11)進士。宋朝時代以降。科挙試験の郷試会試殿試の三段階すべての合格者。
(12)万民英。明朝時代、嘉靖二九(一五五〇)の進士。一五二〇~七〇頃に活躍した。字は育吾。河南道御史(監察官)、福建布政右参議(知事)。著書籍の『三命通会』『星学大成』は四庫全書に収蔵されている。

洛書

はじめに黄河から出現した竜馬に「洛書」が記載されていたのである。

馬の尻尾ちかくの背中に白色一点と黒色六点があり、頭部にちかい背中に白色七点と黒色二点があり、背中の右側に白色九点と黒色四点があり、背中の中央部分に白色五点と黒色十点があった。また背中の左側に白色三点と黒色八点があった。

大撓氏が以下のように定義した。―白色一点と黒色六点は下方にて、北方の合絆で水気を発生し、亥支と子支に所属する。白色七点と黒色二点は南方にて、火気を発生し、巳支と午支に所属する。白色三点と黒色八点がある左側は、東方の合絆で木気を発生し、寅支と卯支に所属する。白色九点と黒色四点がある右側は、西方の合絆で金気を発生し、申支と酉支に所属する。白色五点と黒色十点は中央部分で合絆し、辰戌丑未支に所属し、いわゆる「四維」である。

―こうした大地の気象とは、重く濁っている。

河圖

また黄河から出現した「図表を背紋したドラゴン」とは、じつは竜ではなく巨大な大龜なのである。

―この亀の背中の上部に紋章が一部長く、二部短く記されている。

白色の一点が尻尾にちかく、紫色の九点が喉頚ちかくに記されている。

碧色の四点が肩の左側に記され、黒色の二点が肩の右側に記されている。

白色の六点が脚の右側ちかくに、また白色の八点が、脚の左側ちかくに記されている。

緑色の三点が脇の左側に記され、赤色の七点が脇の右側に記されている。

黄色の五点が背中の中心に記され、これらはおおむね九カ所でかつ七色の色彩である。

―義皇上人は、ここから方位の九方角を決定し、また記載された一部の長線と二部の短線から爻辞を生みだし、ここから天地人の三才の位相を設定したが、易の道理とはここから発生したのである。

わたしが易の言辞を調査すると、黄河から河図洛書が出現したのを聖人が原則としているが、未だに河図洛書の数象の由来は明言されていない。

漢代の儒学者の指摘では、伏羲氏の観察により、方位を定めて八卦を書き記したとしているのである。

大禹氏が伝燈してはじめに五行としたのが、すなわち五行術家の説である。

いわんや洛書の数象についていては、数術家は大撓氏がこれを定めたものとしている。

またわれわれ儒家の説は別にあり、宋朝代の程氏や朱氏は、白色一点と黒色六点を北方としたのを洛書の説として定義履行している。

洛書についての漢代の儒者の旧説について、浚川王子氏が「伏羲氏が易を作製し、陰陽の二種別の端緒を造った」としている。

そのため易には太極があり、そこから両儀が発生し、両儀から四象が発生し、四象から八卦が発生したとしている。

それが自然の順序であるため、人間が強制的にこれを排除できないのである。

現今、河図の象数から易を造作するが、いわゆる「太極」とは、易のために服従はしないが、これが易というものである。

どうして孔子さまが「易には太極がある」としている論説を否定などできようか。

そこで易が黄河から出現した『河図洛書』であることを、聖人が原則としているのである。

天地の出現により示された自然の文章が、八卦が記載された意味である。

聖人が神道として、その事実から教義を設定したのがこの意味である。

しかし漢代の儒学者は、ここまで及んでいなかったのである。つまりかれらは伏羲氏が河図洛書の紋章を根本として八卦を記し、大禹氏が河図洛書から文章を展繹して原則としたことを、きわめて強調したのである。

易経に云っているが、一が天象で二が地象、三が天象で四が地象、五が天象で六が地象、七が天象で八が地象、九が天象で十が地象とある。

つまり天の陽気が一三五七九の象数であり、陰気が二四六八十の象数である。

これがおもに筮竹を繰る意義であり、さきに述べたように天地の奇数偶数と五十すなわち中心の五である。

聖人は占筮して五と十を展繹の用途とし、天地の奇数偶数の象法を見立てたのである。

そこで下象である「四時の象意と天地の二才」とは同じ意義である。

また河図洛書の象数が、どうして相対するだろうか。

云うなれば天が一で、地が二の辞句とは、筮竹を繰り易を見立ててから告げるものであり、いわゆる「易の始源の状況」で造作するものではない。

そこで何を以て「図説」を解読すればよいのか。

また疑って掛かるならば、聖人が河図洛書に則り八卦を展繹したこととか、大禹氏がその原則を伝燈してきたのではないだろう。

たとえば『書経』「洪範」の伝承を伺うと、天下を統治する大法の大経典とは、「周代の官吏の儀則儀式」なのであり、象数を由来とはしていないのである。

箕子氏がはじめに天賦の性質について、水気と土気が過分なく均衡し、そこから政事で五行を修法するとしている。

そこで天下の庶民を統治するために、政事にこれを挙用すべきなのである。

そのため地上が平和で天命が完遂するとき、天賦の性質そのものが大禹氏の大法なのである。

いうなれば天とは天下の統治を予定し、人道の踏む道を述べるならば、「全方角の論説」が不可欠なのである。

以上概観するに、この本義とは、まず五行、ついで五事、ついで八政とするのである。

人間に類推して、天の本義とは、まず五紀、ついで三徳、ついで占筮とするのである。

天と人との感応合一とは、まず諸々の徴候、ついで五福、ついで六極とするのである。

すなわち天と人とが感応するのを皇統の主人公とし、その故に屋内に居住するのである。

おのずとその軽重や緩急とは、ただその先駆者か後続者かであるのは当然である。

大禹氏の起章した書物は後世に伝わり、箕子氏がひとり伝承しており、その範疇のことが「諸々の八卦の徴候」なのである。

これら河図洛書の象数が正当なのを嫌いますか。

また『海沂子』に云うに、聖人が河図洛書を研鑽して天地の象を解明し、八卦が派生したという。

そこで『河図洛書』を研鑽し、天地の象数を解明して筮竹を展繹するのである。

これをどうして言葉などで表現できるでしょうか。

【凡例】

一 本書は、明朝万暦六年刊『三命通會』版本を底本とし、清朝雍正三五年刊『三命通會』版本を副に参照した。

一 明朝原版の翻字複製は、版元の宮内庁書陵部が禁止しており、また完全翻字版『民国三命通会』が現在廉価で入手可であることから、白文は「万暦版序跋文」などを除き、全原文箇所を邦語訳したものを掲載する。

一 翻字参照文献は、「林慶輝一九九六『三命通會』武陵出版社」を主とし、「黄進長一九五七『改良三命通會』集文書局」を副とした。

一 不詳語句は、『大字典』講談社等を参照したが、「典籍名称」「人名称」「地名称」「固有名詞称」などが判別不可能な不明語句が存在するとき、曲解を避けるため不詳語句は原文通りに転載する。どうかこれを諒とされたし。

一 本書執筆のために次の書籍を参照させていただいた。

萬民英一五八七『万暦版三命通會全十二巻』宮内庁書陵部
蔣國祥一七三五『雍正版三命通會全十二巻』繍谷同人堂／国立国会図書館漢籍目録
林輝慶一九九六『三命通會』武陵出版社
黄進長一九五七『改良三命通會』集文書局
呉俊民一九八七『命理新論（上中下巻／実例）』三民書局
劉基～一六二五『新鍥誠意伯秘授玄徹通旨滴天髄上下二巻』長庚館／中華民国
李欽一六〇六『万暦版増補子平淵海全六巻』宗文堂／宮内庁書陵部
雷鳴夏～一六〇二『子平管見集鮮上下二巻』潭城書林／内閣文庫漢籍目録
　一九八一『大字典』講談社他

鈴木 基弘訳

明朝版『萬民英 著 三命通会』◆目次

巻一

原造化之始

『老子』にいう――

天地の始まりには、名称がない。万物の母には、名称がある。

混じり合う物質の組成で、まず天と地とが発生したのである。

『列子』「列禦寇」にいう――

無形の物から有形の物が発生したのが、天地の初期であり、太古の始まりに「易の太極」があり、その要素があったのである。

易の太極の段階ではまだ「気体の発生」はなく、「気体の始発点」が始源の太極であって形体が生まれ、また太極の要素から「質実」が生まれたのである。

気体と形体と質実が合絆して乖離しないのを、それを渾淪（混成体）というのである。

『三五歴紀』にいう――

まだ天と地がないとき、にわとりの群れのように混沌とし、暗澹たる残滓から萌芽して、広大な闇から繁茂したという。

『漢書律暦志』にいう――

太極とは元の気であり、一物が展変して三物と成ったという。

易経には太極があり、ここから両儀（天地陰陽）が派生し、天地陰陽から四象（四季五行）が発生し、四象から八卦が派生し、吉凶が定義されたとしている。

『易経』注釈にいう――

太極とは、天と地が分離する以前に、元の気が混成して成った「一物」なのである。

『蒙泉子』にいう――

最も原初期とは、理（ことわり）のはじまりで、大いなる「虚無」が気体の始まりである。太極の要素が事象の始まりで、太極の一物が象数の始まりである。

つまり太極とは理（はたらき）と気体を兼ねた、象数の始源である。

これを数的な論理でいえば混成体としてみるべきで、先んじて分類はできないのである。ただ一つの気体が混合し、深奥たる闇の状況であり、理（ことわり）はまだそのなかには存在しない。

一物が「道」と成り、これを太極という。

『荘子』にいう――

太極の先端に「道」が存在するが、いわゆる太極とは、天地人の三才を指しており、気体と形状が具備しているものの、その名称を分類できない。そこで「道」もまたつかみ所のない物であり、太極に先立って存在する。

そこで「道」がすなわち太極なのかは判らないが、太極はすなわち「道」なのである。そこで理（はたらき）の通行をいうならば、それが「道」で、理（はたらき）の至極のことである。そこで太極というのである。

どうして異なった二物であろうか。

周濂渓氏が「その奥秘を啓示したという見解」は否定できるのである。

朱子氏がこれを宣明しており、太極の理（はたらき）を熟知して、かつ気体が自ら相対したり、乖離したりしないとしている。

いわゆる太極とは、陰と陽の作用の本体であり、形状と気質から分離せずに、じつに音声も臭気もなく窮まりなく変化するが、じつは法則に準拠している。

そのため一始動し、一止静する。その根本は互換的なものである。陰と陽に分類し両儀が成り立つが、これは物体である。およそ物体は始めは相対なく、また独立しておらず、生物を覆う天象から地表を示している。

地表は形あるものを載せており、天象の附属なのである。気体とその理（はたらき）があり、これを陰陽といっている。形あるものには気が宿っており、それを天地という。

天象と地象とが天地に派生しないが、陰と陽から発生する。

陰気と陽気とは陰陽からは派生しないが、運動と止静から発生する。

運動と止静とは、動静からは派生しないが、太極から発生する。

これが本来の自然な妙用なのである。運動と止静とは、タイミングの作動である。

陰と陽とは、発生の基本である。
太極を形而上的に「道」という。陰と陽は形而下的に「器」という。
運動と止静には端緒はなく、陰と陽には始原はない。これが造化する論拠なのである。

「柏斎何子」にいう—

天の陽気の運動とは、何時でも作動の極致にして止静でもある。地の陰気の止静とは、何時でも止静の極致にして作動である。天象は地象を派生できず、水気は火気を発生できないが、これが無智で愚かなことは皆が知っている。陰気と陽気とが相対して発生する。これは錯誤ではない。天象と地象や、水気や火気とは、矛盾しているが乖離できない。じつに耀かしく混乱などしないが、その故に陰の気と陽の気が相互依存すべきだというのである。相互扶助というべきではなく、互いにその領分にストックするのであり、相互にストックして相互扶助するのではなく、これは言質上の見解なのである。

さて天象と地象がまだ成立しないとき、「道」が天と地の基本であるならば、天象と地象はすでに成立するだろう。太極の理（はたらき）が万象に散在し、そこで五行が発生するのである。つまり五行とは、ひとつの陰と陽の気象なのである。「異なった五種に二分化された真実」というのは存在しない。また余剰や欠損もない。陰と陽とは、ひとつの太極であり、粗大な精質である。はるか彼方でもなく、すぐ目前でもない。五行の性質は地上で具象化し、その気体は天空で形象化し、その性質から言質となり、すなわち木火土金水の順序を発生するのである。

そこで水気と木気を陽とし、火気と金気を陰とするならば、その気体を言質とし、その五行の配列の順序を木火土金水とできる。

そこで火気と木気を陽とし、水気と金気を陰とするならば、まとめて端的に言えば、気体が陽性で性質が陰性であり、これを曲げて言えば、すなわち陽性の運動とは陰性の止静である。

しかし五行の変展は窮まりなく至り、つまり適宜ではなく「陰と陽の道」ではないのである。

その陰と陽の所以とは、すなわち適宜ではなく、つまり自然な本来の太極ではないのである。

「柏斎何子」にいう—

五行はひとつの陰陽で、陰陽とはひとつの太極である。
また周濂渓氏が「もとより太極の外に陰陽はなく、陰陽の外に五行はない」としている。

今からこれを論説するに、水気は水気であり、火気は火気であり、金気や木気や水気や火気や土気の夾雑物なのである。

土気は大地であり、そこで天象はやすらかである。もし地象だけで天象が存在しないならば、いわゆる造化の作用を全うできるだろうか。それは天象をすなわち太極とするというようなものである。

その故に朱子氏は、天象を解釈すれば太極を搭載するとし、天道の運行で陰と陽を解釈している。

『易経』にいう—

易には太極があり、ここに陰陽の両儀が派生し、両儀から四季五行の四象が派生し、四象から八卦が派生するという。

八卦のなかに乾と坤とがあり、すなわち天象と地象とが太極の分離体であることは明らかである。

これより天象を太極の全体像とし、地象を天象の分離体であることは誤りではない。その論説には理（ことわり）があるようだ。

さて五行の派生のそれぞれに、性質と春夏秋冬の行事とその順序とがある。

春季でその発生とし、夏季でその伸長とし、秋季でその収束とし、冬季でそのストックとするのである。

春季から夏季、夏季から秋季、秋季から冬季、冬季からまた春季である。
相互に窮まりなく循環する。しかし五行はそれぞれ異質であり、四季はそれぞれ気象が異なり、これらはみな陰と陽の外辺ではない。陰と陽とは位相が異なり、運動と止静とはタイミングが異なり、みな太極とは乖離していないのである。

太極は至るところに遍在し、音声も臭気もないといえる。
この性質で自然の本体である。
その故に五行それぞれに性質があるが、いわゆる五行それぞれがひとつの太極なのである。

春夏秋冬にはおのずと順序があり、いわゆるひとつの太極の用（はたらき）である。

五行四季は周順して反復し、これがひとつの太極の統合体系である。

その性質が存在しないところはない、とみるべきである。

さて天下に性質の範疇外の物、つまり性質が存在しない、これを無極とし、二物五物の夾雑物で無の間隔であり、いわゆる佳いタイミングである。

無極とは理（はたらき）であり、二物五物とは気体であることは真実の理（はたらき）といえる。太極とは妄りのない、気体の精粋といえるだろう。

これは陰陽五行が双つに乖離しないことを云っている。凝集した集合体である。気の集合により形体が完成する。しかし性質には主体性がある。

そこで陰陽五行とは縦横錯綜しており、それぞれ凝集して形体が完成するのだ。

陽性とは壮健で男性が完成し、すなわち父祖の道である。

陰性とは柔順で女性が完成し、すなわち母祖の道である。

これが人物の始発点であり、気体の変化で発生する人物である。

気体が集合して形体が完成する。すなわち形体の気性が感応道交し、ついに形体となる。

そこで万物が派生して、無窮に変化するのである。

『鮑魯斎』にいう—

天と地の気が交わり、人や物が発生する。その交わるところを観ると、すなわち気の至るところを知り、その発生で種類を知るのである。

天の気象が地上で交わり、人間において男性となり、動物においてはオスとなる。

地の気体が天象で交わり、人間において女性となり、動物においてはメスとなる。

男性と女性すなわち雌雄がみずから交配し、窮まることなく生々変展するが、人間や動物がすでに派生し、その気性は天地の気の昇降と交感に随伴しているのだ。

人間は天象と地象の中間の気象を得て、四方八方の気質を感受する。

動物は天象と地象の偏った気象を得て、それぞれの気質を感受する。

その故に天と地の気象の交わりを観察し、人間と物質の原初の生態を知るのである。

天象と地象の気の交感を観察し、それで人間と動物の、相伴し派生するのを知るのである。

朱子氏がいう—

天の道は男性となり、地の道は女性となる。それは造化の原初期の凝集体なのであり、二つの気質が交感し万物が変展し、造化されて行運流動するが、これを理（ことわり）の常則としている。

もし姜嫄氏が異民族を選択したことで、舜帝の稷氏や契氏のような名臣が輩出するのは、すなわち祖先と末裔を論じるのではなく、理（ことわり）の展変する姿なのである。

張九韶氏が云っている—

人物の生誕の始原とは、天と地の原初の精査で論じるのであり、すなわち気質が変化することから、その後の形体の変化があるという。

張氏のいわゆる天地の気象が発生するとはこのことである。

人や動物の発生の始源では原初に受胎して形体化し、これが精気の集合体であり、その後に質量となるのである。

朱子氏がいう—

陰の精粋と陽の気質の集合体で質量が完成するとは、このことである。

すなわち人間や動物であり、気性や形体であり、陰陽の範疇外の何物だろうか。

さて生命を陰陽から禀けるのが生命の始源であり、人間の造作や人為的なものではなく、自己が必然とするところではない。

ここで生存には、富者と貧者があり、生命には長寿と短命があり、生態には貧者と賤者があり、また富と貴が兼備した人物の、それは隆々たる上層民である。

また貧者の生存があり、それは落魄した下層民である。慶ばしい長寿の人生に反して滞る夭折者。また慶ばしい生きざまの夭折者に反し、永々と馬齢を重ねる者。しかるに所業の堆積の由縁をいうのである。しかるに所業の由縁による性質なのである。また所業の堆積そのものなのである。

すなわち清貧を可としつつ富裕であり、また下賎を可としつつ高位であり、また短命を可としつつ長寿とするのもある。これは古人がいうところの天命の勝利者である。

その所業の由縁の性質を、ここで得心してみようか。富貴の者は富貴で終身し、貧賤の者は貧賤で終身し、短命の者は短命で終身するのである。

古人のいう命運とは、転移できないのである。さてその堆積を問うならば、ひとえに命運の所為とは言えないし、その性質を問うならば、ひとえに人為だけとはいえない。

まさに所業の堆積の附属物なのである。

つまり未だに命運の富貴寿夭貧賤が何なのかを知ることはできず、そこで人間の人為的努力が不可欠かも知れないのである。あるいは生命の始源に命運を稟けるというのが、真実であろう。

天と地のなかの人生とは何なのであろうか。四柱八字同一者でも富貴貧賤寿夭は同一ではない。なに故であろうか。返答するならば―陰陽の二つの気が交感するタイミングで真実の精妙な気質の合絆を受けて、結合し受胎して男性や女性となるのである。

天地で父母というものは、一時の気候のようなものであり、ここで清澄を享受すれば智者や賢者となり、ここで汚濁を享受すれば愚人や不肖の者となるのである。

その由縁で智者や賢者は、富裕者や高貴人や長寿者と成ることができるであろう。

いわゆる徳目が充足して、そこでその福分を獲得するのである。

愚者や不肖の者は、みずから奮起せずに日々暗愚に浴し、すなわち貧乏卑賤短命を免れることはできないのである。いわゆる下級の愚者とは、これを転嫁できないのだ。

また裕福かつ高貴人を兼備した者は、元来清々しく軽快の気質を稟けているのである。

たとえば出生時に地支の根気があるときに、財星や官星が有益に透り、禄馬が旺盛な相であれば、その運限ははなはだ吉祥であろう。たとえ多少暗部や錯雑があろうとも係累はないのだ。

そして貧と賤を兼ねた者は、元来重く濁った気質を稟けており、出生時に地支に根気がないときや、刑衝が錯雑として歴然としないならば、横禍や病患や煩瑣がなくとも、塞滞して前進不可であろう。

そこでまた富裕でかつ貧人や、貧人でかつ富裕がある。高貴でかつ賤民や、賤民でかつ高貴がある。長寿者でかつ短命や、短命でかつ長寿者がある。賢者かつ智者で、貧人かつ賤民がある。愚者かつ不肖者で、富貴人がある。天と地の万人とは、整然とはしていない。

これら五行四季や、正規か偏向か、令を得るか失令するか、相対するか乖背するかとは、気勢の深浅によるものである。

故に時宜を得れば、清々しく軽快で、かつ元気なのである。

しかるに生存の衰敗するとき、行運が休囚するならば、富裕者は財源を損失し、高貴人は官位から失墜し、長寿者は落命して没するであろう。

また重く濁った気を稟けても元気であるとは、その人生の根気が中和であり、その行運が旺相するならば、貧者は貧乏のままではなく富裕となり、賤民は賤者のままではなく貴人となり、短命者は短命のままではなく長寿者となるのである。

そのような修養が人間には存在するが、それは人が天命に克って安定するものである。

また命局が中和で性情が積善するならば、どうしてただ自己一身だけの福分の享受であろうか。そこで子孫代々が栄えて大利繁昌に達することは、自然の理（はたらき）に適っているのである。

また命局が偏枯で性情が積悪するならば、ただ自己一身だけの凶禍だけではなく、子孫代々が下層に落魄して非道な報いがあることとは、このことをいうのである。それは命理に携わるというより、人間としての「積業の所在」であるだけだ。

『易経』にいう―

積善の家にはかならず余慶があり、不善を積む家にはかならず余殃がある。―それはこのことである。

「耕野子」がいう―

天元の一気が変化して水気となり、水中の濁り滓が土砂となり、水分が除去されて土塊が露出し、山岳や河川となるのである。土塊の硬質なものは岩石となり、金属を産出する。土塊の軟質なものは植樹して火気を発生する。五行が具足して万物が発生して、無窮に展変するのである。

浚川子氏がいう――

天地創造の原始に、ただ陰と陽の双つの気だけが存在した。

陽の気はすなわち火気に化し、陰の気はすなわち水気に化し、水中の残滓物が地表を結成し、すなわち表土である。天の象が如何に普遍でも、土気の方位や数位が「五」であるとはこのことである。

そこで水火土気とは、天地の大いなる展変の産物で、金気と木気とは水火土三物からおのずと産出されるのだ。金属や岩石の硬質とは、かならず悠久に堆積してから結晶するのである。

そこで人間や動物の発生も、またこれと同じなのである。金属の気質の発生を、人間が得心できるであろうか。また天と地の間で元の気でないものが無いのは、そのためである。

その性質や種類は、すでに各々太古の始源以前から具備されており、金属には金属の種子があり、樹木には木気の種子があり、人間には人の種子があり、動物には動物の種子があり、各々が完備して具足しており、仮借したり領犯することはないのである。

それは五行が相互に連繫して発生することを言うのである。

現今の五行家は、金気が水気を派生するのを考えあぐねて行き詰まり、隔絶した二者とする見解である。これは本末転倒で失態であるといえるだろう。

またそこで木気象を識らずして火気勢を肯定し、また水気象を湿潤とし土気象を田宅とするのは、自然の筋道なのであろう。

また言うなれば、水気象は木気象を扶生するが、田地がなくして樹勢は何処に附拠するだろうか。そこで水勢が多過し、火勢が鎮火し、土勢が四散し、また樹勢は壊滅するだろう。

また周濂渓氏が、五行家の「やすらかで能く順生するとした諸説」に困惑したのは、五行の気が順布して四季が巡行することに、「日々の所々進退が存在」することへの不明瞭であった。

すなわち気候の寒暑は公平に四季に袂を分割するが、それに五行の気質を配当して布石するのは、何の所為であろうか。

いうなれば春季が木気象で、夏季が火気象で、秋季が金気象で、冬季が水気象であるなどは、みな仮の合意合論なのである。

土気象には帰属がないため四季毎に配当しているが、土気が天地に存在するのは不明瞭で、いうなれば不自然なのである。何処に在るのだろうか。そして四季の一時季に、その流行を在不在するのである。また各月の月初に不在とするのは、何の所為に帰せたらよいのであろうか。

その「由来の所為」を命運としているのである。

天象が水気を派生するのを一義とし「『緯書』の出典」にしており、それを儒学者が典籍に編入しているのである。

また水気と火気は、原初の陰と陽の精妙な物質である。その故にある一化合で火気と為して日々の象徴とするが、またふたたび水気に化合し雨露としている。現今でいうなれば、天象がひとつの意義で水気を派生し、地象が双つに分岐して火気を派生するのが、本来の自然な造化の精妙であると帰せられるだろう。これを肯定すべきである。

その話の腰を折るように、朱子氏が五行が四季に順流することを論じ、天地が五行に奇数と偶数とが有るように論じたのである。

また周濂渓氏の『太極図説』では、陽性が陰性に変化して化合し、水気火気木気金気土気が派生し、それぞれの五行を論説している。

その話の腰を折るようだが、五行を四季に配当することについて、五行家が四季の一季に司気を充てているが、春季に木気を留めて、すなわち水気火気土気金気がここで絶えるとし、また秋季に金気を留めて、すなわち水気火気土気木気を留めて停止させている。

また土気だけ四季それぞれに旺じて、すなわち各四季の余剰の気象としている。

そのいずれを把握し、またこの行運が使用できるであろうか。

そこで今日は木気象を所為として安心し、明日は火気象と安心し、翌日毎に土気性、金気性、水気性と安心するのか。そうした按王氏の論説には「理」

があるが、その見解はけっして達観していないのである。

珞琭子氏がいう―

「有」を為すれば有がある。これにより無から「有」が確立する。そこで「無」を為とするのである。

天象が以下のように文章を垂示するのだ。

―さて「天」が日月五行、天地人、二十八宿の徴象を垂示する。

また『天文会通』を観れば、それぞれの分野の名義が確立しているが、これは人間の所為だけなのである。

そこでその象義や符号は災祥の卜占にいたるまで、事象はなにがしかの種別に所属している。

あるいはある方角を指したり、ある時機を指したり、名臣の契氏が舜帝を補佐するように探索するのである。

天の道は太玄で広遠だが、異邦人が五行を司事するのではなく、陰陽家が干支を五行と為して、日時と天象のタイミングで「歳」として、月時と日時の会合で「月」とするのである。

そこで「日」は三十日あり、「時間」は十二時あり、そこで人の生年月日時の干支を所得して、四柱命局を立てて一生の吉凶を推測するのは、また自然の理なのである。

そこで王氏が「春季は木気に所属し、そこで何ゆえに土気が存在する」とするのは、五行の旺相休死囚や、各季の五行の令不令や用不用を知らないということでもある。

もし春季に木気が旺相しないならば、すなわち土気もまた存在しないだろう。

十干十二支が六十甲子と為って、錯綜して反復してまた始発するのには、適宜な配列であり虚仮ではないのである。すなわち造化のはたらきの所在なのである。

今日が木質に所属し、明日が火質に所属するのではない。

すなわち天の自然な道ではなく、人間がこれを卓立したとも思わないが、天がこの法則に準拠しているのである。人間の感性に天象が応答する。天象が分野別に名義を確立するのが、天と人とが合一する道なのである。

ある一日を観察すれば、正午が早く至り、晩昏が遅々と至るだろう。おのずと涼暖や寒暑の気候があり、これが一日に木火土金水が全備していることなのである。

五行が相伴して乖離しないとはこの事なのであり、今日が木質で明日が火質などとは、是とした天道の自然なのではない。

朝廷が暦法を創説して天下に頒布した。一年すなわち三百六十五日を掲載し、一年間の神殺の方位や毎月の天の行事や徳日の衰旺や日の吉凶色彩の黒黄色などが、事象の適不適なのである。これを人間が遵守すればすなわち吉福で、乖背すればすなわち凶禍なのである。

こうした果報とは、無理強いして造作しており、はたして天下の人々がこれに必ず従事すべきであろうか。

また相術士とは、気質の色彩の青黄赤白黒色で禍福を決定している。

また生年月日時では、甲乙を青色、戊己を黄色、丙丁を赤色、庚辛を白色、壬癸を黒色としている。そこに微塵の錯誤もないようだ。また病状の観察もそれに同様なのである。

そこで『黄帝内経』「素問」を観るべきで、そこでは干支は日時の紀元ではあるが、造化の原理とはこの外域なのではない。人間が酩酊状態で吉凶を予兆し、人物を占い、あるいは決断する。

あるいは物体の事象をあるいは文字の解読をあるいは音声の協調を、これらはみな人間の所為であり、吉凶とはこの外域なのではない。

そこで有為かつ人為として所果があるが、これは「夢」なのである。

「夢」を是として肯定することにより、人間を是として探求する。

そこで造化とはこの外域なのではない。

いわんや干支や五行がおのずと天地に存在するのには、理（はたらき）がある。

この理（はたらき）があることにより、すなわち人間が派生し、天象と人間とが合一するのである。異邦人は言質で天として言質で人とするが、みな虚偽である。

もし伏羲氏が八卦を書し、天を仰観し、人を俯察し、遠方を眺望して付近を採取するならば、ここに天地や人物の理（はたらき）が得心できて、そこで八卦を造作する由来となるであろう。

現今の陰陽を談ずる者は、たとえ窮極の天変地異の結果でも、人間や物体の兆候を探索し、その往来を明察し、典故によってその兆候を知るのである。

そこで天地の合一がその徳目であり、日月星辰の会合と四季の合絆と配列を明らかにするのである。鬼神との合一が吉凶であるとは、どうして干支の外域であろうか。

そこで別に造化の作用が存在し、大いに天地人物を悉く覆しているのである。

今王氏は『易経』が尊敬されてきて、陰陽家の論説が不信されてきたのを知っている。

だがこの理（はたらき）があることだけを知り、そこで術数があることを知らない。

理（はたらき）と術数の合一とは、天象と人間の合一の理（はたらき）なのである。

それは「明らかなる神」であり、その人だけに存在するものなのである。

論五行生成

天象は崇高で偉大である。陰爻の気勢が旋回して四季が成象した。地象は豊厚であり、深く幽玄である。五行が展変して派生し万物が成象するのは、窮まることなく測り知れないことである。

聖人が法を確立して推究するが、ただその術数から逃れることはできない。

術数とその原因を確立して観察するのは、みな自然の発露である。

その故に典籍に記載するのは、同じ真実であり異双しないのである。

そうしたタイミングに到達して推測し、そうした展変に通じ、窮地を透脱するのだ。

これらはみな、術数の範疇から乖離せずに、一を水気、二を火気、三を木気、四を金気、五を土気とするのは、自然の所為なのである。

北方の方角は子支の位相であり、子支は向陽の初気で、一が陽性の象数である。

その故に水気は象数の「一」なのである。

南方の方角は午支の位相であり、午支は漸陰の初気で、二が陰性の象数である。

その故に火気は象数の「二」なのである。

東方の方角は木気象なのであり、東方は昇陽で、三が陽性の奇数である。

その故に木気は象数の「三」なのである。

西方の方角は金気象なのであり、西方は向陰で、四が陰性の偶数である。

その故に金気は象数の「四」なのである。

南西の方角は土気象なのであり、南西の方位は夏季が長く、五が陽性の奇数である。

その故に土気は象数の「五」なのである。

これらの論説により、すなわち象数を陰と陽とに分配しているのである。

もしその意義を深く考察すると、水象が「一」に派生するとは、天と地がまだ分離せずに、万物がまだ生育しない原初には、まず水気象が存在したのである。

『霊樞経』にいう―

「太乙」とは水象を尊んだ称号であり、天地の母象であり、万物の根源なのである。いま試みに説いてみようか。―

草木の種子がまだ出現せずに、人間や虫類の胎児や卵や胚種はみな水気象だったのであり、どうして数象の「一」であることが否定できるだろう。

そこで水気の集合体が形質化したものである。つまり陰と陽の気の配合が不備だったのではなくそこに含まれており、その後に生成したのである。

その故に微細な物質で苦味があるとは、火気象の兆候なのである。

成熟した物質で甘みがあるとは土気象の味覚なのだが、極端な甘みでありかつ淡泊であり、その本質とは淡泊なのである。

人間が父母両親から人身を稟けるとは、陰と陽の生成の化合なのである。

その故に腎臓は左右に双つ派生し、左側の腎臓が水気に属し、右側の腎臓が火気に所属し、そのため火気象を「命門」といっている。

すなわち火気の因子は水気に後続するともいえ、ついで火気象を「二」とするのである。

そこで草木の種子は種類大小が多いが、その内訳とは、全種類が相対して合絆する双義性があり、人間の腎臓のケースと同じである。

また陰陽の兆候でも、たとえば万物のなかで、陰と陽の合体物でないケースは存在しない。

すなわち化合して生育できないのである。

すでに陰と陽が合体したのである。

しかる後に春季が派生して秋季が生成する。

その故に木気象を「三」とし、ついで金気象を「四」とする。

そこで所属を水気とし、所属を火気とし、その発源を木気とし、その異処を金気とするのは、すべて土気象が原因ではなく、土気象の生成はその後のことである。

その故に土気象をついで「五」としているのである。

また東の方位は木気象で、西の方位は金気象で、南の方位は火気象で、北の方位は水気象で、中央位は土気象でかつ四方位に分位し、人間に在っては辰戌丑未の四支に分岐するのである。

その故に木火金水各気は、みな土気を待機し、しかる後に成立するのである。

そこで土気象の数位の「五」の成立とは、すなわち水気の「六」や火気の「七」や木気の「八」や金気の「九」を兼ね備えており、土気象はつねに生数の「五」なのであって、復して「十」とすることはなく成立するのである。

これが土気象の生成なのである。

みな土気象の数位を「五」とする合致した見解なのである。

唐代来の大衍暦の象数の由来とは、ここから確立している。

万物がどうしてこの象数から逃れることができるであろうか。

たとえば疾病状態の処方である三陰三陽論がある。

また正規の干合化者は、従象を本義として術数の派生とする。すなわち化象に相対しては、従象するのを標目として術数が成立する。五行の構成でも太過した一者をその術数の成立とし、不及した一者をその術数の派生とする。各構成術数の多寡がその成立なのである。

ここで命占の干合化気を政令に擬するならば、ふたたび著述として復旧させて、諸作用の用途を明らかにすべきなのである。

周濂渓氏がいう―

五行の序章としてその性質の発生の所為を言うならば、すなわち水気象は本来陽性の湿気で、初作動は陰処に陥流してついに跡形も無いために、水気象は陰性で克つというものである。

また火気象は本来陰性の燥気で、初作動は向陽に返照してついに玄陽まで到達しないために、火気象は陽性で克つというものである。

そこで派生のときの微細や生成のときの旺盛とは、派生とは形体化の始源であり、生成とは形体化の結果なのである。

それらは偏ったニュアンスであるため、形体化しているが質実は完成していないのである。気象の昇降においても、土気象を介さなくとも制御する。

木気象はすなわち陽性の湿気で多く浸透し、陰性の序暢を感じさせるために、木気象の発動の本質は柔性かつ暖性なのである。

金気象はすなわち陰性の燥気で多く浸透し、陽性の収束を感じさせるために、金属として結晶するがその本質は剛性かつ寒性なのである。

土気象とは各々の陰陽の気象が旺盛で、相互に相剋して凝集して性質となり、五行の流行とはこれを言っているのである。

すなわち一陰一陽が交替往復し、いわゆる木火土金水とは各者のなかに適宜な凝固があるために、その各々の配列に多少の凝固物が存在する。

土気象は四季に分岐して生旺し、その位相は中央の位なのである。

この五行とはどうやら夾雑して造化され、発育の具材と成っており、実際に平行して相互に乖背しないのである。ただしその本質とは陰と陽の交錯であり、凝集して合成されるのである。それは気質の陰と陽の双端を兼ねて、循環して停止しないのである。

木火金水各気象の気質をいうならば、陰と陽の相互の間隔のことであり、また東西南北の方位のことであり、いわゆる相対して待機するものである。

木火金水の気質を問うならば、陰と陽の相互の原因のことであり、また東西南北の原因のことであり、いわゆる流行するものである。つまり性質は一定であり変易しないのである。

しかし気質は無窮に変化する。そのためにいわゆる「易」というのである。

程氏がいう――

運動と止静とは、陰陽の根本である。五行の運動は夾雑して不整合である。

張氏がいう――

木気象は曲直といい、よく曲がりその反動で伸びる。

金気象は従革といい、金属一塊はみずから反り返りはしない。水と火とは気象であり、その故に炎上潤下とし陰陽の昇降とおなじである。

土気象は得体がなく、抑止する。

木金気とは土気象の果実であり、水火気の混成の産で、その故に木製の物体と為るのである。

水分に漬かって発火するとは、じつは双方が交接していないのだが、土気象の介在で精華として「水火気の交接の場」としているのである。

金属が物質と為るのは、火錬された結果として、また水気象が湿潤して精華するために、水火気が相互に破害しないために、燥火の精華なのである。

これを溶解し逆流し破耗しないのは、水火気の交接に「土気象の質実」があるためである。

土気象とは物質の生成始発と完成終了を司り、地象の実質であり変化の終局なのである。

水火気はそのために昇降し、物質と本体は形跡を遺さない。そこで陽性は陰性に陥流して水気象となり、陰性は陽性に附属して火気象となるのである。

朱子氏がいう――

五行の序章においては、木気象を始発として水気象を終局として、その内実に土気象が在るのである。

また『河図洛書』の術数の言説とはこれである。すなわち水気を「一」とし、木気を「三」とし、土気を「五」とするのは、みな「陽性の数象」で変易できないのである。

その故にそれを更迭して、「主」を所為して五行の大綱と為すことは、徳目ある言質なのである。

すなわち木気象を発生の性質とし、水気象を貞静の本体とするが、そこで水気象は土気象を包み育む慈母であるために、水気象は五行を包含して流通貫徹しながら明示できないのである。

木気象が五行を包含するとは、その根本に帰すれば反動を本質とし、この本質の所為なのである。

もし土気象が水火気の寄生の所処ならば、おなじく金木気象の要素として内実かつ四方位に位相し、地表一体は全種類の物体を搭載している。

またいうなれば、水火気は清々しく、金木気は濁々しく、土気象もまた濁々しいのである。

邵康節氏がいう――

金火気は相互に分岐分守して流動し、木火気は相互に燃焼するとはその所属である。水気象が寒冷に遇して結晶し、火気に遇して乾燥するのは、その優れた所為なのである。

論五行生剋

五行の相生と相剋のその理（はたらき）とは、明らかに自然なのである。十干十二支や五行の運動や六気（寒暑湿燥風火）による歳月日時は、それぞれ自ら確立して相互に作用している。

天象が存在することで、寒暑乾燥湿気の気象と為り、地象が存在することで、木火土金水の形象を形成し、これらの気象と形象が相互に交感して万物が化生するのである。

これが大いなる造化の生成の紀元であり、原来のその用途は窮まることが無いのである。

木気象は東方位で春季に相応し、いうなれば樹勢で陽気の蠢動かつ地殻から萌芽して生成する。

水流が東方位にほとばしり、樹勢を生成する。樹勢が天上に繁茂し、樹蔭を覆うのは自然の本質なのである。

火気象は南方位で夏季に相応し、いうなれば火焔の化合で、焼却する所為なのである。

陽気が上方位に在り、陰気が下方位に在る。旺盛に焼却し、万物が変化するのである。

木材を摩擦して発火するので、木質より生成する。

ただし火気象に実体はなく、木質から本体が生扶される。

物体に相応して出現し、焼尽してから鎮火するのは、自然の理（はたらき）なのである。

金気象は西方位で秋季に相応し、いうなれば抑止を所為とし、陰気が始動して万物を抑止して収束する。

採掘地を浚渫して金属を掘採するのが、土気象から生成する所為なのである。

そこで土砂とは、また別の土塊から発生するのが、自然な形態といえるのである。

水気象は北方位で冬季に相応し、いうなれば湿潤を所為とし、陰質の湿気で万物の扶養を任じるのである。

水流は西方へ東方へと移ろい、金気象から生成するのである。水流は曲がりくねり、下方へ順流して到達するのは、自然な性質といえるだろう。

土気象は中央の位相で西南の方位を兼ね、夏季に伸長する。土気象は「万物を包含して吐渫する」のを所為とする。

まさに生まれる者がここで誕生し、死にゆく者がここに帰着するために、万物の家屋である。

その故に夏季の末尾に伸長して、火気象から生成する。また土気象は水勢を阻堤し、つまり水気象は土気象の反極なのは、いわば自然の義なのである。

五行相剋とは、子分がみな母親のために報復するということであり、譬えば樹勢は土壌を剋伐するが、土壌の産物である金属はかえって木質を削伐するのである。

これは木気象の子分の火気がかえって金属を溶剋するのを、火気が金気を伐つというのである。

金気象の子分の水気は、かえって火焔を伐消するのである。

また逆に火気象が木気を耗尽するとは、火気の子分の土気はかえって水気を制土するので、土気が水気を阻土して水気象の子分の木気はかえって土塊の所為で埋折するのである。

これは相互に相生する機能の始発でもあり、相互に相剋することの終局なのである。

みな天然の性質から由来しているのである。

『黄帝内経』「素問」にいう—

水気が木気を派生し、木気がまた火気を派生するが、木気象は気の耗尽を被るために、水気は憤怒して火気を剋消する。すなわち子分が気の耗尽を被るために母親が尽力し、また母も精魂を耗尽するので、子分が尽力して救助するのは、その一義なのである。

強力を恃んで弱者を抑圧する。

土気象が木気にて栄達するのは、実質は在るがその勝果は虚なのである。

水気象が阻土で抑止するのは、陰性では在るが陽性の発揚ではない。

火気象が水気で消滅するのは争烈であり、剛性の剋伐なのである。

金気象は火勢を被って欠損する。堅質は佳く柔質に火錬されるのである。

木気象は金属を被って剋伐を被る。その故に五行各者は流行し、展変し、順流相生し、また逆流相剋する。

このように各者は用途と為っており、ここでその道（はたらき）が完成するのである。

論干支源流

さて干とは、樹木の幹のように強く陽性の所為である。

また支とは、樹木の枝のように微細で陰性の所為である。

昔日に盤古氏が天と地の道を明らかに顕し、陰と陽の展変に到達して、天地人三才の首魁かつ君主である所為となったのである。

そこで天象と地象とが分離したのちに、まず天空が存在してから地表が存在した。

その由縁で気質が化合して人間が誕生したのだ。

その故に天皇氏一族が十三姓各氏であり、これを盤古氏が継承して統治したのである。

これはいわば「天霊」と称し、淡泊無為であり、これが世俗化することにより、干支の制度の創始や、歳月の所在の定義なのである。

十干の名称を列挙する―

閼逢、旃蒙、柔兆、彊圉、著雍、屠維、上章、重光、玄黓、昭陽。

十二支の名称を列挙する―

困敦、赤奮若、攝提格、単閼、執徐、大荒落、敦牂、協洽、涒灘、作噩、閹茂、大淵獻。

蔡邕氏が独断していう―

干とは幹でありその名称は十種類あり、また十の母象で甲乙丙丁戊己庚辛壬癸なのである。支とは枝でありその名称は十二種類あり、また十二の子象で子丑寅卯辰巳午未申酉戌亥である。

天皇氏というのは、子象が義気で「天象を啓らいた件」を取用している。

地皇氏というのは、丑象が義気で「地象を啓らいた件」を取用している。

人皇氏というのは、寅象が義気で「人象を啓らいた件」を取用している。

その故に干支の名称とは、天皇氏が存在した時点で始発している。

また地皇氏はここに三種の星辰を定義し、道（ことわり）を昼夜に分割し、そこで一カ月を三十日とし、その各所に干支を分配したのである。

また人皇氏は主人格で真実の王であり、臣下としても真実の地位であり、政事を君主や臣下に教示してみずから立脚し、ここで男性と女性とが「おのずと飲食の慣習を始めた」のである。

これが天地や陰陽の気象の得体としての始発であり、そこで母象と子象に分離して、干支が各所に配属されたのである。

そして伏羲氏の時代にいたり、天の象相を仰ぎ観て、地の象相の法則を俯瞰して、その間の万物人物を観察して、はじめて八卦を銘記して「神明の徳」や「万物万類の情」に通暁し、「甲子」の歴史を創始して「文字」が発生したのである。

ついに黄帝氏の時代にいたって『河図洛書』を授かり、これによって「日月星辰の象相」を観察して「星辰による立身の書物」の端緒と成ったのである。

そこで大撓氏が五行の情義を探究するように命じ、占星研究所を建設して「甲子」を創始して五行と納音を配属させたのである。

『路史』にいう——

伏羲氏が潜龍氏に命じて祈祷させて、毎日の堅実な象相を推究して「甲子」を創作した。

これにより歳月を司令し、天干に配当して幹とし、地支に配当して枝として、すなわち干支を分類して配当し、四維の大綱の象としたのである。

その故に表面的な感情が相交し、星辰の配列が則義となったのである。

黄帝の時代にいたり、大撓氏に命じて五行の情則を探究し、「三種の式占の天書」を考案し、そこで十干十二支を展開組成して、六十干支としてその音声を「納音」に取用したのである。

そこで納音の定義とは、甲子乙丑を「海中金」とする類のものである。

後日に「その風の便り」を解釈してその用途とし、そこから三色（受随遭）の命運という行為としているのである。

それらの術家は、皇帝が天干の十字を定義して『河図』に所属するとし、地支の十二支を『洛書』に所属するものとしたのである。

そこから鬼谷子氏が「納音」を算定して組成し、東方朔氏が「納音」を解像したとしているが、みなその淵源を得ていないのは、これらが妄信とすらいえるからである。

浚川王氏がいう——

昔日に大撓氏が「甲子」を創作し、各者を称してその存在の有無に窮迫しただけである。

すなわち時間を起章してこれを定義したのは偶発的であり、もしその淵源を推究してみれば、かならず太陽と月の運行が毎日を展開し、その後にこそ「甲子」を敷設できるのである。

天象がまだ啓らけず地表が存在しないとして、人は安寧として存在するだろうか。

また存在しないだろうか。「これを記載した伝記」が何処に存在するのか。それらは黄道十二支（宮）の運行を知ることを、その基本と為しているのである。

天地の運行は循環して端緒なく、「周域を一元」として運行し、転々と摩擦して単独では再始動はしない。

一日の周期は十二回転づつであり、そうした天時の運行は単独では再び「甲子の始点」には戻らない。

「こうした一元論を至上のもの」として、「この一元論が存在しない」のを知って安心するのか。

いうなれば改暦の度に正午が変易するように、一年間の歳差もまたまちまちである。

後世代の暦は各者ともに、自己の都合を根拠として「タイミングで迎合して」いるのだ。

古代の暦学の法則は世代交替で亡失しており、ただ計算の能力で迎合して安心しているのである。

現今でいう甲乙というのは、かならず木気を司令するのを実質として、今日は木質、明日は火質、その翌日は土質というのは虚詐ではないのか。

あるいは大撓氏がいうように、星宿を占相して「甲子」を造作するのは、かならず遠い天地の原始に遡及しなければならない。

その故に甲子年、甲子月、甲子日、甲子時として甲子を暦元と為するのは、星宿を占相しているとは思わない。

そこで十二月を天地開闢の原初と定義するのを止めるべきである。

太陽と月とが完璧に会合し、五行の順行があたかも連珠であり、彦星と織り姫がともに並立するのを原初とし、しかる後に冬至の夜半を定義しているが、これらは死んだ法則なのである。

その故に「孟子先生の千年の歴史を所為」として、しっかり胡座すべきなのである。

そこで現今の暦法を考察すれば、その言わんとする処は、すなわち天地の創始とは数列だということである。これがどうして天地の始まりなのか。太陽と月の原初の始点なのか。

文字のまだ存在しないときには、天の運行に障碍はなく、推測しようなどの能は所為とできないのである。そこで按王氏が説く見解とは、成果がありかつ有為である。

古今の貴人や達人は、天の象数を考えあぐねながら陰陽を推察してきた。

そこで「太乙術数」で吉凶の天運を推測したり、「六壬課」で吉凶の人事を推測したり、「奇門遁甲」で吉凶の方位を推測したり、「年月日時」で一生の吉凶を推測したりしている。

そこで袁天罡氏や李淳風氏や僧一行氏や李虚中氏のような方々は奇特という訳でもなく、またとりわけ抑えつけて何になるのか。

―以上のような王氏の所説はみな信用できない。

それが自然なのであり、どうして「それらの所説を自然」とできるだろうか。

論十干名字之義

天象の気質は甲干から始まり、地象の気質は子支から始まる。

そこで聖人が考究して陰陽軽重の用途としている。

その徳目を明らかに顕彰して著述し、その事象を世表に号して論説を立てるのである。

このために子支と甲干が相互に合絆し、その後に紀元が成立する。

長いスパンで毎歳を運歩すればトータル六十年で、短いスパンで毎日を推歩すれば十二刻なのは明らかである。

運歳の盛衰や節気の深浅や万物の生死を、今こそ古人の祖徳を験証し、あるいはその知識を得るべきで、それはとりわけ奇特なことではない。

その精微を考究し、禍福が発生する已前を確知すべきである。その用法を明らかにして、「生死への往路」を洞察するのである。

すなわち精微な義則を肯定して、大きく顕示する。

これが東方位の甲乙、南方位の丙丁、西方位の庚辛、北方位の壬癸、中央位の戊己、それぞれ五行の位相なのである。

甲乙は木質の位相で春季の月令である。甲干は陽性で内部は陰性を内包している。草木の発育で甲干が出現するのだ。

乙干は内部に陽性が在り、まだ径直ではなく屈曲して軋むのである。万物の外殻を解き甲干は、みずから軋みながら出現する。

丙丁は火質の位相で夏季の月令である。丙干は上層が陽性で下層が陰性で、内部が陰性で外部が陽性である。陽的な丁干は旺強であり、かつ陰性の象相に適応している。

また丙干を「あきらかである」ともいい、万物すべてが明らかで強大に顕示するのである。

戊己は土質の位相で四季の周域を巡り、戊干は陽性の土気であり、万物を生成して出現させる。また万物を伐採して土壌に入庫させる。

己干は陰性の土気であり、とくに所為せずとも既に体質を有している。

また戊干は「茂る」として己干は「起こる」として、土気象は各四季の末尾に運行する。

万物が秀気を含むとは、抑えつけて屈しても、ただちに起立することである。

庚辛は金質の位相で秋季の月令である。庚干の陰性とは、陽質が更新したそこに嗣続する存在である。

その辛干とは下層が陽質で上層が陰質であり、陽の極まった陰干であり、庚干が更新するが故に、ついで辛干が新たに生起するのである。

庚辛はみな金属で味覚は辛く、物器と成りその後に味覚を有する。万物を静然と更改して、新たな秀気の果実を生成するのである。

壬癸は水質の位相で冬季の月令である。壬干とは「任じる」であり、陽質の生成の位相で胎盤として万物は壬干において懐妊する。

子分格もおなじ象位であり、癸干とは「謀る」であり、これを天が司令する処である。

万物をストックして封閉して、そこで懐妊させるのである。

「計測したように萌芽させる」のが、天が癸干に布した道（ことわり）であり、癸日の名称の所為なのである。その故に典籍に天干が十日在るという。

六陰の境界でもあり、ここで甲干へとバトンを渡すのである。

天地の象数とは、甲丙戊庚壬を陽性と為し、乙丁己辛癸を陰性と為して、五行各者はそれぞれ各一の陰性と陽性を有し、その故に「十日存在する」のである。

論十二支名字之義

さて清々しい陽気が天象と成ったのである。五行がそれぞれ顕章して十干が確立した。

また濁々しい陰気が地象と成ったのである。八方位を定義して十二支に分割したのだ。

運歳は移ろい気象が変遷する。毎歳毎歳が盛衰するのを紀章すべきである。

気運が上昇し下降し、百物が変化して日々銘記すべきである。

そのため干と支の配合は共に至って用途となる。

子支とは、北方位の陰質で寒冷の水質の位相であり、一陽の派生がここで始発する。

その故に陰が極まって陽が発生するのである。

壬水とは胎盤であり、子支を子息と為すのであり、ここで陰暦十一月の星辰としている。

丑月に至って陰性はなお執拗でこれを結紐としている。丑支は陰性でありまた助勢であり、陰暦十二月の月間の際に結紐と為す名称の由縁なのである。

寅支は旧正月であり、陽性がすでに上層に存在し、陰性がすでに下層に存在する。

人々がこれを年頭の始めとして伺候するのである。

その故に音楽を演奏して散華する時候として、述事の事始めとしている。

また寅とは「演」であり「津」であり、物々の渡し場のことである。

卯支は陽昇の時候で「茂」であり、いわば旧二月の陽気が盛旺して繁茂することである。

辰支は半ば陽昇が経過した旧三月の時候で、万物が震動して伸長する。

そこで辰支を「震」といっている。

巳支は旧四月で中正の純陽で陰影はない。

そのために子支から巳支までを陽遁の昇位とし、陰性が尽きて陽位と成り、巳支が起章するのは、物事が尽きてまた起章する事と同じである。陽性がまだ屈服せずに陰性が始めて派生して主体と為り、午支が長じること大である。

物事は旧五月に至ってみな豊満で長大となるのである。

未支は旧六月で草木の種子が結実し、また未支とは味覚として、物質が成長してその味覚がある意義とは、辛支と同じである。

申支は旧七月の星辰で、申支が陽性である所為だけである。

申月において陰の気質が訪れ、すなわち上方と下方に通交し、人物においても初気の兆しであり、白露が葉々に滴り落ちる気候なのである。

そこで陰性の事象がこれに生成される故に「身」とし、物体がみな完成する。

酉支とは、日没の時候で陽性の中正である旧八月であり、酉支は緧（かかる）である。

万物はここに結尾収束するのである。

戌支は旧九月ですでに陽性の末尾であり事柄の機能は滞り、この戌支に潜伏し封蔵される。

戌支は「乾の位相」にあたり、それは戌支が天門である所為である。

また戌支を「滅ぶ」と称し、万物はみなここで衰退するのである。

亥支の旧十月は、純粋な陰性でまた亥支を劾（収縮）とし、万物が陰性の気質により封締されるのである。

これを地上の道（ことわり）とし、故に亥月の名称の所為なのである。

干支の甲干は、天干の五行でここで一陰と一陽を言質する。

干支の子支は、地支の五行でここで地象の四隅を言質する。

その故に、子寅午申を陽性の支と為し、卯巳酉亥を陰性の支と為し、土気は四方位に位居し、四季の末尾に在位するのである。土性の支は四支あり、辰戌を陽支と為し、丑未を陰支と為し、その故に数象が均質ではないのである。

これらの合絆をいうならば、十干に十二支を配当し、配合して六十日とし、陽性六支と陰性六支と複合して運歳が成象する。

その故に典籍にいう―

六陽支の月と六陰支の月の節目で一歳と為る。

陳希夷氏がいう―

天干は甲干で始発し、癸干で終結する。これが『河図』の「生成する数象」なのである。

地支は子支で起生し、亥支で終結する。これが『洛書』の「奇数偶数」なのである。

陽性がおのずと復し始めて、六展変して乾陽が具備される。

陰性がおのずと交し始めて、六展変して坤陰が生成される。

二種別の六支が合数して十二星辰なのである。

そこで甲丙戊庚壬は陽干であり、子寅辰午申戌は陽支である。乙丁己辛癸は陰干であり、丑卯巳未酉亥は陰支である。

法則として陽干は陽支に配当し、陰干は陰支に配当するのである。

なお樹木に幹があるように、枝も在るのである。

甲子を歳首としてから、六種の甲干に五種の子支をもって配列させ、推究して癸亥において結尾するのである。

干支の本数やその合計の成数により、干支の数が成象する。

その後にここから「五数」を控除して、余剰の数象を集約して五行の音声が発生するが、これを「六甲納音」と為している。聖人がこれを推究して用途と為し、六十種の位相に分類し、二十四の分位を配当して定義する。ここで五行は正規に各官位の司令と為るのが「六甲大五行」の経緯と為っている。

その「胎養衰死の気質」を分類して伺察し、その「孤虚旺相の卦」を定義する。

戊己干には亀甲空亡が内在し、甲乙干を空亡の補足と為し、これが陰陽の消息で気質の揚閉を立論して、命運の納音を定義し、万人がこれを「宗旨」としているのである。

總論納音

ざっと筆写で概観してきたが、六十甲子納音とは六十種の旋律の法系なのである。

一つの旋律に五種類の音階が含まれ、東方の右行から始発し、音声は西方の左行から発声している。陰性と陽性とが、相互に錯綜して変化する。

それは気質が東方位に始発し、すなわち四季の木行であり、右旋回して火行に伝わり、ついで土行に伝わり、ついで金行に伝わり、ついで水行に伝わる。

西方に始発する音声は左旋回して火行に伝わり、ついで木行に伝わり、ついで水行に伝わり、ついで土行に伝わる。

納音と易の「干支の用法」は同じであり、乾を甲として始発し、坤を癸として終焉する。

納音で金行が始発ならば金行を乾とし、終焉の土行を坤とするのである。五行の中でただ金属の鍛冶でだけ成器と為り、そこで音声があきらかなのである。

納音では「金行を先行するもの」とし、『白虎通』でも鍾（かね）を兌音としている。

納音の法則とは妻君を娶るのと同様であり、六十干支を八つ繰り下げた干支を「子」に充てている。

これは漢書文献の説であり、「陽音」と「陰音」の相生の法則である。

甲子の金質の仲間とは、「黄鍾の音律」として同属の乙丑を相方に娶るのである。

それは太陰の金質と同属であり、甲乙や丙丁などの同属もみなこの法則である。

六十干支を八干支繰り、そこの壬申は金質の始声で「夷律音」の金質で、八干支繰るとは大陰符での「夷律音」であり、以下の干支もこのように娶る。

そこで癸酉は壬申と同属に娶るが、これは「南呂律音」の金質として八干支を繰る。

そこで庚辰の金質に当令し、「姑洗律音」の金質でこの金質の三元の結尾である。

もしここで辰支の陽性に言及するならば、干支の繰りが逆転し、「四季の初春に妻君を娶る」といい、すなわち順繰りとして邂逅のタイミングとしている。

辛巳は庚辰と同属として娶り、「仲呂律音」の金質で八干支を繰り、戊子は火質の相方とし、「黄鍾律音」の徴（しる）しで、金質の三元の結尾であり、左旋回して南方位の火質としている。

戊子が己丑を娶るのは、「大呂律音」の徴（しる）しで、丙申の火質の始徴を派生するのは、「夷律音」の徴（しる）しである。

丙申が丁酉を娶るのは、甲辰が火質のタイミングを派生し、「姑洗律音」の徴（しる）しである。

甲辰が乙巳を娶るのは、仲呂律音の徴（しる）しで、壬子の木質の相方を派生するのは、「黄鍾律音」の辺端で火質の三元の結尾で、左旋回して東方位の木質に伝派する。

このような左旋回は丁巳に至って「中呂律音」の宮位とし、五種の律音が一通り結尾するのである。

そこでまた甲午の金質の相方として乙未を娶り、八干支を繰り、壬寅を派生するのである。

このような甲子の法則は癸亥に至って結尾するが、これを「蕤賓が林鍾を娶るのは太簇の徴（しる）し」であるといっている。

子支から巳支に至るのは陽遁だが、「黄鍾律音」から「中呂律音」に至ることでみな下方への派生とする。

午支から亥支に至るのは陰遁だが、「林鍾律音」から「應鍾律音」に至ることでみな上方への派生とする。

甲子乙丑の金質とは、甲午乙未の金質と同じだが、甲子乙丑とは陽性の律音であり下方への派生だが、甲午乙未とは陰性の呂音であり上方への派生である。

六種の律音と六種の呂音とは相反するが、一則として折り目が正しい。

五種の音階は変調しながら周巡し、すなわち十二星辰は各者ともに五音階を含み、すなわち三十の位相を成位し、また六十甲子に変じるのである。

さて上方や下方へ派生するとは、天の気が下降し、地の気が上昇するようなものだ。

『易経』にいう—

天と地が泰らかに交わり、ここに「義」があり、そのタイミングの三者を「三元の義」としている。

その故に典籍にいう—

三者であって天と成り、三者であって地と成り、三者であって人と成る。

「易経の爻辞」でもこの象を取るし、老子様も、一者は二者を生じ、二者は三者を生じ、三者は万物を発生するとして、そこで始点と中間点と終点があり了わるのである。

『路史』にいう—

甲乙は木質で丑未は土質であり、子は水質で午は火質であるとき、これらの六者には金質は一つもない。

そこで風性の配合により、甲子乙丑と甲午乙未を金属質としている。

それらの出所は整然として数列は所合し、その変化の出来を由縁としている。

乾を天と為し坤を地と為すとき、乾と坤が合絆して泰らかである所為とする。

徳を父祖と為し紅を母祖と為すとき、徳と紅が合絆して東方位となる。

干を君子と為し支を臣下と為すとき、干と支が合絆して納音が派生する。

その故に甲乙を君子と為し、子丑を臣下と為すとき、甲乙と子丑が合絆して金質と為る。

そこで天下に五行が存在し、各者は気性を有し、資質位相がある。

あるいは相生しまた相剋する。また成器と成り、また器と成らない。

旺盛のなかに絶気を受気し、衰絶のなかに気を受気する。

ただ相応な配合としてこれを取用とし、混同はしないのである。

この整然たる金質は同質とし難く、それは海中の砂塵のように夥しく雑多である。

あるいは甲乙の相剋の取用法とは、甲干は庚干に嫁ぎ、乙干は辛干に嫁ぐ。

甲乙がついに金質を有するのは、およそ木質がかならず金質を孕むだろうし、子支は陽性の派生で水気の旺盛な当地であり、その故に甲子乙丑を「海中の陽金」と為すのである。

午支は陰性の派生で火気の旺盛な当地であり、その故に甲午乙丑を「砂中の陰金」と為すのである。

陽性の始動に陰性の始動をもって、甲干に子支を付加し、乙干に丑支を付加し、整然として庚干は午支を得て、辛干は未支を得るのは、陽質を為し、陰質を索引する。

これにより甲干は午支を付加し、乙干は未支を付加し、整然と子丑支に配列し、庚辛干を得て陰性を成為し、陽質に比肩するのは「旋宮の法則」である。

また妻子と母親には相生と相剋があり、その上方と下方があり、それは吉凶の兆候である。

草木にも薬草やカズラ類があり、単独で採食すると死亡するが、配合の適宜で採食すれば長寿となるだろう。

黄金と錫はともに軟金属で、灼熱融合して剛質となるのは、理（ことわり）が確固とするようなものだ。

『六微旨論』にいう—

納音とは子午支が庚干に配列するときや、丑未支が辛干に配列するときや、寅申支が戊干に配列するときや、卯酉支が己干に配列するときや、辰戌支が丙干に配列するときや、巳亥支が丁干に配列するときなどである。

七巡目の干を得るとき、西方位の素皇の気として、納音の金質に属する。

三巡目の干を得るとき、南方位の丹天の気として、納音の火質に属する。

九巡目の干を得るとき、東方位の陽九の気として、納音の木質に属する。

一巡目の干を得るとき、中央位の総統の気として、納音の土質に属する。

五巡目の干を得るとき、北方位の玄極の気として、納音の水質に属する。

甲子甲午が甲干から七巡目の庚干を配属し、乙丑乙未が乙干から七巡目の辛干を配属するように、その配列はみな七巡目であり、そこで納音五行の金質に属する。

丙寅丙申が丙干から三巡目の戊干を配属し、丁卯丁酉は丁干から三巡目の己干を配属するように、その配列はみな三巡目であり、そこで納音五行の火質に属する。

戊辰戊戌が戊干から九巡目の丙干を配属し、己巳己亥は己干から九巡目の丁干を配属するように、その配列はみな九巡目であり、そこで納音五行の木質に属する。

庚子庚午が庚干から三巡目の壬干を配属し、辛未辛丑は辛干から三巡目の癸干を配属するように、その配列はみな三巡目であり、そこで納音五行の土質に属する。

丙子丙午が丙干から五巡目の庚干を配属し、丁未丁丑は丁干から五巡目の辛干を配属するように、その配列はみな五巡目であり、そこで納音五行の水質に属する。

納音とはその数列であり、そのため数の配列で干を配し、支の数列ではないのである。

丙干から五巡目の庚干への配列は、すなわち丙丁戊己庚干で、その配列は五巡目である。

甲干から七巡目の庚干への配列は、また甲乙丙丁戊己庚干で、その配列は七巡目であるなど、—以上が「『路史』の義則」である。

『瑞桂堂暇録』の則にいう—

六十甲子の納音とは、木火土金水各質の音声であるのは明らかである。

一と六は水質で、二と七は火質で、三と八は木質で、四と九は金質で、五と十は土質である。

そこで五行のなかでただ金質と木質とが自然な音声で、水質と火質と土質が相互作用の後発的な合成音なのである。

水質は仮の水性で、土質は仮の土性で、火質は仮の火性であり、その故に金質音は四と九で、木質音は三と八で、水質音は五と十で、火質音は一と六で、土質音は二と七である。

甲子乙丑はその音数列が三に十と四が付し、四とは金質の音声であるため金質である。

戊辰己巳はその音数列が二に十と八が付し、八とは木質の音声であるため木質である。

庚午辛未はその音数列が三に十と二が付し、二とは火質の音声であるため火質を以て土質を音声とする故に、土質である。

甲申乙酉はその音数列が三に十が付し、十とは土質の音声で土質を以て水質を音声とする故に水質が音声である。

戊子己丑はその音数列が三に十と一が付し、一とは水質の音声で水質を以て火質を音声とする故に、火質が音声である。

およそ六十甲子はみなその通りであり、そこで金質同士や木質同士の相互の撃音は、自然な生成の音声である。

そこで水質はかならず土質の撃音で、火質はかならず水質の撃音で、相互に摩擦して生成された音声である。また土質はかならず火質により陶器を生成し、そののちに音声を含有するが、それは自然な理（はたらき）といえる。

ある一説にいう—

六十甲子の納音とは、みな五種の音階より派生しており、条規ただしく錯雑せず、端正な珠玉の貫なりのようである。

歳首が甲子であり、五種の音階が中宮で奏始されて、土質音が金質音を発生する故に、甲子は金質音で、乙丑は陽性の副とし陰性の金質音なのである。

また秋季たる金質が水気を派生する故に、丙子を水質とし、丁丑はその副である。

また木片が火気を派生する故に、戊子を火質とし火炎が土質を派生する故に、庚子は土質であり、集水が草木を発生する故に、壬子を木質とし、そこで己丑辛丑癸丑各者もこれに準ずるが、甲寅に至って納音は金質を生起し、金質が水質を派生する故に、甲寅を穴質とする。

木片が火質を発生する故に、丙寅を火質として火炎が土質を発生する故に、戊寅を土質とする。

集水は草木を発生する故に、庚寅は木質であり、中宮の土質が金質を発掘する故に、壬寅は金質とし、そこで五各の卯支はこれに準ずるのであり、甲辰に至って納音は両端を生起し、木片は火炎を発生し故に、甲辰は火質を為し火炎が土塊を発生する故に、丙辰は土質なのである。

集水は草木を発生しその故に、戊辰は木質であり、中宮の土質が金質を発掘する故に、庚辰を金質としている。

金属は水質を派生する故に、壬辰を水質とし、五各の巳支はこれに準ずるのであり、中宮も秋季の金質もそれぞれ自然の所為である。

そこで炎上や集水を端緒とできないのは、甲午が甲子に復路し、甲申が甲寅に復路し、甲辰が甲戌に復路し、そこで五各の未支酉支亥支の類がこれに準ずるためである。

また一説にいう――

「大衍の象数は五十で、用法は四十九である」とし、まず先に四十九数を発布して、かえって「太玄の数象の用途」とするのである。

甲己干子午支は九で、乙庚干丑未支は八で、丙辛干申寅支は七で、丁壬干卯酉支は六で、戊癸干辰戌支は五で、巳亥は単独で四であり、五数を控除して五数に満たないときに、納音の所属を作成する。

水質は一で、火質は二で、木質は三で、金質は四で、土質は五であり、用途として相生を取用するならば、ここで水質の一とは水生木で、また火質の二とは火生土で、また木質の三とは木生火で、また金質の四とは金生水で、あとの土質の五とは土生金である。

ここで仮に甲子乙丑の四位の干支を挙例するならば、六十干支から三十四数を控除した数から十一数を控除して、外数の十五数の余数で、土質所属の五数を得ることができる。

土質はよく金質を派生するので、甲子乙丑は金質なのである。

丙寅丁卯の四位の干支では、用数の四十九数から二十六数を控除した二十三数に「四×五＝二十」を控除して、余数で木質所属の三数を得ることができる。

木質はよく火質を発生し、これは丙寅丁卯が火質のためである。

あとの余例はこれに倣うものとしている。

概ね六十甲子の暦は納音の律音であり、干支の納音とは別であり、これは天地の自然な数列なのである。

河図の数列の生成は左旋回し、その故に中央の土質が西方の金質を派生し、西方の金質が北方の水質を派生し、北方の水質が東方の木質を派生し、東方の木質は南方の火質を派生し、南方の火質は復して中央の土質を派生するのである。

「洛書の生数」の剋の列は右旋回し、その故に中央の土質が北方もしくは西北の水質を剋害し、北方西北方の水質が西方南西方の火質を剋害し、西方南西方の火質が南方東南方の金質を剋害し、南方東南方の金質が東方東北方の木質を剋害し、東方東北方の木質が復して中央の土質を剋害するのである。

これは『河図洛書』の自然な数列の生剋である。

そこで術数の根本の理（はたらき）には、いささかも通じている訳ではなく、「何処に納音が所在しているか」ということであり、「黄帝がみずからの出典であることを疑うな」としても、断固として断る。

「太玄の数列」を再考するならば、甲己子午が九数位であるとは何であろうか。

本来、天地の四季の運行は春季に万物が繁茂する艮（寅）に、秋季に万物が収束する坤（申）において、その発生と帰納に土質を乖離できないのである。

たとえて土質とは、坤艮（寅申支）なのである。

『易経』にいう――

艮は生物の起源であり、坤は成物の終焉である。

甲干が天干の筆頭で子支が地支の筆頭であり、この二つの義則が循環して一陽来復する。

その故に甲子は天地の数列の生起であり、子支は一陽支で乾に属し、父祖の道である。

壬干を子支に配し、子丑より甲干への数列は、甲子から壬申を配して九列目で、乾の元（はじめ）の用途の九数で、夫婦の配合である。その故に甲己の二干はみな九列目の数位を得る。

これが乙丑干支のときは申支までの数列は八数目である。その故に乙庚の二干は八数を得るのである。

これが丙寅干支のときは申支までの数列は七数目である。その故に丙辛の二干は七数を得るのである。

これが丁卯干支のときは申支までの数列は六数目である。その故に丁壬の二つの干は六数を得るのである。

これが戊辰干支のときは申支までの数列は五数目である。その故に戊癸の二つの干は五数を得るのである。

これは天干が乾から起動し、午支に一陰が派生し、坤に所属する臣下の道である。

乙干や癸干を天干に配するとき、乙干に午支を付し、癸干に寅支を充てれば九数を得る。

子支は一陽の派生で、午支は一陰の派生で、夫婦配合の道理である。

その故に子午二支はみな九数を得ることができる。

寅支に丑支を付合するとき、寅支ではなく未支までならば、八数を得る。

その故に丑から未までの二支は、みな八数を得る。

また寅支に申支を付加すれば、申支から寅支まで七数を得る。

卯支から酉支を付合すれば、酉支から寅支に至って六数を得る。

その故に卯酉二支はみな六数である。

辰支に戌支を付合するとき、戌支から寅支に至って五数を得る。

その故に辰戌二支はみな五数である。

巳支に亥支を付合するとき、亥支から寅支に至って四数を得る。

その故に巳亥二支はみな四数である。

それらの数列は九数までで、十数はいわない。十数の数則にまた一数が生起するときは、すなわち十一数であり「洛書の数位の始めの一数」とし、その結尾は九数である。

「太玄」だけは四数から生起するとし、一数二数三数はいわない。

そこで一数は二数を生じ、二数は三数を生じ、三数は万物を生じる。

一数は天象を為し、二数は地象を為し、三数は人象を為すのだ。

天地が存在したのちに万物が存在する故に、これを「三元」という。

また天干の十数と地支の十二数は、九数に生起し四数に結尾する。

しかし実は天干と地支はすでに尽きてしまい、それ故に一数も二数も三数も存在しない。

そこで「太玄」の数列の生起とは、みなこのような自然の理であって、実際には知ることは不可能である。

論納音取象

昔日に黄帝が甲子を軽重に分類し六十干支に生成配当した。

それを六十花甲子と称している。

その字義は誠実で奥ゆかしく、聖人の見解を借りて引喩するのを躊躇してはならない。

子支から亥支までの十二宮（支）には、木火土金水の所属があり、子支が一陽の起点で、亥支が六陰の結尾の終点である。

さて五行は木火土金水に所属し、天干に五種の星辰があり、地支に五種の支峰があり、五常の徳を為し、人体の五臓を為すのは命理においてである。

五行の所為とは甲子に配属し、命理において適応し、命理とは一生涯の事象なのである。

その故に甲子納音の象意を聖人が引喩し、人間の一生涯の事象であり他に何というべきか。

子丑支の二者は始発として陰陽を孕み、人における孕胎の兆しで、動植物における核根でもあり、無限に際限の涯はない。

寅卯支の二者は陰陽が次第に啓らき、人間が次第に生長して動植物が台頭し、覆々たる花弁が次第に開花し、人間がまさに立身すべきであるとする。

辰巳支の二者は陰陽の気が旺盛して動植物が繁華し、人間とすれば三四十歳で立身出世の当地であり、進取的で始発する象位である。

午未支の二者は陰陽があきらかに顕章して動植物はひとしく生成し、人間とすれば五六十歳であり、その富貴や貧賤が判明するので、その興亡の百兆を判断すべきである。

申酉支の二者は陰陽が収束して動植物が完遂して収まり、人間は各位に帰納して各者は静穏の状況を得ることができる。

戌亥支の二者は陰陽が閉塞して動植物が帰胎し、人間は休息すべきであり各者は帰宿するのである。

これらの十二種の位相を詳解するときは、後にも先にも六十甲子であってそれにより次第に通暁するだろう。

甲子乙丑・（海中金）の象意とは何処から取象するのだろうか。

そこで気質が内在してストックされており、名称は有るが形象はない。

これは人間が母胎に存在するようなものである。

壬寅癸卯・根絶の地に金質が存在するが気質がまだ柔弱であり、絹織物のようでその故に（金箔金）といっている。

庚辰辛巳・金質が火土質の地支に位居し、気質はすでに発生し、金質はまだ粗鋼であって形成養育の郷に寄居し、西方位の正規の色彩を受けるため（白鑞金）といっている。

甲午乙未・気質はすでに物体を形成し、おのずと堅実な質量であり、砂地とは夥しく粒々とし、火煉の地には火煉に位居するため（沙中金）といっている。

壬申癸酉・気質は旺盛で動植物は至極し、蒐集の功が成り、鋭鋒たる刃物の状況ではなく、申酉金質の正規の位相であり、干頭の壬癸とは金属を水洗錬金して、その故に剣鋒の象位を取用して金質の功用の極致である。

庚戌辛亥・戊亥にいたると金気は伏蔵して形体だけが残存し、鍛練して首飾としてすでに形状を完成する。

堂奥の閨室の表扉に用心して施錠するのは、金質の功用である故に（釵釧金）としている。

壬子癸丑・（桑柘木）とは何処から取象するのか。そこで気質は盤屈して形状はまだ伸長せず、水質の居地であり（蠶衰の月）とし、桑柘（山桑）は気を被って時間の生成のとき取用としている。

庚寅辛卯・すなわち気勢はすでに陽性に便乗し、栽培の勢扶を得てその形状を為す。

金質の脚下におおきく位居し、およそ金質は帯霜して堅質であり、木質は下位に位居して旺盛となることができる。歳末の寒気に萎縮して堅質となる故に（松柏木）という。

戊辰己巳・気精は量を成さないが、物質がすでに時宜を得て枝葉が盛茂し、蒼々たる林を成して樹勢の旺盛に取用する故に（大林木）としている。

壬午癸未・甲木干は午支にめぐって死に符合し、未支にめぐって入墓する。その故に楊柳（やなぎ）は盛夏に葉々がしなだれ、枝や幹は柔軟でその柔性を取用する故に（楊柳木）としている。

庚申辛酉・五行の金質に属して納音の木質に属し、その取用は相剋である。そこで木質で辛干とは石榴木（ザクロ）とし、申酉支の気質が正静に帰し、物質が次第に実質となる。

木質が金地に位居してその味覚は辛く、その故に（石榴木）としている。

他種の樹木も午支にめぐって死に符合し、かの樹木は午支にめぐって旺に符合するのは、その偏向した性質のためである。

戊戌己亥・気質は伏蔵に帰し、陰陽は閉塞し、木精は根元に帰して土中に還伏する故に（平地木）としている。

丙子丁丑・（澗下水）と取象するのは何の所以か。そこで気勢がまだ通済せず、その流水の所為は高所ではなく、辺郷の這流で巡行する故に（澗下水）という。

甲寅乙卯・気精は陽明に顕われ、水勢は水源を恃んで滔々と東流し、その勢いは天をも浸すようである故に（大渓水）としている。

壬辰癸巳・気勢は東南に極まり、気質は離宮の傍らに侍し、あきらかな火勢が旺盛で水質は庫に帰し、盲点を補足しながら後進するために（長流水）としている。

丙午丁未・気精はまさに昇降し、火の位相は高くあきらかで、永々たる豪雨をして火中の水を済すとし、天上に存在する故に（天河水）としている。

甲申乙酉・気息は安静であり、母子が同位であるとし、顕われでて窮まりなく汲み上げても枯渇しない故に（井泉水）としている。

壬戌癸亥・天門の地として気精は閉塞に帰し、水精は遍く巡りても奔流しない。

水勢は静謐の位相に帰し、来たりても窮まることなくこれを容して溢れない故に（大海水）としている。

戊子己丑・（霹靂火）に取象するのは、気質にひとつの陽性が存在して水質の形象で位居し、水質のなかの火気ですなわち神聖な龍象ではない故に（霹靂火）としている。

丙寅丁卯・気勢が次第に発輝されて薪材の燃焼で顕炎し、陰陽の所為で陶冶し、天地をカマドとする故に（爐中火）としている。

甲辰乙巳・気質の盛んな地形として勢力は高岳と定まり、あきらかに伝承し陰に継承する母子相承の象にして（覆燈火）としている。

戊午己未・気勢は陽性の宮位の過度とし、重複して乖離して相互に会合し、あきらかな霊性の光彩がまじわり炎上が発輝する故に（天上火）としている。

丙申丁酉・気精のストックが形体化して輝きの勢いがかげり、兌の位相として亀甲のように萎縮して微力弱体とし、陽明には遠く及ばない故に（山下火）としている。

甲戌乙亥・（山頭火）とするのは、山岳の形態をストックして山頂に射光し、内面が明るく外辺が暗いのは、隠々として顕表せず射光して乾とし、休息の状況に帰する故に（山頭火）としている。

庚子辛丑・（壁上土）に取象するのは気精が閉塞に位居し、物体がまだストックされ形体が隠蔽され、内面も外辺も交通しない故に（壁上土）としている。

戊寅己卯・気質はよく物体を生成し、物体を育成する功により樹根を発動し、花弁の種子を発栄する故に（城頭土）としている。

丙辰丁巳・気質は陽性を継承して過度に発生し、ひとしく未来を造成する故に（沙中土）としている。

庚午辛未・気質は形体を継承して物体をもって進路をあきらかとし、形体があり質実を伴い、物体の姿をあきらかとする故に（路傍土）としている。

戊申己酉・気勢は帰息して物体は集合し、亀甲のように萎縮して長閑に退位し、美にして事なきが故に（大驛土）としている。

丙戌丁亥・気質は物体を完成して上納されて美しく円かであり、陰陽は巡歴してその勢力が間隙を介する故に（屋上土）としている。

（大驛土）は路傍の表土を観ると、百種の穀物が繁殖伝播しており、午未の地はその盛夏に長く扶養する時候で（大驛土）として四方へと通達する。

申酉の地は朋友の利益が亨る理（はたらき）であろうか。

（城頭土）は阻堤の功として王侯公人がこれを恃むのは、国を起ち上げて民衆を護衛するためである。

（壁上土）とはあきらかに用途は粉飾であり、臣民はこれを資本と為してゆったりと居住し、またゆったりと処世するのである。

（沙中土）とは土種のもっとも適潤のものであり、表土が適潤であれば生育し、それ故に有益でひとしく未来を生成するのである。

（屋上土）とは土種の成功者であり、静穏である故に一定に静止して移ろわない。

そこで五行のなかに位居し、負載するよう令を実行して養育の権能を司令することに、天地人三才と五行はみな不可欠であり、高処より下野して位相を得るし、四季に位相して有功とできるだろう。

そこで金質を得て鋭鋒は剛雄とし、火質を得て光明が照耀とし、木質を得て英華にして秀を越し、水質を得て波濤に漂流せず、土質を得て収穫がいよいよ豊饒で聚合して四散せず、かならず能く山岳を成為し、それは山岳が高峻なときである。

四散して聚合しないならば、かならずよく地盤を成為し、地盤とは原野であり、その用途は窮まりなく生々として、極まりなく土性の功用とは大と言えるだろう。

また聞いたところ「日家」がいう——

甲子乙丑では、子支は水性に属して湖水と為して水旺の地を生為し、子支は金質の死の符合で丑支は墓の符合を兼ね、水性旺盛で「金質の符合の死墓」である故に（海中金）とするのである。

壬申癸酉は、申酉支の金質の正規の位相で、申支は官星を座下に擁して兼ね、酉支は陽金から帝旺とも成り、金質はすでに生旺し、すなわち誠実な剛性であり、剛質にして剣鋒を違わない故に（剣鋒金）としている。

庚辰辛巳は、辰支は金質の養地で巳支の生地であり、初期に形質が生成し、まだよく堅質鋭利でない故に（白鑞金）としている。

甲午乙未は、午支は火質旺盛の当地であり火気旺盛で金質が敗退し、未支を火質衰退の当地とし、火質は衰退するが金質が冠帯にめぐるのは、火勢後退であり冠帯の方途で、未支はよく斬伐する故に（沙中金）としている。

壬寅癸卯は、寅卯支は木質旺盛の当地であり、木質旺盛とは金質の余剰でまた金質は寅支において絶の当地とし、卯支において胎の当地とし、金質はすでに無力である故に（金箔金）としている。

庚戌辛亥は、金質は戌支が衰の当地で亥支に至って病の当地であり、金質はすでに衰病の当地としてすなわち誠に柔質である故に（釵釧金）としている。

丙寅丁卯は、寅支を三陽とし卯支を四陽として、火質がすでに当令を得て、また寅卯支の木質から派生するとき、天地の開炉として万物が始めて発生する故に（爐中火）としている。

甲戌乙亥は、戌亥支を天門と為し、火質が天門を照らしその射光が高く至る故に（山頭火）としている。

戊子己丑は、丑支は土質で子支は水質で、水質の正位に居しまた納音の火質であり、神聖な龍神などではない故に（霹靂火）としている。

丙申丁酉は、申支は地扉を為して酉支は日没の門を為し、昇陽して射光を覆するが故に（山下火）としている。

甲辰乙巳は、辰支は喫飯のときで巳支は午睡のときで、日中の陽気の艶やかな勢力で天下に射光する故に（覆燈火）としている。

戊午己未は、午支は旺火の当地で、未支のなかの木質は復して火土質を生成し、炎上の火性が生成の当地で逢う故に（天上火）としている。

戊辰己巳は、辰支が原野を為し、巳支が六陽であり、木質がここに至って枝葉が繁茂し、樹勢の盛茂であり原野の当地に位居する故に（大林木）としている。

壬午癸未は、木質が午支で死令に符合して未支で墓令に符合し、木質はすでに死墓に符合しているのは、天干に壬癸の水質の生扶が存在してもである。結尾として柔弱である故に（楊柳木）としている。

庚寅辛卯は、金質が寅支座下に官星を蔵し、卯支は陽木の帝旺の当地にも当令し、木質はすでに生旺し、すなわち比して柔弱でない故に（松柏木）としている。

戊戌己亥は、戌支を原野と為して亥支を木質の生扶の地と為し、木質が原野に生成するのは、一つの根や株だけではない故に（平地木）としている。

壬子癸丑は、子支を水質に属して丑支を金質に属すとして、水性が木質を生扶し金質がこれを伐ち（山桑の樹木）が生育し、人間がこれを養蚕する故に（桑柘木）としている。

庚申辛酉は、申支を旧七月と為し酉支を旧八月と為し、このときに木質は絶気してただザクロの樹木だけがかえって実を結ぶ故に（石榴木）としている。

庚午辛未は、未支のなかに木質があり、また午支は旺火の位相で、旺火はすなわち土質として形体を受けて土気の生成の始発で、未支はよく動植物を育成し（路傍土）である。

戊寅己卯は、天干の戊己干が土質に所属し、寅支は艮山で土塊を堆積して、山岳とする故に（城頭土）としている。

丙戌丁亥は、丙丁干は火質に所属し、戌亥支は天門と為して火気がすでに炎上し、すなわち土質が下位で生成するのではない故に（屋上土）としている。

庚子辛丑は、丑支は土質の正規の位相だが、子支は水旺の当地であり、土質は水旺に逢って泥質となる故に（壁上土）としている。

戊申己酉は、申支は坤に属して地表を為して酉支が兌に属して澤を為し、戊己干の土質に「坤澤の上層」を付加して、蛇行する浮薄の土質ではない故に（大驛土）としている。

丙辰丁巳は、辰巳支は土質の庫絶地で、天干の丙丁の火質は辰支に至って冠帯し、巳支は座下に官星を蔵して土質はすでに庫地に絶し、火質が復して生成する故に（沙中土）としている。

丙子丁丑は、子支において水旺して丑支において衰するのは、旺盛にして衰微に反する。

すなわち江河と為ることはできない故に（澗下水）としている。

甲申乙酉は、木質が申支座下に官星を蔵して酉支は陽金の帝旺の支とも成り、金質はすでに生旺で水質がここに生成する由しで、その力量はまだ洪氾しない故に（井泉水）としている。

壬辰癸巳は、辰支を水庫として巳支を金質の長生の当地とし、金質に生扶された水質が巳支に旺じ、また庫地の水質が金質の生成に逢い、その存在は源泉が枯渇しない故に（長流水）としている。

丙午丁未は、丙丁干は火質に属して午支は火旺の当地であり、納音の水質であり水質が自ら火質を顕出するが、銀河とまではいかない故に（天河水）としている。

甲寅乙卯は、寅支は東北の方位で卯支は正規の東の方位であり、水流が正しく東漸してすなわち順流し、そこで渓水が沼地と合流して帰する故に（大渓水）としている。

壬戌癸亥は、水質が戊支で冠帯に巡りて亥支の座下に官星を蔵し、すなわち力量が厚く亥支を兼ねて江河と為し、他の滞水の比ではない故に（大海水）としている。

こうした諸説を探索して相互に明らかにする前に「古人が取象した義」を観るべきである。

これを試論するならば、五行の取象はみな相対して陰陽に分離し、終始あきらかに変化している。

甲子乙丑が甲午乙未と相対して（海中沙）として水土質を論じ、陰陽に分離している。

壬寅癸卯が壬申癸酉と相対して（金箔剣鋒）として金木質を論じ、その剛柔を隔てている。

庚辰辛巳が庚戌辛亥と相対して（白鑞釵釧）として乾巽の異方位を論じ、その形色もそれぞれ夥しく尽きないのである。

壬子癸丑が壬午癸未と相対して（桑柘楊柳）としてひと曲がり柔質にして、またその形質はそれぞれ別種である。

庚寅辛卯が庚申辛酉と相対して（松柏石榴）として一堅質一辛味で、その性質や味覚は数多に異なる。

戊辰己巳が戊戌己亥と相対して（大林平地）として一盛旺して一衰退する、巽乾の異なった方位である。

戊子己丑が戊午己未と相対して（天上の雷鳴）として雷号指揮し、太陽や月と同じように照明するのである。

丙寅丁卯が丙申丁酉と相対して（山辺の炉）として火勢盛んで木質が焚焼し、金質が硬旺して火質が滅尽するのである。

甲辰乙巳が甲戌乙亥と相対して（山頂の灯明）を覆して光彩を宿して風圧を畏れ、射光して艮を静止させるのである。

庚子辛丑が庚午辛未と相対して（路傍上壁）として形状が集合離散し、生死を分類するのである。

戊寅己卯が戊申己酉と相対して（城頭大驛）で東西南北の四維で、坤艮の正規の方位である。

丙辰丁巳が丙戌丁亥と相対して（家屋砂壁）として乾性と湿性を相互に用途とし、終始に変化するのである。

それらの円環や方位を看ると「旺相死休死」の範疇であり、遠近ともに用途としてそこから木火土金水の範疇から逸脱しない。

そこで干支に五行を配当し、陰陽を論じて終始おおいに明らかであり、天意と人為の力量を相い兼備し、生旺死絶の類いは併存している。

嗚呼。聖人は六十甲子の理（はたらき）を明察して過分に借用しなかった。

それは五行の性情や材質や形色や功用が、曲々循環して尽きず、その造化の作用に余剰の蘊蓄はないのである。

『易経』にいう—

天の道は陰と陽で、太陽の黄道である。十干毎に巡運して陰陽の義則が明らかである。

地の道を立論すると、柔質と剛質があり、辰支が地道であり、子支から亥支まで十二支毎に巡更し、剛柔の義が顕われ、単出して音声を成為する。

種々比較して音声の成為は天然質で、その故に日辰（干支）が錯綜し、納音の甲質で五音を生成して六象を取用し、この天地人の三才を完備し、そこで五行の余剰の蘊蓄はない。

干頭を禄としてその貴賤を定義し、地支を命と為して寿夭を定義する。

そこで納音を身体と為してその盛衰を察すれば、人間は富貴や命運を得て身体とともに旺相する。天地人の三才に気精があり、快楽長寿を司る。

もし「死絶休囚」に逢えば天地人の三才とも精気なく、かならず塵埃（ちりあくた）にまみれ、窮状の命運であることは疑いないだろう。

釋六十甲子性質吉凶

甲子金：宝物となり金木気の旺地を喜ぶ。進神であり、福星を喜び、平頭、懸針、破字である。
乙丑金：頑鉱となり、火気や南方位日時を喜ぶ。福星、華蓋、正印である。
丙寅火：炉炭となり、冬季や木気を喜ぶ。福星、禄、刑、平頭、聾唖である。
丁卯火：炉煙となり、南東地や秋冬季を喜ぶ。平頭、截路、懸針である。
戊辰木：山林野で非材質の樹木で水気を喜ぶ。禄庫、華蓋、水禄馬庫、棒杖、伏神、平頭である。
己巳木：山上の草花で春秋季を喜ぶ。禄庫、八専、闕字、曲脚である。
庚午土：路傍の乾土で水気や春季を喜ぶ。福星、官貴、截路、棒杖、懸針である。
辛未土：万宝を含み、秋季の完成を待ち、秋季や火気を喜ぶ。華蓋、懸針、破字である。
壬申金：武戈で子午卯酉支を大喜とし、平頭、大敗、妨害、聾唖、破字、懸針である。
癸酉金：重金属の鑿で、木気や寅卯支を喜び、伏神、破神、聾唖である。
甲戌火：火気の宿る所で春夏季を喜ぶ。正印、華蓋、平頭、懸針、破字、棒杖である。
乙亥火：火の熱気で、土気や夏季を喜ぶ。天徳、曲脚、である。
丙子水：江湖であり、木土気を喜ぶ。福星、官貴、平頭、聾唖、交神、飛刃である。
丁丑水：水流はないが清々しく徹るところで金気夏季を喜ぶ。華蓋、退神、平頭、飛刃、闕字である。
戊寅土：丘堤城郭で、木火気を喜ぶ。伏神、棒杖、聾唖である。
己卯土：堤郭の退削で申酉支火気を喜ぶ。進神、短夭、九醜、闕字、曲脚、懸針である。
庚辰金：錫合金で秋季や些少な木気を喜ぶ。華蓋、大敗、棒杖、平頭である。
辛巳金：金気の生扶、雑多な砂石、火気秋季を喜ぶ。天徳、福官貴、截路、大敗、懸針、曲脚である。
壬午木：柳樹幹で春夏季を喜ぶ。官貴、九醜、飛刃、平頭、聾唖、懸針である。
癸未木：柳樹根で冬季水気を喜ぶ。春季を適宜とし、正印、華蓋、短夭、伏神、飛刃、破字である。
甲申水：良質の井泉で春夏季を喜ぶ。破禄馬、截路、平頭、破字、懸針である。
乙酉水：谷間の水地で東南方位を喜ぶ。破禄、短夭、九醜、曲脚、破字、聾唖である。
丙戌土：堆丘で春夏季水気を喜ぶ。天徳、華蓋、平頭、聾唖である。
丁亥土：平原で火木気を喜ぶ。天乙、福星、官貴、徳合、平頭である。
戊子火：雷であり水気春夏季を喜び、土質と神性を得る。天伏神、短夭、九醜、杖刑、飛刃である。
己丑火：雷であり水気春夏季を喜び、地質と暗性を得る。華蓋、大敗、飛刃、曲脚、闕字である。
庚寅木：松柏樹幹で秋冬季を喜ぶ。破禄馬、相刑、杖刑、聾唖である。
辛卯木：松柏樹根で水土気春季を喜ぶ。破禄、交神、九醜、懸針である。
壬辰水：龍水であり雷電や春夏季を喜ぶ。正印、天徳、水禄馬庫、退神、平頭、聾唖である。
癸巳水：海水へ流入する水で亥子支を喜び変化する。天乙、官貴、徳合、伏馬、破字、曲脚である。
甲午金：精錬の金で水木土気を喜ぶ。進神、徳合、平頭、破字、懸針である。
乙未金：炉中の遺金質で、旺火や土気を喜ぶ。華蓋、截路、曲脚、破字である。
丙申火：茅原の野焼きで、秋冬季や木気を喜ぶ。平頭、聾唖、大敗、破字、懸針である。

丁酉火：火質の姿なき神霊の響き、辰戌丑未支を喜ぶ。天乙貴神、平頭、破字、聾唖、大敗である。
戊戌木：よもぎの枯れ草で火気春夏季を喜ぶ。華蓋、大敗、八専、杖刑、截路である。
己亥木：よもぎや茅で水気や春夏季を喜ぶ。闕字、曲脚である。
庚子土：地中の洞穴や大屋根であり、木金気を喜ぶ。木徳合、杖刑である。
辛丑土：墳墓であり、木火気や春季を喜ぶ。華蓋、懸針、闕字である。
壬寅金：金属製の装飾である。木気や些少の火気を喜ぶ。截路、平頭、聾唖である。
癸卯金：環柄付きの大鐸（すず）で盛火気や秋季を喜ぶ。貴人、破字、懸針である。
甲辰火：灯（ともしび）とし、夜間や水気を喜ぶ。悪筆、華蓋、大敗、平頭、破字、懸針である。
乙巳火：灯（あかり）とし、夜間や水気、申酉支秋季を喜ぶ。正禄馬、大敗、曲脚、闕字である。
丙午水：月輪とし、夜間や秋季水気を喜ぶ。喜神、羊刃、交神、平頭、聾唖、懸針である。
丁未水：水質の光彩であり、夜間や秋季水気を喜ぶ。華蓋、羊刃、退神、八専、平頭、破字である。
戊申土：秋季の田地であり、申酉支や火気を喜ぶ。福星、伏馬、杖刑、破字、懸針である。
己酉土：秋季の穀物の収穫であり申酉支や冬季を喜ぶ。進神、截路、九醜、闕字、曲脚、破字、聾唖。
庚戌金：予備の刀剣であり、些少の火気や木気を喜ぶ。華蓋、杖刑である。
辛亥金：宝物の金属製の鼎器であり、木火土気を喜ぶ。正禄馬、懸針である。
壬子木：溢水の樹木であり、火土気や夏季を喜ぶ。羊刃、九醜、平頭、聾唖である。
癸丑木：微浸水の樹木であり、金水気や秋季を喜ぶ。華蓋、福星、八専、破字、闕字、羊刃である。
甲寅水：降雨であり、夏季火気を喜ぶ。正禄馬、福神、八専、平頭、破字、懸針、聾唖である。
乙卯水：滴露であり、水火気を喜ぶ。建禄、喜神、八専、九醜、曲脚、懸針である。
丙辰土：堤岸であり、金木気を喜ぶ。禄庫、正印、華蓋、截路、平頭、聾唖である。
丁巳土：川流の阻土であり、火気や西北位を喜ぶ。禄庫、平頭、闕字、曲脚である。
戊午火：日輪とし人は夏季が忌、冬季が喜。戊子己丑甲寅乙卯が忌。伏神、陽刃、九醜、棒杖、懸針。
己未火：日光であり夜間を忌む。戊子己丑甲寅乙卯が忌。福星、華蓋、羊刃、闕字、破字である。
庚申木：ザクロの花とし、夏季を喜び秋冬季を適宜としない。建禄馬、八専、杖刑、破字、懸針。
辛酉木：ザクロの種子とし、秋夏季を喜ぶ。建禄、交神、九醜、八専、懸針、聾唖である。
壬戌水：海であり、春夏季や木気を喜ぶ。華蓋、退神、平頭、聾唖、杖刑である。
癸亥水：百の河川であり、金土火気を喜ぶ。伏馬、大敗、破字、截路である。

以上、記載した六十甲子とは、大いに盛旺な者は、忌機に際して小弱に転変する。

小弱者は盛大者に転変するために欲するものである。

たとえて先に貧賤者でその後に富貴者になるのは、すなわち栄華である。

また先に富貴者でその後に貧賤者なのは、すなわち濁辱なのである。

そこで先の貧賤を肯定せず、その富貴を論点にしない。

また、先の富貴を肯定せず、その貧賤を論点にしない。

たとえば生年柱が木質に属し、月令が庚寅辛卯のとき、すなわち木質が盛大であると知るべきである。

もし他の月日時胎に木質が存在しないときは、すなわち松柏論を採用する。

　万が一、そこで楊柳木や石榴木が存在するときは、すなわち大局を放捨して小事を採用する。そこでは松柏論は採らない。

　仮に壬午癸未生まれの人は、すなわち木気勢が微勢だと知るべきである。そこで他に月日時胎に木質が存在しないときは、すなわち楊柳論を採る。万が一、そこで松柏論や大林木が存在するときは、すなわち小事を採らずに大局を論点にするのである。すなわち楊柳論を論点にしないのである。

　また天上火や剣鋒金や大海水や大驛土の生まれの人に至っては、他位の月日時胎に同属の納音が存在するのは微勢者である。

　また覆燈火や金箔金や井泉水や沙中土の生まれの人は、他位の月日時胎に同属の納音が存在するのは盛大者である。

　あるいは概容を引喩して聖域に所属する。あるいは先に重篤でのちに軽微である。

　これらはみなその変容に従う者として論点にする。つまりその一端だけに拘泥してはならないのである。


【甲子】従革の金質においてその気質が解体するときとは、戊申の土質を得て癸巳の水質を伴相して吉兆である。

　癸干からみて戊申は金質の生扶かつ官殺の地であり、従って土質は子支に逢って旺盛し、かならず生成の能を為すのである。

　癸巳は巳支蔵干に金質を所蔵し、子支に逢って水旺し、納音は各位に所帰して「朝元禄」を成為するのである。丁卯に丁酉を忌とするとき、戊午の火質を介するとよいだろう。

『閻東叟書』にいっている―

　甲子の金質は進神と為し潜行して「虚中の徳」として、四季いずれも吉兆で貴格に入格して旺盛の気を承け、すなわち精微な技能にして先駆の栄を司事するだろう。

【乙丑】自庫の金質として火質は剋害できず「退蔵の金質」として、もし刑害衝破が無ければかならず顕栄するだろう。ただ己丑だけは己未の火質を忌むのである。


『閻東叟書』にいっている―

　乙丑を正印と為すときは大福徳を具備するとし、秋冬季を富貴長寿と考え、春夏季を吉のなかの凶兆としている。入格するときはすなわち福分を享受する建功があるが、偏官を帯殺するときは凶揺に際会するだろう。

『玉霄寶鑑』にいっている―

　甲子と乙丑はまだ金属器として未完成なので、火錬を経て完成する。

　そこで火質が多ければ吉兆なのである。

【丙寅】赫々たる陽光の火質であり、これに水質の制御が無ければ炎上燥烈の憂いがあるだろう。だが水質が過分でもいけないので、ただ甲寅の水質を最適としている。

　これを済する位相としてまた「朝元禄」としている。

『五行要論』にいう―

　丙寅の火質は霊明の精気を含み「四季に生々する徳」として貴格に入格する。

　また文彩の発揚ともして、先駆の貴気を司事するのである。

【丁卯】伏明の火質として、気質が微弱で木質の生扶を適宜とする。

　水質に逢えばすなわち凶兆で、乙卯が乙酉を見るときや水気が窮状である。

『五行要論』にいう―

　丁卯は沐浴の火質であり、雷動して風性の気質がある。

　水質の既済で到達するとし、土質を堆載して基礎は厚く、木質の資扶で文彩の発揚とする。

　ここで金質が太過したり、月令が夏季であればすなわち粗暴である。

『鬼谷遺文要訣』にいう―

　丙寅や丁卯は秋冬季をして適宜に保持する。（註にいう）―

　火質がなく金質が太過したり、火質が存在しても秋冬季であれば、気勢に憂いがあり恒久ではない。

【戊辰】土質の干支で納音の木質で、金質がこれを剋害できず、そこで土質が金質を生扶して母子生育の道とし、水質の生扶があれば「佳」としている。

『五行要論』にいう―

戊辰庚寅癸丑の三星は、木質で健清の数位を作動して春夏季に派生し、とくに独立して奮起し、転変して成功し、さらに旺気に便乗して暁天まで屹立するかの志しがある。

ただ秋季の月令を忌として、志節を懐中にしながら屈して伸長しない。

【己巳】火気体で納音木質とし、金質がみずからここで派生しても己身に傷はなく、生旺の水質に逢うのを忌とする。

『閻東叟書』にいう―

己巳は巽に存在して風動の木性とし、樹根が危うくゴッソリ抜けてしまう。土金質をもって和合するとし、運歳が東南に帰すればまさに成材の用途にできる。外面は陽性で内面は陰性であり、とくに資扶もなく気質は虚ろに四散し、さらに金質の精鬼が剋害するので資材の木質ではない。

珞琭子氏がいう―

己巳戊辰とは乾宮に巡りて災厄を脱するのである。（註にいう）―

己巳戊辰とは木質を挙揚する種類で、西方位たる金質の旺郷や納音の木質に至り、ここに絶して逢厄する。

もし乾亥の宮に逢えば、木性が水質を得て長生するとし、その故に災厄を脱するのである。

【庚午辛未】土質の派生であり、木質がこれを剋害できず水質の太過を忌み、かえってその気質を損害する。木質が太過すればかえって有為に帰し、木質が閉塞して蓄すれば未開発である。

『閻東叟書』にいう―

庚午辛未戊申己巳はみな厚徳の土質で鎮静の包容があり、和気が融合して福禄が優れて豊かであり、入格すればすなわち「諸岳歴訪の任に多く耐える」とし、あまねく博愛の功を恵施するだろう。

【壬申】金質で座下に官殺を蔵する。水土質を擁せば有利であり、もし丙申丙寅戊午の火勢を擁せば窮状があるだろう。

『閻東叟書』にいう―

壬申の金質は天賦の将威をもち官殺の資質がある。秋冬季には生殺の権能を掌中にし、春夏季には吉意は微勢で凶揺である。

入格すれば名声を功としみずから奮起するが、偏官を擁せば権能が逓減する。

【癸酉】堅成の金質であり、たとえば火質は酉支に逢って死相だが、ここで火質を何の傷とするのか。ただ丁酉のとき、火質を擁して位相を瑕疵するのである。

『閻東叟書』にいう―

癸酉は自性の金質の旺であり、純粋の気質を稟けている。春夏季に性質は英明と為り、秋冬季に貴相とする。入格すればすなわち行業の功として節操を博し、特異な倫理を表呈する。

もし偏官を擁せばすなわち少年期は強豪で、四十歳以降はしだいに徳質が純粋となるだろう。

『玉霄寶鑑』にいう―

壬申癸酉は金質旺盛の位相で、重複してまた旺ずるのは不可とし、旺ずればすなわち人物を傷害し、火質を擁するのを不可とし、火質に逢えばすなわち自ら損傷するだろう。

【甲戌】自庫の火質として滞水を嫌い、ただ壬戌を忌とするが「墓中に受剋する」としてその患いは忌避し難い。

『五行要論』にいう―

甲戌は火質で印や庫でも為るのである。向陽の蔵密の気質を含意して貴格に該当すれば、富貴が光彩を発し、ただ夏季の月令を忌とする。

そこで吉兆のなかの凶意を防備するのである。

【乙亥】伏明の火質としてその気質は沈鬱で墓根質を為用となさない。

己亥辛卯己巳壬午癸未は木質の生扶とし、すなわち精神は旺相する。

癸亥丙午は水性とし、これを擁せば不吉である。

『閻東叟書』にいう―

乙亥はみずから火質は絶し、明敏にしてみずから静性を含み、光彩を隠蔽して跡形なく、寂然無形としてこれを重複して擁せば、高尚な道人か吉徳の君子であろう。

【丙子】流繹の水質として堆土を忌とし、ただ庚子を忌むのは旺気に鬼に逢うとし、不祥にして大為はない。

『五行要論』にいう―

丙子は水旺の水質で上層が陽性で下層が陰性である。
精神ともに全備してこれを擁すれば、天賦の資性が曠達し、その識量は深淵であり、春夏季に人物を済して利潤の功を建てるだろう。しかし辛未丙辰丙戌相刑破を忌むのである。

【丁丑】福聚の水質として金質の生扶を最適とする。

『五行要論』にいう──

丁丑にとって乙酉とは数列上で布散の水気とし、陰性が旺盛で陽性が微かであり、器量の清明を禀けるときは智慧があっても福分に欠けるとしている。

水木もろともに旺盛の気質のとき、すなわち陰陽は均しく協働し、高位高潔の士である。

【戊寅】受傷した土質としてもっとも微力であり、旺火の生扶や気質の資扶を必要とする。

そこで己亥庚寅辛卯などの木勢の剋害を忌として、日主は非長寿の凶揺がある。

『五行要論』にいう──

戊寅が丙戌に逢うときこの二者は、土徳に便乗して厚徳の気質である。

一者でも火質を生扶したり含蔵すれば陽質の霊性が勃興し、福慶の星兆としてこれを貴格とする。

その道徳は世に顕表し、高位をきわめて貴人の臣ともなり、いわゆる親王や貴公子である。

この日主の多くは格局を得るとき、福寿は連綿として終始安穏である。

【己卯】自死的な土質とし、甚だ抑圧的である。丁卯甲戌乙亥己未の火質を得て貴重とし、合絆の来たるを由しとして致福するのである。

『五行要論』にいう──

己卯を自死的な土質として震を建位し、雷動して風迅を行為する。四散して和気を為して徳質はおのずと沖虚として、これを禀ける者は道を行うことを有為とする。

随所に変応して適宜とし、福寿を自在として養生する。ただ「死絶」を不利とするのは、すなわち仮の身分として久しく帰位しない主義だからである。

『三命纂局』にいう──

戊寅己卯は受傷的な土質で、木質を成為するのは損害で不可とし、またそのとき土質は無力であろう。

『玉霄寶鑑』にいう──

戊寅己卯の土質とは水質に逢うのを不適として、水質が存在しても財神と為さず、木質を畏れず木質に逢えば堅質となり、戊寅とは土徳の旺気と火質の生扶を含むのを肯首し、そのとき日主は福寿連綿であろう。

また再び己卯に逢うのは、死絶として適宜とせず逢えばすなわち凶揺であろう。

【庚辰】聚気の金質として火質の制御は不用とし、みずから成器とする。火勢盛んならばかえって成器を損傷する。そこで病絶と火質の併臨は無害である。

もし甲辰が乙巳の火質を擁するとき、凶意を語ってはいけない。

また木質の聚合を損害することもできない。そこで当方の気勢が聚合するだけなのである。

『閻東叟書』にいう──

庚辰の金質は剛健にして厚徳を具備し、かつ聡明にして疎通明らかであり、とくに春夏季に禍福が聚伏して秋冬季に秀気が聚実し、そこで入格すれば文武両道の資質で、また偏官を擁せば兵権の趣向がある。

【辛巳】自ら発生する金質としてその精神は具足し、体質気質を完備して化炎が熾烈にして亡失しない。

また丙寅乙巳戊午の火質を忌むとし、しかし金質は巳支から生成するもので火質から生成する訳ではない。

たとえば午支において敗し寅支において絶し、そこで気質が四散してまた生旺の火勢を重複するならば、炭化を肯首するのである。

『五行要論』にいう──

辛巳の金質を自生の学堂として英明魁奇の徳を具備し、秋冬季には十全の力量を得て春夏季は七凶三吉とする。貴格に入格すれば、すなわち学行の英偉を司事して清貴を享身し、つねに整然たる心性を懐くであろう。

『玉霄寶鑑』にいう――

庚辰辛巳はまだ金質の成器ではなく、火質に逢うのが宜しく、また辛巳は巳火を為して自生としており、これに適合すれば日々新しく光り輝くであろう。

【壬午】柔和の木質でその枝幹は柔軟であり、木質はよく火質を発生するが、かえって火勢が多いのを忌としてすなわち焼尽してしまう。生旺の金質であってもこれを損傷できない。

しかし金質が纏身して己身が破敗し、また逆に金質を得てかえって高位となる。

水土質が旺盛ならばまた高位とするが、ただ甲午の金質がこれを損傷することを忌とする。

『五行要論』にいう――

壬午は自死の木質とし、木質は死絶してすなわち遊魂し、また神気は霊秀でありこれを稟けるとき静明の徳を呈する。

そこで仁質を懐中にすれば「勇」とし、建功を立行するのは静性にして勇敢というべきであり、ますます寿命が延長するだろう。

【癸未】自庫の木質にして、気勢が生旺であれば良運である。乙丑の金質とは衝破できないのだが、各者はその根元に帰着して相互に侵犯しない。

庚戌は乙未の金質を忌とするのである。

『五行要論』にいう――

癸未の木質とは正印とし、文章あきらかで吉に会合する徳を供するのだ。

この徳を稟ける人種は世間の才覚を有し、清華の福分を享受するだろう。

『玉霄寶鑑』にいう――

壬午癸未は楊柳木とし、そこで陽木は午支に逢って死に符合し、陰木は未支に逢って墓に符合する。

その故に盛夏に葉々が繁茂し得るときは、すなわち富人で長命であり、繁茂しなければすなわち窮状である。

【甲申】自生の水質としてその気質は氾流して適宜に帰着するが、それは金質の生扶を受けているのである。堆土を忌とせず、とくに戊申庚子の土質は忌嫌としている。

『五行要論』にいう――

甲申の水質は自生であり天真の学堂を含意し、格局を得るとき智識は聡明慧明で、その妙用は無窮である。

【乙酉】自敗の水質として聚金の相を象徴し、己身の気質は既弱であり、母神の育生を補助としている。

己酉己卯戊申庚子辛丑の土質を忌として、すなわち濁として窮状するだろう。

【丙戌】福分壮禄の厚土として木質はこれを剋害できず、生旺の金質を忌とし、もし火勢の盛旺に逢えば、すなわち貴人であることはいうまでもない。

【丁亥】座下に官星を蔵する土質として、木質がこれを剋害できず金質の太過を忌嫌して、火質の生扶を得たとき救応の吉兆とし、己亥辛卯の木質を忌とする。

『五行要論』にいう――

丁亥庚子の二つの土質のなかに金質を含蔵し、内部は剛質で外表は軟質で、これを稟けるときは定力を有するとしている。

土質の下層で水火の旺気が既済するとき、よく事を立脚して建功し、威勢果敢に行為するだろう。

【戊子】己丑とともに水中の火質とし、また神龍の火気と称している。水質に逢えば貴人とし、六気（寒暑湿燥風火）の火質の司君と為るだろう。

『五行要論』にいう――

戊子は質実の気象とし、精神の光輝をまっとうし、四季の福分を温存し、貴格に入局すれば大人君子として大器かつ覇気あり、富貴にして終局的に吉意である。

【己丑】天将の火質として天乙貴人の本家格とし、威光厚福の気を蔵し、険峻を越えて猛性を発し、これが貴局に逢うとき将士の徳として、功を建てて名声の先駆となるだろう。

『指南燭神経』にいう――

丑支は火質として胎養に符合するとき、その気質は次第に隆盛し、もし丙寅や戊午の火質の助勢があれば、済物の功能を成為するだろう。

【庚寅辛卯】歳寒の木質とするが、霜雪が無くともその情操を改変するが、金質はよく削伐の能として、上部の庚辛干は必然的に制御して材質を成為するだろう。

『閫東叟書』にいう―

辛卯の木質は春夏季に自旺し、すなわち節気を抜粋し功を建てて事象を立脚する。

秋季月令のとき、すなわち錯乱して挫折し、気勢は伸長しないだろう。

【壬辰】自庫の水質とし、もし沼地のような堆水の地形ならば、金質が巡って破水決裂するのを忌とする。

もし重複して壬辰に逢えば自刑の形と為るものの、辰土に咎はなく水土質の太過を喜ぶのである。ただ壬戌癸亥丙子の水質に逢うのを畏れるのは、太過して生旺するためであり、奔馳して帰着できないだろう。

『五行要論』にいう―

壬辰の水質を正印と為すとき豊潤で清明の徳を蔵し、これを稟けるときは容器として大を為すだろう。

その心識は鏡のようであり、春夏季を月令とするときは、大いに福慧を作動する。秋冬季を月令とするときは、虚詐を姦計して徳分は薄いであろう。

【癸巳】自絶の水質とし「涸れた水流」と称し、もし丙戌が在っても丁亥庚子を擁せば壮厚の土質を肯首し、その燥質を擁して待期すべきとする。

もし三合金局などが生扶すればその源泉は混々とし、登科して進級するだろう。

『五行要論』にいう―

癸巳を自絶の水質とし乙卯を自死の水質として、すなわち陰に傾き退いて閉扉し、精心はまことに吝嗇となるだろう。

そこで貴気を凝成するとき、貴局に便乗するとして妙道たる君子に属し、早年より体躯に徳を常備し、百物に功績を含有するだろう。

【甲午】自敗のまた剛強の金質として火質に逢って生旺し、すなわち成器と為るだろう。

もし丁卯丁酉が戊子に逢えば、火質として凶揺である。

『五行要論』にいう―

甲午の金質は先駆の神気と為して剛明の徳を具備し、秋冬季はすなわち吉兆でまた春夏季は凶兆であろう。貴格に入局するときは科第して衆伏させる功を建てるが、そうでなければ殺意を帯び、すなわち退戻して暴剋し、恩義に寡黙であろう。

『指南燭神経』にいう―

甲午の金質は剛強で瑕疵とし、そこで制御すなわち沈潜を為とする。

（註にいう）―「沙中金」は粗剛にして殺意を帯び、これを制御するものは火質の陶冶であるとしている。

『鬼谷遺文要訣』にいう―

甲午は官殺を喜としている、と。

李虚中氏がいう―

甲午の金質は剛強で瑕疵として壬子の木質で懐柔し、また壬子は甲午を得て、また甲午は壬子を得て、陰陽の専属の位相とし、かえって明らかな霊性があるのである。

【乙未】偏庫の金質として、また火質の制御や土質の生扶により、すなわち福気が壮聚し、そこで己未丙申が丁酉の火質に逢うことなどは忌なのである。

『五行要論』にいう―

乙未の金質とは、木庫のなかの点在なのであり、天将と為り仁義厚純の徳を具備するものとして、そこで不吉であれば為す術なく、貴格に該当すれば世表に顕われずとも英傑とし、先駆の鎮士として倫然たるものである。

平常の格局のときは、殺意を帯びて犯罪の衝動があり、小人物のなかでは君子格として長寿者であろう。

【丙申】は自病の火質であり【丁酉】は自死の火質であり、その気質はきわめて精微であり、たとえば木質の扶助があれば、その気質は方正に生成し、甲申乙酉甲寅乙卯の水質を忌としている。

『閫東叟書』にいう―

丙申は病符の火質であり木質の生助で文明の徳を為し、水質の生為であきらかな性質となる。

土質の存在は慧福の基礎とするが、金質の存在により暴虐性を為し、たとえ星辰の配列が佳くとも不和の乱気を亢する。

『五行要論』にいう―

　丁酉は自死の火質として寂静で隠者然たる気質を蔵し、表相は和気にあふれても内実は堅剛である。貴格に該当するとき、道心ある君子と為り、自然に徳を行うだろう。

【戊戌】土中の木質として、堆土を重見するのを忌とする。

　もし納音の土質が太過すれば、一生涯成果がないだろう。

　そのとき金質が存在しても無効であり、というのも金気は戊支に逢って四散するので、金質に逢えば福分を致福し、水木質が潤沢で旺盛であれば貴格と為る。

『閻東叟書』にいう―

　戊戌の木質は根基が単立し、旺盛な水火気の和合により英明かつ秀実の徳を備えるだろう。

　格局に入格すれば、文章が進捗して通達し、終始福禄に恵まれて天将の気昌に乗り、日主は歴々たる艱険を経て常備し、節操も一貫してまさに晩景の福分に逢うだろう。

【己亥】自生の木質として根本の繁盛とし、金質の聚合を忌とせず、ただ辛亥辛巳癸酉の金質を忌とする。もし乙卯丁未の水質や癸未の木質に逢えば、大貴は疑いないだろう。

『五行要論』にいう―

　己亥は自生の木質として、衆に抜きんで英才優秀の徳を呈し、処々に特達してこの同属者はみな清貴だが発達は微かであろう。

『閻東叟書』にいう―

　己亥の木質はタイミングが良ければ清貴で、時宜を逸すればすなわち辛苦であろう、と。

【庚子】厚徳の土質としてよく聚水を抑止する。ほかに木質を忌としないが、そこで子支は木質に逢っても覇気なく、もし壬申の金質に逢えば「明位禄」と称して、その高貴は疑いないだろう。

【辛丑】福聚の土質として、聚木気がこれを伐つことはできない。そこで丑支を金質を所属する蔵庫として、丑支に所蔵する金質は木質に逢って削傷するだろう。


『玉霄寶鑑』にいう―

　庚子辛丑の土質は、木質を喜び水質を忌とする。木質に逢って官星と為し、水質に逢って不適性である。

『閻東叟書』にいう―

　辛丑己酉の土質のなかに金質が点在し、剛性で厚徳であり、和気あっても馴れず水火質の旺気により上司と部下を調整する。すなわち功名が威烈し、果敢を為すだろう。

【壬寅】を自絶の金質とし【癸卯】を気散の金質として、もし聚火気に逢えば気質を喪失する。そこで水土質と暁天を吉兆としている。

『五行要論』にいう―

　壬寅癸卯を虚弱の金質と為し、柔仁と剛義の徳を兼備し、また秋冬季は剛健として、凶意なく吉兆に好転する。春夏季はすなわち内実が凶体で表相が吉意かつ、吉意に先んじて凶揺である。

　貴格に入局すれば英明の志節で、七殺を帯びれば粗暴で夭寿を全うし難いだろう。

『三命纂局』にいう―

　癸卯を自胎の金質とし、もし丙寅丁卯の炉中の火質に逢えば、胎金にとって忌と為さず、かえって炉中の成器と成るためである。

【甲辰】偏庫の火質として火気の助勢が多ければ吉兆であり、いわゆる同質の気を求めることである。そこでその不足を資扶するのである。

　もし戊辰戊戌の木質の生扶に逢えば、貴格と為るだろう。逆に壬辰壬戌丙午丁未を忌とし、瑕疵の水質としている。

『五行要論』にいう―

　甲辰を天将の火質と為し、敏速で峻烈の気勢を蔵し、貴格に入局すればすなわち特達するだろう。また先駆の文才を為し、秋冬季に利得して春夏季に不利である。

【乙巳】臨官の火質として、水質がこれを害することはできず、そこで水気が消去したとき静止し、また水質を得れば済水することで、純粋性を為すのである。

　もしそこで火質が二三点助勢すれば、なお佳運である。

『五行要論』にいう――
乙巳の火質は純陽を蔵し、巽の気を発動する。光輝が充実して春冬季寄りを吉兆とし、夏秋寄りを凶揺としている。

【丙午丁未】銀河の水質として土気が阻土できず、天上の水質として地表の金気が派生することはできない。

火質が太過して生旺すれば、かえって万物は損傷し、夥しく死絶するだろう。また万物を生扶することもできない。

『五行要論』にいう――
丙午とは崇高な水質で、その本体は南方位の温存の気質なのである。気質が虚実に変易する種類に属する。炎映が有為に変異し、群徒の魁衆として頭角を顕すだろう。

丁未は天地人三才の全数を具足するとき、中和の気質を得てこれを稟けるとき、日主は精神の気質を全うし、その性根は妙高にして変易自在である。

【戊申】堆丘の土質として水質は戊申にて干上がるが、害することはできない。

もし金水質の生助が多ければ、すなわち富貴かつ尊栄の格局といえるだろう。

【己酉】自敗の土質としてその気勢は不足するので、火勢を生助として丁卯丁酉の火質に逢えば吉兆であり、切に死絶を忌として辛卯辛酉の木質を畏れて塞滞して非長寿であろう。

【庚戌辛亥】堅成の金質として火質に逢ってはいけないのは、損傷を危惧するためである。

もし水質を得て相生するとき、そこで貴と為るだろう。

『閻東叟書』にいう――
庚戌は火性墓符の金質とし、みずから暴剛苛烈を恃んで、秋冬季はあまねく沈厚で、春夏季は動作して吝を悔いるのである。君子たるならば兵権の権威を執行し、小人たるならば狼勇の性分である。

辛亥の金質は天性健康で明純かつ中正の気質を稟け、春秋冬の三季を吉兆とし、夏季は七分が吉で三分が凶である。これが貴格に則るとき、本体は仁として義を堅守し、もし刑衝七殺を帯びれば、粗暴で貪欲を功績と為すだろう。

【壬子】を専位の木質とし【癸丑】を偏枯の木質として、死絶に符合すればすなわち富貴であり、逆に生旺であればすなわち窮状であろう。木質が太過すれば非長寿で、逆に土金質が旺盛ならば佳運であろう。

『五行要論』にいう――
壬子を幽陰の木質とし、陽性が微で陰性が盛で、柔性にして立地しない。仁に属し水徳を用事として、ただ丙午の水質に対して、すなわち水質と木質とが衝する徳を生為する。

神仏のような異能の士に属し、格式は常規を逸した流儀である。

『指南燭神経』にいう――
壬子の木質は柔性を欠き、また逆に挙揚し、そこで仁質が高明である。

(註にいう)――壬子の木質は旺水の郷に存在し、子支のなかに微かな陽性の気質を含んで発生する。

癸丑は柔く脆く折れ易く、そのため自敗の木質とし、これを挙揚して火土質の気勢を要したならば、ますます敷栄しすなわち仁勇であり、かつ高明なのである。

【甲寅】を自病の水質とし【乙卯】を自死の水質とする。しかし死病に符合するとはいえ、土質がこれを阻土することはできない。

だがこの干支二者は、土質の制御を要するのである。

もし壬寅癸卯の金質に逢えば優性かつ裕福と為るだろう。

『五行要論』にいう――
甲寅と壬戌の二者の水質は、逆に抑伏して為とし、陽性より陰性が優性で、日主は姦しい邪質の害物ではあるが、火土質の補填の加減で方正な大器と成るだろう。

【丙辰】自庫の土質として厚質で壮性である。甲辰の火質を喜び、戊辰の木質を忌とし、この土質は木気によって損傷することはできないのである。

そこで丙干は火質であり、辰支は火質の納庫ですでに土質は成器と成り、ただ戊戌己亥辛卯戊辰の木質を忌としているのだ。

『五行要論』にいう――
丙辰の土質を正印と為すとき、五福かつ吉兆に際会する徳を建て、これを稟けるときはみな大いに亨りて有意義であろう。地位のない富者のときは犯罪の衝動があり、その多くは僧道を為とするであろう。

【丁巳】自絶の土質とするが絶符を肯首せず、そこで一点の土質が二点の火質の下層に位相し、父母の郷に在るとして、天賦の恩義に浴する故に絶性を為としない。

木質がこれを剋害できず、火質が過多であればますます佳運である。

『玉霄寶鑑』にいう―

丁巳は東南の火徳の旺数を蔵し、これを得るとき福寿の容相が成るだろう。

【戊午】を自旺の火質とし【己未】を偏庫の火質として、離明の方位に位居し旺相の地象でその気質は極盛であり、他所の水質が損傷しないならば、丙午丁未の天上の水質を忌としている。

『閻東叟書』にいう―

戊午を自旺の火質として、炎上の気象で離明を所蔵する。無情にして人物を治めるが、動作して衆中に違和感がある。

秋冬季が月令のときは水質で済し、土気が旺じてすなわち豁達として高明であり、福力も堅壮である。春夏季が月令のときは、金木質で済して迅速に光騰するが、その寿命は恒常ではない。

『五行要論』にいう―

己未は衰性の火質として余剰の気質を実蔵し、春夏季の月令のときは運気は沈潜の郷に所属し、すなわち峻敏にして明達してその慶福は深遠であり、夏季が月令であれば和合の気質はなく、秋季が月令であればすなわち、先んじて吉兆でその後に凶揺であろう。

【庚申辛酉】これは二種の木質であり、金気が木質の上層に位居している。そこで金質をして成器とし、重複して金質を擁するのを忌とするのは、その成器が損壊するためである。

もし甲申乙酉の水質に逢えば、すなわち入格するのである。

『玉霄寶鑑』にいう―

庚申は自絶の木質であり、神変して游魂する。この日に出生する者は常格でも非凡の器であり、日主の天賦の性質は夥しく異彩で、その家族が当人を落ち着かせることは無理である。

貴格に入局するときはすなわち英傑の才能があり、隠然たる功績があるだろう。

辛酉は失位の木質として木気が金質に囚われて、こうした成局のとき多く渉世は艱難であろう。

ただ癸卯の金質に相対するとき、すなわち剛柔が相互に済し、群徒より抜きん出て高位及第が決定するだろう。

『指南燭神経』にいう―

貴い魂が天に遊び、その故に庚申の木質は死絶を忌としないのである。

独坐して庚申の性分を堅守する。（註にいう）―

庚申は自絶の木質とし、木気とは五臓の肝臓に属して魂魄の所在とし、木質が休絶に符合するとは、すなわち魂は天に遊ぶとする。その故に庚申の木質は死絶を忌とせずに貴相として天に遊ぶ。

『鬼谷遺文要訣』にいう―

辛酉は生旺を企図するという。（註にいう）―

辛酉を絶気の木質とし、栄々たる生旺を欲するのである。

【壬戌】を偏庫の水質とし【癸亥】を臨官の水質として、「大海水」と称して干支の納音はみな水質である。そこで聚水に逢うのを忌とするのである。

そこで壬辰を水庫とするのを当然とせず、他に土質に逢うのを忌とせず、死絶に符合して吉兆である。生旺すればすなわち氾濫して帰着できない。

『玉霄寶鑑』にいう―

亥子支を水質の正位とし、壬戌の気は伏して順流せず、ただ火土質をこのとき損益として大器と成るのである。

癸亥は純陽の数象を備えて内容の体質は仁であり、これを稟けるとき天賦の資質は蛮風あきらかで、志気は浩然として功業の利得を発揮するだろう。

ただし日時に七殺を帯びれば凶意とし、それは円滑の流儀である。またいうなれば丙戌の土質は、福分が厚隆である故に火質の鍾（かね）としている。

己未庚辰戊辰丁丑もこれと同じ意義である。

己未は火質であって未支のなかに墓符の木気があり、庚辰は金質であって辰支のなかに墓符の土気があり、戊辰は木質であって辰支のなかに墓符の水気があり、丁丑は水質であって丑支のなかに墓符の金気があるのは、みな父母の承気として各所を扶養するので、この五者の福分は壮厚である。

そこで上層が忌神でも損傷せず無害であるのは、気質が完成する故である。

李虚中氏がいう―

丙戌とはきわめて異質で、戊支を土質の本位としてもっとも旺盛である。乙巳戊午は盛炎の火質として秋冬季に徳を作動して吉兆であるが、夏季は刑衝を作動して凶揺である。

もし仲夏のときに暴炎の衝撃が旋回して枯燥すれば、焚気の和合として咎を為すだろう。

乙巳は官星を支蔵する火性として、上層に乙木を生扶しておりその気質は旺盛である。

戊午を自旺の火質としてもし秋冬季の月令であれば、温暖の気質として人物を済する徳を為すだろう。

もし春夏季が月令であれば旺火が陽性の位相に復得し、すなわち凶揺を作動する。

そこで仲夏が月令であれば暴威を復し、密かに非長寿の傾向の凶揺がある。

乙卯癸巳丁酉乙亥は符合は死絶だが、水火質としてかえって清明かつ妙佳である。

火質として死絶で内面は明るく外面は暗く、光彩が回転して返照し水質として死絶で淡々と清徹し、髭眉が整然と起彰する故に、清明かつ妙佳であるとしている。

李虚中氏がいう―

これら四者の干支は死絶の符合だが、水火質でかえって清明かつ妙佳で、観れば天乙貴人のようで自らそう考えるべきである。

壬寅の金質は、主君として司事して背逆しない。庚申の木質は臣下として強要しない。

五行は五音に所属して、「宮土」を君とし、「商金」を臣とし、「角木」を民としている。

そこで「商」が太過すればすなわち臣下が旺強し、「角」が太過すればすなわち君主が弱体化する。その故に五音のなかに四種の清宮を常用し、そこで「商角」ともに反故とする。

庚申とは干支ともに自ら絶性の木質である。壬寅とは自ら絶性の商金質である。

これらはみな忠順の道を会得させる故に、君主に司事しても背逆せず、臣下として強制しない。そのため自らを「紫微宮の鸞鳳の台閣に仕える官吏」とするのである。

痛切に金質と木質が双旺する命局を忌としているが、しかしこれらを必ずしも肯首せず、また肯首しても恒久ではない。

単独で台閣に仕えるのを諌めてもよいが、ただ金質と木質が双旺して衝破するのを肯首できないのである。

庚申の木質や乙巳の火質は、土金質を派生し、またかえって生扶しない。
丙午の水質や癸卯の金質は、水木質を涸死し、またかえって枯死しない。
堆土は申支を生扶するが、庚申において生扶しない。
水質は申支に生扶するが、戊申において生扶しない。
火質は寅支に生扶するが、甲寅において生扶しない。
金質は巳支に生扶するが、乙巳において生扶しない。
木質は亥支に生扶するが、辛亥において生扶しない。
それは生扶の逢処であるが、かえって削制を被る故である。
こうした乖背が在るときは、非長寿である。
木質は卯支に涸死するが、癸卯において枯死しない。
土質は卯支に壊死するが、丁卯において解体しない。
木質は午支に枯死するが、丙午において涸死しない。
金質は子支に漏死するが、庚子において洩死しない。
火質は酉支に漏死するが、辛酉において洩死しない。

しかしそこで死処に逢っても、生扶されるときは長寿者であろう。

戊子の干支が北方位に旺じるのは、水気の方位であり、納音の火質に所属し、すなわち水気のなかの火質である。神性の龍ではないので、これを保持できない。

丙午の干支が南方位に旺じるのは、火気の方位であり、納音の水質に所属し、すなわち火気のなかの水質である。天河ではないので、これを保持できない。

戊子の日主が丙午に逢うか、あるいは丙午の日主が戊子に逢うときは貴相である。

そこで火気のなかに水質が顕われ、水気のなかに火質を宿す。

これが「水火既済」というものであり、精神のはたらきは必ず人によって異なった霊性を有するのである。

李虚中氏がいう—

丙午とは「天上の水」であり、これを銀河としている。

それは十二星辰の天頂の妻君であり、これを有するときは高明にして豁達であり、多彩な炎映かつ非凡である。

戊子を水気のなかの火質とし、神性の龍を宿して寒暑湿燥風火の火性の君子であり、これに逢えば自ら神性が明らかでタイミングの機先を制し、水火質を双備すれば妙絶するとし、その他の諸気質もこれに準拠するのを詳らかにすべきである。

辛丑の土質は木気を忌とせず、戊戌の木質は金気に畏怖しないのを弁明するならば、丑支のなかに金質を蔵するので木気を凶意とせず、戌支のなかに火質を蔵するので金質はかえって損害するのである。

もし戊戌の木質のとき、干頭に二土が在り、一木質を支蔵するとき、二堆土の内層に埋没して萌芽できずに姿形を顕表せず、このとき土気が旺盛で木気を微とするが、その他種もこれに準拠するのである。

庚寅の木質と丁巳の土質とは、金木質の相剋を忌とせず、そこで金質は寅支に逢って凶害ではあるが、金質は寅支で絶性に符合する故に、凶害を為さないのである。

木質が巳支に逢うとき、巳支蔵の金質が木質を損傷する故に、凶害ではない。

そこでもし庚寅の木質が壬申の金質に逢うときは、相互に剋衝するが、その他種もこれに準拠するのである。

庚午の土質は、南方位の旺盛な火気に便乗して顕表する。

戊申は自主の土質とし、庚子は自旺の土質として、木気の凶害を忌としない。

そこで木質は午支に逢って死に符合し、申支に絶し子支に敗合するが、自存の強土は損害を忌まないとして、その他種もこれに準拠するものとする。

壬申癸酉庚戌辛亥の四干支の金質は、壮気で凶害として忌としない。

戊子の火質はその凶害を畏れず、水中の霹靂の火質としており、これを神性の龍を宿すとしている。そこで水質を含有すれば、すなわち雷鳴のようである。

もし丙午丁未の天河水に逢えば、すなわち忌として相互に剋戦する功を存し、おおむね当人の干支は受傷してすなわち六根の不足として、始発はするが結尾しないのである。

丁巳と癸亥や壬子と戊午などの他種も、またこれに準拠するものである。

また戊午と庚申の相互の得失は大変に異質であり、庚申を石榴木として夏季に生旺する、故に戊午を喜ぶのである。

そこで火質すなわち官星が生旺し、かつ石榴木の木性が気根を得るとき、戊午すなわち旺極の火質を喜び、さらに申支に逢って天馬が相互に資扶するとしている。

十干が建禄を支根とするとき、陰陽干ともに専位とし、天地の神々の逢合として八卦の真源として列挙できる。

これらは五行の顛末を演繹し、その剛柔の相互を推察すれば、その合絆と変化には有無が在るだろう。

その壬子の水質は北方位の坎に順応し、丙午の火質は南方位の離を質実とする、故に丙午は壬子に逢っても衝破しないのである。

また丁巳が癸亥に逢って衝突としないのは、水質と火質の相済の根源だからであり、それは夫婦の配合の論理で、そこで坎離をして男女の精神の作用とするのである。

壬子が丙午に逢うとき、また癸亥が丁巳に逢うときは、すなわち火質水質の先後を問わずに「未済の象」とするが、丁巳が壬子に逢うときや丙午が癸亥に逢うときは、その見方はしない。

庚申辛酉の金質は西方位の兌に順応し、甲寅乙卯の木質は東方位の震に順応する故に、甲寅が庚申に逢って刑衝とせず、乙卯が辛酉に逢って凶害と為さないのは、木質を女性とし金質を旦那とするのを正しい体質とするためである。

神性の変化の側面を明示するならば、木気の命主を魂として金気の命主を魄とするために、この二種の側面や相互の間合いの不整合はよく適合するとして、すなわち神性の化生として間隙は無いとしている。

そこで庚申が乙卯に逢うとき、辛酉が甲寅に逢うときは、そうした元辰の変通の作用とは考えないのである

戊辰と戊戌の土質は魁罡が相互に逢うとし、乾と坤の徳分が厚く、天覆と地載ともに生扶を含意して乖背せず、戊辰と戊戌は衝突と為さずに土質の正位とし、干頭がともに元会を堅守するのである。

己丑と己未は貴神として忠貞を賢守し、この四土質を真実の土質として万物の始終を司る意味があるが、ただし大人の君子ではない。

ともによく徳分を備蓄し、いうなれば神性の干頭の禄の在所とし、それぞれ日主は神性を宿すであろう。たとえば六合のなかの側面の作動とし、吉凶の変化に応じて伸縮するのである。

己丑の土質を天乙貴人と為し、己未の土質を太常の福神と為している。百兆の凶殺を解紛するとき、財神の介在を喜用にできるだろう。

戊辰を勾陳（土神）と為し、戊戌を天空と為し、土気の神性の変遷や改変はとても多般で、陣中で統帥して外域で鎮護するのは、出征して辺境を防衛するためで、常時に作動性がある。

丁巳を「螣蛇の神」と為して、その凶意を用途とし、その吉意を継承する。妖星として憂悩が多く、また滑稽な性情が在る。

丙午を「朱雀の神」と為して、陽明なる体質に応変し、文章詞藻が華麗である。

甲寅を「青竜の神」と為して、ひろく施して衆生を済するので、四方位の利得があるだろう。

乙卯を「六合の神」と為して、栄華の発生を司って微細に和合し、集団に順応するだろう。

壬子を「天后の神」と為して、天徳として陰路に登板し、容姿美彩で権能が多いだろう。

癸亥を「玄武の神」と為して、陰陽が終極して気象が潜伏するのである。下界に向かって陥流し、大智ではあるが意気軒昂たる超達の士ではない。安易平易に順則し、野賊のように背逆するだろう。

庚申を「白虎の神」と為して、武勇に有利で文才に不利であり、孤独の性情を抱える傾向があり、内性は善性で外姿は厳格である。禁色色欲に粗々しく、心中は柔性で仁義を有して風流を愛好する。

辛酉を「太陰の神」と為して、粛殺の気質を懐して清々しく潔白の風情があり、文才があり利口で稀代の才覚がある。

しかしこれら各者はともに、その親宜は休疎しているため、その情性の禍福とは逢う人物によって決定されるであろう。

【甲子乙丑海中金】

海中金とは竜（辰）宮の宝蔵であり、龍（みずち）の居室に在る宝珠のことである。

仮に大気中に衝き揚げて出現させても、完成した器物として火力の敷台にはできない。

その故に、東方朔氏はこれを日月象（辰は蛤の象形文字）と称しているが、よく理に適っている。

これを選抜して「宝珠のある淵海格」となり、甲子が癸亥に逢えば火気を用途とせず大気中に呈し「宝珠（日月象）照月格」としている。

そこで甲子が己未に逢えば相互に化合して貴相なので、そこで無形の海中金として大気中に衝き揚げることなく、すなわち出現しないのである。

そこで乙丑の金庫は火勢の旺気ではなく、すなわち陶冶して鋳造された結果ではない。

甲子が戊寅に逢って庚午をみれば、これを土質が金質を派生するとする。乙丑が丙寅に逢って丁卯をみれば、これを火質が金質を剋制するとする。また天干が三奇のとき、これらは格局として貴相である。また旧説では甲子と乙丑は炉中火を併見して喜用とするのである。

丙寅は旺火であり、木気の生助は適宜ではないが、丁卯は敗地の火質でありかえって木気の生助を適宜とするのである。

また覆灯火や山下火や山頭火の諸火質は、性能が微勢で煉金できないので、その故に木気の生助を適宜としている。

また天上火は金質を制剋できないので、およそ火質を仮借してふたたび済水するならば、衝破なく佳象とし、相剋するが霹靂火の位相に取用するが、その主の性質は暗愚でありふたたび歳運が侵せば凶揺となるだろう。

そこで木気に逢ってすなわち造化せず、すなわち金質は完成した器物として機能せず、物質を制伏することはない。

もし日月柱が火質で時柱が木質に逢えば、かえって財を論点にしてそこで吉兆である。

井泉水や澗下水や大渓水や天河水などの水質には、火気がなくまた併見するのは適性ではない。大海水もまた適性ではない。

しかしこれを選抜して論ずれば、すなわち貴格と為るのである。この論法により甲子が癸亥に逢って、乾を生起するのがどうして不可であろうか。

そこで路傍土、屋壁土、城頭土、大駅土の諸土質が日時柱に存在し、天干や地支や納音ともに火質の制がなければ日主は濁とし、中年期に卒して他の状況も未開発である。

また庚午と辛未や戊寅と己卯の二組の土質を造化とするのは、有情と為す故である。

甲子が庚午に逢うときは、坎離が相互に済するとして、そこで辛未に逢えば官星が貴を帯びるとする。

乙丑が庚午に逢えば、官と貴が互換して存在するものである。

甲子が戊寅に逢えばまた絶地において生扶するとし、そこで己卯に逢えば天干が化合するのである。

乙丑が戊寅に逢えばまた絶地において生扶するとし、そこで己卯に逢えば帰禄格として財星を帯びるのである。他の土種質もまた、この分類を充てて推歳する。

また年柱に禄馬や貴人が存在するときも、これを規準としている。

そこで金質が土砂に埋没することは、誠に不適切で火質を含有するのもまた不吉とし、命局に金質に逢えば原初の砂鑛として完成した成器でない。

また海中金も完成した成器ではなく、両者ともに無益であり、その故に火質が存在しなければ不適宜である。

また剣鋒金と釵釧金はすでに完成した金属器であり、相互に存在して扶助にできるのである。

この妙技の選抜は「脱体の化神」と称し日主は貴と為すので、金箔金に逢うのも好いだろう。

甲子が甲子に逢うようなときや乙丑が乙丑に逢うようなときは、同類が相互に資扶するとし、命局に寅支が一支あれば喜用である。

たとえば戊寅とは「崑崙山の片玉」と称して、甲子が乙丑に逢うとき干支が連珠するとし、そこで火勢の精煉がないようでは肯首できない。

それが「子平金神格」の則義なのである。


【壬寅癸卯金箔金】


金箔金とは、豊潤な色彩の盃盤であり、宮室の光彩は増幅し、薄く打金して別種の金質に加工して紋様を描くために、かならず水質の力を加えることである。

この金質はとても精微であり、木質ではないので他の物質に依拠できず、木質すなわち平地木を上位と為すのである。そこで火質に逢うのは不適宜であり、火質に逢えば日主は非長寿であろう。

陽丙は日中のあいだに天空に顕われるものだが、それら双つの火質とは相反しており、併見するのは不適宜なのである。

山下火、山頭火は、清澄な水質の生扶があれば吉兆であるが、ただ炉中火を忌としている。

これが相互に剋する位相のときは、この金質は薄質で原石として機能せず、短命の定義でありその運歳も同じ論法である。

井泉水や澗下水や天河水は清澄であり、日時柱に併見して喜用であり、そこで月令が木質ならば方正に吉兆なのである。

大渓水や長流水や大海水は混濁しており、大渓水と長流水を併見して日主は漂揺し、大海水をみて基根の木質がなければ、日主は凶意の残滓がある。

剣鋒金や釵釧金の金質に逢えば装飾と為り、造化の作用を補成できる故に併見して吉兆である。

砂中土や大海水や白鑞金は有益ではなく、火質の済性があれば吉兆で凶意の結末はないだろう。

城頭土や壁上土の二つの土質は身の安拠と為して、城頭土が多ければ日主は人望があり、壁上土に木質を付加すればすなわち貴相であり、また重複して覆灯火に逢えば光輝が耀照して、日主は権威ある貴相と為るだろう。

丙戌は土気中に火質を含有し、干支がかえって炎上の太過を適宜しない故に、また貴格を為すのは佳い選抜といえるだろう。

金質の命主が戊寅に逢えば「崑崙山の片玉格」とする。

癸卯が己卯に逢えば「玉兎の東升格」とするのは、前述の海中金とおなじである。


【庚辰辛巳白鑞金】


白鑞金とは、崑崙山の珠玉や洛水の珍宝であり、太陽や月の射光の交点に棲息し、陰陽の凝聚の気質であり、あきらかにその形体は清潔で、金質の正規の色彩である。

この金質はただ火精の煉を喜とするのは、炉中の火炎のことである。

庚辰が火煉に逢って水質の済性がないときは、日主は窮状なのである。

辛巳はかえって貴相を論点にするのは、その巳支が金質の生地だからであり、丙寅に逢えば化水するとして貴相の故である。

山下火の出生者は、日主は早年より栄々と貴相であり、また水勢の生助を得ること、すなわち井泉水や大渓水はともに貴相である。

庚干は丁を官星とし、辛干は丙干を官星とする故に、庚干は丁丑に逢って官貴双全と為るだろう。

辛干が丙子に逢えば癸巳のような清相ではなく、ここで貴相ではなく富命を論点にするのであり、なかに木質を多く含有するときは無益であり、ここで金質が相剋することはないのである。

もし命局に気根のない火質を含有するならば、かえって木質の生扶が要される。

また禄馬支貴人支に逢えば吉兆で、土質に逢って適宜に研磨すれば器物が完成して吉兆だが、土質が別途に用途にはならない。

そこで金質を忌むのは、水没して海砂と為るためである。

日時柱に火質に逢えばすなわち栄昌し、もしそこで清素な金質に逢ってさらに水質が相互に生扶すれば、火質のさらなる加助を要さず、ただ刑衝を忌とするのである。

それを取択して「嘯風猛虎格」としている。それはこの金質に日時柱に逢うか、もしくは辛巳か乙巳に逢うケースである。


【甲午乙未砂中金】


砂中金とは、剛質が地表に布散した形状であり、実質的に夥砂のストックであり、その最深部を陶冶して洗練すれば珍物と為るだろう。

かならず人において貴相の発端である。

この金質は炉火の精錬を経ないので、制御することはできない。

ただし甲午が丙寅に逢えば寅支のなかに火気が生起し、寅午の火局半会として命局に長生の土質がないときはすなわち燥質であり、さらに木気の生助に逢えば日主は非長寿である。

そこで丙午は納音では水質ではあるが、そこで干支自体は純粋な火質であり、これに逢えば凶揺である。

また山頭火と山下火と覆灯火の三種の火質は、すでに木質の生扶を含有してこの金質を剋制するので、これを清素な水質で済すれば、日主は少年期にはや栄貴が決定するだろう。

戊子が己丑と相互に逢うのは龍火とし、子午支を配合の妙義としている。

甲と己には化合の作用が存在して日主は貴相で、そこでおおむね火質は珍奇ではなく、井泉水や澗下水や天河水の水質に逢うのを適宜としている。

清浄であれば吉兆で長大な渓流であり、流動しまた静止し、金質を併見して浮漂し、そこで大海水などはもっとも忌としているのである。

そこで木質に逢って何の関連があるかとすれば、火質が衰微するのでかえって生扶として喜用である。

さらに禄馬支や貴人支を擁せば、互換して「朝拱」と為し上格である。

命局に火質がないとき、一二点の木質に逢うのは、すなわち危惧である。

もし甲午が己巳に逢えば、これを黄砂の砂漠上で精金を採取するとし貴格である。

金質は砂上で生成されるので、造化を得てすなわち吉兆であるが、さらに土砂に逢うときはかえって埋没の憂いがあるのである。

路傍土と大駅土はまた存在すれば忌とするのは、火質が夥しい為である。

城頭土の戊寅と己未に逢えば喜とし、緑青の原野で精金を採取するとし貴格である。

ただ丙戌の土質はなかに火庫を蔵し、これに逢って喜用とするのは、金質を同類と為すためである。

もっとも清気を喜び上格と為すのは、海中金や白鑞金に火質の制御が存在するようなものである。

【壬申癸酉剣鋒金】

剣鋒金とは、白帝が権威を司っており、百度の錬成の所以で剛質と為り、二十八宿の牛斗において紅色に射光するのである。

白色の刃物として霜雪の凝固のようである故に、金質の造化であり水質として生起しない。

大渓水と大海水が日時柱に併逢すれば上格と為る。

井泉水と澗下水は、雷々と霹靂火の生助があり、あるいは乙卯を得て雷火を好しとするのである。

そこでもし雷火が存在しないときは、金白水として清々しい格局であり、月令が秋季ならばさらに吉兆である。

日時柱に壬辰の長流水に逢えば、宝剣と為りて青竜と変化するのである。

また癸巳が在ればこの剣は通変として作動しないが、ただ癸丑のときは剣の気質を為して、星斗を衝撃してもっとも吉兆であり、松柏木や楊柳木もまた吉兆であるが、ただし多く聚合しまた四散するのである。

大林木と平地木は、土気の堆制を忌として日主は苦労性であり、火質に逢えば神龍として陰陽が往来するだろう。

壬申が己丑に逢うとき、また癸酉が戊子に逢うときは上格と為るだろう。

天上火は炉中に二点の火質が在り、水質の救応がなければすなわち非長寿である。

そこで諸土質に逢うときみな不吉なのは、埋没するためであるが、ただ壁上土と城頭土は鋭鋒を研磨して鍛煉の用途として、この二土質は肯首できるのである。

そこで金質は同類項として喜用とするのは、壬申が壬申に逢うときや、癸酉が癸酉に逢うときであり、水質がこれを制して基根が変質するとし、その故に利器であるが水質がなければ日主は疾性を帯びるのである。

海中金や砂中金や白鑞金の三種の金質では、乙丑だけを吉兆とし、装飾の金属器として完成させ、相互に併見して適宜である。

もし命局に未完成の金質が存在すれば、剣器として帯納せず、その故にもっとも忌としており、性情は暗愚で窮状している。

また戊支に金質が混在するときは、かえって火質を適宜として肯首する。

大抵は、剣鋒金の金質のもっとも有効なのは、適宜な水潤であり、火質や刑衝は不適合であるのは、たとえば寅巳の三刑を全備するときを、凶揺とするのである。

【庚戌辛亥釵釧金】

釵釧金とは、嗜好品の首飾りでもあり、肌艶の光彩を加増し、紅顔に適合して珍奇な翠色を添付し、また宝玉の枕として香しい陶酔を供するだろう。

またこれを金質を所蔵する堂閣の閨室として、ただ穏静な水質を適宜としており、井泉水や澗下水や大渓水が存在すればみな吉兆である。

ただ太過すれば大海水のように浮漂して非長寿であるが、辛亥が天河水に逢って障碍ないが、丙午は真実の火質なので、庚戌は忌と為して午戌の半合火局を会成して、この金質にとって損傷となる故である。

陽丙である火質の生日は耀きが顕表し、覆灯火の火質は夜間に耀きが顕われる故に、みな適宜な存在を肯首するのである。

ただし甲辰や乙巳と庚戌や辛亥は相互に衝激し、その陰陽の交差を玄妙としている。

戊子や己丑と丙午や丁未は相互に扶帯し、この二火質は重ねて存在するのを忌としており、窮状でなければすなわち非長寿である。

庚戌は炉中火をもっとも忌とするが、辛亥がこれに逢えば丙午と辛干の化水と称して吉兆である。

山下火は山頭火と併見して不適宜であり、もし水質の済性があれば肯首できるのである。

命局に木質が在れば、金気が局中に添付するとし、福分や貴相があり吉兆である。

また砂中金に土質を併見すれば相互に養生し、さらに水質の生助である潤下が在れば、富貴でありかつ栄華であろう。

金質は剣鋒金を喜用としてすなわち造化が生成し、金箔金は庚戌辛亥の金質の光彩を加増し、そこで微量の火質がこれを済火してこの二金質を除去するとき、別途に金質は無用である。

もし命局にただ金質と水質が在って、さらに混入物が存在しなければ、金白水清を為し、活きた法則を肯首して推究するのである。

【戊子己丑霹靂火】

霹靂火とは、一閃の光彩かつ九天界の号令で、金蛇の群勢を一喝に抑止させ、鉄馬のように雲上を駆けて奔駆し、この火質は雷鳴のように風水を資扶して、まさに変化を為すのである。

もし五行が価値ある一行を有為とするならば、日主はみな亨通するが、たとえば日時柱に壬戌や癸亥を併見すれば、たとえ癸亥が有為でなくても奇特だと考えるのである。

そのとき己丑を大吉と為し、戊子をその次席と為すとき、大渓水つまり乙卯を添布し、変化して雷火と為るのである。

また己丑を大吉と為し戊子をその次席と為すとき、辰巳支は風性と為り、行運でこれに逢えば佳兆と為るのである。

天上火の水質は「既済」と称して日主は吉兆で、これに逢えば霊性を稟得し、特異でありかつ聡明で、長流として用途は無窮である。

丙子丁丑の潤下水は相剋の位相だが、神性の火質として忌と為さずに、風を起こして顕われる。

五行の木質に逢うとき、すなわち辛卯は雷性を有し、大林木は風性を有し、平地木は天門と為るのである。

この火質は相互に資扶するので、余剰の木気は不用であり、そこで路傍土の土質に逢えば巽を付加して、すなわち吉兆である。

砂中土の丁巳は風性を有し、己卯は雷性を有し、井泉水を得れば生助として、日主の貴相が顕われるのである。

また剣鋒金に水気を付加したり、海中金が風性に逢ったり白鑞金が潤下水に逢うなどはみな吉兆なので、余剰の金気は不用であり、そこで炉中火丁卯が在れば吉兆を為すのである。

戊子が丙寅に逢えばはなはだ燥性かつ凶揺で、日主は非長寿であろう。

己丑が丙申に逢えば有益だが、戊子のときは丙申を忌とするのだ。

覆灯火とは、東南つまり巽の当地で風性を有して最適である。

戊午や己未の天上火は、日時柱に逢うときは刑剋の衝気を防ぐので、その選抜は再考すれば「烈風雷雨格」と為るのである。

すなわち霹靂火が天河水に逢うときであり、天と地と分岐の格局すなわち戊子が戊午に逢うときで「雷霆得門格」である。

そこで戊子や己丑が日時柱に卯支に逢うときがそれであり、以上の三つの格局は純粋な戊午であることは、旧説とは異なるのである。

【丙寅丁卯爐中火】

炉中火とは、天地を炉と為し、陰陽を燃料の炭と為し、宇宙のなかで光輝が増幅し、天地のなかで精煉されて炎上の火質として木質の生扶を得て喜用とし、とくに平地木戊戌己亥を上質と為している。

そこで丙寅が己亥に逢えば天乙貴人と称し、戊戌に逢えば帰庫と称して、その故に吉兆である。

また丁卯がこの次席なのは、丙寅は生得的な火質で木気の多過は問題ではないが、丁卯は後発的な火質であり、木気が存在しないときは凶揺なのである。

またこの火質は金気を有益と為して、さらに金質を添付すれば機枢の変化に応えるのである。

ただし丁卯に木気がなくさらに金質に逢うときは、日主は労役の命であろう。

さて寅支が過分な木気に逢うときは火炎が炎上し、そこで水気の鎮制がなければ日主は非長寿であろう。

しかし卯支が三四の木気に逢うときは問題としないのは、庚寅や辛卯の場合であり、相生の位相を肯首するのである。

壬午や癸未とは、真実の化火と為して寅支がこれに逢えば、おおむね日主は粗暴かあるいは疾性で非長寿であろう。

もし天干や地支に水質の節制が在れば日主は長寿であり、丁卯は障碍はないであろう。

この火質は金気を得て財星と為すので、喜用だがなかでも剣鋒金や寅支に逢うのは肯首できるのである。

丁卯の火質はすでに後発的であり、申酉支が巡れば死絶に符合するので、そこで剋伐するならば窮状でなくば非長寿であろう。

海中金や砂中金や白鑞金の諸金質は、木気の資扶で生助となりこれに逢って喜用だが、そこで釵釧金や金箔金は有用ではない。

土質が在るとは、先んじて金質と木質が在って、かえって土質を喜用とするのが前提なのである。

過分に乾燥しないならば、城頭土や屋上土や壁上土などは、みな完成した器として土質を肯首するのである。

水気が在るときは、命局に先んじて木気が存在するのを喜用とし、さもなければ過分な火質に逢うのを喜用とするのである。

天上火の清々しい水質とは、日柱寅支のときに逢えば吉兆と為すが、日柱卯支のなかに木気が些少のときはすなわち忌としている。

大海水のとき、すなわち丙寅が壬戌に逢えば「福分の庫」と為し、また癸亥に逢うときは官星と為して合絆を帯びるが、これは半ば凶兆で半ば吉兆である。

そこで井泉水や澗下水や大渓水や長流水はみな凶揺であるが、そこで木気が存在するならばこの論法はしないのである。

火質に逢うときも同様の見解であり、もし日月柱が微勢ならばすなわち吉兆なのである。

霹靂火とは、本来おのずと生得的ではなく、もし木気の生助が在り、さらに日時柱に大海水が在ればすなわち適宜でありそれは木質がなく水質が存在することで凶揺なのである。

天上火の戊午己未とは、屋上土により覆灯火の巽（東南）風を遮断すべきで、またそれは亡神を鼓舞させること、つまり要するにその造化を遮断することなのである。


丙寅と丁酉や己酉と丙寅は、火勢が正静で貴相を損傷しない。

つまり丙寅と甲午や己巳と丙寅のときは、すなわち浮漂して不安なのである。


【甲辰乙巳覆燈火】

覆灯火とは、黄金の金杯の光彩かつ玉製の高台のように艶やかであり、太陽と月が照射しない処や天地が未明の状況を明らかにするのである。

この火質は人間の黎明の火気であり、木質を心材と為し、水質を油源と為すために、陰性は吉兆であるが、陽性はすなわち不益である。

おおむね日時柱にふたたび辰巳支に重複して逢うときは最凶と為し、地支は衝揺して風迅を惧れるのは、灯光が消灯し日主は非長寿であろう。

また戊亥子丑を陰に所属すると為し、また未支から亥支に至るのを陰遁と為している。

五行は木気に逢うのを根本と為して、おおむね木気は喜用であり、さらに官星や建禄や天乙貴人が相互に生扶すれば、また天干が化水すればもっとも吉兆であり、運歳に限定しても相互に夾助すれば、日主はおおいに貴相なのである。

そこで水気でも井泉水と澗下水を、真実の油源と為すために、給水が良好であればかつ給油の状況なのである。これを選抜して「暗灯添油格」と為すのはこの理由である。

大海水と天河水をすなわち給油と為すことは不可であり、この二水に逢うとき日主は凡庸であり、おおむねこの火質が水気に逢うとき、木質を資扶とすべきであるが、そこで長生や旺気は喜用でない為に、水気の氾濫は転じて凶揺なのである。

この命局は金箔金を価値ある照耀として、もっとも清貴と為すのである。

また水木気が相互に資扶すべきで、そこで能く頭角を顕わすであろう。

砂中金と釵釧金の二金質はともに吉兆であり、一助の剣鋒金は「剣を鼓舞して火花を振るう」と称しもっとも吉兆であるが、白鑞金は不適宜である。

というのは五行が土質に逢うときまず衝破を防御すべきである為に、もし壁上土が在れば身の安全が可能であり、また屋上土は庇護の傘下が可能で、日時柱に併見するとき日主の福分は貴相である。

砂中土に木気が在れば、日主は「衣食を司事する」と為し、他種の土質は不用であるが、火質は同属として喜用である。

かえって揺風を畏れ、霹靂火が龍神と為して火質が変化するが、かならず揺風が到来すれば、この火質は存続は難しいのである。

天上火と炉中火の二火質は、併見してもっとも凶揺なのである。

再考して選抜すれば、「魁星格」また「指南格」として成為するのである。

そこで甲辰が日主の人は、日時柱に午未支に逢うのを肯首し「火土入堂格」と為すが、この火質は揺風を畏れるのである。

日時柱に丙戌丁亥の屋上土に逢うのは、すなわち屋内の点灯とし、さらに油源を添付してもっとも貴相なのである。


【戊午己未天上火】


天上火とは、温暖な山河かつ宇宙の輝光であり、陽性の徳として麗しき天の照射である。

そこで陰性の精気は、滄海の波間の光明である。

戊午は太陽を成為してすなわち剛性であり、己未は太陰を成為してすなわち柔質である。

あるいは夏季の日光はすなわち剛性で、冬季の日光はすなわち温性である。

両者ともに戌亥支を要して天門を成為し、そこで卯酉支とは出入之門を成為するのである。

東南の陸地を巡行を為せばすなわち吉兆であり、この火質が木気に逢い揺震するのは、日時柱に風性や水性を含有することが要される為である。

大林木は辰巳支を擁し、松柏木や石榴木は卯酉支を擁する故に、この三者の木質の日主は貴相である。

そこで午支が過分な木気に逢うのはなお肯首でき、また未支が三四の木気に逢うのは労役の命である。

また金気に逢えば能く照耀し、これを損傷して処することはできない。

釵釧金は戌亥支を擁し、金箔金は寅卯支を擁するが、日主は貴相である。

剣鋒金は太陽月光の耀きを成為し、かならず日主は早年に科挙試験に及第するのである。


そこで余剰の金質はすなわち凶揺であり、水質は潤下として適宜であり、戊午が丁丑に逢うときや、己未が丙子に逢うときは、陰陽が相互に交配してまさに福分や貴相を為し、命局にさらに木質が繁茂するときは富貴双全なのである。

大渓水が乙卯を擁し、井泉水が己酉を擁するときは、出入の門処を得てみな吉兆なのである。

天河水に湿潤が適宜ならば相互に鎮静し、相剋の位相として論点にしないのである。

戊午が丁未を擁するときは吉兆だが、丙午のときはすなわち判明はしない。

火質は干頭の丁火を喜用とするが、重複して他処に火質を擁せばすなわち燥質なのである。

霹靂火が障雲たる水源を帯びるとき、太陽と月は射光しない故に、日主は盆暗であろう。

炉中火や午支は丙寅の重複を忌とし、午支は剛火と為り、つまり丙寅に逢いすなわち火気を生助するので、もし清水の水質が解紛しないときは、日主は触法を犯し拘禁の凶揺であろう。

丁卯を肯首するのは、砂中金に土気が在り相互に仮の巽（東南）風ありとし、路傍土や城頭土や屋上土もみな吉兆なのである。

また命局中にさらに金質と木質が資扶すれば、もっとも吉兆なのである。

考慮して選抜するならば戊午が卯支に逢う、または己未が酉支に逢うとき、日月柱に分布して「秀格」と為るのである。

そこで卯支は乙卯であれば辛卯を正配と為し、己卯や丁卯はその次席である。

そこで酉支は乙酉であれば癸酉を正配と為し、己酉や丁酉はその次席である。

日柱に顕出して扶桑格とし、すなわち日柱は秀気であり、また日時が重複して巳午支ならば「日輪当表格」としている。

日主戊午が午月のときは巳午月に逢うとし、また戊午が戊子に逢うときは「坎離の正位」と為り「月生滄海格」としてすなわち日柱は秀気である。

そこで酉支が乙癸干頭のときは「月照寒潭格」とし、これは壬癸干子亥支を用いるとき、水質に属して「潭」と為し、かならず秋季月令を貴相と為すのである。

これを「月柱芬芳格」として日主己未の人は、命局に三四の木気が堆集するのは、桂林のなかで一枝を凝視するように、桂林ではあるが些少な貴相と為すが、香気が芳しく豊香であれば貴相と為すのである。

その義質は各々の配置から取用するが、そこで凶格を再考するならば、すなわち太陽が光明を損なうとき戊午は失禁して溢水するので、水気の旺盛を忌とするのである。

満月が欠食するとき、己未はどうして土気の太過に堪えられるだろうか。

これは土質の重複を忌とする為であり、まずこの例に併用して参究して、正しくその理（はたらき）を究尽すべきなのである。

【丙申丁酉山下火】

山下火とは、草叢に耀く容貌また花々の奥裏に耀くもの、散立する林の葉々の射光や、堂奥の幔帳に点吊する衣装の彩色などを、東方朔氏は「蛍火」と称している故に、選抜して「蛍火照水格」と為しているのである。

このとき秋季の月令は貴相であり、卿監（官職）と為るだろう。

そのためこの火質は水気を喜用と為し、地支が亥子支に逢うか、あるいは水質のときやさらに月令申酉支のときである。

あるいは山下火とは、もっとも木気と重ねて山下火を喜用と為し、さらに風性の到来を得て輝きを増して貴相と為るのは、これは蛍火論のケースではない。

また大林木には辰巳支を擁して風と為し、桑柘木は癸丑を擁して山と為し、松柏木と平地木はもっとも吉兆である。

さらに風性の助勢を得て日主は貴相であるが、もし過分の風迅ならば四散して日主は非長寿であろう。

水質である井泉水や澗下水を喜用と為し、そこで木質が相互に資扶するとき、日主の爵位は高く顕表するだろう。

しかし大海水は不適宜ではあるが、そこで山質を擁するならば貴格と為るだろう。

寅卯支を東方の木気旺盛かつ、火気を生扶する当地と為すので、ただ甲寅水質は吉兆である。そこで乙卯は震と為すので、風性を擁してこれに逢うとき佳兆ではないのである。

もし火質山質とも擁さず、さらに霹靂火を付加するならば、日主は非長寿であろう。

天上水とはにわか雨と為り、この火質と相互に逢うのは不適宜であり、そこでもし山質水質の水潤や扶助を擁せば、また大禍はないであろう。

命局が金質を懐擁するときは、清秀であり吉兆と為るのである。

木気が過分に洩気するときは洩気を論点とするが、乙丑が堆山質を擁すれば日主は貴相である。

余剰の金質がもし衝破しないときは、貴人禄支に逢うのでただ財を論点と為し、土質が砂中土を擁するとき、その辰巳支は風性を擁し、もし納音の木質や山質を擁して加助すれば、日主は大貴の相である。

もし擁しないときはすなわち虚名として、火質は陽丙や霹靂火を忌とするのである。

覆灯火は巽（東南）であり日主は光輝が顕表し、おおむね五行の火質は木気の資扶を吉兆と為し、その喜忌を定義してその相互を判断するのである。

【甲戌乙亥山頭火】

山頭火とは焚焼する原野で、さらに延焼する勢いがあり、陽光が斜陽する際の稀少な天象であり、山頂に太陽が入没するのを彷彿とさせる。

これは旧九月に野焼きをするとき、枯れ草を焚尽する火勢なのである。

おおむね山々や風性には植樹を適宜としているのは、大林木や松柏木に辰巳支の風性が在り、時支に寅卯支が在り、さらに他柱に癸丑が在るとき、日主が土質か木質であれば貴相である。

また日主が堆山質ではなくすなわち木性であれば、依拠なきとして火質は所蔵なく、そこで風性が存在しても光彩は顕われないであろう。

余剰の木質は用途なくただ禄支を視点とするので、澗下水の水質を適宜として「泰らかに交わる」と称し、日主は吉兆である。

井泉水は清浄な水質で、木気の生助が在ればまた吉兆である。

大渓水のときすなわち甲戌が甲寅に逢う、また乙亥が乙卯に逢うときは、かえって真実の建禄の支根としてともに吉兆である。

　天上火の戊午己未に雨露の適潤が在れば、火質に逢って午未地支の支根が在り、ふたたび清水質の既済を得れば、燥質には至らずに日主は裕福であろう。

　さもなくばすなわち非長寿である。

　そこで大海水壬戌癸亥が併位して衝剋すれば、もっとも凶揺である。堆山質が在りこの形象に逢うときは、日時柱に金質を併見して財地と為し、そこで堆山質に木質の生助はすなわち吉兆であり、凶意はないのである。また土気に逢うとき、砂中金甲午乙未に巽（辰巳）が在れば、能くこの火質を挙揚して堆土の重複は不用なのである。

　おおむねこの火質は木気がなく土気が在るときは、そこで命運は濁性であろう。

　また火気に逢うとき炉中火丙寅丁卯を炎上と為し、霹靂火を凶揺と為すので、陽丙は暗愚で地象が衝乱することはみな不適宜なのである。

　命局が二三点の火質を含有し、数点の木質に逢うようなときは、日主は不測の凶揺を発生するか非長寿である。

　おおむねこの火質とは、地支の剋衝をとても忌と為すのである。


【壬子癸丑桑柘木】


　桑柘木とは、色とりどりの装飾の鋤や鍬でもあり、また華美な衣裳の生地でもあり、士卒や臣民はこれを飄々と矜持しており、聖人や賢者も纏衣の基本と為している。

　この水質は、養蚕や張弓の湿性に供されてその用途は甚大であり、もっとも砂中土丙辰丁巳を喜用として、その根本と為すのである。

　また辰巳支を養蚕の当地と為し、刑冲の衝破は不適宜なのである。路傍土と大駅土はこれに準じて吉兆だが、他の土質は無益なのである。

　水質である天河水丙午丁未を喜用として、雨露の湿潤と為しており、長流水や大渓水や井泉水他の諸水質はみな相互に滋潤するだろう。

　まず先んじて土質を得て根基と為し、さらに禄支が加われば妙なる貴相と為るだろう。

　滄海の水質は浮漂して滞まらずに、そこで土質が無ければ日主は非長寿であるが、火質に逢えば灯明としてもっとも吉兆なのである。

　そこで辰巳支のなかの、養蚕の位相と為す故なのである。

　炉中火丙寅丁卯とは、寅卯支たる木気の旺地に位相し、天上火と霹靂火の二火質は、この木質とは干支合絆の情義を含意するとしている。

　それは坎離（北方と南方）の交渉かつ交配として、ともに吉兆である。

　ただし諸火質に重複して逢うのは不適宜であり、金質をしていうならば砂中金を筆頭と為し、剣鋒金はよくこの木質を修整するので次席と為し、釵釧金と金箔金の二金質を、土気を得て基礎と為し、そこで支が衝破するときは凶揺なのである。

　木質は庚寅辛卯を喜用とし、弱質をして強質を用途と為すのは、些小が変転して大事を為すことで貴格論を呈するのである。

　たとえ砂中土が無くとも吉兆だが、平地木や松柏木や石榴木は土質が無ければすなわち凶揺なのである。

　大いなる資材たる東南の養蚕の位相で、土質が在って資扶すれば日主は大貴相なのである。

　楊柳木に逢えば、「桑と柳が成林を為す」として貴格である。

　そこで春夏季の生地を、吉兆とするのである。


【庚寅辛卯松柏木】


　松柏木とは、堆雪をそそぎて帯霜が凝集して天象と成りて地表を覆い、竹製の吹笛を演奏するように風性が振撼し、降雨のあとに多彩な旗章群がひしめくようなものである。

　これは金質の座下に木質が所蔵される、正規の東方位であり旺極と為すのである。

　もっとも堆山質を喜用とし、根基となして水質を水潤と為し、天河水や雨露の水潤を滋潤と肯首し、澗下水の丁丑は山質であり根基と為るのを肯首できる。

　また丙子はそうではなく、大渓水である乙卯を有して雷性と為し栄華を発するが、かえって風性たる霹靂火戊子己丑を忌として、窮状の凶揺と為している。

　大海水壬戌癸亥は堆山質を併見して吉兆であるが、癸亥は純質で清浄なので堆山質がなくとも吉兆なのである。

もし命局に平地木があり、また屋上土を有すれば、すなわち既に棟梁格と為るのである。

そこで堆山質や水質は、二件ともに用途が無ければ、また山間に繁茂する樹木質であれば堆山質や水質を要するので、命局に火質が含有するときは炉中火丙寅丁卯をもっとも忌兆とし、相生の位相を取用するので、そこでふたたび風性木質を重複すれば、灰と化して焚煙が四散して至滅するので、五行の水質が存在しなければ日主は非長寿であろう。

山頭火や山下火は太陽の射光の被覆として、これらの侵犯を肯首しないのは寅支の命を最凶としており、また戊午と丙寅併見のときは、木質が火路を南走するのを肯首できず「寅午三合火局」を会局する故である。

また辛卯のときは害と為さないのは、霹靂火戊子己丑は湿潤の生扶を肯首するが、運歳でおおむね添加すれば日主は凶揺なのである。

土質が路傍土を併見すれば貴相と為すには不足で、もし木質が枯死しないならばその福分は真実に還元するが、大駅土戊申己酉に堆山質がなければ窮状で非長寿なのであり、さらに大海水壬戌癸亥を添加すればもっとも凶揺である。

金質が乙丑に逢えば、印の生扶を為して堆山と為り、金箔金壬寅癸卯の位相が成為すれば、自発的に旺強で日主は吉兆であろう。

剣鋒金壬申癸酉はよく削琢を機能するが、さらに壁上土庚子辛丑が併立すれば、松柏木とは相互に資扶して日主は貴相と為るだろう。

大林木戊辰己巳の風性が在るとき、楊柳木壬午癸未は火質を為し、この二種の木質はもっとも凶揺なのである。

癸丑は堆山質と為りてそこで相互扶助し、石榴木の辛酉の金質は化合に乖背すれば枯木とし、そこで造化が作用すればかえって吉兆なのである。

それを選抜して「蒼松冬秀格」と為し、この木質の日主は月日時柱が三冬（亥子丑）ならば貴相であり、日柱辛卯が合絆を相すれば庚寅ともに月令に相当して、二つの併立した格局であり、戊午己未を取用するときでも夏秋季に位居して生扶し、もっぱらこの二つの木質が貴相と為ることを論点とするのである。

【戊辰己巳大林木】

大林木とは、その枝幹が吹風に振撼して枝梁が天月の支柱と為り、渓谷に屹立して昏天を昂揚する徳が在り、雲梯を直上して、陽光を隠蔽する効能を為すのである。

この木質の日主は、東南位かつ春夏季の交点に位相して成林を長養し、これらは艮（丑寅）土を発源と為し、癸丑を堆山質と為すと仮定し、この命主の天地人は衝破して陥ることはなく、もっとも福分が厚く貴く権威があり、戊辰を上席と為し、己巳をその次席と為すのである。

土質が重複して路傍土に逢うときは負載と為し、戊辰が辛未に逢うときは貴相と為るのである。

己巳が庚午に逢うときは禄支と為して日主は裕福であり、壁上土と屋上土の二種の土質は、剣鋒金を添加すればすなわち大林木であり、棟梁と為るべく取用することで、格局を成しもっとも吉兆なのである。

さもなくば山々の陰に繁茂する林木であり、この木質は死活を論点にしないのである。

これらは土気が付加されるのが好く、己主の人が甲干に逢うのは「化土」と称するのではあるが、辰戌丑未支らの純粋な土局全備の妙義を為す訳ではない。

もしこの木質がすでに枯死しているとすれば、堆山質が在る脚下で甲戌乙亥に逢って、これを焚焼すれば日主は凶揺で非長寿なのである。

覆灯火が存在して相生に位相すれば、乙巳はいうまでもなく甲辰はさらに吉兆なのである。

霹靂火戊子己丑と陽丙の二火質は万物を長久に育むので、運歳でこれに逢えば吉兆なのである。

しかしこの二火質は、併見するのを忌として自ら恃んで優性であり、そこで土質が根基に在れば肯首できるのである。

水質が天河水丙午丁未に逢うときや、戊辰が丁未に逢うときは貴相を帯びるとするが、土質や堆山質がなくとも、日主の衣食は充足するのである。

すなわち「霊槎入天河格」と為るのである。

秋冬季に死絶に符合するとはこれであり、大渓水と大海水の二水質を重複して、日主は窮状かつ非長寿であろう。

堆山質を擁せば得体と称し、選抜して「蒼龍駕海格」を為すのである。

この戊辰が癸亥に逢えば貴相と為り、澗下水の丁丑をもっとも吉兆とするが、丙子はそうではない。

諸金質はともに重見して不適宜なのであり、海中金の乙丑が堆山質と為り、剣鋒金壬申癸酉が屋上土や壁上土を擁せば本位と為るが、その他の金質のときは作用しないのであり、これに逢えば日主は非長寿かつ窮命なのである。

木質主は桑柘木を喜用として癸丑を最良と為し、平地木はまた路傍土に逢うことで「平林が在野する」と称し、また松柏木庚寅辛卯が東方の生旺の支根を得て、命局に癸丑を擁すとき松柏木を得て、密なる蔭を為してもっとも佳兆なのである。

【壬午癸未楊柳木】

楊柳木とは、隋代の丘堤のようにたおやかな外観、かつ漢代の宮庭のように軽やかで精微、かつ蚕虫ならざる精絲の万束、かつ針跡なき千条紋の精帯のようなものである。

午未支とは甲木の死墓に符合し、壬癸干は木気の潤源であり、この木気の根基となっており、砂中土丙辰丁巳を喜用と為している。

そこで艮（丑寅）の堆山質に逢うのは、すなわち金質の揺振として有効な為で、寅卯支に逢えばすなわち東方の地を得るものである。

辛丑には堆山質が在るが、庚子はそうではない。

戊寅は吉兆ではあるが、己卯はさらに優性である。

丙辰丁巳は戌亥支を対衝の支として、かえって忌と為すのである。

もし大駅土戊申己酉に逢えば、丑支を擁して山裾の大駅土と為るのを肯首できる。

そこで丑支の土質の一支に逢わないときは、日主は非長寿かつ窮命なのである。

路傍土庚午辛未が位相と為れば、死墓の意味が復するとして日時柱にこれに逢うとき、この日主の人は窮状なのである。

屋上土丙戌丁亥のときは、壬午が丁亥に逢えば丁壬が化合するとして、すなわち吉兆だが丙戌はそうではない。

水質命が井泉水や長流水や大渓水や澗下水に逢いおおむね吉兆であり、それらの間合いの中間や、化合した旺気の分岐点の位相がもっとも吉兆なのである。

丙午丁未では丙丁干を真実の火質と為し、午未もまた火質であり、木質のときは午未支に逢って死に符合するので、壬午が木質に逢えば凶揺なのである。

癸干のときは話は別であり、水質の済性を無害と為し、この木質が午未巳支のときは自性的な火質と為るので、さらに別の火質を重複するとき、寿元の損傷を起こす危惧がある。

覆灯火たる乙巳の風性が在れば、木質は損折するので日主は凶揺なのである。

炉中火の寅卯支は火質の本位なので、木気の旺盛はかえって吉兆である。

霹靂火戊子己丑とは、壬午が己丑に逢うか、癸未が戊子に逢うときなどで、陰陽が交通しさらに砂中土丙辰丁巳が在れば基土と為るので、日主は貴相なのである。

もし子午や丑未が対衝するときは、すなわち吉意ではない。

金質に逢うのは、本来は造化を作用しないが、釵釧金と金箔金はかえって功を成し喜用である。

海中金や白鑞金や剣鋒金や砂中金に逢うのは、忌と為すのではあるが、それら各者には作用に軽重があり、建禄支や貴人支や神殺を詳解すべきなのである。

松柏木庚寅辛卯に逢うとき、体質を脱するので「化神の格」と為すことで、日主は貴相である。

桑柘木癸丑は堆山質と為り、成林の傍らに寄位して作動するので、日主は吉兆である。

庚申辛酉は木質がすでに死絶に符合するので、木質に逢っても金質と衝剋し、弱性として矮小し、その人はかならず濁命なのである。

選抜して「花紅柳緑格」が在るが、この木質は石榴木庚申辛酉に逢い、春夏季において生扶するので、窮命を論点にしない。

また「楊柳拖金格」と在るが、この木質は三春（寅卯辰）に生扶し、そこで時柱に一金質を擁するとき、つまり辛亥甲子癸卯辛巳のときが最適なのは、すなわち壬癸干の禄支貴人支の当地である故である。

【庚申辛酉石榴木】

石榴木とは、性質は辛味でショウガ類のようでもあり、その花弁は紅火に似ており、数々の枝々の先端までカズラ類が累々としている。

また屋内の房室は瑩々と耀き、その干支は純金製であり、納音の木質に属すのは木気の変質である為である。そこで盆器の上に盛り分けて山型を装うが故に、土質を喜用として成器と為し根基としているのである。

城頭土を上席と為して屋上土を次席と為すが、そこでかならず陰陽の交点に逢うのは、すなわち丙辛と丁庚が相互に官星の相と為り、戊辛と己寅が相互に印星と為るために、日主は吉兆なのである。

路傍土、壁上土、大駅土、砂中土の四種の土質は、堆山質の扶助としてまた吉兆なのである。

もしその作用が無ければ、金質つまり砂中金甲午乙未に逢うとき、金箔金壬寅癸卯をもっとも吉兆とするのは、干支が水木質でかつ納音が金質だからである。

石榴木は、干支が金質で納音が木質であり、双方ともに本来の性質を卒して相互に互換して旺じるために、木質は寅卯支に極旺し、金質は申酉支に極旺し、各者はその位相を得て「功侔造化格」と称しており、日主は大貴の相である。

海中金の乙丑は堆山質と為り、さらに水質が生助すればすなわち吉兆であり、または壁上土や城頭土を得るとき剣鋒金が位相を形成すれば、相剋としてもっとも凶揺なのである。

もし先んじて砂中金甲午乙未が在れば、能くその剋碍を制伏するので無碍と為るのである。

水質が天河水に逢えば雨露が相互に滋潤し、また井泉水と大渓水と澗下水は、清水が田地に注水し、また大海水壬戌癸亥が漂流氾濫するので、窮状でなければすなわち非長寿なのである。

また艮（丑寅）に火質が添付する、また陽丙と霹靂火の二火質は喜用ではあるが、併見するのは不適宜である。

炉中火寅卯支は本来の位相に旺じて吉兆であるが、他の火質を重複すればすなわち凶揺なのである。

もしこの木質が旧五月に得令し、日時柱が一点でも火質を帯びるとき「石榴木が噴火する」と称して、日主は貴相である。

桑柘木、大林木、楊柳木の三種の木質は、みな逢うことで喜用なのであり、桑柘木に逢えば癸丑は堆山質と為り、大林木に逢えば戊辰は旧体を脱し、楊柳木に逢えば花は紅色（くれない）柳は緑色（みどり）と為し、みな日主は有名を功するだろう。

松柏木に逢えばすなわち強質で、平地木に逢えばすなわち大為し、もし他に夾雑物が無ければすなわち緑地や花壇の囲塀であり、日主は富貴である。

城頭土戊寅己卯を得るときは基根と為り、水気が生助すれば優游として福を亨けて、もっとも長久を為すのである。

【戊戌己亥平地木】

平地木とは、葉々が萌え生ずる初期であり、枝々の先端の始点である。

雨露の湿潤を資扶と為し、霜雪の堆積を喜用と為さずに、この地上において林質の繁茂として、人間の家屋の材質なのである。

戊戌を棟と為し己亥を梁と為して、これを互換して併見するのがもっとも適宜であり、土質を基礎と為して土気は路傍土を喜び「正格」と為しており、さらに子午支が重複すればもっとも貴相である。

そこで子午支を、天地の正柱と為す故である。

屋上土や壁上土や城頭土の三種の土質は、この木質を相互に資助し、その中間点を好転させて吉兆なのである。

砂中土や大駅土は旺途ではなく、日時柱にこれが在れば、日主は凶揺にて非寿であろう。

火質は陽丙や霹靂火を喜用と為し、もっとも耀きの顕われと為している。

炉中火丙寅丁卯は木気に逢って吉福であり、覆灯火甲辰乙巳は風性が機能しないときすなわち凝固し、他の火質も水気が存在しなければ、すなわち凶揺なのである。

これはすでに木質が完成しているので、剣鋒金壬申癸酉は不適宜であり、木質を含有して相互に資扶するのを肯首できるのである。

金箔金壬寅癸卯は、装飾を重装して光輝を増し、また天干が合絆して地支が生旺し、さらに路傍土庚午辛未が在って基礎と為して、日主は大貴相であるが、他の金質は用途には為らないのである。

水質が天河水丙午丁未に逢えば「潤沢」と称して日主は吉兆だが、大渓水や海中金は堆山質が無ければともに凶揺なのである。

井泉水や澗下水は吉兆ではあるが、その内で甲申と丁丑と併見し、堆山質と為ればもっとも吉兆なのである。

木質は大林木戊辰己巳に逢って風性を含有して振作し、日主の寿元は促進するだろう。

桑柘木癸丑はもっとも吉兆で、また壬子が己亥日主に逢えば貴相と為るのである。

戊戌日主のときは持ち堪えず、松柏木庚寅辛卯が併存して補えば、日主戊戌は棟梁と為り、さらに土質が在って生助すれば、日主は貴相である。

おおむねこの木質は、金質を忌として水土質を喜用としている。

もし三冬（亥子丑）の月令で時柱に寅卯支に逢えば、寒谷回春の象と為り、また貴相を論点とするのである。


【庚子辛丑壁上土】


壁上土とは、梁を張りて棟を建てて棟梁と為り、各門戸を擁立して興隆するので、かえって厳寒を防御する徳と為り、霜雪から遮って護衛する効能と為る。

この壁上土とは、人間にしてみれば平地木戊戌己亥でないので、どうして相互ともに依拠するだろうか。

子午支を天地の正規の柱梁として、これに逢うときは吉慶と為るだろう。

おおむね木気に逢うことで、みな主体と為ることを肯首できるのである。

庚寅辛卯もまた棟梁の材であるが、ただ辛酉は衝破と為り子卯は相互に刑衝し、大林木戊辰己巳は風性を含有し、もし堆載可の土質がないとき、おおむね水質を付加して日主は造作を完遂し難く、窮状もしくは非長寿であろう。

土質は路傍土庚午辛未を喜用として、負載すると称している。


そこで屋上土や城頭土は護身の用途として、みな吉兆と為るだろう。

また火質を全備すれば造化を作用せず、陽丙や霹靂火は照耀ではあるが、到底行き詰まって危険なのである。

もし命局が先んじてすでに木質を含有するとき、火勢が鬼を冥助すれば焚尅し、運歳でこれに逢うとき、日主は凶揺非長寿なのである。

また命局に水質が在って済性の救応を為すとき、水質が甲申に逢うのをもっとも吉兆と為して、乙酉をその次席としている。

天上火戊午己未と雨露の湿潤はまた吉兆であるが、大海水壬戌癸亥は浮漂と為り、この土質がどうして安定できるだろうか。またたとえ地支に根基が在っても、また凶揺なのである。

諸金質はただ金箔金壬寅癸卯を喜用とし、命局に先んじて所蔵すれば、木気の神性はすなわち貴相なのである。

そこでその宮廷の室内を完成させて、黄金や紺碧の装飾にて、耀き煌めくのである。

これは当局の朝廷でなければ、あえて用途と為さないのであり、剣鋒金壬申癸酉が傷害の瑕疵と為るように、他の金質は用途ではないのである。


【戊寅己卯城頭土】


城頭土とは、天界の帝都の玉製防塁で、城域は黄金製で龍盤の形状は千里四方に及び、また像虎が四方位を圧勢して位跪しており、この土質は完成と未完成の両般を論点と為すことができる。

おおむね路傍土庚午辛未に逢ってすでに完成した土質と為り、かならずしも火質を用途としないのである。

もし路傍土がなければ未完成の土質と為り、かならず火気を用途と為す。

おおむね城頭土とはみな木質を資扶とすべきで、楊柳木癸未がもっとも佳質であり、壬午はすなわち忌と為すのである。

そこで桑柘木癸丑を最佳と為し、壬子をその次席と為している。

庚寅辛卯は相剋の位相を形成するのは、すなわち礎域が崩壊して、安寧ではなくなる為である。人心が安んずるとは、何であろうか。

そこで木質を含有しても、夾雑や輔弼がないようなものであり、ただここで天乙貴人や建禄支を論点と為すのである。

水質に逢って堆山質を擁せば、貴相が顕われ甲申丁丑ともに吉兆であり、天河水丙午丁未の生助はまた吉兆なのだが、ただ霹靂火と大海水を忌と為すが、壬戌は忌ではなく化合に逢い、ともに推究して吉兆なのである。

土質は路傍土を喜用として、諸火質に逢って防御と為し、大駅土が堆山質に逢うことで貴相の観を呈するが、もし単独して支根が存しないときは、窮状で孤々寒散とするだろう。

五行が金質に逢うとき、ただ白鑞金は巽（辰巳）を忌と為し、双者は相互に妨碍し、また他の金質も用途ではないのである。またそこで天乙貴人や建禄支が存在すべきなのである。

【丙辰丁巳砂中土】

砂中土とは、波濤が巡りて堆積して波渚の形成を為し、龍蛇が隠棲する盤居の宮社であり、丘陵と谷間の中継の要衝である。

この土質は清秀であり、ただ清冽の金質を養育するのを喜用としており、さらに清浄な土質を得て、日主はすみやかに貴相と為るのである。

釵釧金、砂中金、剣鋒金、金箔金の四種の金質は、清秀にて相互に扶助する。

丙主が辛亥に逢うことを、丙丁が乾（天）戸に入ると為して「駕海長虹」と称号し、また「有星拱北」を論点にするときはみな貴格であり、さらに水質を付加して充填すれば上位の吉兆である。

もし水質がなくとも、日時柱に天上火戊午己未の照煖を得ることを肯首できるのは、丙辰乙未癸酉戊午のようなケースである。

この命局は、二種の金質を擁して資養と為し、かえって水質が皆無で陽丙や火気が照煖する故に貴相であるのは、丁巳癸卯己未壬申のようなケースであり、この命局は二種の金質を資養するので、天上火戊午己未の火質が照煖すれば、また貴相と為るのである。

しかし戊午は太意の燥質だが、己未はいささか些少に燥質であるため、寿命の長短は同一ではない。

水質は井泉水と澗下水が清潔であれば吉兆と為り、もし金質を擁してこれを養扶すれば貴相であり、この土質が金質を擁して養扶するようなケースである。

そこで日時柱に大海水壬戌癸亥が在れば、すなわち造化の作用は瓦壊する。

その癸亥は軽快で清く、丙主がこれに補拠するとき、また運歳で逢うとき日主は顕栄するが、他の水質は用途ではない。

火質は陽光を喜用として「朱雀騰空」と為り、格局として号して、日主は貴相なのである。

そこで山頭火や山下火や炉中火や覆灯火の諸火質は、もし水質の済性が無いときは、日主は非長寿なのである。

木質の桑柘木と楊柳木を喜用と為すのは、この土質が二種の木気を栽載する故である。

他の木質では、かえって禄馬や天乙貴人の加支が参入するときは、たとえ日柱が衝剋して破相であっても、造化は有為であり吉兆なのである。

五行でもっとも忌むのは土質の刑衝で、路傍土庚午辛未を安身の付帯と為し、金木質が双資して生助すれば、日主は福慶なのである。

大駅土戊申己酉が逢来するときは、もっとも在命を不適宜として、たとえ金水質が在っても凶兆であり、他の土質でも吉意を肯首できない。

【庚午辛未路傍土】

路傍土とは、大地の連綿として田畝が万面かつ平らかに充ち、収穫の資扶生助の要綱である故に草木は暢びやかに茂るので、これに火煖が在り温土であれば、万物を長養する土質である。

その故に先ず水質の作用を肯首するならば、土壌の潅漑かつ滋潤の論点を有為とする故に、水質の作用を最適かつ重用とし、さらに金質が在って相互に夾助すれば、すなわち収穫の結実が完成する。

庚午が甲申に逢うときや、辛未が乙酉に逢うときは、建禄支と為るので、もし衝破が存在しないときは、日主は早年から貴相なのである。

天河水のときは、雨露が相互に扶潤し、庚午は丁未に逢って喜用と為し、辛未は丙午に逢って喜用と為るのは、官星と貴人支と建禄支の配合の好作用を肯首する為なのである。

澗下水のときは、庚午が丁丑に逢うのは、貴人支と建禄支が相互に作用し、辛未が丙子に逢うのは、水質に化合して生助に逢うものである。

大渓水の乙卯を雷と為すのは、能くこの土質を発生し、また乙庚が化合を為す故に、日主は吉兆なのである。

長流水と大海水の二種の水質は、この土質に散布して湿性を作用しない故に、もっとも忌と為して、日主は凶揺にて非長寿である。

火質が霹靂火に逢うとは、庚午が己丑に逢い、貴人と禄支が相互に作用し、辛未が戊子に逢って印星と貴人の「朝陽」を為すとし、みな吉兆なのである。

天上火戊午己未が相生の位相を為せば、過分の燥土として生物を生助する作用はなく、そこで水潤が在って始めて機能するが、もし単独で逢うときは、日主は非寿なのである。

炉中火丙寅丁卯はまた燥質であり、また日主の寿元を損なうが、覆灯火と山頭火はまた屋上土が在ればまさに造化を作用し、名声は凡域を超越して聖域化するが、さもなければ逆に凶揺なのである。

そこで木質に逢えば発生を肯首するが、貴人支や禄馬支が在ればすなわち吉兆であり、そこで刑衝で破相すればすなわち凶揺なのである。

ただ庚寅の木質が在ればこの土質は良配と為し、大林木戊辰己巳搭載の優為の作用を肯首せず、土質に逢うときとは丙辰丙戌辛丑辛未などは、みな吉兆を為すのである。

もし庚午が辛未に逢うときや、辛未が庚午に逢うときは、双方の二儀が成為し、逢合の貴相であり、これを否定できないのである。

釵釧金と砂中金の二つの金質は、清水の扶潤を肯首するが、金質と水質を併見して大吉と為すのである。

もし命局に水気があり、金質が存在しないならば、運歳でこの金質に逢って発福を為すのである。

乙丑海中金は堆山質を論点に肯首し、もし天河水が清潔に生助するとき、庚主の人は大喜用であり、選抜して「金馬嘶風格」を為すのである。

そこで庚午や甲午の日主が辛巳を時柱とするときは、「馬化龍駒格」を為すのであり、そこで午日主が辰支時に逢うときは「風嘯猛虎格」を為すのである。

庚辛日主の人は、辛巳や乙巳を擁してともに貴相を論点と為し、そこで水気火気土気金気は、夾雑してはならないのである。

【戊申己酉大驛土】

大駅土とは、堂々たる大道かつ、平々坦々たる途上にて、九州（中華大陸本土）全土に遍く開通し、あらゆる万国に巡行するのに、到達できないところなどない。

この方位は南西位であり、厚徳を堆載して日天を輪転させ、「海乗山堆土質」を担って万物を発生させるので、木質を用として基体と為っているのである。

戊申は長生の土質で厚徳で窮まりなく、木質を三四点含有すれば、みな能く繁茂するだろう。

己酉は自敗の土質として、木気が太過すれば洩気し、大林木辰巳支が合絆すれば衝すると為し、日主は非長寿であろう。

だが他種の木質はすなわち吉兆であり、さらに禄支がこれに逢根すれば貴相であろう。

井泉水や澗下水の二種の水質は、清貴であり燥性ではないのは、戊申が丁丑に逢うか、乙酉己酉が丙子か甲申に逢うときは、官星貴相と称して日主は吉兆なのである。

天河水丙午が己酉に逢うときや、丁未が戊申に逢うときは、貴相の禄支と為り、日主の福分は長流のようであろう。

戊申が癸巳に逢うときや、己酉が壬辰に逢うときは、また吉兆なのだが、重複して逢うときはすなわち穏静を保持できない。

大渓水乙卯には、東方震位の発生の義則があり、単在すれば吉兆であるが、大海水壬戌癸亥が対峙して衝するとき土質の優性は機能せず、日時柱に併見して日主は非寿であろう。

堆山質を擁すれば軽快と為り、戊申が癸亥に逢うとき、戊癸の干合を申亥支が搭載して、天地交泰と為りかえって吉兆なのである。

火質が陽丙と霹靂火に逢うときは「聖火」と称して、もっとも能くこの土質を生扶し、そこで水気の生助に逢えば、日主は顕達するとし、他種の火質はおおむね木質の生扶に再逢して、さらに乾燥して日主は非長寿であろう。

五行が土気に逢うときは、路傍土庚午辛未がもっとも適宜であるが、屋上土、壁上土、砂中土のときは、たとえ木質がすでに存在しても窮状してしまうだろう。

　城頭土戊寅己卯は、水気を擁して吉兆であり、もし命局が金質を擁せば清秀にて吉兆なのである。

　釵釧金庚戌辛亥が、辛亥を擁する、また金箔金壬寅を擁する、また戊申がこれに逢うときに、命局にさらに水気の生助が添加するとき、天地交泰と為り「水潤遠々山岳円環」にして、日主は貴相の大格なのである。

　己酉が庚戌に逢うとき、癸卯を次席の吉兆とするのは、砂中金や剣鋒金の造化と同義であるが、まず木質を調候の燃用に擁するべきで、さもなくば無益なのである。


【丙戌丁亥屋上土】


　屋上土とは、林立する長土塀かつ水火気の既済であり、霜雪の堆積で覆し、また風雨の震撼を凌いで功と為す。

　この土質は「土瓦」であるので、木質の材でなければ架設できない。

　故に木気をその根基と為すのである。

　平地木戊戌己亥を上席と為し、大林木戊辰己巳をその次席格と為し、その他は天干が合化して木質に化して吉兆であるが、ただ衝破の相を忌とする。

　このすでに完成した土質は、火質に逢うのを不適宜として、炉中火丙寅をもっとも凶兆とするが、丁卯ならばまだ肯首できるのである。

　陽丙や霹靂火が相互に資扶するのは肯首できるが、山下火が山頭火を併見するのは、木気の生扶を含有して凶揺なのである。

　覆頭火の照煖では、丙戌が乙巳に逢うのを上席と為し、丁卯が甲辰に逢うのをその次席と為して「火土入堂格」と称している。

　もし命局に木気が過分であれば吉意と為らず、水質を適宜として天河水、井泉水、澗下水はみな吉兆である。

　そこでまず平地木戊戌己亥を含有すれば、大貴の格が成立するが、大渓水、長流水で木気を所蔵しなければ、おおむね非長寿なのである。

　もし丙戌が癸巳に逢うか、丁亥が甲寅に逢うのは、すなわち別途の論点である。

　そこでふたたび日時柱を看て、どのような造成であろうか。

　大海水壬戌癸亥が堆山質を擁しないとは、すなわち土質に逢うのは不適宜なのであり、土質が路傍土に逢うときとは、丙戌が辛未に逢うときや、丁亥が庚午に逢うときであり、陰陽が相互に逢い、さらにもし木質を採って基調と為せば、日主は貴相なのである。

　壁上土庚子辛丑はまた適宜であるが、その他はすなわち陽光の日没のようである。

　もし木気が欠損して三刑が充ちるときは、たとえこの二種の土質でも凶揺なのであるが、砂中土の丁巳だけは碍げることはないのである。

　金質では剣鋒金と釵釧金をもっとも吉兆と為し、丁干が壬申に逢うとき、天干が化木してまた地支は天地清浄にて平らかと為るのである。

　丙干が辛亥に逢うときは、天干は化水し、地支は丙の付加として土性の宅戸は乾燥して、みな大貴の格なのである。

　もし丁亥が庚戌に逢うときや、丙戌が癸酉に逢うときは、すなわち吉兆とは為らない。

　金箔金壬寅癸卯を擁するのは、用途を粉飾性と為し吉兆だが、他種の金質はその作用はない。

　そこで貴人や禄支の逢会や不逢を詳解すべきなのである。


【丙子丁丑澗下水】


　澗下水とは、環流から出離した波濤で、逆巻く高速の飛沫が相互につらなり、南北に貫流するので、坎離に対峙する位相としてこの水質は清澄であり、金質の扶養に逢って喜用となる。

　とくに砂中金、剣鋒金の二種の金質が最適であるが、釵釧金庚戌と丁丑は不適宜なのは、丑戌の相互の刑衝に逢う為である。

　辛亥が丙子に逢うのは、すなわち丙辛干が水気に化して貴相なのである。

　他の金質は禄支や貴人支を添布することで、その資質の生扶に取用し、その衝破を忌と為すのである。

　木質を一部位擁するのは妨げないが、二三擁すれば日主は苦労性であり、また貴人禄馬支が添布して命局が土質を擁せば、日主は多く濁性であろう。

　もし干頭に木質が透るか、あるいは化合して化水すれば、すなわち日主は清気で吉兆なである。

　砂中土、屋上土の二つの土質の気質は清気だが、路傍土、大駅土の気質はすなわちとても濁気であり、日主は散財して凶揺が発生するだろう。

また辰戌丑未の土局全備はとても凶揺であるのは、水気と土気が混濁する故なのである。

火質が陽丙に逢って炎上と為るのは、その中間点で既済や未済の論点を擁する為である。

霹靂火が位相を為して相互に争うのは、その配置が不適宜だからである。もし二つの火質を併見して在るときに、金質の資助がないとき、日主は淫質となるので、別途に金質を擁するのを論点にするのである。

山下火と山頭火はまた吉兆であるが、もし日時柱が帝旺支ならば、すなわち忌と為るのである。

命局が水気に逢うのは、かえって漂蕩と為るので、天河水を擁しておおむね超俗して聖位に属するのである。

大海水に逢えば、福貴位にて宗廟と為り、吉兆なのである。

丁丑が壬戌に逢えば、すなわち丑戌は相互に刑衝し、丁壬干は淫らに干合し、その日主の風評は雅性を擁さないだろう。

大渓水は性急で長流水は静性でないのは、みな吉兆を為さないのは、おおむねこの水質は金気をもって主体と為すためである。

そこで火土質が夾雑せず、ふたたび甲寅乙卯の水質に逢うときは、すなわち源泉が遠くして流れ清く、真の君子の人となるだろう。


【甲寅乙卯大渓水】


大渓水とは、驚異的な波濤と薄質の岸壁であり、驚くべき波濤の上に天空が浮漂して映じ、光彩を万里に寛容に擁し、その碧緑は千山の映像を凌駕し、もっとも帰着して滋養するのに喜用なのである。

それは子支に逢いすなわち帰着し、金質を擁してすなわち滋養と為すのである。

忌とするところは、月日時柱のなかに申酉支を擁して衝動するか、辰巳支を擁して風揺すれば、日主は翻身して浮流するのである。

井泉水甲申乙酉は静性にて止静し、澗下水丙子丁丑は丑支を擁して艮卦を為し、天河水丙午丁未は滋潤し、大海水壬戌癸亥は朝陽の宗旨なのである。

この四種の水質はみな吉兆であるのだが、長流水壬辰癸巳は風性を有し、ただ長流水だけ逢うのは不適宜である。

この水質は清素な金気を扶養と為し、そこで釵釧金がもっとも適宜であり、白鑞金もまた清素なのであるが、もし釵釧金を擁して対衝するときは、すなわち不適宜である。

海中金は造化を作用しないが、甲子は坎卦に所属し、乙丑は艮卦と為り、すなわち帰着かつ根源の当地としてまた吉兆なのである。

金箔金はもっとも精微であり相生を作用せず、どうして超出して顕示する理論を擁するだろうか。

剣鋒金は変化をもたらすが、大渓水と逢ってかえって忌と為るのは、卯支は雷性かつ巽卦の風迅で、日主の性向は不定と為るためである。

五行の土質を擁せばみな無作用と為り、屋上土と城頭土は水気を埋塞し、路傍土は肯首できるが特効性はない。

壁上土の辛丑だけは堆山質を擁し、大駅土己酉は合絆性を擁し、戊申はすなわち衝撃を擁し、庚子はすなわち刑衝し、みな吉兆を肯首できないのである。

火質が陽丙に逢うとき、照耀すると称するが、霹靂火に逢うのはもっとも忌と為り、もしこの二種の火質を相互に擁するとき日主は窮状だが、それぞれが単独に在るときは議論法は別途である。

木質がこの水気に逢うときただ漂蕩性に奔りただ桑柘木は、壬子は坎卦を擁し、癸丑は堆山質を成為する。

そのため水気が巡りて山岳が環状して貴相であり、そのうち甲寅主は壬子を擁して吉兆であり、乙卯は癸丑を擁して吉兆である。

他種の木質については、建禄貴人支の添布を肯首するが、衝破をもっとも忌と為すのである。


【壬辰癸巳長流水】


長流水とは、混々として窮まりなく、滔々として渇かず、かならず下流して東南位に納まり、また順流してみずから辰巳位に帰着するのである。

この水質は、金気の生扶と養源を喜用として、その金質とは白鑞金と釵釧金なのである。

そこで天干に庚辛の純真の金質が在り、地支が辰巳であれば、相生の位相と為る。

また戊亥支を帰源の地支と為し、剣鋒金を純粋な金水質として金箔金を水木気が東方位に居するとして、これらを吉兆の論点とする。

海中金と砂中金は取用すべきがなく、土質が在れば凝涸するので忌とするが、そこで土質の用途とは阻堤なのである。

六種の土質のなかで庚辛丙丁を取用して吉意と為し、火質に逢うのはすなわち刑相であり、既済の作用を擁するのである。

そのうち壬辰は丁卯丁酉に逢うのを喜用とし、癸巳は戊子戊午に逢うのを喜用と為すのは、天干が干合して化する故なのである。

覆灯火、山頭火において癸巳は、甲辰に逢ってもっとも喜用であり、山頭火においては壬辰は乙亥に逢ってもっとも喜用なのは、龍が化して建禄支に帰位する為であり、その意義を取用してさらに佳兆なのである。

木質に逢って浮漂するが、そこで桑柘木癸丑を堆山質と為し、楊柳木癸未を庭園と為し、年時支がこの水質の辺域であるとき、「花堤に水流が経巡る」として大貴相と為るだろう。

松柏木や石榴木は、天干に金質を擁して相生と為り、大林木や平地木は土質を擁して忌と為すが、しかし癸巳が戊辰に逢うか壬辰が己亥に逢うときは、ともに吉兆でありそこで水質も同様に類推するのである。

澗下水はすなわち丁壬が干合化気するのは、天干がすなわち雨露が相互に資扶するのだが、井泉水や大渓水が有益ではないのは、海質聚流が帰着するところである為である。

そこで壬辰は癸亥を擁して龍と為り、すなわち龍が天門に跳躍し、春夏秋月令のときは吉兆と為るのである。

あるいは「大海水壬戌癸亥に潜龍する」すなわち冬月令でも適宜である。命局に金質を含有して作用と為し、また壬辰は自性の印星の水質と為り、ふたたび壬辰に逢うのを刑衝として自ら損害と為し、戊戌に逢えば衝撃してすなわち氾濫するので、日主は凶揺なのである。

癸巳を自性の絶符の水質として、涸れた水流と為すと称し、もし丙戌丁亥庚子辛丑の土質に逢えば、その涸性は堅持されるだろう。

そこで命局中に生旺な三合金局の生扶を擁せば、すなわち吉兆なのである。

【丙午丁未天河水】

天河水とは、陰性の原野に水質を散布し、千里の郊外の密性となり噴出し、滴々と銀河にそそぎて細々たる飛沫が碧淵に落ち、この天上の雨露は万物を発生させ、これを頼りとせぬ者なき銀河の水質なのである。

土質はこれを剋伐できず、その故に土気の存在は忌とせず、そこで有益に滋潤するのである。

水質が天上なので地表の金質が生助し難い故に、金質に逢って裨益し難く、また秀沢の情誼があるため、太過して生旺すればすなわち淫性の池沼と為り、かえって人物を損傷するのである。

もし命局に死絶符が過多すれば、干上がって乾燥し、人物の生扶を機能しない。

秋季（申酉戌）月令が重要で、そのときに貴相なのである。

水質では長流水と大海水を喜用とし、そのうち丙午は癸巳と癸亥を適宜と為し、丁未は壬辰と壬戌を適宜と為すのであり、陰陽を相互に併見して吉兆なのである。

大渓水乙卯を雷性と為し、井泉水己酉を貴相と為し、ともに吉兆を論点と為す。

火質霹靂火を喜用とするのは、神性のドラゴンの火質と為り、この水質を相済して、そこでたちまち変化して行雲また降雨を施為するので、貴相であることを否定できない。

炉中火は火質の生旺で、大海水は水質の生旺で、もし命局が二火質で二水質ならば水下の相済と為り、精神が具足すると称して大貴相なのである。

覆灯火は辰巳支の風性を有し、山頭火は貴相を有し、みな吉兆を論点と為し、また他にも済水の方途を吉兆とするのである。

天上火が相剋の位相を為せば、すなわちこれに逢って忌であるが、木質のときに石榴木と楊柳木を併見して吉兆なのである。

大林木は巽（辰巳）を擁し、平地木は亥支を擁して吉兆なのであり、松柏木と石榴木は併見して丙辛合化して、また吉兆を論点とするのである。

これを選抜して「霊槎入天河格」と為すのである。

これは死絶符で無根の木質に取用し、命局に培養の土質がなければ、すなわち漂流してまさに天河と化すのである。

土質は剋伐を機能しないが、そこで命局に庚午辛未に逢えば相剋を位相し、土瓶は水を停滞させるため、水気や冬季月令はすなわち水気を阻堤して整池し、かならず日主は濁々と氾濫するだろう。

その他の土質の砂中土や屋上土は吉兆だが、城頭土、大駅土は用途がないのである。

壁上土は地支が相対して衝撃するので、造化の作用が壊体し、水金質は生扶を機能しないのだが、ただ辛亥釵釧金だけはかえって乾（天上）に所属し、水質が天上に存在するのでもっとも吉兆なのである。

その他の金質は天干に庚辛壬癸干を擁するとき用途と為るが、甲乙干は有益ではなく、ふたたび禄馬支や貴人支を添布して始動するのである。

選抜して水生の人が庚子壬子に逢うとき、雲が翻跳して降雨を施行するので、春季はすなわち干上がり夏季はすなわち滞水し冬季はすなわち寒冷するが、ただ三秋申酉戌月だけをもっとも吉兆とするのである。

甲辰乙巳庚辰辛巳に逢えば、命局に壬干を擁して雲塊と為り、辰支を擁してドラゴンと為り、風雨を為して氷雨と化すのである。

もし冬月亥子丑の月令は、霜が凝固して薄露と為り、日時柱に寅卯支に逢えば喜用として温和の気であり、解凍を肯首してともに貴格なのである。

【甲申乙酉井泉水】

井泉水とは清冽なる冷泉であり、養源として取用しても窮まりなく、よろずの家庭は源泉を掘鑿して飲用とするので、万民は生活の資本と為しているのである。

この水質は、金質から派生して木質において顕われる故に、金気に逢うことを喜用で福分と為すのである。

砂中土丙辰丁巳は土性を擁するが併見して最適であり、釵釧金は清秀でありこの次席としている。

白鑞金と釵釧金は相互に衝するが故に、併見して不適宜なのである。

剣鋒金の申酉支が太旺すれば、おそらく氾濫の窮状を有するであろう。

海中金は取用の用途がなく、乙丑を艮卦と為し、また山下火丙申丁酉が井泉水を併出して吉兆なのは、これが木質でなければ取用できない為で、たとえて容桶の作用が論点である故に、木質に逢ってみな吉兆なのである。

平地木や大林木を重見するようなときは、仮に剣鋒金にて削琢すべきであり、そこで取用を肯首できるのである。

桑柘木や楊柳木は用途がないが、松柏木はすなわち互換的に建禄支と為るために、もっとも吉兆なのである。

諸火質では陰性と陽性を相互に併見すればすなわち吉兆であり、霹靂火は神聖なる陽丙の称号として照射を顕わすために、二火質が在局すればもっとも吉兆であるが、ともに併見すれば不適宜ですなわち凶揺なのである。

諸土質のなかで路傍土と砂中土をもっとも吉兆と為し、屋上土は天門に位相し、生扶としての水源でまた吉兆なのである。

城頭土や壁上土では、この水質とは接衝しないのである。

大駅土は相剋の位相を為し、水性は土質に埋塞されるのは、すなわち井泉を浚渫すれば侵食されず、まず木質を擁して土性を除去するのを肯首できるのである。

水質では大海水壬戌癸亥を喜用として、おおむね聖性に所属するものである。

天上火、澗下水、長流水はまた災禍と為さずに、また大渓水甲寅乙卯は吉兆なのである。

また甲申が乙酉に逢うときや、乙酉が甲申に逢うときは、官星が互換するとしてもっとも吉兆なのである。

二種の水質が年時柱に存在するようなとき、二種の木質が月日柱に存在すれば、「水流が花壇の丘堤を巡る」と称して貴格なのである。

【壬戌癸亥大海水】

大海水とは総称して「百川の帰納するところ」であり、涯無く洋々として大いなる天地を包括しており、ここで陽光や月光が昇降するのである。

この水質の源泉には清濁があり、そこで段階を隔てた論点と為すのである。

壬戌は土質を擁するが、土質はここで濁性と為るが、癸亥干支は純粋な水質でかつ納音水質である故に清澄なのである。

壬戌日主は堆山質を忌としており、土気が太盛するとき、金気の清扶を擁して吉兆である。

逆に癸亥はもっとも堆山質に逢うのを喜用と為すので、しかる後に大海水の性質は始めて安穏なのである。

澗下水丁丑とは堆山質を擁し、天河水と大海水は天干と地支が相互に情通し、命局中に木質を擁せばイカダと為り、すなわちイカダに乗船して天河水に出航するとし、きわめて上格と為るのである。

長流水や大渓水などの水質は結局、大海水に帰納するので大海水は細微な支流を択ばず、その故に能く大成を作用と為し、壬辰をドラゴンが大海水に帰位すると為し、もっとも吉兆なのである。

それらの間隔のなかで陰陽を相互に含有するとき、干支の合絆や化合などを肯首できるのである。

井泉水甲申乙酉はすなわち制約を擁するので、大海水とは相通しない故に、これに逢うのを喜用とは為さないのである。

諸金質では海中金甲子乙丑が筆頭格であり、そこで壬戌癸亥は甲子乙丑に逢って喜用と為し、砂中金甲午乙未を有益と為し、他の金質のときは、貴人支や禄馬支を添布すべきなのである。

火質では天上火を喜用と為して大海水と併見して照耀し、もっとも吉兆と為るのである。

霹靂火己丑は堆山質と為り戊癸の干合が合化し、命局に木火気が旺相のとき、また吉兆なのである。

山下火、山頭火、覆灯火の諸火質は、木気を擁するのは不適宜であるが、壬子癸丑壬午癸未は併見して吉兆なのである。

大林木戊辰己巳は風（辰巳）を擁して、水性は揺動するので不安定であるが、平地木は厚く堆載しすなわち位相を形成するのである。

松柏木や石榴木はもし堆土の制土が無ければ、すなわち不安定に漂泊するだろう。

土質では路傍土と大駅土を喜用とするのは、この二種の土質は揺振や漏泄を阻止し、いうなれば癸亥が戊申に逢えば「天関地軸」と為り大格である。

また日時柱にこの厚土質を擁するとき、たとえ風迅雷号を擁しても損害とは為らないのである。

城頭土の己卯は艮卦の資質であり、すなわち吉兆であり、霹靂火戊子己丑に逢うときは、すなわち火雷に変化するとして、大海水は噴出して日主は窮状して散々であろう。

六十甲子における納音の取象法とは、その十干が金質であると肯首できるが、また金質であると肯首できないとは、それぞれの配当数位が不同であるのが理由だが、そこには五行が変化したり従化したりの作用がある為であり、その理論はまた察知不可なのである。

甲乙庚辛壬癸（木金水）の三行とは、金質の為義を肯首できるが、そこで丙丁戊己は肯首できないのである。

庚辛干は元来金属質で、もとより金気の本家の物質であるが、壬癸は金気ではない。

また金気とは、一体何であろうか。

そこで金気と水気が相生する理論とは、水質もまた金質と化するのを肯首し得る為で、その故に世界の水碧彩色の金の化合物とは、甲乙の木質でありその性質は堅強なのである。

世界に存在する樹木の化石とは、例証を肯首できるが、その故にこの二物質は金気として取象するのを肯首できるので、本家の金物質と同じなのである。

丙丁干は火質に所属してその燥性と剛質とは異質であり、戊己干は土質に所属してその柔性と剛性とは異質であり金質とは相違するので、自性的な金質を論点にするのを肯首できないのである。

そこで戊己庚辛壬癸は六種の干とは、木質が成為であると肯首できる。

そこには甲乙丙丁干は擁されていないのは、丙丁干とは元来、木質が焚焼した火処である為に、自性的に取用を肯首できないのである。

さて甲乙干とは原料が木質だが、どうして取用できないと言えば、とくに五行の作用で知られていなかったのは、金質は金気に還元し、水質は水気に還元し、火質は火気に還元し、土質は土気に還元するが、ただ木気だけはすなわち変転して水火土各気の性質を資扶としており、仮に合絆して生扶し、相互の脈絡が断絶すれば枯体すなわち水質に還元し、また火気の熱源としてすなわち火気に還元し、腐朽して土質と化してすなわち土気に還元する故に、木気は用途ではないのである。

そこで本体を脱却し神性が化すのは、六甲干が輪環することで数値の所在としており、五行が錯綜するなかで、理論性をそこで体得するのを自性的に識り得るのである。

おおむね木気とは水気の生扶であり、樹肉の液質とは水気なのであり、その故に壬癸干は、木気と成為するのを肯首できるのであり、庚辛干の金質が甲乙干と同様に堅質である故に、甲乙を金質であると肯首できるのである。

そこでまた庚辛干が木質であると肯首すれば、交通して互換性があるとは、その理論はまた一端の理も無いのである。

丙丁甲乙壬癸を水気と為して取象するのは、壬癸干を原料の水質とすればその化合物が丙丁干であり、甲乙干の樹液はすなわち水気なのである。

戊己干の土気とは水質を埋塞するのであり、庚辛の金気が燥性や水性であるのとは、気の作用が異なっており、自性的に水気を論点にするのを肯首できないのである。

甲乙丙丁戊己干を火質に取象するとは、丙丁干は原料が火気なのであり、戊己干はその化合物であり、また甲乙干の燃料の生扶であるのが、すなわち火気なのである。

壬癸の水気とは火気を消剋するのを、また庚辛干の金質の液化が火煖の燥性する所為であるのとは、異なった見解なのである。

自性的に火気を論点にするのを肯首すべきではない。

丙丁戊己庚辛干とは納音の土質に所属するとき、戊己干が原料の土気であり、丙丁火質が燃化して堆灰してすなわち土塊なのであり、庚辛の金質は層土に混在するのは、土気の精気の結晶だからであり、その故に万物は土気と為るのを肯首するのである。

もし壬癸干の水質すなわち「潤下」が凝固せず、甲乙の木質が土気の四散を抑止しないとき、土気を論点にするのを肯首できないのである。

その取象の方法を究明すれば、軽重や大小や剛柔や気味や体質や功用が有るので、各者は同義ではない。

この地支の四隅方位を総括すれば、それぞれ旺相休死が在り同義ではなく、そこで天干の状況である本来の五行の象や化した五行の象や変種の命局は、その理論は天象と人間の相関に尽き、それぞれ生剋して相互に意義を成為するのである。

この金気である理由とは、海中金、砂中金、金箔金、白鑞金、剣鋒金、釵釧金の種別があり、そこで金気の象意とは、その他の意味など無いのである。

その他の木火土水は、以上の例証を見るべきであり、この納音の取象こそが造化の作用の理由なのである。

また換言すれば五行のなかで、ただ水気と火気が過分に旺じるのを不適宜としており、双方とも旺じるときはすなわち救応の薬効は存在しない故に、丙午丁未を天河水として配当しているので、水気はよく火気を鎮火できるのである。

戊午己未を天上火と称するのは、ここで戊己干を干頭と為すとき、すなわち火質が炎上しないのであり、午未支のなかに天運が支蔵され、その丙丁干は火気に所居してこれらは午未が生旺と為るエリアである故に、歴々代々この午未の二年間に逢うことで、志向の不成立と為すのである。

この理論により取象の意義の原理と為すのではないが、しかしそこで肯定も得知もしないのである。

ここで納音取象が黄帝氏の自説であると再説するとき、その故に術士諸家はみなそれを宗旨として、徐大升氏から真実の論点を作定したと為すのである。

婁景（黄帝）以前から存在したのは、未知の金属体が海中金の論点として存在したことであるが、元朝代の星術士たちはついに「納音を肯定して天真の論説とする自説」を忘失した故に、現今の命理論者はただ五行を正規の論点とはするが、そこで納音を取用しないのであり、どうして納音の理論の知識を擁するだろうか。

この取象法の精粋とは、この正規の造化の作用の理由であり、おおむね人の命運を論点とするのに推究しなければならず、そこでこの本体を察知してその精微を究明し尽くすのである。

現今の陰陽家の論説は、先代の老師方の五行論であり、そこで洪範（書経）

五行を取用せず、方位論の『滅蛮経』を目処として陰陽観が転倒して、かえって易理の水火を容し太和周視氏が『陰陽定論』を作定してこの深部を啓蒙し、西蜀の羅青霄氏が『陰陽弁疑』を作製したことにより、洪範（書経）五行から八卦を出典させた出目を用途と為すべきでないと断定し、また周代開闢の某氏がこれを傍見して虚詐するのは、何と「その前後に定まった見解が存在しない」のだろうか。

わたしが納音五行を俯瞰するに、そこで洪範五行の意義を選抜して挙例したり、撤廃したりすべきではないということである。

命理を議論する者は、五行の本来の意義を典拠と為し、納音を緯説と為して参究すれば、あらゆる命理術数の理論が完備し、そこで造化の作用その他に蘊蓄などないのである。

論説してみれば天地の開闢のときに、干支の名称がそこで確立して相伝したのは、おのずと天皇や地皇が出目であり、そこで錯綜して六十甲子と為るのは、すなわち伏義氏から甲子暦が始発したということである。

すでに甲子暦の名称は、すなわち年月日時にみな六十甲子を紀号して、そこで天地の始点と終点や太陽と月の運行や四季の寒暑や陰陽の変化などは、みな変易できないのである。

三辰（太陽月星辰）を定義し、黄帝氏から六十甲子納音を取象し、五行からそれぞれの所属を配し、そこで木火土金水の性情や形質とその効用や変化は、みな悉く蘊蓄し尽くされており、易理はその中で自在に作用するのである。

その故にこれより天地陰陽の両儀を測定すれば、天地からは逃げも隠れもできないのである。

そこから三光（日月星光）を推究し、すなわち日月星辰は変転できず、そこで四季を察するのは、すなわちその寒暑を変易できないからである。

これにより人間の事象、すなわち吉凶や禍福や寿夭や窮通を占断するのである。

挙証すれば、造化の外域から遁がれられないのは無情ではあるが、現今の儒学者はただ八卦が伏義氏より創作されたことを知り、文王が六十四卦を為して重用し、周公が爻辞を作製し、孔子が繋辞を作製したことは『易経』が四聖人により改良されて、後代に完成して経典と称される為である。

五行家を九流と為すと目処するのは、はなはだ疑問ではあるのは、どうして五行家がもっぱら生旺を論説して正しい理論を体得するのに、天命に全権を委嘱して人事を棄却するのは、易の道理に合致しないではないか。

嗚呼。干支は太古より出目し、甲子は羲皇上人を本義と為し、納音の象意は黄帝氏から伝承し、これは聖人の数霊なのであり、どうして文王や周公や孔子に存在して後発などするだろうか。

もし天地の開闢のとき干支の名称が確立しなかったならば、すなわち錯綜して甲子は機能せず六十甲子も存在せず、すなわち五行も錯綜して作動しなかったであろう。

何をもって歴紀をして歳月が成立するのかとは、そこで一年を三百六十五日を擁し、一年は十二カ月を擁し、一月は三十日を擁し、一日は二十四時を擁するが、それを明らかにするのをどうやって知り得るだろうか。

そこで世界は挙例しても混沌として、暗闇のなかに存在するかのように、何をして天地人三才の間に参入して、そこで世界観が成立するのであろうか。

巧みにいうなれば百姓の日常を称して、「知得しない」とするのは、終身ずっと察行しない輩である理由であり、易道は精微ではあるが天地に困りて過ぎることなく位相を定位し、山沢の気が通じ雷性と風性が相互に肉迫し、水火質が相碍せず、そこで卦を造作して取象し、その理論は自性的で干支甲子の外域に傍出せず、そこで別途に創説配置して所説と為すのである。

嗚呼。干支は錯綜して六十種と為り、八卦が錯綜して六十四卦と為り、甲子をして納音の象数として取象して理論とするのは、すなわち正規の五行なのである。

そこで八卦の本体がすでに具備し、八卦の天を仰観して地を俯察し、彼方の諸物象を取用し、付近の諸身心を取用して六十四卦三百六十四爻を為すのは、また一年間の数象なのである。

そこで干支の用法は行為であり、干支の天地の本来を経書と為し、八卦と陰陽の道を緯書と為すことで、経書と緯書が錯綜して往来して変化するのである。

また天地の蘊奥や鬼神の情状や人事の吉凶は、悉くそのなかに存在するので、そこでその意義が精微なのである。

世間の儒学者はどうして五行学を九流と見做して軽蔑するのであろうか。

論五行

五行とは、天と地の間を往来して窮まりないものであり、その故に「行」と言っているのである。

北方位の陰性の極まりで「寒」が派生し、寒から水気が派生する。

南方位の陽性の極まりで「熱」が派生し、熱から火気が派生する。

東方位の陽風の四散で「風」が派生し、風から木気が派生する。

西方位の陰性の止静で収まり「燥」が派生し、燥から金気が派生する。

中央位の陰陽の交点で「湿」が派生し、湿から土気が派生する。

それらは相生もし四維に位相する。また相剋もし相互に制する。

これらは倫理性があることを言っているのである。

火行は太陽とも為り炎上の性質で、水行は太陰とも為り潤下の性質で、木行は少陽とも為り上昇の性質で止滞せず、金行は少陰とも為り沈下の性質で止静し、五行は常性がなく四季に位相し、任地を相済させようとするので、そこで太過したり不及したりしてはいけないのである。

さて五行の性質は各者ともに用法が在り、水行の性情は「智」であり、火行の性情は「礼」であり、木行の性情は「仁」であり、金行の性情は「義」であり、ただ土行の性情は「信」であり、重厚かつ寛博で用途としない場所は存在しない。

そこで水質とは土行の附属物の五行で、また木質はすなわち土行に寄属して生育し、金質は土行が無ければすなわち自性的に顕出せず、火質は土行がなければすなわち存在しないのは、すなわち自性的に帰着しないのである。

かならず欠損や質実の通路にて虚実を為しており、土行を以て明らかに成為するので、その故に五行はみな土行を頼処とするのである。

その形式を推究するのにすなわち水行は黒色で、火行は赤色で、木行は青色で、金行は白色で、土行は黄色であり、これらが正規の色彩なのであり、それを変更するのはすなわち不自然なのであり、常に各行は生旺して正規の色彩に従うのである。

(旺相のときはすなわち正気が全備するので、正規の色彩と観るべきなのである。)

当行が死絶に逢うときは、母元の色彩を採る。

(水行は木行の母であり、死絶に逢ってすなわち黒色であり、木行は火行の母であり、死絶に逢ってすなわち青色であり、火行は土行の母であり、死絶に逢って赤色であり、土行は金行の母であり、死絶に逢って黄色なのである。さて各五行が死絶に逢うときすなわち気質が根元に帰位して母元の色彩を採る。おおむね人々が苦難に遭遇して悲しむのは、その母であるのが義則なのである。)

冠帯の形式が完成するときは、妻君の色彩を採る。

(青少年の時期や老後衰退のときは、妻君の顔色を仰ぐ時期である為である。)

病敗の地に逢うときは、その元凶の色彩を採る。

(病敗の地とは、元凶の旺盛な郷域で受難する。すなわち気質が元凶に帰着するのである。)

墓符が盛令のときは、その子分の色彩を採る。

(その旺義は伝承であり、墓符は収まるとする故に、子分の色彩に当在する。)

その数象であるが、すなわち水行は一で、火行は二で、木行は三で、金行は四で、土行は五で、さらに生旺すれば倍を加算し、衰退すれば半減させることで、この義則を推究するのである。

さて万物は陰性を負荷して陽性を擁し、沖気により和合するので、そこで過分したり不及したりするのは、みな道理に乖背しているのである。

その故に高慢者は抑え付け平らかに使役し、部下を推挙して大事にする。あるいはその不及を裨益し、あるいはその太過を損削することで、貴い事とはその折衷が存在して中庸の道理に帰し、不足の係累に余剰の有無を使役するのである。

それは印星や財官印星や食神や天乙貴人や駅馬の精微な意味である。

行運もまたこれと同様であり、その精微な意味を識るべきであり、すなわちそれが命理の学説であると、そう思うのである。


【金】 本象や土気の生扶や空亡や煅煉が喜である。

木火気旺や墓敗符の火気や水寒や金鎖や刑殺剋害が忌である。

金質を陰性に至る体質と為し、内部に陽性に至る精粋を含んでいる。

すなわち剛堅の権能があり、衆物とは独り異なっている。

もし単独の陰性で堅質でないときは氷雪であり、陽性に逢えばすなわち鎔解し、その故に金質は錬磨しなければ成器と為らないのである。

金気が聚合して火質が存在しないときは、採精の名称を完成し難く、金気が重複して火質が軽微なときは、事柄が煩雑の難儀があり、金気が軽微で火質が重複するときは煅煉は機能せず、金気が精極で火質が盛旺するときは、もっとも精緻な格式なのである。

金質と火質が満局すれば「鋳印」の名称が在るが、丑支が混入するときすなわち損傷と為るのである。

金質と火質が過多であれば名声を馳せ、逆に金気が死衰すればかえって不利と為るのである。

強火で金質を煉金すれば功名の幸運だが、逆に後退も迅速なのである。

純粋な金質で溢水しないとき、富裕が顕われ富みは有り余るほどである。

金質はよく水気を派生し、水気の旺盛により金質は沈水する。

土気はよく金質を派生し、金質は貴く土質は下位である。

金質が存在しなければ水気は枯渇し、水質が重複すれば沈水して用途は為らないのである。

金質は土気が存在しなければ死絶し、土質が重複すればすなわち土中に埋没して顕出しないのである。

金質と火質が双方ともに併立するときには最上格で、金質と木質が併立すれば財運が具足し、単金質が三水質を派生するとき、虚弱で勝利は難儀であろう。

単金質が三木質を擁するとき、頑鈍でみずから損失し、金質が成象すればすなわち火質は後退し、その故に金質は成器とは為らないだろう。

そこで火質が適宜ならば金質はすでに成器であり、火質を要しないとき金質に申酉巳丑支が逢来すれば、また成局を肯首できるのである。

運歳は西北運を喜び南方運を不利とし、春季の月令の出生ならばまだ余寒が去らないため、火質の存在で栄えて貴相と為り、性質と本体が柔弱であり、厚土の輔助を要するのである。

水質が旺盛で寒冷が過多のとき、金質の鋭鋒の気勢を施為し難く、木質が過多のとき力量は損失し、かえって暗愚の危惧を招来する。

金質の比助が到れば、資扶と耐性は吉兆であるが、金質の比助や火質が存在しないとき、性能を失い良質ではないのである。

月令夏季の金質は、なお柔性に在り、形体が未完成でもっとも死絶を忌とするが、火気が過多で在ればかえって忌ではないのである。

水気が旺盛ならば体質を呈して栄祥し、木気に逢えば元凶を助勢して傷身し、金気に逢えば壮精を資扶し、土質が薄質ならばもっとも有用と為るが、土質が厚土ならば埋没して余光はないのである。

月令秋季の金質は、月令を得て当権し、火質に逢って煅煉すればついに「鐘鼎の材」が完成するが、土質が過多であれば培養と為り、かえって頑迷の濁気と為る。

水質に逢えばすなわち精神秀越し、木質に逢えばすなわち削琢して威勢と為り、金質を助してますます剛質ではあるが、過分の剛質とはかならず欠損と為り、気質が重複すれば旺じ、極度に旺盛ならばすなわち損害なのである。

月令冬季の金質は、形体と性質が寒冷で木質が過多であれば、すなわち削琢の機能は難しく、水質が旺盛ならば沈潜の患を免れないのである。

土質はよく水質を制止し、金質の本体は寒冷せず、火気に逢って土質を取用するのを母子の成功と為し、比肩の聚気や相扶を喜用と為すのである。

官星や印星の温養を要して、利益と為すのである。

【木】 削琢や生扶や助火や土気培養や地面の生旺や成林党を喜ぶ。

空折や飄落や空亡や動揺や死絶や枯槁や自焚や耗泄や湿爛を忌む。

木気の性質は上昇かつ止静しない。木気が重複するときすなわち金質の作用を要する。

木質が用途と為り金質を擁せば、すなわち自ら高恃する徳を擁し、すなわち土質の重複を要し、すなわち深根盤石と為り、土質が些少ならばすなわち枝葉は茂り、根基が危うい患があるだろう。

木質は水気を頼んで派生し、すなわち滋潤が些少ならば、すなわち多くは漂流するのである。

甲戌と乙亥は木質の源で、甲寅と乙卯は木質の郷で、甲辰と乙巳は木質の生で、みな活きた木質なのである。

甲申と乙酉は木質の受剋で、甲午と乙未は木質の自死で、甲子と乙丑は金剋木で、みな死んだ木質なのである。

木気の生育には火気を要して秀気と為すが、丙丁干も然りである。

死んだ木質は金質を擁して削造するので、庚辛干はかならず有利である。

木質の生育で金気に逢えばみずから損傷し、死んだ木質は火気を擁してみずから焚焼し、風性なくすなわち止静し、それは乱雑の勢なのである。

水質に逢ってその根源へ還元し、その勢力は尽きるのである。

金質と木質の互相とは「斲輪の格式」をいい、もし秋季月令のときはかえって斧傷と為るのは、秋季は金質の重複を忌むためなのである。

陰性の木質に火気が重複するとき、弁舌は能弁であり、春季月令のときはなお余寒を有し、火煖の温気を喜び、すなわち拘禁に屈することはないのである。

水質を資扶と為し、舒暢の美観を擁し、初春に溢水して不適宜ならば陰影が濃厚で、すなわち根基を損し枝葉が枯れ、春季にして未だに煩わしく陽気で喧燥である。

水質が存在しないとき、すなわち葉々は摘去され根基は枯燥するのは、ここで木気と火気の二物が佳く既済している為で、土質が過多であれば力量を損折し、土質が薄ければすなわち爵位は豊厚なのである。

金質の重複に逢って忌と為し、傷身が残疾して伐折し、一生涯安閑とは為らないのである。

木質の旺気を使役するときは、金質を得て善化と為し、終身福分を獲得するだろう。

月令夏季の木質は、根基と葉々が枯燥し、盤固として直立し屈しても伸長し、水気の潤沢に逢うことを望むならば、滋潤の力量を成為するのである。

本当に些少な湿潤は、肯首できないものである。

その火勢の旺相を忌と為し、焚焼の枯化の憂いを招来する故に、単独に存在するのを凶と為し、土質が薄質に在ることを喜び、そこで土質の重厚は不適宜であり、厚土はすなわち窮状と為るのである。

劣質の金気が多く存在しても欠損を肯首し、欠損とは削琢の機能と為らないことである。

木質が重複して存在するときは、いたずらに成林と為り累々と逢華し、ついに結果をみないであろう。

月令秋季の木質は、温気が漸次に冷涼と為り、形質が漸次に壊敗し、初秋の時季には火気が残存し、なお水土気を喜んで相互に昌じるが、中秋の時季には果実はすでに成実し、剛金を要するならば改削して、降霜の後には水気の溢水は不適宜であり、溢水すれば木質は浮漂し、また寒露の時節にはまた火炎を喜用と為し、火炎とはすなわち木気の果なのである。

木質が過多であるとは多材の美相なのであり、土質が厚土のときはすでに才能を任じることはないのである。

月令冬季の木質は、地表に張屈して土質の過多を要すれば、そこで培養して劣質の溢水により形体を亡失するのである。

総じて金質が過多のときは剋伐を機能せず、火質に重複して逢うときは温暖と為り、成功するのである。

根源に帰し命運が復するとき、疾木は安らかに輔助を機能するだろう。

ただ死絶するのを忌と為し、ただ生旺するのを適宜と為すのである。

【水】清潔や寛遠や相生や火済や潤下や西北を喜ぶ。

空亡や泛濫や剋害や木多や寒気や枯涸や死絶や焦土等を忌む。

天象が西北へ傾斜するとき、亥支は出水の方位と為り、地象が東南に陥位して辰支は納水の府と為り、逆流して申支に到りて発声する。

その故に水流は西方へ流れず、水気の性質は潤下であり、順ずるのはすなわち擁容なのである。

十二星辰を順行するのは「順」であり、その主は度量を擁して吉神の扶助を有してすなわち貴格なのである。

逆反すればすなわち発声し、十二星辰を逆するのは「逆」なのである。

入格するときその主は清貴で名声を擁するが、刑衝を忌と為しすなわち横道へ傍流するので、自性の死符を喜び自性の絶符が、すなわち吉兆なのである。

水気の根源は絶えることなく、金気より生扶されて流遠するのである。

水流の氾濫には堤防を以て剋土を頼みと為し、水火気が均衡すればすなわち合絆して「既済の美」なのである。

水土気が混合すればすなわち濁源の凶兆を擁し、四季ともに火気の過多を忌と為すのは、すなわち受水が枯渇する為である。

土質の重複に逢うのを忌と為し、すなわち水質は流動せず、金質を擁しても忌と為し無用なのである。

金質が無用のときは、すなわち水質は凶兆なのであり、木質の旺気に逢い忌と為すのであり、木質が旺じればすなわち水質は無用なのである。

『沈芝源髄歌』にいう――

水質の命主が動揺すれば、多くの日主は濁々と氾濫し、陰干主の人はこれを最凶と為している。

「口訣」にいう――

陽干水の身弱は窮するが、陰干水の身弱は貴相である。

夏季月令のとき、性情は滔々と溢濫で、ふたたび水質の助勢に逢うとき、かならず堤綱が崩壊する勢いと為るのである。

もし土質の盛土が加われば、すなわち氾濫の憂いはなく、金質の生扶を喜ぶが金質の盛旺は不適宜なのである。

火質の既済を要するが、火質の過多は不要であり、木質に逢って施功を肯首し、土質が存在しないときは傷身して散漫なのである。

月令夏季の水質は性質は執性で根源に帰し、時季は涸燥に際会するので比肩を擁するのを要し、金質の生助を忌として、水質同体の比助を擁するのである。

火質の旺相を忌としてそれは太炎であり、そこで木気の盛相はすなわちその気質を耗盗する為である。

土質が旺盛であればすなわち、その流動を抑止するのである。

月令秋季の水質は、母象が太旺する水相であり、表裏ともに耀光するとし、金質の生扶を得てすなわちよく清澄するが、土質の盛旺に逢ってすなわち混濁を忌避し、火質が過多であれば財星が盛旺であるが、太過するのは不適宜なのである。

木質が重複すれば妻君が栄光し、中和であれば利得し、水質が重複すればその氾濫の憂いを加増するのである。

土質が累々とするとき、始めて清平の意を擁するのである。

月令冬季の水質は、専権の司令の時宜であり、火質に逢えばすなわち温煖を加増して寒気を除去する。

土質に逢えばすなわち形態が帰化し、金質が過多すればかえって「義」の意はない。

木質が盛旺であれば有情として、土質が太過すれば水質を剋制して無用である。

水質が氾濫するときは、堤土の成為を喜ぶのである。

【火】和煖や生助や空亡や炎上や高遠や土照や済水を喜ぶ。

　促局や急燥や清冷や重水や枯木や雑党や木敗や死水の木を忌む。

炎々たる真実の火質で、南方位に鎮位する故に、火気に不明瞭な作用は存在せず、その光輝は恒久ではない為に、総じて伏蔵するのを必要とする。

その故に火光は不滅の点灯ではなく、火気は木質を本体と為しているので、木質が存在しなければすなわち火気は長時間の炎上はしない。

火気は水質を以て用途と為すのは、水気がなければすなわち酷烈火を太射し、その故に火質が過多すればすなわち実質的ではなく、烈火の太射はすなわち物体を損傷し、木質はよく火気を含有するのである。

寅卯の郷に至って派生して火気は西方位を不利と為し、申酉支に逢ってかならず無用と為るのである。

午支に位相して派生し有為にして果断であり、もし子支に位相すれば謹譲にて礼儀を守り、金質は火質を擁して和解し、すなわちよく鋳鎔するのである。

水質は火質を擁して和解し、すなわち既済を成為し、土気に逢って暗蒙であり、おおむね日主は塞滞するのである。

水気の旺盛の郷に逢い、その栄昌が決定する。

木質が無用であれば、火気は虚質で恒久に点灯せず、たとえ早年に功名してもかならず長久とは為らないのである。

春季に木気に逢うのは忌であり、その焚焼は劣質である。

夏季に土気に逢うのは忌であり、それは暗性で劣質である。

秋季に金気に逢うのは忌であり、金気の旺盛は抑制が難儀な為である。

冬季に水気に逢うのは忌であり、水気が旺相してすなわち形体が亡失する。

故に春季の火気は輝光を要するが、炎上は要さないのであるが、炎質とはすなわち実体的でない為である。

秋季の火気は伏蔵を要するが、輝光を要さないのは、輝光とはすなわち燥性である為である。

冬季の火気は生扶を要するが、無用途を要さないのは、無用とはすなわち暗愚である為である。

春季に派生して母子ともに旺相してその勢力は並行し、木気の生扶を喜ぶが過分の旺相は不適宜で、その旺相とは火炎であり、水性の既済を要するのである。

旺盛に勃こるのを愁えず、旺盛ならすなわち潤恩であり、土質が過多すればすなわち光輝が埋塞し、火質が旺盛ならばすなわち多く損傷して喧燥である。

金気に逢えば奏功し、たとえ累々と重複しても妻君の財物は遂志するのである。

夏季の火気は行権の勢力を擁し、水質の制御に逢ってすなわち自性的な焚焼の厄を免ずるが、木気の助勢に逢ってかならず非長寿の患を招来するだろう。

金質に逢ってかならず良質の工夫を作動し、土質を擁してついに稼穡を成局するので、金質と土質は美質の配合だが、水質が存在しなければすなわち金質は燥性して土質は焦土し、ふたたび火気の助勢を付加すれば太過して危惧に傾斜するだろう。

秋季の火気は性質や体質は休息し、木気の生扶を擁し、すなわち光明が復旧する慶兆が在るが、水質の受剋に逢えば陥没の災禍から忌避し難いのである。

土質が重複すればその輝光が覆蔽し、金質が過多すればその勢力は損傷するのである。

火質は火気に逢って光り輝き、たとえ累々と逢っても利得に変転するのである。

冬季の火気は形体が亡失し、木気の生扶をよろこび救応と為している。

水気に逢って受剋するのは災禍であり、土気の制土を要して栄昌と為る。

火質の比助をよろこび利得と為し、金質に逢い財星の任用は難儀なのである。

金質を擁さないときは、妻君は被害に逢い、たとえ天地が傾斜しても、水火の難儀で損失するのである。


【土】生扶や堅厚や疏通や生金を喜ぶ。

崩壊や木気の重複や過水や空亡や寒気や金気の重複や虚浅を忌む。

五行の土質は四方位に位相し、その故に木火水金各気は依拠して成象し、これは四季にはみな有用であり、忌と為すとすれば火気は西方位で無用であり、水気は子支に位相し、表土は火気の印星を頼みと為し、火気が無用とはすなわち土気の休囚であり、土質は水気の財星をよろこび水質が旺じればすなわち土質は虚質であり、土質は火金質を擁して大器と為して完成する。

土質が太過すれば貴相とは為らず、空疎な灰燼であり、土質が聚合してすなわち塞滞し、土質が四散してすなわち軽微なのである。

辰戌丑未支は土気の正規の方位であり、陰支と陽支に分岐するので、土質はすなわち同質ではないのである。

辰支は水質を含有して未支は木質を隠蔵し、万物を滋養するので春夏季に功用と為るのである。

戌支は火質を含有して丑支は金質を隠蔵し、秋季の火気と冬季の金気は万物を収斂する故に、土質の聚合では辰支と未支を貴相と為し、戌支と丑支は貴相とは為らないのは、ここで土質は辰支と未支を重用するが、丑支と戌支は重用しないのが明らかな為である。

もしさらに五行が気質を擁せば、人命がこれに逢うことで比較にならない程に田畑から産出し、晩景は悠々たる富貴であろう。

もし土質が質実を擁せば水性が存在しない、すなわち懐柔できない、また木質が存在しない、すなわち疏通できないのである。

土質が火気に逢いすなわち焦土と為るとき、女命の多くは生成しない。

四季の土旺にただ戌土は困弱するのは、戌支の多くは人物為りが博くて睡眠が多く、辰支未支は好食で、丑支の人物は清素で省顧するのである。

丑土質は艮土を擁して癸水を含み、よく滋潤するのである。

人命はこれに逢い、日主はよく卓立するのである。

月令春季のときは、その勢力は虚弱で火気の生扶をよろこび、木気の太過を劣質と為し、水気の氾濫を忌と為し、土行の比助を喜要とする。

金気を擁して木質を制御すれば吉祥と為るが、もし金質が過多すればすなわち土気を盗気するのである。

月令夏季の土質は、その勢力は烈燥であり、盛水の滋潤を擁して成功するが、旺火の煅煉で赤色に焦土し忌と為る。

木質は火炎を助勢するので、生剋に善処はなく、金質は水質を派生して水洪するので、妻財は有益と為るだろう。

比肩に逢えば塞滞して不通であり、太過するときまた木気の来逢を喜ぶのである。

月令秋季の土質は、子息が旺じて母が衰退するとし、金質が過多すればその気質を耗盗し、木気が盛旺すれば制御は適宜なのである。

火質が重複すれば忌と為さず、水質が洪々として瑞祥はないのである。

比肩を擁してすなわちよく助力と為り、降霜の時季にも比肩の比助は妨げはないのである。

月令冬季の土質は、外表は寒冷で内部は温暖であり、水質が旺盛ならば財運が豊厚で、金質が多ければ子息は優秀で、火質が旺盛ならば栄昌し、木質が多くても咎はなく、ふたたび土質の助勢を加えてまた佳兆なのである。

ただ身体強力、健脚、長寿を喜ぶのである。

徐大升氏がいう―

金気は土気より派生するが、土気が多ければ金気は埋まる。

土気は火気に生扶されるが、火気が多ければ土気は焦げる。

火気は木気に生扶されるが、木気が多ければ火気は熾烈する。

木気は水気に生扶されるが、水気が多ければ木気は浮漂する。
水気は金気に生扶されるが、金気が多ければ水気は濁る。
金気は水気を派生するが、水気が多ければ沈金する。
水気は木気を生扶するが、木気が盛んなれば水気は畏縮する。
木気は火気を生扶するが、火気が多ければ木気は焚焼する。
火気は土気を生扶するが、土気が多ければ火気は暗蒙である。
土気は金気を生扶するが、金気が多ければ土気は変土する。
金気は木気を剋するが、木気が堅ければ金気は欠ける。
木気は土気を剋するが、土気が重ければ木気は折れる。
土気は水気を剋するが、水気が多ければ土気は流れる。
水気は火気を剋するが、火炎は水気を蒸発させる。
火気は金気を剋するが、金気が多ければ火気は熄止する。
金気が衰微して火気に逢えば、かならず鎔解する。
火気が微勢で水気に逢えば、かならず熄滅する。
水気が微勢で土気に逢えば、かならず埋塞する。
土気が微勢で木気に逢えば、かならず傾陥する。
木気が微勢で金気に逢えば、かならず損折する。
強金質が水質を擁せば、鋭鋒する。
強水質が木質を擁せば、精勢する。
強木質が火質を擁せば、化火して頑丈である。
強火質が土質を擁せば、炎上が止静する。
強土質が金質を擁せば、損害を抑止する。
―これらの言質は簡明だが、これに尽きるのである。

巻二

論河圖及洪範五行

古代の王朝統治は庖義氏の天下であり、すなわち「河図」により八卦を創作した故に、序章として乾坤坎離震巽艮兌の名称が生起し、天地に日月風雷山沢の象意を設置したのである。

天と地の位相が定まり山沢の気が通気し、風雷が互いに相薄し水火気が相互に衝せず、八卦が相互に作動しまた配列し、そこでその中に二十四の位相が同伴しているのは、陰陽のなりゆきの験証であるのだ。

『易経』「繋辞伝」にいう――

八卦の変易であるが、甲の本質は木行に所属し乾の卦に納まるが、乾の卦は坤の卦と交感し、そこで坤卦の上下の二爻と乾卦の上下の二爻を互換して、坎卦の象に変化することで甲は坎に従って坎卦に変化し、その故に水行に所属するのである。

乙の本質は木行に所属し坤の卦に納まるが、坤の卦は乾の卦と相対し、そこで乾の中爻は坤の中爻と互換して、離卦の象に変化することで乙は離卦を受けて変化し、その故に火行に所属する。

丙の本質は火行に所属し艮の卦に納まるが、艮の卦は兌の卦と相対し、そこで兌の下爻は艮の下爻と互換して、離卦の象に変化することで丙は離卦を受けて変化し、その故に火行に所属する。

丁の本質は火行に所属し兌の卦に納まるが、兌の卦は艮の卦と相対し、そこで艮の上爻は兌の上爻と互換して、乾卦の象に変化することで丁は乾卦を受けて変化し、その故に金行に所属する。

庚の本質は金行に所属し震の卦に納まるが、震の卦は巽の卦と相対し、そこで巽の下爻は震の下爻と互換して、坤卦の象に変化することで庚は坤卦を受けて変化し、その故に土行に所属する。

辛の本質は金行に所属し巽の卦に納まるが、巽の卦は震の卦と相対し、そこで震の上爻と巽の上爻は互換して、坎卦の象に変化することで辛は坎卦を受けて変化し、その故に水行に所属する。

壬の本質は水行に所属し離の卦に納まるが、離の卦は坎の卦と相対し、そこで坎の中爻は離の中爻と互換して、乾卦の象に変化することで壬は乾卦を受けて変化し、本来的に金行に所属すべきで、離卦の火行に納まることで火焔は金質を鎔解するので、立脚点は確固でみずから付属と為り、ここで離卦の火行が立脚する故に、火行に所属する。

癸の本質は水行に所属し坎の卦に納まるが、坎の卦と離の卦は相対し、そこで離の中爻と坎の中爻は互換して、坤卦の象に変化することで癸は坤卦を受けて変化し、その故に土行に所属する。

この八種の干は、八卦の変易に納まっており、乾坤や上下二爻の交辞は象位を聚象して、義の可否とする故に天地の定位というのである。

震艮の卦をもって巽兌の卦との交辞の上爻とし、巽兌の卦をもって震艮の卦との交辞の下爻とし、そこで日常の損益の意義に取象する故に、雷風が相薄すると言っている。

山沢の気の通気では、離卦を乾卦と坤卦の交辞の中爻とし、乾坤の卦を坎離との交辞の下爻とし、その既済および未済に取象する故に、水火気が相互に衝しないと言っているのである。

八卦には変易や不変易が存在し、乾坤卦を根本と為すとき、金土行を変易しない者と為し、陰陽の元祖の宗義と為し、それぞれの卦の父母と為し、身を退ければ休地の郷とし老壮と為っても変わらない故に、坎離震兌を四正の位相と為し、木火金水を不変の者として、子午卯酉の各四位をそれぞれ専属の「四旺の地」として、四季の時令として宣布し、そこで各気は五行と化する故に「不変である」としている。

艮卦と巽卦の用途の変易とは、艮土は東北の郷である坎震の卦に変易して位相し、衰地の丑土や病地の寅木の当地に居処し、位相の更代の立点を考えるとき、自然に山を成象して樹木に変化するのである。

巽卦の用途の変易とは、震離である東南の郷において位相し、衰地の辰土や病地の巳火の当地に位相し、自性的に卓立できないのである。

そこでかえって水行に帰位するとは、辰支を墓郷と為し、ならびに辰支は水性だからである。

また亥支の本質は水性に所属し、金質に派生されるのは金行で、卓立して便乗するので、亥支は金行に所属するのである。

また寅支の本質は木性に所属し、水質に派生されるのは水行で、卓立して便乗するので、その故に寅支は水行に所属するのである。

また巳支の本質は火性に所属し、木性に派生されるのは衰地の震卦に便乗するので、震卦の代替として卓立する故に、巳支は木行に所属するのである。

また申支の本質は金性に所属し、水質は申支に生扶され、金行は水質を助勢する故に、申支は水行に所属するのである。

また辰戌丑未支は五種の位相と精神があり、四季に配分され整然たる創造主を作動するので、厚載を本質と為してその本体は変易しないので、木質は土質に因って生扶し、土行に附属するのである。

そこで土塊を滞水が損なうとは、水性が作動し土性が止静しており、辰支と戌支を陽性の作動とする故に水行に所属し、丑支と未支を陰性の止静とする故に、土行に所属するものとしている。

五行の変化の気質とは、この由縁から取象するのはおおむねこの類であり、天象が覆象して地象が交泰し、そこで万物が通行するのである。

上層と下層が交わりそこで徳業が完成し、男性と女性が交配して志気が同質化し、過去が経過して現在が至り、未だに交点が確定せず、そこでその造化の化合と生成が機能するのである。

ただ衰地や病地の代謝は、未だに自性的に継承の機に便乗せず、そこで能く変化の機運と為るのである。

その故に『書経』「洪範」の大いなる五行でいうのは、乙干と丙干は壬干に背離して火炎と為り、乾卦の亥支や兌卦の丁干は従革の郷であり、癸丑や坤卦や庚干や未支は稼穡の郷であり、震卦や艮卦の四方位は曲直の観であり、甲干や子寅申や巽卦や辛干の郷、また辰戌支はみな同列で潤下に配当するのである。

おおむね人命を看るとき、甲乙丁庚辛壬癸干は乾卦、艮卦、巽卦、坤卦の郷に位居し、またそこで変易するとはこれを論点とするのである。

十干の気質の化合と六十甲子の納音とは、相互に看るべきであり、ただ「河図」由来の正規の五行の命理の論説だけで肯首できないのである。

そこで子平の法（おしえ）とはこのようなものであり、世間の命理を論じる者の多くは、これに批准していないのである。

論天干陰陽生死

また天干には陰陽や剛柔や生死の分類があり、その論説の成否に答えてみようか。

十干には五陽干と五陰干とがあり、陽干とは剛性で陰干とは柔性である。

『易経』にいう――

太陰と太陽すなわち柔性と剛性の作用や、生と死の分岐に分類し、母親が子供を産むように、子供が成長すると母親は老化して卒するのは、自然の理なのである。

「賦」にいう――

陽性が派生し、陰性が逓減する。陽性が逓減し、陰性が派生する。

それは順流と逆流の循環であり、その変化を観れば次のとおりである。

【甲木】

すなわち十干の首頭であり、四季の主宰で万物を生育する。

天上に在っては雷となり龍となり、地上に在っては梁となり棟となる。

いうなれば陽性の木質であり、寅支が巡って禄支と為り、寅支は土質より乖離して木性として、その根元や枝葉は断伐し、いうなれば死んだ木質であり、この老木とは剛木である。

まずこれを斧斤で削琢して成器と為り、亥支が巡って長生に符合し、亥支とは河川池沼の水性であり死んだ水質という故に、死木を死水の水中に放擲すれば永年浸水しても朽壊せず、たとえば杉や椿の樹木が水中に存在するように、すなわち堅固を為すのである。

もし水中より乖離して岸土に至るときは、癸水に遇うが癸水とは活きた水質なのであり、天地の間の雨露と為り、日光に晒されて降雨に湿潤し、その乾質と湿質とが不調和で、枯朽へと到遂するのである。

すなわち能く火気を派生し、火気が旺じれば木質はかならず焚焼する故に、灰燼と為って飛散する窮状があるのである。

かつ午支は離火に所属し、火気は木気に頼りて派生するので、木気は火気の母であり、火気は木気の子であり、子が旺じて母が衰退するとき、理論の結尾がなく、その故に甲木は午支が巡りて死符に合するのである。

「経典」にいう――

木気が南方火路を巡らないことを、正規と為すのであると。

いうなれば甲木とは陽剛で繁茂する木質であり、原料としては根元や枝葉は無用であり、もし成器の用途と為すとき、かならず金質を用途と為し、金気を秘蔵して壊体せずかならず水気に依拠し、そこで点火を配備するときに「文明の象」を遂成するのである。

用途の火気が過多であれば南方火路を兼ねると為し、炭灰へと化成しかえって損害なのである。

そこで甲木とは春季に栄えて秋季に衰退し、物質と接触して変化しそこで固定形を持たず、火気や金気や水気に逢うとは何であるか。

またそこで化合するとは何であろうか。その作用の一端だけに執われてはいけない。

【乙木】

甲木を継承して万物は生々と已まずに発育し、天に在っては風と為り地に在っては樹木と為り、陰性の木質と称している。

乙主は卯支に逢って建禄するのは、卯支は樹木と為り根元は深く枝葉は繁茂し、活きた木質であり柔軟な木質なのである。

陽性の金質伐採の患を忌と為し、秋季が至って木質が凋落し、湿潤の土質を喜用と為し、根基の培養と為し、活水を有利としてそこで枝葉が繁茂する。

活水とは癸水であり、すなわち天象の雨露であり、地象の源泉なのである。

湿土とは己土であり、田畝の土質として稼穡の功能を有し、己土の禄支とは午支であり、午支の地とは六陽支が充尽して一陰が復生する故に、稲実や花実は午季に開花するのである。

乙木は午地において派生し、旧十月を亥支の配置とするのは、亥支は純粋な陰質の司令の時季だからである。

壬干は亥支が巡って当権して建禄するので、死水が氾濫し土質が薄く、根元は虚弱であり培養の能が失する故に、乙木は亥支が巡って死符に合するのである。

「経典」にいう――

水質が氾濫して木質が浮漂するとは、正しくこの事である。

また乙木の枝葉は木質の繁華であり、とても陽気の和合や射光を喜用とし、すなわち発栄し冷陰の削身を不利としてすなわち損耗枯体と為るのである。

水質が過多すればすなわちその根元が壊傾し、金質が旺じればすなわちその生育を伐剥し、己身が衰微して火気が過多するときは、南方火地を巡行するように深度の窮状なのである。

西方金地を巡行して土質が過重のときは、凶意を助長して傷身して克服せず、屈従するときは深度の窮状なのである。

そこで活木として連根の木質と為り、棟梁にも比肩するものである。

【丙火】

麗しき中天で六合を遍く普照し、天に在っては太陽や雷電と為り、地に在っては炉火の陶冶と為り、いうなれば陽性の火質なのである。

その禄支は巳支に在るので、巳支を炉冶の火質と為し、死火と称して剛性の火質なのである。

死木がその火焔を発生するのを喜用と為し、金質や土質がその光彩を覆蔽するのを忌とし、死木とはいわゆる甲木のことであり、甲干の禄支は寅支に在り、寅支は陽垣の木質であり、繁茂の木質は火気を派生し、木石の間隙に介在して、これは人為の用途ではなく、発生の能はないのである。

その故に、すべての五陽干は自然に出類するので「先天」と為し、すべての五陰干は人事に係わるので「後天」と為すのである。

丙火は寅支に長生するのは、その理ははなはだ明らかであり、太陽の火性のように自発的に東方位から昇位し、西方位に至って日没するのである。

また酉支は兌卦に所属し兌卦は沢と為り、己土は金質を派生して金気が盛旺し、丙火の射光を覆蔽して光輝が顕われないので、どうして晦冥でなかろうか。

その故に丙火は寅支に長生し、酉支に死すると為すのである。

「経典」にいう――

火気は西方位へ向かわないとは、正論をいっている。

またいうなれば、丙火とは太陽の象徴なのであり、上方や下方で光彩と化して遍く照明するのである。

そこで水質に浮上しないので、そこで木質を母と為し、生扶を機能せずとも炎上の火質性なのである。

そこで湿土を子分としないのは、陽火が燃化した産物ではない為である。

たとえ河川や湖沼の水質でも、合絆も衝破もせず、かえって波濤を生起して衝撃するのである。

火性の剋害の忌と為すものとは、すなわち繁華の木質であり、水湿は火気を派生できずに、そこでかえって火気を覆光する為で、五行各位の太陽たるは、木気をして難儀と為すのである。

【丁火】

丙火を継承して万物の精粋と為り、文明の象徴であり、天に在って列星と為り、地に在って灯火と為り、いうなれば陰性の火質なのである。

午支が巡れば禄支と為り、すなわち六陰干の始発であり、たとえば丙干は乙木を擁してよく丁火を派生する。

乙干とは活きた木質で、丁干とは活きた火質で、柔性の火質なのである。

丁干とは乙干の生扶を喜用と為すのは、陰性が陰性を派生することであり、世間の人々が植物油を灯明と為す則義で、それは乙木の油脂かつ脂質なのである。

酉の刻となれば四陰が司権すると為し、そこで灯火すなわち耀煌して列星が燦々と耀く故に、丁火は酉支に長生し、寅支に死符するのである。

「経典」にいう――

火質は照明すればすなわち消灯するのは、正論である。

またいうなれば丁火は陰柔であり、要するに時宜や合局を得ることで、能く燦々と耀光し、頑鈍の金質でも煅煉するが、もし時宜を失し壊局すれば光彩は覆蔽し、焚焼の形跡もなく、微細な金質でも制伏不能である。

しかし燥木が些少であっても、なお発火のタイミングは充足するが、湿木が過多であれば、発火の光明は難儀なのである。

要はその内部のバランスを観察し、その一端に拘泥すべきではないのである。

【戊土】

晦冥で判別が未明のなか、懐中に守一を抱き、やがて天上と地上とがすでに分岐したときに万物を厚戴して、中央に聚合して四方位に四散した。

天上に在っては霧と為り、地上に在っては山塊と為り、いうなれば陽性の土質であり、その禄支は巳支に在り、炉冶の火質と為りて成器を煆煉する。

これを打てば発声し、その性質は剛猛なので、触犯の難がある。

陽性の火質との相生を喜用と為し、陰性の金質を盗気と為す。

陽性の火質とは丙火であり、丙干は寅支に長生し、寅支は艮卦に所属し、艮卦とは山と為り、山とは剛土と為り、すなわち戊土なのである。

丙火を頼んで派生するが、酉支に逢って酉支は兌卦の金質に所属して、戊土の気質を耗盗することは、すなわち金質が旺盛で土質が虚質となり、母が衰退し子が旺じる相や、金属斤で石塊を撃砕するようなもので、どうしてそこで寿命が延長するだろうか。

故に戊土は寅支において長生し、酉支において死符するのである。

「経典」にいう――

土質が虚質であれば、すなわち崩壊するとは、ただしくこの事なのである。

またいうなれば戊土が深層で厚土であれば、その象は城牆のようで、四季の要処に生起し、さらに地支下に通根するとき、能く河海を擁振して漏洩しないのである。

もし天干と地支蔵が帯合すれば、すなわちその型体は堅固かつ疎漏はない。

日主が水質や木質に添乗するとき、すなわち形勢は傾危かつ、崩壊の兆候を有するのである。

土質が支根を失するときには、金質が過多して漏洩するのを忌と為し、また城牆の象が結界するとき木気を付加して疎通するのを肯首せず、東南木火郷を巡るのを喜用と為し、もし原局に印星の旺火が存在すればふたたび火郷に巡り、すなわち日主は火質に化生し、かえって過分の燥土の窮状が在るのである。

【己土】

戊土を継承し、すなわち天象の元気かつ地象の真土とし、清気が上昇して天地が冲和し、濁気が下降して万物が聚生し、いわゆる陰性の土質かつ天地人の三才であり、みなこの土質が不可欠なのであり、天上と地上のなかで媒妁の一部位と為るときは、ここで陰陽が失跡し、どうして交配を肯首できるだろうか。

その故に木火金水行が存在して、四季に真実の土質として寄旺するのである。

丁火の生扶を喜用と為して陽質の火煉を畏れ、午支が巡ってその禄支と為り、午支蔵の丁火は能く己土を派生し、乙木を併見して、栽培の気質の盗気を被ると為している。

酉支が巡って丁火が長生に符合し、丁火は派生するが、己土もまた能く同じように派生するのである。

寅支に逢って用事と為し、木質と火質が司権して己土を煆煉するので、ついに石質を成為しかえって中和の気質を失態するのである。

どうして損傷である理由があるだろうか。

その故に己土は酉支において長生し、寅支において死符し、いうなれば火質の燥気で土質が裂破するのは、ただしくこれを言うのである。

また言うなれば己土とは厚広で、その象徴は田畝のようで、合絆や生扶の過多を貴と為さず、ただ刑衝を有用とするのである。

この固有の有機体とは、支根がなく浅薄かつ時宜が不益であれば、生金の地盤を機能し難く、また戈刃の鋭鋒を抑止する機能はない。

そこでふたたび金水気を兼ねた旺処に巡るとき、すなわち己身は微弱かつ不利と為るのである。

火質や土質の生扶で生成するとき、すなわち稼穡として生生派生の作用を肯首するのである。

【庚金】

天地を執り仕切る権能や人界の兵革の変兆とし、天干に在って風霜と為り、地支蔵して金斤と為るのである。

いうなれば陽性の金質で、申支が巡りて建禄支とするのは、申支は剛金質で戊土の生扶を喜用と為し、癸水に沈溺するのを畏れる。

巳支に巡って長生と為るのは、巳中の戊土がよく庚金を生扶する為で、すなわち陽質が陽性を生扶するのである。

巳支を炉冶の火質と為し、庚金を煅煉してついに鍾質の鼎器が成り、打てば響音するが、もし水土質を擁せば沈埋してすなわち響音はせず、いうなれば無声の金質なのである。

子支の郷に巡るとは水旺の郷地であり、寒冷の金水質かつ、子が旺盛して母が衰退する象で沈溺の兆候とし、どうして能く復旧できるだろう。

その故に庚金は巳支において長生し、また子支において死符するのである。

「経典」にいう—

金質が水底に沈下するとは、ただしくこの事である。

またいうなれば庚金とは頑鈍でもあり、火質の制を得て成器と為るが、成器の金属は火気の郷地に巡りて、かえって鎔壊するのである。

夏季に根支が存在しなかったり、また東南木火の郷地に巡りて、すなわち留処なく鎔解し、終局的に所成しない。

秋季に火質が存在せず、さらに西北金水の郷地に巡ればすなわち清澄に鍛錬し、そこで自発的に光彩を放つようなものである。

もし水底に沈水すれば、すなわち終局的に用途のタイミングは存在せず、金質はかえって水気において受傷するが、もし鋭刃の用途と為れば茂林を伐裁し、樹勢の削伐は機能せず、かえって木質が損傷するだけである。

土質が重複して金質を擁するとき、そこで刑剋で衝破しなければ、すなわち終局的に金質は埋没し、また用途の有益は無望なのである。

【辛金】

庚金を継承し、金属種の筆頭かつ全鉱物の原型であり、天上に存在して月と為し、月とに太陰の精であり、地上に存在して金属と為し、金気とはすなわち山岳の岩石の鉱物で、陰性の金質のことである。

辛干は酉支に逢って禄支であり、酉支は己土を擁して能く辛金を派生し、すなわち陰性が陰質を派生する柔軟な金質のことで、太陰の精と為すのである。

中秋の時候に金気と水気が相互に両停して会合し、光彩を含有してまどかに融合して清々しいのである。

邵康節氏が言っている—

八月十五日過ぎの月運の光彩のことであり、子支に逢って長生符し、子支とは坎卦の水質の囲垣であり、坎卦のなかに金属の一陽が在り外部に二陰の土質が在り、土気は能く金気を派生するのは、子息が母胎に隠匿された末にその本体を顕わすように、子支の木質を得て漂蕩して浮上し、砂礫を浚渫すれば能く彩色が出現するが、すなわち済水して光彩が金色に瑩々と明るく輝き、巳支の郷に巡って火気の陶冶と為り、まさに辛金の無機質の成器を煅煉するのである。

また巳支蔵の戊土はその形体は埋没しており、変化を作動しないので、どうして復旧して生化できるだろうか。

その故に辛金とは子支において生化し、また巳支において死符するのである。

「経典」にいう—

土質が重複して金質が埋没するとは、ただしくこの事である。

またいうなれば辛金は湿潤しており、堅剛な頑迷な鈍器の物質ではない。

火炎による煅煉に使役されてかえって性質が損傷するので、安定して能くその美観の用途が成為するのである。

ただ水質や土質の資扶を適宜と為し、夾合して柔質の優性と為るので、その体質とは潤性なのである。

原局に火気が熾繁するとき、西北金水郷へ巡るのを喜用と為し、そこで火気を拭去すれば、金質は湿存するのである。

金主が過分に寒冷するとき、また丙丁干を要して金気を融和させて寒冷を拭去するのである。

もし辛干が酉禄支に通根するときは、すなわち身旺の郷地であり、たとえ厚土が加厚しても作動が没しないのは、陽金の庚干とは異なっているのである。

【壬水】

ここで陽性の土質が喜用なのは、助勢の堤岸と為るからであり、陰性の木質を忌とするのは、盗気の憂と為るためである。

天上に在るときは雲塊と為り、地上に在るときは沢地と為り、いうなれば附帯の水質なのである。

亥支に逢ってその建禄支と為るのは、亥水とは池沼のような溜水であり、いうなれば死水なのである。

死水とは剛性の水質であり、庚金を頼処に派生するが、庚干は申支に逢って建禄支と為り、能く壬水を派生し、すなわち五行が流転する養気なのである。

卯支の郷に逢うとき、卯支とは樹木の花々や果実であり、卯支は木性の旺地ですなわち能く土気を抑剋するので、土気は虚質すなわち崩壊するのである。

その故に堤岸は崩壊し、そこで壬水は馳散して四方位の原野に散乱し、垂流して戻ることはないだろう。

また陰性の木質の盗気を被るときは、どうして活性を存続できようか。

その故に壬水は申支に長生し、また卯支に死符するのである。

「経典」にいう—

死水とは傍流であるとは、ただしくこれを言っている。

またいうなれば壬水は湧蕩して源泉の水質であり、百支の河川を兼ねて天下に幅を利かせるのである。

土質を用途と為すとき堤防を作用するが、もし土質の干支が存しないときは、かならず四方位に溢逸して漂流するだろう。

己身が衰微して過分な火土気を擁せば、かえって吝として源流を耗塞するのである。

そこで壬干は南方火地を巡るのを喜用と為すのは、未支や午支をして胎養の郷と為し、それは財気と禄支の和合煖気の郷地なのである。

また長生と帰禄支である申支や亥支が多過してはならないのは、そこで宗府として会合の元処を統制する為で、そこで水気を擁してその帰着とする故なのである。

もし己身に財星が過分で微勢するときは、かならず福分が結果する作用と為るのである。

己身が旺じて財星が軽微のときは、財運に複しかえって窮状するのである。

たとえ少年期が強壮年でも、またここで勝果は作動しないのである。


【癸水】


壬水を継承してすなわち天干の陰陽の気が一巡して、終局的に結成してかえって漸次に始発するのである。

その故に水質と為り、清濁に分岐して四方位に分散し、潤下の作用を擁して土気の功能を幇助し、万物の徳を滋生するのである。

天上に在っては雨露と為り、地上に在っては這泉と為り、子支が巡って建禄と為すのは、子支とは陰性が極まり陽性が発生する当地であり、辛干は子支に長生し、庚干は子支に死符して依拠するのである。

癸水を活きた水質と為し、活きた水質とは柔軟な水質で、陰性の金質の生扶を喜び、陽性の金質を滞留として畏れるのである。

陰性の木行の支根を要するのは、すなわち能く陰性の土質を疎通する為である。

陰性の土質がすでに這地に疎通しているとき、すなわち能く流暢と為るのである。

旧二月に卯支が有為であれば樹木の花果と為り、樹勢が旺じて土質が虚体化し、癸水が八方位に通達し、申支に逢って三次の陰月の用事と為り、封事が司権するのを否定するのである。

天干と地支とが情通しなければ万物は不通と為し、申支蔵の坤土や庚金を擁してついに垣堤と為り、癸水の流暢は作用せず、滞溜の池沼となり窮して便宜を成為せず、どうして生物が再生するだろうか。

その故に癸水は卯支に長生し、申支に死符するのである。

「経典」にいう—

水気が西方へと流れないとは、ただしくこれを言っている。

またいうなれば癸水を雨露と為し、陰性の沢地の湿潤であり、もし亥支や子支に通根すれば、すなわち学業が充実して主流と為り、江河として完成して主柱となり、坎卦や坤卦なのではない。

その生旺の本意を失するときはついに身弱と為り、財星や官星を擁して会局し日主の用途と為ろうが、太過が過分なのは肯首できず、そこで申子辰支が全備するとき、すなわち水気が一家に帰聚するとし、寅午戌火局の用途を暗に衝し、かえって上位の格式なのである。

もし明らかに寅午戌支の火局が用途のときは、表相的にも暗裏的にも微ではなく、佳質を得るかあるいは盛夏季に財星や官星を擁して生扶するので、その命局の型式を失することなく、日主はおおいに富貴であろう。

そこで運歳がふたたび西北地を巡っても、過分の忌とは為らないだろう。

論説してみるならば、五行説の「十二運長生の理論」とは、万物の様相と同じようなものである。

日の出の初候のように光明と観るべきであり、午刻（離宮）に至って光明は益々増幅するのである。

月象が出現する初期とは「細工品の蛾眉」のようで、眺望して光明は清潔で円かなのである。

また人間の生涯とは、おのずと少年から壮年に至り、おのずと老人から死へ至るのは、日常の道理なのである。

人間の誕生の初期には、赤ん坊はただ泣いたり笑ったりするだけで、壮年に至って賢愚を方便するのは、万物もみな同じ道理なのである。

（甲木は亥支に逢って長生し、亥支は水質に所属し甲木はここに位居するのである。

木気は春季に盛旺し、寅支に逢って官に臨み帰禄支とも為る。

ここで甲木は扶帯を擁し、午支に逢ってすなわち死符する。

丙火は寅支に逢って長生し、寅支は木質に所属し丙火はここに位居するのである。

火気は夏季に盛旺し、巳支に逢って官に臨み帰禄支とも為る。

ここで丙火は扶帯を擁し、酉支に逢ってすなわち死符する。

庚金は巳支に逢って長生し、巳支は火質に所属し庚金はここに位居するのである。

金気は秋季に盛旺し、申支に逢って官に臨み帰禄支とも為る。

ここで庚金は扶帯を擁し、子支に逢ってすなわち死符する。

壬水は寅支に逢って官に臨み帰禄支とも為り、壬水は扶帯を擁し、卯支に逢ってすなわち死符する）。

戊土は寅支において長生し、寅支蔵は丙火を擁するので、戊土は生扶されるのである。

寅月（三陽）の時季に、肥沃な土気により作動し万物が発生する。

これが戊干が寅支に生扶されることであり、四季それぞれの土旺で火気と土気は、母子の相生の象を擁するのである。

そこで戊干は丙干に従伴して、巳支において官に臨みまた帰禄ともなる。

また、己干は丁干に従伴して、午支において官に臨みまた帰禄ともなる。

戊土は寅支を擁して長生し、己土は酉支を擁して長生するのは明らかである。

もし戊干が申支を擁して長生するならば、己干が卯支を擁して長生するだろうか。

また何故に壬戊両干が亥支を擁して帰禄せず、癸己両干が子支を擁して帰禄しないのか。

これらのものは、後代の人間が「土気の歌訣」に擬した妄作なのである。

そこで戊己干が巳支を擁することに否定的な見解も存在する。

その故に戊干は申支に長生するとか、酉支で沐浴するとか、戌支で冠帯するとか、陰陽の干支の間隔の誤謬を精戻すべきなのである。

またいうなれば五行十二運星の長生を母を擁するとし、その後に子を擁するのであり、母を肯定し子を擁するという説である。

ただ土行だけが徳物を厚載して本体と作用に分類し、つまり存在するもの用途でないものが土気の本体なのであり、四方位に配位して、四季の各土旺と為るのが土用なのである。

その本体は巳支において派生し、父母の禄支に便乗し、その用途は申支において派生し、父母の位相と処するのである。

水土気は申支に生扶されるのは、「陰陽家の論説」であり、土気が巳支に生扶されるとするのは、「医術家の論説」なのである。

また「五行の星術書」を考察すると、申支を「陰陽の宮」と為している故に、水気と土気は双方ともに申支に生扶されるのである。

そこで坤卦の位相が水気と土気なのであり、原初的に相互に乖離させられないので、そこで土質が水源に従伴しているという説も、また理由と為るのである。

また四行が一行の生扶を擁するとき、土行だけ寅支に長生し、また申支に生扶されるのである。

単一の物質が、そこで双方の異物の生扶を擁するのであり、それを坤種と艮種の二土質の方途と為すのである。

坤土の全種目は西南の領域に所属し、土質が幇助してここで朋を擁する故に「利亨」と号するのである。

壷中子氏がいう―

坤土とは重厚であり、土質の積載を成功と為し、こうした自然現象が土気の生扶なのである。

またいうなれば戊土は寅支に生扶されるが、巳支を擁して禄支に寄旺し、母に従伴して家宅を受領する道義なのであり、そこで土気は正規の位相を持たないが、およそ生物は多岐の方途に亘ることであり、何の疑念もないと肯首するのである。

周視氏『陰陽定論』を再考してみようか―

乙木は午支を擁して長生し、癸水は卯支を擁して長生し、辛金は子支を擁して長生し、丁火は酉支を擁して長生するが、これは陽気が逓減して陰気が派生することであり、冬至がすなわち子水が旺盛と為る時候であること、また春分がすなわち乙木が旺盛と為る時候であること、また夏至がすなわち丁火が旺盛と為る時候であること、また秋分がすなわち辛金が旺盛と為る時候であることを理解していないのである。

そこで坎卦、離卦、巽卦、兌卦とはすなわち子午卯酉各支の正規の方位なのであり、方位とは時候の定義の所在であり、時間とは方位の作用の用途なのであり、どうしてかつて「死絶するのに生扶する」という一局面だけであろうか。

またいうなれば理由の如何とは、すなわち乙木が何故に派生するかを、仮に亥支を理由の所在とすれば、亥支は甲干の抑止を擁し、甲木が何故に派生するかを、仮に卯支を理由の所在とすれば卯支は乙木の抑止を擁し、火土金水各気の例証を試みに論ずるならば、いうなれば「陰性と陽性とは相互に一体と為す」というのである。

孔子先生がいう―

太極は両儀（陰陽双方の儀則を兼ねる）を派生する。

周濂渓氏がいう―

陽性が変化して陰性に合体する。そこで木火土金水が派生する。

朱子氏がいう―

万物はみなそれぞれ「一つの太極」を具備している。

この三者の言説とはみな五行の枢要であり、すなわち「万物がそれぞれ一つの太極を具備する」という説なので、すなわち木質の物体がまた一つの太極を具備することを知るべきなのである。

すなわち太極が両儀を派生する論説とは、すなわち甲干と乙干に分類し、そこで甲干を陽性の作動で先駆と為し、乙干を陰性の止静で後続すると知るべきなのである。

すなわち陽性が変化して陰性に合体する論説とは、すなわち甲干と乙干の一つの変質なのであり、そこで乙干を一種の結合体と見做し、しかる後に木気が派生すると知るべきであり、甲木が唯一の木質というのではなく、そこで乙木もまた別途の木質の一種なのである。

さて甲干と乙干の象相であるが木質二種と為し、すなわち甲干は元来硬質で必ずしも卯支を旺兆とせず、そこで卯支とは自ずと乙干に代替できず、また付随して旺兆なのである。

乙干もまた必ずしも亥支に生扶される訳でなく、そこで亥支とは自ずと甲干に代替できず、もって先駆して生扶するのである。

類推して丙丁干における火質と為り、戊己干における土質と為り、庚辛干における金質と為り、壬癸干における水質と為ることを、どうして自然に了解しない訳がないだろう。

朱子氏がいう―

陰性の気質が流行してすなわち陽性と為り、陽性の気質が凝聚して陰性と為るのは、これらが相対する二者でないのが真実だからである。

蔡氏がいう―

東方の寅卯支は木質の所属であり、辰土は亥支において生扶され、南方の巳午支は火質の所属であり、未土は寅支において生扶され、西方の申酉支は金質の所属であり、戊土は巳支において生扶され、北方の亥子支は水質の所属であり、丑土は申支において生扶される。

またいうなれば木火土金水各五行は、それぞれ一陰性と一陽性であり、甲干はすなわち陽性の木質であり乙干はすなわち陰性の木質であり、乙干がその性質であり甲干がその気質なのである。

陰命の日主が収束し、およそ収斂が成就するとは、乙干の成為である。

陽命の日主が開啓し、およそ伸暢を発暉するとは、甲干の成為である。

これらを観て甲干を擁して、必ずしも主体と為さず、乙干を必ずしも論拠とはしない。

その言説は充足しており、そこで旧説の偏向な説は破綻するのであり、そこで古代人の原典の論拠に合致した十干の意義を成為するのである。

また『廣録』を再考すれば、甲干とは樹木の幹で、乙干とは樹木の根で、丙干とは火気を擁し、丁干とは火気の光彩で、戊干とは剛土で、己土とは柔土で、庚干とは金属の本質で、辛干とは金属の斧刃で、壬干とは水源で、癸干とは水流であり、この甲乙一木質を陰と陽とに分類し、それは死木ではなく活木なのであり、岐路を経過した異なった二者なのである。

そこで一樹木とは、すでにどの樹木とも枝根ともに、各者同じく生死を共にしている。

その故に古人はただ四行種の長生の説を擁し、現在それを陰陽の二者に分類し、そこで陽性が逓減して陰性が派生したり、陽性が派生して陰性が逓減したりする説を擁するのである。

また陳希夷氏の考察ならば、甲干は樹木で乙干は草木であり、丙干は火炎で丁干は灰燼であり、戊干は土塊で己干は砂礫であり、庚干は金属で辛干は岩石であり、壬干は容水で癸干は泉流である説である。

ここで分類して二種づつと為るので、もし分類しないときには、すなわち正官と偏官、食神と傷官、印綬と偏印、劫財と比肩、などの一物体が二形体と為り、そこで吉凶や禍福が隔たり、同相ではないのであり、命理を看るとは、これを肯定して旧説に当たるべきである。

論地支

地支の作用とは天干の作用とは比較にならないほどに、その動静は不整合であり、様相ははなはだ異状である。

しかし五行の所属そのものは、すなわち各一行であるが、その地象の状況は一様ではないのである。

そこで命局の年柱とはすなわち「年の論説」を擁し、月柱とは「月の論説」を擁し、日柱や時柱はすなわち「日柱や時柱の論説」を擁するのである。

その陰陽や軽重や剛柔を、どうして一個体に執して肯首できるだろうか。

現今では月令を主格と為すべきであり、その所蔵と作用や通変五行を観るのが肝要であり、その盲点と忌嫌とは何らかの附属（夾雑）を要点と為すことで、おおむね四柱命局の通変五行の深浅の量を比較して推し、そののち作用を肯首するのである。


【子支】


十二支の先駆かつ渓谷や海洋の水質と為し、すなわち戊土の旺相の郷地とは、そこでかならず大雪の時期を経過して一陽来復ののちに、能く旺相が成立するのである。

辛金はこれを派生するが、またかならず陽気が回復して、水質が煖化したのちに派生しているのである。

午支とは相互に冲衝し卯支とは相互に刑衝し、申辰支とは三合会局するが、もし申子辰支が全備すれば三合水局を会起し、すみやかに江海が成立して波濤と為りて発声するのである。


【丑支】


この時季は隆冬であるが、氷霜を擁して萎縮するが、ただし天の時季はすでに二陽を転展し、これにより丑支蔵の己土の煖性により、能く万物が発生するのである。

辛金はこれを養郷の地と為すが、ただし深層に暗蔵するので、戌支を擁して刑衝するか未支を擁して冲衝すると為し、すなわち庫地はもっとも刑衝が適宜なので、これが作用しなければ無為なのである。

ここで巳酉支の三合を擁せば三合金局を会起するので、もしある人の命局が丑月の月令であれば、日柱や時柱に水質や木質を多く擁して、かならず巽離（木火）の郷地を添行すると為し、土気の方相は衰退しないのである。

【寅支】

春季において建期し、三陽の聚気で丙火を擁してここに派生するのである。

寅支は巳支を刑衝するが巳支は申支を合絆するので、これらが併存して旺相ならば高貴の食客と為るのである。

また卯支において旺相し、未支において入庫するような同類項では、すなわち一家を成すのである。

午支に逢ってすなわち火光が輝くので、そこで超俗して聖域である美相を擁するのである。

また申支を擁するとき、寅支は衝撃を被り、そこで禄堤が傷破する憂いを擁するのである。

もし四柱命局に火質が過多であれば、すなわち南方火郷に添行するのを肯首できないのは、いうなれば「木気は南方に奔らない」と言うことである。

【卯支】

仲春の木気として繁華の気を稟けており、金水の気を用途としているが、金水の気が過分では肯首できない。

もし天干が庚辛干を重複して併見するときは、地支に申酉支を擁するのを肯首できないのは、木質を破伐する損害を危惧する為である。

地支に重複して亥子支に逢うときは、天干に壬癸干を重複するのを肯首できないのは、日主が漂流の削傷を擁するからである。

そこで酉支を擁すれば、すなわち衝剋して樹勢はかならず落葉するだろう。

また亥未支を擁すれば、すなわち合絆して樹勢はかならず成林と為り、もし日時柱に金質を重複して擁せば、運歳がさらに西方へ巡れば憂いを禁じ得ないのである。

【辰支】

春季に建期して湿性の水泥と為るが、そこで万物の根基としてみなこの土質の培養を頼るのである。

たとえば甲干が巡ってここで衰地ではあるが、余気に乙木を擁するのである。

また壬干が巡ってここで墓符ではあるが、癸水を擁するので帰魂と為る。

戌支を擁して開錠と為し、能く庫中の蔵物を開示するが、もし戌三支が集複して衝揺するとき、門垣は破倒して吉兆ではない。

日時柱に水木質を重複して擁せば、運歳がさらに西北へ向かうときは、すなわち辰土は存立を肯首できないのである。

【巳支】

初夏の時季であり、その火光が増加して六陽支の極支（純陽）なのである。

庚金は巳支に長生し、そのため戊土は巳支を母と為して帰禄し、すなわち火勢に従伴する火嬢と為すのである。

また申支に逢って刑衝するが、同時に合絆を擁し、かえって無害なのである。

亥支に逢ってすなわち衝揺し、衝揺すれば衝破し、すなわち瑕疵と為るのである。

もし運歳がふたたび東南木火郷の発生地を巡れば、すなわち烈天の炎焼の勢いと成るだろう。

【午支】

火炎の正規の昇位であり、中気に入るのですなわち一陰が派生するのである。

庚干が午地に逢って用を為さず、己干は午地にあって扶帯と為している。

また申子支に逢えば、すなわちかならず剋戦し、寅戌支に逢えばすなわち威光が明らかである。

そこで運歳が東南を巡るときは、正規の身旺の郷地と為し、もし西北に巡るときはすなわち休囚として形体を失するのである。

【未支】

夏季に当令し、すなわち陰性が深度と為り、火勢は漸次に衰退するのである。

未支は乙木を支蔵し、また丁火を擁し、これは官印星を擁して財星は蔵さないのである。

亥卯支を擁さず会局しないとき、すなわち形質の変化は難儀であろう。

ただ火土気の論説を為すとき、丑戌の刑衝では庫地の開示とは為さないので、官印星の扶力を得難いであろう。

また命局に火質を擁さないときは、金水西北の郷地を巡るのを忌と為し、日時柱は多く寒冷して丙丁干の火郷を切望するのである。

そこで用神を取用するときの喜忌とは、もっとも分析を精励すべきであり、微塵の誤りも肯首できないのである。

【申支】

水土気の長生の郷地であり、巳午支の郷地に入郷し、すなわち火煉を被るのでついに剣戈を錬成するのである。

子辰支を擁してすなわち水鍛を被り、鋒光を増幅するが木質を多く使役し、火質を擁さなければ金質は優性の能を終息し、もし堆土が重複して埋塞するとき、金質はかえって凶揺なのである。

そこで申支の頑鈍の金質とは、その故に温柔な珠玉とは異なるのである。

【酉支】

旧八月の時季であり白色の金質で水質は清流となり、もし日時柱に火質が過多して運歳が東郷へ向かう憂愁のとき、もし日時柱に旺盛な木気を擁して、運歳がまた南郷火地を巡るのを忌と為すのである。

命局に水泥を擁して有用と為し、運歳が西北金水の郷を巡るとき、どうして情誼がなかろうか。

そこで巳丑支を擁して三合金局するときは、能く堅く鋭利であり、どうして陰性の金質が温柔と為し、この珠玉を泥塊であるなどと論じてはいけないのである。

【戌支】

洪炉の炉庫と為し、鈍鉄や頑金はこの洪炉で煉成されるのである。

辰支を擁してすなわち壬水を衝出して、また雨露を派生する。

寅支を擁してすなわち丙火を会起して、また文章を顕彰する。

そこで火命の日主が戌支を擁せば、すなわち墓符と為り、能く傷身を免れることはないだろう。

【亥支】

六陰の地支で降雨降雪を容載し、土気が至っても煖性と為らず、金気が至って寒冷を派生し、その象徴は「帰聚した五湖」と為り、その用途は三合局の核心を擁し、その故に天と地の煖気の和処を識別したいとき、すなわち艮（寅）震（卯）巽（巳）離（午）の郷に従伴して探求するのである。

おおむね五行の用法には総じて真実はなく、そこで生死や衰旺とは、また仮の名称であるだけなのである。

直截的に源頭を指向するならば、その明らかな出処とは、五陽干支は剛性と為り、五陰干支は柔性と為り、もし時令を失して身が衰微して資扶を擁しないときは、そこでしきりに泄気し、すなわち剛者はその剛為を失するが、もし時令を得て身が旺強のときは、事象の用途に助勢を擁し、すなわち柔者はその柔性を失わず、その中間点の木火質を選抜して陽性と為し、金水質を選抜して陰性と為し、みな喜んで生扶し資扶するのであり、要するに中和を貴いことと為すのである。

十干分配天文

【甲木】

甲木とは雷と為り、陽気の吐気なのである。

甲木は陽性に所属する故に、雷性の象に取用している。

各月の月令を考えるときは、仲春の月季かつ雷性の発生で、甲木の旺地すなわち一例験なのである。

いうなれば地表にて雷性が奮い立つのは、地上で木質が派生する為であり、その作用は千差万別なのである。

邵康節氏がいう—

地象は降雷の処に逢って天象の根子として、陽性の木質の派生が、天の根子の作動を為さない訳がない。

ここで甲木は申地に逢ってついに絶符し、また雷声は申支に至って漸次に収束する為である。

おおむね甲木に所属する日主とは、春季の天象の価値を肯首し、あるいはその象徴の種類や乾天の趨勢や巳支の擁存や貴人の拱在は、みな大吉の兆候である。

そこで運歳の西方金地を肯首しないのである。

「経典」にいう—

木主命が春季に月令するとき、その処世は安然かつ長寿である。

【乙木】

乙木は風と為り、乙木は午支を擁して長生し、巳支を擁して沐浴する。

午支を擁して長生するとは、そこで乙木は山林に繁る活木と為し、夏季が至って暢びやかに繁茂するので、いわゆる詩偈に「夏季の樹木の碧青とは、千則の文章である」としている。

その沐浴の巳支とは何かというならば、巳支とは巽（辰巳）の当地で風性を為し、樹勢は盛風を派生し、風性は樹勢を派生し、そこでかえって樹枝を損折するのである。

なお火気が木質に派生されるが、かえって木質は焚焼する為に、そこで沐浴に取象するのを肯首し、いうなれば乙木が風性を為すとは、樹木がその当地に自生することなのである。

もし乙日主の人が健旺の生扶であれば、秋季の月令は大吉である。

秋季の月令は金気の旺郷で、乙木は能く化合し従象するが、そこで地支の形状が夾錯すれば利器ではなく、栽堆を成為しないのである。

亥支に逢ってかならず死符するのは、樹質が落葉して根元に帰する時候だからである。

【丙火】

『易経』「説卦伝」にいう—

丙火を日象と為し、離卦を火質と為し、日象と火質はみな文明の象なのである。

これにより丙火には、日象の名称が成為するのであり、不変的なものである。

太陽は朝刻に出昇して、夕刻に入没するように、陽火は寅支に長生し、酉支に死符するのは、何ら相異はないのである。

また『万騏真寶賦』では、丙日の丑刻を「日出地上之格」と為しているのは、論旨は有為義であろう。

およそ丙干六種は冬夏季に派生し、春秋季ではないのは、春季の一日とは喧噪で万物の功用があり、秋季の昇陽は燥質で万物の作用があり、冬季はすなわち暗陰で、夏季はすなわち炎上して蒸発するのを、宜しく子細を推究すべきである。

【丁火】

丁火を星宿と為し、丙火と交替するので、したがって丁火が派生を遂げるのである。

在天の日照が薄質なので、星宿が巡るようなケースである。

星象は夜半に運行する故に耀爛であり、陰性の火質は晦冥である故に耀煌するのは、丁干が星宿をさすのではない。では何を指すのか。

『万騏真寶賦』にいう—

丁干で亥刻であれば富貴は悠々で、これを解釈すれば「財星と官星と印星の三奇」の成為を肯首するからである。

どうして亥支が北方に在るのを知ることができるかは、亥支を天門と為し、またそれを「星拱北之説」としている。

おおむね丁日の出生者は、亥刻や秋季に逢うのを肯首するのは、星宿の星光のタイミングだからである。

また微勢の郷を巡るのを肯首するのは、石窟は丁灯を所蔵しながら同時に滞水するにしても、即時に奪還して、また自性的に火質を擁存するのである。

その丁巳日主とは、多く父兄妻子を害し、財気を蓄蔽して比肩劫財を忌避するのは、兄が弟分の膝下に屈従するとし、それは巳支蔵に戊土傷官を擁するからである。


【戊土】


戊土を霞と為すのは、土気には専守の気質が存在しない為であり、火気に寄生して霞には本体は存在せず、日象を借用して出現するので、丙火とは日象を成為すると知得すべきである。

すなわち戊土とは霞を成為すると知るので、この霞とは日象の余映なのである。

日昇が究尽するとき霞もまた没尽するのであり、それは火気が止熄すれば、すなわち土気が派生しない意義である故に霞と称している。

また大撓氏は「納音五行象」を演展し、そこで戊午を天上火と為している意義とはこのようなものである。

戊土の日主とは、四柱命局に水気を擁するのを肯首し、すなわち「上格」と為して水霞が相互に輔映し、そこで文彩が成文するのである。

さらに年月の干頭に癸干を併見するのを肯首し、癸干はすなわち降雨と為り、降雨ののちに霞が出現するので、それらを「文明」と為している。


【己土】


己土を雲塊と為すのは、己土は酉支に位相して長生し、酉支とは兌卦の方位であり、その象位は「沢」を為すのである。

先人の正論をいうならば—

天象から降雨のときは雨天であり、山河から湧雲が出現し、自然界の雲塊とは「山沢の気」なのである。

己干は土質に所属するが、この論旨ではすなわち雲塊を指すのであり、また適宜と為している。

その故に甲己干は化土に合化し、その気質は上昇して雲塊を施行し、雲塊と雷号は交差して降雨を作用し、その「沢」は下界を究尽して、土質を湿潤するのである。

この造化の作用とは玄妙の至りであり、およそ己土の身主に所属すれば、酉支に坐して貴相かつ、春季の月令で貴相かつ、甲干に逢って貴相なのである。

そこで亥支に坐すときは、乙木を擁するのを肯首せず、雲塊が昇天して揺風に遭い、すなわち狼藉を禁じ得ないのである。


【庚金】


庚金を月象と為し、庚干とは西方位かつ陽性の金質であり、その月令の配当の根拠とは何であろう。

いうなれば五行は庚干を擁し、なお四季は月象を擁する。

庚干とは秋季が到らずとも長生し、必然的にかならず秋季をその盛旺の始発とするのであり、月象とは秋季が到らずとも存在し、必然的にかならず秋季に威光がますます鮮明なのである。

そこで色彩をいうならば、月象は固有の白色かつ恒常に同色であり、気質をいうならば金気は水気を派生するが、月象の潮汐に即応しており、恒常に同気である。

古来より甲子（干支）は庚干を上位の紋章として、観てみると庚干は平らかに明示しているのである。

「経典」にいう—

金質が子水に存在して沈降し、観てみると月象が波濤に沈降するので、三が日は月象が庚干の方途に遇し月象に逢い、初めて派生するのは、庚干が月象と同じ位相だからである。

その故にいうなれば庚金とは月象を成為するので、人間においても庚日の出生者は四柱命局に乙干や己干が顕出して擁するときは「月象は白色で風は清し」と称し、秋季を上席と為し冬季をその次席と為し、春夏季は取象を要しないのである。

【辛金】

辛金を霜晶と為しているが、旧八月は辛金の建禄の郷地で、当月の令のことである。

天象の気象が収束して白露が降霜し、草木が黄ばんで落魄し変兆して衰退する。

その故に五行の陰性の木質は当地を「絶符に在り」と為し、もし樹枝が在ればそこで斧斤に斬伐され、派生の能を擁さないのである。

たとえば斧斤（金気）の用途は山林に分け入るときや、厳寒の降霜の時季に草木（木気）を粛殺するのである。

天象の道理を履行し、人界の事象に参画するので、辛金が霜晶を成為することを信じるのである。

あるいはいうなれば降霜はつねに日射を避けるが、丙干が辛干と合絆するとは何であろうか。

いうなればこのケースは相剋の作用なのであり、火気は金気を剋害する故に、相互に合絆して化水するのである。

また降霜は日射を避けるので、その故に相互に逢合して氷消するとして、水質と為るのであり、これを取用するだけである。

そこで辛日主が卯支か未支に坐して、天干に乙干が透るときは巨富と為り、辛日主が亥支に坐して天干に丙干が透るときは、すなわち高貴と為り、冬季の月令を切望するのである。

【壬水】

壬水を秋季の露と為すが、春季にもまた降露が存在するので、ここで秋季だけを挙げて問うまでもない。

そこで春季の滴露だが、降雨や滴露は既存の湿潤であり、秋季の滴露だが降霜や滴露は既存の降露なのである。

露そのものとして同一であり、春季の出生者は秋季は粛殺の時季なのであり、その功用はそのように同一ではないのである。

そこで筆者は壬干を指して秋季の滴露と為すのである。

また滴露は水質に所属し、そこで壬干は申支を擁して長生する。

水性の本来の作用とは木質を生扶することで、水質はすでに自然界に存在して草木を生扶するのである。

さて木質が何の由縁で当地で絶符するかとは、壬干とは滴露を成為することを知る故で、秋季とは降露なのである。

壬日主が秋季に月令するとき、丁火をもっとも顕章とするのは、丁干は星々の河川を為すので、壬干を秋季の露と為している。

そこでたとえば熱射にて蒸発するとき、一閃で洗圧する象相の経緯で歴然とするだろう。

【癸水】

癸水とは春季の永々たる降雨で、壬癸日主が卯支の月令のときに、春霖（春季の永雨）と称号するのである。

しかし草木は降雨に逢って発生し、必然的に申季に至って枯朽する。

旧七八月は乾燥する日が多く、そこで卯支の前列の辰支とは「龍宮」なのである。

そこで龍宮に添付すれば水質が派生し、龍神が一奮起してついに降雨に変化するのである。

また卯支を「雷門」と為すのは、雷鳴が一震することで、そこで龍神がかならず勃興するのである。こうした常則を観れば、すなわち癸水とは春季の永々たる降雨なのである。

癸卯日のようなケースで巳支が干頭に透出するのは、雲塊が巡り降雨を施行する象徴であり、その人はかならず経世済民の才覚を擁し、春夏季が吉兆で秋冬季は不吉なのである。

「詩文」にいう―

癸干日主が己巳干支を擁するとき、己殺（偏官）はまず木気の巡逢を必要としており、必然的に名声や利益が高昇して顕われるのだが、日常に争いごとが多くて長寿ではないだろう。

十二支分配地理

【子支】

子支を「墨池」と為して正規の方位に在り、水質に所属して色彩は墨象の色種である故に、「墨池之象」を擁するのである。

おおむね命局で年柱子支のとき、時柱に癸亥干支を擁するのを有用として「水は大海に帰する」と称し、また「双魚が墨水に遊ぶ」と称し、かならず文章の能士と為るだろう。

【午支】

午支を「烽堠（のろし）」と為して正規の南方位に在り、火土質に所属し色彩は赤黄色である故に、これを「狼煙を揚げる者」と称号してまた午支とは馬と為すので、狼煙や騎胡馬の部署における火処である。

午支に生扶されるとき辰支を擁して有利で、真龍が出現するとし、すなわち騎馬は天空を駆けて「馬が龍駒に化す」と称するのである。

【卯支】

卯支を瓊林（珠玉の林）と為し、卯支は乙木と同類で正規の東方位に位居し、仲春の時季と為り、万物は伸生するのである。

色彩は竹林の青彩のようである故に瓊林と称し、年柱卯支で時柱己未干支のときは「玉兎が月宮に入る」象意で、日主は大貴相である。

【酉支】

酉支を寺鐘（寺院の梵鐘）と為して酉支は金属質に所属し、天門である戌亥に併在するので、梵鐘たる金属質なのである。

寺院の梵鐘を打撞すれば威声は天門に透徹し、酉支は正規の正方位であり、寺院は西方位の仏世界に結界する。

その故に酉支が寅支を擁すれば吉兆で、「梵鐘が鳴々として諸谷が呼応する」と称するのである。

【寅支】

寅支を廣谷と為して寅支とは艮卦の方位であり、艮卦とは堆山質である。

戊土はこの寅支で長生するので、そこで広谷の意義を擁するが、しかし寅宮では猛虎を擁しており、寅支の生扶を擁するときに時柱が戊辰干支であれば、「虎が咆哮して谷間が揺風し震威が万里に振るう」とするのである。

【申支】

申支を名都と為して坤卦の当地を為し、その体質は無窮であって名都などではなく、この比喩では不足なのである。

申支とは坤卦であり、都とは帝王の居住地のことである。

申宮は壬水を派生し、堆山質寅宮と相対し、そこで水流が山岳を循環するのである。

およそ年柱申支は時柱亥支を有益とし、天地交泰の象としている。

【巳支】

巳支を大驛と為して大駅とは、市井の聚集かつ道路が通達する当地である。

巳支は蔵干に丙火と戊土を擁するが、その象徴なのである。

午馬の前支に巳支を擁する故に大駅と称し、巳支の生扶を稟けて時柱辰支を擁するのを有益とし、蛇類が青竜に変化するとして、「千里龍駒」の格局なのである。

【亥支】

亥支を懸河と為して天河の水質であり、その奔流は環流しない故に懸河と称している。

亥支とは天門であり、また水質に所属し懸河として固有の象を擁さない。

年柱亥支で日時柱に寅支や辰支の二支を併見するときは、すなわち「水は雷門を拱く」と称している。

【辰支】

『春秋左氏伝』にいう――

辰支を草澤と為すが、奥深い山奥のおおきな沢地に龍蛇が棲息しているが、その沢地とは聚水の地所なのである。

辰支とは東方位の次席に存在し、水庫を為す故に、草と為り、沢と為すのである。

辰支を擁するとき壬戌癸干や亥支に逢うときは、すなわち「龍が大海に帰する」格局をいうのである。

【戊支】

戊支を焼原と為して戌月は仲秋に季位し、そのとき草木は悉く枯萎し、農家はこれを焚焼して耕作するのである。

また戊支は土質に所属することから「焼原」の名称があり、その故に戌支と辰支は天乙貴人が臨支する当地とは為らないのである。

戌支の生扶を擁して卯支に逢うとき、「春季に焼け跡に赴く」と称号している。

【丑支】

丑支を柳岸と為して丑支には水質や土質や金質を支蔵し、いわゆる「岸」とは土質であり、水質の阻土である故に「柳岸」と称するのである。

「詩文」にいう——

「柳の色彩が柔質の黄金色」と称し、日主丑支が己未時干支を擁するとき、「月照柳梢」としてきわめて上格と為すのである。

【未支】

未支を花園と為して花園は未支に所属し、卯支には所属しないのは何故であろうか。

卯支はすなわち木質の旺気で、自生する山麓の成林であり、また未支はすなわち木質の庫地で、人が築いた垣壇であり、百花を護衛するので百花と称している。

未支には夾雑の気質を擁するだけである。

年柱未支で双飛格に入格するとき、もっとも玄妙であり、辛未干支が戊戌干支を擁するときは「両干不雑」とするのである。

十干の取象のポイントを問うとき、自ずとその配合に言及することを擁するし、自ずとその生剋に言及することを擁するし、また自ずとその方位や時令に言及することを擁し、自ずとその始終に言及することは、みな一様ではないのは何故であろうか。

いうなれば各者はあらかじめその一端を挙例して言及と為しており、善意の学者などがこれから推究し、すなわちそれは各十干の消息や盈虚のタイミングであり、各者はその作用の気質を求め反応に応答するのである。

この道理とは造化の自然の道理であり、どうしてあらかじめ筆者一人の私語などであろうか。

また十二支に言及するならば、辰戌丑未支は四隅に位居し、その本体はそれぞれ支の所属地に対峙しているのである。

地支は静性と不動性があり、戊己干は中央に位居してすなわち流行の用途であり、いわゆる干とは天干に所属し、天干には動性と不静性を擁する故に、これらの土質の地支四土は添加の裨益を考えるのではなく、その専属の気を擁するだけなのである。

天干の戊己二土は添加や損失ではなく、その定まった位相が存在しないだけなのである。

干支の作用には数差の分配はなく、何をもって変化と成しまた鬼神の稼働と成すのか。

さて天干の数は十を擁するのは、予めすでに天文学による分配で、また地支の数の十二を擁するのも、予め地理学による分配なのである。

しかしいわゆる牽強付会であり、微塵も肯首できないのである。

昔日に聖人が「易」を作製し、八卦の象位において遠方の諸々の物象を取用し、付近の諸々の身象を取用し、遠近の重複を明らかにして、そこで配置を擁して配当しないでおき、干支の作用とは「易経書籍」一冊の道理なのである。

諸術家の流儀とは、言語の種類ほどに理論の相違が雑多であり、その故に予めこれを表呈して提出するのである。

「賦」にいう——

用神の論説や日主の議論とは、それぞれ配置の適宜であり、地支や天干の様相を取用し、これは一流儀かあるいは、そこでこの諸作用を兼備しているが、後者（兼備）の場合は「至道」するし、そうでなければそこで「愚論を一得する」だけである。

また天干の分配や循序と地支、すなわち四生四敗四庫の位相を挙例すれば、そこで錯綜するのである。

また看察を擁するならば、学者は以上の説に合わせて観法すべきであると思うのである。

醉醒子氏がいう――

干支とは何と大いなるものであろうか。生物の始源かつ天地の本源かつ万物の宗旨かつ陰陽変化のタイミングを擁し、時候やその深浅の用法なのである。

その故に木火土金水各気に主たる形状は存在せず、生剋や制化の作用も一様に取用できない。

仮に死んだ木質のときは活水の水潤の不適宜と為し、もし頑鋼の金質はもっとも洪炉の火煉を切望し、陽丙は聚林木質を忌避し、棟梁の材（健材）は金質たる斧斤の友を切望し、火質は水気に隔てられると鎔金の作用はなく、金質は沈水すればどうして木質を削剋できるだろうか。

活きた木質は樹根を埋折する金斧を忌避し、死んだ金質は蓋蔽の泥土質を忌避し、たとえば甲乙干は一塊に聚結を切望し、まず削琢の効能を添加し、壬癸干は能く五行の貯水湖を作用し、しかし併流の性能を擁し、不能資材は斧用を禁じ、珍奇な珠玉はもっとも赫炉を畏れ、軟柳や驕松は時令の根気でその衰旺を分岐し、鋼材の金属質はその剛柔の気を用途とし、畝丘の土質は些少な木質では耕々は難儀で、精炉の金質は湿泥にかえって蔽熄され、雨露が安寧に朽ちた枯木を湿らせ、城壁は珍奇な金属を産出せず、剣戈の功が成っても火郷に遭ってかえって損壊し、城壁が竣堆しても木郷に遭ってかえって傾陥するのである。

癸丙干が春季に派生し、晴雨不変の象や乙丁干が冬季に派生し、寒煖不定の天候のときや、鋒金質が溢水を擁するときや、鈍金質が精炉を経ないときや、甲乙干が過強の金質に遭うときや、游魂して西方兌卦に離れ帰するときや、庚辛干が過旺の火気に遭うときや、気質が散乱して南方へ乖離するときや、火土質の炎燥のときや、金質が頼り処がないときや、木質が水気に浮漂するときや、火質が派生を作動しないときや、猛夏に鎔金するときや、木質が堅剛の制伏に覆するときや、三冬季の湿った土質や、阻壊を濫壊する波水質や、軽微な塵土質は、結局活きた木質の基礎ではなく廃材の金質で、どうしてこれが源流の本義であろうか。

木質が盛旺であれば金質はみずから欠損し、土質が虚体であれば水気を被り相互に欺き、火質が無ければ木質はついに光彩せず、木質は火気が無ければすなわち性質は晦冥で、たとえば乙木主で月令秋季の生ならば、枯朽へと劫折されやすいのである。

庚金は冬季に作動せず、砂中に沈降し海中へ失墜するのは、如何なる難儀であろうか。

草木が霜に凝固したとき、どうして金質に逢って用途にできるか。

堆土から出土した金質は、木質に克つことはできない。

火性の未土の炎焔は先んじて焚煙し、また水気がすでに浸透して湿性である。

おおむね寒水は滞って流れず、寒木は発火せず、寒土は肥え復せず、寒火は烈火せず、寒金は鎔金しない。

以上はみな天地の正規の気質ではないが、しかし万物の初期の未生成の段階であり、恒久にして熄滅であり、これは凡域を越えて聖域へ入るタイミングかつ、死境を脱して生境に回生する作用であり、象徴はないが成立しており、また形状はないが化成しており、固有の作用はあるが固有の本体は存在しない。

花々が繁茂し演展するのには、根子が深くなくともよいのである。

そこで北方位の金質が、水質を切望しながら沈降していることや、南方位の木質が燃焼して本体を脱することや、東方位の水質で旺盛な木質の枯源であることや、西方位の土質で実質を擁する金質が虚主であることや、また火勢に因りて土質が暗いことは、みな太過している象なのである。

五行の存在で貴いことは、中和の理（はたらき）なのであり、これを究尽するべきでかりそめの言明をしてはならないのである。

たとえば厳寒の水淵を汲み尽くして、その底相を徹見すべきなのである。

論地支屬相

また問うならば、地支には各支とも所属する象相が在るが、天干には存在しないのは何故であろうか。

答えるならば、天干は作動するので象相が存在せず、地支は止静するので象相が存在するのであり、そこで軽質で清澄なのが天干で、重質で濁々たるのが地支なのである。

重複した濁質の内容には物象が存在する故に、子支は鼠に所属し、丑支は牛に所属し、寅支は虎に所属し、卯支は兎に所属し、辰支は龍に所属し、巳支は蛇に所属し、午支は馬に所属し、未支は羊に所属し、申支は猿に所属し、酉支は雞に所属し、戌支は犬に所属し、亥支は猪に所属しているのである。

この十二支の所属の象相は、また奇数と偶数に分岐し、盛旺や衰退の作用が存在する。

奇数とは鼠、虎、龍、馬、猿、犬で、奇数の一は陽性に所属し、これらの六獣の脚足は健純である。

偶数とは牛、兎、蛇、羊、雞、猪で、偶数の二は陰性に所属し、これらの六獣の脚足は健双である。

ただし蛇には脚足が存在せず、何の意義を取象するかとは、そこで巳支は純陽の月季に当在し、純粋な陽性の時季であり偶数であり、時季はすなわち陽質である故に、蛇の象徴を用いるのである。

蛇とは陰性の動物であり、脚足の不用をその象徴としており、懐疑や諱言（いみな）とは陰性の意義なのであり、いうなれば双義性の能力者とは、そこでの効験を肯首できるのである。

この十二相の象徴とは、すなわち三十六種の畜獣のなかで、象徴として取用するときに、自ずと陰性と陽性の種別が存在し、単一的か双義的かの分岐があり、これが造化の作用のポイントなのである。

また問うならば、十二支の象相の所属のそれぞれには、欠陥が存在するとは何であろうか。

答えるならば、天象は西北位に充満せず、地象は東南位に充満せず、天象と地象とはなお欠陥の状況なので、どうして動物の身体が完全に具備するのだろうか。

その故に鼠は夜行性であり、牛は牙がなく唇々接吻であり、虎は短頸でたおやかに翻身するのであり、兎は唇が欠損して雄峻でないのであり、龍は耳が欠損して両角で聴聚するのであり、蛇は脚足なく快走するのであり、俊馬は恒常に緊張して打睡しないのであり、羊には瞳が欠損し殪死して瞳孔は啓くのであり、猿は脾臓に欠損しつつ果物を好食するのであり、雞は腎臓に欠損し無節操で淫らなのであり、犬は胃臓に欠損し雑食を好むのであり、猪は筋質に欠損し恒常に打睡して確固と屹立しがたいのである。

これらの象意とは、みな陰陽の不備に係わり、またそれに相応する造化の作用なのであるが、ただ人間だけが独立して、その全能感を会得する故に貴相なのである。

王充氏『論衡』にいう―

五行の気質が相互に衝害し、血蟲（シンボル）を相互に心服している。

寅支は木質でそれは獣虎であり、戌支は獣犬であり、丑未支もまた土質であり、丑支は獣牛で未支は獣羊で、木質は土質に克つ故に、犬や牛や羊はそれぞれ猛虎に所服するのである。

亥支とは水質で獣豕なのであり、巳支とは火質で獣蛇なのであり、子支とは水質で獣鼠なのであり、午支とは火質で獣馬なのであり、水質は火質に克つ故に、豕は蛇を捕食し、火質は水質を損害とする故に、馬は鼠糞を摂食して膨腹するのである。

しかしまた相互に克たないケースとは、午馬や子鼠や酉雞や卯兎である。

水質は火質に克つが鼠がどうやって馬を追逐しないのか。

金質は木質に克つが雞がどうやって兎を啄逐しないのか。

亥豕や未羊や丑牛では、土質は水質に克つが、牛や羊は何故に豕を殺生しないのか。

巳蛇や申猿では、火質は金質に克つが、蛇は何故に猿公を捕食しないのか。

猿公を畏れるのは鼠であり、猿公に噛み付くのは猛犬なのである。

鼠は水質で猿公は金質であり、水質は金質に克たないのに、猿公は何故に鼠を畏れるのか。

　戌犬や申猿では、土質は金質に克たないが、何故に猿公は猛犬を畏れるのか。

　十二支の星辰の獣象とは、気性の相剋であり、またしかも相互に即応していないのである。

　おおむね血蟲の相（シンボル）を相互に心服し、各象徴のエキスを摂食し、そこで利鈍長短や力量の優劣を、自らの象徴（シンボル）として所服しているのである。

論人元司事

　さて一塊の気体が混沌として、形象と気質がまだ分離しないときは、陰性と陽性とは何物かとは、太古の始原にすでに兆候が在り、一者が分裂して三者と為り、たちまち分離して天象を得て軽快かつ清澄なところが陽性と為り、地象を得て鈍重かつ濁々たるところが陰性と為り、人間の象位は天象と地象の中間点であり、それは陰性と陽性の中和の気象なのである。

　その故にこの軽快かつ清澄なところが十干と為り、日主の財禄であり天元と称する。

　また鈍重かつ濁々たるところが十二支と為り、日主の身心であり地元と称するのである。

　天象と地象のそれぞれの正規の位相とは、その双方に介在する才能で、それがいうなれば人間なのである。

　その故に十二地支のなかには「主命」が所蔵されており、人元と称して「司事之神」と為して称号し、命理の術では「月令用神」と為しているのである。

「経典」にいう――

　用神は損傷すべきではなく、日主がもっとも健旺なのが佳いのである。

　旧正月を寅月に建てるときは、寅支のなかの戊土を五日の土気の用事とし、丙火を五日の長生とし、あとは甲木の二十日である。

　旧二月を卯月に建てるときは、卯支のなかの甲木を七日の用事とし、乙木の二十三日を用事とするのである。

　旧三月を辰月に建てるときは、辰支のなかの乙木を七日の用事とし、壬水を五日の墓庫とし、あとは戊土の十八日である。

　旧四月を巳月に建てるときは、巳支のなかの戊土を七日の用事とし、庚金を五日の長生とし、あとは丙火の十八日である。

　旧五月を午月に建てるときは、午支のなかの丙火を七日の用事とし、丁火を二十三日の用事とするのである。

　旧六月を未月に建てるときは、未支のなかの丁火を七日の用事とし、甲木を五日の墓庫とし、あとは己土の十八日である。

旧七月を申月に建てるときは、申支のなかの戊土を五日の用事とし、壬水を五日の長生とし、あとは庚金の二十日である。

旧八月を酉月に建てるときは、酉支のなかの庚金を七日の用事とし、辛金を二十三日の用事とするのである。

旧九月を戌月に建てるときは、戌支のなかの辛金を七日の用事とし、丙火を五日の墓庫とし、あとは戊土の十八日である。

旧十月を亥月に建てるときは、亥支のなかの戊土を五日の用事とし、甲木を五日の長生とし、あとは壬水の二十日の用事である。

旧十一月を子月に建てるときは、子支のなかの壬水を七日の用事とし、癸水を二十三日の用事とするのである。

旧十二月を丑月に建てるときは、丑支のなかの癸水を七日の用事とし、庚金を五日の墓庫とし、あとは己土の十八日である。

これらの十二支により十二カ月を配置し、各月が支蔵する五行により人元を成為して四季に配当するのは、すなわち春季の煖気や秋季の涼気であり、冬季の寒気や夏季の熱気のように、循環して端緒がなく、終局してまた始発するので、年歳の功用が円了し、一年が完成するのである。

また『玉井奥訣』を再考するならば、すなわち甲丙庚壬各干が三十五日間で、乙丁辛癸各干が三十五日間で、戊己各干が五十日間で、トータルして三百六十日なのである。

つぎのように表記してみようか。—

旧正月寅（立春雨水）己七日、丙五日、甲十八日。
旧二月卯（驚蟄春分）乙十八日、甲九日、癸三日。
旧三月辰（清明穀雨）戊十八日、乙九日、癸三日。
旧四月巳（立夏小満）丙十八日、戊七日、庚五日。
旧五月午（芒種夏至）丁十七日、丙九日、乙三日。
旧六月未（小暑大暑）己十八日、乙五日、丁七日。
旧七月申（立秋処暑）庚十七日、己七日、戊三日、壬三日。
旧八月酉（白露秋分）辛二十日、庚七日、丁三日。
旧九月戌（寒露霜降）戊十八日、辛七日、丁五日。
旧十月亥（立冬小雪）壬十八日、甲五日、戊七日。
旧十一月子（大雪冬至）癸十八日、壬五日、辛三日。
旧十二月丑（小寒大寒）己十八日、癸七日、辛五日。

醉醒子氏がいう—

時季が運行し生物が派生するのが、天道の常則なのであり、一年の歳月のなかに進退のタイミングが存在し、四季の内訳に本来的な軽重は存在しない。

その故に木火金水をして四季に分配し、当令させてそれぞれ七十二日づつ配当し、四季の土旺はそれぞれ十八日づつ擁し、総じて三百六十日ですなわち年歳が完成するのである。

すなわち陽木の三十六日が作用し、寅支のエリアでは丙戊干の長生が驚蟄後六日を作用し、すなわち陰木の三十六日が作用し、癸水が清明後の十二日に寄生し、すなわち戊土が十八日を作用し、陽性の水質が帰庫して陰性の水質が還魂するのは、夏秋冬季各季それぞれこの作用なのである。

旧書『淵源淵海』では、すなわち立春ののち余気の己土が幾日か、また寅支の分野が幾日か擁し、丙戊干の長生をその先後に幾日かを擁し、卯月は癸水が幾日か寄生し、辰月は陽水が庫に帰して陰水が還魂するように、各支とも幾日かづつ擁するのである。

またとくに丑月の作用がすでに充足しているとは考えないのは、たとえばそれが春季ののちで何の余気を擁するだろうか。

月律分野とはある専属の旺気の聚気であり、そこで長生とは母元に帰して懐胎の形と為し、それに先後する寅支を司属したのちに丙火が派生し、丙火を司属したのちに戊土が派生するので、そこでの附属物とは虚名は擁するが、実質的な位相としては存在を肯首しないのである。

そこで庫地に帰納するとは、その生気が絶えてストックし、また魂が還元するとは、その死気体が継続しながら変質することである。

こうした五行の生死や進退のタイミングとは、どうしてとあるスパンに限定して肯首を為すのだろうか。

そこで春季の水気の作用や秋季の金気の作用とは、固定的な一定の作用なのである。

もし各配置の神気が夾雑するならば、占法の用途のスパンの作用をすなわち日主の司令の気数が、いまだに欠損の可否を肯首するだろうか。

すなわち何故に春季の木質や夏季の火質を肯首して、それぞれ一気の流行と為し、それぞれ七十二日の旺気の日数に計上するのか。

そこで四季に五行を配当する用途とは、すなわち日主が各気数を擁するのであり、各気数が日主を扶助する作用を擁するのではない。

ただし日主の気の司令とは、自ずと初期、中期、末期の深浅の三気種を擁し、その作用とはとくにその質量や軽重を比較して、適宜を企するだけなのである。

それをどうして三五七日に限定して肯首するのだろうか。

以上の論説は充足しており、そこで『淵源淵海』の誤説を論破するのである。

また地支の所蔵を月令に的視し、年日時支を注視しない論説においても、「命理が提綱（月令）を重視する宗旨」を考えあぐねて返上しないのだろうか。

論四時節気

節気を立節するとは、春季や秋季に分岐点が在ると言ってはならないし、夏季や冬季に分岐点が在ると言ってもならないのである。

さて雨水驚蟄（旧正月二月）の候から以降に、二十四節気の各所属を分岐してそれぞれは名称を擁する。

また名称とはかならず所以を擁するのであり、何と言うべきだろうか。

四季の立点とは四季の節気のことであり、丑支の終結点は寅支の始発点で、すなわち「節」と為すのである。

各月の半数をすなわち中間点により二者に分岐すれば、陰性と陽性に分類して相半されるのである。

二種の分岐とは二つの意義を擁し、子支から巳支までを六陽と為し、午支から亥支までを六陰と為し、岐点に至るとは巳午支や亥子支の、中間点に介在しているのである。

冬至は亥支に在り、陰性の極致である故に、子支を称して「止」としているのである。

陽性がこの時点で派生する故に「至」と称しており、夏至は巳支に在り陽性の極致である故に、午支を称して「忤」（ターニング点）としているのである。

陰性がこの時点で派生する故に「至」と称しており、秋分の時点から水性の涸質が始兆し、立冬から水性の氷結が始兆するのである。

冬至には湧水が蠢動し、大寒にには潤沢な水質が着実に巡るので、現今の雨水（旧正月）の候とは、まず先んじて露と為り霜と為り雪と為るのは、みな水質の凝結体であり、寒冷の極致に至ってから、春季にはすなわち暑気が順じて巡り、それは暑気の始兆なのである。

いうなれば天象の一隅から水気が派生して、人間や動植物が派生し、みな水質を始点として春季は木気に所属し、木気は水気から派生するので、雨水を継承して立春と為るのは、適宜なことである。

八卦の気種では旧正月を「泰」と為し、天の気象が下降するので雨水に相当する。

旧二月を「大壮」と為し、天象の上層に雷が存在するので、そこで驚蟄と為すのに相当する。

雨水が先行しそののち驚蟄なのが適宜であり、驚蟄とは万物が出現し、揺震してそれは雷性なのである。

清明とは万物が齊（整頓）うことで「巽」として風性と為すのであり、辰巳月は潔斎するところから清明と称し、清明とはすなわち潔斎の意義なのである。

穀雨とは旧三月に相当し、雨水ののちから堆土が揺動し、ここに降雨してすなわち堆土に脈動する生物は、そのため五穀の種子として滋生するのである。

小満とは旧四月に相当し、先人の儒者が説くのには、小雪（旧十二月）ののち一日の陽性が一分を派生し、累計して三十日の陽性が三十分を派生し、一箇の昼季が完成して冬至と為るのである。

小満（旧四月）ののち陰性が派生するのはまた自然であり、そこで旧四月の「乾」は終局し、いうなれば「満」とは初六爻に相当し、衰えた匹豕が右往左往するのを飼育することである。

また「坤」は初六爻に相当し、降霜を踏み凍土が堅質であり、たとえて衰えた小躯の匹豕が右往左往して充満していることである。

降霜を踏み締めるのは「その小躯」に喩え、凍土の堅質なのは「その充満」に喩えるのである。

また『易経』の言説に一陰がすでに派生したのちとは、歴説では一陰の萌芽の初兆であり、深慮して擁説するのである。

また小雪（旧十月）ののちに大雪（旧十一月）が巡るとは、小満（旧四月）が存在するが、いわゆる大満が存在しない意義をここで知るべきなのである。

もし旧三月の穀雨の時季や旧五月の芒種の時季では、これらの二気質は言うなれば麦穀であり、穀物はかならず元来その派生の始兆なのである。

木気を擁して秋季まで残存し、金質が木質を損剋するとき、麦穀はその完成の終結に必要なのである。

金気を擁して夏季に遂到し、火質が金質を相剋するが、旧六月は小暑の節気でかつ大暑の時季であり、夏至ののち巳支で暑気が旺盛となるので、これを些小というべきではない。

とくに『易経』を知らずとも言及するならば、寒気が往き去り暑気が来訪し、暑気が往き去りすなわち寒気が来訪する。

その寒気と暑気を相互に推察すれば、運歳が完成するが、一年の前半を通して暑気を肯首し、一年の後半を通して寒気を肯首すべきで、旧正月が暑気の始兆で旧十二月が寒気の終局なのである。

そこでいうならば大暑や小暑とは、前半年を経過するだけではなく、旧六月は極度の暑気に相当する故に大暑と称し、必然的に末尾で大に至るが、すなわち同時に小暑を為すのである。

それは旧七月は処暑に相当し、旧七月は暑気の終局かつ寒気の始兆だからであり、大いなる火気が西方へと翻転するが、暑気は当地に処在しているが、処在とは隠在であり「蔵伏之義」なのである。

旧八月は白露の節気に相当し、旧九月は寒露の節気に相当し、秋季は本来は金気に所属して白色かつ寒気で白色とは、滴露の色彩なのであり寒気とは露の気質なのである。

先んじて白色であり、寒気の始兆で次第に固体化を擁するのである。

旧九月は降霜に相当し、滴露が寒冷して結晶して霜と為る。

立冬（旧十月）ののちは、いうなれば小雪大雪（旧十〜十一月）であり、寒気が滴露として霜晶のなかに始兆し終局的に降雪と為り、滴露は降霜の前季なのは、露が白色の由来で寒気の始兆だからである。

降雪は降霜の後季なのは、雪が微細ながら次第に堆積して大塊となるが、それが小寒大寒（旧十二月）の時季なのである。

『詩経』「豳風七月篇」にいう――

一日は吹く風は寒く、二日は寒さが烈しいが、吹く風が厳寒である故に、旧十一月の後半の余剰を小寒と為し、吹く風寒く寒冷が烈しき故に、旧十一月の終局を大寒と為しているのである。

たいていの場合にはこれを纏めて言えば、前半年が長生がメインであり、雨と称し雷と称し風と称するが、これはみな気の派生なのである。

後半年は生成がメインであり、露と為し霜と為し雪と為すが、みな気の生成なのであり、後半年の天候に言及するならば、農暦には言及しないので、農期を春夏季に性急に考えなくともよいのである。

先人の儒学者がいう――

変転する者は次第に変化し、変化した者は変転の成立なのである。

立春雨水（旧正月）ののち寒気が次第に変展し、立夏に至りすなわち寒気が消尽して暑気に変化するのである。

そこでいうなれば小暑大暑（旧六月）とは、その変化が次第に固象化するのであり、立秋処暑（旧七月）ののちは暑気が次第に変展し、立冬に至りすなわち暑気が消尽して、寒気に変化するのである。

そこでいうなれば小寒大寒（旧十二月）には、次第にその変化を擁し、また太陽や月の運行と四季が完成し、そこで恒常性を擁するのである。

その故に聖人は法則を立脚して敷説し、陰性と陽性の相互の夾雑により、万物が生成して窮まることがないのである。

そこで聖人は事物を指摘してタイミングを指し、六気（寒暑湿燥風火）は迅速や遅滞が終始ともに一貫し、五行の運動の作用の大小や盛衰を原理をもって作用とし、そこで数理を考察するので、これを万世の古人に垂示するならば、これは齟齬を内包しているのである。

「経典」にいう――

五種の日数とは時候を指し、三種の時候とは気候を指し、六種の気候とは時季を指し、四季とは年歳を指しているのである。

またいうなれば太陽とは陽性を為し、月とは陰性を為し、その運行には分岐や風紀を擁し、周域とは軌道や距離を擁している。

太陽は一日に一回転し月は十三回転めぐるのは奇特なるが故に、月運の大小を考え三百六十五日で一歳が完成するが、それは余気の積算や閏月の盈虚なのである。

「経典」にいう――

日常では天象の巡りは昼夜一回づつであり、すなわち一日である。

それらが三百六十五日と四分の一で、天空を周巡して一歳が完成するが、つねに五日を一スパンとして即応する故に、三連のスパンで一気が完成し、すなわち十五日間なのである。

三スパンで一節気が成立し、それを①立春②春分③立夏④夏至⑤立秋⑥秋分⑦立冬⑧冬至とか称号し、これが四季の節気なのである。

それは（三スパン×八季＝二十四節気）なのであり、そこで日主を四季に分類して配属させて一歳が完成するのである。

春季と秋季を分岐して言うならば、これを六気（寒暑湿燥風火）として言及できるが、すなわち旧二月の半ばに初気が終季し、第二の気との交点となり、旧八月の半ばに四季が消尽して、五行の気との交点となる。

もしこれを四季に分割して言及するならば、すなわち陰陽や寒暑の気象により、ここで時季の分割を肯首できるのである。

一昼夜を五十刻に分割し、また内訳を陰陽に分類する。

「経典」にいう――

その故に分類するとは、すなわち「各気質の異状のこと」を言及しているのである。

冬季や夏季に言及すれば、これは六気（寒暑湿燥風火）であり、すなわち旧五月の半ば天時の気候の司事の所在を判明させ、旧十一月の半ばを水源の気質の司事として所在を判明させ、そこで四季の月令に言及するならば、すなわち陰陽が此点に至って極度と為るタイミングなのである。

夏至の昇陽は長時間で六十刻を超過しないほどで、陽性が此点に至って極致である。

冬至の昇陽は短時間で四十刻を超過しないほどで、陰性が此点に至って極致である。

これらは天候による変動ではない。

「経典」にいう――

その故に時季が至ればすなわち気象は同質とは、これを言っている。

天地は西方位より東方位へ自転するが、その太陽や月や五星は天象を循環して、東方位より西方位へ運行する。

『白虎通』にいう――

その故に天象は左旋回し、太陽や月や五星は右行運し、天象に存在して陰性を成為する故に右行運するのは、君主に相対する臣下のようなものである。

すなわち太陽は昼夜一回転運行し、すなわち月は昼夜十三回盈虚し、奇特たるはまた一回の行運のなかにおいて、十九度の分割のうち七分割だけを観象できるのである。

おおむね月の運行の速度はすみやかで、終局的に二十七日間で天空を一周巡るが、これを十三回また十九分割に七数象を総じて、すなわち二十九日間とし、トータルして天空を三百八十七回も行運するが、奇特なことにトータルして月の行運の総数は、太陽の運行の総数より比較すると高速で、すなわち二十九日とは太陽の運行の二十九回のときに、月象がすでに先行して天陽の周巡の三百六十五回を超過しており、そこで太陽の行運の二十二回とは、かえって七回少ないのである。

陰陽家の論説では―

太陽と月の運行では、自性的に前後したり速度に遅速の齟齬が存在して均等ではなく、もとより常規の規準は存在しないのである。

すなわち規模の大小や月象の盈虚などに、それぞれ格差があり異なるのである。

本来的に三百六十五日と四分の一と二十五刻で一歳と為すべきであり、自性的に一歳の余剰を控除すれば、すなわち三百六十日を擁するのである。

また月の数象の寡点の六日を控除し、三百五十四日を一歳の完成と為し、通算して十一日間二十五刻が不足するのである。

すなわち月象の盈虚に閏月を加算した十二カ月の制度では、すなわち気象の立点を擁し、これを三候の気とし、月の半ばに至って星宿を設定する方途とは、すなわち十二星辰の方途なのであり、閏月の紀則では気象の確立ができず、みな他の気種の方途により設定しているのである。

ただし『歴紀』に拠ってこの八種の節気を観るとき、その余剰の配置を推察して「閏」を所為とし、そこで天象の観察がこうして結尾するのである。

「経典」にいう―

その故に立点の始兆を端緒とし、表象を内訳から訂正し、終局的にその余剰を推察するとはこの説である。

天象が明らかか冥いかを観るのに、どうして復して回数を擁する必要があるのだろうか。

すなわち太陽や月の一日の行運の配置では、二十八宿（宿曜経）を指摘して証明できるが、そこに日数の計測も記載されているのである。

「経典」にいう―

その故に星辰とは、「太陽や月の運行を制する所以」の制度を示唆している。

しかし天象にはまた時候など存在せず、風雨霜露草木の類を提示して応験を企すべきであり、そこで毎日の時候を計測するのである。

いうなれば日の時候とは、また五行の巡りかつ気質の相生であり、そこですなわち五行の時候を忖度するのである。それは循環して端緒はなく、また復してから始兆する。

『書経』にいう―

三百六旬に六日を擁し、閏月によって四季を定義し、一歳が完成する。

すなわちその義則なのである。

論日刻

さて日象とは、一昼夜かつ十二刻（二十四時）であり、そこで一日を均等に分割すべきなのである。

その故に上位の箇所に貯水した銅壷を設置し、下位の箇所に水時計の壷で滴下を観察し、日盛りは百刻の度数に分割し、太陽や月の明暗に関わりなく、結局その計測を見逃さないのである。

こうした一日の間に百刻の時候を擁するのは、そこで六気（寒暑湿燥風火）が通行して一歳の主体であり、すなわち一スパンの司気とは、六十日八十七刻半を司事するのである。

すなわち気質の交点は、その速度に遅速を擁することを知るべきであり、たとえば冬季と夏季の日射には長短の差異を擁し、すなわち昼夜が相互に推移し、そこで日昇と日没の時刻とは同一ではないのである。

しかし百刻にて終局するのであり、その気質の交点はすなわち改変できないのである。

また甲子の歳に滴水の一刻分が滴下し、終局的に八十七刻半であり、それは子刻の正規の刻限に相当し、第二の気種は復して滴下が始兆するのが八十七刻六分であり、終局的に七十五刻で、それは戌刻の正規の四刻に相当し、第三の気種は復して滴下が始兆するのが七十六刻であり、終局的に六十二刻半で、それは酉刻の正規の刻限に相当し、第四の気種は復して滴下が始兆するのが六十二刻六分であり、終局的に五十一刻で、それは未刻の正規の四刻に相当し、第五の気種は復して滴下が始兆するのが五十一刻であり、終局的に三十七刻半で、それは午刻の正規の刻限に相当し、第六の気種は復して滴下が始兆して三十七刻六分であり、終局的に二十五刻で、それは辰刻の正規の四刻に相当するのである。

こうした天象を周回する歳運の計測では、余剰の刻限である初気の乙丑歳から交入し、戊辰歳に至るまで転展する。

それは初気の状況において、復して下方へ滴下の一刻が始兆するタイミングで、すなわち四歳にして小規模で一周することであり、その故に申子辰支の会局を同者に見做すのである。

また巳酉丑支の会局では、初気が二十六刻において併起し、寅午戌支の会局では初気が五十一刻において併起し、亥卯未支の会局では初気が七十六刻において併起し、これらは気種がみな同時刻に併起し、その故に三合会局と称する義則なのである。

そこで小規模の周回が十五度で、大規模の周回が六十年なのであり、また『三車一覧』では申支を水質の派生と為し、子支では水質の旺気であり、辰支を水庫と為す故に、申子辰三合会局としているが、そこでそれぞれの気種が、同じタイミングで併起するのを知らないのであり、それはただ天象の軌道や自然な相（すがた）というだけなのである。

さて一昼夜の十二刻を均等に百刻に分割すれば、一刻のなかに八箇の大刻と二箇の小刻が擁され、大刻の総数は九十六箇で小刻の総数は二十四箇であり、小刻の六箇が大刻の一箇に準拠する故に、併用して百刻と為るのである。

大刻の前半時刻では、大刻四箇であり、始発点が初の初刻であり、次点が初の一刻であり、次点が初の二刻であり、次点が初の三刻であり、終点が初の四刻の小刻と為るのである。

大刻の後半時刻では、大刻四箇であり、始発点が正の初刻であり、次点が正の一刻であり、次点が正の二刻であり、次点が正の三刻であり、終点が正の四刻の小刻と為るのである。

もし子刻がすなわち前半時刻が、零時以前に所属するならば、それは昨日の所属であり、後半時刻が零時以降に所属するならば、それは今日の所属なのである。

また冬至のケースでは、旧十一月（子支）の中気（壬干）を一陽来復のポイントとして、天陽の軌道の始点と為すだけなのである。

古代の暦法では、毎刻限を小刻二箇で始発と為し、すなわち各刻限は大刻四箇を継承しており、しかし現今の暦のように算出法規が利便ではなかったのである。

世間では子午卯酉の各九刻には、みな八刻の余剰を擁しているので肯首できない。

【冬至日】

太陽は「箕宿五度」に在り、現今は「箕宿六度」に在り、日昇は辰時初一刻で、日没は申時正四刻で、そののち八日間の宿星は以上の綱紀なのである。

【小寒日】

太陽は「斗宿十二度」に在り、現今は「斗宿八度」に在り、日没は酉時初二刻で、そののち六日間は以上の綱紀で、日昇は卯時正四刻で、昼間は四十二刻で、夜間は五十八刻なのである。

【大寒日】

太陽は「牛宿四度」に在り、現今は「牛宿初度」に在り、日没は酉時初一刻で、そののち十二日間はその綱紀である。日昇は卯時正二刻で、そののち四日間は子支の綱紀である。

太陽は子支「玄枵星宿」に併臨して、子宮に移行し「女宿二度」で、昼間は四十三刻で、夜間は十七刻で、そののち十三日間は、昼間は四十四刻で、夜間は五十六刻なのである。

【立春日】

太陽は「危宿三度」に在り、現今は「女宿六度」に在る。そののち十二日間の日没は酉時初三刻で、そののち十三日間の日昇は卯時正二刻であり、昼間は四十五刻であり、夜間は五十五刻なのである。

【雨水日】

太陽は「危宿六度」に在り、現今は「尾宿初度」に在り、そののち十二日間の日没は酉時初三刻であり、そののち十三日間の日昇は卯時正一刻であり、昼間は四十七刻で、夜間は五十三刻であり、そののち四日間の太陽は亥支「娵訾星宿」に併臨し、亥宮に移行し「危宿十三度」で、昼間は四十八刻で、夜間は五十二刻なのである。

【驚蟄日】

太陽は「室宿八度」に在り、現今は「危宿十五度」に在り、そののち十二日間である。

日没は酉時初四刻で十三日間であり、日昇は寅時正初刻で、昼間は四十九刻で、夜間は五十一刻なのである。

【春分日】

太陽は「壁宿五度」に在り、現今は「室宿十度」に在り、そののち六日間は太陽が戌支「降婁星宿」に併臨し、戌宮に移行し「奎宿二度」に在り、そののち十三日間は日没は酉時正一刻で、そののち十四日間は日昇は卯時初三刻で、昼間は五十一刻で、夜間は四十九刻なのである。

【清明日】

太陽は「奎宿十二度」に在り、現今は「壁宿十度」に在り、昼間は五十三刻で、夜間は四十七刻であり、その日昇と日没はみな春分ののちと同じ刻限なのである。

【穀雨日】

太陽は「婁宿十度」に在り、現今は「婁宿初度」に在り、この日は日昇が卯時二刻で、そののち八日間が太陽が酉支「大梁星宿」に併臨し、酉宮に移行し「胃宿四度」であり、昼間は五十五刻で、夜間が四十五刻なのである。

【立夏日】

太陽は「胃宿十三度」に在り、現今は「胃宿一度」に在り、日没は酉時正三刻で、そののち三日間は日昇は卯時初一刻であり、昼間は五十六刻で、夜間は四十四刻なのである。

【小満日】

太陽は「畢宿初度」に在り、現今は「昴宿四度」に在り、そののち十日間は日没は酉時正四刻で、日昇は卯時初初刻であり、そののち九日間は太陽が申支「實沈星宿」に併臨し、申宮に移行し「畢宿七度」であり、昼間が五十八刻で、夜間が四十二刻なのである。

【芒種日】

太陽は「畢宿十四度」に在り、現今は「畢宿十一度」に在り、日昇が卯時初初刻であり、日没が酉時正四刻なのであり、その時季の昼夜には、本来的な定刻は存在しないのである。

【夏至日】

太陽は「井宿一度」に在り、現今は「觜宿十一度」に在り、日昇は寅時正四刻であり、日没は戌時初初刻であり、そののち八日間は太陽は未支「鶉首星宿」に併臨し、未宮に移行し「井宿九度」であり、昼間は五十九刻で、夜間は四十一刻なのである。

【小暑日】

太陽は「井宿十六度」に在り、現今は「井宿十三度」であり、日昇は卯時初初刻が八日間であり、日没は酉時正四刻であり、昼間が五十八刻であり、夜間が四十二刻なのである。

【大暑日】

太陽は「鬼宿一度」に在り、現今は「井宿二十八度」であり、そののち七日間は太陽は午支「鶉火星宿」に併臨し、午宮に移行し「柳宿四度」であり、日昇は卯時初一刻であり、日没は酉刻初三刻であり、昼間は五十七刻であり、夜間は四十三刻なのである。

【立秋日】

太陽は「星宿一度」に在り、現今は「柳宿九度」であり、日昇は卯時初一刻で、日没は酉時正四刻であり、昼間は五十六刻であり、夜間は四十四刻なのである。

【処暑日】

太陽は「張宿八度」に在り、現今は「星宿七度」であり、日昇は卯時初二刻で、日没は酉時正二刻であり、そののち九日間は太陽は巳支「鶉尾星宿」に併臨し、巳宮に移動し「張宿十六度」であり、昼間は五十四刻であり、夜間は四十六刻なのである。

【白露日】

太陽は「翼宿五度」に在り、現今は「張宿十三度」であり、日昇は卯時初三刻であり、日没は酉時正一刻であり、昼間は五十二刻で、夜間は四十八刻なのである。

【秋分日】

太陽は「軫宿一度」に在り、現今は「翼宿十度」であり、日昇は卯時初四刻であり、日没は酉時正初刻であり、そののち十一日間は太陽は辰支「壽星星宿」に併臨し、辰宮に移行し「軫宿十二度」であり、昼間が五十刻であり、夜間が五十刻なのである。

【寒露日】

太陽は「軫宿十六度」に在り、現今は「軫宿八度」に在り、日昇は卯時正一刻であり、日没は酉時刃三刻であり、また昼間は四十八刻であり、夜間は五十二刻なのである。

【霜降日】

太陽は「角宿初十度」に在り、現今は「角宿十度五分」に在り、日昇は卯時正二刻であり、日没は酉時初二刻なのである。

そののち十二日間は太陽は卯支「大火星宿」に併臨し、卯宮に移動し「氐宿三度」であり、また昼間が四十六刻であり、夜間が五十四刻なのである。

【立冬日】

太陽は「氐宿五度」に在り、現今は「氐宿三度」に在り、日昇は卯時正三刻であり、日没は酉時初一刻なのであり、昼間は四十四刻であり、夜間は五十六刻なのである。

【小雪日】

太陽は「房宿三度」に在り、現今は「房宿一度」に在り、日昇は卯時正四刻であり、日没は酉時初初刻なのであり、昼間は四十二刻であり、夜間は五十八刻なのである。

そののちの十一日間は太陽は寅支「析木星宿」に併臨し、寅宮に移行し「尾宿四度」なのである。

【大雪日】

太陽は「尾宿八度」に在り、現今は「尾宿四度」に在り、日昇は卯時初一刻であり、日没は酉時初初刻なのである。

論説してみるならば、看命の法則とは時宜をもってその盛衰を為し、時宜には八刻を擁し、初気と正気が同質ではないのは、初気とは太陰暦の元旦であり、正気とはその内訳の気質だからである。

その故に時宜の用途の法則とは、用法ごとがその正規なのである。

もし癸干のケースで子刻かつ戊己干のケースで丑刻であれば、天干は正規の気質を擁するであろう。

もしすなわち初見で先ず時宜を付帯するときの気質と、占筮ののちの終局の時宜の気質や、いわんや夜間の時宜の分割では、その日定は子亥刻の中間点で齟齬し、時宜が乖背して規定は難儀なのである。

そこで初初正四刻を考慮しない余剰の六刻のスパンで、曇晴や緩急や寒暖とは、隔離した別種であり、人間の誕生のタイミングにおいて、はたして等分を領得できるだろうか。

筆者はしばらく時宜の配当のために、これら暦法の分類に着手したのである。

要するに智者を任ずる方ならば、これらを精密に洞察し、そこでこれらを詳解して問うならば、あまねく誤謬などは存在しないのである。

論太陽躔次太陰納甲及出入會合

陳希夷氏がいう―

太陽とは陽質のなかでも極陽であり、人界の君主の象徴なのであり、その徳性は剛質でその体躯は壮健で、その行為は天の啓示なのである。

その故に昼夜に分割し、寒暑を分岐し、一日に天象を一周巡し、天象に存在するのは一度におよばず一歳の積算とは、あたかも天象の会合のようである故に、三道を擁するというが、いわゆる中道とは「黄道」のことを指しているのである。

北方位へ至れば「東井宿」へ巡りて極めて近く、南方位へ至れば「牽牛宿」へ巡りて極めて遠く、東方位へ至れば「角宿」へ、西方位へ至れば「婁宿」へ巡りて極めて中心点であり、中道と南道と北道を通行するので、「三道」と為しているのである。

そこで極めて南方位に至れば「牽牛宿」であり、すなわち冬至と為し、そのとき昼間は四十六刻で、夜間は六十刻であろう。

または極めて北方位に至れば「東井宿」であり、すなわち夏至と為し、そのとき昼間は六十刻で、夜間は四十刻であろう。

また極めて南方と北方の中心点とは、すなわち春季や秋季と為り、昼夜をそれぞれ五十刻に分割するのである。

およそ天象の巡りを分割するならば―

旧正月（雨水）の中気ののち二日間は、亥宮「娵訾星宿」に併臨し、それは甲庚丙壬干に相応している。

旧二月（春分）の中気ののち二日間は、戌宮「降婁星宿」に併臨し、それは寅巳亥申支に相応している。

旧三月（穀雨）の中気ののち五日間は、酉宮「大梁星宿」に併臨し、それは乙辛丁癸干に相応している。

旧四月（小満）の中気ののち六日間は、申宮「實沈星宿」に併臨し、それは甲庚丙壬干に相応している。

旧五月（夏至）の中気ののち五日間は、未宮「鶉首星宿」に併臨し、それは寅巳亥申支に相応している。

旧六月（大暑）の中気ののち四日間は、午宮「鶉火星宿」に併臨し、それは乙辛丁癸干に相応している。

旧七月（処暑）の中気ののち五日間は、未宮「鶉首星宿」に併臨し、それは甲庚丙壬干に相応している。

旧八月（秋分）の中気ののち八日間は、辰宮「壽星星宿」に併臨し、それは寅巳亥申支に相応している。

旧九月（霜降）の中気ののち九日間は、卯宮「大火星宿」に併臨し、それは乙辛丁癸干に相応している。

旧十月（小雪）の中気ののち七日間は、寅宮「析木星宿」に併臨し、それは甲庚丙壬干に相応している。

旧十一月（冬至）の中気ののち四日間は、丑宮「星紀星宿」に併臨し、それは寅巳亥申支に相応している。

旧十二月（大寒）の中気ののち六日間は、子宮「玄枵星宿」に併臨し、それは癸乙丁辛干に相応している。


月象とは陽性のなかの陰性で、形容して「后妃之象」であり、その徳質は柔性でその体躯は柔順にて、天象を巡るのである。

その故に太陽を補佐して稼働して夜景を験照するが、その作用をいうならば、月象には本来は射光を擁せず、華麗なる陽光により照明とするので、その体質に言及しても明らかにできないのである。

すなわち純陰であり坤の象で、影朔のタイミングは三十日を超過しているが、日数の二十七回強には不及であり、そこで照明を派生し陽光を資扶して、光彩を擁するのである。

さて「三日月」の由来を説いてみるならば、陽性の初期の派生であり、庚宮に昏沈のタイミングを擁し、震卦の象であり八日間を超過するが、日数の九十八回強には不及であり、そこで陽光を資扶して半ばを照明するのである。

さて「弦」の由来を説いてみるならば、すなわち陽性の半ばなのであり、丁干に昏沈のタイミングを擁し、兌卦の象であり十五日間を超過するが、日数の八十二半回強には不及であり、そこで相対するので眺望して、陽光の全射光の円相なるを資扶とするのである。

さて「望」の由来を説いてみるならば、いうなれば「三陽を具備」することであり、甲干に昏沈のタイミングを擁し、乾卦の象であり三日間であり、日数の二百十九回強には不及であり、そこで「魄」を派生して、陽光の偏った射光を眺望するので、陰魄が始発して派生するのである。

さて「魄」の由来を説いてみるならば、いうなれば陰性が復して萌芽することであり、辛干に晨揚のタイミングを擁し、巽卦の象であり五日間であり、日数の二百八十一回強には不及であり、そこで半ば暗くして、半ばだけ陽光の照明を資扶するのである。

さて「下弦」の由来を説いてみるならば、いうなれば月象の派生の半ばであり、丙干に晨揚のタイミングを擁し、艮卦の象であり六日間であり、日数の四百九十回強には不及であり、三百六十五回と四分の一の未満なのである。

日象と月象の交差と会合では、陽光が全域を相互に資扶する能力はなく、反復して不明の暗点となるのである。

さて「晦」の由来を説いてみるならば、乙干において没尽する坤象なのであり、その天象の巡りは一日の運行で、日数は三百十九と七分割を擁し、天陽の二十回十九分度の七に不及し、日数の十三回十九分度七には不及するので、以上を積算して二十九日間なのである。

また九百四十分割の日数とは、四百九十九分割であり、そこで天陽と星辰の併臨の会合をもって、一歳かつ十二種の合局とし三百五十四日で、九百四十分割とは日数の三百四十分割であり、そこで天象の会合として一歳を成為する故に、月象には「九行」を擁するのである。

九行とはすなわち黒道であり、黄道の北方位の（立冬冬至）の二者のことであり、赤道とは黄道の南方位の（立夏夏至）の二者のことであり、白道とは黄道の西方位の（立秋秋分）の二者のことであり、青道とは黄道の東方位の（立春春分）の二者のことであり、黄道と併行しているので「九行」と為すのである。

その故に立春春分は青道より甲干を岐点に分岐し、立秋秋分は白道より庚干を岐点に分岐し、立冬冬至は黒道より壬干を岐点に分岐し、立夏夏至とは赤道より丙干を岐点に分岐するのである。

そうした太陽や月や星辰の会合とは、三合会局の方途のポイントであり、天徳月徳の神殺星と為る故に、旧三月に辰月を建て、三合会局の申子辰であり、太陽と月は酉支において会合するが、庚干から出立して壬干に入構する故に、天徳月徳は壬干に宿ると為すのである。

旧六月に未月を建てるのは、その亥卯未の三合会局なのであり、太陽と月が午支において会合するが、丙干より出立して甲干に入構する故に、天徳月徳が甲干に宿るのである。

旧九月に戌月を建てるのは、その寅午戌の三合会局なのであり、太陽と月が卯支において会合するが、甲干より出立して丙干に入構する故に、天徳月徳が丙干に宿るのである。

旧十二月に丑月を建てるのは、その巳酉丑の三合会局なのであり、太陽と月が子支において会合するが、壬干より出立して庚干に入構する故に、天徳月徳が庚干に宿るのである。

そこで子午支や太陽と月のあらましとは、卯酉支の門戸（方位）に太陽や月が出現入没する為で、その故にその分類の多数は、太陽と月の運動が擁しているのである。

およそ人命がいわゆる四大吉日に宿命するか、天徳月徳の降誕日であれば、一箇の月象に徳分や秀気が聚合し、貴相が多く顕われて仁慈なのである。

そこでふたたび甲干を八卦に領得すれば、すなわち悠々たる富貴であり、太陽や月の分身そのものなのである。

筆者は十干を八卦に配当する学説を懐疑し、『易経』には言及しないが、そこで『参同契』の言説によれば、術数家は不可思議な作用を成為して根拠とし、月象の本体を考慮しないが、それは盈虚を擁し、それでタイミングを明示する故に称号しており、それが圓相（まどか）だったことは未だかつて存在しないのである。

もし十干を八卦に配当するならば、その八卦を陰陽の連断に分割するが、一定の規則で変易しない、その分相応の配当を憎悪するのが、ここで肯首できるのである。

そこで月象の昏沈を庚干によって観て、震卦の象位と為すのであり、丁干によって観て兌象と為すのだろうか。

また坎卦と離卦の内訳は虚実であり、太陰（月象）が験証であって同じ種類ではない。

すなわち戊己干を八卦に配するのに、また同じような詮索を為すことは不可避なのである。

『青嚢経』を考察すれば―

甲乙壬癸干は陽域に隷属し、そこで陽域中の四枝が連繋しているのである。

庚辛丙丁干は陰域に隷属し、そこで陰域中の四枝を分配しているのである。

陳希夷氏が註釈でいう―

この説は十干を収めて十二支を分配する法則であり、聖人が用途とする為の方法なのである。

乾卦とは陽性の体質であり、九宮に位居し、陽卦として奇数である。

甲干を擁せば天干に三陽を配し、天干の陽木の首位で乾卦で父と称号する故に、十干を八卦に配するのを納甲と為す。

坤卦とは陰性の体質であり、一宮に位居し、陰卦として偶数である。

乙干を擁せば地支に八陰を配し、天干の陰木の首位で坤卦で母と称号する故に、乙干を十干に納干し、こうして乾坤とは父母と為し、東方位において両干を納附するのである。

そこで「東」とは物質の派生する当地であり、その故に乾坤の卦はその権威を執るのである。

艮卦とは陽性で幼稚であり、六宮に位居し、陽卦として奇数である。

天象は七の陽数を得て丙干を擁するが、艮卦とは「少男」と為す故に丙干を納付し、そこで坤卦が一変転を為すのである。

兌卦とは陰性で幼稚であり、四宮に位居し、陰卦として偶数である。

地象は二の陰数を得て丁干を擁するが、兌卦とは「少女」と為す故に丁干を納付し、そこで乾卦が一変転を為すのである。

その故に「少男少女」とは、南方位の納干であることで、「南」とは物象の変化する当地である故に、艮卦兌卦ともに変化するのである。

震卦とは陽性で「長男」であり、八宮に位居し、陽卦として偶数である。

天象は九の陽数を得て庚干を擁するが、震卦を長男と為すが故に庚干を納付し、そこで乾卦がふたたび変転するのである。

巽卦とは陰性で「長女」であり、二宮に位居し、陰卦として偶数である。

地象は四の陰数を得て辛干を擁するが、巽卦を長女と為すが故に辛干を納付し、そこで坤卦がふたたび変転するのである。

その故に長男と長女であり、西方位の納干であるとして、「西」とは物象の成立の当地である故に震卦巽卦が当令して専旺するのである。

離卦とは陰性の用途であり、三宮に位居し、陰卦として奇数である。

天象は一の陽数を得て壬干を擁するが、離卦を中女と為すが故に壬干を納付し、そこで乾卦が四変転するのである。

坎卦とは陽性の用途であり、七宮に位居し、陽卦として奇数である。

地象は六の陰数を得て癸干を擁するが、坎卦を中男と為すが故に癸干を納付し、そこで坤卦が四変転するのである。

その故に中男と中女であり、北方位の納干であるとして、「北」とは物象を収蔵する当地である故に、坎卦離卦はその任務を司事するのである。

また戊己干は天干の五数の当地を得て、十数が成立するので、天地の中気と為る中気の当処かつ皇極の位居であり、分配や収納を肯首しない。

四季の気種において変化して生成し、坤卦において養伸を遂げるのが、土質たる坤卦で火質と金質の交点であり、故に麗しき附帯であるが、そこでその陰陽各性質をして数象を導き、その専旺により八卦を定義するのである。

また地支の十支が二星辰を擁するので、卦を十干に布する法則では、すなわち四行に配分し、そこで附麗（土行）を四正の当宮に附帯する。

また坎卦を水質の本体として申子辰三合は滞水の垣堤であり、その故に火質から坎卦を納付するのである。

また離卦を火質の本体として寅午戌三合は火炎の焔帯であり、その故に火質から離卦を納付するのである。

また兌卦を金質の本体として巳酉丑三合は金属の垣壁であり、その故に金質から兌卦を納付するのである。

また震卦を木質の本体として亥卯未三合は樹木の生垣であり、その故に木質から震卦を納付するのである。

陽性の地支は陽性の天干に従属し、陰性の地支は陰性の天干に従属し、そこで五行の各気質が生成し、八卦が開塞するのである。

そこで聖人はその作用の原因と結果に精通し、その作用により天象の陽性や地象の陰性のそれぞれを、開塞して造化させるので、その生成に方途は存在せず、その作用はその機微に通じるのである。

また丹経暦術（修養法と暦術）や納甲（十干を八卦に配する）の論説とは、『老子』の出典には存在せず、ある人魄が「営々たるひとつの才能を懐中に擁している一コマ」から乖離した存在なのではないのである。

その太陽や月の言説とは、太陽であればその日射であり、月象を加えればその照明なのであり、「荷台に堆載した車両に人が搭乗する」ようなものである。

月象が眺望できないところで、人魄を積載して西方へ赴くが、すでに眺望すればすなわち人魄は東方にて終息している。

それは天道に背走しており、いうなれば月象の方途にて何らかが生成するのである。

すなわち太陽の日射を人魄が被るので、西方へ赴き、そこで次第に東方位が満局するが、そのために眺望を遂げたのち修法が圓成するか、さもなくばすでに眺望してしまっているかである。

すなわち太陽の日射によりその人魄の東方位の守衛が終局し、そこで次第にその西方位が欠陥する。

昏沈が至ったところ消尽するが、いうなれば太陽や月象に背走することで、明るい眺望を為すので、未だに眺望しないとは、すなわち太陽がその座右に存在することで、すでに眺望したとは、太陽がその左辺に存在することなのである。

その故にそれぞれが自ずとその在所で射光を享受し、そこで八卦を収納すればよいのであるが、さて以上は実質的な議論ではないようである。

論五行旺相休囚死並寄生十二宮

徳分が盛運に乗るときを、旺気と称するのである。

春季に木気が旺じるならばすなわち火気が派生し、火気とはすなわち木気の子分であり、子分は父業を継承する故に、火質の象相なのである。

木気は水気の派生を用途とするのは、我を派生するのは父母であるように、その時点は子分が嗣子を擁するタイミングであり、高臺に登楼して赫々と明らかに顕われる当地であり、そこで我を派生する者は引退するのを覚知すべきなのである。

その故に水気は休囚し、休囚するとは「無極之美」であり、平穏無事である義則なのである。

火気は能く金気を相剋し、金気とはすなわち木気の鬼気であり、火気を被るとき制剋されるので、架設は難儀である故に、金気が休囚するのである。

火気は能く土気を派生するが、土気とは木気の財星に充たり財物を隠蔵するが、そこで草木が発生して土気が散塵する故に、春季の木気は土気を剋伐し、すなわち損壊するのである。

夏季に火気が旺相して土気を派生し、すなわち土気が旺相して木気が火気を派生し、すなわち木気が休囚して水気が火気を剋伐し、すなわち水気が休囚して火気が金気を剋伐し、すなわち金気が損壊するのである。

旧六月（未月）に土気は旺相し、土気は金気を派生してすなわち金気が旺相し、火気が土気を派生しすなわち火気が休囚し、木気が土気を剋伐しすなわち木気が休囚し、土気が水気を剋伐しすなわち水気が損壊するのである。

秋季には金気が盛旺し、金気は水気を派生しすなわち水気が旺相し、土気は金気を派生しすなわち土気が休囚し、火気は金気を剋伐しすなわち火気が休囚し、金気は木気を剋伐しすなわち木気が損壊するのである。

冬季には水気が盛旺し、水気は木気を派生しすなわち木気が旺相し、金気が水気を派生しすなわち金気が休囚し、土気は木気を埋折しすなわち木気が休囚し、水気は火気を剋伐しすなわち火気は損壊するのである。

また夏季の大旱魃には、流域は金石面と化し、水土気は焦土と為り、旧六月には暑気が加増して寒気が退滅する。

秋季には金気が盛昌して、草木は黄色に落魄する。

冬季には冷気が加増して、凍水が凝結する。

そこで火気はたちどころに減退し、その旺相は壊死するが、そのあらましを観るべきなのである。

四季は循序してその節気が満局し、すぐに代謝して五行の性質は功用を成就して、かならず覆蔽するのである。

その故に陽性が極まればそこで降下し、陰性が極まればそこで上昇する。

また日昇がすなわち斜陽し、月象が出現して盈虚するのは、天象の常道なのである。

天地の人間の生態では、勢いよく堆積すればかならず損害するように、財物を聚集すればかならず散財するし、年少者がかえって老衰し、極楽者がかえって悲嘆するのは、人間の恒常的な情状なのである。

その故に盛衰の一象や得失の一場やその栄枯や進退は、その作用を免れることは難儀なのである。

「経典」にいう――

人間は万物の霊長だが、「五行の命運は回避できない」という言質に尽きるのである。

さて五行は十二宮（支）に寄生し、長生、沐浴、冠帯、臨官（建禄）、帝旺、衰、病、死、墓、絶、胎、養、を端緒なく循環し、周巡して復して始発するのが物象の造化のあらましで、人間界の象相に似て十二宮を循環するのは、人間世界の輪廻のようなものである。

『三命提要』に、「五行は十二宮に寄生する」という――

第一に「受気」と称し、絶といい胞といい、万物が地中に存在することでまだその象相が存在せず、空白の母胎のようにまだ象相を擁しないのである。

第二に「受胎」と称し、天象と地象の気が交通して充満し物象を造化し、その物象を地中に擁して萌芽し、その気質の始兆を擁し、人間が父母の気質を享受するようなものである。

第三に「成形」と称し、万物を地中に擁して形象が顕われ、人間が母胎で形成を擁するようなものである。

第四に「長生」と称し、万物が発生して栄地へ赴き人間が始めて誕生し、伸長するようなものである。

第五に「沐浴」と称し、また敗ともいい、万物が派生を始兆し、その形体は柔質で脆く、容易に損態し、人間の生後三日での産湯のようで、幾度となく困絶に至るのである。

第六に「冠帯」と称し、万物は次第に栄秀し、人間が衣装や帯冠を具備するようなものである。

第七に「臨官」と称し、万物はすでに秀気が充実し、人間が爵禄に臨むようなものである。

第八に「帝旺」と称し、万物は成熟し、人間が盛旺して興隆するようなものである。

第九に「衰」と称し、万物の形象が衰退し、人間の気体が衰微するようなものである。

第十に「病」と称し、万物が病み、人間の病状のようなものである。

第十一に「死」と称し、万物が死兆し、人間の壊死のようなものである。

第十二に「墓」と称し、また庫といい、万物が成功し収蔵して入庫するように、人間の終局で墓所に帰位することで、それはすなわち胎兆の内包を受気して、しかるのちに派生する兆しである。

およそこうした造化を推察すれば、生旺なる者を観ればかならず吉報を作為して説き、休囚死絶なる者を観ればかならず凶揺を作為して説いているのである。

また過分に生旺すれば制伏を適宜とし、不及に死絶すれば生扶を適宜とする。

その認識は通変の作用に存在して、古来より「胎生旺庫」の並揃を四貴と見なしており、「死絶病敗」の並揃を四忌と見なしており、その余剰は平らかな四者であり、以上がそのあらましなのである。

論遁月時

さて命理は年柱をもって根本で父祖と為し、月柱をもって兄弟同僚友人と為し、日主をもって自己と為し妻と為し、時柱をもって子孫と為すが、また年柱を帝座と為して日常の栄光や恥辱の根本と為して称号するのである。

そこで月柱を苗と為し、日柱を花と為し、時柱を実と為す故に、苗（月柱）は根（年柱）が無ければ存在せず、実（時柱）は花（日柱）が無ければ結実しないのである。

その故に遁月の法則は年柱を基点とし、遁時の法則は日柱を基点としている。

遁月の法則では、そこで甲己干の歳は旧正月が丙寅であり、したがって旧二月が丁卯干支と十二箇月を順行するのである。

「古歌」にいう——


【原文】

甲己之年丙作首。乙庚之歳戊為頭。丙辛之歳尋庚上。

丁壬壬位順行流。更有戊癸何處起。甲寅之上好追求。


【訳文】

甲己の歳では旧正月の月柱は丙干であり、乙庚干の歳では旧正月の月柱は戊干であり、丙辛干の歳では月上を庚干に尋ねよ。

丁壬の歳では壬干から順流し、さらに戊癸干の歳の月干の起点が何処かとは、甲寅干支をもとめて好いだろう。—

遁時の法則では日柱甲子の時柱が子刻であれば、甲己干日は時柱に甲干を加えて、すなわち子刻が甲子時柱なのであり、したがって時柱丑支は乙丑干支と十二刻を順行するのである。


【原文】

甲己還加甲。乙庚丙作初。丙辛従戊起。

丁壬庚子居。戊癸何方發。壬子是直途。


【訳文】

日柱が甲己干のときは、時支に甲干を加え、乙庚干のときは丙干を時干の初作とし、丙辛干のときは時干の起点は戊干である。

日柱が丁壬干のときは、時柱は庚子干支に位居し、戊癸干が何処から発甲するかとは、壬子干支が直截の方途である。―

以上の月柱時柱の起点の法則とは、天干の合数と陰陽の配合から取用している。

すでに合数を取用したのならば、おのずと化数が発生するので、月柱の取用法では相生であり、時柱の取用法では相剋と為すのである。

たとえば甲己干は土質に化するので、火質が土質を派生する故に、旧正月の起点は丙寅干支なのである。

木質が土質を相剋する故に、時柱の起点が甲子であり、月柱の起点に寅支を配当するのである。

人間の生活では寅支の象徴や意義で、東方位を作動し、時候の催事としたのである。

また時柱に子支を起点に配し、子支の意義により天象のシンボルを啓示して、一陽が派生する時候としたのである。

これを究めて言及すれば、すなわちみな相生の転展であり、循環して端緒なく、そこで太古の暦元に甲子年、甲子月、甲子日、甲子時としたのは、甲己干から甲子干支を起点にしたのがこの由来なのである。

甲子が存在すればすなわち乙丑から丙寅へと十二宮を順布し、陽干支は陽干支を派生し、陰干支は陰干支を派生し、相互に一箇づつ位相して夫婦のように同所属であり、これが月柱起点の法則であり、また時柱起点もこの例外は存在しないのである。

論年月日時

およそ人の命運を論説するときは、四柱命局を年月日時柱に配当して組成するのである。

年柱から月柱を起こし、すなわち年柱が根本と為っている。

日柱から時柱を起こし、すなわち日柱を日主と為している。

古代の占法では年柱を看点として、子平術では日柱を看点とするのがこの基本なのである。

人命が木行日主のときは、卯支令月を擁してこの乗機とし、人命が金行日主のときは酉刻を擁してこの乗機とし、いうなれば日主が同五行に乗機することを指しているのである。

水行が本体のケースでは、甲申や丙子や壬戌や癸亥の月柱を擁するようなケースである。

火行が本体のケースでは、丙寅や戊午や甲辰や乙巳の時柱を擁するようなケースである。

木行が本体のケースでは、己亥や辛卯や甲寅や庚寅の月柱を擁するようなケースである。

金行が本体のケースでは、辛巳や癸酉や庚申や壬申の時柱を擁するようなケースである。

いうなれば日主が本家に還ると称し、木行が日主で癸未月柱を擁するときや、金行が日主で乙丑時柱を擁するときや、水行が日主で壬辰月柱を擁するときや、火行が日主で甲戌時柱を擁するときなのである。

いうなれば「本主持印」と称するが、四柱各位ともこれに同じなのである。

そのときさらに吉星が往来して、凶星を回避して「本主得位」と称し、日主がこの本義として有効なケースは、祖先の祖徳を多く擁し、日柱が本義として有効で自ずと卓立し、日主は本来的に強壮で富貴双全なのである。

また四柱命局に抑揚のバランスを擁し、太過や不及が存在しないときは、まさに良好な命造である。

そこで一部位が不及するときは、日主はかならず塞滞するのは、命理術の諸派の必然とするところなのである。

諸派の論説では、良好な年歳で月柱が良好ではないときや、月柱が良好で日柱が良好ではないときや、日柱が良好で時柱が良好ではないときなどは、おおむね年柱をもって一歳を統合し、月柱はすなわち三十分割に該当し、そこで時刻や日数は単独性を擁し、日柱や時柱の吉作用を擁するのを知らずに月柱は相互に応じずに、かえって作用を成為しない。

いうなれば用神を諸月柱に取用することが多いのだが、この月柱とは軽微であることを肯首できるのである。

唐代の李虚中氏は、独り日柱を日主と為し、かえって年月時柱をもって相剋や制化や旺相や休囚を併合して、格局を立てて取用したのである。

それは譬えて「衡量」のようなもので、年柱に度量衡の計測点を擁して、それらの物象の約衡の起点とし、そのとき月柱とは綱紐のようにそれらの物象を提起し、日柱はいわば度量衡の台機のように、両星に差異は存在せず分銅を軽重に分類し、その加減の微細を分類し、この説の始発を先賢の所説として、かつ未開発の秘儀である故に、現今の術家はこれを宗旨としているのである。

そこで古人は命運を論じるのに、主眼点を三分割して三限を定義したが、年柱をもって月柱を司事するのが初主であり、月柱と日柱を司事するのが中主であり、日柱と時柱を司事するのが末主としているのである。

それらの法則では星暦術家は、三主を同等に分割し、もし初主の星宿いわば年柱に力量を擁せば、すなわち初主は良好であり、力量を擁しなければすなわち初主が塞滞するのは、中主や末主のケースも同様なのである。

また三限のケースでは、月柱をもって初限と為して初期の二十五年間を司事し、日柱をもって中限と為して中期の二十五年間を司事し、時柱を末限と為して五十年間を司事すると為すのである。

もし初限に禄馬支や貴人支が臨み、截路空亡を侵犯せず伏神が回避するとき、すなわち初限に進達を肯首するのである。

また中限が初限のように、すなわち中年期の成立と為し、末限も中限に倣うならば、すなわち晩年期の作用の享受を肯首し、これが四柱命局のなかの三主や三限の分割なのであり、それぞれの均等な比重を肯首すべきなのである。

またいうなれば「年」を太歳と為し、主人の一生の禍福なのであり、太歳を生起すべしとは、金気や木気を肯定するように、日月時各者が相応に相生して和順して造化し、すなわちその根基は牢固であり、一生涯の卓立が成就するのである。

もし五行干支が順流せず、かえって剋伐して衝破すれば日主の本体は損傷し、寿命は非長寿で生月日時各支が刑衝や七殺を帯びて被るとき、日主の本来の気質は損傷してその祖業を傷破し、六親は自己に冷淡であり、塞滞の命運なのである。

また「月」を運元と為し、行運を月柱を起点に建てるが、もし日柱や時柱の本義が年柱の福徳であれば、運元が生旺である配置であれば、これを扶助するのを適宜と為し、その故に官星や印星や天乙貴人や禄馬や財星が運元（月柱）に存在して、その処在が生旺で在れば佳兆と為る。

もし日柱や時柱の本義が年柱の凶揺であって、運元が錯雑の配置であれば、これを抑鎮するのを適宜と為すのである。

その故に土質が過多すれば閉塞するので、運元の疎通の配置を適宜として、水質が過多すれば氾濫するので、運元が帰宿の配置を適宜として、火質が過多すれば暴露するので、運元が暗息の配置を適宜とするのである。

金質と木質が過強すれば、運元は隠当の配置を適宜として、あるいは運元に生気が集まれば福兆であり、あるいは運元はそのとき生時柱において発福するのである。

また「日」とは三陽（陽遁の時候）の会合であり、帝王の象徴なのである。

また「時」とは近辺で伺候する臣下であって帝座に親近し、そこで時柱と日柱とは「君臣の慶会」を擁し、天地の徳合あるいは年月日時の四柱命局の納音の気質が生旺か、あるいは命局の禄馬や福貴人の気質が時柱に聚合して臨在するとき、四柱が帝座に集福すると称号する。

また時柱の旺気や秀気が散濫して、各柱に散在するときは各柱ともに吉兆の気象に会合し、いうなれば帝座が四柱に臨んで発福し、さて帝座に福分が雲集し、すなわち厚く純粋な忠信を心義と為すだろう。

そこで四柱各位が発福すれば、すなわち聡明にて自ら直截的な進路を端緒と為すのである。

そこで近辺に臣下が伺候し、切に火土金各気の過旺を忌むとき、恒久に着任する能力はなく、逆に水木気が清澄で奇特なときは、多く翰林庁舎の人材と為り、そこで年月柱が発福の配置ならば、生時柱の凶意はさほど要点ではない。

そうした壊敗の箇処たる生時柱の解釈が要点なのである。

以上の論説によって年柱と月柱と日柱と時柱の比重は均等であるが、そこで時柱を重要視するのである。

人の命運の貴賎と寿夭や窮通や得失は、ただ生時柱の言質であり、時柱を八刻に分岐し、初気と正気と末気の正誤とは同様ではない。

この子細を観察していうならば、節気を立春つまり十二箇月の末に擁する。

そこで旧十二月の降誕とは、かえって翌年の春季を当令し、そこで両歳の気候を占断すれば「貴人を垂帯する」と称し、旧二月や旧三月の節気を擁するとは、気象の交点の時候であり、その間の降誕者も「貴人の後塵ではない」と称し、貴人を垂帯して生々として福禄が悠長なのである。

またかえって占筮に沈溺すれば、貴人の後塵を拝せず、生々たる富貴は恒久ではなく、気兆の禀得は些少であろう。

『定真論』にいう──

また四柱命局は年柱をもって「祖上の位」と為し、すなわち世代や宗派の盛衰の作用を知ることができるのである。

そこで月柱を父母と為し、すなわち六親の蔭護や名利の有無などを知ることができる。

そこで日柱を己身と為し、その日干を推究して八字を引用するのが、その内外の取捨選択の根源なのである。

干頭が微勢ならば旺気を借用して添加し、余剰を擁せばすなわち欠損の故にて、精勤を望むのである。

干が同質であれば兄弟と為し、乙干が甲兄を擁するように、そのとき庚干の重複を忌むのである。

甲干のケースでは乙干を弟と為し、そのとき辛干の重複を忌むのである。

日干が剋伐するものを妻財と為し、財星が多く日干が旺じれば、すなわち承意するのである。

もし日干が衰退して妻財が過多すれば、すなわち凶揺であり、日柱干支が同属であれば財を損ない、妻君を損傷するのである。

男命であれば日干を剋伐する干支を嗣子と為し、女命であれば日干が派生する干支を嗣子と為し、その得失はみなこの例証なのである。

そこで時柱の分野が、その貴賎や貧富のエリアとして推究し、または年柱の作用を主体と為すのは、すなわち富貴の億万長者と同相者であると知るべきなのである。

甲子歳の出生のケースでは、すなわち日主が忌日に相当するが自戒し、月柱を兄弟と見做し、日主火命のケースで月令が酉戌亥子月に当令すれば、兄弟の扶助を擁さないと断定するのである。

また日支を妻座と為し、そこが空亡や刑衝や剋伐や七殺の当地で在れば、妻妾を損傷すると断言できるだろう。

また時柱を子息と為し、そこが死絶地や傷官七殺の当地で在れば、子息の些少と断定できるのである。

いうなれば年柱が損傷すれば父祖に不利で、月柱が損傷すれば兄弟に不利で、また己主は初年期は苦境であり、日主が損傷すれば己身に不利で、名誉や体躯は錯折し、時柱が損傷すれば子孫に不利で、また結果が存在しないであろう。

もし年柱の主体から月日時三柱を配するときは、年柱が月日時柱を生扶するとき、己主は本来の気質を損傷し、祖業を破耗するだろう。

また時柱が日月年柱を生扶すれば上位を生助し、己主の福徳は加増するのである。

もし年上から時下を生扶するときは、五行が相互に逢瀬し、福分の気象が生扶して便乗し、また良好の命運と見做すのである。

もし相互に便乗して凶禍を派生すれば、すなわち佳兆を肯首できないのである。

四柱命局が純粋で刑衝や破害や空亡や死絶が存在せず、さらに福星を相互に擁して助勢するならば、まさしく吉兆の命運と為り、これに乖背するならば、すなわち凶揺なのである。

論胎元

さて胎とは形態を受ける始兆であり、易の乾卦に「太始を知る」とある故に、形態のことを言っているのである。

また「月」とは気質の成象のタイミングである故に、「伝」に日数を積日して月象を為すので、気象というのである。

現今で命理を論議するときは胎月を重視するが、胎月とは四柱命局の根や苗であると考えず、仮に日時柱が緊密であるときでも、胎月の破相を侵犯してはいけないのである。

または胎月が禄馬や旺気に乗機する配置であれば、すなわち福分の豊厚と日時の吉兆と為るのである。

そこで胎月を侵犯する配置ならば、すなわち吉兆は無作用に帰するので、胎月はもっとも枢要なのである。

また『玉湖専論』の胎元の数位ではそこで良法を擁しており、現今の人々の多くはその良法で胎元を取用しているのであるが、その精粋は未だに詳らかに精解されていないのである。

そこで戊子日柱で甲寅月柱のときは、往々にして乙巳干支を胎元と為すのは、いうなれば乙巳干支は生月の十箇月前季であり、さらにその間に閏月の存在の有無は明らかではないのである。

また「日」の取用法では、生日の干支と干合するとき受胎のタイミングであるが、なかには干支が全て合絆するときは契当せず、取用法の根拠ではないのである。

ただしある一箇の法則が存在し、出生以前の三百日つまり前十箇月の気と為るが、すなわちこれが受胎の正しいタイミングなのであり、たとえば甲子日の降誕では、すなわち甲子を受胎の当日と為すが、ただし五六例挙するがトータル三百日なのである。

またその生日が何月の間に所属するか、すなわち閏月をその間に擁するかを看るのである。

戊子生日の人が甲寅生月のように、乙丑月から遡及して十箇月あるいは十一箇月以内の乙丑日の当日が、すなわち三百日の正胎なのである。

「経典」にいう——

元命における胎生とは前述のように、子支の出生で子胎を擁し、丑支の出生で丑胎を擁するが、この論説はまだ善処ではないのである。

そこで辛未日の出生で壬辰月を擁し、癸未干支を胎元と為すときは、辛未は土質で癸未の木質の制剋を被るので、己身の鬼気と為すのであり、そこで何故に元命に於ける胎生と称するのであろうか。

それは五行の相剋の当処かつ胎処が六害の当地であり、そこでは日時柱が福兆であるならば、日主は単独でも強壮な自立者なのである。

『蘭臺妙選』にいう——

さて「子帰母腹格」が存在するが、金気の歳に胎を受けることであり、土質の歳の出生者は吉兆で、火質の歳の出生者は凶兆なのであり、月日時各柱が相生すればすなわち吉兆で、相剋すればすなわち凶揺なのである。

またいうなれば人間の胎季が延長すればかならず長寿であり、胎季が短縮すればかならず非長寿なのである。

そこで常に受胎とは、零季から隔たった寿元を徳分に浴すとするが、零季より付属を増数すれば凶煞を被るのである。

逆にこれを零季より逓減して、受胎を浅度と為すときは恒久性に耐えず、容易に休廃するのである。

さらに納音が何種であるかを看れば、もし胎元のタイミングに干支と納音が相生して、衝剋しないときは日主は長寿なのである。

希尹氏がいう——

胎月に天乙貴人が臨めばかならず福蔭を享受し、逆に刑衝破害すれば日主は決定的に苦境なのである。

鬼谷子氏がいう——

胎月に建禄支が臨めば身分が高い富豪に降誕し、逆に空亡の空支に当たれば窮状して怨嗟を生起するのである。

「古詩」にいう——

時候の末季に日主の胎元が長寿であれば、末季のスパンが尽きても五十年ののちは帝座に昇陽し、胎元の生気が結実するのである。

齢を重ねれば、多くは老魄し損耗して看取られるが、これがその意味なのである。

また『胎分経』によれば、人間は懐胎して二百七十日で誕生するとし、医術家によれば十箇月で出産するとし、総じて血液や臓器の安定に一箇月を要するのである。

いうなれば人間は多くの月数で誕生したり、少ない日数で誕生したり、その批准とは何であろうか。

多くの月数で誕生する者は、昔も現今も考証を肯首できないが、筆者の知人の二三人は共に貧家に少ない月数で降誕した。

それは杜拯都憲（都察院の御史）のように、七箇月以内である。

また筆者の同僚からその説を昵懇に伺ったところ、呉淵穎先生由来の宋濂撰『宋文憲公濂』では、懐妊して七箇月で共に降誕され、そこですなわち「貴人の受胎」であり、三百日の臨在とするのを肯首すべきなのである。

論坐命宮

たとえ神仏でも宗廟が存在しなければ帰位できないし、人間でも舎屋が存在しなければ帰室できないし、命理でも命宮が存在しなければ、日主を幇助できないのである。

その故に命宮の論説を擁するのは、必然というよりも、流年や星辰で吉凶を断為するのであり、またその根拠とは何であろうか。

この法則では、人が何月の月令かを看て生時刻を定義し、そこでその後方で命宮の坐相を定めるのである。

まず司事の月令を、子支から「逆行」して上起して寅月を起こし、亥支から卯月を起こし、戌支から辰月を起こし、酉支から巳月を起こし、申支から午月を起こし、未支から未月を起こし、午支から申月を起こし、巳支から酉月を起こし、辰支から戌支を起こし、卯支から亥月を起こし、寅支から子月を起こし、丑支から丑月を起こすが、十二宮位を「生月の時点」まで逆行するのである。

ついでその「生月の時点」から十二宮位を、卯支の位置まで「順行」して数えるのである。

そこで卯支の支点まで順行して数え、卯支の命宮の当処が命宮の配置なのである。

「経典」にいう――

天象の輪転とは、地象の輪転の上方に転展するのである。

明らかに、卯支の上方に配当されているならば、卯支の当処が命宮である。

たとえば甲子歳で旧三月（寅）の出生者でかつ、戌刻の降誕であれば、かえって旧三月の寅支まで、子支から逆行して数え、丑月は亥支で、寅月は戌支で、戌（生月寅）支がターニング点なのである。

そこで戌支が配置ならば、逆算してそこから順行して、戌月は辰支で、亥月は卯支で、子月は寅支で、丑月は丑支で、寅月は子支で、卯月は亥支で、卯月まで順行して卯支に臨む「亥宮」が、すなわち卯月の当処を命宮を「亥」に安置するのである。

すなわち甲子歳から起点を生起し、また月柱の起点の法則では、甲己干の歳では丙干を干首に配するが、すなわちそこで命宮は「丁亥干支」なのである。それは三種の看法（五虎遁）から本来の命宮の干頭を推測しており、その所属から配星の吉凶を推測するのである。

論大運

さて運歳とは人生の駅舎のようなもので、この命理の説を探求すれば、先ず四柱命局の天干地支蔵干をもって、五行の盛衰や格局の合否によりその基根を定義するのである。

その後に運の蓋蔽の真実を抜粋して順じて扶助し、そこで日常の吉凶を定義するのである。

もし基根が木気であれば、春季のような運気であり、木気が存在しなければ序章できず、春季に樹勢が存在しなければ繁栄しないのである。

また「賦」によれば基根が浅薄であれば、ヨモギやアカザ草のように微細で春季の風候でひそかに発育し、また能く繁殖してどうして恒久なのであろうか。

もし基根が壮厚ならば、松柏樹のように質実を擁し、歳末の寒気の変動にも変節せず、このときは言うなれば先ず基根の有無を議論したのちに、運歳の気象に言及するのである。

古代の先人は大運を一歳を一スパンとし、区点は三日を一年間に充てるとは何故か。

そこで月末から月初までのスパンは三十日間を擁しているのである。

一日の終局では昼夜を周巡して十二刻を擁するが、それが総じて十年間の運気である。

おおむね三日間は三十六刻を擁し、すなわち三百六十日間で一歳の数象なのである。

つまり一箇月のスパンに三百六十刻を擁し、節気の区切りをトータルして、三千六百日間で十歳で一スパンと為るのである。

人生は百二十歳で天象を一周巡するとされ、これを区切る法則を論ずるならば、かならず本人の過去の日時の実歴を用途とするのである。

その節気のスパンには、陽歳男性と陰歳女性をして大運は、生日から次季の節気までの日時数を合計して、これを順行とするのである。

また逆に陰歳男性と陽歳女性をして、大運は生日から前季の節気までの日時数を合計して、これを逆行とするのである。

たとえば甲子歳の陽歳男性で旧十二月二十四日巳刻であれば、同月二十九日申刻までの節気ならば、陽歳男性の未来の日程は、二十四日巳刻から二十五日巳刻であれば、実数は一日間であり、これが二十九日申刻までならば、一日の実数は正規に五日三刻の節気を擁するのである。

日数の実歴が六十三日間を経過すれば、六十三刻を経過して区切り、区点の総計は六百三十日間であり、すなわち一歳九箇月からの大運で、丁丑干支が起点なのである。

そこでかならず旧十二月の生月ののち、実歴日数の経過が二十日一刻を経れば、運歳の方途は移宮し、三歳九箇月以内なのである。

まさに甲子歳の旧十二月の出生ならば、一歳九箇月からが大運である。

現今の人の行運では、多くは要約した法規を論じ、一歳八箇月のところを二歳の大運の起点とし、ここで実際は大運を区切る日数の実歴は不明なのである。

またいうなれば大運とは、すなわち四柱八字の表裏であり、その深浅の度合いを取用し、それぞれの多寡を比較して運歳を成為し、そこで三日間をして一歳と成為し、その余剰の日時を人は「ゼロ」と称して不足と見做し、また「借」と称しているのである。

ただしその「ゼロや借」を知っているが、その「ゼロや借の所以」を知ってはいないのである。

たとえば陽命の場合には、旧正月（二月）一日の丑時正一刻の出生であれば、立春節である四日丑時正一刻で、すなわち一歳と為すのである。

もし春季で寅の時刻に在るときは、すなわち一刻が多く、すなわちゼロの一旬（スパン）であり、もし一刻が不足するときは、一旬（スパン）を借用して補足するのである。

また行運の法則を論じるならば、たとえば甲子歳旧正月一日子時正一刻の出生であれば、行運の算出は乙丑歳旧正月一日子時正一刻を一歳と為すのである。

そこで「小規六箇月」すなわち六日間を数えて、当月七日子時正一刻を正規の一歳と為すのである。

ただ要するに十二箇月を加算するとして、かえって本年に閏四月を要すると為し、すなわち一箇月過多なのである。

そこで一歩還季して、本年の旧十二月七日子時正一刻を交運の時点と為し、その算出ののち十周年期（一スパン）を一運とするのである。

もし学者がその出生時刻を知らないならば、単独でもその出生時刻を得知し、すなわち生時刻を引出して計算し、六節の時候とすればよく、そこでさほどの誤差はないであろう。

およそ行運には干頭が存在し、そして地支の精神を兼用するのである。

そこで地支を重視すれば、すなわち天干の附帯物を軽視するのだが、そこで大運は地支を重視して、東方運や南方運や西方運や北方運へ巡ることを談義するのである。

また用神が損傷を擁せば、運歳でこれを制するのを求め、また用神が有益ならば、運歳でこれを生扶するのを求めるのである。

日主が微勢であれば、運歳を旺郷に牽引するのを欲し、官星が生扶する運歳ならば、運歳がこれを剋傷せず、七殺を制御する運歳ならば、七殺を扶助する運歳を欲せず、財星を扶助する運歳を求めるならば、劫財の運歳を要さず、印星が太旺する運歳を求めるならば、印星が衰微するのを欲せず、食神が生扶する運歳を求めれば、偏印がこれを伐つ運歳を欲しないのである。

さらに四柱命局が強弱を擁するとは、いったい何であろうか。

それは原局に原因が有るとも無いとも言えるし、原局に軽重が有るとも無いとも言えるであろう。

日主木質で金質の官星を用星と為すとき、陽性の男性の運元は未支より運出し、申支に入運する。また陰性の男性の運元は亥支より運出して戌支に入運する。

日主金質で木質の財星を用星と為すとき、陽性の男性の運元は丑支より運出し、寅支に入運する。また陰性の男性の運元は巳支より運出して辰支に入運する。

これらは共に建禄へ向運し、禄馬支に臨支するが、原局に官星を擁せば行運で官星に巡りて官星が発動し、原局に財星を擁せば行運で財星に巡りて財星が発動し、原局に災禍を擁せば、行運で災禍に巡りて、窮状が発動するのである。

さらに当人の生年時柱の得気の深浅を看て、四柱命局の得気が深度であれば、運歳を迎えて発動し、命局の得気が浅度であれば運歳と交過して始めて発動し、その中気を得気して運歳が中気に至れば、すなわち発動するのである。

珞琭子氏がいう―

さて気の構成とは、将来ある者は進気し、成功した者は退気するのである。

瑩老師がいう―

臨官（建禄）や帝旺を迎えて擁せば、将来ある者は進気し、それに乖背すれば休廃死絶するが、つまり功績を完成した者は退くのである。

またいうなれば生旺者が休敗の郷地に巡れば、早年にして窮状であり、老年にして健旺の郷地に巡れば晩年期には卒倒するだろう。

瑩老師がいう―

己身が命運を遂げるとは、かならず運を己身の資扶と為しており、運勢が時宜に至るときは、時宜を資扶として威勢を為すのである。

またいうなれば生旺者が旺歳に巡れば、運元が旺郷を居処と為すが、晩年には衰微するのであり、運元とはまるで困窮の郷地を適宜と為しているのである。

壷中子氏がいう―

老者と幼者はともに強壮に胡座せず、慎むべきであるが、実質的には壮運とは旺勢に奔るが、生旺者は吉兆であるが、その結末はかならず吉兆なのであり、衰微者は凶兆であるが、その結末はかならず凶揺なのである。

これに達観できるならば、この始兆を肯首して運勢を論じるべきなのである。

そこで人間は自ら生誕して老齢に至るが、かならず僅かづつ壮気が逓減するのである。

十歳の時季とはまさしく少年期であり、胎養生沐浴冠帯各処を巡るのを肯首し、二三四十歳の陽強壮年の時季に旺処を巡るのを肯首するが、五六十歳では天恵が枯渇し、ただ衰敗死絶各処を巡るのを肯首するが、これに背反すればー生涯の運勢に背反して三限に馳駆し、たとえ晩年期に旺郷に入郷しても、すでに叶符のタイミングは存在しないのである。

またいうなれば命局のなかの五行が衰微すれば、運歳の盛運を適宜と為し、五行が盛旺すれば運歳の衰微を適宜とするが、衰微者が復して衰微の運歳を巡るのを不及と称し、すなわち右往左往して沈滞するとし、盛旺者が復して盛旺の運歳を巡るのを太過と称して、過分であればすなわち攻撃的で徒に成敗を作為する。要は中庸に帰するだけなのである。

珞琭子氏がいう――

年支が冠帯を擁するときでも、なお余剰の窮状が存在する。

運歳が初期に衰郷に入郷すれば、なお些少の福兆を披瀝するだろう。

「王氏註」にいう――

運元あるいは初期に沐浴暴敗の郷地を出離し、冠帯に至るまで順行して巡るときは、まだ福分の成為を肯首すべきではなく、なお衰敗の余災を擁しつつ、自ら旺郷の地へと巡るのである。

また初期に衰郷の地へ入郷するときは、また凶禍を肯首すべきではなく、なお盛旺の郷地を披瀝しても福分は些少なのであるが、これは行運が前後に五年づつ分岐するという学説なのである。

壷中子氏がいう――

さてなにかを「徹底するべきか徹底するべきではない」と論点にすることは、恒久に殃禍の予防につながり、「交渉したいか交渉したくないか」を論点にすることは、幾何かの凶揺の残疾を存しているのである。

そこで行運が衰絶の当処に存在して、そこから吉慶の郷地へ入郷すべきであるとは、かならず乖離に臨む時候なのであり、それは重複して夾雑なのである。

また行運が吉慶の当地に存在して、そこから衰絶の当処へ入郷すべきであるとは、かならず参入の始兆の時候なのであり、それは重複して福徳なのである。

またいうなれば吉運が未だ至らず、先に福分を作動し、そこで過去の凶星が凶揺を始動するのである。

すなわち火気が炎上する未然に先に発煙し、水気がすでに浸透すればなお湿潤する道理であり、以上を詳解すべきなのである。

またいうなれば陰男陽女は年歳の交入のタイミングを看るのであり、陽男陰女は歳の干支の星辰（性別）を看るのである。

そこでいうなれば陰男陽女は気流の不順を稟ける故に、大運では運元に出入するときの歳を観るのがポイントであり、そこに吉兆の変転を擁するのである。

また逆に陽男陰女は気流の順流を稟けるのだが、運元に出入するときの歳を、その応処とはしないのであり、そこで宿星の迎厄に逢うことを肯定できないのである。

壷中子氏がいう――

元辰の星宿が、運歳を侵犯するのである。

かの孔子さまが「陳国の軍勢と蔡国の軍勢の、挟撃の包囲のなかで困窮した」故事とはこれなのである。

またいうなればおよそ大運が有益な当処を巡り吉泰の運勢を為すが、恒常的な福分を作用せず、また太歳や行年の時候やさらに生旺や和合で、まさに発福を肯首するのである。

もし大運が吉郷に至れば、かえって毎歳に太歳や小運を駆逐し、刑害の郷が到来し、また日主は煩雑な災累を為すが、ただし重度の凶害は為さないであろう。

もし大運が凶禍の郷地を右往左往して巡るならば、毎歳に太歳は刑衝を擁し、小運は不和合で死絶して衝撃し、また日主は凶揺を発動するだろう。

そこでもし小運や太歳が、禄馬支や貴人支の生旺に巡れば、一切の吉星のためにその歳には小慶を擁し、悪しき過去はすなわち否定できるのである。

『指南燭神経』にいう――

推命術における禍福とは、まず基本的な地支の厚薄を度量すべきであり、そののちに災福を定義するのである。

命局が十分に福気を擁して三四分の悪運が巡るときは、総じて凶意ではなく福力は厚い故なのである。

もし五六分が悪運であれば微細な災累だけだが、七八分が悪運であれば、まさに重度の窮状を擁するのである。

命局が五分の福気を擁し悪運が三四分巡れば凶兆と為り、悪運が四五分となればすなわち死兆なのは、そこで地支の基礎が牢固でない故なのである。

もし大運の会合の巡歴において、本命が長生の当処であれば気象の盛運と称し、歳運が到来して衝剋しても凶禍は軽度で、総じて故に運気は旺強なのである。

まだ長生を経過しないで歳運が刑衝破剋すればすなわち窮状を為し、そこで未だに気質が備わらないときは、運気は微勢である故なのである。

もし旺相に逢会してから死絶に逢えば、不吉の命運のように、軽度の窮状を為すのであり、陰陽五行の代謝が順道であってもこれを死処とし、終局的に病症に陥るのである。

もしまさに長生を経過すれば敗地を巡歴し、そこに刑剋悪殺を擁し、また命局が凶星と相符すれば、すなわち五行の気が錯雑する故に、窮状を擁して終局するのである。

またいうなれば運元が長生を巡るとき、日主は「新作を創建する事象」を擁し、臨官（建禄）帝旺に至って快楽に盛興し発福して進財し、子息を生育して「骨肉の慶」を派生するだろう。

しかし衰病の郷地に至り、退敗や破財や疾病などが多発し、死絶の郷に至り、日主の六親が死亡して喪失し、自身も衰退して鈍悶の禍と為って百事失脚し、敗運に至って日主は怠惰に落魄し、酒色に昏迷するであろう。

ところが胎庫の郷地に至れば形式を成為し、冠帯の郷地では百事当確して平安康易となり、行運も貴相の夾合に至り、華蓋や天乙貴人が六合と合絆し、そこで気の生旺に便乗するならば、みな日主は善慶の人と為るのである。

すなわち当主の根基が十分のうち、すなわち五分相応して生時刻を五分とすれば、すなわち十分に相応し、福兆と凶兆は均等であり、およそ行運で臨官（建禄）帝旺を擁し、また太歳にも擁し、日主は「官吏として律を改組し顕章する」喜兆があるのである。

官星や印星や食神でも同じであり、禄馬や貴人の生旺の当地では、かならず貴人に列席して侍伺し、そこで貴人は君道であり、その故に禄馬の主人は遷動するのである。

またいうなれば子丑寅卯辰巳の陽遁支が四柱命局に多い人は、行運で午未申酉戌亥の陰遁支に乗気して発動するのである。

また逆に午未申酉戌亥の陰遁支が四柱命局に多い人は、行運で子丑寅卯辰巳の陽遁支に乗気して発動するのである。

双方ともに陰陽が均衡して協調し、そこで陰主が陽遁で発動するのを「快」と為し、陽主が陰遁で発動するのを「遅」と為すのである。

またいうなればおよそ日主水命が、命局に土質を擁して火運に至れば、本来的にこれを財運としてかえって忌鬼に反するのであり、そこで火気は土気を派生し、土気は水気を剋伐するのを財星が変化して忌鬼と為るとして、福分が変転して窮状を成為するのである。

また命局に金気を擁し、土運に巡ればこれは鬼運であり、かえって吉兆に乖背するのである。

そこで土気が金気を派生し、金気が水気を派生するのは、忌鬼が変化して主気を生助し、凶禍が変転して福分を成為するのである。

また日主水命の人で命局に寅午戌支を擁するか、あるいは納音火質を擁し、さらに寅午戌支の郷地を巡れば、みな好運と為るのである。

もし命局に金気と火気を擁せば、もとより福兆と為り、もし水気の運歳を巡れば、すなわちその福分は裂岐して好運を肯首できないのである。

もし命局に土気が多ければ、かえって木気の運歳を巡り損気すると称するが、日主は錯雑して救応を擁しても辛苦が多く休囚するが、その他もこれに批准するのである。

またいうなれば丁丑日主が丁未運を巡れば、俗世から聖域へと存在すると称号し、仮象をして真象と為し、退神の論を肯首しないのである。

四柱命局に丁丑干支と丁未干支を擁するときは、この限りではない。

もし戊寅日主が丁丑運を巡れば、これは退神ではあるが、かえって済化を擁し、福分を為すのである。

もし庚辰日主の人、また庚辰月の人が乙酉運を巡るとき、または乙酉日主の人、また乙酉月の人が庚辰運を巡るときは「鴛鴦（オシドリ）両両」と称し、日主は「痕跡から飛翔する」とするが、ただし聚複するときは佳兆ではないのである。

乙庚日干の人で、年月日時酉支のときは、凶揺なのである。

甲申日主の人で丙寅運を巡るときは「力量が均衡して相互に衝する」と称し、日主は破財して奔馳し、伸屈が逡巡して話にならないのである。

丙戌日主の人が辛卯運を巡るときは、日主は鈍滞してただの武骨者である。

丙子日主の人が壬寅運を巡るときは、壬干が丙家に入処するとし、破財して不吉なのであり、その他はこれに批准するのである。

またいうなれば命局が気象を擁し、そこで生時柱の干頭を気象に取用するときは四柱命局の干星は象相を為すのである。

甲己干はすなわち土気を擁し、乙庚干は金気を擁し、丙辛干は水気を擁する類で化象を為すのである。

甲乙丙丁各干を本象と為し、行運で気象が至って地処を擁せば吉兆であり、地処を擁しないならば凶揺なのである。

庚辛壬癸干と乙庚丙辛干は金水の象徴で、運歳が申酉丑支の当処が得地なのである。

庚辛戊己干と甲己乙庚干は金土の象徴で、運歳が申酉辰支の当処が得地なのである。

庚辛丙丁干と乙庚戊癸干は金火の象徴で、運歳が巳午戌支の当処が得地なのである。

庚辛甲乙干と乙庚丁壬干は金木の象徴で、運歳が丑寅卯支の当処が得地なのである。

甲乙壬癸干と丁壬丙辛干は水木の象徴で、運歳が亥子辰支の当処が得地なのである。

丙丁甲乙干と戊癸丁壬干は火木の象徴で、運歳が寅卯未支の当処が得地なのである。

戊己壬癸干と甲己丙辛干は水土の象徴で、運歳が辰支の当処が得地なのである。

戊己丙丁干と戊癸甲己干は火土の象徴で、運歳が戌支の当処が得地なのである。

戊己甲乙干と甲己丁壬干は土木の象徴で、運歳が未支の当処が得地なのである。

戊己庚辛干と乙庚甲己干は金土の象徴で、運歳が丑支の当処が得地なのである。

四柱命局の干頭の星宿とは、純粋に木火土金水各干であり、五象を成為しているのである。

もし混雑して入象せず発動せず、また発動しても恒久ではないことがある。

五行の純粋な成象または太過の象を擁するとは、すなわち当処の月令や得地を詳解し、そののち行運の得地の可否を看て言及するのである。

禄馬支や貴人支に逢うのを肯首せずに命運を擁し、空亡や陽刃や劫殺に逢って命運を失脚するのである。

またいうなれば行運を納音の年柱が庚干で、木火土金水の何の所属の命主であろうか。

土命主が西南の方位へ巡るのは、西南位にて朋友を得る慶兆であり、木命主が東の方位へ巡るのは、火命主が南の方位へ巡るのは、金命主が西の方位へ巡るのは、水命主が北の方位へ巡るのは、みな得地の当処と為し、さらに運歳のエリアを看て、納音と命主の同属性を擁せば、上位の吉兆と為るだろう。

財星や官星を擁するのがこの次席であり、もし気が漏泄したりまた受剋が重複すれば、すなわち不吉なのである。

またいうなれば古代の先人は甲子や乙丑を干支と称し、六十甲子に花字を用いるのはみな樹木の喩えの意義なのである。

もし天干と地支が時宜を擁すれば、自然に開花結実して繁茂するのである。

月令とは天元であり、現今では月上を起点に就けるが、譬えて樹の苗であれば、樹木が苗床を擁し、すなわちその名称を知るように、月柱の用神からすなわち格局を知る故に交運と称し、接ぎ木と同じで命局には根苗花実を擁するとは、ただしくこの意味なのである。

もし癸干から起きて甲干に終局するならば、譬えて反汗（一度出した指令を覆して再度指令する）の人物で、日主の多くは不吉なのである。

「古語」にいう――

寒傷を陽性に変換し、行運を甲干に変換し、変換を経過すれば人間であり、経過しなければ鬼夫である。

たとえて甲戌干支は癸亥干支に接触し、これは火質と土質が水気に接することなのである。

丑支の交点は寅支で、辰支の交点は巳支で、未支の交点は申支で、戌支の交点は亥支である。

東西南北の方位が四方位に角度を転じ「接ぎ木を移根する」と称し、さらに甲干の変換に逢えば、凶格者の多くは死兆で、善人でも災厄で、老人ならば大忌となり、それぞれ各差異が生起するのである。

もし寅卯辰巳午未申酉戌亥子丑各一支づつ相連するときは、接ぎ木の言説は採らないのである。

たとえ甲干と接触しても大禍なく、たとえ甲乙干が寅卯支の運歳に乗っても劫財敗財と称し、日主は父母を剋害し、さらに妻君を剋害して財気を破り、門派を争奪する事象なのである。

丙丁巳午運は傷官運と称し、日主は子女を剋伐し、訴訟事件に拘束されるであろう。

庚辛申酉運は七殺官の郷地で、日主は名称を擁し、太過を超過して発動し、すなわち疾にて窮状するのである。

壬癸亥子運は印綬の生気の運元で、日主は吉慶を増産するのである。

辰戌丑未は財神の運元で、日主の名利は通達するのである。

すなわちこれらは旧法であり、先ず格局からその喜忌を推究するのである。

干頭が過旺ならば衰運を適宜とし、まさしく干頭が微勢ならば旺気を借用するのであり、余剰を擁せば、すなわち不足の営為を要するのである。

先んじて通変を要し、さらに運歳や神殺を併見して推究し、その例験は神仏の精神のようである。

論小運

さて大運とは十年スパンの休咎であり、小運とは一年スパンの災祥なのである。

小運とは大運の不足を補うことから、この名称を擁している。

古人によれば男命は丙寅干支を起点とし、女命は丙申干支を起点とするが、何故であろうか。

そこで元来の気質の包孕とは、子支から始動し巳支に立運するが、子支が支字の始兆であり、巳支が包孕の始兆なのである。

おのずと子支によって推究し、男命は三十左遷回して巳支の立運とし、女命は二十右遷回して巳支との合処と為すのである。

巳支の本質は正規の陽性であり、陰性であるとは従属的なものである。その故に聖人はそれにより「礼節の制度」とし、天象と地象の双方に参列するので、自然な数霊の配当なのである。

巳支より壬干へとは、男命は十月に寅支に養育され、女命は十月に申支に養育されるが、申支とは三陰遁支で、寅支とは三陽遁支である故に、ここが年運の起点なのである。

日干は甲干より派生し、月干は庚干より派生するが、日月や東西とは夫婦の象相なのである。

甲干は寅支を擁して当令し、庚干は申支を擁して当令する故に、陰陽の正規の会合（干支）であり、命理に順性するだけなのである。

この小運とは、男命は丙寅干支を起点に順行し、女命は壬申干支を起点に逆行し、一定して変易できないのである。

この解釈とは男命は陽質の火性と称し、戊子干支より元の気質を生起し、三十回繰り丁巳干支であり、十月の丙寅干支に至りて、この本来の火性を生起するのである。

また女命は陰質の水性と称し、庚子干支より元の気質を生起し、二十回繰り辛巳干支であり、十月の壬申干支に至りて、金気が水気を派生するとしてこの数象なのである。

『白虎通』にいう──

いうなれば男性は三十歳で筋骨堅強で、人界の父を当任し、女性は二十歳で肌艶充盛で、人界の母を当任するのである。

これらを合算して五十と為り「大衍之数」に即応して万物を生起し、陽性は奇数を舒暢する故に三で結尾し、陰性は偶数を促進する故に結尾して再するが、天と地の双方の道理に参じるとはこの作用なのである。

あるいは甲干の列旬は以上のように生起する、──

甲申の列旬は、男命は丙戌干支に生起し、女命は壬辰干支に生起する。

甲午の列旬は、男命は丙申干支に生起し、女命は壬寅干支に生起する。

甲辰の列旬は、男命は丙午干支に生起し、女命は壬子干支に生起する。

甲寅の列旬は、男命は丙辰干支に生起し、女命は壬戌干支に生起する。

すなわち元来これは聖人が立論した、運歳の起年の義則ではないのである。

現今の命理を説く者は、ただ大運を用途と為し、小運が緊密に相関しているのを知らないのである。

たとえ大運が吉兆でも小運が不通であれば、吉利に言及するのを肯首できないし、大運が凶兆でも、小運がかえって吉兆であれば推究して、凶揺を作用するのを肯首できないのである。

この小運はまた行年と称し、究明しなければならないのである。

また醉醒子氏は、男命と女命の小運を時柱を起点に生起するとして、小運の巡りに順行と逆行を擁して、行年を定義したのである。

たとえば陽性の命主で、陽性の年歳に生時刻が甲子干支であれば、すなわち降誕してすぐ乙丑干支を巡り、ついで二歳は丙寅干支を巡り、一干支が毎歳であり、一周して復して始発するのである。

また陰性の命主で、陽性の年歳には必然的に逆行するのであり、かつて試用してしばしば例証を擁したのである。

要は、大運と命局の用神や日主の吉凶を較量し、児童に限定して大運に交入する以前に、この作用を用法としたのである。

そこで死絶殺旺の宮処を巡れば、かならず危難を擁するが、先ず命局四柱八字の衰旺喜忌を詳解したのちに、小運を参考として的中しないはずがないのである。

論太歳

さて太歳とは一年間を主宰する諸星辰の領袖であり、それには二つの論説を擁し、四柱命局の生年を太歳に相当すると称し、また年歳が毎歳輪転するのを遊行太歳と称するのである。

生年の太歳とはすなわち終身の主体であり、その作用は既出して説明したが、毎年の太歳とは十二宮を遊行し、一年間の禍福や四季の吉凶を定義するのである。

「経典」にいう――

太歳とはすなわち聚殺の主体であり、命局に影響してかならず凶揺を為すだろう。

「戦伐の郷地」に逢うように、かならず日主本命は受刑するのである。

そこで太歳を君主と為し大運を臣下と為すときは、君臣が和合して悦ぶように、その年歳はすなわち吉兆なのであるが、もし相互が刑衝するときは、その歳はすなわち凶揺なのである。

「経典」にいう――

運歳が日干を傷剋すれば凶禍はかならず軽微であり、逆に月干が運歳を侵犯すれば窮状はかならず重度なのである。

運歳（君主）が日干を傷剋するとは、庚歳が甲日干を剋伐して偏官を作動し、譬えて君主が臣下を統治し、父親が子息を管理し、災昏を擁しても大禍とは為らず、すなわち上位が下位を統治して順流であり、その情宜は未だ絶尽しないのである。

日干が運歳（君主）を侵犯するとは、甲日干が戊年を剋伐して偏財を作動し、譬えて臣下が君主を侵犯し、子息が父親に離反し、深刻で不益であり、すなわち下位が上位を侵犯し逆流であり、その凶意の決定打を免れることはないであろう。

もし五行が救応の備えを擁して四柱命局が有情なときは、譬えば甲日主が戊歳を剋伐するが、四柱原局に庚申の金質を擁し、あるいは大運中に擁するときは、純粋に甲木を制御し、戊土を剋伐することはなく救応を作動するだろう。

戊己干は甲乙干に巡るのを忌避し、干頭に庚辛干を要するのである。

もし大運か四柱命局に癸干を一位擁せば、戊干と相合して有情となる。

「経典」にいう――

壬干は妹分の癸干を戊干に配当し、凶意を吉兆へ好転するので、この癸干と戊干を併存すれば、その運歳は凶意を吉兆へ好転するが、そのとき癸戊各干のいずれか一位のときは半凶で、二位ともに存在しなければ、凶意を解消することはできないのである。

「経典」にいう――

五行が救応を擁せば、その運歳はかえって発財し、命局が無情で救応がなければ、その故に運歳を剋伐すると称して論じるのである。

また真実の太歳を擁するとは、太歳を征する論説なのである。

「経典」にいう――

出生の時季が真太歳に相逢するとき、たとえば甲子日主が甲子運歳に逢うときは「真太歳」と称して「傷痕から好転する」と称し、要するに大運と日主または太歳が相互に和順し、その歳運はすなわち吉兆なのである。

もしそこで刑衝破害すれば、太歳と相互に衝剋し、すなわち凶揺なのである。

たとえば癸巳日主が丁亥運歳に逢うように、日主干支が太歳と衝剋して「征」と称し、また運歳干支が太歳干支と衝伐してまた「征」と称し、太歳干支が日主干支と衝剋してまた「征」と称し、その運歳はすなわち凶揺であり、窮状は免れがたいであろう。

また甲子流年のとき、甲子運歳であれば「歳と運が併臨する」と称し、ただ陽刃七殺を凶兆と為し、財星、官星、印綬はまた吉兆なのである。

「経典」にいう――

歳と運が併臨するときに窮状が起ち至るとは、陽刃のケースを言及しているのである。

また甲子日主が甲子太歳を擁するときは「日と歳が相併する」と称し、君子を擁するように「君臣慶会」と称し、その歳運の福利を上奏し、君子に伺候して悦し、もし役人がこのタイミングを擁せば、上位に抜擢され栄進する象と為り、また君主帝座に扶助し、そこで奇特を成為するのである。

逆に凡庸な小人がこのタイミングを擁せば、もっとも不善を作為し、そこで生剋干支と相和しても、軽微の災祥と為るのである。

「経典」にいう——

その故に太歳と干頭が逢瀬して諸星宿が対処しないときは、野放図な民間人が日主の「重複した喪失を定義する」とはこれを称し、さらに勾殺、元亡、咸池、孤害、宅墓、病死、官符、喪弔、白虎、羊刃、暴敗、天厄などの諸凶殺が併臨すれば、凶揺が百出して重度のケースには卒するのである。

たとえば甲干日主が戊干の太歳で、甲干または寅卯亥未支を年月柱に併見し、甲乙干を日時柱に重見するときは、戊歳を上剋し、命局に庚辛干や巳酉丑金局支が旺木を制伏しないときや、丙丁干や火局三合支が旺木を焚焼しないときは窮状なのである。

命局の戊辰年戊午月戊日甲寅時を挙例とすれば、陽刃が臨戦して、壬申歳旧四月（卯月）に逢えば、首筋に悪腫が発生し、頭部が剥落して卒するのである。

命局の乙丑年乙亥月壬申日乙巳時を挙例して、運歳が辛未干支で丙寅行年ならば、日主壬干が丙太歳を上剋して、日主申支蔵の庚干が太歳の寅支甲干を上剋し、また寅巳、巳申、申寅が刑衝し、辛未運歳には太歳と木気方局を合絆し、これは傷官に相当してみな不吉と為り、その運歳の甲午月に火気が極旺して衝剋する故に、難儀の宿命なのである。

おおむね日主が運歳を侵犯するときは、五陽干はすなわち重度であり、五陰干はすなわち軽微なのである。

もし日干は太歳を天月徳や用神と為すときは、すなわち咎は存在せず、かえって収穫を擁するのである。

もし干頭が衝し地支が撃するとき、命局に備えを擁して流年に復して逢っても、大咎は存在しないのである。

もし太歳が生時刻を下剋するか、また逆に生時刻が太歳を上剋すれば、日主は窮状を擁し、かえって子息の位相が断たれるのである。

総論歳運

さて太運とは年歳の天子でもあり、年間の諸神殺の尊位かつ、正規の方位の統一かつ六気（寒暑湿燥風火）の変遷かつ四季の更代で、そこで歳の功用が成立し、無上の尊宿に至るのである。

もし人が衝剋に逢って抑伏すれば、みな不祥の兆候であり、運とは二十四節気の協和で、一生の休咎を運搬して四柱命局を扶持し、天地人の三元を輔弼するのである。

大運と流年の二者は相互に表裏を為し、すなわち人命の禍福生死に係わる処であり、流年には天干を用い、大運には地支を用い、およそ好運を巡るときは、日干が流年の天干を剋傷して軽度の凶禍であり、もし好運を巡らないときは、財官星の運歳を経過し、日干が歳干を剋傷して重度の窮状と為るのである。

もしすでに兆候を発動した命局には凶禍が起ち至り、およそ好運を巡らないときは、衰絶に言及するのを肯首すべきではない。

おおむねすでに兆候が発動したか、発動していないか知りたいならば、その運歳の気質がすでに経過したか経過しないかに言及するが、つまり行運（大運）は生月を運元と為し、そこでもっとも行運と太歳が衝剋するのを畏れるのである。

もし運歳が月運と衝剋すればかならず窮状であり、もし歳運と日干が相互に対峙すれば返吟（上下剋傷）と称し、運歳が日干を抑圧して伏吟（上下同化）とし、それら二者は六親に不利とされて横死破財とし、吉兆とは為らないのである。

およそ歳運の吉凶とは天干に発生し、あるいは原局の支中に官星が存在せず、天干に正官を擁するか、あるいは原局に偏官を擁し、その制伏が太過するか、運歳が天干官星に巡り、また発福を肯首するのである。

運歳の支蔵に財星が存在せず、運歳の干頭に財星が存在すれば、また発財を肯首するのである。

運歳の支蔵に偏官が存在せず、運歳の干頭に偏官が存在すれば、また凶揺を為す要件なのである。

またいうなれば晦気とは、すなわち不明の象徴かつ昏昧の作用なのである。

すなわち甲己乙庚を例証とすれば、以上の合絆はすなわち晦なのであり、日干と時干との合絆なのである。

太歳天干との合絆は不適宜であり、すなわち晦気と称するのであり、要は日干と太歳との合絆を分けて考えるので、甲日干と己年干を例証とすれば、太歳と日干との合絆であり、己日干と甲年干を例証とすれば、甲己の合絆は災揺が重複し、己年干と甲日干のケースは窮状は軽微なのである。

運歳干に近付すれば重災し、遠離すれば軽災であり、運歳が日干の前季五巡に存在すれば、合絆に逢うとし、太歳の入宅と称して晦気が門に臨み、日主は窮状を被るのである。

『神白経』にいう――

晦気を論じるときに、日柱が軽微で時柱が重度であれば、さらに人元（蔵干）の旺衰を看て、すなわち日主の門戸の眷属は被災し死絶を併見して衝し、己身は被損するのである。

もし地支に六合が相互に合絆すれば、鴛鴦合（オシドリ）と称し用途は有用なのである。

日主は相互往来を好事とし、もし干支がともに合絆すれば、日主は衆望を集めて吉星と同じ位相を得て、役人であれば「官位昇級の推薦文書の上奏に会する」吉兆を擁するのである。

もし支相が相互に憎反すれば、すなわち離別の苦があり、また刑衝の位相かさらに休囚の位処であれば日主己身が被災し、もし六害の配位であれば日主は些少な持病持ちか、あるいは使用人が逃亡して悩むのである。

もし日時柱が「宅墓の位相」ならば、日主の門戸はやすらかではなく、また隠れて愛人と交遊して懐妊し、かならず産後はやすらかでない象徴であり、女児の出産は有利で男児の出産は不利で、そこで母子は一失態を擁するのである。

歳星干支と大運干支との合絆も、また同論なのである。

またいうなれば大運と太歳が相互に衝剋すれば、大運が太歳を剋伐するのをもっとも忌避し、そこで日干を侵犯するのも同じなのである。

日主は破耗して事象を喪失するが、貴人支や禄馬支を擁しこれを解紛して吉兆と為り、命局八字に救応があれば畏れることはないのである。

「経典」にいう――

太歳が大運を衝剋すれば吉兆であり、大運が太歳を衝剋すれば凶兆なのであり、格局が不吉であれば卒し、太歳と大運が相生すれば吉兆であり、禄馬支と貴人支が相互に交合すればまた吉兆なのである。

以上はつまびらかに詳推すれば、かならず験証できるだろう。

論進交退伏

『闇東叟書』にいう――

十干によって四つの時候を成為し、十五日を一時候と為し、そのうちの十二日間を進神の時候と為し、ほかの三日間を交退伏神の時候と為すのである。

故に甲子干支を第一進神と為すとき、すなわち丙子丁丑戊寅干支を交退伏神と為すのである。

また己卯干支を第二進神と為すとき、すなわち辛卯壬辰癸巳干支を交退伏神と為すのである。

また甲午干支を第三進神と為すとき、すなわち丙午丁未戊申干支を交退伏神と為すのである。

また己酉干支を第四進神と為すとき、すなわち辛酉壬戌癸亥干支を交退伏神と為すのである。

進神に相当するときは、すなわち痕跡より快発して亨通し、交神に相当するときはすなわち万事不調であり、退神に相当するときはすなわち爵禄の後退であり、伏神に相当するときはすなわち日常が塞滞するのである。

「経典」にいう――

進神に相当する四座（甲子己卯甲午己酉）は奇特かつ特殊を兼備し、吉星七殺ともに相互に扶力して福力を為すとはこのことなのである。

壷中子氏がいう――

太歳に順行すれば進神と称し、太歳に逆行すれば空転するので退神と称している。

進神に逢えば、すなわち文章力先鋭であり、退神に逢えば、すなわち意識蒙昧なのである。

『廣信集』にいう――

甲乙丙丁干と子丑寅卯支を「進」と為し、丁丙乙甲干と卯寅丑子支を「退」と為すのである。

もし干支ともに「退」のケースには、日主は意向に翻意を指摘されて変節するのである。

庚戌干支が甲寅干支を「進」と為すときは、乙巳干支を擁して「退」と為し、当該の旬列は不在で怠慢と為し、これは進退はともに擁し交伏が存在しないタイミングで、この可否を畏れるのである。

論十干合

さて合絆とは和諧（穏やかにする）の義則であり、陽干が陽干に逢うケースでは、二陽干は相互に競ってすなわち剋戦するのである。

陰干が陰干に逢うケースでは、二陰干は充当せずに相剋するのである。

そこで陰干が陽干に逢うか、陽干が陰干に逢って合絆を為すのは、男性と女性の相合や夫婦の成立の道理と同じなのである。

一陰干と一陽干を道と称するのであり、偏った陽干と偏った陰干は、疾病にも称されるのである。

東方位は甲乙干の木質であり、西方位の庚辛干の金質の剋伐を畏れるのである。

甲干は陽性に所属して兄と為し、乙干は陰性に所属して妹と為すのは、甲兄は乙妹をもって金質の庚家の妻君に嫁がせることで、あまねく陰陽の和合を擁するのである。

そこで庚乙干が相互に損傷しない故に、乙干と庚干が合絆するのであり、乙干は庚家の妻君として嫁ぐが、春季の木旺気には金質は休囚するので、金質の剋伐を畏れずに、乙干は結局本家の甲干に帰位して就くのである。

ついには金家に在宅して懐胎し、木家に帰宅して出産するのである。

木気は青色で金気は白色であり、そこで春季が森林の垣園に到来して、青葉には白色の花々が開花するのである。

南方位は丙丁干の火質であり、北方位の壬癸干の水質の剋伐を畏れるのである。

丙干は陽性に所属して兄と為し、丁干は陰性に所属して妹と為すのは、丙兄は丁妹をもって水家の壬干の妻君に嫁がせることで、その故に丁干と壬干は合絆するのである。

丁干は壬家の妻君に嫁ぐが、夏季の火旺気には水質は休囚するので、水質の剋伐を畏れず、丁干はついに火家に帰位して丙干に就くのである。

しかし水家に在宅して懐胎し、火家に帰宅して出産するのである。

水質の色彩は黒色で火質の色彩は赤色であり、小満（旧四月）ののち桑椹（くわ）が成熟することで赤色に充てるのである。

中央位は戊己干の土質であり、東方位の甲乙干の木質に剋伐されるが、戊干は陽性に所属するので兄と為し、己干は陰性に所属するので妹と為し、戊兄は己妹をもって木家の甲干に嫁がせて妻君と為す故に、甲干と己干が合絆するのである。

己干は甲家の妻君として嫁ぐが、旧六月の土旺気には木質は休囚するので、木質の剋伐を畏れず己干はついに土家に帰位して戊干に就くのである。

しかし甲家に在宅して懐胎を免れず、戊家に帰宅して出産するのである。

土質の色彩は黄色で木質の色彩は青色であり、旧六月には甘瓜は完熟するが、その肉質は黄色で外皮は青色なのである。

西方位は庚辛干の金質であり、南方位の丙丁干の火質に剋伐されるが、庚干は陽性に所属して兄と為し、辛干は陰性に所属して妹と為し、庚兄は辛妹をもって火家の丙干に嫁がせて妻君と為す故に、丙干と辛干は合絆し、辛干は丙干の妻君に嫁ぐが、秋季の金旺気には火質は休囚するので、火質の剋伐を畏れず、辛干は金家に帰位して庚干に就くのである。

しかし火家に在宅して懐胎するのを免れず、金家に帰宅して出産するのである。

火質は赤色で金質は白色なので、秋季には棗（ナツメ）が完熟し、半ば赤色で半ば白色の状況であり、楓葉の紅色のようなのである。

北方位は壬癸干の水質であり、中央位の戊己干の土質に剋伐されるが、壬干は陽性に所属して兄と為し、癸干は陰性に所属して妹と為し、壬兄は癸妹をもって土家の戊干に嫁がせて妻君と為す故に、戊干と癸干は合絆して、癸干を戊家に妻君として嫁がせるのだが、冬季の水旺気が至って土気が休囚するので、土質の剋伐を畏れず、癸干はついに水家に帰宅して壬干に就くのである。

しかし戊家に在宅して懐胎を免れず、壬家に帰宅して出産するのである。

水質は黒色で土質は黄色であり、冬季の霜雪色や草木の枯死して黄色に変じたものなのである。

甲己干が何故に中正の合と称するのだろうか。

甲干は陽性の木質であり、性質は仁で十干の首位なのである。

己干は陰性の土質であり、静鎮で篤淳で生物を生助する徳を擁し、その故に甲己合絆を中正の合と為し、この合絆を帯びるとき、当主は尊崇の念が重く、寛厚かつ平らかで直截的だが、七殺を帯びたり五行が無機質であれば、すなわち多く憤怒し性質は硬く屈従しないのである。

乙庚干が何故に仁義の合と称するのだろうか。

乙干は陰性の木質であり、性質は仁でとても柔質なのである。

庚干は陽性の金質であり、堅強にて屈従せず、すなわち剛柔を相互に決済し、資質は仁義を兼備する故に、当主は果敢かつ堅守し、悩艶に惑わず終始して仁で、進退には義気を擁する。

五行が生旺であれば、すなわち骨相が清秀であるが、もし死絶七殺を帯びれば、すなわち狼勇かつ風采は揚がらず、みずから人にあるまじきだが、甲己乙庚干の合絆とは、婦人のケースは忌避しないのである。

丙辛干は何故に威制の合と称するのだろうか。

丙干は陽性の火質であり、おのずと赫々と輝盛するのである。

辛干は陰性の金質であり、剋伐や陽刃七殺を有益とする故に、丙辛合を威制の合と為すのである。

当主は威儀は表相的に慎むが、多くの人は畏怖し、薄酷で有毒で収賄を好み淫質なのである。

もし七殺を帯びるか五行が死絶すれば、すなわち恩義に暗い無情の人である。

婦人のケースは天中や大耗や咸池が併臨すれば、美貌だが野卑で、三合を伴えば非長寿の拗性者なのである。

丁壬干が何故に淫暱の合と称するのだろうか。

壬干とは純陰の水質かつ三光を返照しないのである。

丁干とは蔵陰の火質かつ自省して暗蒙である故に、丁壬合を淫暱の合と為すのである。

当主は眼光明らかで愛嬌を擁し、多情にて揺動して高潔を司事せず、下層を倣って志操なく交色に歓耽するので、己身にすなわち吝嗇で他身に貪欲なのである。

もし五行が死絶するか七殺を帯びれば、咸池、大耗、天中、自敗を擁し、家風は淫質の濁風を擁し、面倒見の好い小人もしくは侮り慢心する君子であり、貪欲で妄りに動作し、かならず勝果するがそののち消沈するのである。

婦人のケースでは淫質で奸計を為し、容易に挑発誘惑するが、多くは屈辱を招来するであろう。

または高年齢にて寡婦に配されるか、幼女にして老夫に配されるであろう。

あるいは先んじて濁人でのちに良好か、または先んじて良好でのちに濁人であろう。

戊癸干が何故に無情の合と称するのだろうか。

戊干は陽性の土質でこれは老醜の夫なのである。

癸干は陰性の水質でこれは姿婆の婦人なのであり、老陽でありかつ少陰とし、合絆するが無情なのである。

当主は好人か醜夫であり、戊日干が癸干を擁するときは愛嬌の精神を擁し、容姿が美しく適宜な配属を擁するが、男命は若い女性を娶り、婦人は美夫に嫁ぐのである。

もし癸日干が戊干を擁するときは、容姿は粗老俗塵であり、男命は老妻を娶り、婦人は老夫に嫁ぐであろう。

「経典」にいう―

戊日干が癸干と合絆するときは「すこしメリットのある無情である」とはこの事なのである。

また問うならば十干は、かならず六位の隔たった干を合干と為しているのは何故であろうか。

筆者（万氏）が答えてみようか。―

天と地の数位とは、それぞれ五を超過せず、まず上に生数の五位と為し、下に成数の五位を配し、生数と成数が相逢したのちに合絆するのである。

天の一数が壬干を生数し、地の二数が丁干を生数し、天の三数が甲干を生数し、地の四数が辛干を生数し、天の五数が戊干を生数し、地の六数が癸干を成数し、天の七数が丙干を成数し、地の八数が乙干を成数し、天の九数が庚干を成数し、地の十数が己干を成数するのである。

天の一数が地の二数に逢いそののち合絆するが、その故はかならず六数が隔たっているからなのである。

『易経』にいう――

天の数は五であり、地の数は五であるので、五位間隔を相得して、それぞれ合絆するのである。

『五行要論』にいう――

天の一数は水性を生じ、その物象とは「精」であり、一数から派生するのである。

地の二数は火性を生じ、その物象とは「神」であり、二数から派生するのである。

天の三数は木性を生じ、その物象とは「魂」であり、魂とは神に従順するのである。

地の四数は金性を生じ、その物象とは「魄」であり、魄とは精に従順するのである。

天の五数は土性を生じ、その物象とは「体」であり、精神魂魄を具備したのちに「体」が存在するのである。

おのずと天の一数から天の五数に至るまでが、五行の生数であり、おのずと地の六数から地の十数に至るまでが、五行の成数なのである。

そこで奇数を派生して偶数を成数し、また偶数を派生して奇数を成数するが、その成数とはみな五数なのである。

五数とは天数の中位に相当し、その故に物象が成立するのである。

道（筋道）は一数にて成立し、三数にて完成し、五数にて変化するが、そこで天地の数象を具備して偶数の十数で結尾するのである。

「経典」にいう――

一数と六数は宗を同じとし、二数と七数は道を同じとし、三数と八数は朋を同じとし、四数と九数は友と為るとし、五数と十数は途（道程）が同じ「奇数と偶数の開閉」とはこの事である。

合絆とは貴に相当して偏ることはなく、一甲干が一己干を擁するように、それぞれが生旺に乗機することを「偏ることなく相当する」と称するのである。

もし甲干が太旺し己干が太柔するとき、双方が逢相しないのを太過や不及と称するのである。

もし一己干が二甲干と合絆するときは、二甲干が一己干と合絆するが、これを陰陽の偏枯と称し、婦女が過分で亭主が些少かつ、亭主が過分で婦女が些少のように相互に妬争し、みな道の乱相なのである故に、偏るとはすなわち乱れることなのである。

壷中子氏がいう――

一気に偏枯すれば、老者もしくは俗物と為るであろう。

『天元変化指掌提要』にいう――

天干の合絆では、陽干主が陰干を合絆するのを「福慢」と為し、陰干主が陽干を合絆するのを「福緊」と為すのである。

その故は甲干が己合を擁して財星と為し、己干が甲合を擁して官星と為すのは、陽干が陰干と合絆して干合の福分を享受し、また陰干が陽干と干合して正官の補弼を擁する為であり、双方は福分が重複する故に「緊」と「慢」とは同一ではなく、その他の干合もこれに批准するのである。

またいうなれば干合がさらに支合を擁し、同一列旬のうちに存在するときは、甲戌干支が己卯干支を擁し、また甲辰干支が己酉干支をそれぞれ擁するようなケースを「君臣慶会」と称し、双異列旬のうちのケースで、たとえば甲子干支が己丑干支を擁し、また甲午干支が己未干支を擁するときを「夫婦聚会」と称するのである。

そこで世間の事象は本国の君主が司事し、未だ異国の臣下が司事したケースは存在しない故に、同一列旬に干合を擁するのを「君臣慶会」と称するのである。

すなわち要は別途に考えれば、陽干を君主と為し、陰干を臣下と為し、君主が上位で臣下が下位とはこの事なのであり、これに乖背すればすなわち背反するのである。

世間に郷土に司事する亭主が、他郷に妻君を擁する故とは、異なった列旬に相互に併見する為で、これを「夫婦会聚」と称しているのである。

また天干と地支が合絆を擁するケースでは、まず和気や貴神の相互の協助を要し、そこで有用ならば有益であり、逆に衝破して受傷し合絆が刑殺を擁せば、みな不吉なのである。

「御製言談」にいう――

合絆して建禄支を帯びれば公侯が決定し、合処が傷相であれば、かえって補弼が存在しないのである。

論十干化気

復陽子氏がいう――

十干が干合して化気するとは、陰陽干の配合かつ夫婦の道理なのである。六支を巡って六旬干合として三巡して変化するので、余数を五種の子支として巳支まで六旬巡ってから、合絆を擁するのである。

すでに干合した状況を「遁虎統龍」「龍主陽徳」と称号して、天干の変じた化成を司るのである。

子支とは坎卦の位相であり、天象の一隅から水気を派生し、精交の象意かつ陽質のなかの娠胎なのである。

その故に男命は、子支位より左巡して三十回繰って巳支に至り、陽性である故に三十回を採るのである。

また女命は子支位より右巡して二十回繰って巳支に至り、陰性である故に二十回を採るのである。

これは人事と五行の造化の併合であり、どうやってこのスパンの経過を肯首しようか。

東	壬子	至	丁巳	六数	故に丁と壬合	丁壬化木	甲徳統龍
南	戊子	至	癸巳	六数	故に戊と癸合	戊癸化火	丙徳統龍
西	庚子	至	乙巳	六数	故に乙と庚合	乙庚化金	庚徳統龍
中	甲子	至	己巳	六数	故に甲と己合	甲己化土	戊徳統龍
北	丙子	至	辛巳	六数	故に丙と辛合	丙辛化水	壬徳統龍

甲己干の歳を「戊徳統龍」として土気の司令で化土し、すなわち黄天が土気なのである。

乙庚干の歳を「庚徳統龍」として金気の司令で化金し、すなわち素天が金気なのである。

丙辛干の歳を「壬徳統龍」として水気の司令で化水し、すなわち玄天が水気なのである。

丁壬干の歳を「甲徳統龍」として木気の司令で化木し、すなわち蒼天が木気なのである。

戊癸干の歳を「丙徳統龍」として火気の司令で化火し、すなわち丹天が火気なのである。

これら統龍の天賦の徳は、上位下位ともに臨在して化合して変化し、気種の名目が亨成するのである。

その故に—

丙干が辛干に逢って申子辰支を擁せば、奮発する。

乙干が庚干に逢って巳酉丑支を擁せば、揚轟する。

丁干が壬干に逢って亥卯未支を擁せば、清貴する。

戊干が癸干に逢って寅午戌支を擁せば、顕栄する。

甲干が己干に逢って辰戌丑未支を擁せば旺相する。

こうした五種の作用をもって「五官の正廟」と為すのである。

己身が母宮に入って福徳を為し、己身が子宮に入って漏泄を為し、己身が鬼宮に入って刑傷を為し、己身が妻宮に入って財帛を為し、子分が造反して凶殺に制剋されれば、すなわち殺気を制する方途を究明し、その故に五行の作用や造化は窮まりがなく、相生や相剋や制伏や化気が存在するのである。

また『三車一覧』にては、甲己歳では、丙寅月干支を遁巡して生起し、そこから三数を繰って戊辰干支に至り、三とはすなわち変化の数であり、辰とはドラゴンなのでまた能く変化するのである。

その故に甲己、乙庚、丙辛、丁壬、戊癸、各干合はその天干の所属に従ってその化気を擁するのである。

またいうなれば甲己干が丙月干を作首するというのは、丙干は火質に所属し、火質は土質を生起する故に、土気に化するのである。

その他もこれに批准するが、その論説は以上の作用から外れないのである。

またいうなれば甲己干の化土には、二通りの変化を擁しているが、第一は化気を作用しないでつまり本来の性質に帰位し、いわゆる変化した一気が派生しないのである。

派生した事象には、かならず二つの異なった用途があり、ここで天干の一陰干と一陽干の配合は、まるで夫婦のようで偶数を成為するので、能く変化して形体を成し、陰干と陽干は併合せずに、やすらかに化気の正しい機会が、適宜であることを要するのである。

さてそこで化気妬合の説があるが、甲己干が乙干に逢ったり、乙庚干が辛干に逢ったり、丁壬干が丙干に逢ったり、戊癸干が壬干に逢ったり、丙辛干が丁干に逢うケースであり、いわゆる妬合して恋情が化生し、ついに一家の好事を成為するが、恋愛や親の情誼をして、何故に従化の作用と見做すのであろうか。

そこで化象とは一方の穏態に帰着する故に、丁壬干合の化木気で命局に癸干や子支を擁して旺木を生成するが、真の化象を為していないので、このケースの化合とは不化合なのである。

またいうなれば化気とは、日干に配合される干頭に言及して取用し、そこで年月時干はすべて作用を肯定するのである。

ただし要は、日主が時宜の旺気を擁するときに、もし生月の旺気を擁さずとも、時柱の旺気を肯首できるのである。

なお生月の旺気を擁するが、時柱の旺気を擁さなければ、すなわち作用を肯首できないのである。

もしそこで月柱と日時柱がともに旺気を擁するときは、全吉兆と為るのである。

甲己干の化土とは辰戌丑未月は化土するのであり、次席の午月もまた化気するのだが、戊干を介在してすなわち化気せずに、妬合と称するのである。

およそ月令が辰戌丑未生月のとき、命局に己亥干支を擁して臨官を配支し、晩年は不吉なのである。

官星が存在して官星が去り、財星が存在して財星が去る。

さて建禄（臨官）を配支するのは、長生から第四支で干頭を主体と為すので、財官双つの侵犯に即応するが、あとの月令は即応しないのである。

またいうなれば甲己干の化土のときは、木質の官星を切に重要と為し、それは甲乙干寅卯支の官星なのである。

他柱に戊癸干を擁して福兆で、日時柱に丁壬干を擁して忌避する。

乙庚干の化金とは巳酉丑月には化金するのであり、次席の旧七月（申月）もまた化気するのだが、甲干を介在してすなわち化気せずに妬合と称するのである。

およそ月令が巳酉丑生月のとき、命局に庚申干支を擁して臨官を配支し、晩年は不佳なのである。

またいうなれば乙庚干の化金は、火質の官星を切に重要と為し、その故に丙丁干巳午支を有益とするのである。

他柱に甲己干合を擁して福兆で、日時柱に戊癸干を擁して忌避する。

丙辛干の化水とは申子辰月は化水するのであり、次席の旧十月（亥月）もまた化気するのだが、丁干を介在して化気せずに、妬合と称するのである。

およそ月令が申子辰生月のとき、命局に癸亥干支を擁して臨官を配支し、日主は晩年は不佳なのである。

またいうなれば丙辛干の化水は、土質の官星を切に重要と為し、故に辰戌丑未支を擁して官星と為すのである。

他柱に乙庚干を擁して福兆で、日時柱に甲己干を擁して忌避する。

丁壬干の化木とは亥卯未月は化木するのであり、次席の旧正月（寅月）にも化気するのである。

命局に丙干を介在して化気せず、妬合と称するのである。

およそ亥卯未生月の人が甲寅干支を擁し、臨官を配支するとし、晩年は不佳なのである。

またいうなれば丁壬干の化木では、切に庚辛干申酉支の官星を必要とする。

他柱に丙辛干合を擁して福兆であり、日時柱に乙庚合を擁して忌避する。

戊癸干の化火とは寅午戌月には化火するのであり、次席の旧四月（巳月）にも変化するのである。

命局に己干が介在すれば、化気せずに妬合と称するのである。

およそ寅午戌生月の人が丁巳干支を擁し、臨官を配支するとし、晩年は不佳なのである。

またいうなれば戊癸干の化火とは、切に壬癸干亥子支の官星を必要とする。

他柱に丁壬干合を擁して福兆と為し、日時柱に丙辛干合を擁して忌避する。

甲己干の化土とは時柱戊辰干支を有益とし、四季月（辰戌丑未）生月には土気が成象し、命局に生旺の気を擁せば上席である。

火気を擁するのを肯首しないのは、火気が虚質だからであり、木気を擁してすなわち衝壊するのである。

そこで甲己日干のときは、丙丁時干を忌み、他の生月では丙干は有益である。

乙庚化金では庚辰時柱が有益で、生月申酉支であればその金象が成る。

戊土の相生を有益と為し、甲己干合を福兆と為し、死敗は不益である。

その故に当月が乙庚日干を擁するとき、時寅支を畏れるのである。

丙辛化水では壬辰時柱が有益で、生月亥子支であればその水象が成る。

庚干の相生の気が有益で乙庚干合を福兆と為し、その故に日干丙辛のとき、卯巳時支を畏れるのである。

丁壬化木では甲辰時柱が有益で、生月寅卯支であればその木象が成る。

丙辛干合を擁して福兆と為し、その故に当月は丁壬日干のときは、午申時支を畏れるのである。

戊癸干の化火とは丙辰時柱を有益とし、生月巳午支にその火象が成る。

甲干の介在で相生して有益とし、丁壬干合を擁して福兆と為し、卯酉日時支を畏れるのである。

もし戊己干が覆蔽するときは、火質を擁して土質を重見するので、すなわち暗伏して不明なのである。

またいうなれば丙寅辛卯丙辰辛卯。庚申乙酉庚戌乙酉。己亥甲子己丑甲子。癸巳戊午癸未戊午。戊子癸丑戊寅癸丑。己酉甲戌己亥甲戌。乙巳庚辰乙卯庚辰。壬午丁未壬申丁未。

以上の八組の地支相連を同気と為し、正規の化気と為すのである。

それぞれが進化に転じるとは、干合の地支が順連の相となることで、甲辰干支が己巳干支を擁するようなケースであり、これを日時柱に併見して、功名の成立はさほど難儀ではないのである。

それぞれが退化に転じるとは、干合の地支が反連の相となることで、甲午干支が己巳干支を擁するようなケースであり、これを日時柱に併見して功名は結尾と為り、好処に際会しておおむね逓減し、歳運にこれに逢って損耗するのである。

日柱がみずから化すとは、すなわち壬午丁亥、戊子甲午、辛巳癸巳、とは丁干の禄支とは午支に存し、壬干と丁干の合絆とは壬干の禄支が亥支に存するのである。

丁干と壬干の干合の例では、壬午干支と丁亥干支では福分がもっとも深度であり、戊子干支は聡明、辛巳干支は権謀、甲午干支は些少に亨通し、癸巳干支は貴相だが酒色の性分があるのである。

逐月横看理化之象

【寅月節】

丁壬化木	戊癸化火	乙庚化金	丙辛不化	甲己不化
寅午戌化火	亥卯未化木	申子辰不化	巳酉丑破相	辰戌丑未失地

【卯月節】

丁壬化木	戊癸化火	乙庚化金	丙辛水気不化	甲己不化
寅午戌化火	亥卯未化木	申子辰不化	巳酉丑成形	辰戌丑未小失

【辰月節】

丁壬不化	戊癸化火	乙庚成形	丙辛化水	甲己暗秀
寅午戌化火	亥卯未不化	申子辰化水	巳酉丑成形	辰戌丑未成無信

【巳月節】

丁壬化木	戊癸化火	乙庚金秀	丙辛化水	甲己無位
寅午戌化火	亥卯未不化	申子辰成形	巳酉丑成器	辰戌丑未貧乏

【午月節】

丁壬化木	戊癸発貴	乙庚無位	丙辛端正	甲己不化
寅午戌真火	亥卯未失地	申子辰化客	巳酉丑辛苦	辰戌丑未身賤

【未月節】

丁壬化木	戊癸不化	乙庚不化	丙辛不化	甲己不化
寅午戌不化	亥卯未不化	申子辰不化	巳酉丑化金	辰戌丑未化土

【申月節】

丁壬化木	戊癸化水	乙庚化金	丙辛進秀学堂	甲己化土

寅午戌不化　亥卯未成形　申子辰大貴　巳酉丑武勇　辰戌丑未亦貴

【酉月節】
丁壬不化　戊癸衰薄　乙庚進秀　丙辛就妻　甲己不化
寅午戌破象　亥卯未無位　申子辰清　巳酉丑入化　辰戌丑未正位

【戌月節】
丁壬化火　戊癸化火　乙庚不化　丙辛不化　甲己化土
寅午戌化火　亥卯未不化　申子辰不化　巳酉丑不化　辰戌丑未正位

【亥月節】
丁壬化木　戊癸為火　乙庚化金　丙辛化水　甲己化土
寅午戌不化　亥卯未成材　申子辰化水　巳酉丑破象　辰戌丑未不化

【子月節】
丁壬化木　戊癸化火　乙庚化金　丙辛化秀　甲己化土
寅午戌不化　亥卯未化木　申子辰化水　巳酉丑化金　辰戌丑未不化

【丑月節】
丁壬不化　戊癸化火　乙庚化金　丙辛不化　甲己化土
寅午戌不化　亥卯未不化　申子辰不化　巳酉丑不化　辰戌丑未化土

論支元六合

さて合絆とは和合であり、すなわち陰陽の相互の和合で、その気象とはおのずと合絆するものである。

子寅辰午申戌各六支を陽性と為し、丑卯巳未酉亥六支を陰性と為すのである。

これにより一陰支と一陽支が和合して「六合」と称するのである。

子支と丑支が支合し、寅支と亥支が支合するが、かえって子支と亥支は支合せず、寅支と丑支は支合しないのは何故か。

これらの十二支象で陽性でも合絆するのは、気数のなかを陽気が占有して要処かつ尊位の為なのである。

子支を一陽と為し、丑支を二陰と為し、一二から三を生数するのである。
寅支を三陽と為し、亥支を六陰と為し、三六から九を生数するのである。
卯支を四陽と為し、戌支を五陰と為し、四五から九を生数するのである。
辰支を五陽と為し、酉支を四陰と為し、五四から九を生数するのである。
巳支を六陽と為し、申支を三陰と為し、六三から九を生数するのである。
午支を一陰と為し、未支を二陽と為し、一二から三を生数するのである。
子丑午未各支を三数を生数して万物が派生するとし、あとはみな九数を生数するのであり、すなわち陽性の極数なのである。

既出の論題甲乙とは、子支と丑支が何故に合絆するとの故を、みな知らないのである。

書籍群を博覧すれば、大運を観るにすなわち壬亥間とは、日月星辰の交会の箇所なのであり、およそ月象の朔月に会処し、この位相にて璧合の会と称するのである。

亜流の書集では、十二箇月の星辰とは「玄枵星紀」（子支）のような分類で、そこに存在しているのである。

一歳とは十二星辰の会合で、月象と太陽の相関と子午支の作用なのであり、ここで万物が発生して天象の図書が転変するので、そこで会合を眺望して観るべきなのである。

旧十二月は丑月を建てるので、この時点で子支「玄枵星宿」が壬亥間に存在するとし、そこで玄枵星宿が子支の星辰に在るので、その故に子丑が合絆すると為すのである。

旧正月は寅月を建てるので、この時点で亥支「娵訾星宿」が壬亥間に存在するとし、そこで娵訾星宿が亥支の星辰に存るので、その故に寅亥が合絆すると為すのである。

旧二月は卯月を建てるので、この時点で戌支「降婁星宿」が壬亥間に存在するとし、そこで降婁星宿が戌支の星辰に在るので、その故に卯戌が合絆すると為すのである。

旧三月は辰月を建てるので、この時点で酉支「大梁星宿」が壬亥間に存在するとし、そこで大梁星宿が酉支の星辰に在るので、その故に辰酉が合絆すると為すのである。

旧四月は巳月を建てるので、この時点で申支「實沈星宿」が壬亥間に存在するとし、そこで實沈星宿が申支の星辰に在るので、その故に巳申が合絆すると為すのである。

旧五月は午月を建てるので、この時点で未支「鶉首星宿」が壬亥間に存在するとし、そこで鶉首星宿が未支の星辰に在るので、その故に午未が合絆すると為すのである。

旧六月は未月を建てるので、この時点で午支「鶉火星宿」が壬亥間に存在するとし、そこで鶉火星宿が午支の星辰に在るので、その故に午未が合絆すると為すのである。

旧七月が申月を建てるので、この時点で巳支「鶉尾星宿」が壬亥間に存在するとし、そこで鶉尾星宿が巳支の星辰に在るので、その故に申巳が合絆すると為すのである。

旧八月は酉月を建てるので、この時点で辰支「壽星星宿」が壬亥間に存在するとし、そこで壽星星宿が辰支の星辰に在るので、その故に辰酉が合絆すると為すのである。

旧九月は戌月を建てるので、この時点で卯支「大火星宿」が壬亥間に存在するとし、そこで大火星宿が卯支の星辰に在るので、その故に戌卯が合絆すると為すのである。

旧十月は亥月を建てるので、この時点で寅支「析木星宿」が壬亥間に存在するとし、そこで析木星宿が寅支の星辰に在るので、その故に亥寅が合絆すると為すのである。

旧十一月は子月を建てるので、この時点で丑支「星紀星宿」が壬亥間に存在するとし、そこで星紀星宿が丑支の星辰に在るので、その故に子丑が合絆すると為すのである。

旧十二月は丑月を建てるので、この時点で子支「元枵星宿」が壬亥間に存在し、太陽と月象の同数に会処し、すなわちそれらの相合の作用とは、日月星辰が充満して六合とし人命が六合を擁せば、造化の作用は美観を伴うであろう。

『周礼』「春官」における配属を観てみようか。―

太師が仰せのところでは、音楽とはそれぞれ専門職が担当しているのである。

すなわち「黄鍾」を演奏し「大呂」を歌唱し「雲門」を舞踊して天神を祭祀するのであり、黄鍾律音が子支で大呂律音が丑支であることから、子丑の合絆を取用して天地の和気に召喚したのである。

また「太簇」を演奏し「応鍾」を歌唱し「咸池」を舞踊して地祇を祭祀するのであり、太簇律音が寅支で応鍾律音が亥支であることから、寅亥の合絆を取用して「無射」を演奏し「夾鍾」を歌唱し「大武」を舞踊し、祖恩を享受するのである。

無射律音が戌支で夾鍾律音が卯音であることから、卯戌の合絆を取用したのである。

また「姑洗」を演奏し「南呂」を歌唱し「大磬」を舞踊して四方を眺望して祭祀するのであり、姑洗律音が辰支で南呂律音が酉支であることから、辰酉支の合絆を取用し「夷則」を演奏し「仲呂」を歌唱し「大濩」を舞踊し、亡母に感応するのである。

また夷則律音は申支で仲呂律音は巳支であることから、申巳支が合絆し「蕤賓」を演奏し「林鍾」を歌唱し「大夏」を舞踊してそこで山河を祭祀したのであり、蕤賓律音は午支で林鍾律音は未支であることから、午未支が合絆するのである。

　これは周代二祖の成王氏が製作したもので、律音と呂音の相合に取用されたのちに、天地人三才の本体に当格し、その作用とは微細まで至っているのである。

『廣録』にいう――

　寅午支が往来して甲己干の土気を擁し、子巳支が往来して戊癸干の火気を擁し、巳酉支が往来して丙辛干の水気を擁し、卯申支が往来して乙庚干の金気を擁し、亥午支が往来して丁壬干の木気を擁するのであり、みな建禄支の上に存在しているのである。

　子巳午亥はまた六合の隔たりと称し、そこで一陽から六陽に至るとし、一陰から六陰に至るとしてさらに天干の納音を擁し、相互作用を吉兆と見做すのである。

　さて六合には、合禄と合馬と合貴の諸説を擁している。

珞琭子氏がいう――

　ここで無から有が生起し、不可視の形象と称して、無から有を確立するのである。

たとえば甲日主のときは、寅支を禄支と為し、寅支ではなく合支の亥支に注目して合禄と称するのである。

　寅日支のときは、申支を禄馬支と為し、申支ではなく合支の巳支に注目して合馬と称するのである。

　甲戊庚日干のときは、丑未支が天乙貴人であるが、丑未支ではなく合支の子午支に注目して合貴と称するのである。

「経典」にいう――

　明らかに合絆して暗合でなければ、実質を拱起して虚質を拱せずとは、この事をいうのである。

『天元変化指掌提要』にいう――

　子支が丑支に合絆するが福分は軽度であり、丑支が子支に合絆すれば福分は旺盛なのである。

　寅支が亥支に合絆するが福分は清澄であり、亥支が寅支に合絆すれば福分は慢度なのである。

　戊支が卯支に合絆するが福分は虚質であり、卯支が戊支に合絆すれば福分は厚度なのである。

　辰支が酉支に合絆するが福分は微弱であり、酉支が辰支に合絆すれば福分は大利なのである。

　午支が未支に合絆するが福分は慢度であり、未支が午支に合絆すれば福分は大利なのである。

　巳支が申支に合絆するが福分は慢度であり、申支が巳支に合絆すれば官位が高昇するだろう。

　甲午干支辛未干支のようなときは合支が旺で、かえって命局の禄支が微であり、乙未干支壬午干支のようなときも禄支が微であり、そのとき得るのは粗果であろう。

　またいうなれば男命は絶支との合絆を忌み、女命は貴人支との合絆を忌むのである。

論支元三合

考暦家の見解では申子辰各支の初気とは、同時に漏下した一刻の併起であるとし、巳酉丑各支の初気とは、同時に二十六刻の併起であるとし、寅午戌各支の初気は同時に五十一刻の併起であるとし、亥卯未各支の初気は同時に七十六刻の併起であるとし、それらの漏気とはみな同刻に併起するのであり、天地の自然の作用なのである。

その故に三合と称するのであり、また三合とは人間一身の運勢の作用なのである。

それは精気が始元であり、神気が根本であることにより、精気が母親で神気が子分であるので母子が相互に生々とし、精気と神気が全備して散乱せずに合絆するのである。

そこで人元の各支の所属をいうならば、故にこの論旨により申子辰三合水局のときは、申支とはすなわち子支の母親であり、辰支とはすなわち子支の子分であり、申支はすなわち水気を派生し、子支はすなわち水気の旺で、辰支はすなわち水庫であり、派生とはすなわち産出であり、旺とはすなわち生成で、庫とはすなわち収蔵なので、それぞれ「生」「成」「収」とが在るのである。

万物にはそれぞれ始発と終局を擁するのは、自然の作用なのである。

その故に申子辰支は三合水局を為し、もし三支のうち一支でも欠陥すれば、すなわち水局は化成せず、三合化局の論旨を肯首しないのである。

そこで天象と地象に介在する道理とは双つの異則により化成するが、たとえて一陰と一陽と称し三つの異則により化成するとは、三数が万物を派生する為であり巳酉丑支や寅午戌支や亥卯未支などが必然だからである。

五行の土気に言及しないのは、他の四行がみな土行の成局を頼処として、万物がみな土気において帰蔵する為であり、もし辰戌丑未支が全備すれば、おのずと土気の成局を作用するのである。

およそ命局に合支を擁するならば、要は方局を擁して佳兆と為るのである。

たとえば丙丁日干の人が亥卯未支の印局を擁し、巳酉丑支の財局を擁し、寅午戌支の火気の本局を為し、申子辰支の水気の官局を為し、辰戌丑未支の土気の傷局を為すときである。

また丙日干が巳酉丑支を擁したり、丁日干が寅午戌支を擁するときは「三会禄格」を為し、丙干は巳支を建禄支と為し、丁干は午支を建禄支と為すので、酉丑支に巳支を合し、寅戌支に午支を合する故なのである。

珞琭子氏がいう―

建禄支は三合会局を擁し、またその一支で分岐した三支を統べるのは、先賢の不載の説なのである。

壷中子氏がいう―

建禄支の一支で三支を兼ねており、その当月間に科挙試験の進士に及第するとは、これを称しており、その他はこれに批准するのである。

およそ六合や三合会局を命局に擁せば、主人は容姿が美形で神気が安定し、生を好んで死を忌避し、心地は平らか直截的で方便は周旋し、聡明で智慧は疎通するのである。

もし合絆して相生するとき、事象を挙揚して多く完遂し、さらに神星が往来し、すなわち厚福かつ一生平易かつ、多芸多才で言質容貌は和悦し、その可否は比較にならないほどである。

そこで禍福の双方を扶拱するときは、多くの人は憐憫を抱き、もし合絆して相剋するとき事柄が難儀で、易々と悦して計算高く、多く動揺して損失を招来するのである。

さらに凶煞が兼相すれば横領に連座して暴災に驚き、至らずして咎は深いのである。

また合絆して死絶すれば主人は志操を擁するが、意志を完遂せず威武は軽装で精神は卑俗であり、凡人を招聘して志操は卑しくケチで、小人を好んで君子に憎悪し、下層を倣って濁人に陥り、一生涯懐中に些少を擁するであろう。

もし合絆が建禄すれば、多財が転懐して領得し、意外なる名望の福兆を擁するのである。

もし合絆して印綬や天乙貴人ならば、天恩の貴人と提携する福兆を擁するのである。

もし合絆して食神ならば、衣食財禄が豊厚で、好く飲食の佳兆なのである。

もし合絆して元辰大耗ならば、礼儀なく清説して濁行して、濁人に厚儀で君子を侮慢し、そこで咸池が併臨すれば奸悪にて私通し、貪汚して不良の行為を為し、そこで官符が併臨すれば、多くは訴訟事で拘禁を招来し、是非暗蒙で窮状を擁し、そこで天空を併見すれば質実なく動作し、濁人として欺詐するだろう。

婦人のケースでは合絆して咸池七殺を帯びるとき、行為に欠損があって淫声が響き、大耗してかならず淫質に奔走するが、そこで貴格を擁するケースでは、濁人だが高位であろう。

おおむね吉星と合絆して吉兆であり、凶星と合絆して凶揺なのである。

『玉井奥訣』にいう—

合絆とは拘泥などではなく、三合会局や六合であり、そこで酉支を擁するもしくは多く擁して有力で、寅支をまた切望して能く用途とするのである。

また巳支はかえって官位の衝兆とするが、酉支は辛干を支蔵し、寅支は丙干を支蔵して取用するのである。

また蔵干と干頭の相関の合気も取用し、恩讐を勾引すると称し、また得失の結緒として人々が己身を顧慮して前後に呼応し、また夫婦の有情かつ財源を提携して同道を行くであろう。

論将星華蓋　二煞皆三合中取、故附於後。

将星とは中軍を統制する将校のようである故に、三合会局の中位に相当し、将星と称しているのである。

また華蓋とはたとえて宝蓋のようで、天干がこの星象を擁せば、その形象は蓋のようであり、つねに大帝の玉座を覆蔽する故に三合会局の庫処に位相し、華蓋と称しているのである。

『洞玄経』にいう—

将星とは中軍の位処とし、華蓋は庫の上位で拡張するのである。

そこで将星はつねに吉星の相扶を有益とし、貴人や七殺が併臨すれば、すなわち吉慶と為るのである。

『理愚歌』にいう—

将星がもし亡神の併臨を作用すれば棟梁の国臣と為り、いうなれば吉兆を生助して貴相と為し、さらに貴人や墓庫を挟擁すれば純粋かつ不雑とし、将校に出馬する象の格式なのである。

華蓋が印綬を帯びてかつ庫地を挟擁しないときは、二政府に司事する格式であり、そこで墓庫を帯びて印綬を附帯しなければ正員郎（官職）より上級職であり、墓支を附帯せず印綬も附帯しないときは、華蓋を擁するだけで常規の身分であるが、華蓋を附帯し駅馬が正配に当たれば「節印」と称し、旗章の貴相なのである。

もし歳干が庫地と同位相ならば、福分が重複して日主は大貴なのである。

またいうなればおよそ人命が華蓋を擁せば、おおむね日主は孤寡でたとえ高位でも孤独を免れずに「僧道芸術論説」を作成するだろう。

壷中子氏がいう—

華蓋とは、芸術を為す星宿である。

『理愚歌』にいう—

華蓋とは吉星だが妨碍を擁しており、堂閣に幽閉されるか寡婦であり、房室に搬入が多くても糊口であり、頂に編み笠をかぶり黄色黒色の法衣を纏い、囲炉裏は塞滞しているのである。
華蓋の星辰であれば兄弟も少なく、天上孤高の宿命なのであり、生来が受胎の段階で庶家の余剰の人員なのである。

『林開五命』にいう―

印綬と墓支が華蓋と併存すれば品格は清澄で、印綬が重複すればすなわち公卿であり、もし位相が空支や衝破すれば隠居の芸術家である。

またいうなれば華蓋の重複は有益だが、休囚や衝破すれば性質はとても聡慧だが、術策して東西に奔走するだろう。

もし旺相が臨支すれば三公（大臣）が決定し、君子であれば相応の福分を獲得するに浴し、小人であれば懸針の生処を畏れるのである。

もし命局の時支に華蓋が臨支すれば、日主は日常に亡事が多く、壬癸干主の人はもっとも忌兆であり、日主は老齢で子息を損失して妻君を瑕疵するのである。

女命の華蓋が時支に臨めば一生涯、出産の機会がないであろう。

『三命纂局』にいう―

華蓋は金木気を畏れ、壷中子氏のいう重金重蓋格とは庚辰干支が庚辰干支を擁し、また辛丑干支が辛丑干支を擁するケースで、ただし双方の金質は華蓋が重複して禄馬支を擁し、秀気が扶拱すれば爵禄を賜るのである。

『指南燭神経』にいう―

華蓋は清神を蔭に庇護し、主人は明らかに達観し、神霊清性で淡泊寡欲だが、一生涯財物には不利で、貴人支を併見して夾在すれば、すなわち福兆を為し清貴にして特達するのである。

論咸池

按此煞須天干納音。與地同類方是。若只論寅午戌在卯。天干納音。或不属火非是。此煞亦因三合而取。故附於後。

『淮南子』にいう―

太陽は扶桑（東海）から日昇し、咸池において日没する故に、五行の沐浴の地処を咸池と称し「日没の義」に取用しているのである。

万物がまだ暗昧の時候に、寅午戌卯、巳酉丑午、申子辰酉、亥卯未子、すなわち長生の第二が沐浴であり一者として敗神でまた一者として桃花殺なのである。

その神殺の主人は奸邪かつ淫質であり、生旺のケースにはすなわち美容を弁えるも酒色に耽溺し、歓好して散財して家業を破散し、ただ貪欲を任務とするのである。

死絶のケースには落魄して検出不可、かつ言行は虚詐で賭博に遊蕩し、恩義を忘れて信頼を失い、私生活は奸質で乱雑して奢侈して無為である。

また元辰が併存してさらに生旺に臨めば、不審者を妻君に擁するだろう。

また貴人支や建禄支が併臨すれば、多くは油塩酒類などで生計を立て、あるいは婦人のケースでは暗昧の財で起家する人である。

日常に水厄や損耗の疾性を擁し、遺失して暗昧の窮状に遭うのである。

この神殺を命局に擁せば破相を存して成立なく、吉兆を成為しないので、婦人のケースではもっとも揺兆なのである。

『沈芝源髄歌』にいう―

咸池は日時柱に臨むのを忌み、また咸池は水気を畏れるのである。

壷中子氏がいう―

沐浴が年柱に臨めば「殷末に皇太子の伯夷氏が、周人の糧を恥として首陽山で餓志した」故事のようである。

またいうなれば沐浴を擁して生旺すれば「裸形」と称し、行年に沐浴が巡れば「窮殺」と称するのであり、換言すれば五行ともに沐浴をもっとも忌むのである。

『紫虚局』にいう――

淫らな風流を咸池と号するのであり、併集して臨み来りて凶揺の相応のタイミングとして、酒色の相かつ刑法の三二位に相当し、さらにその神殺は血色の光沢を加えて随伴するのである。

諸書籍に詳しいが、咸池を擁するとは吉神ではなく、日時柱に擁するか水主命であれば窮状なのである。

論六害

陰陽つまり昼夜の気の感応より六合と為るが、六合からは六害が生成し、そこで六害は陰陽つまり昼夜の忌気なのである。

六害とは、十二支の衝剋の支星なのである。

子支と未支の害相とは、未支を旺土と称して子支の旺水を害し、勢家の害相と称する故に、子支と未支とは六害を為すのである。

丑支と午支の害相とは、午支を旺火と称して丑支の死金を凌駕し、官と鬼が相互に害すると称する。

その故に丑支が午支を擁して、そこで午支がさらに丑支を帯びて、干頭から真鬼に相当し、すなわち甚大な害相と為るのである。

寅支と巳支の害相とは、それぞれ臨官を恃すると称して害相を恣意に進展し、もし干星が鬼者のときは甚大でかつそこに刑衝が存在すれば、その禍福への言及の加減を肯首できないのである。

卯支と辰支の害相とは、卯支を旺木と称し辰支の死土を凌駕し、それは些少だが害相を助長する故に辰支が卯支を擁し、また卯支がさらに辰支を帯びて干頭は真鬼と為し、すなわち甚大な害相である。

申支と亥支の害相とは、それぞれ臨官を恃すると称し、それぞれ才能を妬争して害相が争進する故に、申支が亥支を擁し亥支が申支を擁して害相が均衡し、さらに納音が相剋すれば重篤なのである。

酉支と戌支の害相とは、戌支を死火と称して酉金の旺金を衝害し、これを嫉妬の害相と為す故に酉支主が戌支を擁してすなわち凶兆で、戌支主が酉支を擁して災禍は存在せず、もし乙酉日主が戊戌干支を擁するとき、乙干を真金と為して戊干を真火と為し窮状である。

またいうなれば「六」とは六親でもありその損害なので、主たる六親を侵犯すれば上位を損剋する故に、六害と称するのである。

子未害を上方の直截として精心を衝穿し、未だ合恩を結ばず己身は復讐を生起するので、すなわち六害と称するのである。

また子支が人を生扶するとき午支の衝剋を畏れるのは、未支がかえって午合支を衝去し、そこで丑支が未支の衝剋を畏れ、そこでまた午支がかえって未合支を衝去するのである。

寅支が申支の衝剋を畏れるが、そこで巳支と申支が合絆するのである。

卯支が酉支の衝剋を畏れるが、そこで辰支と酉支が合絆するのである。

申支が寅支の衝剋を畏れるが、そこで亥支と寅支が合絆するのである。

酉支が卯支の衝剋を畏れるが、そこで戌支と卯支が合絆するのである。

その故に以上を六害と為すのであり、およそ人命がこれを附帯して羊刃劫殺官符に重複して逢うとき、甚大な窮状と為るのである。

またいうなれば寅巳亥申支は生旺に相当し、すなわち当主は精神清潔で容貌俊敏で、争奪を好んで動作は有益なのである。

そのとき死絶に相当すれば、すなわち謀事が多くて成功は些少であるが、学人が強いてこの事に倣うとしたら、決してあきる事なくひたすら奔進することである。

もし貴格に相当すればすなわち守操を擁し、善権の好機があるだろう。

また賤格に相当すればすなわち多く虚詐し、貪欲かつ吝嗇であろう。

またいうなれば申支と亥支を重複して擁せば、五岳（盤古氏の死後に出現した五峰）に相当するが残傷に謹慎し、寅支と巳支が四支に展開すれば、肢股にかならず憂悩して棄却の事象があるだろう。

さて卯辰午丑支が生旺のときは当主は勝負事を好み、多く憤怒し厳格かつ毅然として不抜なのである。

そこで死絶するときは、当主は毒害の惨傷にて傾覆する事象があるだろう。

また貴格に相当すれば、すなわち当主は六権を司事し、典獄（看守）として刑法に従事するだろう。

また濁格に相当すれば、不義の当地として謀事を生起するであろう。

さて子未支の生旺や死絶とは、みな六親骨肉に不益なのだが、そこで貴格に相当すれば、妻妾の累が多般で、濁格に相当すれば孤独かつ倚処なく、たとえば戌酉支が生旺で人物を寛容しないときは、多くは剛質に返戻して死絶し、狼勇残酷で善意を憎み、才能を嫉妬するだろう。

また貴格に相当するときは、無罪にして叱責に連座し訴訟に拘束され、すこぶる煩瑣が多般なのである。

また濁格に相当するときは、害意を残存して陰に狡猾する不良の性分なのである。

およそ命局に六害を擁するときは、当主は孤独で被害し、骨肉の謀事で懐中は淡泊なのであり、女命は最忌として命宮に六害が兼起して擁せば、何れかの命宮が割落し、命宮の詳断を尋問しなければならないであろう。

珞琭子氏がいう―

命局に六害を擁せば、七種の傷事を擁するであろう。

『金書命訣』にいう―

六害を擁するときは日時併見を不益とし、老齢にて残疾して苦悩して依処がなく、また羊刃と逢衡すれば猛虎の鋭刃には相当せず虚欺とし、命局に六害が侵犯すると見るべきなのである。

干支相互の傷剋を不益とするが、時柱をもっとも緊要とし、己身の命宮をその次席ですなわち貴格とすることから、貴格はおのずと貴相で六害はおのずと害相で、双方は相容れないものなのである。

論三刑

『陰符経』にいう―

恩は害から派生し、害は恩から派生するように、三刑は三合会局から派生し、また六害も六合の義則から生起しているのである。

たとえば申子辰支の三合水局に寅卯辰木気方合三位を加えれば、すなわち申支と寅支は刑衝で、子支と卯支も刑衝で、辰支と辰支は自刑衝なのである。

寅午戌三合火局に巳午未火気方合を加えれば、すなわち寅支と巳支が刑衝し、午支と午支が自刑衝し、戌支と未支が刑衝なのである。

巳酉丑三合金局に申酉戌金気方合を加えれば、すなわち巳支と申支が刑衝し、酉支と酉支が自刑衝し、丑支と戌支が刑衝するのである。

亥卯未三合木局に亥子丑水気方合を加えれば、すなわち亥支と亥支が自刑衝し、卯支と子支が刑衝し、未支と丑支が刑衝するのである。

以上より、合絆から刑衝が発生し、それは夫婦の相合がかえって刑傷を作動するように、人事の造化であるこの作用は一義だけなのである。

「経典」にいう―

金気が剛質かつ火気が強力で、刑衝は方局より生起するが、樹枝が損折して落下し大地に帰するように、水流が東方位へ奔流するのである。

その故に巳酉丑支は金気の位相で、その位相もみな西方位に存在する。

また寅午戌支は火気の位相で、その刑象もみな南方位に存在する。

以上は金気が剛質かつ火気が強力で、刑衝が方局から生起している故である。

亥卯未支は木気の位相で、その刑象はみな北方位に存在する。

亥支とは木気の根で、いわば樹枝が落下して地表へ帰着するように、草木も冬至に至って揺落して根元に帰着することを言っているのである。

申子辰三合水局は水気の位相で、その刑衝は東方位に存在する。

辰支とは水庫としていうなれば水気は東方へ奔流し、かならず東方へほとばしり環流はしないのである。

そこで子卯支の刑を一刑とし、寅巳申支の刑を二刑とし、丑未戌の刑を三刑と為すのである。

またいうなれば三刑の法則は数列から生起しており、天象の皇極の数列では積算の十数としているが、それはすなわち同時にすべて空間の位数でもあり、天道に悪意が充満すれば、すなわち充満して転覆するのである。

その故に数位は卯支から子支に至るまで、また逆に子支から卯支に至るまでであり、十数が極数であることで無礼の刑なのである。

そこで寅支から逆に巳支に至るまで、また巳支から申支に至るまで、十数を極数として無恩の刑なのである。

また丑支から順じて戌支に至り、戌支から順じて未支に至るまでで、十数を極数として恃勢の刑なのである。

七数とはすなわち衝であり、十数とはすなわち刑であり、六数とはすなわち合とするのは、自然の一理なのである。

そこで寅巳申支が何故に無恩と称するかとは、そこで寅支蔵干は甲木を擁し、巳支蔵干は戊土を擁するが、戊干は癸干をもって妻君として相合するが、すなわち癸干とは甲木の母なのであり、戊土がすでに癸水の亭主すなわち甲干の父君なのであり、かの父君が戊土を刑傷し、忘恩と為すのである。

また巳支蔵干には丙火を擁し、刑衝する申支蔵干に庚干を擁して、この庚干は寅支蔵の甲干を刑衝するのである。その他もこの同義として、これに批准するのである。

またいうなれば寅支は火気を派生するが、刑支の巳支蔵は庚金の生地であり、巳支の上位に土質が寄生して、申支長生の水質を刑衝するのであり、申支のなかで水気を派生し、刑支の寅支のなかで火気を派生するのは躊躇なき配置で、相互に巡って制剋する故に無恩と称するのである。

そこで生旺であれば当主は貫禄があり、寡黙で情欲なく多く失義を招来し、忘恩して錯乱するだろう。

逆に死絶であれば面従腹背し、恩を忘れて義を失うだろう。

貴格に相当すればすなわち虐殺に喜悦し、好んで功業を立てるだろう。

濁格に相当すればすなわち言行が乖背貪吝して已まないので、もし婦人がこれを擁せば多量に産血して損胎の窮状があり、一生骨肉に不利益であるが、性質はとても廉正なのである。

丑戌未支を何故に恃勢と称するのだろうか。

そこで丑支蔵には旺水を擁し、丑支とは水中の土質で、戌支蔵には墓火を擁しているが、丑支は旺水を恃んで戌支の墓火を刑剋するのである。

戌支とは六甲の尊位であるが未支は六癸の卑支であり、戌支は六甲の尊位で恃勢して、未支の六癸の卑支を刑剋するのである。

未支とは旺土を擁し、また丑支蔵の丁火を恃んで丑支蔵の旺水を恃勢の刑に衝するが、またいうならば未支は支蔵の丁火を恃んで丑支蔵の辛金を刑衝するが、同時に丑支は旺水の勢を恃んで戌支蔵の丁火を刑剋し、戌支は辛金の勢で未支蔵の乙木を刑剋するなど、その故に恃勢の刑と称するのである。

生旺であれば当主は精神が意気豪雄で、粗眉広顔で直截的に人々を攻するだろう。

死絶であれば体形は小柄で痩躯、かつ精神は乖背して是非に暗く、凶揺に安処し幸甚を不佳と見做すであろう。

貴格に相当すれば、すなわち公平かつ清く正しく、多くの人々は畏怖羨望するのである。

濁格に相当すれば、すなわち多く刑責を侵犯して暗昧の災いを擁し、婦人のケースでは孤独かつ窮状を被るだろう。

子卯支を何故に、無礼と称するのだろうか。

子支は水質に所属し卯支は木質に所属し、水質は能く木質を派生し、すなわち子支水質を母と為し卯支木質を子と為し、母子がおのずと相互に刑衝するのである。

また卯亥を太陽の門処と為し、子支を昇陽の箇所と為すので、卯支において日昇して子卯各支が併立し、謹譲と野卑を隔てずに相生の所以を感謝せず、伝相して刑剋する故に無礼と称するのである。

またいうなれば子支蔵に癸水が単独で用途だが、それは戊土が夫星である為なのである。

そこで卯支において敗地と為す故に、子支は卯支を刑衝し、卯支蔵に乙木が単独で用途だが、それは庚金が夫星である為なのである。

そこで子支において死地と為す故に、卯支は子支を刑衝し、この二つのパターンは亭主が刑衝を擁するケースであり、女命が擁せばもっとも不良と為す故に、無礼と称するのである。

生旺であれば当主は威儼があって和気に乏しく、気性は強暴で洞察力に優れるが容赦はしないのである。

死絶であればすなわち侮慢して軽率であり、視野が狭劣で放擲し、孝弟は些少で妻君を剋害して六親とは不仲なのである。

貴格に相当すればすなわち多大な兵権を掌握するが、近づきがたく階位は恒久ではないだろう。

濁格に相当すればすなわち背逆して、粗暴で多大な拘禁を招来するだろう。

辰午酉亥支を何故に、自刑と称するのだろうか。

寅申巳亥支を挙例すれば、そのうち寅巳申支は相互に刑衝するが、亥支は刑衝が存在しないのである。

辰戌丑未支を挙例すれば、そのうち戌丑未支は相互に刑衝するが、辰支は刑衝が存在しないのである。

子午卯酉支を挙例すれば、そのうち子卯支は相互に刑衝するが、午酉支は刑衝が存在しないのである。

この四位を自刑と称するのは、そこで別支が添加しない故に自刑と称している。

またいうなれば辰支とは水性の墓庫であり、滔々としてすなわち盈ち、午支とは火性の旺気でありすなわち暴々楚々として、酉支とは金性の位相であり剛質かつ欠損し、亥支とは木気の生扶であり生旺かつ枯朽するが、それぞれすでに太過の気質を禀けて、おのずと凶揺を為す故に自刑と称するのである。

生旺であればすなわち沈静だが毒質を内包し、容姿は微勢なのである。

死絶であればすなわち毒性は深く軽率で、観察眼すぐれるが、多く手脚の節炎を被るだろう。

貴格に相当すれば、すなわち権謀して臨機応変なのである。

濁格に相当すれば、すなわち頑愚で憂悩して情誼なく自損し、そこで諸凶殺を附帯すれば、恩寵なく終局するが、婦人のケースでは淫蕩にて凶揺を擁するだろう。

以上の刑衝には四等の名目を擁するが、ただ三刑と称するのは四者の「衝」「極」「庫」を取用し、それぞれの一者を欠くのはすなわち不正規に附帯する為で、正規の三者はそれぞれの相を推究すればよく、整然としていなければ用心すべきである、故に三刑と称するのである。

また『三車一覧』には寅巳申支を恃勢と為し、それら三宮にはそれぞれ長生臨官の勢力を擁しているのである。

丑戌未支を無恩を為し、それら三位はみな土質に所属し、比和でありかつ兄弟なので、また通説でおよそ刑衝を擁するが、凶意を論点にするのを肯首できないのである。

五行のなかの吉星や旺相である、官星や印綬や貴人の福徳などの有無を看て、これらの諸吉星の相互扶助により、刑象は害と為らずにかえって用途と為るのである。

もし諸吉星の生助がなく亡劫、天中、羊刃などの凶殺をもって凶兆と為し、凶揺はいうまでもない。

またいうなればここで三刑は金気を畏れると称するのである。

『鬼谷遺文要訣』にいう——

君子は当刑が定かでなければ行為を発意せず、もし官途に居合わせて、多くは地位が高昇するだろう。

小人はこれに逢ってかならず被災して不自然であり、そこで上官に鞭撻されるのである。

壷中子氏がいう——

命局が格局に相当せず刑を擁すればおおむね駁雑であり、地方者か小市民と為り、この論を詳解すれば君子がこれを顕示して吉兆と為すが、小人であれば凶揺と為すのである。

命局の四支が辰午酉亥が全備すれば、吉星が覆蔽して貴権に当確するが、もっとも忌むケースは辰支併見、午支併見、酉支併見、亥支併見であり、もしさらに凶煞が併相すれば、もっとも不良と為るだろう。

『沈芝源髄歌』にいう——

自刑を帯殺すれば佳兆でなく、年月柱が刑衝して傷身し、さもなくば拘禁死し、または刀剣で剃頭落下されるだろう。

またいうなれば辰午酉亥支全備して中年期に視覚碍するだろう。

またいうなれば自刑は火気を畏れ、もし刑象中に制御を擁せば、以上の論は肯首しないのである。

『洞玄経』にいう——

酉支を併見して太剛を憎むが、その刑象が火星の官殺に憂悩するだろうか。

午支を併見して太暴を憎むが、その勢力が水気を削減して咎はないであろう。

木気（辰）を併見して生々と勢いが逓減し、冷水流（亥）を併見（溢漲）して樹勢が凋落して衰退するが、すでに水流も旺気ではないのである。

およそ命局が官星や印綬を擁せば、官印星を用途として刑象はすなわち吉兆なのである。

逆に命局の官印星が刑衝で破相すれば、すなわち凶揺なのである。

『指迷賦』にいう——

官星と刑象の命局を佳兆とし、この「刑官」を返戻する教示をしてはならない。

官星と印星が刑象を被るのは貴相であり、胡族などではなく国吏なのである。

一行禅師がいう——

甲子己卯併見の一説を「正印鳳池訣」と為し、また丙寅辛巳併見も同じ見解であり、三公禄（大臣級）に昇級するのは、甲子己卯も丙寅辛巳も「官印刑の命」で吉兆と為すのである。

またいうなれば命局に三刑が全備し、刑象を分岐して象相を考えるか、刑象を肯首して象相を考えないか。

それは年柱を主体と為して、日月時柱を客体と為すように、刑象の主体と客体を考えるとき、刑象を擁して貴相と為し、刑象が顕われず濁性と為すのである。

もし刑主に来客が在るとき、この刑相を否定して貴格と為すのである。

この刑相を肯定するならば、すなわち濁命であり、たとえば丑支が戌支を刑剋するとき、丑戌支の何処を目処と為すのか。

たとえば乙丑干支が庚戌干支を刑衝するときは、同類相刑として不吉と為すが、丙戌干支が壬戌干支を刑衝するときは、すなわち相生相刑として刑象を肯定しない。

戊戌干支と甲戌干支のケースは相剋相刑とし、戊戌は刑象だが甲戌は刑象ではないのである。

さらにその禍福を看れば、当主の生地とは何であろうか。

戊戌干支の生地は福聚の地なので、かえって乙丑干支の来刑ですなわち大吉兆なのである。

そこでもし福聚の地でなければ貴命を肯首しないが、その他もこれに批准すべきである。

「経典」にいう―

およそ命局に刑象が存在しないと確定したときは、先んじて太歳を論点にせよ。

そこで人命に言及して三刑を擁して憎むとき、もし月日時支に帯刑すれば、そこで太歳に相関する干星が存在しなければ、帯刑は論点ではない。

その故に先に太歳に論及すべきなのである。

またいうなれば凶殺をもって殺を制止する。兵を擁し多く刑法の任務を掌握する。

そこで太歳に言及して形象を擁するとき、また刑象を肯定してもすなわち刑を制する太歳とは、たとえば癸巳歳が戊寅日柱を擁して、かえって庚申時柱を擁するケースである。

そこで癸巳干支は戊寅干支に制されつつ、庚申納音木質を擁しかえって戊寅の土質を制し、本来は刑象だがかえって刑象が存在しないとするので、その故に凶殺をもって殺を抑止すると称するのである。

「古歌」にいう―

三刑の位相が三奇を帯びるとき、天乙貴人を日時柱に併見して、刑支がもし干頭と等分ならば徳分に遇し、官位の居処は極品級で欠陥なく、三刑の要点を見るべきであり、さらに三奇貴人を帯びて天徳貴人を吉兆と為すのである。

『玉井奥訣』にいう―

刑相の法則は精華の聚斂であり、刑象の否定は肯首できないのである。

用神が閉蔵されているときに、刑象の否定は肯首できないのである。

財官星の気が質実のときに、刑象の否定は肯首できないのである。

合絆が絶気するときに、刑象の否定は肯首できないのである。

交神往来が適宜なときに、刑象の否定は肯首できないのである。

あるいは真と仮を問わずに、刑象の否定は肯首できないのである。

刃殺が伏蔵するときに、刑象の否定は肯首できないのである。

辺境に滞在するときに、刑象の否定は肯首できないのである。

またいうなれば刑害が具備または太過するときに、支星を擁してその刑害の実態を改法すれば、重篤者は秀才でなく俗者か、秀才でも奇特ではないのである。

またいうなれば三刑とは、おのずと刑の上位が刑の下位を刑するのである。

たとえて子支が卯支を刑するように、卯支を刑の下位と為し、子支を刑の上位と為す。

丑支が戌支を刑するのは、戌支が刑の下位で、未支が刑の上位である。

寅支と巳支の刑では、巳支を刑の下位とし、申支を刑の上位とするが、これらは好説なのである。

論衝撃　対面相衝之気。謂之一七煞者是也。

地支の七位目の支を衝に取用するが、それは天干の七位目を七殺（偏官）に取用するのと同義なのである。

たとえば子支と午支を対の衝支とするが、子支から午支までは七数なのであり、また甲干が庚干に逢って七殺だが、甲干から七数目なのである。

数位では六数はすなわち合なので、七数は過分である故に、相互に衝撃して七殺と為すのである。

易卦を観ると坤元に六数を用途とし、その数位は六であり七ではない。七数とはすなわち天地の窮極の数位、かつ陰陽の極気なのである。現今の書籍では七数から一字象を生起したのが本義で、そこで一微塵から色彩が発生し、色の極みであり変易できないのである。

『易経』にいう―

七日間で来復（リターン）し、ついに七日間を擁するのである。

相互に衝剋するとは、十二支のなかの冲衝の星辰であり、おおむね凶揺なのである。

そこでとても福兆を為すとは、すなわち冲衝の撃処が相生しているときであり、辛巳干支（金気）が癸亥干支（水気）に逢うケースなどである。

そのとき当主の名声と人望は伝播し、衆から抜きん出て高明で、科挙試験で高位を深険するのである。

もし冲衝の撃処が相剋しているときは、壬申干支（金気）と庚寅干支（木気）に逢うケースなどである。

そのとき当主は精神容貌が清俊で脱俗を矜持し、志操高く洒脱で視座言行ともに上位であろう。

もし生旺すれば当主は精神剛質で容貌慎重、かつ胆力壮んで明朗果敢で、多くを成為しまた失するだろう。

また死絶すれば当主はすなわち辺境の辺域で、体躯容貌は乖背して劣り、動作して凶揺を招来し多くは非長寿なのである。

もし辰戌丑未支の四庫を蔵したり、十干禄や官星印綬を擁せば、もっとも激度の佳兆なのである。

もし寅申巳亥支全備や子午卯酉支全備のときは、かえって大格式が成立するのであるが、これは衝撃の論旨とは見做さないのである。

もし同類が相互に冲衝するとき、たとえば甲子干支が甲午干支を擁し、また己卯干支が己酉干支を擁するケースで、当主の多くは祖業を破り、日常も落ち着かずに明々と剛断し、たとえ地位名声を擁しても終局的に失態するのである。

またいうならばおよそ一位対七位の殺に逢うケースでは、命局が吉兆であればすなわち衝して発福し、命局が凶兆であればすなわち凶揺を為すのである。

凶禍の当地を他支が来衝すれば、凶禍が破して福兆が成為するのである。福聚の当地を他支が来衝すれば、福兆が破して凶揺が成為するのである。

空亡支を衝し下位から来衝を受ければ、また凶禍が破して福兆が成為するが、これが四支全てに相当すれば、かならず食禄の人材を作為するだろう。

もし月支が日時支を衝剋したり、時支が年支を衝剋すれば、名声は仇となり殺意を被り、当主は無恩の人で多く憎悪を擁し、あるいは病床が長いかさもなくば窮状するのである。

劫殺と亡神を帯びて衝剋するときは、当主は刑法を侵犯し、また死絶を擁せば当主は多大な窮状に苦しむだろう。

貴人と七殺の入局を帯びれば、秀才で科挙に及第し多くは臺諫（御吏台）に入局するが、終局的には疾性で卒するだろう。

元辰と空亡の相互の衝剋を帯びれば、濁人ではないが窮人であり、そこで五行が枯病すればすなわち濁人であり、たとえ秀才であっても虚名である。

『玉井奥訣』にいう―

相衝の法則では、吉象が来訪して己身を衝して宜しく、凶象を己身が衝剋するのが宜しいのである。

子午の相衝のケースでは、用神を己身に取用し、対象を閑神と見做すのである。

そこで用神に有益な気象が擁するかを看て、また閑神にも有益な気象を擁するのを看るのである。

『沈芝源髄歌』にいう――

印星を破し財星を破し、ならびに建禄支を破するときのケースである。

禄馬支の些少な破相に会して、己身の福兆と為すのである。

さらに日時柱の合支の破相が併臨すれば、手足ではなく頭部の疾なのである。

印星が破相するとは、たとえば木日主が癸未干支を帯び、乙丑干支納音金質を擁するときである。

財星が破相するとは、たとえば金日主が寅卯支を財神と為し、申酉支を擁するようなケースである。

建禄支が破相するとは、甲干の寅禄が申支を擁するケースである。

禄馬支が破相するとは、巳支が禄馬支で亥支を擁するケースである。

合支が破相するとは、すなわち干合が破れるケースで、たとえば甲午干支が己亥干支を擁するか、または巳支を添加して破相なのである。

また己亥干支が子支に逢い、甲午干支の干合が破相するケースである。

「詩文」にいう――

相衝とはかえってみずからの相生なのである。

帝座に臣下が来集するのは「無刑の象位」で、さらに華蓋や権威の七殺を擁して官位が清く、雄兵を統括する象を顕わすのである。

またいうなれば相衝が共に去るのには、長生を必要としており、健旺かつ時支が禄支であればさらに亨通するのである。

貪狼と武曲（紫微の星辰）かつ時柱に偏官が臨めば、官位は清貴で雄兵を掌握するだろう。

またいうなれば連綿と吉星が生旺して、さらに冲衝が併臨すれば、みるみる朝廷の堂奥へ直入して聖明を助符し、領兵の権威と為るのである。

そこで四支が全て冲支ならば、おのずと窮状でさらに凶神に相当すれば、一種の邪心を擁して喜んで賊を徒党し、父君は当人を怨恨して互いに欺瞞するのである。

諸詩経典を鑑賞すれば、衝破を擁しても吉兆と凶兆とが存在するので、一概に言及できないのである。

巻三

論十干禄　禄前二辰為金輿。喩人得禄須坐車也。故附於後。

禄とは爵禄のことであり、まさに威勢を擁して享受するので、すなわち禄と称しているのである。

始原の候より、十干と十二支の時間を分割し、すなわち甲乙干を寅卯支に同配し東方位とし、また丙丁干を巳午支に同配し南方位とし、また庚辛干を申酉支に同配し西方位とし、また壬癸干を亥子支に同配し北方位としたのである。

それぞれの十干を禄支に配当し、旺気に巡って禄と称するので、その故に甲干の禄は寅支で、乙干の禄は卯支で、庚干の禄は申支で、辛干の禄は酉支で、壬干の禄は亥支で、癸干の禄は子支で、丙干の禄は巳支で、丁干の禄は午支で、戊干は巳支に寄禄し、己干は午支に寄禄するのは、巳午支とは火旺の郷地である為で、子分が母に従って禄支を擁する義則なので、辰戌丑未支のうち辰戌支を魁罡と為し、辺境の僻地と称し、禄元の寄処ではないのである。

丑未支はすなわち天乙貴人の星宿にも相当するので、禄元がここを廻避する故に、辰戌丑未四宮には禄支が存在しないのである。

またいうなれば四季（土旺）は雑気を擁して、専属の禄支と為らない故に取用しないのである。

【甲禄寅】

甲干が丙寅干支に逢うケースであり、甲干は土気を財と為すが、丙干が為す水気の財を剋伐して、福星の禄支と為すのである。

戊寅干支は火土気が相生し、伏馬支を併擁して吉兆である。

庚寅干支は破禄と称し、半ば吉兆で半ば凶揺なのである。

壬寅干支は正禄と称し、截路空亡を附帯するので、かならず僧侶か道士と為るのである。

甲寅干支は、長生の禄支と称して大吉なのである。

【乙禄卯】

乙卯干支を併見するときは、吉神旺禄と称して日主は吉兆なのである。

丁卯干支を截路空亡と為し、日主は凶兆なのである。

己卯干支を進神禄と為し、辛卯干支を破禄と為し擁して、半ば吉兆かつ半ば凶兆なのである。

癸卯干支は太乙（水神）死禄を附帯し、貴相だが終局的に窮状である。

【丙禄巳】

己巳干支を擁して九天庫禄と為し、日主は吉兆なのである。

辛巳干支を擁して截路空亡と為し、癸巳干支を伏貴神禄を擁するとして、半ば吉兆かつ半ば凶兆なのである。

乙巳干支を馬支と禄支の旺気と為し、丁巳干支を庫禄と為し共に吉兆なのである。

【丁禄午】

庚午干支を擁して截路空亡と為し、凶揺なのである。

壬午干支を徳合禄と為し、甲午干支を進神禄と為し、共に吉兆なのである。

丙午干支を喜神禄と為し、羊刃が交差し、半ば吉兆なのである。

戊午干支は伏羊刃禄を擁し、おおむね凶揺なのである。

【戊禄巳】

己巳干支を擁して九天庫禄と為し日主は吉兆だが、辛巳干支は截路空亡に相当するのである。

癸巳干支は貴神禄を擁し、戊癸干合して化すので、官位が重複する相を擁している。

乙巳干支を駅馬と財禄が同郷と為し、また丁巳干支は建禄の旺庫で、共に吉兆なのである。

【己禄午】

庚午干支を擁して截路空亡と称し、壬午干支を擁して死鬼禄と称し、共に凶揺なのである。

甲午干支を擁して進神と建禄の合支と為し、顕達の象なのである。

丙午干支は喜神禄だが、戊午干支は伏神かつ羊刃禄で凶揺なのである。

【庚禄申】

壬申干支を擁して大敗禄と為し、また甲申干支を擁して截路空亡禄と為し、共に凶揺なのである。

丙申干支を大敗禄と為し、多く成し、多くを失うだろう。

戊申干支を伏馬禄として滞るが、もし福星や貴相を擁すれば吉兆なのである。

庚申干支を長生禄と為して、大吉兆なのである。


【辛禄酉】


癸酉干支を擁して伏神禄と為し、水火気が相犯して凶揺なのである。

乙酉干支を破禄と為し、多く成し多く失し、丁酉干支を空亡貴神禄と為し、丁干は木気を受け、辛干は水気に沐浴し、当主は淫質を司事するが、喜神に相当すれば吉兆であろう。

己酉干支を進神禄と為し、辛酉干支を正禄と為し、共に吉兆なのである。

また年歳が戊戌干支のときは、羊刃が相互に衝し、小人は血を見て散財し、婦人は産厄の難があり、君子であれば視覚碍し、乙卯歳に敗符に逢瀬するだろう。


【壬禄亥】

丁亥干支を擁して貴神と建禄が合支し、乙亥干支を天徳禄と為し、己亥干支を旺禄と為し、辛亥干支を馬支と禄支が同郷と為し共に大吉兆だが、ただ癸亥干支は大敗禄と為して窮状なのである。

【癸禄子】


甲子干支を擁して進神禄と為し、当主は科挙試験に合格し、また進士に及第するだろう。

丙子干支は羊刃禄が併交し、福星の貴相を帯びて権威を擁するだろう。

戊子干支は伏羊刃を擁し、貴相と官禄を合支し、半ば吉兆なのである。

庚子干支は印星と禄支が共に吉兆だが、壬子干支は正羊刃禄として凶揺なのである。

「生成禄」を擁するとは、甲乙干が甲寅干支や乙卯干支を擁するなどである。

「名位禄」を擁するとは、甲干主が丙寅干支を擁するなどである。

「真禄」を擁するとは、甲干主が丙干か巳支を擁するか、または乙干主が巳支か午支を擁するなどで、みな貴格と為るのである。

「進退真禄」を擁するとは、
戊辰干支が丁巳干支を擁し、戊午干支が丁巳干支を擁するとき。

丙辰干支が癸巳干支を擁し、丙午干支が癸巳干支を擁するとき。

癸亥干支が甲子干支を擁し、癸丑干支が甲子干支を擁するとき。

壬戌干支が癸亥干支を擁し、壬子干支が癸亥干支を擁するとき。

以上は進展はすなわち平易だが、退歩はすなわち艱難なのである。

さらに福神を附帯すれば貴命を肯定し、重複を不益と為すのである。

「禄値会合」を擁するとは、甲干の寅禄支が庚戌干支を擁するケースである。

「食神帯禄」を擁するとは、
甲干が壬干食神を擁し、かつ甲寅干支を擁するとき。

乙干が癸干食神を擁し、かつ乙卯干支を擁するとき。

庚干が戊干食神を擁し、かつ庚申干支を擁するとき。

辛干が己干食神を擁し、かつ辛酉干支を擁するとき。

以上は当主は、みな吉兆なのである。

「食神合禄」を擁するとは、
甲干の食神は丙干だが、丙申干支と丙寅干支を擁するとき。

乙干の食神は丁干だが、丁未干支と丁卯干支を擁するとき。

庚干の食神は壬干だが、壬辰干支と壬子干支を擁するとき。

辛干の食神は癸干だが、癸巳干支と癸丑干支を擁するとき。

以上の八例は、共に当主は吉兆なのである。

「禄頭財」を擁するとは絪縟殺と為り、甲干主が戊寅干支を擁するか乙干主が己卯干支を擁するケースで、当人は富裕かつ名声を有する。

「禄頭鬼」を擁するとは赤口殺と為り、甲干主が庚寅干支を擁するか、乙干主が辛卯干支を擁するケースで、当主は口舌で刑責されるだろう。

「旬中禄」を擁するとは、甲申干支が庚寅干支を擁するか、戊午干支が丁巳干支を擁するケースで、当主は清華の要職に司事するだろう。

「天禄貴人」を擁するとは、丁干主の禄支は午支に存るが、午支から遁甲し丙干に当たるのである。

丙干の貴人支は酉亥支であり、そこで辛酉干支、辛亥干支を擁して、すなわち辛干の貴人が重複して午支に逢うケースであり、入格すれば極品級なのである。

「干支合禄」を擁するとは、甲干の禄支が寅支であるように、甲寅干支が己亥干支を擁するか、乙干の禄支が卯支であるように、乙卯干支が庚戌干支を擁するケースで、当主の官職は崇高か重職だろう。

「互換貴禄」を擁するとは、庚寅干支が甲申干支を日時柱に擁するケースである。

「朝元禄」を擁するとは、寅日支が甲干を日時柱に併見するケースで、暁天の降誕か胎元に擁してもっとも貴相なのである。

「朝元夾合」を擁するとは、癸巳干支が戊辰干支と戊午干支に挟合されて在るケースで、戊干と癸干が巳支を夾合し、戊干の禄支は巳支のケースであり、当主は爵位を下賜されるだろう。

「禄入禄堂」を擁するとは『理愚歌』にいう「禄が禄堂に入れば大拝すべきである」と。

李虚中氏は、甲干主が甲戌干支を擁して甲干を歳干と為すとき、すなわち甲干の本位を戌支に至るまで遁甲し、禄堂と称するのである。

辛壬二干が併存し、辛卯干支と辛丑干支を擁するとき。

壬干が壬寅干支と壬子干支を擁するときは、五行は剋伐せずに相助し、かならず発福は大であろう。

古人がいう――

禄支の前二支を「背」と為し、禄支の後二位を「向」と為すのである。

また『沈芝源髄歌』によれば「向」を建てて取用するのは、また「近」に向かって四支の合絆で貴相と為すが、そこで「向」を建てるとはそのようなのではなく、「近」とは合絆なのではなく、ただ四支のなかに両支を擁して貴相と為すのである。

甲干の禄支は寅支であり「建」と為し、丑支を「向」と為し、卯支を「近」と為し、亥支を「合」と為すが、あとはこれに批准すべきなのである。

あとはみな三合会局や六合の支差を忌み、刑鬼を擁すると為し、そこで甲戌干支はいわば丑支に鬼が在しすなわち畏れるべきで、そこで丑支は戌支を刑剋するが、未支においてはすなわち忌まずに戌支が未支を刑衝するのである。

そこで乙酉干支はいわば鬼が巳支に存在して害を為し、そこで三合相会して辰支を擁してすなわち福分が減福し、そこで六合のケースは相親なのである。

さて建禄とは、当主は気質厚肌で体格は清澄ではないが、一身は安逸かつ財利は充足するが、生旺であればその通りなのである。

死絶すればすなわち精神濁慢で生涯酷勤し、ケチな田舎者なのである。

元辰が併臨すれば賭博に因って財物を得るので、復して敗因と為る。

官符が併臨すれば政務に因って財物を得るが、また訴訟が多いのである。

劫殺が併臨すれば多くは雑技の小商人で、不義の財物を横領するのである。

天中が併臨すれば多くは遺失して、財物を破るのである。

禄鬼と偏印が併臨すれば、多くは質屋の仲買業者として財物を得るが、財物の存念を克服せずに卒するのである。

また庫と称するのは禄の聚気であり、甲乙干は未支に在り、丙丁干は戌支に在り、戊己壬癸干は辰支に在り、庚辛干は丑支に在り、甲乙干や亥支が多く未支を擁するように、すなわち禄が豊厚に充足する人である。

合支とは禄支に添付し、甲干の寅禄支が亥支を擁するように明合と称するが、寅支が存在せず亥支を擁せば暗合と称し禄を明見しないが、禄を擁すると称するのである。

当主は同伴者が多く、福兆が来るのである。

拱とは禄支の尊位で、甲干の禄支が寅支に位相するが、寅支を注視するのではなく、両傍の丑卯支を擁して拱としているのである。

また虚拱と称するのは甲干主が寅支を擁し、また両傍に丑卯支を擁し実拱と称するが、そこで実拱とは虚拱のようではない故に、当主は大いに富貴なのである。

また人命が禄を附帯するとは、吉兆かまた凶兆か、貴人か濁人かなど、未だにすべての相違を肯定できず、すなわち吉論を為すのである。

『天乙妙旨賦』にいう――

君子は禄馬や貴人を擁しないとき規準はないのであり、五行の善悪を考究すれば天元は衰弱するも未だ災禍なく、地気は堅牢であり悦楽して充足するのである。

『沈芝源髄歌』にいう―

禄馬にはさらに多般な所説を擁しており、自衰自死とは敗絶を兼ねており、もし吉殺の加助が無いとき、決定的に祖業を破り浮劣が多いと知るのである。

先んじて五行論を見るべきで、そののち禄馬などを看るべきで、五行は生旺を要し禄馬は衰絶を畏れるのである。

司馬季主氏がいう―

禄支が多く馬支が些少ならば、すなわち当主は神労し、禄支が些少で馬支が多ければ、能く責任感を担うであろう。

『洞玄経』にいう―

甲干は寅を禄支とするが、庚壬干は本来は駕禄と見做さず、そこで夾亢するので擁しても用途ではなく、それぞれの命局の禄支を見るべきで、簡素であり繁を要さないのである。

要するに禄を擁する干は当主の瑕疵と為らずに、そこで偏印が侵犯しなければ佳兆と為るのである。

またいうなれば命局が禄支を附帯するとき、もっとも衝犯を畏れ破禄と称するのは、甲干の寅禄支が申支を擁し、乙干の卯禄支が酉支を擁し、すなわち気が聚合せず四散し、貴人は官職を解雇され、衆人の衣服は不足するのである。

『沈芝源髄歌』にいう―

印星を破し財星を破し破禄を併見しまた馬支を破すとも、すこし地処が会合すれば己身の福兆なのである。

そこで冲衝を忌みもっとも空亡に陥るのを畏れて間禄と称し、甲辰干支が旬空の寅卯支を擁するが、かえって寅支を擁して甲干の禄支に相当するケースなどである。

古人がいう―

資財禄の聚散は空亡の位相で、胎元や時支に逢うのを畏れ、窮状者か多くは扶養者で、西へ東へと漂泊するだろう。

『沈芝源髄歌』にいう―

禄支が空亡に相当すれば、何の所知があるだろうか。

名誉は虚ろにして嗤いを抑えるのに充足である故に、空亡を忌むのである。

大抵、命理が入格して造化に合致すれば、また禄支の上位の存在は、専一を問わないのである。

論金轝

さて輿とは「直」であり、金とは「貴」の意義なのである。

君子のケースに譬えれば、官職を擁して爵禄を得ており、御車に鎮座して車庫に駐屯するのである。

その故に金輿とは、つねに禄支の前二支に位相するが、たとえば甲子日主は寅支が禄支であり、そのとき辰支が金輿に相当するのである。

この神殺はすなわち爵禄や天地人三才の旗章なのであり、当主は性質が謹譲かつ柔貌で人柄が温かく、能く克服して挙揚するのである。

婦人のケースは富裕ではないがすなわち貴相であり、男命がこれを擁せば妻妾が多く、陰に福相を扶持するだろう。

これを日時柱に擁せば佳兆で、平生に骨肉は安泰で、賢良の妻妾を得て子孫繁栄で、この神殺は皇族が附帯することが多いのである。

常規の格式でこの神殺を附帯すれば、己身はたとえ無気質でものち廻生し、当主は君主への謁見に浴するのである。

『紫虚局』にいう――

建禄支の前二支を金輿と称号し、人命がこれを擁せばもっとも福分が特殊で、当主は聡明かつ富貴が多く、一身は清泰かつ何の憂いもないのである。

『八字金書』にいう――

駅馬前二支に位相してそこで金輿と称し、この配置か行運を併存して生処とし、老齢に至ってもみずから通達して官途に転身できることから、駅馬前二支を金輿としているのである。

もし人命が官星と貴人を夾合して擁するときは、金輿の存在により当主は大貴相なのである。

もし金輿を擁し、福貴人や将星を併存すれば、そこで玄妙といえるのである。

論驛馬　後一辰為攀鞍。喩人乗馬須加鞍也。故論馬要攀鞍。

いわゆる駅馬とは、すなわち先天的な三合会局の合数なのである。

先天数では寅支が七数で、午支が九数で、戌支が五数で、合数が二十一数である故に、子支から申支に順至して二十一数なのであり、それが火局の駅馬なのである。

亥卯未支の数象で四六数と八数で、合数十八なのである故に、子支から巳支に順至しておおむね十八数なのである。それが木局の駅馬なのである。

木火気は陽性の会局で子支一数より陽遁し、金水気は陰性の会局で午支二数より陰遁するのである。

申子辰支の数象で七九数と五数で合数二十一なのであり、故に午支から寅支に逆至しておおむね二十一数なのであり、それが水局の駅馬なのである。

巳酉丑支の数象で四六数と八数で合数十八なのであり、故に午支から亥支に逆至しておおむね十八数なのであり、それが金局の駅馬なのである。

それがこの法則の立論の所以なのであり、あるいは駅馬には伝授の気質と功労の代替を擁し、人が疾病で赴任できないとき、待機の子分が来りて接見する故に、病処を子分に相当させて駅馬と見做すのである。

またいうなれば駅馬とは、五行の擁する気の作用であり、強いて呼称しているのである。

陰陽が折衝して気象が循環し、現今における宿場毎の荷貨配送の指示のように、送迎して往来するので駅舎のように気質をストックし、車馬のように気質が作動するのである。

寅午戌支は火質に所属し、その中に水質をストックしており、申支に逢って水質を派生して変質して発動し、そののち陽質のなかで陰質が作動しているのである。

申子辰支は水質に所属し、その中に火質をストックしており、寅支に逢って火質を派生して円融と為り、そののちに陰質のなかで陽質が作動して派生するのである。

亥卯未支は木質に所属し、その中に金質をストックしており、巳支に逢って金質を派生して封牒と為り、そののちに作動は沈静化し、集約してから四散するのである。

巳酉丑支は金質に所属し、その中に水質をストックしており、亥支に逢って木質を派生して敷栄と為り、そののちに集約は四散し、屈曲は伸長するのである。

以上により木火金水各気は往来して錯綜し、時候のタイミングで作動や沈静化し、内部と外部が相互に互感して利用し、すなわち同伴するタイミングで進行し、また同伴して窮極するタイミングで退歩するのである。

そこですなわち古代の屈強で名のある駅馬とは、みなこの挙例なのであるが、ここではその一端を特に挙例しただけで、あくまでも三隅（端）ではなく、すなわち作用は一作動に帰因するのである。

かならずしも「寅午戌支と申支」や「申子辰支と寅支」に拘泥せずに、そののちに駅馬を成為するのであり、およそ水中に火気が騰奔して、火中に水気が降滴するように陰陽が交泰し、剛柔が変通するとはみな駅馬のケースなのである。

希尹氏がいう――

古代人が易の巡りや変動を、その往来の際の衝奔であると称し、ただ駅馬こそが必然のものと肯定していたのである。

三合火局は申支が駅馬で、三合水局は寅支が駅馬で、三合金局は亥支が駅馬で、三合木局は巳支が駅馬であり、五行の気の相支の箇処すなわち衝激の始点なのであり、その故に火局の馬支はかならず水気の長生の箇処で、水局の馬支はかならず火気の長生の箇処で、また木気や金気もそれに批准してその義則なのである。

徐子平氏は、財星や財支を駅馬と見做していたが、これは古人の義則に起因しており、それは「剋伐する箇処」から取用して命名しているだけだったのである。

『指南燭神経』にいう――

駅馬が生旺であれば当主は聚気が険韻だが、通変作用が疾駆するときは、恒常的に名声人望が多般なのである。

しかし死絶すればすなわち性情が首尾一貫せず、是非不定で一生涯に成為は些少であり、漂泊して不定なのである。

そこで建禄支と同伴すればすなわち福力は優游だが、冲衝と同伴するかまた孤神や弔客や喪門と同伴すれば、故郷を背離する人物かまたは僧侶か道士か商人と為るのである。

偏印と禄鬼を帯びるときは、一生涯ケチで過分に濁々しい僥倖を所為し、庶子の店員なのである。

食神と冲衝が同伴すれば、名声の誉れ高い人物なのである。

行運で駅馬支の歳に巡って病符と同伴すれば当主は疾症し、官符と同伴すれば当主は官権に恐怖して舎宅に退居し、また口舌にみずから恐怖するが、ただしこの運歳には吉凶が同伴していることに言及するのである。

寅午戌支の駅馬支は申支に在り、そこで五陽干がこれに添乗するので、そこで甲申干支を擁して載路空日馬とし、丙申干支を擁して大敗馬とし、戊申干支を擁して福星伏馬とし、庚申干支を擁して逢天関馬とし、官途に好運であり、壬申干支を擁して大敗馬としまた劣馬と称し、当主は日常的に奔走して財帛は耗減し、壬申干支や甲申干支や丙申干支や戊申干支の四馬支は、疾病が多く起伏や是非を繰り返すが、以上は巳酉丑申支の年月日時に応発するのである。

申子辰支の駅馬支は寅支に在り、そこで五陽干がこれに添乗するので、そこで甲寅干支を擁して正禄文星馬とし、丙寅干支を擁して福星馬とし、戊寅干支を擁して伏馬とし、庚寅干支を擁して破禄馬とし、壬寅干支を擁して載路馬とし、以上は亥卯未寅支の年月日時に応発するのである。

巳酉丑支の駅馬支は亥支に在り、五陰干がこれに添乗し、そこで乙亥干支を擁して天徳馬また劣馬と称して禄馬支が干頭を生扶し、当主は完成する前に埋没し、ただ聡明を繰るだけでまた絶馬と称するのである。

そこで丁亥干支を擁して天乙馬かつ臨官馬とし、己亥干支を擁して旺禄馬かつ長生馬とし、辛亥干支を擁して正禄馬かつ病馬とし、癸亥干支を擁して大敗馬かつ臨官馬とし、以上は申子辰亥支の年月日時に応発するのである。

亥卯未支の駅馬支は巳支に在り、五陰干がこれに添乗し、そこで乙巳干支を擁して正禄馬とし、丁巳干支を擁して旺気馬とし、己巳干支を擁して九天禄庫馬とし、辛巳干支を擁して載路馬かつ貴人に相当して半吉兆とし、癸巳干支を擁して天乙伏馬かつ貴人に相当して大吉兆とし、以上は寅午戌巳支の年月日時に応発するのである。

およそ命局に駅馬を附帯して、もし空亡破敗や交退伏神に相当しなければ、貴相にて栄えるだろう。

その駅馬支が馬禄建禄や天乙貴人と同伴し、さらに諸神殺が併相すれば官途にて大権を掌握し、貴人として廟廊を闊歩するだろう。

時柱が貴相のときや日柱が貴相のときで、月柱が綱常のときは庫馬として当主は少年期に喜兆で、旺馬は壮年の歳の栄えに資扶し、生馬は老齢にて志しを遂げて地方官に任命されるが、それは木日主であれば亥支が生地で、卯支が旺地で未支が庫地などのケースで、その他はこれに批准すべきなのである。

珞琭子氏がいう―

生馬はかならず未だ駅馬支を擁し、背禄はかならず未だ禄支を擁さず、その旺庫を看て生扶への向背を問わないので、ただその盈虚のなりゆきが存在するのである。

またいうなれば駅馬とは、命局のなかの喜慶発揚の精神なのである。

もし人命がこれを擁せば君子は栄位に相当し、小人は豊給を充当し行運の大小を問わずに、ここに至って当主は官位を擁するか栄転する喜兆が在るだろう。

小運または行年で駅馬と合絆すれば、当主は配属の更迭に逢うが、甲子日主に寅支の駅馬が巡り、また小運や年歳が亥支に至り、寅支と合絆するケースなどである。また駅馬とは、十二の階梯を擁しているのである。―

【一日款段】

いうなれば巳酉丑支主が壬亥を擁し、亥卯未支主が丙巳を擁し、申子辰支主が甲寅を擁し、寅午戌支主が戊申を擁するようなケースである。

【二日蹶蹄】

四柱命局に駅馬を附帯するが、生日が空亡に相当する星辰のケースである。

【三日折足】

胎月が駅馬を附帯し、また日時柱が沐浴を附帯するケース。

甲子辰支全備し寅支を擁して、駅馬支と為すのを三人騎一馬で「折足」と称する。

もし亥卯未支全備し駅馬支を擁するときは、たとえ官吏貴人と為っても終局的に降格と為る。

もしそこで一辰支が存在すれば、少年期は安泰でも、後年には窮するのである。

【四日無糧】

生日が駅馬支に相当するケースは、駅馬が太歳を食すとして、甲子駅馬支が壬寅日に逢うケースでさらに時柱が空亡に相当するケースである。

【五日不出廳】

胎月が駅馬を附帯するときは貴相と見做さず、また禄堂と見做さないが、かえって空亡に相当するケースなのである。

【六日嘶風】

―※原文欠損箇所―

【七日趨途】

駅馬を擁するが、建禄支が空亡に相当するケースである。

【八日駄屍】

十二駅馬のなかでただ駄屍がもっとも凶兆なのであり、禄支を擁してすなわち屍支と為すのである。

甲子旬中で、巳酉丑支は亥支が駅馬で、乙丑干支は丁亥干支が駅馬で、己巳干支は乙亥干支が駅馬で、癸酉干支は癸亥干支が駅馬である。

そこで屍支とは次のケースである。―

乙丑干支が亥支駅馬を擁し、寅支が月日時に臨支するのを忌む。

己巳干支が亥支駅馬を擁し、申支が月日時に臨支するのを忌む。

癸酉干支が亥支駅馬を擁し、寅支が月日時に臨支するのを忌む。

―以上の一支を駄屍と称しているのである。

甲午旬中で、亥卯未支のケースでは、乙未干支は辛巳干支が駅馬で、己亥干支は己巳干支が駅馬で、癸卯干支は丁巳干支が駅馬である。

そこで屍支とは次のケースである。

乙未干支が巳支駅馬を擁し、寅支が月日時に臨支するのを忌む。

己亥干支が巳支駅馬を擁し、申支が月日時に臨支するのを忌む。

癸卯干支が巳支駅馬を擁し、寅支が月日時に臨支するのを忌む。

―以上を駄屍と称して、あとはこれに批准するのである。


【九曰食蓊】

駅馬がその時柱を剋伐するとき、たとえば駅馬が金質に所属し、生時柱に木質を擁するケースを食蓊と称するのである。

【十曰乗軒】

胎月と生日が伴って禄支と駅馬支を附帯するケースで、たとえば甲申干支が庚寅干支を擁し、甲寅時柱および庚寅胎月を擁するケースなどである。

【十一曰乗貂】

天地得合を擁するとは、年歳と生月日時を観てから貴人支と駅馬支を見るケースで、たとえば丁亥干支、旧四月（巳月）、壬寅日、己酉時柱のとき、月支の駅馬亥支が貴人支の酉支に係わるケースである。

【十二曰無轡】

貴神が空亡すると称するのは、禄支が絶地に相当するケースなのである。


以上の十二駅馬の意の消息であるが、その窮状と福徳を見てみようか。―

款段とは、すなわち日常が険峻で人選作業が廃止し、食糧もなく炎天下に奉仕し、馬舎にも姿を見せずに配置も担当せず、足脚を骨折して永く失業していること。

蹶踣とは、すなわち復活して生起すること。

無轡とは、すなわち一身が孤独で閑散としていること。

食蓊とは、すなわち官位の従六品が認可されること。

嘶風とは、すなわちいたづらに虚声だけを挙げること。

趨途とは、すなわち労働を侮慢して爵禄を要求すること。

乗貂とは、すなわち職業に従事すること。

乗軒とは、すなわち三公（最上大臣）だが駄屍を擁し、官位を拝命してすぐに卒すること。


「干支合馬」とは申子辰支に寅が駅馬支であるとき、甲寅干支に己亥干支の合絆や丙寅干支に辛亥干支の合絆をみるケースで、当主は官職は崇重なのである。

「馬頭帯剣」とは駅馬の干頭が庚辛干か、あるいは納音の金質を擁し、当主の名声は辺境まで揺振するのである。

「馬驟天庭」とは木主命が亥支を擁し、また辛亥干支を擁するケースで、駅馬の干頭が禄支根を擁しているケースで、たとえば壬日干が寅午戌支に位相し、遁甲して戊干を擁して巳禄支が在り天庭に係わるとし、巳支を重見して酉支合を擁せば、当主の官位は極品級なのである。

「馬後二辰」とは九地の駅馬と為るので、当主は朝廷近辺に司事するだろう。

「天馬貴神」とはすなわち運歳で駅馬に巡らないために、「五虎遁起訣」により駅馬支の干頭を推究し、その干頭から天乙貴人支を捜し、その貴人支の干頭とはかえって駅馬の上位に貴人を復見しており、貴相はけっして下三品級などではないのである。

「一木繋双馬」とは寅午戌支が丙申干支を多く擁し、申子辰支が庚寅干支を多く擁し、巳酉丑支が己亥干支を多く擁し、亥卯未支が癸巳干支を多く擁し、駅馬支の干頭が地支を剋伐するので、当主はとても驚困するが、もし以上の四種の駅馬が時柱や年柱に聚集すれば、当主は爵位を賜るであろう。

「駅馬下生人」とは月日時支の干頭が剋身するケースであるが、定まって貴相でその「御」と「策」を求めることができる。

駅馬の前位一支を「御」と為し、後位一支を「策」と為すのである。

たとえば甲子干支納音金命のケースでは、旧正月（寅月）辛丑日卯時刻の降誕で、子支の駅馬は寅支でどうじに禄支に相当する。

命主の子支は生日が丑支で、駅馬支の後位一支で「策」と為り、また卯時刻とは駅馬支の前位一支で「御」と為り、このとき駅馬は丙寅干支の火質で、能く甲子納音金質を剋伐する故に、当主は貴相なのである。

「有駅有馬」とは当主の位階は公侯に至るもので、干頭を馬と為し当支を駅と為すものである。

たとえば戊戌干支の駅馬支は申支に在るので、庚申干支を擁して干支ともに金質に所属し、申支に至って臨官するが、戊戌干支は干支ともに土質に所属し、申支に至って長生するが、本命戊戌と駅馬庚申は、干支ともにみな純気質を成為しているのである。

また有駅有馬とは、壬午日主のケースは駅馬が戊申干支に存在し、戊土が申支に臨んで長生し、命主の壬干も申支に至って長生するが、午火に至れば申支は衰郷と為るので、日主の干頭は旺相して当支は衰微するのである。

有馬無駅とは、たとえば丁丑日主の人は辛亥干支が駅馬に相当し、金質は亥支に臨んで病郷と為るが、命主の丁火は亥支に巡って絶地と為り、丑土に至って亥支は臨官し、日主の干頭は衰退して当支は旺相するのだが、駅馬の干頭もまた衰退するのである。

有駅無馬とは、寅午戌支が庚干を擁するが申支を擁さないか、あるいは申支を擁して庚干を擁さないケースなどである。

そこで有馬無駅とは有駅無馬とは、また相互に通じているのである。

「馬剋身」とは駅馬の星辰に取用し、能く生月を伏制するケースであり、寅午戌支の駅馬が申支に在り、申支は金質に所属し、能く寅卯月の木質を制剋するケースである。

たとえて甲子日主の人が辰戌丑未の生月のとき、当主の官位禄は容易に求めることができるが、滞りなく宮廷に仕えて少年期に快亨し、官途が清々しく顕われ、常人でも小富を擁するのである。

「馬財庫」とは駅馬が相剋する干支の入墓を取用するのであり、駅馬が申支に存在するときは申支は金質に所属するので、金質が木質を相剋し、木質は未支に至って庫地と為るケースである。当主は日常は四方に遊歴してひろく資財を獲得するだろう。

「英霊貫馬」とは、すなわち五行真気である長生支が駅馬に相当するケースであり、当主は司法官に司事するだろう。

「南方離明馬」とは未支の駅馬は巳支で、丑支の駅馬は亥支で、辰支の駅馬は寅支で、戌支の駅馬は申支で、辰戌丑未各支は土質の位相かつ駅馬の生処である故に、辰戌丑未支主は午支に飛在するので南方離明之馬とし、これに逢って子午支の冲衝を有益とし、馬を飛ばす為に鞭を策するとし、当主は貴格に相当するのである。

「駅馬清濁」とは、甲子干支は丙寅干支を擁して禄馬同郷とするのは、丙干が食神と為り長生の駅馬支に便乗するからである。

丁丑干支は丁亥干支を擁して天乙天官とするのは、長生臨官が駅馬に便乗し、または食神禄が貴気を附帯し、すなわち一発百当に相当するのである。もし病絶や空亡の駅馬に便乗し、さらに破敗、交退、伏神に相当すれば、すなわち不遇に逢いたとえ任官しても粗濁であり清要の職種ではないのである。

またいうなれば駅馬の看法には、四専、名位、生旺、病絶、駄宝、啣花を擁するが、偏印のケースには互換性や同質化は存在せず、それらの中間の好悪や栄辱とは、歳運を俟って詳細を鞭策するのである。

四専とは、申子辰支の駅馬が寅支に在るように、寅支が甲寅干支に逢い、申支が庚申干支に逢い、巳支が丁巳干支に逢い、亥支が癸亥干支に逢うケースである。

名位とは、すなわち駅馬支が食神に相当し、甲干が丙干に逢い、乙干が丁干に逢うケースで、これを「馬上得食」としている。

四生とは、辛巳干支、甲申干支、己亥干支、丙寅干支で、納音が自生するケースなのである。

四病とは、すなわち自性の死地や自性の絶地であり、たとえば年柱の納音が金質に所属し、金質は寅支を絶地とするケースなどである。

駄宝とは、すなわち甲子干支が戊寅干支を擁し、駅馬の干頭が財星を附帯するか、または納音五行が駅馬を相剋して財星と為る食神のようなケースで、甲寅干支が丙申干支日時に逢い、甲申干支が丙寅干支日時に逢うなどである。

啣花とは、すなわち納音臨官が駅馬に相当するケースで、庚申干支や壬子干支や戊辰干支は納音木性で、寅支駅馬が臨官に逢う当地なのであり、また「生成馬」や「名位馬」とは、前論の禄説と同論で当主は貴相なのである。

およそ人命が駅馬を擁するとき、専旺を有益とし、空亡や駁雑をして至らないのを不益と為すのであり、死絶を憎み食神や財星を擁して有益なのである。

商業では多くは、駄宝を有益とし、婦女はもっとも啣花を畏れるのは、駄宝がすなわち富で卿花がすなわち淫質だからである。

卿花はさらに木日主が、庚寅干支に相当するのを不益に相当するとし、乙亥干支が乙巳干支に逢うか、丁卯干支が丁巳干支に逢うか、己未干支が己巳干支に逢うケースがもっとも重度で、男命の多くは淫質で女命の多くは私通するが、運歳で巡るケースも同じ判断なのである。

またいうなれば駅馬はもっとも干頭の偏印を畏れるが、乙酉干支は癸亥干支を駅馬と為すが、かえって己身には食神に背理するとして、乙癸干は同科とは見做さないのである。

それは鞭策を発動するタイミングで互換するのであり、たとえば辰支の駅馬は寅支に在り、また運歳に申支が存在して寅支を衝動し、すなわち太歳により鞭策を為し、小運が申支に存在すれば小運により鞭策を為すのであり、多くの当主は作動するのである。

さらに申支と寅支が互換するとは何であるかとは、庚申干支が甲寅干支に逢うとき、庚申干支は納音木質で寅支とはすなわち臨官なので、甲寅干支は納音水質で申支とはすなわち長生なので、相互に和解してすなわち吉兆なのである。

相剋すればすなわち滞るのは、互換無気のようなケースで空転か失意するが、逆に気を擁せば当主の財源と為り、四馬朝元として好運であればすなわち栄貴し、逆に悪運であればすなわち破家失業して、僧侶や道士のように遊行を好むのである。

小児や老人は駅馬に逢うのは不利だが、小児とは三歳～十二歳であり、また駅馬が小運に逢いこれを大運が衝するか、または臨官や駅馬に逢えば、多くの当主は不眠症や暴力を被るのである。

老人とは五十歳以上～であり運と太歳が駅馬に便乗し、当主に虚気と為り腰痛や脚痛に罹患し、老人は禄支に巡って病沈して吐食が多く、少数者は発病が多いのである。

以上から老人や幼少者は、駅馬の便乗に耐久し難いとするのは、駅馬とは五行のなかの躍動の星辰である故なのである。

總論禄馬

さて「禄」とは養命の源泉であり、「馬」とは扶身の本義であり、この二者を併見するのがもっとも喜兆なのである。

寅午戌支の駅馬支が申支であり、甲干の禄支は寅支であるが、甲干から寅支をみて丙干に遁干し、また甲干から壬干に遁干し、すなわち丙干をして天禄と為し、壬干をして天馬と為し、これらを日時干頭に併見するときを天禄天馬と称しているのである。

甲干主が戌支に巡支し、甲干戌支のセットで活禄と称し、甲子日主が丙寅干支を擁して活馬と称するのである。

また寅午戌支が申支を擁するときに、時干に庚干を擁するとき、
また亥卯未支が巳支を擁するときに、時干に丙干を擁するとき、
また申子辰支が寅支を擁するときに、時干に甲干を擁するとき、
また巳酉丑支が亥支を擁するときに、時干に壬干を擁するとき、
そこで巳支から時干を求め、時干から日支を求めこれを互換して擁するときを「禄馬交馳」と称するのである。

そして甲干の禄支は寅支で、また申子辰支の馬支も寅支であり、かえって申子干支、甲申干支、甲辰干支日主が時柱丙寅干支を擁するとき、帝座上に禄馬を会するとし「禄馬同郷」と称するのである。

また禄前馬後のケースとは、辛巳干支が日時戌支を擁し、乙亥干支が日時辰支を擁し、また辛干の禄支が酉支に在ればその馬支は亥支であり、乙干の禄支が卯支に在ればその馬支に巳支であり、禄馬を擁さないケースで、またそのなかに禄馬を蔵せば夾禄夾馬とするのである。

『鬼谷遺文要訣』にいう―

時支が日干の禄支のときは青雲を直上し、五馬が交馳するとし、黄閣に昇殿する身分と成るだろう。

珞琭子氏がいう―

禄に背き馬を駆逐すれば、守備の搬路に窮して畏怖するが、禄馬同郷のケ

ースならば、三公大臣とまではいかないが参議格なのである。

『韓瑨命書』にいう―

孤孀禄馬の説があり、たとえば甲子干支が丙寅干支を擁し、庚午干支が壬申干支を擁するときは、禄馬同郷であるが、甲子干支がすなわち一陽で、乙丑干支がすなわち二陽で、丙寅干支がすなわち三陽で、純陽かつ無陰なのである。

庚午干支がすなわち一陰で、辛未干支がすなわち二陰で、壬申干支がすなわち三陰で、純陰かつ無陽なのであり、以上の二セットを孤孀禄馬と称し、禄馬同郷ではあるが吉兆ではないのである。

『理愚歌』にいう―

禄馬飛天で刑剋衝がなく旺相かつ回生すれば、貴相に至るであろう。

『林開五命』にいう―

馬支が長生に在れば富裕の学者であり、また禄支や帝旺支を擁して銭財は充足するのである。

もしかえって死傷や解雇のときには、懸針や劫殺がめぐって附帯しているのである。

またいうなればもし禄支が時支に臨んで、馬支が至らないケースには、当人はただ銭財は附帯するが賢士ながら一生涯恥じを晒すだろうし、死絶に関門すれば誓願は開錠しないのである。

詳しく禄馬の諸説を一覧すれば、それらは兼用を併見しており、また生旺に乗機して好作用なのである。

論天乙貴人

天乙とはすなわち天上の星宿で、紫微宮の天昇門の外辺に存在し、太乙星辰と併存して天皇大帝として下界にては三星辰に下遊し、家屋にては己丑干支の斗宿牛宿に併臨し、己未干支の井宿鬼宿の舎屋から出昇するのである。

玉石の度量衡を執事し、天人の事象を較量するところから「天乙」と称号しており、その星辰はもっとも尊貴であり、その降臨する当処には一切の凶殺は隠然として廻避するのである。

『通玄経』にいう―

まず天干地支が北方子位に存在し、さきに天干地支に「陽貴」が生起するのである。

すなわち子支から甲午干支を上起するが、甲干の徳が子支に存在し、甲干と己干が合絆するが、甲干を徳に取用しないので合気として取用する故に、己干を貴人と為すのである。

また陽貴とは順行するので、すなわち乙干の徳が丑支に存在し、乙干と庚干とが合絆するので、庚干は午支を陽貴と為すのである。

また丙干の徳は寅支に存在し、丙干と辛干とが合絆するので、辛干は寅支を陽貴と為すのである。

また丁干の徳は卯支に存在し、丁干と壬干とが合絆するので、壬干は卯支を陽貴と為すのである。

辰支とはすなわち天羅であり貴人が臨支しない故に、戊干は辰支を跳び越して巳支に徳が存在すると為すのであり、また戊干は癸干と合絆するので、癸干は巳支を陽貴と為すのである。

また午支と子支とは相対して冲衝し、天空と為して称するが貴人は単独性であり、相対することなき故に、己干の徳は午支を跳び越し未支に存在するのである。

そこで己干は甲干と合絆するので、甲干は未支を陽貴と為すのである。

また庚干の徳は申支に存在し、庚干は乙干と合絆するので、乙干は申支を陽貴と為すのである。

また辛干の徳は酉支に存在し、辛干は丙干と合絆するので、丙干は酉支を陽貴と為すのである。

戌支とは地網であり貴人が臨支しない故に、壬干は戌支を跳び越し亥支に徳が存在するのである。

また壬干と丁干とは合絆するが、丁干は亥支を陽貴と為すのである。

子支とはすなわち先ず天貴の生起する当処であり、貴人がふたたび臨支しない故に、癸干は子支を跳び越し丑支に徳が存在すると為し、癸干は戊干と合絆するとし、戊干は丑支を陽貴と為すのである。

この法則では甲戊庚干は丑未支であり、六辛干は午寅支であることが明らかなので、そこで当処の天干地支とは西南申位に存在するのである。

陰貴とは、後発して生起する天干地支なのである。

すなわち申支から甲干を上起し、甲干は申支に徳が存在するとし、甲干と己干が合絆するので、己干は申支を陰貴と為すのである。

陰貴とは逆行するので、すなわち乙干は未支に徳が存在するとし、乙干と庚干が合絆するので、庚干は未支を陰貴と為すのである。

丙干は午支に徳が存在するとし、丙干と辛干が合絆するので、辛干は午支を陰貴と為すのである。

丁干は巳支に徳が存在するとし、丁干と壬干が合絆するので、壬干は巳支を陰貴と為すのである。

辰支とはすなわち天羅であり、貴人が臨支しない故に、戊干は辰支を跳び越し、卯支に徳が存在すると為し、戊干と癸干とは合絆するので、癸干は卯支を陰貴と為すのである。

さて寅支と申支とは相対して冲衝するが、天空と称しており、貴人は単独性であり相対しないのである。

その故に己干の徳は、寅支を跳び越して丑支に位相するが、己干は甲干と合絆するので、甲干は丑支を貴人支と為すのである。

庚干は子支に徳が存在するとし、庚干と乙干は合絆するので、乙干は子支を貴人支と為すのである。

辛干は亥支に徳が存在するとし、辛干と丙干は合絆するので、丙干は亥支を貴人支と為すのである。

戌支とはすなわち地網であり貴人が臨支しない故に、壬干は戌支を跳び越し、徳が酉支に存在するが、壬干と丁干は合絆するので、丁干は酉支を貴人支と為すのである。

申支とはすなわち後発的に天貴の生起する位処であり、貴人がふたたび臨支しない故に、癸干は申支を跳び越し未支に徳を擁し、癸干は戊干と合絆するので、戊干は未支を貴人支と為すのである。

これに倣い推究すべきであり、すなわち甲戊庚干の貴人支は丑未支に位相するのである。

以上は、陰陽が生起する先後に明らかとなるのである。

そこでかならず地支が皆起するとは、貴人が己丑干支を所在とし、己未干支に出類するので、その先後はともに土性に所属しているのである。

すなわち坤卦とは二黒土星と五黄土星の合弁の気象でもあり、干と支の配合かつ徳気の相合で、自然にこのように出類するので、いうなれば陽貴陰貴と称し、すなわち冬至には陽性を用い、夏至には陰性を用いるので、昼夜の区別の説ではないのである。

この説に拠れば、天乙貴人星は十干の秀気のことであり、天空に存在する星辰ではないのである。

筆者はある術士からこう見聞した—

昇陽が寅支から出現して星々がみな昏落し、沈陽が申支に沈降し、星々がみな昇耀する故に昼貴が寅支から生起し、夜貴が申支から生起するのである。

順数は丑未支に至りて天乙貴人の拠地とし、十干は天乙を擁して貴人支と為すが、甲干の禄支が寅支で、さらに寅支を加えて順数で丑支に至り、すなわち本家と為るのである。

その故に甲干の貴人は、丑支に存在するのである。

また乙干の禄支は卯支であり、そこで卯支に寅支を加えて、順数は丑支を擁して子支に至る故に、乙干の貴人支は子支に存在するのである。

丙干の禄支は巳支であり、そこで巳支に寅支を加えて、順数は丑支を擁して戊支に至るが、戊支は悪弱の地で天乙貴人が臨支せず、すなわち一支順進する故に、丙干の貴人は亥支に存在するのである。

丁干の禄支は午支であり、そこで午支に寅支を加えて、順数は丑支を擁して酉支に至る故に、十干の貴人は酉支に存在するのである。

戊支は艮卦（丑寅）に寄位する故に、戊干はまた寅支に生起し、また甲干も同様なのである。

己干は坤卦に寄位し、そこで未支に寅支を加え、順数の丑を擁して申支に至る故に、己干の貴人は申支に存在するのである。

庚干の禄支は申支であり、そこで申支に寅支を加えて、順数の丑支を擁して未支に至る故に、庚干の貴人は未支に存在するのである。

辛干の禄支は酉支であり、そこで酉支に寅支を加えて、順数の丑支を擁して午支に至る故に、辛干の貴人は午支に存在するのである。

壬干の禄支は亥支であり、そこで亥支に寅支を加えて、順数の丑支を擁して辰支に至るが、辰支は悪弱の地で天乙貴人が臨支せず、すなわち一支順進する故に、壬干の貴人は巳支に存在するのである。

癸干の禄支は子支であり、そこで子支に寅支を加えて、順数の丑支を擁して卯支に至る故に、癸干の貴人は卯支に存在するのである。

夜貴が申支より生起して寅支のケースと同法で、未支を擁して丑支と同じケースに見做すので、貴人支が分岐し、ここで位相が定まるのである。

そこで甲戊庚干が丑未支を擁する歌訣とは、すなわち拘泥なのであり、通説ではないのである。

以上の論説は、天象の星辰の論説であり、もっとも作用を肯首するのであり、現今の六壬選択の諸術とは、また陰陽に分岐しまた昼夜に分岐する、こうした二説を根本とするのである。

壷中子氏がいう―

天乙貴人とは、日貴と夜貴に分岐して峻別できるが、各者ともに自性的な専権を擁するが、昼刻出生者を昼貴とし、夜刻出生者を夜貴として、それぞれ力量を擁するのである。

そこで子刻以降を昼と為して午後以降を夜と為すか、あるいは昇陽を昼と為し、日没を夜と為すが、みな憶測の論説なのである。

そこで寅月と申月で陰陽を分岐するのではなく、冬至以降を陽貴の作用と為し、夏至以降を陰貴の作用と見做すのである。

命局が一陽の派生ののちの降誕ならば、陽貴の作用を肯首し、一陰の派生ののちの降誕ならば、陰貴の作用を肯首するのである。

『三車一覧』にいう―

すなわち甲陽木は少陽の気に便乗し、東方位に派生し、巳支に至って作用が了畢する故に、未支において退蔵して貴と為すのである。

また庚陽金は少陰の気に便乗し、西方位に派生し、亥支に至って作用が了畢する故に、丑支において退蔵して貴と為すのである。

また戊干陽土は中央位で冲衝和合して四季に分播し、そこで甲干は万物の派生に起因し、庚干は万物の生成に起因し、すなわち生成の作用が了畢するのである。

乙干はすなわち陰性の木質で、己干はすなわち陰性の土質で、この二者は気粋が存在せず範疇を逸脱して配置が存在しないのである。

そこでかならず申子支を待機し、水土気の生旺により滋養を充実させて不足を補助するのである。

そこで乙干と己干は、申子支を有益と見做して貴性を肯首するのである。

丙丁干の火質は盛夏（夏至）の酷暑に相当し、万物の凶害であり、作用は酉支に至って終熄し、亥支に至って収蔵するので、それは北西位の斎同かつ気の和合なのである。

そこで乙干と己干は酉亥支の陰気の和気で、貴性を肯首するのである。

壬癸干の水質は窮冬の時季に至り、すなわち性質は厳性で万物を粛殺するが、卯支に至って畏縮し、巳支に至って潜没するので、そこで東南位の温暖の気象の和気で、壬癸干は陽性の巳卯支の和気で貴性を肯首するのである。

辛干の陰金質は方々に粘着し、自性的に変化する作用が存在せず、寅午支の生旺の火質を借用し、硬金を彫琢して形相を成為し、貴性を肯首するのである。

『廣録』にいう―

甲干は陽性の木質で、戊干は陽性の土質で、庚干は陽性の金質で、以上はみな土気の方途を有益とするが、そこで未支とは土気の正位であり、丑支とは土気の安静の当地なのであり、そこで丑未支を貴性と肯首するのであり、これを詳細に分析するのである。

甲干はもっとも未支を有益とし、庚干はもっとも丑支を有益とし、それぞれ庫地に帰するのである。

戊子干支と戊寅干支と戊午干支は丑支を有益とし、丑支とは丙丁日干の胎養の郷地に相当するのである。

戊辰干支と戊申干支と戊戌干支は未支を有益とし、未支とは甲乙日干の庫地に相当し、戊己日干の生旺の位相なのである。

乙干は陰性の木質で己干は陰性の土質で、己土は生旺を有益とし、乙木は陽性の水質を有益とするので、子申支の貴性を肯首するのである。

乙干はもっとも子支を有益とし、子支とは水気の旺郷なのである。

己干はもっとも申支を有益とし、申支とは坤卦の正位なのである。

丙丁干は火質に所属し、丙火の墓符は戌支に相当するのである。

壬癸干は水質に所属し、壬水の墓符は辰支に相当するのである。

辰戌支は魁罡の当地で貴人支は臨支しない故に、丁干の貴人支は酉亥支に相当し、癸干の貴人支は卯巳支に相当し、それはみな帰根かつ復命の当地なのである。

辛干つまり陰性の金質は、陽丙かつ生旺の火地を有益とする故に、午寅支の貴性を肯首するのである。

さらに納音との相互作用の推究を肯首して比和を求めるべきで、すなわちその貴性により福分を肯定するのである。

もし丙干が酉支を擁して、丙火はここで死地に相当するので、はたして貴性を肯定するのに充分であろうか。

『閻東叟書』にいう――

天乙貴人を論点とするのに、まず五行の喜忌に着手すべきであり、甲日干が戊干と庚干を擁するときに、癸未干支と乙丑干支を擁せば双方の吉兆に浴し、また印星を附帯すれば上席であり、遁干して丁丑干支と辛未干支を擁せばその次席であり、すなわち三陽質が印星や庫地を擁して有益なのである。

乙日干が戊申干支や庚子干支や生旺の土質を擁し、己日干が甲申干支や丙子干支や生旺の水質を擁し、これら乙干と己干は旺盛な財星を有益と為すのである。

丙丁干が丁酉干支と乙亥干支を擁し、また壬癸干が乙卯干支と癸巳干支を擁し、この水質と火質は死絶を忌まないのである。

庚辛干が丙寅干支と丙午干支を擁し、この辛干は凶星を忌まずに二星を擁して上席と為し、一星を擁して次席と為すのである。

『紫虚局』にいう――

この貴人の格式が入廟に当格すれば、その日主は紫金衣を纏帯する貴相に相当するのである。

『玉霄寶鑑』にいう――

「五虎元遁」では、貴人の本位が確立しているのが上席なのであり、遁干のポイント次第で入廟を肯首するのである。

また空亡や錯相が侵犯しなければ、日主は清貴なのである。

『八字金書』にいう――

貴神の論点とはまたその優劣の分岐なのだが、すなわち前提は六十甲子の吉凶なのであり、そのポイントと禄馬支の存在は同じ範疇なのである。

伏神が交退して侵犯せず、天干と地支が相合すれば吉兆なのであり、月日時柱の干頭と地支とが相合するのがポイントなのである。

『林開五命』にいう――

天乙貴人が相合するとは、甲子干支が己未干支を擁するときに、死絶符や衝破や空亡が存在せず、さらに吉星の生助を擁せば貴位に及第するが、凶相を侵犯しても正規の官職は肯首するものの、多難で福分は些少であろう。

戊子干支が己丑干支を擁するときはこれの次格だが、凶相を侵犯しなければ重複した管轄の省庁の官吏として、さらに福分の生助があり重複して管轄するが、そこで死絶を擁せば員郎（官位）は降格し、衝破や空亡を擁せばただ州県の官吏なのである。

辛未干支が庚寅干支を擁せば第三等級とし、凶相を侵犯しなければ官吏長官に昇格し、福分の生助で統轄するが死絶符の員郎（官吏）で、また衝破して空亡すれば日常は多難であり、州県の雑官吏に降格するだろう。

また『閻東叟書』の論説で、貴人の合絆と食神の説があるが、甲干が己丑干支と己未干支を擁し、また戊干が癸丑干支と癸未干支を擁し、また庚干が乙丑干支と乙未干支を擁し、また乙干が庚子干支と庚申干支を擁し、また己干が甲子干支と甲申干支を擁し、また丙干が辛酉干支と辛亥干支を擁し、また丁干が壬寅干支と壬辰干支を擁するケースを貴人の合絆と称する。

甲干の食神は丙干で、また乙干の食神は丁干で、また丙丁干の貴人支は酉亥支に存在するが、たとえば甲干は丙寅干支と丙辰干支を擁し、また乙干が丁酉干支と丁亥干支を擁するのである。

庚干の食神は壬干で、また辛干の食神は癸干であり、そこで壬癸干の貴人支は卯巳支に存在するのであり、そこで庚干が壬申干支と壬戌干支を擁し、また辛干が癸卯干支と癸巳干支を擁するようなケースを食神貴人と称するのである。

そこで貴人の合絆を擁せばすなわち官位が高昇し、食神貴人を擁せばすなわち福禄が肥大する意義があり、以上の二者を兼備すれば、官位が高昇して福禄が重複するのである。

『三命提要』にいう―

天乙貴人が六合支に臨支するのは、甲戊庚干が子午支を擁し、すなわち子支と丑支が合絆し、午支と未支が合絆することである。

乙己干が丑申支を擁し、また丙丁干が寅辰支を擁し、また壬癸干が申戌支を擁し、また辛干が未亥支を擁するときは日主はみな大福兆であり、以上双方の合絆を擁せばもっとも貴相なのである。

また『寶鑑賦』に天乙が身を扶けるとあるが、貴人支を運歳と夾擁するのは、壬寅干支に甲寅干支の日時柱を擁するとき、壬干の貴人支は卯支に存在し、甲癸干は丑支に存在して寅支を夾擁するのである。

丙申干支が戊申干支を擁するのは、それに準じ貴格に該当するが、べつに刑衝が存在しなければ、日主の一身は病むことは少なく早年より享福し、常規の格局でこれを擁せば、終身ともに拘禁の窮状が存在しないだろう。

干頭に天乙貴人を搭載するとは、甲戊庚干が丑未支を擁し、日時の干頭に甲戊庚干の一者を附帯すれば、日主は異路に顕達できるのである。

また『指南燭神経』に貴人を夾擁して六合に逢うとは、壬癸干が辰支を擁し、癸酉干支が合絆するときや、丙丁干が戌支を擁し丁卯干支が合絆するときは、取用に附帯して天乙貴人を擁し、さらに禄馬が己身に臨むので日主は大富貴なのである。

また『紫虚局』では活禄貴人を擁するとし、すなわち貴人支の干頭に干支を転じ、ふたたび生時や胎月に附属させるのは、甲干が寅午支を擁し、乙辛干が丑未支を擁し、丙干が酉亥支を擁し、丁干が申子支を擁し、戊癸干が申子支を擁し、庚壬干が卯巳支を擁し、己卯干支に日時巳支が兼揃すれば日主は大貴であり、たとえば薛氏（宰相）の「戊戌年甲子月辛巳日丙申時」命局のケースである。

また福星貴人を擁するとは蔡君謨氏のケースで「壬子年癸卯月庚戌日庚辰時」の壬騎龍背格のケースであり、貴人支の卯巳支が辰支を擁するのを、福星が貴人を扶けるとするのであり、また貴人が馬支を擁しまた陽刃を附帯すれば、日主は権貴なのである。

陳希烈氏がいう―

干頭を天乙貴人の将兵とし、地支を天乙貴人の統帥と為している。

たとえば丑未支の当主が、月日時干に甲戊庚干を搭載するとき、これを正規の天乙貴人に浴すとして、甲子当主で旧十二月（丑月）の降誕であれば、貴人支に逢うのである。

また己巳日で乙亥時のときは両天乙に逢うとし、貴人を合絆する命局と観るのである。

もし運歳が同一干頭で、四貴や華蓋が天乙貴人支を擁するケースは、宰相の命局なのである。

もし四支が平らかで波乱なく、両天乙貴人を擁せば、重臣として清華の命局なのである。

もし四支が凶相で両天乙を擁せば、常勤の官吏かつおおむね貴人の命局なのである。

もし丑未支の当主が甲戊庚干に丑未支を擁せば、また子申支の当主が乙己干頭を搭載するならば、また酉亥支の当主が丙丁干頭を搭載するケースで、さらに運歳が干頭の禄支で正官や印綬のケースには、福分は加倍するのである。

『沈芝源髄歌』にいう――

おおむね生月日時支に天乙貴人を擁するときに、地支四者が貴人支だけで揃うときは、極めて貴相と為るが、酉亥地支が丙丁干を搭載するケースで、筆者は魯公の命局を挙例する「己亥年丙寅月乙酉日丁丑時」で地支四者が全局し、あらかじめ時宜として不益に相当しない故に宰相に顕達したのである。

もし月令が酉月であれば、己干は酉支に至って禄支を肯定せずに敗忌を肯首するので、地支四者が全揃しても、かならず大貴には至らないのである。

古人はみな貴人当主を福分の主事を見做しており、その福力の厚薄には言及せず、現今各位にしたがって分類を要約してみよう。

たとえば甲日干が丑支に逢い、また庚日干が未支に逢い、それぞれには禄庫が存在しているのである。

また戊日干が丑未支に逢い、これは土質の地支で己日干が申支に逢い、これは生旺かつ同位相なのである。

以上の四貴人支を生日か生時に擁せば、正官や印綬を附帯して干頭と地支が合絆し、正規の天乙貴人の本家格と為り、天乙貴人が合絆を附帯すれば、福力は加倍するのである。

乙日干が申支の絶地に逢って不益で、かえって暗に合絆するが、また子支の敗地に逢って不益なのである。

丙丁干は亥支の絶地は不益だが、丁干は暗に合絆を擁し、酉支の死地に逢って不益なのである。

壬癸干は巳支の絶地は不益だが、癸干は暗に合絆を擁し、卯支の死地に逢って不益なのである。

辛干日主は午支の敗地に逢って不益だが、また寅支の絶地に逢って不益なのである。

以上の六貴人支はみな凶星が同位相だが、生月日時支に擁せば二三の福分の力量を肯首するのである。

もし駅馬が同位相であり、かつ正規の本家禄たる正官印綬を附帯すれば、干合を帯びて輔助を有せば加倍するのである。

この分類に拠って貴人支の死絶地は不益であるが、丙丁壬癸干を考慮にいれないときは、ただしく死絶地の貴相を肯定するのである。

『指南燭神経』にいう――

天乙貴人が生旺のケースでは、すなわち容姿が軒昂で霊性鋭悟、かつ理義は分明であり、雑技に奔らず純粋の大器、かつその蘊身の道徳を衆人は欽慕するのである。

死絶の当地に相当すれば、すなわち性質の執拗をみずから肯定するのである。

貴人と誼みを親交し劫殺を併臨すれば、すなわち容貌威厚で計謀は多足し、また官符を併臨すれば、すなわち文章は飄逸かつ雄弁で高尚を論談するのである。

建禄支を併臨すれば、すなわち文章力が質実純粋で、ひろく布施を好んで遊交し、君子の人物なのである。

もし空亡するか、空支が合絆するか、空亡が併臨すれば、倫理を拈弄して詩吟や技芸の人物なのである。

またいうなれば天乙貴人は、命理で最吉兆の星辰であり、もしこれを擁せばすなわち繁栄し、功名は早達し、官位や福禄も容易に特進するので、命局がみな旺気に便乗すれば、終局的に将校大臣公侯に階位が昇級するのである。

大運や小運や行年が貴人のポイントに至れば、当主は栄転して蓄財し、このポイントで一切の加護が降臨してみな吉兆と為るのである。

おおむね生旺を有益とし、衝破が存在しなければ道理は順流し、空亡に陥らずに天干の納音が調和し、さらに禄馬支を擁せば昼夜ともに乖背せず、そこで年柱と時柱が互換の貴人支のとき、つまり甲午年柱が辛丑時柱を擁したり、丙申年柱が己亥時柱を擁するケースなどである。また四干頭が一貴人支を擁するとき、つまり丑未支主が甲戊庚干を搭載するケースなどである。

それは天干四者が貴人支に凝聚することで五行も聚貴し、さらに天徳月徳貴人を擁せば佳兆なのである。

『理愚歌』にいう――

天乙貴人が空亡に相当するとき、禄馬支ともに背違すれば、廉価なのである。

『寶鑑賦』にいう——

天乙貴人に精気が存在しなければ、貴人支は存在しないも同然なのである。

『林開五命』にいう——

貴人支が死絶地ならば、窮して左遷に遭うのである。

『洞玄経』にいう——

天乙貴人が激昂すればすなわち凶揺を肯定するので、命局に貴人を擁することで、吉兆の論議を肯定できないことを詳解すべきなのである。

論三奇

珞琭子氏がいう——

奇を「貴」と見做すならば、奇とは「異」なのであり、また人物も貴を奇と為すと称することができるのである。

たとえば乙丙丁干は、貴人が干頭の配支の好作用で出類するが、陽貴かつ甲干の徳は子支に生起するように、すなわち乙干の徳は丑支に存在し、丙干の徳は寅支に存在し、丁干の徳は卯支に存在するのであり、それら乙丙丁干三干は相連して間断しないのである。

陰貴かつ甲干の徳は申支に生起するように、乙干の徳は未支に存在し、丙干の徳は午支に存在し、丁干の徳は巳支に存在するのであり、乙丙丁三干は相連して間断しないのである。

以上にしたがって貴人が天干に存在する故に、天上三奇と称するが、十干はこれと異なってあとは「間」「羅」「網」また「天空の間」または重ねて臨支せず、また相連せず「奇」を肯定できないのである。

また『玉霄寶鑑』に古人は旧正月（丑月）を歳旦として、乙干より日昇する故に乙干を日奇と為し、老人星の瑞兆と見做して丁干の位相とする故に丁干を奇星と為すのである。

月照の夜半に陽丙が遁干すれば、天下は明々と為る故に、丙干を月奇と為すのである。

もし甲戊庚干を天上三奇と為すとき、甲戊庚干がともに丑未支に臨むときは、すなわち天乙貴人が斗宿牛宿に併臨して在宅し、井宿鬼宿の舎屋から昇出するので、先後して天上三奇と貴人が生起し、甲戊庚干が適宜に臨むときは、別干が混在してもその作用が精通するのである。

『三車一覧』にいう——

甲干を陽木の魁と為すならば、戊干を陽土の君と為し、庚干を陽金の精と為すので、地支にこの甲戊庚干三者を擁して三奇として三奇の地と称号し、その論説をすなわち深究すべきである。

『太乙』にいう――

辛壬癸干を水奇と見做すが、人間の三奇に形容するならば、その論説に根拠は存在しないが、ただし辛壬癸干は天干の連珠として「三台」と称号でき、この辛壬癸干を擁することは困難なのである。

また『紫虚局』にまた四奇の説が存在するが、さて奇とは奇数だが四者とはすなわち偶数なのであり、奇を肯定できると称するのである。

三奇は順布して併臨するのを要し、混乱して散在するのを要さないのであり、乙丙丁干や甲戊庚干のように天干の年月日時干に順布して吉兆なのである。

また『廣録』に、また乙日干が丙月丁時を擁するのは、これは乙干が丙丁干を生扶し、秀気が下降し日主は平常底なのである。

もし乙時干が丙日丁年を擁するのは、これは秀気が上達してかえって貴相と為るので、順逆を論点にしないようなのだが、そこで甲戊庚干が順布すれば貴相で、逆布すれば福相で混乱すれば非長寿なのであり、清気であればすなわち貴相であり、濁気であればすなわち富者なのである。

「経典」にいう――

五行とはそれぞれ奇の儀則を擁し、まず順布か逆布かに分岐し、もし日柱と月柱とが乱相でも、三奇が順布すれば顛倒とは見做さないのである。

要するに本体が支根を擁するときは、時候のタイミングを要さないのである。

たとえば乙丙丁干が夜刻出生や、甲戊庚干が昼刻出生のときは、本体を擁するのである。

また乙丙丁干が命局に亥支を擁せば、三光に依附する当地とする。

また甲戊庚干が命局に申支を擁せば、三物に依拠する当地とする。

また乙丙丁干が丑寅卯午巳支を擁すか、甲戊庚干が丑未支を全備すればともに当地を擁し、三奇がふたたび三合に逢うのである。

また乙丙丁干が金木局を擁し、甲戊庚干が水火局を擁せばまた六種の儀則に逢うが、①甲子旬の戊干②甲戌旬の己干③甲申旬の庚干④甲午旬の辛干⑤甲辰旬の壬干⑥甲寅旬の癸干でともに吉兆なのである。

珞琭子氏がいう――

三奇の儀則を重犯すれば夾擁する蘊処が、群を抜きん出る器量なのである。

「遁甲」にいう――

三奇が順布すれば六儀に乖背するが、命局が甲子旬と甲申旬の二旬を出所として、また甲戊庚干に逢えば三奇の儀則を重犯するのである。

おおむね命局が三奇を擁するとき、当主は精神は常規を逸して、胸襟は卓越して好奇心旺盛かつ、博学で多能なのである。

そこで天乙貴人を附帯すれば勲業は群を抜きん出て、天月二徳貴人を附帯すれば凶災を侵犯せず、六儀を附帯すれば才智は群を抜きん出て、三合会局を附帯して入局すれば、国家の柱石の人材で、官符劫殺を附帯すれば器量博識で、空亡かつ生旺を附帯すれば脱俗して離塵して、かつ富貴堅貞かつ不屈の威武者なのである。

また元辰咸池に相当し、天羅地網が衝破すれば用途は存在せず、ただ三奇を論点とするのである。

年柱（運歳）に附帯せずに月日時柱に附帯するケースは、孤独性なのである。

「詩文」にいう――

乙丙丁干の十干星が順布すれば、神童として科挙試験に及第して名声が伝播するのである。

日時柱が禄馬支であれば公卿殺と為し、野暮を換骨して、聖明の文才で補佐するのである。

またいうなれば甲戊庚干の十干星が順布すれば、長生を兼備して重轄の異名であるが、もしそこで建禄支も馬支も存在しなければ、財運期に積財する人材なのである。

またいうなれば三奇かつ貴人に重複して逢うときは、栄華にして福寿の人物だが、そこで空亡を有して三奇が貴人支に存在しなければ、窮状かつ失念の被害に遭うのである。

またいうなれば乙丙丁干と甲戊庚干が、上格局で相生かつ生々と復するときは、辺境の仙客などではなく、黄金製玉製の殿上階を闊歩する階層なのである。

またいうなれば隠遁官吏の耀く容貌を識りたいならば、名高い仙人の多くが癸壬辛干に降誕しているのである。

そこで「三奇玉籍伝」の消息は、現在の教師が軽薄であれば、けっして論評などしてはならないのである。

そこで「諸方の詩訣」を校合して、三奇の喜忌を観るべきなのである。

論天月徳

さて徳とは人物を利済して、凶為を抑えて善意を作為することである。

天徳とは、天を三百六十五回と二十五分半を周回することで、黄道十二宮の分野を除き、各月宮三十スパンの占断でトータルして三百六十回と外辺の五回二十五分半で、十二宮位各位に散在している。

そこで甲庚丙壬干と乙辛丁癸干と乾坤艮巽卦とは、神殺の有無を称し、各宮は四十四分割を擁している。

そこで子午卯酉支のなかに甲庚丙壬干を擁し（子支のなかに壬干を有し、卯支のなかに甲干を有し、午支のなかに丙干を有し、酉支のなかに庚干を有す）、辰戌丑未支のなかに乙辛丁癸干を擁し（丑支のなかに癸干を有し、辰支のなかに乙干を有し、未支のなかに丁干を有し、戌支のなかに辛干を有す）、寅申巳亥支のなかに乾坤艮巽卦を擁し（寅支のなかに艮卦を有し、巳支のなかに巽卦を有し、申支のなかに坤卦を有し、亥支のなかに乾卦を有す）、これら十二宮位は能く凶兆が回天して善兆を作動し、すなわち天徳と称するのである。

月徳とは、すなわち三合会局の当処の方照かつ日月の会合の星辰なのである。

まず申子辰支は、酉支と会合して庚干を呈し、壬干において入垣するのである。

また亥卯未支は、午支と会合して丙干を呈し、甲干において入垣するのである。

また寅午戌支は、卯支と会合して甲干を呈し、丙干において入垣するのである。

また巳酉丑支は、子支と会合して壬干を呈し、庚干において入垣するのである。

その故に壬甲丙庚干を月徳と称するのであり、辰未戌丑四月を天徳で同所属と為すのである。

そこで日月が照臨する当宮とは、天時の曜日や地の神殺で、悉く制伏を肯定する故に凶兆を回天して吉兆を作動すべきなのである。

壷中子氏がいう──

天徳とは陽性の徳であり、正月の起動をおのずと乾卦かつ前月星辰と為し、亥支から順行させるのである。

すなわち旧正月が亥支で、旧二月が子支で、旧三月が丑支で、旧四月が寅支で、旧五月が卯支で、旧六月が辰支で、旧七月が巳支で、旧八月が午支で、旧九月が未支で、旧十月が申支で、旧十一月が酉支で、旧十二月を戌支に充てるのである。

月徳とは陰性の徳であり、正月の起動をおのずと坤卦かつ後月星辰と為し、未支から順行させるのである。

すなわち旧正月が未支で、旧二月が申支で、旧三月が酉支で、旧四月が戌支で、旧五月が亥支で、旧六月が子支で、旧七月が丑支で、旧八月が寅支で、旧九月が卯支で、旧十月が辰支で、旧十一月が巳支で、旧十二月を午支に充てるのである。

以上の天月徳の五星論とは、本来は後附の論説なのであり、以前はただ天徳貴人や月徳貴人と見做して干支の分類だったのである。

『閻東叟書』にいう──

貴星が在位して諸神殺を伏蔵して、天月二徳を扶持するときは凶揺は好転するのである。

およそ命局に凶殺を附帯して、この天月二徳を扶擁して善化すれば凶揺は甚大に為らず、まず日柱を要点とみて時柱が刑剋衝破を侵犯しなければ吉兆であり、人命がこれを擁して一生安穏かつ刑を侵犯せず被盗せずに、たとえ凶禍に遭っても自然に好転するのである。

そこで三奇や天乙貴人が同併すれば、もっとも吉慶なのである。

また財星官星印綬食神が臨んで徳分が好転し、それぞれ当処の作用にしたがって福兆が加倍するのである。

また貴格に入局すれば、当主は科挙試験に及第して君子の寵任を得て、祖先の蔭護を禀けて顕達することができるだろう。

逆に濁格に入局しても、一身は温々と飽食して福分も寿元も両全であり、たとえ窮状しても能く分限を固守し、君子を失態することはないのである。

女命がこれを擁せば、多くは貴人の妻君と為るのである。

『三命鈐』にいう──

天徳とは五行福徳の星辰であり、もし人命がこれを擁せば、当主は台閣に登壇して大臣位と為り、さらに月徳が併臨するケースはもっとも好運であり、たとえ凶殺を擁してもまた当主は清顕なのである。

『子平賦』にいう──

印綬と天徳が同局すれば官刑を侵犯せず、老齢に至っても余殃が存在しないのは、天徳が月徳に優越する点なのである。

大統暦（明暦）を考慮すると、天徳合と月徳合を擁するとは、すなわち五行の星辰の契相なのである。

月徳合とは、旧正月（寅月）の丙辛干合や、旧二月（卯月）の甲己干合や、旧三月（辰月）の壬丁干合や、旧四月（巳月）の庚乙干合であり、あとはこれに批准するのである。

天徳合とは、旧正月（寅月）の丁壬干合であり、旧二月（卯月）の申巳合絆や、旧三月（辰月）の壬丁干合や、旧四月（巳月）の辛丙干合であり、あとはこれに批准するのである。

また月空とは、寅午戌月の壬干や、亥卯未月の庚干や、申子辰月の丙干や、巳酉丑月の甲干なのである。

また月厭とは、旧正月（寅月）の戌支や、旧二月（卯月）の酉支や、旧三月（辰月）の申支や、旧四月（巳月）の未支や、旧五月（午月）の午支や、旧六月（未月）の巳支や、旧七月（申月）の辰支や、旧八月（酉月）の卯支や、旧九月（戌月）の寅支や、旧十月（亥月）の丑月や、旧十一月（子月）の子支や、旧十二月（亥月）の亥支なのである。

また月殺とは、寅午戌月の丑月や、亥卯未月の戌支や、申子辰月の未支や、巳酉丑月の辰支なのである。

また歳干徳とは、甲己干と甲干や、乙庚干と庚干や、丙辛干と丙干や、丁壬干と壬干や、戊癸干と戊干であり、甲庚丙壬干を干徳と為し、月干徳も歳干徳と同干なのである。

また天赦日とは、春季の戊寅干支や、夏季の甲午干支や、秋季の戊申干支や、冬季の甲子干支で、すなわち天時かつ四季の専気であり、万物を生育して罪過を赦免するのだが、もし人命が一位の月徳徳秀に空亡の合絆が四大吉時を擁し、さらに生月が天赦日に相当すればもっとも玄妙なのである。

また他に天喜神とは、春季の戌支や、夏季の丑支や、秋季の辰支や、冬季の未支に逢うときは、当主は歓嘆して悦するのである。

また旌徳殺とは、寅午戌支の日時丙干や、亥卯未支の日時甲干や、申子辰支の日時壬干や、巳酉丑支の日時庚干なのである。

また旌鉞殺とは、寅午戌支の寅時支や、亥卯未支の亥時支や、申子辰支の申時支や、巳酉丑支の巳時支であり、また寅午戌支の辛干や、亥卯未支の己干や、申子辰支の丁干や、巳酉丑支の乙干で、また旌徳とも称するのである。

当主が一星辰の旌徳を主事すれば、五世代に亘って貧窮せず、内実に旌鉞殺を擁して将軍宰相三公大臣なのであり、旌徳殺と旌鉞殺が相会すれば、貴命でなくとも富命なのである。

「経典」にいう――

またある種の旌鉞殺とは、寅卯辰支主が癸酉干支を擁し、巳午未支主が癸卯干支を擁し、申酉戌支主が戊子干支を擁し、亥子丑支主が戊午干支を擁し、すなわち四季の専主かつ執刑官の星辰で、庶人が配当して主事して本命が剋傷するときは、当主は横死するのである。

またある種の三公殺とは、寅午戌支主の壬子干支であり、巳酉丑支主の丙午干支であり、申子辰支主の乙卯干支であり、亥卯未支主の辛酉干支であり、すなわち専気として四方位に鎮座し、剋生の運歳が至れば五行の毒気と為り、庶人がこれを侵犯すれば当主は非道にて横死するが、もし旌鉞がさらに三公殺一位と同会すれば、当主はとくに貴命なのである。

現今の命理を談ずる者は、月徳を論点とするのに諸殺を論点としないが、これはおのずと偏見なのであり、それに因んでこれらを並起してみたのである。

論太極貴　一名科名星。

太極とは太初の始原であり、太初において物質が創造され太極が完成し、収蔵されるところから帰するところ「極」と称するのである。

造化の終始を相保するので、すなわち「太極貴」と称するのである。

甲乙干の木質はまず子支かつ坎卦の生助で作動し、のちに午支において終結し、すなわち離火にて焚死するのである。

丙丁干の火質は卯支かつ震卦に喜出し、のちに酉支かつ兌卦において喜蔵するのである。

庚辛干の金質は寅支かつ艮卦にて金質を派生し、のちに亥支がめぐって乾卦として、すなわち金廟の当地なのである。

壬癸干の水質は申支にて派生し、のちに巳支を擁して収納するのである。

「経典」にいう――

地盤が東南位で陥没し、四大の濁流が巽位に倶流するのは、みな始まりが存在して終局が存在する意味なのである。

戊己干の土質とは申支に喜生し、辰戌丑未支を擁して正庫と為すのである。

『理愚歌』にいう――

四庫（辰戌丑未支）が全局するときは貴相に至るので、権威ある均衡の拠地として上位の班列なのである。

人命がこれに入格して、さらに福気や貴神の扶助を擁せば、どうして美観と為らないことがあろうか。

文昌貴を擁するとは、甲干は巳支を口として乙亥干支を頭とし、丙干が狗で丁干が龍ならば、戊干は申支を文昌貴と為し、巳午支や庚寅干支や辛未干支は貴相で、また六壬干が卯支を擁したり、癸干が午支を擁するのも貴相なのである。

文誉貴を擁するとは、甲子日主が壬戌干支や丙寅干支を擁したり、建禄支の前後支を一般の星辰としてかならず帯冠の公卿かつ世表の人物と為り、天性は聡立して名誉が伝播するので、富貴栄華の事業が新展するのである。

文星貴を擁するとは、甲午干支乙巳干支丙申干支戊申干支で、また酉支搭載の丁己干かつ亥支搭載の辛干であり、庚干が戌支に逢い壬干が寅支に逢うのを、十位相の文星貴かつ癸卯干支を遊保するとしている。

天印貴を擁するとは、甲子干支が寅支を擁し乙干が亥支に逢い、また丁酉干支と戊申干支が同位相で丙戌干支と己未干支が同宮し、庚辛干が午巳支を擁し、癸卯干支が壬辰干支と同宮するのを天印貴と称号し、栄達して皇位を受領するものである。

論學堂詞館　魁星科名附

さて学堂とは、人物が学堂に在学して積読するようなものである。

また詞館とは、現今の翰林（学士院）詞館の官吏のようなものである。

その学業の専精に取用し、文章力は群を抜きん出て、長生符の学堂が正規の位相なのである。

それは庚辛干命が辛巳干支を擁するか、庚辛干命長生が巳支を擁するか、辛巳納音が金質に所属するケースなのである。

建禄とは、すなわち詞館の正規の位相なのである。

それは庚辛干命が壬申干支を擁するか、庚辛干命建禄が申支を擁するか、壬申納音が金質に所属するケースで、ほかはこれに批准するのである。

壷中子氏がいう―

文星貴を命局に擁せば、班馬を出類する無為の才能を有するのである。

「註」にいう―

乙亥干支と丁巳干支を文星貴と為し、これは木火気の長生建禄の義則に取用し、木火気が重複すれば紅色緑色に発焔し、文章の象なのである。

また納音論でも火気を附帯して包帯せず、また乙亥干支を擁して土気を附帯して包帯せず、そこで丁巳干支を擁しても危惧は存在しないのである。

『閻東叟書』にいう―

命局の年月日時柱を、甲乙丙丁干の四位が配置すれば不断に相連し、青色赤色をして文章を成為するのは、「甲寅干支と乙亥干支」「丁酉干支と丙申干支」「甲子干支と丙寅干支」「甲寅干支と丙寅干支」のケースで、日主は文章の異彩が群を抜きん出るのである。

『玉霄寶鑑』にいう―

すなわち木気金気火気を全備すれば赤白色が成章し、丙寅干支が己亥干支を擁して辛巳干支を有するときは、丙寅干支を火気に取用し、己亥干支を木気に取用し、辛巳干支を金気に取用してみな長生の当地に座し、日主は詞館翰林ともに鋭秀なのである。

また甲子辰支を全局して丙干を擁するとは、丙子干支の丙寅月と丙辰日と丙申時のケースで、丙干を真の水質と為し、申子辰三支は水気の正位であり、干支ともにこれを全局すれば、金気を含んですなわち貴相で、金気が存在せずとも日主は海学深淵なのである。

『鬼谷遺文要訣』にいう―

戊己干が重複して両干位とも帯旺すれば、元禄を兼ねるとし、戊子干支が戊午干支、戊戌干支、己未干支、己酉干支を擁するケースで、日主の文章は燦々と耀くのである。

諸家の学説に「学堂会禄」があるが、庚金は巳支で長生して申支で建禄するが、甲乙干当主がこれを擁して水土質が申支に長生し、亥支にて建禄するのである。

丙丁壬癸干当主がこれを擁し、甲木は亥支で長生し寅支で建禄するので、戊己干当主がこれを擁し、丙火は寅支に長生し巳支に建禄するのである。

庚辛干当主がこれを擁し、また官貴学堂と称し、官貴かつ長生の位相を学堂と見做し、官貴かつ建禄の位相を詞館と見做すのである。

学堂が食神を擁するときとは、甲干の食神の丙干の丙寅干支を擁し、乙干の食神の丁干の丁巳干支を擁し、丙干の食神の戊申干支を擁するケースであり、官星印星や駅馬を兼備してその福分は厚く、貴人禄支かつ徳奇に逢いその気粋は清気なのである。

そこで刑剋衝破に相当すれば、その気粋は濁気するのである。

清気であれば科挙試験に高名及第し、厚くすなわち官爵が栄顕するのである。

濁気であればすなわち福禄は薄微で、官職も下級なのである。

相生の当処に有剋するとは、甲乙干当主が辛亥干支を擁し、丙丁干当主が壬寅干支を擁し、戊己干当主が甲申干支を擁し、庚辛干当主が丁巳干支を擁するケースで官星学堂と称し、日主は科挙試験に及第して、君主に伺候するのである。

納音が帝旺の位相を擁するときに、天乙貴人が臨支するとは、己酉当主が丙子干支庚子干支を日時柱に擁し、壬午当主が辛卯干支を日時柱に擁するケースで、学堂会貴と称して日主は清貴なのである。

おおむね学堂詞館とは、空亡や衝破の侵犯を要さず、干支の納音が相剋を擁するのを要さず、作用の方途を肯首するのである。

『祝勝経』にいう―

甲辰干支と丙辰干支の学堂は真実ではなく、蔭富を抑止して官職は下級で、積読や修学も名声が空虚なのは、これは学堂が空亡に陥るのを危惧するのに言及している。

『三車一覧』にいう―

学堂に精気が存在しなければ、ただ儒学者に有利なだけで、これは学堂が旺気に乗ることを要しているのである。

『理愚歌』にいう―

学堂に駅馬が併臨すれば、階位は高々と天下を圧して勲功し、これは学堂が駅馬を必要とすることへの言及なのである。

また生来の禄馬支とは学堂の真実に添付し、もし詞館が同宮すれば文章を主事して交際に障礙などなく、剋衝しなければ福禄は栄昌なのである。

またいうなれば文星貴が聚処の人物は瑞兆を顕わし、名声は華美で英雄の輩の栄冠を独占するのである。

そこで真実の学堂に相当しなければ降格し、その学才がどうして衆に抜きん出るだろうか。

この学堂というのは、衝破や受剋を危惧するのであり、そこで人命が入格すれば造化に合致し、また学堂詞館が存在しなくとも得果できるだろう。

徐子平氏がいう―

学堂とは天地陰陽の清秀の気粋で、五行長生の精神であり、すなわち甲干が亥支を擁し、乙干が午支を擁するケースなどであり、また月時柱に一位が顕われるのを肯定するが、かならずしも全局に兼備する必要はなく、さらに天乙貴人を附帯するのは、たとえば丁日が酉時支や酉月支を擁するケースなどである。

書生人がこれを擁せば、日主は聡明かつ智巧かつ文章力高秀で、さらにメリットを引用するならば、抑剋の星辰が存在しなければ、また徳秀に相当すれば世業の冠儒として、命局の財星や印星や食神の配置で成否が分岐するのである。

「経典」にいう――

学堂に生気があれば、文章富貴は世に冠とし、またいうなれば学堂はかならずしも官星を専論にせず、その文章もかならずしも印綬を専論としないのである。

古人は長生をもって学堂に取り、就学の生気の義則に取用したのである。かならずしも日干を専論にせず、ただし命局中に寅申巳亥支を附帯すれば、すなわち有学の徒としてこの四宮（寅申巳亥）の聚合とは、天地間の至清の気なのである。

そのなかに四駅馬が存在して四劫殺が存在するが、みな発生の意義なのである。

また子午卯酉支を四敗と為して濁気とし、辰戌丑未支を四庫と為して雑気とし、かつ月の気候が寅申巳亥月に至れば、すなわち寒くも暑くもなく、気風は自然かつ清雅で温和なのである。

およそ年月を占断するとは、もっとも有力であり、日干がおのずと長生を擁し、かえって月令の存在を有益とせず、大運が順行すればすなわち、沐浴との交点で命局は学堂を附帯せず、五七歳に至りかえって日干長生と交運して文学を顕わし、名儒ではなくともかえって拙文家には至らないのである。

もし八字命局に擁さないときは、五七歳の交点を敗死二運の最忌とし、たとえ厳格の学匠でも教化は難儀なのである。

命局が二様相の学堂を附帯すれば、ともに自刑の剋壊を危惧し、そこで刑衝破損を擁せば、書物を積読しても完成せず、重複して妨げはないのだが、この一衝で終局的に純粋な相ではないのである。

またいうなれば命局は財星の過旺が不益なように、財星とに厚濁した星宿で、一見してもすなわち貪欲を好んで人心は喪志し、命局にもし官星を擁せば、偏気を抑制して性情は上古に執着して通変星は作動せず、もし財星が旺盛で官星が存在しないとき、すなわち混濁して清澄ではなく、たとえ富貴者でも愚人なのである。

「古歌」にいう――

五行の生処を学堂と為し、陰陽の順逆の詳推を要するのであり、文学の貴相に注目して引用するが、抑圧にめぐるように善化しないだろう。

「註」にいう――

学堂が凶処を附帯して抑圧を臨支すれば、およそ科挙試験の合格命局で、みずから五行の精粋を肯定し、学堂や駅馬が金水気に臨支して生旺、かつ三奇華蓋が日時柱に附帯し、また刑衝が生旺で水火気が相生すれば、福星が時柱に聚合し天干は争乱せずに、みな日主は清誉にして科挙試験に合格するのである。

またいうなれば甲辰干支一旬の十二位を魁星と称し、その一旬から甲辰干支、丁未干支、庚戌干支、癸丑干支の四位を取出し、そこで甲木の旺気たる東方位に取り、丁火の旺気たる南方位に取り、庚金の旺気たる西方位に取り、癸水の旺気たる北方位に取り、取用を旺気の方途に添付し、辰戌丑未支に臨支を付加し、そこで真実の魁星と為すのである。

およそ人命が甲辰干支から癸丑干支までの一旬が、日時柱に倶在すれば科挙試験に及第が当確し、三位及第者までにかならず当確が掲名されるのである。

またいうなれば丁亥干支、辛卯干支、庚戌干支を魁星と為し、これを日時柱に擁するときは、多くは占解省の殿魁に相当するのである。

また四柱命局に干合を併見するときは、歳の首星と称して子支主は子支に在し、そこで命局の月建として歳窠と称し、日主は詞館学堂ともに豊厚で合格者として顕赫し、また寅申巳亥支四位はおおむね当年の魁星四位として遁起するのである。

癸巳当主は寅支から甲寅干支、丁巳干支、庚申干支、癸亥干支と遁起するのである。

丁卯当主は寅支から壬寅干支、乙巳干支、戊申干支、辛亥干支と遁起するが、他はこれに批准するのである。

およそ命局が金土の秀気に乗るときや、金木の秀気に乗るときや、火木の秀気に乗るときや、水木の秀気に乗るときは、みな日主は科挙試験の合格者名であり、秀気とは月令中の秀気であり、およそ干支が精気を擁せば、月令の秀気に乗り、みな日主は試験合格の命局なのである。

「古歌」にいう――

日干や提綱（月令）が生旺で、木火明秀や金白水清や土金重複や水火既済のときは、丙丁干が遁互して天乙貴人の当地と為り、金水気の湧相なのである。

また甲乙干が春季に出生して食傷を擁せば、また財星と印星が双方ともに軽微で、官殺が重複するとき、また偏官が重く己身が軽微で印綬を擁せば、魁星と官殺は明らかに分局して奇特なのであり、合格者の命局かつ合格年度なのである。

壷中子氏がいう――

馬支と財星が合支すれば「秦国の朝廷に鶚の書物を献上する」とし、官位と爵禄でともに歓迎し「禹門の三級の波濤を透関する」のである。

「註」にいう――

運歳の駅馬は、命局の駅馬をみて衝して合絆しないのである。

また天干に財星や文星貴を擁するケースでは当人はかならず発動するが、合絆すればすなわちかならず作動しないのである。

官位と爵禄に逢えばすなわち成功し、官位と爵禄を擁さなければ、発動は止熄して了畢する。

またいうなれば当人の当歳を挙例すれば、運歳と月建（月令）が肝要で、相和すれば福を作動するが、その他の甲戊庚干や乙丙丁干のケースは、みな定則は存在しないのである。

ただ運歳は月建（月令）を本拠とし、参究してこれを推測すべきなのである。

またいうなればこの大運には官位が存在し、運歳は印綬か天乙貴人か本家禄を附帯しているが、その当年が科挙試験の当確年度なのである。

論正印

正印とは、五行の正規の庫処であり、庚辛干が乙丑干支を擁し、甲乙干が癸未干支を擁し、丙丁干が甲戌干支を擁するときで、水気の阻土とは壬辰干支や丙辰干支なのである。

いうなれば正印の生扶に逢えば、かならず玉製の殿堂を拝登するのである。

『蘭臺妙選』にいう――

命局に五行が全備して官星が要腑に位相するときは、正印を擁して本家格として貴相を肯定するのである。

本命局が正印を同徳して臨支するときは、帝旺の座下に擁するときや、胎月の座下に擁するときで、当主は壮大かつ重厚で功名は顕赫し、官印を併見して貴格を擁して扶助すれば、さらに有為なのである。

もし甲乙木が水気の印星を擁し、丙丁火が木気の印星を擁するときは、多くは外域の権威や財物を兼備するのである。

もし己身が正印を剋伐するか、または正印が己身を剋伐すれば、朽廃ののち復旧するだろう。

もし壬癸年干が火気印星を擁し、丙丁年干が水気印星を擁するときは、本家正印の次席格とし、そこで当主は旺気を擁して吉兆なのである。

もし破剋衝するときは、別途に福分の救助は存在せず、また空亡すればただ清閑と為り、僧侶や道士であって当人が挙揚して完成はしないだろう。

もし五行に清気が存在すれば、すなわち絶世の志高人物で、凶処を擁せばすなわち窮状なのである。

天乙貴人が正印を夾擁するとは、丙丁干主が甲戌干支の正印を為し、かえって酉亥支をこれに夾擁するときである。

また壬癸干主が壬辰干支の正印を為し、かえって卯巳支をこれに夾擁するときである。

そこで卯巳支とは、すなわち壬癸干の貴人支なのである。

華蓋が正印に臨支するとは、亥印支が未支を擁する癸未干支のケースである。

文章が正印を臨支するとは、戊寅干支が癸未干支を擁するように、辛巳干支が甲戌干支を擁し、庚申干支が乙丑干支を擁し、癸亥干支が丙辰干支を擁し、乙亥干支が壬辰干支を擁し、すなわち納音が己身を剋伐して干頭が制伏を擁し、戊午干支が癸未干支を擁し、庚子干支が乙丑干支を擁し、丁酉干支が壬辰干支を擁し、己卯干支が甲戌干支を擁し、辛酉干支が丙辰干支を擁し、干頭が制伏して地支が支合するケースなのである。

重複した正印は墓庫に臨むのを要し、もし生旺かつ扶助があり、禄馬支と貴人支が互換すれば、相合を併見して貴相に至る命局なのである。

もっとも刑衝や破害を忌むのは、三合会局や六合に凶処が臨支することで、甲戌日が癸酉時を擁せば福分が逓減して、壬癸干当主が本家格の印星を附帯しても無益で、木気と印星を擁して損気し、土気と印星を擁して干頭と地支が交相すれば官印と称し、交相しなければ鬼印と称するのである。

年柱と時柱に正印を擁して「鳳凰啣印」と称し、虞氏（長官）の命局で「癸未干支、甲寅干支、戊午干支、丙辰干支」のケースである。

福分の聚印とは、年月日時胎の五位相ともに精気が存在せず衰敗し、印綬偏印を擁してともに正印に臨みまた庫地や旺地に臨み、凶星を擁しても制伏が発効すれば、これを福聚印と称するのである。

凶禍の聚印とは、癸巳当主が壬辰干支を附帯して命局に水気が過多し、ともに辰支で墓符に臨み、すなわち癸巳当主は七殺を被るのである。

そこで巳支を命主と為して、巳火が過多すればすなわち当主は病み、これを禍聚印と称するのである。

福分を破って禍印を成すとは、壬癸干主が水気と印星を擁するか、また月日時胎に多くの土気の附帯を招来するときで、本家格の正印は凶揺を擁し、これを福分を逓減し凶揺を成すと称するのである。

殺印を附帯するとは印星が貴相と七殺を擁する、たとえば壬子当主が壬辰干支と丙辰干支を擁し、子支は辰支に至って華蓋と称し、壬干主は辰支を貴相と為し、もし正印が命主に背逆すれば福神の往還は存在せず、帯殺と称して当主は凶兆なのである。

空亡が正印に臨むときは、すなわち正印が空亡に陥り、地支に六合や官星貴相が存在しなければ、濁命かつ完成はないのである。

正印が刑衝すれば、たとえば庚戌当主が乙丑干支を附帯し、庚干主が金印を固より好むので、丑戌支の相刑とは金気と金気の刑衝で、このケースはよく存在して福分は些少だが、終局的には濁命なのであり、あとはこれに批准すべきなのである。

およそ正印を論点とするときは、さらに五行と納音の同調の好作用で真実を呈し、ただし当主は十全に安堵せず、六親に不利益で子息も難儀なのである。

論徳秀

さて徳とは当月の生旺の徳であり、秀とは天地中和の気の和合なのであり、五行の変化の生成する者なのである。

またいうなれば徳とは、陰陽の凶兆を解法する星辰なのであり、秀とは天地清秀の気なのであり、四季の当旺の星辰なのである。

故に寅午戌月は丙丁干を徳とし、戊癸干を秀と為すのである。

また申子辰月は壬癸戊己干を徳とし、丙辛甲己干を秀と為すのである。

また巳酉丑月は庚辛干を徳とし、乙庚干を秀と為すのである。

また亥卯未月は甲乙干を徳とし、丁壬干を秀と為すのである。

およそ命局中にこの徳秀を擁して、衝破抑剋が存在しなければ、性質の聡明を配賦されて温厚かつ和気であり、もし学堂を擁してさらに財星と官星を附帯すれば、当主は貴相でまた剋衝は寛解するのである。

論劫煞亡神

劫とは「奪う」であり、自己の外辺を劫奪するので劫と称するのである。亡とは「失う」であり、自己の内辺を亡失するので亡と称するのである。

劫とは五行の絶処であり、亡とは五行の建禄に存在し、寅申亥巳支に倶在するのである。

壬水は巳支に在って絶符するが、申子辰支は巳支を劫殺と為すのであり、また巳支蔵の戊土は劫水でもある。

丙火は亥支に在って絶符するが、寅午戌支は亥支を劫殺と為すのであり、また亥支蔵の壬水は劫火でもある。

庚金は寅支に在って絶符するが、巳酉丑支は寅支を劫殺と為すのであり、また寅支蔵の丙火が劫金でもある。

甲木は申支に在って絶符するが、亥卯未支は申支を劫殺と為すのであり、また申支蔵の庚金は劫木でもある。

「故歌」にいう――

劫殺を窮状と見做すのを肯定すべきでなく、いたづらに名利のタイミングに奔走するので、まず祖業の亡尽消去を防備すべきであり、そこで妻君子息がどうして長久で居られるだろうか。

またいうなれば四支位が生旺の劫殺を附帯すれば、当王朝の事業を振興する首魁儒者なのであり、もし官星や貴人が時柱に存在すれば、御史台に標名が掲載されるだろう。

またいうなれば劫神が官星を擁せば、当主は兵権を執事して聖明を資助し、憤怒せず威人として衆人に仰慕され、まず夏季に満開する花々のように安らかに栄えるのである。

またいうなれば劫殺とはもともと魁殺であり、己身の命局が擁さなければそこで魁局は死に相当し、曜殺の臨支をかならずしも礙げないのである。

もし星宿が存在せずこれが位相すれば、さらに三合会局において子細を推究して配列し、天干地支に凶星が至るのを加得するので、命局は風前の灯火に似て四散して恒久ではないのである。

また水気は木気を派生するので、申子辰支は亥支をもって亡神と見做し、亥支蔵の甲木が洩水なのである。

また火気は土気を派生するので、寅午戌支は巳支をもって亡神と見做し、巳支蔵の戊土が洩火なのである。

また金気は水気を派生するので、巳酉丑支は申支をもって亡神と見做し、申支蔵の壬水が洩金なのである。

また木気は火気を派生するので、亥卯未支は寅支をもって亡神と見做し、寅支蔵の丙火が洩木なのである。

「古歌」にいう━

亡神や七殺の凶揺は軽微ではなく、機能作用が行き詰まれば一事として完成せず、妻君子息を刑剋して祖業は存在しないのであり、仕人は虚名が露呈するのを危惧するのである。

またいうなれば命宮が亡神に相当すれば、また長生符に貴人支が臨支して日時柱の天干地支が合絆すれば、塞滞なく王族大臣と為るのである。

またいうなれば七殺とは亡神でもあり、亡神の凶揺が軽微と見做してはならない。

己身の命局が当地に還居すれば、日常は窮状して塞滞して経過するのである。

それは凶星が妖耀して臨支し、あらましは薄氷を踏歩するようであり、三合会局をさらに明察して審査すれば、殺が到来して夾拱してかならず行為は難儀なのである。

劫煞一十六般　一名大煞

いわゆる吉兆とはすなわち聡慧にして敏捷で、その才智が人に過ぎるのである。

その事象は素行に留まらず、胸中の万象は高明かつ爽快迅速で、その武徳で財貨を積むのはすなわち生旺であり、貴殺かつ建禄を併見するケースである。

いわゆる凶兆とは、すなわち邪気が昏濁して毒性が重害で持疾に損耗し、傷兵かつ折刃で狼勇かつ執拗なのである。

また無情かつ貪欲で略奪するのは、すなわち死絶符であり悪殺を併見するケースである。

もし元辰や空亡に耗尽して、金星つまり庚辛干を併見するケースは能く先鋭を彫削し、そこで空亡と金気火気を併見すれば、独身で粗鉄を鍛治し狩猟して徒食する人間なのである。

もし劫殺が身を削剋して、さらに金神と羊刃を併見して剋せば、日主の車馬が横転する窮状を被り、生時柱にこれを擁せば子孫は愚者で薄微なのである。

【劫殺聚寶】我が他を剋する。

一位の瑩玉たる劫殺とは、歳運が劫殺を抑剋して有力でかつ日主が調和すれば、日主は富裕なのである。

【劫殺宜権】建禄が空亡するとき十日を批准して夜刻を推し、建禄はその十日に批准して星辰が作動しない。

一位の劫殺を帯纏するとは、人々の衣服や冠帽が基調し、それは光々たる貴人として顕われるが、いうなれば生旺の星宿に相当するときである。

【劫殺嘉謨】己身が劫殺に受剋せず、劫殺がかえってその位相を確立しない。

一位の劫殺の綱紀とは、日主が強く劫殺が弱く、日主が他位に貴相を擁するときは、容態は妄動せずつねに礼節安泰なのである。

【劫殺奏號】貴人が至ることに同じ。

一位の劫殺の旗章とは劫殺が貴人支に臨支し、日主の扶助に相当すればおよそ難事が変転して容易に成立し、人は己身を欽慕して福分が特異なのである。

【劫殺呈瑞】真の長生の位相である。

一位の劫殺の彰冠とは、劫殺が長生位に在ることで、日主の財星と官星の爵禄は、均衡して日主は貴相である。

【劫殺為霖】文貴人に列する。

一位の劫殺の塩梅とは、時柱がこの劫殺を附帯し、運歳と当君の干支が互換するとき貴相であり、さらに日主が調和すれば名利は顕赫なのである。

【劫殺生上】下位がその上位を生扶する。

一位の劫殺の庫堂とは、時柱がこの劫殺を附帯し、命局が生旺で年柱を資扶するケースは、重支一位としてもっとも吉兆であり、すなわち両干頭の衝揺を喜兆とするが、年時柱が干合して支下が劫殺を附帯すれば、日主は遊蕩して破家するが、さらに日柱が不調和であればそれを肯定して宜しいのである。

【劫殺類争】丙丁当主が火気劫殺のケースである。

一位の劫殺の門争とは、制御が存在しないときはすなわち占医事業を冒涜し、また制御が存在すればすなわち福寿貴格と為り、また日柱星宿の吉凶次第で判断は過及するのである。

【劫殺造意】己身が生意を撤去する。

一位の劫殺の嬰児とは、運歳が生意の劫殺を剋去し母が子を派生するように、もし刑象一位を擁せば、日主は子を剋して家を喪失するが、子女に散財するか疑いなく日主は損耗するのである。

【劫殺非良】劫殺が到来して我を剋する。

一位の劫殺の貪弄とは、日主が義則なく財物を取得し、財物によって己身は損害するのであり、また貪欲吝嗇で凶揺に遭うのである。

それは日主星辰が凶殺であれば必然的だが、日柱星辰が貴気であれば凶意は些少なのである。

【劫殺毀焚】破家相の劫殺が運歳を剋伐する。

一位の劫殺の桑陰とは、破家の星宿が到来して運歳を剋伐する意を兼ねて、独り身でなくとも家屋が無く存在だけしており、甑釜には塵が堆積し、さらに亡神が窮者を剋すれば救応は存在しないのである。

【劫殺酣慾】合絆が生起し、己身が弱く他が強い。

一位の劫殺の風流とは、日時柱を侵犯して合絆が一二相あり解消せず、剋去もせず、日柱の星宿についに情意援相が存在しなければ、日主は酒色で破家し、廉恥を弁えずに恒常的に酩酊しているのである。

【劫殺軽盈】劫殺が死絶に遭い、己身が彼の生意を排するか、また合絆が生起する。

一位の劫殺の管弦とは日主は嬌態かつ美姿で、花柳界の春風として日々の生計を立てるため、日柱星宿が絶符しなくとも福星の援助は存在しない故なのである。

【劫殺黨衆】双殺が到来して運歳を剋する。

一位の劫殺の天牢とは、たとえ貴相でも非長寿であり、征軍中に他郷で客死するか、さもなくば頭賊と化すだろう。

それは干頭や納音が、日柱星宿を耗尽して、さらに空亡して絶符すれば決定的である。

【劫殺暴厲】亡神と劫殺が双全するか、また羊刃が剋すれば、重複して合絆するのである。

一位の劫殺の鎗刀とは、日主は粗暴で卒し、干頭や納音が日主を耗尽すれば、日主は決定的に免れ難いのである。

【劫殺空閑】孤辰と寡宿がおなじく至る。

一位の劫殺の煙霞とは、この劫殺と孤辰寡宿が刑象して、隔たりが四位中に二犯するときは、死絶符を兼ねて日主を耗尽して、僧侶でなくば道士であり、そこで水火気の象でこれを分岐すれば、水気が過多であれば道士であり、火気が過多であれば僧侶であり、もし俗人なれば甚だしく窮状で、そこで貴気が加交すれば凶意は些少なのである。

亡神十六般　一名官符。一名七煞。

吉兆とはすなわち峻励かつ威厳があり、謀略を計算して精神は見事であり、事機は露呈せず兵卒を詭計して終始争って勝利し、言論は弁論を排斥して壮年期に進士に任用されるが、すなわち生旺かつ貴殺を併見するときである。

凶兆とはすなわち狭躁で性質は屈縮し、その是非は浮蕩して酒色を好み風流である。

官権に獄訴され血気が腫瘤し、気性は謙譲せず、勢いを失して配下を失い、兵難で刑責されるのは、すなわち死絶と悪殺が併臨するからである。

もし貴人と建禄を併見すれば、もっぱら筆硯文具を趣味として文章詞句を撰飾し、公認されて家を起こし、交渉して官府に有利だが、または軽犯罪者として火気の剋身を併存し、すなわち無気力で吃語し、多くは足腰を瑕疵するのである。

【亡神富蔵】

一位の亡神と貴人支駅馬支とは、すなわち運歳が凶殺を剋去し、亡神が運歳の剋伐を被るのである。

己身が当者に克つときは、まさに投降を受け容れ肯定するのである。

また日主や財星や官星を貴気と肯定し、または日主を生助すれば日主は大富貴なのである。

【亡神長生】

一位の亡神の玉器とは、精神が長生の位相に存在し、日柱星辰とは別位の貴人禄支を兼帯して、早年に発動して高位に高昇するのである。

【亡神臨官】

一位の亡神の官禄とは、亡神が建禄の位相に入り、空亡に陥ってかえって吉兆と為るのである。

干頭と納音が調和する生日は、当主は官禄を賜る貴相だが、二三分の酒色の難意を擁するのである。

【亡神鑾輿】

一位の亡神の大小鼎器とは、時柱に臨って座し、かえって年時柱に貴人が従来して互換すれば、干頭の星宿が日柱を生助して貴相なのである。

【亡神自如】

一位の亡神の規範とは、凶殺が弱殺に位居し、運歳が強宮に交入して凶殺を抑剋しなくともかえってその位相を得ずに、凶殺は投降するのである。

そこで日柱星宿に貴気が分岐するときは、日主は能賢かつ謹謙の人士で、中正に公勤する食禄を具えた人士なのである。

【亡神生本】

一位の亡神の父母とは、亡神が生旺かつ運歳に生起するときで、ただ一セットの重複が適宜なのである。

もし財星や官星などが貴相と為り、日主星辰と相関であれば、日主は精神聚富なのである。

【亡神義門】

一位の亡神の絹衣とは、貴人支を日時柱に併見して亡神を伴い、干支が日柱を損壊しなければ、日主は福兆かつ栄華なのである。

【亡神錦里】

一位の亡神の児女とは、運歳が刷去して他処が生扶し孤宿と劫殺の隔たりに逢えば、すなわち凶兆なのであり、禄支貴人支を附帯すればすなわち吉兆で、一セットの重複が好作用なのである。

【亡神未降】

一位の亡神の停力とは、すなわち運歳と劫殺がおなじ五行で、たとえば甲乙干が木気の凶殺を擁し、ついに相剋や降相が存在せず、日柱が統制しないことである。

もし貴気が欠損すればただ屠殺業者や仲買業者やブローカーかつ、赤青占医術業者のケースなのである。

【亡神妄作】

一位の亡神の追剥とは、この凶殺の当処で運歳が背逆して剋伐し、日柱の精気が損耗するときは、日柱は作用ではなく財物に執し、言語に狂妄して占医芸術に携わり、人として天運を談じて地象を論説するのである。

【亡神嘯宅】

一位の亡神の谿谷とは、亡神がもし破宅殺と為れば剋伐を兼ねて運歳を盗気し、日柱に情通しなければ当主は謀計が拙劣で窮し、生扶を要して卒亡に際して棺桶の供与もないだろう。

【亡神舞群】

一位の亡神の鼓楽とは、その凶殺は沈降も剋伐もせず、かえって合起の精神が存在するのである。

当主は群衆の雑踏の裏路で酒色で身を立てるが、もし日柱に貴気が存在しなければ、上記に批准するのである。

【亡神薄悪】

一位の亡神の噴血とは、亡神と劫殺が併臨して、年柱と時柱が干合して納音がその運歳を剋伐すれば、かならず日柱は刑法に抵触して疾病の危惧を肯定し、日柱星宿を損耗してそこで貴気が存在しなければ、験証が確定するのである。

【亡神迷溺】

一位の亡神の遊里とは、この亡神が一者で来合すれば、凶殺が剛気で己身がかえって柔弱で、きまって日主は歌舞謳歌して色食で日々を看過し、さらに日柱が凶殺を併臨するときは、生活窮状で卒するのである。

【亡神乖張】

一位の亡神の枷鎖とは、日時柱に亡神を二セット併見して合絆を附帯すれば、かならず面相に刺青を容して下級官吏に配属されて、また日柱が損耗するケースは重篤なのである。

【有真亡劫】

寅午戌支当主が癸巳干支、癸亥干支を擁し、巳酉丑支当主が丙申干支、丙寅干支を擁し、申子辰支当主が丁亥干支、丁巳干支を擁し、亥卯未支当主が壬寅干支、壬申干支を擁するときだが、単独のケースでは当主は凶揺なのである。

劫殺の干頭に財星が顕われるとは、寅午戌支当主が甲干に己亥干支を擁するケースや、巳酉丑支当主が乙干に戊寅干支を擁するケースである。

これは劫殺の干頭に財星を擁するときで、日主は蓄積して大富豪と為り、用途を顧みずに凶作用を為すときは、惨物の害毒としてそれらが夾雑すれば、かえって当主は窮状なのである。

劫殺の干頭に凶星が顕われるとは、申子辰支当主が甲干に辛巳干支を擁するケースや亥卯未支当主が乙干に庚申干支を擁するケースである。

また劫殺が凶作用の官星を擁するときは、当主の官星は作用せず、たとえ官星が存在してもその作用を否定して適配を肯定できず、人々の多くが劫殺を被るときは、恒常的に烏合の衆なのである。

劫殺が相合を擁するとは、甲寅干支が己亥干支に相合し、丙寅干支が辛亥干支に相合し、戊寅干支が癸亥干支に相合し、庚寅干支が乙亥干支に相合し、壬寅干支が丁亥干支に相合し、甲申干支が己巳干支に相合し、丙申干支が辛巳干支に相合し、戊申干支が癸巳干支に相合し、庚申干支が乙巳干支に相合し、壬申干支が丁巳干支に相合して、日干に在位するときで、それを旌旗殺と称し、時干に在位するときは英雄殺と称して当主は武勇なのである。

また劫殺が分岐したり聚合したりとは、甲子日柱が己巳月柱や己巳時柱を擁し、この子支の一劫殺が二セットの両巳支に寄相し、両巳支が二セットを分受し、窮状が軽度に好転するのである。

劫殺が聚合するとは、甲子日柱が丙子月柱と己巳時柱を擁し、この二セットの両子支に一劫殺の巳支が相会し、一巳支が一セットで受けるときに有害でかえって重篤なのである。

またいうなれば劫殺が凶殺を主事するとは、生気が生を主事し、もし生気が二セットに重複すればそこで劫殺が一セットで複し、すなわち劫殺の生気が過強と為るが、劫殺が二セット透り生気が一セットで複し、すなわち劫殺の生気が過強と為るが、それは生気が過多すれば生気に順流することをいうのである。

また劫殺が過多して劫殺に順流することは、いうまでもなく四柱命局が精神を擁せば、以上を交互に擁して当主は台諫（言官）の将帥職に就任するだろう。

また亡神を批准して推究すれば、たいてい己身が凶殺を抑剋するとき、二セットの凶殺の併臨を要し、凶殺が己身を抑剋するときは不要なのである。

日柱の凶殺は妻君を抑剋し、婦女が亭主を逆剋し、凶殺が子息を剋害するのである。

その他に天殺や地殺や歳殺や刑殺が存在するが、天殺とは劫殺の前二支に存在し、地殺とは劫殺の前五支に存在してそれは辰戌丑未支であり、歳殺とは劫殺の前三支に存在してそれは寅申巳亥支であり、刑殺とは劫殺の前七支に存在して、それは神殺星の将星と同位相で子午卯酉支なのである。

以上の天殺地殺歳殺刑殺の四殺は、ともに当主は権威を保有し、己身を損傷せず災禍を肯定しないが、己身を損耗するとは、すなわち窮状の重複であり、亡神や劫殺と同相なのである。

そこで金気や土気を附帯すれば武官と為り、水気や木気を附帯すれば文官と為り、また文官で土気と金気を附帯して凶殺と為れば、また当主は兵権を掌事するのである。

論羊刃　對官曰飛刃。又曰唐符。

羊刃の羊とは剛質のことであり、羊刃の刃とは割裂の意義に取用しているのである。

建禄の過度がすなわち羊刃の派生なのであり、そこで退くか抗するべきか功の成否であり、すなわちその分限を過重に超過しており、羊刃に刃が存在するとはその剋傷性への言及なのであり、その故につねに羊刃の前一支には建禄が位居しているのである。

『三車一覧』にいう――

希尹氏がいう――

万物陰陽の作用ではみな極度の盛旺を忌み、その極処では火気はすなわち炭焦し、水気はすなわち枯渇し、金気はすなわち欠損し、土気はすなわち崩壊し、木気はすなわち砕折するのである。

その故に既に生成したときは、極度でなければすなわち福兆と為るのである。

すでに極度であればすなわち、まさに背反して凶揺を為すのである。

極盛の当地とは、十干の中正の位処を肯定するが、卯支とは甲干の正規の位相で、陽性の木気の極致を為すのである。

辰支とは乙干の正規の位相で、陰性の木気の極致を為すのである。

午支とは丙干の正規の位相で、陽性の火気の極致を為すのである。

未支とは丁干の正規の位相で、陰性の火気の極致を為すのである。

酉支とは庚干の正規の位相で、陽性の金気の極致を為すのである。

戌支とは辛干の正規の位相で、陰性の金気の極致を為すのである。

子支とは壬干の正規の位相で、陽性の水気の極致を為すのである。

丑支とは癸干の正規の位相で、陰性の水気の極致を為すのである。

その極処に相当すれば、その気勢は剛烈で和合せずに粗暴であるために、建禄の次一支を羊刃と為し、その対衝する支を飛刃と為すが、すでに極盛でありかつ極盛已前で、すなわち温和かつ柔軟に伸暢する故に、羊刃支の背後一支を建禄と為すのである。

壷中子氏がいう―

およそ人身が爵禄を擁せば、かならず帯刀を下賜されて守衛するのが、この意義なのである。

『一行命書』にいう―

羊刃が重複して建禄を併見すれば、富者かつ高貴で、黄金や玉器を豊富に所蔵するのである。

『洞玄経』にいう―

官星と印星が相助して資扶すれば福相で、これに羊刃が爵禄を附帯して、さらに官星と印星を擁して相資すれば、吉兆の論旨を肯定するのである。

羊刃の自存の性質とは、当主は視覚碍して、性急かつ粗暴の害物で悪党と親交し、生旺を肯定するが、もし死絶符であれば凶揺なのである。

そこで五行の衰敗に相当すれば、多くは首部碍かまた皮疾か、刀傷の凶揺を擁して貴賎を問わずに、おおむね労役に窮状して安逸は些少であろう。

『太乙』にいう―

六甲干主が乙卯干支と丁卯干支を擁せば真実の羊刃と為り、もし重複して侵犯すれば当主は疾病を宿して官位を失職し、晩年は後退して四散するが、他の卯支のケースは偏刃と称して、すなわち軽度なのである。

『廣信集』にいう―

羊刃支の干頭が財星のケースとは、甲干主が己卯干支を擁するケースであり、銷鎔殺と称して当主の財源は枯渇するのである。

普通人であれば斧刀類の取引事業を為すか、盗難に遭い致命傷と為るのである。

羊刃支の干頭が官鬼のケースとは、甲干主は辛卯干支を擁するケースであり、持刃殺と称して当主は任官の辞令を受領せずに終局し、貴格に相当してもまた展望は期待できずに、甲乙干主がこれを擁せばもっとも顕著であり、多くは頭部や背中に疾を発症して終局するだろう。

『金書命訣』にいう―

羊刃が相蝕するケースとは、甲寅干支が寅卯支を擁したり、甲戌干支が戌卯支を擁するケースで「蝕」の見所なのである。

これは年月柱であれば肯定し日時柱であれば危惧するが、もし双方を重複して擁し、さらに空亡に相当すれば相蝕に該当せず、また老齢に僻地に流配されて、当主は不善で終局するのである。

『沈芝源髄歌』にいう―

羊刃が朝元を擁するとは、年柱卯支で日時柱が甲干のケースで、当主は凶揺なのである。

もし日干が時柱に支刃を擁せば、当主は病根を宿して肯首不可なのであり、すなわちその子息が災揺を附帯し、また当主は子息が些少なのである。

また時干が日柱に支刃するときは、当主の妻君は横死し、性質は不良で肯首不可であり、軍人のケースでは病根を附帯するのである。

また年干が時柱に支刃するときは、おおむね当主の父母は横死し、さらに空亡が臨めば決定的で疑いないのである。

もし胎元が羊刃に相当し、さらに年柱と刑衝を附帯すれば、当主の不善が顕表し、また父母が横死するか、また裏社会の賊徒なのである。

また年干が日柱に支刃すれば、当主の父母は横死し、その他のケースも年月日時柱各位に分類して推究するのである。

その故に「詩文」にいう―

また時支が羊刃を蔵して胎元に侵入するか、日刃であるか、時柱早暁に相当してさらに干頭と地支が相互に刑衝するときは、ご妻君の妊娠出産は決定的に窮状するのである。

ご婦人の命局のケースは以上のように、あえて生産の危惧の憂悩を断定するので、この刑衝や羊刃の相とは凶揺がもっとも過重なのである。

また連珠殺とは、庚戌干支に辛酉干支を擁し、戊午干支に己未干支を擁し、丙午干支に丁未干支を擁し、甲辰干支に乙卯干支を擁し、壬子干支に癸丑干支を擁してみな凶象なのである。

金気が緊要なのに木気が野放図のときは、女命がこれを侵犯すれば定まって亭主を剋して子息を損害し、その貞操は不潔なのである。

『理愚歌』にいう―

羊刃と同伴すれば逆さまに顛動し、その形骸が荒野に埋没するのは不可避であろう。

またいうなれば飛刃は戈先を擡げて、終局的に乖背が露呈するので、小人物がこれを擁せば、すなわち窮状と為るのである。

また截路空亡も同相の見解であり、己身が辛うじて塵埃より出離し安心を擁するだろう。

またいうなれば羊刃がさらに戈先を擡げたときは、かならず干頭を肯定しない凶揺を作動し、ここに羊刃とは諸悪殺を附帯してもっとも凶揺なのである。

『玉霄寶鑑』にいう━

まず「攬轡澄清格」とあるが、貴人支が馬支に臨むと称し、そこで羊刃が在局するのは「馬頭帯剣」の義則なのである。

たとえば庚午当主が乙酉干支を擁するか、または日時柱に己酉干支を擁し、甲申干支を附帯すれば入格と為り、午支馬支に申支が臨み、庚干の禄支が申支に存在し、乙干己干の貴人支が申支に存在し、庚干の羊刃が酉支に存在し、かえって乙巳干支の貴人支が甲申干支に臨んで駅馬支と為り、そこで羊刃を在局するときである。

その故に「攬轡澄清」と称し、この格局の多くは清厳の官吏と為るのである。

もしそこでさらに吉神を擁せば、多くは酷吏と為り、能く野賊を統治するであろう。

子平術では、五陽干の甲丙戊庚壬干が陽刃を擁し、また五陰干の乙丁己辛癸干には刃支は存在しないのである。

ただし傷官が在局するときは、羊刃と同質の凶揺なのであり、これは陰陽の陽性であり、午未支ではなく「羊」なのであり、その義則を検証したのちに、陽刃格局を論議するのである。

論空亡　一名天中煞。對空即孤虚煞。

空性とは填実の対極であり、亡性とは言質の対極なのである。

『神白経』にいう━

一般に空亡といっても、どれほど多般なのだろうか。

そもそも十干とは、空処をポイントと見做すのには及ばないのである。

『洞玄経』にいう━

窮迫から遁避して亡性が派生する故に、甲干旬列の尽処を空亡と称し、そこでこの位相には禄位が存在せず空性と称し、地支が存在するが干頭を肯定しないので、亡性と称するのである。

たとえば甲子旬列は、酉支に遁干して十数干が充足し、そのため戌亥支が存在しないが、その他の五干旬列も同じ見解なのである。

これを空亡と為し、空性を肯定して実有があり、亡性にして存在が有るのである。

そのため未だに凶意をテーマにするのを、肯定すべきではないのである。

珞琭子氏は空亡をこう論説している━

五陽干支が一陽支を用途とし、また五陰干支が一陰支を用途としている。

さて甲子干支、丙寅干支、戊辰干支、庚午干支、壬申干支は、すなわち戌支を用途として亥支を用途としないのである。

また乙丑干支、丁卯干支、己巳干支、辛未干支、癸酉干支は、すなわち亥支を用途として戌支を用途としないのである。

陽歳を陽性に分類し、陰歳を陰性に分類するときは、甲子干支から戊辰干支に至るまでを戌支空亡と為し、己巳干支から癸酉干支に至るまでを亥支空亡と為すのである。

そこで五年づつ上分と下分に区分し、中間をまた甲子干支から戊辰干支に区分するときは、壬申干支を重度と為し、戊戌干支などに逢って軽度と為す。

また己巳干支から癸酉干支に至るまで、癸亥干支を重度と為し、乙亥干支などを軽度と為すのである。

さて甲子当主で甲戌時柱のケースは、上記の正規の見解で軽度の差なのである。

また己巳当主で癸亥時柱のケースは、時柱の内犯としてもっとも重度なのである。

『指迷賦』にいう――

建禄支が空亡に相当すれば、かならずその前後の地支に振り分けるために、表相的に陰性と陽性に区分してその軽重を明示するのである。

『八字金書』にいう――

甲寅旬で甲乙干（壬癸）が空亡に陥り、甲辰旬で甲乙干が空亡に陥り、甲申旬で甲乙干（丙丁）が空亡に陥り、甲戌旬で甲乙干（庚辛）が空亡に陥るのは、地支の空支二位の干頭を論説したもので、また「十悪大敗」と称して当日出生者が侵犯し、当主は窮状なのである。

ところで人命が命局に空亡を擁するケースで、科挙試験の合格者がじつに多いのである。

『洞玄経』にいう――

さて淵浄であり、無気質で空洞として空亡を多見するとき「淵浄格」と称し、時宜に際して円相で一家門を植立するのである。

また禄馬支貴人支官星に空亡を併見して「九流格」と為し、文章辞句を擁して知名士なのである。

また学堂に空亡を併見して、性情が無作為で淵浄なのである。

また死絶符を擁して空亡を併見すれば、美姿寵愛を肯定するのである。

また貴人支を多見して空亡を併見すれば、すなわち寵愛を肯首して名声を功名し珍奇を肯定するのである。

また華蓋を多見して空亡を併見すれば、すなわち珍奇を肯定し、優雅で淡泊かつ係累の煩いがなく、華飾紋様を彫金細工するように功を立てるのである。

また休囚でも旺相でも吉星を擁して空亡を併見すれば、才知が人に過ぎて進取的かつ果断なのである。

だが神殺星が空亡を暗に指向するときは、たとえ超人でも福分は存在しないのは以上の詳解であり、また吉兆の当処の肯定なのである。

およそこの天中殺を附帯すれば、生旺であれば気度寛大で動作して虚名を昭挙し、長大かつ肥満体だが、無欲で望外の福分が多いであろう。

また死絶符であれば、一生涯の成敗が批准せず、ただし己身の精神の当地を肯定し、すなわち凶禍は肯定しないのである。

忌避すべき干支の干頭が合絆すれば、小人物が階位を得ると称し、すなわち詐欺を奸計して所々に蠢動して成為することはないだろう。

もし己身が凶所を抑制するときは、天中殺自体が受損するので、かえって福分の特達を成為するのである。

たとえば戊午干支の火性で、当主が甲子納音金質を擁するケースでは、その神性は恒常ではなく、また官符を併見してすなわち伺屈して文句が多く、また劫殺を併見してすなわち狼勇で、また亡神を併見してすなわち降格し、また大耗を併見して速突して顛動し、また建禄を併見して一身は破耗し、咸池六害を併見しておおむね粗暴で卒するが、また逆に貴人支や華蓋や三奇や学堂を併臨するケースは、たいへん聡明かつ俗塵を垢抜けした人士なのである。

さて空亡すれば運歳には言及しないとは、生日旬列の空亡がきわめて緊要だからであり、もし運歳と生日が互換空亡すれば、さらに佳兆ではないのである。

そこで填実とは復空を所為とし、すなわち填実は空疎の様相を呈するので、そこで空亡とは空疎を所為とし、また無存在とは填実の復相を呈する故に、互換空亡を附帯するのは窮状が深度なのである。

たとえば甲子年生で壬戌干支では、甲子干支の正規の空亡は壬戌干支に存在するが、この壬戌干支は甲寅旬列であり、また甲寅旬列の空亡支にはまた子支が存在し、当主は財物を消耗散財して家宅を大破するが、その他もこれに批准するのである。

もし日柱と時柱が互換空亡すれば時柱が緊要で、日柱が野放図なのであり、そこで日柱が時柱の刑害衝破を侵犯し、また時柱が日柱の刑害衝破を侵犯すれば、当主は福兆でまだ不遇を免除されるのである。

またいうなれば天中殺とは、すべてが凶揺ということを肯定できないのは、命局に凶星や凶神殺を擁して凶揺の当地であるときは、空亡が全処を解紛することが要され、そこで空亡を擁して合絆を併臨するのを肯定できないのは、合絆がすなわち空亡を不作用にする為なのである。

もし禄馬支や財星官星の聚福の命局であれば、空亡が全処を散逸することを畏れるが、そこで空亡を擁して合絆を併臨するのを肯定するのは、合絆がすなわち空亡を不作動にする為なのである。

もし衝剋や合絆や刑衝が存在しなければ、真実の空亡と称して四季ともに有害とし、小巧技術の人物と為るのである。

また甲子旬列の空支は水土気で、甲戌旬列の空支は金気で、甲申旬列の空支は火土気で、甲午旬列の空支は火土気で、甲辰旬列の空支は木気で、甲寅旬列の空支は水土気で、真実の空亡と為るのである。

またいうなれば響声を擁して内容が虚質なのではなく、これは大人物の命局であり、要するに内容の虚質の徳性を擁するのである。

空亡の自性が生旺ならば用途を為し、すなわち大聲に響応する器量であり、月日時柱の三位ともに空支のケースはかえって無害で大貴人と為るのである。

ただもし以上に該当すれば、官位は在るが大成はしないだろう。

またいうなれば命局が空亡を擁するときに、時支が空支であれば執拗性が過分で、言行は高度だが虚質なのである。

そこで華蓋を擁せば、決定的に当主は子息は些少で、日柱華蓋のケースはおおむね庶民の出身か、また妻君と妾君が離反しそれらが逢合するのは、すなわち波浪や遊蕩が過分なのである。

「古歌」にいう――

胎元が生旺するときは空亡が臨支するのを畏れるが、また空亡が臨む時節は己身は昏蒙なのであり、富裕な君子が十巡中に九数計謀するが、飄々と西へ東へ妄動するが、これは胎元のなかに空亡が臨むのを忌避する為なのである。

またいうなれば建禄支に空亡が臨めば、名声を擁しても虚質なのであり、日常的に向学するが老齢に至っても完成はしないのである。

もし馬支や貴人支に逢って救相と為れば、たとえ官吏に登用されてもまた停職するが、これを建禄支が空亡が臨むのを忌避することなのである。

またいうなれば甲寅干支と戊午干支と庚申干支のケースは、丑支の空亡が臨むのをもっとも「仁」を否定するものとし、生来の本分は爵禄を享受するのに相当するが、五凶殺に逢うことでついには衰退して窮状し、そこで甲寅納音水質が辛丑納音土質を擁して、凶殺が至って命局を損傷するが、また戊午納音火質が丁丑納音水質を擁し、また庚申納音木質が乙丑納音金質を擁するケースも同様の見解で、これは空亡かつ命局の損傷を忌避するケースなのである。

またいうなれば六旬列ともに末尾の空亡二支は、長生や生旺と併臨するのを凶揺とせずに、そこで衝剋が臨んだり禄支を刑衝するのを付加しても、官位が高昇してさらに隆盛するのである。

たとえば巳酉丑支主が丁丑月柱癸未日柱戊午時柱であれば、午未空亡のケースであれば、戊癸干の旺火が午支に臨んでかえって貴格と為り、これは虚火として焔燃するのである。

またいうなれば印綬星に空亡が臨支すれば、墓庫に臨んで福分が重複するケースで、もしまた貴人支を挟擁すれば元の位相に帰局し、また凶殺を附帯すれば作動中と見做すのである。

そこで甲午年癸酉月丙子日壬辰時のケースでは、甲午干支の空亡が時柱辰支だが癸酉干支と六合と為り、また墓庫が貴相を挟擁するとして入格し、ここで水質空亡がすなわち流動するのである。

「経典」にいう――

金質空亡はすなわち響音し、火質空亡はすなわち照明し、水質空亡はすなわち清澄し、木質空亡はすなわち損折し、土質空亡はすなわち崩壊するなどを称しているのである。

またいうなれば命局の空亡とは、本来は好くないものであり、もし運歳が刑衝すればかえって虚殺が為るとし、土主がこれに逢えば発声して名利に奔走するのである。

たとえば甲申年丁丑月乙亥日甲申時で、行運が壬午歳であれば要職者と為り、乙未年乙酉月乙丑日丁亥時で、行運が辛巳歳であれば監察官と為り、その名声や人望がおおいに振作するのである。

そこでもし壬寅干支が空亡支と為れば、壬申干支のケースと同じで、すなわち揺動せずにその凶意を肯定するのである。

截路空亡を擁するとは、まさしく行人が道程に存在するように、阻水に逢って前進できずその済度を肯定しない故に截路と称し、ただ日柱から時柱を取用してこれに相当するのである。

たとえば甲己日は十二刻を遁干して、申酉支の干頭に壬癸干を搭載する故に、甲己干は申酉支を擁し、乙庚干は午未支を擁し、丙辛干は辰巳支を擁し、丁壬干は寅卯支を擁し、戊癸干は戌亥支を擁するが、この二時支の干頭がともに壬癸干の水質と為る故なのである。

この空亡とはただし命局に擁して不吉なのではなく、およそ去就や投機や交渉取引や昇格や婚姻などの百事にみな忌避するのである。

四大空亡を擁するとは、六甲のなかで甲辰干支と甲戌干支の二旬列が木火土金水を全備するが、そのうち甲子干支と甲午干支の二旬列だけが水気が存在せず、また甲寅干支と甲申干支の二旬列だけが金気が存在しないことで、以上の四旬列は五行が全備しないのである。

そこで甲子干支甲午干支の二旬列中の当主が水気を擁し、甲寅干支甲申干支の二旬列中の当主が金気を擁すれば「正犯」と称し、たとえ年柱が不犯であっても、運歳で水気や金気の当処に巡ればまた「犯」と称するので、もし附帯すればその当主は一生の蹇滞であり、本人が貧賤であっても富貴でも係わりなくみな卒し、また以上の三当処を重複すれば、終息は眼に見えているようなものである。

壷中子氏がいう――

顔回氏が夭折したケースの原因とは、この四大空亡であるとは正しくこのことなのである。

『洞微経』にいう――

「五鬼空亡」を擁するとは、甲己干主が巳午支を擁し、乙庚干主が寅卯支を擁し、丙辛干主が子丑支を擁し、丁壬干主が戌亥支を擁し、戊癸干主が申酉支を擁するケースにかぎり、当主は窮相なのである。

「剋害空亡」を擁するとは、甲乙干主が午支を擁し、丙丁干主が申支を擁し、戊己干主が巳支を擁し、庚辛干主が寅支を擁し、壬癸干主が酉丑支を擁するとき、当主は妻子を剋害するのである。

「破祖空亡」を擁するとは、甲乙干主が午支を擁し、丙丁干主が申支を擁し、戊己干主が戌支を擁し、庚辛干主が子支を擁し、壬癸干主が寅支を擁するとき、当主は祖業を破耗することも併論すべきなのである。

論元辰　屬毛頭星。一名大耗。

元辰とはべつに「和合せず」の名称があり、まず陽性を先立つとして陰性を後随するとし、すなわち当所に屈質し、屈性とはすなわち事に当たって当所に伸長しないのである。

また陰性を先立つとし、陽性を後随するならば、すなわち径直にして完遂せず、事々に粗暴で納治せず、いわゆる艱難と同意義である故に元辰と称するのである。

まず陽男かつ陰女のケースは、冲衝支の前一支を元辰と為すのである。

また陰男かつ陽女のケースは、冲衝支の後一支を元辰と為すのである。

まず甲子当主男命のケースでは、対衝干支が甲午干支であり、すなわち乙未干支が正規の元辰なのである。

また乙丑当主男命のケースでは、対衝干支が乙未干支であり、すなわち甲午干支が正規の元辰なのである。

他干頭の午未支はこれの半意であり、そのため凶揺を肯定するのである。

この衝気の当気に相当すれば、左辺へ翻打すればすなわち風殺が右辺に存在し、右辺へ翻打すればすなわち風殺が左辺に存在するのである。

その故に陰陽や男女に因って、衝支の前支か衝支の後支を取用する区別があるのである。

もし運歳にこれが臨めば物体のように揺風し、動揺して顛倒して安寧安息を得ることなく、内部疾患は無いが、かならず外部の窮状が存在し、富貴かつ崇高でも位処に勢盛に炎上するだろう。

大運でこれに巡れば十年間の畏怖を肯定し、早期に立志して廻避すべきであり、屋内に居処すればかならず凶揺を被るのである。

たとえ吉星が扶助しても、禍福の偏頗は免れ難く、もっとも忌避するのは先に吉兆で後に凶揺なのであり、発効ののちには、発効の前後の際には凶揺は不可避なのである。

人が命局にこれを容せば、当主は容姿が野卑で頬骨の突き出した面相で、鼻梁が低く口唇が巨大で眼光にトゲがあり、頭部と臀部が凸出しており、手脚が粗硬で音声は沈んで濁り、そこで生旺であれば度量が粗大で降格し、是非を分別せず、善良を分別せず、速突して顛倒するだろう。

また死絶符であれば、すなわち窮状かつ劣質で容姿は粗野で、言語は混濁して羞恥を弁識せず、不遇にて窮状して貪欲にて好飲し、下俗を模倣するだろう。

そこで官符を併臨すれば、多くは故のなき騒乱をまねき、劫殺を附帯すればすなわち行為が粗雑で動作して恥辱の危機を招き、恥なく濁々しく窮し、婦人のケースでは発声が雄々しく性情が濁して私通して淫質であり、鬼魅の徒奴に憑依されて礼法を遵守せず、一生涯窮状が多くて子息を擁してもヒネクレ者で親不孝であり、つねに小技を拈弄して高尚な歌唱を嫌い、男女を問わずに良識の不足に憑かれているのである。

珞琭子氏がいう――

元辰とは父君の宣揚の際に、畏怖するものとする。

『林開五命』にいう――

元辰とは悪殺として甚だ窮状と為し、互換して擁せばもっとも不吉と為り、速やかに合絆にめぐればまた吉兆を論題とするのである。

『洞玄経』にいう――

元辰が合絆を擁せば、おおいに亨るとは、このことである。

『廣信集』にいう――

占筮を執事し、参政を斟酌するが、己卯年甲申月己巳日甲戌時のケースで、枢密たる良泉とは乙丑年壬午月乙丑日壬午時のケースで、この二命局がどうして元辰を侵犯しないだろうか。

李言甫氏がいう――

およそ貴相の命局が元辰に逢えば、すなわち王君を座右に、その昇級が抜きん出るであろう。

『林開五命』にいう――

それは「一つの偏った見解」なだけである。

徐子平氏がいう――

元辰とは、命局が元来擁する有害な星辰であり、たとえば甲干が申支や庚干に逢うか、乙干が酉支や辛干に逢うケースなのである。

　人の年月日時の命局に七殺（偏官等）を擁するのは、己身の有害の星辰なのであり、歳運で重複して逢うのも、元辰の侵犯と称してもっとも重害と為し、元より軽微ではないのである。

　そこで元辰とは一凶殺であり、亡神や劫殺や羊刃や空亡の同類なのであり、『珞琭子消息賦』に照会して典故とできるのである。

『雪心賦』にいう―

　元辰とは滋潤の劫去であり、また神殺の名称を指向するが、これも古代の先人の論説なのである。

論暗金的煞　今選擇家以月取。謂之紅煞日。凡百皆凶。出行尤忌。

　この「三煞」とは、すなわち天の象数に先立つ四種の衝である。

　そのとき子午支の象数はそれぞれ九数で、卯酉支の象数はそれぞれ六数で、トータルして三十数なのである。

　自性的に子支から順行するとき、三十の極数で巳支に契当するが、これを四仲の正規の神殺とする。

　寅申支はそれぞれ七数で、巳亥支はそれぞれ四数で、トータルして二十数と二数を擁し、自性的に子支から順行するとき二十二の極数で酉支に契当するが、これを四孟の正規の神殺とする。

　辰戌支はそれぞれ五数で、丑未支はそれぞれ八数で、トータルして二十数と六数を擁し、自性的に子支から順行して二十六の極数で丑支に契当するが、これを四季の正規の神殺とし、これらは数象を起点としているが、それは自然なことなのである。

　およそ神殺星はみな数象を起点とするのは、禄馬支と同じケースなのである。

　この一つの神殺は三種の名称を擁するが、一者は「吟呻」と称し、二者は「破砕」と称し、三者は「白衣」と称するのである。

　子午卯酉支のケースは巳支に存在し、寅申巳亥支のケースは酉支に存在し、辰戌丑未支のケースは丑支に存在するのである。

　巳支とは金気の生起の当地で、巳支蔵に臨官の火気を蔵し、金気に臨支して背剋するので、当主は拘禁中でこん棒で殴打され呻吟する窮状である故に、吟呻と称するのである。

　酉支とは金気の生旺の当地で時機に当たって生物を殺傷し、また辛金が相助すれば万物がこれに当令して破砕するので、当主は四股碍で窮状がある故に破砕と称するのである。

　丑支とは金気の庫墓の当地で、四季に位居して鬼門位に臨支し、当主は妨害されて喪服で哭泣する事象である故に白衣と称するのである。

五行全般のなかで金気は能く生物を殺傷する故に、総じて「暗金的煞」と名称するのである。

その神殺星が生旺であれば、当主は器量が寛大で果断であり、かつ容姿は清高だが、もし拘禁で卒しなければ皮疾や難産を擁し、神殺星が死絶であればすなわち害毒の惨傷で、容姿は赤色白色で巧言令色、かつ笑裡に刃蔵するのである。

また官符を併見すればすなわち官災が到来し、劫殺を併見すればすなわち喪死が到来し、白虎殺と羊刃を併見すればすなわち残傷で血痕し、貴人支と建禄支を併見すればすなわちやや怠慢なのである。

五行が旺相して吉星が扶相して、貴格に相当すれば無害だが、濁格に相当すればあらゆる凶星が再起し、すなわち凶揺なのである。

またいうなれば金気の生処では、当主は動揺して産厄を擁し、金気の旺処では当主は腹疾や薬物依存に病み、金気の墓処では当主は、子息を瑕疵して横死する憂いがあるだろう。

もし三刑や貴人の徳を附帯すれば、当主は高官に及第して兵権を掌事するが、だいたいこの神殺は吉兆ではないのである。

人が命局にこれを擁せば固より宜しくなく、運歳でこれに巡れば、また当主は孝なるも喪服で哭泣し、また頭賊の侵入を被り口舌が破耗するので、幼児がこの神殺を帯びれば、熱傷の災厄を被るなど肯定し難い身心に疾痕を擁し、破綻する象意なのである。

「経典」にいう――

刑責や傷害が看過することなくもとの誤謬に返戻し、タイミングとしては吉兆だが乖背して違相し、衝破が甚大ではならないので、これらは未だにかならず凶揺であるとは、これを称しているのである。

論災煞　一名白虎殺煞。余見申子辰全。遇午方是。白虎與災煞。微不同。

災殺とは、その性質は勇敢でつねに劫殺の前支に位相し、将星を衝破するので災殺と称するのである。

まず申子辰支の将星は子支に存在するが、かえって午支は子支を衝去するのである。

また寅午戌支の将星は午支に存在するが、かえって子支は午支を衝去するのである。

また巳酉丑支の将星は酉支に存在するが、かえって卯支は酉支を衝去するのである。

また亥卯未支の将星は卯支に存在するが、かえって酉支は卯支を衝去するのであるが、これらが災殺なのである。

『神白経』にいう――

水質のカテゴリーが星光の照射に逢うとき、虚空は陽丙の焚煙を畏れ、庚辛干が夏季に錯雑し、木気が酉支根を添付せず、命局にこれらを交加して擁し、福分は些少で凶揺が連綿なのである。

この災殺の当主は血を見て横死するが、水火気が存在してその焚焼と沈溺を防備するのである。

また金気と木気は杖棒と斧刃であり、堆土に埋没して熱病に羅感し、己身を剋して凶揺なのである。

もし福星の相扶を擁せば、多くは威武の権者でまた劫殺のようなケースなのである。

要するに、官星や印綬や生旺の当処に逢って佳兆なのである。

『神白経』にいう――

災殺は剋伐を畏怖し、また生旺の当処を瑞祥と為すとは、正しくこれを称しているのである。

論六危

危とは難事に遭うものであり、つねに馬支の前一支かつ劫殺の後二支に位相し、死を正体として生を肯定せず、災厄を総称しているのである。

申子辰の三合水局では、水気の死相は卯支に存在し、
寅午戌の三合火局では、火気の死相は酉支に存在し、
亥卯未の三合木局では、木気の死相は午支に存在し、
巳酉丑の三合金局では、金気の死相は子支に存在して、それぞれ厄と為するのである。

もし救護や扶助を擁して生旺に相当すれば、貴気が相助してすなわち吉兆なのであるが、終局的には生涯窮状するだろう。

壷中子氏がいう――

六厄とは、官位を剥奪する凶殺であり、たとえば李廣氏が侯爵位に拝命されなかったケースとはこれなのである。

論勾絞　一名爪牙煞。

勾とは「牽連する」則義であり、絞とは「羈絆の名称」なのである。

この二殺の象相はかねてより対衝し、また亡神と劫殺のケースと同様である。

陽男かつ陰女であれば、命局の前三支を勾と為し、命局の後三支を絞と為すのである。

陰男かつ陽女であれば、命局の前三支を絞と為し、命局の後三支を勾と為すのである。

まず陽性の甲子当主は卯支を勾と為し、酉支を絞と為すのである。
また陰性の乙丑当主は辰支を絞と為し、戌支を勾と為すのである。

「古歌」にいう――

爪牙殺は命局の三支を剋去し、金神と羊刃の併臨を大忌として、凶殺を挟擁して己身を損剋し、福分の救応は存在せず、かならず猛獣に遭遇して己身が損傷するのである。

この神殺は金神と白虎殺の併臨を大忌として、すなわち凶揺なのであるが、これには飼育の牛馬や犬畜類からの受傷もあり、ただ猛虎や狼群などの野獣だけではないのである。

己身が受剋しないケースとは、福星と同宮すれば作用せず、たいていこの神殺を命局に擁するとき、もし己身が凶殺を抑制すれば巧計家で智略が多く、当主は刑法の任務を掌事するか将帥と為るが、たとえてテロリストなのである。

逆にもし凶殺が己身を損剋すれば、当主は命運を全うせずに終局し、小人物がこれを附帯すれば非業の窮状を受難し、運歳がここに至ってまた当主は口舌により拘禁に服するのである。

またいうなれば双方のケースを兼ねるときは凶揺が重度だが、いずれか一方のケースは軽微なのである。

またいうなれば凶鬼を擁すれば、すなわち窮状が重度であり、逆に凶鬼が存在しなければ、すなわち窮状は軽微なのである。

論孤辰寡宿　及隔角煞。

まず「先賢」の論説では、老齢にて亭主が存在しないのを「寡」と称し、幼少にて父君が存在しないのを「孤」と称するのはその義則なのである。「辰」とは星辰を称しており、「宿」とは星宿を称しており、その精神を指向しているのである。

人が命局にこの星辰を侵犯すれば、すなわち「孤辰寡宿」とはこのことである。

たとえば亥子丑三位の方合が成局したとき、前進一支して寅支を「孤」と為すが、逆に後退一支して戌支が「寡」なのであり、過支それぞれを孤と為し、退支それぞれを寡と為すので、多種の方合三局もこれに批准し、すなわち陰陽の落胆の義則なのである。

さて寅支は春季に為って始発し、辰支は春末季であり、巳支は夏季に為って始発し、未支は夏末季であり、申支は秋季に始発し、戌支は秋末季であり、亥支は冬季に為って始発し、丑支は冬末季なのであり、みな陰陽各支の精神かつ四季の代謝の方途なのである。

『三車一覧』にいう――

物質造化のなかで己身を生扶するのは母元であり、己身を抑剋するのは亭主であり、己身が抑剋するのが妻君なのである。

亥子丑各支は北方の水気の位相に所属し、水気は金気を母元と為して用途とするのである。

金（庚）気は寅支において絶符するのは母元の絶相であり、そこで火気を妻君と為し、また火気は戌支蔵でこれを妻墓符としている。

申酉戌各支は西方の金気の位相に所属し、金気は火気を亭主と為し、火（丙）気は亥支において絶符するのは、木気を妻君と為して用途とし、木気は未支を墓符と為すのである。

巳午未各支は南方の火気の位相に所属し、火気は木気を母元と為して、木（甲）気は申支において絶符するのは、水気を亭主と為して用途とし、水気は辰支を墓符と為すのである。

寅卯辰各支は東方の木気の位相に所属し、木気は水気を母元と為し、水（壬）気は巳支において絶符し、金気を夫と為して用途とし、金気の墓符は丑支に存在するのである。

これらの母元たる絶符（処）を孤辰と為し、夫君と妻君の墓符（処）を寡宿と為すが、その義則はもっとも切実なのである。

珞琭子氏がいう――

骨肉が分離するなりゆきとは、孤辰寡宿がなお隔角を忌避するようなものである。

『玉門集』にいう――

寅申巳亥各支を「角」と為し、辰戌丑未各支を「隔」と為すので、そこで進めば陽性として父君に不利益で、退歩すれば母君に不利益なのである。

またいうなれば、陽宮に存在して父君を妨害し、陰宮に存在して母君を妨害するのである。

たとえば寅卯辰支主のケースは、巳支を「孤」と為して丑支を「寡」と為すが、寅支と辰支は陽性の位相と為り、丑支と巳支は陰性の位相と為るが、そこで男女の生旺の命局がこれを擁し、親元が児女を生育するが、おおむね和順かつ従順ではないだろう。

王氏がいう――

男命が生旺で妻君が絶符のケースで孤辰を擁せば、恒常的に婚約は難儀なのである。

女命が生旺で夫君が絶符のケースで寡宿を擁せば、しばしば嫁御とは偕老同穴できないのである。

辛丑当主が庚寅干支を擁するとき、寅支は丑支を孤辰と為し、また丑支は寅支を寡宿と為すのである。

寅支と丑支とは、互いに孤辰寡宿かつ隔角と為るのである。

いうなれば丑支と寅支のなかには艮卦を擁し、亥申寅巳支を「隔」とするならば、四維（亥申寅巳支）が「角」と為るのである。

『指南燭神経』にいう――

およそ人が命局に孤辰寡宿を侵犯すれば、当主は容姿が露骨で孤相で面相に和気はなく、六親に不利益で、そこで生旺ならばまだ肯定できるが、死絶ならばもっとも凶揺で、そこで駅馬支を併見すれば他郷に漂蕩し、空亡を併見すれば幼少期に依所なく、喪弔を併見すれば父母が相次いで卒し、生涯の喪弔や凶揺が重複し、骨肉は孤相で単独的かつ窮状なのである。

そこで貴格に相当すれば、貴婿を嫁家に迎え、濁格に相当すれば転勤を免れないであろう。

『鬼谷遺文要訣』にいう――

運歳の所属では孤辰寡宿には言及しないが、たとえば亥支が寅戌支を擁し、かつ寅支が丑巳支を擁し、また地位と干頭が朝会して貴人支を包容するときは、孤辰寡宿を侵犯するのだが、そこで孤辰寡宿を論点とはしないのである。

『廣録』にいう――

「井欄斜叉」の衝とは孤辰寡宿であり、さらに干頭に偏印を附帯すれば「井欄倒食」と称し、もし巳午未支主が三夏季に降誕するときは、孤辰と寡宿の双方を重複して附帯するのである。

当主は妻子を剋害して六親は寡少で、蓄財せずに女児ばかり出産し、さらに諸凶殺を附帯すれば、当主は結果を見ないであろう。

珞琭子氏がいう――

陰々と窺察して憑かれたときは、陽々と凶揺が顕われるが、歳星が孤辰寡宿を侵犯してはならないのである。

陽々と恃勢してその陰厄を観察すれば、天賦の運歳が孤宿にめぐるのを忌避し、そのためいうなれば小運や歳運は侵犯できないが、そこで陽性の孤辰を重篤と為し、陰性の寡宿も重篤と為すのである。

瑩老師がいう――

子午卯酉各支とは死気を擁し、辰戌丑未各支とは四墓の郷であり、人はこれに相当すれば最たる孤独相なのである。

つねに寅卯辰支は午支に位居し、巳午未支は酉支に存在し、申戌酉支は子支に逢い、亥子丑支は卯支に臨むなどこれらは孤辰と隔角なのであり、辰戌丑未支もまた同様なのである。

また寅申巳亥支を天地の「角」と為し、そこで「隔」はこれに四支隔たる故に、孤辰と称するのである。

また寅支日丑支時や巳支日辰支時や申支日未支時や亥支日戌支時を惆悵殺と称し、当主は不足を嘆くのはたとえ富貴であっても然りである。

そこで君子でも玉にキズであり、庶人ならば罪人なのは、孤辰寡宿のケースだけではないのである。

もし子支日戌支時や丑支日卯支時や辰支日午支時や未支日酉支時を互換して擁せば、君子ならばおもに窮状となり、庶人ならば難事をみて卒するであろう。

日時柱に擁して妻子を損剋し、胎元年柱に擁して父母を損剋して血光殺と称するのである。

『沈芝源髄歌』にいう――

子支主が亥支を擁し、亥支主が子支を擁し、丑支主が戌支を擁し、戌支主が丑支を擁し、寅支主が酉支を擁し、酉支主が寅支を擁し、卯支主が申支を擁し、申支主が卯支を擁し、辰支主が未支を擁し、未支主が辰支を擁し、巳支主が午支を擁し、午支主が巳支を擁するもので、それぞれ各位が次支位を配当するが、これを日時柱に併見して決定的に当主は孤辰寡宿と為り、幼少期に六親を喪失し、年時柱に侵犯するとき房員が超過すれば、かならず父母を剋傷するのは、またこの一説なのである。

論天羅地網

天羅地網の論説の義則とは、はなはだ明らかなのである。

何故に戌亥支を天羅と為し、また辰巳支を地網と為すのか。

まず天象が西北位に傾斜すれば、戌亥支とは六陰の終局だからである。

また地象が東南位に陥没すれば、辰巳支とは六陽の終局だからである。

陰陽の終局の極致とは、すなわち暗昧として明らかではないのは、人間に天羅や地網が存在するその義則なのである。

壷中子氏がいう――

辰巳支が錯雑すれば偏向して辰支主に不益なのであり、戌亥支が侵犯すればただ亥支を忌避し、辰支とはドラゴンであり巳支とはスネークなので、辰支主が巳支を擁し、巳支が辰支を擁するのはみな「龍蛇混雑」と称し、男命のケースは障碍ないが、女命のケースは破婚して子息を損傷して、薄命にて疾性を擁するのである。

辰支主が巳支を擁して重篤で、巳支主が辰支を擁して軽度であり、ドラゴンが生起してヘビが巣穴に退却し、またヘビが生起してドラゴンが巣穴に潜入するのである。

また亥支とはイノシシで戌支とは狼犬なので、戌支主が亥支を擁し、亥支主が戌支を擁するのはみな「猪犬侵凌」と称し、女命はすなわち障碍なく、ただし男命はすなわち右往左往して矛盾を抱え、祖先を冒涜して妻君を損傷するのである。

戌支主が亥支を擁するのは軽度で、亥支主が戌支を擁するのは重篤であり、狼犬が猪群に侵入して突進し、イノシシが狼群に侵入してすなわち損傷するのである。

「諸書」にいう――

いわゆる「龍蛇混雑」とはつねに婦女の危憂を防備し、「猪犬侵凌」とは常時に健夫の厄難を深慮するのである。

そこで男命は天羅を畏怖し、女命は地網を畏怖するので、それに介在するケースでは、火命主が天羅を擁し、水土命主は地網を擁するが、その他の金木気の二命主のケースには存在しないのである。

人命がこれを附帯すれば多くは当主は窮状し、さらに凶神殺を併相すれば五行に精神は存在せず、かならず当主は凶揺するのである。

運歳がここに至ればまた以上のようで、たとえば戌年戌月で初日の一日出生者は一年の天羅を侵犯し、十五日の出生者は十五年の天羅を侵犯し、もしさらに出生時が戌支のケースは、三十年の天羅に増幅するのである。

また戌支年亥支月やまた亥支時戌支日などを、交互に擁せば重犯と称し、すなわちその災禍を除去できないのであり、地網のケースも以上の論説のようなものである。

もし天羅と地網が併重すれば、その凶揺はもっとも重篤なのである。

『理愚歌』にいう――

生時支が天干と結束すれば、外交使節として恒久に安定するのである。

たとえば甲辰命主が甲戌干支を擁し、甲戌命主が甲辰干支を擁し、ただしこの星辰の二ケースは、この天羅地網のケースに言及しているのである。

論十悪大敗

十悪とは人間が法律のなかで、十悪の重罪を侵犯して赦免できない存在の当所なのである。

大敗とはたとえば敵対者と兵法で交戦して、大敗して一生涯の生還が存在せず、極めて凶揺の譬えなのである。

六甲干の旬列のなかで、十箇日の建禄かつ空亡に相当する干支が存在する。

たとえば甲辰干支と乙巳干支のケースでは、甲干の建禄支は寅支で、乙干の建禄支は卯支であり、甲辰干支の旬列の空亡は寅卯支なのである。

壬申干支のケースでは壬干は亥支を建禄と為し、甲子干支の旬列のケースでは亥支が空亡と為るのである。

その他の丙申干支、丁亥干支、庚辰干支、戊戌干支、癸亥干支、辛巳干支、乙丑干支などの日主干支では、みなこれに批准するのである。

命局でこれに侵犯すれば、上記を日干支に契当させて肯定するのであり、その他の論説は肯定しないのである。

いうなれば侵犯のケースは未だにかならず凶揺と為り、もし命局に吉星を擁して相扶すれば、貴気が相輔するとし、吉兆の論議を為すべきなのである。

『元白経』にいう―

十悪大敗とはすべて十箇の星辰で構成されており、毎歳に神殺のエリアの作用を擁するのである。

たとえば庚戌年が甲辰日を擁し、辛亥年が乙巳日を擁し、壬寅年が丙申日を擁し、癸巳年が丁亥日を擁し、甲辰年が戊戌日を擁し、乙未年が己丑日を擁し、甲戌年が庚辰日を擁し、乙亥年が辛巳日を擁し、丙寅年が壬申日を擁し、丁巳年が癸亥日を擁し、そこで年柱干支が日柱干支を衝剋するとは、建禄支が存在しなければ忌処と為すのであり、他もこれに批准するのである。

『釋教玄黄経』にいう―

また甲己年干で戊辰月柱で戊戌日柱のケースや、壬申月柱で癸亥日柱のケースや、乙亥月柱で丙申日柱のケースや、丙子月柱で丁亥日柱のケースである。

また乙庚年干で辛巳月柱で壬申日柱のケースや、甲戌月柱で乙巳日柱のケースである。

また丙辛年干で壬辰月柱で辛巳日柱のケースや、戊戌月柱で庚辰日柱のケースや、己亥月柱で甲辰日柱のケースである。

また戊癸年干で己未月柱で己丑日だが、そこで丁壬年干には存在しないのである。

たとえば人命が甲己年干で旧三月（寅）旧七月（午）旧十一月（戌）の出生で、この四日に契当するときや、また甲子旬列の出生に区分して、壬申干支に契当するときや甲辰旬列の出生に区分して、乙巳干支に契当するときは上記の見解で、日柱を肯定するのがもっとも妥当な論説なのである。

また四廃日とは、春季の庚申干支や夏季の壬子干支や秋季の甲寅干支や冬季の丙午干支であり、旧三種の暦法ともに同じ会合と為し、また辛酉干支、癸亥干支、乙卯干支、丁未干支の「廃」に添布するときいわゆる「休囚死」なのであり、用途が存在しないことを称しているのである。

およそ命局がこれを附帯し、人事を造作して成立せずに、始発が存在して終結しないのである。

また天地転日とは、春季の乙卯干支や辛卯干支であり、夏季の丙午干支や戊午干支であり、秋季の辛酉干支や癸酉干支であり、冬季の壬子干支や丙子干支であり、すなわち干支と納音がともに四季に専旺することを称しているのである。

およそ命局がこの日に相当すれば、各四季の出生でさらに当主がこの旺地に契当すれば、成功して退歩せずに、ただ物資の過重のために損失して当主は卒するのである。

『玄微賦』にいう―

韓信氏（劉邦の武将）が天誅を被ったのは、天地転殺が剋傷したとはこの事なのである。

顔回氏とは己丑年辛未月丙午日戊子時の命局だが、丙午日主が夏季に出生し命主が加旺するので、亜聖（聖人の次位）ではあるが、庚申歳に至って寿元を卒したのである。

またある命局の丙戌年丁酉月辛酉日乙未時では、辛酉日主が秋季に出生し、命主が土性だが丑申歳の庚戌月で寿元を卒したのである。

大抵こうした造化では、もっとも中和を喜兆とするので、そこで太過したり不及したりは、みな吉兆を肯定しないのである。

以上の四日は過分と為り、また「死囚」に巡れば不及と称するのである。

そこで天地転日とは、すなわち過分かつ健旺に相当すれば太過と称し、そこで中和ではないのである。

もし命局に不及を擁して生扶が存在するときや、太過して抑制を擁するときは、この論議は存在しないのである。

論干支諸字雑犯神煞

古代の先人は文字を製字して、それぞれ意義を取象し文字の精神を訓締するので、木質を倒壊枯死の自性と為し、水土質を巳支にめぐって絶符するものとしたのである。

その故に文字の氾濫を訓締し、文章として展布することを冒涜することとし、文字の漏洩を訓締して阻堤としたのである。

および火気を覆蔽するものは、戌支に衰微する故にその権威を滅と為し、金気は丑支に衰微する故に把手にて施錠と為し、亥支を草核と為し艮卦を草木の根として、金気は十則にて「針」と為し、その配色の「白」字は十則にて皁（小人物）と為し、水気は十則にて「汁」類と為すのは、ただ肯定すべきで議論するまでもない。

その故に甲乙干などの十干や子丑支などの十二支を、古代の先人が製字したのにはかならず深い意義が存在するが、試みにその字形に言及してみようか。

甲丙丁干と辰支の文字を「平頭殺」と称し、もし三四類を併見して空亡を附帯すれば、定まって僧侶か道士と為るのである。

「命書」にいう――

人が命局に甲乙丙丁干を併擁し、一位の間隔も存在しなければ当主は凶害に陥って、男命は妻君を損害し、女命は亭主を損害するのである。

甲癸干と未申酉支を「破字」に所属するとし、甲癸干と酉支はかならず視覚碍また未申支は心腹疾を患うが、さらに時柱を看て六害の当地で、干頭が制剋を被るときは事実と為るのである。

甲辛干と午申支を「懸針」に所属するとし、五行に元気が存在せず徳星に相当しないケースは、決定的に軍人の命局なのである。

『三命纂局』にいう――

甲辛干が三四併局して「懸針」と称し、視碍かまたは多くの険厄が至るだろう。

刑衝や凶殺を附帯すれば流配すべきなのは、多くが刺青軍民の為なのである。

戊庚干と戊支とは「杖刑」に所属し、斧刃を鋒挙してから戈先に伏倒するのである。

もし羊刃や蝕神を附帯すれば、辺流されて凶揺が決定するだろう。

乙己干と丑巳支は「闕字」「曲脚殺」に所属し、命局に多く侵犯すればかならず口唇耳碍かつ四肢碍なのである。

もし徳合が存在せず五行に精気が無ければ、衣食は不充分で他家に寄生して食客と為るのである。

「命書」にいう—

己巳干支、乙巳干支、丁巳干支を人が命局の日柱に擁せば、当主はご妻君を剋傷するであろう。

李九萬氏がいう—

およそ巳酉丑三合金局が全備して干頭に己干を附帯すれば、当主は口唇碍の疾症で、生涯他人の口癖を模倣するだろう。

四柱命局に己巳干支を擁せば「曲脚殺」と称し、多く附帯すれば当主は他人を養育して子息と為すのであり、他人に養育させて養子と為すのではない。

丙壬干と寅酉支は「聾唖字」と為し、もし多く侵犯すれば胎児の時期に害を被り、時宜が日食すればかならず視聴覚碍を患うが、また酉日支で戊時支のケースも、また当主は同じ疾患か頭部面相に皮膚炎を疾症するのは、このタイミングで日柱を衝破するのである。

「歌訣」にいう—

まず「平頭殺」はかならず僧侶か道士であり、「破字」は終局的に視力を逓減し、「懸針」を帯殺すれば刺青面相で流配の徒の多くは杖刑を併見するケースで、不幸にも窮状して空虚な欠陥に逢瀬し、相貌が知性を兼ねても不満足にて完成せず、そこでこの象相で「聾唖字」に逢瀬すれば、空亡のように精気が定立して至ることはなく、もしまた「曲脚殺」を多く附帯するケースには、父君と子息が双方に両姓を名乗るよう教導すべきである。

また壬癸干が酉支を擁するか、また酉支主が壬癸干を擁すれば、水気は酉字にしたがい酒類へと変化するので、逢瀬して吉兆で酒類事業で成家するが、凶兆のケースでは家を破るかまた酪酊死するのである。

乙者を「披頭」と為し、もし重複して擁せば占筮師か娼妓女優であり、天乙貴人や天徳貴人を併存すれば高官に及第するのである。

丙戊二干が寅卯支の干頭に存在するとき「仇讐晦気」と称し、当主は誹謗や怨恨を招き、恒常的に衆人と競奔するのである。

乙己癸三干が全備すれば、四股や視覚が瑕疵するのではなく、中年後に刑法を抵触するのである。

甲乙庚三干が全備すれば、当主は視覚碍するか、また少年期に皮疾かつ視覚碍するのである。

乙癸二干のケースは、丑支の併局を肯定できずに、当主は富貴だが非長寿なのである。

丁辛二干のケースは、巳支の併局を肯定できずに、当主は父母を損傷するのである。

「経典」にいう—

乙癸干が同併すれば、瞬発性で保持が難儀なのである。

丁辛二干のケースは、父母を多く損傷するのである。

丙辛二干のケースは、巳支を擁するのを肯定できない。

丁壬二干のケースは、午申支を擁するのを肯定できず「類応」と称し、当主は恒常的に損失が多いのである。

乙辛二干のケースは、未支を擁するのを肯定できない。

庚壬二干のケースは、戌支を擁するのを肯定できず「反傷」と称し、当主は富貴だが非長寿であり、小人物のケースでは拘禁の窮状を擁するのである。

「経典」にいう—

乙辛干が未支を擁せば「天牢」とし、命局に同宮して疾性に遭うのである。

庚壬干が戌支を擁せば、配流されて窮状が到来して廻避できないのである。

總論諸神煞

古来より神殺星には百二十種の名称が存在し、それぞれの所説を究明すれば、おそらく造化の組成とはこのようなものではないだろう。

そこで羊刃や空亡や劫殺や災殺や大殺や元辰や勾殺や咸池や破砕や羅網や衝撃や天空や懸針や平頭や倒戈などの神殺星を除き、命局中で切に必要な要素とは、すでに已前に備わっているのが所説なのである。

諸星術家の考証では理（はたらき）を擁しているので、またここで叙述してみようか。

【自縊殺】

この神殺星とは五行の相反的な繋処を取用しており、戌支主の巳支と巳支主の戌支や、辰支主の亥支と亥支主の辰支や、寅支主の未支と未支主の寅支や、卯支主の申支と申支主の卯支や、午支主の丑支と丑支主の午支や、子支主の酉支と酉支主の子支である。

これらは相剋して大忌であり、天干から墓符でありさらに天中殺や官符や大耗であれば、凶意が定まるのである。

【水溺殺】

この神殺星は丙子干支や癸未干支や癸丑干支を取用するが、そこで咸池や金神や羊刃を附帯するのは、そこで丙子干支の納音は水質で、また子支は水旺の当地で、未支を「井宿」の位相と為し、丑支を三水支の分陵と為し、さらに納音が己身を剋伐すれば、決定的に免れることはできないのである。

「古歌」にいう――

劫殺が己身を剋伐して名声は顛倒して失墜するが、そこで金神羊刃が同じ位相で防備するので、要は塞滞的な凶揺の星辰なのである。

戌巳辰亥支が寅未支を併見するときや、また一例では子酉支を凶殺と為すのは卯申丑未支に依拠する已前なのである。

空亡と墓鬼を兼ねて大忌とするが、官符や大耗はすなわち忌避すべきなのである。

丙子干支と癸未干支が癸丑干支を併見するときは、咸池や金殺や羊刃を畏れるのである。

五行がもしさらに己身を招剋すれば、溺水中に梁木に一死を全拠するようなものである。

【掛剣殺】

この神殺星は巳酉丑申支に取用し、もし命局で純全備するものを肯定するのであり、また巳酉丑支を重複して附帯するケースも肯定するのである。

さらに官符や元辰や白虎殺や金神などを侵犯するケースで、五行が本命を刑剋すれば当主は粗暴者かつ屠夫で、また人道に背理して殺意を所懐するのである。

「詩文」にいう――

巳酉丑申支の金気が全備すれば、従革局として「掛剣」と称し、そこで元亡と金虎を併見して己身を剋伐すれば、たとえ人身を殺傷せずとも、免訴されることはないであろう。

【天火殺】

この神殺星は寅午戌支全備するとき取用し、そこで干頭に丙丁干を擁するケースで、命局中で全く水質を擁さないとき肯定するが、水質を擁せば肯首しないのである。

もし運歳が火気生旺の当処に至れば、火気の炎上を防ぐべきである。

「詩文」にいう――

寅午戌全備を天火と称し、丙丁干を併見せずとも自性を肯定できるが、命局に一位の水気も存在しないときは生旺であり、運歳に臨んで火気の災厄があるだろう。

また筆者の命局は、寅午戌支全備で月干頭に癸干が存在するが、行運戊午干支に巡って戊癸干が火気に合化するので、甲戌年甲戌月に火災に遭ったのである。

――万育吾氏が自記する

【天屠殺】

この神殺星は子支日午支時かつ午支日子支時を除外するものである。

自性的に丑支日亥支時かつ亥支日丑支時や、寅支日戌支時かつ戌支日かつ寅支時や、卯支日酉支時かつ酉支日卯支時や、辰支日申支時かつ申支日辰支時や、巳支日未支時かつ未支日巳支時など逐次二セットの数位であり、君子が侵犯すれば当主は腸や痛風脚気を疾し、小人物は四肢体を瑕疵して、重複して侵犯するときは当主は労役卒するのである。

【天刑殺】

この神殺星は子丑支主で乙干時に取用し、寅支主で庚干時や卯辰支主で辛干時や、巳支主で壬干時や、午未支主で癸干時や、申支主で丙干時や、酉戌支主で丁干時や亥支主で戌支時で、取用のタイミングで本命を刑剋するので、侵犯するケースは刑衝を被り疾症を擁するのである。

【雷霆殺】

正規の（七二八）子寅の方途は（三九四十）辰午支に相当し、（五十一）申支かつ（六二）戌支のケースは、当主はかならず落雷や猛虎に咬傷されるだろう。

またいうなれば正規の（七下）に子支を加支し、（二八）が寅支の方途に存在し、（三九）が辰支の上に位居し、（四十）の午の位相が損傷し、（五十一）の申支の位相かつ（六十二）の戌支の方途なのである。

旧正月は子月（十二月）を起点に六陽位を順行するので、この神殺星を人が命局に擁せば、建禄や貴人星や吉星に逢って、制御を擁してすなわち吉兆なのである。

そこで陰性が高昇して行為が好く、法官吏と為って「雷霆」を掌事するのである。

そこで勅符を業とする水界の行者か、または仏祖を奉じる徒輩が羊刃や的殺や飛廉などに逢えば、寿命の限界に際会してかならず凶揺なのである。

そこで当主は天誅の逆鱗に堕し、落雷か猛虎に咬傷するのであり、天が厄疾を下賜し、または河水に水難するか、獄舎が不要なほど類々と野垂死するのである。

【呑陥殺】

イノシシや飼い犬や牧羊が猛虎に遭えばかならず損傷し、また猿公がヘビと樹上で鉢合わせすれば死亡し、また狼犬がニワトリに逢えばヒヨコは四散してしまうだろう。ウサギが奔走してヘビが遠郷まで遊走し、狼犬がネズミに至ればネズミは咬死するが、飼馬と飼牛が猛虎に逢えば定まってともに損失し、またウサギと猿公が狼犬に逢えば難を廻避するし、ドラゴンが水中から出現すれば凶兆なのである。

およそ人がもし時柱や日柱に相当して擁せば、三合会局の災禍の子細を詳解すべきで、これは年支を主要と為すケースなのである。

【官符殺】

歳運の前五支を取用することであり、日時柱に併見すれば恒常的に官庁の窮状が多く、さらに羊刃を併見してすなわち犯罪者の命局なのである。

もし「官符」が空亡に相当すれば、多くの邪気が発生して真実ではない為に「妄語殺」と称するのである。

【病符殺】

歳運の後一支を取用するので、これを侵犯すれば疾病が多いのは、行年で巡ってもまた然りなのである。

【死符殺】

「病符」に対衝する支を取用し、月日時柱にこれを侵犯して貴星の解救が存在しなければ、凶揺かつ非長寿なのである。

【喪弔殺】

別名で「横関殺」と称し、命主支の前二支を「喪門」と為して取用し、命支主の後二支を「弔客」と為すのである。

または歳運の凶神殺で大運や小運ともに、併臨してかならず当主は凶揺なのである。

「古詩」にいう―

五官六死十二病。また三喪十一弔が至りて臨むのを、一年歳の十二官の歌訣と見るべきだが、命局に擁して不吉であり、流年に逢ってもっとも凶揺なのである。

もし月令陽刃で凶殺が至りて助勢すれば、これに臨んですなわち「横関」なのである。

「古歌」にいう―

「横関」の一神殺を知る人は少数であり、月令建禄支で凶星のタイミングのときは、たとえば吉星が重複して至れば、拘禁には遭わないまでも危険度が高いのであり、また「喪門」とはすなわち地厭であり、「弔客」とはすなわち天狗なのである。

【宅墓殺】

命支主の前五支を「宅」と為し、命支主の後五支を「墓」と為すが、この「宅墓殺」が劫殺などの凶殺に逢瀬するのを畏怖し、命主の「宅」を招破して当主は呻吟するだろう。

【日刑殺】

神殺の当日を甲数として当人の日干に至るまでをポイントと為し、陽干ならば順数とし、陰干ならば逆数と為するのである。

もし神殺が命宮に存在すれば当主は拘禁し、三合会局の当主は労役卒し、それに対衝する宮位の当主は凶揺するだろう。

【流血殺】

これは生月を本拠の子支の起点とし、順数して当年度の干支に至るものである。

もし命宮に三合支の対宮支が存在すれば当主は腫瘍を発症し、一般人ならば労役卒し、婦人ならば産厄があるだろう。

【剣鋒殺】

甲子旬列のケースでは「剣」が辰支で「鋒」が戌支であり、甲午旬列のケースでは「剣」が戌支で「鋒」が辰支である。

甲寅旬列のケースでは「剣」が午支で「鋒」が申支であり、甲申旬列のケースでは「剣」が子支で「鋒」が寅支である。

甲辰旬列のケースでは「剣」が申支で「鋒」が午支であり、甲戌旬列のケースでは「剣」が寅支で「鋒」が子支である。

これらは各宮位の存在に従って占断するが、たとえば第七宮は妻子を損失し、第四宮は田宅を損失するのである。

【戟鋒殺】

寅月は甲干を起点とし、卯月は乙干を起点とし、辰月は戊干を起点とし、巳月は丙干を起点とし、午月は丁干を起点とし、未月は己干を起点とし、申月は庚干を起点とし、酉月は辛干を起点とし、戌月は戊干を起点とし、亥月は壬干を起点とし、子月は癸干を起点とし、丑月は己干を起点とし、逐月に干頭が旺盛と為り、日時柱に併臨して双方を重複して附帯すれば凶揺なのである。

さらに「懸針」を併見して、当主は配流されて瑕疵と為るだろう。

【浮沈殺】―（血刃とおなじ）

戌支から上起して子支に逆行し、当人の生年支に至って契当するとし、かえって年支より宮位を数え、何宮に存在するかを看るが「財帛宮」の所在として「串銭」と称し、当主は富みを貯蓄するが、その他はみな凶揺なのである。

甲乙己庚壬干主がこれを侵犯するのはやや軽度で、丙丁戊辛癸干主がこれを侵犯するのは重篤なのである。

寅午戌申未歳に相当して、この神殺の多くの当主は水厄を擁し、すなわち各宮に分岐して災厄を論説するのは、田宅の境塀のようなもので、すなわち当主は祖業を破るのであり、その他の宮位も同様に類推すべきである。

【破殺】

この神殺星は卯支と午支であり、丑支と辰支であり、未支と戌支でありみな破相なのである。

ただ寅申亥巳四支は元来は破相だが、かえって三合会局を為す故に取用せず、当主は少年期に窮状で滞りその財源を浪費して、兼ねて己身には瑕疵の窮状を擁するのである。

【返本殺】

五行に貴気が存在せず、下層が上層を逆剋して「返」と為すのである。

「歌訣」にいう―

五行が死絶符で併擁して至るときは、格式を擁しても福分は閑散となって伴わないであろう。

さらに日時柱を忌神として年主を返剋するときは、決定的に官位が存在しないことを切に知るべきである。

たとえば甲子納音金命が戊午日柱を擁し、また胎元や月柱や日柱や時柱に多く寅巳支を附帯して侵犯すれば、決定的に当主は孤立するか、また富裕か貴位なのである。

そこで一気が偏旺すれば、すなわち父母や長上を逆剋するであろう。

【陰陽殺】

女性は陰性に所属して陽性をよろこび、もし命局に戊午干支の旺火を擁して、正規の陽性と為すのである。

男性は陽性に所属して陰性をよろこび、もし命局に丙子干支の旺水を擁して、正規の陰性と為すのである。

陰性と陽性が和解して伸暢する故に、男命が丙子干支を擁して日ごろ美婦女を多く擁し、女命が戊午干支を擁して日ごろ美男子に多く逢瀬するのである。

日柱に相当すれば男命は美妻を擁し、女命は美夫を擁するが、元辰や咸池が同局すれば大忌なのである。

男女を問わずにみな好色で、男命が戊午干支を擁せば多くの婦女と相愛し、女命が丙子干支を擁せば多くの男子から挑誘されるが、さらにその貴賎やなりゆきの有無を看るのである。

【淫慾妨害殺】

壷中子氏がいう——

秦代酒楼の老性の酩酊とは「十二数象」であり、縁故を径直に重複侵犯するのが「八専」であり、楚国の短命政権の版図が「八干」であり、重複して逢瀬すべきなのが「九醜」なのである。

そこで八専とは淫慾殺と為し、九醜とは妨害の星辰と為り、八専とはすなわち甲寅日時干支、乙卯日時干支、己卯日時干支、己未日時干支、丁未日時干支、庚申日時干支、辛酉日時干支、戊戌日時干支、癸丑日時干支の日時柱に取用するものである。

日柱に臨むケースは妻君が不正を有し、時柱に臨むケースは子息が不正を有し、女命が侵犯すれば六親が疎遠で択別せず、そこで侵犯が多ければもっとも効験なのである。

九醜とはすなわち壬子干支、壬午干支、戊子干支、戊午干支、己酉干支、己卯干支、乙酉干支、乙卯干支、辛酉干支、辛卯干支であり、婦人が侵犯すれば当主は産厄を為し、男命が侵犯すれば多くは醜態で終局しないのである。

【孤鸞寡鵠殺】

「古歌」にいう——

木気と火気の象相局は巳支の混入が不祥であり、金気と亥支が在局して何ともかならず猖狂を強いるのであり、土気と申支と木気かつ寅支の亭主の所在とは何処であろうか。

そのタイミングで「孤鸞」が一場を飛翔するが、すなわち乙巳日、丁巳日、辛亥日、戊申日、甲寅日また丙午日、戊午日、壬子日などの日柱であれば、男命は妻君を損傷し、女命は亭主を損傷するのである。

【陰陽差錯殺】

すなわち丙子日、丁丑日、戊寅日、辛卯日、壬辰日、癸巳日、丙午日、丁未日、戊申日、辛酉日、壬戌日、癸亥日の十二日なのである。

女命がこれに逢えば公衆と夫の母が背合して已身と離反し、兄弟の妻君が些少で、亭主の家庭が冷却後退するのである。

男命がこれに逢えば亭主が家庭を顧みず、また妻君の実家と不仲なのである。

その神殺星とは男性女性を問わずに月日時柱に重複するか、また三重複を侵犯すれば極めて重篤で、ただ日柱が侵犯するのがもっとも重篤とし、当主は内弁慶なのである。

たとえ妻君が財産家でも、また成果が開花せずに、長期経過ののちに妻君の実家の仇敵と為り、かれらの交際の姿は存在しないのである。

【臨官遇劫・名桃花殺】

当主は、酒色を愛好するのである。

【返吟遇梟・名短壽殺】

当主は、妻子を損傷するのである。

【桃花紅艶殺】

亥卯未各支は子支に存在し、巳酉丑各支は午支に存在し、寅午戌各支は卯支に存在し、申子辰各支は酉支に「桃花煞」がそれぞれ存在するのである。

甲乙干午支、丙干寅支、丁干未支、戊干辰支、己干辰支、庚干戌支、辛干酉支、壬干子支、癸干申支を「紅艶煞」と為して、女命はもっとも忌避するのである。

以上の諸神殺はおよそ己身を損剋することへの言及であり、凶神殺の干支の納音への言及であり、生年柱や年歳の納音への剋害が己身に臨むときは、凶神殺が年歳納音を本来の位相で附帯するとし、かえって年歳の納音を己身と為し、もし己身が剋害を被るときに死敗絶符の位相に在局すれば、すなわち不測の窮状に遭うのである。

ただし己身に精気の当処が存在すれば、窮状を被るときは重篤で、在局だけのケースはすなわち軽度なのである。

ただし年歳納音が凶殺を抑制すればすなわち吉兆なのであり、そのケースは当人の命局はすでに貴格に相当するのである。

そこで緊要の位処に、凶殺を附帯してこれを福星が資扶すれば、すなわち「権柄」と称し、福星の資扶が存在せず、また凶殺の旺気に便乗すれば交互に往還するか、また当主を刑剋して濁者のように凶揺するのである。

またいうなれば一切の福星の居所の位相とはすなわち生旺を要し、生旺であればすなわち貴相が栄えるのである。

また一切の凶星の居所の位相とは、すなわち死絶を要し、死絶であればすなわち結末が善果なのである。

またいうなればおよそ福星を旺気に当会させたいならば、忌兆にて敗性を擁するときは、およそ凶星を衰気に当令させるのである。

凶処を擁するが扶助があるケースは、また相衝相破と称し、三合会局や六合を命局に擁せば、すなわち五行の得る相（すがた）とは何であろうか。

また凶揺のなかに福分が生起し、福分のなかに凶揺が生起するのは、死絶符が復して蘇生するようなものである。

また空亡が衝破を受けるときは、相剋が相互に会成し、すなわち凶揺のなかに福分が生起し、かえってここで福分のなかに凶揺が生起するのである。

「命書」にいう――

道程の下級官吏にどうして「駅馬攀輳」が存在せず、かえって市井の博徒がまた「三奇夾貴」を擁するのである。

徐子平氏がいう――

君子の格局のなかには「偏官陽刃」を犯擁するのであり、小人物の命局のなかには「印綬正官」を擁するのである。

こうして観る所以とは、神殺の吉凶に拘泥すべきではなく、その軽重を比較衡量することに通変星の枢要が存在するのである。

たいていは凶神殺が干頭に占拠して、真の凶鬼を附帯するのは適宜ではなく、己身を剋傷してそこで官星を擁してもなお忌鬼に転変し、いうなればこれを真鬼としてその窮状が明らかと為るのである。

寅申巳亥四宮互換神煞

〔詩訣〕
当年度の科挙受験者たちが、朝廷の殿上階を拝跪するのである。
文筆の行業で身分が斎同のようだが、じつは均等ではないのだ。
かれらの生死や盛衰は、千人千様かつ百人百様なのである。
それぞれの縁故により神殺の格局には、高貴と濁者とが存在するのである。

〔註記〕
神殺の格局とは、みな十二宮（支）のなかに擁されており、寅申巳亥支を最たる四支と為すが、それは亡神や劫殺や貴人や長生や禄馬が同位に位相する為であり、吉星を多く擁せばすなわち吉兆であり、凶殺を多く擁せばすなわち凶揺なのである。

〔詩訣〕
神殺星は神殺の方途を擁して、そこで貴相と為すのである。
神殺星が年干に存在せず、日時柱に存在するときは、
貴相を附帯して、自ら活路を為して吉兆を肯定するのである。
作動が抑止して乱相すれば、また不適宜なのである。

〔註記〕

殺のなかに神殺星を擁するとは、長生は貴相を附帯してすなわち凶殺が生気へと転変するのであり、吉相が存在するのではなく、すなわち凶殺が変化するのでもない。

一神殺としてではなく、双つの二官位として占相するのであり、生年の干頭や納音に存在するのではなく、日時柱に神殺を擁してそこで神殺が自ら長生であれば、まさに吉相を肯定すべきなのである。

たとえば庚子年壬午月辛巳日辛卯時癸酉胎元のケースでは、子午卯酉四支を蛇頭が開口するが、四支全備のケースなのである。

神殺星の破砕が巳支を附帯して、子支主が劫殺を巳支に擁すれば、これを辛巳干支において門位殺が聚合するとして、金気が自ら長生に相当するのである。

またある一命局の乙巳年乙酉月己未日壬申時では、貴相が聚合して亡神を為すとし、また自ら生旺かつ権威と為す故にみな大貴の相なのである。

作動の抑止とは、たとえば戊午干支や丙子干支のケースで、双方ともにみな生旺してそれぞれ自らを当主と為すのである。

相互に対衡して剋衡するのを「戦」と称し、勝者が存在しない争乱なのである。

その故に『林開五命』にいう──

争戦を力づくで抑止するべきで、少数者は多者に敵わずに、かえって投降して福分を獲得するとは、これを称しているのである。

〔詩訣〕
己身みずからを生気と為し旺気と為し、臨官と為すのである。
ただ英たる霊気が分散しており、完備していないのである。
たとえ動機が微弱でも、強い気合で福分を肯定するのである。
翻身して主分と客分と為り、すなわち権威を分担するのである。

〔註記〕

四柱命局のなかでただ肝要なのは、一位の長生が専旺することであり、精神の凝集を肯定すべきなのである。

もし年月柱が生旺でかつ日時柱がまた生旺であれば「分散英霊」と称し、かえって当主は貴相を肯首しないのである。

たとえば癸亥年戊午月丙子日己亥時のケースは、四位それぞれが自ら生旺なので、主客が顛倒して心性は巧妙だが、ただの一術士なのである。

たとえば壬寅年壬寅月庚辰日辛巳時のケースでは三位の納音金質を擁し、また同様に時支が長生に相当すれば、精神が凝集してすなわち貴相と為るのである。

〔詩訣〕
命理を談ずるには、先ず命局の桃花殺を看るべきであり、
星辰の主要な官星が、何であるかを看るのが必要なのである。
それぞれ強弱の両般の機能を、そこで分別するのであり、

その禍福が、どうして霊性が存在しないと断定して憂悩するのか。
〔詩訣〕
神殺の格局は元来百個ほどで、数多ではないのである。
そこで亡神や劫殺は、みな凶揺と為すのである。
もしそこで、建禄や貴人支や長生を擁するケースならば、
かえって権殺として、権威や名誉を為して伝播するのである。
〔詩訣〕
たとえば建禄や貴人星が存在しなければ、頑迷な奸人である。
多忙でも性急でもなく、その機関は脚足そのものなのである。
さらに三刑を附帯すれば、僧侶か道士と為るのである。
兄弟親族と和合し難く、かならず残傷を帯びるのである。
〔詩訣〕
長生が、甲申干支ならびに己亥干支に併見するときである。
辛巳干支は能く丙寅干支を附帯するのに堪えるのである。
そこで辺境で奸夷を撃破して、その威を挙揚するのである。
または朝廷の厨房で、大小の鍋器で煮物を調理する人物なのである。
〔詩訣〕
寅申巳亥四支は、それぞれ長生符であることが好ましいのであり、
そこで胎元が長生に収束するケースは、もっとも栄えるのである。
四方から荷馬や客人が、商業を交渉するのであり、
帝都北京には、紫衣や緋衣の人物が整然と居住したのである。
〔註記〕
甲申干支、己亥干支、辛巳干支、丙寅干支の四位を真実の長生と為し、そこで亡神や劫殺でさらに禄馬支や貴人支を附帯すれば同じく到達するとし、かならず当主は辺境に威を挙揚するであろう。
李氏（侍郎次官）のケースは、乙酉年乙酉月乙酉日甲申時であり、申支にみな四水質が派生し、申支が三貴かつ凝集処と為って自性的な長生を擁し、また旬列に存在する故に大貴の相なのである。
〔詩訣〕
神殺星が和合して、また長生が併臨するときは、
当人の富貴や栄華は、現実に実現するだろう。
もし貴人支が、その合絆を兼備するときは、
決定的に黄金製かつ玉製の殿階を、往来する身分なのである。
〔註記〕
神殺星が自性的に長生を擁するときに、年柱納音が神殺星に伴相して、同じく日時柱に長生が存在するときを真実の長生と称し、また生処に長生に逢うと称し、たとえば壬寅干支が辛巳干支を擁し、乙酉干支が甲申干支を擁するケースで、かならず当主は大貴相なのである。
〔詩訣〕
およそ権勢を擁すれば、神殺星を附帯すべきなのである。
権威ある星辰は、神殺星を用いて相扶すべきなのである。
そこで五行がみな良好で、権威ある神殺星が存在しなければ、
すなわち命局の星辰は、権威を擁するがまた孤独相なのである。
〔註記〕
造化の物質は、両極を全備することは不可能なのであるため、神殺星そのものが主権を為すのであり、また拘禁や過度の孤独相は免れないのである。
〔詩訣〕
亡神が一位存在するのは、その機密性が性質なのである。
亡神が二位存在するのは、その張骨が決定的なのである。
亡神が三位存在するのは、その生存が生旺ではないのである。
終局的に拘禁で疾性に陥り、とうとう結果が出ないのである。
〔註記〕
亡神が劫殺と重複すれば太過と為すのであり、たとえば壬子年丁未月辛亥日己亥時のケースで、亡神を併見して重複するので、決定的に窮状に処遇されるであろう。
〔詩訣〕
劫殺が一位であれば、福分の胚胎なのである。
劫殺が二位であれば、資財を盗用して刑法を重犯するのである。
劫殺が三位であれば、凶揺かつ不吉な狼的人格なのである。
生旺でも生旺でなくとも、その命が窮命と推測できるのである。

〔註記〕
劫殺一位または重複するとき、もし貴人支を附帯するか、また自性的に生旺であれば当主は発達し、たとえ己身を損剋しても損害は存在しないのである。
もし劫殺三位が重複して、死絶して精神が無ければかならず賊徒と為り、当主は凶揺するのである。
たとえば辛丑年丁酉月乙未日戊寅時のケースは、官権を侵犯するがそののち大発展するのである。
たとえば辛丑年戊戌月丁亥日壬寅時のケースは、読書して科挙試験に及第し、官位爵禄が栄転するのは、丁亥干支が貴人支を合起する故なのである。
〔詩訣〕
神殺星に方途が存在すれば、神殺星による蓄財の始兆なのである。
己身が他星を剋傷するとき、それが福分の媒介と為るのである。
神殺星がみずから財物を降して、己身に到来するのである。
おのずと禄馬や貴人が、すみやかに至り来るのである。
〔註記〕
人命が亡神と劫殺の二神殺を擁するときは、能く損財の始兆と為し、おおむね己身が凶殺を剋去すれば吉兆と為り、凶殺が到来して己身を損剋すれば凶揺と為るのである。
もし甲子干支が己巳干支を擁して福兆だが、乙巳干支に巡って窮状するケースとはこれなのである。
〔詩訣〕
悉く説くならば、貴人星は能く凶殺を抑伏するのであるが、
亡神や劫殺が過多すれば、旧体然たる窮状のままである。
自性的に衰微して漏気するときは、貴神が臨むのは難儀なのであり、
そのとき凶殺も善性の貴神も、効能は存在しないであろう。
〔註記〕
たとえば辛亥年庚寅月甲申日丙寅時のケースで、亥支と寅支が六合と為り、亡神劫殺を含意しつつ合起して凶揺を為すのである。
その故に生涯を読書修学してもついに科挙試験に及第せず、もし貴人星が存在しなければ、決定的に横死するのである。
たとえば己巳年壬申月甲寅日壬申時のケースは、テロリストに遭うだろう。
〔詩訣〕
五行には、神殺星の過多は不用なのであり、
そこで劫殺と臨官を併見すれば、その発達が速いのである。
己身が、神殺星の三重複を権威と為すときは、
己身が骨肉ともに、兼ねて症耗して亡身するのである。
〔詩訣〕
帝旺を重複して擁するケースも、また然りなのであって、
九泉の膝下でたちどころに「七傷五労」に遭うのである。
そこで劫殺が重複して生起するケースは、非長寿であり、
また臨官と帝旺を併見して、なお遅滞するのである。
〔註記〕
たとえば辛未年辛丑月壬申日戊申時のケースは、早期に血難して過労疾を発症するのである。
また甲戌年庚午月戊辰日戊午時のケースは、また恒常的に疾性なのである。
〔詩訣〕
日柱と月柱が天月徳貴人を擁せば、凶禍はかならず軽度なのである。
凶神殺が到来して己身を損剋するのは、抛省することはないのである。
日柱と時柱とが亡神かつ劫殺ならば、侠盃を貪酌するのである。
そこでただ長生および貴人星を、有益とするのである。
〔註記〕
日時柱に亡神と劫殺を全備して附帯するケースでは、当主は酒色を貪り疾性と為るだろう。
ただそこで九流芸術を適宜と為して、月日柱が天月徳貴人を擁せば、たとえ凶揺を擁してもまた軽度なのである。
〔詩訣〕
もし寅申巳亥四支の全備に遭うときは、

そこで長生を擁さなければ、寿命の延長は難儀なのである。
高慢にて計謀するので、結末の終局は恥辱に遭うのであるが、
その結果として、天に怨恨してはならないのである。

〔註記〕
韓平原氏のケースでは、壬申年辛亥月己巳日丙寅時で大貴相のようで斬首刑に遭ったのであり、普通人ではかならず結果が存在しないのである。
学士院大臣の猪沖夷氏の命は、甲申年丙寅月壬午日辛亥時かつ丁巳胎元だが、辛巳年に凶揺を被ったのである。

〔詩訣〕
劫殺と孤辰の二神殺は、同じ星辰に同局するのを惧れるのであり、
また隔角が双つ到来して、すなわち拠省に契当するだろう。
丑支命が寅辰支を擁して、また巳支に逢うときや、
戌支命が亥未支を擁して、また申支に逢うときは、
初年は、かならず当主は富豪の家主と為るが、
中年に当主は、田領を売却して己身が拘禁するだろう。
また妻子を喪失して、また父君を上剋するのである。
それは迎処である港門たる日時柱に、さしたる理由が存在しない為である。

〔註記〕
丑支が寅支を擁するケースを、劫殺が孤辰を附帯すると称し、当主は刑剋されて窮状と為り、僧侶か道士か九流術士を切望するのである。
一命局の癸未年庚申月丙申日己亥時のケースでは、中年期に後退して四散し、己身は辺境に配流されて喪身したのである。
一命局の己亥二支壬申干支また申支時を擁するときは、かえって貴人星は有効だが、ただし父母を刑剋して子息が存在しないのである。

〔詩訣〕
劫殺と孤辰が、貴人星と長生を兼ねて附帯するとき、
すなわち当主は、権威と福寿の双全をつかさどるのである。
もし長生ではなく、貴星宿を擁するとき、
また裸一貫で、荘田を領得するのである。

〔註記〕
辛丑干支が丁亥干支を擁するケースで、壬寅干支とは官殺に相当し、戊寅干支を擁せばまず官権を侵犯したのちに富裕と為るが、それは丁亥干支が臨官しかつ合絆する為で、貴星の力量が貴重なのである。

〔詩訣〕
古老の先達が、天地人の三命を強弱に分類したのである。
そこで劫殺と亡神とが、もっとも凶揺なのである。
それらは徒党を組み己身を攻めるので、たいへん不祥なのである。
当人は窮状でなくばすなわち非長寿で、野谷に逸するだろう。

〔註記〕
徒党とはすなわち亡神と劫殺で、孤辰寡宿と同類であり、隔角や破田や破宅や大耗や懸針などのケースである。
たとえば己卯干支が庚申干支を擁し、癸卯干支が丙申干支を擁するのはもっとも甚大で、そこで当主を剋伐するのである。

〔詩訣〕
亡神と劫殺がともに全備するのは、なお不適宜なのであるが、
その徒党が生年柱を損剋することを、示唆してはならないのである。
逢瀬のタイミングのごとく、争わずしてかつ凶揺なのであり、
そこで当人の生死や栄枯は、すぐ目前に存在するのである。

〔註記〕
たとえば癸酉年辛酉月壬寅日壬寅時のケースは「牛觸出骨」を被り、五月病床したのちに卒したのである。

〔詩訣〕
およそ凶星が、年柱を剋伐してはならないのである。
そこで年柱を剋伐すれば、すなわち当主の凶揺は連綿とするのである。
神殺はそれぞれ自ら、軽重を分度しているのであり、
己身が凶殺を抑剋するときは、凶殺は権威に変転するのである。

〔註記〕
凶兆の神殺星はよろしく剋伐して退けるべきで、吉神殺や貴人星はよろしく抑えて擁容するべきなのである。

〔詩訣〕

大いなる富裕や地位とは、神殺星の権威に依拠している。
神殺星を能く位居の随属とするが、己主そのものが能く先立つものである。
亡神や劫殺それぞれが単一に存在するのは、天元の秀気なのである。
決定的に版図の乱れを治安して、大賢を輩出するのである。

〔註記〕

賈平章氏の命で癸酉年庚申月丙子日丙申時のケースでは、酉支を己主と為して先立つとして、申支を神殺星と為して随属して存在するとし、庚申干支神殺は制伏を被り、そのケースでは丙申干支が鬼病に相当して、金気が旺じる故に貴相なのである。

〔詩訣〕

卯酉支の一セットが寅申支の一セットを擁するのは、凶揺なのである。
卯支が申支を擁するのは、帯針の神殺星なのである。
そこで破宅や破田が、大耗を併見するとき、
位居から離反し祖先から背離して、さらに窮状と為るであろう。

〔詩訣〕

命局が寅申支を全備すれば、かならず家門を破敗するのである。
平生に屋台を造営して、華奢を愛好するのである。
富貴に安居して設営しても、恒久ではないのである。
祖先の職業は官職ではなく、松明のようにやがて燃え尽きるだろう。

〔註記〕

爵禄の宅相である命局では、亡神と劫殺が同伴するのは不適宜なのである。

卯酉支主のケースで寅申支を擁するのは、不適宜で破宅殺と称するのである。

もし亡神や劫殺や懸針や大耗や隔角や寡宿がそこに臨めば、寅申支を全備するケースでは、屋台を造営して浪費するのを愛好し、もし役所が没収でもしなければかならず当主は焼失するので、先に富裕でも後に窮状するのである。

たとえば乙酉年癸未月庚寅日甲申時の女命のケースでは、辛うじて夫家に嫁ぐが、その屋台を火災で焼失して告訴されて、田畑を悉く手放して祖先から離反するだろう。

〔詩訣〕

子午支主のケースの一例を推挙してみようか。
また巳亥支が日時柱に存在するのに、どうして堪えることができるだろうか。
己身を損剋して、さらに同様の徒党を擁するのを忌むのである。
そこで財産を破耗することは、決定的で疑いようもないのである。

〔註記〕

たとえば戊午年癸亥月癸巳日甲寅時でまた胎元が甲寅干支ならば、この神殺星は徒党を為し、三度軍隊に身を投降したのちに、ついに扶養者と為るであろう。

また戊午年癸亥月癸巳日丁巳時のケースでは、一戊土が二癸水を阻土して、火気はまた臨官なので富裕で充足するが、孤独相で祖先を離反するのである。

〔詩訣〕

亡神や劫殺が日柱に臨めば、己身は妻君を刑剋するだろう。
また破砕と臨官を、一例に推挙してみようか。
そこで妻君を損剋したのちに、婚約前の侍女を側室と為すのである。
干頭が納音を派生して歳運を扶助すれば、かならずモラルは低いであろう。

〔註記〕

生日柱を上宮と為し、時柱を帝座と為すときに、亡神や劫殺や大敗や臨官や帝旺を擁せば、みな己主は妻君を損剋するのである。

そこで天干が生扶を資助し、納音をまた生扶すれば、己主は側室の侍女と再婚するのは、当然ではなく、そこで妾女を妻位と為すのである。

〔詩訣〕

貴人と禄馬とが、その日柱に臨むときは、
妻君はかならず能力が賢く、家内を能く納めるだろう。

さらに食神や建禄支が合絆を兼帯するとき、
妻君のスタイルは楊柳のようにしなやかで、その容貌はとても華美なのである。

〔註記〕

日柱に禄馬かまた貴人星や食神を擁すれば、かならず当主の妻君は賢良かつ内助の功を擁するのである。

さらに六合を兼ねて合起すれば、当主は成家して美貌の妻君を娶るのである。

〔詩訣〕

亡神と劫殺と孤辰と寡宿が、その星辰に同局するときは、
六親をかならず剋害することは、必然的に真実なのである。
これを日柱に擁せば、妻君は愚かで粗野であろう。
また時柱が子未支に逢うならば、真実と為るのであり、
さらに同位相に三刑が臨むとき、
もし僧侶や道士でなければ、当主は孤独かつ窮状するのである。

〔註記〕

亡神と劫殺と本来は孤独相であり、さらに孤辰寡宿と三刑が同じ位相であれば、必然的に六親に難儀と為るだろう。

日柱に擁せば妻君を剋害し、時柱に擁せば子息を剋害するので、かならず必然的に妻君は愚者で子息はヒネクレ者なのである。

〔詩訣〕

およそ「公門」の当処が、神殺を附帯しないときに、
もし亡神や劫殺に逢えば、すなわち官刑に遭うだろう。
測るに、火災が膨張して子酉午卯支に臨むのである。
そこで冤罪により身分を喪失し、千里の辺流の徒と為るだろう。

〔註記〕

およそ「公門」の当処では、亡神劫殺を擁するのは不適宜なのであり、日時柱に併見すればかならず当主は配流されて卒するだろう。

たとえば隔角が合絆を擁するときは、また当主は労役で配流されるだろう。

さらに火羅計孛各星が子卯酉午支に臨むケースは、上記に批准するのである。

〔詩訣〕

禄馬は衝剋を忌むが、六合は適宜なのであり、
神殺星は合絆を忌むが、刑衝を肯首するのである。
神殺星は合絆に邂逅すれば、凶神殺と為るのであり、
禄馬が刑衝すれば、吉意は凶揺へと展変するのである。

〔註記〕

たとえば甲子年乙亥月己亥日己巳時のケースを、合殺を為して人の死殺を被るだろう。

たとえば己亥年丙寅月甲寅日庚午時のケースでは、甲寅干支と己亥干支が相合を為すのである。

もしさらに己身を剋害すれば、すなわち夭折するだろう。

そこで劫殺は剋伐せずに、五十二歳で拘禁卒するのである。

〔詩訣〕

劫殺か亡神の単体に逢うときに、
そこで咸池か貴神星の介在を擁すれば、
医卜占筮師か売僧と為るのであり、
縁にしたがい日々を迎節して、孤刑は免れるだろう。

〔註記〕

日時柱に一位の亡神か劫殺を単見して、生旺な貴人星が存在せず、そこで死絶の当地に相当すれば、当主は侠盃好色を貪り、芸術家としては肯首できるのである。

〔詩訣〕

回頭破砕殺は、佳い兆候ではないのであり、
「朝元」に反して凶揺で、ツケで購入することも難儀なのである。
酉丑支の両宮位は、神殺星の転化を集約するが、
孤相に剋害されて、どうして長寿など叶うだろうか。

〔註記〕

酉支命が日時柱に寅申巳亥四支を擁するケースであり、丑支命が日時柱

に辰戌丑未四支を擁するケースであり「回頭破砕」と称し当主は非長寿で、受剋するケースは三十歳の非長寿であろう。

〔詩訣〕

もし子午卯酉支が、巳支を擁するときに、
長生の受気があれば、かならず麻草を栽培し、
そこで神殺星が、死絶符が集合した象相であれば、
屠殺業を行い、かつ精肉店を経営するのがよいだろう。

〔註記〕

陳氏（大臣）の命局では、庚子年壬午月辛巳日辛卯時のケースで、自宅の庭園で麻草を栽培して製品を出荷しており、縁殺の気が過分に重度なのである。

また己卯年丁卯月乙卯日辛巳時のケースは、匹家の屠殺業者なのである。

〔詩訣〕

双魚（亥支）と双女（巳支）を、己身は「双生」と為しているのである。
そこで命局に寅申支を擁して、その作動が過度であれば、
男女ともに、月天の盈虚のように邂逅するだろう。
邂逅（朔望）が経過して、一子息を一陰と為すのである。

〔詩訣〕

三刑と隔角とが、さらに空亡に陥るときに、
そこで華蓋を併見して、己身は家門の余剰員と為るのであり、
かならず双生児か庶家の出身なのである。
そこで老人や小娘を、敬って重宝がりはしないのである。

〔註記〕

巳支を「双女」と為し、亥支を「双魚」と為すのは、蛇を両頭として魚類を複眼とする故に称しているのである。

命局が巳亥寅申支を附帯するか、および火羅計孛各星が臨み、華蓋と空亡を併見して三刑かつ孤辰隔角であれば、おおむね双生児で肯首できず、庶家の余剰人員か父母兄弟を損害するのである。

〔詩訣〕

星辰が双つで神殺星が一位のとき、もっとも刑衝するのであり、
命局が同一干支を、併臨して附帯するときに、
六害を併存して、亡神劫殺を擁せば、
禅門道場の房室で、空疎な遺王に儀礼し、
重複して礼拝し、併行して布施を寄進するだろう。
男命は高齢でも妻帯せず、女命は後家相なのであるが、
ただ双辰殺を重犯すると為し、さらに平頭を擁せばその詳解のケースなのである。

〔註記〕

双辰とは同一干支が併位することで、多く己主は孤相で剋伐されるが、癸亥年癸亥月丙申日丙申時のケースで、亡神劫殺双辰殺と称するのである。

ある長老の命局は、乙亥年丁亥月己卯日丁卯時のケースであり、ある使用人の命局は己亥年乙亥月丁酉日丁酉時のケースであり、一人の余剰人員なのである。

〔詩訣〕

寡宿孤辰とは、肯定できかねるものであり、
そこで侵犯して全備すれば、老人を看取って子息を喪失するのである。
共存共栄と為すならば、かえって姓名を分担すれば適宜なのである。
羊刃を合絆して逢瀬すれば、己身は横死するだろうし、
官責をかりそめにも免れても、己身は顛倒して痴症なのである。

〔詩訣〕

空亡を合絆し、羊刃を合絆し、咸池を合絆するケースでは、
己主が空支すれば聡明だが、羊刃を明見すれば愚狼なのである。

〔註記〕

大意の六合絆が存在するように、小意の六合絆が存在するのである。

大意の三合会局が存在するように、小意の三合会局が存在するのである。

華蓋が双つ合絆し、また単一で合絆し、かつ内合外合し、合して順布し、合して反布するのである。

空亡を合絆すれば、当主は奸計が巧妙なのである。

羊刃を合絆するとき、逢瀬して併存附帯すれば、己身は横死するだろう。

たとえば乙酉年庚辰月庚辰日乙酉時のケースでは、法律を侵犯せずに刑罰を被るとし、かならず破相の疾症を擁するのである。

〔詩訣〕

咸池が合絆しなければ、それは風流なのである。
もし合起すれば奸淫であり、老齢でも羞恥心が存在しないのである。
そこで合絆を擁し、さらに己身への来剋を兼ねるときには、
己身は、腸疾か糖尿を仇敵と為すのである。

〔註記〕

咸池とは腸疾患を司り、干頭の剋伐および納音の剋伐で、当主は糖尿病と為るのである。

たとえば庚辰年己丑月辛巳日丁酉時のケースでは、生涯もっとも淫質であり、そこで巳酉丑支の三合会局に桃花殺が合起するのである。

〔詩訣〕

干頭が合絆を附帯すれば、威力はまた軽度なのである。
三合会局のケースは、その深浅を議論すべきなのである。
合絆に順じるとは、また合絆に背反するものと考えるのである。
それは吉凶や禍福とが、説明の詳細を要するからである。

〔註記〕

天干が合絆するときに地支が合絆しないのを「単合」と為し、たとえば戊主命が日時柱に寅午支を擁してかえって合絆を為すように、禍福の全般を占断するのである。

〔詩訣〕

亡神や劫殺には、真実の六合絆は不適宜なのであり、
そこで六合を擁して、また貴人星を擁するのは適宜なのである。
貴人星を擁さずに、己身への損剋を兼ねるときは、
先方は人を殺傷せずに、当事者が己身を損傷するのである。

〔註記〕

亡神と劫殺が合絆を切望するのは不適宜であり、また当主を剋伐するのも不適宜なのである。

たとえば壬戌年癸卯月己亥日己巳時のケースでは、合絆はしないがかえって陰性の己土を擁し、陽性の壬水を剋伐するのである。

地支が衝剋に逢う故に、当主は凶兆で斬首されたが、これは李大尉氏の命局なのである。

また丁巳干支と壬申干支を天干地支の六合絆と為して、巳申支の刑衝を合起して酒色で家門を破るのである。

一女命の壬申年が己巳日を擁するが、はたして娼妓と為ったのである。

〔詩訣〕

貴人星を合絆して、さらにそこに官星を附帯するときは、
少年期にして、上層界を雲歩するだろう。
建禄星を合絆して、干頭が禄支を兼ねて擁するときは、
三宮廷に就任する、福分の人物と看ることができるだろう。

〔註記〕

たとえば辛未年己亥月丙午日戊戌時のケースを合貴と称し、また合官と称し、少年期に科挙試験に及第するのである。

また辛未年辛丑月甲午日丙寅時のケースは、早年期に仕官したのは、丙寅干支のメリットの為なのである。

〔詩訣〕

貴人星が来衝するのは、もっとも佳兆と為すのであり、
また禄馬が来衝するのも、みな至高を肯定できるのである。
剋伐の度合いが精緻で、さらに六合を兼擁するときは、
そこで富貴を示唆して、栄華を享受するのを統括できるだろう。

〔註記〕

およそ貴人星と禄馬が己身を来剋するのは適宜と為し、「剋入」と称し、剋を擁しながら合絆を附帯するが、この妙義は「道」に至るのである。

子午卯酉四宮互換神煞

〔詩訣〕
咸池とは、五行十二支のなかに四位存在するが、
遍野桃花とも称し、若々しい紅（くれない）の門処である。
男女ともに、これを擁して酒色に耽るが、
その嬌態と好艶を為すのは、春風を拈弄するようでもある。

〔詩訣〕
子午卯酉支を、中天のなかでも占相するのは、
咸池や羊刃殺が、相互に連関しているのである。
甲庚壬丙干主の人が、この相を擁するケースは、
風流にしておおらかに、管弦に酩酊するのである。

〔詩訣〕
およそ咸池を複数擁して、性操は巧妙なのであり、
さらに当主は風流にて、容貌は華々に比せられるようでもある。
当主は、性急かつ多芸を業（なりわい）と為して、
社会の表層裏面を問わずに、かえって家門を成すのである。

〔註記〕
神殺星の咸池は、当主は性質は巧妙かつ性急で風流を愛好し、才能や容貌を愛好し、芸術の才能を擁するのである。

〔詩訣〕
一神殺の咸池を、廉貞と称号するのだが、
水質を含有して、当主は妖しく戯れてかつ淫質なのである。
そこで沐浴や進神を擁するのは、すなわち貴相ではあるが、
これはかならず国家社会の敗因であることが、示唆されるのである。

〔註記〕
神殺星の咸池は、すなわち天性は廉貞の星宿なのである。
およそ命局に咸池を擁せば、もっとも水質を帯びるのが不適宜なのであり、当主は奸淫の性分なのである。
たとえばさらに沐浴の当地において進神に巡れば、国家社会の敗因と為る妖貌なのである。

〔詩訣〕
桃花を拈弄すれば、その花色はさらに鮮やかなのであり、
日月時柱に背いて、年主が晃華と為るときは、
風流人を高く堅持して、また奸計妬心するのである。
性操は巧妙かつ聡明で、その賢愚を明示するだろう。

〔註記〕
たとえば卯支主が月日時柱寅午戌支を擁するか、酉支主が月日時柱申子辰支を擁すれば、年柱の晃旦に背理して「倒挿桃花」と称し、当主の性操は巧妙かつ聡明であるが、性急にして事態を容赦できずに、多分に賢良かつ謹淑かつ、賢明には不足の処置を擁するのである。

〔詩訣〕
咸池の本性は錯乱であり、芸術家であるが、
休囚して鬼殺を帯びれば、もっとも真実と為るのである。
そこで空亡かつ生旺に相当すれば、心性は変質的であり、
文武両道にして、鬼神すら罵倒するほどなのである。

〔註記〕
咸池とは芸術を主事し、たとえば旺官を擁し、かならずその芸術は精奇であり、人物は高秀の人士なのである。
たとえば空亡をして鬼殺を附帯して死絶して、精神がなければ、かならず地域の巫女かまたは粗野な工芸職なのである。

〔詩訣〕
羊刃や咸池が、日時柱に存在するときは、
心性は霊妙で、事にあたって多くを覚知するだろう。
そこで旺盛な官位ならば性急で、衰敗の官位ならば緩寛であり、
疾症を宿しつつ、風流を兼備して擁するのである。

〔註記〕
たとえば甲戌当主が卯支を擁するのは、咸池かつ羊刃と称し、また庚申当

主が酉支を擁する、また庚辰当主が酉支を擁するケースでは、当主は向学心あって有能であり、そこで疾症の附帯を免れるのである。
〔詩訣〕
咸池の本性とは、淫質を為すのであり、
そこで甲子辰支が、癸酉干支納音金質を擁して、
また亥子支水性人の色情は重複するのであり、
そこで妖花や酒色に耽溺して、心性を瑕疵するのを畏れるのである。
〔詩訣〕
日時柱に咸池が一位、もしくは重複するときには、
歳殺が、かえって凶揺に逢瀬すると称して、
そこで水難や火難の渦中か、亡身して客死するか、
または呪詛のために黄熱に陥り、不善の結末なのである。
〔註記〕
歳殺とはすなわち咸池なのであり、日時柱に存在して当主の父君は凶揺するが、そこで火質に所属して当主は焼難し、また水質に所属して当主は水難し、また土質に所属して当主は熱難し、また木質に所属して当主は撃難し、また金質に所属して当主は窮状するのは、それぞれの五行で推察すればよいのである。
〔詩訣〕
日柱の咸池が、旺神を附帯するときに、
そこで陰錯陽差や華蓋を併見すれば、
妻君の実家は、凶揺を惹起してさらに窮状を呈し、
もし刑衝などで隔離しなければ、そこで部外者を誘引するだろう。
〔註記〕
およそ日柱が咸池に相当し、さらに陰錯陽差を擁し、そこで華蓋や破砕がそこに相当すれば、みな当主の妻君が不良と為り、妻君が原因で恥辱を受けて醜聞するのである。
〔詩訣〕
また一般に、また当主と妻君と兄弟父母は醜態を呈するだろう。
〔詩訣〕
貴人星を、天上の文星と称号するときに、
年柱と時柱が互換すれば、福気は深度に及ぶであろう。
四柱命局の逢瀬のタイミングを、重複して擁するときに、
生旺を重複して擁し、揺振する楓樹に伺候するようなものである。
〔註記〕
天乙貴人とは、すなわち天上の星辰の至尊なのである。
もし年柱と時柱に互換して擁せばすなわち吉兆であり、さらに当処が生旺の精神であるとは、たとえば丙申年己亥月辛未日己亥時または辛巳年丙申月丙午日壬寅時のケースで、ともに貴人星を互換するのだが、前例の命局には精神があり宰相なのであり、後例の命局には精神がなく太守なのである。
蘇東坡氏（大臣）の命局は、丙子年辛丑月癸亥日己卯時のケースで、水気が亥支に臨官し、たいてい五行の筆頭の貴相とは福気が官星に相当し、また貴人星を互換して併根するのである。
それに準じる貴相とは、官星を権殺と為して象相を敬うことを肯首できず、またつぎに準じる貴相とは、ただ秀気を擁するだけである。
〔詩訣〕
貴人星が、六合を合絆して陰陽干支を擁するときは、
陰性の貴星が陽性に巡って、吉兆が常規でないほどである。
もし逢瀬のタイミングが、精神を兼ねて擁するときは、
少年期に、天賦の姓名を賜って芳香するのである。
〔註記〕
羅紋貴人とは年柱と時柱が互換する形態なのであり、たとえば甲干が丑支を擁して陽貴と為し、また未支を擁して陰貴と為すのである。
たとえば甲寅年辛未月癸未日戊午時のケースは、陰貴を合起するので、当主は女人の財力を領得できるだろう。
〔詩訣〕
進神と白虎殺とが羊刃を併擁するときとは、
歳殺や懸針や破砕と同じような作用である。
誰が陰陽や、真実の造化の作用を識るというのか。
天地が感応道交して、おのずと象相が通交するのである。

〔註記〕
子午卯酉四支とは、四つの進神や四つの羊刃や四つの白虎殺や歳殺や咸池や将星や二セットの懸針と破砕を擁しているが、天地の造化の作用が、当主それぞれの禍福と為るのである。
〔詩訣〕
進神とは、挙例して表現すべきではなく、
その内容の作用を、誰が知ることができるだろうか。
そこで、進神と禄支と貴人星と官星の方途は吉兆であるが、
家運が衰敗するのは、日時柱が進神咸池のケースなのである。
〔註記〕
辛未干支が甲子干支を擁するケースでは、進神咸池の当主はすなわち窮状相なのである。
〔詩訣〕
進神と懸針か進神と大耗とは、みな無益であるが、
また羊刃と咸池は、もっとも不吉なのである。
そこで天乙貴人が臨んで適配であれば、
起伏が不定で完成せずに、酒色を貪るのである。
〔註記〕
たとえば辛未干支が甲午干支を擁するときを、貴相と為して懸針を附帯するものとする。
〔詩訣〕
進神を命局に擁して、もとより有益ではなく、
翻意して精神の耗尽を作動し、もっとも不吉なのである。
もしそこで、暴敗と咸池を併擁するときは、
所領の田園を売却して、酒色に耽溺するだろう。
〔註記〕
進神と懸針と羊刃とが日柱に同局すれば、当主は生存して乖離して死して決別するとして、三妻が存命でも子息を損失するであろう。
〔詩訣〕
進神と羊刃が、官星を擁するときはかならず、
日主は、しばしば盆鼓を歌唱するかのようだと示唆されるのである。
時柱に逢瀬するときは、「埋子殺」と為ると称し、
三刑であれば、軍門に身を投機するのと同じことであり、
そこで軍門に投機しなければ、己身が降格することは、
時期の早晩を問わずに、運限で邂逅すると論点にできるのである。
〔註記〕
進神と羊刃がさらに懸針や暴敗や三刑を附帯すれば、かならず当主は公務横領の罪で、軍門に投機して肯首できずに凶揺するのである。
たとえば甲子年庚午月庚午日己卯時のケースでは、当主は四十四歳で卒したのである。
〔詩訣〕
白虎殺が胎神の気象は、豪勢なのであり、
甲乙干主が癸酉干支を擁して、すなわち名声は高尚なのである。
そこでさらに、羊刃と飛刃を併見するときに、
凶殺を制御するときは、当人の言質は斧刃のようなのである。
〔詩訣〕
木気の抑剋の相が、日時柱に存在するときは、
上辺だけ妻帯して、じつは妻君を損傷するのである。
そこで焦燥かつ艶々と嬌聲して、かつ多弁なのは、
その嬌聲を和順の方途と許容すれば、その福寿は斎同なのである。
〔註記〕
白虎殺とはすなわち五行の胎神なのであり、たとえば庚申干支や庚寅干支の納音木質が、日時柱に癸酉干支を擁するケースなのである。
〔詩訣〕
陰錯陽差とは、忠孝や娶妻の因縁なのであり、
母方の父君が同居して重複するか、むこ養子なのである。
さもなくば決定的に、その妻君を損傷するのを要し、
あるいは房室に残留して、入婿を歓迎するのである。
〔詩訣〕
陽差陰錯とは、風流なものではないが、

華飾や灯籠で、良人を迎えいれるのには不自由であり、
貧寒の房室が、忠孝や娶妻の因縁だと肯首しないのである。
そこで舎屋へ入居して房室に残留するのは、両家の仇なのである。

〔詩訣〕

女性に逢うケースは、また依存的な風体なのであり、
夫の母君の真仮を問うならば、また再婚すればよく、
否定するならば、すなわち刑を纏身して独身と為り、
母方の親族が落ちぶれるのは、以前の因縁の為なのである。

〔詩訣〕

陰錯陽差の神殺星とは、もっとも凶揺なのであり、
年月日時柱に併相して、擁してはならないのである。
彗星のように、颯爽と高い地位に臨むのであり、
みずから媒酌人と為って、重複して縁故するのである。

〔註記〕

たとえば丁亥年丁未月壬戌日癸卯時のケースでは、第一婦人が変人で半年後に卒したが、また妻君を娶ったのである。

また丙子年庚寅月丁丑日丙午時のケースでは、また三人の妻君を娶ったのである。

〔詩訣〕

陰錯陽差の作用は、さらに精緻なのであり、
そこで桃花と帝旺とが、併相して在局してはいけないのである。
婦女が原因で、役所の件案をひき起こすときは、
その原因は母方の父君ではなく、すなわち妻君自身なのである。

〔註記〕

およそ陰陽の錯差が桃花殺と会合するときに、帝旺の位相に相当すれば以上の文章に批准し、たとえば庚午年己丑月辛卯日戊子時のケースで、三度女性の役人を招聘するのである。

たとえば辛亥年壬辰月辛酉日壬辰時のケースでは、その女性役人が原因で、その家門を破相するのである。

たとえば癸亥年戊午月丙子日己亥時のケースでは、女性が原因で事案が生起するが、その験証とはこのようなものである。

〔詩訣〕

日時支柱が羊刃で、己身に伴相するときは、
かならず当主は、妻君と共生を辞めて離別するだろう。
また懸針と互換して、一処に凝集するときは、
腰骨背骨碍で、流刑や杖刑を免除されるのである。

〔詩訣〕

女性が日時支羊刃のケースは、かならず非長寿瑕疵し、
河水に投身するか、樹上で首吊りして卒するだろう。
そこで天月二徳が臨んで、救済するようなケースでは、
血塗れの死屍を、凌辱されることは免れるであろう。

〔註記〕

日時柱が羊刃に相当すれば当主は妻君を損剋するが、もし己身が来剋されれば、当主は一妻君と別離し二妻君と死別するのである。

たとえば丙午日主が甲午干支を擁するケースは「貼身」と為し、年月日の羊刃が時支に凝聚するか、または羊刃三支が日支に凝聚するのは、上記に批准するのである。

たとえば丙寅年丙申月壬午日戊申時のケースは、十八歳で頸部を自傷し、また女命の丙寅年甲午月丁亥日庚午時のケースは日殺を擁し、首を吊って凌辱されるのは免れるが、かえって早年期に早産して卒し、結局は血難を見るのである。

〔詩訣〕

古くから羊刃は、ただ男性に適宜であると言われているが、
憤怒せず威厳があり、多忙症ではないだろう。
剛堅かつ寛大廉正で、おおらかな人間性なのであり、
総じて富貴で安らかな健康を、享受することを示唆しているのである。

〔註記〕

趙氏（首相）のケースは、庚戌年乙酉月乙酉日乙酉時であり旺気が三重複し、羊刃が華蓋や咸池や懸針などを併見しないケースなのである。

当主は権威を擁し、またこの命局は従殺格と看ることができるために、大

貴の相なのである。

〔詩訣〕

暴飲暴食とは何であろうか。
羊刃が重複してまた亡神や劫殺が多いのである。
計孛火羅各星が子午卯酉支に臨むときは、
ただ図書に陶酔して、のちに飽きる風間居士なのである。

〔註記〕

四正とは、子午卯酉四支のことなのである。

〔詩訣〕

神殺星の多寡は、容易に論点にできないが、
他処の凝聚を観察して、他処の分担を識るのである。
分析すれば、禍福はみな分散してしまうが、
神殺が凝聚して凶揺が集結した命局は、存命できないのである。

〔註記〕

たとえば甲戌年丁卯月癸卯日丁巳時のケースでは、一生涯が富裕だが子息が存在せず「分散」と称し、過多して合絆せずに寿命は五十歳未満なのである。

たとえば丙寅年壬辰月丙子日甲午時のケースは「攅凶聚殺」と称し、窮状なのである。

〔詩訣〕

日柱が羊刃に相当して、また華蓋を兼備するときは、
ただ正妻である先嫁一人だけを、とくに重宝がるのである。
窮状を速やかに出離して、その凶禍を免れるであろう。
その容貌は過度に美貌で、風評の便りが聴こえるほどである。

〔註記〕

六己干主が未支日を擁するとは、己亥年己卯月己未日のケースで、上記に批准するのである。

〔詩訣〕

殺神が空亡に陥るのは、もっとも慶兆なのであり、
凶殺が空亡に陥るのは、大吉昌なのであるが、
禄馬や貴人が空亡のケースは、また福分は減退し、
相連して衝支を擁せば、これを詳解するのである。

〔詩訣〕

空亡が生旺であれば、かならず聡明なのであり、
空亡が死絶であれば、いうなれば繁煩であり真実ではない。
全支ことごとく空亡すれば、空裏に発展するだろうが、
それは空疎な芸術の門処で、かつ九流術の人士なのである。

〔註記〕

空亡が衝相に相当すれば、すなわち空亡ではなく、生旺を適宜として死絶を忌むのである。

〔詩訣〕

貴人星や禄馬の事象とは、虚疎なのではなく、
神殺星の権威として、高く首位に位居するのである。
禄馬神殺が貴相を擁するときは、
黄河の水門で、その波濤が龍魚に化身するのである。

〔詩訣〕

貴人星や禄馬が、その命局に存在するときに、
空亡や衝剋を附帯しなければ、
自性的に生旺かつ、合絆を兼ねて附帯し、
桃果花弁が波濤のうちに、また龍魚へと化身するのである。

〔詩訣〕

休囚して死絶であれば、おおむね有益ではなく、
衝撃や空亡により、みな力量が減退するのである。
そこで公侯の門下の将兵として、その子息の姿形を任じるときは、
ただ縁にしたがって、終日を送迎するのを肯首するのである。

〔註記〕

たとえば丙申年己亥月辛未日己亥時のケースでは、これは貴人星が長生を附帯するとし、また命局に殺神が存在する為に大貴相なのである。

たとえば己亥年庚午月庚午日壬午時のケースでは、禄支が多くかつ死絶に相当する故に、道仏の人士と為るのである。

〔詩訣〕
年月日時柱がともに同一旬列のケースでは、また同じ兄弟かつ、同じ一家の人物と為るだろう。
もしそこで禄馬を兼備して、その同一旬列に存在すれば、科挙及第者として名前が挙揚して、その両親が顕彰されるのである。
〔註記〕
四柱命局かつ五行が、みな本来の旬列に所在するときには、禄馬や官星や貴人星を擁してすなわち吉兆なのであるが、逆に羊刃や破碎を擁せばすなわち凶揺なのであり、秀才ではあるが質実ではないのである。
〔詩訣〕
人間の性情が明快を為すとは、いったい何であろうか。
臨官かつ禄馬が生旺してさらに過多すれば、
物事を執事し、人物を接待するのに、大変おおらかなのであるが、
そこで咸池が混在するときは、さらに繁煩なのである。
〔詩訣〕
勾殺と三刑と亡神劫殺を併見するときは、
円猾な人物と為り、沈思して呻吟するだろう。
年月日時柱に重複して擁するようなときは、
その精神の蘊蓄構造は、まるで海洋のように深淵であろう。
〔註記〕
たとえば甲申当主が乙亥干支や辛巳干支を擁するケースでは、当主は巧妙に奸計して事を為すに虚詐が多いのである。
〔詩訣〕
平頭殺の露見で、その天干を占相するときは、
羊刃や懸針殺が、その要処に聚合するのである。
それらは相互に剋衝して、その旺気が存在せず、
まるで毛皮で覆われ角牙を附帯した、動物類のように看れるのである。
〔註記〕
天干一面に露呈するのを平頭殺として、たとえば丙午干支丁未干支のケースなのである。

また地支が重複して羊刃を附帯し、懸針一位が凝聚するときは、当主の命局は損傷してかならず瑕疵するが動物なのではない。
しかしたとえば癸丑年乙卯月乙丑日癸未時のケースは、猪夫のごとき命局であろう。
〔詩訣〕
戊庚干が過多するとは、定まって被毛するが、
そこで元辰が重複する命は牢固ではなく、
そこで計孛火羅各星とは、照灯の守衛のようなものである。
馬や羊や猪や犬などの範疇から逃れがたいのである。
〔註記〕
戊干と庚干の両干は被毛と為り、角殺を帯びるが、その凶頑を畏れるべきであり、まるで動物のようでもある。
〔詩訣〕
命局の胎元が刑を帯びれば、その父君はかならず損傷するのであり、
また母胎において、すなわち身を喪失するのである。
戊庚干や隔角や平頭殺のケースでは、
背理しながら青天を指向するとし、天寿は全うしないであろう。
〔註記〕
およそ命局で胎元が刑支であれば、早期に父君を剋傷して不吉なのであり、さらに隔角や平頭殺や三刑や空亡を擁して、五行に精神が存在しなければ、おおむね動物のようでもある。
たとえば戊寅年庚寅月庚寅日戊寅時のケースは、狼夫の命局のようでもある。

辰戌丑未四宮互換神煞

〔詩訣〕
辰戌丑未四支を「四印」と称号するとき、
戊己干を擁して、己身は偏信するだろう。
もし甲乙干を擁すれば、窮状した田舎者で、
また丙丁干を多く擁して、窮状して病気がちで、
また庚辛干の格局を、母君が子息を派生すると号し、
凶殺や丑支が聚合して、おおむね非長寿なのである。
〔註記〕
戊己干は土気に所属し、四印が過分で「本宮」と為して、当主は「信」を司事するのである。
甲乙干頭を搭載すれば財星と為って入庫するが、当主は窮状した田舎者なのである。
丙丁干頭を搭載すれば漏気を擁し、貧窮でなければ非長寿なのである。
庚辛干頭を搭載すれば、子息が母腹に帰胎するだろう。
また辰戌丑未四支が全備せず、死絶の当地に存在すれば、当主は勾殺であれば術数を駆使し、また凶殺が聚合して丑支が存在すれば、おおむね非長寿なのである。
〔詩訣〕
大神殺たる天罡は、辰支を占宮とするが、
もともと丑支を擁して大吉相なのであり、
そこで未支を擁して小吉相にとどまるのである。
永々たる足跡の定義は、戌支を河魁に在りとするが、
命局に、四般の神殺を擁するのを知らないのであり、
そこで浮世の吉凶の定義は、また難しいのである。
〔註記〕
人が命局に辰戌丑未四支を全備して、さらに別途に凶殺を擁せば、当主は孤相で剋伐されるのである。
〔詩訣〕
命局の四支が四衝すれば、みな刀刃を擁するが、
一般に三刑と華蓋とは、また同意義なのである。
もし丑未支が、干頭に会合を搭載するときは、
秘境の黄金庭園に居住する、富貴の長寿者なのである。
〔註記〕
辰戌丑未四支とは、すなわち華蓋や羊刃や飛刃や墓庫に相当するのである。
もし全局が三刑を附帯するケースで、たとえば甲辰年甲戌月辛未日己丑時のケースは、未だに福分を享受しない者が存在するのである。
〔詩訣〕
戌支が重複して、戌未支が未支を擁するときは、
また丑支が重複して、丑辰支が辰支を擁するときは、
時支に、神殺星の華蓋を重複して擁するならば、
男女ともに空亡にも似て、さびしい春季を経過するだろう。
さらに羅火孛星の気質を擁するときは、
もし己身に臨むときの命理とは、一般に上記の論なのである。
〔詩訣〕
華蓋とは、清々しく長閑な芸術家なのである。
そこでは休囚か生旺の両般が、その論点なのである。
当人の文章力は、医卜や術師を兼備して、
日時に擁して、九流術士や僧侶や道士が真実と為るだろう。
〔註記〕
華蓋を擁するときは、己主が墓符かつ相生するのが有益なのであり、すなわち清々しく長閑な福分の享受を肯定するのであるが、さもなくばすなわち僧侶か道士か九流術士なのである。
また庚辰干支のケースでは、己主は墓符ではないので、ただ辺村の巫女や粗野な工芸職なのである。
〔詩訣〕

華蓋や咸池を兼備して、鬼殺を附帯するときは、
技巧的な匠工とは為らずに、すなわち師表と為るのである。
また鬼殺が些少で、五行が精神を兼備するときは、
科挙の栄冠を頂戴せずに、すなわち法衣を装うのである。

〔詩訣〕
墓庫が華蓋を擁するのは、福禄長寿の基本だが、
孤相にて六親を剋伐するのは、辺境民族のようでもある。
日支を妻位と為して時柱を子位と為して、その軽重を分析するが、
公侯に拝命されることはないという、その定めを知るべきなのである。

〔註記〕
たとえば甲戌年甲戌月己未日甲戌時のケースでは、墓庫が華蓋を擁するとして当主は福寿を享受するが、父母を逆剋して妻子を刑剋するのを免れないだろう。
そこで己身を損剋すれば重度で、また己身を合絆すれば軽度であり、官僚とは為るが公侯には拝命されないだろう。

〔詩訣〕
前述したように、丑位は寅支を擁するのを畏れるのだが、
戌支主は、亥未支やまた申支を忌避するのである。
辰支主は、巳支を忌避して孤辰劫殺を為すが、
禄支や貴人星がここに臨んで、そこで福星と見做すのである。

〔註記〕
劫殺と孤辰の二神殺がさらに長生を附帯して、貴人星や禄支を擁せばもっとも好相なのである。

〔詩訣〕
土旺である、辰戌支が丑未支を併見するときは、
およそ命局にこれを擁し、過分に執拗の性分なのである。
また飛刃と三刑を、同位相に併見するときは、
性質は、粗性かつ剛質かつ性急なのである。

〔詩訣〕
その容貌の外観は、また温和のようであるが、
怒髪天が冠帽に抵触して、衝き上げるとは何か。
もし妻君を刑剋せず、併わせて子息を損剋するならば、
親として血気が原因で、かつ調和することはないだろう。

〔註記〕
辰戌丑未支は土質に所属するために性格執拗なのは、土支が単体でも重双しても相違ないが、ただし羊刃か飛刃を擁するケースであることは、上記に批准するのである。

〔詩訣〕
羊刃が、二三四支重複するケースでは、
聾唖者か、あるいは腸疾と為るだろう。
三刑を同位相に容すれば、己身を損傷し、
配慮が至らず、不善の結末に相当するだろう。

〔註記〕
すでに羊刃が林立して、三刑を擁して同時に己身を損傷するが、そこで妻子を刑剋せずとも、不善の結末であろう。

〔詩訣〕
飛刃を擁してかつ比和すれば、すなわち己身の権威であり、
寡黙な公議の人物と為るであろう。
大いに方正かつ剛毅で、よく謹み敬うのだが、
貪欲の威勢かつ風評が、遠近を問わずに伝聞するのである。

〔註記〕
羊刃を附帯して己身を損剋しないときは、すなわち他処に旺強の当地は不要なのであり、他処が微力でもすなわち己身に福分が至るのだが、他処が旺強で己身が微力であればすなわち凶禍なのであるが、たとえば甲寅納音水質が辛卯納音木質を擁するケースなのである。

〔詩訣〕
飛刃を附帯して、かつ三刑を併見するときは、
凶揺かつ狼勇然として、親近感を肯首できないのである。
すなわち殺生や詐欺や威武を慣好するが、
ただし他者を立てて、己身が譲れば成功するだろう。

〔詩訣〕
刑剋が重複するケースは、余剰人員が適宜であり、
古くから辰戌支を魁罡と称するのは、
祖先を破耗して離郷すれば、かえって吉利であり、
ただし芸術家や仲買人として、そこで適宜なのである。
〔註記〕
辰支を天罡かつ地網と為し、また戌支を天魁かつ天羅と為すが、日時柱が辰戌支ならば、かならず孤独相である。
　中高年のケースではただ自己を衛って適宜であり、そこで相剋すればただだ空疎な芸術家なのである。
〔詩訣〕
辰支は能く酉支と合絆し、酉支は能く卯支を衝するが、
辰支と卯支のなかに、六害が生起するように、
未支と午支が合絆し、午支は子支を衝するのである。
子支と未支のなかには、情誼を擁するとされるが、
余剰員ではなく、母君や嫁君に従伴するか、
または僧侶や道士か、または孤独相で窮状するだろう。
〔註記〕
以上が、六害の明暗の記述なのである。
〔詩訣〕
五行の鬼殺とは勝負（なりゆき）を看るのであり、
福格か禍格と為して、そこで軽重が分岐するのである。
彼が微勢で己身が強勢で、それが福分の方途であり、
鬼殺が強勢で己身が微勢で、すなわち凶揺と為るだろう。
鬼殺が過分ならば、ただ医卜術が有利であり、
空疎裏に謀事を営為して、その仕事が成功するだろう。
旺強たる宮位の当地を、鬼殺で占相するときは、
故都たる洛陽にも馥郁と開花し、春風が芳しく遺こり香するのである。
〔註記〕
鬼殺がみな己身を剋伐せず、および強い星辰の宮位を占相するのである。
要は「福格と禍格」を分析して、鬼殺が過多すればただ九流業が適宜であり、衰敗の宮位の鬼殺が過多し、己身が強い位相であれば微力で発動して、その意向に添うことはないだろう。
〔詩訣〕
鬼殺が存在しなければ、造化の生成は不可能であり、
だが鬼殺が存在しなければ、己身は権能を擁して安らかである。
ただ鬼殺の過多と衆殺を、兼擁するのを畏れるが、
そこで凶意が過度で吉意が些少で、その錯誤を為すのである。
〔詩訣〕
鬼殺が旺強なケースは肯首できず、いうなれば凶意であり、
鬼殺を抑伏して他家が制して、功を享受するだろう。
格局に言及すれば、禍格神を擁存しており、
恭謙かつ富貴であり、福分が興隆するだろう。
〔註記〕
貴人星や禄馬の当主は温和であり、神殺星の当主は猛烈なのであり、命局に鬼殺が存在しなければ、造化は生成しないであろう。
神殺が存在しなければ権柄が生成しないが、ただし恐らく過度にて、すなわち秀気を分断して吉意を肯首しないのである。
〔詩訣〕
他者が己身に来剋して、己身が強相なときや、
己身が強相を占有して、妨碍が存在しないときは、
鬼殺は衰敗して、己身自体がつよく富貴であり、
名声は高くすなわちかつ寿命は延長するであろう。
〔詩訣〕
母君が子息を派生するが、広義では母とは虚疎に相当し、
そこで母位が強宮と占相すれば、また憂慮はせず、
母君が旺じて子息が衰退して、また四季に分散するのは、
城下の宮中に、安心して居住を約することである。
〔註記〕
たとえば庚辛干主は土質を母君と為し、水質を子息と為すが、たとえば庚

戊年乙酉月乙酉日乙酉時丙子胎元のケースでは、金気が四水質を派生し、母君が子息を派生する広義で、かえって子息が衰敗して、母君が旺盛なのをかえって凶揺と為すのである。

いうなれば庚辛干が旧八月（申月）の出生であれば、秋季の得令と為し、凶殺の当地ではなく己身の当地なのであり、子息が母君を盗気することができない故に貴相なのである。

〔詩訣〕

母君が四季を分岐して、みずから赤児を出産するときは、
子息が旺盛で強宮と為し、母君がかえって衰敗するのである。
たとえば夏月（巳午月）の甲乙干主が、旺火に逢瀬するときは、
その家宅の四方壁面には、たちどころに凶揺が至るであろう。

〔註記〕

およそ上位（年月）が下位（日時）を派生すれば、すなわち気が抜けて不吉なのは、甲乙干主が戊午干支を擁するケースであり、いうなれば夏季月令で火気が復するタイミングで、すなわち子息が旺盛で母君が衰敗するので窮状しなければすなわち非長寿なのである。

〔詩訣〕

隔角や三刑などの剋害が、そこで過分であれば、
まもなく祖業を離反して、行業を道号するべきである。
己身みずから自立自存し、奇特の方途と為るので、
親族はすなわち、屋内の不和合を示唆するのである。

〔詩訣〕

身体や頭髪皮膚は、父母からの授かりものであり、
まず賢明に保身すれば、それは損傷しないものである。
その存亡の進退を、能く覚悟するならば、
そこで吉慶が凶変しても、むしろ慶瑞を作為するのである。

〔註記〕

上記の十二宮位の神殺星とは、古人が重視した箇所だが、しかしかならず当主はその旺相休囚を基調として、五行の相剋や制化を基本として、また財星や官星や印星や食神を本義と為し、これに貴人星や禄馬を付加して、そののちに神殺星の軽重や較量を看るべきなのである。

もし神殺星だけを専一に論点にすればすなわち虚詐であるが、その故に『應天歌』に「命理解釈の一助だけである」と述べているのである。

戦鬥伏降刑衝破合

〔詩訣〕
戦門が生起する力点と為って、併起するときは、
双辺とも締制を象相して、はじめて栄えと為るのである。
そこで夫妻の相と称して、すなわち和順し、
万里の青雲の道程を、平歩するようなものである。

〔詩訣〕
要するに戦門とは、千鈞の福分と知ることができるが、
命局に停相して、その力量は分散などせずに、
その威声とは、万里の辺境まで宣揚するだろう。
陣頭で指揮を執り、その揮毫で千隊の賊軍を一掃するであろう。

〔註記〕
この戦門とは「福格」のケースであり、およそ五行が相剋せず、すなわち体躯恒常で当主と為るのである。
また戦門がすなわち互換すれば、客と主人と為るが、たとえば己巳年癸酉月庚寅日辛巳時のケースで、大林木（己巳）が癸酉（剣鋒金）を惧れるが、ここで日柱を当主と見做せば、すなわち当主は庚寅の旺木であり、己巳大林木が庚寅旺木に依付して、当主と為って自立するので癸酉納音金質は、孤勢として敵うことができないだろう。
またそこで辛巳白鑞金を擁して輔佐と為るので、当主は自立できるのである。
そこで己巳当主は微勢で庚寅日柱は旺強であり、また癸酉干支は金剛で辛巳干支は微勢であり、その強弱の相などは均等で、双辺の力量は均衡するのである。
己身が剋するとは亭主であり、剋を被るのが妻君と為るので、その夫妻の剛柔は相済する故に、戦門のなかでかえって福分を領得することができるのである。

〔詩訣〕
五行が剋伐することで、当主の更替が多般なのであり、
相互に対衝することが、すなわち門争なのである。
そこで戦門が、もし翻伏すれば凶揺と為るが、
力量が均停して、併相して昇格すると看るべきなのである。

〔詩訣〕
戦門が刑衝すれば、その勝負（なりゆき）を論点と為し、
命局が偏って、その力量は均衡しないだろう。
水死の災禍を擁するので、溺水に備えればよく、
訴訟事で近日中に、刑法に抵触するのを畏れるのである。

〔註記〕
この戦門とは「禍格」と為るケースなのであり、ある命局の壬午年己酉月己巳日壬申時のケースで、楊柳木（壬午）が秋月（酉月）に出生し、白帝が権威を主司する金気が旺強なタイミングで、木気がきわめて衰微するのは巳申酉支がみな金局に相当し、いうなれば壬申剣鋒金が土質を擁して、その勢力が滋生するのである。
己巳干支はまた壬申干支を合起し、己身の傷禍と為る故に、三十八歳で水難したのである。

〔詩訣〕
年柱が日柱を刑剋し、また月柱が年柱を逆剋するときに、
鬼殺が休囚に相当して、おのずと偏勢するのである。
もし主眼のポイントが還相して、すなわち日柱を剋伐するときは、
その遁転の相が鎮礎すれば、福分は滔々たる天象なのである。

〔註記〕
この「伏降」のケースは「福格」と見做すのであり、たとえば乙巳年甲申月乙酉日己卯時であり、乙酉（井泉水）は甲申干支に生扶されるが、そこで乙巳干支の火質を剋伐するので、火質はかえってその位相を擁さずに、そこで水質が優勢と為るのである。
鬼殺が徒党を領得し（鬼嘯）と称し、かえって己卯城頭土が有益であり、まず乙酉井泉水を破り、また甲申干支を制伏し互換して制伏する相として、

凶禍を肯定せずにかえって吉兆と為るのである。

〔詩訣〕
伏降を福分と見做すのは、月日時柱が年柱を逆剋し、
主眼のポイントが強相して、その主権が確立するのである。
精神は広大で胸襟は寛大で、福分が百もの兆しであり、
子孫は栄々と出世し、慶事ともに双全なのである。

〔註記〕
たとえば甲子年丙寅月甲申日辛未時のケースでは、土質が水質を制伏し、水質が火質を制伏し、火質が金質を制伏し、みな翻意して福分と為り、かならず当主は子孫累代に婚約する福寿の人物なのである。

〔詩訣〕
鬼殺が己身に来攻して、鬼殺が強相に相当するとき、
己身が微勢のタイミングで、そこで蓄富はできないであろう。
鬼殺と両般ともに、その精神を擁するときは、
空疎とせずに、合絆を擁してもっとも災揺と為るのである。

〔詩訣〕
鬼殺を擁してかつ旺相で、その専権の強梁と為るが、
己身が微勢で、己身がかえって投降すると称し、
もし空亡を擁して、まさに凶禍が免れるものとし、
そこで救援が存在しないケースは、寿命の延長は難しいであろう。

〔註記〕
この伏降とは「禍格」と為るケースだが、ある命局の辛未年辛卯月辛卯日己亥時のケースは、鬼殺が強宮に所在し、かえって辛干を有益で空亡に相当する故に、富貴には契当しないが、また災禍も存在せずに、五十歳未満で卒したのである。

〔詩訣〕
母君が鬼殺を被り、損傷した子息に来りて救済するが、
すると子息は母君に、身辺の除災を報告するのである。
その賊徒たる鬼殺を破り、その刑象を衝排するときは、
鬼殺を破り刑衝を衝排して、そこで福寿と見做すのである。

〔註記〕
この衝破とは「福格」のケースであり、たとえば戊午年癸亥月癸巳日丁巳時のケースで、癸巳長流水は癸亥冬季の水旺のタイミングに相当し、戊午干支を剋伐して火質は精神を失うので、いうなれば巳支は破禄と為り、また亥支を破宅と為すので、合絆して当主は窮状であり、そこで丁巳砂中土が己身に附帯して、癸巳への剋伐が減退して癸亥干支を衝破し、すなわち子息が来りて母君を救済するので、生涯が富裕の人物なのである。

〔詩訣〕
鬼殺が至りて刑するので、衝して附帯する必要があり、
衝と破とが通交する相では、かえって功と見做すのである。
その文章は独歩して、漢儒王粲氏のように誇らしく、
富貴が双全するのは、晋官石崇氏に比肩するほどなのである。

〔註記〕
たとえば乙亥年乙酉月癸巳日癸亥時のケースでは、衝破することがその鬼殺を翻意して福分と為すので、生涯富裕で礼節を弁えて名声と地位は、辺郷にまで到達したのである。

〔詩訣〕
その禄馬を破相し、またその庫地を破相することは、
吉星までも破相してしまい、そこで救済が存在しないのである。
その神殺の相の残滓は、破宅のケースと同じなのであり、
そこで無数の乞食根性の人間を、累々と造り出すのである。

〔詩訣〕
墓庫のときに禄馬を擁して、機能するケースでは、
さらに命局を衝するることは、当たり前なのである。
たとえば吉兆の星辰が存在せず、強正に存在するときに、
活計することは、たとえば一介の天地人の観相者のようでもある。

〔註記〕
この衝破は「禍格」のケースと為り、たとえば鬼殺が己身を剋伐して吉星の残傷と称し、格局の資扶が存在しないのである。
たとえば戊午年癸亥月癸巳日甲寅時で甲寅胎元のケースでは、三水質が

癸亥干支に帰依し、そこで戊午の火質を破剋し、禄の当地を破了して、命局はすなわち「溝壑亡神」かつ「翳桑劫殺」として、三度軍隊に投降したのちに扶養者と為り、窮状したのである。

〔詩訣〕

刑殺が空亡に陥って、また制伏を擁するときは、
刑象が己身に該当せず、福分に際会するだろう。
そこで同宮して制伏する相で、己身は扶助を擁するので、
扶助を領得して己身に附帯すれば、そこで瑞祥と為るのである。

〔註記〕

この制刑は「福格」のケースと為り、たとえば甲子年甲戌月甲寅日丁卯時のケースでは、甲戌鬼殺が空亡に相当し、呑啖（偏印）寡宿かつ空亡に相当し、甲寅納音水質が丁卯納音火質を剋退しあえて甲子納音金質を剋傷せず、すなわち当主は扶助を得てかえって福分と為るのである。

〔詩訣〕

制刑の象相を領得するときは、空亡の扶擁を要するが、
己身が克起せずとも、また昌々たる福禄であり、
黄金や玉製品が堂閣に満ち足りた、富貴の人物なのである。
はや少年期に、高位の芳賜を領得するだろう。

〔註記〕

たとえば庚寅年癸未月壬戌日乙巳時甲戌胎元のケースでは、甲戌干支と壬戌干支が同宮して水火気が争相し、また甲戌干支が乙巳干支に帰して有益であり、ここで癸未干支を刑剋することを肯首できず、壬戌干支は孤相で刑象に該当しない故に、当主は富貴なのである。

〔詩訣〕

戦門に刑衝は、大敵に相当するが、
かえって敵方が勝果のケースは、吉意の方途なのである。
それは賊鬼が存在する最中に投降するように、
たちどころに横死し、家宅が滅びて官刑に服するであろう。

〔註記〕

この惹刑とは「禍格」のケースであり、たとえば辛酉年辛丑月癸酉日壬子時のケースであり、癸酉干支と辛酉干支を戦門の同宮と為して己身を刑衝し、在宅して鬼殺が降臨するように、鬼殺と為りて当所を圧制して、人の凶揺を帯びるであろう。

〔詩訣〕

刑を惹起して凶禍と為すのは、もっとも良好ではないが、
同宮に力量が附帯し、ことごとく門戸が損傷するのである。
もし己身が降伏を決意して、賊鬼に投降するときは、
難を避けるために家を破相して、さらに己身を損失するだろう。

〔註記〕

力量を帯びるケースでは一位では刑象は肯首できず、そこで刑支が二三位で一刑象、すなわち真実の刑衝と為るのである。

たとえば辛酉年辛丑月己丑日乙丑時のケースで、己丑霹靂火を擁してその凶禍を救済するのである。

〔詩訣〕

六合に十項目があることは、少数者が知っているが、
みずからを上古の神仙と見做して解毒せず、
そこで禄馬や貴人星を、その同旬に内合し、
合絆のなかに福分を添加し、その福分は涯てしなきものである。

〔註記〕

上記した六合とは「福格」と為るケースで、「十般六合」として前述したが、たとえば甲寅年辛未月癸未日戊午時のケースで、これを「小六合」と為して貴人星を合起して、そこで陰者を擁して扶助を得て、富貴かつ福寿に至るのである。

〔詩訣〕

さて六合の一証例を推究してみようか。
まず六合中に、増減を擁して咸池と為っている。
その功名の趣向を擬すれば、永雨のように役に立たないが、
しかし行雲の施為でしか、降雨とは為らないのである。

〔註記〕

真実の秀才のケースとは、戊戌年壬戌月壬申日癸卯時のケースで、金気は

能く剋伐できず、また木気が逆剋するのであり、合絆のなかで咸池の増減を有益とせず、また咸池が己身を剋伐して聡明な人物だが、結局は福分を逓減するのである。

また壬申干支は木気を剋傷し、命局に救応の土気が存在しなければ合を成為するが、その福分は逓減するのである。

〔詩訣〕

合絆を擁することで、神殺星は凶揺を為すが、

神殺星とは、みな一様に同じなのだろうか。

それぞれ神殺星は各宮位で、その禍福を専一と為し、

そこで鬼神は、経過して使い物にならないと見做すのである。

〔註記〕

この六合とは禍福と為るケースであり、たとえば乙亥年丙寅月甲寅日辛未時のケースで、甲干と己干とが干合し、また寅支と亥支とが六合して、亡神かつ呑啖（偏印）孤辰を合起する故に、当主は拘禁死したのは、普段に訴訟事が過度だったからである。

〔詩訣〕

六合を、窮状と見做すのに相当するのは肯首できない。

そこで官符や亡神や劫殺の詳解のあらましとは、

妖華に混迷して酒色に貪恋し、妾女を寵愛するのであり、

訴訟事を好んで、終身とも束縛されて卒するだろう。

〔註記〕

たとえば庚子年丙戌月乙酉日丁亥時のケースとは、咸池と羊刃とが合絆し、平素は人間味が欠け武勇を好み、寵妾して歌舞や酒色を営為し、三十一歳で拘禁死したのである。

〔詩訣〕

生旺するとき、旺気のなかに福分の智慧が生起するが、

旺気の背後で、かえって鬼殺を肯定して制する象相と為る。

そこで制伏が効得すれば、まさに福寿の人物と為るが、

一方を重見するケースでも、そこで瑞祥を肯定できるのである。

〔註記〕

この生旺が「福格」と為るケースとは、甲寅年癸酉月壬戌日庚子時のケースで、当人の父君は泰平の宰相と為ったことから、腹中に貴殺を胎蔵したと称するのを肯定できるが、胎とは隠語で「官人」と称号できるだろう。

これは生旺のなかに鬼殺を擁し、制御するケースなのである。

〔詩訣〕

生旺が、日時柱に当在して瑞祥と為るときは、

鬼殺が到来して制御するのは、かえって適宜の相なのである。

桃華のごとき生娘が、三層もの波浪を径直に透関し、

また秀才の好男子が、高成績で首位及第するだろう。

〔註記〕

たとえば乙酉年己酉月壬辰日庚子時のケースでは、そこで戊子の戊土が自旺し、また鬼殺を附帯して己身を剋伐して制御する相のときは、そこで生旺かつ鬼殺を制伏して福兆であり、その故に早年期に科挙試験に及第したのである。

〔詩訣〕

五行が生旺のケースでは、過多は不適宜なのであり、

二三重複して擁し、凶揺がかならず過度と為るだろう。

生旺の背理に、もしかえって制御が存在しないときは、

伝え聴くと死屍は過労死にて、閻魔様と対面したそうである。

〔註記〕

この生旺とは「禍格」と為るケースなのであり、たとえば丁亥年辛亥月己亥日甲子時のケースで、戦門と同宮するとして貧窮の故ではなく、過労死で十六歳で卒したのである。

〔詩訣〕

長生や帝旺を、重複して併見するときは、

福分が変転して災揺と為り、かえって不適当である。

鬼殺を擁しても制御すれば、逆に凶揺は減退するが、

たとえ富貴が豊厚でも、凶揺を招来するだろう。

〔註記〕

たとえば己未年辛亥月甲午日辛未時のケースは、若年期に宣教郎の官職

だったが、転役前に卒したのである。
〔詩訣〕
死符に相当して母君を擁し、絶符に相当して生処に逢うのは、
その富貴や栄華が、また格別に斬新なのである。
簡素にて粗暴ではなく、径直温厚なのは、
元は若輩にして大臣級、かつ緋衣を纏っていた人材なのである。
〔註記〕
この死絶符が「福格」と為るケースとは、たとえば庚辛干主が戊寅干支を擁し、絶処に蘇生に逢うケースで、庚子干支を擁して死処に母君を領得すると為し、また庚午干支を擁して衰敗中に救応するとし、みな福分と為るのである。
〔詩訣〕
人々は死絶符を、もっとも凶意と為ると言及するが、
死符が生起して生処を成為し、かつ福分が崇敬へ転じるのである。
沈深の機略をして、人として謹厳荘重であり、
その福寿と康寧は、充足して豊満であろう。
〔註記〕
およそ命局の死符で母君を擁せば、絶処に蘇生に逢うとして衰敗中に救応し、当主は機略を沈思し、篤く謹譲かつ大福を享受するだろう。
〔詩訣〕
死絶符に相当して、どうして鬼殺のさらなる損傷に耐久できるか、
鬼殺が強処に位居して、どうして能く適切と為るだろうか。
もしまた禄支根が、みな衝破を被るときには、
失業して家産を喪失し、さらに異郷にて客死するだろう。
〔註記〕
この死絶符が「禍格」と為るケースとは、たとえば己亥年庚午月戊午日壬午時のケースで、ただ甲木が午支で死符するのではなく、そこで禄支根が午支で死符するのである。
その故に所領の田園を売却して、路辺で凶揺するのである。
〔詩訣〕
死絶符が重複して、さらに鬼殺に巡るときに、
命局の禄支根に、刑衝を併見するならば、
またかえって子午卯酉支に吉星辰が存在しないとして、
決定的に己主は落魄して、祖先と家宗から別離するだろう。
〔註記〕
たとえば戊午年壬戌月癸亥日癸亥時のケースでは、ただ火質が亥支に絶符するのではなく、命局や禄支根を破相して、決定的に家相から別離するだろう。
そこで干支の「戦門降伏」や「刑衝破合」とは、すなわち神殺星のなかでも、もっとも重要なケースである故に、併起して言及したのである。

巻四

論十干坐支兼得月時及行運吉凶

【甲乙】

甲木は陽性に所属し、すなわち棟梁としての人材なのである。

秋季や冬季の出生を有益と為し、月令申子支を擁して吉兆であり、命局に庚辛干を擁して譬えて斧彫を論議できるだろう。

当主の名声や利益は、行運の申酉辰戌丑未のエリアで大いに権能を発動するだろう。

辛金の正官は好作用だが、寅午戌支の化火三合局を忌み、そこで丁火の傷官が透干すれば、すなわち辛官の苦心労力が事を為しても、成就しない命運なのである。

運歳で丁火に巡るのも不順と為るが、もし化火合局で丁火が透干して命局に辰戌丑未支を擁して、干頭に戊己土が透干してふたたび財運に巡れば、傷官は財星を生扶してかえって大福が発動するだろう。

乙木は陰性に所属し生気の木質と為り、春季に巡れば花々や葉々が繁茂し、また小春の月令を有益と為し、亥卯未支もしくは申子辰支の二局に巡って、さらに行運を北路するときは、丙丁庚辛干が透干しても問題は存在しないが、寅午戌火合や巳酉丑金合を所忌と為しておおむね残傷とするので、ふたたび行運を南路するときは当主の非長寿は決定的なのである。

〔詩訣〕

甲乙干は、木質を擁して貴性と為し、
要は、そこで金水質が充当すれば奇特であり、
春季より南方へ赴き、秋季から北方へ帰局するが、
冬季夏季や西方位とは、発福の基礎なのである。

甲乙日主のケースは、己身が巳酉丑申戌支の金地のエリアに搭載するときは、行運が土金質のエリアが有益であり、もしそこで寅卯辰支が生扶しても木局合とは為らずに、土金質のエリアを適宜として大貴の象相なのである。

行運のケースでも同様で、すなわち官星を作用長遠として、もし巳酉丑申月令に出生して時支が亥卯未寅支に帰支するとき貴性に取用するが、この時支でなければすなわち過分か不及と為り、かえって行運が水木質のエリアを要するが、さもなくばすなわち窮儒士に相当するのである。

命局にもともと財星を擁すれば、比劫の分奪を畏れるが、もともと財星が存在しなければ畏れることはない。

木質は金質を擁して成器と為り仁者にして勇敢であり、金質は木質を擁して財気と成り、勇者にしてかならず仁である。

これはすなわち剛柔の相済でかつ陰陽の停相であり、運歳が財星や官星を巡るのを有益とし、もし木質を擁して金質が存在しなければ、すなわち庚辛干は欠損して義に暗蒙で、金質を擁して火質が存在しなければすなわち勇敢だが、礼節なくすなわち粗暴なのである。

金気が旺盛で水気が存在しなければ枯渇し、また木気が過多して金気が存在しなければすなわち粗繁するのは、金気と木気がそれぞれ守一していない為であり、陰性に偏り陽性に偏り称し難き命造で、そこでたとえ財星官星を擁しても発達は不可であろう。

〔六甲詩訣〕

甲木は旺郷である寅支で建禄と為るが（甲木は寅支に坐して坐禄であり、金気に絶符し土気に死符するが、財星と官星がともに背理しても、辛未干支を擁するときにもっとも貴相）なのである。

甲木は秋季に臨んで受傷して鬼殺を伝送し（申支に甲干を搭載して絶符し、また庚干は偏官なので秋季月令が鬼旺）と為るのである。

甲木は戌土に坐して善禄を懐心すると為し（戌支蔵に辛金を余気で蔵しまた戌土の正位であり、己身は財星と官星に坐し、己身は焚火を被り心中におおく善意を懐き、丙寅干支を擁して貴相）と為るのである。

甲木は辰土に位相して良性で財星を伏蔵するが（辰土とは戊己干を搭載して墓符であり、己身は財庫に坐して水気が発生し、性質はとても善良で時柱に丙寅干支を擁するときは貴相）なのである。

甲木は午火を擁し天赦として己財を有益と為し（午支蔵の己土が建旺で、

丁火は傷官のために財気は擁するが、官気は存在せずに夏季月令を天赦）と為すのである。

甲木は子支が沐浴に相当するが妨げはなく（甲木は子支に沐浴するが、子支蔵の癸水が禄旺して印綬の生気に坐し、冬季月令を天赦）と為するのである。

以上は吉が凶に変転し、また凶が吉に変転するので、さらに天時のタイミングを詳解すべきである。

六甲日は辛干を正官の用途と為して庚干を偏官と為し、戊己干を財星と為すが、たとえば年月時柱に戊己辛干が透出して、四季の三秋（申酉戌月）に出生するか土金局を会成するか、財星や官星が有用なのである。

また戊己辛干が透出せず、ただし四季の三秋（申酉戌月）または土金局のケースは、財星や官星を論点と為すが、甲乙干比劫が奪財して丙丁干食傷のケースには、名利は難儀であろう。

もし月令が春夏季で、また木火気象の命局で財星と官星に精気が存在しなければ、幇助を擁するが名利は軽度なのであり、四季の西方（申酉戌月）に巡るのを有益として土金気のエリアであり、官星を指向し財星に臨む運気で、東南位の木火気たる傷官敗財のエリアは不益なのである。

もし命局に庚辛干を併見すれば「官殺混雑」と称し、除去や留用や制伏が存在しなければ、かえって当主は窮状なのである。

たとえば庚干を擁して制伏が存在しなければ鬼殺を論ずべきで、鬼殺の強弱で己身を分度して、吉凶や寿夭を定義するのである。

もし制伏が作用するとき偏官を論説すれば、太過してかえって福分と為らず、さらに日干を看て月令の扶力の有無を看て、節気の深浅や軽重の分度に言及し、己身の身旺と鬼殺の衰運に巡るのを有益と為し、己身の衰微と鬼殺の旺強に巡るのを忌むのである。

〔六乙詩訣〕

乙木は地支に卯支の建禄を擁して栄昌するが（卯支のほかに金気絶符や土気死符を擁して、乙木は建禄に坐し財星と官星に精気が存在しないとき、庚辰時柱を擁して当主は貴相であり、または木局合を形成するケースなどは、当主は大貴相）と為るであろう。

乙木は未支を擁して正規の財地と為るが（未支が乙未干支の合局を為すときは、己土が財神と為るときに丁火とは傷官）と為るのである。

乙木が亥支を擁し壬水を容して失局せず（亥支は乙木を搭載して死符するが、壬水を印綬の生気と為して旺水を有益と為し、木局を失効せず丙子干支や壬午干支や甲申干支を時柱に擁して貴相）と為るであろう。

乙木は酉支を擁して辛干の剋傷に遭うのを畏れるが（酉支は乙木を搭載して絶符し、辛干を擁して偏官と為し化殺するケースは吉兆で、化殺しなければ凶揺だが辛巳干支は化気と為り、時柱が金神で貴相）と為るのである。

乙木は丑支を擁して官星かつ庫地と為り夫君にしたがって吉兆だが（丑支とは金局であり夫君にしたがって化金して福分と為り、己身が財官星偏印に坐し、それは丑支蔵に己土と辛金と癸水余気を擁する）故なのである。

乙木は巳支を擁し、金気の宮地として化を肯首するが（巳支を金局と為し金気の福分と化すが、ただし己身は正財に坐して男命は妻君を剋し、女命は亭主を妨害するが、そこで壬水を擁すればやや軽度）なのである。

さらに天干や地支が合局を併存するタイミングは、その吉凶や禍福を詳解すべきなのである。

六乙日では戊土を用いて正財と為し、己土を用いて偏財と為し、庚干を正官と為し、辛干を偏官と為すが、もし年柱や月柱や時柱に戊己庚干が透干して、四季の三秋（申酉戌月）の出生か、土金気が合局して財星や官星が作用と為るのである。

たとえ戊己庚干が透干せずとも四季の三秋（申酉戌月）に出生するか、土金合局してまた財星と官星の作用を肯首するのである。

また甲乙干が財星を劫圧して丙干の傷官を擁すれば、名利は難儀であろう。

もし春夏季の出生でおよび木火気象の合局のケースでは、たとえ財星と官星を擁しても精気が存在せず、幇助を擁してもまた軽度なのである。

そこで四季の西方（申酉戌月）を巡るのを有益とするのは、土金気のエリアで官星を指向し、財星が当在するときは、木火気のエリアを巡るのを忌み、そのとき傷官敗財は「官殺混雑」を畏れるが、その鬼殺に制伏が効能しないときは鬼殺を論議し、逆に抑制が過分かもしくは不足のケースは、みな福分を肯首しないのである。

さらに日干が当令する月令で、扶助の有無やその軽重の分度に言及するのは、運歳の喜忌についても同義なのである。

【丙丁】

丙干は陽性の火質に所属し、すなわち太陽の正規の精粋で能く万物を生扶するが、春夏季のエリアの出生が有益で、自然に成就してその精神は百倍と為るのである。

さらに天徳月徳貴人を擁して東方運を巡るのを肯首し、壬癸干の帯水は問題ではないが、ただ戊土の透干を忌みその分限が逓減し、大運と歳運が錯相して官刑に拘禁されて、財産を破耗して喪弔に服し、そこで秋冬季の出生でさらに夜刻降誕のケースで、地支がふたたび水合局すれば拘禁者ではないが屈従し、生涯を離別して孤独相で窮状し、持病を抱えて非長寿なのである。

丁干は陰性の火質に所属し、総じて火性として万物を精制するのを肯首するが、黄金や白銀や銅鉄塊は丁火の制を擁さなければ、成器と為るのは不可能なのである。

夜刻の降誕を有益と為し、月令が巳酉丑月は有益であり、旧正月つまり寅月を擁してすなわち「天徳印元」と為し、さらに卯支を擁してもっとも有効なのである。

そこで壬癸干の水質を忌み、日干に相当しておおむね妻子を剋害し、南方運エリアに巡るときに退官免職と為るが、西北運のエリアを巡るときに貴兆なのである。

〔詩訣〕

日主が丙丁干のときは、根基は火性であるが、
そこで金水気の二星とは、福分の根源なのである。
行運が、もし西方や北方に赴くときは、
たとえ全巡しなくとも、必然的に富貴を肯定するのである。

丙丁日干が日支申子辰亥支の水位に搭載するときに、時柱が金気に帰根してたとえば月令が寅午巳月のケースは「水火既済」と為り、大貴相なのである。

また夏季旧五月（午月）のケースでは三合火局を忌み、火気が炎上して水質が乾燥するのである。

また冬季子月のケースでは三合水局を忌み、水気が旺盛で火気が熄滅するのであり、水気と火気が停相するのである。

ここで既済が成立するときは、大運は金水気のエリアが適宜であり、かえって過分や不及また偏陰や偏陽を忌み、苗床のように秀気は起動しないだろう。

もし月令が申子辰亥支のケースでは、まず時支が寅午戌巳支のケースが貴相だが、この時支ではなくとも木運に巡るのを良好と為し、さもなくばすなわち名声は虚質で貴相ではないのである。

〔六丙詩訣〕

丙干が寅支に当在し、秀気かつ長寿で（寅支に庚干を搭載し、絶符かつ死水として財星も官星とも背理し、丙干は長生に相当してただ食神が生旺である故に寿元を擁し、そこで己亥干支、辛卯干支、辛巳干支を擁するとき貴相）と為るのである。

丙干が午支に当在して刑衝を帯びてまた身強と為り（午支は旺火の当地で日刃と称して刑衝破害が有益で、午地支は庚辛干の敗地かつ癸干の絶地で財星官星ともに背理し、男命は婦女を害し女命は亭主を害するが、癸水と乙木を擁すれば軽度）と為るであろう。

丙干が申支に当在して鬼殺が過強のケースは、月令を擁して吉兆と為り（申支蔵の庚金を財星と為し、壬干が七殺で己身は財官星に坐し、庚寅干支を擁して貴相であり、また癸巳干支は金神の気に化すとしてまた貴相）と為るのである。

丙干が子支に当在して爵禄が旺じ、時勢が昌々とし（子支蔵に壬（辛）が癸干を生起して旺じ、己身は財官星に坐し、そこで時柱が癸巳干支や庚寅干支を擁して貴相）と為るのである。

丙干は辰支で官星と庫地に臨み、そこで冬季月令を忌むのであるが（己身は辰支に坐して官星の当地で、そこで壬癸干は墓符に相当するが、時柱が庚

寅干支のケースは貴相）と為るのである。

丙干は戌支に当在して財処を傍見するが、そこで夏季月を忌むのであるが（戌支はすなわち墓符に相当し、余気に所蔵する辛金を財処の傍見と為し、夏季に財星や官星を生扶しても精気の存在）を為さないのである。

それらのなりゆきや盈虚の作用の玄妙とは、要は生旺を精解し、その巡りと所蔵を論説するのである。

六丙日は庚辛干を財星の用途と為し、癸干を正官と為して壬干を偏官と為し、もし年月時柱に庚辛癸干が透干し月令が秋冬季で、金水合局を擁して財星や官星が作用すれば、たとえ庚辛癸干が透干せずとも秋冬季月令で、金水合局のなかに財星や官星の作用を肯首するのである。

そこで丙丁干を擁して奪財と為し、己干を傷官と為し、名利は難儀であろう。

もし四季の九夏（巳午未月）に出生して火土気が合局すれば、たとえば財星や官星に精気が存在しなければ、幇助を擁してもまた軽度であり、西北運金水気のエリアを巡るのが有益で、官星を指向して財星に臨む運気なのである。

もし命局に壬癸干を併見すれば「官殺混雑」と為し、制伏が存在しなければ、かえって濁命で壬干を擁して癸干が存在せず、制伏しないケースでは鬼殺を肯首すべきで、要は己身と鬼殺の旺衰を分度して、その吉凶や寿命の長短を決定するのである。

そこで制伏が機能するときに偏官が作用すれば、太過してかえって福分と為らず、さらに日干の月令の当所を詳解して、力量や救応の有無や節気の深浅や軽重を、分類して言及するのである。

そこで身旺で鬼殺が衰微するエリアに巡るのが有益で、己身が衰微して鬼殺が太旺するエリアを忌むのである。

〔六丁詩訣〕

丁干が酉支に当在して、財星に臨んで学業に精勤するが（酉支は丁火を搭載し、長生かつ学堂と為し、己身が貴人や財星官星に坐し、そこで時柱に壬寅干支を擁して貴相）と為るのである。

丁干が亥支に当在して貴人星に坐し、官星の栄昌を指向するが（亥支を日貴と為し、なかに壬干水旺を擁して己身は官星に坐し、時柱に壬寅干支を擁して貴相と為し、己巳干支を金神と為して気粋が貴相に化する）のである。

丁干が衝相して精気が存在せず、財星や官星が背理するときは（卯支に搭載して水気は死して金気は絶し、財星官星ともに背理して精気が存在しない）のである。

丁干が些少な吉祥を迎えて、印綬が生起するとき（未支蔵に木質の余気を擁し、財星と官星が背理するが、印綬が己身を生扶する）のである。

丁干に巳火が近貼すれば、己身は旺相であり（南方火旺のエリアでは、財官星は制伏を受けて、巳支蔵の丙火が財星を劫圧し、また戊土が官星を劫奪する故であり、そこで男命は妻君を害し女命は亭主を害し、そこで戊土を擁すれば重篤と為るが、また甲寅干支を併見して軽度なの）である。

丁干は丑支に当在して、豊栄なる禄の金庫だが（丑支は庚辛干を搭載し墓符に相当し、余気の癸水を擁して己身が財星官星に坐すが、時支に辛亥干支を擁して貴相）と為るのである。

さて人生の吉凶の定義とは、何であろうかといえば、月令の精気が時柱に擁する軽重を観るべきなのである。

六丁日は庚辛干を財星として用途と為し、壬干を正官と為し癸干を偏官と為すが、もし年柱か月柱か時柱に庚辛壬干が透出すれば、秋冬季の金水合局を為して財星と官星が作用すれば、庚辛壬干が透出せずとも、秋冬季の金水合局ではまた財星と官星の論を肯定するのである。

そこで丙丁干を擁して財星を分奪して戊土傷官がポイントのときは、名利は難儀なのである。

もし四季の盛夏で火土合局のときには、たとえ財星や官星を擁しても精気が存在せず、そこで幇助を擁してもまた軽度なのである。

西北運へ赴くか、金水気のエリアで有益で傷官や敗財を忌み「官殺混雑」と為るのを畏れて、殺が存在して制伏が存在しなければ鬼殺が論点であり、太過して窮状するのである。

さらに日干が当所の月令を詳解して、扶助の有無と軽重の分度に言及し、また運歳の喜忌の上記に批准するのである。

【戊己】

戊干は陽性の土質に所属し、すなわち岸堤や城壁の阻土で能く水気を阻止するが、万物を種養することはできないのである。

およそ城堤として、刑衝や破害は不益であるが人民は安処を領得し、そこで甲乙干の木質が有益で、そこで官殺を印化するスタンスのケースでは、西方エリアへ赴くのを忌み、運歳でたとえ発動してもまさに破耗の憂悩に相当し、そこで火質の生扶を要し水質の剋制を忌むのである。

そこで戊己干が重複すれば名利ともに喪失し、庚辛干が重複すれば事態の進退を為すであろう。

己干は陰性の土質に所属して山地の田園の土質なので、万物を種養できることから刑衝破害を要し、すなわち拓耕を肯首するのである。

春夏季の出生と辰巳のエリアを有益とするのは、すなわち官星印星の当地で、さらに傷官が印星を破損しなければ福分が発動するのである。

人々は好んで用役に配置するので田園は豊かに盈ち、東北運のエリアで好作用と為り、さらに亥卯未支の木質を兼備して決定的に当主は富貴で、その人物は穏厚かつ大事に寛容で細事に迅速なのである。

さらに辰戌丑未支に相当すれば、すなわち禄支に背理して馬支を倒逐し、すなわち劫財や刑傷と為りて破耗し、訟事に服して守一できないのである。

〔詩訣〕

日干が戊己干のケースは、水気と木気をもとめよ。
原局に擁せば、また福分と為るだろう。
運歳が、北方路や東方路に臨むときには、
そのとき己身を徳分が潤し、屋台を富みが潤すだろう。

戊己日干のケースで日支が亥卯寅支のケースは、勾陳（土神）が位相を領得し、水木気のエリアの運行が適宜なのである。

そこで亥子支が月令のケースでは辰戌丑未巳午時支を要し、もし辰戌丑未巳午支月令のケースでは亥子時支を要して貴相と為るのである。

そこで土気が木気を擁して疎通と為し、木気は土気に培養を依拠するが、もし木気が偏重で土気が些少のケースはすなわち崩壊し、逆に土気が偏重で木気が存在しなければ、すなわち頑濁として用途のない土質なのである。

たとえば己日干で年月丑支のケースでは、西方位は不吉で南方位に大発展するのである。

〔六戊詩訣〕

戊干が子支に当在して財地と為し、この瑞祥であり（子支蔵の癸水が旺じ、みずから財地に坐し、時支に乙卯干支を擁して貴相であり、また時柱丁巳干支を金神と為し、精気が化して貴相）と為るのである。

戊干が南方離卦で裂破し、かえって光り輝くが（戊午干支を日刃と称して刑衝破害を有益と為し、午支蔵には水木気が存在せず、財星官星ともに背理し、そこで南方離火で月令巳午支で印綬が裂破するが、かえって輝光を擁する）のである。

戊干が申支に当在して、財神が旺相と為し（申支は壬干を搭載して長生し、甲干を搭載して絶符し、財星を擁して官星は存在）しないのである。

戊干は寅支に当在して長生であり、昌々たる禄鬼であり（寅支搭載の火質が土質を生扶し、秀気を聚育し、甲木が当権して己身は偏官に坐する）のである。

戊干は辰支に当在して、財神を兼備し正規の位相だが（辰支は壬癸干を搭載して墓符に相当し、余気に乙木を擁し、みずから財官星に坐する）のである。

戊干は戌支に当在して、蔵火の専属の当地であり（戌支は戊干を搭載して魁罡と為し、財星官星ともに背理し、命局に財官星を擁さないのが上格と為し、重複して身旺なのが有益で刑衝や財官星の太旺を忌むのである。

もし別格に相当すれば年月時柱に財星や官星を擁して水木気のエリアを有益）と為すのである。

そこで命局の作用の有無や、月令の気種を推量すべきなのである。

六戊日とは他の五戊干を除き、戊戌干支を魁罡と為し、戊干の財星と官星の喜忌のケースとは、他の戊子干支、戊午干支、戊申干支、戊寅干支、戊辰干支の五日であり、壬癸干を財星の作用と為し、乙干を正官と為し、甲干を偏官と為すのである。

もし年月時柱に壬癸干が透出して、春冬季で水木気を合局すれば、財星と官星が作用するのである。

また壬癸乙干が透出せずに春冬季に出生し、水木気を合局すれば、また財星と官星が作用するのである。

もし戊己干が財星を劫圧すれば、辛干傷官では名利は難儀であろう。

もし四季の三秋（申酉戌月）に出生するか、土金気が合局して財星と官星に精気が存在しなければ、扶助を擁してもまた軽度なのである。

また東北の方局かつ水木気のエリアを有益と為し、官星を指向し財星が臨む運歳で、四季の西方（申酉戌月）のエリアを忌むのは、敗財傷官の当地だからである。

もし命局に甲乙干が併透すれば「官殺混雑」と為り、制伏しなければかえって濁命なのである。

たとえば乙干がなく甲干が存在するケースで、制御が効かないときは鬼殺を論旨と為すべきであり、己身と鬼殺のバランスを分度するのが重要であり、その吉凶や寿夭を定義するのである。

そこで制伏が効し中和と為れば偏官の作用と為り、太過すればかえって福分とは為らないのである。

さらに日干が生月の当所を詳解して、力量や救応の有無や節気の深浅かつ軽重の分析に言及するのである。

そこで身旺かつ鬼殺の衰運が有益であり、身衰かつ鬼殺の旺運を忌むのである。

〔六己詩訣〕

己干は酉支に当在して財気禄気ともに背理するが（酉支とは水気の敗地かつ木気の死地なので、財星官星ともに背理）するのである。

己干は卯支に当在して肝要なのは、偏官と力量が均衡し（卯支は乙木を搭載して専権し、己身は偏官に坐し、そこで己土が司令の地支を擁するべきで、力量の均衡を肯定）するのである。

己干は巳支に当在して、どうして欠陥や些少の信処であろうか（巳支は水気を搭載して絶符し、木気を搭載して病符するが、丙干は太旺して財星や官星は精気がないが、かえって印星が身を生扶し、そこで時柱が丙寅干支ならば貴相）と為るのである。

己干は亥支に当在して、結果として高名を領得し（己身は亥支を財星官星に坐相すると為し、時柱に丙寅干支を擁して貴相）と為るのである。

己干は未支に当在して官星かつ庫地を蔵し、時支に擁するケースは貴相で（未支蔵には官星を擁して財星は存在せず、すなわち木気を擁して水気が存在しないが、時柱に丙寅干支を擁して貴相）と為るのである。

己干は丑支に当在して財気を含有し、丑月のケースは生助の栄昌であり（丑支は財気を擁して官気は存在せず、時柱に丙寅干支を擁して貴相）と為るのである。

それらには千様百様の栄枯を含有し、そのタイミングとなりゆきとは、分析して明示する必要があるのである。

六己日では壬癸干の作用を財星と為し、甲干を正官と為し、乙干を偏官と為し、もし年月時柱に壬癸甲干が透出して春冬季の生月で、水木気を合局すれば財星と官星に精気を擁するのである。

逆に壬癸甲干が透出せずに、生月が春冬季で水木気が合局するときは、また財星や官星の作用を肯首するのである。

そこで戊己干が財星を劫圧し、庚干の傷官では名利は難儀なのである。

もし四季の三秋（申酉戌月）の出生かつ土金気が合局すれば、たとえ財星や官星が存在しても精気は存在せず、そこで幇助を擁してもまた軽度なのである。

そこで東北位つまり水木気のエリアを巡るのが有益で、傷官や敗財の運歳を忌むのである。

また「官殺混雑」を畏れ、官殺を擁して制御が存在しなければ鬼殺を論題とし、逆に制伏が太過すれば窮状するのである。

さらに日干の生月の当令を詳解し、生助の有無や軽重の分度に言及するのは、運歳の喜忌も上記に批准するのである。


【庚辛】

庚干は陽性の金質に所属し、すなわち黄金や白銀や銅鉄塊などであり、陽丙を稟得して完成するので、丁火の火制を要して能く成器と為るか、また丙火を擁して含有するかどうかである。

そこで東南方位かつ木火気のエリアを巡るのを、有益として明々かつ亮々なのである。

庚辛干は制御を要し、たとえば寅卯支が甲乙干を搭載するか、巳午未支の官星が印気（土質）を領得する当地では、みな越格を発効するのである。ただ西北方のエリアに位相し、金質が水底に沈降するとし、そこで成器と為らないのである。

辛干は陰性の金質に所属し、水銀や朱砂や赤碧珠玉などである。

日陽を把掌し月陰の精華で秀気が結成すると為し、もっとも清素な金質かつ清秀な水質を要し、土気豊厚のエリアや西北方（金水気）のエリア、たとえば辰戌巳支つまり東南方のエリアを巡るとき、四柱命局に丁火を擁さなければ好作用と為るが、もし丁火を擁するときは成器と為ることはなく、珠塊が炉底へ墜砕する比喩なのであり、秀気だが質実ではないのである。

もっとも寅午戌三合火局を畏れ鬼殺の太旺と為るので、己身の身旺か旺運に当令し、命局に亥卯未支の三合木局を擁し、さらに丙丁干が透出して午未支のエリアを巡るときに発福するのである。

また巳酉丑支の三合金局のケースでは造化が温厚を為し、東方のエリアを巡るときに大吉兆だが、南方位は不適宜なのである。

〔詩訣〕

庚辛日主のケースは、金属質の干頭に称されるが、
水気と火気が併透すれば、おのずと福分は専一である。
年月時柱に、会合が存在するときは、
東西どのエリアを巡っても、官位は当確するだろう。

庚辛日干のケースで日支が寅午戌巳支の火気勢が、生月が寅午戌月令のケースでは、時柱が土金気に相当するときは貴相なのである。また秋季（申酉戌）三月また冬季（亥子丑）月か、また旧十一月（子月）に時柱が木火気が旺盛のときは大貴なのである。

木火気のエリアを巡るときも太過や不及を忌むのは、陽性か陰性に偏勢するためで、すなわち苗床でしかなく秀気は発動しないのである。

もし月支が火気で通根して、時支が巳酉丑申でなければ貴相ではないのであり、運歳が土金気であればすなわち吉兆なのである。

また比肩すなわち三合金局が成立し、金気が旺盛で火気が微勢のときは、木火気のエリアを巡るのが有益なのである。

その故に金質は火気を含有しなければ、成器と為ることは肯首できず、また逆に火質は金気が存在しなければその作用を顕わすことはないので、火気と金気が併相してまさに豪華車馬に戴冠礼服で搭乗するようなものである。

もし火気が太過炎上して土気が存在しなければ、すなわち金質はかならず壊敗するが、そこで土質を擁すればすなわち「鑄印の象」と為り、鎔解かつ陶冶して変化し成器と為り大人物の命相なのである。

火気が過多して金質が些少か、金質が旺盛で火気が微勢のときは、みな粗暴の徒輩と為るのである。

〔六庚詩訣〕

庚干は身旺のケースは寿元が延長し（庚申干支を日徳と為し、建禄に坐して身旺の故に寿元を主事）するのである。

庚干は寅支に当在して絶符するが、かえって当主は栄昌し（寅支蔵の甲丙干が生旺すれば、己身は偏官と偏財で、命局の胎元が長生のケースは身旺が有益で、そのとき鬼殺は官星）と為るのである。

庚干は辰支に当在して魁星として、おおむね栄々として勇敢で（庚辰干支とは魁罡で己身は財地に坐すとし、辰支蔵の乙木を余気と称し、命局に財星や官星を擁しないのを上格と為し、己身が重複して旺じるのが有益で刑衝を忌むのである。財星と官星が旺じるケースでは、別格と見做し、年月時柱に財星や官星を擁して木火気のエリアを巡る）のを有益と為すのである。

庚干は戌支に当在して魁宿とし、また心性剛質だが（庚戌干支とは魁罡で己身が官殺に坐し、戌支蔵の旺丁（丙）と称し、そこで丙丁干が重複するのは適宜ではなく、己身が衰微し鬼殺が盛旺と為るので、旧五月（午月）の生月はすなわち早年期に開運し、また早年期のうちに遁退するのである。そこで身旺が有益で刑衝を忌むが、財星や官星が太旺するときは別格を考慮し、水運のエリアを巡るのが有益で、火運のエリアを巡るのを忌む）のである。

庚干は午支に当在して禄宮と為り、どうして杞憂するだろうか（午支は庚

干を搭載して官星印星を支蔵するので、午支蔵の丁己干と金質搭載であり、衰敗の地だが憂悩を要さない）のである。

庚干は子支に当在して、形象の良好を否定するが（子支は甲乙木を搭載して敗地かつ火気は熄滅し庚干は死符するのは、金質が水底に沈降してその形体を顕わさずに、財星と官星に精気が存在しないのである。そこで身旺の月令に通根し、命局に丁火を擁してすなわち吉兆）なのである。

天のタイミングが貴賤を分岐し、そこで「命局の通変星のあらまし」を詳解すべきなのである。

六庚日とは庚戌干支と庚辰干支は魁罡と為るので除き、財星と官星の益不益であり、日支蔵が論点なのである。

つまり庚申日、庚寅日、庚午日、庚子日の四日で、甲乙干を財星の用途と為し、丁干を正官とし、丙干を偏官とするので、もし年月時柱に甲乙丁干が透出して春夏季の出生で、木火気が合局して財星と官星を用途と為すのである。

また甲乙丁干が透出せず春夏季の生月で、木火気が合局するときは、財星や官星の作用を肯首するのである。

また庚辛干を併見して財星の劫圧と為し、壬癸干の傷官では名利は難儀なのである。

たとえば秋冬季すなわち金水気のエリアの出生では、財星と官星に精気がなく幇助を擁してもまた軽度なのである。

東南方かつ木火気のエリアを巡るのを有益と為し、官星を指向して財星に臨む運歳なのである。

西北方かつ金水気のエリアを巡るのを不益と為し、傷官敗財の運歳なのである。

もし命局に丙丁干を擁して「官殺混雑」と為し、殺星に制御が存在しなければかえって濁命なのである。

たとえば丁干が存在せず丙干を擁して、制御が作用しなければ鬼殺が論題なのである。

己身と鬼殺を旺衰に分度するのが肝要で、その吉凶と寿夭を定義するのである。

そこで制伏が作用すれば偏官が論題と為り、制伏が過度ならばかえって福分を肯首しないのである。

さらに日干が当処の月令で、力量や扶助の有無を詳解し、節気の深浅や軽重に言及するのである。

そこで身旺であれば鬼殺が衰微する運が有益で、己身が微勢ならば鬼殺が過旺の運を忌むのである。

〔六辛詩訣〕

辛干は酉禄支に坐して、もっとも強力で（酉支は乙木を搭載して絶符して酉支は丙火を搭載して死符し、財星と官星はともに背理するが、辛干は最強の建禄支であり、時柱に戊子干支や丙申干支を擁して貴相）なのである。

辛干は己身が亥支で、沐浴の当地に臨み（辛金は子水を派生して亥支は沐浴に相当し、財星の生地だが官星の絶地）なのである。

辛干は未支に位して、暗に丁火が己身を損剋し（未支蔵の木気を財星と為し、丁火を偏官と為し、己干を偏印と為し、己身を剋傷して身旺が有益なのは、鬼殺が変化して官星と為るためで、時柱に丙申干支を擁して貴相）なのである。

辛干は丑支に当在して、癸干食神を支蔵して栄昌と為り（丑支蔵は癸干を擁して食神と為し、木火気が存在しないとき財星と官星は背理するがまた吉兆）なのである。

辛干は卯支に臨み、財地かつ衰地を畏れず（卯支が己身を搭載して財星と官星に相当し、木気が旺じて火気が派生し、そこで時柱が戊子干支ならば貴相）なのである。

辛干は巳支に坐して金局かつ死符を忌とせず（巳支は己身を搭載して官星かつ印星と為し、また丙干と戊干は巳支根を擁して建禄と為すので、辛干の死地であるが依付できるのであり、また時柱が戊子干支ならば貴相）なのである。

そこで旺相囚死とは月節で分類し、さらに用途の詳細を推究して看るのである。

六辛日の作用では甲乙干を財星と為し、丙干を正官と為し、丁干を偏官と為し、命局の年柱月柱時柱に甲乙丙干が透出すれば、月令春夏季か命局に木火気を擁して、財星や官星が用途と為るのである。

たとえ甲乙丙干が透出せずとも、月令春夏季か命局が木火気合局のケースでは、財星官星を論題と為すのである。

そこで庚辛干を擁して財気の劫圧と見做すケースでは、壬水傷官では名利は難儀なのである。

もし月令秋冬季か命局金水気のケースでは、財星や官星に精気は存在せず、扶助を擁するがまた軽度なのである。

運歳が東南方かつ木火気のエリアを有益として、官星を指向して財星に臨むのであり、そこで運歳の西北方かつ金水気のエリアは不益なのである。

傷官や敗財のタイミングで「官殺混雑」を畏れ、そこで七殺を擁して制伏が存在しなければ鬼殺を論題とするが、また制伏が太過すれば福分を肯首しないのである。

さらに日干の当所の月令を詳解して、扶助の有無や軽重に分類して言及するのは、上記の運歳の喜忌に批准するのである。

【壬癸】

壬干は陽性の水質に所属し、すなわち良質の澤地かつ長流の水性として、能く草木は滋生して万物を長養するのである。

ただ月令春夏季の出生を有益とし、秋冬季の当令はすなわち生意を肯首しないのである。

もし寅午戌支を擁して官星が生助の気を擁するときは、その名誉をみずから顕彰するであろう。

旧八月（酉月）の出生は金局会成し、名利ともに遂げるであろう。

旧三月（辰月）の出生は水局会成し、天徳と為って当主は貴相であり、地支が亥卯未支のケースで、南方路のエリアを巡るときに財気が発動するのである。

癸干は陰性の水質に所属し、すなわち大海原のような無涯の水質なので、万物が生長することは肯首できないのである。

また一説に雨露かつ潤澤の水質で万物を滋助するので、春季秋季のスパンを有益と為し、巳午戌火地のエリアを巡れば、非常なほどに発福するだろう。

運歳の辰戌丑未支のエリアを大忌と為し、地支が亥卯未支三合木局で、旺盛な傷官が財星を扶益して甲干や寅支が存在しなければ、また名利が発動するだろう。

また己土を併見して、月令が丑未支でさらに三刑を附帯すれば、日常の衣食や禄位は常備し、初期や中期は滞るが、終末期には栄華が発動するだろう。

もし五行に救応を擁して身旺ならば財星や官星が有益で、また当主は貴相が顕表するであろう。

〔詩訣〕

壬癸日干は、水気が当主なのであるが、
そこで支根と火気や土気が存在するときは、
春季や秋季が巡って至れば、財星官星を発効し、
また冬季や夏季に巡って、適所と為るであろう。

壬癸日干のケースで、地支象が辰戌丑未巳午支であれば「玄武当権」と為り、火土気のエリアを巡るのが適宜だが、そこで太過したり不及したり陰性か陽性に偏すれば、すなわち貴相であり質実ではないのである。

もし土旺季や巳午月の出生で時支が亥子支であるか、または月令冬季のケースで時支が辰戌丑未巳午支に該当すれば貴相だが、これらの時支でなければ名利ともに虚質なのである。

また運歳が金水気のエリアを巡るのを、有益な生助として栄昌と為るのである。

金気が存在しなければすなわち水質は涸絶するが、また比肩劫財を忌むケースとは、冬季旧十一月（子月）に三合水局を会成し、水気が膨張するので阻土が崩壊するのである。

その故に水質は堤土が存在しなければすなわち氾濫し、土質は水気が存在しなければすなわち乾燥するのである。

そこで土質は水質を擁して、湿潤して通気することから、水質は土質を擁して河水の阻堤と為り、この水土気の二者は偏旺を肯首できないのである。

もしさらに運気が適宜であれば、かならず貴相が顕表するだろう。

それらの刑衝や合絆や拱合などの格式は、これらの論題として存在しないのである。

〔六壬詩訣〕

壬干は寅宮に当在して「既済」と為し、もっとも奇事だが（寅支搭載の干頭水火質が既済で己身は財星と食神の生旺に坐し、時柱に壬寅干支を擁して貴相）なのである。

壬干は子支に当在して刑衝し、かえって適宜だが（壬子干支は日刃かつ「飛天禄馬」であり、かえって刑衝や被害が有益なのである。

子支は己干を搭載して絶符し、丙干を搭載して胎符するが、財星と官星に精気が存在せず、午支蔵の丁己干を取用する故）なのである。

壬干は申支に当在して長生と為り、おおむね秀麗で（申支を搭載して戊土の敗地かつ丙火の病地で財星官星ともに背理し、かえって壬水が長生して学堂と為るので、己主は聡明かつ秀麗）なのである。

壬干は建禄を擁しても、辰支に相当してかえって微兆だが（壬辰干支は魁罡で、命局に財星や官星を擁さずして、慶兆が重複して服従させるが刑衝が忌兆であり、阻土が機能しなければすなわち氾濫するとし、文章秀才だが日頃の功名は逓減するのである。

もし財星や官星が生旺であれば別格に入格し、命局に財星や官星を擁して傷破のタイミングを忌み、火土気のエリアかつ運歳を有益）とするのである。

壬干は午支を「禄馬同郷」と為して果断だが（壬午干支を「禄馬同郷」と為し己身が財星や官星に坐し、人材と為りて怜悧かつ謀計果断であり、時柱に壬寅干支を擁して貴相）なのである。

壬干は戌支に当在して「財官双美」を推究し（壬戌干支は日徳かつ己身は丙戊干を支蔵して財星官星と為し「玄武当権」と称するのである。おおむねこのエリアの引用は、辰午支のケースと同義）なのである。

それぞれその造化と窮通が異なるので、命局の配合を知るべきなのである。

六壬日干のケースでは、魁罡である壬辰干支を除外し、日柱を元に財星と官星の喜忌を論題と為すのである。

すなわち壬寅日、壬子日、壬申日、壬午日、壬戌日の五日のケースでは、丙丁干を財星と為して己干を正官とし戊干を偏官とするのである。

命局に丙丁己干が透出して、四季の夏季や火土気が成局すれば、財星や官星は作用を擁するのである。

また丙丁己干が透出せずに、夏季月令で火土気が成局すれば、財星や官星の作用を論題と為すのである。

そこで壬癸干を擁して財星を劫圧すれば、乙干傷官では名利は難儀なのである。

もし春季か冬季の出生かまた水木気の合局が会成すれば、財星や官星は精気が存在せず扶助を擁してもまた軽度なのである。

また四季の南方（巳午未月）かつ火土気のエリアを巡るのを有益とし、運歳は官星を指向して財地に臨むのである。

命局に戊己干を擁して「官殺混雑」として制御が存在しなければ、かえって濁命なのである。

たとえば己干が存在せず戊干を擁して、制伏が作用しなければ鬼殺と為って論題とするのである。

要は己身と鬼殺の旺衰を分析して、その吉凶を定義するのである。

そこで制伏が作用するケースは偏官と為って論題とするが、制伏が過分であれば福分を肯首せず、さらに日干の生月の当所を詳解して、扶助の有無や節気の深浅や軽重を分析して言及するのである。

己身が身旺で鬼殺が衰微するタイミングが有益で、己身が衰微して鬼殺が旺盛なタイミングが不益なのである。

〔六癸詩訣〕

癸干は卯支を、学堂に坐す日貴と為し（癸卯干支を日貴と為して長生かつ学堂に坐して食神が建旺するので、財星や官星に精気が存在しなくてもまた吉兆）なのである。

癸干は巳支に当在して財星と官星を附帯し、もっとも吉祥なのであり（癸巳干支を日貴と為し、己身が財星官星印星の生旺に坐し、巳支は丙戊干を搭載して建禄とし、また庚金は巳支に長生するので、時柱に丁巳干支を擁して貴相）なのである。

癸干は未支に当在して、鬼殺が削傷するために朴質なのであり（未支が癸干を搭載して偏官偏財とし、身旺を有益とするのは鬼殺が官星に変化）する為なのである。

癸干は亥支に当在して官星に背理し、かえって栄昌し（亥支は丙戊干を搭載してともに絶符して財星官星ともに背理し、かえって亥支が丙戊干のために巳支を衝出するのを有益と為し、それは飛来して癸干に就くので、財星禄馬の貴相と為るのである。

もし時柱癸亥干支を擁せば並衝と為り吉兆）なのである。

癸干は酉宮を擁して救応と為して、咎はなく（酉支は癸干を搭載して水気は衰敗するので、財星官星に精気は存在せず、要は身旺で月令に通根して貴相）と為るのである。

癸干は丑位に当在して衝剋が存在しても、災禍とは為らず（丑支とは羊刃で官星が存在し、財星は無いとし、そこで己土とは専位の偏官なので、刃神が衝破するのは有益で災禍）とは為らないのである。

それらの一喜一憂とは、要は月令の休旺を参詳すべきなのである。

六癸日干のケースは、丙戊干を財星の作用と為し、戊干を正官とし、己干を偏官としている。

もし命局に丙丁戊干が透出して四季の夏季で、火土気が合局を会成すれば、財星官星は作用するのである。

もし丙丁戊干が存在せず四季の夏季か、火土気の合局を会成すれば、また財星官星と為って論題とするのである。

そこで壬癸干を擁して財星の劫圧と為るので、甲干傷官では不利なのである。

もし月令春季冬季に出生し、また水木気の合局を会成して財星と官星に精気が存在しなければ、四季の南方（巳午未）エリアを巡るのを有益と為すのである。

運歳の財星と官星は「官殺混雑」を畏れて鬼殺を論題とするが、制伏が過分ならば凶揺なのである。

さらに日干の月令の通根つまり扶力の有無やその軽重に言及し、そこで運歳の喜忌も上記に同義なのである。

論十二月支得日干吉凶

【子月】

甲乙日のケースは、子支月令を擁して印綬と為し、官星と印星を併見して透出すれば有益で、天干に財星傷官佩印が透干すれば不益なのは、運歳の喜忌も同義なのである。

丙丁日のケースは、貴相の官星と為って陰陽が和合するので、財星官星が透干すれば有益で、三合会局や六合や官星印星を擁すれば月令の中気を考察すべきで、身旺のケースでは財星官星が有益で、逆に身弱のケースでは印星の太旺が有益で、偏官や傷官が不益なのである。

歳運の傷官は福分の当地でまた丁干は偏官を擁し、双方の陰性が相互に夾錯するので、身旺で合絆と制御を擁すれば有益だが、身弱で合絆なく正官が透出するか、命局に過分に附帯して制伏しないケースでは運歳の身旺が有益で、偏官を合絆しそこで身弱が不益なのである。

戊己日のケースは財気と為るので、財星が透干して身旺であることを有益とするが、そこで羊刃に搭載して比劫が透干すれば不益なのである。

生日の日支が亥支や子支であれば、不遇で財気と見做し難く、運歳で身旺かつ財気を帯びれば有益で、身弱のケースでは旺気を有益として劫財を不益とするのである。

庚辛日のケースは、長生符の財気と見做して財気を支蔵するか、透干して身旺のケースは有益だが財気が存在せず、身弱のケースは不益なのである。

命局に財星がまったく存在しないケースでは、すなわち長生符の財気と見做さずに、ただ禄支に背理した傷官と為るのである。

この子支月令が偏官を附帯すべきとは、庚日干で時柱が丙干か巳支または辛日干で時柱が丁干か午支のケースで、すなわち制御を擁して吉兆なのである。

ついで日時柱に併帯して適宜ではあるが、貴顕の形相とは見做さないのである。

たとえば年柱日柱時柱の三宮に併透すれば、不遇の命相と知るべきなのである。

行運でも身旺ならば財気が有益で、身弱ならば旺気が有益で、共通して比劫を不益と為すのである。

壬癸日のケースは、壬干を旺気と見做して癸干を建禄と見做すのは、ただ身旺のケースなのであり、どうして名利がともに為るだろうか。

かえって月令に被って逓減して、ついに消尽するであろう。

すこぶる適宜なケースでは、偏官を附帯して貴相なのは、たとえば壬日干で時柱が戊干か巳支のケースか、癸日干で時柱が己干か午支のケースなのである。

ついで日時柱にそれぞれ附帯するケースが適宜で、貴顕の形相とは見做さないのである。

たとえば年柱日柱時柱の三宮に併透すれば、みな不遇の命相と知るべきなのである。

そこで運歳で偏官に巡れば有益だが、正官に巡れば不益なのである。

【丑月】

（丑未支が交集しても丑支がポイントであり、丑支蔵の初気が癸水なので、丑支が収蔵したと見做し、丑支蔵には己土と辛金を擁するが、小寒（十二月節）の上旬の七日間は、余気の癸水が旺じるのである。または日柱時柱が丑支で月令が冬季春季のケースは水気の作用と為し、ついで八日間は辛金が作用として大寒節（十二月中気）なのである。

みなこれは己土の正規の位相であるが、また夏季月や四季月は土用の作用と見做し、秋月季は金気の作用と見做す）のである。

甲乙日のケースは、月令丑支を得て雑気の官星貴人と見做し、そこで官星が透干すれば有益だが、透出しなければ衝揺を要するのである。

すでに透干しているケースでは衝揺を畏れるが、また運歳の財地に巡るのを有益と為し、官気を支蔵して衝揺が存在せず、官殺および傷官が混在するときは、官気は多くの合絆を渇望するのである。

そこで身旺のケースは運歳の財星官星を有益と為し、身弱のケースは太旺の当地へ巡るのを有益と為し、偏官傷官が不益なのは運歳も同義なのである。

丙丁日のケースは雑気の財星と見做し、そこで財星が透干するのが有益で、運歳の比肩羊刃が不益なのである。

身旺のケースは財気が有益で、身弱のケースは太旺が有益だが、総じて劫財が不益なのである。

もし生日支が申酉丑支でなければ、財気は肯定し難いのである。

戊己日のケースは余気を財気と見做し、月節初気つまり小寒後の七日間半の生月では余気の癸水を擁し、そこで比肩敗財羊刃が存在しなければ、また能く財気の貴相を発揚するのである。

たとえばそのスパンの丑月節のケースは、利害が存在せずあまねく平らかなのである。

命局の日時柱かつ二宮が、能くそれぞれ貴格を附帯すれば、また発揚を肯定するのである。

余気の財気かつ貴相を擁するとは、身旺で財星の透出を有益と為し、逆に身弱で財気の衰微が不益なのは運歳の喜忌も同義なのである。

庚辛日のケースは庫地の月季と見做し、ただ身旺を擁して病むこと少なく、おおむね寿元の安寧と考えるのである。

月令のなかに取用の存在を肯定しなければ、適宜なタイミングで偏官を貴相と見做すのである。

および日時柱にそれぞれこの形相を併見しなければ、おのずと発福を肯定するのである。

そこで時柱が偏官のケースとは、庚日干で時柱が丙干か巳支のケースか、辛日干で時柱が丁干か午支のケースなのである。

運歳が偏官との合絆に巡るのは有益だが、正官のケースは不益なのである。

壬癸日のケースは雑気の印星の貴相で、印星の透出と官星の併見が刑衝するのが有益で、印星が伏蔵すれば不益なのである。

運歳が官星印星のエリアを巡るのが適宜だが、財星傷官佩印のエリアは不益なのは前述とおなじ論旨なのである。

【寅月】

（寅巳申亥の四維が当地に存在し、この月令には天象が存在し、地上では四維を統管するのである。ただ立春の時節ですなわち寅支は甲干を擁し、寅時のタイミングに拘泥せずともよく、月律分野のエリアを論題としてすなわち支蔵するので、あとの巳申亥支もこれに同義）なのである。

甲日干は寅支を擁して建禄とし、乙日干は寅支を旺相と見做すのである。

月令寅支は格局を肯首しないが、取用は肯定するのである。

ただ身旺を利得とするので年季が恒久であり、時柱偏官をタイミングよく附帯するか、また日時柱それぞれに貴顕の形相を擁さないことが適宜なのである。

時柱の偏官とは、甲日干で時柱が庚干か申支のケースか、乙日干で時柱が辛干か酉支のケースなのである。

たとえば年柱日柱時柱かつ三宮に格局が存在しなくとも、取用を肯定すると終身ともに知るべきなのである。

偏官を擁するとは、運歳で偏官に合絆するのに巡って有益だが、そこで正官ならば不益なのである。

丙丁干のケースは、印星の貴相と為すので官星に搭載したり、官星が透出するのが有益なのである。

ふたたび印星が透出するときは、財星が透出するのが不益なために、官星印星の運歳を巡るのが適宜で、財星傷官佩印を巡るのが不益なのである。

戊日のケースは、偏官の貴相と為し双方の陽性が相互に衝撃するので、身旺が有益で身弱が不益なのである。

偏官が合絆して制御しないのではなく、合絆せずに制御することが必要なのである。

運歳で身旺ならば合絆や制御が有益だが、身弱ならば正官も不益であり、またふたたび偏官のエリアを巡るのも不益なのである。

己日のケースは、正官の貴相と為って陰陽が和合するので、正官を支蔵して財星が透出するのが有益で、ふたたび官星が透出するのである。

そこで身旺で三合会局や六合を附帯すれば偏官傷官が不益であり、官星との明白な合絆を渇望するのである。

身旺であれば財星官星に巡るのが有益だが、身弱であれば太旺するのが有益であり、そこで偏官傷官が不益なのである。

庚辛日のケースは財地と為り、身旺で財気が過多して透出するのが有益だが、羊刃を支蔵して身弱で比肩が透出するのが不益なのである。

そこで日支寅卯支でなければ財気とは為り難く、運歳で身旺ならば財地が有益で、逆に身弱ならば太旺が有益であり、そこで劫財が不益なのは同義なのである。

壬癸日のケースは財地の長生と見做し、財星の透干が有益だが、財気の伏蔵が不益なのである。

たとえば命局に財星の透出が存在しなければ、すなわち長生財を肯首せずに、ただ月令が背禄の傷官なのである。

時柱の偏官を適宜なタイミングとして、壬日干で時柱が戊干か巳支のケースや、癸日干で時柱が己干か午支のケースなのである。

まず年柱日柱時柱それぞれに貴星の形相が顕われないときに、たとえば年日時三宮みなに格局が存在しなければ、好命とは言い難いのである。

運歳で身旺ならば財地が有益だが、身弱ならば太旺が有益であり、身弱のケースでは正官も不益なのである。

【卯月】

（卯未支が交集するケースでも卯支を肯定し、卯支蔵の初気は甲干なので、まず卯支に搭載すべきであり、また卯支蔵の乙木を肯定）するのである。

甲日のケースは卯支を擁して旺相し、また乙日のケースでは卯支を擁して建禄するのである。

甲乙日干が生月卯支のケースで、それぞれ格局に取用できないときは、ただ身旺を利得として寿元が延長するのである。

そこで時柱に偏官を附帯するのが適宜であり、またそれぞれの貴星の形相が顕われないのである。

甲日干が時柱が庚干か申支のケースか、乙日干が時柱が辛干か酉支のケースで、もし年柱日柱時柱の三宮にこのケースが存在しなければ、その命局は日常平穏なのである。

そこで原局に偏官を附帯すれば合絆が有益だが、運歳の正官は不益なのである。

丙丁日のケースでは印星と為り、官星と印星の二星が併透するのが有益だが、干頭の財星が不益なのは運歳でも同義なのである。

戊日干のケースは正官と為り財星を支蔵し、官星が透出するのが有益であり、身旺で三合会局や六合のケースでは偏官傷官を不益として、官星は合絆が過多するのを渇望するのである。

運歳で身旺のとき財星官星が有益だが、身弱ならば太旺が有益であり、偏官傷官が不益なのである。

己日干のケースは偏官と為り、身旺ならば合絆を擁するのが有益で、則締が存在しなければ制御が必要なのである。

身弱ならば合絆が存在しないのが不益で、および正官が透出するのも不益なのは、運歳の喜忌も同義なのである。

庚辛日のケースは財気を為して、透干が有益で自旺するのである。

日支寅卯支に搭載しなければ財気とは見做し難く、劫財に搭載して比肩が透出するのが不益なのである。

運歳で身旺ならば財星が有益で、身弱ならば太旺が有益であり、比劫が不益なのが同義なのである。

壬癸日のケースは長生符の財気と見做し、支蔵して財星が透出するのが有益だが、命局に財星が存在しなければすなわち長生符の財気を肯定せず、ただ月令の傷官かつ背禄と見做すのである。

時柱に偏官を附帯するのは適宜であり、たとえば壬日干で時柱が戊干か巳支のケースや、癸日干で時柱が己干か午支のケースで、まずそれぞれの貴星の形相が顕われずに附帯するときは、運歳が身旺ならば財星が有益だが、身弱ならば太旺が有益なのである。

そこで偏官を附帯するとき、偏官の合絆を有益と見做し劫財正官が不益なのである。

【辰月】

（辰未支が交集して辰支を肯定するが、辰支の初気とはただ乙木であり、まず壬癸干を搭載して辰土に鎮座するのである。清明（春分後十五日）上旬の七日間半は余気の乙木が旺じ、また日時柱辰支では乙木の作用が論点で、下旬の八日間は癸水の作用が論点で、穀雨節（春節後期節）は戊土が正位相なのである。もし秋季月令で日時柱辰支では水気の作用が論点で、四季土旺では土用が作用）するのである。

甲乙日のケースは生月が辰支で雑気の印星を為し、官星か印星の透出が有益だが透出しなければ衝揺を要し、すでに透出していれば衝揺を畏れるのである。

そこで財星を擁するときに傷官佩印が過分なのを畏れるのは、運歳での喜忌も同義なのである。

丙丁日のケースは雑気の官星を為し、官星が透出すれば有益だが、透出しなければ衝揺を要するのである。

そこで身旺で財星を擁すれば発福し、官星が伏蔵して衝揺が存在しないか、また偏官傷官が不益なのである。

運歳で身旺であれば財星官星が有益で、身弱ならば太旺が有益で、そのとき偏官傷官が不益なのも同義である。

戊己日のケースは雑気の財星を為し、財星が太旺して透出するのが有益だが、剋衝も顕出しないのである。

そこで財星が伏蔵して衝揺が存在しなければ不益なのは、羊刃や比肩に搭載するときで、日支亥子辰支に搭載しなければ、財気とは見做し難いのである。

運歳で身旺ならば財星が有益で、逆に身弱ならば太旺が有益だが、劫財が不益なのは同義なのである。

庚辛日のケースは余気の財気を貴相と為し、清明後の七日間半は余気の乙木を擁して発効を肯定するのである。

たとえば月節の初期の出生で、比劫羊刃が財気を劫圧しなければ、みな発効を肯定するのである。

そのスパンを経過して、すなわち辰支蔵に利害が存在しなければ平庸であり、たとえば日時柱がそれぞれ貴格を附帯すればまた発効するのである。

運歳で余気の財神を擁するときは、身旺ならば財地が有益であり、身弱ならば劫財の地かつ財気の衰微が不益なのである。

壬癸日のケースは庫地に該当し、ただ身旺だが少禍を肯定し、月令に貴気が存在しなくても取用を肯定すべきであり、時柱の偏官や日時柱にそれぞれ貴気の形相が顕われないのを適宜と見做し、そのまま福分が発効するので、月令に拘泥してはいけないのである。

運歳で時柱が偏官であるとは、合絆や制伏に巡るのが有益で、正官傷官に巡るのが不益なのである。

【巳月】

甲乙日のケースは月令巳支を擁して財気の貴相と見做し、生日が巳午支でなければ財気とは為し難いのである。

また長生財の貴相と称し、戊土が透出してすなわち財星は光り輝くのである。

そこで丙火が透出してすなわち傷丙が壮益するので、身旺で財星が透出すれば有益だが、羊刃に搭載して比肩が透出すれば不益なのである。

運歳で身旺であれば財星が有益で、身弱であれば太旺が有益なのである。

丙日のケースは建禄で、丁日のケースは旺相であり、丙丁干が生月巳支のときは、取用を肯定せずに福分と見做すのである。

ただ身旺であれば寿元が延長し、時柱に偏官を附帯するか、日時柱に附帯すれば貴格を肯定するのである。

また丙丁干で巳支月のケースは、長生財の貴相なので財星が透出するのを要し、また透出しなければただ月令の背禄傷官と見做して、長生財を肯定するのである。

財星の運歳に巡るのが有益で、偏官を附帯すれば合絆が有益なので、運歳の劫財や正官が不益なのである。

戊己日のケースは印星と為りまた建禄と為り、どうしてこれらが別者であろうか。

ただ年柱月柱時柱に丙火が透出して印星と為すが、丙丁干が透出せずにさらに壬癸干を擁して、ただこの建禄かつ印綬の貴相なのである。

官星が透出すれば有益で、また官星印星のエリアを巡るときに傷官佩印が不益なのである。

そこで建禄のケースは時柱に偏官を附帯して適宜であり、己身の旺強が有益で運歳に偏官が合絆するのも適宜であるが、正官を併見して不益なのである。

庚日のケースは偏官を貴相と見做し、印星が同宮して身旺で合絆や制伏を有益とするが、合絆を擁せば制伏は肯定せず、身弱のケースに合絆が存在しないのが不益であり、運歳の正官もまた同じ論法だが、そこで偏官を重複して擁せば不益であるが、まったく制伏が存在しなければ、おおむね孤独相で非長寿なのである。

庚申日柱のケースは該当しないとは、巳支蔵の土質が能く金質を生扶するので、金気がすでに長生かつ禄支に坐すのでどうして短命であろうか。

さらに壬干が透出して丙干が存在せず、また癸干が透出して丁干が存在せずとは、また甲干が透出して戊干が衰財して、乙干が透出して己干が病敗するタイミングとは何であろうか。

甲干は辛日を正官と為し、そこで辛干を天徳と見做し、官星がふたたび透出して有益なので財神が透出し、官星は合絆の過多や三合会局六合の当地を渇望するのである。

そこで偏官傷官に搭載するのは不益で、運歳が身旺であれば財星官星が有益であるが、身弱であれば太旺を有益として偏官傷官が不益なのである。

壬日のケースは偏官と為り身旺が有益で、偏官とは合絆を擁せば制伏を肯首せず、身弱で官星が透出するのが不益なのである。

運歳で身旺であれば偏官を合絆するのが有益で、身弱であれば官星が旺盛なのが不益であり、まったく制伏が存在しなければおおむね非長寿なのである。

癸日のケースは正官と為り、財星官星の透出が有益であり、三合会局かつ六合で身旺ならば、偏官傷官が不益なのであり、官星が過多するのを渇望するのである。

運歳が身旺で官星印星のエリアが有益だが、身弱のケースはすなわち印星が有益で偏官が不益なのである。

【午月】

甲乙日のケースは月令午支を擁して、財気は貴相を為しまた長生符の財気と為るが、そこで己土が透出するときは財星がいよいよ顕われ、丁火が透出するときは傷官が壮益するのである。

そこで身旺を有益とするとは財星羊刃比劫なのであり、運歳で身旺のときは財星が有益であり、身弱のときは太旺が有益だが、また比肩劫財が不益なのである。

丙丁日のケースは丙日干は旺相し、丁日干は建禄だが、丙丁日干は生月旧五月（午月）のケースは福分を肯定せず、ただ身旺で寿元が延長するのである。

そこで時柱に偏官を附帯するか、日時柱それぞれに貴気の形相が顕われないのを適宜とするのである。

また丙丁日干が生月午支となり、長生財の貴相であって財星の透出を要し、また財星が透出しなければただ月令を背禄傷官と見做し、偏官を附帯するときは合絆や制御のタイミングが有益で、こうした長生財を擁するときは、財星のエリアを巡るのが有益なのである。

戊己日のケースは印星と為り、また建禄と為るが、これらをなにゆえ別者と見做すのか。

年月時柱の干頭に丁火が透出して印と為し、そこで官星印星が併透して有益だが、財気の介在や印星の不在が不益であり、建禄の用途をテーマとするのである。

庚日のケースは正官の星相と為し、身弱であれば太旺が有益で、運歳の偏官傷官を不益と見做すが、傷尽すれば福分の当地と為るのである。

辛日のケースは偏官と為し、身旺で合絆や制御を擁して有益であり、合絆を擁して制御が効かないケースは、また土気を扶益して支蔵より出火するが、逆に身弱で合絆が存在しないケースや正官が不益なのである。

運歳で身旺ならば偏官の合絆が有益だが、そこで正官が重複して偏官を擁して不益なのである。

壬日のケースは正官正財と為し、身旺で三合会局や六合を有益と為し、偏官傷官が不益だが、官星が合絆の過分を渇望するのである。

運歳で身旺のケースは財星官星が有益だが、身弱のケースは太旺が有益であり、運歳の偏官傷官のエリアが不益だが、傷尽すれば福分の当地と見做すのである。

癸日のケースは偏官と為して身旺が有益であり、偏官とは合絆を擁して制御してはならず、逆に身弱で合絆が存在しないケースが不益なのは、正官の喜忌のケースも同義なのである。

【未月】

（小暑（六月節気）上旬の、上期七日間は余気の丁火が旺じるが、また日時柱が未支のケースで春季月令では、木気の作用として下期の八日間は乙木庫の作用と為し、大暑（六月中節気）ではみな己土の正規の位相なので、もし夏季月令では火気の作用と為し、秋季月令では土用の作用）と為すのである。

甲乙日のケースは未月を擁して庫地月令と為し、己主が身旺であれば病むこと少なく、ただしゼロからの福分の作用を肯定するのである。

そこで時柱が偏官であり、および日時柱それぞれが貴格を附帯して適宜であり、かならずしも月令に拘泥しないのである。

運歳で偏官が合絆するのが有益だが、そこで正官が重複して偏官を擁すれば不益なのである。

丙丁日のケースは雑気の印星を蔵し、官星や印星の透出が有益だが、透出しなければ衝揺を要するのである。

そこで印星を伏蔵して衝揺と財気が存在しなければ不益で、運歳の官星印星が有益で、運歳の傷官が不益だが、傷尽して福分の当地と見做すのである。

戊己日のケースは雑気の官星を貴相と為し、身旺で財星官星が透出して有益だが、逆に透出しなければ衝揺が適宜なのである。

また官星は合絆の過多を渇望し、官星を伏蔵して衝揺せず、さらに偏官と傷官を夾錯するのが不益なのである。

運歳で身旺のケースは財星が有益で、逆に身弱のケースでは太旺が有益であり、運歳の偏官傷官が不益なのであり、傷尽して福分の当地と為すのである。

庚辛日のケースは雑気の財星を擁し、身旺で財星が旺じて透出するのが有益で、逆に透出しなければ衝揺を要するのである。

そこで財星を伏蔵して衝揺せず、羊刃比肩を併見するのが不益であり、運歳で身旺であれば財星が有益で、逆に身弱であれば太旺が有益なのである。

また運歳の比劫が不益であり、傷尽して福分の当地なのである。

壬癸日のケースは余気の財星と為り、小暑を七日経過して雑気と見做さず長生財の貴相なのであり、小暑から七日間半のスパンは丁火の余気を擁し「禄馬同郷」と称し、傷官が存在せず財気を劫圧しなければ、能く福分を発効するのである。

そこで未月季のスパンでは、取用を肯定する物質が存在せずに己主は常規なのである。

また身旺で財星官星が透出するのが有益だが、偏官傷官が不益なのである。

運歳で身旺ならば財星が有益だが、官星が微勢ならば太旺が有益であり、そのとき偏官傷官が不益なのは同義なのである。

【申月】

甲日のケースでは申月は偏官と為り、身旺のケースは合絆や制御を擁して有益だが、逆に身弱のケースは正官が不益なのは運歳のケースも同義だが、偏官（七殺）を重複するのがもっとも不益なのである。

乙日のケースでは申月は正官と為り、身旺のケースは官星や財星が透出して三合会局や六合を擁して有益だが偏官傷官が不益であり、そのとき官星は合絆の過多を渇望するのである。

そこで身旺のケースでは財星が有益だが、身弱のケースは太旺が有益で、そこで劫財が不益なのである。

丙丁日のケースでは財星官星と為り、丙干は壬干を擁して偏官に相当し、また丁干は壬干を擁して正官に相当するのである。

そこで身旺のケースは財星官星が透出するのが有益だが、傷官偏官が不益なのである。

運歳で身旺のケースは財星が有益だが、逆に身弱のケースは太旺が有益であり、そこで劫財は不益なのである。

戊己日のケースでは長生財と為り、財星が透出すれば有益だが、命局に財星が存在しなければ肯定できないのである。

ただ月令が傷官に相当するときは、時柱に偏官を附帯してそれぞれ貴格を肯定するのである。

そこで月令が長生水気で財神と見做すのだが、戊土を含有しても無害と為るのである。

また運歳が長生財気のエリアを、有益で好作用と為すのである。

身旺のケースは財星が有益だが、身弱のケースは太旺が有益なのであり、時柱が偏官のケースは合絆か制御が有効だが、そこで身弱ならば正官とは不益なのである。

庚日のケースは建禄と為り、辛日のケースは旺相と為るが、そこで月令に別途に福分を取用すべきなのではなく、ただ身旺ならば寿元が延長するのである。

時柱に偏官を附帯するのを適宜として、そこで合絆を擁せば制伏すべきではなく、制御を擁せば合絆すべきではないのであり、運歳でも身弱で正官を附帯するのが不益なのである。

壬癸日のケースでは印星に該当し、官星と印星が併透するのが有益で、そこで財星が不益なのは運歳のケースも同義なのである。

【酉月】

甲日のケースは酉月は正官に該当し、身旺で官星と財星が併透して、三合会局や六合を附帯するのが有益だが偏官傷官が不益であり、官星に合絆が過分なのを渇望するのである。

運歳で身旺のケースでは財星官星が有益だが、逆に身弱のケースは太旺が有益であり、偏官傷官が不益なのである。

乙日のケースでは、酉月は偏官に該当して身旺を有益とするが、合絆を擁せば制伏は肯首できず、制御を擁せば合絆を肯首できないのである。

そこで身弱のケースは正官が不益なのは、運歳のケースも同義であり、運歳でふたたび偏官と重複するのも不益なのである。

丙丁日のケースは財星に該当し、身旺で財星官星が透出して三合会局や六合を附帯するのが有益だが、地象が刑衝破害したり比肩劫財を擁して不益なのである。

運歳で身旺のケースは財星が有益だが、逆に身弱のケースは太旺が有益で、比肩劫財が奪財するのが不益なのである。

戊己日のケースは長生符の財星に該当するが、命局に財星が透出しないケースでは、すなわち肯定できないのである。

ただ月令傷官のケースでは、時柱に偏官を附帯すれば適宜であり、それぞれ貴格と為るのである。

そこで偏官格のケースでは合絆や制御が有益であり、運歳で身旺のケースであれば財星が有益だが、逆に身弱のケースであれば太旺が有益であり、そこで劫財が不益なのである。

庚日のケースは旺相と為り、辛日のケースでは建禄と為るが、月支蔵に取用できる蔵干が存在しないときは、ただ身旺で寿元が延長するのである。

そこで時柱に偏官を附帯して適宜と為し、また日時柱に併見してそれぞれ貴格なのである。

また偏官を擁せば合絆または制御が有益であり、正官が不益なのは運歳のケースも同義なのである。

壬癸日のケースでは印星に該当し、官星や印星の透出が有益であるが、そこで財星が不益であるのは運歳もまた同義なのである。

【戌月】

寒露（九月節気）の上旬七日間のスパンでは余気の辛金が旺じ、または春季月令のケースでは、日時柱が戌支であれば火気の作用と為すのである。

下旬の八日間のスパンでは丁火が作用するのである。

また霜降（九月中節）では、みな戊土が正規の位相なのである。

また夏季や四季土用のケースでは土用の作用）と見做すのである。

甲乙日のケースは戊月を雑気の財神と見做し、財星が透出して生旺であれば有益であり、透出しなければ衝揺を要するのである。そこで財星が伏蔵して衝揺せず、比肩羊刃を附帯して不益なのは、運歳のケースもまた同義なのである。

丙丁日のケースは月令を庫地と為し、また身旺のケースでは寿元の延長と見做し、戌支蔵に福分としての取用が存在せず、ただ時柱にそれぞれ貴格を附帯して好作用なのは、運歳もまた同義なのである。

戊己日のケースは印星の雑気と為し、正官と印星が併透して有益だが、透出しないケースでは衝揺を要するのである。

そこで印星を伏蔵して衝揺が存在せず、財星傷官佩印を夾擁して不益なのであり、運歳での傷官佩印が不益なのである。

庚辛日のケースは官星貴相の雑気と為し、身旺で印星を擁存することがポイントで、官星が透出して衝揺すればすなわち官星貴相が用途だが、そこで印星が透出して衝揺すれば、すなわち印星貴相を用途と為すのである。

そこで印星が透出しなければ衝揺を要し、官星を伏蔵して衝揺せず、官星に合絆が過分なのを渇望するのである。

運歳で身旺ならば財星官星が有益だが、逆に身弱のケースは太旺が有益で、偏官傷官が不益なのである。

壬癸日のケースでは雑気の財神と為し、身旺のケースでは財星と官星を兼備して貴相と為すのである。

そこで財星が透出して衝揺すればすなわち財星を用途と為し、官星が透出して衝揺すればすなわち官星を用途と為すが、そこで透出しなければ衝揺を要し、財星を伏蔵して衝揺が存在しないのが不益なのである。

運歳で身旺のケースならば財星が有益だが、逆に身弱のケースならば太旺が有益で、比劫が財気を劫奪するのが不益なのである。

【亥月】

甲乙日のケースは月令亥支を擁して印星と為し、官星印星が併透して福分と為し有益であり、そのとき財星が不益なのは運歳のケースもまた同義なのである。

丙日のケースでは偏官に該当し、合絆を擁するときは制伏を肯首せず、制伏を擁するときは合絆を肯首しないのである。

そこで身旺が有益だが、逆に身弱で正官を擁して不益なのは、運歳のケースも同義なのである。

丁日のケースでは正官に該当し、財星官星の透出が有益であり、そこで身旺のケースでは偏官傷官に合絆が過多するのが不益なのは、運歳のケースも同義なのである。

戊己日のケースでは財星に該当するので、財星が透出して身旺なのが要されるが、逆に羊刃比肩を擁して身弱なのが不益なのは、運歳のケースもまた同義なのである。

庚辛日のケースでは長生財と見做し、命局に財星の透干が皆無のケースでは、ただ月令に背禄した傷官と見做すのである。

そこで時柱に偏官を附帯するのを適宜として、そこで日時柱に偏官を併見して、それぞれ貴格を肯首するのである。

また財星が透出して有益で自存して旺盛だが、逆に身弱で財星が存在しなければ不益なのは、運歳のケースも同義なのである。

壬癸日のケースでは壬干を建禄と為し、癸干を旺相と為すが、そこで福分として取用するのを肯定せず、ただ身旺を肯定して寿元の延久と為すのである。

そこで時柱に偏官を附帯して適宜とし、また日時柱に偏官を附帯してそれぞれ貴格なのである。

時柱に偏官を擁するときは、運歳で偏官の合絆に巡るのが有益だが、正官のケースでは不益なのである。

論五行時地分野吉凶

按王氏の所説では、いわゆる二気とは陰陽であり、五行とは木火土金水であり、時季とは春夏秋冬であり、郷地（九州）とは、冀州青州兗州徐州揚州荊州梁州雍州豫州である。

そこで天象には陰陽があって四季が巡り、地象には五行を備えて九州を管轄するのである。

正しく朱子氏の所説で、いわゆる五行の要素が地象に具備し五行が天象に巡る故に、天象には春夏秋冬（四季）があり、地象には木火土金水（五行）があり、みな時季や地象の容相を作用と為するのである。

現今の命理を談ずるものは、陰陽と五行の論説を知るが、しかし論説が昼夜つまり陰晴の方途を兼ねることを知らないのである。

そのため生年月日時が同一でも、その貴賤や寿夭はとても相異しているのである。

すなわちいうなれば五行に拠所は存在せず、世間の人々の命理への疑念（不信感）を啓示するので、また虚詐なのかと嘆くものである。

人々の旦那として天下地上に降誕したならば、五行に逃避してはならないのである。

九州としてそれぞれ境界に分岐して、風習や気質が異なることを適宜とし、それぞれ陰晴や寒暖の作用は一律にし難いのである。

そこで人々が天地の霊気を稟得して降誕して一時刻を得気することは、それぞれ自ら斎同ではない故に貴賤や寿夭が存在するので、四柱八字を難渋として拘ることになるのである。

かつ甲乙干寅卯支をもって木質に所属し、生地を兗州青州に得地するとし、春季月令で時季を領得すると為すのである。

また丙丁干巳午支をもって火質に所属し、生地を徐州揚州に得地するとし、夏季月令で時季を領得すると為すのである。

また戊己干辰戌丑未支は土質に所属し、生地を豫州に得地すると為し、月令四季月に時季を領得すると為すのである。

また庚辛干申酉支は金質に所属し、生地を荊州梁州に得地すると為し、月令秋冬季に時季を領得すると為すのである。

また壬癸干亥子支は水質に所属し、生地を冀州雍州に得地すると為し、月令冬季に時季を領得すると為すのである。

いうなれば昼夜や陰晴のスパンに寒暖が存在し、陰陽の造化の作用に喜忌や生剋や制化や抑揚とその軽重が存在するのである。

その通変に「識」の作用が存在することは、論理の一端に執することで肯定できないのである。


【論木】


正規の春季の木質とは木気の月令なのであり、陽丙とはすなわち花々や葉々が敷栄することであり、また雨性とはすなわち寒質でそのキハダの萌芽なのである。

旧正月（寅月）に当生するとは三陽気への交泰であるが、まだ寒気が払除されないので、火気を擁してすなわち生意は穏和なのであり、その富貴に抗することはできず、火気の泄気が過多すればその元気と為し、徐州揚州出身者の昼刻のケースは疾性なのである。

そこで火気と土気を併擁すれば富者かつ貴相だが、しかし土気を擁して火気が存在しなければ、わずかに衣食が充足するだけなのである。

また金気を擁して損折被傷すれば患うが、火質を擁して制伏すれば福分と見做し、水質を擁しなければ母子の相生とは為らないのである。

そこで初春季の木質とはわずかに生意を擁するが、水気を擁してすなわち寒冷するのでかえって不吉と為り、冀州雍州の生人は窮状と為るので、男命は氾濫しまた女命は奔馳するのである。

旧二月（卯月）の木質とは伸暢し繁茂する生意があり、土質を擁して培養して植立すれば佳運と為るのである。

そこで火質と土質を併擁すれば、富貴にして長寿であるのは、火気が盛熾すればまたその気質を泄気するからである。

それは花々と幹木とがはじめて英気を擁し、そこで真実の陽性を発揚する故なのである。

また兗州青州の人は疑いなく富貴だが、徐州揚州の人は美彩だが不足するものがある。

命局に壬癸干亥子支を擁して瑕疵なのは、水質の派生の太過を擁するからであり、漂蕩の性情のため祖先より乖離して居処を遷移するのである。

また土金水気が会党すれば決定的に非長寿だが、そこで窮状して下級者ならば延寿するだろう。

また金気を擁して剪削すれば、旺処に瑕疵を擁するので、その生意にクサビを打つことになり、どうして天地の生物の仁者に至ることができるか。

先達の正論に言及するならば、春季の木気は生旺だが、金質を擁さないケースは不適宜とはこの事なのである。

旧三月（辰月）の木質とは条規ただしく繁茂に達する時季であり、温和な陽春気で千万の紫紅彩色であり、そこで淫雨が浸水して株根が動揺するので、土質を擁してすなわち根基が深く堅固で、その福寿は連綿とするのである。

そこで火気を擁せば、すなわち木火通明として文章は秀発するが、金質を擁して木質を伐削するときは、荊州梁州の生人は凶揺だが、徐州揚州の人物は富貴なのである。

また火気土気を有益として金気水気を不益と為すので、運歳の東南エリアが有益だが、西北エリアは不益なのである。

甲干の夏季は巳支月に病符し、午支月に死符し、未支月に墓符するのは、そこで南方エリアの火郷が盛熾し、その発揚が真実の気質である故なのであり、陰雨がすなわち吉兆だが、晴亢がすなわち不益なのである。

旧四月（巳月）の木気が未だにとても衰微なのは、火気が未だにたいへん旺盛なので、微量の火気を擁してすなわち枝葉が繁茂するとして、蔭庇を稟けて福分が発動するのである。

そこで旺盛の水気に浸れば、すなわち水神への漂蕩として男女ともに奔馳だが、土質を擁して名利が成就するのである。

また火気土気が併擁して壬癸干亥子支を擁せば富貴だが、金質を附帯して剋削すれば災訟を免れないが、そこで徐州揚州の生人はかえって吉兆なのである。

旧五月（午月）旧六月（未月）の木気は水潤が有益で、夜刻降誕がもっとも奇特であり、これに相当すれば富貴にして長寿なのである。

そこで火気が盛熾して水気が存在しなければ、窮状して非長寿なのである。

また夏季月令では火炎が盛威して金石が鎔解するとし、木質を擁して枯骸の憂を擁し、また徐州揚州の生人が火質の干を多く附帯すれば、常時に過労する凶揺なのである。

あるいは水質が制伏するか、また夜刻の降誕かまた陰性の雨天の候には、凶兆を吉兆に好転するのである。

また土質を擁してその根基の培養と為し、木質を得てその枝葉に到達するのである。

もし水気と土気を併擁すれば富貴を肯定できず、そこで康寿を考寧するのである。

そこで金質を擁して木気を能く剋削できず、また火気が旺盛ならば金気が軟質化するのは、子息が仇に報復する故なのである。

もし小暑（六月節）以降ならば、土質の過多はまた不益だが、そこで衰敗の木質では旺土を能く耕拓するのを肯首できずに、兗州青州の生人は財神と見做し、たいてい夏令の木気は水気が有益だが、ほかの時季はこの限りではないのである。

秋季三月（申酉戌月）の木気は、射光と降雨の適宜を得るのを渇望し、そこで旱魃ですなわち物体が枯骸し、または淫雨ですなわち物体を収成できないのである。

初秋の時候にはまだ炎威は後退しないので、火気を併擁するのは不適宜なのである。

また降雨の降誕者はもっとも好作用だが、金質を擁せば剥削と為るので不益なのである。

そこで火気はなお炎上して金気はまだ旺盛でないので、有害ではないのである。

処暑（七月中節）以降は、荊州梁州の生人には不益であり、金気水気を併擁して凶兆を吉兆に好転するのである。

また土質を擁して培養かつ植立して名利が成就するのであり、冀州雍州の生人は漂蕩して居処が存在せず、また徐州揚州の生人は凶兆を吉兆に反化し好転するのである。

旧八月（酉月）旧九月（戌月）の木質は正規の衰退の時候であり、昼刻降誕かつ火気が併局すれば窮状して非長寿なのである。

そこで秋季の陽気は燥烈なので、木気がみな枯剥する故なのである。

あるいは夜刻降誕かつ陰雨には、水質で解容する方途として吉兆であり、そこで兗州青州の生人は文章力あり富貴だが、水気を擁して漂流の憂いがあるのである。

そこで秋季の水質は木気を滋生しない時候なのであり、冀州雍州の生人はもっとも不益なのである。

また土質を擁して栽培の効用として根基の穏厚と見做すが、金質を擁してかえって吉兆なのである。

そこで金気が司令するとはすなわち万物が折落し、すでに長養することなくして、その生意を遂げるのである。

または根源に帰局することなく、その至命に復するので、そこで仮借を肯首する所在は、ただ金気に存在するだけなのである。

たとえば金質の制伏が存在せずその用器が成為しても、すなわち天地の間隙で一片の朽木であるだけなのである。

そのため斧斤の作用で削琢して、成器として棟梁の用途と為るのである。

正規にいうなれば斧斤とは山林に分け入るタイミングなのであり、そこで材木の優れた用途には肯首できないので、その気運が東方位や南方位へ往くのを適宜と為すのである。

冬季の木気とは正規の粛殺の時候で、至命を復してその根源に帰局するので、微かに小春的な生意を含有し、造化の無窮の作用を擁するのである。

『易経』にいう—

「碩果を食しない」とはこれであり、晴明（春分後十五日）の降誕者はもっとも佳運であり、そこで陰雨に逢瀬するとは、すなわち氷塊積雪のことでなのである。

旧十月（亥月）の木質が火気に巡れば、貴相かつ長寿であり、そこで氷凍の寒土は火気によって温暖と為るのはその根基である故なのである。

そこで火気と土気が命運を輔佐すれば富貴双全であり、金質を擁しても無害でその根本と為るが、骨肉六親の離散は免れないのである。

また水質を擁してすなわち滋助の意を擁するので、徐州揚州の生人は名利が成就するが、冀州雍州の生人は窮状かつ孤独相を被るのである。

もし子月丑月の木気であれば火気の融合が有益で、土質と併局すれば鼎臺の貴位に高昇するだろう。

そこで水質を擁して凶錯するのは、冬季とは水気の当令となり、木気が寒冷の木質だからである。

冬季の木質は水気を擁して寒冷するので火煖が存在せず、すなわち凍氷が凝固してその生意が翻意するのである。

そこで窮状者が長寿で富貴者は非長寿なのであり、金質を擁して損傷するが無害なのである。

木気が冬季月令に存在して根源に帰するとは斧斤に所施が存在せず、また穏和なるとは削琢して成器と為ることを肯定する故に、金気を擁して凶禍は存在しないのである。

そこで徐州揚州兗州青州の生人は自損して自己満足し、荊州梁州豫州の生人は不益だが、また枝葉の損傷に過ぎないだけなのである。

その根本はすなわち自性的であり、丙丁干を在局して制伏の相を擁せば、かえって能く富貴なのであり、どうして独り凶揺を免れるだけであろうか。

そこで運気が南方エリアへ往きて適宜とするので、冬季の木気は南方エリアへの奔走を有益とし、東方エリアはこの次席なのである。


【論火】


三春季（寅卯辰月）の火気とは、その温気が始兆を顕わすのである。

晴天ではすなわち木気を借用して明快だが、雨天ではすなわち湿性の木質で晦冥なのである。

旧正月（寅月）とは、微陽の火質で木気の中に穏伏して存在するのだが、親愛を肯定する含意なのである。

ただし氷霜の気象は未だ払拭せず、木気の生扶を擁してすなわち陽気の発揚とするのである。

そこで金気を擁して財気と為すので、徐州揚州の生人は「富裕で礼儀好し」なのである。

命局に金気と木気が併擁すれば「大小の官僚」に相当し、金質を擁して水気を擁せば疑いなく非長寿なのは、荊州梁州冀州雍州の生人は重甚であり、また土気を擁して漏泄すれば微陽だが、濁性かつ浮薄なのである。

旧二月（卯月）に木気を擁せば、敗地に当生するとし、木火秀明かつ文章富貴の人物なのである。

ただし水質を附帯して不適宜なのは、そこで湿性の木質には火炎が派生しない為なのである。

穀雨（春季後節）ののちに降誕したケースでは、些少な水質は凶兆ではなく、そこで土用の時季に甲乙干が支根を帯びて凶意が吉兆に好転するのであり、兗州青州徐州揚州の生人は疑いなく富貴であり、土気と金気のケースは旧正月（寅月）は同じ論法だが、ただし辰月の戊己干は比して旺盛なだけなのである。

夏季月令の丙丁火は陽気の極致なので、草木の焦枯と為り江河の干涸と為るので、そこで晴天とは金鉱が鎔解し、陽気の真実として悉く漏泄するのであり、そこで雨天とはすなわち済水の威として中和の方途を擁し、かえって蔭庇に即応して発福するのである。

旧四月（巳月）の火勢は漸次に旺盛し、陽丙を附帯して光源を錯争し、未だに能くその忠義や情愛を全うせず、たとえ富貴者でもまた当主は非長寿であり、窮状者は長寿だが子息が存在せず孤独かつ難儀なのである。

そこで金気を擁して名利が成就し、また土気を擁して権謀を有し、また木気を擁して富裕で礼儀好しだが、些少な水気が木気を済するときは、その貴柞に言及するのを肯定できないのである。

旧五月（午月）旧六月（未月）の当生では、火炎の極地として水気を擁して制伏すれば、すなわち帝都の将兵だが、冀州雍州の生人は水気が旺盛なのは不適宜であり、そこで旺火を盛水に投入すれば瑕疵を肯定する故なのである。

そこで土質が木質の制伏で解壊すれば、すなわち過ぎたる富貴の人物だが、土質の存在とはその盛熾の漏洩で、またバランス感覚ある権者の貴人でよく人々に恵施するが、ただし恩を施してかえって怨恨されるだけなのである。

そこで能く火気が土気を派生するとき、それは燥土である故であるが、木気を擁して過ぎたる生助でかえって瑕疵とするのである。

また青州兗州徐州揚州の生人は、その根基が富命だが厄難を免れ難く、また冀州雍州荊州梁州の生人は富裕かつますます積富するのである。

そこで金気を擁して財星と為り、火気が金質を鎔解してかえって財産を破耗して、家産を逓減する疾なのである。

また水気と土気が併擁して名利が成就するが、日柱と月柱が刑傷すれば忠孝の瑕疵として凶揺の孤独相だが、夜刻降誕者は軽度に逓減するのであり、運気が西北エリアに往くのが適宜だが、東南エリアがたいへん不益なのである。

初秋の火気は炎威が未だ後退せず、生気を土気に伝生するので、水気を阻害するのを肯首せず、かえって当主は栄昌の貴相とし、木気を擁してこの生助としているのである。

また徐州揚州兗州青州の生人で、命局に火質の干支が太旺すれば、富貴にして福寿だが恒久ではない。

また金質を擁して財星と為して豪奢な富貴だが、土質を擁してすなわち安息なので、常規を逸して顕達するのである。

旧八月（酉月）旧九月（戌月）は火気が時候を失令し、そこで木気を擁して生生無窮の意で、その富貴には抗し得ないほどである。

また金気と木気を併擁すれば官位は宰相に相当し、そこで金気を擁して木気が存在しなければ、当主は微勢で敵者が強勢となり、争乱の有事を免れないのである。

また冀州雍州荊州梁州の生人は、財産が原因で凶揺を招き、土気を併擁してその漏泄の「真元」とするのである。

刑象が単相すれば冷退とするので、木気の生助を擁してその美彩を添加するが、水気を擁して非長寿の凶揺とし、運歳の東南エリアが有益だが、西北エリアが不益なのである。

月令冬季の火気は、多くのケースで人の親近であるが、晴天にはすなわち陽明だが、雨天はすなわち陰滅する故に、水気を擁して凶揺と為すのである。

そこで木気が生扶して貴相と為し、水気を擁して木気が存在しないケースでは、軽度のケースは疾性で、重度のケースは非長寿なのであり、富裕の家に降誕しても逓退は免れないのである。

また徐州揚州兗州青州の生人は、水気の制伏を擁して禍い無く、土気を擁してこの漏泄とするので、最微者として終身ともに窮状するのである。

小寒（十二月節）の後には土旺となり、火気の光明は晦冥なので、決定的に当主は暗愚かつ盆暗だが、金質を擁して財星と見做し、青州兗州徐州揚州の生人は富命だが、荊州梁州冀州雍州の生人は難渋を助して凶揺と為るのである。

いうなれば水気は金気の子息であり、その母に克つので、子息は勢いに乗って仇に報復するのである。

木気の仲解が存在しなければ、兵力を帯びて獄訴される厄災があり、疾性に羅陥する凶兆があり、木気の干支が旺盛ならば逓減するが、たいてい冬季の火質は木気が有益で水気が不益であり、運歳の東南エリアが適宜だが、西北エリアが不益なのである。


【論土】


春季の時候の土気は肥土質が脈々と生起し、万物は生意を含有するので、木気は漏泄を発揚するのである。

前哲の所説で、寅支で病符や卯支で死符や辰支で墓符などは、能く有為なのである。

そこで降雨すなわち凝土が陰湿しても甲芽は舒暢せず、陽丙ならばすなわち解凍して陽和として生意が発揚する故に、土気は春季の月令で陽気に抵触し、能く万物の発育を任ずるのである。

旧正月（寅月）の土気はなお霜寒を擁し、降雨に逢えばすなわち凍結し、水気に逢えばすなわち氷結するのであり、木気に逢ってすなわち疾するが、そこで火質を擁して温暖と為し、すなわち比することなき栄華であり、また金質を擁して木気を制伏し、また名利ともに成功するのである。

旧二月（卯月）の土気は盛土が壊敗する正規の時候であり、木気を併擁するときは脾臓胃腸疾痔瘻の窮状を擁し、軽度なら疾性であり重篤であれば非長寿なのであり、徐州揚州の生人が火質の干支を擁し、そこで昼天陽丙のケースは窮状が存在せず、火気を併擁すれば位階は鼎臺に登壇するのである。

そこで水気を擁してすなわち凶揺なのであり、冀州雍州青州兗州の生人のケースは土気と水気とが渾濁し、終局的に湧水を擁して崩土する危惧があり、そこで水気が生旺であれば木気が旺じるので土質の瑕疵であり、これに相当すれば窮状かつ疾症にて非長寿なのである。

また徐州揚州豫州の生人は、命局が火質を帯びればかえって吉兆だが、金気を擁して土気を漏泄すれば、凶揺は免れ難いのである。

旧三月（辰月）の土気は漸次に生意を擁するのは、土気が旺じる時季の故なのである。

火煖を擁して熱源とし、すなわち陽気が舒暢して生物が繁茂するが、そこで木質を擁して疾症でなければすなわち非長寿なのである。

そこで徐州揚州豫州の生人は瑕疵はなく、水気と木気を均擁して薄窮にして不快であり、また冀州雍州兗州青州の生人はもっとも重篤だが、金質を擁して木気を制伏し、かえって凶意が吉兆へと好転し、また運歳の南方スパンが有益で、西方スパンがその次席なのである。

夏季に土旺が伸長し、盛火が土気を生扶する故であり、そこで陰雨がすなわち万物を滋養する故に、水質を擁して吉兆なのであるが、干上がればすなわち亀裂域の田畝である故に、火質を擁して凶揺へ変転するのである。

孟夏の土気は炎気が未だ極盛ではなく、終局的に火質が有益でその生助なのであり、水気を附帯してすなわち疾症かつ非長寿は決定的なのである。

そこで水気を擁して財星と為すので、徐州揚州の生人は充足して富裕なのであり、金気を擁して木気を附帯してすなわち貴相だが、そこで水気が巡ればすなわち窮状するのである。

旧五月（午月）旧六月（未月）の土気は、火気を擁してすなわち干燥するので、万物が焦枯するのである。

また徐州揚州の生人で火盛の命局のケースでは、焚焼して血難する窮状なのであり、軽度のケースは危機だが、重篤のケースは卒亡に至るのである。

また陰雨が夜刻降誕のケースは、被災するが重度ではなく、冀州雍州の生人は命局に壬癸干亥子支を擁すれば非凡なる富貴であるのは、水気が万物を滋養するためであり、当主は富貴かつ文章力卓抜し、木気を擁してその性質が疎通するので、おおむね聡明にて特達するのである。

そこで金質を擁しても作用しないのは、そこで盛火のために金気が衰敗し、木気を制伏するのを肯首しない故に、金気を用途としないのである。

運気が西北エリアへ赴くのが適宜だが、南方エリアがもっとも不益なのは、夏季の土質が火気を擁して燥旺する故なのである。

また戊己干が秋季月令を擁し、金気が旺盛して洩土の気質が薄微するためであり、陽丙と壬癸雨が緊要であり適宜なのである。

旧七月（申月）の土気は、火気が未だに除拭できず、土壌がますます干燥するので、水気の滋生を有益とし、すなわち万物の質実と為すのである。

もし火気が盛熾してまた燥土が不益なときは、済水を擁して好用と為して木気を附帯して窮状と為すが、徐州揚州荊州梁州の生人は忌避は存在しないのである。

旧八月（酉月）旧九月（戌月）の土気は、木質を擁してすなわち剋制を肯定しないのは、このスパンが万物の衰敗の時候で、金気が生旺して子息が母の仇敵に報復するとし、荊州梁州徐州揚州の生人は富貴者かつ長寿であり、金気の漏泄を擁して過度と為るが、金水当令のケースは冷却後退の患を免れず、そこで火気を擁して生助すれば文武ともに高名と為り、小人君子ともにみな吉兆なのである。

そこで水気を擁して財星と為すので、徐州揚州豫州の生人は無敵の富裕者であり、また雍州荊州梁州の生人は水気が過度に旺盛するとき、かえって当主は薄窮であって戌月令のケースでは些少に肯首できるが、運歳が火土気のスパンを有益として水気木気金気のスパンが不益なのである。

冬季の土気は正規の天地の粛制のタイミングとして寒の至極なので、一陽の派生だが土脈はまだ温暖ではなく雪水に相当し、すなわち氷凍の寒土なので、陽丙を擁して寒谷回春するのである。

旧十月（亥月）の土気が火煖を有益とするのは、すなわち陽土の聚和であり、万物が根源に帰局するのであり、木気を擁してすなわち凶意であり、金気を擁してすなわち塞滞し、水気を擁して当主は窮状なのである。

また徐州揚州の生人は、命局に火質を多く擁して富裕を肯定するが、月令子丑月のケースは寒気の至極なので、陽丙が適配すれば功名が成就するのである。

そこで木気を擁してもっとも不益なので、火煖で融解すれば吉兆と為り、水気を擁してすなわち陰気が深刻で寒地の凍水として、軽度のケースは疾症で、重篤者のケースは非長寿なのである。

また金気を擁して当主は薄窮であり、運歳が南方エリアのときは、もっとも佳運だが、北方エリアのときは大いに不益なのである。

【論金】

春季の金質は木火気が旺相し、金気が時令を得るタイミングではない。たとえば庚干は寅支に絶符し、卯支辰支に胎養符するとは、そこで造化の終極の作用ではないのである。

ここで春季の金質は、清明（三月節）が吉兆だが、陰雨であればすなわち停滞することから、土気を擁して生助の正規のタイミングとするので、そこで絶符しても生意を含有するだけなのである。

旧正月（寅月）の金気は木気を擁して財星と為すので、木気が過分に旺じればただ衣食が充足する程度なのである。

土気を擁してなお寒土であり、未だ生助を機能せず、ただ芸術に名声を顕表するだけなのである。

そこでもし火気が併擁すれば、男女ともに再度結婚し入嫁するが、火気と土気を擁すれば甚だ富貴なのであるが、そこで水気を擁して洩泄すれば、窮状かつ柔質なのである。

旧二月（卯月）旧三月（辰月）の金気は、土気を擁してすなわち生々なる無窮の意であり、当主は富貴かつ長寿で、水気を擁して洩泄として元気なのであるが、当主は窮状するのである。

そこで火気を擁せばすなわち金気は囚縛して、鬼殺に相逢して窮状かつ非長寿なのは決定的なのである。

また土質が水気を制土すれば吉兆だが、木気を擁して窮状を擁するのである。

しかし春季に木気が旺盛のケースでは、微勢の金質はこれを制伏することが要されるのである。これはまるで幼児をして強敵に防備するように、不適当なのは明らかなのである。

これを侵犯するときは、かならず栄路を指向してかえって恥辱の憂いがあり、官権の訟事で喪失の件が生起するのである。

いうなれば仁義（金気木気）が相刑する故なのであり、荊州梁州豫州の生人のケースは当主は富命であり、また徐州揚州の生人で命局に土気が過分であれば貴相が顕表するので、運歳の土気のエリアがもっとも吉兆であり、金気のエリアがその次席なのである。

夏月は火気が旺盛し金気が柔軟に至るので、陽丙には金気は鎔解し、壬癸雨にはすなわち水気が滋生して金気が湿潤する故に、夏季の金気は土気を併擁するのが適宜であり、当主は軍官吏の権相と為し「金馬玉堂の貴相」なのである。

そこで火質を擁してすなわち火炎が金質を鎔解し、窮状かつ転居が多く、富裕であっても淫質で非長寿なのである。

また木気を擁して財星に相当するので、荊州梁州豫州の生人の当主の多くは富貴なのである。

水気を擁せば孤独かつ窮状とするが、それは微力の金質では水質の派生は肯首しない故なのである。

もし火気と土気を併擁すればすなわち富貴かつ康寧であり、運歳の土金気のエリアが有益で、木火気のエリアがもっとも不益なのである。

秋季の金質は粛清として万物は凋落し、たとえば上下関係を損なうことなく、すなわち生々の意が断絶するので、たとえば陽丙すなわち金質は火煅で聖賢とし、壬癸雨すなわち水潤で金質の発耀が明らかとなる故なのである。

旧七月（申月）旧八月（酉月）の金気は、月令を得てその性質は剛強であり、火質の制鍛でその威勢と為し「玉帯金魚の貴相」なのである。

そこで頑強な金質に火気を添加しなければ、成器を肯定しない故なのである。

その金質の旺気が水気の洩泄を擁せば「金白水清」と称し、おおむね文壇の清貴を司事し、水気も火気もともに存在しなければ、当主は非長寿なのである。

そこで木気を擁して財星と為すので、徐州揚州の生人は富裕かつ貴相であるが、土質を擁せばすなわち光彩を隠埋するので、財星を擁しても発揚せずおおむね孤相なのである。

「経典」にいう――

秋季の金気が土質に埋没するのは、かえって旺相で木質を擁して貴相なのであり、徐州揚州兗州青州の生人がこれを擁してもっとも佳質なのである。

旧九月（戊月）の生人は金気が遁滅し、火質を擁して夜刻降誕であれば奇特であり、昼刻降誕であれば些少の利得なのである。

そこで木質を擁してすなわち錯相し、かえって親族の四散を惹起するので水質を擁してこれを済性し、冀州雍州の生人は遁退を免れず、徐州揚州の生人はどうして不益と為るだろう。

そこで土質を擁して晦冥なのであり、兗州青州の生人はおおむね富貴の身分で、豫州の生人は窮状して停滞するので、また運歳の東南エリアが有益で、西北エリアが不益なのである。

冬季月令の天候が厳寒で、そこで金気が伏蔵するタイミングなのである。そこで金気の派生とは春季に胎符し、夏季に長生し、秋季に旺じ、冬季に至って死符するのは、いうなれば寒気を畏怖して生意が存在しない為である。

照煖が適宜であればすなわち「金水清秀」と為し、厳冬にはすなわち「金水寒冷」と為る故に、冬季月季の金気は火気を擁して照煖し、そこでこの寒気を劫するのを肯首し、すなわち甚だ富貴なのである。

初冬季の金質は、火気を擁してすなわち残傷と為し、徐州揚州の生人が命局に土気が存在しないケースは、昼刻降誕のケースは窮状して非長寿であり、夜刻降誕のケースは孤独相かつ窮状なのだが、土気を擁してすなわち衣食財禄は豊かに充足し、水気木気を双擁して不利益なのである。

子月丑月の月令のケースは、火気を温煖として有益なのであり、徐州揚州の生人は火質が存在しないのを有益とするが、土気と火気を双擁して貴相なのである。

冀州雍州の生人は、土気を擁しても火気が存在しなければ、孤独かつ窮状するのは寒冷の土質が金気を生扶する資質ではない為であり、水気を擁してすなわち寒冷し、西北エリアは窮状かつ非長寿なのである。

徐州揚州の生人は命局に火気と土気を双擁するケースは、康福で寧寿なのであり、木質を擁して財気と為すので、当主は富裕で余暇を享受する福分なのである。

兗州青州の生人はすなわち家人が領分を侵犯する事象があり、それは衰微した金質では、木質の制削を肯首しない故なのである。

荊州梁州豫州の生人はすなわち吉兆で、運歳の東南エリアが有益だが、西北エリアがもっとも不益なのである。

【論水】

春季月令の水気は、寅支に病符や卯支に死符や辰支に墓符とは言わずに、微弱の至りと為るのである。

ことさらに水気が陰気と為ることを知らずに、申支に長生して子支に旺盛するが、秋季や冬季の時季には、その気象は収束して未だに四散しない故に、水気は常に涸れている状況なのである。

春季には陽気が上方へ蒸発し陰気が下降する故に、すでに雨露が浸透して水質が発生するのが、水勢の常態であるだけなのである。

星術家は、水気が卯支に活性するとして由しとしているが、陽丙ですなわち春季が溶水し、壬癸雨ですなわち汪洋と氾濫するのである。

旧正月（寅月）では水質は寒気を擁し、火気を擁してすなわち凍氷が融解して富貴が和容し、そこで金気を擁して相助すれば、徐州揚州の生人はもっとも佳運なのである。

そこで木気を擁して火気が存在しなければ、すなわち冷水として寒木と為し、未だ生意を肯首しないのである。

また土気を擁して水気を埋剋すれば、また当主は窮状であるが、制土が金気を派生するならば、衣食は豊かに充足するのである。

旧二月（卯月）旧三月（辰月）の水気は、辺際なく浩蕩するので、土質を擁してすなわち阻堤と為し、昼刻降誕はすなわち富貴だが、夜刻降誕は転勤の命なのである。

また穀雨（春節後期）の夜刻降誕者は、また当主は淫質で過労の疾症であるのは、土質で水気が渾濁する故なのである。

そこで火質を擁せば、すなわち水気と火気とが刑相して災訟は不可避なのである。

また金質が水気を派生するときは無情にも氾濫するので、徐州揚州の生人は命局に土質を擁して災禍なく、木気を擁してこれを洩泄すれば、能く世人に恵施するのである。

兗州青州の生人で旧三月（卯月中旬）降誕のケースでは、木気が正旺してその水行を盗気するので、すなわち怯風の疾症を生起するが、金気の資助を擁して災禍は存在しないのである。

夏季の水気は時季を失令し、火質を擁してすなわち涸燥してしまう故に、陽丙を不益として、壬癸雨を有益と為すのである。

初夏の時候に水気がなお氾濫するようなときは、土質を擁して阻土すれば壊流せず、すなわち厚福の深気なのである。

ただし火気を併擁するのが不適宜なのは、そこで盛火がすなわち燥土と化し涸水する為なのである。

徐州揚州の生人で、命局に金気や水気が存在しなければ、疾症かつ非長寿なのである。

そこで水気を擁せば名利が成就し、もし金気が水質を生扶すれば、かえって当主は孤相かつ窮状するのである。

しかし夏季月令に金気は衰敗するので、母が微弱で子息を派生できず、そこでかえって母が損傷するのであり、荊州梁州豫州の生人のケースではすなわち吉兆なのである。

旧五月（午月）旧六月（未月）の水気は、正規に能く万物を滋助するので、土気を擁するのが有益であり、生時刻がさらに水質干支のケースは富貴かつ文章力卓抜し、そこで火質を擁してすなわち涸水を忌むので、軽度のケースは疾症だが、重篤ならば非長寿なのであり、水気を擁して済水すれば凶から吉へと好転し、そこで木気を擁せばまた当主は富貴かつ豪雄なのである。

兗州青州の生人は洩泄がその真気と為り、佳命ではなく金質を擁して、微勢で水気を派生する力量は存在せず、たとえば母の権威の論議を肯定できないのである。

かえって当主は孤相で錯雑し、命局に金気と水気を擁すれば吉兆なので、運歳の金水気のエリアが有益で、火気のエリアがもっとも不益なのである。

水気が秋季月令のケースとは、正規の水質の清秀のタイミングなのであり、陽丙ならばすなわち瑕疵なく清澄するが、壬癸雨ならば渾濁した滞溜水なのである。

旧七月（申月）の水気は正規に能く万物の萌実なのであり、火気が専旺するのは不適宜なのであり、徐州揚州の生人で火気が過多すれば、窮状で依拠不能なのである。

そこで金気とは母の権威と見做し、適宜なタイミングで母子相生し文章力が清貴なのだが、土気が侵入して同局すれば、凶兆と化して凶揺を為すが、そこで木気が連綿ならばまた貴相が顕表するのである。

旧八月（酉月）旧九月（戌月）の水気は月令に当星し、すなわち福寿の充全は難儀だが、金気と火気が同局すれば、すなわち赫々と功名して木気を擁して、結局は漏洩して暴露し、先んじて成立してもそののちに敗退するのを免れないであろう。

そこでもし火気が同局すれば、恩謝の金銭は効力を失し、民衆が服して統治する徳でも、未だに痰咳と拘禁は免れないであろう。

また土気を擁して凶兆だが凶意ではないのは、秋季の月令金気はもっとも権能と化し、福分とは見做し難く、徐州揚州豫州の生人の命局で土気が過多すれば終身ともに窮状し、運歳の西北エリアが有益で、東南エリアは不適宜なのである。

冬季月令の水気は寒気厳しく凝集するタイミングであり、降雨はすなわち凝氷して陽丙はすなわち解凍する故に、冬季三月（亥子丑月）はともに火気の温煖が有益で、すなわち富貴は決定的なのであり、金気を擁して母子相生と為すのである。

徐州揚州の生人は「金紫玉堂」の貴相だが、冀州雍州の生人は寒冷の金水気なのであり、相生ではあるがかえって窮状なのである。

そこで火気を多見して吉兆であり、土気と金気を擁して親族は四散し、冀州雍州の生人はすみやかに阻堤を為せば、氾濫の窮状は存在しないのである。

　そこで木気と水気を擁して寒冷の凍木で、ともに生意なく窮状かつ非長寿は決定的なのである。

　徐州揚州の生人は命局に火気が過多すれば、富裕かつ長寿であり、そこで木気土気が併臨すれば「制殺の象」と為りかえって吉兆だが、生月丑月のケースは貴相が顕われ、運歳の南方エリアが有益で、東方エリアがその次席なのである。

論十干生月吉凶

【論甲乙】

〔詩訣〕

甲乙干が、春季生月の寅卯支のときには、
金気と火気を擁して、有益で名声が栄えるであろう。
そこで水気と土気をして、用途に推挙してはならず、
曲直などのケースには、分離して考えるのが定説であろう。

〔註記〕

甲乙干が寅卯月に降誕するときは、その木気は専旺するだろう。

そこで金気を擁して金質を用途とするとき、木気は成材と為るのに金質を要するのが定説であり、また火気を擁して火質を用途とするときには「木火通明の象」なのである。

　そのとき水気と土気はこの寅卯月には休死するので、用神と為すのは困難なのであり、もし「六甲趨乾」「曲直」などを成格するケースは、たとえ金気や火気が存在しなくても、また功名を肯定するのである。

　そこで金質が用途のときは火質を併見するのは不適宜なのであり、また火質が用途のときは金水質を併見するのは不適宜なのである。

　金気が用途のときはなお水気印星が適宜なのであり、また火気が用途のときは水気と金気が夾錯するのがもっとも不益なのである。

　そこで甲干が庚干や申支を擁し、命局に巳酉丑支や辛干を擁するときは、扶助としてその旺金はみな吉兆なのである。

　また金質がすでに軽微のケースで火質を擁するか、火地エリアを巡るときは金質を用途と為すのは困難なのである。

　もしそこで辛干が孤立するときに、命局に金質が含有しないときは、ただ常規の人物なのである。

　甲日干で丙干が透出して偏印偏官を擁さずに、さらに寅辰支が複在しかつ身旺で火地エリアを巡れば、みな当主は富貴なのである。

そこで命局に丁干は不益ではなくただ丙干を畏怖するが、そこで去留適配の星辰を擁するときはこの限りではないのである。

命局に官星が存在しないときは、もっぱら食神傷官を用途と為し、かつ身旺で火地エリアを巡ればまた当主は名利を為すのである。

そこで水気火気金気が夾剋するケースで、さらに去留適配が存在しなければ濁性命相なのである。

『獨歩』にいう―

甲乙干が生月春季のケースで干頭に庚辛干が透出すれば、火行の存否で富貴を推究するが、存否のケースはかえって凶揺とはこのことなのである。

〔詩訣〕

甲乙干が、夏季（巳午月）生月のケースでは、
庚辛干が水質を附帯して、かえって適宜なのである。
戊己干が未月令で、金気の作用を肯首するとは、
傷官が透出しなければ、その貴相を肯首できない為なのである。

〔註記〕

甲乙干が夏季生月のケースで、食神傷官と財星を用途と為すとき、そこで火土気が透出しなければただ金水気を肯首し、運歳の金水気のエリアを巡るのを適宜と為すのである。

また甲干が庚壬干を用途として寅卯支根を擁すれば、運歳の東方エリアがすなわち吉兆なのである。

もし丙丁干と庚辛干が併透すれば、運歳の西方エリアは不益なのであり、もっぱら丙丁干を用途として金水気を附帯せず、命局に比肩を擁して運歳の東方エリアを巡るときに発揚すること大なのである。

そこで戊己干が透干してさらに水気の扶助が存在せず、運歳の西方エリアが難しいケースは「向禄」と称して、不吉をテーマと為すのである。

また乙干が壬庚干を擁し干頭に併透して、運歳の西方エリアを巡って富貴なのである。

もし火気が透出して行運の東方エリアで発揚するが、火気を擁して水気が存在しなければ、かえってその己主は焚焼してしまうのである。

その故に甲乙日干のケースでは夏季に当令して、比肩を用途と為すのが適宜であり、火土気を用途と為すときは金水気を擁して不適宜であり、金水気を用途と為すときは火土気を擁して不適宜なのである。

また庚申年壬午月乙卯日戊寅時と庚辰年壬午月乙未日壬午時の二命局は、金水気が用途なのである。

また丙辰年乙未月甲申日己巳時と丙寅年乙未月甲申日乙丑時の二命局は、火土気が用途なのであり、みな吉兆の命局なのである。

〔詩訣〕

甲乙干の生月秋季のケースでは、双方の様相でいうならば、
乙干は金気を多く擁して貴相で、甲干は一星擁して尊く、
甲乙干に飛刃が臨んで、月令に該当しなくとも、
戊支蔵に財星官星を擁し、また印星が存在するのが必要なのである。

〔註記〕

甲木の生月秋季は金気の多見は不適宜だが、印星を擁してすなわち吉兆なのだが、水気が多ければ不適宜なのは、多く擁してすなわち壊流するからなのである。

だが乙干のケースは金気を多く擁するのが不益ではなく、印星（水気）を擁してすなわち貴相なのであるが、ともに火土気の傷官が印星を破るのが不益なのである。

たとえば甲干の酉月は正官だが、丁卯干支の火局が不益であり、運歳が順行すればその貴相に障碍は存在しないのである。

命局に壬癸干や子辰支の水気を擁せば、火気を含有しても運歳の南方エリアを巡って吉兆なのである。

そこで土気を用途と為すとき官星の入墓を兼ねるので、名利の進達は難しいであろう。

甲干が戊月のときには、比肩や亥卯未支が甲干を輔佐するか、または一金質と一火質を擁して破相なく成格すれば、みな吉兆のテーマを成為するのである。

もし亥申巳酉丑支庚干などのケースで、丙丁戊己干を擁さなければ、別途に用途を一用するのである。

また「六甲趨乾」のケースで胎元に偏官や印星を擁せば、みな吉兆のテー

マを肯定できるのである。

　命局に戊己干が透出すれば身旺を要し、運歳の旺郷を肯首するが、そこでふたたび火気や金気が透出するのが不適宜なのである。

　そこで金気を用途とするとき、火土気を併見するのは不適宜であり、火土気を用途とするとき金気を併見するのは不適宜なのである。

　たとえばただ金気を用途とするときに、辛干が孤透して別処に金質の支根が存在しなければ、すでに平常底を肯首するのである。

　乙干が戌月のときには戌支蔵（戊辛丁）を擁するので、そこで巳酉丑支庚干や申辰支辛干を附帯し、また壬癸干亥子支の水気の印星が好作用なのである。

　そこで丁火が適配に作用すれば、もっぱら戊丙干を作用と為して破相しなければただ富命を断定するのである。

　もし金気火気が相互に夾錯するとき火局を会成するか、また火地エリアに赴くときは、すなわち欠乏して奔馳する命運なのである。

　たとえば丙申年戊戌月甲午日乙亥時のケースは、科挙進士試験に首席で合格する長官級の格式で、「六甲趨乾」かつ天地交泰の象なのである。

　また逆に己亥年甲戌月乙亥日癸未時のケースは、給仕役に仕官して巳運に卒するだろう。

〔詩訣〕

冬季の甲乙干は、もとより枯れ木なのであるため、
もし金気土気を擁して、かえって適宜ではないだろうか。
金気を多く擁し、成格して官星印星を併為するときは、
火気を用途とするので、もっとも水土気の存在が不益であろう。

〔註記〕

甲乙干が生月冬季とはもとより水気印星なので、金気火気土気が存在しなければ、すなわち印星の作動の保持に不足するであろう。

　命局に申酉支庚辛干己丑干支を多く擁せば、すなわち殺印や官印の成格を擬し、上級のテーマを肯定するのである。

　たとえば甲干はただ一辛干と為し、また乙干はただ一庚干と為すときに、命局に別途に金気を擁さず、また金郷エリアを巡らないときに、官星が透出して支根が存在しなければ、名利は虚質なのである。

　また丙丁戊己干を擁するケースでは、食神傷官ともに旺盛するので、運歳の東南エリアに発達するのである。

　もし壬丙干を併見したり丁癸干を併相するときはみな不吉なので、壬癸干の印星を用途にして運歳の丙丁干巳午支エリアを巡って、偏印が食神に巡れば衝錯して不吉なのである。

　申酉支の官殺が用途のときもし水気が太盛すれば、また吉兆を肯首せずこれを詳細にすべきなのである。

〔詩訣〕

甲干が、春季から夏季へ移行するときに、
干頭に丙火が存在して、寿元の胎動を肯定するのである。
もとより戊干が財星で、壬干が印星なので、
運歳の酉地エリアで、風雨で砕木するだろう。

〔註記〕

甲干が辰生月から夏季のスパンでは、丙戊壬干を用神と為すので、運歳の酉地は「向禄」でもとより吉兆なのであるが、どうして壬丙戊干を敗死の当地だと認識するのか。

　この当地は用途と為して有益だが、運歳がこの当地を巡るときは、吉兆のテーマを肯定しないのである。

　たとえば辛亥年丁酉月甲辰日丙寅時のケースは、貴命を肯定するのである。

〔詩訣〕

甲干が秋冬季のケースは、月令は財気を覆するので、
印綬と官星を併帯するときには、
運歳が南方エリアに転じて名利が顕れるが、
そこで傷官が過多し、ただ子星が悖くのを畏れるのである。

〔註記〕

甲干が申酉生月のケースで官殺や印綬が過多するときに、戊己干の土気財星を擁して運歳が南方エリアつまり傷官偏官の当地では、官星貴相が太過するので、それを剥削する方途に巡るのが適宜で、すなわち中和に適うこ

とで当主は爵禄を加進するのである。

ただし火気と金気が夾錯するので、財星が貴相を派生するのに依付し、その子息を終局的に損失するであろう。

「経典」にいう――

木気の行く末は、南方エリアにて併絶するので、すなわち子息を損失するのである。

たとえば別途の生扶を擁するケースで、癸酉年辛酉月甲申日戊辰時のケースやまた己未年癸酉月甲寅日己巳時のケースでは、ともに運歳の南方エリアを巡るときは、職階は進級するのである。

〔詩訣〕

甲干が生月申酉支には、官殺ともに併擁するが、
官殺を混同して看ることに、疑念を要してはならないのである。
干頭に、ふたたび庚干が透出するときに、
地支が満盤に官殺でも、総じてポピュラーなのである。

〔註記〕

甲申日で酉生月のケースには「官殺混雑」とは称さずに、命局に辛干や庚干を多く擁せば、総じて七殺（偏官）のテーマであり、印星が己身を扶助するか、または七殺を制伏してみな吉兆なのである。

もし火気が過分で水気が存在しなければ、盗気として不吉なのである。

たとえば時柱巳酉丑支のケースでは、「金神」ではなく七殺がテーマなのである。

〔詩訣〕

甲干が生月酉支で、時柱が禄支のケースでは、
卯支や丁干が巡りて、禄支の破綻がもっとも不益であり、
北方エリアを巡って、終局的に富貴だと誰が信じようか。
運歳が南方エリアで、水気や有益な支を擁することである。

〔註記〕

甲干が生月酉支では、辛干の正官が時宜を得るので、命局に卯支や丁干など火局を擁するのがもとより不益なので、行運が順運で北方エリアを巡るときは、その火勢は制伏を擁するので金質を損剋するのを肯首せずに、卯支や丁干が欠損すると言わずに貴相を否定するのである。

もし原局に水気の破相が存在せず、欠陥を附帯して東南エリアを巡るときは、すなわち不益は真実と為るのである。

命局に壬癸干子辰亥支の水質を附帯して、阻土が透干しなければ、南方エリアを巡るときに発達を肯定するのである。

もしこの酉月で命局に火土気が存在せずに、印星を用途としてふたたび水地エリアを巡るときに、金気が盗気すれば吉兆を肯定しないことより、官星や印星の通変名称に拘ってはならないのである。

〔詩訣〕

甲寅日主で庚干が透出して、生月春夏季のケースでは、
偏官が軽度で己身が強力ならば、もっとも情誼なのであり、
そこで羊刃を、時柱や月柱に擁するときには、
かえって高貴な軍吏で、常識では測れないのである。

〔註記〕

甲寅日で春夏季生月のケースで、命局に庚金を擁するときに、偏官が軽度で己身が旺強なのは、もとより吉兆なのである。

生月春夏季に所属し庚金が軽微のときに、乙卯干支を擁して偏官七殺と暗合すれば、自性的に旺盛で倚規なく、吉意のテーマを肯定しないのである。

もし庚金が地支に通根するか、また別途に庚干が存在するときは、このテーマは存在しないのである。

〔詩訣〕

甲申日が生月春季であれば、庚干の重複が有益であり、
壬乙干を併擁して、命局に卯支が存在するときに、
乙干が存在しなければ、名利の軽微を肯首し、
丙丁干が庚干を削せば、評価は常識的であろう。

〔註記〕

甲日干が生月春季のケースで庚金を多く擁せば、乙壬干亥丑支を擁して貴相に取用し、そこで乙干が存在しなければすなわち滅福するのである。

もし丙丁干を擁して重複して錯し、金気の力量が軽度で火気の剋伐が充分でなければ、すなわち不足の命局なのであり、まず印星の水気を拭去して

適配を肯首するのである。

〔詩訣〕

命局に、甲戌干支が三セット存局するときに、かえって火気金気を、命局に擁するのが有益であり、

金気火気が在局せずに、運歳の水地を巡れば、この命局の己主は、終局的に窮状するだろう。

〔註記〕

甲干が生月戊支のケースで、もし甲戌干支を三セット帯びるときには、干頭に丙干を一箇在局するか、また庚干と戊干を一箇づつ在局するのが適宜であり、地支に申辰支を擁せば「成人」と称するのを肯首できるのである。

命局に金気火気が存在しないかまた水地エリアを巡るときは、すなわち用途は存在せず、運歳の火地エリアを巡るときに、その福分の領得を肯定できるのである。

もし己身が微勢で火土気が過重のときは、また不足がテーマなのである。

〔詩訣〕

甲日干が、時季乙亥干支を擁するときに、

庚金が透出すれば、乙干を合娶するので有益である。

もし丙丁干が、混相して存在しないときには、

運歳の申支や庚干で、名利は斎同と為るであろう。

〔註記〕

甲日干が時季乙亥干支を擁するときは「六甲趨乾格」と為るので、命局に「庚乙干合」を擁して有益である故に、丙丁干を庚干の損害と見做して不益であり、そこで己主の泄気の用途と為すのである。

また運歳で申支や庚干に巡れば己主は功名し、己主が焚火死敗地エリアを巡るのが不益なのである。

〔詩訣〕

甲日干が生月土用で、時柱に乙巳干支を擁するときは、

他柱に壬癸干を擁して、印星の好用と推究するので、

そこで火気と土気を併相すれば、名利を遂げるであろう。

だが運歳の金水気エリアでは、到底肯首できないのである。

〔註記〕

甲干が生月土用で財星官星などを夾擁するときに、時柱が乙丑干支や己巳干支に該当すれば、壬癸干の水気印星が扶助して適宜なのであり、いわゆる「金神が水気を不益と見做すテーマ」ではないのである。

命局に火土気を擁して己主は財気を発揚し、そこで金水気の方途が不益なのである。

そこで他の生月が時季癸酉干支のケースでは、壬癸干を附帯するのが不益なのである。

〔詩訣〕

甲日干で時柱丑巳支で、他に丑巳支が存在しないときは、

「金神格」の定義であるのは決定的であり、

運歳の火土気エリアを巡って、名利が成就するが、

水木気の方途は、また不適宜なのである。

〔註記〕

甲日干で命局の他処の取用が存在しないときに、乙丑干支や己巳干支を附帯してすなわち「金神格」と為すのである。

運歳の火土気エリアを巡るのが適宜だが、金水気の方途は折衝として不益で、不吉なテーマと見做し、己主は亡身に相当するだろう。

〔詩訣〕

甲干が生月冬季で、亥午支を多く擁するときに、

そこで亥支が午支を破相して、かえって中和であり、

命局に申支や庚干を、複して用途と為すときは、

己主の功名は決定的で、科挙試験に合格するであろう。

〔詩訣〕

甲午日主が生月冬季で、時季子支のケースでは、

印綬が満局する格局で、同一地支が有益なのである。

死敗の当地で、無用を為すなど言ってはならないし、

命局に酉支辛干を擁して、貴相は決定的なのである。

〔註記〕

甲干が生月冬季のケースで、命局に亥支午支が複在するときは「両門が貴

相に逢う」と称するのである。

甲木は午支は死地であり、庚金は午支は敗地であるのはもとより「塞否の象」なのである。

命局に亥子支を併見すれば、甲木は亥支を生地と為すのである。

また庚干の方途が乾天と為るとは、たとえば「否泰」のケースで、つまり甲午日主で時柱子支のときに、金気が死敗に巡るとは言わずに、酉支を擁して命局の助勢と見做し、みな富貴の命運なのである。

〔詩訣〕

甲日干が生月冬季とは、水気旺盛のタイミングであり、
高明ならば、支根を擁存しないのが残念なのである。
そこで年柱と時柱に、庚辛干を擁するときは、
運歳が東南エリアに移行し、威勢は思いのままになるだろう。

〔註記〕

甲木は生月冬季で印星の当地であり、金気と土気を擁してすなわち用途として有為なのである。

もし命局に庚辛干巳酉丑支のうち一箇でも存在するか、また西方エリアを巡れば名利は発達するのである。

たとえば火気と土気を併擁するとき両用は有為ではなく、一方を用いれば他方が用途を失し、そこで情通と称することはないのである。

もしただ丙丁干の火質を擁するとき、戊己干の土質が軽微のケースでは、東南エリアを巡るときには急遽として先範を遵法するか、また貴相を勃こして投機するが、そこで金水気を擁するのは不適宜なのである。

〔詩訣〕

甲干が生月春季か、乙干が生月秋季のケースでは、
官殺を重擁して、福分は游々と優れるのである。
甲干が生月秋季や、乙干が生月春季のケースの多くは、
そこで印星を擁して、適配の貴侶と知るべきなのである。

〔註記〕

甲木が生月春季で官殺が多ければ、印星の扶助を擁してすなわち吉兆なのである。

乙木が生月秋季で官殺が多ければ、また印星を擁してまた富貴なのである。

もし甲干が生月秋季か、乙干が生月春季のケースでは、官殺が些少で富貴であるが、官殺が過多であればすなわち貴相ではないのである。

つまり印星が存在しないのがもっとも不利なのであり、たとえば庚申年甲申月甲申日庚午時のケースでは、偏官が過重で木質が瀕死状態なので、印星が存在しないときは窮状するのである。

また庚寅年庚辰月甲申日壬申時のケースでは、甲日干が生月春季で偏官が重く、印星を擁して富裕の命なのである。

また丁酉年癸卯月甲申日壬申時のケースでは、甲日干が生月春季で純粋な偏官七殺であり、印星を擁して貴命なのである。

また乙酉年乙酉月乙酉日壬午時のケースでは、乙日干が生月秋季で純粋な偏官七殺であり、印星を擁して貴命なのである。

〔詩訣〕

甲乙干が生月春季で、金気火気のスパンのときは、
運歳の南方と北方に分岐し、名利を肯定するのである。
火気は南方エリアが適宜で、金気は北方エリアが適宜であり、
それぞれこれに背反して巡るときは、時宜ではないのである。

〔註記〕

甲乙干が寅卯生月のケースでは、金気を用神と見做して火剋が存在しなければ、北方エリアへ赴くのが適宜で、己主の名利と為るのである。

また火気を用神と為すときは金気と水気の夾雑が解消し、南方エリアへ赴くのが適宜で、すなわち名利を肯定するのである。

たとえば原局に火合を会成するときに、南方エリアへ赴くときは木気は焚焼を被る故に、用途の金気が火気を擁せば火気の方途に交入し、用途の火気が水気を擁せば水地のエリアに交入し、すなわち平常底の命運なのである。

〔詩訣〕

甲乙干が火炎を派生すれば、土気の敷設と為るが、
酉地に巡って営利や官位の企図は難しく、

東方エリアへ巡って比劫に遭い家業が成家し、
だが水気を附帯し、また西方エリアを甲主が畏縮するのである。

〔註記〕
甲木が生月夏季で火土気が透出するときはもとより用神と為るが、西方エリアを巡り金気を擁すれば、すなわち火土気を除外して金気を用途と為し、金気が原局で火気と夾錯すれば、また用途を肯定できないのである。
すなわち用星の顕出と隠蔽や除去と残存とは、ただ功利的な人々なのであり、地位や爵禄を附帯すると言及せずに、すなわち「富貴」と擬称しているのである。
もし東方エリアを巡ればすなわち吉兆であり、原局に壬癸干の水気の派生を擁して、まだ不足で用途を破るが、たとえば甲日が火土気を擁して、重複して水気の派生を附帯すれば、南方エリアや西方エリアへ巡り、ともに吉兆と見做さないのである。
また乙日干が孤立した官星や印星を附帯するときは、西方エリアが吉兆なのである。

〔詩訣〕
乙干が生月春季で、旺強な金気を附帯するときに、
酉丑亥支を附帯すれば、大吉昌なのである。
それは錯相した根基の彫琢を、有益とするからであり、
そのとき運歳の南方エリアは、かえって窮状なのである。

〔註記〕
乙木は春季に正旺するが、節根が錯盤しているので、金質が旺強でなければ成器と為らない故に、彫削するのが適宜なのである。
命局に庚辛干巳酉丑支を附帯して「官殺混雑」と為るので、丁火が金気七殺を制伏して適宜なのであり、運歳の丑酉亥支を擁して吉兆と見做すのである。
たとえば生月巳支のケースでは、辰支から卯支から寅支へと逆行するのが吉兆であり、もし火気木気旺地エリアを巡るときは、傷官がその官星を剥去するので、吉兆とは見做さないのである。

〔詩訣〕
乙干が生月卯支で、金質を附帯すれば功なのであり、
運歳で水気金気を擁して、火気を払去すれば通亨し、
そこで申子酉支に、貴相が存在すると容せば、
火相が聚臨する格局は、空疎に還元するだろう。

〔詩訣〕
時柱が、庚辰干支か辛巳干支のタイミングでは、
乙巳干支が丑支を附帯しても、おおむね一様であり、
運歳の金水エリアでは、功業を成し遂げるが、
そこで木気と火気が併相して、かえって空疎に陥るのである。

〔註記〕
乙干が生月卯支で金気が用途のときに、丙火を附帯して透干するのは不適宜なのである。
そこで地支蔵の火気を取用して木気と相会すれば、みな格局は破格なのであり、金水気エリアを巡るのが適宜であり、木火気を払去すればすなわち吉兆なのである。

〔詩訣〕
乙日干で、生月春冬季かつ時柱辰支のケースでは、
ふたたび時柱辛巳干支を擁してポピュラーとなるのである。
そこで水気印星のエリアを巡り、栄貴を分度するが、
ただ丙丁干が、用神を損傷するのを畏れるのである。

〔註記〕
乙日干で生月春冬季で時季庚辰干支や辛巳干支のケースでは、ただ用途は一用であり壬癸干子辰支の水気印星を擁して、富貴との言及を肯定するのである。
そこで混相すればすなわち富裕であり、もし火気を多く附帯して用途を損失すれば、すなわち小人物なのである。

〔詩訣〕
乙日が生月春季で、丙丁干を用途と為すときは、
金水気を擁さず、南方エリアを巡るのが好用だが、
西北エリアかつ、時支墓符のケースは不適宜なのである。

そこで身旺かつ偏印が存在しなければ、水気は平穏なのである。

〔註記〕

乙木が生月春季ならば身旺であり、丙丁干をして用途と為すのである。

命局に金水気が存在しなければ、南方エリアを巡るときに発福するが、ただ金水気を附帯して木合局を会成し、墓符に該当するのを畏れるのである。

もし己身の用途が旺盛ならば、北方エリアへ巡るのに支障はなく、土質が透干すれば水気は不益ではないのである。

〔詩訣〕

乙干が時柱、辰巳午未支を附帯するときには、
背裏に真実が支蔵されており、未だに易を知らないのである。
もし土金質を擁して、みな用途として有益であり、
ただ旺地に、さらに処依が存在しないのを畏れるのである。

〔註記〕

乙木とは月令に拘りなく、時季に辰巳午未支を擁して金地エリアに赴くか、または水土地エリアに赴けば用途は有為となるのである。

もし運歳の亥卯未支エリアに交入して、原局に一二寅卯支を会成し全備しても吉兆ではない。

〔詩訣〕

乙木が生月夏季で、壬庚干を擁するときは、
運歳の西方エリアへ赴き、自ずと禄位は昇級するだろう。
もし乙干が、命局に丙干を附帯しないケースでは、
積読精励にて、功名を許容すべきなのである。

〔註記〕

乙干が生月夏季で庚壬二干を擁するときを、運歳の西方エリアを貴相に擬するのである。

もし丙丁干を擁して己主は平常底であり、庚壬干が支根を得るケースで運歳の旺金スパンにて、積読精励してかならず秀才に相当するのである。

たとえば日柱乙巳干支乙丑干支のケースで、壬癸干を附帯してまた吉兆だが、乙酉日では耐久できないのである。

〔詩訣〕

乙日干で生月秋季では、官星がもっとも旺強と為り、
辛干偏官を附帯して有益で、かえって栄昌するだろう。
命局に巳午支を許容しても、南方火地エリアは不益であり、
水気の適量を附帯して、宮廟を闊歩できるであろう。

〔註記〕

乙日干の秋季とはもとより庚官であり、偏官を擁して適宜かつ有利なのであり、偏官が存在しなければ功名するのだが、まだ偏官を機能すれば容易に成功するだろう。

もし官星と偏官を併擁しても、印綬を附帯すれば忌むことはないのである。

そこで庚干が孤相して偏官を機能しなければ、すなわち名利は一進一退であり、または己身の異路顕達に擬することができるであろう。

現今の官界の達人の多くは、偏官を用途とする故に、偏官は正官を凌駕するのである。

もし丙火や土気を附帯して印星が存在しなければ、南方エリアに交入するとき吉兆ではないのである。

〔詩訣〕

乙日干は、辛干偏官を多く附帯するときに、
丁火を擁して、衝相してどうなるだろうか。
旺盛な金質が、火気を拭去してかえって吉兆なのであり、
木気と火気を併擁して、名利は薄質であろう。

〔註記〕

乙日干は金気を多く附帯して、丁火との夾相を擁して不吉だが、時季の丁丑干支は不益ではないのである。

原局に丁火を擁してふたたび運歳で丁火に巡るときは、過分の制伏となるので、運歳で火気を拭去する旺金のエリアがまた吉兆なのである。

もし木火気が会旺のエリアへ交入して、用神に取用してもすなわち名利は虚質であり、命局に丙干を擁してみな不利なのである。

〔詩訣〕

乙卯干支が建禄に坐すが、財星や官星を擁すれば、

庚辛干が、水質を附帯して名利と為るだろう。
日時柱の辰巳支を、テーマにするまでもなく、
命局に丑午支を擁相して、また名利の観と為るだろう。

〔註記〕
乙日干が時季丑辰巳午支を擁するとき、財星官星偏官偏印食神を附帯して奇瑞と為ることは、四季ともにみな好作用と為るだろう。
ただし金気と水気を併見して、すなわち「功名の象」なのである。
もし庚官が丙傷官を被るときや、辛殺が丙合を被るときは、効用が存在せず不吉なのである。

〔詩訣〕
乙干が、生月巳酉丑支に相当するときに、
時柱に一支擁するのが最好のタイミングであり、
ふたたび印綬が、年月柱に幇助するときは、
千万の紅衣紫衣の貴人が、ひしめく春訪の兆しである。

〔註記〕

乙日が生月巳酉丑支でかつ、時柱が巳酉丑支を附帯するケースで、命局にもし印星が幇助するか、また印星のエリアへ赴けばみな己主は富貴なのである。

「古歌」にいう――

六乙干の降誕で巳酉丑支を附帯するときに、命局で財星を固守するのは切に不益なのである。

もし運歳が巡って南方エリアに至れば、当人の寿命が恒久でないと概観するのである。

またいうなれば乙干は酉支に坐するときには、切に巳丑支を附帯してはならないのである。

そこで富貴とは「子午支の宮位」であって、窮して申酉支を固守するのである。

たとえば癸卯年辛酉月乙酉日丁丑時のケースでは、平常底の命局であり、七十三歳で卯支エリアに交入して子息二人を遺して卒したのである。

〔詩訣〕
乙日干が生月亥支で、丙干を擁するときに、
年月柱に丁干が、併透して三奇と為るケースには、
丑支に坐して、戌支を併擁して貴相と見做すのは、
巳酉支とは分隔して、詳解する為なのである。

〔註記〕
乙日干が生月亥支で印綬のときは、たとえば乙丑日柱で丙戌時柱のケースは、天干が三奇を併相し、地支の丑支から戌支を併見して、大貴の相と看るのである。
もし己酉干支が、すなわち併相の地支が存在しなければ、乙巳干支はすなわち亥支を沖衝しておおむね減耗するだろう。
この殺印格局は、またそれぞれの軽重を詳らかに参究すべきであり、水気が過多であれば土気の制土が有益で、孟重氏（侍郎官吏）の乙亥年丁亥月乙丑日丙戌時のケースや、崔棟氏（監察官）は乙酉日柱で同一命局ではないが、官位が七品級に留まるのは、他の証例も見るべきなのである。

〔詩訣〕
甲乙木が春季に旺じるのは、弟が旺じて兄を忌むようだが、
情誼が存在しないのではなく、かえって有情なのである。
あるいは火気が金気を用途に為すときは、
火気や金気が格局に相当せずして、批評を被るのである。

〔註記〕

甲乙干が春季に旺じて、財星と官星がともに絶気に瀕して、さらに比肩や劫財を附帯すれば情誼は存在しないのである。

たとえば一箇の金気官星か、または一箇の火気食神傷官が用途と為るときに、比肩（木気）の幇助に頼らずに福分のテーマを肯定するのであり、金気や火気が存在しなければ平常底の命相なのである。

たとえば甲干が、庚辛干申巳酉丑亥支の一者を用途と為すときは、水気が適宜なのである。

また丙丁干の火気に金質が存在せず、水気が破水するケースでは、比肩や食傷が旺じてかえって吉兆なのである。

「六甲趨乾格」のケースでは、また比肩を適宜として用途に一用するのであ

る。

たとえば辰生月では取用は別途だが、また比肩を扶助に頼むのである。

また乙日干が金気合局を会成して、丙干の透出が存在しなければ用途の一用と為し、身旺で丙丁干を附帯して水気が存在しなければ、用途の一用を肯定するのである。

同様のケースの格局では、また比肩を兄弟格と為して肯定し、成局すればすなわち貴相だが、衝裂するときはこの格局はテーマにしないのである。

甲乙干が辰生月で土金気が用途のときは、その甲乙干が庚辛干の官殺を孤相で透出するケースでは、比肩や劫財が競合絆するときは金質が他柱に存在しなければ、金気の生扶も存在せず不吉なのである。

「古歌」にいう——

乙木が巳酉丑支根を擁し、生月子月のケースでは貴相の成立は困難なのであり、ふたたび金水気が傷痕するときに、運歳の南方エリアへ転交しかえって清福と為るであろう。

たとえば丙午年癸巳月乙亥日丁卯時のケースは扶養者の命局で、辛巳年庚子月乙丑日丁卯時のケースは庶民の命局であり、運歳の丁酉干支に卒したのである。

また壬戌年辛亥月乙亥日丙子時のケースは辛干が不益で、運歳の卯支で甲寅干支でなければ、丙干が辛干を合絆して貴瑞であり、貢員から御史（監察官）に大抜擢されたのである。

「古歌」にいう——

乙木が陽干支を擁せば子息を多く附帯して名誉を為し、貴福が険峻に重聚するが命局は南方エリアをもっとも畏れ、そこで官殺が巡りて衝せばどうすることもできないだろう。

〔詩訣〕

甲乙干が生月夏季で、その枝節は繁展し、
この当地は、財星傷官が比劫の生扶を要し、
華根が、暢びやかに繁茂するが極盛ではなく、
用途の比劫を重複して、双方の情誼を肯首するのである。

〔註記〕

甲乙木が生月夏季に当令するとは、火土気の時候なのであり、もしふたたび干頭に火土気が透出すれば、もっとも重要なのは比劫が多く、火気を派生することである。

そこで火気は土質を生扶して財星と見做し、この比肩はおおむね機能を任ずるので、比肩が過分と言わずに、かえってその財気を分度するのである。

「古歌」にいう——

甲乙木は壬癸水を附帯して漂流し、日主が無根であれば秋季毎に屈曲するであろう。

もし運歳が財旺エリアを巡れば、かえって凶意は吉兆へ好転して、王侯を輔佐するのである。

たとえば甲寅年庚午月乙卯日戊寅時のケースと乙未年壬午月甲子日丙寅時のケースは、二命局ともに比肩が主眼である為にみな吉兆なのである。

【論丙丁】

〔詩訣〕

丙丁干が二印星とは、春季の当令であり、
壬癸干を格局に多く附帯して、もっとも激昂し、
財星の漂帯を忌まずに、合化して適宜であり、
生月辰支のケースでは子支を渇望し、申支を伴相と為すのである。

〔註記〕

丙丁干が生月春季のときは木気が印綬に相当し、水気を官殺と見做すので「丁壬合化」がもっとも適宜なのである。

もし官星を擁せばただ官星を用途とし、偏官を擁せばただ偏官を用途として、両者が夾雑するのは不適宜なのである。

水気が過分であるのを畏れるのは火気を生扶できない為であり、徒に印星が在局するかまた「壬干が一星か二星」もしくは「癸干が一星か二星」と為して、配合の適宜を得て無害なのである。

干頭の金財の孤相は不益ではなく、南方エリアを巡ってともに吉兆なのである。

原局に金水気が過分であれば北地エリアを巡って、さらに適配であれば

みな不足がテーマであり、南方エリアへ赴きやや吉兆だが、そこで原局の官殺が軽度であれば、北方エリアへ赴きまた吉兆なのである。

もし原局に金質を擁して月令を衝撃すれば、木質を伐削して印星を破るのですなわち凶揺なのである。

また辰生月は傷官であり、また金水気の用星が適宜なのであり、そこで申子辰支が全局会合すれば、己主は発達を肯首するのである。

〔詩訣〕

丙丁干が、生月夏季でもとより蒸燥し、
そこで富貴とは、別象に憑称すればよく、
金水気が併相して、渾身の有役を稼働し、
用途の傷官格が破綻して、道仏の高階位に至るだろう。

〔註記〕

丙丁干が生月夏季であり、丙干とは炎上の性質を有し「倒衝禄」や「類象」などの格局が存在し、丁干とは「飛晶」「拱禄拱貴」などの格局が存在するが、合絆して破綻しなければみな日主は富貴なのである。

これらの格局が成立しないか、また一壬干癸干亥支また申子辰支水局全会して、運歳の西方エリアを巡れば、そこで富貴をテーマと為すのである。

また命局に戊己干を擁して用途と為せば偏印偏官が征相し、運歳の西方エリアを巡ってまた発揚するのである。

また丁干は、運歳の寅戌支丙干を巡るのが不益でまた墓符を忌むが、運歳の卯酉亥支エリアは吉兆なのである。

また傷官の剋痕は不成立の元凶で、格局を肯首できず用神は存在せずに、用途は破綻して己主はみな不吉なのであり、おおかた穀糧の意識を暇休した階位なのである。

〔詩訣〕

丙丁干の秋季生月では、総じて財気と為り、
丁干は融通を肯定するが、丙干では不益だろうか。

また甲日干は、卯支刃を兼備し、また巡るのを畏れるが、
運歳の南方エリアを巡るのを、詳推するのである。

〔註記〕

丙丁干が生月秋季のときは金気が当令し、ともに財星のテーマを為すのである。

もし金水気が太過するときは丁火だけは任に耐えるが、丙火のときは官殺の太過を畏れて極衰で、制伏しなければすなわち傷痕であり、丙干が申生月では偏官七殺の当地でまた官殺が透出するので、戊己干を擁して寿元と見做し、ふたたび官星貴相に赴き発達するが、子辰卯支のエリアを畏れるのである。

丙干が酉生月では死符し、もし財気が過多すれば、すなわち優秀だが質実ではないのである。

また壬官が制伏を機能するときや、また時柱が卯辰支で従化するときは、陽干支を過分に擁し、運歳の旺郷をまた肯首できるが、ただし甲木を併擁して不適宜だが、比肩の併相は肯首するのである。

丙干が戌生月は冬季を控えて、貴相は単立して過多せず、また時季の辰巳支は貴相の一つに肯首するが、官殺が過多するのは要さないのである。

もし炎上格のケースではまた貴相であり、もし庚辛干を擁して用途と為すが、命局に官殺を擁して不適宜なのである。

また戊己干を用途と為すときは、甲乙壬癸干を擁して不適宜だが、壬干亥支を用途のときは一格局を肯定するのである。

丁干が申生月では、偏官七殺や財星の重複を適宜として、運歳の南方エリアが吉兆だが、そのとき木気印星は用途ではないのである。

もし初秋に降誕して比劫が重複すれば、南方エリアを逆行して不吉だが、順行のケースはすなわち肯首するのである。

そこでさらに官殺の重複と、木気と土気の夾錯を畏れるのである。

もし官殺が存在せず戊土を附帯するか、また子辰支を附帯して水局を会成するときは、運歳の南方また北方エリアともに吉兆なのである。

ただ運歳の子午寅支は不益で凶揺であり、時柱に壬寅干支を附帯して化木論と為るのは、金気の当地に木気が存在せずに、情通して化気を肯首できない故なのである。

また酉月に従財格局を成局し、そこで巳酉丑支が全備して美相なのである。

丁酉日主では官星が不利だが比肩印綬は不益ではないので、運歳の南方エリアが吉兆で寅午子支エリアが不益なのである。

また戊生月に官殺を附帯するか、また冬季のエリアで従化格するときも、ただし土気木気が不益なのである。

そこで庚辛干が用途のときは運歳の木地エリアは富貴だが、子午支のエリアは不益なのであり、戊己干が用途のときは運歳の微勢が適宜なのである。

もし命局に水気木気を擁してまた不足と為るが、おおむね丙干と丁干の二火質は、丙干は微弱を畏れて丁干は旺盛を畏れるが、この詳細を肯定するのである。

〔詩訣〕

丙丁干は生月冬季で、滞河が用途と為るが、
従化格のケースでは、すべて支根を附帯せず適宜なので、
そこで官殺は時宜に当令して、日主の旺盛を忌み、
かえって生扶が存在せず、用途が清々しくすなわち恩赦である。

〔註記〕

丙丁干が生月冬季では水気が当令の時季で、官殺が旺盛するのでもし従化格のケースでは、上位の命局と看るべきであり、このタイミングで丙日干と壬癸干が連なって透干する相か、または申子辰支が会局し、命局に辛干を擁せばすなわち合化するが、戊己干を擁してすなわち制土するので、己主はみな功名するのである。

そこで丁干は辛干の瑕疵だが、壬干の透出は支障なく、甲干すなわち偏印を附帯すれば、庚干が制伏して剋去するのである。

丙干が生月子支では財星官星に該当し、命局に壬干亥支が存在せずに申支に坐すれば、みな財星官星がテーマと為り、刑衝破害を畏れて官星と日主の衰旺を分度すれば、すなわち優秀だが質実ではないのである。

その偏官七殺の格局とは、日主の休囚死敗の当地が不益であり、その偏官七殺が旺じて食神が合去しても、合絆や化気の方途が破断するのである。

丙干が生月丑支のケースでは、戊己干を擁して用途と為して身旺が適宜だが、木質の壊毀を畏れるのである。

そこで丑支を財庫を見做すので、辛干庚干が透出するときは、官殺を附帯するのは不適宜なのであり、日主が健旺であればすなわち吉兆だが、用途が破綻したり己主が微勢であれば、すなわち凶意なのである。

〔詩訣〕

丙日干が生月秋季のケースでは、官殺が過分であり、
そこで生扶が存在せず、化気を擁してかえって中和と見做し、
逆に生扶が存在して、制伏しないのはかえって微弱でしかなく、
二ケースともに、財星が名誉に相当することは言う迄もない。

〔註記〕

丙干が酉生月では官殺が過重であり、食神の制殺や合化するのが適宜でともに吉兆なのである。

そこで運歳の子辰卯支エリアに交入することを畏れて、制伏や合化が存在せずに偏印と食神を併見するときは、たとえ運歳の旺地に赴くとしても不吉なのである。

たとえば戊生月は冬季に近く、命局が時上一位貴格に該当し、月柱が偏印を附帯して戊土食神を擁し、運歳の身旺に交入するならば、寅辰支の方途が吉兆と為るだろう。

〔詩訣〕

丙申日主が巳月で、戊干が遁干するときには、
田園が万局して、己主は富裕だろうか。
偏印が同局して、透干するのをもっとも畏れるが、
日頃が辛苦の命相は、安堵に浴するだろう。

〔註記〕

丙申日主が巳生月で、土気が透干して食神が禄支に坐せば、己主は富裕なのである。

もし壬干偏官が申支蔵食神を暗見し、また用途の壬干偏官が戊干食神を明見するときを、食神制殺格と言及してはいけない。

巳月は水質が涸渇するので、戊旺土が剋去するのは不吉なのであり、命局に水局を擁するか、また壬干亥支を一二附帯して肯首できるが、日干の微弱の当地やまた壬丙干敗死休囚のエリアの当地に巡って不益なのである。

もし壬干が過分であれば、時季が辰支でも己主は旺じて用旺し、みな上位の命局と見做さないのである。

〔詩訣〕

丙干が、申支に臨んで辰支を擁するときは、
時宜が春夏季生月なら、もっとも偏官に好伴し、
運蔵の金水エリアで、滞水が膨張するのは、
壬干辰酉亥子申支それぞれのエリアを分度しているのである。

〔註記〕

丙申日主が時季壬辰干支を擁するときは、申辰支が聚殺を会党するが、春夏季に火気が旺相すれば、凶意をテーマを為さないのである。

また秋冬季には水気が旺相するので、火質は水気の制伏を被るために、命局は「食神制殺」をテーマとし、そこで己主は険相ながら名声をもとめて発達し、また険相ながら己主は旺強であることをテーマとするのである。

そこで壬干辰申酉亥子申卯支などは、みな己主の休敗のエリアであり、その吉凶を詳細にすべきなのである。

〔詩訣〕

丙干が生月冬季のときに、辛干を附帯して有益であり、
格局に土質を擁して、吉兆のテーマを為すのである。
そのとき時柱に、干頭壬殺を附帯して支障なく、
そこで丁干が合化して、ともに夾錯などしないのである。

〔註記〕

丙干が生月冬季のときは、辛干を附帯して合化して有益であり、また食神が制土して適宜かつすなわち吉兆なのであり、そのとき時柱月柱の偏官七殺は害を為さないであろう。

もし丁干の辛干を剋伐するのを擁せば、時干に壬合を擁してすなわち、丁干は辛干を剋害するタイミングは存在しないであろう。

それぞれが合化するのであり、運歳で丁干を擁して妻子を剋傷するのであり、軽度ならば肯首できるが、重度ならばもっとも甚大なのである。

〔詩訣〕

丙日干が、寅午戌支の三合火局を擁するときに、
月支が火局に該当するとき、総じて同様の見解なのであり、
そのとき炎上格を成せば、名利は多大であるが、
過土たる富裕を忌むが、逆に水質を擁して戦功なのである。

〔註記〕

丙日干が寅午戌支に該当して、生月および火局全備のときに、水気の衝破を擁さなければすなわち「炎上倒飛」「類象」や「従旺」に相当し、土気を附帯して吉兆だが、水気を附帯して不益なのであり、「類飛」が失局か不足すればすなわち凶揺なのである。

たとえば丙寅年甲午月丙戌日乙未時のケースと庚寅年戊寅月丙戌日甲午時の二ケースの命局は、科挙試験合格かつ富貴者の命相なのである。

〔詩訣〕

丙干が己干を併相して、もとより傷官なのであり、
そこで官星を夾擁しても、何の支障もないだろう。
火土気が旺相のタイミングでは、金水気が適宜であり、
夏季で寅支が適配なら、その詳細を分析すべきである。

〔註記〕

丙干が生月土用のときは、支蔵干に戊己干を擁するが、また透出か透出しないかだが、透出しなければ土気勢に従象するので、「無存在から有意義を生起する」のである。

また時季に寅午戌支を擁してともに格局と為すので、土気が透出してまた吉兆だが官星は不益ではなく、羊刃を附帯しておよそ「照象」「虎入中堂」などの格局なのである。

そこで妻女を傷害しなければすなわち子息は少数であり、官殺を重複して附帯すればすなわち凶揺であり、偏官を擁するように七殺がテーマなのである。

この格局はもっとも比肩が有益なので、未生月のケースで寅支に巡当すれば詳解を肯首し、乙干が卯未支に巡当するのは肯首できずに、かえって傷官を正規の用途と見做すのである。

〔詩訣〕

丁干が生月亥支で、時季に寅支を擁するときは、

化象が成局すれば、すべて富貴者と推究するのである。
もしふたたび丁干が巡って、辰戌支が在局するとき、
戊干が官貴を分合して、庶民階層なのである。

〔註記〕

丁干が生月亥支で時柱寅支のときは、正規の化合格局が成立して、富貴の命相なのである。

もし重複して丁干を併見すれば、すなわち官星を分合し、また辰支を擁してすなわち官星が墓符に該当するのである。

そこで命局に戌支を擁して、戊癸干すなわち傷官を合去するので、申酉支を附帯してすなわち木材塊を彫裂する用途と為るので、これらはみな格局の破格で不吉なのである。

そこで金質の衝砕が存在しなければ、すなわち大富貴の相なのであり、運歳の午巳申酉支のエリアを赴き、己主は吉境にして凶揺に相当するのである。

〔詩訣〕

丁壬合化して木気で、卯未寅支のケースでは、
月令が破相しなければ、財利が萌芽するだろう。
己身と官星が、ともに旺盛な当地が適宜であり、
兌卦が卯支を寅支に転卦して、坤地に浴するのである。

〔註記〕

丁壬干を併見して亥月ならば、官星と印星が双旺し、すなわち化気は正当なのである。

その寅卯未支とは偏った支垣であり、そこで寅支は申支が巡るのが不益で、卯支は酉支が巡るのが不益で、未支は寅支が巡るのが不益だが、その他は戌子午巳支エリアが不益なのである。

〔詩訣〕

丁日干が生月秋季で、格局はもっとも佳質であり、
支根が存在せず、偏官を附帯して栄華が展じるのである。
支根が存在して偏官を擁さず、南方エリアを巡るときには、
良質の耀珠塊の、瑕疵の所在を肯首するようである。

〔註記〕

丁日干は陰柔で微勢が適宜なのであり、命局の官星が軽度で、運歳の南方エリアを巡るのは不吉なのである。

もし土気を擁して官殺が軽度ならば、運歳の北方エリアで大発展するだろう。

命局に比劫印星が存在しなければ、運歳の南方北方エリアともに吉兆なのである。

もし申酉生月で時季が寅支では、化合せずと看るのであり、戌生月では七殺を合化して木質に化気するが、冬季に近づくのを適宜とするので、運歳の木地エリアへ赴いて吉兆であり、午申寅巳支エリアは不益なのである。

酉生月の命局では偏官七殺が用途であり、戊己干が透出すれば運歳の寅午子支エリアを赴くのが不益なのである。

戌生月では戊己干が用途であり、甲乙干を擁して不益なのである。

もし未生月の時季に申月を類推すれば、さらに金水気が存在しなければ、運歳の逆行が不吉であり順行をすなわち肯首するのである。

〔詩訣〕

丁卯日主の秋冬季には、偏官七殺が抬頭するので、
休止期として、印綬の生助を擁して己身は旺強であり、
壮々として亥子支が、火気の重複を忌むのだが、
そこで木火気が巡れば、かえって己主の瑕疵なのである。

〔註記〕

丁卯日主ではすなわち七殺印星の熱源なので、官殺の重擁を領得できるので、命局に亥子支が重複するか、および運歳で巡ればみな吉兆なのである。

もし比肩を印星が生扶すればかえって不利と為り、運歳の金水気エリアで大発展するだろう。

運歳の比劫エリアかまた原局に土気を擁して、運歳の子申支エリアは凶揺なのである。

都察官の高文薦氏は、丁亥年癸卯月丁卯日庚子時の命局で、亥子支を重見して「殺印の貴相」なのである。

〔詩訣〕

丁干とは午支から乖離するのを、もっとも畏れるが、
金水気を附帯しなければ、名利は困難なのである。
運歳の西方兌卦へ赴き、財利を成為して、
東方エリアへ赴き、なかば困惑するのである。

〔註記〕

丁干が午月生月で日主は自旺するが、もし金水気を擁せば「飛晶拱禄」は成立せず、戊己干が透出しなければ、ただ土質地支を用途と為し、運歳の西方エリアへ赴き、すなわち土気が財星官星を生起して、また財利に耐久するだろう。

運歳の東方エリアへ赴くときに、原局に格局の成立が存在しないときは土気を用途とし、そこで土気は木気の剋伐を受けてついに倚処が成立せず、その己主は自旺してただ止静を適宜として、および開発営業も肯首するのである。

〔詩訣〕

丁干の根元とは撃石竹火で、その胎源は水質であり、
運歳の金水エリアを赴いて、利得を開示し、
寅午戌支の方途を巡るが、幇助は微勢なので、
官星が傷痕するように、庶民の職務に窮状が生起するだろう。

〔註記〕

丁火とは房室の灯源かつ照月の余映であり、酉支を擁してすなわち耀光するが、寅支を擁してすなわち晦冥と化すだろう。

行運が微陰ならば、すなわち陽明で行運が旺陽ならば、すなわち暗昧なのである。

現今の人々は火源を採取するのに、竹材と石塊を截撃して火気を領得しているので、行運の微郷でかえって華麗に発光するが、行運の旺郷では不吉なのである。

ただ化気格ではすなわち木質と見做すので、水気が用途であり、運歳の金地エリアが不益なのである。

たとえば生月秋冬季では運歳の午支など、火元の当地が不益なのであり、命局に土気木気を擁し、行運の申子支が不益で木気化合を否定し、また寅支申支が不益なのである。

生月夏季は寅戌支が不益なのであり、生月春季には木気が旺盛なので、たとえ午支でも晦冥なのである。

原局に官殺を擁して、また吉兆をテーマと見做し、木気印星は西方エリアが不益であり、その方途では軽度ならばすなわち災禍を否定するが、重度ならばすなわち凶揺なのである。

〔詩訣〕

丁日干が巳月に当令して、酉丑支を擁するときに、
運歳の金水気に至り、名利が通じるが、
金水質を原局に附帯するのが、もっとも上位であるが、
運歳の寅戌支エリアで、夾衝が生起するだろう。

〔註記〕

丁日干が巳生月で、また生日丑酉支か金局を会成して、運歳の西方エリアを赴き富貴であり、金水土気を擁してまた吉兆なのである。

双方の運歳はともに有情の当地だが、寅午戌支また子支は衝剋を附帯するのである。

なお命局に傷官を含有しても凶禍なく、太過してまた吉兆なのである。

たとえば甲子年己巳月丁酉日庚戌時のケースや癸未年丁巳月丁巳日戊申時のケースは、ともに運歳の戊子干支が凶意なのである。

〔詩訣〕

丁干が、生月卯支かつ月令寅卯支のケースでは、
壬合が合化するケースでも、もとより木質なので、
木火気が、かえって官殺の旺地に相当するときは、
運歳の申酉亥エリアで、動揺乖離に嘆息するだろう。

〔註記〕

丁干が寅卯支エリアに生扶されて官殺の印化を附帯し、すなわちもと印星が在局して、運歳の北方エリアの官殺の旺地に相当すれば、己主は功名して発財するだろう。

もし行運の申酉支エリアでは財星官星に相当するが、かえって瑕疵で印星が本義で不吉なのである。

〔詩訣〕
丁日干が辰月で、時柱が戊申干支のときには、
傷官が時柱の干頭で、また壬干を擁するときは、
もし偏官七殺が、干頭に透出すれば、
水局を相会して、窮状に赴くであろう。
〔註記〕
丁日干が辰生月は傷官に該当し、たとえば干頭に偏官を擁して、地支がすでに水局を会成しており、もし戊干が透出して水局を全備すれば発達するだろう。
　行運の子申酉支の当地エリアで、傷官が官星を擁するときは水気と土気が夾衝するが、軽度であればすなわち災禍ではなく、重度であればすなわち破綻して卒するだろう。
　たとえば癸未年丙辰月丁卯日戊申時のケースや、戊子年丙辰月丁卯日戊申時のケースでは、これに符合するのである。
〔詩訣〕
丁巳干支を蛇襲来に譬えれば、巳弟が寅兄を刑剋するとき、
月令の寅申支には、壬庚干が有益なのであり、
行運で壬干か庚干に巡って、ともに尊く栄貴するが、
そこで月令が撃相するのは、凶揺の始兆と為るだろう。
〔註記〕
丁巳日柱と己巳日柱では、丁日が生月申支か己日が生月寅支のときに壬水が透干すれば、原局が刑衝して全備せずに用神を領得すれば、有役なのですなわち富貴が成立するのである。
　この運歳にふたたび巡って三刑が全備するときは、昏沈に留意する程度だが、重度であればすなわち滅相を危惧するのである。
　そこで原局が偏官と陽刃を附帯してもっとも凶意であり、順行して財星官星に巡らなければ、すなわち割裂して奔破するが大禍は存在しないが、富貴を享受するタイミングに危険度が過分なのである。
〔詩訣〕
丁日干が戊土傷官を附帯するときは、財星を擁して肝要であり、
そこで原局が偏らずに、運歳が有益に重複するときは、
もし寅戌支が在局して夾擁と為っても、
さらに己主に、子申支が窮状だと信じようもない。
〔註記〕
丁日干が戊土傷官を擁し、庚辛干申巳酉丑支を擁して有益で、財気と見做すのである。
　命局に財気が存在せず、財星のエリアを巡るのを肯首し、丁干が生月夏季で戊干が用途のときは、運歳の火気金気の方途を肯首して名利と見做し、寅戌支エリアに到達して己主の旺気は一停し、または衝剋して昏沈するだろう。
　行運の子申支では一衝し、丁干が申生月では戊干が用途で、そこに金水気を伏蔵して行運の午戌寅支に停滞し、行運の子寅支に災障するのである。
　また戌生月で甲寅干支を附帯せず戊干が透出すれば、清浄たれば貴相で互相して富裕なのである。
　行運で丑支壬干に巡れば大吉であり、運歳で甲乙干に巡ればまた富貴に言及できるのである。
　そこで寅午支が不益であり、流年で偏官傷官の当地に会合して禍福が混聲し、運歳が長久でひさしく発揚し、短期であれば離合集散するだろう。

【論戊己】

〔詩訣〕
戊己干は、春季に当令して官殺が旺強であり、
火気金気を併相して、己主が栄昌するだろう。
命局に財星が透干して、劫財が存在しなければ、
運歳が財郷エリアへ赴き、地方官に赴任するだろう。
〔註記〕
戊干が寅生月で官殺が透干すれば、ただ七殺がテーマであり、命局に水質を附帯すれば南方エリアへ赴きすなわち吉兆なのである。
　そこで火気は印星に相当するが過多は不適宜であり、過多すればすなわち燥土と化し、運歳の火地エリアを巡って午支が巡当すれば、甲干は旺刃の

ために卒するだろう。

木気は火気に巡って旺盛であり、作用は焚焼を被り燥土かつ虚木なので、官殺は通変名称だけで質実は存在しないのである。

もし金水気が過分であれば、運歳の金水気の当地がすなわち吉兆なのである。

もし金水気が過分で印星が存在しないときは、運歳の北方エリアが凶意なのである。

卯生月は正官に該当し、日干が財星を附帯することを要し、運歳の南方エリアを巡って功名かつ財利を肯定し、そこで甲干とはすなわち従殺格がテーマなのである。

命局に財星を擁せば印星の太旺は不益ではなく、南方エリアへ赴いて吉兆なのである。

もし正偏とも印星が過分で財星が存在しなければ、北方エリアを巡ってまた吉兆なのである。

もし財星が印星の過多を附帯すれば、運歳の午地で原局の火質を火源に引き、火土気で水質が涸燥するので、木気の盗洩の制止を肯首できないのである。

また羊刃には情誼が存在せず、たとえ富貴であっても窮状を免れることはなく、重度ならばすなわち危険度が高く、ともに刑衝が不益なのである。

己干が寅生月ならばすなわち正官であり、ふたたび丙火が透出すれば、官星と印星を併見してともに吉兆なのである。

運歳の午戌支エリアが不益であり、月令を衝する方途つまり時季子丑戌亥支に巡って、化合して乙干を擁して偏官七殺と見做し、印星を附帯して水気が存在しなければ、運歳の北方エリアがまた吉兆なのである。

もし金水気を過分に擁せば、ふたたび運歳の金水気エリアが不吉なのであり、運歳の南方エリアで発達するだろう。

卯生月は偏官七殺なので、官殺が透出するのがもっとも適宜で好相なのであり、財星が存在して印星が存在しなければ順行すれば功名するが、北方エリアへ逆行すれば不吉なのである。

もし印星が過分で原局に水質が存在しなければ、運歳の北方エリアがまた吉兆であり、おおむね木火気のエリアを巡って適宜だが、金水気のエリアを巡って不益なのであり、運歳の午戌酉を巡って、また傷痕を肯首するのである。

戊干が辰生月で壬癸干申子支を擁して、命局に偏官劫財が存在しなければ、運歳の金水気の方途で発福するのである。

そこで劫財を擁せばすなわち発動して、妻子を損剋するのを否定できないのである。

また時季に甲寅干支を附帯して、一格が成立して富貴に言及するのを肯首し、かえって壬癸干が不益で庚金を擁して有益であり、財星の成局を為すように庚金を併見して、そこで偏印が存在しなければ大いに発揚するが、ただ偏官が偏印と併相すれば不吉なのである。

己干が辰月生月であれば、財星と官星を全備してもっとも適宜で一つの格局と為るが、また傷官が財星や丑亥支を生扶してともに富貴に擬するが、そこで財星の作用とはまた吉兆なのである。

もし庚辛干巳酉丑支の金質を擁して、木火気を併擁しなければ、運歳の金水気の方途でみな財利と為るのである。

たとえば「時上一位貴格」のケースで格局が清相であれば、科挙試験科目への能力発揮を肯首するのである。

またいうなれば戊己干が寅生月で干頭金質が透出するか、金気の合局を会成すれば、木質を附帯してもっとも不適宜なのである。

命局に負処が存在して、のちに凶旺のポイントを巡って用途が破れるので、用途の偏官は金気を併見しても不益ではないのである。

〔詩訣〕

戊己干が、夏季に当令する日主のタイミングとは、
焦土には水質が適宜で、滋潤の相なのである。
そこで木気金気を擁して、その格局（器）が成立し、
そのとき印綬が軽度ならば、溢水を畏れるのである。

〔註記〕

戊己干が生月夏季には壁垣に相当し、印星や土気の生扶が過分であれば、そのスパンに水潤が適宜である。

ともに金水気の作用を要し、もし印星が用途で財星を畏れるときは、財郷エリアへ赴いて不吉なのである。

たとえば戊日干で午月や戊寅日柱のときに、時柱甲寅干支や時柱戊午干支のケースでは、用途は木気なので富貴に言及できるのである。

未生月は木気の庫地でもあり、甲乙干支を用途として天干に透出すべきなので、時柱が甲寅干支のときは功名するが、他の時柱甲干にはすなわち否定するのである。

命局に乙干を擁するとき、偏官が混雑するのは不適宜であり、作用が清用であれば貴相に取用するが、濁用のケースには不益であり、ともに水潤を適宜として印星の破相とは見做さないのである。

たとえば金気が用途のときは巳生月で、庚辛干巳酉丑亥支を多見すれば、すなわち作用と見做すのである。

命局に壬水を附帯するかまた水局を会成するときは、月令の丙火を衝破するので、金水地エリアに赴くときには財利を帯びる人物なのである。

もし水気が存在せずに、さらに甲丙干を附帯すればみな不吉なのである。

午未生月には金気が軽度で伏蔵するので、用途に言及すべきではなく、含有が多い方途を取用すべきなのである。

また未生月の作用とは秋季申月に近付するので、未月を推究するときに金気を過分に附帯し、順行の作用に言及でき、運歳の金水気の方途に発財するのである。

戊干の生月夏季では、もし時柱に偏財を擁するときや金気が生助するとき、運歳の西方エリアへ赴き発財するのである。

もし丁火が透出して、財星が存在しなければ印綬がテーマであり、壬癸乙干や化気格を附帯して富貴だが、月令の衝揺を畏れてふたたび財星の方途に交入するのである。

己日干が巳生月のときに、庚辛干酉丑申支を全備すれば、日支が酉丑支に該当して甲乙干卯未支丁干を擁して、運歳の西北方エリアへ赴き大発展するが、運歳の戊寅二支に交入するのが不益なのである。

もし時季が戊子丑亥支のケースでは「官印」や「殺印」がテーマであり、運歳の官殺の方途はみな吉兆なのである。

生月午支で木気を擁せば、運歳の東方エリアへ赴き、名利への言及を肯首するのである。

また金気の作用で木気が絶符するときは、水気が適宜なのであり、木気が絶符して金局を附帯するときに、運歳の北方エリアに交入してまた吉兆なのである。

未生月で官殺を附帯して運歳の東方エリアへ巡るときは、富貴に擬するのを肯定し、運歳の西方エリアを巡るのがこの次席で、また旺地への交入するのを畏れるのである。

そこで用途の金水気が秋季に近付すれば、すなわち肯首して運歳の順行が適宜で、逆行ならば不吉なのである。

おおむね戊己干は金水気を用途とし、木火気が透出して不適宜であり、木火気が作用するとき金水気が透出して不適宜なのである。

その中間点の命造かまた「拱禄拱貴格」のケースでは、これを詳細にすべきなのである。

〔詩訣〕

戊己干が生月秋季とは、もとより泄気であり、
壬癸干の些少が適宜で、複擁を畏れるが、
金星が作用のときに、木火気が巡れば、
たとえ財星が有為でも、酌量するのである。

〔註記〕

戊己干が生月秋季ではもとより金水気が作用するので、火気を擁してすなわち作用を損ない、また木気を擁してすなわち己身を損なうのである。

生月が戊己日干で庚辛壬癸干を附帯して、身旺であれば功名の人物なのである。

もし癸干を附帯して火合化局するケースでは、水性支が不利で火性支がすなわち吉兆なのであるが、そこで丁乙干は不益ではないのである。

もし金局で金気が作用するときに、ただ甲丙干を用途とするのは不吉であり、時季に丙辰干支を擁せば壬殺が透干して制伏するか、寅支を附帯して適宜なのである。

または甲丙干を支蔵して、庚壬干が透干してもこれを除出して、運歳の北

方エリアを赴き一旦発達するが、寅午支エリアへ交入して、旺地が二支仇背して不吉なのである。

　もし年月柱に丙干頭を、申子辰支が搭載すれば壬干が透出しなくても、運歳の子丑辰巳支が壬癸庚辛干を搭載して巡去や会用を為すので、通変名称の財星を成為するのである。

　ここで財星が存在しなければ、運歳の西方エリアがたいへん遂意に添うが、もし丙丁庚干を併見して申支蔵であり、または寅支蔵で制伏が存在しなければ失勢者なのである。

　運歳の午寅支エリアへ交入して、重度でなければすなわち危険度であり、軽度であればすなわち疾性であり損傷ではないのである。

　もし年柱丙干と月柱丁干を併見して、また丙甲干を併見して、小人物には忌所が解からないようなものである。

　木行と火行が発達して、また運歳の丙甲干が不益であり、運歳の辰巳子丑支エリアが大利と為るのである。

　もし年柱と時柱に丁干が併透して印綬と為れば、癸丑干支を擁して傷痕を正化するので、丁干はすなわち貴相なのである。

　戊干が二癸干を争合するケースでは、行運の戊地へ赴くのが適宜であり、二戊干が癸干を争合するケースでは、行運の癸地へ赴くのが適宜なのである。

　もし辛干が透出すれば、乙干を擁してともに財星が過分のとき不益であり、官星を擁してまた丁干辛干が在局して不益なのであり、有害ではないが害地に変転して不吉なのである。

　もし印星が太旺すれば、ともに精神疾を発症して妻子を損するだろう。

　もし戊生月で、時季が甲寅干支に該当すれば一格局を肯定し、初冬の時季が適宜だが、時季が庚申干支のときは冬季に近付して欠損なく、木火気を附帯して福分と見做し、また印化格局に擬するのである。

　己土申生月で、生日卯未支であるか、また甲戌年甲子月乙丑日乙亥時のケースは、互いに官殺を擁して富貴なのである。

　そこで庚干が透出して不適宜であり、庚干を寅午戌支が搭載してまた無害だが、これは官殺の正気ではなく、ただ財星の過分が不益なのである。

　もし金水気が用途のとき、木気を擁するのは不適宜で、酉月生月で時季丑亥支のとき、乙干を過分に重複してみな富貴なのである。

　時季が甲戌干支か甲子干支で、また偏官七殺が混擁する方途を要して吉兆なのは、虚性の官星では作用が質実ではない為である。

　もし時季が壬申干支か癸酉干支のとき、すなわち一用途を肯定するので、木気を擁して適宜ではないのである。

　戌生月で亥卯未支で、時季巳支を擁して吉兆への言及を肯首するのである。

　そこで清用であれば貴相なのであり、合絆を帯びて偏官七殺が透出しなければ、合絆に従って貴相であり偏官を日支蔵して好作用だが、ただ混雑して不吉なのである。

　もし庚申干支や辛酉干支など金気が用途と為るときは、官星と印星を擁して適宜であり、また日主の財利だが、木気を受剋して破相すれば不吉なのである。

　運歳の木火気や午寅支エリアに赴いて不益で、官殺が用途ならば行運の戊午支エリアで、用途の木気官殺は墓符に巡当するのである。

　また用途の金気が火気印星に鎔剋されるときは、運歳の午寅支木火気エリアが不益であり、時上偏官格のケースでは身弱でも、剋争しなければ科挙試験をパスするが、剋争するならばその意向で卒するだろう。

〔詩訣〕

戊己日干が生月冬季で、財気を生じて酒肉に有利であり、
命局に金水気を擁して、有益かつ親近である。
金水気が格局を帯びて、偏印偏官が存在しなければ、
後漢将軍の班超氏に比する高貴、晋代石崇氏の如く富裕だろう。

〔註記〕

戊己干が生月冬季で化合すれば、すなわち一格局を肯首して官星の附帯は不益ではなく、さらに偏印偏官を擁して畏れるのである。

　もし従財格のケースは財星がテーマで、一格局を肯定するのである。

　戊日干で時季庚申干支で木火気が存在せず、また申子辰支を附帯して木火気が存在しなければ、己主は大富貴なのである。

もし戊申日主で金水気を擁するか、また時季壬癸干のケースはまた化気格と為るので、乙木は不益ではなくこのケースは大貴相だが、運歳で月令を衝揺して刃根の欠損を畏れるのである。

もし時季が甲寅干支のときは、偏官七殺がテーマで功名が許容されるべきである。

そこで年柱と月柱で甲干と金気が衝相すれば不吉だが、庚辛干の金気を附帯して作用を為すが、原局に丙辰干支を擁して庚辛干が存在しなければ、運歳の壬癸干子丑辰巳支エリアか、また申酉支の方途に巡り、また一度の合意を伺うべきなのである。

また行運の寅午戌支丙甲干を巡るときは、重度ならばすなわち危険だが、軽度であればすなわち費えて損傷を患うのである。

そこで己日干が時季子戌丑亥支に巡って一作用するときは、卯未支を併見して金水気の透出が不益なのである。

もし時季が申酉支のときは作用を為し、貴相を言及すべきで甲干は不益ではないが、乙干は不益なのであり、また行運の木火気エリアを巡って不益なのである。

たとえば戊日干が、水気合局を会成して従財格と見做せば、「合禄」または「化火」として、命局を七殺が衝破しなければみな富貴なのである。

己日干が木気に従象してまた吉兆なのであり、己日干で丑月令に金気傷官が透出して、財星ともに二格局が用途のときは、行運の金水気申酉辰巳支の方途が吉兆なのである。

そこで「時上一位貴格」のケースでは、功名はいうまでもないだろう。

〔詩訣〕

戊日干で時季が、申支で金水気が派生して、
さらに水気合局を兼ねて、財禄を会成すれば、
偏印偏官が巡って、格局を侵さなければ、
職位は崇高だが、帝都に居住しない方がよいだろう。

〔註記〕

戊日干が生月秋冬季で金水気が旺局して、時季庚申干支に該当して「合禄格」と為るだろう。

そこで偏印偏官の瑕疵に巡らず、また戊申日主であれば、己主は大富貴の相なのである。

また夏季月令で金水木気を附帯して制伏か合化すれば、また己主は大富貴の相で用途を享受するが、生月春季のケースでの言及は難しいだろう。

〔詩訣〕

戊干が秋冬季月令で、干合化気するときには、
癸干が巡り、壬干を帯びて化合して通亨すれば、
火郷エリアで財星が効せば、功業が成就するが、
偏印偏官が併相するのが、もっとも不益なのである。

〔註記〕

化合格局は壬癸干を擁するのがテーゼであり、行運の火地エリアを巡って吉兆であり、二戊干を擁しても支障はないが、丙甲己干を畏れるのである。

そこで丁乙干が軽度であれば無害であり、時季が丙辰干支であれば水気が過分で解水するので、さほど甚大な凶意ではないだろう。

〔詩訣〕

戊日干が、時季甲寅干支を附帯するときには、
かえって従殺格の成局に疑念して拘ってはいけない。
運歳の木火気エリアが適宜で、名利が叶通し、
金水気を蔽蔵し、透干するのは如何なものか。

〔註記〕

戊日干は時季寅支で、生月春夏季のときに制伏すれば、すなわち貴相なのである。

生月秋冬季には、もっとも庚干透出と木気の衰敗を畏れて、すなわち優秀だが質実ではないのである。

冬季が漸陽して木気質が進気するので、制伏すれば不益ではなく、また過多は不適宜なのである。

運歳の木火気を巡って功名するが、傷官用財格に適合してこの時季寅支は、夾衝して不吉なのである。

〔詩訣〕

戊干を申辰子支が搭載するのは、日時柱ともに同義で、

金気の作用を壬水が連帯して功と為るだろう。
運歳の辰巳丑申支エリアは美観と為るので、
日主が甲丙干午寅支のケースには窮状するのである。
〔註記〕
戊日主を日時柱の申子辰支が搭載するときは、天干に庚辛干が透干して富貴であるが、運歳の庚辛干申酉子丑辰巳支の当地を巡って意に叶うというべきである。
もし行運の寅午戌支丙甲干のエリアを巡れば不吉で、重度ならばすなわち卒するだろう。
〔詩訣〕
戊日干が、生月秋冬季の双方の様相とは、
時季に偏財を擁して、もっとも奇瑞であり、
傷官が年月柱に併透して、偏印偏官を忌み、
時季丑亥支を肯定するが、子戌支ではないのである。
〔註記〕
戊日干が生月秋冬季で、偏財を擁して美局と見做し、時季が丑亥支のケースは、天干の財星が化合して貴格の瑕疵なのである。
時季が子戌支のときは不及で偏財を吉瑞と見做し、官殺が過分で不益なのは前例と同じなのである。
戊己干が生月秋冬季で庚辛干が透出して作用すれば、行運の金水気の方途に発財するのである。
地支の申酉巳丑支が適宜で、壬癸干申子辰支ともに吉兆であり、時季の丙干を附帯して水気の制伏を擁せばまた吉兆なのである。
行運の金水地エリアで支障なく偏印が不益だが、丙申干支に支根を擁せば、運歳の子丑辰巳申酉支に交入してともに叶意するが、運歳の甲丙干午寅支エリアは不吉なのである。
戊己日干で木気への従象が作用のテーマのときは、官殺が清用で行運が吉意であれば、すなわち富貴なのである。
そこで用途の金水気は、運歳の甲丙干寅午戌支エリアが不益で、軽度ならばすなわち損耗して否定し、重度ならばすなわち危惧するのである。

〔詩訣〕
己日干が卯支に臨んで、官星が透出するときには、
木気火気が重複すれば事業が成為し、
南方エリアを順行する当人は富貴を擁し、
そこで金水気を過分に重複してさらに非情であろう。
〔註記〕
己卯日主が生月卯支か寅亥未支のときに、甲干が透出して木火気の旺相に従象するときは、裸一貫で成家するが、たとえば金水気が重複すれば日主は溢水して、金気が重質で木気を破砕するので、運歳の午戌子支エリアを巡るのを畏れ、また行運に己主は過旺して不吉なのである。
〔詩訣〕
己主が、月季土用で身旺のときには、
旺強な官殺を擁さなければ、何を成為できるだろう。
命局が財星官星を擁して、比劫を被るときは、
運歳の、金水木郷エリアを巡って奇瑞なのである。
〔註記〕
己干が生月辰戌丑未支で官殺を擁さなければ、旺身が空転して不吉なのである。
もし財星官星が劫去されるときは、優秀だが質実ではなく、行運の木金水気の当地を巡るとき、タイミングよく発揚するが、過分であればすなわち旧依するだけである。
〔詩訣〕
己亥日主が、時季乙亥干支を併見するときには、
丁火が、命局の枢要として適宜であろうか。
運歳の木火気を巡るのをもっとも渇望し、
金水気が重複して、奇瑞を肯定しないのである。
〔註記〕
己日主が亥支を重擁するとき、丁干は己主の偏印であるが、亥支蔵の壬水が溢水して不益なので、木火気エリアに交入して適宜、すなわち吉兆なのである。

もし金水気エリアを巡って夾衝して浄化せず、秋冬季に当令して東南エリアにすなわち発揚するが、午支の当地で凶揺し、辰丑戌宮地で懐疑するのである。

〔詩訣〕

己干が生月辰戌支とは、支根が旺強であり、
堆土が重複して、未だに木気が萌芽できずにおり、
運歳が制殺して、さらに愁駆して七殺を崛起するならば、
七殺のエリアで、いう迄もなく懐疑は沈静化するだろう。

〔註記〕

己干が辰戌生月で、財星官星を擁してもとより一吉兆なのであり、もし偏官七殺が過分で揺身しても己身は微勢ではなく、七殺と己身が均衡して富貴への言及を肯定するのである。

そこで作用が清相ならば、科挙試験合格を叶えるであろう。

もし行運が制殺のエリアを巡るときは、偏官を衝撃するので不吉であり、行運で偏官の旺地に交入してまた凶殺をテーマにしてはならないのである。

もし地支に卯支が巡って、さらに木火地エリアに交入してすなわち吉意だが、行運の金水地エリアは不適宜なのである。

そこで偏官七殺が墓符に該当すれば不益であり、また午戌辰支の燥土に巡って焚木するだろう。

運歳で巡るときは軽度であればすなわち傷剋し、重度であればすなわち危惧するだろう。

〔詩訣〕

己干が生月夏季で、庚辛干が作用するときには、
水気を附帯して、西方エリアを巡り事業が成為し、
酉丑支が有益で、申子支を併見して吉兆であり、
木火気を擁し病根として、生助とは見做さないのである。

〔註記〕

己干は生月夏季で、火気が木質を支蔵して泄気するので、もし庚辛干を附帯して壬癸干が透出するか申子酉丑支を擁せば、運歳の金水気エリアに交入して発財するが、ただし一木質を擁してすなわち破格と為るのである。

運歳の午寅戌支エリアが不益であり、すなわち無存在から有為を生起して、奇瑞かつ行運の金水気が吉兆なのである。

〔詩訣〕

己日干が、時柱戊子支に該当するときに、
官星の節気に当令し、七殺の旺気と見做し疑うべきでない。
そこで丙丁火気の印星が、巡って生扶の相であれば、
木質を添加しても、日支の金質を心配しなくてもよいだろう。

〔註記〕

己日干が時季甲子干支甲戌干支に該当して、化合を為すときには、日柱の卯未支を適宜として「官殺混雑」とは称さないのである。

もし官星が旺強であるか、また甲己干を併相して富貴を肯定するのである。

もし破衝や合去して金気を劫去して配合が存在しないか、または庚申干支で加根を擁せばみな不吉なのである。

もし庚辛干を寅午戌支が搭載するとき、命局に木質を擁しても不益ではなく、また丙丁干の火気印星が適宜なのである。

〔詩訣〕

己干が卯未支を附帯して、生月卯支のケースでは、
そこで乙干が透干して、さらに己身が衰退するときには、
従殺格が成局して、富貴へと好転するだろう。
そこで身旺に巡って制殺すれば、すなわち窮状が生起するのである。

〔註記〕

日柱が己卯干支己未干支でさらに生月卯支に当令して、一偏官が透干すればすなわち従殺格なのである。

そこで丁己干を重複して不適宜であり、もし制伏の当地や身旺の当地を巡るのには、可否が争起するので、所忌が存在しなければ発達して功名するのである。

〔詩訣〕

己日干が、時季丑亥支に該当するときは、
己身が衰敗すれば、印星が適宜で貴相は決定的なのである。

木火気が稼働するときは、金水気が憂悩であり、
生月土用のとき、各人ともに分類して推究すればよい。
〔註記〕
己日干で偏官が作用するときには、春季でも印星が必須ではなく、また従殺格と同義のテーマなのである。
もし生月春季でなくとも純陰性に偏すれば、また偏印は不益ではないのである。
生月秋季では過分の乙干を附帯して、もっとも適宜であるが、また印綬を要するのである。
生月冬季では過分の水気を畏れて、行運が木火気に交入してともに吉兆なのである。
運歳の丑辰午戌支エリアに巡るときは、もっぱら運歳との会合が看点であり、この運歳のケースでは凶揺であり、傷剋せずとも不益なのである。
そこで身弱で偏官が旺殺であれば吉兆であり、もし財星が過分でさらに金水気が透出して作用し、墓符に該当すれば添意して卒するのである。
〔詩訣〕
己日干で、時季戊子干支を擁するときには、
財星と官星を併見して、もっとも適宜の相であり、
もし生月土用で、財星や禄支を多く附帯すれば、
身旺で作用は衰敗して、別途に推究すればよい。
〔註記〕
己干が生月辰戌丑未支のときに、命局に木気が旺盛して、もし甲干が財星を複擁すれば財利の人物なのである。
たとえば寅月の生月で化土格と為り、卯未支が搭載すればさらに吉兆なのである。
そこで制伏や化合や寅支の衝破を畏れて、行運の午戌辰丑支エリアが不益なのである。
また己丑年甲戌月己丑日甲子時のケースは「一品級の武官職」であり、甲午年甲戌月己巳日甲戌時のケースは「富貴清高」であり、甲午年甲戌月己巳日甲子時のケースは「巨富納貴」であり、辛巳年壬辰月己巳日甲戌時のケースは「富貴軽度」なのである。
〔詩訣〕
己日干で生月秋季では、もとより金気が作用し、
干頭を甲乙干を併見して、かえって有益であり、
乙干が三四干併相して、みな吉兆なのであり、
甲干が在局して成相すれば、翰林院に入局できるだろう。
〔註記〕
己干が生月秋季とはもとより金気であり、もし庚辛干の作用が透出しないときに、乙干を一二干擁して七殺に該当し、食神在局に偏官が巡るときに、丙干を擁してまた吉兆なのである。
行運の木火気エリアを巡って富貴であり、もし未卯支がさらに併甲干を搭載して、また日主は功名するのである。
もし庚辛干がすでに透出して、ふたたび甲乙干を併見すれば、相互に夾衝してかえって有害であり、行運の木火気を巡るのが不益で、金水気のときに添意するので、詳細が適宜なのである。
〔詩訣〕
勾陳（土神）が、号位を擁して強高と為し、
そこで木火気が適宜だが、火気の熾昌が不益であり、
命局にもし金質が存在せず、硬材と為り、
一生涯の名利の険峻となるだろう。
〔註記〕
勾陳（土神）とは土気で位相を為すので、すなわち木気を擁することに言及し、たとえば戊寅日主己卯日主己未日主己亥日主であり、さらに月令の亥卯未寅支に搭載して方途と為すのである。
命局に火質を擁せば庚辛干を畏れず、運歳の木火気に巡って己主は功名するので、もし過分の旺火には焦土や焚木と化して不吉なのである。

【論庚辛】

〔詩訣〕
庚辛干が生月春季で、正規の財星を擁するときは、

干頭に比肩劫財を附帯して、もっとも不益なのである。
正官と偏官は分能を要して、混雑が不益であり、
身旺で用途ならば、吉兆すなわち祥康であろう。

〔註記〕
庚辛干が寅卯生月はもとより財星であり、官殺が巡ってただ一用星が適宜だが、官殺混雑は不適宜で、身旺が前提で作用は吉兆で貴相と為るのである。

庚干が寅生月で、財星が旺じて偏官が生扶されるので、偏官が透出してただ偏官が適宜であり、官星がふたたび重見するのは不適宜なのである。壬癸干が存在せず戊己干を併見すれば、日主は身旺なので、運歳の吉意を巡って功名に言及できるのである。

もし己身を子午支が搭載して、丙干が透出するか丁干を擁し、戊己干壬癸干が存在しなければ、運歳の子戌午支の方途を巡って凶揺と為るのである。もし合絆や衝破や劫財などに巡って、身弱で財星が過分であれば、優秀だが質実ではないのである。

また運歳の寅午戌支や偏印食神のエリアを畏れて、凶揺は速やかに至るであろう。

たとえば辰支が庚干を搭載して、丙干か丁干に巡るときに木火気に際会せずに、劫財とはすなわち吉兆なのである。

卯生月も同じテーマであり、卯月庚辰日主で時柱庚辰干支と同一干支のときか、また生月庚辰干支で寅支を附帯すれば、すなわち大格局なのである。

さもなくばすなわち丙丁干が適宜であり、「官殺佩印」のテーマと為るのであり、またこの生日で傷官が有用のケースを詳細にすべきなのである。

もし庚干で生月春季で乙干に巡れば、乙庚合化して干合のテーマに分類するのである。

己身が軽微で財星が過分なのをとても畏れるので、身弱で劫財を附帯するか、水合局を会成するときは、水気が過多で盗気してたとえば火局を消容するので、病弱で馳駆奔走する人々なのである。

辛干で寅卯生月か丙干が透出すれば、運歳の壬戌干支癸亥干支壬子干支壬申干支が不適宜で、また命局に重複して擁して丁干を附帯するときは、かえって運歳の壬干は不益ではなく、水気火気ともに吉兆なのである。

もし正官と偏官を夾擁して適配でなければ、「官殺混雑」がテーマなのである。

たとえば地支の衝揺が巡って劫財が重複すれば、火地エリアを巡るのを肯首するが、水地エリアは不吉なのである。

寅卯生月ともに火質が巡らなければまた功利主義者で、清相であれば名声は些少で貴相のテーマを為し難いのである。

もし時季が寅午戌支のときは一好用を成為し、もし水気が過分で原局でもとより財星が偏官を生扶して、水気を容して火質を塞封すれば火気は生起せず、みな貴相と為らないのである。

なかには売名して名誉に拘するとは、泄気が過分で乏困することで、もし劫財が過分で南方エリアへ交入して肯首するのは、火気を附帯してすなわち発揚するのである。

もし水気と劫財が存在せず、軽度で戌亥支エリアを巡るのを肯定するが、申酉支エリアは肯首しないのである。

もし丙辛干合が一者で破相しなければ富貴であり、時季の壬辰干支はまた一用途なのである。

その他では劫財が官殺を被るか、また金気が破相して溢水すればともに下位のテーマとなり、運歳の木火気エリアを巡るのがとても適宜で、ふたたび金水郷エリアへ交入して希望は存在しないだろう。

辛干が辰生月は印星格局なので木火気が有益で、また傷官格局がテーマであり、そこで水気は不益ではないが、他の不益とはこのケースに同じなのである。

〔詩訣〕
庚辛干が生月夏季では、評釈が双方に分岐し、
偏官と正官とが巡るのは、それぞれの情誼であり、
庚干が亥支壬干を擁して、偏官を制伏して有益であり、
辛干が丙干に合絆し、名利が成就するのである。

〔註記〕
庚辛干が生月夏季で両干は一様ではなく、庚干が巳生月でもとより偏官

であり、午未生月かまた巳支丙干や寅午戌支に巡ってみな偏官に相当し、壬癸干亥支の水質の制伏を擁して、正官が混入せず格局が清用であれば貴相であり、その次席は富裕者であり、混相して壊劣がテーマであり、制伏が存在せず平庸者の命運であろう。

午生月で午支を併見し、巳支を擁してまた偏官なのであり、みな亥子支壬癸干の制伏が必要であり、戊己干が輔佐生助すればみな富貴に擬し、戊己干が存在しなければ、すなわち困難かつ欠乏に患うのは、未月も同じテーマなのである。

辛干が巳生月ではすなわち正官格であり、丙官の合絆に巡れば丁干を偏官と見做して、ともに貴相がテーマなのである。

行運の西北方エリアで官星が作用するときは、壬干亥支をふたたび巡るのが不益で、夾衝してかならず凶揺だが、用途の偏官は不益ではなく、時季巳午未支を擁してみな好作用と為るのは、歳運のケースも同義なのである。

午生月で偏官と印星が地支に存在して、また透出は不適宜であり、透出すればすなわち制伏が適宜なのである。

たとえば辛亥日主で巳午未支の時季もまた吉兆であり、壬午が巡って無害であり、金水気の当地エリアに交入して佳質を欠損するのである。

また原局に水気が存在しなければ、水気に巡ってまた無害なのであり、たとえば辛未日主辛卯日主辛巳日主などが巳午未支の時季に巡れば、行運で財星官星に交入して、科挙進士試験で首席合格に叶う方途であり、そこでの欠損とは減点がテーマなのである。

未生月では木火気が適宜であり、運歳の木火気エリアに赴き適宜だが、壬水の旺地が不益であるが、癸水は支障が存在しないのである。

もし木火気が巡らないときに、水土気に巡れば劫財が自旺するので、さらに金水気エリアへ赴き「官殺混雑」で太過して、制伏が存在しなければともに不吉なのである。

運歳の丑酉亥支エリアが不益で、すなわち官殺が墓符するので、軽度であれば傷剋して破相しないが、重度であればもっとも凶揺なのである。

〔詩訣〕

庚辛干が生月秋季で、身旺で強力であれば、
卯未支を擁して、すなわち吉意が栄昌なのである。
庚干が午寅支を擁して、水気を併見して適宜であり、
辛干が丙干を複擁して、非常に有益なのである。

〔註記〕

庚金が申酉生月で、偏官を擁してもっとも吉兆なのであり、寅午戌支が搭載して官殺を附帯して、壬癸干や印星を擁して適宜だが、行運の南方エリアを巡れば吉意は存在せず、行運の西方エリアを巡るときに、金気が太過して不適宜なのである。

戌生月に官殺を附帯して清相ならば、富貴でありまた壬癸干の水気が適宜なのである。

もし火局を会成して、盛火で救応が存在しないケースでは、行運の水気エリアで添意するが、行運の午寅支エリアではすなわち窮状が生起するのであるが、逆に秋季に木火気が存在しなければ不吉なのである。

もし用途の壬癸干を切望して、戊己干の破相が存在しなければ、水気の当地を巡って通変名称の財星に擬することができるだろう。

辛金が申酉生月で、丙官を二三干擁してすなわち吉兆なのであり、行運の水地エリアで発財するが、もし一丙干が単立すればすなわち小人物なのである。

たとえば丙干が存在せずに、丁干を附帯するとき重複して不適宜なのであり、そこで偏官七殺が過分であれば、すなわち窮状なのである。

また火気が存在せずに亥卯未支が搭載して、甲乙干を附帯して木局を会成すれば、南方エリアへ巡って大発展するが、そこで時季の午未支を貴相に擬することができるであろう。

戌生月で丙干が合絆して、丁干を附帯しなければ一格局を肯首し、富貴に言及できるだろう。

また壬干亥支が不益だが、戊己干が応救してまた吉兆なのである。

もし用途の七殺が、ただ偏官として適宜ならば正官の混入を畏れ、運歳の火旺地エリアで凶揺が生起するが、官星を擁して木気合を会成して、行運の木火気エリアで発達するだろう。

〔詩訣〕

庚辛干が生月冬季で、傷官に該当するときは、
丙丁干が存在しなければ、金水気を附帯して寒冷し、
甲乙干を併相して、干頭と支蔵干を分岐すれば、
さらに心識の、悲嘆と歓喜を識るべきであろう。

〔註記〕

庚辛干が生月冬季で官殺を附帯して、みな富貴に擬することができるが、たとえば庚干が亥子支を派生して、正官偏官が併擁するか官殺一セットを併見して、ともに己主の財利と為るので「飛禄夾丘」がまた吉兆なのである。

たとえば官殺が存在しなければ附帯して適宜であり、原局に財星が存在しなければ、運歳で財星官殺のエリアが好相なのである。

もし金水気を命局に擁し、さらに格局や用神が存在しないか、木気が存在しなければ窮状なのである。

辛金のケースでは、偏官一星が清用であれば富貴であるが、もし時季が丑亥支ですなわち「飛禄」に該当すれば、丙干に巡ってまた吉兆なのである。

もし丙干が虚透すればまた事態は済事せず、たとえば辛卯日主や辛未日主が木局を会成するか、また時季寅午戌支で火源と為れば、たとえ干頭に火気が存在しなくても行運の木火地エリアを巡って発揚するのである。

もし偏印が過分で木火気が存在せず、支蔵顕干が不詳であれば、行運の木火気エリアは不吉なのである。

生月丑月は印星に該当し、偏官一星が巡ってすなわち吉兆であり、そこで官星が軽度であれば、旺官の方途へ赴き適宜なのである。

もし木局を会局を会成して木火気エリアを赴けば、また己主は裸一貫で一家を成家するだろう。

また土気が重複してすなわち沈埋しまた水気が過重して、すなわち沈降するのを詳細にすべきなのである。

丙干頭に木火気が存在せず、さらに格局に取用できなければ、すなわち成器と成らずにその「夾丘」「飛禄」とは、運歳の官殺の方途を赴くのを畏れるのである。

もし命相が巳酉丑支金局で格局が成立せず、時季辰巳支に該当すれば、行運の金水気の当地を巡ることは、命理の重要なテーマと為るであろう。

〔詩訣〕

庚干が巳生月で、巳支を併擁するときには、
壬癸干が透出して、制伏の功が為るだろう。
行運の南方北方エリアともに、みな富貴であるが、
かえって命局に戊甲干を、附帯して不益なのである。

〔註記〕

庚干が巳生月で巳午支を複擁すれば、壬干亥支を附帯して適宜であり、たとえば丁干が癸干を夾擁してみな己主は功名を為すであろう。

そこで丙干が透干するか、戊甲干を附帯するか、官星が混入して癸干が衝揺せず、壬干亥支が存在しなければ、逓減がテーマなのである。

〔詩訣〕

庚辛干で、七八の比肩劫財が満局するときには、
格局が成立せず、また財星も存在しないだろう。
水気が作用して、北方エリアを巡って財利を為すが、
財星を擁して争劫すれば、一時の窮状なのである。

〔註記〕

すなわち用途の水気とは、庚日干で壬午干支癸未干支の時季か、辛日干で壬辰干支癸巳干支の時季で、その他は己丑干支己亥干支の時季で、みな比肩がテーマなのである。

さらに木火気が存在せず自旺の日主が用途と為り、戊己干を附帯せず水地エリアを巡って発達するだろう。

もし水地を巡ってまた甲乙干を併見して、原局に比肩が過多して、庚辛干が財星を擁さないので、財星が巡れば争劫するが財星を附帯して、吉意をテーマに肯定できないのである。

〔詩訣〕

庚金を午支が搭載するか、生月支に該当するときは、
丁己干が斎透して、適宜な耀明であり、
命局に丙干が不在ならともかく、巡って混雑と為し、
水気が涸絶して比肩が多ければ、富裕と推定するのである。

〔註記〕

庚午日主が午生月で、丁己干が透出すれば、官星と印星が併透して名利が発達するだろう。

もし午支を複擁して壬午干支の時季が吉兆なのであり、たとえば丙干偏官を擁して不益だが、もしまた偏官格と為り、水質の制伏が適宜であるとは、たとえば己丑年庚午月庚午日丁丑時のケースで巨富の命相なのである。

〔詩訣〕

庚干が生月子午支で、寅支を附帯するときには、
正官と偏官が混相して、干頭は好相と為り、
運歳の、子午支エリアに憂悩が併起して、
もし戊壬干を擁して、暗昧が陽明へと好転するだろう。

〔註記〕

庚子干支と庚午干支が生月寅午戌支のときに、偏官を命局に附帯して混相して、さらに財星を過分に擁して水土気の生扶が存在しなければ、すなわち身弱がテーマなのである。

ふたたび行運で子午支に巡ってすなわち窮状であり、もし壬癸戊己干に巡れば、かえって吉意がテーマなのである。

たとえば辛丑年庚寅月庚子日丙戌時のケースは身弱であり、運歳の子亥支エリアに転窮し、癸卯年甲寅月庚戌日丙戌時のケースは、また不足がテーマなのである。

〔詩訣〕

庚金が、生月冬季で月令は衰敗し、
そこで壬癸干が過分で、日主を盗洩するが、
もし丙丁干が巡って、庚金がさらに温容と為り、
その暖化の附帯は、すべて名利と為ると推究できるだろう。

〔註記〕

庚干が生月冬季でもとより身弱であり、また水質を附帯して盗気が過分なので、丙丁火の照煖を得てすなわち吉兆に言及できるのである。

たとえば火気が存在せず財星を擁するのを肯定するが、これを金水傷官のテーマへ言及し、官殺の附帯を肯定して功名が成就するが、終局的に大成就ではないのは、もとより原局が衰敗している為なのである。

〔詩訣〕

庚干が生月寒季で、二丙干を在局するときは、
すなわち功名かつ財利の人物を肯首するのであり、
行運や命局に、夾衝の原因が存在するときには、
かえって意思が憂悩して、叢野に隠奔するだろう。

〔註記〕

庚干が生月秋冬季で、二丙干を擁して偏官が混入するときには、急速の勢いと為るのである。

そこで顕彰して七殺の作用と称し、吉者ははなはだ吉兆だが、凶者ははなはだ凶揺と為るであろう。

もし行運で撃触して七殺が惹起するか、また衝刑の当地に際会すれば、その凶意は不可避であり、終局的に不善なのである。

〔詩訣〕

庚干の月令が、寅午巳支のケースでは、
亥支やまた壬干を擁して、財利は昌々なのである。
丙火が透干して、水気の制伏が存在しなければ、
涼好を懐顧して、嘆くこと耐え難いのである。

〔註記〕

庚干が生月寅午戌巳支のときに、壬干亥支を擁するケースでは、功名かつ発財するだろう。

もし丙干が透出して、水気の制伏や印星が存在しなければ、執念深い人物なのである。

たとえば寅午戌支が搭載すれば、丙丁干が不益であり、運歳の丙寅干支丙午干支丙戌干支では、軽度のケースでは口舌損耗し、重度のケースでは難儀に憂悩するだろう。

〔詩訣〕

庚子日主が生月秋冬季で、水局が全備するときは、
「井欄斜叉格局」の成立要件を作用するが、
命局に火気が存在せずに、貴相の方途が成立し、
木火気を夾擁しても、用途に不役なのである。

〔註記〕
庚子日主で、すなわち格局が成立するときには申辰支が会合しており、寅午戌支蔵の財星官星が衝揺し、庚干の地支が水局を会成して、比肩が過分なのを肯定するのである。
もし格局に金気が全備せずに、水気が過分であればすなわち傷官に相当し、たとえば丙火偏官を附帯してテーマとするときは、熱源への妄執とこの格局では言及し、丙暖の衝破に巡るべきなのである。
〔詩訣〕
庚日干が丑亥支の時季は、すべて適宜であり、
壬癸干を併見して、また命相は適宜であり、
そこで丙干を擁して、また名利に叶処し、
土気が重複し財星が過分では、かえって破局するだろう。
〔註記〕
庚干が冬季丑亥支の時季に、すなわち一用途と為るのである。
たとえば壬癸干を擁して、透出すればまた吉兆であるのは、もとより水気を用途として火気がその添用と為るからである。
そこで水気と火気の併相が不益であり、また土気と木気とが重複して不吉なのである。
〔詩訣〕
庚干が壬癸干を擁して、秋冬季に当令すれば、
子支を附帯して財気を生扶して、それぞれ名利と為り、
年時干に、木気が顕れて合相すれば、
金気の方途は、偏印を附帯して発達するだろう。
〔註記〕
庚日干が秋冬季で火気が存在しなければ、火気の用途で熱源と為り、癸水を併見してすなわち傷官が財星を生扶し、また「夾丘之格」を附帯するのである。
時季が壬午干支丁亥干支癸未干支のケースか、または庚寅日主で時柱庚辰干支かまたは庚申日主で時柱壬午干支のケースでは、行運の午支を巡るのを畏れるのである。

この日柱寅辰支はともに時柱辰支が不益であり、戊土は当地か運歳戊土で入庫して不吉なのである。
それは枝葉の衝揺かつ存否の顛倒で、その窮状は測り知れないほどで、子息が存在すればそれを損傷するであろう。
〔詩訣〕
辛未干支と辛卯干支とは、財星を支蔵し財星が搭載し、
丙丁干が干頭に顕出して、もっとも適宜なのであり、
生月寅卯支に、甲乙干が透出するときは、
越臣陶朱氏に比する富裕者なのは、決定的である。
〔註記〕
辛未干支辛卯干支は財星を支蔵し、丁乙干が透出して有益で吉兆と見做し、生月の寅卯午未亥支が適宜なのである。
たとえば用途の丙干には丁壬干亥支が不益であり、木火気の旺地エリアが適宜であり、金水気エリアが不適宜なのである。
そこで秋冬季には偏官が旺根するので、南方エリアへ交入して不適宜だが、寅午戌支は好作用で亥支日はまた吉兆なのである。
〔詩訣〕
辛日干で月令が、戊巳寅支に該当するときは、
貴相とは丙火が、元神として顕彰されることであり、
用途の財星が官星を巨益して、爵位が加増するだろう。
もっとも畏れるのは、亥支壬干を併相することなのである。
〔註記〕
辛日主で生月巳戌支で丙干が透出すれば、一つの貴格局と為り、己主は功名し富貴であろう。
もし亥支壬干を擁して破局なのは、地支に巳戌支を附帯して同じく破相なのである。
また格局が清相でなければ寅午戌支の時季に巡って、また一吉兆へ言及して丁干が混入するのを畏れるのである。
〔詩訣〕
辛金が生月寒季で、卯亥未支を附帯するときには、

財星局を会成するので、その富貴が濃厚なのであり、
火気が存在しなければ、金水の冷気をテーマにできない。
全局が陰干支で福禄と見做すが、偏印傷官を畏れるのである。

〔註記〕
辛干が生月秋冬季であり卯支を尊位と見做すが、もし全局に亥未支が揃相すれば、己主は発財して吉兆なのである。

「飛禄」など他の格局では、命局に丑亥支を重擁して巳支が衝支して禄馬と為り、全局が陰干支に相当し、局中に火気が存在しないときは、金水気で寒冷するのに言及できないのである。

ただし格局かつ偏印偏官が存在せず不益と見做し、そこでそこで辛癸干で陰性木気を潤沢するので、土質を擁してすなわち組党し、行運の木地エリアを巡ってすなわち吉兆なのである。

〔詩訣〕
辛金は木火気を擁して、もっとも有益であり、
丁干乙干が併相して、名利が通亨するだろう。
木火気をして、名利が叶わずして改めたくても、
金水気を併相して、火源が残光して燻るのである。

〔註記〕
辛日干とは身弱が適宜であり、木火気が有益だが金水気が不益なのである。

春夏季に木火気を擁して両気ともみな吉兆なのだが、ただ酉支地はすなわち肯首できないのである。

もし原局に比劫が過分であれば、行運の財地を巡りすなわち凶揺なのである。

原局の財地に比肩が巡れば、運歳の戊亥支に巡るのを肯首するが、酉地への交入はまた凶揺なのである。

そこで用途の丙干は壬干癸干が不益であり、癸干を塞帯するのを畏れるが、発揚が機能すれば富貴だが、破綻してすなわち窮状するのである。

また秋冬季で、原局に木火気を附帯して重擁するときは、南方エリアへ交入して不吉であり、また破綻して丁乙干が不吉なのである。

いわゆる五陰干の顛倒を人が知ることはできないが、ただ身旺が不適宜であり中和すれば、すなわち肯定できるのである。

〔詩訣〕
辛日干は春夏季に衰敗するので、西方エリアを巡って肯首し、
作用の官殺が秋冬季生月で、南地エリアは凶意であり、
そこで木火気は、金水気の衝破が巡るのを畏れるが、
ただ秋冬季には、木火気を要して彫鎔するのである。

〔註記〕
辛日干が春夏季には過度に衰敗し、木火気に周巡して、原局に水気や比劫が存在しなければ、行運の西方エリアがまた吉兆なのである。

もし辛干に力量があって比劫や水気を附帯すれば、行運の金地エリアがまた不吉なのである。

そこで秋冬季に木火気を附帯して、また南方エリアへ交入して適宜だが、もし木火気が用途のときには、金水気が衝破するのを畏れるのである。

〔詩訣〕
辛日干で、丙甲壬干を附帯するときには、
三者は相互に、生益して従相するだろう。
運歳の東南方エリアで名利を肯定し、
西北方エリアで成立なく、酉支に向かって傾斜するだろう。

〔註記〕
辛日干が丙甲壬三者を附帯し、すなわち壬干が甲干を生扶し、甲干が丙干を生扶し、また壬干が丙干を制伏して征と為すので、行運の西北方エリアを巡って帰郷に巡当と為し、このように作用を占断するのである。

〔詩訣〕
辛日干が東南エリアで、時季が丁酉干支であれば、
火気の方途が名利で、かえって適配なのである。
金水気が旺強で、財官星に瑕疵と為れば、
西北方エリアで葉々が、自ら寒風で吹き飛ぶようなもの。

〔註記〕
辛日干が生月春夏季で時季丁酉干支のときは、すなわち一格局を肯定し、

行運の木火気の方途で功名発達するのである。

原局が比劫や水質を附帯して、金水地を巡るときはすなわち財禄を欠損し、いわゆる木火気が旺盛で早期完成するが、西北方エリアに交入して悔恨するだろう。

〔詩訣〕

辛日干が生月秋季で偏官七殺の太旺を畏れるが、
冬季に水気を派生するので、東方午支の火気が有益であり、
そこで月令の木火気は水地を巡るのが不益なのである。
また火気や水気傷官が存在せず、酉支かつ西方エリアを忌むのである。

〔註記〕

金水気の傷官が官星を併見しても支障はなく、傷官が在局しないケースでは、すなわち官星印星に水気が巡り、かえって正官が衝破するのである。

春季でもまた不益な水質とは、木質の作用で官星を生扶し、そこで水質とはすなわち盗気なのである。

もし水木混相してすなわち火気の陽明は難しく、そこで官星の生扶を肯定できないのである。

ただ秋冬季に至って金水気が当令し、すなわち金水傷官が官星を併見して有益と言及するのは、偏官もまた同じテーマでありそこで財星を肯定するのである。

〔詩訣〕

辛日干が、寅午支の時季に巡るときとは、
また戌亥卯未支のケースも、また同じ見解である。
洩気火吐が明らかで木気財星の秀発を号することができ、
そこで和解しなければ、金水気に依付するだろう。

〔註記〕

辛日干がもし寅午戌亥卯未支の時季を附帯して、一様に吉兆であり「木火秀明の象」を肯定し、ともに吉兆なのである。

もし金水気が運歳の丑辰支に交入して、金質が鎔解して絶符墓符および申酉亥支の方途で、その損耗や傷病に擬して丁干偏官が重度ならば、すなわち卒するのである。


【論壬癸】

〔詩訣〕

壬癸干が生月春季で、財星に巡って有益であり、
そこで命局が土気を擁して、また奇瑞であろう。
財星が存在しなければ、営利も成し得難く、
木気が金質を複擁して、株根を成断するのである。

〔註記〕

壬癸干が寅卯生月では木気が用途で、比肩を擁してまた食神傷官が透干して有益で、官殺を畏れないのである。

もっとも財星を擁して好用で、切に金気の重複が不益なのは、かえって木質の作用を衝砕するからであり、そこで些少な金質は無害なのである。

壬干は寅卯生月で寅辰午戌支を擁し、一二甲干が透干して全陽干支と為り、寅辰支を複擁して清相であれば貴相であり、寅支が好作用であれば富裕相で、火局会成もまた富裕命で、南方エリアを巡っても不益ではないのである。

戊干と庚干とが併透して甲丙干もまた適宜であり、時季丑亥支も好作用と為り、もし金気が重複して財星が軽度であれば不益であり、木気が些少で西北方エリアを巡って不吉なのである。

卯生月で日柱寅午戌辰支で、戊己庚辛干巳支を擁して一貴格局と為り、行運の南方北方エリアともに吉兆で、甲干が透出して用途と為し偏印を擁して不益であり、丙干を塞帯してまた吉兆なのである。

辰生月で殺印セットを称して、官印一格局で成局すればすなわち富貴なのである。

もし日柱寅辰午戌支で、干頭が一二透甲干のときはすなわち富裕で、風雲に龍虎が騎乗してすなわち貴相なのである。

ただし申酉支の刑衝を畏れ、もし運歳で比劫が旺じて火土気が存在しなければ、陰陽が混交して旺金が木気を剋するので、火気を塞帯しなければ馳駆奔走の命相なのである。

癸日干で寅生月で時季寅支のケースは、刑合格で庚申干支巳支が不益で、

時季亥丑辰支を擁して一格局を肯定するのである。

　比肩を帯び南方北方エリアとも巡って吉兆だが、官殺や財星印星が透出し、また行運の南方エリアが不吉なのである。

　また中和に相当して格局に入格して、両星を併見して富貴であり切に金気の過分が不益で、また財星正官偏官印星を附帯して不吉なのである。

　卯生月で時季寅支は一貴格局で、薄土質や薄金質もまた有益なのである。

　庚申干支がまた辰月に近付し、庚日主は全陰相と見做し、また貴相に擬することができるのである。

　もし時季辰巳卯支で行運が吉兆でまた発揚し、それほど土気に不益ではなく、もし金局を会成して、ふたたび金水の地エリアに交入して不吉なのである。

　辰生月で官殺が用途と為るときに、時季が辰巳午未支に相当すれば一格局なのであり、また時季申酉支でまた一格局と為り、ともに甲木が不益なのである。

　もし支根が存在せず土気が過分でまた害と為らず、木気が透出して不益なのは時季甲寅干支であるが、比肩は不益ではない。

　そこで原局に官殺を擁して、行運官殺の方途が不益なのである。

　この春季生月で比肩を併擁して、また火土気を附帯して適宜であり、みな己主は富貴であるが庚申干支辛酉干支が不益で、金気に会合して木質が衝砕するので、そこで薄金質は不益でない為に、辰月では金気を附帯して不益ではないのである。

　寅卯生月で原局に比肩が存在せず、財星官星を複擁するときは、運歳の財星官星のエリアを巡って不益なのは官殺太過と称し、一たび妻子を傷剋して度数が重複すれば、すなわち作用も変化するが、ともに運歳の日二支を巡るのが不益なのである。

〔詩訣〕

　壬癸干が火災を派生するとは、代替の気がテーマであり、
　もし偏印印綬を擁して、旺盛なのは無窮なことである。
　壬子干支には支根があるのは、些少に成為するが、
　癸干に支根が存在せず、大家と成るだろう。

〔註記〕

　壬癸干が生月夏季で火土気が用途だが、比肩劫財は適宜ではないのである。

　生月夏季には水気が衰敗して官殺が旺盛だが、ただし印綬を擁してすなわち士夫や君子と成り、そこで食神傷官とは財星官星に不益なのであり、ただ刑衝や合絆に従うことがテーマだが、寅支が甲干を搭載して不益ではなく、もし己干を擁して適配ならば、すなわち吉兆なのである。

　壬子日主壬寅日主壬午日主壬戌日主で、巳午生月で戊庚辛干が一透出すれば、貴相に擬することを肯首し、偏官偏印も財星が充足して高貴と見做し、そこで正官印星がその次席だが、劫財陽刃と財星でもその名称に列挙できるだろう。

　もし甲丙干が透出しても欠乏すれば、己干が適配で上首尾であり、丙丁干を畏れるので丁干が化合に従干してまた吉兆なのである。

　午生月では官星の衝揺が不益であり、庚戊干が透出して従殺格のケースは不益ではなく、ただ壬申日主では財星官星は不益であり、甲丙干が透出して殺印化格を肯定するのである。

　未生月では傷官が一格局として、会成するケースは富貴なのであり、また印綬が適宜で壬寅日主壬辰日主壬午日主壬戌日主のケースでは、官印や殺印に該当し一格局として清相であれば貴相だが、夾雑するケースはその次席なのである。

　壬子日主が傷官を附帯して合絆と為れば、貴相に擬することを肯首するのである。

　癸日干で巳午生月で、もし財星がテーマならば富貴に該当し、申酉辰巳午未丑卯支の時季はみな吉兆がテーマなのである。

　比劫が過分であれば不吉であり、全局が陰相ならば大吉兆で、火気に化気すれば大富貴なのは、殺印のケースもまた同じなのである。

　未生月では殺印が貴相の一格局で、時季丙辰干支丁巳干支また辛巳二干支では、ともに己主は功名を為すだろう。

　そこで時季寅支は、刑合格局として庚申干支が重刑するのを畏れ、亥卯未支を全備して適宜かつ富貴なのであり、戊己干戌支が不益で食神傷官が用

途なのである。

比肩が過分であれば、東方エリアを巡るとき大発財するが、用途の木気は金気を畏れ、用途の土気は金気が適宜なのである。

また壬日干を未支月令で、寅辰午戌日支が搭載すれば、戊己干が透出して富貴に擬することを肯首し、艮卦（丑寅季）でまた吉兆なのであり、丁干を過分に擁して否定できず、甲干に際会して木火気が適宜なので、行運の金気の方途が不益なのである。

〔詩訣〕

壬癸干が、中秋に臨んで生旺するときに、
火土気で、功名を遂げることに情誼をもとめ、
火土気が存在せずに、北方エリアへ赴くときに、
幾度も歓喜して、幾度も憂悩するだろう。

〔註記〕

壬癸干が生月秋季であれば、すなわち印星に該当し火土気の作用が必要だが、秋季生月は火土気は当令しないので、過分に附帯しても無害なのである。

たとえば命局に火土気が存在せずに北方エリアへ巡り、すでに中秋の時季で生扶が太過すれば、すなわちかえって欠乏の方途と見做すのである。

壬干が申生月で、年柱と月柱がともに寅支であるか、時季が辰戌支のケースに戊申支を附帯して、殺印がテーマと為るのである。

そこで運歳が順行であれば富貴となり、子支の位相が欠乏して吉兆であり、南方エリアを巡って印星を衝破するのである。

もし一丙干を申子辰支が搭載しなければ、行運の南方エリアは無害だが、順行して寅支に巡るのを畏れるのである。

酉生月で戊干を擁するか時季が戊申干支のときは、運歳が順行であれば貴相だが、逆行すればすなわち富裕相なのである。

また原局に火気を擁さずに比劫に巡って、火気エリアを赴けばまた貴相であり、丙干は不益ではないのである。

戌生月では殺印や官印と為り一格局を肯定するので、自らの命相に殺印を附帯して、もし全陽性かつ庚干を擬して富貴なのである。

もし生月冬季に近付し、さらに辰午寅戌支が甲干を搭載すれば、己主は大富貴で清局であれば貴相なのである。

もし時季が丑亥寅辰支のケースで、命局に偏官を附帯してすなわち吉兆であり、もし木気が重複して金気と木気とが、夾雑して刑衝すれば凶揺なのである。

癸日干で申酉生月で時季が庚申干支で「合禄」と為るので、申月に火質を附帯して火土気は北方エリアへ赴きまた吉兆だが寅支丙干が不益で、月令を衝して火地に会合すれば、火気を擁して南方エリアに背行してすなわち破相なのである。

もし時季が辰巳支で土気が過分であれば、順行逆行ともに吉兆なのである。

酉生月で戊己丙丁干を附帯してまた火土質の地支相で、行運の北方エリアを巡って富貴だが、ただし子息は少数なのである。

そこで南方エリアへ逆行して子息を得るが、また「傷官佩印」して月令が衝揺するのを畏れるのである。

もし癸巳日主か日時柱が亥巳支のケースで、比肩が過分で申酉支の印星を擁せば、行運の北方エリアで功名するが、ただし財星が聚旺せずに、月令を刑衝するのを畏れるのである。

申酉生月で原局に戊土が存在せずに甲干を擁するか、原局に甲申干支を擁して、行運の戊寅干支を巡るかまたは傷官が官星を夾擁して、また称意に言及しまた純粋な陰相で、格局が成立してまた吉兆なのである。

もし水気が局相を保持しなければ、陰陽が混雑してすなわち凶兆であり、この壬癸干は申酉月にもっとも適宜かつ、火土気が好作用なのである。

癸日干は戌月に癸干比肩は支障ではないが、日時柱に亥支を併見して不益なのは、すなわち甲戌干を支蔵するからである。

もし土気が過分ですなわち富裕であり、時季が庚辛干申巳辰午未卯支に該当するとき、一格局を得てともに吉兆なのである。

もし干頭が寅申支に通根すれば、たとえ名利を擁しても背反が惹起し、冬季月令に交入して甲寅干支のタイミングに、干頭は刑衝や合絆へ従象する格局がテーマなのである。

〔詩訣〕

壬癸干が当令して、比肩劫財を擁するときは、
運歳が旺地に帰局して、かえって成功するだろう。
たとえば火土気を擁して、従格などに相当すれば、
そこで木気食神と飛禄や刑衝とは、また同意義ではないのである。

〔註記〕

壬癸干が生月冬季で、ふたたび旺地を巡るのを「飛天禄馬」と称して、禄旺に従象してすなわち吉兆だが、火土気を附帯するのを畏れるのである。

たとえば壬干が亥子支生月で、比肩劫財が過分であれば、飛禄格を成局して官星を明見して不益なのである。

もし水局を会成して従旺格と為れば、命局が全陽相なので甲丙干を擁して、行運の東南方エリアを巡って富貴が大発展するだろう。

命局に丁干の化合を擁してまた吉兆なのであり、たとえば戊干に巡ってすなわち偏官と為し、庚辛干が適宜で印星に相当するが、甲干を附帯して不適宜なのである。

そこで用途だが地支の寅午戌辰支が適宜だが、火土気を附帯して己主は功名を為すのである。

その軽重に言及するならば、たとえば辰巳丑亥支の時季が一用途で、ともに行運の東南エリアを巡って有益であり、清局すれば貴相で混相すればその次席で、これは身旺にて任能するのである。

生月丑支では官殺が過分で、また丙丁干を擁して、行運の酉地を巡って適宜かつ吉兆なのである。

そこで偏官偏印を併見し、また日時柱が寅午戌辰支や食神傷官などのケースに、みな吉兆のテーマを肯定するのである。

癸水では亥月が命相全陰ですなわち飛禄と為し、また時柱乙卯干支を擁して食神傷官が作用して、行運の東南方エリアで発福するのである。

時柱己未干支はすなわち偏官で、時柱庚申干支辛酉干支はすなわち「合禄飛禄」と為り、印星を附帯してまた名利を肯定するのである。

また戊干を擁して官星印星を附帯し、また己干を擁して偏官印星を附帯するときは、行運の丙丁干が不益で、官殺は高貴だが富は些少なのであり、行運の土金気の旺地エリアを巡って適宜だが、ただし子息は少数なのである。

子生月では飛禄を擁して木気食神が作用し、すなわち「刑合」「夾丘」などの格局なのである。

そこで時季に申酉支が附帯してまた適宜で、己土偏官が清相して貴相であり、その次席が富裕者なのである。

また壬癸干比劫が混在して、用途の財星が微勢のケースで、たとえば癸巳年癸丑月癸亥日癸酉時では互相が過多し、すなわち財星官星偏官印星とは「飛禄」が有益で、また土気が過多してすなわち殺印格なのであり「邀巳格」ではなく、双方は同じテーマなのである。

丑生月は全局陰相で、すなわち偏官七殺であり「飛禄」なのではない。

まず正しくは、いわゆる七殺が存在しない方途を重用するが、七殺が存在する用途を重用し難いのである。

たとえば官星を擁してすなわち印化するように、己干を擁して従殺格と為してまた適宜なのであり、印星が透出して吉兆と為るのである。

また陽干壬水は、劫財癸干を混在するのを畏れて金水気が争交するだろう。

その癸干が生月冬季で、時季に甲寅干支で印星が存在しないケースは、土金気や劫財壬干が透出してまた奇瑞なのである。

運歳の東南方エリアが適宜で乙卯干支の時季では、火土気かつ全局陰相が適宜で、行運の東南方エリアに発達して干頭に庚申干支辛酉干支が在局して不益なのである。

また丑生月で「合禄格」が存在せず、時季が申酉支に該当してすなわち殺印と為り、財星の方途が不益で劫財を擁して畏縮するのである。

〔詩訣〕

壬癸干が生月秋季で、比肩劫財を複擁するときは、
財星が存在せず財地に巡らずでは、窮状してどうすることもできない。
命局に土気を擁して、火気を附帯するときには、
春雨に降滴した桃果のように儚いものである。

〔註記〕

ここで比肩が太過して、原局に財星が存在せずに財地に巡るときは、比肩が争財して不吉なのである。
もし命局に火土気を擁せば、比肩劫財が些少であっても、劫財が機能して印星を封塞するので、初期は窮状でも財地を巡って発財するのだが、ただし恒久ではないだろう。

〔詩訣〕

壬干が巳生月で、戊丙蔵干に該当するが、
殺印の命相で、用途とすること大であり、
癸日干が当令して、富裕に擬するべきであるが、
ただ原局に、食神傷官を附帯して憂悩するのである。

〔註記〕

生日が壬寅干支壬戌干支で月令巳支のケースでは、巳支蔵干に丙戊庚干が「三偏奇用」と為るのである。
癸日干の巳支蔵干はすなわち「正規の三奇」なので、みな富貴に擬せられるが、比肩劫財や甲干が不益なのである。
癸日干で時季乙卯干支のときは、すなわち土質が破裂し、時季甲寅干支のときは、すなわち土質が衝壊して不吉だが過分の土気は支障なく、おおむね吉意のなかに凶揺が存在して、はなはだ危惧するのである。

〔詩訣〕

壬干が旧七月で、申支で所属が印星と為り、
木火気が併相して、すなわち春季の便りのようで、
劫財が存在せず、官星を擁して吉慶が多大で、
劫財が存在して併相して、己主は窮状なのである。

〔註記〕

金気は水気の源泉であり、秋季の金質が太旺して阻土が存在せず、すなわち壊流する故に、財星官星を適宜で美局と見做すのである。
運歳の順行が適宜であり、命局に火土気が存在せずに、偏印食神が併相して、行運の南方エリアはすなわち吉兆だが、行運の北方エリアは不吉なのである。

〔詩訣〕

壬日干を、申辰子亥支が搭載するときに、
そこで全局水気比劫では、甲干も功と為らずに、
運歳の東方南方エリアともに、みな名利を為し、
そこで金地にふたたび巡っても、また空疎なのである。

〔註記〕

壬日干が冬季に当令して、申子辰支が全備するケースでは、日干はもとより旺盛なのである。
もし時季辰支を擁するか、また命局中に寅支甲干が透出して、食神や財星が東南エリアを巡って大発展するが、そこで庚戊干を附帯し交争して不吉なのである。

〔詩訣〕

壬日干で、巳生月は『周礼』（六獣）の一支であり、
なかでも壬午干支は、別途に考えて適宜である。
他の壬干は、陽土干支が多く尊貴と為るが、
そこで甲木が巡り、すなわち作用を疑うのである。

〔註記〕

壬日干を申辰子寅支が搭載して巳生月のとき、すなわち富貴であり、そこで庚辛干が透干してさらに吉兆なのである。
もし陽刃と偏官を併帯して、己主は枢要の権職を顕わすのである。
そこで比肩財星印星を混相して附帯すれば、己主は高才ながら及第しないか、または異路にて功名を為すが、妾女が多いが子息は存在しないのである。
壬午日柱はすなわち、官星を支蔵して清局すれば貴相であり、ともに甲木が不益なので、甲木を附帯すれば己干合を擁して、庚干の透出に支障はなく、もし甲丙丁干がともに透出して不吉なのである。

〔詩訣〕

壬戌日主戊寅日主が、生月冬季のケースでは、
干頭に戊干が透って、庚干を併見して有益であり、
偏官が過分のとき、もっとも好機に際会し、
富貴や憂悩は、甲丙干申支を擁してこもごもである。

〔註記〕

この壬戌日主と戊寅日主が生月冬季で、命局に庚戌干を擁して適宜であり、辛干が透出してまた吉兆なのである。

もし命局に偏官七殺が過分でもっとも吉兆だが、甲干と丙干を附帯するのを畏れて、徒党の七殺が印星を衝破するか官星が混入するのは、夏季生月がもっとも甚大なのである。

〔詩訣〕

壬申日主が生月夏季で、時季が火土気のケースでは、
干頭に財星官星が透出して、奇瑞を肯定しないのであり、
もし庚戌干支を擁して、一作用を成すので、
どうして甲丙干が併起して、両相が相依するだろうか。

〔註記〕

この生日が生月夏季で財星官星が不益なのは、原局に支根を擁するからなのである。

〔詩訣〕

「壬騎龍背格局」とは、寅辰支を有益と為すので、
財星の格局を成局して、また自ら喜悦するのである。
甲干を附帯して全陽相のときに、名利に浴するが、
戊干か庚干を一見して、詳解を要するのである。

〔註記〕

「壬騎龍背格」のケースでは辰寅支を風雲と見做し、複擁すれば己主は富貴なのである。

もし寅午戌支か財星局を会成してまた吉兆であり、命局に甲干が透出してもっとも好作用だが、そこで庚戌干支を附帯してすなわち破格だが、もし時季が戊申干支のときは、偏官七殺がテーマであり、これを詳細にすべきなのである。

たとえば己丑年戊辰月壬辰日庚子時の命局のケースでは、甲子年中に推挙されて即座に父君を傷剋し、戊辰年に偏官七殺が重複して二カ月で卒したのは、庚戌干支を附帯して破格した為なのである。

たとえば壬辰年甲辰月壬寅日庚子時の命局のケースが大貴なのは、甲干が透出して寅辰支が全備して好作用の為なのである。

〔詩訣〕

壬干が午支に臨み「禄馬同郷」と見做すので、
財星官星を重複すれば、富貴かつ長寿なのである。
春季であれば金気を擁して有益で、木気を畏れないのであり、
生月子支のケースで、土気を擁して成功するだろう。

〔註記〕

壬干日主では丁己干を用途と為し、春季生月がもとより不益で、木質官星は有害なのである。

もし庚辛干巳酉丑支を附帯してすなわち有益で、生月子支で土気が過分であればすなわち能く癸水を制土するので、たとえ子午支衝が在局しても丁干は無瑕で点灯するのである。

もし生月夏季で財星官星が過分であればみな貴相なので、癸巳年己未月壬午日己酉時のケースは貴相で、また癸巳年己未月壬午日庚子時のケースは、丙辰干支のタイミングで科挙進士試験で首席及第したのである。

〔詩訣〕

癸日干が金局を会成して、時季辰巳支のケースでは、
月令が寅卯支に該当して、水木気が滋生するので、
偏官と正官とが命局に入格して、もっとも有益であり、
恒常的な名利を、自ら相好と為して肯定するのである。

〔註記〕

癸日干が巳酉丑支を附帯して偏印印綬に相当し、生月春季では木気を用途と為しまた無害であり、正官偏官を附帯してすなわち吉兆と為るのである。

時柱が辰支か巳支のケースは、すなわち財星官星に該当し、格局の衝破が不益なので、丙丁干を用途と見做すのである。

〔詩訣〕

癸日干が、巳酉丑支を附帯するケースでは、
時季の庚申干支や南方エリアを巡って有益であり、
そこで木火気を功名と為して、比肩劫財を不益とするが、

財星や官星の格局に該当するケースは、稀少に存在する。
〔註記〕
癸酉日主癸丑日主癸巳日主の三日の生日で、時季が庚申干支のときは、木火気の方途エリアを巡って吉兆だが、ただ比肩を畏れるのである。
〔詩訣〕
癸日干が生月春夏季で、財星が過分のスパンでは、
もし従財格局を会成して、福分たる推挙は難儀であろう。
干頭に正官偏官が、混相して透出するときには、
なお事態は馳駆奔走して、安閑とは解釈できないのである。
〔註記〕
癸日干が生月春夏季で財星の過分を附帯して、すなわち従財格局と見做すのである。
もし庚辛戊己干を附帯して殺印の象がテーマなので、以上の四者が混相するのを畏れ、そこで財星印星を併擁して征奔して不益なのである。
もし戊己干を用途と為すときは他の格局を考えるが、そこで庚戊干とは一用途と為り、また辛己干も一用途なのである。
〔詩訣〕
癸干が生月春夏季で、食神傷官が月令のケースでは、
比肩劫財を重複して擁して、妻子を傷剋するだろう。
たとえば命局に、火土気を附帯するケースでは、
さらに行運の南地エリアを巡って、財利禄位とも斎同するだろう。
〔註記〕
癸干が生月春季では木気を作用と為し比肩劫財が過分で、さらに火土気支蔵干が透出しなければ、すなわち妻子を傷剋して耐久できない命相なのである。
行運の北方エリアを巡るのをもっとも不吉と為し、もし火土気を擁して輔佐するか、陽干が過多して甲干が透出して、南地エリアに併行すればその意はさらに多数で、ここですなわち無から有が生起し、人知の及び難いところである。
〔詩訣〕
癸日干で、時季己未干支を附帯するときには、
偏官己土がさらに戊干を、重複するのを畏れるが、
たとえば財地エリアに巡って、制伏の作動が尽きれば、
人間界での富貴や侍従は、肯定できないのである。
〔註記〕
癸日干が時季未支はすなわち偏官七殺なので、戊干を併見するときは従化が必要なのである。
また己干を併透して不益なので、戊己干が併透して不適宜で制伏が適宜でありその太過を畏れて、そこで優秀だが質実ではないのである。
〔詩訣〕
癸亥日主が生月戌支で、比劫が過分であれば、
運歳の金水気エリアでは、完成の事象が皆無であり、
もし運歳の南地エリアを巡って、寅支甲干が存在しなければ、
富貴かつ功名が、成就可能と断定できるだろう。
〔註記〕
癸亥日主が戌生月で比肩が過多すれば、行運の金水地エリアは不吉であり、南方エリアを巡るか火土気を附帯して、みな吉兆なのである。
ただ甲寅干支戊申干支を畏れるのは、戊土には寅申支が不益で、南方エリアを巡るときは不益ではないが、ふたたび水地エリアを巡って不吉なのである。
もし日柱亥支でないときに寅申支を擁せば、比肩を附帯してまた吉兆だが、たとえば時季の甲寅干支のときに、亥支に近付すれば戌月に類推して、すなわち水気がテーマなのである。
たとえば庚申干支を附帯して、火土気が過多しても不益ではなく、行運の亥寅支甲干を巡るか、火土気が旺盛で名利を肯定するのである。
時季が己未干支七殺のケースでは、寅亥支甲干を畏れず、時季が戊午干支のケースでは、甲干を畏れて亥寅支を畏れないのである。
〔詩訣〕
癸干が生月秋季で、金水気が明らかなのであり、
火土気が併相して、すなわち情誼を成為するが、

比肩劫財の附帯を肯首し、南地エリアでの昇級を肯定するが、
木火気を附帯して、北方エリアを順行し、功名を為すのである。

〔註記〕

生月秋季では比肩劫財が過多するが火土気が些少なので、行運の南方エリアを巡って禄位を為し、通変名称では財星だが質実ではないのである。

原局に火土気が過分であれば、行運の北方エリアが不吉であり、たとえば癸亥年庚申月癸亥日己卯時の命局では、南方エリアを巡って貴相なのである。

〔詩訣〕

癸干が生月秋季では、印星が己身を生扶するので、
そこで丙火が併相して、また衝撃と見做さずに、
また土気を擁して、名利の成否を許容するが、
もし命局に寅支甲干を附帯し、春季盛青を否定するのである。

〔註記〕

癸干に丙干が巡るときには印星の衝破を忌まずに、土気を附帯してすなわち吉兆であり、そこで巳午支また戊己干辰戌丑未支ともに吉兆なのである。

そこでもし命局に寅支甲干を附帯して凶処が残存し、印星格局が成立してもまた功名は存在しないだろう。

行運でふたたび寅支甲干に巡り、印星を衝銷して忽然と変容し、その窮状は測り知れないほどである。

〔詩訣〕

癸未日主癸卯日主で、時季が甲寅干支のケースでは、
刑合格のなかで、もっとも奇瑞を肯首し、
ただ行運の、申午地エリアを忌避し、
木気の盛青に会合するスパンで名利が叶うだろう。

〔註記〕

癸日主で時季甲寅干支のケースは、すなわち刑合傷官と見做して春季が適宜なのであり、生月が亥卯未支のときは、木局全会してすなわち貴相なのである。

行運で木局を会成するか、歳運で木気が秀発すれば、名利が叶うスパンなのである。

そこで午戌支のスパンもまた富貴が叶い、戊庚甲干か戊戌干支重複のスパンが不益かつ不吉なのである。

たとえば甲子年丙寅月癸丑日甲寅時の命相のケースでは、申支に巡って瑕休と見做し、また丙子年辛卯月癸亥日甲寅時のケースでは、申支に巡って官職の休止に充てるのである。

【甲坤黄数五】(火は土旺を生じ、以下もっぱら納音の取用法を重複してみよう。)

〔詩訣〕

甲主が戊癸合を附帯し、木気は特殊でもなく、
あるいは金気満局して、付加して相応であり、
命局を土気が占有して、一二の木気を擁し、
禄位権威が厚く、帝都でも清出するだろう。

〔註記〕

用途の真実の火気が真実の土気を派生して、戊干が存在して癸干が無ければ、子支が代用と為り、癸干が存在して戊干が無ければ、巳支が代用と為るのである。

子巳支とはすなわち成実の土地なのであり、また巳酉丑支は旺水を生扶する福元なのである。

辰戌丑未四土支を、もし一二者擁すれば成実の格局と為るが、子巳支に戊癸干を代用するケースで、甲主が戊癸干合を擁して、たとえば戊子干支癸巳干支や、辰戌丑未支がもっとも貴相なのである。

【雲漢秀気】(火気のなかに水気を帯びるとは「暗金官神」なのである。)

〔詩訣〕

甲主が、火気を擁して孤独と為り、
もし水気が巡れば、かえって至清であり、
もし丙干を附帯して、子午支が巡れば、
初心を忘れずに、公卿を志して到達するだろう。

〔註記〕

木気が火気を帯びて金質を損傷するので、水気を得て制伏するのである。

丙子干支と丙午干支とは、すなわち水気のなかに火気を擁し、火気のなかに水気を擁するのである。

甲乙主がこれを領得して、すなわち五行の至清の気なのであり、木気が火気を過分に擁し、すなわち騎馳かつ聡明であり、向学勤勉礼節をわきまえて単身で立身するだろう。

また旺水を領得するときは、己主は財運薄微かつ清貴なので、論じてみるならば甲主は金気を福分と見做し、火気熾盛してすなわち金気を剋傷し、そこで水気を附帯してすなわち火気は止熄に瀕するのである。

そこで五行が抑制することを要し、すなわち凶禍を福分に好転させるのである。

また甲主が丙子干支丙午干支に会合すれば、旺水のなかで辛未干支辛丑干支を合起するのである。

また真実の官星の本家格や天乙貴人とは、無存在に敢えて象徴しており、それはすなわち五行精華の気象なのである。

【福禄帰根】(火土気が官星を生扶するときは、かえって木気を忌避の元凶と為すのである。)

〔詩訣〕

甲乙干の巡相では、土気がもっとも精緻であり、
逆に土気が木気に巡らず、脚下の珍珠を侮辱し、
辰支戌支それぞれが、火質を附帯するときは、
青雲を行歩して、利益は日々新たかなのである。

〔註記〕

土気は能く金気を派生して木質を官星と見做し、木気官星が土気を損剋すれば、その福禄が自然に渾厚するのである。

そこで辰戌支土気がすなわち火気を附帯して、能く窮まり無き土質を派生し、すでに土質は渾厚で金質が壮気で、すなわち無存在のなかで有為なのである。

いうなれば辰戌支はすなわち魁罡の当地であり、土気はすでに慈育と為して、さらに干頭納音を領得して火気勢の滋生が、すなわち爽明の気数かつ子々孫々が飛翔する相で、福禄が豊厚なのである。

【蔭助清奇】(衰敗の金質が旺土を附帯すれば、官星の壮益なのである。)

〔詩訣〕

丁干が巳酉支で金局とは、偏った墓情であり、
たとえ盛火に巡っても、凶兆とは見做さないのである。
もし甲干を附帯して、子午支が巡当するときは、
雲梯の険路も、早歳に通暁するだろう。

〔註記〕

庚金は巳支を附帯して長生するので、かえって丁巳干支を擁すればよく、旺金は酉支を附帯してかえって己酉干支を擁すればよく、父母の正胎を帯びて生旺への転枢なので、火気を支蔵してもどうしようもないのである。

そこで本源は深厚なので、丁巳干支己酉干支の土星二者は能くその毒素を浄化するので、金質を損傷しないのである。

しかし甲子干支甲午干支の金質二者は、死敗の気象を一路に帯び、すでに丁巳干支己酉干支を本源として擁し、その故に陰陽や金神の徳を内包して強直と知るべきで、また敗因は存在しないのである。

【天地有余】（木質が盛火に加勢して、官星が鎔解するのである。）

〔詩訣〕

甲辰干支や甲戌干支とは、みな火炎に所属し、
木気が、干頭ほんらいの性質を作用するのである。
そこで木星を併重すれば、比助として有効であるが、
通変名は虚質で、存在しても発揚しないのである。

〔註記〕

甲干は木質に所属し、そこに辰戌支を附帯して納音火質だが、干頭は木質を搭載し、そこで本来の機能を発揚するのである。

天地の余剰の気質は、外部から木気を扶益しても領得できず、もし木気が過多すればすなわち辰戌支の土質を損傷し、福分を肯定できないのである。

五行のなかのこのような作用を、もっとも詳解すべきなのである。

【破散離業】（木気は火旺を派生する。）

〔詩訣〕

甲戌干支の木気には、火質が潜蔵されており、
そこで木気の発揚は、精神を奔駆へと転じ、
また甲乙干を、寅午戌支が搭載するときは、
家業を蕩尽放擲して、遠方に離郷するのである。

〔註記〕

甲戌干支は、もとより火気を伏蔵するので安静が要されるが、かえって木気の発揚で何の益もないだろう。

五行は生扶すべきはすなわち生扶し、制伏すべきはすなわち制伏するので、これに反すれば凶揺と為るのである。

いうなれば火気が戊亥支に巡到するように、そこで四季を推究するのであり、自性的に発揚できないのは財気を破る為なのである。

いわば甲戌干支は、もとより木質のなかに火気を蔵するので、木質を附帯してすなわち火気は盛熾するのである。

もしさらに寅午戌宮に臨んで木気が火局を領得すれば、すなわち焚傷と見做して馳駆するので、元に帰することができないのである。

そのため郷土の市井から移流して、多くの事象を欠損するだろう。

【夭横無依】（禄位が火気に逢う。）

〔詩訣〕

甲主が寅支を併見するとき、火気を附帯してはいけない。
そこで火気を擁して、平生はおおむね不遇なのである。
禄支馬支に該当しなければ、栄転はせず、
またおそらく天からの仏事が多く、下賜される羽目だろう。

〔註記〕

寅支とは火気が生扶する当地で、寅支がすでに重複すれば、もしまた火気を併見してさらに火気に精気が存在すれば、庚辛干は制剋を受けるので、事件に抵触して右往左往するだろう。

人はみな甲干の禄支が寅支に該当するが、そこで一火質が能く有害であることを知らないのである。

【乙四真金太陰化気】

〔詩訣〕

六乙干が、丙辛干を附帯するときには、
先頭を切って大吉兆かつ、名声を馳せるべきである。

名声を馳せて、さらに太乙を附帯するときには、
すなわち勅令で、宰相として国家を統治するだろう。

〔註記〕

乙干とは納音陰性金質である故にその水気を派生し、そこで母が子息を生扶して母親として見做されるのである。

もし巳酉丑支を附帯してその子息を派生し、そこで丙干が存在して辛干が無ければ酉支で代用し、そこで辛干が存在して丙干が無ければ巳支で代用するので、「秀実の気」と見做す故に貴相なのである。

いうなれば子支三併見して、金質とともに旺じれば福慶の際会であり、巳酉支のセットは丙辛干のセットに擬するのである。

乙干が丙辛干合を附帯して、そこで丙辛干巳酉丑支を貴相と見做すのである。

【滋蔭返元】

〔詩訣〕

六乙主が、寅月に当令するときは、
巳支が土質を附帯して、年少にて栄えるだろう。
もし旺金を擁して、七殺として臨むときには、
かならず己主は兵権を任じ、辺境を守備するだろう。

〔註記〕

乙干主が寅月に当令し、そこで戊寅干支とは高丘の堆土であり、乙庚干の合気とは絶処で父母に逢瀬するようなもの、である故に併擁して有益なのである。

そこで丁巳干支はすなわち巳支土性であり、金神が父母に逢瀬する生処なのである。

また乙干主が庚辰干支を附帯して、すなわち羊刃七殺であり、そのとき五行は壮旺し、さらにこの七殺を附帯して、そこで兵刑の任務を受領するべきなのである。

【鬼作截福】

〔詩訣〕

六乙干主は、丙丁火の盛熾を附帯して畏れるが、
そこで救応が存在しなければ、凶意が定義されるのである。
もし五行のうち、水質を多く附帯するときには、
陽土が臨相することで、己主は大いに隆盛するだろう。

〔註記〕

もし丙丁火が旺盛ならば、金質は発生することができず、乙干主は故に併見して不益なのである。

もし命局に水質を擁して火気を制伏するならば、陽土を一者領得する必要があり、戊寅干支戊申干支のケースなどは、五行はまたかえって還元してしまうのである。

珞琭子氏がいう―

憂悩の有無にかかわりなく、五行の救応に答えるのは、良く有意義なことである。

【丙水乾龍之数一】

〔詩訣〕

六丙主が、丙干を併見しないときに、
己干と甲干が同局の格局はもっとも清々しく、
もし己土を併擁して、大吉なのであり、
科挙試験の合格標名で、名声が伝世するだろう。

〔註記〕

水気のケースは火気の所属下として、木気を領得して生扶させるのである。

甲己干合化土はその丙火が壮気で、土気が旺金を生扶し、そこで甲干が存在して己干が無いときは未支を代用とし、そこで己干が存在して甲干が無いときは寅支を代用とするのは、この陰性に反して陽性が滋生する作用なのである。

水気は木質を添加して清々しく、そこで丑支を大吉と見做すので、ここで己土を「太乙」と見做し、そこで丑支とはすなわち金気かつ墓符に該当するのである。

その故に丙干納音水性を秀実の生扶として、寅未支の代用が甲己干であ

り、そこで丙干主が甲己干未寅卯巳丑支を領得して貴相なのである。

【福禄還蔵】

〔詩訣〕

丙干主で金質が充満して、火質で改良と為し、
また巳支が旺じて、有為として清揚し、
さらに木火気が透干して、炎宮を領得すれば、
決定的に早期に、朝廷の輔佐役に至るのである。

〔註記〕

丙干主は巳酉丑支の金局を併見して有益だが、巳酉丑支が存在しないときに、日時柱に金質を附帯してまた用途と為るのである。

そこで巳支を領得してすなわち真実の官貴と見做し、巳午二支で木気が透干すれば、すなわち丙干主の福分と見做すのである。

丙干主が従革会局すれば、すなわち旺財が官星を生扶する象と為るのである。

もし己巳干支のケースを領得すれば、すなわち丙干主の純全なる禄気なので、さらに寅午戌三支を附帯して、干頭に甲丙干が併透すれば、その気象はいよいよ強壮の様相なのである。

陰陽の書誌では、いわゆる丙干主が支根を得て水気が存在しなければ、仕路は優游なのであり自性的に抑伏を有するので、そこで水気を有してすなわち損失なのである。

【禄旺興元】

〔詩訣〕

六丙主で、火質を重擁するケースで、
さらに木質を一者添加して、もっとも和相と為り、
剛健かつ清明で、禄位が繁栄するだろう。
そこで金質を附帯し、早壮期は険峻なのである。

〔註記〕

丙干はもとより自性的に旺盛なので、木質一者で充足するのでそこで過分と為れば、支根を領得してもっとも滅相の奇瑞なのである。

そのため五行の貴神とはすぐれた清相に内在し、過分は肯首できないのである。

たとえば丙干主が木気の生助を得て、その精鋭を知ることができるが、そこでまた乙未干支は納音の砂中金でもあり雑気と見做さず、その精気はすなわち吉兆なのである。

およそ丙干主の官位禄級とはこのケースなので、どうして早年期に福分を享受できるだろうか。

【中央奪福】（亥子支の水気を擁しても、土気を被って破相するのである。）

〔詩訣〕

丙干主が子支を擁して、土質を附帯して収束し、
その福分が、首府での将階を奪去するのである。
また火質を付加して、辰戌支のタイミングを指向し、
決定的に己主は残傷し、結局敗退が露呈するだろう。

〔註記〕

まず子支を附帯してすなわち官星の位相を為し、土気を擁してすなわち水質が能く機能しないのは、土質が阻土するからなのである。

いうなれば魁星の当地で土気は慈育に相当し、さらに辰戌支を附帯する甲辰干支甲戌干支のケースでは、土気が強壮で水気が涸消して、はなはだ有害と為るのである。

【截根無蔭】（火気が旺盛して、鬼相に巡るだろう。）

〔詩訣〕

丙寅干支を爵禄に見做し、火気の長生なのであり、
甲寅干支を併相して、栄光に浴することはなく、
そこで妻子を憂いて害して、兄弟は存在せず、
老齢に至って、能く怠慢して窮状なのである。

〔註記〕

鬼相に際会して処気を被り、また抑塞を被るときは、結局有害なのである。
ここで処気を被るとき鬼相に際会し、鬼相はすなわち強壮なので、丙火は暢揚できないのである。

そこで五行の順生を適宜と為し、もっとも逆に制伏するのを忌むので、結局孤渇してしまうのである。

【煙滅灰飛】（木火気が巳午支に臨み、水気の生助が存在しないケースである。）

〔詩訣〕

丙丁干や巳午支が、みな木気に巡当するときは、

火炎や威風の勢いが、強猛と為るので、

もし命局に、水質の制伏が存在しなければ、

木質を附帯して添意し、かならず沈降するだろう。

〔註記〕

丙丁干巳午支とはみな火地なのであり、もし木質を附帯すればすなわちますます炎盛するので、まず水気の制伏を領得すべきなのである。

すでに比和を相するか、また水質官星を擁して有益を肯首し、そこでもし炎盛一気勢ならば、どうして長久と見做せるだろう。

【食神為鬼】（干が火土気を多く附帯するとき。）

〔詩訣〕

丙干主が戊干を併見して、申子支が搭載するとき、

時に人々が、みな食神が重用だというのだが、

もし火気を擁して、生扶の位相と為るときは、

生涯孤滞して、爵禄に巡り難いのである。

〔註記〕

丙干主が戊干を擁して、また旺火や旺土を附帯するときは、丙干主の官星を剋伐するので、そのため官星は存在しないのである。

土気が申支を生扶して、子支は申支に旺じるが、干頭に戊干を附帯するのは、丙干主が食神と為して附会するので、名誉の兆候なのである。

土気はすでに成実し、かならずしも火気を重複せずとも、旺火はすなわち強土なのである。

丙干主のケースは官星を軽度と見做し、たとえば年少期に爵禄を帯びても、結局は長期的な企計と為らないだけなのである。

【丁火父木成数三】

〔詩訣〕

六干主が戊癸合を附帯し、もとより至高であり、

そこで己亥干支を加助して、豪雄の威勢と為り、

甲子辰支が揃局すれば、金水質が壮気なので、

階位は「佩玉衣の公侯」に到達するだろう。

〔註記〕

丁干主が戊癸合を附帯し、子支と見做す萌芽なのであり、癸干が存在して戊干が無ければ巳支で代用し、戊干が存在して癸干が無ければ子支で代用するのは、みな秀実の精気かつ造化の作動と見做して貴相を肯定するのである。

そこで巳支とはすなわち戊癸干合の本源であり、亥支とはすなわち成実の当地で貴相と見做すので、子巳支とは戊癸干合の代用でもある。

丁干主のケースは戊癸干合とは、戊子干支と癸巳干支のセットでもあり、また申子辰支で金水質の清貴であるが、そこで火土質を附帯すればなお凶揺を為すのである。

【飛活清秀】（盛水は土質が不益なのである。）

〔詩訣〕

丁干主は、北方の水気に巡るのを渇望するが、

ふたたび食神を擁して、水気に際会して嗣続すれば、

そこで命局に、堆土を附帯しないケースでは、

木星が加護に相当し、大臣クラスに昇級するだろう。

〔註記〕

丁干主が水質を附帯して官星が支根を擁するか、また金気が巡当して官星を生扶すれば、自性的に赫々と顕表するのである。

北方位とはすなわち、亥子支の正規の位相かつ壬癸干の旺郷で、さらに金気の生育を擁せば涸絶しないのは、甲子干支辛亥干支のケースでもある。

もし土質が存在せずその清気を損失するときは、木気を附帯して爵禄の神護と見做すために、基本的に牢固かつ壮健なのである。

この財星官星印星のテーマは、水質を附帯して官星と見做し、そのとき官星は北方を旺地に位相するのである。

また金気財星を擁して生扶とし、また木気印星で護身する故に、基本的に

牢固かつ壮健なのである。

【禄基成実】（子午支が金気を附帯すれば、土気を畏れるのである。）

〔詩訣〕

金気が子午支を併見して、おおむね凶暴なのであるが、

もし丁干主が子午支に併見して、有益な際会であり、

さらに命局を看て、堆土が存在しなければ、

決定的に己主は非俗で、精錬を掌事するだろう。

〔註記〕

金気は子午支を附帯して、死敗符である故に凶意であるのは、甲子干支甲午干支のケースを肯首するのである。

そこで丁干主が午支に庚辛干を搭載し、すなわち財星と為し、子支に庚辛干を搭載し、すなわち官星を生扶するのである。

もし土気が存在せず分限を侵犯しなければ、すなわち清気かつ厚禄と見做すのである。

またいうなれば午支を附帯して金気を擁せば、すなわち禄旺なのであり、子支を附帯して金気を擁せば、また丁干の官星を生起するが、そこで土気を附帯してすなわち水気を損傷するのである。

【禄気差遅】（壬干が過分でも、亥子支とは異質である。）

〔詩訣〕

丁干主が、壬干亥未支を擁して奇瑞なのであり、

亥子支が巡当して、正規のタイミングなのである。

たちまち土質を被塵して、旺位を濁争し、

華美声色を呈して怠り、遅滞するのである。

〔註記〕

壬干が支根を領得せず、存在の有無ではなく壬干が存在せずとも、水気を領得して正規の位相なのであり、官星の旺処かつ自然の壮気なのである。

そこで水気と土気とが混雑すれば、結局は土気が旺征するだろう。

【破相孤独】

〔詩訣〕

六丁干は、土気と長生を附帯すれば不益なのであり、

妻子を損害して、強引に争う本能が有るのである。

たとえ虚名を馳せても、了達するのは難儀であり、

また田宅の経営手腕に乏しく、憂悩するであろう。

〔註記〕

六丁主は水気を福分たる官星と見做し、また土気長生傷官の太旺に、すなわち水気の位相をかえって劫奪し、呼称しても応答なくその格局は濁性なのであり、もし傷剋を擁せばすなわち事件に抵触して損失するのである。

六丁主は水土気を不益な官星と見做し、そこで水土気はみな申支を生扶に頼み、位相して土気の欠損と見做すので、壬水が発揚して膨脹し、そこで金気が被害の元凶なので窮状を肯定するのである。

【戊火数二】

〔詩訣〕

六戊主が、亥卯未支を附帯するときは、

丁壬干合の相で、己主の才覚は清々しく、

従革格相で、一二者を附帯するときは、

決定的に年少でも、名誉の先駆けであろう。

〔註記〕

真実の火気とは、亥卯未支の旺盛が要されるが、そこで丁干が存在して壬干が無ければ、亥支を代用とし、壬干が存在して丁干が無ければ、未支を代用とするのはもとより壮気、すなわち福分が遠方に到達するのである。

戊癸干合と丁壬干合を合貴と為し、真実の火気は寅午戌支を渇望し、壮土かつ火炎で官星が有力であれば、天数の三に該当し、子息がその父君を生扶することから、巳酉丑支を過分に併見してすなわち貴相なのである。

【淵源滋養】（金気が水質を生扶し、そこで木気官星が滋生するのである。）

〔詩訣〕

六戊主のケースで、水気が支根を有して在局すれば、

さらに申子支を旺盛に附帯し、金気が生扶すれば、

名誉を為すことができるが、跳躍して昇格すべきであり、

己主は年少でも、清華で御所に招待されるであろう。

〔註記〕
命局に巳支に附帯して水気を擁して官星を生扶し、さらに金気を擁して申子辰支水局が存在するときは、すなわち金気はまた水質を派生し、そこで甲乙干は自性的に精気を有するので、五行の断相は要さないのである。
もし金気を擁して水質が存在しなければ、また木気は能く有害なので、水気が支根を得てすなわち木質が旺強のケースは、その故に貴相なのである。

【相為慶会】(壮士が水気を合して、木気官星を生扶して顕表するだろう。)

〔詩訣〕
命局に寅申支を附帯し、戊干主は元強であり、
癸亥干支を明見して、貴相が顕揚するだろう。
ただし命局に、金気が混入しないケースであり、
名声や衆望が清々しく、朝廷を輔佐するだろう。

〔註記〕
戊寅干支とは火気の生処なので、土質を附帯するときは、戊申干支の土気を生扶する故に旺強なのであり、また癸亥干支の水質が、甲乙干を滋生する故に奇瑞なのである。
そこで金質を附帯してすなわち瑕疵なのは、寅申支とは成体の土地で、その本源はすでに壮重なのである。
また木質を借用してこれを爽耕し、さらに癸亥干支を領得して滋養が就位するが、その神明の徳分は非常に清健なのである。
もし金気が存在せずかえって制土を作用と為し、命局は決定的に平然かつ無害で、福分の豊厚と見做すのである。

【金火相持】

〔詩訣〕
戊干主にとって南方火質とは、貴相と見做さないので、
火質を擁して、また旺金を附帯するときや、
金質を擁して火気が存在せずに、結局は凶揺なのであり、
火質を擁して金気が存在しないのは、斬新でもないのである。

〔註記〕
戊干主には南方火局は貴相ではなく、その過分な太盛を警戒するのである。
もし火気が存在しなければ、すなわち金気が得勢して木気が混入するときに、金気が存在せずに火質を擁して、また用途を否定するのである。

【干鬼為映】(甲干は戊主の傷痕なので、金気で救応すべきなのである。)

〔詩訣〕
戊干主が甲干を附帯して、結局は不益なのであり、
泥臭く執着して、初心とはまるで異相なのである。
もし命局に庚金を領得して、水局を併相するときは、
たとえ財利爵禄が稼働しても、まだ余裕なのである。

〔註記〕
甲干を擁して乙干を併見しないケースは、陰陽の和順と為るのは、甲干は陽火の精神なので、能く戊干を損傷し、そこで水質を添加して甲干を壮益すれば、結局は有害なのである。
もし庚金がこれを制伏するのを渇望するのは、甲干は陽火の精神なので、戊干主がこれを領得して陰陽が錯誤するのである。
もし庚金を領得してまた甲干を制伏し、すでに滞水するケースではすなわち戊干主の財庫の精神と為りて、その故に命局で相互に得失が存在するのである。

【己五数真土】

〔詩訣〕
六己干が巳支を、附帯して用功を作用するが、
乙庚干合が会相して、高禄を領得するのである。
そこで火気が炎上して、一二添加するときには、
兵権に抜擢され、静塞が衝揺するだろう。

〔註記〕
巳支はすなわち生旺の火地であり、己干主が寅午戌支を附帯して、造化の功を為すのである。
乙庚干合を土気の子息と為し、巳支に生起して質実と為るのである。
乙干が存在して庚干が無ければ、申支をその代用とし、また庚干が存在し

て乙干が無ければ、卯支をその代用とするのは、この方相を領得して貴格と見做すが、たとえば寅午戌三宮のうち一二を附帯して貴相なのである。

そこで申卯支を乙庚干合の代用とするケースは、庚干卯支のケースと乙干申支のケースと見做すことができるが、巳支とは火質の炎上の作用なので、そこで清貴が顕達するのである。

【包成合禄】（寅午戌支が旺水を畏れるのは、元気を損失するからである。）

〔詩訣〕

己干主が寅生月のケースは、正規の先駆と為り、
さらに寅午戌支が併相するときには、
命局で複擁する火気が、作用しないときであり、
決定的に文武両道で、輔佐の功績を知ることができる。

〔註記〕

丙辛干合を真実の水象と見做すが、己干主が丙寅干支を擁して先駆的な食神と為るが、そこで火気が土気を生扶しまた寅午戌支を領得して、炎上の火気として折衝が済性するのである。

もし水気が存在せず爵禄を損失しても、天元の滋養が存在するので名利が厚く栄え、憂悩は存在しないだろう。

【秀特逢生】（金気が旺水を生扶してそこで旺木が滋生し、かつ金気が旺じるのである。）

〔詩訣〕

六己主が、巳支を添加して功を肯首し、
申子辰支の象位で、甲干は豊堅なのである。
さらに金気を擁して、水質に同化するときには、
決定的に名誉は、大臣クラスに至ると知るだろう。

〔註記〕

申子辰支は水気の位相でそこで甲干を併見して、すなわち木気が旺水気に便乗して、はなはだ福分は厚基なのである。

金気は水地に同化してすなわち水質が壮益し、旺盛な甲木が自然発生するのである。

こうした陰陽五行のなりゆきとは、かならずしも形相化せずに、沈黙のなかで際会を肯首するのである。

もしただ金気を併見して水質が存在しなければ、金気の帰所が存在せず、すなわち甲乙干の木質を損傷するのである。

ただ水地を領得してすなわち自性的に水質が派生するので、かならずしも水気を併見せずともよく、深く詳解すべきなのである。

いうなればもし水気を併見して亥卯未支が搭載すれば、禄元の養処として無窮の福分を為すのである。

【庚四金陽之数】（戊癸干丑未支とは火土質で、貴相と為るだろう。）

〔詩訣〕

六庚主の真相を、少数の人々が知っているが、
そこで戊癸干合を附帯する、ケースは稀少なのであり、
大吉星や小吉星の、一二を附帯するときには、
名声が中華圏に伝播して、福禄が輝くのである。

〔註記〕

それは真実の白虎象でもあり、子支を附帯して生扶を作用するのである。

まず戊癸干合はすなわち真実の火象であり、庚金にとって真実の官星と見做すのである。

そこで戊干が存在して癸干が無ければ、子支で代用し、また癸干が存在して戊干が無ければ、巳支で代用して、秀気の気象と見做すのである。

戊癸干合化火とは能く二つの吉兆を派生し、また丑未支を大小の吉兆と見做すのである。

そこですでに二吉兆が旺じて能く庚金を扶助すれば、すなわち貴相に到達するだろう。

また子巳支とは戊癸合の代用でもあり、庚金は巳支に長生し、また戊癸干の合火は丑未支を発揚させて貴相なのである。

【聲誉遠馳】

〔詩訣〕

庚干主が巳午支を附帯し、旺盛な木気を擁するときは、
学問が過分で、世人として稀少とするところである。

ただし金気が存在せず、水気の併擁に相当すれば、
年少にて誉声を馳せて、枢機を掌事するだろう。

〔註記〕

南方位の正位が火気であり、官星が支根を領得するが、さらに旺盛な木気を附帯して無窮に滋養するが、いわゆる本流が深くかつ壮気を称するのである。

もし金気が水質を併見してまた水質が生起して、すなわちその火質を制伏するのである。

そこで正規の位相を領得するが結局は鎔解を作用し、ここで木気が存在して金水気が無ければ、やがて貴相と為るだろう。

いうなれば火気が巳午支を添加して、官星が支根を領得するだろう。

もし納音を使益して木気が巡って附帯すれば、南方位の聚火として高明に闊達し、水質だけを忌むが分限の侵犯はせず、すなわち群徒を抜きん出て特達するだろう。

【相参成慶】（土火木気を擁して、禄元の生助を為すのである。）

〔詩訣〕

庚干主は土気を領得して、親に巡ることを渇望するが、
火象は乗数して、倫理を顕彰するのである。
生月が、春夏季に当令するときには、
また木気を添加して、己主の栄光と為るのである。

〔註記〕

金気は土質の生扶を領得して禄元を敷設するが、さらに火質を添加して辰月か未月に当令して、その福分はますます壮気なのである。

そこで火気が生月辰支で、また木気が生月未支で墓符に相当するのである。

いうなれば源相が遠参し、自性的に発福して精気と為るので、それは適在かつ好用なだけなのである。

【禄鬼孤害】

〔詩訣〕

六庚干が火質と禄支を擁して、甲申干支を附帯するときは、
そこで水象は多才だが、附帯を肯首できないのである。
さらに金気を重複して、併見するのに該当すれば、
辛苦で頭打ちになり、爵禄を仰ぎ難いのである。

〔註記〕

庚干主は父親を福分と見做すので、かえって甲申干支が巡って、さらに他処に金気を附帯し、すなわち水質を生扶するのである。

水気は浩蕩して涸絶しない状況なので、このとき丙丁干は発揚を否定されて、どうして禄支根が有るのか、また結局は顕達は難儀なのである。

珞琭子氏がいう―

存在の当否とは禄馬の所説でもあり、究明しなければならないが、その理解は屈曲に尽きるが、まさしく禄馬のテーマに帰局することが知れるであろう。

【六辛天之水数】

〔詩訣〕

天の象数を称号するときは、先ず六辛干が相当であろう。
そこで親子の係累とし、丁壬干合を附帯して有益なのである。
魁天の会合とは、軍隊の盛功のことなのであり、
その名声が朝廷に到達して、清々しい職位なのである。

〔註記〕

辛干の象数とは乾天の子息なのであり、天象が水気を派生して木気象がこれに合絆し、すなわち陰には母に服従してその子息を生扶するのである。

そこで丁干が存在して壬干が無ければ、亥支をその代用とし、壬干が存在して丁干が無ければ、未支をその代用とする故に、秀実の気象と為るのである。

天魁とは戌支であり、軍功とは寅支なのであり、そこで亥未支のケースを丁壬合の代用とし、丁壬干亥未支を擁してそこで寅午戌支の気勢が作用すれば、貴相の旺盛と為るのである。

【威高志遠】

〔詩訣〕

六辛干は、火相を領得する必要があり親相と為し、
水気を附帯し、また木気を併見して作用を肯首する。
その文章の作風は、かえってタイガーの威武であり、
武官級として、また辺境にて立哨すべきなのである。

〔註記〕

水気は能く木気を生扶し、木気は火気を派生するので展転として相生し、窮尽することがないのである。

辛金が火質を領得して六気が親相するが、もし水気を併見してすなわち損失するのである。

命局がもしまた木気を併見して、水気がかえって木質に従化するので、火質の瑕疵とは為らずに、辛干主のケースとはこのように快哉なのである。

【先凶後吉】

〔詩訣〕

辛干主は、卯酉支を併見して不善に相当し、
また水質を附帯して、己主は暗愚なのである。
もし火気を併見すれば、優れた位相に該当し、
決定的に盛貌し、大衆と同位にし難いことが判かるのだ。

〔註記〕

辛干主は丙干を正官と為し、その火質を福分と見做すので、卯酉支の火質とは死敗の当地であり、さらに水質を添加して損失であり、何の福分を領得する事由であろうか。

命局にもし火気を領得し寅午戌支が位相して、すなわち還元してこのケースでは、すなわち凶禍が福分へと好転するのである。

【禄気退休】

〔詩訣〕

辛干主が火質を附帯して、西北エリアへ赴くときには、
木気の扶相が無ければ、仕路は艱難なのであり、
たとえ年少で爵禄を、拝命され担当しても、
また悲哀して塞滞して、官位を暇休するのである。

〔註記〕

火質を附帯して西北郷無気エリアへ赴き、またそこで木気が巡って幇助しなければ、どうして剥官を免れるであろうか。

火気が水郷エリアに存在すれば結局は顕達は難儀なので、木気を領得して護衛しなおかつ渇望するが、もしここで欠損すれば苦悩の容相なのである。

【壬為真木数三】

〔詩訣〕

六壬干が火質を附帯して、自然の光彩なのであり、
丙辛干が際会して、堂々たる威勢と為り、
衝剋してまたともに、明らかな際会へと登科し、
かならず富裕な名家で、高貴の勲章を賜るであろう。

〔註記〕

壬干を陽樹と見做すとは、象数の三に相当し、周天の火気の作用で象数の二に相当し、そこで象数の二と三を合計して五数象として、すなわち己土の数象に相当し、壬干の正官と見做すのである。

水象は木気を生扶し、すなわち母がその子息を生育するのである。

そこで丙干が存在して辛干が無いケースは酉支を代用として、辛干が存在して丙干が無いケースは巳支を代用として、秀実の気象と見做すのである。

また卯支を太衝と為し、亥支を登明と為し、すなわち旺木の気象に便乗し、典籍の蘊蓄と見做すのである。

そこで巳酉支のケースとは丙辛合の代用と為り、壬干主が丙辛合するケースとは、丙干酉支や辛巳干支のことであり、木気象をして火気の作用として「真実の数象の入格」と見做すのである。

【相呼集福】

〔詩訣〕

六壬主で、己亥干支を正官と見做さないとは、
すみやかに水象を附帯して、また禄支に該当するからで、
さらに命局が、多く帯火を容相するときは、

決定的に高官を期して、天子に列するのである。

〔註記〕

己亥干支は納音木質に相当し、下部亥支が残支し上部を控除するのは、干頭の己土なのであり、そのため壬干主の正官とは見做さないのである。

もし命局が火象を過分に附帯すれば、己亥干支納音木質はしたがって化火に帰し、己干の土質はかえって還元を領得するので、さらに水気を併見しなくともよいのである。

そこで水気は能く木気を生扶し、木気は能く土気を剋伐し、すなわち官星の損解と為る故なのである。

【火奇続貴】

〔詩訣〕

六壬干が、丑未支や申子支を附帯するときには、
四支全揃して、火象を附帯して奇瑞と為り、
さらに命局に、堆土支が過分に相当すれば、
年少にして名望が、旗章紋に明記されるであろう。

〔註記〕

丑未支とは成実の土地であり、申子支とはすなわち旺土のエリアなのであり、干種が火質を附帯して命局にさらに土気が添加されれば、壬干主の福分や爵禄は自然に顕著なのであり、どうして早年中に快亨しない訳がないのである。

【反凶成慶】

〔詩訣〕

六壬主が、もし繁茂する木気を附帯するときには、
干種が火質を、附帯して領得すれば、
もし寅宮と午位が併相するのを肯首し、
かならず朝暁のうちに、軍吏の才覚を作動するだろう。

〔註記〕

甲辰干支甲戌干支はともに干種が木火質で、さらに庚寅干支壬午干支がともに巡って資助するときは、旺火がすなわち盛土で純全の気数で、福分の基礎は自性的に壮々たるものである。

【天鬼相交】

〔詩訣〕

六壬主は、干頭の戊干をもっとも畏れるが、
また辰戌支を添加して、己主は残傷するのである。
甲干が巡って、併見しなければ救応と見做し、
決定的に己身は、不安を帯びるのである。

〔註記〕

壬干主が戊干を併見して干鬼と見做し、もし天魁の辰支を附帯して、すなわち凶揺の発端と為るのである。

命局がもし甲干を附帯すれば、陽木は能く戊土を剋伐するので、すなわち救応に相当するが、さもなくば殺土が太重して、壬干主の畏怖に相当するのである。

【癸為真火数二】

〔詩訣〕

六癸主で、亥卯未支の方相を附帯するときには、
甲己合が臨んで、もっとも佳質と見做し、
さらに気象が生処し、添加してまた貴相と為り、
福寿が千鍾にて仕官し、とても測り知れないのである。

〔註記〕

曲直の方象とは亥卯未支の気象でもあり、癸干を陰火に擬して、木質を擁して生扶するのである。

甲己干合とは土合で火気の子息なので、母火に従象して生扶されて、その子息の生成と為るのである。

そこで甲干が存在して己干が無ければ未支を代用とするが、己干が存在して甲干が無ければ寅支を代用として、すなわち貴気と見做すのである。

伝送とは、すなわち甲己合の生処なので、甲己干未寅支を秀実の気象と為し、癸干主が甲己合を附帯すれば旺中に木気を帯び、「清奇之格」と見做すのである。

【互相福応】

〔詩訣〕
六癸主が、亥子支を過分に併相すれば、
そこで堆土を附帯せず、自性的に栄光なのである。
もし土気を領得して、寅巳支を添加するときは、
亥子支が在局せずとも、すなわち清相と為るだろう。

〔註記〕
亥子支はすなわち聚水の当地なので、癸干主が領得すれば水気が聚成するので、かならずしも土気を併見しなくてもよく、そこで土気を併見すればすなわち、水質がとても混濁してかえって好ましくないのである。
もし寅巳支に土質を併見するときは、癸干主の官星に相当し、かならずしも亥子支を併見せずともよく、すなわち濁泥混争してかえって交雑を為すのである。

【天鬼為滞】

〔詩訣〕
六癸主が己干を附帯して、窮状を肯首し、
そこで甲干を擁さずに、悉く解背するだろう。
丑未支が、火気に添乗する教旨は存在せず、
決定的に濁性で、永く穀糧が欠けると知るだろう。

〔註記〕
癸干主は戊干を正官と為すが、己干を擁して陰陽の失調と為して、かえって凶揺と見做すのである。
命局にもし甲木の気質を領得して解救すれば、なお夾駁を免れることを肯首し、もし己丑干支己未干支のケースではこれを攻夾し、癸干主は福分が軽微なのである。

【滋蔭福元】

〔詩訣〕
甲木が癸亥干支を附帯して、正規の長生であり、
木質の根元を蔭益して、かならず大亨するだろう。
さらに金気が在局し、西北方エリアを赴くときには、
決定的に己主は清華で、爵禄を自存するだろう。

〔註記〕
甲木は亥支に長生してその位相に就き、癸亥干支の水質の滋養を領得し、生扶して長生を附帯し、もっとも有益な際会と為るのである。
さらに西北方エリアで金質を附帯して、水質を派生し木気は壮健に転じて、源泉は深遠に到達してその福禄は崇高なのである。

【変鬼為官】

〔詩訣〕
木気はもっとも壬申干支を擁することを畏れるが、
もし癸酉干支を附帯して、新たに凶揺するだろう。
ただし水気が在局し、西北方エリアを赴くときには、
かえって清々しく到達し、顕赫する人物と為るだろう。

〔註記〕
壬申干支癸酉干支はすなわち納音の剣鋒金として、臨官の旺地に便乗して木質を剋害するので、甲乙干がもっとも畏れるところである。
もし亥子支に搭載し、水質を擁して金質の蔵害を転枢すれば、本来は金気は天将の利を任ずるのだが、結局は木質を剋害できないのである。
おおむね福分としてこれに添乗することを欲し、また鬼殺はこれを制伏することを欲し、その経過ののちを観るべきなのである。

【破禍成福】

〔詩訣〕
甲木が辛亥干支を附帯し、長生とは見做さず、
そこで火気が制伏しなければ爵禄は保持し難いだろう。
火気と木気とが、ともに繁茂盛熾するときには、
功名と事の不成を、憂慮することもないだろう。

〔註記〕
甲木を亥支が搭載して長生なので、かえって金質が巡って生処することは、いうなれば生地に鬼殺を併見し、火気を領得してこれを救応するとし、金質は作用せず木気がすなわち派生するのである。
この通変をいうならば自性的に軽重があり、命局のなりゆきを明らかにすべきで、一規として取用すべきではないのである。

そこで木火気が繁茂旺盛すれば金質は自性的に鎔解し、辛亥干支が元凶であっても火質と木質を領得して繁茂旺盛するのである。
そこで始めて金気七殺の派生を控除し、もし辛亥干支でなければ火気水気を併見して、ともに旺じて多殺かつ不便なのである。

【鬼気臨官】

〔詩訣〕

水気主は、火気を併見するのを畏れるが、
水気が存在せずに臨相して、己主は凶揺に遭うだろう。
さらに金気が巡って、在局して添加を被るケースでは、
生涯が険峻かつ、安寧を肯首しないのである。

〔註記〕

木気主が盛火すれば、炭化煙飛してしまうが、水気を領得して制伏を肯首し、たとえば火気合気は水気を含有しないのである。
また従革金局を添加すればその作用は鋭利なので、甲乙干の木質は窮状すると知ることができるだろう。

【根源渾厚】

〔詩訣〕

火気主が月日時柱に、水気が併相するときは、
亥卯未支を附帯して、乙干が透出すべきなのである。
もし火地を領得して、金地を附帯するときは、
決定的に食客爵禄は、清官位を肯首すると知るだろう。

〔註記〕

火気主が月日時柱に水気を附帯するときは、すなわち火質は発揚せず、もし亥卯未支が干頭に乙木を搭載すれば、水気はかえってまた木質を生扶し、木質はまた火気を生扶するので、火気の生成は断絶せず、火気が支根を領得するのである。
さらにもし寅午戌支に、納音金質を重見してまたかえって木質を来剋すれば、木質は制伏を受けて火気官星を派生するのである。
命局が体質を更替して還元すれば、すなわち上質の福分と見做すのである。

【癸宮生鬼】

〔詩訣〕

火気は衰敗の当地で、金質を附帯してはならないし、
また水質を添加して併見し、いよいよ禁じ得ないのである。
そこで残傷と夭折を、併見しないケースでは、
決定的に、心臓肺臓碍であろう。

〔註記〕

火気の衰敗の当地ではもとより衰微するので、水気を附帯してすなわち金気は財星を作用できず、そこで水質を鬼殺を見做すのである。
いうなれば火気は衰敗の当地に至り、金質を附帯してすなわち水気を派生して擁するので、力量はすでに抗することはできずに、ただ安寧かつ残傷しないだけである。

【迍蹇多災】

〔詩訣〕

聚火は寅支を附帯して、水質に防備すべきであり、
平生は陥没して、勤労を侮慢するだろう。
資材は、かならずついに充満し難く、
老身に至って、六親族に孤背するだろう。

〔註記〕

火気が聚集するときに、生地にかえって水気を併見するのは、甲寅干支のケースでどうして耐久できるだろうか。
そこで火気がすでに過多すれば、些少な木質を領得すべきで、すなわち窮まりなき象相だが、ここで多量ならば結局は有害なのである。

【気数淳厚】

〔詩訣〕

土気が堆土して、火炎を挙揚するときには、
職位は清華で、爵禄利益は旺強なのである。
火気に巳午支が添加して、堆土を附帯するときには、
高徳の威風が、処々に顕彰するだろう。

〔註記〕

堆土がすでに重複すれば、かならず火質を扶持に借用して、生々と窮まりない意と為すのである。
もしさらに火気を併見して、巳午火旺地支を添加すれば土気はまた強壮なのであり、たとえ水気を擁しても結局は火土気に抗せず、すなわち財庫の収気と見做すのである。

【五木成煙】

〔詩訣〕
土気は木質を借用して、文曲（紫微吉星）と見做し、
命局のなかに、火気が巡って附帯するときは、
木星を重見して、巽（辰巳）エリアに臨むとして、
甲名が高昇して、福慶が開陳するだろう。

〔註記〕
土気は火質が存在しなければその気質が爽通できず、また木気は土質が存在しなければ、その根元を安定できず、この二者は必須であり不可欠なのである。
命局にもし火気が巡って附帯するか、また己土が木気を併見して展転として生育し、一体に聚成して壮実の気数なのであり、火気が借用するポイントなのである。

【救助減福】

〔詩訣〕
土気は火質を擁帯して、旺強な位相だが、
さらに旺火を添加すれば、窮状が発生するだろう。
そこでもし水気が、波濤して併擁すれば、
たとえ災禍を免れても、また不遇に帰するだろう。

〔註記〕
火象がすでに旺盛で過多して、一土質が生扶して併擁するときは、その気象は大烈燥するだろう。
そこで水質を附帯して、返来して火気を制伏するときは、命局に救応の解星を附帯しても、結局は吉兆とはならないのである。

【基本衰弱】

〔詩訣〕
土気が、巳酉支の重複を忌むということは、
野卑にして、結局は怠慢の生活が肯定されるだろう。
そこで水気土気を併見して、なお凶揺なのであり、
悉く領田を売却して、耕地は存在しないのである。

〔註記〕
巳酉支とはすなわち水敗の当地なので重複して附帯し、すなわち窮状するだろう。
そこで陵相は結局は福分と為らず、そこで水気は能く火質を相剋するのである。
司馬季主氏がいう――
水気が沐浴を擁して土気を附帯すれば、土気が衰郷のタイミングだが水気はそうではなく、土気は酉宮に至って真実の敗地だが、かえって癸酉干支を附帯して余盈するが、それぞれの二気にはなりゆきがあるのである。

【滋蔭成官】

〔詩訣〕
金気が過分で、土気を附帯するのは災禍と為らずに、
金質が水気を附帯するのを、切に忌むのである。
木気が火質を発破して、そこで土質が生旺するが、
そこで名誉が発栄して、資財が充足するだろう。

〔註記〕
ただ生旺であれば鬼殺の制伏を被ることを畏れるが、金気が過分でまた自旺が附帯すれば、火気は有害ではないのである。
自己が寡弱のケースはすなわち己身の制剋を領得して、はじめてその志向を遂げるだろう。

【天盗離郷】

〔詩訣〕
庚金は乙巳干支に巡って、大いに解背するが、
そこで木気が巡るときに、己主は非長寿と見做し、
すなわち旺水を使益して、抑制が効かないケースでは、

決定的に親族を遺こして、遠方へ離郷するだろう。

〔註記〕

金気は乙巳干支の火質で生処と見做すが、帯火を被り木気に火質の壮益の勢いが巡るので、金質は自性的に鎔解するのである。

【源遠流清】

〔詩訣〕

水気は木質を併見して、もとより有利と為り、
そこで火相を領得して、凶揺に至るだろう。
さらに木火気が存在せず、金気を併見すれば、
決定的に己主は年少にて、科挙試験に合格するだろう。

〔註記〕

金気は水質を本源と為し、木気は水質の滋生を得て深く利用と為すのであり、そこで木気を併見してかえって火質を派生して旺相し、すなわちかえって金質を傷剋するのである。

命局に水火気が存在しないが、ただし金気が発揚してすなわち水気禄星を派生し、自然に清々しいのである。

【無救成凶】

〔詩訣〕

水気は切に、戊申干支戊寅干支を不益と為すのは、
その根源を截断して、己主の窮状が頻発するのである。
命局に、金気の発揚を附帯しないケースでは、
半生は険路で、辛艱を被るであろう。

〔註記〕

戊申干支戊寅干支とはすなわち成実の土地であり、水気の生処が制土を受ける疾性の見処なのである。

その故に「根源を截断する」といい、命局にもし魁罡を擁帯して、すなわち鬼気により支蔵は転化せず、水星とはこのように窮状を肯首するのである。

【長鬼為殃】

〔詩訣〕

水気は、火炎の挙揚をとても畏れるが、
寅午支が併相して、さらに奔駆に転じ、
もし丙干を附帯して、辰戌支を添加すれば、
決定的に非長寿を悟り、悲嘆を被るのである。

〔註記〕

寅午支はすなわち生旺の火地で、炎熾を知ることができるが、ここで水質はこのようにすなわち涸渇してしまうのである。

命局にもし魁罡を附帯すれば、丙辰干支丙戌干支のケースでは喪失に転じるのである。

巻五

論古人立印食官財名義

徐子平氏が格局を論説するには—

ただ印星や食神や官星や財星の四者は月令（提綱）に求めるが、その名義の立点とは何であろうか。

そこで造化が天地の間隔で流行して、陰陽五行の範疇であるだけなのである。

陰陽かつ五行が交相して作用と為り、その生剋や制化の範疇であるだけであり、いま甲乙干を挙例して日干をテーマにしてみよう。

甲乙干は五行では木質に所属し、甲干は陽性で乙干は陰性なのである。

たとえば人命が甲乙干主を生得して、日主が我に所属すると称し、己身を生扶するのは壬癸干の水質であり、己主が派生するのは丙丁干の火質であり、己身を剋するのは庚辛干の金質であり、己身が剋するのは戊己干の土質なのであり、そこで十干とはこれに尽きるのである。

己身を生扶するのは父母の義に相当し、その故に印綬の名称を立名し、印とは「蔭」であり、綬とは「受」であり、たとえば父母の恩徳が有って子孫を庇助し、子孫がその福分を禀得するのである。

朝廷は官職を分設し、そこで印綬を下賜させて掌事監に使用させるのである。

そこで官星を擁して、印星が存在しなければ何処に依拠できるか、また人に父母が存在せず何処に依頼できるか、この作用は一義であり他義は複さない故に、印綬と称するのである。

己主が生扶するものは、子孫の意義である故に食神と称するが、ここで食とは食物の寄生虫を瑕疵とするのである。

寄生虫は食物に寄生してすなわち飽食するが、人間が食物を領得してすなわち食物は有益と為るのである。

食するのにすなわち欠損を被るのではなく、子息の成長を造化として扶養するので、すなわち人間の子息の扶養こそが父母の道理である、故に食神と称するのである。

己主を剋伐するとは、己主が制剋を受ける人間の道義である故に官殺と称し、官とは「棺」なのであり、殺とは「害」なのである。

朝廷の官吏をもって、己身が国公に所属して奉仕して任官し、危難へ赴いて踏破するのと相違はないだろう。

棺の蓋を覆ったのちに至る事とは、これは官途の損害なのであり、凡庸な人々は夢枕にすなわち官途を夢想することで、この意義がある故に官殺と称するのである。

己身が剋伐するものは、人々が己主の意義を制伏する故に妻財と称し、人々が妻君を娶るように、そこで妻君は領田を象徴し、己主にもたらすことは終身相違なく、そこで己身は自然に用途に享受するので窮状しないのである。

いうなれば人々が家産を成立し、また妻君の内助を領得する、故に妻財と称するのである。

この四者の通変星は、子平術家がおおいに立義する名称で、そこで生扶は己身に近付し、剋害が隔位することで、有益と不益とが造化するのは、すなわち自然の作用なのである。

陰と陽のスパンはこのケースに従い、陰陽の配合にそれぞれ作用が存在する理由に至るのである。

そこで己身を生扶して己身が派生するのは、たとえば壬干が甲干を生扶し、癸干が乙干を生扶し、甲干が丙干を食神として派生し、乙干が丁干を食神として派生するのである。

これは陰性が陰性を生扶し、陽性が陽性を生扶し、陰干が陰干を食神とし、陽干が陽干を食神として、それぞれ陰性と陽性とはそのケースに従うのである。

その故に甲干は壬干の生扶を有益とし、死木は水中に沈降して滋生し、すなわち永年に壊敗せず、癸水の生扶が不益とは、死木とは雨水を被って奔流し、ほどなくすなわち腐朽するであろう。

そこで甲干は丙干食神を有益とするのは、丙干は能く庚干偏官を制伏するので、そこで甲干は始めてその己身の安寧を領得するのである。

しかし丁干の吐秀が不益なのは、そこで丁干は傷官に該当し、甲干はその成材を領得しない意義だからである。

そこで己身を剋伐して己身が剋伐するとは、たとえば辛干が甲干を剋伐し、庚干が乙干を剋伐し、甲干が己干を剋伐し、乙干が戊干を剋伐するのは、これは陰性が陽性を剋伐し、また陽性が陰性を剋伐し、陰干が陽干に匹敵し、陽干が陰干に匹敵し、すなわち陰陽の配合の作用なのである。

その故に甲干は辛干を正官と為し、庚干を擁して偏官と為し、そこで官星は正官が有益で、偏官が不益で、佐貳（官職）を任官するのは、職種が相異している為なのである。

そこで甲干は己干を附帯して正妻と為し、戊干を附帯して妾妻と為し、妻君は正妻が貴相で妾妻が不貴と為し、それぞれ対峙してすなわち分割するのがその理由なのである。

もし官星が傷官を畏れるケースでは、傷官を附帯してすなわち凶揺なのであり、また財星は劫財を畏れるが、劫財を附帯してすなわち分奪するのであり、また印星は財星を畏れるが、不益な財星によりすなわち損壊するのであり、また食神は偏印を畏れるが、偏印を附帯してすなわち劫奪するのだが、それらの人事の作用とは二心はなく、学者はこの人事を明らかにして、造化に言及すべきなのである。

さて五行の生剋の巡りは、みな子息が父母に復讐する義則である故に、甲乙干が丙丁干を派生して子息と為し、甲乙干は庚辛干を畏れるので、丙丁干の火剋の制伏に頼み、丙丁干は戊己干を派生して子息と為し、丙丁干は壬癸干を畏れるが、戊己干に頼みこれを剋伐するが、戊己干は庚辛干を派生して子息と為し、戊己干は甲乙干を畏れるので庚辛干に頼みこれを剋伐するが、庚辛干は壬癸干を派生して子息と為し、庚辛干は丙丁干を畏れるが、壬癸干に頼みこれを剋伐し、壬癸干は甲乙干を派生して子息と為し、壬癸干は戊己干を畏れるが、甲乙干に頼みこれを剋伐するが、また十二地支の作用もまた同義なのである。

それら作用の動静は相異しているが、その方途は巽卦に圓通するので、その生剋とは一作用なのである。

試みにいうなれば北方位の亥子支の水気は、東方位の寅卯支の木気を生扶し、東方位の寅卯支の木気は南方位の巳午支の火気を生扶し、土気は火気によって寄旺して西方位の申酉支の金気を生扶し、西方位の金気は北方位の亥子支の水気を生扶するのである。

また亥子支のスパンの丑支一位には寅卯支が後接し、寅卯支のスパンの辰支一位には巳午支が後接し、巳午支のスパンの未支一位には申酉支が後接し、申酉支のスパンの戌支一位には亥子支が後接し、土気は四方位の中立であり、そこで五行が均頼するのである。

その故に巳酉支に丑支が合して金局と為し、申子支に辰支が合して水局と為し、亥卯合に未支が合して木局と為し、寅午合に戌支が合して火局と為すのである。

そこで金気は水気を派生し、水気は木気を派生し、木気は火気を派生し、火気は土気を派生し、土気は金気を派生するのは、相生して間断は存在しないのである。

そこで丑支を金庫と為し、亥子支を生扶して寅卯支を剋伐するのである。辰支を水庫と為し、寅卯支を生扶して巳午支を剋伐するのである。未支を木庫と為し、巳午支を生扶して金気の剋伐を受けるのである。戌支を火庫と為し、申酉支を剋伐して水気の制伏を受けるのである。

東南方の己主に生扶すれば、西北方の己主に粛殺されるのはこの天地の大義なのであり、かつ辰戌丑未支を四方位に安置し、木火金水気がみな生成と収蔵を四維に頼むのである。

『易経』にいう―

言質は艮卦に生成して坤卦に終局するが、この土気の功用なのであり、五行の所在としてもっとも大なのである。

干と支を合わせて総じて言及すれば、甲干は亥支に長生して午支に死符し、乙干は午支に長生して亥支に死符し、寅卯支に禄支に就くが、これが甲乙干寅卯支の同義性なのである。

丙干は寅支に長生して酉支に死符し、丁干は酉支に長生して寅支に死符し、巳午支に禄支に就くが、これが丙丁干巳午支の同義性なのである。

庚干は巳支に長生して子支に死符し、辛干は子支に長生して巳支に死符し、申酉支に禄支に就くが、これが庚辛干申酉支の同義性なのである。

壬干は申支に長生して卯支に死符し、癸干は卯支に長生して申支に死符し、亥子支に禄支に就くが、これが壬癸干亥子支の同義性なのである。

戊干は寅支に長生して酉支に死符し、己干は酉支に長生して寅支に死符し、巳午支に禄支に就くが、これが火気干支との同属性なのである。

それは子息が旺母に随従する道義であり、そこで辰戌丑未支とはすなわちその正規の位相なのである。

この理由により天干と地支には配偶の合相や生剋制化や旺相休囚が存在するのである。

その通変名称とは印綬となし偏印となし、食神となし傷官となし、正官となし偏官となし、正偏財となし劫財となし、刑衝や破害が存在し、虚迎暗合して窮まりなく変化するのである。

徐子平氏はこの作用を識り尽くす故に、ただ財星官星印星食傷をテーマに六格局と見做して、そこで人命の富貴窮濁寿夭の窮通が、この外辺に挙例できずその他の格局とは、これから看過しない事を推測するだけなのである。

論正官

（身旺のケースは印綬と食神のセットが有益で、財星を引通として財官を併見して有益なのである。身弱のケースは偏官と傷官のセットが不益で、また刑衝や泄気や貪合や入墓が不益なのである。そこで正官が第一義で、禄支根がその二義なのである。）

正官とはすなわち甲干が辛干を擁し、乙干が庚干を擁するケースなのであり、陰干と陽干の配合で制伏の相の作用でその成立とする故に、正官を六格局の筆頭と見做すのである。

正官一者を許容するが、複擁してすなわち不適宜なのである。

まず正官は月令を看てそののち情勢を看て、五行の気象としてただ月令が、その最たるタイミングなのである。

いうなれば命局それぞれに年限のスパンがあり、年柱が初季十五年を管轄し、生存は速やかで時柱が後季五十年を管轄し、短命のごとき遅滞に擬するならば、その故にこの月令を正規と見做すので、他の格局もこれに批准するのである。

甲日干が生月酉支であり、乙日干が生月申巳支であり、丙日干が生月子支であり、丁日干が生月亥支であり、戊日干が生月卯支であり、己日干が生月寅支であり、庚日干が生月午支であり、辛日干が生月寅巳支であり、壬日干が生月午未丑支であり、癸日干が生月辰巳戌支であり、これらはみな正気が正官に相当し、さらに天干に正官が透干するケースとは、甲干が辛酉干支を附帯し、また乙干が庚申干支を附帯するケースなどである。

いうなれば蔵干が透出してポイントであり、他の情勢を考慮せずまた日主が健旺で、財星と印星が併相して命局に傷官や偏官を帯びずに、行運の官星エリアへ赴き、大いに富貴の命相なのである。

また刑衝や破害や傷官や偏官がとても不益で、合絆を貪り官星を失念するのである。

また劫財が福分を分奪すれば破格と見做すのは、たとえば甲主が生月酉支のケースに卯支が衝したり、また酉支が刑相を為し、午支が破相を為し、戌支が害相を為し、また丙干を合絆と為し、乙干を劫財と為し、丁干を傷官の瑕疵と為し、庚干を混雑と為すのである。

まず官星が純粋で一用途と為り命局が順精し、そこで正官をテーマと見做せるのである。

もし前述の不益を擁するときは、たとえ命局に除去の用星があっても純粋とは見做さないのである。

もし官星が成局して財星を附帯して資扶するケースでは、身旺の当地に赴かなければ発揚しないのである。

官星が一二者で財星が存在せず印星を帯びるときは、身弱でも問題はないであろう。

もし命局がみな禄支根ではなく、運歳でも向禄背禄を推測して肯首し、そこで財官星の旺地とは何であろうか。

もし財星や官星が日主を侵して、衰弱すれば負荷に耐久できず、徒労するので無用なのである。

そこで運歳が、財星偏官の旺地エリアへ至ればおおむね過労だが、ただしそこで偏官を擁して行運で重複するケースは、転勤の命相なのである。

またいうなれば甲干が生月酉月とは、辛金の正規の禄支に相当し、もし丁干傷官を併見して命局に会局が存在せず、時支が衰敗死絶の当地であるか、またこれを制伏や合去すれば衰絶の火性なので、どうして傷官をその禄旺に肯首できるだろうか。

もし時支に官星が臨んで衰敗死絶に相当すれば、かえって丁火は生旺の当地に帰位するが、または偏官の当地に臨めば官職を失効して、凶揺が生起するのは決定的なのである。

そこで時柱とは安息に帰する当地なので、全ての吉凶はその消息は時柱に存在するのである。

日主の用神が太盛するとき、時柱を節制として肯首し、たとえば日主の用神が漸次衰敗するときは、時柱をこの幇助として肯定するのである。

命局に凶神が存在しても時柱が能く節制すれば、また凶禍を肯定しないのは、看命の肝要な法則なのである。

またいうなれば甲干で生月丑支では辛金を支蔵し、また時柱が酉支に該当すれば、すでに侵犯の重複なのである。

もしまた干頭に辛金が併透して、さらに行運の西方エリアへ赴き、力量が耐久できずに官星は偏官鬼殺へ変転し、そこで旺処はかならず傾陥して、おおむね非長寿の窮状を招来するのである。

そこで合絆や制伏の方途は吉兆であり、もし己身が旺盛に添乗するとき、たとえば甲寅日主乙卯日主などでさらに印星の生助が存在すれば、官星が過多しても有害ではないのである。

また甲干が生月戌季のケースでは火庫に搭載するが、もし火局が成立しなければ会党は存在せずに、有害を肯首しないのである。

そこで辛干の羊刃は戌支に存在し、戌支蔵の旺戊干が辛干を生扶するが、庚干が透干して混雑すれば戌月は精気が存在せず、そこで制伏や合絆が有効であれば憂慮しないのである。

またいうなれば官星を用途とするとき、日干を財星や印星が搭載すれば結局は顕表するのは、たとえば甲子日主や甲辰日主などのケースなのである。

また日干を傷官や偏官が搭載すれば、結局は病陥と為るのは、たとえば甲午日主甲戌日主甲申日主などのケースであることを酌量すべきなのである。

またいうなれば官星を取用するときは、月令元命を注視しなくてもよく、それはあるいは月干に存在し、あるいは年日時柱の支蔵や干頭に存在し、ただ一官星が有益で損傷しなければ、みな取用を肯定するのである。

「経典」にその故にいう―

官星を干頭に明見して取用の精気と為り、また干頭に明見しても精気が存在せず、暗に取用するかなのである。

もし干頭に明見して精気が存在せず、地支に支根を附帯するか運歳のエリアで得地すれば、またそこで月令の官星の福分を逓減しないのである。

またいうなれば官星をテーマとするときに、食神一者を擁して質実と見做し、すなわち格局の損失に相当するが、ただ月令に禄支を蔵して食神を併見すれば、かえって「三奇の貴相」と見做すのである。

およそ官星と食神を附帯する、その虚仮と質実とは何であろう。

もし質実が官星を搭載すれば、そこで合絆は虚性であり、官星にしたがって貴相を幇助するときは、質実が合星を搭載するのであるが、そこで官星は漸次衰敗して官星が合星に伏従し、いうなれば「合を貪って官を忘れる」のである。

またいうなれば正官格は印星のエリアに巡るのを要し、すなわち官星を擁して印星を併見して、また命局にもともと印星が存在し、官星と印星の軽重や日干の強弱にしたがって行運のポイントを観るのである。

そこで身弱で印星が軽度なケースは、その印星を補填する必要があり、また身旺で官星が軽度なケースは、その官星を補填する必要があり、行運の傷官エリアはすなわち背禄を肯首し、行運の身旺ですなわち逐馬を肯首するのである。

珞琭子氏がいう――

「背禄」や「逐馬」とは守途に窮しまた恐怖して、行運の偏官に巡りすなわち官殺混雑を肯定し、行運の墓符ですなわち官星の入墓を肯定するのである。

「経典」にいう――

そこで官殺混雑とは窮命でなければすなわち非長寿なのであり、太過した偏官が墓符に投機するので、延寿延住は難儀なのである。

そのため正官格は、ただ向禄が財星を帯びて有益なのであり、この解法とは万に一失も存在しないのである。

『三命鈴』にいう――

およそ己身の禄命には三等級の正官が存在し、それぞれの五行が担当しており、そこでその性情を推究するのである。

たとえば金気の官星のケースは、己主の職位は清峻であり、おおむね刑務官や税務官の担当なので決断力が明敏で、運歳が丑支に該当するとき己主は官庫として有益と見做し、またその旺相休囚を取用して、その精気の有無に言及するのである。

もし木気の官星のケースは、己主の品性と秩序は清高であり、民意に和合して戒慎するので、運歳が未支に該当するとき、己主は官庫と見做すのである。

また火気の官星のケースは、己主の官星の性情は炎赫で猛烈と為り、用途は刑事に携わり惨酷を司り、また己主は乏失して恒常性がなく、運歳の戌支を官庫と見做すのである。

また水気の官星のケースは、己主の職位は下級であり順序よく昇格し、性情は謙和で衆望を得るか単身で情慮して道心を堅持し、運歳で辰支は官庫と見做すのである。

また土気の官星のケースは、己主は官庁に準拠して穏当なので侵犯し難く、性質は直截かつ重厚で法令に明るく、運歳が辰支で官庫と見做すのである。

およそ各五行の官星は、それぞれの性情にしたがってすなわち吉兆なのであり、もし性情を失効すればすなわち、己主の官星の機能は恒久ではないのである。

たとえば癸丑干支納音桑柘木のケースは、土気を「禄官」と見做し、木気を「命官」と見做し、金気を「身官」と見做してみな三命には尊卑が存在し、五行がそれぞれ休旺するのに言及するのである。

己身の禄命には三等級の官庫があり、たとえば甲子干支納音海中金のケースは、甲干は禄と為るのに木気に所属するが、木気は金気の制剋を被る故に禄官と見做し、丑支は金墓なのでこれを禄官庫と見做すが、命局の己身の官庫はこれに批准するのである。

西蜀の知命者がいう――

およそ人命の年月日時柱の四干に、官星と印星を併相して充足すれば、己主は貴相なのである。

歴々の大命を観相すれば、印星を併相するケースがとても多く、たとえば呂吉甫氏（大臣）は、壬申年己酉月丁巳日庚子時の命局で、壬干が己干とまた庚干が丁干と正官に位相し、壬干が庚干とまた己干が丁干と印星に位相するのである。

また章子厚氏（大臣）は、丁亥年戊子月丁未日壬寅時己卯胎元の命局で、戊干が乙干とまた壬干が己干とまた丁干が壬午と正官に位相し、乙干が壬干と戊干が丁干と印星に位相し、官星を兼備するケースは稀少で、また華蓋に四貴を重複して正官を帯びて大貴とは、これはまた一つの偏見なのである。

またいうなれば官星を擁して、命局で官星が透干するケースで、月干が歳干を制伏する取用では、たとえば年柱六甲干で旧正月の丙寅干支や旧五月の庚午干支や旧六月の辛未干支のケースでは、庚辛金は能く甲木を制伏し、そこで戊癸干を附帯してすなわち甲癸主を午未支が搭載し、乙丙主を辰巳支が搭載し、丁戊主を寅卯支が搭載し、己庚主を戊亥支が搭載し、辛壬主を申酉支が搭載するときに、もし人命がこれを附帯して天賦の食禄に相当し、朝廷の倫処の貴相に相当するのである。

命局で官星が支根を擁し、月干が歳干を制伏するのに取用し、たとえば歳干が甲乙干の木質に所属し、旧七八月で金質所属の申支を併見して、金気は能く木質を制伏するのである。

そこで甲乙主が申酉支を擁し、丙丁主が亥子支を擁し、戊己主が寅卯支を擁し、庚辛主が巳午支を擁し、壬癸主が辰戌丑未支を擁するとき、もし人命がこれを附帯すれば、己主は早年に暇休を了承して官位は順容に昇格し、命局に有為な官星を擁し、命主の前三辰を取用し、月干が命主と干合し、たとえば丙子日主が生月卯支で、命主の前三辰を辛卯干支と為し、そこで丙干と辛干が干合する故に、丙子干支の卯月生人は真実の官星に相当するケースで、そこで君子がこれを附帯すれば職庁に臣下を配置し、また小人物がこれを附帯すれば己主は富豪なのであり、劉行素氏（監察官）の、丙子年辛卯月丙子日辛卯時のケースで、この説に正合するのである。

またいうなれば術士は、甲主が辛干を擁して官星と為すが、真実の五行の相剋が納音を以て、真実の官星と見做すのを知らないのである。

ここでもっとも緊要の福星とは、干頭に官星を明見して合絆を帯びるケースで、そこで諸々の星宿が来局すればもっとも佳質と為るのである。

たとえば甲寅主が、納音大渓水にして己亥干支を附帯すれば、甲己干合して真実の化土と為り、これは納音を真実の五行が剋伐するのである。

もし年歳が命局の干頭を剋伐せずに、ただし月日時干頭に乙庚干を併見するときは、もし庚干を附帯するだけならば、偏官と称して命局の逓減に比されるが、また乙庚干を併見せず、乙巳干支乙丑干支乙酉干支を単見して、他処に申支を併擁すればまた逓減に比されるのであり、そこで申支が存在しなければ力量は三割から五割に抑止されるが、あとはこれに批准するのである。

またたとえば己酉干支と己卯干支が丁壬干を併見したり、壬子干支と壬午干支が乙庚干を併見すれば、納音の土質と木質を、真実の五行の木質と金質が制剋して官星と見做すのであり、どうすればもとの干星の受剋と同義であるかの故に、真実の官星を作用しないのである。

そこで真実の鬼殺偏官が作用してこれを断相すれば、運歳の大小に逢瀬して災禍はもっとも重度なので、ここで官星を看るケースはそのポイントを知るべきなのである。

『喜忌篇』にいう——

正官は五行それぞれ、刑衝破害の宮位が不益なのである。

『繼善篇』にいう——

科挙試験合格のときは、官星に破宮が存在しないケースである。

いわば官星と印星が存在して破綻しなければ、朝廷の回廊を闊歩する秀才なのである。

またいわば科挙試験合格標名には、まず身旺で官星を附帯することが要されるが、身弱で官星を附帯すれば、やがて徒労にて消耗し過労するであろう。

『五言獨歩』にいう——

官星を擁せば印星が必要であり、そこで刑衝が存在しなければ、充分誇らしく肯首でき、そこで黄金宮殿の賓客と為らずとも、富豪の家門と為るであろう。

『通明賦』にいう——

真実の官星が時柱に在局して身旺ならば、早年に「金紫之封」を下賜され拝領できるであろう。

「経典」にいう——

官星の貴相が太盛して、多少とも旺処に相当すれば、かならず傾陥するだろう。

『三命纂局』にいう——

支根が浅薄では、官星貴相を附帯して栄昌しないが、そこで身弱で印綬が己身を生扶すれば、また比肩羊刃が生扶すれば有益なのである。

『定真賦』にいう――

もっとも貴相とは官星の命局なのであり、日時柱に正財や偏財を附帯して福分と為るのである。

またいうなれば官星が劫財を附帯すれば、官星だが貴相ではないであろう。

「秘訣」にいう――

機能を罷免され暇休した官星とは、ただ運歳や合絆で巡って官星と見做すのである。

またいうなれば官星を重複して擁せば、ただ偏官七殺を推測し、ふたたび官星のエリアに至り災難を免れ難く、もしこれが過多すれば制伏して福分と見做すのである。

『指迷賦』にいう――

日主が真実の官星の貴相を附帯して、すなわち時柱に禄支が加わる命局で、日時柱が官星と印星が生扶するときは、精気のエリアに依拠すべきなのである。

もし衝破や空亡を擁帯して不遇な際会なのであり、そこで官星と印星が偏官鬼殺を帯びれば、官星印星の存在は否定してポイントが鬼殺の旺衰で、そのなりゆきを詳解するのである。

さて命局は官星の刑象を有益とし、命局が官星の刑象に背反すると示唆してはならず、そこで官星印星が刑象すれば胡族ではなく、すなわち官吏なのである。

官星印星を明見して暗部が無く附帯するときは、重々しく玉飾を束帯するように、日時柱に併相して福徳は十倍に優れるであろう。

そこで官星が存在して印星が無ければ、清名が顕表するのは困難なのであり、印星が存在して官星が無ければ、発効は遅滞するであろう。

『淵源賦』にいう――

正官とはすなわち忠信を尊重する名称があり、国家を斎治する称号なのである。

命局が天象と地季のタイミングを附帯すれば、早年に科挙試験に合格して昇格し、妻子を蔭護するのである。

運歳で官星印星のエリアに巡れば、千万の鍾鼎かつ五車馬に双旗章を顕彰し、もしこれが習俗的であれば恒常的に官庁の咎を招き、あるいは女命のケースは田舎者のレッテルに封ぜられるが、そこで女命は濁性でもかえって貴相であるが、男命は不遇であり貴人ではないが発揚するのである。

『相心賦』にいう――

官星が友和と為れば軒昂たる貴気で、手厚く抱容して寛大なる仁慈であり、胸襟は闊達として声韻は和揚であり、乱れる容姿すら美しくかつ秀麗で、性格明敏かつ聡明なのである。

「要訣」にいう――

正官の人物とは「もの惜しみ」をするものである。

『萬祺賦』にいう――

官星とは己主の栄身かつ掌禄の源泉なので、財星を附帯すればすなわち従容として顕達するだろう。

そこで羊刃を附帯すれば、すなわち驕慢かつエゴイストだが、印綬が有益で添意する傷官が偏在して不益なのである。

そのため特達して功名するとは、身旺で官星が強旺なケースであり、財利爵禄が浮沈するとは、身弱かつ官星が衰敗するか、身旺で官星が衰微するかなのである。

そこで財星が暗合したり傷官が重複すれば、ふたたび印星が幇助して有益なのであるが、己身が軽微で印星が過強なのが不益で、偏印印綬を渇望して生扶と為すのである。

〔古歌訣〕

月支の正気の用途が官星のときに、年時柱に財星印星を附帯して有益であり、そこで衝破、害、空亡などが侵犯しなければ、富貴双全を知ることができるのである。

また官星が刑衝を被るのを肯定できないというのは、官星と七殺が同じタイミングで巡り吉意が凶変するので、七殺が変化して官星と見做して方途は吉兆であり、官星が凶変して七殺が重複して凶揺なのである。

またおおむね官星は身旺を要し、身弱のケースは旺気の方途を求めるべきであり、そこで印綬と財星の旺地を巡って、衝破が存在しなければ栄昌を肯定するのである。

　また月柱の官星を禄支根が搭載するとき、生日の星辰が生旺であれば無窮の福分なのである。

　そこで財星と印星を附帯して衝破が存在しなければ、年少でも名声を成して玉製の殿堂に鎮座できるだろう。

　月柱が禄支根のときは真実の官星と称号し、禄支根を刑衝侵犯しなければもっとも寛容なのであり、日主が興隆して名利が顕表して、運歳で財星印綬に巡って黄金の天子の馬車で巡幸するだろう。

　また印星や官星が過多すれば貴命と見做すが、身弱で官星が旺じればかえって病み、官星が過多して身旺が従財に偏すれば財星が旺じて、己身が衰敗して窮状と疾性が併発するのである。

　またおおむね正官は、純性で相和することが必要であり、命局に瑕疵が存在しなければ、科挙試験の合格を肯定するのである。

　そこで時干に財星が透干して健旺であれば有益であり、命局に印星が過多して有益で、そこで月令に一位存在して真実の貴相なのであり、年柱に重複してすなわち過多して、もし他処に偏官七殺が混在して、かえって奔波を受けて辛苦と見做すのであるが、これらの諸説を照合して正官を観てその益不益を見るのである。

【天福貴人】

　いわば官星を禄支が搭載するときは、当人は官星が禄支を附帯するときは「天福貴人」を肯定するのである。

　甲干主が辛干を正官と見做し、辛干の禄支は酉支に存在してこれが甲干主が酉支を擁し、乙干主が申支を擁するケースなのである。

　甲干主は辛官を用途と為し、命局に辛酉干支を附帯して、さらに福星の生助を得て生旺で、精気があれば佳質と為るのである。

　福星一位を禄支が搭載して擁すれば、己主は学力険峻でありその官職は尊崇で、おおむね文筆は絹絲の美彩を掌事するのである。

【天官貴人】

　いわば官星の居処のポイントなのであり、本来の旬列から出離して遁見するが、たとえば甲干主は辛干を官星と本旬から辛未干支を遁得し、乙干主は庚辰干支を遁得し、丙干主は癸巳干支を遁得するケースなのである。

　透干した官星を天乙貴人が搭載するとき、たとえば甲干主が辛未干支を擁し、丙干主が癸巳干支を擁し、いわば貴人星が干頭に官星を搭載して、さらに印綬や禄支貴人を全備して「天元清秀」と為すので、納音を傷剋せずしてもっとも吉兆なのであり、かえって衝剋して損傷すれば精気がなく不順で、すなわち透干した官星を憎悪して、吉意が控除されるだろう。

　そこで官星が一者で、堂々たる貴相の格局なのである。

【天元坐禄】

「経典」にいう―

　庚辛干主がもし火質を附帯して、権威が重複して防衛長官かつ、庚午日庚寅日庚戌日辛巳日辛未日などである。

　壬癸干主がもし土質を附帯して官星が入局し、可沾氏（侍郎官吏）の爵禄かつ、壬午日壬戌日癸巳日癸丑日癸未日などである。

　甲乙干主がもし金質を附帯して、己主が衰傷して七殺と化して、権勢と為り雷鳴のようかつ、甲申日甲戌日乙巳日乙酉日乙丑日などである。

　丙丁干主がもし水質を附帯して、己主と兵権として三方の藩鎮の将兵と為りかつ、丙申日丙子日丙辰日丁亥日丁丑時などである。

　戊己干主がもし木質を附帯して、正規の爵禄と為り参議三公大臣級の福分かつ、戊寅日戊辰日己卯日己未日己亥日などである。

　これはすなわち「白虎持世」などの格局であり、日主と官星貴神が相停する必要があり、偏枯すればすなわち造化は成為せず、刑衝破害がとても不益で、貴気を損傷して格局が成立しないのである。

　たとえば庚午日主は丁官が搭載するので、甲乙干財星が丁官を生扶するのが有益であり、また戊己干は印星が生扶するが、丙干と七殺偏官のセットが不益であり、そこで癸干と傷官のセットが不益であり、また子支が午支を衝破して不益であり、他の干星も例推すべきである。

　またいうなれば日主を官星が搭載して、衝揺は大忌ではなく、たとえ物質に執する好手でも作用の劫奪を肯首できずに、己主は好色かつ怜悧の人物と為り、臨機応変で謀計するだろう。

　もし日支蔵にただ一星のケースでは、行運の財官星の方途で発揚し、もし生月が禄支根を附帯して財星官星が搭載して生時支が支根を得て、方途は真実の貴相と為るのである。

また壬午日主は禄馬同郷を肯首し、さらに時柱庚戌干支を附帯して好作用と為り、壬干を禄支が搭載し庚辛干が甲乙干を制伏して、壬干が己土を領得して官貴と為すのである。

たとえば戊辰日主は、辰支蔵の乙木が戊干の官星に相当し、春季生月が貴重だが秋季生月は名誉や爵禄は虚無なのである。

〔古歌訣〕

座下の官星とは、もっとも奇特を肯首し、根基として多くは、先祖の蔭護に因むだろう。

もし印星のエリアに赴くのを要するときには、青紺衣を脱拭して、紫衣に改装できるだろう。

【歳徳正官】

命局の年柱の正官を歳徳と為し、その益不益とは月令の正官と同じテーマであり、そのケースではかならず官僚の一族に生誕するか、または祖父の職業を踏襲するだろう。

もし月柱が財星官星のエリアに位相すれば、運歳の財星官星の旺地に赴き、日主が健旺であれば貴相は決定的なのである。

およそ年柱の干頭が正官であれば、福分はもっとも重々しく、その発達はかならず速やかなのである。

たとえば癸酉年庚申月丙子日丙申時のケースでは、年干頭が正官で命局に官星が会局して時柱禄支ならば、丙干が申酉支金質を剋伐して財官双美と為り、二丙干とは身旺と見做し、運行して十七八歳で戊午干支のときに午子支が沖衝するが、申子支が会局して衝揺せず日主も併旺するので、早年に科挙試験に合格したのである。

〔古歌訣〕

年柱とは正規の爵禄で、根元かつ萌芽であり、かならず己主は、富貴の家門の身上であろう。

運気が、身旺の当地に巡って有益であり、財星と印星が生助して、無涯の福分なのである。

〔古歌訣〕

年柱の正官を、歳徳と見做し、財星印星を附帯して、身旺宮を有益として、偏官七殺の位相が巡らなければ、その富貴と栄華は、帝都でもあるまじき程である。

【時上正官】

たとえば甲日干で時柱酉支辛干や、乙日干で時柱申支庚干のケースでは、時柱干頭の官星とは月柱のケースと同義だが、ただし力量は軽微であり多くは晩年に発福するか、または賢良の子息が誕生するが、そこで印星の幇助が要されるのである。

月令が生旺の官星に通当して、財星の生扶を擁するかまたは財星官星に巡るか、運歳で印星の生旺の方途は発福を肯定するが、損傷するケースは該当しないのである。

たとえば辛未年辛卯月庚戌日壬午時の命局は、時柱が正官に該当し、そこで午戌支が官星を会局してまた卯未支の木合を会局して、運歳が丁亥干支に至って財星合局するか、または三合会局が全備して丁火正官が生起するときは、貴相で大臣と成ることができるだろう。

運歳の丙戌干支の旺官で爵禄は華々しく光彩し、丙干は七殺ではあるが、壬干が制伏して辛干が合絆して貴気を損傷しないのである。

〔古歌訣〕

有用な正官とは、複擁せずともよく、複擁してすなわち傷身し、寡少してすなわち穏和である。

日旺してふたたび印綬の生扶を附帯すれば、決定的に平歩して、科挙の高試で抜擢されるのである。

【向禄臨官】

「経典」にいう——

「向禄臨官の格局」とはもっとも稀少なのであり、当人が官星を附帯して、早々に朝廷の庭前を拝謁できるであろう。

たとえば戊戌年己未月乙丑日丁丑時の命局は、坐下に癸水の印星や金庫の官星を支蔵するのである。

そこで生月未支で中気ののちは、旺土が金気を生扶するので、運歳の西方位エリアを巡り、乙木は向禄の貴相なのである。

【官印禄殺倶全】

「経典」にいう――

命局に官星印星建禄偏官が全備して、命局が均衡に耐久して当任し、たとえば戊申年己未月壬子日辛亥時のケースでは、壬干を子支が搭載し自旺して亥支を帰禄と為し、己土を正官と為して未支に搭載し、羊刃を附帯して自旺し戊土を偏官と為し、申支に搭載して長生と為し、亥支を壬干の禄支と為し、辛干を取持して生扶と為し、壬干を正印と為し申支は臨官に位相して、命局各柱はみな旺盛で、もっとも造化の貴相と見做すのである。

【真官真馬】

「経典」にいう――

真実の官星と馬支とが月柱に建合すれば、それぞれの府庁の官吏は清々しく顕表し、かつ甲干が辛己干を擁したり、乙戊庚三併干や丙辛癸三併干のケースでは、官星と印星は各位ともに十人十様の錦束衣のように、己主は昇格して官舎が宮中に配置して、当人は恒常的に艱辛するには及ばず、毎歳に昇格し三階位に在位し、秀才として科挙試験合格を請挙され、日常的に転属してそれぞれの府庁に入局するのである。

〔古歌訣〕

人間に処遇が、三科目所在すれば、食禄が安定して、公侯に推挙されるだろう。

【禄馬官印】

「経典」にいう――

命局に禄馬と官星印星を併見して、その福禄は金塊珠に相当し、たとえば戊申年辛酉月癸丑日丁巳時の命局では、癸干を丑支が搭載して自旺し、また辛干を酉禄が搭載して旺印と為すのである。

時柱で丁巳干支を附帯して財星官星に相当して、また天乙貴人でもあり、それぞれに精気が存在する故に貴相なのである。

【官印禄庫】

「経典」にいう――

官星が禄庫に相当して財星を附帯すれば、天から自ずと金塊珠が下賜されるが、たとえば甲乙干が己丑干支を附帯し、また丙丁干が庚午干支を附帯し、また戊己干が壬辰干支を附帯し、また庚辛干が乙未干支を附帯し、また壬癸干が丙戌干支を附帯するケースなのである。

ある命局の丁丑年辛亥月癸酉日壬戌時のケースでは、癸干は丁（丙）干を財星の用途と為し、戌支を財庫と為し、戊干を官星の用途と為し、戌支蔵の戊土が正旺し財庫が生助するが、また酉支を癸干の印星と為し、丑支を印星の庫地と為し、財星官星印星とも旺庫を附帯し、そこで衝破が存在しなければ貴相と見做すのである。

【相刑遇貴】

「経典」にいう――

日時柱が刑相して貴相を附帯すれば、律法に執念して権勢を保持するだろう。

またいうなれば寅支は巳支を刑衝し、巳支は申支を刑衝するが、庚辛干が寅支を附帯して貴人を肯定し、卯支は子支を刑衝し子支は卯支を刑衝するが、癸干と乙干は双峙して富命または清命なのである。

また未支は戌支を刑衝し戌支は未支を刑衝するが、そこで甲戊干は未支を附帯して自性的に栄昌するが、文官には不向きだが武権を主事できるだろう。

たとえば劉應節氏（長官）は、癸未年乙卯月丙戌日戊子時のケースで、子卯支の刑衝とは乙癸干の併相でもあり、未戌支の刑衝とは戊干の併見であり、そのため軍官吏のキャリアなので、たとえ文筆に名声を馳せても、学府には在籍しないのである。

また壬寅年壬辰月丙申日癸巳時のケースでは、丙日干が時柱癸巳干支を附帯し、官星かつ日柱の禄支根で刑象を日柱申支に帯びて、科挙試験に合格するのである。

【三合遇貴】

「経典」にいう――

三合会局がもし貴人や禄支を附帯すれば、恒常的に財産穀糧が豊かでかつ、乙巳年乙丑月乙巳日辛巳時のケースは乙干を日主と為し、用星の庚干を貴相と見做し、そこで干頭に庚干が存在せず、かえって巳酉丑支を三合会局とは官局である故に、三合が貴相を附帯して「暗官格」と称するのである。

【月時逢貴】

「経典」にいう――

月柱が貴相を附帯し重複して禄馬を添加すれば、少年期に科挙試験に合格して名声が帝都に伝播し、たとえば甲日干で月時柱が酉戌支を擁し、また乙日干で月時柱が申支庚干を擁するか、および日時柱を巳酉丑支が併相すれば名声や爵禄が重複し、休囚の当地や刑衝傷害に該当しなければ、作用の方途を肯定するのである。

【五官会聚】

たとえば甲乙干主が、庚辛干申酉支戊己干丑支を附帯して純粋な官星なので、原局に丙丁干の火気が制伏すれば吉兆であり、また日主が自旺して比劫が相助して、また吉兆なのである。

たとえば制伏が存在せず、ふたたび金地エリアへ赴けばその患禍はいうまでもなく、一者の塊殺とはまた短命の七殺と称するが、鬼殺を附帯して月柱に精気が有れば、己主が君子ならば貴相が顕彰し、常人ならば精気がなく凶揺し、君子ならばかえって長命であり、常人ならば小吏と為るであろう。

【五行不雑】

「経典」にいう――

五行が雑相しなければ、官星と為ってかならず顕達するが、この格局は生日を己主と為し、時柱を分野と為し、月柱を苗根と為し、年柱を本身と為し、それぞれ禄馬に帰する当地なのである。

刑害の相でなければ、辛丑年辛丑月癸巳日丁巳時のケースでは、癸干が日主と為し干頭の金水気が相生し、地支が丑巳各二支でみな金質の分野であり、癸日主で官星が旺じて刑衝や制伏の相でなければ貴相と見做すのである。

【金木間隔】

「経典」にいう――

甲乙木がもし金質を介在すれば各府庁の兼務官吏と成り、甲乙木が金質を擁しなければ結局は成器と為らないのである。

たとえば楊博氏（長官）のケースは、己巳年庚午月乙卯日庚辰時の命局で、乙干を卯支が搭載して自旺し、午支を附帯して長生して二庚干が介在するので、成器と為る故に極貴の人品なのである。

また庚申年戊子月乙酉日甲申時の命局は乙干が日主と為り、庚官を取用すれば酉支が搭載して旺じて乙庚干は化金し、妻君は亭主に従って化気して貴相と成るだろう。

そこで月令の子支癸干は印星と為り、申子支が水合局して、東南の身旺の当地エリアを巡って木気を生扶し、それは制殺のエリアである故に貴相なのである。

またいうなれば乙干主の官星は重度ではなく、そこで木気には金質が必要であり、木質が中庸に適在し、たとえば木質と金質がそれぞれ併在して、両気が停相して偏らずにもっとも貴相なのである。

【水火既済】

「経典」にいう――

丙丁火が水質を附帯すれば、既済を成為して兵権が万里に轟くが、たとえば辛巳年辛丑月丙子日戊子時の命局では、丙日干を子支が搭載して正官を支蔵し、月時柱にみて旺官するので、奇儀が重複するのである。

丙日干は癸干を正官と為し、癸干は戊干を正官と為し、これは互換して正官を併見するのである。

そこで丙干は辛財を合絆して官星を生扶し、真実の水気を化成するのである。

時柱の戊子干支のケースでは、戊干が子支蔵の癸干と合絆し、真実の化火と為し「水火既済格」に入格する故に貴相なのである。

【金火相成】

「経典」にいう――

庚辛干に火質の制伏が存在しなければ成器は難しく、たとえば乙巳年辛巳月庚午日辛巳時の命局は、庚干を午支が搭載して官貴の火地エリアに赴き、生月巳支を有益として干頭に二辛干を併相し、地支の巳午支は純火相なので金気と火気が生旺して、それぞれ精気がある故に貴相なのである。

またいうなれば金気に偏りが存在しなければ、金気は火質を必要とし、そこで金気が当相するのであり、火気と金気をそれぞれ併在して、生旺に位相してもっとも好作用なのである。

【生成官星】

たとえば甲乙干主が、辛巳干支庚申干支辛酉干支を領得し、壬癸干主が戊申干支己亥干支戊子干支を領得するケースでは、真実の官星と称するのである。

また甲干が辛干を帯びるか、乙干が庚干を帯びれば、自然に陽干が陰干に配当し、また陰干が陽干に合して帝旺が搭載するのが上席で、建禄が搭載するのが次席で、長生が搭載するのがそのまた次席と見做すのである。

もしふたたび駅馬や学堂や文星貴人や天乙貴人を附帯すれば、運歳を待つまでもなく、自ずと発奮して亨るが、それに反すれば無益なのである。

【交互官星】

たとえば甲申干支が乙酉干支を擁し、また丙午干支が壬子干支を擁し、また乙卯干支が戊申干支を擁し、また庚午干支が壬午干支を擁し、また丁巳干支が辛亥干支を擁し、また癸亥干支が丁巳干支を擁するのは、先方と当方の互見なのである。

もし得気して生旺であれば、己主の貴相が顕彰するのは、たとえば范文正氏（公侯）の、丙午年己亥月戊子日壬子時のケースも肯定できるであろう。

【虚夾官禄】

たとえば甲干が辛干を擁して正官と為し、また癸酉干支を擁して「正官禄」と見做し、壬申干支甲戌干支を併見して夾擁するのである。

また乙干が庚干を官貴と為し、また甲申干支を擁して「正官禄」と見做し、癸未干支乙酉干支を夾擁するなどのケースでは、附帯して「正官正禄」を勝帯すると見做すのである。

【官星六合】

たとえば甲子干支が辛丑干支を擁し、また丁亥干支が壬寅干支を擁するケースでは、さらに一旬の存在が最も好作用なのである。

〔古歌訣〕

官星が六合絆するケースを、少数の人が知り、旬中に貴相が所在して、始めて奇瑞を肯首し、生日柱や生時柱に画龍点睛するようなときは、
太政大臣との旗章紋を、佩帯できるだろう。―

たとえば蔡京氏のケースは、丁亥年壬寅月壬辰日辛巳時の命局で、これを肯定するのである。

【官下有官】

たとえば甲干主が月柱辛干を擁し、また丙干主が時柱癸干を擁するなどのケースで、己主の官職は崇高で、名声階位は清峻なのである。

命局で官星と食神や合絆が存在し、たとえば甲干主が辛官を擁して、辛干の食神は癸干なので、丙辛干が合絆して月日時柱に所在するケースでは、己主は官吏のレッテルとし、常人ならば芸才を兼備するだろう。

【真官催官】

たとえば己丑干支が甲寅干支を擁し、また辛丑干支が丙寅干支を擁し、命主の前二辰などのケースは真実の官星と見做し貴相でなくとも、すなわち富裕と為すのである。

また庚辰干支が乙卯干支を擁し、また戊子干支が癸丑干支を擁し、後者が己主のケースは「催官」などと称し、己主の功名は発揚するだろう。

【官殺会墓】

たとえば甲乙干主が辛丑干支を擁し、丙丁干主が壬辰干支を擁し、戊己干主が乙未干支を擁し、庚辛干が丙戌干支を擁し、壬癸干が戊辰干支を擁するのは、そこで墓符の官殺の当地なのである。

己主が君子ならば科挙試験に合格し、己主が武人ならば戦功を挙げて、常人ならば世俗で商芸で出演するであろう。

【三臺拱帝座】

納音の専門のテーマだが、甲寅干支とは納音大渓水で、また日時柱が己亥干支ならば甲寅納音水質が甲己土合を附帯して、すなわち真実の官星真土質を肯首するのである。

また己亥干支納音平地木を擁して官星と為すが、甲干の貴人星は丑支であり、また己干の貴人星は子支であり、六合のスパンが存在する故に名称するのである。

たとえば凶星や悪殺や衝破を侵犯しなければ、すなわち「官入三台」を為して落断して逓減するのであり、庚寅干主が乙亥干支を附帯するのを肯定して、官星とともに分析顕出するのである。

論偏官

（身旺や印綬や偏官合絆や食神制煞や羊刃や比肩が有益で、偏官を擁して印星や羊刃を看て食神で制するのである。身弱は財星や正官や刑衝や墓符が有益なのである。第一に偏官と称し、第二に七煞と称し、第三に五鬼と称し、第四に将星と称し、第五に孤極星と称するのである。）

偏官とはすなわち甲干が庚干を擁し、乙干が辛干を擁するケースであり、男性二人が同処せず、また女性二人が同居せず、配偶が成立しない故に「偏」と称するのである。

そこでその七位の隔位が、相剋衝戦する故に七殺と称し、たとえば小人物はおおむね粗暴かつ無遠慮であり、もしこれが礼法を弁えず控制しなければ懲戒できず、かならずその己主は損傷するのであり、その故に制伏が効して偏官と称し、制御が存在せず七殺と称し、たとえば日主が健旺で印綬の化生が存在することなのである。

「経典」にすなわちいう—

偏官が印星を擁してそこで顕表し、偏官を印星が生助し、また財星が生扶することなのである。

「経典」にすなわちいう—

偏官が財星を擁して身旺で偏官が軽微ならば、財星を附帯してすなわち吉兆だが、財星を擁して鬼殺を引いて盗気すれば、窮命でなくともすなわち非長寿なので、食神を附帯して制伏が透干することなのである。

「経典」にすなわちいう—

制伏を一見してかえって貴相と見做すが、もとより羊刃が適配していることなのである。

「経典」にすなわちいう—

偏官に羊刃が存在しなければ顕達せず、偏官を擁して羊刃を附帯すべきとはこのことなのである。

これらのそれぞれ制伏や合絆や生扶や化生とは、太過や不及が存在しないことが必要であり、これは小人物の勢力を借用して君子を護衛して権威と成り、すなわち大権大貴の命局でその性格は聡明なのである。

また日主の衰弱や偏官重複や三刑六害や劫殺亡神併相や魁罡衝相が不益で、その凶揺を具陳することは肯首できないのである。

もし偏官が一位だけで、そこで制伏が二三処位を擁すれば、旺殺のエリアに巡るのが有益であり、なお運歳がふたたび制伏すればすなわち民衆を法制できず、虎狼のように猛々しくまたその治世は闊達ではなく、またもっぱら制伏に言及できず、要するにそのポイントは軽重の得所なのである。

「経典」にその故にいう—

原局に制伏が存在し偏官が透出して福分と見做し、また原局に制伏が存在せず、偏官が透出して凶揺と見做すとはこれを称しているのである。

たとえば甲干が庚干や申支を擁し、また乙干が辛干や酉支を擁し、命局に旺殺の気が存在すれば、運歳の東南エリアを巡るのが適宜であり、庚辛干が制伏して気の発揚の方途は存在せず制伏せず、すなわち生月寅卯支かまた己主が長生建禄帝旺に搭載して、さらに比肩を多く附帯して同気が生扶すれば、すなわち能く鬼殺を化して官星と見做しその化殺が権と為るので、そこで運歳の印星エリアへ赴けばかならず富貴を発揚し、また運歳の七殺偏官の当地にふたたび巡り、凶揺は随伴しないのである。

たとえば甲寅日主が年月柱が身旺の支根を擁し、庚申干支を附帯して旺殺と見做し、命局に火制が透干せず地支に子辰支印星が会合成局すれば、すなわち偏官が印星を生扶し、印星が己身を生扶し、権貴を成為すると看るのである。

そこで年干に偏官が透干するのと、月令に存在するのと、時令に存在するのは同義なのではない。

年歳とはすなわち一生涯の主体でもっとも重度なのであり、たとえば甲干が庚歳干に逢い、乙干が辛歳干に逢い、また生月申酉丑支で命局に金質が多く、大運でふたたび金郷エリアを巡り、年歳で併見してもっとも凶揺と見做すのである。

もし寅午戌支が木旺の生月で身旺で火制を附帯すれば、金質は絶気して害と見做さず、すなわち吉兆なのである。

「経典」にいう——

甲干は庚干を擁して衰敗すれば、枝葉根が凋零して枯れるだろう。

乙干は辛干を擁して損傷すれば、根元苗が損消して丙火が炎々として、壬干を擁して光彩なく黒く炎上し、丁火が紅く燦々として癸干を擁して、その輝光はみずから消滅するだろう。

戊干に甲干が臨位すれば、福分が凶揺に変するのを防ぐべきなのであり、己干を乙干が搭載すれば、みずから禄元の瑕疵を肯首するのである。

庚干が丙干に衝剋すればみずから危機に傾陥し、辛干が丁干を被傷すれば剋伐の害と為るだろう。

壬干が戊干を擁して渋滞して通じ難く、癸干が己干を附帯して奔破して保持し難いのである。

干の禄支が生旺でそこで扶持できるのであり、羊刃は巡るのを有益として、みずから能く合絆して制伏するのである。

またいうなれば命局が月令に、偏官を附帯してただ地支に一位だけならば、複擁はすなわち佳質ではなく命局で有用な偏官を制伏して、偏官一者の定位を尊重するが、正官一位を併見して官殺混雑と見做してかえって濁命なので、命局に旺殺が純用でそこで身旺で官星が清貴なのである。

またいうなれば己身と偏官が双旺して、制伏が存在しなければまた運歳の旺殺エリアに巡り、貴相だが恒久ではないのであり、またいわば命局が偏官で満局して、己身が極衰して窮状して非長寿なのである。

『繼善篇』にいう——

短命でなければすなわち窮状なのは、かならず己身が衰敗して鬼殺を附帯し、いわば身旺で偏官が軽微なのは仮の偏官が権威と為り、偏官が重度で己身が軽微なのは、結局は己身が損傷するのである。

『獨歩』にいう——

格局を詳細に推究して偏官が重度と為すとき、制殺して権威と見做すので、何も用途の損失を憂悩することもなく、偏官の制伏では旺相を貴気に取用し、鬼殺の軽微を附帯して、そこで制伏するのはかえって肯首できないのである。

『通明賦』にいう——

月支元命が偏官で命局が旺強であれば、青年軍事長官なのであり、また偏官に支根が多ければ不益の始兆かつ結局は損害するのは、そこで財星が偏官の支根だがらである。

『定真賦』にいう——

偏官が財星の生助を附帯して、その偏官はいよいよ凶揺なのである。

またいわば羊刃を兵器と見做し、偏官が存在せずまた存立し難く偏官を軍令と見做し、羊刃が存在せず尊位せず、羊刃七殺が併顕して天地の鎮威なのである。

『元理賦』にいう——

権威に当格するとは、偏官を用途として印星を用途としないのである。

またいわば御史台の官吏の更迭ののちそれを拝命するのは、偏官が地支に支根を領得するからである。

またいわば偏官の格局は、傷官が有益で身旺を畏怖し、またいわば食神制殺のとき偏印を附帯して、窮状せずともすなわち非長寿なのである。

『幽玄賦』にいう——

偏官が印星を佩印して、御史台をテーマにするのに充分なのである。

『四言獨歩』にいう——

偏官は印星を乖離できず、印星は偏官を乖離できずに、偏官と印星が相生して顕達して功名するのである。

『妙選賦』にいう——

偏官を武芸と為し、印星を文華と為すとき、偏官を擁して印星が存在しなければ文彩を欠損し、また印星を擁して偏官が存在しなければ威風を欠損するので、そこで殺印双全が絶妙なので、その文武両道を肯定するのである。

『玄機賦』にいう——

身旺で偏官が軽微であれば、運歳の偏官は支障なく、偏官が重度で己身が軽微であれば、制殺のエリアが福分と見做すのである。

『玉匣賦』にいう——

偏官と咸池とを併見するとは、楊貴妃氏が馬嵬駅で御逝去されたことなのである。

『幽玄賦』にいう——

偏官が長生を附帯する位相とは、女性は高貴な亭主を招来することができるであろう。

『絡繹賦』にいう―

偏官が子支に臨支するときは、かならず背逆の子息を招来するだろう。

『千里馬』にいう―

偏官に制伏を擁すれば、また子息が多いであろう。

『相心賦』にいう―

偏官七殺は三公大臣を抑勢し、酒色が有益で、偏争家で意気軒昂を渇望し、弱者に扶身して強者を欺き、虎のごとき性情で颪のように性急なのである。

『定真賦』にいう―

もっとも凶揺とは七殺の纏身だが、日時柱が天月二徳貴人を附帯して吉祥なのである。

『要訣』にいう―

偏官もしくは壬申干支癸酉干支を併相して、外洋のように広遠であり、いわば七殺の権化とは決定的に出身は辺域だが貴客なのである。

〔古歌訣〕

偏官とはたとえていわば凶意を肯定できないのは、そこで制伏を擁してかえって当人の衣食爵禄が豊厚であり、干頭の食神が支合を附帯すれば、子孫末代まで褒章を拝領できるであろう。

〔歌訣〕

己身が、月令に偏官を附帯するときは、
ただ干が、おおいに受傷して衰敗し、
正禄と刑衝七殺が交夾すれば、
終身ともに、窮状を受けることを免れないだろう。

〔歌訣〕

もとより月令の偏官とは、憂悩を肯首し、
ただ装帯の慣れに因り、有益で憂悩なく、
平生は正直で、よこしまに曲解はせず、
官職は、万戸の公侯を拝領するだろう。

〔歌訣〕

月柱の偏官とは、もとより七殺の星神であり、
制伏することで、また一品の尊位に相当するが、
仮にもし己身の栄貴が晩年期ならば、
そこで福分を為して、子孫に波及するだろう。

〔歌訣〕

月令の偏官は、もっとも衝揺が不益なのであり、
そこで傷官と羊刃が、併相して有益なので、
日干が旺相してみな貴相と見做すが、
制伏すれば過度なく、百事に通暁するだろう。

〔歌訣〕

偏官が、制伏か印化して権威と見做し、
英俊にして、文章が年少にて発揚し、
身旺であれば決定的に諫客として台閣に登壇し、
印星官星の扶助を、累々として肯定するのである。

〔歌訣〕

もし七殺を化して、附帯して権威と見做し、
武官として、功績が九天に上奏されるが、
辺境を、威武鎮圧して世評の功績で、
武勇の士として雲梯を直上し、先鞭を尽挙揚するだろう。

〔歌訣〕

偏官が原局に、制伏の傷官を附帯するときは、
身旺で制伏して、禄位は栄昌するだろう。
たとえ制伏を擁して、まず損失と見做すときは、
かえって富貴の将家が、窮状に変転するだろう。

〔歌訣〕

傷官と偏官が、命局に併相して不益であり、
制伏して調和すれば、権威を肯定するのである。
日主が微勢で、または制伏が存在しないときは、
猛虎を抱くように、畏縮して眠るであろう。

〔歌訣〕

身弱で偏官が過強で、制伏が存在しなければ、
おおむね窮状を発生して、テーマに耐久できないだろう。
さらにどうして旺官の、当地への交入に耐久できるだろうか。
病刑に羅患して、己身を喪失するのである。
〔歌訣〕
偏官に、制伏が太過するときには、
窮状の儒者を、さらに疑うべくもないだろう。
もし年柱時柱が、財星の旺地に相当すれば、
偏官はふたたび、権威を発揚するのである。
〔歌訣〕
甲乙干に、庚辛干の偏官が重複透干するときは、
月柱に、水木気が添加して有益なのであり、
運歳の木火気を巡って、名利が勃興し、
運歳の水気では、火金気に巡るのを畏れるのである。
〔歌訣〕
丙丁干が生月午支で、偏官が重複するときは、
木火気が巡って、大功が臨むだろう。
運歳の金水気を巡って、己身は凶揺と為り、
子支が巡って衝破し、もっとも窮状と為るのである。
〔歌訣〕
六乙干が、巳酉丑支を附帯するときに、
命局で、かえって財星を附帯して不益なのであり、
運歳の金郷エリアに、至ればたちまちに、
平生の寿命が恒久でない、と認識できるであろう。
〔歌訣〕
庚日干で、寅午戌支が全局併相するときに、
天干に土気が透干して、始祥と見做し、
旺火が重複して、名声が顕彰するが、
命相が休囚すれば、水郷エリアが不益なのである。
〔歌訣〕
六丙干で、亥子支を多く附帯すれば、
偏官が印星を容帯し、かえって中和であり、
行運の東方エリアで、功名が顕彰するが、
運歳の西方エリアで、事態が精錬するだろう。
〔歌訣〕
陰性の水質を、多く附帯して己干の瑕疵となり、
偏官は、木質が巡って転枢するのを要し、
たとえ名利の高い顕彰を肯首しても、
ただ平生が、長寿でないのを畏怖するのである。
〔歌訣〕
戊己土が卯支を附帯して、三合局が全備すれば、
金水質の附帯に相当して、不益ではなく、
木火気の旺郷で、名利が顕彰するが、
ふたたび火金気に巡って、連綿たる窮状なのである。
〔歌訣〕
寅支生月が、さらに寅午戌支を重複するときは、
庚辛干をメインと見做し安配しなければならないが、
土質を擁し、支根が存在しなければ火気に偏してもよく、
己主が旺じ支根が存在せず、火気が巡るのを畏れるのである。
〔歌訣〕
乙干が生月丑支で、全支合局するときは、
旺殺かつ身旺で、格局は至高なのであり、
そこで金水気が巡って、名利は豊厚だが、
火土気の郷地で、その堅固を失うのである。
〔歌訣〕
甲乙干が、もし申支を附帯すれば、
印星が有益で、暗に相生するが、
旺水や旺金とは、また旺地であり、
官僚の制服が、かならず纏身するのである。
〔歌訣〕

甲乙干が、生月寅支では、
金質が多く、かえって吉昌なので、
水質を重複するのは、不適宜であり、
そこで火土質とは、衣糧に相当するだろう。
〔歌訣〕
乙干を酉支が搭載して、生処であれば、
巳丑支を併相して、全局してはならないのである。
そこで富貴とは、火焔の宮位なのであり、
清貧かつ潔斎を固守するのである。—

偏官の諸説を合して、その喜忌をみたのである。

【天元坐殺】

いわば甲申日主や乙酉日主などであり、たとえば乙丑日主は丑支蔵の辛金偏官が搭載し、生月春夏季が有益なのである。

乙木が健旺であれば、偏官はおのずと制伏するので、偏官の明見は不益なのである。

また丙丁干が生月秋季ならば、凋零して蔵鬼が搭載するが偏官は無害なのである。

およそ当日に相当すれば日干が倚旺することを要し、ふたたび官殺が複して剋伐せずに、偏官を印化することが有益なのである。

そこで財星が旺じて己身が旺じ福分と見做し、たとえば偏官が旺じれば、傷官の制合を擁してまた貴相なのである。

たとえば生助印化が存在せず、ふたたび運歳で偏官の旺地に巡るか、偏官の剋伐が重複すれば、当人はかならず面相に瑕疵があり、身障者かつ手疾で貪欲かつ暴猛で、遠慮なく強勢を恃して法令を重複侵犯し、剋伐が重複しておおむね非長寿なのである。

格局に適合すれば多くは高貴の武人と為り、もし己身が生旺に臨んで、印綬などが己身を生助すれば制伏して中和と為り、また己主は文才高貴なのであるが、ただしその人心は性急で陰険かつ毒素を所懐し、偽驕かつ害悪を謀計して人情に近付しないのである。

【時上一位貴】

『喜忌篇』にいう—

もしすなわち時柱で偏官を擁せば、明見しなければかならず凶意と見做すが、月干が強力に制伏して、その偏官をかえって権印と見做すのである。

「経典」にいう—

時上偏官格のときは身旺を要するが、そこで陽刃や刑衝や偏官を敢えて相当として、制伏が多ければ運歳の旺殺に巡るのを要し、偏官が過多して制伏が些少ならば、かならず窮状と見做すのである。

そこで時上の偏官とは干頭に透出する必要があり、ただ一位で好作用と為るのだが、年月日柱に重複して、かえって己主は過労するのである。

もし身旺で制殺が太過すれば、行運の旺殺が有益であり、または運歳の三合偏官局で制伏が存在しなければ、行運の制伏の方途を巡って発揚するのである。

ただし身弱が不益であり、たとえば運歳で生扶を得て発福するが、運歳が旧体然ならば済性しないのである。

またいわば時上偏官格は衝揺や羊刃を畏れず、当人の性情は重々しく剛直かつ不屈であり、偏官に支根が存在しなければ、その旺地が搭載する必要があるのである。

たとえば庚申干支乙卯干支のケースは支根が不適宜なのは、財気がその支根の為であり、もし偏官が一位でかえって制伏が二三重複すれば、たとえ文才が李白氏や杜甫氏に匹敵しても、結局は顕達は困難なのである。

「経典」にいう—

偏官を時柱に附帯して制伏が太過すれば、すなわちひ窮状儒者を肯首するのである。

『獨歩』にいう—

時上の偏官に支根が存在しなければ、旺殺がもっとも貴相なのであり、時上の偏官に支根が多ければ、旺殺が不益なのである。

『通明賦』にいう—

時上の偏官が月令が通根すれば、己主は悠然と旺じるのである。

『鶯神賦』いう—

時上の偏官に制伏を擁せば、晩年と子息は英明奇瑞なのである。

『獨歩』にいう—
時上一位貴格は支蔵干を肯定し、日主が身旺である必要があり、精気の方途に名利が存在するのである。
〔古歌訣〕
時上の偏官は、羊刃と衝揺が有益であり、
身旺で制伏すれば、禄支根は豊隆であるが、
もし正官が巡って、混相するようなときは、
身弱で財星が過多して、己主は窮状するだろう。
〔歌訣〕
時上の偏官は、衝揺を畏れないが、
羊刃を附帯して有益で、凶意と見做さないのである。
衝揺が存在せず、制伏して真実の貴相と為り、
要衝山河を輔佐して、掌握できるであろう。
〔歌訣〕
時上に偏官が、一位で旺強ならば、
日柱が自旺して、とても有益であり、
財星と印星を擁して、財禄が多ければ、
決定的に天賦の、棟梁の逸材であろう。
〔歌訣〕
時柱に附帯する七殺とは偏官を肯首し、
そこで身旺で、制伏すれば好命と看るが、
制伏が過分なら、行運の旺殺が有益であり、
しかし三合支根を領得しても、発揚は難儀である。
〔歌訣〕
生扶を擁し、偏官が時柱に存在するときには、
決定的に辺境を鎮護し、大功を立てるであろう。
そこで制御や合絆を附帯すれば、衝破も不益ではなく、
赫々たる兵権にて、鎮圧の威風なのである。
〔歌訣〕
原局に制伏が存在しなければ運歳で巡るべきで、
偏官が聚殺すれば、刑衝も畏れないのであり、
もし身弱を肯首すれば、旺殺を測るべきであり、
決定的にこの命相の、窮状の命を肯定するのである。
〔歌訣〕
時柱に偏官を附帯し、もとより子息なく、
この作用で人間の仔細を推究すれば、
年月時柱に制伏が存在するときには、
決定的に貴相の子息を、後年に擁するだろう。

【年上七殺】

「経典」にいう—

年柱が貴気を附帯すれば制伏は不用であり、日主の健旺を有益として羊刃が相合し、命局に財星を附帯してさらに行運で財星に巡れば、清秀に発福するがもっとも身弱が不益なのである。

そこで偏官とはすなわち小人物の象徴であり、すでに祖宗の位相でたとえて、朝廷の老臣や祖父老僕のようなものである。

日主が健旺であれば、老僕はすなわち幼主に司事して尽力するが、日主が衰微すれば小人物を当主と見做すことはできず、どうしてこれに司事して尽力すると肯首でき、またかえって己主の害物と為るのである。

年干に偏官を附帯すれば、かならず己主の出身は寒微なのであり、命局の行運が情誼すれば、己主は辺域の貴相の子息なのである。

もし偏官が旺じて、己身が衰微して過分に刑衝すれば、かならず己主は窮して重度に至れば疾性を帯びて拘禁に遭うだろう。

またいわば年歳の偏官一位を制伏するのは、不適宜なのであり、命局に重複すればかえって制伏が適宜なのである。

日主が健旺で制伏が過多するときは、旺殺の当地を巡って有益なので、制伏が過分かまたは偏官が旺じて己主が衰微し、または官殺混雑するか、運歳でそのように相当して役立たずなので、もし制伏が不足し運歳の衰身旺殺の郷エリアで、かならず窮状が発生するだろう。

一命局の戊戌年庚申月壬午日癸卯時のケースでは、戊癸時干合し乙卯戌支合して、壬干を午支が搭載して、財官双備して貴相と見做すのである。

〔古歌訣〕
歳徳とは、壬干に戊干歳が巡ることであり、
旺財かつ身旺で、爵禄は自然に昇格し、
さらに運歳で、旺財の当地を領得するときは、
人と成りて、聡慧かつ忠賢の人材なのである。

〔歌訣〕
年干の偏官とは、凶揺なのだと言及してはならず、
制伏や合絆で権威と為し、もっとも有効なのである。
もし身旺で、衝破の不益が存在しなければ、
この己身の多くは、宮中の庭前を参内するだろう。

〔歌訣〕
年歳の傷官と日干が、調和しないときには、
命局での制伏の重度が必要とすべきであり、
旺殺ならば、身旺の当地を巡るのが有益であり、
初年から、一場の凶揺を免れ難いのである。

【棄命従殺】

『獨歩』にいう―

棄命従殺格局では偏官の会党が必要だが、従財格局は偏官が不益なのであるが、従殺格局は財星が有益なのである。

そこで根基が会党すれば命局の損瑕は疑いなく、そこで従殺格に言及して偏官が重複して己身に依所が存在しなければ領得せずこれに従象し、行運の旺殺かつ財郷エリアを巡ることを要し、命局に比肩や印綬の方途が、一点も存在しないのがテーマなのであり、たとえば運歳で身旺を扶持して偏官に仇敵し、従殺格をテーマとしない故に窮状と見做すのである。

「経典」にいう―

棄命従殺格には剛柔のテーマがあり、いわば天干を棄てて地支に従象し、五行の性情に従うのであり、陰干ならば地支に従象し、偏官が効用ならばおおむね貴相であり、そこで陰柔なるものは能く従象するものなのである。

陽干が地支に従象するときは、偏官が効用すればまた貴相なのだが、ただし陰干のケースに準じるので、そこで陽干とは従制を受理しないが、それは火土金水気みな順じるが、ただ甲木だけが従象を肯定しないのは、死木として斧斤を被り、かえって損傷に遭うと見做す故なのである。

『幽玄賦』にいう―

己身が衰敗して偏官が重複すれば、その名声があまねく遍野するだろう。

『元理賦』にいう―

平生が、富命かつ貴命と見做すとは、
みな偏官が重く、己身が軽微のためであり、
迂遠かつ、喪失かつ、危惧なのであり、
ただ運歳を扶益と見做して旺干なのである。

〔古歌訣〕
五陽干が全局、偏官に搭載すれば、
棄命従相するが、堅寿の命相ではなく、
たとえば五陰干が、全局偏官の命相では、
その衰身旺殺が、吉兆だとはいう迄もないのである。

〔歌訣〕
西方の金位が、柔質を搭載するときは、
休運を畏れず、また囚運を畏れないが、
そこで鬼殺が生旺して、発福が多端であり、
神仙峰への上陸を促すよう功名するだろう。

【時殺帰庫】

すなわち六乙日干が時柱辛丑干支を附帯するときや、六辛日干が時柱戊戌干支を附帯するときは、すなわち時上一位貴格で偏官を庫地が搭載する故に「分立」と称するのである。

〔古詩訣〕
庫支の偏官を庫殺と称するが、
そこで刑衝破害して、もっとも奇瑞と見做し、
行運で制伏して、身旺を兼備するときは、
すなわち奮発し、功名のタイミングを肯定するのである。

【官蔵殺顕】

たとえば甲干が生月巳酉丑支で、干頭に庚干が透出して生月申支のケー

スで、年時柱を金質が辛金を搭載して透干すれば、その二者は支蔵と透干に拘わりなく、ただし精気が存在せずにすなわち作用しないのである。

　たとえば用途の官星は行運の偏官が不適宜であり、用途の偏官は行運の官星が不適宜だが、そこで身旺なのが肝要なのである。

『喜忌篇』にいう――

　偏官を支蔵して官星が透顕すれば、身弱のケースでは、どうして名を成し得ることができるだろう。

　偏官が透顕して官星を支蔵すれば、制伏を擁してみずから能く顕達できるだろう。

　そこで災禍と福分とは、正官偏官の格局と同意義なのである。

〔古歌訣〕

　偏官が透干し官星が支蔵して、ただ偏官がテーマで、
　官星が透干し偏官を支蔵して、正官がテーマなのであり、
　身旺で、官殺を附帯して貴相と見做し、
　身弱で、官殺を附帯して窮状百端なのである。

【官殺混雑】

　人の命局に正官と偏官を併擁するとき混雑と称するのであり、ただ財星と印星を取用と為し、命局に財星を擁して運歳で、財星が巡って発揚するがおおむね身旺を要し、そこでその財星の方途の肯定に任じ得るのである。

　身弱で正官と偏官が混雑すれば、多くは窮状して非長寿なのであり、身旺で制伏すればまた好命で、制伏が存在せずとも印局を成局すれば、殺印化を肯首するのである。

〔詩訣〕

　正官と偏官とが加交して、推命の用途とし、
　官殺のなりゆきを、詳解すべきであり、
　時令を得て身旺ならば、軽重を分析し、
　その貴賎を、分明に弁別することを知るのである。――

　たとえば壬辰年丙午月丙辰日癸巳時の命局は、身殺とも旺じて癸官が戊土に従化して「徳秀兼備」なのである。

　たとえば丁亥年壬子月丁未日癸卯時の命局は、丁干が壬干に従化して亥卯未支が会局して「水木清奇」なのである。

　たとえば甲午年己巳月辛酉日甲午時の命局は、辛日干が巳支丙干を正官と見做し、また二午丁干を偏官と見做し旺禄支の在局が有益で、巳酉支が会局して偏官が顕れ、そこで制伏が存在しなくても初年に西方エリアを巡って、益々と身旺である故に貴相なのである。

　命局を観相するとき官殺の混雑を、濁命だとテーマをするのを肯首できない。

【会殺化印】

　すなわち支星が殺局を会合し、たとえば甲日干が申子辰支を併見するケースで、もっとも命局に印綬を擁して有益であり、支蔵しても透干しても偏官が存在せずに好作用なのである。

　大運や流年とも相会をもっとも畏れ、財星が旺じて傷官佩印なのは、危険の凶揺なのである。

　たとえば原局に印星を剋伐する星辰が存在し、さらに運歳で財星を擁して併剋すれば、かならず凶揺するだろう。

　たとえば甲辰日主で生月子支かつ時柱申支ならば、庚干偏官の印化を会起するので、貴相は一品級に至るだろう。

　運歳の丁未干支を巡り年歳が庚戌干支ならば、日支辰土を衝起して聚財壊印と見做して偏官は印化せずに、戊年に事件を起こして辛亥年に拘禁と為ったのである。

〔詩訣〕

　偏官が会起して権と為り、福分はもっとも多く、
　支合が、印星と合して中和と為るのである。

　もし印星の剋伐に巡り、運歳で臨むときは、
　官刑で捕縛され、どうすることもできないのである。

【専殺無制】

「経典」にいう――

　身旺で偏官が軽微では仮殺が権を為し、偏官が重度で己身が軽微ならば、結局は己身は損失するのである。

　偏官が旺相し命局に制伏が存在しなければ、日主を旺支が搭載して身旺

の当地と為して専一と見做すので、偏官が当権すればかならず駿発に相当し、なお運歳の身旺を通過し、刑衝や制伏の位相に巡って平安なのである。

運歳の旺殺に逢って不益であり、偏官は羊刃の併見をもっとも畏れるが、命局に羊刃を附帯してふたたび巡れば、疾症どころではなく、かならず已主は凶揺するだろう。

〔詩訣〕

旺殺で制伏が存在せず、身旺に相当すれば、
偏官の専権と見做して、富貴の人命なのである。
しかし日主が、年柱に偏官傷官では瑕疵なのであり、
そこで正官を支蔵して、偏官が透干して窮状が生起するのである。

【専禄要制】

この格局の六庚日が時柱巳支を附帯して、庚金の長生の当地であり、丙戊干の二禄を支蔵するのである。

そこで戊干が庚干を生扶し、丙干が庚干の偏官と為り、命局に丙殺の制伏に壬癸干を要し「武帥持権」と見做し、もし運歳の偏官に逢って不吉なのである。

〔詩訣〕

専禄たる庚干が、巳位を附帯するときには、
また制伏して、始めて奇瑞と見做すべきであり、
武権に当職して、指揮官と為り、
偏官に巡り、たちまち凶揺が至るタイミングなのである。

【官殺去留並官鬼互変雑論】

『喜忌篇』にいう―

官殺混雑とは正官を控除し偏官を位留するケースで、また偏官を控除し正官を位留するケースなのである。

そこでいわば命局で正官と偏官が交夾するときに、月上に正官が透干し、時上に偏官が透干し、または月上に偏官が透干し時上に正官が透干するか、または命局に重複するケースなのである。

そこで介擁して正官を控除し偏官を位留するとは、すなわち偏官がテーマであり、また介擁して偏官を控除し正官を位留するとは、すなわち正官がテーマなのである。

およそ官殺の去留を看るときは、命局の正官と偏官の軽重を詳解すべきなのである。

天干に透干するときは容易に控除できるが、月柱に支蔵すれば控除し難いのである。

そこで傷官食神とは、官殺を抑去できる聚星であれば、有力として控除の方途を領得するのである。

五陽の日干では、食神が能く偏官を制殺して正官を位留するのであり、五陽の日干では傷官が能く正官を控除するが、ただし偏官は位留して控除できないので、かならず羊刃の合絆を領得して、正官を控除して偏官を位留する方途が成るのである。

たとえば甲日干のケースでは、甲干は辛干を正官と為し、庚干を偏官と為すのである。

もし正官が重度で偏官が軽微であれば、丙干食神の一者が庚金を剋去して、そこで辛干と合相するのである。

これは偏官を控除して正官を位留すると称し、情誼があり貴相なのである。

もし偏官が重度で正官が軽微であれば、丁干傷官を領得して辛金を剋去し、ふたたび乙木と羊刃を領得して庚干と合相するのである。

これは正官を控除して偏官を位留することで、情誼があり貴相なのである。

五陰の日干とは食神が能く偏官を制殺し、かえって正官を位留することができないが、日主は自ら能く正官を位留するのである。

五陰の日干とは傷官が能く正官を控除し、かえって能く偏官を位留するのである。

たとえば乙日主のケースは、庚干を正官として辛干を偏官とするが、もし正官が重度で偏官が軽微ならば、丁干の食神一位を領得して辛干偏官を剋去し、すなわち乙庚干合するので、そこで偏官を控除して正官を位留して、情誼があり貴相なのである。

もし偏官が重度で正官が軽微ならば、丙火傷官が庚金を剋去して辛金を

合絆し、そこで正官を控除して偏官を位留して、情誼があり貴相なのである。

『元理賦』にいう―

偏官を控除して正官を位留するのは、貴相がテーマなのであり、正官を控除して偏官を位留するのは、権威を主事するのである。

またいわば正官と偏官を交夾して、かえって偏官を合絆して、貴相とはこれを称しているのである。

偏官の合絆には二義則があり、合去と合来とが存在し、合来とは正官を控除して偏官を位留することであり、合去とは偏官を控除して、正官を位留することなのである。

たとえば六甲干のケースで辛干の正官が透干するか、また庚干の偏官が透干すれば、正官と偏官とが交夾するのである。

命局にかえって乙干を附帯して庚干偏官と合絆し、また丁火を擁して辛干の正官を剋伐するのは、これは正官を控除して偏官を位留することなのである。

たとえば六己主のケースでは、甲干の正官が透干してまた乙干の偏官が透干するのを、正官と偏官の交夾と為して命局に庚干を擁し、かえって甲干正官を控除して乙干偏官を合来するが、これを正官を控除して偏官を位留するのである。

以上の羊刃と偏官の併局とは、傷官と偏官の併局なのであり、また甲干主が辛酉干支を正官と見做し、また庚申干支を偏官と見做すのである。

もし甲申日主が申支を偏官と見做し、また酉支を正官と見做すが、そこで申支とはすなわち長生の水地なので、偏官が印化して甲木を生助するのである。

そこで命局に酉金を附帯し、かえって午支丁干が傷剋するので、そこで正官を控除して偏官を位留するのに相当し、己主は平生から心操が巧妙で福徳を領得せず、他人から信任されずに、つねに自己は労役するのである。

またたとえば六庚主で命局に丙干偏官が透干し、また丁干正官が透干するのは、正官と偏官の交夾なので、もし命局に壬干を擁して丙干を剋伐するか、また丁干を合絆するときは、偏官を控除して正官を位留するのである。

「賦」にいう―

正官を合絆して貴相と見做さずに、偏官を合絆して凶兆とは見做さないのである。

そこでいわば正官を合絆して命局の閑神に相当し、正官を合去してそのため貴相とは見做さず、また偏官を合絆して命局の閑神に相当して偏官と合絆するが、その故に正官と合絆して貴相を失念し、偏官と合絆して窮状を失念するのである。

もし命局の日主で正官と偏官が合絆するとき、すなわち正官の合絆を貴相と見做し、偏官の合絆を濁命と見做すのである。

「経書」にいう―

明らかに偏官を合去できれば命局は春風の和気であり、暗裏に偏官と合絆すれば、命局が刑傷して己主の損害とは一大事なのである。

もし日主と閑神を分別できないときは、どうして合来や合去のテーマが存在するだろうか。

そこで合去の法則とは、たとえば年月柱の合去の相はテーマではなく、月時柱の合相も控除するが、日柱と年柱の合相は控除できず、そこで日柱と年柱を肝要と見做し、その他は閑神と見做すのがテーマなのである。

「経典」にいう―

正官と偏官を均衡して併相すれば有益だが、これを控除するのを悔いるのである。

そこでいわば命局に正官と偏官を併相して、均衡して生扶の相が和会すれば、その力量を専有して、その擁存かつ位留を適宜と見做すのである。

また命局を傷害して破損するとき、その力量は拡散するので、それを棄去して適宜なのである。

そこで正官に生扶があり偏官が破害すれば、すなわち偏官を控除して正官を位留し、反すればすなわち正官を控除して偏官を位留するのである。

もし官殺が併相して、扶助や合絆が存在せず破害するときは、命局の有力な一用星をポイントにするのである。

もし吉星を肯定するならば、すなわち吉兆がテーマなのであり、もし官殺ともに生扶や合絆が存在して破害しなければ、すなわち官殺混雑を肯首し、かえって窮状と見做すのである。

またいわば年月日時柱に、正官が四併相また偏官が四併相すれば、その用途を明らかにすべきなのである。

これを支蔵すれば控除し官星を明見して、すなわちその官星は存立しまた偏官を明見して、すなわちその偏官が存立することの仔細を分別すべきなのである。

もし官殺が併局して軽重が規定できなければ、その生助が時宜であるかを察して用途とするのである。

これに乖背して生助が存在しなければこれを控除するが、その控除と位留とは清澄ではなく、すなわち混雑と見做すのである。

たとえば甲干が生月申支上旬のケースでは、偏官の得令と見做すので、たとえ丙火が存在してもまた控除できないのである。

またいわば控除と位留の二格式とはもっとも身旺が適宜だが、もし己身が旺果であれば介擁せずとも偏官を控除し、また能く七殺を化して官星と見做すのである。

たとえば甲干が庚干を擁して偏官と見做し、甲干を寅支が搭載して旺禄し、甲木はみずから火気を容して偏官を制伏するが、また重複して丙丁干を併帯してはならないのである。

たとえば甲干が生月秋季で、かえって丙丁干がこれを制伏するのを要し、原局に制伏が存在しなければ、運歳で制伏の当地へ至って発揚するのである。

またたとえば丙日干は壬干を畏れ、丙干を巳午支が搭載するか、または丙干を土質支が搭載すれば、すなわち壬干は無害なのであり、丙干の化殺を官星と見做して、行運の身旺を肯首するのである。

またいわば地支と天干に合絆が併相してまた「合を貪って官を忘れる」というのである。

そこで命局を天元と地支と人元と称し、年月時柱の干支に該当すれば、明暗ともに有情の合相が重複して合星を渇望するので、官星が存在してもすなわち財星が巡って盗気し、また官星が巡って己身を剋伐するのでかえって不利を為し、官星の用途は成為せず、財星の用途も完遂しない故に「合を貪って官を忘れる」と称するのである。

おおむね凶星が介擁すれば合去し、すなわちかえって凶意が吉意に好転するが、また吉星が介擁すれば合去し、すなわちかえって吉意が凶変するので、吉凶それぞれの星辰とは命局の益不益のポイントを看て、その一端のテーマに執着できないのである。

『奥旨賦』にいう―

陽日干の食神は官星を暗合し、陰日干の食神は印綬を侵食し、これを観相すればすなわち命局に官星や印星が在局しないことを知り、すなわち食神が有益なのであり、命局に官星や印星を擁して、すなわち食神が不益なのである。

またいわば合を貪って七殺を失念して官星を失念し、たとえば六癸主が干頭に己干が透干して偏官と見做し、ふたたび甲干が透干して己干を合絆し、己干を合去して七殺と見做さず、これを「合を貪って七殺を忘れる」と称するのである。

たとえば庚申年甲申月甲子日乙亥時の命局では、年上に庚干が透って甲干を損傷し、亥支上に乙干を搭載して庚干偏官を合去するのである。

そこで月令などに申支を併相して清澄ではなく、二申支で偏官が重複して合絆を肯定できない故に、ただ官吏の命相なのである。

またたとえば六壬生のケースは、干頭に己干が透って官星と見做し、ふたたび甲干が透出して己干の合星を肯首し、己干を合絆して官星と見做さないので「合を貪って官を忘れる」と称するのである。

たとえば辛丑年丙申月甲戌日己巳時の命局では、甲日干で辛干が透干するので正規の正官を肯首し、どうして丙火に因って合去できるだろうかの故、清相でなくとも貴相を発揚するのである。

〔歌訣〕

壬水が、陽土に巡相するときには、
心中に憤怒を懐き、否争を起こすだろう。
とつぜん癸水が巡って助相するときでも、
凶合の頑処に、威扶とは為らないだろう。―

これが「合を貪って七殺を忘れる」ケースである。

〔歌訣〕

またいわば壬干が己土を擁して、官星と見做したく、
甲木を附帯して、訟事の発端が生起し、
合絆をもとめ、己主の真実の貴気が払去し、
辞令を拝受するも、千万般も失態するだろう。―
これが「合を貪って官を忘れる」ケースである。

〔歌訣〕
貪合とはただし、官殺を忘却することではなく、
印星を失念し食神も失念し、また可憐であり、
格局に、ただ偏官の貴相を忘却するので、
正官偏官ともに去り、権威を成さないのである。

〔歌訣〕
七殺を控除し正官を位留し、仔細を詳かにすれば、
食神を要帯して、高強が要されるのであり、
そこで偏印を帯びすに、傷官が用途ならば、
旺財かつ官星を生扶し、大吉昌なのである。

〔歌訣〕
偏官を控除し正官を位留し、奇瑞の造化であり、
それぞれのなりゆきを、誰が知るだろうか。
剋相合相に情誼があり、栄貴が過多し、
月上に正官が一星、高々と登壇するようである。

〔歌訣〕
正官偏官が併相すれば、ただ七殺を肯首し、
官殺が、それぞれ分立して混雑と見做し、
食神が、重複侵犯して傷官を作動し、
また正官を重複して、七殺がテーマなのである。

〔歌訣〕
命局に、官殺が併透して競い、
そこで羊刃が重複し、またこれを生助すれば、
命局全陽干支で、偏印が重度ならば、
己身の位階高く、明らかに輔佐が顕彰する時である。

『精紀』にいう―
およそ命局に鬼殺が多ければ、そこで己主がもとより精気の当地に在れば、その鬼殺は正官に好転するのである。
もし己主にもとより精気が存在せず、官星に精気が存在すれば、すなわち官星は鬼殺へと変転するのである。

司馬季主氏がいう―
身旺迅速で鬼殺に巡れば、鬼殺は正官へ好転し、身衰迅速で正官に巡れば、正官は鬼殺へと変転するのである。

たとえば丁干は真実は五行の木質に所属すると擁し、およそ丁干主が乙庚干を併相して鬼殺と見做すが、たとえば丁亥主丁卯主丁未主が、この併相をみて鬼殺と見做さず、亥卯未支全局して三丁干が揃局すればもっとも好相なのである。

そこで亥卯未支とは木質の正位相なので、そこで三丁干を領得して木気が旺盛するので、全て庚金がこれを制剋する必要があるのである。

また丁巳主丁酉主丁丑主が金質の正位相に在局し、木気が微勢で金気が旺殺で、さらに乙庚干併相して真実の化金を擁して、すなわち鬼殺がテーマなのである。

またたとえば六丁主は、みな真実は五行の木質に擬し、そこで乙酉主乙亥主を擁し、乙干は真実の金質と化し、かえって鬼殺と見做さず、かえって官星と見做すのは、丁干を貴人の亥支が搭載する故なのである。

そこで壬寅主壬申主が乙庚干併相して、おおむね鬼殺とは見做さないのは、その納音五行が比和する故なのである。

また辛酉主辛丑主が甲己干併相し、また己巳主己亥主が丁壬干併相し、また乙巳主乙亥主が戊癸干併相するケースも、みなこれに批准して類推するのである。

『天元変化指掌提要』にいう―
鬼殺が好転して正官と為り、たとえば丁未年甲辰月癸丑日癸亥時の命局は、併鬼殺がかえって生助への転枢と為り、甲木が生助してすでに旺木なので、すなわち丁干もまた旺火であり、また納音が丁火に転枢して、点火してすでに旺火と為り、壬癸干主が盛財を領得して、干頭支蔵ともにみな好作用

なのである。

『寸珠尺璧』にいう——

およそ干頭を剋伐して支根を得地せず、そこで干頭がかえって支根を得地するときは、おおむね鬼殺が正官に好転し、または正官が鬼殺に変転するようなときなのである。

たとえば甲戌干支納音火質が、丙辛干水合を真実の官星と見做し、もしそこで丙申干支辛酉干支を領得し、また辛未干支辛丑干支を領得して好作用なのである。

もし辛卯干支を領得して甲干の羊刃に相当すれば、正官が鬼殺に変転するが、もし別途に福星の生助を擁せば、すなわち上位の職階と為るが、もし精気がなければ小官吏にとどまるであろう。

たとえば壬申干支納音とは成器の金質なので、火質を附帯してすなわち破毀する故に、壬申主が戊癸合を擁して、すなわち正官が鬼殺に変転するのである。

また壬干は木気に所属し、甲木は申地で絶符するが、木気が絶符して火質を帯びれば、すなわち灰燼に飛散して煙消するので、これをもっとも凶揺と見做すのである。

また癸酉干支は成器の金質だが、そこでもとの癸干が官星をみずから附帯する故に、鬼殺と見做さずに戊干を併見してもっとも好作用なので、そのなりゆきを知るべきなのである。

論正財

（身旺ならば印綬と食神や財星が官星を帯びるのが有益で、食傷に通根するのである。身弱ならば比肩と羊刃や空亡かつ絶符や、衝揺が不益なのである。第一に財星と称し、第二に天馬星と称し、第三に催官星と称し、第四に壮志神と称するのである。）


正財とはすなわち甲干が己干を擁し、乙干が戊干を擁するケースで、己主の制剋を受容するので己主の妻君と見做し、たとえて人が妻君を娶り、その妻君が己主に嫁財をもたらすのである。

己主はかならず精神が強康であれば、そこで享用を肯首するのである。

もし己主が不振で衰微すれば、たとえ妻財が豊厚でもただし財果は肯首するが、結局は用益とは為らないのである。

その故に財星がポイントのときは時令の旺相が必要であり、正財と偏財とが混相せず重複過多しなければ、おのずと日主の家屋として有力と為り、みな能く発福するのである。

もし命局が身弱で財星が過多して、印星の幇助が存在しなければ、また命局が身旺で財星が些少で比肩劫財を帯びるか、それらの太過や不及とはみな福分と見做さないのである。

「経典」にいう——

妻君が瑕疵で重複するか、財星が軽微で身旺かつ兄弟が多数か、また身弱で財星が過多すれば、たとえ屋台は富貴でもかえって住人は窮状するのである。

珞琭子氏がいう——

おおむね天干が衰敗して、吉星位を栄昌と見做すに不及すれば、たとえ用途の銭貨を附帯しても、結局は己身は富命ではなく窮状に相当するであろう。

もし月令が財星の会局を領得し、己身が衰敗して印星が資扶すればそこで富裕を肯首し、たとえば原局に印星を附帯して、かえって財星を擁するのを畏れるのである。

『獨歩』にいう――

原局に財星を附帯して印星を擁せば、かえってその福分が成為し、原局に印星を附帯して財星を擁せば、かえってその失態を成為するのである。

また用途の財星は干頭に透るのが不適宜で、命局に比肩劫財を擁するときは透出が適宜であり、バランスよく人の使益と為り、すなわち劫奪を肯首しないのである。

「賦」にいう――

財星とは支蔵して適宜ですなわち豊厚なのだが、干頭に透干してすなわち蕩揺を肯首するのである。

およそ財星の格局は官星が干頭に透干して、そこで損傷しなければまたさらに食神と印星が生助して有益で、日主が健旺かつ富貴双全なのである。

たとえば命局に、偏官を附帯してまた能く作用すれば、すなわち財星を擁して「財殺之義」なのである。

そこで偏印がその生能を劫奪するのを畏れ、そこで劫刃であれば享受できず、また庫地が空支であればすなわち効能を肯首しないのである。

たとえば甲干が、生月午支で壬印と丙傷を併見し、卯支乙干を破奪するのである。

たとえば乙干が、生月巳支で癸印と丁傷を併見し、亥支甲干を破奪するのである。

たとえば壬干が、生月戌支で戌支が甲子旬空に陥るときなどで、その他はこれに例推すべきなのである。

またいわば財星とは養命の源泉なので、およそ人の命局に財星が存在しないのを肯定できないが、ただし財星の過多は不要であり、過多すればすなわち清澄ではないのである。

もし原局に財星が存在せず運歳の財気に巡り、すなわち名声があれど質実ではないのである。

たとえば身弱で財星が過多するか、また財官星の旺地エリアに赴き、財星盗気かつ官星剋身と見做して爵禄の発揚は肯首できず、かつ窮状が百出するのである。

またいわば財星を馬乗と見做し、官星を爵禄と見做し、この二者とは不可欠の一者であり、実質的に両生するのは難儀なのである。

原局に財星を附帯すれば、運歳の官星に巡るのが適宜であり、原局に官星を附帯すれば運歳の財星に巡るのが適宜であり、行運の財星は官星を生扶し、行運の官星は財星を発揚するのである。

もし原局にもとより官星が存在せず、ただ財星が重複して行運の財星に巡れば、また能く名利が成就して科挙試験の合格者も存在するのである。

そこで財星が過多するのを畏れず、過多すればすなわち官星を暗起するので、身旺を領得して任に耐久できる方途なのである。

もし財星が存在せず官星が過多して、己身が制伏を被ればかえって吉意と見做さず、命局に官星が存在せず、ただ財星を取用して福分と見做すのである。

またいわば財星官星や偏官が、月令で作用するケースは支星が肝要なので、そこで日干とはいわば干頭を爵禄と見做すのである。

もし月令に財星官星を附帯して干頭に透干しなければ、みずから福分と見做すのに充分なのである。

もし地支が財星官星を支蔵せず干頭に透干すれば、すなわち虚詐にして質実なき命相なのである。

たとえ行運で旺相しなければまた事態は決済せず、そこで月令に存在せず年日時支に存在すれば、また取用を肯首するのである。

また月令に財星官星が位相していればいわば時令を得て、日支蔵の財星官星が搭載していわば位相を得て、時支蔵の財星官星が搭載していれば成相するが、月令に領得して上席で、日支に領得して次席で、時支に領得してそのまた次席なので、そこで一二支兼相して好作用であり、そこで年柱が干主であれば父祖は富貴だが、中年後に用途を為さないのである。

またいわば庚辛日干は、生月寅支で別位に火気の偏官を擁して、庚辛干を逆剋すればそこで年月柱に寅卯支を併見し、また年柱に木質財星が存在しなければ、一生涯酩酊するが、財神の発処でかならず窮状と為るのである。

そこで旺木が火気を生じ、日干の金質を傷害して天干が衰弱し、聚財が偏官を生起して福分と見做すことはできないのである。

またいわば正財の格局は、己主は誠実で倹約を素行としその天性は聡明だが、ただ「物惜しみの性情」なのである。

もし身弱で旺財ならば、己主の妻君は男権を執り家統の瑕疵と為り、また己主は子息を愛好して活力を更新し、かえって優游の楽を領得し、行運の比肩劫財ではおおむね妻君の危機なのである。

『獨歩』にいう──

旺財が官星を生扶して富裕かつ高貴なのであり、干頭に官星が透干して財星を支蔵すれば、高い地位を肯首し、支蔵してすなわち地位豊厚だが、干頭に透干してすなわち虚性にて費えるが、衝揺すれば透干が適宜で質実であれば、すなわち滋助利得するのである。

『玉匣賦』にいう──

甲乙干が支根を擁して透干して戊己干を附帯するときは、前漢軍人の路温舒氏のように、各経書に通暁できるであろう。

『奥旨賦』にいう──

己身が他者を剋去して妻財と見做すが、干星が旺強であればすなわち富命なのである。

またいわば身弱で財星が過多すれば、比肩劫財や羊刃が扶助して有益なのである。

またいわば旺財とは比肩劫財を附帯して、支障が存在しないことである。

またいわば財星が破相すれば、祖来の風習を消費し、他郷にて別処に確立するだろう。

またいわば妻君財産が明朗会計で長身の容姿をもとめ、財星に墓符が該当してかならず妻君を刑傷し、また財星を支蔵して偏妾を寵房するだろう。

「口訣」にいう──

財星が太過すれば、愚者と為るであろう。

またいわば大運や流年で財星三合局を会成して、かならず己主は結婚などの慶事の吉兆と為るであろう。

『玄機賦』にいう──

身弱で財星が多ければ、財星エリアへ巡るのを畏れ、いわば身弱で財星が多ければ、身旺の運歳で栄身と見做し、身旺で財星が衰敗すれば、旺財のエリアで発福するだろう。

『通明賦』にいう──

財星に印星が生助すれば、貴人の四頭馬車に添乗する吉祥のようであり、いわば日干を正規の禄馬が搭載して生助を有し、名声を天下に挙揚するだろう。

『千里馬』にいう──

財星を附帯すれば偏官が不益なので、そこで偏官が存在すれば十中九分で窮状し、また身弱で財星を附帯すれば偏官を擁して不適宜だが、旺身してすなわち有益なのである。

またいわば財星の源泉が劫奪を被り、父君の命運がまず斜陽するだろう。

男命は身弱で財星が過多すれば妻君の訓話を偏聴し、財星が位相すれば妻君に因って積富成家し、財星が長生を附帯して田畝は肥沃で満穫するタイミングであり、旺財が官星を生扶して己主は栄えて顕表するだろう。

『元理賦』にいう──

大貴相とは財星の作用であり官星は用途ではなく、いわば財星が旺地に臨み人々の福分は多く、いわば孤辰寡宿の相とはただ財星が、劫財の分奪を被ると見做すのである。

『寶鑑賦』にいう──

范単氏の孤貧とは、命局の重度の財気であり、林皋氏の九人の子息とは、旺財が官星を生扶することである。

『定真賦』にいう──

旺財が官星を生扶すれば、年少にて抜擢されるだろう。

「秘訣」にいう──

身旺で財星生旺して併相すれば、そこで比肩の重複は不益なのである。

『萬金賦』にいう──

命局で日干が微弱であれば財星が多く偏官を生起し、疾駆して己身は過労し、また身弱で財星が多ければ行運の財地へ赴き、この当処で九階位の降格を知るであろう。

『萬祺賦』にいう──

正財を附帯して生旺であれば、優游たる福分を享受し、また劫財に巡ればすなわち降格して呻吟するだろう。

もし官星を附帯して平生に是非に窮処し、もし偏官を附帯して事に処して、小成するが多くを失うであろう。
身弱で旺財であれば凶揺で、福分は浅薄なのである。
身弱で多財であれば印星の扶身を要し、身旺で財星が衰微すれば劫財の分奪を畏れ、また財星食神を庫地が搭載して福分は厚く、また偏印が財星に近付して窮状して非長寿なのである。

〔詩訣〕
正財は食神の旺相が、有益で豊かに充ち、
日主が、強力強剛で勝利を肯定し、
もし財星過多を肯定すれば、己身は衰微し、
平生に破敗して、事の成就は存在しないであろう。

〔詩訣〕
正財とは、また月令官星と同義なのであり、
もっとも命局に、衝破を擁相するのを畏れ、
もし運歳が、旺財の当処に臨むときには、
范蠡氏に匹敵する、富裕を勝得すべきである。

〔詩訣〕
身弱で財星が過多して、力量を勝得せず、
生起した官星が鬼殺に凶変し、かえって瑕疵し、
身旺かつ旺財の方途が貴相と為り、
もし身弱に該当し、さらに凶揺が臨むであろう。

〔詩訣〕
正財とは、切に劫財が不益なのであり、
そこで破害や刑衝を、テーマに肯首できず、
どうして運歳の羊刃に巡って耐久できるだろうか。
寿命の延長や不死などとは、邂逅するだけである。

〔詩訣〕
財星が、正位を得て権威に相当し、
日主が強高で、名利ともに全備して、
もし印綬が巡って助相できれば、
金塊珠が蔵庫に満載で、綿々たる福分であろう。

〔詩訣〕
身旺で官星が存在せず、ただ財星を取用し、
そこで財星が衝破し、かえって災揺と見做し、
身弱かつ旺財で、また非長寿と知るが、
身旺かつ旺官とは、爵禄福分の鍵である。

〔詩訣〕
庚辛干が生月卯支で、木質を多く擁すれば、
日主に支根が存在せず、かえって財星を畏れ、
そこで木火気の二方途とは、おおむね破衝であり、
もし身旺のケースでは、福分がまた巡るであろう。

〔詩訣〕
財星が過多すれば、全ては印星の扶身で寄旺し、
木気が透干して、伝統ある家名を聲振し、
ただし妻君の賢と、子息の秀を肯首せず、
晩景は、累々たる千金の財帛を為すだろう。

〔詩訣〕
財星が過多して発財しないのは、何故だろうか。
ただ身弱に因り、培養が微勢なのである。
そこで運歳が、比肩身旺の当地に至るときは、
富貴かつ栄華が、漸次に招来するだろう。

〔詩訣〕
身弱で財星が多ければ、精神は過労し、
それぞれの家々は虚ろで、かえって窮状を被り、
親友と財貨を交渉して、つねに怨恨し、
富貴は眼前にある如くで、浮雲の彼方であろう。

〔詩訣〕
身弱で財星が過多し、羊刃が剛強のケースでは、
身旺のエリアに巡り、不祥事が大発し、
鳳鸞は寡孤として、寒夜を憎悪し、

房室の妻君の哭泣するは、二三度ではないだろう。
〔詩訣〕
財星の命相には、当人はかならず耐久し、
己身は一生涯、安泰康然なのであり、
たとえば年歳で、財星傷官に巡り、
浮災が小発するが、支障は存在しないであろう。
〔詩訣〕
財星は透出が不益で、ただ支蔵が適宜だが、
身旺で附帯するケースでは、大吉昌なのであり、
切に比肩劫財が併相して不益と為り、
一生涯の名利は、意のままとは為らないだろう。
〔詩訣〕
日主に支根が存在せず、財星が重複すれば、
過財のケースに、印星が己身命局を扶助して、
生旺すれば、かならず興家の福分があり、
そこで印星が衝破紛々し、すべて空疎に帰すだろう。
〔詩訣〕
正財が衝破せず、すなわち官星が生起し、
身旺かつ生財で、禄位は寛厚なのであり、
身弱かつ財星過多で、空転して過労するが、
財星が軽微で分奪し、窮状なのである。
〔詩訣〕
身旺で財星が多く、栄歓が充足し、
身旺かつ旺財で、官星へと転枢すれば、
身弱かつ旺財で、己主が係累し、
事の是非をテーマとせず、騒乱の端緒と為るだろう。—
諸説を併合して正財を観相し、その益不益を知るのである。
【歳帯正馬】
たとえば甲日干かつ午支年での己干や、乙日干かつ巳支での戊干では、月干の正財の益不益は同義なのである。

もし年柱に正規の馬支を附帯し、生月辰戌丑未支のケースか、また月令夏季のケースでは己土が旺相し、刑衝の分奪を侵犯しなければ日干は旺相に添乗し、その祖業の豊厚を受領するだろう。

もし生月寅卯支のケースで、命局にさらに比肩劫財を附帯するか、また傷官劫財の当地に巡り、己主はかならず窮状するだろう。

【時帯正馬】

たとえば甲日干で時柱巳午支のケースでは、刑衝破相や劫財が存在しなければ、己主は美妻を招来して外来の財物を領得し、子息が誕生して栄貴し財産が豊厚なのである。

これは父母の財物ではなく、すなわち己身の外辺の財貨であり産業経営を招来し、倹約が適宜だが奢慢が不適宜なのである。

【財旺生官】

『繼善篇』にいう—

富裕にして貴相とは、決定的に旺財が官星を生扶しており、そこで財星とは官星を生扶する作用があり、すでに財星を取用し作用すれば官星の併見は不要なのであり、もし官星を附帯してすなわち財官格局と見做すのである。

命局が食神傷官を附帯して財気が厚く、また官星を生扶できず、たとえば戊己干が亥子支をもって壬癸干を財気と見做し、寅卯支をもって甲乙干を官気と見做し、もし生月壬子干支癸亥干支ならば、命局に寅卯支甲乙干を擁さず旺財が官星を生扶し、これを元命と見做して富貴を招致するか、また褒禄かつ要府職のケースであり、もし月令の財星に損傷が存在しなければ、また己主は科挙試験に合格するのである。

そこで庚辛干が透干してすなわち生扶できず、格局をテーマにしないのである。

またいわば辛干が甲干を擁して正財と見做し、命局が旺木で火質を帯びるようなケースにたとえば壬寅干支を擁し、別位に子辰亥支を併帯して、すなわち湿性の木質は丙火を生扶できず、すなわち辛干が官星に相当しないのである。

またたとえば庚干が、乙木財を合絆して財気と見做し、丁火を生扶して官

星と見做して命局に癸卯干支を擁するか、または年月日時柱に水質を擁して湿性の木質を肯首し、財星が存在して官星が存在しないケースなのである。

越軍師の范蠡氏がいう―

庚干が乙干を剋伐して辛干が甲干を剋伐し、そこで刑衝に巡れば、壬癸干を傷官と見做す故であり、十干ともに例推すべきなのである。

【財臨庫墓】

「経典」にいう―

爵禄を賜り名誉を上奏するとは、庫地財星が生旺に当地し、たとえば辰支を戊己干の庫地財星と見做せば、秋季に生成して冬季に旺じるのである。

たとえば丑支を丙丁干の庫地財星と見做せば、夏季に生成して秋季に旺じるのである。

たとえば未支を庚辛干の庫地財星と見做せば、冬季に生成して春季に旺じるのである。

たとえば戌支を壬癸干の庫地財星と見做せば、春季に生成して夏季に旺じるのである。

たとえば庚辛金が木気を財星と見做せば、未支が庫地なのである。

辛未日主では財庫に臨支しており、また庚日主は時柱未支でまた己身は財庫に臨支し、生月冬季では財庫の生地に位居すると称し、生月春季では財庫の旺地に位居すると称し、そこで己主の生涯が財帛豊厚なのは、財気を因と為して官星を作動するからである。

〔古歌訣〕

六辛干を未支根が搭載すれば休地で衰敗を忌み、土気が干頭に透干してかえって有功なのである。

身旺ならば金水質の旺気を憂悩せず、月令が傷官ならば寿元の結末の方途なのであり、丁火を未支が搭載して、旺地で辛金を未支が搭載して衰敗とするのである。

辛干を搭載する卯支蔵では木気を財気と見做し、未支に搭載して庫地であり、もし命局の干頭に土気が透干して、印土を借用して己身を生扶するのである。

そこで弱地が強勢へと好転して金気が水気を生扶し、水気が木気を生扶しても旺財の庫地なので、己身木気は能く福分を為すことができるだろう。

もし生月卯支で行運酉支が衝揺するのは、寿元の瑕疵の方途であり、辛干を未支が搭載して干頭に土気が存在しなければ身弱がテーマとなり、ここで財庫が生旺に位居するのを肯首し、またみずから生旺なのが肝要なのである。

【天元坐財】

たとえば庚辰日主辛卯日主が、生月春季では甲乙木質を財気と見做し、戊己土印星が己身を生扶して有益であり、壬癸水食傷が財星を生扶し、庚辛金比劫が劫奪して不益なのである。

切に運歳で官殺に巡るのが肯首できないのは、すなわち生月春季は金質が衰弱して任に耐久できず、かえって福分と見做さないのである。

甲午日主乙未日主が生月夏季では己土を財気と見做し、甲辰日主が生月夏季では戊土を財気と見做し、丙戌日主丁丑日主が生月秋季では辛金を財気と見做し、それらの益不益とはともに前述と同義なのである。

ただ壬午日主癸巳日主の二日を「禄馬同郷」として、財星をテーマの主眼としないのである。

論偏財

何を偏財と称するのかとは、すなわち甲干が戊干を擁し、乙干が己干を擁するケースであり、妻君の所帯の処ではなく、衆人の財物なのである。

そこで切に姉妹兄弟の分奪を畏れ、命局に官星が存在しなければ窮状が百出するだろう。

「経典」にいう――

偏財は透出するのがよくまた支蔵を畏れ、分奪や空亡に陥るのを畏れるのである。

命局に偏財一者を有して官星は作用せず、正財もまた機能せずたとえば偏財が微力ならば、かならず旺郷エリアに巡るタイミングで発栄するだろう。

そこで偏財が旺盛で、旺郷エリアに巡らずして有益ではなく、ただし己身の勢力が存在しないのを畏れ、機能に耐久できないのである。

偏財格局の己主は正義感がつよく、はなはだ執財せず人情があり、虚詐が多いであろう。

もし地支に支根を領得すれば、財貨の豊溢を抑止できず、また能く官星を生旺させて、盛財が生官するのである。

行運で旺相すれば福分と爵禄がともに至り、偏財一星が官郷エリアに巡り、すなわち発福を肯定するのである。

たとえば原局に官星を附帯すれば、すなわち好命と見做してもし兄弟が雲集すれば、たとえ官郷エリアに巡っても発福はかならず微力なのである。

また偏財を月令に附帯してもっとも重度だが、命局に複擁するのは不適宜なのである。

年柱に偏財を擁して、月令が生旺で命局の気が順通すれば、己主は父系の長上の産業豊隆の蔭考を受領するか、また身外の系祖からの産業の恩養を受領して、おおむね日主は興隆して財星が生旺で、運歳が旺財郷エリアへ赴き発福するだろう。

もし命局に刑衝や破害や比肩劫財が分奪を擁相したり、また財星が衰微して日主が衰弱したり、また財星が過多して偏官が生起すれば、みな祖禄を破労する命相なのである。

およそ月令に財星を附帯すれば、己主は年少にて富裕高貴だが、もし時柱に支根を領得せず、また劫財が破財してさらに運歳の凶地に巡れば、晩年期に祖先の資産を破産し、結局は己身は困窮して先ず富裕したのちに窮状するだろう。

もし年月柱に偏財がなく日時柱に偏財を附帯し、別処に劫財や衝剋が存在せず、すなわち己主は自立して成家し、中晩年期に大発揚するだろう。

もし命局が身弱で多財であり、年少期が休敗の当地であれば、事件が頻発して百事が添意しないであろう。

中年末期ののちにつまり父母の当地に臨むか、三合会局して己身を生助すれば、すなわち自然に勃興するだろう。

もし年少期に旺気に添乗して老齢に至って解局すれば、窮途を守衛すると思わず悲揺し、かえってかつ因縁を付けて反旗することから、財星はよく利己的でまた能く誹謗の原因と為るのである。

もし命局が相生して、別種の貴格局を附帯して空亡に相当せず、また行運の旺運を巡り、三合財局と為ればみな貴命相なのであり、その福分と爵禄の深浅とは格局の軽重に順して言及するのである。

またいわば人命の財星には、両義位があり身弱は支障ないが、そこで元命の正財が作用して身旺ならば発財し、元命の偏財が作用して身旺ならば遊財するのである。

またいわば偏財と正財の二財星は、おおむね益不益が同義だが官星を擁して有益、また官星が不益とは些少に相違している。

そこで正財を擁するか、偏財を附帯して正財が存在しなければ、その正偏財は重々しく質実でその福分は厚く、もっとも劫財比肩を畏れるのである。

財星は年柱に存在してもっとも重度で、月柱に存在してその次席であり、一つは孤辰と称し、また一つは逐馬と称し、己主は妻子を剋害して破財して薄窮し、小人物の夜賊から防備するであろう。

同じ傷相のケースで命局の元命がこの凶処を侵犯して、行運の旺財の当地を巡りまた発福を肯首するが、ふたたび行運の比肩劫財破財を巡り、そこで己身の卒亡も存在し、官星の破敗でも同じケースが存在するであろう。

『通明賦』にいう—

　月干に偏財が顕れて劫財が存在しなければ、富裕かつ高等な人物なのである。

『相心賦』にいう—

偏財が透出すれば財星が軽度で、人間好きの義士を自任し、酒花を貪好するのはいうまでもなく、またこの傾向が存在するのである。

『鷺神賦』にいう—

身旺での偏財とは、商業者である傾向があるだろう。

『奥旨賦』にいう—

能く、益寿延年するであろう。

『千里馬』にいう—

偏財が透出すれば、正妻を些少に愛好し、妾女を多大に偏愛するだろう。

〔古歌訣〕

偏財格局のケースは、もっとも解明が難しく、
日主旺相で、かえって高路を巡るのであり、
一生涯、財貨に因って人を誹謗し、
身弱で財星を複擁して、難儀するだろう。

〔歌訣〕

偏財とは、自己の財貨を肯首せず、
比肩が併相するのを、もっとも畏れるが、
そこで劫財を帯びず、日主が健旺ならば、
斎国名相の孟嘗君の如く、家産が発財するだろう。

〔歌訣〕

もと偏財とは、衆人の財貨なのであり、
もっとも命局の比肩劫財が、不益なのだが、
身旺かつ旺財で、みな福分と見做し、
もし官星を附帯して、さらに好作用だろう。

〔歌訣〕

もし偏財が、正財を附帯するのを肯首し、
そこで劫財が、干頭に透出して福分は難しく、
運歳の劫財が、重複して巡って不適宜であり、
この配処では、窮状の百端を知るであろう。

〔歌訣〕

身旺の偏財には、官星が要されるが、
運歳の官郷エリアに巡り、名利が発揚し、
ただ姉妹兄弟が、分奪して劫去すれば、
功名を完遂せず、凶揺が派生するだろう。

〔歌訣〕

偏財の格式とは、他郷にて発揚し、
正義感つよく、風流の性だが強度を要し、
別荘を、二三園も別処に建てて、
その名利に因って、自家は多忙するだろう。

〔歌訣〕

偏財とは、他郷の別処にて確立し、
妾女を寵愛し、正妻を嫌ってさらに傷害し、
欲情多般で、衆俗の妻妾を擁し、
さらに、外苑での酒花に酩酊するであろう。—

諸説を併合して偏財を観相し、その益不益をみるべきなのである。

【時上偏財】

『喜忌篇』にいう—

時上の偏財のケースでは命局の別処の不益を観相し、またいわば時上の偏財は比肩劫財を畏れるが、たとえば甲日干が戊辰干支や甲辰干支を擁するケースなのである。

　そこで辛官を擁して有益で壬癸干が生助し、庚干偏官と乙干劫財が不益であり、命局に戊己干を重複して不適宜であり、もし己身が太旺して運歳が東方位寅卯支を巡り、すなわち財気を損失するが、他種干星もこれに例推すべきである。

　このときの時上偏官格局が相似しているが、ただ偏官一者を要して複擁

は不適宜であり、天干に透出して好作用だが、支蔵してその次席であり、命局に官星と印星が助相して、日主が健旺ならばすなわち好命と見做し、年月柱の衝破をとても畏れ、比肩劫財を擁帯してすなわち福気の不全と為るであろう。

『景鑑賦』にいう――

時上の偏財は正義感がつよく軽快で、もっとも身旺かつ旺財が適宜で、切に比劫などに巡るのが不益であり己主旺相で官途を積歳し、日主柔質でたとえ富裕であっても窮状なのである。

『通明賦』にいう――

時上に偏財を附帯して己主が旺相ならば、清貧の出身でも公卿に栄達できるであろう。

〔古詩訣〕

時上の偏財は、干が旺強なのが有益であり、
運歳の財郷エリアに巡り、爵禄は難儀なのは、
さらに比肩劫財が巡り、劫奪の象相と為り、
たとえ富貴が必然でも、物惜しみの性分であろう。

〔詩訣〕

時上の偏財は、衝揺がもっとも不益であり、
比肩劫財などは、みな畏怖と見做すのである。
行運が身旺かつ官星禄支エリアを巡って有益で、
透干が別処に存在しない方途が、貴相と為るのである。

〔詩訣〕

時上の偏財は、作用の過分を要さず、
支蔵干頭全局に、作用の要途を観て、
そこで旺財かつ、身旺の併相を有益と為し、
また傷官が衝破して、損耗を被るのである。

〔詩訣〕

時上の偏財を、一位だけ附帯するときは、
そこで衝破を帯びずに、豊栄を享受し、
また比肩劫財を附帯しなければ、
晋官石崇氏に匹敵する、富貴双全であろう。

〔詩訣〕

時上の偏財に、劫財が巡るときには、
田園は破綻して、また窮状に陥り、
妻妾を損傷して、おおむね屈辱を被り、
食資の象相がなく、陳列すら窮状するのである。

【専財】

すなわち丙日干が時柱丙申干支を擁し、また甲日干が時柱己巳干支を擁して丙干の禄支は巳支に存在し、丙干はすでに申支に搭載するので巳支は庚金を衝出し、丙日干の尅伐する財星と見做すのである。

また巳支と申支が合絆して、併丙干を搭載するので財気と見做し、行運の旺官で財神は乖背せずに財星官星が大発揚するのであり、運歳の傷官劫財刑衝破禄支を巡るのが不益なのである。

そこで甲日干で、時柱己巳干支のケースでは身財の両旺を要し、生月木旺で土気が多くて有益であり、生月土旺で木気が多くて有益なのである。

丙日干もまた同義であり、たとえば甲辰年戊辰月丙申日丙申時の命局と、癸酉年庚申月丙子日丙申時の二命局は「専財格局」なのである。

〔古歌訣〕

専財格局とは、丙日干が時柱申支を附帯し、
運歳が官郷エリアを巡り、さらに奇瑞の福分で、
「象簡」「金魚」佩玉の、貴相へ登壇すべきであり、
福分と長寿が双全し、全事象が適宜なのである。

【棄命従財】

『獨歩』にいう――

「棄命従財格局」とは財星の会合を要し、もし支根を附帯して命局の損失に、懐疑は存在しないのである。

たとえば丁干が生月酉支で命局に庚辛干が重複して、日干に精気が存在しなければただ棄命従相を領得し、運歳の北方位かつ財星官星の旺地に巡り、すなわち入格と見做し南方位を巡って窮状なのである。

〔古歌訣〕

日干に精気が存在せず、財星が満局すれば、
棄命格を従相して、福分の胎兆を肯首し、
運歳の旺財旺官は、みな富貴なのであり、
そこで支根が生助し、かえって窮状と見做すのである。

【日坐天財】

たとえば戊己干が土気が水気を剋伐し、財気と見做すのは「水質の墓庫の星辰」を肯定するからである。

〔古歌訣〕

年干が地支干を剋相し、財星の配置を肯首し、
墓郷を剋削して、墓符地を正開し、
財星を、庫地に支蔵して衣食が充ち、
豪家の金塊類が、堆積を成為するであろう。―

たとえば科挙試験首席合格者の畢氏の、己巳年癸酉月庚辰日甲申時の命局のケースなのである。

偏正財合論

『精紀』にいう―

財星を生成するとは、たとえば甲乙干が戊己土を擁して財星と見做し、申子辰支上に搭載して生旺の庫地とし、そこで戊申干支戊辰干支戊子干支などは、支と干とが合絆を成為して貴格の命相に入るが、そこで貴格でなくとも己主は大富命、すなわち銭貨や穀糧の附帯を任じるであろう。

もし貴相格局でなければまた福星の資扶は存在せず、富裕な豪農を肯定するのである。

また自性的に生旺と為れば、たとえば甲主人が戊午干支己亥干支を擁するケースなどで、己主は富裕であり他はこれに批准するのである。

財星を擁して合絆を派生するとは、たとえば甲干主が戊癸干合を擁し、己干主が癸戊干合を擁し、庚干主が甲己干合を擁するケースなどで、己主の富貴が成立するのである。

子息や母元の財星を擁するとは、たとえば甲乙干主が巳午月柱かつ土質日時柱を擁するケースで、己主の平生は喜悦する件が多発するであろう。

財星や偏官を擁するとは、寅午戌支主が乙庚干合を擁し、巳酉丑支主が丁壬干合を擁し、申子辰支主が戊癸干合を擁し、亥卯未支主が甲己干合を擁し、一名称として「幽微殺」と為し、己主は財殺会党の名利なのである。

寅午戌支主が辛丑干支を擁し、巳酉丑支主が乙未干支を擁し、申子辰支主が丙戌干支を擁し、亥卯未支主が戊辰干支を擁するのは、妻財の聚会の星辰で合相して己主の福分は充足し、および美妻が財産を専横してかえって瑕疵の命相なのである。

財星の位相を称するとはすなわち食神を庫地に帯び、たとえば戊子納音霹靂火が庚戌干支を擁し、戊干の食神は庚干であり戌支とは、また火庫で金質を剋伐して財気と見做すが、このケースでは一生の爵禄を受領するだろう。

財星の長生を擁するとは、たとえば甲干が戊己干を財星と見做して戊申

干支を用途と為し、また癸干が丙丁干を財星と見做して丙寅干支を用途と為すケースで、このケースでは数多の身辺の外財を領得できるだろう。

またいわば術士の数多は甲干が戊干を擁し、また乙干が己干を擁するケースを財星と見做し、甲己干合が丙辛干合を擁し、また丙辛干合が戊癸干合を擁するなどで、真義の財星と見做すことを知らず、旺相の位相で生気に相当して、己主の富裕は旺盛なのである。

また干支のもとの納音五行で、自性的に真実の五行を知るが、たとえば乙亥主が月日時柱に庚干を擁し、そこで乙亥干支とは納音山頭火に該当し、乙庚干合は真実の化金質で、自性的に干頭の財気を肯定する故に「天財」と称し、己主は優游と富裕に充足するだろう。

もしそこで納音がかえって干頭を逆剋するのは、たとえば丁卯納音炉中火はかえって能く乙庚合金質を制剋するので「鬼財」と称して、己主は一生涯世間の財物を領得するか、また豪謀の小官吏と為って一家を起こすのは、戊寅干支戊申干支が丙辛干合を領得し、また乙酉干支乙卯干支が戊癸干合を領得してこれに批准し、さらに辰戌丑未支を附帯して、己主は芸術家統を成為して世間の財物を大獲できるであろう。

またいわば己身の命局の禄位が三等財庫であるとは、たとえば甲子干支は納音海中金で、甲干を禄位と見做して木気に所属し、木気は土質を剋伐する故に土質を「財禄」と見做し、そこで辰土は墓符に位相して財禄の庫地を肯定するのである。

また子支を命位と見做して水気に所属し、水気は火質を剋伐する故に火質を「命財」と見做し、そこで戊土は火気の墓符に位相して、命財の庫地を肯首するのである。

己主が金気と為るときは、金気は木質を剋伐する故に、木質を己身の財気と見做し、未支は木気の墓符なので己身の財庫と見做し、己主の財産は豊溢して少年期は辛苦するが、加齢とともに方途を遂げるであろう。

また年柱を抑伏して月柱を顕肯するとは、たとえば甲乙干主に辰戌丑未支が位相し、また丙丁干主に申酉支が位相するケースなどであり、もし人命がこれを附帯して、己主は崇高な職位で官吏証が顕彰するだろう。

もし己身が衰微して、財星を抑伏して不可であるとは、たとえば壬寅納音金箔金が戊辰納音大林木を擁し、また丁卯納音炉中火が癸酉剣鋒金を擁するケースなどで制剋を肯首せずに、翻意して気の損失と見做すが、他はこれに批准するのである。

論印綬（食神や天月徳貴人や偏官や偏官佩印を有益と為し、正官が支根に通じるのである。刑衝や傷官や死墓符を不益と為し、辰戌支印土星は木気を畏れるが、丑未支印土星は木気を畏れないのである。一つには正印と称し、二つには魁星と称し、三つには孤極星と称しているのである。）

印綬とはすなわち己身を生扶する五行の名称なのであり、たとえば甲乙干が生月亥子支であり、また丙丁干が生月寅卯支であるケースなのである。すなわち己身の源気かつ生気と見做して、父母に相当して能く己身を、官星から護衛して損傷させないようなものであり、たとえて人生で物資を領得して助養を容相して、福分の現成を領受するので、そこで好作用と見做さない筈がないのである。

　この格局の己主は聡明で智慧に富み性情は慈善し、語葉は善良だが納得は遅速なのである。

　その体躯容貌は豊厚で能く飲食し、平生健全で窮状に巡らないが、ただし財貨に吝嗇なだけである。

　官星と見做すのはおおむね正官のことであり、長上の勅令を拝受して文武に拘らずに、みな信念を掌印して官星が有益なところから、能く官星は印星を生扶するのである。

「経典」にいう―

　印星とは、官星の生扶を頼むのである。

　またいわば官星が存在して印星が存在しないとは、すなわち真実の官星ではなく、印星が存在して官星も存在すれば、厚い福分の方成を肯定するのである。

　そこでは財星が不益とするのは、能く財星が印星を衝破するからである。

「経典」にいう―

　生月日干の干頭に財星が存在せず、すなわち印綬を称揚するのである。

　またいわば印綬が損傷すれば、なお栄華は恒久ではないのである。

いわば生月柱が印綬であれば、年時柱に財星を擁して不益であり、運歳の財郷エリアに赴いて、かえって己身の位階の退避が適宜なのは、歳運も同じテーマなのである。

　そこで印綬が損傷しなければ、父母の蔭護を容受して資財が完成するので、富貴を安寧に享受できるであろう。

　諸々の命相に比較して、印綬の多見を上位と見做すべきであり、月柱がもっとも枢要で、日時柱がその次席なのである。

　そこで年干に印綬を重複しても、時禄支で月日時柱での取用を肯定し、もし年柱に印星が透出して月日時柱に存在しなければ、事態の済性は存在しないであろう。

　原局に官星を擁して好作用と為し、もし印綬が軽微で官殺を重擁するか他格局ならば、また印綬をテーマに言及できないのである。

　もし印綬を擁してまた拱禄、専禄、帰禄、鼠貴、夾貴、時貴などの格局ではもっとも奇特と見做すが、ただし己主の子息は少数しか存在せず、印綬の過多は孤独的清相なのである。

『拘集』にいう―

　印綬が過多して、すなわち孤独的清相が免れないのを肯首し、およそ印綬は偏官が有益だがただし偏官の重複を肯定できず、おおむねすなわち己身の瑕疵なのである。

　原局に偏官が存在せず行運で巡ればすなわち発揚し、原局に偏官が存在して行運の財星や印綬死絶符、または墓符に臨地してみな凶意なのである。

「経典」にいう―

　偏官は能く印星を生扶して財星郷エリアを巡るのを畏れ、印星を衝破して鬼殺を肚勢するので、決定的に己主の瑞祥を否定するのである。

　またいわば印星墓符は、すなわち非長寿は不可避なのである。

　およそ格局とは身旺が有益であるが、ただ印綬は身弱が有益なのであり、もし原局が財星傷官佩印ならば、行運の身旺や比肩劫財を巡りまた能く福分を発揚し、そこで印星が存在しなければ不適宜なのである。

『淵源賦』にいう―

　たとえば官殺財星が存在せずまた身旺を巡り、己主は平常底なのである。

印綬のテーマとは、たとえば甲日干が生月子支に相当して印綬と見做すが、生月亥支では偏印と見做すのである。

そこで天月徳貴人を附帯してもっとも有益であり、子月支の天徳貴人は巳支に存在して月徳貴人は壬干に存在し、亥月支の天徳貴人は乙干に存在して月徳貴人は甲干に存在するのである。

そのタイミングで酉支辛干の正官を擁して好作用と為るのであり、また申支庚干の偏官を擁してかえって比肩劫財の附帯を擁し、己身を生助して偏官を擁してかえって貴相と見做し、そこで戊己干財星が印星を損壊するのを畏れ、丙丁干食神傷官が財星を派生して、印星を衝破するのが不益なのである。

また乙干が生月亥子支に相当するとき、甲干のケースと喜忌は同義なのである。

丙日干が生月卯支のケースでは印綬に相当し、天徳貴人は申支に存在して月徳貴人は甲干に存在するが、生月寅支では偏印に相当し、天徳貴人は丁干に存在して月徳貴人は丙干に存在するが、子支癸干の正官を擁して、また壬干亥支の偏官を擁して有益なのである。

かえって比肩劫財が、己身を扶助して偏官を併相するのを要し、申酉支庚辛干を畏れて財星が印星を損壊して、戊己干食神傷官が財星を生扶して、印星を衝破して不益なのである。

また丁干が生月寅卯支のケースでは、丙干と喜忌が同義である。

戊日干が生月午支のケースでは印綬に相当し、天徳貴人が亥支に存在して月徳貴人が丙干に存在するのである。

そこで生月巳支は偏印に相当し、天徳貴人が辛干に存在して月徳貴人が庚干に存在するが、卯支乙干の正官を附帯して有益だが、寅支甲干は偏官に相当し、偏官を附帯してかえって比肩劫財が適宜であり、己身を生助して偏官を併相するときは、壬癸干子支財星が印星を損壊してともに不益なのである。

また己干が生月巳午支のケースでは、戊干と喜忌は同義なのである。

庚日干が生月午支で印綬に相当し、天徳貴人が亥支に存在して月徳貴人が丙干に存在するのである。

そこで生月巳支は偏印に相当し、天徳貴人は辛干に存在して月徳貴人は庚干に存在するが、午支丁干の官星を附帯して有益なのである。

また巳支丙干とは偏官に相当し、偏官を附帯してかえって比肩劫財が適宜であり、己身を生助して偏官を併相して、甲乙干寅卯支旺財が印星を損壊し、壬癸干食神傷官が財星を生扶して印星を衝破して不益なのである。

また辛干が生月巳午支では、庚干と喜忌は同義なのである。

壬日干で生月酉支では印綬に相当し、天徳貴人が寅支に存在して月徳貴人が庚干に存在するのである。

そこで生月巳支は偏印に相当し、天徳貴人が癸干に存在して月徳貴人が壬干に存在するが、時柱で巳午支正官を附帯し、また戊己干偏官を附帯して有益だが、かえって比肩劫財を擁して己身を扶助して偏官を併相するが、丙丁干旺財が印星を損壊するか、甲乙干食神傷官が財星を生扶し印星を衝破して不益なのである。

そこで癸干生月申酉支の喜忌とは、壬干と同義なのである。

「経典」にいう―

官星の刑衝を侵犯せず、印綬と天徳貴人とが同宮することであり、またいわば印綬とは慈悲にて素食するのである。

印綬は天徳貴人を附帯して有益であり、たとえば孟重氏（大目付）の乙亥年丁亥月乙丑日丙戌時の命局であり、これは印綬と天徳貴人が同宮しているのである。

一命局の甲寅年丙寅月丙寅日丁酉時の命局では、天徳貴人が丁干に存在して月徳貴人が丙干に存在するが、印綬が寅支に存在するのである。

一命局の庚申年庚辰月庚子日壬子時の命局では、天徳貴人と月徳貴人がともに壬干に存在するが、印綬が辰支に存在するのである。

こうした格局では生旺が枢要で、もっとも死絶符が不益だが、たとえば甲乙干が子亥支を擁して印星と見做すが、金質が成象してその仁義なのである。

原局での印星は養生と見做し、土質を附帯してその格局は混雑するが、運歳の西北エリアを巡り、官星印星併相して福分と見做すのである。

もし時柱が卯辰巳支の当地であるか、当地を運行してすなわち印星は死絶符に帰局し、流年にふたたび財星佩印に巡って、決定的に他界へ卒するのである。

印綬が格局に適うときは大運を巡り、もっとも印綬の変了を畏れて、地支の三合局か、傷官局への変転か、財星局への変成か、偏官局への変成に巡ってもっとも不吉と為るのである。

「賦」にいう――

金気は土質の生扶に頼むが、厚土であれば、金質は埋没するであろう。

木気は水質の扶養に従うが、盛水であれば、木質はかならず漂流するであろう。

滞水や炎上や燥土ならばすなわち生物の棲息は不可なのは、たとえば己日干が午支を領得するケースなのである。

剛金質が水気を派生できないとは、たとえば庚日干が戌支を領得するケースなのである。

そこで旺土が旺火を擁してかならず己主が視覚碍か皮疾か発熱に陥り、また土質は金質を生扶できず、また燥金質は水質を派生できず、また涸水質は木質を生扶できず、こうしたケースの詳細を看るべきであり、印綬のテーマの一端に執してはならないのである。

もし水気が金質の生扶を秋季に領得して、すなわち「金白水清」と為してはなはだ秀麗を誇り、一水質に三金質で称して「体全の象」と称号するのである。

また火気が木質の生扶を、春季に領得して「木火秀明」と為して紅彩色緑彩色に発焔するが、そこで金質を帯びてすなわち木質を傷削して火気が滅焔するが、ここで金気と木気と二印星が過多して、ともに吉兆のテーマを造作するのである。

もし火気の印星が過多すれば「火土烈燥」と為し、また水気の印星が過多すれば「水木浮泛」と為し、また土気の印星が過多すれば「重土埋金」と為して、みな不吉と見做すのである。

甲日干で生月子支では、時柱己巳干支が不益であり午支の衝揺を畏れるが、また乙日干で生月亥支では、時柱戊辰干支が不益であり巳支の衝揺を畏れるのである。

丙日干で生月卯支では、時柱辛卯干支が不益であり酉支の衝揺を畏れるが、また生月寅支では時柱庚寅干支が不益であり、申支の衝揺を畏れるのである。

丁日干で生月寅支では、時柱庚子干支が不益であり申支の衝揺を畏れるが、また生月卯支では時柱辛丑干支が不益であり、酉支の衝揺を畏れるのである。

戊日干で生月午支では、時柱癸卯干支が不益であり子支の衝揺を畏れるのである。

己日干で生月巳支では、時柱壬子干支壬戌干支を畏れて、亥支の衝揺が不益なのである。

庚日干で生月午支では、時柱己卯干支乙酉干支が不益であり子支の衝揺を畏れるが、また生月巳支では時柱戊寅干支が不益なのであり、亥支の衝揺を畏れるのである。

辛日干で生月巳支では、時柱庚寅干支甲午干支が不益であり亥支の衝揺を畏れるが、また生月午支では時柱辛卯干支乙未干支が不益であり、子支の衝揺を畏れるのである。

壬日干で生月酉支では、時柱丁未干支が不益であり卯支の衝揺を畏れるが、また生月申支では時柱丙午干支が不益であり寅支の衝揺を畏れるが、また生月酉支では時柱丁巳干支が不益であり卯支の衝揺を畏れるのである。

以上の十干ではみな比肩の疎通を擁して有益であり、食神傷官を印星が鎔剋して財星が派生せず不益なのである。

これを侵犯するケースでは、運歳もしくは己身が印星衰敗かつ旺財の当地に臨んで、必然的に貪財壊印と見做して、官位を失効され退陣されるであろう。

「経典」にいう――

印綬と財星とを併見して、百難事が解通するだろう。

いわば月柱の印星が純粋で財星が存在しなければ、己主の文章力は科挙進士試験合格に相当するであろう。

いわば身旺で印星が過多すれば運歳の財星は支障がなく、身弱で印綬を擁して運歳の偏官で損傷するだろう。

いわば印綬が支根を擁すれば、財星に巡って有益であるが、印綬に支根が存在しなければ旺財を擁して不益なのである。

また官星とは印綬の支根であり、印綬が官星と財星を擁して、すなわち財星が官星を生扶して官星が印星を生扶し、印星が己身を生扶して己身が財星を抑剋して、すなわち栄貴である故に不益ではないのである。

いわば印綬に支根があり、財星を附帯してすなわち発揚し、官星を附帯してすなわち顕表するが、そこで合絆してすなわち晦冥かつ衝揺してすなわち窮状なのである。

『繼善篇』にいう―

印綬に生気があれば運歳の官星が有利だが、財郷エリアへ赴くのを畏れるのである。いわば生月日干に印綬が透出し、財郷エリアを巡るのが不益なのである。

『獨歩』にいう―

印綬に支根が存在せず生扶に巡って発福するが、もし支根が旺じるときはまた福分は不足し、運歳で財星に巡り爵禄を喪失し、自家を破損するだろう。

いわば印綬の支根が軽微であれば、旺相のときには栄達するが、印綬の支根が旺じるときは、旺相のときには発揚しないのである。

いわば印綬や比肩は財郷エリアに巡って有益だが、印綬比肩が存在しなければ、財郷エリアに巡るのを畏れるのである。

いわば印綬が財星を附帯すれば、比肩を帯びて不益ではないのである。

『天玄賦』にいう―

己身を休囚の当地が搭載するときは、扶助も済性も存在せず、天干に精気が存在せずかえって運気の後退に相当するのである。

『通明賦』にいう―

印綬が偏官に巡れば、周代の吉甫氏が「六龍之衰兆」を補説することである。

いわば財星と印星とが交夾すれば、その気種の稟得の軽重がテーマなのであり、もし財星が軽微で印星が重複するときは、財星を控除して印星を取用して、その貴相を知るべきなのである。

もし印星が軽微で財星が重複すれば、印星を控除して財星を取用して背禄を帯びるときでも、支干ともに重旺してかえって資財を造作するのである。

いわば月柱の印星を、日柱に附帯して財気が存在しなければ、すなわち科挙試験合格標名に召喚される賢人なのであり、またいわば文章力が顕出し、進士合格者名に芳しく登栄するのは、文章力とはすなわち印綬である為なのである。

『玄機賦』にいう―

身旺で印星が過多すれば、財星の当地に巡って有益なのであり、またいわば旺印が官星を生扶して名声が特達するだろう。

『寶鑑賦』にいう―

印綬を重複して擁せば、私見してとても長寿なのである。

『幽微賦』にいう―

印綬が生扶すれば、母元は賢者貴相に相当するだろう。

いわば幼年にして母元と別離して、ただ財気を多く帯びれば、印星の存在とは死別なのであろう。

いわば印綬が重複すれば、子息は稀少数なのである。

『幽玄賦』にいう―

印綬が衝揺して財星が重複すれば、己身は塵界を奔馳するだろう。

『寶鑑賦』にいう―

命局に印星が多くて財星が透出すれば、八十歳の老御大にして軍師に召喚されるであろう。

またいわば印綬が財星と比肩劫財を附帯すれば、たとえ財星が多くても福分は不全なのであり、印星を支蔵して財星が透出して、己身が自旺すれば功名して顕栄し、福分が完備するだろう。

いわば印綬が財気に損傷されれば、早年に母氏を逸するだろう。

いわば貪欲な財気が印星を衝壊するときは、比肩劫財郷エリアに巡って有益なのである。

『奥旨賦』にいう―

印綬が太過するときは、ふたたび己身が旺地に巡って不益なのであり、印綬が損傷して祖業を喪失して郷里を放擲するのである。

『絡繹賦』にいう―

印綬が子支に臨位すれば、子息を受領する栄相なのである。

『千里馬』にいう―

印星と官星を併擁して官星に巡れば、十中七分は貴相なのである。

いわば財星が印星を衝破すれば、比肩劫財宮位に巡って適宜なのである。

『骨髄歌』にいう―

いわば財星と印星を交夾すれば、結局は窮状すると見做すのである。

もし財星を附帯して印星を衝壊すれば、橋梁から水中に転落して水難するが、印星が財気を帯びなければ横死はしないのであり、前述の逐一を詳細に説いたのである。

『身命賦』にいう―

貴人星が印綬を佩印すれば、決定的に文武両道の資質を兼備するのである。

『鶯神賦』にいう―

印星が存在して官星が存在しなければ、福分の清高が完成して享受できるだろう。

いわば文武両道とは、天徳貴人と印綬の併見なのであり、日主の徳分かつ貴相が全備するが、月支に印綬を附帯して好作用なのである。

『玉匣賦』にいう―

華蓋と印綬が同処すれば、斎国大臣の管仲氏のような優れた輔佐臣であろう。

『造微論』にいう―

印綬が華蓋に逢瀬して、学府に高位で在籍するであろう。

いわば旺印を官星が生扶して、かならず政局の枢要を担当するのである。

『捜髄歌』にいう―

印綬が過多してさらに身旺ならば、当人は受難して窮状なのであり、もし官殺や財星を領得して会相すれば、また超越的貴人を資扶するだろう。

『定真篇』にいう―

印綬が劫財を附帯して、貴相と見做すのである。

いわば偏官が佩印すれば、早年に科挙進士試験で抜擢されるであろう。

「要訣」にいう―

官星と印星とが、刑衡に在地すれば、意思が錯綜するだろう。

『相心賦』にいう―

印綬の己主は智慧が豊かで、己身は豊心自在で慈善なのである。

『開化章』にいう―

印綬とは財星を擁するのを畏れるが、羊刃劫財を領得してかならず福分への背反と見做すのである。

『淵海』にいう―

財星が過多すれば印星を用途と為し、運歳の比肩の当地を有益として、印星が月令を堅守すれば、かえって偏官が存在して幇助するのである。

『萬祺賦』にいう―

印綬が財星を擁してすなわち凶意であり、官星を擁してすなわち吉兆なのだが、官星が存在して印星がなければたとえ富貴でも瑕疵なのであり、逆に印星が存在して官星がなければ、たとえ栄華でも喪失するだろう。

命局が死絶符を帯びて憂悩であるが、長生を含有して有益なのである。

〔古詩訣〕

印綬とは、もっとも特殊な福星であり、
さらに権威の偏官が在局するときは、
たちまち元命を、併相して堅守し、
朝廷に名声が威振し、虚質ではないだろう。―

この言質とは、命局の印綬の福分の集約なのである。

〔詩訣〕

印綬の生旺が、偏官の作用と同義であるとは、
偏官を併相して、勇断だが粗野の雄であり、
運歳のタイミングが巡り、すなわち軍官吏だが、
ただ将来の、不善の結末を危惧するのである。―

この言質は、凶殺と印綬の同位相なのである。

〔詩訣〕

命局が印綬を附帯し、福分は軽微ではなく、

年少でも従容と、完成を享受するだろう。
そこで印星が旺相し、福分は偏厚するが、
蔭恩を承受し、功名を打ち立てるだろう。

〔詩訣〕
月柱に印綬を附帯すれば、官星が有益であり、
運歳官郷に赴き、かならず清き福分なので、
運歳の死絶符に臨み、己身に不利益であり、
ふたたび行運の財地で、百事成立はないだろう。

〔詩訣〕
印綬が欠損しなければ、福分全備を享受し、
隠官を承認して、田園に在野して、
官位の勅令を禀けて、財産が充ち、
恒常的に万銭の食費を費やすであろう。

〔詩訣〕
印綬が重複して、格局は清奇であり、
さらに支蔵の仔細の推究を要し、
咸池が臨支して、干合を附帯すれば、
風流かつ遊蕩する、破象の子息である。

〔詩訣〕
印綬が重複すれば完成を享受するが、
ただ食神が、暗に刑相するのを畏れて、
早年にして、他界の不帰の客と為り、
孤苦にして離郷し、持病に顛倒するだろう。

〔詩訣〕
印綬に支根が多ければ、財星を畏れず、
比肩劫財に巡って、福分の胚胎を有益とし、
官印星の、破敗の救応と為り、
命局に平生の、福寿の附帯をもたらすのである。

〔詩訣〕
印綬は、己身の太旺は不適宜であり、
たとえば、無為自然の平常底として、
原局に、官殺が過多しないケースでは、
かえって名声は、棟梁を造作するのである。

〔詩訣〕
干頭の印綬が、比肩を併相すれば、
行運の生助で、かならず傷身し、
この格局で、奇妙ではないと言及せずに、
それは運歳の財郷エリアに赴き真実の福禄となる。

〔詩訣〕
印綬は、死絶符の当地を巡るのが不益であり、
もっとも旺財や財郷に陥るのを畏れるが、
運歳の月支に重会して臨めば、
かえって己主は、決定的に卒するだろう。

〔詩訣〕
印綬が生旺の当人は、純粋な旺気であり、
官殺を多く附帯して、精神が転枢し、
印星が、死絶符や財星の当地を巡るときは、
救応なく結局は、他界の人と為るだろう。

〔詩訣〕
丙丁干で、生月卯支で官殺が多ければ、
命局に支根が存在しなければ水官を畏れ、
湿木では、生扶せず火焔も生起せず、
栄身には除湿し、南方火地へ至ることである。—
(丙干主は生月卯支を用途に印綬と見做し、もし命局に官殺が多ければすなわち水気の太旺であり、木気が水質に生扶するのだが、湿木では火気を派生できない故に、運歳の南方身旺の当地を有益とし、たとえば丙干主が生月卯支で、行運子支では官星の行運であるが、かえって印星の衝壊で充足し、運歳で印綬が官星を利するテーマだが、拘泥は肯首しないのである。)

〔詩訣〕

木質が、壬癸水質を擁して漂流し、
日主に支根がなく、秋季が匡当すれば、
運歳が、もし旺財の当地に巡れば、
かえって凶が吉へ好転し、王侯と為るだろう。―
（たとえば乙干生月亥支では、壬干を印綬と見做すが、もし日主に支根がなくまた旺水の生月のケースでは、漂流の木質と見做すのである。『元理賦』にいう―水上に木質が漂流して活木だが、これに反して凶揺に充当し、かならず行運の財地でそこで土質が水気を制土して、すなわち能く吉意と見做すのであり、これを印綬が財郷に赴いて畏れるテーマだが、拘泥は肯首しないのである。）
〔詩訣〕
壬癸干を申支が搭載し、火質の衝破を忌み、
命局に土気を擁し、貴相の方途を知ることができ、
運歳の北方水地は、みな吉兆と見做し、
たとえば寅支が衝揺してすべて不適宜なのである。
〔詩訣〕
壬癸干が申月で、もとより金質であり、
命局に土質を附帯し、真実の福分と見做し、
火気が重複して充当し、西北運が適宜であり、
身外から休囚が至り、子星を渇望するのである。―
（壬癸干が生月申支でもとより印綬と見做すが、ただし命局に火質を含有し、すなわち能く財星は印星を衝破するので、命局に土質が印星を生扶しまた行運の北方地を巡り、水質は能く火質を剋去して金気が全うし、たとえば寅支と申支が冲衝すれば、すなわち月令が損傷し、凶禍はすなわち生地へ転枢するのである。もし火質が重複しなければまた子支が巡るのが不適宜で、それは子支の当処で金気の死地の為であり、かならず充分な火質の重複を肯首し、すなわち金質の作用で愁水を派生して病尽を控除する趣意なのである。）
〔詩訣〕
戊己干主が衰微し、寅支を擁して有益であり、
長生が官殺に相当して、かならず栄身し、
たとえば木火気を附帯し、名利が勃興し、
運歳が西方へ至り、西申支を畏れるのである。
〔詩訣〕
辛日干が生月丑支で、印綬と見做し、
癸干で生月酉支とはポピュラーな星辰で、
辛金は、火気を有益として西北運を忌み、
癸水とは金質を適宜とし、火侵を畏れるのだ。
〔詩訣〕
壬癸干が、生月申酉支で生扶に相当し、
財星が多く厚土ならば、北方運が奇瑞であり、
傷破が存在しなければ、水地を巡って適宜であり、
そこで帝旺建禄とは、かえって不適宜なのである。
〔詩訣〕
丙丁干が生月卯支で、星辰健旺ならば、
そこで庚辛干酉丑支の瑕疵をとても畏れ、
運歳の水気で漸次、木火気が興旺し、
行運の西方地で、決定的に窮状なのである。
〔詩訣〕
印綬が、月柱に附帯して作用すれば、
決定的に蔭護に因り、英豪が顕彰し、
多能力かつ少疾なので、大謀すべきであり、
印星が存在し官星がなくば、福分は至高なのである。
〔詩訣〕
年頭時柱に旺殺を帯びて、もっとも適宜であり、
月日柱で財星が交夾し、かえって不益なのであり、
運歳が死絶符に臨み、己身が扶立しなければ、
すなわち他界するのは不可避であろう。―
諸説を併合して、印綬の喜忌を観たところである。

【鬼化為印】

「経典」にいう――

すでに鬼殺を印化して印綬と見做し、天下の科挙試験合格者の一命局、乙丑年癸未月丙子日乙未時の命局であり、丙干が子支に搭載して官星に坐し、丙干とは火質であり子支とは水質であるので「既済」と称するのである。

そこで年月時柱に一丑支と二未支を附帯して、みな己土と見做して傷官に相当して「鬼殺銷印」と為すのである。

命局に二乙干と二未支を擁して木局庫を会党し、運歳が逆行して旺印に至れば、鬼殺が印化の抑剋を被る故に己主は大顕するのである。


【陽刃化印】


「経典」にいう――

戊日干で生月午支ではもちろん羊刃の看法だが、年時柱に火質が過多すれば、かえって印綬と見做すが、戊干午支蔵には己土を陽刃と見做すが丁火が生助しており、年時柱が同じく火質であれば印綬を造作して、陽刃をテーマとしないのである。

そこで水気財星が火質を剋制してとても不益であり、日刃に変質してもっとも重度に発福するのである。

また日刃とは自性的に劫奪するので偏官を擁して制伏し、すなわち偏官を合絆して貴相と見做すが、逆に偏官の制伏が存在しなければ、財星が存在してかならず争奪するが、たとえば君子が強盗に遭い、そこで財貨が存在しないことでその保身を肯定するように、財貨を擁するとは、かならずその被害と為るのである。

たとえば戊寅年戊午月戊午日戊午時の命局では、戊干が日主であり午支が搭載して、陽刃と見做すのだが、日時柱に午火が併相して凶意のテーマを肯首するのである。

そこでかえって年柱寅支蔵に甲木が存在して陽刃が生火するが、寅午支が火局を会合して印綬を化成して、命局に全く壬癸干や水局が存在せず、かえって瑕疵の印綬であり、また戊干比肩が過多して有益であり、運歳で財地に巡ってまた分奪して疎通するので、印綬は衝壊しない故に大貴相なのである。


【時逢生印】


たとえば甲日干で時柱子支のときに、子支蔵の癸水を印星と見做して日主の資扶とし、当人は智謀が多くて充足し、衣食や爵禄を安寧に享受するであろう。

そこで年月上に辛金官星が印星を生扶するのを要し、西北運かつ官星印星の当地を巡るとき、すなわち貴相と見做すのである。

もし命局に戊己干の土気が重複して、さらに午支が臨んで衝破して、運歳の東南エリアを巡り、官星印星が衰微して百事ともに完成せず、役人として市井で恣意する人物なのである。


【胞胎逢印綬】


「経典」にいう――

胞胎が印綬を附帯して千鍾の爵禄を享受するが、たとえば庚寅年辛卯月丙申日乙酉時などの命局であり、そこで月令が印綬の当地に相当し、己主は貴相なのである。

「経典」にいう――

命局の「胞胎格局」とは月柱が印綬を附帯し、運歳の官殺印星が生助するときに、職級は三公大臣に列位するのである。


【棄印就財】


「経典」にいう――

印星を控除して財星を就位して、その財星の正偏を明らかにするのは、印綬が財星を忌む為で、このような作用はとても明らかなのである。

印綬が月令に相当すれば、決定的に財星を附帯するのを肯首できず、もし年時柱に印綬が存在して月令が財星を附帯すれば、ただ財星格局を用途として印綬が生身として有益で、かえって財星を福分と見做すのである。

もし月令が偏印のケースで、年時柱が財星を附帯しても支障は存在せず、印星を控除して財星が就位するのである。

そこで軽微を控除して重度を用途とするとは、たとえば壬干で生月申支また丙干で生月寅支で、長生の当地が搭載して年時柱に財星を領得し、すなわち身旺で財地を附帯して有益でこれを造化と見做し、かならず主分を棄却して基祖として、別処に自立創業する身上なのである。

論倒食（一つには呑焔殺と称し、また一つには退神と称するのである。）

倒食とはすなわち偏印のことであり、一つには呑焔殺と称し、食神がこれを擁してもっとも不益なのである。

たとえば甲干主は丙火を派生して食神と見做し、火気は能く土質を派生して甲干の財土と為り金質を生扶するが、この金気とは甲干の官星に相当し、食神が生旺であれば「財官双備」なのである。

さて甲干が壬干を擁して倒食と見做すとは、壬旺干がすなわち丙火を剋伐して丙干が剋去を被ることで土質を生扶できず、甲干に財星が存在しないことなのである。

また壬干は丁干を合起して甲干は辛干に損傷して、甲干には官星が存在しないと見做すのである。

壬干が丙干を剋去するときは、庚干偏官を領得して甲干が受傷して難儀し、いわゆる食神の作用が不益を附帯するケースなのである。

およそ命局に偏印を附帯して福分は薄く非長寿であり、もし制伏や合絆するとき、たとえば甲日干が壬辰干支壬戌干支を擁して、辰戌支蔵に土質を擁して丁干を併合し、また乙日干が癸未干支癸丑干支を擁して、丑未支蔵に己土を擁して癸水を制伏し、また丙日干が甲申干支を擁し、また丁日干が乙巳干支乙酉干支を擁し、また戊日干が丙子干支丙申干支丙辰干支を擁し、また己日干が丁亥干支を擁し、また庚日干が戊寅干支戊辰干支を擁し、また辛日干が己卯干支己亥干支を擁し、また壬日干が庚午干支庚戌干支を擁し、また癸日干が辛巳干支辛未干支を擁するなどは、偏印が食祖の凶害で肯首できずに、吐星を制剋する故なのである。

命局が身旺で財星官星がともに生旺ならば、助身の福分と見做すのを肯首し、陽日干に附帯すれば能く暗に傷官が財星を生扶し、陰日干に附帯すれば能く暗に財星を合起し、命局に食神が存在しなければ、ただ偏印がテーマなのである。

いわばおよそ命局で、食神を擁して偏印を帯びるときは、長上が己身を合縛して自由を領得せず、事を作すに進退が逡巡して始動して結果せず、財源も成敗浮沈し容貌も偏奇し人格も煩瑣し、心膽は怯虚しておよそ事態は完成せずに六親を剋害し、幼少期に母親を喪い長じて妻子を損傷するのである。

「賦」にいう――

倒食とはまた偏印と称しまた梟神と称号して、身旺に相当して財福豊厚だが刑衝七殺すれば、すなわち窮状非長寿なのである。

もし財星を擁して、月柱に明見附帯して停滞しないが、もし偏官を生扶すれば定日なく重荷奔馳して呻息するだろう。

また身弱で偏印が重複すれば天才早逝の瑕疵であり、正規に食神が偏印に巡り未だ大将が叛臣に怨死する窮状と為り、その端緒では精神怠惰であり、重篤して容貌偏奇するのである。

『萬祺賦』にいう――

偏印が官殺を附帯して成敗が揺転し、また偏印が旺財に巡り屈辱が栄身へと好転するが、身旺を貴相と見做して身弱を常人と見做し、そこで傷官を擁して平生は豊潤だが食神に巡当し、すなわち処世空虚なのである。

『元理賦』にいう――

丁干を卯月支が搭載して己土を附帯すれば、狼貪の人物なのである。

『相心賦』にいう――

偏印が主作動すれば、心機一転に勤労始発するが結局は怠惰し、また学芸を好奇して多く学習するが完成は些少なのである。

『奥旨賦』にいう――

年時柱や月令が偏印に相当して吉凶は分明せず、そこで大運や歳運で食神が巡れば、窮状が生起して至るのである。

『絡繹賦』にいう――

偏印が祖座に位居すれば、破祖の原因と為るであろう。

〔古詩訣〕

印星の偏印が、梟神と為り、
命局に財星を擁し、もっとも有益であり、
身旺でこの方途ならば、福分と見做し、

身弱で偏印太旺して、情義は存在しないのである。—

たとえば丙戌年丙申月甲戌日壬申時の命局で、甲干が丙干食神を擁し、また壬干偏印を擁し、そこで甲干生月申支とは偏官の制伏を被って精気なく、二丙干が洩気して壬水が丙年干主を制伏して、七殺の施為を領得する故に名利は存在しないのである。

〔詩訣〕
たとえば壬申年壬子月甲戌日丙寅時では、
印星に会合して、時柱に帰禄するが、
そこで水星と火星とが、好作用であり、
そこで木火通明の象と為るであろう。

〔詩訣〕
たとえば己未年壬申月甲子日丙寅時では、
殺が佩印し、帰禄して秀気を得るが、
そこで木火通明かつ水木清奇なのであり、
二命とも大貴だが、前述のように偏印を忌み、
制伏や合絆で、かえって貴相であり、
そこで偏印一用を肯首せず、凶意がテーマと為るだろう。

論雑気（身旺かつ刑衝が有益で、抑伏が不益なのである。）

雑気とはすなわち辰戌丑未支のことであり、辰支蔵には乙戊癸干を擁して水土質の庫地と為し、戌支蔵には辛戊丁干を擁して火質の庫地と為し、丑支蔵には癸辛己干を擁して金質の庫地と為し、未支蔵には丁己乙干を擁して木質の庫地と為し、それぞれ所蔵の気質に随伴して言及するのである。

日干が己主のケースではまた官星と見做し、また財星と見做し、また印星と見做すのである。

官気とは己身の福分の物質であり、財気とは養命の源泉であり、印星とはすなわち己身の資本であるが、人に所在してもっとも切望し、それぞれ四庫に三件所蔵して、天地の不正規の気質である故に「雑」と言及するのである。

「経典」にいう—

財星官星印綬を全備するときは、四季土用の支蔵も肯定するのである。

この格局は、刑衝の明見を有益として抑伏が不益だが、その他の喜忌のなりゆきとは、正規の財星官星印星と同義なのである。

たとえば六甲日干で生月丑支では、丑支蔵の辛金を官星と見做し、己土を財星と見做し、癸水を印星と見做して、天干に透出している干頭を福分と見做すのである。

つぎに節気の深浅を分節し当令の星種が何かであり、おおむね財星が透れば富裕であり、官星が透れば貴相であり、印綬は父祖の福分が顕われて享受するので、蔭護の貴相の勅宣を受領するのである。

そこで天干に透出しなければ刑衝を許容して、身旺のケースは好作用だが、身弱のケースは不益なのである。

しかし刑衝が太過して、すなわち福分の聚気が散逸するので、命局に破害の夾雑物を擁するので、ふたたびこの運歳に巡るのを肯首できないのである。

そこでふたたび運歳で巡ればすなわち太過と見做し、秀気を衝壊するのでかえって吉意と見做さず、原局に破害が存在しなければ、運歳の刑衝が有

益なのである。

『景鑑賦』にいう――

雑気の財星や官星のケースでは、身旺で衝揺して発揚するが、もし太過すればかえって窮状を被ることを肯首するのである。

いわば雑気の財官格局のケースでは、命局に財星が多ければすなわち好命と見做し、もし命局が別種の格局ならば、他格局と判断するのである。

いわば雑気財官のケースには、正官格局や偏官格局や正財格局や偏財格局や雑気の印綬格局や正規の印綬格局や偏印格局などの、正偏を分明にすべきなのである。

もし偏官が旺盛であれば、またそこで些少の制伏を許容して、すなわち肯首するのである。

もし命局に墓庫を重複して、原局に刑衝が存在しなければ貴相が透出しないので、戊己干が干頭に併透して、年少期の発揚はもっとも難儀である故に、財官星の閉鎖と称して墓庫の棲人に相当し発揚しないのである。

いわば地支が四庫か衰養冠帯エリアで、時上に附帯するときは時墓格局と見做し、月上格局と同じテーマであるが、比較的に後年に発揚するのである。

たとえば丁亥年戊子月丙申日己丑時の命局では、丙干を用途に丑支墓符かつ財庫と見做すので、行運の未支に巡って丑庫を冲衝して、財気が発揚するのである。

また命局に壬辰干支を擁して官庫と見做し、行運の戌支のエリアに巡り、辰庫を冲衝して官気が発揚するのである。

なお命局に別途に、戊辰干支己丑干支を擁して庫地干頭を抑伏して、すなわち財官星の発揚は肯定できず好命格局とは見做し難く、もし衝揺や合絆を擁してすなわち衝剋を肯定しないのである。

いわば月柱が庫地に該当して、四隅かつ東西南北の四維、たとえば未支が東方木地を巡り、戌支が南方火地を巡り、辰支が北方水地を巡り、丑支が西方金地を巡って墓庫に該当して、行運の生旺の当地でかならず発揚するのである。

たとえば辰月の水質に臨み、運歳が南方火地へと転向して会合しなければ、ただ土気がテーマなのである。

いわば古人は五行の墓符を倉庫と見做し、もし命局に倉庫を附帯して、歳運が倉庫を剋撃するポイントのとき、たとえば甲乙干が辛未歳に巡り、丙丁干が庚戌歳に巡り、戊己干が壬辰歳に巡り、壬癸干が甲辰歳に巡り、庚辛干が癸丑歳に巡るのを、庫中の財気と称して当人はかならず富裕かつ豊厚なのである。

もし命局に墓絶符を附帯して、かえって歳運を畏れるポイントの五行では、たとえば甲乙干が乙未歳に巡り、丙丁干が壬戌歳に巡り、戊己干が戊辰歳に巡り、庚辛干が己丑歳に巡り、壬癸干が丙辰歳に巡って、絶符にて依拠なきと称して当人はかならず窮状するだろう。

もし命局が墓符に遁相して、純粋で破相しないケースでは福星が臨むので、両府庁兼官の格局だが、もし破相して生旺かまたは破相して死絶符ならば、福星が臨んですなわち逓減して断相するのである。

もし衝破して福星が存在しなければ公民を肯首するが、この墓庫の格局では貴賎を問わずに一生の自己の栄昌を肯首して、六親に不利かつ子息の領得は難儀なのである。

「庫頭鬼」を擁するとは――

すなわち甲乙干が辛未干支を擁して丁巳干支が不益であり、丙丁干が壬戌干支を擁して戊寅干支が不益であり、戊己干が甲辰干支を擁して庚寅干支が不益であり、庚辛干が丁丑干支を擁して癸巳干支が不益であり、壬癸干が戊辰干支を擁して甲寅干支が不益であり、一つには「軒車殺」と称するのである。

もしこのポイントを侵犯して不益で、車輪の破相をつかさどり、車馬は折脚して婦人は疾患して普通人は法抵触するのである。

『神白経』にいう――

生日に相当して用途を領得して、時柱に重複しないので不益と見做さずにおおむね富貴を主事して、君子であれば早年に科挙試験で進士に合格し、普通人であれば芸能や産業が抜群なのである。

「庫頭財」を擁するとは――

すなわち甲乙干が己未干支を擁し、丙丁干が庚戌干支を擁し、戊己干が壬辰干支を擁し、庚辛干が乙丑干支を擁し、壬癸干が丙辰干支を擁するケースで、君子であれば金融税務を担当し、普通人ならば従容と家業に従事するだろう。

すなわち財官星が透出するテーマであり、たとえば庚辛干が己丑霹靂火を擁し、甲乙干が乙未砂中金を擁し、壬癸干が丙辰砂中土を擁し、戊己干が戊辰大林木を擁し、丙丁干が壬戌大海水を擁するような格局であり、すなわち墓符が鬼殺に遭ってはなはだ懐疑するのである。

『獨歩』にいう―

辰戌丑未支とは四土の星辰で干頭で作用が顕表し、透出して旺じれば真義と見做すのである。

いわば財官星が庫地に臨めば衝揺かつ発揚せずに、命局の干星は合相に相当して有益なのである。

『玉匣賦』にいう―

庫地の財星が三合会局に臨地して、西晋官僚の石崇氏のように、万金財貨の所有者と為るであろう。

『玄機賦』にいう―

雑気の財星官星とは、刑衝してすなわち発揚するのである。

『千里馬』にいう―

辰戌丑未支に刑衝が巡れば、かならず発揚するだろう。

『通明賦』にいう―

己主が官星庫地や財星墓符に臨むときは、そこで開封してすなわち爵禄を拝領して栄えるが、逆に閉蔵してすなわち吝嗇に蓄財するであろう。

『捜髄論』にいう―

財星を庫地に納めて、己主は財気を聚積するだろう。

〔古歌訣〕

雑気の財星官星が、月宮で作用するとき、
天干に透干して、始めて豊厚と為り、
財星官星を重複して、衝破を適宜とし、
切に命局で、抑伏が重複して不益なのである。

〔歌訣〕

辰戌丑未支を、四季土旺と見做し、
印綬や財星官星が、雑気に位相するときは、
干頭に透出して、格局の真実と見做し、
ただ財星が健旺して、尊貴と見做すのである。

〔歌訣〕

雑気とは、もとより自性は不純であるので、
天干に透出して、格局を真実と見做し、
身旺かつ財旺で、官星禄支を派生し、
運歳で刑衝に巡り、珍宝を聚積するだろう。

〔歌訣〕

月令つまり、提綱の衝揺は肯首できず、
衝揺して十中九命、みな凶意と見做し、
ただ財星官星を擁して、墓庫に該当すれば、
運歳が当地に巡り、かえって成功するだろう。

〔歌訣〕

旺処の生地が、巡って墓庫に絶符し、
また墓符を発甲して、旺処に生脱し、
生扶して生旺して、過分は不適宜であり、
墓庫に巡り凶地で、結局は礎定しないのである。

〔歌訣〕

財星官星の耀きが、ともに透出しなければ、
かえって破害や刑衝が適宜と為り、
さらに格局の何たるかを詳解すれば、
また格局の、上中下品に分類するのである。

〔歌訣〕

時柱が墓符官星を附帯し、己主の発揚は遅く、
衝剋を擁して有益で、もっとも奇瑞と為り、
抑圧しては、とても貴処に巡当できずに、
官星が高顕して、職位ともに適宜なのである。

〔歌訣〕

北方水局や壬癸干が戊支に巡るときに、
南方火局か時柱丑支が吉臨すれば、
倉庫に金塊珠が、豊かに満載し、
処世優游と随伴して、福相なのである。
〔歌訣〕
もし財星官星が墓庫のタイミングを問えば、
辰戌丑未支それぞれを、同一に推究するが、
財星官星ともに、庫地の開錠を要し、
財官星を抑塞しては、奇瑞には不足であろう。
〔歌訣〕
能く開庫できるのが、何者かを知る必要があり、
そこで衝刑や破害を、開鍵と肯首し、
財星官星を領得し、透出して作用と為し、
そこで衰身鬼殺や墓符を、とても危惧するのである。
〔歌訣〕
少年期に、墓符に該当すれば発揚せず、
財官星を、庫門に支蔵すると見做し、
そこで破害して、能く錠鎮を解放し、
結局は抑塞して、辛苦を被るであろう。
〔歌訣〕
丁壬干は、もとより辰支を墓符と取用し、
戊土が巡って、富裕を瑕疵して窮状し、
そこで甲寅乙卯干支を救済の同義とし、
財星が湧出して、自然に栄昌するだろう。
〔歌訣〕
雑気の財星官星印星とは、同義なのであり、
格局のなかで、もっとも鬼殺財星の重複が不益だが、
ただし己主を、多く生扶して上格を肯首し、
他星を局中に、擁帯して有益なのである。
〔歌訣〕
もし財星を複擁すれば、退職の適宜を肯首し、
また官星が旺じて巡れば、福分は無窮なのであり、
財星を貪傷し印星を衝壊し、貴君が記載することは、
そこで些末な歪曲を用心することである。
〔歌訣〕
雑気の財星官星を、庫中に支蔵して、
もっとも己身が、旺郷へ巡るのが有益なのであり、
偏官が重度で己身が軽微ならば、制伏が適宜であり、
庫地が併相すれば、衝揺を要するのである。
〔歌訣〕
命局に、他格局をもとめて取用するが、
命局が情通せずに、かえって損失し、
運歳が、旺財の当地に巡るときに、
日々名声は進捗して、はなはだ強度に高いだろう。
〔歌訣〕
甲乙干で、生月丑支に該当するときは、
支根がなく、旺金で凶意とは見做さずに、
金水気が重複して巡り、また功名が顕われ、
火土気が併相して、本象が破局するだろう。
〔歌訣〕
丙丁干で生月丑支では、官殺を支蔵し、
四季に支根がなければ、水郷が不益であり、
運歳の木火気に、併到して生助を擁し、
そこで福分爵禄は、自性的に強高なのである。
〔歌訣〕
戊己干主が、生月丑支に該当するときは、
傷官財格局が発揚するタイミングであり、
金水格に、重複して巡って清奇であり、
運歳の火土気に巡り、おおむね損折のときである。
〔歌訣〕

庚辛干主かつ生月丑支で、印綬が旺じるが、
水土気が派生して、福分長寿の斎同に臨み、
そこで壬癸干頭が透出して併見すれば、
かえって戊己干を附帯し、好相の始兆なのである。

〔歌訣〕
壬癸干主が、生月丑支に該当するときは、
月令に官印格局を支蔵し、奇瑞に相当し、
辰巳支を順行して、名利が興発し、
西方金気を逆行して、福分の壮気なのである。

〔歌訣〕
乙干が生月丑支で、金質が合絆すれば、
身旺かつ旺殺で、格局は至高となり、
金水気を巡りて、名利ともに厚く、
しかし水火気の郷地で、堅局が失効するだろう。

〔歌訣〕
丙日干で、生月丑支を併相するときは、
財星官星を、月令に支蔵するので、
金水気の旺郷エリアが吉兆であり、
南方火土郷とは、総じて空疎なのである。

〔歌訣〕
丙丁日主で身旺で、生月丑支に相当し、
天干に、壬癸干が併相するときには、
福分が軽微とは、みな逆運を被るためだが、
もし名声が高顕して、順運が有益なのである。

〔歌訣〕
命局生月辰支で、日柱が土金質のときに、
木火気が重複して巡り、また深度の福分であり、
そこで壬癸干を附帯し、己主に支根が存在せず、
身弱かつ財星が軽微で、また凶揺が侵犯するだろう。

〔歌訣〕
丙丁日主で、生月未支のケースでは、
そこで金水質の未支は、凶意ならずも凶揺であり、
木火土郷エリアとは、富裕かつ貴相と見做し、
申酉支がふたたび巡り、凶揺は重複するだろう。

〔歌訣〕
秋季戌月では、火土質を支蔵して、
庚辛日主に支根が存在せずとも、不益ではなく、
格局にもし財星を擁して、印星が透出すれば、
運歳の東南木火地に至り、福禄が進展するだろう。

〔歌訣〕
甲乙干主が、秋季生月戌支のときには、
木気が退き、金気が旺じて庚辛干を畏れ、
たとえば木火気に巡りて、興家を企計し、
金水気が財郷にて、凶揺を禁じ得ない程である。

〔歌訣〕
戊日干で戌支が、火土質を支蔵して生扶し、
また南方火地を巡り、また東方木地を巡り、
そこで順逆を問わず、東方や西方を赴くときは、
大運が申支のポイントで、かならず終局するだろう。

〔歌訣〕
財星官星印綬を附帯して、生月秋季では、
旺官かつ身旺で、寅卯支を附帯するときに、
北方水地を順行すれば、子丑支を憂悩し、
また逆行すれば、酉支や申酉支併見を畏れるのである。

〔歌訣〕
偏官偏印とは、もっとも分明が難しく、
干頭支蔵が承相して、名利を附帯して、
時柱が庫地に該当し、もっとも好格であり、
清閑の屋台でも、公卿を輩出するだろう。

〔歌訣〕

四季土旺月では、財星官星を伏蔵しており、
そこで刑衝破害に該当するのを要し、
また太過や不及とは、みな凶揺と見做し、
運歳の財郷エリアに赴き、大吉祥なのである。―
諸説を併合して雑気を観て、その喜忌には余剰の蘊蓄は存在しないのである。

附論墓運

「秘訣」にいう―

幼年期で墓庫に該当して不適宜だが、老年期で墓庫に該当すれば、かえって豊厚なのである。

いわば旺官や旺印や旺財が墓符に該当して凶揺であり、傷官食神かつ身旺で墓符に該当して、窮状が勃興するだろう。

いわば旺殺が墓符に該当して、延寿の見込みは困難なのであり、そこで官星や印星や傷官や偏官が用神に作用して肯首し、ともに運歳の墓庫を巡って不益だが、ただ晩年期にみずから庫地に巡ってすなわち吉兆なのである。

「賦」にいう―

老年期に墓庫を巡るときは、その晩景が悠々とはこの事なのである。

論傷官

（身旺ならば財星や印綬や満盤傷官が有益であり、身弱ならば財星不在や刑衝や墓符や偏印が不益なのである。一つには剥官神と称し、二つには羊刃煞と称するのである。）

傷官とは己身が彼身を派生することを称し、すなわち甲干が丁干を擁し、乙干が丙干を擁するケースであり、甲干は辛干を正官と見做して用途とし、そこで丁火が乗旺して己身の盗気に相当して辛金を制剋することで、甲干の貴相を輔佐しない故に傷官と称するのである。

傷官格局とは傷尽して要任して貴相と見做すので、原局に官星を含有すればすなわち傷官が重複することなのである。

「経典」にいう――

傷官が官星を擁すれば、窮状百端とはこの事なのである。

傷官とは凶星ではあるが、すなわち己身が派生するポイントで己身の用途なのであり、傷尽してすなわち能く財星を生扶し、旺財はすなわち能く官星を生扶するので、展転と造化して情義が存在するのである。

たとえば月令が傷官に該当して命局に合局を結成して、みな傷官の位相で衝破が存在せず、官星が一星も存在せず傷尽と称するのである。

また月令が傷官かつ時上が傷官で、命局に官星が存在しなければ傷尽と称し、さらに身旺かつ旺財また旺印のケースでは、科挙進士試験に合格標彰する一品級の貴人なのである。

この格局の己主は、芸才が豊かで傲慢かつプライドが高く、険相かつ無遠慮で謀事が多く遂行は些少であり、巧性を拈弄して拙技を成為するので、天下の人々の常規のようでなく、人々はまたその悪意を敬遠するのである。

また傷官に財星が存在しなければ己主は窮状し、そこで財気を派生するのはすなわ食神傷官であり、また財気を盗洩するのはすなわち偏官正官なのである。

そのため傷官は財星の附帯を要するが、官星の附帯は要さないのである。

たとえば甲干が生月午支のケースは木気は南方に寄旺せず、己身の扶身は柔軟なのであり、どうしてふたたび金質の制伏の附帯を肯定してよいだろうか。

金質は能く土気を盗洩するので、官星を擁する必要はなくすでに官星が存在せず、そこで命局にかえって一星もの財気が存在せずに、恃勢を肯定して聡明かつ巧機であるが、その名利とは過分に虚質なのである。

「経典」にいう――

傷官に財星が存在せず用途を肯定し、巧妙だがかならず窮状するだろう。

『天玄賦』にいう――

傷官格局が財星を用途とし、また印星を用途と為すケースとは、傷官佩印のケースは財星の控除が適宜であり、また財星が用途のケースは印星の控除が適宜なのである。

なお財星印星を両備する使途での何をもって発福するかとは、身旺では財星が用途で、身弱では印星が用途であり、印星が用途ならば財星を控除すべきで能く発福し、また財星が用途ならば印星をテーマとしないのである。

また己主の亨通では、傷官佩印は官殺が不益ではなく、財星を控除して発揚の方途なのである。

また元命に傷官が占拠すれば財星の附帯を要し、すなわち発揚するのであり、傷官は運歳の財星を巡るのがもっとも有益で、身旺かつ印綬の附帯がその次席なのである。

そこで官郷エリアを巡るのは有益ではなく、命局に傷官が多ければ官星を附帯するときは、また運歳の傷官を巡るのは不適宜なのである。

そこで財星を附帯する要がありすなわち発揚し、傷官とはもっとも運歳の財星を巡るのが有益で、身旺かつ印綬がその次席なのである。

また官郷エリアを巡るのは不益であり、命局に傷官が多くて官星を附帯すればまた行運の傷官を巡って、一官星だけならば支障が存在しないのである。

いわば傷官格局では傷尽する必要があり、もし命局に傷官を附帯してそこで官星を内包すれば傷官は傷尽せず、運歳でふたたび官星が巡り、旺官の添加に刑冲破害を重見して刃殺が己身を剋して旺財で身弱ならば、かならず己主は左遷されて客死するだろう。

そこで命局に救応が存在してもまた残疾し、もし命局に官星が存在せず傷官偏官が重複すれば、運歳の官郷エリアに赴き歳君に巡当して、もし視覚碍しなければかならず己主は窮状するだろう。

「経典」にいう――

傷官が正官を重複すれば、かならず師表と見做すのである。

いわば命局の傷官は運歳の官郷エリアに赴き、かならず衝破するのである。

いわば傷官がまた行運の官星に赴き、不測の窮状をもたらすのである。

いわば命局では、ただ丙丁干の戊己干傷官と戊己干の庚辛干傷官は、官星を附帯して不益だが、もし庚辛干の壬癸干傷官や、壬癸干の甲乙干傷官や、甲乙干の丙丁干傷官のケースは不益ではないのである。

そこで丙丁干は壬癸干を官星と見做し、そこで戊己干を傷官と見做し、水気は土気の剋伐を畏れるので、土気は水気を領得して無益であり、土気は木気を官星と見做し、そこで金気を傷官と見做し、木気は金気の剋伐を畏れるので、金気は木気を領得して無益である故に、火土傷官格局は官星を附帯して不益なのである。

また庚辛干は壬癸干を傷官と見做し、そこで丙丁干を官星と見做し、水気は火気を剋伐するが、もし金水気が寒冷ならば火暖を領得しなければ、事象の済性は難義なのである。

いわば壬癸干は丙丁干を領得して「既済の功」を為し、壬癸干が甲乙干を傷官と見做し、そこで戊己干を官星と見做すのである。

甲乙干は戊己干を剋伐するがもし水木質が浮漂するときは、阻土を領得しなければ活存は難義なのである。

いわば甲乙干が戊己干を領得して栽培の力を成為し、甲乙干は丙丁干を傷官と見做して、庚辛干を官星と見做すのである。

丙丁干は庚辛干を剋伐するが、もし甲乙干が繁茂すれば丙丁干が止熄するので、庚辛干の削伐を領得しなければ通明は難義なのである。

いわば庚辛干は丙丁干を領得して「器物之象」を成為する故に、金水傷官と水木傷官は官星が不益ではないのである。

「経典」にいう――

火土傷官は傷尽すればよく、金水傷官は官星の附帯を要し、木火傷官は官星を附帯して旺官すればよく、土金傷官は官星を控除してかえって官気が成象し、ただ水木傷官格局では財星と官星を併見して、始めて喜悦して肯首するのである。

いわば傷官の傷尽で福分を造作しないケースとは、傷官が官星を附帯してまた凶揺と見做さないケースなのである。

一命局の丁未年丁未月丙午日丙午時の命局では、丙日干を午支が搭載して日主は自旺して二午未支二丁干を擁して、財官星ともに傷官と見做し傷官の傷尽であるが、そこでは命局に火気が太旺して洩気が重複するので、運歳の東南火旺エリアを巡って一星の財気も存在しなければ、己身は空疎に旺相して窮状に至るであろう。

そのケースでは切に傷官の傷尽を肯首せずに、身旺としてすなわち好命の造作と見做すのである。

また甲日干で命局に辛金を官星と見做してまた丁火傷官を附帯し、またもし生月秋季で旺官が丁火を附帯するかまた亥子支が搭載するか、午支を附帯して壬癸干を搭載すれば、すなわち丁火は傷官を作用せず、結局は官位爵禄の命局なのである。

運歳で官星印綬を剥削して吉兆だが、運歳で己身が衰敗して不益なのである。

切に傷官格局は官星の附帯を肯首せず、すなわち好命局の造作と見做さないのである。

いわば原局に微かでも官星を擁して、貴気の損失を肯首せずまた運歳の官郷エリアに赴き官星が強健に自旺し、また運歳の印星に赴いて傷殺を佩印制伏し、また財星の生助が存在するか、また従象して従格局に適合して、好命と見做して失効しないのである。

ふたたび傷官のエリアに巡るのを畏れ、疾陥して起床しない事例だが、さもなくばすなわち舌禍で文書申告され、破財で官庁申告されて窮状が急到するだろう。

また命局に財星を附帯し運歳で財星に巡り、また功名利禄の成就を肯定するのである。

しかし行運で官殺の当地に至り、また財星の衰敗死絶符の当地ですなわち財禄を失効し、官庁の訟事ではなくすなわち重複して服喪を被るのである。

いわば命局の傷官とは、ただ年干の傷官がもっとも重篤で福基の受損と称して終身ともに除去できず、もし月支に重見してはなはだ七殺的な傷身なのである。

たとえば甲日干主では辛金を正官と見做し、丁卯干支年柱で生月寅午戌支では傷官の重複を肯首し、また卯支を附帯して劫財陽刃と見做し「背禄逐馬」と称し、己主は退避後悔してかえって祖蔭の瑕疵なのである。

運歳の官郷を巡り年歳で重複するか、また運歳が身弱で旺殺ならばかならず凶揺なのである。

もし月令が正規の傷官でまた官星を重見するとは、たとえば甲日干で生月午支で時柱辛未干支を附帯し、午支蔵の丁干が辛干を損傷するのである。

また乙日干で生月巳支で月柱庚干か時柱甲申干支を附帯し、巳支蔵の丙火が庚干を損傷するのである。

また丙日干で生月午支で時柱戊子干支か癸巳干支を附帯し、午支蔵の己土が癸干を損傷するケースなどである。

要するに日柱が健旺で、ふたたび運歳の傷官に臨んで名利の発揚を肯首し、日柱が微弱で運歳の財官郷エリアを巡り、凶揺は言及するまでもないであろう。

傷官とはいわば―

甲日干が丁干を附帯するときには、壬干の合絆や癸干の衝破が有益なのである。

乙日干が丙干を附帯するときには、辛干の合絆や壬干の衝破が有益なのである。

丙日干が己干を附帯するときには、甲干の合絆や乙干の衝破が有益なのである。

丁日干が戊干を附帯するときには、癸干の合絆や甲干の衝破が有益なのである。

戊日干が辛干を附帯するときには、丙干の合絆や丁干の衝破が有益なのである。

己日干が庚干を附帯するときには、乙干の合絆や丙干の衝破が有益なのである。

庚日干が癸干を附帯するときには、戊干の合絆や己干の衝破が有益なのである。

癸日干が甲干を附帯するときには、己干の合絆や庚干の衝破が有益なのである。

『萬祺賦』にいう―

傷官が元命で官星が存在せず、また行運の傷官に巡りそこで洩気が太過し、一木質が火位を重複し称して気性が散乱し、窮状せずともすなわち非長寿なのである。

己身の身旺や官郷エリアが有益であり、傷官が官星を併見してふたたび剥官かつ塞滞するので、運歳の官郷エリアに赴き命局はかえって吉相なのである。

すなわち傷官が傷尽しかえって官星を附帯して有益で、傷官がもし財星を附帯し財星佩印して、凶揺は軽度ではないのである。

もし傷官佩印して官殺が刑衝しないケースで、傷官を複擁して印星に巡るのが適宜で、すなわち食神を複擁して印星が用途なのである。

また傷官が些少でまた印郷エリアを巡り、すなわち偏印が食神を倒食し、もし傷官佩印して財星が巡って不適宜なのである。

もし傷官が官星を附帯し、制伏に巡って不適宜であり、また傷官が財星を用途として比劫に巡って不適宜であり、また傷官佩印は官殺を附帯して不益ではなく、もし傷官が官星を重複して、官星のテーマを造作してはならないのである。

傷官が年月柱に存在して官星が作用するならば、かならず運歳での官星の剥奪を要し、日時柱に存在して傷官を被って不適宜であり、瑕疵を一見して凶揺は言及するまでもなく、また墓符への臨処を肯首せずに、延寿かつ安棲は難儀なのである。

『獨歩』にいう―

傷官が官星を擁して凶揺が百端なのであり、行運で官星を控除して、かならず己主は栄転するだろう。

いわば傷官に官星が存在せず、剥官に巡ってすなわち塞滞するので、運歳の官郷エリアに巡り、命局はかえって貴相なのである。

いわば傷官が財星を擁して、子宮位に子息を擁し、傷官に財星が存在せず、子宮位が子息の死相なのである。

いわば傷官格局は大忌の命局だが、そこで印星財星を附帯して、翻意して富貴を成為するのである。

『千里馬』にいう―

傷官が財星を擁するとは、高官吏かつ財貨充足なのである。

いわば傷官が官星を擁し、印星財星の当地に赴き好作用なのである。

いわば傷官が財星を附帯して、そこで子息が存在するのである。

『相心賦』にいう―

傷官が傷尽して多芸多能でタイミングよく傲慢かつプライドが高く、おおむね詐偽的で人を侮って志操が誇大であり、頬骨が俊高かつ眼眉が粗大なのである。

『定真篇』にいう―

もし傷官佩印（綬）して、その貴相とは言及するまでもないであろう。

『擧善篇』にいう―

日主が傷官を支蔵して、運歳で傷官に赴き面目を失効するだろう。

『景鑑賦』にいう―

傷官に財星が存在せず、そこで羊刃を附帯すれば、巧奸を拈弄して行為するであろう。

『通明賦』にいう―

傷官を重複すれば、かならず己身は勤労が辛苦であろう。

いわば傷官を複擁して身旺のケースでは、依拠は存在せずに、決定的に道仏の芸能的術士なのである。

『幽玄賦』にいう―

傷官が財星を擁して佩印すれば、その官階は一品階級には留まらないであろう。

『玄機賦』にいう―

傷官が傷尽すれば、運歳の官星に巡っても支障は存在しないであろう。

『寶鑑賦』にいう―

傷官が日柱に透り、また財星が時柱に透るときは、功名が粛烏臺に顕栄するであろう。

「秘訣」にいう―

傷官が重複すれば、かならず子息を欠損するであろう。

いわば年柱に傷官を附帯して父母は両全せず、月柱に傷官を附帯して兄弟は完備せず、時柱に傷官を附帯して子息は頑迷し、日柱に傷官を附帯し妻妾は賢人ではないだろう。

いわば傷官が傷尽して日柱が興隆し、身旺ならばすなわち吉兆で、身弱ならばすなわち凶揺なのである。

いわば傷官の泄洩とはもとは敗神と見做すので、身旺に臨んで財星が適宜ですなわち吉兆だが、盛官に巡って佩印しなければすなわち凶揺なのである。

傷官が傷尽しなければ、不測の窮状に防備すべきであり、傷官が財星を附帯してすなわち優游の福分を享受するのである。

偏官が巡っても同義であり損失して憂疾するので、身旺で依拠が存在しなければ、孤独相は免れ難いのである。

傷官が劫財を附帯して、柳綿が揺風するように連綿と積財するが、傷官が佩印しなければ、利潤をもとめて財産が雨天に露呈するだろう。

〔古歌訣〕

傷官とは、もとより産業の星辰であり、
傷尽が真なれば、大貴人と見做し、
もし傷官の瑕疵で傷尽しなければ、
旺官が巡添して、窮状が重度であろう。

〔歌訣〕

月令が官星に該当し、傷官の当地ならば、
傷官の力量が逓減し、なお支障は存在せずに、
もし刑衝と破害を、併見して附帯すれば、
決定的に官位が長久でないと知るであろう。

〔歌訣〕
傷官が傷尽し、また財星を生扶すれば、
旺財が官星を生起して、互換して巡り、
もし命局に、官星がなく財星が透出すれば、
すなわち富貴への言及は、決定的なのである。
〔歌訣〕
傷官の志操は、王侯のように傲慢であり、
勝負を好事し、そこで頭角を強出するが、
路傍では、不平にて憤怒を懐き、
そこで扶抑の強弱とは、干の休囚という訳ではない。
〔歌訣〕
傷官を附帯するとはもとより適宜ではなく、
財星を擁して、官星が存在せず福分は定礎し、
月日時柱が傷官の格局のときには、
運歳で旺財に巡り、決定的に貴相なのである。
〔歌訣〕
傷官が傷尽すれば、始めて奇瑞と為り、
ただ傷官の過多を畏れ、かえって不適宜であり、
この格局には、千通りの変化を内包し、
これを詳推するに、心機を用る必要があるだろう。
〔歌訣〕
年上の傷官とは、事実上に忌むべきであり、
重複して、すなわち傷身して延寿はせず、
傷官が傷尽し財星を生扶して貴相だが、
財星が絶え官星を帯び、かならず凶揺するだろう。
〔歌訣〕
年柱が、月令を衝剋すれば祖宗を離脱し、
日柱が、月令を衝剋してかならず妻君を損ない。
時柱が、日柱を暗衝して妻子を剋傷し、
衝揺なくも四支衰敗して、一生迷走するだろう。

〔歌訣〕
傷官に官星がなくも、もっとも剥官を忌み、
運歳の官郷に赴き、かえって奇瑞と見做し、
運歳が命局に、印綬を附帯するときは、
決定的に富貴と見做して、定礎するだろう。
〔歌訣〕
傷官が比肩を附帯しても不益ではなく、
七殺偏官の作用もまた同義であり、
もし官星不在を肯定し、比肩は不益に相当し、
たとえば身旺のケースではかえって重複を忌む。
〔歌訣〕
庚日干で寅午戌支を全備するときには、
生月子支で、月令の肯定と見做し、
たとえば金水質を附帯し、かえって福分を造作し、
しかし火土気が重複傷破し、どうして適性だろうか。
〔歌訣〕
日主に支根がなく、午支が庚辛干を搭載し、
生月が亥子支に相当して水浸が巡り、
ただ印綬を適宜として身旺を扶け、
月令用神の損失を、憂慮しなくてもよいだろう。
〔歌訣〕
癸日干で、生月寅卯支に該当せずに、
命局に火質を附帯しかえって成功し、
命局が火性の干支を附帯せずに巡生するならば、
火土質の巡りは、計数しても空疎なのである。
〔歌訣〕
丙丁日主で、生日戌支に旬当すれば、
財星が天干に透り、用神を作用して、
この傷官格局は旺官を有益として、
ただ身旺を憂慮し、かえって傷身するのである。

〔歌訣〕
傷官が傷尽して、また財星を生扶すれば、
識実剛明で、偉才の器量であろう。
たとえ祖財を使益しても分散することはなく、
なおざりの玉絹衣は、自ずと降天して到るだろう。
〔歌訣〕
傷官が傷尽して、もっとも奇瑞と見做し、
福分爵禄は険路だが、寿元に充ちて、
後年にさらに身旺の当地に巡れば、
財星を附帯し、かつ身旺で決定的に貴相である。
〔歌訣〕
傷官が傷尽せずに、官星を附帯すれば、
賊徒に斬絞されて、窮状が百端緒であり、
月柱が瑕疵して、父子とも完全ではなく、
日柱が瑕疵して、己主は自ずと瑕疵し、
柱が瑕疵して、子息は狼狽が多く、
そこで富貴が周全しないと知るべきで、
もし傷官を肯定して年歳にも位相すれば、
かならず当年に巡り、窮状を招くであろう。―
諸説を併合して、傷官の喜忌の尽くを観たところである。

論食神

（身旺ならば財郷へ赴き、食神が財星と併局して有益であり、身弱が不益で比肩を肯首する。一つには進神と称し、二つには爵星と称し、三つには寿星と称するのである。）


食神とは日干の生扶に相当して三位目に順数して、すなわち甲干は丙干を食神と見做し、乙干は丁干を食神と見做すケースなのである。

そこで甲干は丙干を生扶してもとより泄気と見做し、丙干は戊干を生扶して甲干を偏財と見做し、また偏財とは天賦の爵禄かつ自然の財気なので、己身の精神力で稼労せずに、福分かつ爵禄の現成を享受するのである。

甲丙干とは父子の道理を擁し、たとえば子息が旺相して財禄を生起し、その父母に奉仕するので不安を被ることはないだろう。

また甲干は庚干を擁して偏官と見做し、また戊干を擁して財星と見做して、その丙火の食神が能く庚殺を制伏し、甲干の損傷を回避して能く戊土財星を生扶し、甲木の所用に使益するのである。

およそ命局に財星偏官を附帯して、食神が旺相すれば偏官は食神の制伏を被るので、敢えて凶揺と見做さないのである。

そこで財星が食神の生扶を被り涸竭せず充実する故に、食神を一つに寿星と称して、また一つに爵星と称して良効と為すのである。

この格局は日主が肝要で、食神とともに生旺して衝破が存在しなければ、己主は財食が豊厚かつ福糧が拡充して、体躯は血色よく隆盛して優游とみずから充足して、子息を擁してその寿元を考量するのである。

命局に財星食神を擁して年月上に透出すれば、父系の蔭護で生業は豊隆なのであり、また日時柱に顕出して妻女と亭主ともに福分を領獲するが、母子ともに衰絶符するのを畏れて、両者ともに成立は存在しないだろう。

「経典」にその故にいう―

食神は生扶して旺食するのが適宜だが、食神が衰敗して絶食して、肯首できないのである。

いわば食神が生旺であれば、財星官星の附帯のように勝果するだろう。

いわば食神は偏印を大忌として倒食と見做し、己主は始発しても結果せず、容貌は邪性で身体は矮小で性質急躁で、欲望は多大でも完成しないのである。

たとえば甲干は丙干を擁して食神と見做し、命局に壬干を擁して甲干の偏印と為り、丙火を制剋して戊土を生扶できず庚殺が制伏できず、甲木は制約を被り財気を退避するので束縛を被るだろう。

『元理賦』にいう――

食神の制殺に偏印を附帯すれば、窮状しなければすなわち非長寿なのである。

一行禅師がいう――

命局が休廃しても救応が奇瑞すれば、かならず窮状は軽微であり、命局のなりゆきは平和に価値して福徳が重複して加増するが、もし偏印の星辰を附帯して、決定的に己主の資財が逓減するとはこのことなのである。

いわば陽日干の食神は正官を暗に合絆し、また陰日干の食神は印綬を暗に合絆するので、そこで官星印星を明顕する必要はないのである。

ただし食神が好作用ならば、己主は貴相で爵禄を帯びて富裕かつ長寿なのである。

食神はただ一星で好作用で重見が不適宜なのは、命主の精気の漏洩を畏れるからである。

「経典」にいう――

一木質に火気が重複すれば、気象の散逸と称して文彰を肯首するのである。

そこで食神が重複すれば運歳の印地を巡って適宜だが、食神が寡少であれば不適宜であり、偏印の倒食を肯首する故に、食神は禄支とともに生旺して助相して有益であり、そこで月令が建禄支であればもっとも佳質であり、時支の建禄支がその次席なのである。

さらに貴人星を附帯して、運歳の食神生旺の当地を巡って福分爵禄が大発揚するが、そこで衰身かつ偏印太旺が不益なのである。

そこで命局に財星を附帯して有益だが、また重複して不適宜なのは過多すればすなわち清相ではなく、富裕な一老人の域であるだけだろう。

また食神を重見すれば傷官に転変し、たとえば子息を少数に附帯するか、また衝破すれば拗性を帯びるであろう。

また墓符に巡るのを肯首せず、すなわち傷官墓符のケースでは延寿は艱難であろう。

また空亡をとても忌み、さらに官殺を擁して透出するときは、医師や巫術師や九流術士なのであり、もし食神が損傷するかまた空亡に巡ればすなわち貴相ではなく、ふたたび運歳の死絶符や偏印に巡り、すなわち飲食が原因で窮状が派生し、翻意して胃袋は詰食して衣食に欠乏して、ただ窮状に忍耐するだけなのである。

いわば甲日干の丙干食神のときは、命局に壬癸干亥子支の方途が存在せず好相であり、たとえば水気を擁して丙干は自ら制伏を受けて、人々に屈伏して己身が卓立することができないのである。

そこで生物をその父君が能く養うには、たとえばこの制伏が存在せずに、生旺かつ向禄を要するのである。

たとえば丙干で生月夏季で、運歳の東南火地エリアを巡って火土気がともに旺じるので、その財星の庚辛干（甲）はかならず豊厚なのである。

もし生月が三春季で甲木が旺じるときは、丙火が生扶を領得しても戊己干が薄質だと知れずに、そこで南方火地を巡って火土気は併相して、発福の方途を許容するのである。

またたとえば庚干は壬干を食神と見做すので、運歳の北方水旺の当地を巡り、かならず厚く発財し、また運歳の東方木旺の郷を巡り、かならず発福が緊要なのであり、このテーマを詳細にするのである。

そこで庚干は壬干を食神と見做して、申支に長生するので申地を福分の重複と断定すべきだが、そこで酉支に暴敗するとして壬干は酉支に巡り、すなわち佳質と見做さないのである。

そこで壬干は甲干を生扶して庚干の財気と見做し、すなわち自ら分身発生する財星なので、配婚の正妻たる財星ではないのである。

そこで甲干は酉地に巡り金旺木敗と見做して、壬干は自ら衰敗するので、子息たる木質をどうして能くその父君が助養できるだろうか。

この運歳を平庸と断定すべきで運歳の戊支に巡り、たとえば壬干甲干が透出して、また吉凶の半途を断定するのである。

そこで戊干に巡りその窮状を断定し、庚干に巡りその微福を断定し、運歳の亥支を大吉と言及すべきなのである。

また運歳の子支では癸水傷官が洩尽して、己身の泄気としてまた庚干は子支に死符し、甲干は子支に敗地して己身の窮状と断定するのである。

また運歳の丑支では庚金の庫地かつ旺水郷エリアであり、また己丑干支が庚干甲干を資助して冠帯成人の当地と見做し、この十年間の発揚を断定するが、そこで運歳の寅支がまた吉兆で運歳の窮状なのであり、その他種はこれに類推すればよいであろう。

いわば食神は偏印が不益だが、また忌避しないケースとは、たとえば己亥干支が丁干偏印を畏れないのは、丁干と壬干とが木気に合化し、そこで壬干の禄支が亥支に存在するのである。

また丙午干支が甲干偏印を畏れないのは、甲干と己干とが土気に合化し、そこで己干の禄支が午支に存在するのである。

また乙巳干支が癸干偏印を畏れないのは、戊干と癸干とが火気に合化し、また乙巳干支は火質であり、かつ癸巳干支は辛干偏印を畏れないので、また丙辛干が化水して癸干の貴人支が巳支に存在して、庚干を陽干の筆頭と見做して戊干偏印を畏れずに、戊干とは陽干の帰源の数象なので、戊干を擁して喜神のテーマを造作するのである。

また己干は辛干の偏印でないのは、陰気の発散の源初であり、また庚金は壬干の偏印でないのは、陽気の発散の源初であるとは、辛干が丁干を擁して己干偏印を畏れずに、丁干を辛金の養育と見做すのである。

いわば丁干の位処に己土を擁し、陰陽が交渉して清福の生助を領得する故に、六辛干は丁干を渇望するのである。

ただし寅支から遁巡して辛干主の禄支に至り、それが丁干の禄支と見做して用途を知るのである。

さらに月柱が金質干支で、己土が帯火して長生する故に、火質を文貴と見做すことを知るのは、そこで金気とは父母ではなく、火処を借用して父母の承気とする故なのである。

問うに、十干のなかで一位の隔位で、食神と見做すとは何であろう。

希尹氏がいう――

甲己干化土する故に食神丙辛干であり、丙辛干が化水する故に食神戊癸干であり、戊癸干が化火する故に食神庚乙干であり、庚乙干が化金する故に食神壬丁干であり、壬丁干が化木する故に食神甲己干なのであり、化気が相剋して食神なのである。

食神とは十干福禄の際会なので、君子がこれを領得して顕達して豊充するが、小人物がこれを領得して周巡して給糧が自足するのである。

また福聚の当地に存在して官位爵禄は崇厚だが、禍聚の当地に存在して職位は薄微なのである。

たとえば甲子干支がテーマのときは丙子干支が食神に相当し、福星の貴相と見做して食神丙寅干支とは長生の爵禄で「禄馬同郷」と見做すのである。

また食神学堂の貴相とは、丙辰干支を印綬と見做して、そこで丙午干支をみずから刑衝する命相と見做し、丙申干支とは己身の爵禄を衝破し、また丙戌干支とは己身の衝破空亡と見做し、他の干種も例推すべきなのである。

そこで生旺や庫地天乙貴人や天官貴人や華蓋や文星や学堂や官星佩印や禄馬、などのケースを福聚の当地と見做すのであり、また衝破や空亡や悪殺や刑衝や休敗死絶符を禍聚の当地と見做すのである。

また華蓋印綬を擁して些少は倍増するが、そこで学堂や駅馬が存在しなければ、複擁しても半減するとして清貴の家統なのであり、驕奢の一族とは別人種なのである。

甲乙干の食神は丙丁干であり、寅卯巳午支を添加して搭載するのである。

丙丁干の食神は戊己干であり、辰戌丑未支を添加して搭載するのである。

戊己干の食神は庚辛干であり、巳午申酉支を添加して搭載するのである。

庚辛干の食神は壬癸干であり、申酉亥子支を添加して搭載するのである。

壬癸干の食神は甲乙干であり、亥子寅卯支を添加して搭載するのである。

これを食神が生旺すると称し、さらに禄馬の旺相を附帯して文官吏として両制庁に赴任し、また一武官として節義を建功して談合を防備するのである。

また己主の財帛が豊厚でなければ食神と建禄を全備して、命局は好作用に順当するだろう。

『指迷賦』にいう――

食神とは一星を用星にすべきであり、一星ではなく三星重複して、もし命相が止静するときは、三星重複は一星の明見には及ばないであろう。

食神が二星三星に分身すれば秋風の落葉のごとき財運であり、偏印が一重複すればその福分は朝旦に派生して夕暮には凋落するのである。

もし食神が止静して作動しなければ、おおむね過労を免れることは難しいであろう。

『理愚歌』にいう――

子息が食物を含弄しないタイミングで子息が卓立するように、さらに貴人に相当してその相見を有益として、官星か貴人相が卓立して「鳳鸞の臺閣で華飾を選歴する」ことができるであろう。

食神が好作用の年月日時柱ではみな食神を干頭支蔵して、そこで天乙貴人や官星佩印や吉神殺を附帯して己主は貴相なのである。

壷中子氏がいう――

食神は偏印を忌み飲食物を争奪するので、たちまちこれが併臨して乳飲料にも欠乏するので、その余剰とは仙人の霊膳のようにすなわち「肉菜汁の草竹膳」なのである。

いわば命局に偏印が侵犯すれば人命は騒乱を被るが、重複して附帯すれば幼児期はすなわち乳飲にも窮状し、また老人期はすなわち摂食に窮状するのである。

食神が正しく作用して、そこで余剰を擁して富貴の命相だが、逆に食神が夾争してそこで不足して窮状の命相なのである。

そこで余剰とは、たとえば甲干主が二三丙干を領得し、また不足とはたとえば二三甲干が一丙干を擁するだけのケースなのである。

いわば生時干と年干が偏印のケースは「呑」と称して、己主は子息を剋伐するが、日時柱ともに食神のケースは、己主は頭部面相に瑕疵を帯びて母元を剋伐するので、死後に葬送の子息は存在しないのである。

もしそこで呑が重複するとは、たとえば甲干主が壬日干を擁して、壬時干が庚干を擁して己主は降格して窮状するが、干合を附帯し解除してすなわち緩解するのである。

『獨歩』にいう――

食神が生旺すれば財星官星のように勝果し、そこで濁性ならばすなわち窮命であり、清相であればすなわち光明なのである。

食神の重複はかえって不足と見做して傷官の作動に擬し、雑気として用途ではなく、詳解して分析するのである。

『相心賦』にいう――

食神とは善神で能く飲食し、体躯豊厚で好く謳歌するだろう。

「口訣」にいう――

食神は生旺すれば、すなわち賢者なのである。

『奥旨賦』にいう――

月令が食神に相当して己身が健旺ならば、善く飲食して豊肥の資質なのである。

命局に吉星が相扶して、金塊珠が堆積し、かつ顕著に名声するのである。

いわば食神が旺処して劫財が重複して、さらに偏印が食神を倒食する相では、非長寿ではないが盆暗と化すであろう。

『幽微賦』にいう――

食神が旺相すれば、老齢でも意気軒昂なのである。

『元理賦』にいう――

命局に食神を既存して、そののち偏官を附帯すれば、功名は顕達するだろう。

『寶鑑賦』にいう――

日柱に食神が透出して時柱に官星が透出すれば、肅烏臺の輔国臣に顕栄するだろう。

「秘訣」にいう――

食神が一星ならば、財星官星のように勝果し、たとえば戊日干で庚干時柱のケースでは、旺火に不適宜なのである。

『三車一覧』にいう――

食神は損耗と空亡を畏れて、もっとも庫地と禄支とが有益なのである。

『心鏡』にいう――

食神とは合処でその真実を領得するが、この所説を開陳して虚説ではなく、一星の食神を官星が搭載すれば、三監九卿（監察卿吏）に相当するのである。

『萬祺賦』にいう―

食神を吉星と見做して称し、制殺して寿星と称号し、食神の干支が旺強ならば富貴の人材だが、己身が衰敗して食神が旺盛ならば彷徨の人物なのである。

命局が旺財ですなわち仙人の霊膳だが、印綬を附帯してすなわち蒸籠や桶底が堆塵しているであろう。

命局に一星食神を附帯して「大小鼎器かつ梵鐘の銘記」に該当し、食神二三星ならば市井のヒョウタンに相当するであろう。

また羊刃が重複して臨めば平生は過労して、刑衝が相会して一生波乱にて奔走するだろう。

〔古歌訣〕

食神が制殺して、とても吉兆であり、
旺財で妻君が栄えて、さらに子息が強く、
もし命局に、偏印が存在しないときには、
黄金宮殿を管理し、王君を輔佐するのだ。

〔歌訣〕

食神が建禄支を、添加して天厨と称号し、
衝剋や空亡や官殺が存在しなければ、
死絶符して、運歳の偏印の当地に臨めば、
食神の合処が、福養の交点であろう。

〔歌訣〕

食神が後退して、煙霞を偏好し、
食神が駅馬を伴い、馳駆して別家統を立て、
また食神が貴人星を伴い、食禄を併見し、
爵禄が高名に重複し、無涯の福分であろう。

〔歌訣〕

食神と印綬とは、併相して不適宜であり、
ただ財星官星を附帯し、さらに福分隆々とし、
食神が身旺の当地に、巡って有益であるが、
偏印が巡って、総じて空疎と化すだろう。

〔歌訣〕

食神が生旺して、もっとも誇負に耐久し、
ただ木土金水気を擁して佳質であり、
さらに正官偏官が巡って混雑しなければ、
平生は栄華して、衣禄が充足するだろう。

〔歌訣〕

命局に、食神を既存して偏官が巡れば、
平生の衣禄や福分は、もっとも厚く、
偏官が食神に近付し、かえって窮状と為し、
終日ともに、塵界にて驕慢して奔走するだろう。

〔歌訣〕

寿元を合絆生起して、もっとも奇瑞と為り、
偏官を支蔵しても、何も憂悩はせず、
そこで干頭の暴殺を制するのはタブーであり、
人間がこれを肯首して、富貴の子息なのである。

〔歌訣〕

甲干主が丙干を併見して、もとより盗気であり、
そこで丙干を控除し、財星を生扶し食神と称号する。
身心が太廣して、衣禄が豊厚だが、
もし偏印が臨めば、己主は窮状と見做すのである。

〔歌訣〕

食神に精気を擁して、財星官星に勝果し、
まず命局に、強旺の干支が必要であり、
もし傷官が巡れば、かえって食神を控除し、
辛苦多忙にて、千般の凶揺であろう。

〔歌訣〕

食神が生旺して、刑衝が存在しなければ、
命格が当格すれば、財星官星に勝果し、

さらに身旺を領得し、財星の当地に巡れば、
青春季の年少者でも、天子の車に添乗するだろう。
〔歌訣〕
食神が欠損せずに、連綿たる長寿であり、
印星群に巡当するのを肯定できず、
もし偏財の救護が巡ることが存在しなければ、
命局は秋草が冬霜を、附帯するようなものである。
〔歌訣〕
食神が月干に透り、天厨と称号し、
人命がこれに巡って余剰の富裕と為り、
切に偏印を忌み、福分の明滅と化し、
もっとも衝去し、暗なる控除を忌むのである。
〔歌訣〕
財星を生扶して鬼殺と化し、無病を兼ねるとは、
そこで制殺を、瑞祥と見做して蓄財を信じ、
たとえば子息が、科挙試験で進士に合格し、
官庁の要職に任命され、天書を拝領するだろう。——
諸説を併合して、食神の悉くの喜忌を観たところである。

飛天禄馬

『喜忌篇』にいう——

もし傷官を月柱に附帯するときには、たとえまだ凶処のポイントではなくても、かならず凶揺と見做し「倒禄」「飛衝」を含有して、官星が不益で合絆を忌むのである。

この格局はただ庚子日壬子日辛亥日癸亥日の四日で、生月亥子支のケースなのである。

また冬季の水質は純陰性で、命局に財星官星の方途が作用せず、そこで月時柱かまた年日柱同支で、能く併衝の方相で官星の透出が不益なのである。

また禄支は飛衝が難義なのは、星神も合絆して飛衝を肯首できず、命局に禄馬一支を附帯するのを要し貴気が完走せず、傷官食神や命局本来の運気が有益なのである。

たとえば庚子日では丁火を正官と見做して、生月子支に相当して傷官を日柱に附帯して肯首し、凶処のポイントと称すべきなのである。

もし命局に子支を複擁すれば、午支蔵の丁火を衝出するので、すなわち庚日干は正官を領得するとし、凶意をテーマとすべきではない。

命局に未支かまた寅戌支を擁するときは、ただ一支が午支と合絆を領得して好作用なのである。

もし丑支を擁して合絆すれば子支を合去してむさぼり、午支蔵の禄支の衝揺を肯首できず、丁干を附帯して官星の透出と見做し、また丙干を偏官の透出と見做すが、午支とは充当の質実であり戊干は火焔を併呑して、すなわち数象が逓減するのは運歳もまた同義なのである。

壬子日では壬干は己土を正官と見做し、命局に子支を複擁して午支蔵の己土を衝揺して、すなわち壬日干は正官を領得して、その益不益は庚子日のケースと同義なのである。

辛亥日では、辛干は丙火を正官と見做すのである。

癸亥日では癸干は用途の戊土を正官と見做し、命局に亥支を複擁する必

要があり、そこで巳支蔵の丙干戊干を衝出し、すなわち辛癸干は正官を領得するのである。
　命局に申支か酉丑支を附帯し、ただ合絆で好作用なのであり複擁して、すなわち相当せず寅支を附帯して合絆とし、すなわち亥支を貪合するので巳支蔵の禄支を衝揺できず、そこで丙戊干巳支を附帯して正官の透出と見做し、数象が逓減するのは運歳もまた同義なのである。
　いわば庚子日壬子日の二日では以上のポイントを不益とせず、庚子日は水気の太旺が不益であり金質が沈降して漂流し、道仏の窮状辛苦の命相なのである。
　また生月丑支が搭載して、酉支を領得して丑支を支合すれば行運の西方位を巡り、添意してもかえって貴相ではないのである。
　壬子干支は財星を附帯して不適宜であり、壬干が丁干に巡るとき太過と見做し、かならず淫質虚偽を侵犯するだろう。
　辛癸干の二日ではこれをテーマとせず、支蔵に亥支を複擁してすなわち能く正官を衝揺して、そこで辛日干はただ巳支丙干を畏れて、また癸日干はただ巳支戊干を畏れるが、その他種はいささか軽度なのである。
　いわば飛天に合絆が存在せずすなわち漂流の人命であり、衝揺すればおおむね偏業的な技芸師の徒輩なのである。
　すでに貴星が近付するか、衝揺か合絆のポイントを侵犯してまた格局に該当せず、運歳で巡って重篤すれば横禍を被るが、辛亥干支癸亥干支を附帯していささか軽度なのである。

〔古歌訣〕
　正規の衝格局では、庚壬干を肯定し、
　子支を控除し、官禄を衝揺して自ら亨通し、
　命局にさらに、寅戌未支を附帯するときは、
　二支が一合絆を領得し、功名するだろう。

〔歌訣〕
　庚壬干が生月子支で、官星を衝揺して号し、
　午支が作動し、丁干が転位し、巳支がまた異動し、
　填実や刑衝が、ともに侵犯しなければ、
　魁英の名誉が、四方位に伝播するだろう。

〔歌訣〕
　禄馬や飛天を、識る人は稀少であり、
　庚壬干が重複し、子支の貴相は決定的で、
　そこで命局に合絆が存在せず、正官が出現し、
　青雲を平歩して、鳳凰の浴地まで到達するだろう。

〔歌訣〕
　辛癸干が正官を衝揺して、亥支を重複すれば、
　巳支蔵の丙戊干が巡り、禄支を崇めるが、
　さらに命局に、酉丑申支を附帯すれば、
　一星の合絆を領得し、すなわち栄貴なのである。

〔歌訣〕
　辛癸日干を、亥支が搭載して臨むときは、
　酉丑支が申支を添加して、貴人を合絆し、
　そこで命局に扶相し、戊干巳支が存在しなければ、
　英々たる威風が、千里を聲振するだろう。

〔歌訣〕
　飛天禄馬を知る人は少数であり、
　辛癸干が亥支を複擁し、もっとも適宜と為し、
　七殺や合絆が夾擁しないときには、
　富貴の年少者として、宮廷を拝観するだろう。

〔歌訣〕
　庚壬日干のケースで、子支を重擁すれば、
　または年時柱が、辛癸干で亥支を複擁して、
　そこで真実の飛天禄馬を、衝起するだろう。
　官星と合絆が存在せず、決定的に中和するだろう。

〔歌訣〕
　命局が、丙丁干または戊干巳支を忌むときには、
　そこで巳午支が痕跡せず、寅戌支を明見し、
　丑支を附帯せず、寅支が巡って合絆すれば、

子亥支が官星を衝し、禄貴が栄相するだろう。
〔歌訣〕
亥支が、庚辛干壬癸干子支を附帯するときには、
飛天禄馬の仔細を、また推究するのである。
運歳が、もし旺財の当地に巡るときには、
みずから高昇して、権職を担当すべきである。
〔歌訣〕
飛天禄馬とは、もっとも究明が難義であり、
庚壬干を正規に、重複した子支が搭載する要があり、
壬干が暗に、午支に搭載して巳禄を渇望し、
庚干は位相を乖離し、丁干の作用に就くのである。
〔歌訣〕
子支が重複併相して、作動が難義であり、
また戊支とは、午支と寅支を共相する要があり、
庚干は丁干を不益とし、壬干は己干を不益とするが、
もしこの侵犯が存在せず、爵禄は豊隆なのである。
〔歌訣〕
辛癸干主は、亥支の重複が有益であり、
巳支蔵の丙戊干が、衝揺を領得すれば、
戊干に癸干が巡り合絆し、命局が有益であり、
丙干を控除して辛干を抑伏し、命局は雄然だろう。
〔歌訣〕
偏官帯刃や官星空亡を、みな不益と畏れるが、
そこで刑衝や破害とは、総じて空疎であり、
もし塡実が存在せず、虚性が会合すれば、
英雄豪傑とは、かけ離れて同義ではないだろう。—

この格局を精査すれば、庚子干支辛亥干支とは傷官のことであり、壬子干支癸亥干支とはすなわち該当しないのである。

倒衝禄

傷官を月柱に附帯して「倒衝禄馬格局」を内包するときは、その喜忌とは「飛天禄馬」のケースと同義だが、ただ時柱をテーマとしないのである。

この格局は丙午日と丁巳日の二日にとどまり、命局に午支を複擁して有力と為し、生月夏季は純陽性なので、丙干は癸水を正官と見做し、子支蔵の癸水を衝出し、すなわち丙日主が正官を領得するのである。

また丁干は壬水を正官と見做し、命局に巳支を複擁して有力と為して亥支蔵の壬水を衝出し、すなわち丁日主が正官を領得するのであり、さらに丑寅支また申辰卯未支を領得するときだが、ただし禄馬一支のケースで好作用だが、複擁してすなわち相当しないのである。

丙午日は未支を畏れまた丁巳日は申辰支を畏れるなど、合絆してすなわち巳午支は貪合するとして、能く子亥支の禄支根を衝揺するので、命局に壬癸干子亥支を擁して官殺の透出と見做し、すなわち数象を逓減するのは運歳もまた同義なのである。

いわば丙午干支丁巳干支は合禄をテーマとせずにただ合絆を忌み、年月柱が併衝して上格と見做すが、ただ日柱に内包して月柱に内包せず、すなわち衝禄を貴相に取用することは不可なのである。

そこで日柱に内包せずに、月時柱に内包するケースではまた取用を肯定するが、ただし丙午干支とは日刃であり貴相だが結末は凶揺なので、陽刃合絆を一附帯してすなわち凶揺と見做すのである。

もし月令が亥子支で官殺が格局に符合するか、官殺が透出すれば旺相の気象を擁し、逆に偏官の合絆を取用して大貴格局と見做すので、日刃を専門のテーマにできず、また塡実に復するのをテーマの主眼とできないのである。

また丁巳日柱また辛亥時柱のとき、命局に巳亥支を擁して格局の支障ではなく、そこで丁干が生月巳支のケースでは、巳支が旺相して亥支に精気が存在せず、辰月の取用では水郷エリアを巡るのが有益だが、火気を附帯して

すなわち福分であり、ただ巳火が適宜なので他種の火性干支は不適宜なのである。
いわばこの格局は、丙午日丙寅日丙戌日丁巳日丁未日丁卯日の六日を擁するが、そこで陽日柱は倒衝と見做し、また陰日柱は正衝と見做すのである。
丙日柱はただ午支を擁して、かえって寅午戌三合全備が作用するか、また三丙干で印星の生助が有益だが偏官の夾相が不益なのである。
〔古歌訣〕
丙日干に官星が存在せず、午支を複擁すれば、
倒衝禄馬と為し、癸干官星が相和して、
そこで未支が巡らず、合絆を附帯すれば、
癸干子支ともに、福分なく険路であろう。
〔歌訣〕
倒衝と貴気とは、同じテーマではなく、
丙午干支が、子禄支の飛衝であるときは、
そこで癸水が、巡って衝して貴禄と見做し、
刑衝かつ填実して、常人を肯定するのだ。
〔歌訣〕
倒衝禄馬とは、とても貴相であり、
丙日干が、午支を複擁して良位と為り、
そこで偏官が巡らず、合絆を併起して、
官位が無くても、朝廷に入廟し闊歩するだろう。
〔歌訣〕
丙日干が、午支を重複して擁すれば、
羊刃により、中和を失効すると言及せずに、
火土郷を巡るとき、かえって貴相が翻成するが、
そこで子支が刑衝し、どうすることもできない。
〔歌訣〕
丁日干で巳支を複擁して、倒衝を肯首し、
官星が生起して、顕官を輩出し、
命局に、亥支壬干を附帯しないときに、
辰支が巳支を留位せず、隆々たる福分貴相である。
〔歌訣〕
丁日干が官星を衝し、巳旺支を要し、
亥支を壬干の禄支と見做し、貴人の領域であり、
そこで命局に、辰支壬癸干が存在しなくとも、
運歳で相扶して、福分爵禄が昌々であろう。
〔歌訣〕
禄馬倒衝の人命は、測り知れないが、
丁干が巳支を附帯し、亥衝支が適宜であり、
命局に官殺が存在せず、合絆を併相すれば、
年少でも、栄華富貴の奇瑞なのである。
〔歌訣〕
丁日干が、巳支を重複して擁すれば、
命局に水気が存在して、和気と同義であり、
この格局では、傷官の傷尽が適宜であり、
亥支の刑衝を附帯し、数象はかならず空疎である。
〔歌訣〕
この格局に官星が存在せず、自ら禄旺すれば、
倒衝が、禄支を対位して源泉が深く、
丙干は盛午支が適宜で、能く子支を衝し、
丁干は巳支を複擁して、壬干に耐久し、
巳支はすでに、忌辰支を絆縛と見做し、
午支は未支をもっとも忌み絆縛を肯首し、
星は運歳と、たちまち巡相するが、
さらに填実に復して、凶揺を禁じ得ないほどだ。—
諸詩を詳解すれば、丙午日と丁巳日に言及するに留まり、その他の四日は併行して論及せずに、ただこの二日の倒衝を正規と見做すのである。

【天衝食禄】

すなわち甲干の食神は丙干だが、丙干の禄支は巳支に存在し、すなわち食神を建禄支が搭載して天厨禄と称し、命局に方途が全備して肯首するので

ある。

もし丙干を擁して巳支が存在せず、また巳支が存在して丙干が無ければ、すなわち非当格なのである。

これは年月時柱に拘らずに、戊日干を専門のテーマとせずに、その故に合禄とは同義ではないのである。

人が命局に食神の五行を擁して、月干月令が作用すれば命局は食神に順拠し、己主は優游たる福慧であり、さらに財星庫地が相会して父母の財帛を享受して、官位食禄の豊厚に相当するのである。


【福星貴人】


すなわち甲干主が丙寅干支丙子干支を擁し、また乙干主が丁亥干支丁丑干支を擁して、同旬列の真実の食神を遁得して己主が自然に享受するが、これを巡相して貴相でなくとも富裕だが、その他種も例推すればよいだろう。

先人が「甲干と丙干が相会して寅地に赴く歌訣」を作歌して、年柱のテーマを肯定する故に丙寅干支丙子干支を擁するので、そこで日柱を遁得すると見做してはならないのである。


【食神同窠】


甲干が丙干を食神と称するのは、甲子干主が丙子干支を擁するケースなどであり、十三位相ともに同義であり、すなわち本家格のものである。

これを領得して貴相でなくとも、すなわち富裕であり、月柱と日柱が異相しまた日柱と時柱が異相して、もし互換的に生旺のケースでは、禄支貴人を附帯し大貴相なのである。

たとえば魏韓公は、戊申年庚申月庚辰日庚辰時の命局であり、宋朝進士秦檜氏は、庚午年己丑月乙卯日壬午時の命局であり、明朝進士王崇古氏は、乙亥年辛巳月戊申日庚申時の命局なのである。

たとえば偏印の本家格とは、甲子年柱が壬子時柱を附帯し、また庚子年柱が戊子時柱を附帯してまた貴相だが、ただし子息を欠損するのである。


【食神帯合】

甲干主が丙辛干合を附帯し、また己干主は辛丙干合を附帯し、また乙干主が丁壬干合を附帯し、また庚干主が壬丁干合を附帯し、また丙干主が戊癸干合を附帯し、また辛干主が癸戊干合を附帯するケースで、己主が官星佩印の権威を附帯すると見做すのである。

【専食合禄】


『喜忌篇』にいう―

時柱庚申干支が、戊日干を併相して食神の千旺の方途と称し、年月柱が甲丙干寅卯支を侵犯して、すなわち巡当でありかつ不巡当なのである。

戊干は庚干を食神と見做すが、庚干の禄支は申支に相当して、食神が健旺するのである。

戊干は乙干を正官と見做すが、そこで庚干は能く卯支蔵の乙木を、暗に合絆するので貴気と見做すのである。

庚干申支のセットとは乙干卯支のセットと合絆するとは、甲木が戊土を損傷しない必要があり、そこで卯支にて填実するのであり寅支が月令を衝揺し、また丙干が庚干を損傷し、すなわち庚申干支が能く合絆に変転する方途なのである。

もし年月柱を甲丙干寅卯支が侵犯すれば、貴気を損壊する故にみな不適宜なのである。

そこで生月秋冬季を有益とし、食神が生旺して財星佩印（綬）を渇望して、刑衝破害を畏れるのは食神格局と同義なのである。

また作用すれば貴相だがただ質実ならば半減するので、戊午干支戊寅干支の二日ではこの格局成立は難義であり、もし月令が財星官星に相当すれば財官星がテーマに相当するのである。

「経典」にいう―

貴顕の聖王が笏で垂事するとは、食神が作用して建禄支を合相することなのである。

『景鑑賦』にいう―

格局の合禄とは、戊日干を申時支が搭載するときに、寅卯支はその貴気を失効するので畏れるのである。

そこで命局で酉未支を附帯し福分爵禄は軽微ではなく、填実に復して官級居宅は閑散とし、作用して位相は公卿に昇位するだろう。

そこで財星佩印（綬）を有益として、刑衝や官殺を畏れるのである。

〔古歌訣〕

戊日干は庚申干支を、合神と為し旺強であり、
干星の食神が旺じて、とても貴相であり、
乙干正官を戊干主は、とても有益とするが、
六害刑衝で己主は、決定的に損傷するだろう。

〔歌訣〕

寅卯支が敗地であり、甲丙干を損失とするときに、
衝破が存在せず、朝廷の堂閣に鎮座し、
運歳の丙戊干を巡り、窮状が派生するが、
そこで子息を喪失し妻女を刑傷し、肯首できないのだ。

〔詩訣〕

戊日干が時上庚申干支を、附帯して重複するときは、
官星佩印が存在しなければ、秋冬季の有益を要し、
甲丙干寅卯支の四干支を兼備するときには、
運歳でまた巡って、同宮するのを畏れるのである。—

この格局を精査してすなわち食神格局であり、かならずしも合禄の作用をみる必要はないのである。

王崇古氏（長官）は前述の甲丙干寅卯支を侵犯せず、また高燿氏（長官）は甲戌年庚午月戊辰日庚申時の命局で、年干に甲干が透出するが月庚干がこれを制して、丙干寅卯支を侵犯せずに作用するのである。

この二命局を比較して高燿氏は「甲戊庚干の三奇」に該当し「禄馬同郷」を主事するので、また天干が地支蔵を開鍵して「乾坤清夷」と見做す故に、みな一品級の官禄であり己主は辺境で戦功するなどで優れた富裕を享益するだろう。

また張光遠氏（王公次官）は、月柱が癸未干支で同義ではなく食神格局を肯首し、ただ建禄かつ身旺としてもっとも貴相なのである。

そこで生月秋冬季をテーマとせず、王公がこれを領得する故に、功名がはなはだ遠方に轟くが、そこで張光遠氏は善く詩訣を学究し、またハンサムなのである。

【紅鸞天印】

丙干は戊干かつ戊戌干支を領得して食神と称し、また辛干は癸干かつ癸丑干支を領得して食神と称するが、壬干が甲辰干支を領得し乙干が丁未干支を領得し、日時柱に相得して己主は富貴なのである。

【墨池涌泉】

また辛巳干支が癸巳干支癸亥干支を領得するケースでは、たとえば陳氏（朝議司祭）の辛巳年壬辰月癸巳日癸亥時の命局を肯定してこのケースを推究し、丙寅干支は戊寅干支を渇望し、戊申干支は庚申干支を渇望し、己巳干支は辛亥干支を渇望し、庚午干支は壬申干支を渇望し、甲戌干支は丙寅干支を渇望し、壬辰干支は甲申干支を渇望するケースとはみなこの格局に同義であり、また己主は文彰貴顕なのである。

【専印合禄】

「経典」にいう—

すなわち六癸日干の時柱申支では、暗に合絆して刑衝を憂悩するが明見して衝揺を畏れて、まさしく現朝廷の門扉に趨勢するとし、印星合禄の宮位がテーマなのである。

そこで癸日干が時柱庚申干支を附帯して庚干と戊干が同宮し、巳支蔵の戊土と暗合絆するのである。

癸日干が官星を領得して、庚干は乙木を暗合絆し癸日干の食神とするので、丙戊干が同宮して癸干の財星と見做すのである。

三奇が全備して己干巳午支を忌み、また丙干は庚干を衝剋し、寅支と申支が衝剋してすなわち数象が逓減するのは、運歳のケースもまた同義なのである。

また運歳の身旺かつ旺印かつ金水旺気を巡って、有益であり大発揚するが火郷エリアへ赴くのを忌み、格局が作用して損壊しなければ朝廷官吏かつ宰輔大臣の命局であり、たとえば胡懋功氏（辺境統軍吏）の、丁酉年甲辰月癸酉日庚申時の命局がこの格局なのである。

〔歌訣〕

印星がテーマで、癸日干を附帯するときは、
そこで庚申干支が、巳宮に暗合するとき、
そこで財星と官星とが隠在しており、
運歳で禄支に巡って、発動するのである。

〔歌訣〕
時柱庚申干支で、生日癸干のケースでは、
これを官星佩印のテーマと見做すので、
そこで官殺に巡らずに、丙火が存在しなければ、
印星を帯び、運歳の食神で功名が顕われるだろう。
〔歌訣〕
生日癸干で、時柱が庚申干支のときは、
秋冬季に当令して、富貴の人命であり、
そこで寅支が巡り、貴気を衝揺して不益であり、
もし春夏季に当令して、横禍が惹起するだろう。—

印星合禄のテーマを精査すれば、食神傷官の分析透出ではなくても、食神格局と同格である故にテーマに並見するのである。

論陽刃（前述の羊刃煞は本項を参照するように。）

まず陽とは陰性陽性の「陽」であり、また刃とは刀刃の「刃」であり、すなわち建禄支の次の一位で、主張がその分限を旺越している故に険相なのである。

詳察すれば甲干主が卯支を擁して、卯支蔵に乙木を附帯するが、乙木とは甲木の弟分と見做し、能く甲兄の己財を劫去するのである。

乙干は酉支蔵の辛干官星に衝去されて、その妻君の庚金を合絆するが、その庚干とは甲干の七殺偏官なのであり、劫財が官星を合絆する故に凶揺に至るだろう。

ただ五陽干の甲丙戊庚壬干は陽刃を附帯するが、五陰干の乙丁己辛癸干は支刃が存在しない故に、陽刃と称するのである。

ただ傷官を附帯するときは、陽刃とは凶揺が同義である故に、乙干が丙干を附帯してまた「刃」と称し、そこで丙干はその庚官の傷官で、辛殺を合絆してその乙干を剋傷するところから、陰性金質は陰性木質を剋伐して害毒に至る故に、陽刃と同義の凶意なのである。

また陽刃には三タイプが存在し、まず劫財陽刃で甲干が乙干を附帯し、財星官星の格局に不益なのである。

また護禄陽刃とは甲干が卯支を附帯するケースで、たとえば帰禄格に有益なのである。

また背禄陽刃とは乙丙干併局のケースで、正官を控除して偏官を留位する格局に有益なのである。

『喜忌篇』にいう—

劫財陽刃では切に時柱に附帯して忌むが、運歳で支刃が併臨して窮状が惹起するのである。

単独の陽刃のケースに言及すれば、年月日柱に重複するとき、たとえば甲日干主では時上に乙卯干支を附帯して真刃を肯定し、命局にすでに陽刃を附帯して妻君を剋傷し財気を破耗して、窮状をすでに内包しているのであ

る。

運歳流年でふたたび羊刃に巡るときは併臨と称して、命局に巳酉支を附帯して年歳を剋衝するときや、命局に亥未戌支を附帯して、年歳と合絆するときの陽刃とは凶神殺であり、また年歳も凶星なのである。

そこで年歳が吉星の扶合を領得してすなわち吉兆であり、もし陽刃凶神煞が巡って年歳と衝揺かつ合絆すれば、凶神煞が蝟聚するのでその凶揺は免れ難いのである。

「経典」にいう―

陽刃が年歳と衝揺かつ合絆して、勃然と凶揺が生起するとはこれを称し、そのスパンを詳解する必要があるのである。

そこで原局の厚薄に即応して巡当するが、もし命局が生旺すれば気質の深厚を執事し、また天月二徳の衝揺または赦免の天書で解救するので、浮薄な窮状を抑止して大咎は存在しないのである。

いわば原局に陽刃を附帯して衝揺また合絆して、運歳でふたたび衝揺合絆が併臨して大凶揺なのである。

もし年歳で衝揺合絆して運歳で衝揺合絆せず、また運歳で衝揺合絆して年歳で衝揺合絆しなければ、その凶揺は半減がテーマなのである。

いわば日干に精気が存在せず、時柱に陽刃を附帯して凶意と見做さずに、いわば生日干主のケースで死絶衰病暴敗の当地に臨んで、月令に通根しなければ財星官星の用途に耐久できないのである。

しかし陽刃を附帯して能く劫刃が七殺偏官を化殺し、たとえば兄貴が弱力で財星が重複するときに、弟分が任務を分担してすなわちその財星に耐久して、己主の用途と見做す故に凶意をテーマとしないのである。

さて身弱のときに財星官星を附帯すれば、もとより陽刃が財気を分担して七殺を合絆するのである。

もし食神傷官を附帯して身弱で剋洩して、また陽刃の相扶が有益なのである。

もし印綬を附帯して、すなわち日干に精気が存在しないケースではなく、まず陽刃の不益に言及すれば、身旺で財星の任用に耐久する故に劫奪は不益であり、逆に陽刃が有益であるとは、身弱で財気の任用に耐久しない故に劫奪が不益なのである。

それぞれ取用の意義があり、この陽刃格局は傷官のケースと相似して、およそ命局に帯相して、己主は巨眼虎髭で心性は高剛で、惻隠の恵施の精神など存在せず、剥奪して憐憫のこころなく、多大な持病を附帯して不満足で暴貪し疑心にて進退は孤立し、出生は偏った庶家であり祖家満員で出離して、父君を剋傷して妻女を傷害するだろう。

また命局に三刑か自刑か魁罡を全見すれば、辺境から痕跡を出離してたとえば情誼は存在せず、また旺財が臨んで己主は凶揺なのである。

もし刑衝破害をともに全見してみな支根を領得するケースは、救応の星神を帯びるので貴相はいうまでもない。

いわば陽刃格局は、おおむね財星地が不適宜で衝揺を畏れるのである。たとえば戊日干の陽刃とは午支であり運歳の子支正財を巡って不益であり、壬日干の陽刃とは子支であり運歳の午支正財を巡って不益であり、庚日干の陽刃とは酉支であり運歳の卯支正財を巡って不益であり、ただ甲日干の陽刃とは卯支であり運歳の巳午支または辰戌丑未支財地を巡って支障なく、そこで運歳の酉支が不益なのであり、丙日干の陽刃は午支に存在し運歳の庚辛干申酉丑支の財地を巡って支障なく、運歳の子支が不益なのである。

これは陽刃の財地の所忌を肯首し、戊干の陽刃は午支であり子支を擁して財気と見做し、また壬干の陽刃は子支であり午支を擁して財気と見做し、また庚干の陽刃は酉支であり卯支を擁して財気と見做すケースは、みな財地の衝揺である故に不益なのである。

また甲干の陽刃卯支では戊己干巳午支の財気は不益ではなく、かつ酉支の官星が不益なのである。

また丙干の陽刃午支では庚辛干申酉支の財気は不益ではなく、かつ子支の官星が不益なのであり、おおむね財星が不益と称して、もし干頭に生官する財星が顕出して正規の用星と見做して有益の方途であり、どうして不益を肯首できるだろう。

『心鏡』にいう―

陽刃が重複して財星を附帯すれば、富貴つまり黄金や絹幣が豊富とは、これを称しているのである。

いわば甲戌庚干が陽刃を附帯すれば、衝揺して窮状が発生するのは例験が多いが、逆に壬丙干が陽刃を附帯すれば子午支を衝揺しても、おおむね凶揺が存在しないのはそこで丙干が子支を附帯し、また壬干が午支を附帯してともに正官と見做して、かえって貴気をテーマと為すからである。

いわば甲干は己干を妻財と見做し、命局に卯支乙干を附帯してかえって己土は被傷するので、甲干を資扶できない故に己主は妻子を瑕疵するのである。

また運歳で、劫刃の旺相に臨んで契当のポイントを免れず、たとえば命中に庚辛干申酉支を附帯するときに、庚干は能く乙干を妻財と見做してすなわち一族が成立し、甲干の七殺偏官とは見做さないのである。

そこで辛干は甲干を輔佐して貴相と見做し、能く乙干合殺を剋破するので、かえって凶意は吉兆に好転するのである。

「経典」にいう—

甲干は乙干を妹と見做し庚干を妻君と見做して、凶意は吉兆へ好転するのを肯首し、他干種も例推するのである。

いわば六甲日が、乙卯干支を附帯して凶兆であるが辛卯干支は吉兆であり、また甲申干支丁卯干支は陽刃と見做さず、申支蔵に庚干を附帯し卯支蔵の乙木を財気と見做して合絆するのである。

もし財気を擁して透出すればまた凶兆と為し、丁火傷官や乙木が財気を伐ち、運歳で併臨して窮状は免れないだろう。

また乙酉日主が、時柱庚辰干支を附帯して陽刃ではなく、乙干庚干を搭載する酉支蔵の辛金が、辰支蔵の乙木を制剋するのである。

また丙子日柱が、時柱甲午干支を附帯して陽刃ではなく、子支蔵の癸水が午支蔵の丁火を制剋するのである。

また丁亥日柱が、時柱丁未干支を附帯して陽刃ではなく、亥支蔵の壬水が丁火を合絆するからである。

また庚午日柱が、時柱乙酉干支を附帯して陽刃ではなく、午支蔵の丁火が辛金を制剋するからである。

また壬午日柱が、時柱庚子干支を附帯して陽刃ではなく、午支蔵の己土が癸水を制剋するからである。

また辛巳日柱が、時柱戊戌干支を附帯して陽刃ではなく、巳支蔵の丙火が辛金を合絆するからである。

また癸巳日柱が、時柱癸丑干支を附帯して陽刃ではなく、巳支蔵の戊土が癸水を合絆するからである。

以上の日柱の諸説では巡相するケースでは、刑衝破害を附帯して不適宜だが、附帯しなければ好命と断定するのである。

いわば陽刃とは天上における凶星であり、人間界における悪煞として偏官佩印（綬）を有益とし、変冲かつ戻支や魁罡や三合会局が不益なのである。

おおむね偏官七殺と相似する故に、陽刃とは七殺偏官を附帯して有益であり、七殺偏官は陽刃を附帯して有益であり、双方ともに制伏が互相して凶意でもあるが、なお正官佩印（綬）が有益なのは、善種の合絆を福分と見做すからである。

「経典」にいう—

陽刃が存在しなければ顕表せず、陽刃は偏官が存在しなければ権威せず、偏官陽刃とも全備すれば普通人ではなく、さらに身旺で傷官を附帯せずに好作用と見做すのである。

もし命局に偏官陽刃を附帯して運歳でまた巡るか、また陽刃が存在して偏官がなければ、運歳の旺殺郷エリアに巡り窮状が発生するのである。

たとえば命局に陽刃を附帯し、印星が存在して偏官がなければ、運歳で偏官に巡ってかえって好転して厚福を成為するだろう。

もし命局に陽刃偏官が存在せずに財星官星を領得して、また運歳で陽刃偏官に巡り、己主は生来から蹇滞して財気が原因で争奪し、兄弟は別居して妻妾とは離別するだろう。

もし原局に陽刃が存在せず、行運で陽刃に巡っても支障はないが、また己主は妻女を傷剋するが、逆に原局に陽刃が存在すれば、運歳での重見は不適宜なのである。

および傷官佩財の当地で、原局に傷官佩財して重見すれば、その窮状はきわめて重篤であり、身弱ならばもっとも凶意であろう。

またいわば日刃とは戊午干支丙午干支壬子干支の三日のことであり、陽刃のケースと同じ法則なのである。

「経典」にいう―

胡馬が単騎で横臥し、また家賊が空房を管理するように、男命は妻女を妨傷して女命は亭主を妨傷するのは、この三日のケースなのである。

そこで刑衝破害や三合会局や六合は有益ではなく、偏官を擁して制御する必要があり、ふたたび官星印星の郷エリアを巡り、すなわち好命と見做すのである。

「賦」にいう―

日刃とは衝揺や合絆が大忌であり官殺を併擁して有益だが、合絆や刑衝して凶揺であり、印星に巡って吉兆なのである。

そこで偏官を擁して陽刃が存在しなければ勇敢だが権威が存在せず、逆に陽刃が存在して偏官が存在しなければ濁事を造作して顕出せず、原局に偏官がなく七殺に巡れば、窮状に畏縮して侵相して失効するだろう。

また陽刃を擁して陽刃に巡れば、危難を忌み侵犯の相であり、陽刃が派生して己身は卒するだろう。

そこで当年の吉福の推究は難義であり、財気が旺じて官星が損傷すれば当年は成果なく、凶揺と断定するのである。

また戊午日主で年月柱に火質が重複すれば、すなわち印綬がテーマなのである。

また壬子日主で月時柱に子支が重複すれば、すなわち「飛天禄馬」がテーマなのである。

また丙午日主で午支が重複すれば、また「倒衝禄馬」がテーマなのである。

そこで財星官星の格局を取用する故に、日刃を大凶とは見做さず、この格局のポイントは月令なのである。

もし月令が財官星印綬に該当するか、また他格局かまた従象すれば、他格局と判断して陽刃をポイントに肯定しないのである。

自刃とは癸丑干支丁未干支己未干支の三日のケースであり、坐下の比肩羊刃が搭載すると見做すのである。

飛刃とは丙子干支丁丑干支戊子干支己丑干支の四日のケースであり、坐下の羊刃を冲出して搭載して、その喜忌とは前述の日刃とだいたい同義なのである。


そこでは年上の陽刃と時上の陽刃がもっとも重度なのであり、年上のケースでは祖基が破綻して父母の家統を継承せず、恒常的に恩義を施してもかえって怨恨するだろう。

時上のケースでは己主は、妻子を剋傷して晩年期に結果が出ず、命局にふたたび巡って手脚碍するのである。

そこで月上のケースと日上のケースは、やや軽度なのである。

命局で日月柱に財星を重複し、附帯すれば日干は衰弱するので、陽刃を附帯して無害と為るのである。

また月柱に偏官を附帯するときに時柱に陽刃を附帯して、日主に精気を擁して大貴相であり、そこでたとえば月令陽刃で時上に軽微な官星を附帯し、制御の力量はなくまた凶揺なのである。

おおむね陽刃とは、もっとも命相を改造するのですでに好命を肯首し、かえって劫財陽刃を附帯して常規を精査して、また当人は福分を発揚すべきなのである。

のちに運歳で巡って併臨するか、また刑衝や合絆の位相が存在して、旧法に準拠して凶揺を帯びるのである。

陽刃格局とは「自性的な福分かつ自性的な凶揺」なので、それぞれ両者は容相しないのである。

いわば五陰干が五陽干を附帯して敗地と見做し、妻女を剋傷しなくてもまた己主の財帛は減耗し、陰口を私語するか小人物が往来するだろう。

年時柱に官殺を附帯するか、また官殺が搭載するか、また透出してみな吉兆なのである。

また身弱のケースに官殺を附帯して、敗財を擁して刑衝を被りまた吉兆であり、身弱では運歳の官殺財星を支障と見做すのである。

もし原局に官殺が存在せず、運歳でふたたび衰敗地に巡れば、財貨が原因で争奪して兄弟は居宅を分隔し、逢瀬すればそこで大吉なのであり、その他の陽刃の判断もこれに同義なのである。

この格局は事を為すに果敢だが仁義を持たず、もし己身が太旺してこれを附帯して、貴相とは見做さず道仏士の命相なのである。

いわば男命が敗財を附帯し、また傷官を擁せばかならず妻子を瑕疵し、女命では亭主を瑕疵するのである。

「賦」にいう―

敗財とは比肩の隠星であり劫奪の星神だが、身弱旺財で巡れば奇瑞と見做し、逆に身旺微財で附帯して凶揺と見做すのである。

そこで財星を擁して、劫財を帯びて運歳の財郷エリアに赴き、みずから成家を肯定するが、逆に財星が存在せず劫財を帯びれば、たとえ運歳の財地でなくとも破耗すると見るべきなのである。

原局の劫財また運歳の劫財に巡り、守途に窮迫して危惧するが、そこで身旺かまた印星を添加して生助すれば、かならず発福して栄華と為るだろう。

いわば陽干が陽干を附帯し、陰干が陰干を附帯して比肩と見做し、また陽干が陰干を附帯し、陰干が陽干を附帯して劫財と見做すが、この二者が敗財なのである。

そこで凶揺と疾性が一者のように、たとえば人命が比肩を重複して劣人飼馬の徴であり、破財殺と称するのである。

もし日主が健旺でも比肩を弱地が搭載すれば、かならず必然的に己身が旺相して兄弟が衰敗するのであり、そこで己身が祖家を領得してそこで兄弟が異居するだろう。

逆に比肩を旺地が搭載し、己身を衰絶の地が搭載して、かえって比助を有益として兄弟は栄華して、己身はかならず艱難しその妻財もまた衰薄するだろう。

そこで年歳で重複して巡れば官星はまた失効し、原局に羊刃を附帯して比肩を擁して窮状が重複するが、原局に比肩が存在せず大運で逢瀬して、また己主は破財して妻女を瑕疵するだろう。

いわば比肩と偏官一星が格局に適うときに、支根を擁して財星と印綬を附帯して凶揺と見做すが、そこで支根がなく傷官偏官を擁し福分と見做すのである。

『獨歩』にいう―

傷官は比肩を不益とせず偏官の併相を要するが、そこで支根が存在しなければ比助が有効だが、身旺のケースではかえって重複を忌むのである。

いわば甲乙干寅卯支生月では、金質の重複はかえって吉昌であり、水質を重見して不適宜だが、そこで火土質とは安康を保持できるだろう。

『相心賦』にいう―

劫財羊刃とは、祖家を出離して外見は謙和で義を尚ぶが、内心は狼貪かつ無知者でありかつ剥奪の意向があり、慈悲恵施の精神は存在しないのである。

『心鏡』にいう―

陽刃が重複して偏官を附帯すれば大貴相で、科挙進士試験に合格できるだろう。

『玄機賦』にいう―

陽刃にはきわめて偏官が有益で、恒常的に凶揺錯を控除することができるのである。

「訣」にいう―

偏官が陽刃と交夾して、兵権を掌事するだろう。

いわば陽刃とは同質の生気であり、外域で権威を保つのであり、そこで生気とはすなわち印綬のことである。

『身命賦』にいう―

陽刃が権威を持てば、かならず国境営塞の軍帥と為るであろう。

『千里馬』にいう―

陽刃に偏官が制御すれば、職掌が瑕疵しても兵権を執事するだろう。

いわば男命が陽刃を附帯すれば、身弱に巡るケースでは奇瑞と見做すのである。

いわば陽刃偏官とは、出仕すれば名声を馳せるだろう。

いわば陽刃が官殺地に赴き、辺境を威武鎮圧するだろう。

『寶鑑賦』にいう―

陽刃が重複して生月が好作用ならば、名利が成就するだろう。

「秘訣」にいう―

陽刃が重複して制伏を擁せば、一生涯は富貴で己身は善き結末であろう。

いわば陽刃に印綬が重複すれば、趙将軍の廉頗氏のように百計の権能を帯びるだろう。

いわば陽刃支の干頭が官星のケースで、月時柱に官星が重複すればかならず顕達するだろう。

たとえば甲干主が、辛卯干支や癸卯干支を附帯するケースなどである。

『通明賦』にいう――

日柱月柱時柱に支刃が併相して、貴星神殺を兼備すれば、富貴にて栄身するのである。

『消息賦』にいう――

些少な利得で誇大な欠損とは、おそらく劫財の当地なのである。

『玉匣賦』にいう――

陽刃が火金質とは、美女が奥悩の末に、高階から投身するようなものである。

いわば陽刃が三四重複すれば、かならず視聴覚碍するだろう。

『三車一覧』にいう――

陽刃とは「針雕面賊」を持つだろう。

『鷲神賦』にいう――

命局に陽刃を全備して、かならず死屍を検分するだろう。

『通明賦』にいう――

印星が両陽刃を生扶して、結局は法抵触を被るであろう。

『定真賦』にいう――

もし陽刃が印綬を附帯すれば、たとえ富裕でも己身は疾患が残るであろう。

『造微論』にいう――

陽刃が鬼殺偏官を附帯すれば、決定的に犯事を重複して左遷されるだろう。

余（原著者）の見処では、羊刃佩殺者はおおむね視碍が多く、たとえば癸酉年戊午月戊寅日癸丑時や丙寅年庚寅月丙午日乙未時や丁卯年癸卯月甲子日乙亥時の三命局は、みな視覚碍的なのである。

〔古歌訣〕
陽刃が時柱に存在して、凶意と見做さずに、
己身が軽微で、かえって生助に相当し、
ただ年月柱に、重複相見して忌み、
生時柱を怒宮の造作と、見做してはならない。

〔歌訣〕
陽刃は、運歳との衝揺合絆を忌み、
流年で逢瀬して、己主の被災と見做し、
たとえば三刑七殺が交夾するようなときは、
かならず決定的に、閻魔様に吊呈されるであろう。

〔歌訣〕
時柱が陽刃に相当すれば、偏官が有益であり、
もし財星を附帯して、百端の窮状なので、
運歳との「衝相と合相」を併見して、
凶揺が勃興して、門扉へと到達するだろう。

〔歌訣〕
陽刃が重複して合絆し、傷官を帯びれば、
己主の心性気質は、強高であり、
刑衝が重複して、窮状が多く、
制伏の方途を擁し、能く吉昌を保つだろう。

〔歌訣〕
陽刃が偏官を附帯して、官地を渇望し、
ただ禄支の刑衝を、畏れて不昌と見做し、
会合かつさらに、財星を帯びて旺運に際会し、
災禍に防備しても、己身に波及するだろう。

〔歌訣〕
比肩陽刃格局とは、非常規であり、
官星の附帯か、偏官の当地に巡るのを要し、
もし命局に、官殺が制御しなければ、
ふたたび比劫運に巡り、窮状に巡当するだろう。

〔歌訣〕
劫財陽刃格局とは、親近するに耐久しかねるが、
命局に財星が存在せず、一生窮状し、
宗旨に帰崇するが、還俗の客と為り、

さもなくば疾患を残し、瑕疵するだろう。
〔歌訣〕
日干を、年月が搭載して旺盛ならば、
身旺かつ禄支で、財星官星が作用せず、
どうして劫刃の併擁に、耐久できるだろう、
そこで百般の巧機も、翻成して稚拙なのである。
〔歌訣〕
日干が極旺して、依倚が存在しなければ、
かえって運歳で、財地に巡って有益であり、
命局に財星を擁して、財運にて発財し、
原局に財星がなく、財星が巡って非長寿であろう。
〔歌訣〕
財星が軽微で、陽刃が剛強のときに、
運歳の身旺に巡り、とても不祥事であり、
鳳鸞すら寡孤として、寒夜を怨恨し、
妻女をなおざりに、二三掌打するだろう。
〔歌訣〕
命局の精気が旺じて、日干が強く、
命局に、財星が存在せず剋傷を被り、
空亡かつ華蓋の位相を、重複侵犯すれば、
僧形が帯冠して、遺皇を礼拝するのである。
〔歌訣〕
陽刃が偏官を併擁して、運歳の官地に巡り、
破害かつ刑衝すれば、異常に貴顕するが、
切に合絆を忌み、財星の旺地に巡り、
かならず窮状に遭い、かえって法抵触だろう。
〔歌訣〕
日柱の陽刃には、偏官が巡って適宜であり、
運歳の財郷にて転更し、かならず貴相が転遷し、
刑害が全備して、吉郷と見做すのだが、

そこで財星の会合とは、窮状のタイミングを肯首する。
〔歌訣〕
戊己干主が、生月午支に当令するときに、
たちまち陽刃を附帯して、有頂天と為り、
金質重複かつ水質を擁し、貴相の方途を為し、
そこで火質の重複とは、比劫の附帯と同義である。
〔歌訣〕
木気春令、火気夏令で、時柱が旺相するとは、
金気秋令、水気冬令で、ポピュラーに同義であり、
そこで陽刃が、天干に透出して不適宜であるが、
運歳で巡相して、事態は凶揺なのである。
〔歌訣〕
丙丁干の木火支根とは、羊刃根を肯首し、
運期が到来して、名利が江湖の真実と為り、
そこで旺官が、寅午戌支を巡って有益であり、
官星が存在せず、かえって申子辰支を要するのだ。
〔歌訣〕
庚辛干が、生月酉支で生旺が重複し、
成器が火煉する方途を除外せずに、
運歳の東南地に巡り、財利名利が発揚し、
逆に西北地に巡相し、そこで窮状を迎容するのだ。
〔歌訣〕
水気は冬季に帰旺して、もとより憂悩せず、
印星が透出して官星を支蔵し、利禄が周游とし、
順逆に分岐せずとも、還た富貴と為り、
還た刑衝破耗して、月令の休囚であろう。
〔歌訣〕
旺水かつ亥子支に、生宮するときには、
水気が過多し火気が微勢で、格局は濁り、
火土気かつ財官星が、重複して旺地を巡り、

運歳の西方位に到りて、凶揺するだろう。
〔歌訣〕
日刃とは、還た羊刃のようで同義であり、
そこで官殺の支根に巡って有益なので、
運歳で、もし傷官陽刃が存在しなければ、
地支が刑衝して、武功を確立するだろう。
〔歌訣〕
壬子干支が休囚して、午宮が巡るときは、
午宮かつ子支の、巡衝を畏れるので、
丙干を午支が搭載して、休囚が重複し、
そこで己身が会合し、事態は凶変するだろう。
〔歌訣〕
羊刃とは、つねに建禄支のさきに位相するが、
剛毅果断で、慈悲些少の性分であり、
そこで会合して不適宜であり、巡到に備え、
もし財星を附帯し、かならず窮状纏身するだろう。
〔歌訣〕
正官偏官を擁して、名利は顕達し、
そこで衝破が存在せず、爵禄が栄転し、
さらに刑衝と魁罡を、併見して添加すれば、
辺境から征軍して、重権を掌事するだろう。
〔歌訣〕
火気質とは、重複して巡るのを畏れるが、
北方水地を有益として功績を為し、
そこで必然的に、水質を附帯して適宜であり、
なお月令を、対衝することを畏れるのである。—

命局の壬申年壬子月戊午日乙卯時では、陽刃が搭載して、二壬干を申子支が搭載して旺財が重複するが、子午支は沖衝するが申子支会合して午支は衝せずに、官星が陽刃を制伏するので、ただ財官格局と見做す故に大貴相なのである。

一命局の丙戌年癸巳月戊子日丁巳時の命局では、戊日干が巳支に帰禄して午支とは陽刃だがその故に禄支を護衛し、また印綬が陽刃を化す故に貴相なのである。

論建禄（本項は前述のテーマの「禄」を同じく参照されたし。）

建禄とはすなわち甲日干で生月寅支かつ乙日干で生月卯支で、命局の建禄支の位相なのである。

甲干は金質を官星と見做すが、庚金を寅支に搭載して絶符し、土質の用途にして財星と見做して、用土が寅支に巡って敗疾するのであり、そこで身旺で太旺して財星と官星を併得しないのである。

もし財星官星が存在せず取用を肯首するときには、ふたたび劫奪に巡相してすでに馬支は相扶せず禄支はまた相扶せず、おおむね己主は窮状なのである。

そこで偏官偏財また食神を附帯するタイミングが適宜であり、さらに年時干頭に併透するとき取用するが、もし財星官星を略見するだけならば、かえって争奪して不吉なのである。

およそ命局で月令が建禄のケースでは家統の招致は難儀で、かならず己主は日頃に財星を附帯しても蓄財せず、かえって一病息災なのである。

行運でふたたび比肩に巡り、妻女を剋傷して父君を妨害して子息を損失し、また官星を否定して財星を破耗して、また妻女や財帛の争奪の原因なのである。

たとえば命局に財星官星を帯びるか巡れば、旺地を領得して官星を生助するので、運歳で官星の精気の当地に臨んでまた貴相なのである。

また財星が幇助すれば運歳の旺財の当地でまた富裕なのであり、財星官星が併旺すればすなわち富貴の命局なのである。

もし時柱が財星庫地に該当して運歳の財郷エリアに巡り、かならず己主は晩年期は大富裕であり、年上の財星官星が相助すればかならず祖蔭を享受するだろう。

もし原局に財星官星が存在しなければ、たとえ運歳の財星官星に巡って、また虚果に留まるだけなのであり、命局に財星官星が存在せず運歳で比肩に巡れば、一生は窮状するのである。

「賦」にいう――

支根が干主に先立って存在すれば、果実は開花ののちであるとは、いわば先立って支根がありしかる後に苗長するか、つまり開花がありしかる後に結果するのである。

もし原局に財星官星が存在しなければ吉運で、財星官星に巡っても福分の発揚は些少だろう。

たとえば甲日干で生月寅支で、命局で乙干卯未支を複擁すれば、己主には祖家の資財は充当せず、妻女を傷剋して一生は窮状し、虚詐を造作してとても盆暗と為るだろう。

乙日干で生月卯支で、命局に庚辛干巳酉丑申支もしくは戊己干巳午辰戌支などを附帯して、財星官星を複擁してすなわち貴相なのである。

そこで壬癸干申子辰亥水支印星局すればまた佳質なのであり、さらに運歳で巡ってもっとも好作用なのである。

もし命局に財星官星印星食神を附帯しなければ、前述と同義に判断するのである。

丙日干で生月巳支で命局に金水気が成局して、運歳の旺官の当地に巡りまた己主は富貴なのである。

丁日干で生月午支で命局に金水気が衰敗絶符して、財星官星ともに背理すれば、順運には妻女を剋傷し、また逆運には三妻妾を損剋するだろう。

もし命局に庚辛壬癸干巳酉丑申子辰支を附帯して、運歳の財星官星の旺地に臨んでまた発揚するのである。

そこで偏官また印星が作用すればおおむね貴相と見做すが、もし建禄支に留まればまた前述と同義に判断するのである。

戊日干で生月巳支で命局に水質が存在しなければ、己主は妻女を損剋して家統は存在せず、不肖の子息を複擁するのである。

命局に官星を多く擁してすなわち吉兆であり、たとえば偏官を附帯して己主は尊貴と見做すのである。

もし年月柱に火質を複擁すれば、かえって印綬を成為するので、財星官星が存在しなくても己主は吉兆なのである。

もし命局に壬癸干亥申子辰支の水局会成して擁せば、子息は晩年期に一二子息であろう。

また命局に甲乙干寅卯亥未支の木局を会成して、運歳の財星官星の旺地に巡ってまた発揚するのである。

己日干で生月午支で壬水が財星だが、午月は水気が休囚するので祖財が存在せず、妻女を損剋して子息も少数だろう。

そこで甲干寅支が年時柱に透出して正官と見做すが、午月は甲干が死符するので官星はかならず軽微であり、そこで乙干亥卯未支を附帯して有益なので、また身旺で官殺を附帯して好作用と見做して偏財は美観なのである。

庚日干で生月申支で上旬降誕では、乙質余気に近付するので祖財はほぼ存在しないが、節気で木質絶符の郷地だが、なお三四分の庫財を擁して福分と見做すのである。

そこで運歳の丙戌干支に至り財気が耗尽するが、もし年日時柱に財星を複擁すれば好命と見做すのである。

命局に丙丁干巳午寅戌支の火局会成してすなわち官星を擁して、そこで七殺が正官に好転するが、官星が軽微で清顕せず壬癸干亥子支を畏れるのは、官星が受剋して成星しないからである。

辛日干で生月酉支では祖財は存在せず、命局に分奪を複擁して窮状で妻女が存在しないか、また妻女を損傷して財帛が存在しないのである。

もし木火気を附帯して生旺すれば富貴に相当し、原局に財星官星が存在せず生扶の当地に巡り、その窮状がもっとも重篤なのである。

また辛酉干支を附帯してすなわち専禄と見做し、さらに財星官星印星食神の星辰を擁して、運歳でふたたび巡ってもっとも好命なのである。

逆運南方地のケースはすなわち吉兆だが、そこで順運北方地のケースは百事ともに成立しないだろう。

もし辛卯日主辛未日主のケースでは、己身を財星が搭載するので衣食爵禄を許容して、また辛巳日主では貴相を擁し官級爵禄は軽微なのである。

壬日干で生月亥支や癸日干で生月子支ではともに祖業は存在せず、命局に火土質を複擁して己主は官星を擁してみずから成立するが、そこで水質を複擁して氾濫して成立せず、妻女を剋傷して窮状なのである。

甲日干で生月寅支ならば、時柱壬申干支が適宜であり、
乙日干で生月卯支ならば、時柱辛巳干支が適宜であり、
丙日干で生月巳支ならば、時柱己亥干支が適宜であり、
丁日干で生月午支ならば、時柱庚子干支が適宜であり、
戊日干で生月巳支ならば、時柱甲寅干支が適宜であり、
己日干で生月午支ならば、時柱乙丑干支が適宜であり、
庚日干で生月申支ならば、時柱丙戌干支が適宜であり、
辛日干で生月酉支ならば、時柱丁酉干支が適宜であり、
壬日干で生月亥支ならば、時柱戊申干支が適宜であり、
癸日干で生月子支ならば、時柱己未干支が適宜なのである。

ここで偏官を附帯して貴相に取用するがそこで過多するのは肯首できず、運歳でふたたび偏官の当地に巡り己主は非長寿なのである。

一命局の丙戌年丁酉月辛酉日乙未時の命局では、月令が建禄支で日主専禄を肯首し、寿命は四十八歳に留まるであろう。

大運の壬寅干支かつ年歳の壬申干支に卒したのは、運歳が冲衝してかつ傷官偏官が際会して、建禄に財星官星が作用して、丙火が剋去する故に非長寿なのである。

『獨歩』にいう―

月令建禄のケースの多くは祖家が存在せず、財官一星を附帯して、自然と福分が成立するのである。

いわば建禄が生月令に該当し、財星官星が天干に透出して有益だが、ふたたび旺身して不適宜であり、ただ財星の昌々を有益と見做すのである。

『百章歌訣』

月令の建禄支とは、何を取用するかとは、
年時柱に、多く透出するならば、
命局の六格局は、おのずと光明が耀き、
月令に拘泥しなければ、かえって喜悦するだろう。

〔歌訣〕

癸干は、生月冬季で子禄に位相し、
天干に財星官星が透干し、もっとも有益であり、

たとえば火土運を巡り、財帛爵禄が勃興し、
旺水が、原局の貴相の阻堤を、衝破するのだ。

『明通賦』にいう――

建禄や禄支に搭載するか、禄位に位相して、
財星官星印綬の一星に巡り、長年の富貴だろう。

諸説を併合して概観すれば、子平の建禄のテーマと古人の建禄のテーマと、その取用が同義ではないのである。

余（原著者）が陽刃や比肩や敗財や建禄を精査したところ、名称ともに同義ではないが、質実では通変星は同気の星辰なのである。

そこで地支に存在して「刃」と称し「禄」と称し、また天干に存在して「比」と称し「劫」と称し、その取用のおおむねは同相なのである。

その故に建禄は陽刃を継承し、建禄は旧体として格局としないが、窺察して月支に取用の格局を肯首しないのである。

そこで天干に、財星官星の貴気を附帯する故に建禄を取用するのであり、もし比肩劫財干頭のケースでは、その意義を殊特に発揚するだけなのである。

巻六

雑取各格

庚日干が潤下全局を附帯するときには、丙丁干巳午支の方途を不益とし、時柱に子申支を擁すればその福分は半減するだろう。

この格局は庚申日庚子日庚辰日の三日干支であり、地支に三合会局を併相して天干に三庚干が透出すれば、すなわち全備すると見做して潤下を附帯するのである。

庚干は丁干の用途を正官と見做し、そこで申子辰支が寅午戌支火局を衝撃するのである。

【井欄斜叉】

『喜忌篇』にいう―

庚日干は官星を領得して貴相と見做すが、そこで丙丁干とはすなわち官殺の顕出であり、また巳午支とは質実の涌井なので、時柱に丙子干支を附帯して時上偏官と見做し、また甲申干支を日禄が時柱に帰するタイミングで、格局の成立は難義である故に福気は不全で半減するのである。

また井欄斜叉とはすなわち「井口」と称してまた潤下とは水性であり、井中に滞溜する故に人々を済性し、午未支に巡って填実を復すると見做すのである。

そこで水質とは土質を雑気と見做し、すなわち人々を済性する効能は存在せず、もし月支が寅午戌支のケースでは衝壊するので、水質と火質とが衝揺してかえって凶揺を被るのである。

もし天干に壬癸干が透出すれば、すなわち申子辰支に支根して傷官と見做すので、寅午戌支火勢を控除し戊己干が水局を傷剋して、寅午戌支火合貴局を衝揺できず、すなわち数象が逓減するのは運歳のケースもまた同義なのである。

この格局は命局に一点も火気が存在せず、生月秋冬季で合局と見做し、そこで戊辰干支戊子干支を擁して支障は存在しないのである。

もし庚子干支が子支のタイミングを複擁して、ただ「飛天禄馬」のテーマを造作するのである。

そこで生月辰支に当令すれば印綬がテーマであり、生月子支に当令すれば傷官がテーマとなるので、通変星のなりゆきとすべきで果たしてこの格局に当格して、己主は清貴の奇瑞だがただとても富裕ではないだろう。

運歳の東方財地や北方傷官の当地を有益とするが、南方火土地エリアが不益で西方金地エリアは平庸なのである。

たとえば王氏（軍事官吏）は、庚子年庚辰月庚申日丁丑時の命局で、丁卯年歳の戌支のタイミングで軍事次官を拝命したのである。

また科挙進士試験首席の尹鳳武氏（辺境統軍吏）は、癸未年庚申月庚申日庚辰時の命局で、運歳の東方地に巡るとき官級を顕彰し、すなわち当純粋格局者である。

「賦」にいう―

井欄潤下格局では三庚干が好作用であり、財星印星が有益で午火宮位が不益だが、寅支が添加して有益で質実に充て、すなわち富貴にして栄華であり陽刃を附帯すれば、すなわち千騎軍勢を管掌するのが当説の詳解なのである。

庚干はそこで土質を印星と見做し、土質は能く質実の涌井として、そこで寅支は能く申支を衝揺して用神を損傷するので、どうして貴相と見做すか試みに思案されたし。

〔詩訣〕

庚日干が、申子辰支を全備するときには、
井欄斜叉とし、群徒に抜きん出て出世するだろう。
そこで丙丁干寅午支が、全く透出しなければ、
決定的に清相、かつ朝廷の富貴者なのである。

〔詩訣〕

井欄斜叉とは、庚日干で申子辰支のケースであり、
そこで庚干を複擁し、始めて格局が完成するので、
寅午戌支が格局を、衝破するのをとても畏れるが、
そこで丙干が透出して、情誼が存在しないだろう。

〔詩訣〕
井欄斜叉とは、運歳の東方地を有益と為し、
財郷エリアに巡到して、富貴は真実と為り、
運歳の、丙丁干巳午支に巡るときに、
爵禄財帛を、失効するのを畏れるのである。

〔詩訣〕
甲子辰支が全局して、庚日干を搭載すれば、
井欄斜叉格局とは、官星が制伏するので、
命局に火質が、存在しない方途を貴相と見做し、
月令を衝揺して、凶揺がすでに臨むのである。

〔詩訣〕
三庚干が生扶に巡り、気の更新が有益なので、
潤下格局、井欄斜叉格が全備して真実と為れば、
金質の精気は、寅午戌支を附帯するのを畏れるが、
水気に偏して秀と為し、申子辰支が適宜なのである。

〔詩訣〕
傷官貴相を複擁して、壬癸干を附帯すれば、
官星の透出か休囚ともに、丙丁干が臨むときは、
おおむね運歳の東方地を、巡って美観であり、
栄華の一世にして、窮状を被ることはないだろう。

【壬騎龍背】

『喜忌篇』にいう――

陽干壬水を辰支位が併擁搭載すれば壬騎龍背の当地であり、この格局とは壬日干を辰支が搭載するケースなのである。

壬干は丁干を正財と見做して己干を正官と見做すが、壬干は辰支に作用して戊支蔵の丁戊干を暗衝するのである。

壬日干が財星官星の貴相を領得して、命局に辰支を併相して能く衝起の方途と為り、ふたたび一寅支を領得すれば財星官星と帯合して好作用なのである。

そこで財星官星が透出しなければ不適宜であり、運歳で身旺か傷官食神に巡って有益だが、南方財星官星の当地に巡って不適宜なのである。

命局に丁干巳午戌支を擁すれば、財星官星の作用がテーマなのである。

もし壬日干を寅支が搭載して命局に辰支を併相し、またこの格局を取用するのである。

そこで壬干は甲干を食神と見做し、甲干は己干を合絆して壬干の正官と見做し、甲干は丁干を生扶して壬干の正財と見做すのである。

また辰支は能く戌支を衝揺するので、寅支が合絆することで貴相と見做すのである。

もし壬辰日主で年月時柱に、寅午支火局が全併し財星は生旺の得地なのだが、財星の複擁は清澄ではなくただ富裕の命相なのである。

いわば壬辰日で取用の辰支を複擁して、暗に戌支蔵の火土金質を衝起するので、財星官星印星の三奇と見做すのである。

もし三辰一寅支のケースでは、貴気の衝合と見做して有力であり、また壬辰日で年月時柱全寅支ならば力量は軽微なので、かえって寅支蔵の甲木を用途として、食神生財と見做す故に己主は富裕の命相なのである。

命局に丑未支を附帯して貴相と見做すが、己土正官戊土偏官をとても畏れるが、そこで乙干傷官丁干合絆は当格局せず、たとえ辰支を複擁してもまた数象が逓減して、運歳の亥子支を不益と為すのである。

いわば壬辰日を魁罡日と見做し、身旺が適宜で財星官星を附帯するのを畏れるが、その休否とは運歳で参詳されたし。

もし命局に申子支を全併すれば潤下格局がテーマに相当し、運歳の戊己干辰戌支が衝揺し年歳で併臨して吉意がかえって凶変するので、「騎龍走衝」と見做して格局は不成立なのである。

一命局の、己丑年戊辰月壬辰日庚子時の命局では、甲子干支のタイミングで科挙人試験に合格したものの戊辰年乙卯月に逝去したのは、まさしく己干官殺の太旺で壬干を剋伐凶変したからなのである。

『獨歩』にいう――

壬騎龍背格とは戌支を附帯して情義がなく、寅支を併相してすなわち富裕であり、辰支を併相してすなわち栄昌するのである。

『景鑑賦』にいう――
壬騎龍背格では寅辰二支が好相であり、戊己干巳午支が支障で不益なのである。
そこで寅支を併帯し銭貨に充ちて穀糧が腐敗し、純粋命相では名声が朝廷にまで伝播するだろう。
『相心賦』にいう――
壬騎龍背格とは丁干に巡って衝破するので、申支根の比助を渇望するのである。
『妖祥賦』にいう――
壬水が辰支に巡って戊己干を附帯すれば、窮状に臨んで忌避し難いのである。
『千里馬』にいう――
日時柱の壬干を寅辰支が重複して搭載すれば、節操を高持して恩寵を賜り、臺閣に登壇するだろう。
『寶鑑賦』にいう――
晋官石崇氏のような富豪とは、命局に寅支を重複することである。
「秘訣」にいう――
壬騎龍背格局とは五行が偏っており、寅辰支が有益なのである。
〔詩訣〕
壬辰日の降誕とは、騎龍と称号し、
官星を冲出して、対衝支に存在し、
命局に、辰支が併相して官爵が顕表し、
寅支を複擁し、かえって富豪長者となるだろう。
〔詩訣〕
壬水を併擁して、辰支を併相するときは、
壬騎龍背格として、とても貴相であり、
命局に、寅辰支を併擁するときには、
富貴ともに双全し、朝廷の堂閣に所在するだろう。
〔詩訣〕
壬騎龍背とは、とても喜悦するのであり、
辰寅支を併擁して、発揚に好転し、
官星が巡りて破格し、とても不益であり、
そこで刑災を附帯し、寿元の瑕疵なのである。
〔詩訣〕
壬寅日主とは、壬辰日主に比して不及であり、
命局に、壬辰干支を重複することを要し、
そこで辰支を併相して、官職は重責であり、
また寅支の重複は、石崇氏の富裕に比せられるだろう。
〔詩訣〕
壬騎龍背格とは、とても喜悦であり、
壬水が重複して、鄭重に国責を纏身し、
辰支が戌支を衝揺して、秀気を為し、
戌支が午支に巡れば、官郷へ到達するだろう。
〔詩訣〕
辰支を重複して、官位爵禄を拝領し、
寅支を重複して、宝庫は満載し、
干頭蔵干や三合会局が、全備するときは、
富貴双全として、とても常軌を逸する程である。
「鷓鴣天」
壬水が辰支を重複し、もっとも吉祥であり、
命局に戊己干が存在せずに、朝廷堂閣に鎮座し、
辰戌冲衝支に、財官貴星を内包するときに、
命局に寅支が合絆し、旺強の方途なのである。
〔詩訣〕
燭台下の貴書簡とし、秀麗な文章を拝受するだろう。
四海は清澄して、また辺境も鎮静するだろう。
衆人は尊賢の容相で、また天徳を修養し、
威名が烈々として、八方に伝播するだろう。――
たとえば孫丕揚氏（大目付）は、壬辰年甲辰月壬寅日庚子時の命局でこの格局なのである。

【子遥巳禄】

『喜忌篇』にいう―

　甲子日主がふたたび時柱子支を併相するときには、庚辛干申酉丑支を畏れるのである。

　この格局とは日柱甲子干支時柱甲子干支だが、甲干は辛干を正官と見做すが、二子支蔵の癸水が能く巳支蔵の戊土を遥合絆して、戊干が巡って癸干に合絆するので、子支搭載の甲木の制剋を畏怖して敢えて合来しないのである。

　また戊干と丙干とは、巳支蔵で同宮するので丙戊干を父子と見做し、戊干が作動すればまた丙干も作動するとし、丙干はかえって酉支蔵の辛干と相合して、そこで甲木を遥撃するのである。

　そこで甲日干は官星を領得し、戊干は癸合の方途を領得することで、巳酉丑三合会局として官星金局を会起するが、年月柱で午子支が冲衝するときや、丑支が子支と合絆するのをとても畏れて遥合を肯定しないのである。

　いわば甲干を身主と見做すときに巳支蔵の戊土を衝出し、また用途の子支蔵の癸水が巳支蔵の丙火を衝出するとき、戊干はすでに衝出を被りかえって癸合絆するが、丙干は衝出を被っても配当なく、そこで資訊して酉支蔵の辛金と相合して、そこで甲日主は財官双美を領得するのである。

　いわばこの格局は、二子支蔵の癸水が巳支蔵の戊土と進合絆して、甲干の財星と見做すのである。

　そこで丙干と戊干とは巳支が同じく禄支に該当するが、丙干とは甲干の食神でありまた戊干とは丙干の食神なので、戊干が作動すればまた丙干も作動するのである。

　また丙干は子支戊干を附帯して、癸妻との貪合で印綬と見做し、丙干はかえって辛金を合起して、甲干の正官と見做すのである。

　たとえば旦那に子息がおり、当人を継承して伝家するところから、父子の尊貴が成立するのである。

　そこで生月壬癸干亥子支での旺印星を有益として、また生月寅卯支が身旺であるので旺官エリアを巡って、かならず己主は科挙試験に合格してその食客爵禄とは、権威なれば貴顕して濁気なれば富裕なのである。

　そこで庚辛丙干の透出が不益であるので申酉巳支で破格するが、また制伏や合化してまた害と見做さず命局に丑午支が絆衝して、すなわちその数象が逓減するのは運歳のケースもまた同義なのである。

　もし生月酉丑支ではただ正官格局を取用し、一庚干が透出してまた己主は富貴なのである。

　そこで全月の月令が何星か、また官殺佩印の生助を肯定して、もし当格局が成立して不益であり、運歳の南方エリアをもっとも畏れるのである。

　たとえば樊繼祖氏（長官）は、庚子年己卯月甲子日甲子時の命局で、この真実の格局なのである。

「経典」にいう―

甲子干支が合禄を附帯すれば、終身ともに充足して富裕なのである。

〔詩訣〕

甲子日主が、甲子時柱を併見するときは、
官位爵禄を遥合し、決定的に貴相であり、
丑午支が絆衝して、官殺が顕出すれば、
そこで福分を禄祥と見做さず、減速するだろう。

〔詩訣〕

甲子干支が、時柱甲子干支を重複するときは、
休囚に言及し、旺官だが適相ではなく、
日主生月ともに、根元が壮気と為れば、
運歳の金郷エリアに巡り、かえって奇瑞を肯定するのだ。

〔詩訣〕

甲子日主で、二時が甲子干支のケースでは、
たちまちに官星を帯び、得知するまでもなく、
癸干が巡り戊干が作動し、戊干が巡り丙干が作動し、
そこで丙干が辛干を生合して、福基を肯定するのだ。

〔詩訣〕

切に、庚辛干申酉支を不益と見做し、
また丑午支の絆衝を、忌むものとし、

命局か運歳で、巡相が顕出すれば、
格局が不成立で、福分の瑕疵なのである。

〔詩訣〕
子支が巡り巳支と遥合して、沈吟かつ微細であり、
甲子干支が、還た甲子を資訊して索引し、
そこで癸干が、巳支蔵の戊土を迎容するが、
丙干を酉支が搭載して、辛金を合絆し、
暗に申酉支の、三合局や六合を渇望し、
そこで庚辛干二癸干の浸透を畏怖し、
丑午支が巡相せず、高等な格局のテーマであり、
科挙進士試験に合格し、歓迎会に浴するであろう。

【丑遥巳禄】

『喜忌篇』にいう―
辛癸日干で地支丑支を複擁すれば官星が不益であり、年柱や時柱に子支巳支の二宮位を附帯して名利は虚質なのである。

この格局はただ辛丑日と癸丑日の二日があり、辛干は丙干を正官と見做しまた癸干は戊干を正官と見做すのである。

丙戊干の禄支は巳支に該当するが、ただ丑支は能く巳支を衝揺し、命局に丑支を複擁してすなわち丙戊干の巳禄支を捻出するのである。

そこで辛癸干が遥合絆で官星を領得し、子支合絆や未支冲衝を帯びて貴相だが、巳支を填実と為し名利の虚質であるだけなのは、歳運も同じテーマなのである。

また辛丑日主とは生月秋季を適宜とし、また癸丑日主とは生月冬季を適宜とするのである。

命局に金水質を重擁してこの格局の方途に適合し、ふたたび申酉一支を領得して巳支が合絆すれば貴気には及ばないが、駆動して好作用と見做すのである。

そこで丙丁干巳午支が存在しなければ辛日干は純性で、また戊己干巳午支が存在しなければ癸日干も純性なのである。

ふたたび衝揺や合絆が存在しなければ、人格淳厚で富貴双全であるが、瑕疵を帯びるときはまた己主は充足して富裕なのである。

もし生月辰戌丑未支のケースでは雑気をもって取用とし、時柱の卯辰申酉亥支を附帯してまたこの格局は成立しないのである。

たとえば辛日主で生月丙寅支蔵丙干や午支蔵丙干や戌支のケースでは、ただ官星がテーマなのである。

たとえば甲寅干支の生扶で木質をもって火気を生助して、財星官星の作用を肯定するのである。

また癸日干で土質を複擁しそこで官殺がテーマであり、時柱癸亥干支では拱禄がテーマであり、生月旺金では印綬がテーマであり、生月旺火では財星がテーマなのである。

たとえば生月甲寅干支では傷官は支障なく、官星の得地か運歳で身旺に巡ってとても貴相なのである。

この格局とは、辛亥干支癸亥干支「飛天禄馬」のケースと同義なのである。

「経典」にいう―
辛日癸日で合禄すれば、恒常的に余剰に富裕であろう。

〔詩訣〕
辛日や癸日のケースで、丑支を複擁すれば、
巳支の官星を、遥合すると称し、
官星の旺相が、不益だと言及してはならないが、
官星が巡ってかえって、誰が成立すると信ずるのか。

〔詩訣〕
辛丑日と癸丑日の二干支とは、
そこで丑支は能く、巳支蔵の官星を衝揺し、
丑支を複擁して、好作用の方途であり、
そこで子支が介在するのは、不適宜なのである。

〔詩訣〕
辛癸干に官星なく、丑聚支が遥合すれば、
たちまち巳支蔵の、丙戊干を搭載し朝禄に巡り、

そこで命局に申酉支を、合支して有益と為り、
格局当格して、貴相爵禄の充実とすべきである。

〔詩訣〕
辛干は、丙丁干かつ巳午支が不益であり、
癸干は、戊己干かつ午巳酉支が不益であり、
子支に丑支が合絆して、心底怠惰と為り、
格局は軽微で、また福分は消去するだろう。

〔詩訣〕
丑遥巳格局の事象とは、何であるだろうか。
辛癸干が偏頗して、丑支を複擁して適宜であり、
そこで申酉支癸干が、会合して官星に巡り、
子巳支を忌見して、福分は逓減するだろう。

〔詩訣〕
辛干主は、丙丁干に巡るのを畏れるが、
癸干主は、戊己干をもって融和するのは難義であり、
原局には、既存して臨まないように警戒するが、
そこで科挙試験上位合格を独占すべきなのである。

【刑合得禄】

『喜忌篇』にいう――

六癸日干が寅支に搭載して、年月柱が戊己干の方途を畏れるならば、この格局は六癸干が日主なのである。

癸干は用途の戊土を正官と見做して戊干の禄支が巳支なので、時上の甲寅干支を用途として巳支蔵の戊土を刑出して、癸日主が官星を領得するのを肯定するのである。

そこで財星か印星の生助を附帯して有益であり、行運の財星印星刑衝会合はみな好相なのである。

年月の干支が、戊己干を附帯するのを畏れて官殺が透出し、すなわち数象が逓減するのである。

もし年歳で填実するかまた福気がすでに過分なれば、すなわち卒するだろう。

命局に戊己干を擁して、時期が空亡に巡るのが有益とし、もし月令が正官偏官の位相ならば、すなわち喜忌に言及するタイミングではないのである。

たとえば癸亥干支癸卯干支癸未干支とは木局が坐下で搭載するが、時柱が甲寅干支のケースで命局に戊己干巳午支を附帯して、真実の傷官見官と為り格局に当格しないのである。

年歳でこれに巡れば凶揺と為るが、この格局とは「飛天禄馬」のケースとだいたい同義なのである。

すでに官星を衝揺すると称し、また合絆を擁して適宜であり、命局に酉丑一支を領得して巳支と合絆するのを肯首するが、ただ申支は用途ではないのは申支が能く寅支を衝剋する故なのである。

そこで命局に亥支また午支戊干を附帯して羈絆と見做し、巳支を填実に復すると見做すので申支庚干を衝剋と見做し、みな破剋して貴相ではないのである。

いわば六癸日はまた時柱庚申干支の用途を肯首し、巳支蔵の戊禄を官星と見做して刑合し、六己日はまた時柱壬申干支の用途を肯首し、寅支蔵の甲禄を官星と見做して冲出するのである。

また六辛日が時柱庚寅干支を領得してすなわち刑衝は成立せず、辛干は丙干をもって官星と見做すが建禄支が巳支に該当し、庚干は能く甲干を剋伐して寅支が被傷するので、巳支を刑傷できずにそこで辛日干は、官星を領得しない故に取用しないのである。

『擧善篇』にいう――

刑衝や合絆は寅月に生起し、すなわち傷官を作動するのである。

いわば命局にもし酉丑支を附帯して巡れば、英豪の名利の客分と為るであろう。

〔詩訣〕
六癸日が、生時甲寅干支のときに、
仮称して刑合とは、また真実ではなく、
もし月令に、寅亥支を添加して位相すれば、
そこで傷官格局のケースを推究するのである。

〔詩訣〕
ただし癸日干が、時柱甲寅干支のときに、
官星を刑出して、貴相を知るべきであり、
そこで庚金が、甲木を傷削するのは不益であり、
寅申支が衝破するのを、己主は危惧するのである。
〔詩訣〕
癸日干で官星がなく、時柱甲寅干支のときは、
巳支蔵の丙戊干は、寅支の刑衝を要し、
そこで甲干は能く、戊干を剋伐して丙干が顕出し、
癸干は財星官星の爵禄を領得し、貴相が成るだろう。
〔詩訣〕
命局に、さらに戊己干を附帯しないときは、
科挙試験合格の方途と為り、聲名を大振し、
そこで庚干が巡り、偏官が能く甲干を傷削すれば、
たとえ資産を擁しても、無位無官の人物であろう。
〔詩訣〕
刑合格が六癸干を、指向して推究すれば、
生時柱に、甲寅干支が臨んで有益と為し、
寅支が巡って、巳支を衝淩して戊干を捻出し、
癸干を控除して巳支に巡り、官星を任得するのだ。
〔詩訣〕
戊己干に巡って、凶変の兆候であり、
そこで庚申干支とは、たちまち窮状を禁じ難く、
運歳流年が、飛天局のケースでは、
警邏して瑕疵なく、福分はとても深厚なのである。—

たとえば高拱閣老師は、壬申年癸丑月癸丑日甲寅時の命局で、命局に申支を附帯して疾患し、運歳の庚申干支を巡り壬申歳に、官職を辞退して政界を退陣されたのである。

　以上の諸格局である遥合、暗刑、飛衝などは淵源十八格局であり、命局に財星官星の方途が作用せずおよそ人の四柱命局の内外が合絆せず、そこで別位に合絆をすれば「虚邀暗拱」や「刑衝破剋」なので、別位の禄支に合絆するが、以上が諸格局の肯定でありそこで刑衝して合絆しなければ、すなわち貴気に該当せず格局は成立しないのである。

【衝合禄馬】

たとえば生日甲干で命局に酉支辛干が存在しなければ、かえって卯支が酉支を衝出し、巳酉支が丑支を合絆して甲日干の正官と見做し、壬癸干の生助が有益で酉支辛干の填実に復して不益だが、そこで一卯支だけのケースならば、ふたたび刑衝合絆が生起して好命と見做すのである。

　また生日乙干で命局に申支庚干が存在しなければ、かえって寅支が申支を衝出して子辰支を拱合するか、また巳支を刑出して乙干の正官と見做して壬癸干の生助を有益とし、申支庚干の填実に復し不益なのである。

　また生日戊干で命局に卯支乙干が存在しなければ、かえって酉支が卯支を衝出して亥未支が卯支を合絆するので、戊干は官星を領得して壬癸干の財星と丙丁干の印星を有益として、卯支乙干を擁して不益なのである。

　また生日己干で命局に寅支甲干が存在しなければ、かえって申支が寅支を衝出して午戌支が寅支を合絆するので、すなわち暗に官星を帯び財星印星を有益として、寅支甲干を帯びて不益なのである。

　また生日丙丁干ではすなわち「倒衝禄馬格局」なのである。

　また生日庚辛壬癸干ではすなわち「飛天禄馬格局」であり、これを例推されたし。

　以上の四干の衝揺合絆とは、みな官星の透出や月令の損傷が不益であり、官星の乗旺を領得して好作用なのである。

　そこで衝星が合絆に巡って羈絆に巡らないケースでは、かならず清貴として将吏や大臣や公侯に昇格するだろう。

　そこで一星の欠損とはすなわち数象が逓減して、破相すなわち貴人の衣食に近貼して、重度であれば窮状するのは歳運の喜忌もまた同義なのである。

『巫寶経』にいう—

節気が至るとは、たとえば天干甲乙干で地支が寅卯支ならば、人元は木質

に所属しすなわち至節かつ人と見做すのである。

富貴とは淫質を肯首せず窮状とは遷移を肯首せず、威武とは屈服を肯首せずに大丈夫なのである。

そこで陰陽の配当とはたとえば陰爻の会処のように、陽干の半塊と陰干の半塊とで配偶の方途が成立するが、なお偏倚に巡るときは造化の成立は難儀なのである。

たとえば貞静清潔の女性とは、決定的に中正賢良の旦那の適配を要するのである。

そこで乙卯干支とは禄旺の木質で、結局は庚午干支庚寅干支庚子干支庚辰干支の金質と合絆せず、この衰敗の金質とは結局は乙卯干支木旺とは就合せず、その真相とは何であろうか。

直截的に運歳の申酉支旺金郷エリアに臨むのを待期し、乙木が従金するタイミングとは順性なのである。

たとえば硬直の烈女などは庚申干支旺金の配偶と見做し、庚午干支庚寅干支庚子干支庚辰干支で屈服を肯定せず、これは貞女の妻君と見做すのである。

そこで乙干は庚干と申支を亭主と見做すが、命局に擁さずかえって子辰二支を附帯して、すなわち能く申支蔵の庚干を合起して乙干の正官と見做し、ここでふたたび寅支を衝去する必要はなく、寅支を附帯して好作用なのである。

命局に子辰支が存在せずすなわち衝出して取用するが、甲寅日乙卯日丙午日丁未日戊午日己未日庚申日辛酉日壬子日癸亥日の、以上の十日干支の己身は健旺であり、そこで禄支の衝揺がもっとも緊要であり、壬辰干支壬戌干支戊辰干支己丑干支が禄支の衝支すなわち「慢」と見做すが、その他種の干は用途ではないのである。

たとえば明朝万暦代神宗皇帝氏（一五七二～一六二〇）は、癸亥年辛酉月癸亥日辛酉時の命局で己身の癸亥干支は健旺なので、巳支蔵の丙戊干の禄馬を衝出して癸干の用途と為すが、かえって二酉支の附帯を領得して好作用なのである。

【破官】

原局に財星官星印綬が存在せず、かえって破官の星辰を擁するとは、たとえば癸卯日主は午支蔵の己土官星を衝出し、また癸酉日主は辰支蔵の戊土官星を衝出し、また甲午日主は酉支蔵の辛金官星を衝出して、命局に三合会局を一成して貴気を附帯して好作用なのである。

『元理賦』にいう――

卯支は午支を衝破し、午支は酉支を衝破して、そこで「財官双美」なのである。

いわば年支日支に破官の星辰が存在せず、月支時支に破官や合官の星辰が存在して、己主は貴相なのである。

たとえば甲寅日主に破官が存在せず、月柱丙午干支かつ時柱己巳干支ならば、これを午支が酉支蔵の辛官星を衝破すると取用し、巳支合絆してまた巳支蔵の丙戊干が、辛干と合絆する作用で貴相と見做すのである。

〔詩訣〕

卯支が午支未支を衝破して、大官星を擁し、
午支未支が酉支を衝破して、看法はポピュラーであり、
丑支が巳支午支を衝破して、同例とは見做さずに、
子支が卯支辰支を衝破して、作用は難義ではないのだ。

【飛財】

日干と月干とが同一干頭で、また日支と時支とが同一地支のときは、相対する宮位を衝出して財気を肯首し、この格局の領得で財禄の発動だが、気の洩泄が不益なのである。

たとえば壬申日主で時柱申支では、二申支が寅支蔵の甲丙干を、財気と見做して衝出して用途とするのである。

そこで運歳で子支に巡りすなわち水局を化成して、たとえば庚日干では気の洩泄を被局するので傷官が財気を生扶できず、運歳で七殺偏官がふたたび会合して剋身すれば、かならず卒するだろう。

そこで飛財格局の支星が、他種局に変転できない故があり、たとえば戊寅年己未月戊寅日甲寅時の命局では、三寅支一甲干七殺偏官で未月には財気

が存在せず比肩が極旺するので、かえって三寅支が申支蔵の長生水財気を衝出して、運歳の西北エリアに巡り巨万の資財を領得したのである。

【破財】

この格局とは生日乙卯干支で命局に財星官星を附帯せず、卯支が午未支蔵の己土を衝出して財星の作用と見做して寅戌一支を擁し、財気が暗合して好作用なのである。

劫財が填実に復するとして不益だが、ただし財星の位相および填実かつ衝破の巡相を擁し、すなわち衝破して巡相しないのである。

たとえば庚申日と辛酉日とは、寅卯辰支の木質の財気を衝破し、また丙午日と丁未日とは酉戌支の金質の財気を衝破し、また壬子日と癸丑日とは巳午支の火質の財気を衝破するのである。

これらの数日干支は刃日禄であり、本体の自性が強力である故に、衝破を肯定して財気の取用を肯定するのである。

その他の日主とは柔弱で、どうして能く財気を破奪して巡り至るだろうか。

この格局に適合するケースの多くは、能く傍辺で発揚して、不意の財物を取用するのである。

〔詩訣〕

命局に財星なく、破財するケースでは、
衝破が財禄に巡り、堆山のようであり、
運歳の官星印星を巡り、福分は過多し、
かえって刑衝や填実の、窮状を畏れるのだ。

〔詩訣〕

卯支が午支未支を衝破して、財気の取用と為し、
午支未支が酉支を衝破して、総じてポピュラーであり、
丑支が巳支午支を衝破して、財気が廣汎に巡り、
酉支が辰支卯支を衝破して、福分は困難ではないだろう。

【卯未遥巳】

この格局は辛卯日癸卯日辛未日癸未日の四日干支であり、辛癸干は巳支蔵の丙戊干を官星と見做して合絆するのである。

卯支を三四支併相して酉支を衝揺するのを要し、未支を三四支併相して丑支を衝揺するのを要し、また酉丑支が巳支蔵の丙戊干と暗合して辛癸干の官星と見做し、巳支の填実に復しとても不益なのは、運歳のケースも同義なのである。

もし一二支の容相ではすなわちこの格局に取用せず、ただ財星官星貴星食神と判断して取用するのである。

【虎午奔巳】

この格局はすなわち辛癸日干が丑寅支を附帯して、寅支刑衝や丑支合絆を取用して、巳支蔵の丙戊干を辛癸干の官星と見做して衝出かつ合絆し、さらに一酉支の合貴を領得して好作用と見做すのである。

そこで刑衝を擁して合絆が存在せず禄支を容存できずに、命局に申巳支を附帯してすなわち格局に適合しないのである。

たとえば壬戌年辛亥月辛丑日庚寅時と甲戌年辛未月癸丑日甲寅時の二命局は、ともに格局に当格して貴相と見做すのである。

〔詩訣〕

辛癸日干における、年柱、月柱、時柱とは、
もし寅丑支を附帯して、すなわち奇瑞と見做し、
そこで寅支刑衝や丑支合絆が、巳支蔵の禄と合相すれば、
これを功名富貴の定礎と肯定するのである。

【羊撃猪蛇】

この格局はすなわち辛未日癸未日の二日干支であり、二三未支で亥支を合起して巳支蔵の丙戊干を衝出して辛癸干の官星と見做し、命局に酉丑一支を擁して貴気を容存して好作用だが、填実かつ刑衝の巡相を畏れるのである。

たとえば甲戌年辛未月癸未日癸丑時と庚申年癸未月辛未日乙未時の二命局は、ともに貴格局に適合するのである。

〔詩訣〕

羊撃猪蛇格局とは、最強であり、
辛未日癸未日に相当するケースでは、
命局にふたたび申酉支が巡るときは、
合禄して瑕疵なく、宮廟に登壇するだろう。—

以上の諸格局では、命局に財星官星が存在せず作用の方途で、逆に存在すれば取用しないのである。

珞琭子氏がいう—

合絆の有無とは後代の学人が知り難いところで、たとえば一支で三支解して、これを先賢は諒としないのである。

たとえば寅戌支を既存して午支を帯び、また申辰支を既存して子支を帯びるなどを「一分三を得る」と肯首して、その元辰と見做しその禍福と見做すのである。

また三合会局全備とは、かえって能く相対する宮位の容干を捻出して、禍福と見做すのである。

たとえば寅午戌支はまた子支蔵の癸水を衝出し、また申子辰支は午支蔵の丁火を衝出するのである。

また辛癸日干が丑寅支を附帯し、巳支蔵の丙戊干を衝合出して、みな合絆の有無と見做すが、学人はこれを詳解すべきであり、これを命理の精微と為す所以なのである。

【刑衝帯合】

刑衝とは三刑のことであり、合絆とは六合のことであり、また刑衝とは毒素のようであり、合絆とは甘蜜のようなものである。

人々は滞止して甘蜜の賞味を知るが、その内実にヒ素の害毒が存在するのを知らないのである。

この格局ではたとえば甲子干支が己卯干支を附帯し、また丙子干支が辛卯干支を附帯し、また庚申干支が乙巳干支を附帯するケースなどである。

干頭が合絆して地支が刑衝するのは、上層合絆かつ下層刑衝であり、人命がこれを侵犯して酒色に沈溺して、重篤のケースではすなわち喪身して家宅を破綻し、軽度のケースではすなわち疾患と為り、老齢に至っても改心しないであろう。

たとえば充分に格局に適合し、また大権貴の命局のケースでも、酒色や疾患は免れずに人徳なき色事を為し、もし濁性の命局のケースでも、終身ともに花街酒房に沈淪して漂蕩し完成しないであろう。

運歳の凶殺で剋身に巡ればおおむね生存を喪失し、女命のケースではもっとも凶忌なのである。

〔詩訣〕

地支刑相かつ干頭合絆は、もっとも不適宜であり、
酒色に損傷して、窮状を同伴するだろう。
たとえ官舎で、大小の鼎寳器を日用しても、
好色が原因で、危難を致身するだろう。

【六陰朝陽】

『喜忌篇』にいう—

六辛日干で時柱戊子干支を附帯するときには午支の位相を忌み、運歳の西方エリアが有益なのである。

この格局は六辛日を日主と見做し、そこで辛干は丙干を官星と見做し、また癸干を食神と見做すのである。

そこで時柱戊子干支が有益であり戊癸干合をもって、子支はすなわち辛干の長生の当地であり、戊干の建禄支は巳支に位相して戊印干に辛干が巡り、戊干はすなわち丙干の子息なので、丙干は戊印星辛干を附帯して、丙干はかえって戊干を生扶して辛干を合絆して貴相と見做すのである。

そこで辛日干は官星を領得するとは、命局に子一支を適宜として、複擁してすなわち契当しないのである。

また午支の沖衝と丑支の合絆を畏れ、すなわち陰性にて朝陽を肯首せず、丙干巳支で填実に復して、運歳の西方旺金の当地を巡る故に有益なのであり、東北方は財星傷官の当地でこの次席であり、南方は死絶符の当地ですなわち不益なのである。

この格局とはただ生月申辰亥卯未酉支が適宜であり、もし四季土旺の生

月ならば印綬がテーマであり、生月丙午干支丙寅干支丙戌干支では財星官星がテーマであり、生月甲寅干支乙卯干支ではただ財星がテーマなのである。

月令を主格と見做し、運歳の南方か北方に拘りなく身旺を好作用と見做し、もしこの格局が成立すればおおむね財気よりも名績がすぐれ、高亢の志操の人物と見做して妻子を傷害するが、上記を侵犯して窮状なのである。

いわば午月支にて一陰が派生して、亥支に至って六陰が了畢するが、辛金を亥（月）支が搭載してすなわち六陰の当地と見做し、時柱子支を領得して子支蔵の一陽派生を取用し、すなわち陰遁が陽転する故に名称するのである。

また辛未干支辛酉干支を肯定し、その他の三日干支はすなわち否定するが、金水質の豊秀を肯首して貴相と見做すのである。

いわば辛干とはすなわち陰性の金質であり、また丙干とはすなわち陽性の火質であり、辛干が丙干を指向して朝陽を否定するとは何事だろうか。

そこで六陰に言及するとは、六辛干に言及するように通関するのである。

『繼善篇』にいう──

もし陰性が朝陽のごときとは、切に丙丁離卦の位相が不益なのである。

『景鑑賦』にいう──

朝陽格の喜忌とは丙丁干かつ、離卦位相や丑支を忌避し運歳の西方位が有益で、もし填実の巡相では進退が難渋し、丙丁干の位相を附帯して案件を立脚して功名し、さもなくばすなわち衆俗に私塩を鬻ぎ、また己主がその公文書を弁護するだろう。

いわば四季月や秋季に亥支が存在せず、行業の栄華富貴がもっとも奇瑞なのである。

『擧善篇』にいう──

朝陽格の降誕で生月四季土旺ならば、印綬を可称するべきである。

『真寶賦』にいう──

六陰朝陽格局で印星を附帯すれば、清澄な朝廷の人材なのである。

「秘訣」にいう──

辛日干時柱子支では、火地エリアを巡って不益だが、西北地エリアを巡ってすなわち吉兆であり、東南地エリアでは凶憂を控除するだろう。

〔古歌訣〕

辛干が、戊子干支を附帯して朝陽を称号し、
運歳の西方位が有益で、昌々たる禄位であり、
そこで丑午支丙丁干が、在局しないならば、
腰帯に金束し、紫恩衣にて朝廷に参内するだろう。

〔歌訣〕

南方エリアが平庸で、もっとも北方エリアを忌み、
西方エリアが筆頭で、東方エリアがその次席であり、
もし還た、子支が巡相しないときには、
朝廷堂閣に貴処して、姓名が芳香するだろう。

〔歌訣〕

辛日干で、時柱が戊子干支のときには、
戊干が巡り、丙干が辛官を作動するが、
六辛金が、朝陽格局に適合すれば、
富貴の有為な耕具には、難義ではないのだ。

〔歌訣〕

子宮位はただ一位相を、領得して適宜であり、
もし子支を複擁して、還た福分はシビアであり、
そこで丙丁干巳午支、ともに在局しなければ、
運歳の西方地を指向し、貴格局なのである。

〔歌訣〕

六陰の巡りでは、運歳の西方地が有益であり、
東方地に到って、吉昌が臨むだろう。
もっとも北方を畏れて、おおむね不吉であり、
そこで火地離卦が衝破して、己主の窮状なのである。

〔歌訣〕

朝陽貴格局とは、六辛金のケースであり、
時柱戊子干支に位相し、福分は深化へと転じ、
子支貴相が隠淵して、会合が成立すれば、

戊干が巡って丙干を揺し、官星を領得するのだ。
〔歌訣〕
丙丁干を明見して、真実の不益と見做し、
また巳午支が重複して、憎悪を肯首し、
そこで運歳の、西方地エリアを巡り首格と為り、
しかし運歳が南方へと転じ、かならず凶揺が臨むだろう。
「鷓鴣天」
時柱戊子干支が、六辛日を搭載すれば、
朝陽が丙干を合し、官星が作動し、
そこで庚辛干と甲乙干が、相連して有益であり、
紫綬を褒賞され、重臣に昇格するだろう。
「同訣」
寅卯支は貴相だが、丙丁干は貧相であり、
南方位が不益で、己身を損傷し、
そこで中和を稟得して、偏倚しなければ、
朝廷堂閣に穏坐して、万民を治政するのだ。

【六乙鼠貴】


『喜忌篇』にいう―

乙木が時柱一子支を附帯すれば六乙鼠貴の当地と見做すが、そこで乙干は子申支を貴神と見做し、一子支に巡るケースでは子支が用途で申支が不用途なのである。

また乙干は用途の庚金を官星と見做して時柱丙子干支を領得し、そこで子支が丙火を搭載するのである。

また巳支が遥合して禄位を支蔵すれば、巳支が申支に巡って合絆し、また申支が子支に巡って作動し、ここで申子辰支三合貴局を肯定するのである。

そこで申支蔵の庚干を附帯して巡るときに、乙日干は官星を領得して時柱申支が作用して、すなわち官星が透出する故に取用せず、もし子支を複擁して聚貴と称して、もっとも好作用なのである。

また年柱月柱には衝午支と合丑支を擁してすなわち子支の遥禄を肯首せず、そこで申支庚干を官星の透出と見做し、また酉支辛干を七殺偏官の透出と見做すが、丙干傷官を子支が被りかえって契当しないのは、運歳のケースも同義なのである。

この格局は月令が木局に通関するのを要するが、日支蔵の星辰はみな旺木の当地で水気印星を肯首し、金気火気の併見が不益なのである。

もし運歳で申酉支に巡るときは凶揺で悔恨して東方位に後退し、運歳の午支のポイントですなわち卒するだろう。

一命局の、壬寅年辛亥月乙未日丙子時の命局では格局に適合するが、もし乙丑日柱で子支合絆するか、乙酉日柱で七殺偏官が搭載すればすなわち数象が逓減して、そこで一子支とは卯支刑衝や丑支合絆を畏れるが、複擁してすなわち支障なく辛干が透出して生旺せず、ふたたび丙丁干の合絆か剋伐を擁して、丙干が辛干に合絆化水して順行を巡り、貴相の瑕疵ではないのである。

たとえば己丑年丙子月乙卯日丙子時の命局では、二子支が一卯支を夾揺し、また丁巳年壬子月乙丑日丙子時の命局では、二子支が一丑支を夾合して上忌を侵犯するが、かえって貴気を交夾して生扶する故にみな大貴相なのである。

また生月夏季ではただ傷官がテーマであり、生月申酉支では窮状するが、たとえば生月庚申干支では運歳の北方を巡り、かえって官星がテーマであり、生月四季土旺では財庫を擁して、水局つまり食神傷官が有益なのである。

そこで運歳の南方エリアを巡りまた吉兆であり、およそ月令に財星官星印星が旺相して、すなわち財星官星を取用するのである。

また午支が子支を衝揺して凶揺と見做さず、そこで子合支の貴相のようであり、また命局に未支が午支を合絆して、ほぼ損壊して富裕だが名声は虚質なのである。

『相心賦』にいう―

六乙鼠貴格局とは午支が衝揺して、極めて窮状するだろう。

『真寳賦』にいう―

六乙鼠貴格局が食神を附帯して、はや地方長官として茅塞を守衛するだろう。

〔詩訣〕
乙木が、時柱丙子干支の生扶に臨み、
そこでは午支衝卯支刑が、存在しないのを要し、
命局に、申酉丑支を附帯しないときには、
年少者でもかならず、宮廷を参内できるであろう。

〔詩訣〕
六乙鼠貴格局が、時柱に生扶されるときは、
官殺が衝破して、適相ではなく、
月支蔵に有効な木質を、領得して通根すれば、
その方途は、禄元の奇利を肯定するのだ。

〔詩訣〕
乙日干が、時柱子支を領得するときは、
その名績は、もっとも鼠貴格の奇瑞と見做し、
切に午支が巡って、衝破するのを忌み、
また総じて庚申干支辛酉干支は、不適宜なのである。

〔詩訣〕
六乙日干が、時柱子支を附帯するときには、
すでに官星を附帯して、またこの用途とし、
そこで庚申干支辛酉干支とは、隷従を懐疑し、
一位附帯するときは、扶養者の庶子だろう。

〔詩訣〕
乙日干が、時柱丙子干支を附帯するときは、
官星を、月支蔵する必要はなく、
そこで乙丙干を、能く羊刃が生扶し、
丙干が庚干を衝揺して、貴星の至神なのである。

〔詩訣〕
その格局は、羊刃午支を附帯して不適宜であり、
また庚辛干を容相して、忌憚に該当し、
もし運歳を推究して、作用するときには、
破相が存在せず、清閑の福分を享受する人材である。

「西江月（要領）」
乙日干が、丙子干支の生扶を附帯すれば、
名績は、鼠貴格局の幽幻と見做すのであり、
衝破が存在しなければ、福分は周全であり、
身旺かつ、印星食神が聚透すれば、
子支を複帯し、名績を聚貴と見做すのであり、
そこで衝破を擁帯して、錯誤と為り、
また春季かつ水印地で、福分は滔天であり、
運歳の、金郷エリアで衝揺するのである。

【日禄歸時】

『喜忌篇』にいう―
「日禄帰時」とは官星が存在しなければ、青雲に得路すると称号するのである。

この格局は七日干支を擁し、①甲日寅時②丁日午時③戊日巳時④己日午時⑤庚日申時⑥壬日亥時⑦癸日子時であり、日主の建禄支が時支に帰根して、日干を旺支が搭載して有益なのである。

たとえば生月に印綬を帯び、元命の食神傷官から財星が透出して、天月二徳貴人を擁して己主は大富貴なのである。

そこで刑衝や破害や空亡や死絶符、また劫財が禄支を分奪するのが不益なのである。

また偏印が合絆を造作して官殺が制剋すれば、取用を肯首してもまた不純性なのは、運歳のケースも同義なのである。

たとえば乙日干が時柱己卯干支を附帯して時上偏財と見做し、また丙日干が時柱癸巳干支を附帯して官星透出を肯首し、また辛日干が時柱丁酉干支を附帯して時上偏官と見做すときは、帰禄格局を造作しないのである。

四柱命局の目処とはもし月柱に官星を帯びるか、また天干に財星官星が透出すれば、財星官星のテーマを造作するのである。

もし時柱が帰禄支のケースでは、年月時柱が建禄支を附帯して「聚福帰禄」また「五行帰禄」と称するのである。

もし日干の禄支が時柱で、また時干の禄支が日柱のケースでは「互換禄」とするのである。

もし年干の禄支が時柱で、また時干の禄支が年柱のケースでは、たとえば甲申干支が庚寅干支を附帯し、また乙酉干支が辛卯干支を附帯し、また壬午干支が丁亥干支を附帯し、また癸亥干支が壬子干支を附帯するケースなどで、己主はともに大貴相の福分を享受するのである。

もし建禄支の位相を重見するときとは、たとえば甲日干で時柱寅支または生月寅支のケースでは財星官星ともに微勢で、ただ建禄支の造作と見做すのである。

もし月日干頭が同一天干では、そこで時支建禄を附帯して分禄と称してすなわち作用と見做さず、もしそれぞれ時支建禄が自性と為ればかえって支障なく、この格局には七箇の法則が存在するがつぎの通りである。

第一義に「青雲得路」と称し、たとえば戊子年甲寅月乙亥日己卯時の命局では、局中に官星が一箇も存在せず、身旺が局勢を得て印星が生助するので、子支が卯禄支を刑衝しても破局しない故に貴相なのである。

また壬午年庚戌月壬子日辛亥時の命局では、身旺かつ印星が生助するので、戊辰干支のポイントで進士に合格し司法次官級に栄達して、雑気格局のテーマを造作して肯首する故に、運歳の丁丑干支に物故して戊辰干支に登科するのは、丑辰支が衝揺する故なのである。

第二義に官星を禄支が搭載して、たとえば丙申年丙申月丙申日癸巳時の命局であり、丙干は癸干を正官と見做し、生月申支では金地を彫堆して、運歳の西北方生旺の官地を巡り、丙干が精気なく申支が搭載し三丙干が併相して、寅支長生を衝出して癸干官星を巳支が搭載して、用神を貴星が搭載して財官双美を領得する故に、少年期に科挙試験に合格して、中年期に宰相を拝命したのである。

第三義に帰禄支が天月二徳貴人を附帯し、たとえば辛亥年辛卯月甲寅日丙寅時の命局であり、甲干は専禄かつ丙寅干支を領得して、食神が禄支に際会すると見做すのである。

甲干を月徳貴人と見做し、月令辛卯干支を甲干の正官と見做し、辛干が生月卯支で精気なく、二寅支蔵の丙干を二辛干が合去するので、二寅支を附帯するだけで甲干の禄支と見做し、月徳貴人が帰禄支に附帯しすなわち輔佐国臣の英雄なのである。

第四義に帰禄支が印綬を附帯するケースで、たとえば丁未年壬子月甲子日丙寅時の命局で、二子支かつ旺印星で丁壬干合が化木して、時柱寅支に相当して旺木し、運歳の官殺に巡って丙丁干が制伏合絆して、成局の欠損を肯首しない故に貴相なのである。

また壬寅年丙午月甲辰日丙寅時の命局では「日禄帰時」であり、官殺が巡らずに丙干を食神の作用と見做し、寅支の生扶と午支の生旺を有益とするのである。

そこで午支蔵の己土を財星と見做して、年干の印星の旺庫が日主を搭載する故に、祖蔭を継承して職権を拝命して富貴かつ名声を成すのである。

また丙戌年癸巳月戊午日丁巳時の命局では、局中に官星が一星も存在せず、丙丁干の印星が戊日干と時禄互換して、午戌巳支はともに火地を肯首し、印綬が太旺して己身を生扶するのである。

そこで運歳の西方エリアを巡り、食神傷官が財星を生扶する当地で、癸戊干合して火象を化成する故に、少年期に科挙試験に合格し上位三品の官級に栄達したのである。

第五義に帰禄支が傷官を附帯するときには、官星を帯びるのが不益なのである。

たとえば壬辰年乙巳月己亥日庚午時の命局では、己干を亥支が搭載して甲干の官星と見做して、巳支が巡って衝去するのである。

そこで乙干を七殺偏官と見做し、庚干を領得して合化して真実の金質傷官と見做し、壬干を財星と見做して庫地に搭載して、日支が建禄支に該当するのである。

運歳の南方位つまり身旺地を巡り、また西方位旺金地で傷官が七殺偏官を控除し財気を生出して作用し、英秀霊実の貴相なのである。

第六義に帰禄支が七殺偏官を附帯し、たとえば甲申年丙寅月戊申日丁巳時の命局であり、戊干を申支が搭載し自生するので、年頭に甲干が透干して七殺偏官と見做し寅支に帰禄するので、これを二申支で夾衝し戊干の時柱の帰禄支に官星夾雑は存在しない、故に兵権を掌握して辺境を威鎮するのである。

第七義に帰禄支が財星を附帯して、たとえば己亥年丙寅月丁丑日丙午時の命局では、己主を財庫が搭載して丙干が財星を分奪するのを、亥支蔵の壬干が制伏して寅亥支合絆するので、運歳の官殺に巡り比肩が旺強であって任に耐久するのである。

そこで己土の食神が時柱に帰禄するときにその官殺を制御し、運歳の戌酉申支を巡り旺財の倶地である故に貴相なのである。

たとえば甲子年丙子月戊子日丁巳時の命局で三子支を財気と見做し、複擁してすなわち旺財であり、年頭に甲干が透出して七殺偏官と見做して生扶に巡るのである。

日干の戊土は時柱の帰禄支を得地して有益であり、そこで月干の火気印星が時柱に帰禄する故に大貴相なのである。

『獨歩』にいう――

日干が時柱に帰禄し青雲を得路して、月令が財星や官星のケースに生助に巡り吉兆なのである。

『元理賦』にいう――

帰禄支が財星を附帯して、福分を領得するが、財星帰禄が存在しなければ、また窮状なのである。

いわば日干が時柱に帰禄して、命局の運歳はみな官星を不益と為して、刑害を帯びてその福分が半減するのである。

『景鑑賦』にいう――

官殺を附帯すれば青雲の完遂は難儀だが、かえって刑害駅馬が顕相して栄身するのである。

壷中子氏がいう――

まれに年柱甲干で時柱寅支に巡り、つまり年頭に甲戴して時脚に踏寅するのである。

〔詩訣〕

日主が生時に、禄支を附帯するときは、
刑衝が存在せず、空亡に陥らなければ、
そこで官殺が、旺財旺印に臨まずに、
健身かつ食神傷官で、爵禄は千鍾だろう。

〔詩訣〕

六甲干が、寅禄支を附帯するときに、
もし官星の発揚に巡り、貴相が伸び悩み、
そこで己身が健旺でなければ、印星の生扶を喜び、
建禄支を併相して、食神を渇望するのだ。

〔詩訣〕

もし衝相に巡れば、窮状がかならず至り、
たちまち福分の衝破に遭い原因不明であり、
そこで大運や流年も、みな同じテーマであり、
尊崇たる富貴者も、そこで庶人に失墜するだろう。

【拱禄拱貴】

『喜忌篇』にいう――

「拱禄拱貴」とは填実に復してすなわち凶揺であり、拱とは「向」でも「夾」でもあり、また禄とは建禄の「禄」であり、また貴とは官星の「貴」または天乙貴を指しているのである。

拱禄とは五日五時があり①癸亥日癸丑時②癸丑日癸亥時を拱子禄として③丁巳日丁未時④己未日己巳時を拱午禄として⑤戊辰日戊午時を拱巳禄としているのである。

拱貴とは五日五時があり①甲申日甲戌時を拱酉とし②乙未日乙酉時を拱申として乙官貴なのであり③甲寅日甲子時を拱丑とし④戊申日戊午時を拱未とし⑤辛丑日辛卯時を拱寅として官貴かつ天乙貴なのである。

およそ拱格局とは日干と時干が同一干頭で、貴星禄支かつ月令に通関して、運歳の身旺地や貴星禄支の旺地を巡ってとても好作用なのである。

また運歳の印綬傷官食神財星はまた吉兆であり、刑衝破害羊刃七殺偏官が不益なのである。

また日時柱に瑕疵があり、拱が貴気を附帯しなければ、填実かつ空亡がとても不益なのである。

たとえば皿器のようにすなわち能く虚容するのであり、すなわち実用で

ない故にただ虚拱を適宜として、すなわち能く完盛するが破損すれば無用である故に、空亡を帯びるのを畏れるのは、運歳のケースも同義なのである。
いわば虚拱の法則とは間隙の要素を拱出して、その端緒が自家の要素や吉星凶殺などに関わるかを看るのである。
たとえば子支と寅支とは丑支を拱出して、甲日干がもとより官星を領得して未支丑支が冲衝して、すなわち拱夾を規定せず貴気が透過するのである。
もし未支が存在せず、辰戌支を附帯して急迫かつ切望するように、また亥卯支を擁してすなわち堅牢たる拱気なのだが、一欠損してすなわち偏枯失序するのである。
これは微細なポイントの格局であり、またたとえば丑寅巳午支とは卯辰支を拱夾するのである。
切に内包を廣顧してそこで卯辰支とは己身の貴気なので、さらに他干をその内包に召喚して有情するとは、格相の方途に該当するのである。
またたとえば東西南北の面地を拱すれば、まず南方位とはすなわち巳午未支で自然性の火気を帯び、また東方位とはすなわち寅卯辰支で自然性の木気を帯び、大方の格相の方途なのである。
もし格局の雄壮を否定すれば、態身は大器であえて錯乱せず、大容広闊たる故なのである。
「賦」にいう—
禄位が重顕するとは決定的に夾禄の当地と知るが、たとえば癸丑日が癸亥時を帯びて拱子位であるが、癸干の禄支は生月秋冬季で重禄の精気であり、たとえば戊子日が甲寅時を帯びてまた拱丑貴であるが、そこで戊干は甲干の剋伐を被るので、どうして能くこれを拱擁するだろうか。
その他の干支も例推されたし。
『獨歩』にいう—
拱禄拱貴とは填実に復しすなわち凶兆なのであり、月令の作用とはそれぞれ同じテーマではないのだ。
『三命』にいう—
夾禄夾貴とは、かならず命局のメリットポイントに位相するだろう。
『心鏡』にいう—
干が旺じてまた禄支貴星を夾擁すれば、清澄な正官星のスタッフなのである。
『景鑑賦』にいう—
拱禄拱貴が純粋であれば王侯級の倫理であるが、そこで填実に復して名利は虚質であり、財星印星が存在しなければ瑕疵が不益であり、また官殺が不益でまた空亡を畏れるのである。
〔詩訣〕
日時双柱が、拱禄して園垣を供出し、
黄金のケースに珠玉を蔵し、もっとも清格であり、
そこで高貴に昇位して、君子の命相であり、
憂慮しなくとも、公卿に昇階するだろう。
〔詩訣〕
貴星かつ、建禄支ともに虚拱すれば、
そこで填実かつ、空亡に巡相せずに、
羊刃や七殺偏官を刑衝するときには、
官星が破敗して、当格を肯首しないのだ。
〔詩訣〕
拱禄拱貴格局に、当格するのは稀有であり、
そこで月令が、支根を作用しているかを看て、
月令が作用して、月令を重要なポイントとし、
月令に用星が、存在せずに奇瑞なのである。
〔詩訣〕
拱位の巡相では、填実を畏れるが、
また傷官が、月支に所在するのを畏れて、
そこで陽刃が重複して巡り、格局は破綻し、
たとえば当格しなければ、貴星が決定的に破綻するのだ。

【衝禄】

この格局とはたとえば庚干の建禄支は申支だが、命局に申支が存在せず

に庚寅日主を領得して、また年月時柱にふたたび寅支を併相すれば、申支を衝出して庚干の禄支と見做すのである。

また甲干の建禄支は寅支だが、命局に寅支が存在せずにかえって甲申干支を領得して、また年月時柱にふたたび申支を併相すれば、寅支を衝出して甲干の禄支と見做すのである。

そこで丙干が庚干を損傷し、また庚干が甲干を損傷するのがとても不益で、填実の禄位相としてすなわち貴相ではないが、他干もまた例推されたし。

たとえば己巳年丁丑月庚寅日戊寅時のケースや、辛巳年乙未月甲申日壬申時のケースや、乙卯年甲申月辛卯日辛卯時のケースの三命局は、それぞれ貴格局に適合するのである。

【六壬趨艮】

この格局とはすなわち六壬日干が時柱甲寅干支を附帯するケースで、亥支蔵の壬禄を合出してすなわち暗禄格局なのである。

「経典」にいう──

建禄支の明見とは暗禄のようではないと肯首し、填実亥支に復して不益で刑剋衝破を畏れるのである。

そこで壬寅日壬辰日の二日は正規と見做し、寅支を複擁して大富裕であり、寅支蔵の甲木食神が長生の丙火財星を生扶して、旺財が官星を生扶する故に好相なのである。

そこで官殺を不益として、己身は損傷して申支庚干が甲干の瑕疵なので、財星を生扶できずに凶揺と見做すのである。

いわば壬日干が寅支を重見して、寅支蔵の甲木を用途として、己土を背招して壬日の官星と見做し、また寅支蔵の丙火が辛金を背招して壬日の印綬と見做し、そこで午支の合絆と申支の冲衝を畏れて、填実の財星官星に復し不益で身旺の当地が有益なのは、運歳のケースも同義なのである。

「口訣」にいう──

六壬趨艮のケースで、生月亥支に該当してかならず窮命なのである。

『相心賦』にいう──

六壬趨艮のケースでは、仁智がゆたかに充足するだろう。

『真寶賦』にいう──

六壬趨艮のケースでは、財星印星が透出して奇瑞と見做し、官殺星が巡って侵犯すれば、かえって窮状かつ濁性の命相なのである。

〔詩訣〕

六壬趨艮とは、とても有益であり、
壬日干で、時柱寅支では貴格を肯定し、
そこで刑衝と制剋の、併局をとても畏れて、
また運歳の申支に巡って、窮状が生起するのだ。

【六甲趨乾】

この格局はすなわち六甲日干が亥支を附帯するケースで、亥支とは北極天門の位相なのである。

甲木とは亥支に長生を符拠し、また亥支は能く寅支蔵の甲禄と合絆するのは、六壬趨艮のケースと同義でありそこで寅支が不益で、填実亥支が巡り巳支で冲衝するのである。

いわば甲干が時柱亥支のケースでは、亥支蔵の壬禄を印星と見做し、辛金が壬印を生扶して有益なのである。

また命局に財星を帯びて不益で、局中で卯支と合亥支を擁し、すなわち寅支蔵の甲禄との合絆を肯首しないのである。

もし身弱のケースで巳酉丑支三合金局では金質が太過するので、運歳で重複すれば窮状が生起するのである。

『相心賦』にいう──

六甲趨乾とは、己主は仁慈にて、剛心かつ公平なのである。

『真寶賦』にいう──

六甲趨乾とは、印綬が透出して佳質と見做し、また財星が重複して名誉は公卿に列位するだろう。

『千里馬』にいう──

六壬趨艮と六甲趨乾とは、朝廷の清澄かつ吉相の人材なのである。

〔詩訣〕

六甲趨乾とは、もっとも奇瑞と見做し、

それは甲日干が、時柱亥支を領得し、
運歳で、もし旺財の当処に巡れば、
官災や煩難が巡って、訊問するのだ。―

以上の詩賦を詳解すれば、財星の喜忌は同義ではなく、余（万氏）は印星が透出すれば財星が不益なので、身旺ならば財星が有益であると観るのである。

【財官雙美】

『繼善篇』にいう―

六壬干主を午位が搭載して「禄馬同郷」と称号し、癸日干を巳宮が搭載して「財官双美」を肯定し、禄とはすなわち官星でまた馬とはすなわち財星で、この二句とは同一の意義なのである。

壬干は丁火を財馬と見做し、そこで己土を官禄と見做しともに午支が禄位であり、また癸干は丙火を正財と見做し、そこで戊土を正官と見做しともに巳支が禄位なのである。

人は命局に禄馬財官を全備し難く、いうなれば坐下の支が搭載する故に、貴相と見做すのである。

そこで生月秋季が有益で旺金が水気を生扶するので、死木が土質を剋削できない故に廻害と見做し、もし寅卯旺支を附帯してすなわち秀気だが、質実ではないのである。

また生月冬季とは玄武当権で貴相なので王侯と見做し、命局に財星官星を擁してさらにこの二ケースの生日とは、もっとも好作用なのである。

たとえば己丑年丁卯月壬午日癸卯時の命局では、年月柱に丁己干が透出しまた日支が帰禄支で併見して大貴相なのである。

珞琭子氏がいう―

禄馬同郷格とは、三扶根が存在しない命局なのである。

いわば貴人星や食神建禄支を附帯することとは禄馬同郷の肯定でもあり、たとえば甲戌日乙丑日乙巳日丙申日丁丑日戊辰日己亥日庚寅日辛未日壬戌日癸未日の数日生では、みずから財星官星を支蔵してまた禄馬同郷を肯定するのである。

典故では、壬午日癸巳日の二干支だけを取用して、そこで壬癸干を正財正官が搭載するのであり、その他のケースや正偏などはその故に純一ではなく、これを例推されたし。

甲戌日乙丑日の二干支は、月柱に土金質が分岐して有益で富貴だが、ただし金質が過多するのを肯首せず、己身の瑕疵や盗気を畏れるのであり、もし正官貴星が存在しなければ、かならず財気が発揚して富裕なのである。

丙申日丁丑日の二干支は、生月金木質で月貴相だが土質の堆重が不益であり、もし土質が会起して官星を剋伐すれば、己主は富裕なのである。

己亥日は、生月四季土旺また相生に依拠して、吉兆と見做すのである。

庚寅日は、火質を附帯して有益で冬至以降の降誕が適宜であり、一陽が派生して旺火のタイミングで己主は貴相なのである。

もし剛金かつ旺火を領得して、刃鋒を錬成して成器と為り、秋季生月で火質を附帯してもっとも佳質なのである。

唐氏（宰相）の、丙午年庚子月壬午日丙午時の命局では、壬日干で生月子支では身旺で年頭丙干を衝起するので、二丙干は午支根だがかえって庚干が偏印倒食するのは、庚干はすでに丙衝を受剋するが、すなわち丙干を忌避して本義の午支搭載壬干に就くのである。

そこで時柱丙干は月柱子支に就き、壬干とは庚干の洩児なので時柱の午支搭載の丙干に就き、そこで互換的に変成して丙午干支丙子干支と庚午干支壬午干支のセットで、みな「禄馬同郷」かつ「水火既済」と見做し、また「六壬移換」と称する故に己主は大貴相なのである。

およそ大貴相とは格局が二三の合絆を附帯して、双方ともに源根を取用するが、格局の雑多を肯首しないのが「淵源の学説」なのである。

また甲子年丙寅月壬戌日辛丑時の命局では壬日干を戌支が搭載し、丁干戊干を財星官星と見做すが、そこで戊支蔵の火気を土質の生扶の方途とし、生月寅支で病符に該当するので、かえって時柱辛丑干支を領得して丑支が午支を害揺し、また子支が午支を衝揺して午支蔵の丁己干を衝出して、壬日の財星官星と見做すのである。

そこで寅戌支が午支蔵の禄馬と暗合するが、火質は寅戌支を附帯して得局し、また丑支蔵の己土を暗得してみな精気を帯びて、運歳の南方火地を巡り旺相禄馬と見做すので、この丑一支を領得し変転して「三奇」かつ「禄馬飛天」と見做し、合絆の有無に拘わらずに故に大貴相と為るのである。

たとえば丙午年甲午月壬戌日丙午時の命局では、壬干が生月午支で日干に精気がなく火気が太旺し、丁干をもって壬干が従火に従相するので、運歳の西方旺官の当地を巡りてこの化象の好相と為るのである。

この壬干はもとより微力でありかえって三午支を領得して、酉支蔵の辛金を印星と見做して、子支蔵の羊刃の扶身を衝起し財星官星の任用に耐久するが、ただし生涯は余閑に悦服することがないだろう。

そこで一未土官星が去過してまた一官星が巡るのは、運歳の庚子干支に至って火気熄滅の当地であり、庚干を偏印倒食と見做し旺水傷官を兼備してその依拠とするが、火質に精気がなく堆土が衝水に揺蕩するが、また填実かつ権刃の巡相を肯首する故に不益なのである。

「訣」にいう――

死処に生扶するが、また旺処に虚脱するとは、この肯定なのである。

徐子平氏がいう――

「三奇かつ禄馬同郷」とは、生時柱が休敗の当地に該当しない必要があるのである。

〔古歌訣〕

禄馬同郷で、損傷が存在しなければ、
財星と官星が同宮し、もっとも栄昌と為り、
四柱命局が、真実の貴相の奇瑞であり、
そこで強引に損壊すれば、名利の欠損なのである。

【二徳扶身】

天徳貴人月徳貴人とはすなわち太陽と月陰の臨照の会合なので、どうして暗昧邪陰であろうか。

そこで敢えてその位相を容量して、その故に盗奸の棲息や悪獣の潜伏を、神明が扶射して邪鬼が退避するのである。

これは天地徳秀の気象なので、凶兆を吉事へ好転させる星神で、人命がこれを附帯すれば大いに福徳と見做し、さらに禄馬支貴人星印綬が扶相するか、また天月二徳が就位して財星官星印星食神を附帯すれば、貴格局に適合するのである。

そこでふたたび三奇を帯びて、命局が生旺で損壊が存在しなければ、官位爵禄が栄顕して一生横禍に遭遇しないのである。

もし損傷を被れば事を作して成就せず、命局は格局に適合せず窮状かつ凶揺なので、そこで天月二徳の存在は解救なのである。

いわば天徳貴人とは月将の相扶が適宜だが、寅月を丁と符するときは亥将支が有益で、癸干が丁干を傷揺して不益であり、卯月を申と符するときは戌将支が適宜で、寅支を衝破して不益であり、辰月を壬と符するときは酉将支が適宜で、戊干を傷揺して不益であり、巳月を辛と符するときは申将支が適宜で、丁干を傷揺して不益であり、午月を亥と符するときは未将支が適宜で、己干を衝破して不益であり、未月を甲と符するときは午将支が適宜で、庚干を傷揺して不益であり、申月を癸と符するときは巳将支が適宜で、己干を傷揺して不益であり、未月を寅と符するとき辰将支が適宜で、申支を衝破して不益であり、申月を丙と符するときは卯将支が適宜で、壬干を傷揺して不益であり、酉月を乙と符するときは寅将支が適宜で、辛干の傷揺が不益であり、戌月を巳と符するときは丑将支が適宜で、亥支の衝破が不益であり、亥月を庚と符するときは子将支が適宜で、丙干の傷揺が不益なのである。

また月徳貴人とは、生月寅午戌支で丙辛干合のケースでは、壬干の傷揺が不益で、また生月亥卯未支で甲己干合のケースでは、庚干の傷揺が不益で、また生月申子辰支で壬丁干合のケースでは、戊干の傷揺が不益で、また生月巳酉丑支で庚乙干合のケースでは、丙干の傷揺が不益であり、もしこの不益のケースでは天月二徳貴人は成合しないのである。

天月二徳貴人では、天徳貴人を重用と為して月徳貴人がその次席であり、財星官星印綬に好転し、すなわち福分の倍力を添加し、また日干が肯相ならばもっとも吉兆なのである。

「秘訣」にいう――

日主に天月二徳貴人が臨めば一生険難が存在せず、さらに将星を附帯すれば名声が官府に登科するだろう。

『鬼谷遺文要訣』にいう――

天月徳の一貴人を扶持すれば聚凶は解紛して、男命ならば青雲を平歩して、女命ならば福寿双全に相当するのである。

『玉鑒』にいう――

生気が天徳合に当卦すれば、永年に在世できるであろう。

『三命鈐』にいう――

天月二徳貴人とは、陰陽が同性で異なって位相する徳分なのである。

およそ人命がこれを附帯して、文章学力が抜群で官途は清顕するだろう。

『三車一覧』にいう――

天月二徳貴人が扶持すれば、官途に有利で少疾なのである。

『心鏡』にいう――

天月二徳貴人を解救と見做し、百災は無害と為るだろう。

『相心賦』にいう――

天月二徳貴人に印星が生扶すれば、事を作すに恩徳を布施するだろう。

『幽微賦』にいう――

慈慧の敏祥とは、天月二徳貴人が瑞祥を呈することである。

『奥旨賦』にいう――

命局が欠損して旺殺のケースでは、天月二徳貴人で天赦として瑞祥を呈するのである。

〔詩訣〕

原局に天徳貴人が巡り、大吉昌なのであり、
もし日時柱に附帯して、最良と見做し、
文章を修学して、かならず科挙進士に合格し、
庶務を俗謀しても、百事に旺強なのである。

〔詩訣〕

人命がもし、還た月徳貴人を帯びれば、
百事の求処に、利益は多大であり、
士農工商それぞれ、適相となるが、
そこで妻子兄弟に、瑕疵が存在しないことである。

〔詩訣〕

陰陽二干命ともに、偏官が通星して、
偏官を化殺して、権徳の在局と見做し、
そこで日時柱に、天月二徳貴人を附帯すれば、
男命は一品官級で、女命は褒賞されるだろう。

〔詩訣〕

天徳月徳を重複し、附帯すれば有益であり、
汾陽市や晋官石崇氏に比せられる富貴であり、
先祖の蔭徳が豊肥で、厚福を享受するので、
さもなくば年少にて、月天宮を雲歩するだろう。――

太陽の経度とは衆星が定位に配局して、たとえば寅月生では毎日子時刻で、卯月生では亥時刻で、辰月生では戌時刻で、巳月生では酉時刻で、午月生では申時刻で、未月生では未時刻で、申月生では午時刻で、酉月生では巳時刻で、戌月生では辰時刻で、亥月生では卯時刻で、子月生では丑時刻でありこの時刻の降誕では、さらに日柱の支干が相関すればもっとも吉兆なのである。

【将星扶徳】

珞琭子氏がいう――

「将星扶徳」とは天乙貴人が臨んで添加して、己主の原局が休囚するとき、巡りゆきて陽没伏蔵するのである。

徐子平氏がいう――

月将が日貴を附帯して徳合すれば命局の名誉は発揚するが、将星とは寅月の亥将のポイントから上起して、十二箇月を運行して一箇月に一箇宮処するが、その暦巻を臺机にて参照すべきである。

そこで毎月の中気以降に、六陽が宮処を経過して将（ポイント）に巡る方途であり、六壬月将が時候に添加する正しい義則なのであり、寅月は功曹であり、卯月は大衡であり、辰月は天罡であり、巳月は太乙であり、午月は勝光であり、未月は小吉であり、申月は傳送であり、酉月は従魁であり、戌月は河魁であり、亥月は登明であり、子月は神后であり、丑月は大吉なのである。

また将星が原局の生月に臨んで、徳位相に巡り貴格に適合するが、そこで

命主が興旺して富貴双美であるが、逆に原局が休囚して天地の時利が整合せず、名利は虚質で蹇滞の命相なのであり、将星扶徳とは寅月の中旬以降に亥将のポイントを領得して、太陽の経度が己身にて亥支「娵訾星宿」の次点であり、また日干支の丙丁干のポイントに遭うタイミングなのである。

さらに日干を官貴星と禄馬支の相扶に会合して、格局に適合すれば己主は博学の人物と為り、叡智は聡明にて学府の清臺の高位なのである。

もし命局に偏官を帯びて、すなわち兵権の刑典に相当し、たとえば余（万氏）の命局の庚寅日では生月丑支中旬以降で、太陽が丑宮の星宿十九度に所在して、天月二徳貴人が庚干つまり日主に該当し、また庚干は丑支を貴星と見做して将星扶徳を肯定するのである。

そこで天乙貴人が臨んで、添加して庚干が生月丑支で休囚だが衰敗せず、年柱の壬午干支は原局ですなわち旺相で、時柱の丙戌干支には偏官を擁する故に、権兵の刑典かつ学府の清臺と見做すのである。

また日主が休廃する故に大官吏ではなく、総軍輔佐官で玉飾印綬を腰帯するのである。

余（万氏）と同命局の西域出身人物を伝えきくと、庚日干が支根を得地する故で、科挙武科試験出身であり、この命局を必然的に信用するのである。

〔詩訣〕

将星扶徳とは、貴人のタイミングであり、
名声が帝都に顕れ、華美にて指折りの桂枝であり、
貴星が暗合して、拱助に巡るときには、
命局の権威は、決定的であり虚性ではない。

〔詩訣〕

将星かつ文武とは、双方ともに適宜であり、
爵禄重複し、権威定高と知るべきであり、
要職である清流の宰相大臣ではなく、
すなわち官邸に起居して旗章紋を挙揚するのだ。―余（万氏）育吾の自称なのである。

【金神】

金神とは破敗の星神すなわち的殺として留まり、すなわち癸酉干支己巳干支乙丑干支の三時柱なのである。

この格局は六甲干を日主と見做すときに、この三時柱を併見するケースで金神がテーマなのである。

甲子日甲辰日の二干支を最好と見做し、月令に金気が通根して火局を成局し、取用の方途を肯首して、命局にさらに偏官傷官羊刃を附帯して真実の貴人なのである。

もし月令に金気が通根せず、火局が成立しなければすなわち他格局がテーマで、それは財星官星印綬また従化に転変するケースなどで水質の不益を肯首し、もし従化せず水郷を巡れば窮状は言うまでもないだろう。

いわば威猛なる者は強暴をもってその能力と見做し、威猛とはかりそめにも専門家ではなく人々がこれを侮蔑するが、そこで太剛たればかならず挫折し、これを制伏しなければすなわち剛猛と柔寛とは相済せず、どうして中和の道程を履行するだろうか。

もし調伏して接触に馴れれば中和に至り、すなわち福分爵禄が相次いで到来するので、この格局を領得すれば明敏かつ剛断の才能、または堅強かつ不屈の志操を持つのである。

四柱命局が火局で、運歳の火郷を巡ればこの格局がテーマであり、生月亥卯未支で火郷を巡ればこの格局がテーマであり、もし生月水質また水郷を巡れば用途ではないのである。

また生月辰支で北方運を巡れば印綬の造作を肯首し、官殺陽刃が有益で刑衝を畏れるのである。

もし時柱癸酉干支を附帯すれば、酉支を甲干の官星の位相と見做して、金神かつ火気制伏のテーマを肯首せず、これを断説して正官をテーマに造作して、運歳の財星官星を得地して発福するのである。

そこで年月柱に申支庚干を重見すれば、官殺混雑なのですなわち金神がテーマであり、運歳で火質を添加してかならず福分だが、水質を添加してかならず凶揺なのである。

命局に火質を含有して火郷を巡らなければ、また発揚は難儀で財星の併見が有益で、運歳の財地を巡りまた発揚するのである。

また六己日干でこの三時柱を併見してまた金神のテーマを造作し、運歳の金水郷を巡ればすなわち凶揺が惹起して、運歳の財地はすなわち好相で火郷ではさらに好作用なのである。

『獨歩』にいう―

甲日干の金神とは火地に偏向して適宜であり、また己日干の金神とは火質の制伏をどうして労と見做すのだろう。

いわば六甲干で生月春季で時柱に金神を侵犯すれば、水郷エリアでは発揚せず、火質が重複して真実の名声なのである。

いわば甲乙干で生月丑支で時柱に金神を附帯して、月干に七殺偏官を附帯して視覚碍なのである。

「経典」にいう―

金神が火質を附帯すれば、辺境を威鎮するだろう。

『妖祥賦』にいう―

金神は七殺偏官が有益で、また刑衝が不益なのである。

『玄機賦』にいう―

金神とは、もっとも制伏が適宜なのである。

「秘訣」にいう―

金神とは旺火の郷地が有益で、もし北方地へ巡ればすなわち凶揺なのである。

『相心賦』にいう―

金神の貴格局とは火地が奇瑞なのであり、才覚は剛断明敏であり、凶揺の意思は存在しないだろう。

『定真賦』にいう―

金神が運歳の水郷に至れば、自己の死屍が割裂するだろう。

〔詩訣〕にいう―

癸酉干支己巳干支が乙丑干支を併見するときは、
三位相の金神を、時柱に帯びるのを畏れるが、
火郷にて、偏官羊刃が貴相に巡るときには、
たとえば水郷に所在し、醜刑が随伴するようだ。

〔詩訣〕

癸酉干支己巳干支や乙丑干支を併見するときに、
時上に附帯して、その福星を肯定し、
そこで傲恃の才物は、制伏して適宜であり、
七殺羊刃が交夾し、真実の貴人なのである。

〔詩訣〕

六甲干主で、己身が旺じるケースでは、
時柱に酉支が透干して、食神を造作し、
たとえば巳支が位相して、還た制すべきで、
酉丑支ならば、どうにか深度に煅煉すべきである。

〔詩訣〕

甲干が時上に、金神を附帯するときには、
七殺羊刃が併相し、真実の貴人であり、
木火気が旺相して、財産爵禄が発揚し、
たとえば金水気を附帯し、かならず損傷するだろう。

〔詩訣〕

金神が火質を帯びて、決定的に貴相であり、
そこで金水気を含有して、決定的に窮状するが、
運歳の火郷へ至り、多大に発達し、
官途は敬崇され、家宅は富裕でともに適相である。

〔詩訣〕

時柱に金神を帯びて、多大なる貴気であり、
たとえば陽刃を附帯し、かえって融和に相当し、
もし運歳の水地を巡れば、窮疾するが、
火気が制伏して、爵位は名高く屹立するだろう。

〔詩訣〕

金神の癸酉干支を、時柱に附帯すれば、
そこで己巳干支は、還た乙丑干支とは同三種であり、
命局に水質が過多し、北地が不益であり、
火局の旺火は、南方へ赴くことを要するのだ。

〔詩訣〕

羊刃を附帯して凶意を吉兆と見做すのだが、
そこで偏官を要するのは、苦境が好転するからであり、
剛断かつ明敏で、屈節が存在しなければ、
調整に浴して、官銜職を担当するだろう。―

たとえばこの方途で軍事長官の、壬午年乙巳月甲辰日己巳時の命局では、甲干が己巳干支を併見して金神が主事して、また巳午支とは純火相なので制伏して適宜を領得し、運歳の南方へ巡るときに少年期に科挙試験に合格するが、西方地の官殺郷で功名が窮状し、また北方水郷にて何とも極貴相にて、一品官に昇級するのである。

命局に火質が過多して、甲木の水印は些少なので北地へ至って充足するのは、趙鏗氏（県官吏）の命局も同義であり、運歳の辛亥干支旺水にて酒色に風狂して田産地を蕩尽するのは、楚域出身ならば火地でまた趙域燕域出身ならば水地なので、地域ごとに同義ではない故なのである。

また元朝系の首相氏は、壬辰年丁未月己丑日己巳時の命局であり、金神が生月未支中旬で旺火し未支は水庫偏官を擁して、壬干が年頭に透出し壬丁干合して、真実の木質が官星を扶助しまた羊刃を附帯して有益なので、運歳の西方地を巡り戊己干が水質を阻剋し申酉支が偏官を制伏して、運歳の戌地を巡って火庫を衝開するが、金神が制伏を擁して貴相が副大臣に昇級していたのだった。

運歳の亥支旺水の当地かつ三十七歳で戊辰干支のタイミングで、歳君が水庫を衝開して金神が制伏せずに、旺財が官殺を生起して凶揺と見做し、酒因で卒したのである。

【日貴】

日貴とは日干を天乙貴人が搭載するケースで、この格局は生日干支つまり丁酉日丁亥日癸巳日癸卯日の四日にとどまり、己主は人柄が純粋で仁徳や容姿が優れて、傲高慢の気性の人物ではないのである。

そこで貴気が日主に聚合し、さらに財星食神印星を帯びて、助相して貴気を福分と見做すのである。

また三合会局や六合や墓符合絆が有益で、運歳の貴人旺財に巡って発福するが、刑衝破害空亡がとても不益で、運歳でそれらに巡って年歳で際会添加して、さらに魁罡を附帯して己主は窮状して非長寿だが、もし別の格局を成局すればそのテーマではないのである。

日貴星とは昼刻降誕と夜刻降誕に分岐すべきで、昼刻ならば癸卯日丁亥日を重要視し、夜刻ならば癸巳日丁酉日を重要視するが、それら日夜分岐に乖背しなければ本体を成為するのである。

「経典」にいう―

日貴人とは和悦慈悲吉祥の称号であり徳性を尊重する名称で、財星官星印星食神を帯びてすなわち吉祥であり、七殺羊刃刑衝に該当してすなわち凶兆なのであるが、運歳で魁罡に巡って深度に有害なのである。

いわば日貴が刑衝破害を附帯すれば、生得的に窮状かつ非長寿の危険度が高いであろう。

〔古歌訣〕
日干を、天乙貴人が搭載するときは、
もし魁罡を併見して、福分は斎同せずに、
年干が建禄月支に該当して有益ではなく、
ただ日貴が重複して巡り、奇特かつ奇瑞なのである。

〔歌訣〕
丁日干が亥酉支で、癸日干が卯酉支のときに、
刑衝破害して、怠嘆かつ長息し、
そこで些少でも会局に臨み、貴相を方成し、
終始とも結尾して、すなわち佳運なのである。

〔歌訣〕
日徳や日貴の己主は、慈悲吉祥であり、
財星官星印星に巡り、福分が栄昌し、
そこで刑衝七殺羊刃が巡って附帯すれば、
かえって吉意が凶変して肯定できないのだ。

〔歌訣〕
癸日干を、巳卯支が搭載して奇瑞は英々とし、
丁日干を、亥酉支が搭載して奇瑞は英々とし、

切に魁罡や昼夜の分逆を不益として、
さらに刑害に防備せねば、尊卑を失調するだろう。

〔歌訣〕
運歳が好会して、名利が重複し、
命局に空亡を帯び、窮状がかならず随伴し、
貴人が重複して、尊厳と厚徳を持し、
また前戒が逢瀬し、決定的に凶揺なのである。

【日徳】

この格局は甲寅日丙辰日戊辰日庚辰日壬戌日の五日干支にとどまり、甲干丙干戊干庚干壬干の五陽干を取用し、甲干を寅禄支が搭載し、丙干を辰支官庫が搭載し、庚干を辰支財印二星が搭載し、壬干を戌支三奇全備が搭載するのである。

そこで寅支とは三陽首支であり辰戌支とは魁罡の当地で、命局が別格に特異である故に日徳と称するのである。

吉神殺を精査すれば百二十五位相だが日徳は存在せず、また別義を取用しているのである。

余（万氏）はすなわち未だ解明せず、日徳とは複擁を要して二三位相を併見して、日徳の用法と同義だがもしただ一位相ならば、月令の財星官星印星食神を取用するのである。

その位相と時宜とは、何であろうか。

その時宜を失効した被害とは、何であろうか。

用法が可能であれば取用し、不可能であれば控除するのである。

もし日徳を合得すれば、日主は人柄が性格慈善で体躯容貌が壮大で、窮状者を憐れみ敬老の精神があり、害毒剥剋の意思は存在しないのである。

そこで凶事に巡って救応しまた難事に巡って解紛し、窮状に遭難しなければ福分はかならず豊厚なのである。

「賦」にいう——

日徳の心性は善良で、おおむね穏厚で慈悲吉祥を造作するので、運歳の身旺に臨み大いに偏奇は滅尽するが、もし運歳が旺気で己身が衰敗して行運で魁罡に巡り、かならず卒亡または巡らずして発福するだろう。

そこで格局がすでに好相ならば運歳の魁罡に巡り、かならず窮状が生起するが、この一失態でまた能くふたたび発揚するが、結局は微力なのである。

ただこの格局が一位相ならば財星官星が有益だが、日徳が重複すれば財星官星や刑衝破害や空亡魁罡を附帯するか、会合して添加して臨めばみな大忌と見做すのである。

〔詩訣〕
壬戌干支庚辰干支とは、日徳の宮位であり、
甲寅干支また戊丙干を辰支（ドラゴン）が搭載を要し、
運歳の身旺に巡り、心性は慈善であり、
日徳を併相して、自ら福分は豊厚なのである。

〔詩訣〕
日徳は魁罡を附帯して、有益ではなく、
鬼殺が化成して、もっとも充当は困難であり、
命局に重見して、還た疾患と見做し、
運歳でこれに巡って、決定的に瑕疵するだろう。

〔詩訣〕
丙辰干支は切に壬辰干支を帯びて不益であり、
（壬丙干は同辰支が搭載するが水火剋位を肯定する故に不益なのである）
壬戌干支に、阻堤の戊戌干支が臨むときには、
（壬戌干は同戌支が搭載するが、土水剋位を肯首するのである）
庚辰日主が庚戌干支を畏れるのは、
（納音が同金質で辰戌支がもっとも重度に冲衝するからである）
甲寅干支が還た庚辰干支を畏れるのは、
（金木質が相剋して日徳が魁罡を畏れるからである）

〔詩訣〕
日徳が重複すれば、窮状を免れるが、
そこで官星が財郷エリアに巡って不益であり、
さらに衝破や空亡が夾雑しなければ、
朝廷一の重臣と成って、耐久するだろう。

〔詩訣〕

日徳は、偏官かつ身強を有益とし、
そこで財星旺官のエリアが不益であり、
さらに性質柔温で慈善と見做し、
一生の福寿として、とても有益なのである。─

たとえば張燭氏は同じ命運であり、甲申年戊辰月戊辰日壬戌時の命局で、学府官吏であり腰帯金束して紫恩衣を着用しており、五品官位を拝領してこの格局を肯定するのである。

一命局の、庚辰年己卯月戊辰日甲寅時の命局では、日徳が三位相でこの格局のテーマを肯定するが、ただし甲寅干支は庚辰干支を附帯して不益なので、運歳の壬午干支財郷エリアを巡り、午支蔵の陽刃が権威を持ち、みな日徳の忌処を侵犯するので、丁巳年に寅巳支が刑相して寿命三十八歳で四月に卒したのである。

恒常的に性質は重濁で、また慈善せずに持疾しており、日徳を再考すれば丙子日壬午日辛卯日丁酉日などの生日や、また乙巳日乙酉日乙丑日などの生日は、そうでなくても未然に畏怖するのである。

【魁罡】

この格局には庚辰日壬辰日戊戌日庚戌日の四日干支があり、辰支を天罡と為して戌支を河魁と為し、すなわち陰陽絶滅の当地である故にこの名称がある。

単に甲干を除外して首干に位居して、辰支を擁して青竜と見做し戌支を擁して禄堂と見做して、吉意を含有して凶意が存在しない故なのである。

この格局は重複併相して日柱に聚臨して、そこで貴気を伏蔵すると見做すのである。

「経典」にいう─

魁罡が聚党すれば非常に発福するので己主は聡明な性格で、文章力が発揚して事に臨んで果断で権威を掌事して殺生を所懐するのである。

「賦」にいう─

魁罡とは厳格な性質で志操を堅持して、聡明敏捷の人物と見做すのを肯首するのである。

運歳の身旺を巡り発福は百端だが、財星官星を一見して窮状が惹起し、刑衝七殺を帯びてもっとも凶揺なのである。

なお日柱が単立して刑衝制剋が重複して臨めば、かならず小人物で刑責を免れずに、骨身に徹底して窮迫するが、そこで運歳の財星官星の旺処に臨み、己主は窮状を防備するだろう。

もし月令に財星官星印綬を擁して日主が単立であれば、すなわち財星官星印星食神を取用して微勢でも破敗するが、そこで財星官星印星食神の位相が好相であれば無害なのである。

そこで月令を勘案して有用であれば、取用して些少な末節に拘泥してはならないのである。

いわば庚戌日と庚辰日の二日干支は官星が存在せず、魁罡が重複して情義があり、己主は富裕かつ高名だが、ただし財星を附帯すればすなわち成局せず、運歳でふたたび旺財の郷地へ巡り、その窮状は測り知れない程である。

また庚辰日では生月戌支で辰戌支が冲衝するが、運歳の南方地に巡り命局に火質を含有して貴相に言及すべきなのである。

また庚戌日では生月辰支で官星印綬を附帯してもまた用途ではなく、そこで庚干は戌支蔵の火質を官庫と見做し戊土を印星と見做し、辰支蔵の癸水傷官を庚干の泄気として格局は成立しないのである。

また戊戌日では財星が存在しなければ貴相ではなく、官星を帯びて不適宜だが、もし魁罡が重複して情義があれば富貴双全なのである。

また壬辰日では財星官星を附帯するのを畏れて、印綬劫財偏官がとても有益なのは、運歳のケースも同義なのである。

いわば辰支は水庫を肯首して天罡に属し、また戌支は火庫を肯首して地魁に属するが、辰戌支の相見を天地の衝撃と見做すのである。

『子平総論』にいう─

己身が庚辰日壬辰日戊戌日庚戌日では衰敗して、すなわち窮状が骨身に徹底し、また旺強してすなわち精力絶倫にて貴相が顕彰するだろう。

〔詩訣〕

壬辰日庚戌日庚辰日戊戌日とは、魁罡四座神であり、

そこで財星官星刑衝七殺を併見しなければ、
身旺の当地を巡り貴相顕彰するが、モラルはないだろう。

〔詩訣〕
魁罡四日主を、最優先と見做し、
重複して併相すれば、大権を掌握し、
庚戌日庚辰日は、官星を帯びるのを畏れ、
戊戌日壬辰日は、運歳の財星を畏れるのだ。

〔詩訣〕
命局に、同魁罡を併相すれば、
貴気が、命局に存在して昇陽し、
日主が単立して、衝剋の重複を帯びれば、
財官星が透出して、無窮の窮状であろう。

〔詩訣〕
魁罡が重複して、貴人を肯首し、
干頭が健旺で、己身に臨んで有益であり、
財星官星の一星を、帯びて窮状が発生し、
刑衝七殺を両見し、決定的に辛苦するだろう。—

精査すれば、この格局は辰戌支を併用するが、ただ干頭が些少に異なり、うち庚辰日は二日の意義があり、すでに日徳とも称し魁罡とも称するので、その格局のテーマは迂遠であり同義ではないので、かならずしもテーマに拘泥しないのである。

たとえば張時氏（検事官）は、庚午年丁亥月戊戌日丙辰時の命局で、また劉大受氏（副首長）は、丁亥年癸丑月庚戌日戊寅時の命局で、ともに魁罡日で財星官星印星の取用を肯首するのである。

【福徳秀気】

この格局は巳酉丑支三合金局がテーマで、その天干がポイントなのである。

まず乙巳日乙酉日乙丑日の三日干支では、乙干が金質の作用を七殺と見做すので、印綬や制伏が有益だが生月未支が不適宜なのは、旺墓を附帯して金気が能く木質を剋伐する為なのである。

また生月申支が不適宜なのは、ふたたび七殺が透出するので、運歳の印綬旺官の郷エリアを巡って、すなわち能く発福するのである。

また丁巳日丁酉日丁丑日の三日干支では、丁干が壬干の作用を正官と見做すので、旺金が水質を生扶して有益なのである。

生月酉支が不益なのは、酉月に陽火が死符して功名に逡巡し、また生月子支が不益なのは、子月に癸水を七殺と見做し、寿元の耐久を為さないからである。

命局に財星官星が旺相して有益で貴相と見做し、運歳の旺官を巡りすなわち発福を肯定するのである。

また己巳日己酉日己丑日の三日干支では、己干が甲干の作用を正官と見做すので、巳酉丑支三合金局ではその官星の瑕疵としてまた盗気と称し、どうして吉意と見做すのであろう。

とくに金質が能く水財を生扶するのを知らず、運歳の財地を巡って有益ですなわち発揚するので、そこで命局に丙丁干寅午戌支を附帯する必要はなく、そこでポイントが傷官三合金局や刑衝破害なのである。

また生月巳支が不益であるのは旺火で秀気が浅薄で、晩年期に立身しておおむね浮沈が多く窮状するのである。

また癸巳日癸酉日癸丑日の三日干支では、用途の金質を印星と見做し、巳酉丑支三合金局を帯びて能く癸水を生扶し、秋冬金水気の時季が有益なのである。

また生月巳支が不益であるのは水質は巳支に涸絶し、そこで金質が巳支で生扶しても、金質が水質を派生することはここに涸絶して肯首できず、運歳の官星印星ですなわち能く発福するが、ただ火質財星が金質印星を瑕疵するのを忌むのである。

またいわばこの三日干支は「飛天禄馬」と同義で、たとえば生月巳支では月象が風に臨むと名称し（支蔵干頭乙月）、これを填実の貴相に巡ると称して通達するのである。

また辛巳日辛酉日辛丑日の三日干支では、命局の三合金局が好作用で、もし午戌支の旺火を帯びて破相すれば、かえって窮状が発生するのである。

もし丙干の旺火に通関して官星の正気と見倣し、また寅支が位相して天乙貴人と見倣してともに吉兆なのは、運歳のケースも同義なのである。
〔古歌訣〕
乙木を、酉丑巳支が添加して搭載するときは、
生月未支に位相して、背裡にて呻吟し、
官星を為し、禄位を領得しても長久は難しく、
たとえ文章を為しても、顕示には不足なのだ。
〔歌訣〕
乙巳干支乙酉干支乙丑干支を併見すれば、
生月酉支の命相は、非長寿なのであり、
命局に、もし火質の傷官を附帯すれば、
官職を失降するのは、決定的に必然なのである。
〔歌訣〕
丁火が、巳酉丑支に臨んで搭載すれば、
生月丑支では、長寿は難儀であり、
さらに名利を兼備して浮沈が多く、
破敗して荒淫と為り、肯首できないのだ。
〔歌訣〕
丁巳干支丁酉干支丁丑干支を併見すれば、
生月酉支では、人命は恒久ではなく、
過去の名利とともに有頂天と為り、
さらに飲酒や交友が不益と為るだろう。
〔歌訣〕
己土を、巳酉丑支が添加して搭載するときに、
福徳を為して、勇猛な兵卒を称号し、
その秀気を火質が、浸透して衝破すれば、
名利ともに、一時的に暇休すべきである。
〔歌訣〕
己巳干支己酉干支己丑干支を併見するときに、
秀気が、福徳を造作するのであり、
そこで命局に火気が浸相するのをとても畏れ、
たとえ功名しても恒久ではないだろう。
〔歌訣〕
辛金が三合金局すれば、己主の前途とは、
清奇を造化して、とても情誼があり、
命局に、火質が浸透して衝破すれば、
名利ともに、完成しないと知るべきなのである。
〔歌訣〕
西方の金質が、陰干を搭載するときには、
そこで休囚のタイミングを畏怖しないのであり、
鬼殺を帯びるタイミングが、発福の方途であり、
功名して、神仙峰を雲歩するだろう。
〔歌訣〕
癸巳干支癸酉干支に、乙干が夾揺すれば、
百事が遅延して、事を作すに空疎であり、
名利の生成に、有望は難儀であり、
知己の始兆とは、すでに命局に存在するのだ。
〔歌訣〕
癸巳干支癸酉干支癸丑干支を併見するときに、
生月巳支の人命は、恒久ではなく、
功名のなりゆきは、晩節に存在し、
もっとも酒色に興趣するのを危惧するのである。

【三奇真貴】

「経典」にいう―

もし三奇が禄馬支に真実に巡れば名声が天下に伝播し、日柱が禄馬支に相当すれば興隆して旺じ、一挙にすなわち名声が成立するだろう。

たとえば甲干が生月酉丑未支でまた乙干が生月巳申支で、命局に壬癸干また亥子支を附帯して、財星官星印星を全備して三奇の貴相と見倣すのである。

そこで傷官偏官劫財刑衝破害が不益であり、運歳の財星官星印星身旺の当地が有益なのである。

　およそ人命がこれを附帯して己主は聡明で向学心があり、神童として科挙進士試験首席合格して、節操や道義を所懐するだろう。

　三奇を「内」と「外」に分類すれば、干頭に透出して「外」と見做し、地支に伏蔵して「内」と見做すが、「外」の三奇の己主は苦労のすえに成功し、富貴を安処として恒常的に闊達する象意なのは、天干が常時変動する故なのである。

　なお月令の財星官星が衰敗するかまた運歳で衰地に巡れば、すなわち窮状の命運と見做すのである。

　たとえば左鑑氏（護衛官）の、己卯年癸酉月甲午日辛未時の命局では天干三奇を肯首し、ただし日干が衰微して財星官星が旺相で印星が微力ならば、おそらく大貴相ではないだろう。

　もし「内」の三奇ならば、地支が財星官星に背合して真実の禄馬支と見做すが、干頭を扶助して合絆して衝揺せず、月令に財星官星の生旺の気が通根するケースで、たとえば辛干で生月巳支で官星印星ともに建禄しさらに旺財を領得すれば、日主は健強で一品官位の高貴なのである。

「経典」にいう――

　男命が三奇を附帯して生旺すれば、決定的に一品官位の尊号なのである。

（たとえば張居正氏（首相）の、乙酉年辛巳月辛酉日辛卯時の命局では、月令が官印星かつ建禄支で日主を禄支が搭載して自旺し、年干乙財星が時卯支に帰禄して、これは日主や財星官星印星ともに禄支が搭載するので、巳月の天徳貴人が辛干に当在し、辛乙干は互換して帰禄する故に、年少にて宰相を拝命して東宮学士と見做されたのである。子息六人父母兄弚とも全備するが、子息と弟君を癸酉時のポイントで、一子息が学士院かつ前朝廷の閣僚大臣で、比肩できないほどに信任されたのである。また譚綸氏（長官）の、庚辰年甲申月丁未日丙午時の命局では、財星官星印星とも月令に通関して、また丁未干支は八専であり時柱に帰禄支があり身旺かつ三奇であり、恒常的に軍功が顕赫して一品官位の高貴に昇階したのである。）

いわば甲干が生月秋季中旬で命局に壬癸戊己干を附帯して、日主は旺盛かつ大貴相なのである。

　もし命局が申支庚干を附帯すれば、官殺混雑で局中に乙庚干合を領得するか、旺丙干が制剋すれば取用を肯首するが、結局は清純ではないのである。

　もし生月夏季冬季であれば才徳が空疎を抱懐して、名声の成立は困難なのである。

　甲干が生月丑支ならば、丑支蔵に辛金を含有して甲干の正官と見做し、己干を附帯して正財としてまた癸干を附帯して印綬と見做すのである。

　命局に月令三奇で精気を帯びるか、また成局が成立して日主が健旺で、印星の生助を附帯して「帯印聚貴」と見做して、もっとも佳質だが他は例推されたし。

　いわば財星官星食神が全備して、また三奇と見做す故に食神を取用するとは、甲干の食神は丙干であり丙干は能く己干を生扶して、甲干の正財と見做すのである。

　合絆の辛干を甲干の正官と見做し、月令や日時支に旺相を要して好作用なのである。

　およそ人命がこれを附帯して己主は権貴で、たとえ軽快でも財帛は豊厚だが、ただし三奇に食神が際会して、ただ偏印を不益と見做すのである。

　いわば三奇とは順布して附帯して適宜で、さらに一柱旬干支に合絆を帯びて、もっとも貴相なのである。

　まず甲子日主が己巳干支辛未干支を帯び、また乙丑日主が戊寅干支庚辰干支を帯び、

　また丙寅日主が辛卯干支癸巳干支を帯び、また丁未日主が庚戌干支壬子干支を帯び、

　また戊戌日主が己亥干支癸卯干支を帯び、また己未日主が壬申干支甲戌干支を帯び、

　また庚辰日主が乙酉干支丁亥干支を帯び、また辛巳日主が乙未干支丙申干支を帯び、

　また壬午日主が丁未干支己酉干支を帯び、また癸卯日主が丙辰干支戊午干支を帯びる。

以上が三奇が順布して、一旬内に巡って真実の禄馬支と見做し、さらに印星が生扶して己主は公侯と見做すのである。
まず甲干を酉子巳支が搭載し、また乙干を申午亥支が搭載し、
また丙干を子卯申支が搭載し、また丁干を亥酉寅支が搭載し、
また戊干を卯亥午支が搭載し、また己干を寅子巳支が搭載し、
また庚干を午や寅支を搭載し、また辛干を巳や卯支が搭載し、
また壬干を午酉支が搭載して有益で、癸干を巳申支が搭載して、地支の三奇と為り「内三奇」と名称するのである。

そこで財星と印星が衝相するのを肯首しない故に、正官印綬が偏財に際会して、人命がこれに巡って衝破が存在せず、生旺を附帯してかならず処世は英雄であり、科挙進士試験に高位合格して、官位は公卿大臣に昇階するだろう。

いわば三奇の貴相とは、財星官星印星の作用を詳解する必要があり、如何なる生助があり如何なる損傷があるだろうか。

ただし一箇でも忌処があれば、すなわち貴相奇瑞を肯首しても欠損し、逐次その禍福を分析するのである。

たとえば財星が劫財を被り、運歳でふたたび比劫に巡るときは、当歳の財星の衝破を断定し、また妻子が原因で官級が破壊するのではなく、たとえば官位貴相に瑕疵の明暗があり、運歳でふたたび損傷の星神に巡って、当年の退官職を断定するのである。

そこで印星が欠損すれば祖蔭の懐刀が破耗し、運歳で死絶符の当地に臨み、ふたたび破壊の星神に巡り、かならず窮状が重複するだろう。

ただし命局を看るに、命局の用神が何星かを察する必要があり、何星が生助を為してたとえば官貴星が作用するならば、死敗かつ破綻が不益なのである。

もし用神が損傷するときは、助相して救応すれば凶意だが当死せず、ふたたび助相しても阻止剋撃すれば、日主は衰敗してかならず卒するのである。

〔詩訣〕

財星官星印綬に、三奇を称号するときは、
文将武将かつ、英雄の権威であり、
その心性は良く忠義で、模範の鑑であり、
家門は蔭護を稟けて充ち、光輝が定まるのだ。

〔詩訣〕

財星官星が佩印して、三奇を称号すれば、
この三星の全備に巡るのは、稀有であり、
年少にて、抜群の科挙先駆の名誉となり、
功勲が世表を覆って、長寿に悦するのである。

〔詩訣〕

印星や建禄支が巡って、騎馬が就着し、
資財と官職ともに、好相適宜と為り、
旺相にして、さらに命局の資助と見做し、
その栄華は上格局で、首席の奇瑞なのである。

【天元暗禄】

この格局とは庚寅日乙巳日丙申日己亥日の四日干支であり、たとえば庚寅日では丁火を正官と見做して取用するが、年月時柱に丁干を附帯しなければ、すなわち正官は存在しないのである。

そこで庚干を寅支が搭載して寅支蔵の火気（長生）を、自ら庚干が捻出して正官と見做して甲干は寅支に建禄し、そこで木気とはすなわち火質の母元なので、母子継相の作用なのである。

また年月時柱に戊己干を擁して、干頭の生扶として有益なので、命局に乙丁干を附帯してさらに佳質であり丙干偏官を帯びれば、これを壬癸干亥子支の制御を領得して適宜なのである。

また乙巳日では金質官星（長生）や戊土財星（建禄）が搭載して、命局に庚戊干を重複して透出すれば、壬癸干印星の生助が必要だが辛金偏官が不益なのである。

また原局の巳支蔵に丙干が旺火を帯び、そこで壬癸干亥子支がその火気を控除し、好相の方途なのである。

また丙申日では、庚辛干の財気や癸水の正官や甲乙干の印星が有益で、また戊己干の傷官が不益なのである。

また己亥日では、亥支蔵の甲木（長生）を正官と見做して搭載するが、そこで金質傷官が不益なのである。

「経典」にいう―

庚干を寅支が搭載して禄権を歓嘆してそこで丙丁干を附帯し、かならず寿元の端緒なのである。

いわば庚干を寅支が搭載して丙干を帯びれば、己主は旺相して危惧は存在しないのである。

いわば丙干を申支が搭載して壬亥水を帯びれば、延寿を領得するのは難義であり、そこで己干を亥宮が搭載して卯支乙干を附帯し、結局は寿元の瑕疵なのである。

いわば乙干を辰巳宮が搭載し名声は不朽と成るが、以上の四日を示唆しているのである。

明朝聞淵氏（長官）は、庚子年甲申月庚寅日丙戌時の命局で、また潘潢氏（長官）は、丙辰年丙申月丙申日壬辰時の命局で、某氏（評定官）は、辛巳年辛丑月己亥日丙寅時の命局で、某氏（使節補佐官）は、丁亥年壬寅月己亥日乙亥時の命局で、某氏（県知事）は、甲子年丁卯月乙巳日丙子時の命局で、これらの命局は当日の降誕なのである。

【禄元三會】

この格局では―

甲日干を巳酉丑支が搭載するときには、壬癸干水印星の生助が有益で、亥卯未支の衝揺が不益なのであり、そこで庚干偏官や丁干傷官では、陽干がこれを附帯して不純性だが、そこで命局に制伏を帯びれば偏官の取用を肯首するのである。

丙日干を申子辰支が搭載するときには、甲乙干木印星の生助が有益で、壬干偏官己干傷官や寅午戌支の衝揺が不益なのである。

戊日干を亥卯未支が搭載するときには、丙丁干火印星の生助が有益で、甲干偏官辛干傷官や巳酉丑支の衝揺が不益なのである。

庚日干を寅午戌支が搭載するときには、戊己干土印星の生助が有益で、丙干偏官癸干傷官や申子辰支の衝揺が不益なのである。

壬日干を寅午戌支が搭載するときには、庚辛干金印星の生助が有益で、戊干偏官乙干傷官や申子辰支の衝揺が不益なのである。

この格局は、身旺で印星が生扶するのを要し、運歳の官星や印星や身旺の郷エリアで、かならず富貴が発揚するのである。

珞琭子氏がいう―

禄支には三合の際会があり、すなわち甲干を寅支が搭載して寅午戌支を領得し、また乙干を卯支が搭載して亥卯未支を領得するのを「一分三」を得ると称して、これが臨官建禄の「禄」を指向しているのである。

【禄元互換】

この格局はただ四日干支があり、戊申日丁酉日丙子日庚子日のケースで、そこで戊申日主が乙卯時干支を附帯するときに、戊干は卯支蔵の乙木正官を取用し、また乙干が申支蔵の庚金正官を取用してその禄貴相が互換し、命局の壬癸干を財星と見做し乙木正官を生助して有益で、運歳の建禄旺地に臨んですなわち貴命を肯首するのである。

そこで甲干偏官辛干傷官や寅酉支の衝揺を附帯して不益なのは、丁酉日が壬寅時を帯び、また丙子日が癸巳時を帯び、また庚子日が丁亥時を帯びるケースの喜忌とは、前述と同様に推究されたし。

一命局の、癸亥年壬戌月丙子日癸巳時では、旺禄が互換してそれぞれ官貴星が臨み、そこで刑衝破害が存在しない故に貴相なのである。

また己未年辛未月丙子日癸巳時の命局では、大貴相の格局に適合し古法では「禄元互換」がテーマであり、たとえば戊午干支が丁巳干支を附帯するケースで、これを臨官建禄に取用するのである。

【六壬移換】

この格局は命局に建禄支や羊刃や官星や印星を附帯して、己身が就位しなければ衝剋に巡ってすなわち変化するのである。

天干や地支が衝剋を帯びるか、また年月日柱が衝揺を帯びるか、また日時支干を衝揺すれば、相方と当方が互換して用途と為り、天干が常動して地支が止静する故に、そこで地支の衝剋に因って天干が変動するのである。

たとえば甲子日主が時柱庚午干支を附帯するか、壬子日主が時柱丙午干支を附帯するのに該当し、すなわち庚子日主が甲午干支を附帯するか、丙子日主が時柱壬午干支を附帯するのに該当し、取用の禍福のテーマとは庚午日主が時柱丙子干支を附帯するか、癸亥日主が時柱丁巳干支を附帯するかで、丙午干支丁亥干支の造作のテーマに相当し、そこで丁酉干支が癸卯干支に巡ってかえって移換しない故は、丁干を酉支が長生し癸干を卯支が長生して搭載し、それぞれ天乙貴人が就位して長生を貪るからである。

古法の命理では己主の作用が先立っており、すなわち李虚中氏の奥旨で禍福や窮状が典籍に記載されており、ことごとく備わっているので、現代（明代）の人々が往々にして験証しないのは、ただ前説の理論を知らない故なのである。

たとえば己巳年癸酉月丁卯日癸卯時の命局では、二卯支かつ一酉支で丁癸干が衝相しており、この卯酉支衝揺に因って干頭が揺動し、一丁干が二癸干に介在して展開が難義なのである。

丁干はすなわち年頭己干の母元で、癸干が丁干を来剋するところを子息が巡りて母元を救応し、かえって癸酉干支水質を損傷し、癸干は己干を廻避して卯支に依拠して、丁干はかえって癸干を卯支が搭載して譲歩し、すなわち子息位かつ酉支に搭載して、それぞれの貴地を附帯する故に大貴相なのである。

また甲午年甲戌月戊辰日壬子時の命局では、甲戌干支が戊辰干支を衝剋してまた戊干が子支搭載の壬干を奪位するので、壬干は辰支に帰位して「壬騎龍背」と見做し、戊干は子支を領得するので、日時柱ともに「財官双美」なのである。

また丙子年丙申月庚辰日壬午時の命局では、両丙干が偏官重複のようなので、時柱壬午干支を領得して有益で丙子干支を衝揺し、壬干が子支搭載の丙干を奪位して、また丙干が辰支搭載の庚干を奪位するので、庚干は丙干を忌避して丙干はかえって午支上に搭載して、それぞれ「官印双全」を領得するのである。

そこで申月支搭載の丙干は剋伐ができず、壬水を徳分と見做し庚干を拱助して有力である故に、造化の好作用を合成するのである。

また乙亥年戊子月壬午日戊申時の命局では、一壬干が二戊干に介在して済水は難義のようだが、子午支の衝揺を領得して有益なのである。

また戊干が午支搭載の壬干を奪位して、壬干は子支搭載の戊干を忌避し、それぞれ陽刃を持ち力量が両停して衝剋せず、戊午干支と戊申干支のセットかつ「拱貴格局」に変成するのである。

また癸亥年丁巳月甲子日庚午時の命局では、地支の巳亥支と子午支が衝揺するので、干頭が変動するのである。

また丁干を亥支が搭載し、癸干を巳支が搭載してそれぞれ貴相に巡り、また庚干を子支が搭載して死地を肯首するが月令の長生と近貼して、かえって巳支蔵の丙火を用途に偏官と見做して制伏を帯びるのである。

また甲干が午地に死符して子支に敗符して、相互に依拠がない故に晩年期に不測の窮状を招くのである。

【絶地財官】

『心鏡』にいう──

禄馬支が絶符する位相ではかえって財星を指向し、支蔵人を衝出していわば命局が財星官星の絶符に位相するのである。

また運歳でかえって支蔵人を衝出すれば、己主の福分は発揚するだろう。

珞琭子氏がいう──

支蔵干が作用するときに、運歳のなりゆきの作用を肯定するのである。

〔詩訣〕

財星官星の絶符を、知る必要があり、
支蔵干を衝出して、運歳が財地ならば、
運歳で、さらに支星の力量を領得し、
ここで富貴かつ栄華の、基礎を肯定するのだ。

【子午雙包】

子支を「帝座」と見做し、また午支を「端門」と見做して帝王の位居のポイントとし、命局で子支併相か午支併相、または二午支が一子支を夾擁するか二子支が一午支を夾擁すれば、水火相済の作用を有するのであり、陽支かつ陰支の生扶のタイミングを生扶し、これに巡れば己主は貴相なのである。
たとえば壬午年壬子月戊午日壬子時の命局では、二午支かつ二子支であり、また壬子年癸丑月戊午日壬子時や甲子年庚午月丙申日戊子時や戊子年戊午月丁未日庚子時の命局では、みな二子支が一午支を夾擁し、また戊午年甲子月甲申日庚午時か甲午年壬申月甲子日庚午時の命局では、みな二午支が一子支を夾擁して、ともに貴相の命局なのである。

【青龍伏形】

甲乙木とは東方位に所属し、青龍が伏した形象で金気に伏象するのである。
たとえば甲申日甲戌日乙巳日乙酉日乙丑日の五日干支は、日支蔵に財星官星を擁して月令の通関を要し、そこで官星が支根を得て傷官が存在しなければ「金木相停」の合象と見做すのである。
そこで日柱時柱が乙巳干支ならば「青龍伏蔵」と称し、己主は飲酒して失態して福寿に背失し、酒癖しなければすなわち肯定するのである。

〔詩訣〕

甲乙干が、申酉支のエリアに位相するときは、
甲乙干が、月令旺春季で最良と見做し、
命局にもし、庫支を帯びて助相すれば、
規格外の「財官双美」であろう。

【白虎持勢】

庚辛干の金は西方位に所属し、白虎と称して持勢すればその恃勢を領得するのである。
たとえば庚午日庚寅日庚戌日辛巳日辛卯日辛未日の六日干支では、日支蔵に財星官星印星の貴相を擁し、そこで日主の生扶を要するのである。
そこで生気を受けるかまた旺官が時令を得て生助し、財官星を夾擁しなければ用途の官星はかならず貴相で、用途の財星はかならず富裕なのは、運歳のケースも同義なのである。
また日柱時柱が辛卯干支ならば白虎を侵犯するので、戦斗の勇猛に不利でありそのケースの多くは視覚碍し、重犯してもっとも不益なのである。

〔詩訣〕

白虎が勢を恃して、寅卯支が旺強であれば、
たとえば巳午未戌支の郷エリアに臨むときや、
命局に複擁して、おおむね富貴であり、
かならず国臣と為るべく、皇都に立志するだろう。

【朱雀乗風】

丙丁干の火が南方位に所属すれば「朱雀乗風」と称し、また持勢の意義なのであり、丙丁干が金水気の郷エリアに位居して有益で生助があり、身旺ならば富貴なのである。
たとえば丙子干支丁亥干支であれば「水火既済」と為り、また胎元に合して受気して貴相であり、そこで旺官旺財を上格と見做し、丙丁干を申子辰支水局が搭載して、また既済と見做すのである。
「賦」にいう——
旺火が水質を領得して、そこで既済の功が成立して水火気が相停すべきであり、偏枯の方途を肯首しないのである。
そこで丙申年丙辰月丁酉日丁丑時の命局では、己身に生扶して生気が扶相し、また財星官星がともに旺相で吉兆なのである。
また日柱時柱丁未干支では「朱雀折足」と称してとても不利であり、飼馬飼牛は逃散損死するか疾患するが、そこで甲乙干を帯びれば子孫が存在するのである。

〔詩訣〕

朱雀乗風とは、丙丁干のことであり、
金水質を帯びて、すなわち歳月を積み、
申子辰支の郷地では、おおむね貴相が顕彰し、
タイミングよく、黄金珠玉の宮殿を高昇するのだ。

【玄武當權】

壬癸干の水は北方位に所属して「玄武当権」と称して、また持勢の意義が

あるのだ。
たとえば壬寅日壬午日壬戌日壬辰日癸巳日癸丑日癸未日の七日干支では、ともに財星官星印星が搭載し、もし身旺で生助があり官星が月令に通関して、貴相の生起と見做すのである。
そこで木局の傷官がとても不益で併重して、凶揺なので不義にて卒するが、たとえば土局かつ火気重複を帯びて金気が泄気して適宜だが、己身を生助して吉意と見做し、そこで衝破かつ身弱がすなわち凶揺なのは、運歳のケースも同義なのである。
また日柱時柱壬辰干支ならば「玄武受戮」と称し、己主が官吏ならば中傷を被って失態し、小人物ならば唐突に是非を呈するだろう。

〔詩訣〕
壬癸干が生月秋季で、北方位が旺じれば、
たとえば巳午支を帯びて、土郷に臨むとき、
もし丑寅支の財気の福分が厚ければ、
恒常的に、名利ともに吉昌なのである。

〔詩訣〕
玄武当権とは、真実を領得する必要があり、
壬癸日干を、財星が搭載すれば、
そこでもし官星が通関して位相すれば、
破相せずに、とても有為の人材なのである。

【勾陳得位】

戊己干の土は中央位に所属して勾陳の位相と称して、すなわち権威の意義に相当するのである。
たとえば戊寅日戊辰日戊子日戊申日己卯日己亥日己未日の七日干支では、みな日支蔵の財星官星印星が搭載し、もし身旺ならば官星を領得するタイミングで貴相であり、また財星を領得するタイミングで富裕であるが、また傷官劫財を附帯せず好作用だが、刑衝旺殺が不益で窮状が発生するのは、運歳のケースも同義なのである。

〔詩訣〕
戊己干の勾陳が、旺郷エリアに当在するときに、
そこで寅卯支の宮位を、最強と号し、
もしさらに、辰卯未支が臨むときに、
また亥子支に巡相して、大吉昌なのである。

〔詩訣〕
戊己日干を、財星官星が搭載するとき、
そこで勾陳と称号して、位相を看るが、
とても才能があると知り、瑞兆へと分岐し、
命局にこれを附帯し、朝廷官吏に列位するだろう。

【胎元財官】

「賦」にいう――
命局の絶的な位処がすなわち胎元なのであり、生日がこれを擁せば「受気」と名称して、すなわち陽干と陰干の受胎の位相なのであり、生月から三位進支する胎元のことではない。
甲申日乙酉日丙子日丁亥日戊寅日己亥日庚寅日辛卯日壬午日癸未日で、生月亥支ならば身弱への言及を肯首できず鬼殺に巡るがただし依拠であり、すなわち貴命胎と見做すのである。
たとえば甲木は金質を官星と見做して水質を印星と見做し、また戊土は甲木を財星と見做すが、この当日主はただし身旺を要し財星官星に精神が存在して貴相と見做し、命局が格局に当格せずとも富貴で余剰に充当するのであり、他干も例推されたし。
「経典」にいう――
胞胎が印綬を帯びれば爵禄千鍾を享受し、胎元日主ではもっとも印星の生扶を貴相と見做し、月令の印綬がもっとも好作用なのである。

〔詩訣〕
命局の絶的な位処が、胎元を肯首し、
胎元に財星官星を裏貼して、先気を禀得し、
これは「生日から三位進支の取用」なのではなく、
日支蔵干に、幽玄なる精髄を探求するのである。

【還魂借気】

命局の自性が死絶符のときに救応が遁巡して還相するとは、たとえば甲木を申支が搭載して絶符するのが甲申干支のケースなのである。

また庚金を寅支が搭載して絶符するが、そこで戊寅干支に巡るケースなどでもっとも吉兆であり、福星辰を帯びるのがこの次点だが、巡らないケースはすなわちその次格なのである。

【陰藉陽生】

五陰日干が陽性かつ長生を附帯するときは、陽性が派生して陰性が逓減するテーマを肯首せず、そこで乙干が午支を附帯して燃料の木質と見做すので、亥支が存在しなければ派生しないのである。

たとえば甲申年庚午月乙亥日丙子時の命局では、亥支の生扶を領得してもたとえば丁酉干支（煉金）の火質では、そこで寅支が存在しなければ光明を復することはできないのである。

たとえば戊子年甲寅月丁酉日甲辰時の命局では、寅支の生扶を領得してもたとえば己卯干支（堆壌）の土質では、そこで申支が存在しなければ、生物の生助を肯首できないのである。

たとえば辛亥年庚子月己卯日壬申時の命局では、申支の生扶を領得してもたとえば辛干が子支を附帯しても砂金のように流移して、そこで巳支が存在しなければ生扶を肯首しないのである。

たとえば己巳年辛未月辛亥日戊子時の命局では、巳支の生扶を領得してもたとえば癸卯干支（油脂）の水質では、そこで申支が存在しなければ、すなわち凝固すると見做し、そこでたとえば壬寅年戊申月癸卯日癸巳時の命局では、申支の生扶を領得するのである。

『獨歩』にいう―

四生とは寅申巳亥支の四生の局であり、古人が四生かつ長生をテーマとした故なのである。

もし格局に当格してさらに年月柱が通関すれば大貴相だが、官殺混雑がとても不益で窮状の命相なのである。

〔詩訣〕

五陰日干では、陽性の生扶が有益であり、

もし年支が福星に相当して、もっとも亨通し、

そこで月気が通関して、大貴相とすべきだが、

ただ官殺が不益で、己主は窮状なのである。

【生處聚生】

「経典」にいう―

「生処聚生」とは五馬諸侯の貴相であり、この格局が印綬を附帯して己主を生助するか、日支が長生の当地に相当して、命局に官星を帯びてもっとも貴相だが、印星を損壊する星辰がとても不益なのである。

たとえば乙卯年丁亥月丙寅日庚寅時の命局では木火気が相生して、己身が生旺の当地で貴相と見做すのである。

〔詩訣〕

生処聚生とは、もっとも佳質の福分であり、

印綬が生扶して旺じれば、無涯の福分であり、

原局の長生が、また運歳で長生地に巡るときには、

五馬諸侯かつ、富貴の家門なのである。

【伏元貴煞】

この格局とはたとえば甲日干で酉支が正官に相当するが、そこで丁酉干支を附帯するときに支蔵辛禄干が丁干を搭載するか、また申支が偏官に相当するとき、そこで丙申干支を附帯して支蔵庚殺が丙干を搭載するのである。

また午未支が財星に相当するが、そこで甲午干支乙未干支を附帯するときに、支蔵己土が甲乙干を搭載すれば、透出しなければそこで庚午干支を附帯して甲干は庚干を忌み、己財に就位するのを肯首しないのである。

たとえば甲干は辛干正官を用途とするが、そこで丁酉干支を附帯して正官が傷官を搭載するが、また辛巳干支を附帯して正官を偏官が搭載するのである。

もし火質が夾扶すれば官星は制伏を受けるので、甲干はすなわち辛官の扶力を領得しないのである。

もし生月旺金で命局に壬癸干を帯びて、制伏合絆してまた能く福分と見做すが、そこで丙干を食神と見做すが丙干は巳支に建禄し、丙干は水質の制伏を被るので、すなわち甲干は食神を領得しないが、もし丙干が旺相するケースではすなわち吉兆なのである。

そこで庚干を附帯して偏官と見做すが、庚干は申支に建禄するがもし丙庚両相のときは、庚干が丙干を搭載して丙干の制剋を被り生起できずに七殺と見做し、そこで食神制殺の権威と見做して富貴の取用と為すのである。

また戊己干を財星と見做し、命局に甲寅干支乙卯干支を附帯して、ここで財星が比劫の制伏を被りその財星を領得できずに、そこで月令に財気が通関して生旺を肯首するのである。

また甲午干支では財星の分奪を被り、午支が併相して自性的な作用を肯首するのである。

また戊午干支壬午干支とは父母の祖財を肯首し、また庚午干支を附帯して財気が七殺を生扶して不吉なのである。

また丙午干支とは富裕だが貴相でないのは、燥土では能く金質を生扶できず、また抑伏を被る故なのである。

〔詩訣〕

元星の貴星凶殺の抑伏を、干支が詳解すれば、
休囚のタイミングの、ウェートを詳細にして、
そこで財星官星に瑕疵なく、七殺が生起しなければ、
規格外に、自らの福分爵禄は生得的なのである。

【八専禄旺】

八専日を呈示すれば丙午日丁巳日戊辰日戊午日己巳日乙丑日壬子日を添加するが、丁未日は存在せず、六十干支のなかでこれらの干支が同類項なのである。

なかでも甲寅日乙卯日庚申日辛酉日の四日干支では、自性的に専禄旺で正規と見做すのである。

そこで甲乙干は生月亥卯未寅支が適宜で木気成局し、また申支庚干は生月巳酉丑申支が適宜で金気成局し、秀気純粋で夾雑しないと見做し、己主は人格聡明かつ健寿で恒常的に疾患せず、おおむね酒色を愛好するのである。

命局に官殺を附帯しても身旺ならば支障ないが、ただし官殺混雑すればすなわち専禄を領得せず、結局は凶揺を帯びると見做すのである。

命局に財星印星食神を附帯して福分と見做し、運歳で専禄旺の当地や財星印星食神の旺地に巡り、みな富貴を発揚するのである。

ただ比肩劫財を畏れて命局に財星食神官星印星が存在しなければ、孤相的かつ道仏士と見做すのである。

「経典」にいう━

干頭と地支が同類であれば、財気を損壊して妻女を損傷するだろう。

いわば身旺で倚処が存在しなければ、決定的に僧侶や道士と見做すのを肯定し、もしただ禄一支ならば運歳の身旺を巡り、財星食神印星の旺地でまた己主は貴相を発揚するのである。

もし禄三四支を併相して財星官星が存在せず、また財気福星の対宮を衝起して用星と見做し、また月時柱に官星を附帯して精気を帯び、そこで身旺で官星を附帯してもっとも貴格局と見做すが、また刑衝が不益なのは己身の旺気が散逸して、たとえ貴相でも疾性を生起するのである。

たとえば朱子氏（宋大儒）の庚戌年丙戌月甲寅日庚午時の命局は、専禄で火局を領得して食神と見做して二庚干を偏官と見做し、旺火庫に位相し木気秀揚を得地して偏官を制殺して権威と見做し、大儒学者としての成功を肯定するのである。

また董氏（首相）の、己巳年辛未月乙卯日丁亥時の命局は、専禄かつ木局全備を領得して、日干に生旺の秀気が聚合するので、運歳の東方地を巡って身旺全局して、対宮の禄位を衝起して権威と見做す故に大貴相なのである。

いわば丁未日己丑日戊戌日戊辰日の四日干支では自執性と見做し、また壬子日癸丑日丙午日丁巳日の四日干支では帝旺と見做し、ただ戊午日己未日では帝旺が搭載する故に八専日で、ただ前述の甲寅日乙卯日庚申日辛酉日の四日干支を取用して、そこでただ八専が八日干支なのを懐疑して前述を肯定するのである。

また八専のテーマは二十四趣向であり、八天干と十二地支を取用して、乾坤艮巽四卦を添加してただ子午卯酉四支を専気と見做し、他支干はすなわち雑気で不純性なのがその意義なのである。

【干支持旺】

甲乙日干が生月亥卯未支で、時柱寅卯支を附帯し、
丙丁日干が生月寅午戌支で、時柱巳午支を附帯し、
戊己日干が生月巳午支で、時柱辰戌丑未支を附帯し、
庚辛日干が生月巳酉丑支で、時柱申酉支を附帯し、
壬癸日干が生月申子辰支で、時柱亥子支を附帯するとき、―

この当主は本分を得地して、方局に就帰するだろう。

自ら強勢が寄旺して身主は壮健な人物で、一生自発的に安処を肝要として凶害を遠離するが、身位が後退して名利は浮薄で、俗塵を透脱した人物なのである。

もし甲乙干を寅卯支が搭載し、また丙丁干を巳午支が搭載するケースなどで、命局の純相と見做すのである。

「経典」にいう―

命局が純相であれば、淫欲の性分は存在せず、それぞれ禄位に位相する故なのである。

【曲直】

甲乙日干を亥卯未支木気成局して搭載するときに、命局に亥支かつ印星を附帯すれば格局に当格するだろう。

もし亥支が存在せず卯支を擁すれば、木質の本気の肯首に留まり、かえって土金質の附帯を要して貴相と見做すのである。

原局に亥支が存在せず、また土金質も存在しなければ、すなわち木気は秀実ではなく、貴相への言及は難義なのである。

たとえば甲寅日主が亥支を帯び、時柱に丁卯干支を附帯して劫財陽刃傷官なので、貴相だが格局として不完全なのである。

〔詩訣〕

甲乙日主を、亥卯未支が搭載して生扶すれば、
曲直の全ケースを、栄貴とすべきであり、
命局に亥支が存在せず、土金質を適宜とし、
自性的に生扶を肯首し、福分を享受するのだ。

〔詩訣〕

甲乙干主を、寅卯辰支が搭載すれば、
また仁愛長寿、ともに評価に耐久し、
亥卯未支が全備して、金質の夾雑を忌み、
もし水質を附帯すれば、かならず栄身するだろう。

【炎上】

丙丁日干を寅午戌支火局が搭載して、命局に寅支かつ印星を附帯すれば格局に当格するが、そこで寅支が存在しなければ、貴命に近侍する九流（偏業）士の命相なのである。

もし火気が自旺して亥水が存在しなければ、相済して貴相を否定するのである。

運歳の東北位の方途が有益だが、辰丑支戊己干が不益で光彩は晦冥なのである。

おおむね己主は視覚碍など風疾し、もしそこで木質を附帯して制土すれば貴相が成為し、そこで運歳の金水郷エリアが不益で、衝揺して畏怖するのである。

〔詩訣〕

丙丁日干を、寅午戌支が搭載するときに、
炎上の火格が上格で、ここに出類するが、
そこで寅支や亥支が存在せねば、名声を成さず、
土質を帯びて不益で、己主は晦冥残疾するだろう。

【従革】

庚辛日干を巳酉丑支金局が搭載して、命局に丙丁干巳午一二支を附帯すればその成器の方途が為るが、ただし火質の過多を肯首しないのである。

たとえば辛巳日辛酉日辛丑日の三日干支では、生月午支が不益で火気損痕を被るか、生月酉支が適宜でまた水土質の食神印綬を扶育して、吉兆と見做すのである。

〔詩訣〕
庚辛干を、巳酉丑支が搭載するときに、
偏厚的であり、従革格局が成局すれば、
そこで丙丁干巳午支を、適量附帯して、
貴気を煉成し、もっとも官位は恒久だろう。

〔詩訣〕
庚辛金が従革成局して、その貴人を尊仰し、
その造化は清高で、もっとも福分は深く、
命局に火質を夾雑して、混相すれば、
その芸術の門派は空疎で、国政を風刺するばかりだ。

【潤下】

壬癸日干を申子辰支水局が全備して搭載するときは、卯巳支死絶符の当地を擁して三四刑衝の郷地となり、すなわち死絶符を控除できずに刑衝して横転するのは、運歳のケースも同義なのである。

あるいは水気が漂溢すると称し、命局に堆土を一二星帯びて阻土すれば、堤岸を領得してすでに土質を帯びて、木質の際合を畏怖して凶揺と見做すのである。

たとえば木質が土質を損壊し金質印星の救解を要し、結局は一生の浮沈を肯首して、運歳の西方地が有益だが東南地が不適宜なのである。

〔詩訣〕
壬癸日干を、申子辰支が搭載するときに、
潤下局の名称で、もっとも真義と見做し、
かならず巳午支と辰戌支が併相すべきであり、
そこで申支が当権して、貴相は絶倫なのである。

〔詩訣〕
天干の壬癸干は、生月冬季が有益であり、
さらに申辰支が水局会成すれば、
または亥子丑支水方合の全備を肯首して、
青雲の雲梯を、飄々と平歩するだろう。

【稼穡】

「賦」にいう──
戊己干が生月四季土旺を附帯して有益ですなわち稼穡の名称があり、ここで戊己干の生月四季を肯首し木気の附帯を官星と見做して有益だが、そこで一木質の領得に留まり好作用と見做すのである。

木質が過多してすなわち堆土は虚質なので、己主は虚詐し破家かつ背仁の人物と見做すのである。

そこで辰未支を聚土の当地として、巳午支火質を附帯してすなわち貴相だが、過多は不適宜ですなわち燥土と為り万物を滋生できず、また丑戌支の土質を懐金の当地として重複して不適宜なのは、粛殺の気を畏れて万物を生扶しないからである。

また金質を附帯して不適宜なのは泄洩が貴相ではなく、秋季の土質では成器と為らずに死土と見做し、また堆土が含金することに因って、冬季の土質では成器と為らずに泥土と見做して堆土が帯水することに因る故に、土気とは四季土旺を肯首するのである。

〔詩訣〕
戊己日干は、生月四季を適宜として、
おおむね丑戌支の金質懐胎を防備し、
原局に、木質また丁火を附帯して、
己主のなりゆきが、真実の栄貴と為るだろう。

〔詩訣〕
戊己干が、生月四季に位相して、
そこで戊辰丑未支を全備する必要があり、
水財の当地に巡って、有益だが官殺を忌み、
運歳の東方地に到り、決定的に凶揺なのである。

【土局潤下】

「賦」にいう―

　戊己日干を潤下水局が搭載して他郷に背離するが、このケースは戊申日戊子日戊辰日の三日干支で、申子辰支や壬癸干の旺水の当地が生扶してとくに窮状や波乱はないが、己主は四股碍や視覚碍また皮疾ののち卒するだろう。

　運歳の辰戌丑未支に適応し、他の虚土が水局を帯びてみな流浪の命運だが、そこでもし命局が旺土で水局が存在して富貴の命相で、火郷エリアを巡って発達するだろう。

　たとえば戊辰年甲子月戊申日乙卯時の命局は、虚土を潤下が搭載する故に、己主は視覚碍で辺流に等しいのである。

　また辛未年庚子月戊辰日壬子時の命局は、堆土が聚水に従象するがそこで阻堤を領得して、運歳の丙申干支丁酉干支を巡って大財運が発生するのである。

　運歳の乙未干支のポイントで、戊午歳に財気を破耗して復た副長官に復職したが、そこで戊己干を潤下水局が搭載して、凶揺と見做すケースは肯首できないのである。

【金白水清】

「賦」にいう―

　金白水清とはこの徒輩は科挙試験合格を肯定し、この象位すなわち庚申日辛酉日で生月秋季で命局の時上が亥子支の水地に相当して、そこで金質すなわち白色また水質すなわち清澄であり、そこで刑衝破害が存在しなければ己主の福分は厚く、切に生月夏季が不益ですなわち当格せず、春季卯辰支の金質ならば、運歳の西北地を巡るのを肯首するのである。

　たとえば庚辰日庚子日癸巳日癸酉日癸丑日などの生日で、生月秋冬季で火質の損傷や制土が存在せず、金水質が停相して成局するのを肯首するのである。

〔詩訣〕

　金白水清の己主とは、栄華貴相であり、
その文章能力は秀麗で、決定的に抜群なのである。
さらに火土質や刑衝制剋が存在しなければ、
名声かつ名誉が、学府に高昇する人材なのである。

【木火交輝】

「賦」にいう―

　木火秀明とは生月春季をもって栄相と見做し、この象相とは甲戌日甲午日甲寅日丙午日丙寅日丙戌日などの生日干支であり、生月春季か生月夏季で命局に金水質の瑕疵が存在せず、時上に木火質を帯びて運歳の木火地を巡るときや、また生日甲乙干は火気を吐秀して運歳の南方地を巡るときや、生日丙丁干を木気が秀載して運歳の東方地を巡るときには、己主は清貴で福分は豊厚なのである。

　生日丙丁干は火気に秀扶されて、運歳の東方地に巡ってまた貴相なのである。

　丙辰日主が生月火旺季で運歳の木火地を巡るのを肯首するが、ただし富裕だが貴相ではないのである。

　それは甲乙干に火質が秀気せずすなわち成局せずに、そこで木火通明の象位である故なのである。

　たとえば丁巳年甲辰月甲寅日丁卯時の命局や、甲午年丙寅月丁卯日丙午時の命局や、丁巳年甲辰月乙巳日丁亥時の命局つまり、三命局ともに木火光輝かつ清貴の命造なのである。

【火金鑄印】

「賦」にいう―

　金質は火質が存在しなければ成器と為さず、また火質は金質が存在しなければ諸用途が顕われないのである。

　そこで火金質が停相して「鑄印之象」を附帯して、そこで丑支を不益で瑕疵と見做すのである。

「賦」にいう―

　「乗軒衣冕」とは、金質と火質のケースがとても多いのである。

いわば「金質の鬼殺は偏官とは見做さない」とは、これを称しているのである。

【火土夾雑】

丙丁干は土質を附帯してすなわち暗昧で、また火質を擁して晦冥である故に、火質の自性は火気でまた土質の自性は土気であり、両相が混相せずに好作用と見做すので、そこでもし火土気が夾雑すれば、己主は濁性の愚人なのである。

「経典」にいう―

火質と土質が虚性に聚成して、何の用途と為るであろうか。
決定的に、俗塵凡庸の人物を肯首するのである。

たとえば戊申年己未月丙午日乙未時の命局や、庚戌年己丑月丙辰日戊戌時の命局や、戊戌年丁巳月己未日丙寅時の命局などの三命局は、みな火土夾雑と見做して平常底なのである。

【青赤時為父子】

この象位とは青彩赤彩の作用であり、父祖が子息に伝える道理なのである。

現今（明代）の人々は、ただ木気が火気を派生し、火気が土気を派生し、土気が金気を派生し、金気が水気を派生し、水気が木気を派生するが、そこで陰性が陰性を派生し、陽性が陽性を派生すると知得しないのである。

そこで陽性が陰性を生起して父祖と見做し、また陰性が陽性を生起して母元と見做すのは、丁壬干合のときに甲干と己干が生扶するとは、壬干の食神は甲干なので壬干とはすなわち甲干の母元で、丁干がすなわち甲干を父祖として己主を生扶して母元なので、そこで丁干の食神が己干だがそこで己干は壬干（甲）を父祖と見做して、丁干を己干が母元と見做すのである。

そこで母元を剋伐する者は水気であり甲己干合が再合するが、また甲干は丙干を食神としてまた己干は辛干を食神と見做すのである。

甲日のケースでは命局に壬干を帯びて丙辛干合が再合するが、また丙干の食神が戊干でまた辛干は癸干を食神と見做すのである。

壬日のケースでは命局に甲干を帯びて、食神に順拠して戊癸干合するが、周巡して復して始発し、そこで青彩赤彩を父子と見做すとは、乙木を日主を見做して時宜に寅午戌支を附帯する象位では、己主は文章能力を発揚するのである。

【水土敗於酉】

この格局とは晩年期の景観に不利益であり、もし壬癸干戊己干で日主が水質土質を附帯するケースで、もっとも応験があるのである。

たとえば甲寅年癸酉月癸未日辛酉時の命局や、癸亥年乙丑月癸酉日辛酉時の命局や、乙卯年丙寅月己巳日癸酉時の命局や、癸酉年甲子月戊辰日辛酉時の命局や、辛酉年甲午月戊子日辛酉時の命局のそれぞれは、小官吏か早期退官か平常底に留まるかもしくは棄世するが、壬癸戊己干を敗地酉支に搭載して、晩年期の景観に無関心だと必然的に信じるのである。

【夾庫】

〔古歌訣〕

乙巳当主を卯支が搭載し、辰支を夾擁して有益であり、
癸酉亥の時宜は戌支を夾擁して、かならず早年に発揚し、
庚午干支は申支を帯び未支を夾擁し、華麗なる文詞とし、
丙子寅の時宜は丑支を夾擁して、財宝が豊溢するのだ。―

この格局は填実かつ庫地や刑衝破害空亡に復するのがとても不益であり、運歳の官星印星の郷エリアに巡って有益であり、そこで日月干が同一干頭のときは「虚拱庫位」と為してまた好相なのである。

たとえば乙亥年己卯月己巳日甲子時の命局では、己日干が日主で帝旺の巳支が搭載し生月己卯干支を領得して、虚拱した辰支のなかで水庫を財気と見做し、命局の辰支が填実に復さず空亡破害刑衝を侵犯しなければ、すなわち首相級の命相でありその他は例推されたし。

【墓煞】

〔古歌訣〕

墓符が鬼殺を附帯するのを、知る必要があり、
　命局に鬼殺を夾持して、六親は離反し、
　この凶星を侵犯して、救応しなければ、
　生得的な福寿は少年期に、はや瑕疵するだろう。—

たとえば甲日干が庚戌干支庚辰干支を附帯し、また乙日干が辛丑干支辛未干支を附帯し、また丙日干が壬辰干支壬戌干支を附帯し、また丁日干が癸丑干支癸未干支を附帯し、また戊日干が甲辰干支甲戌干支を附帯し、また己日干が乙丑干支乙未干支を附帯し、また庚日干が丙辰干支丙戌干支を附帯し、また辛日干が丁丑干支丁未干支を附帯し、また壬日干が戊辰干支戊戌干支を附帯し、また癸日干が己丑干支己未干支を附帯するのを「七殺入墓」と称するのである。

珞琭子氏がいう—

　夾殺を命局に附帯して六親と別離苦悩するが、たとえば己巳年戊辰月癸丑日丙辰時の命局では、癸日干が戊干を附帯して正官と見做して己干を偏官と見做すが、そこで戊己干を併相して辰支が搭載するとき癸干を水庫と見做して、おおむね己主は早年に発揚するが非長寿なのである。

　いわば癸日干が生月巳支で、時柱戊辰干支を附帯して官星入墓と見做し、己主は非長寿かつ持病を帯びるのである。

　それは己身に精気が存在せず、癸水と官星がともに墓符かつ鬼殺を附帯するのである。

　いわば鬼殺が七殺に留まらず、すなわち羊刃亡神劫殺を日時柱に附帯して、墓符に夾蔵してみな凶揺なのである。

【四位純全】

　命局に寅申巳亥支を附帯して生気かつ駅馬や学堂が臨支して、これを四生と見做すのである。

　命局に子午卯酉支を附帯して旺気かつ乙辛丁癸干が臨干して、これを四正と見做すのである。

　命局に辰戌丑未支を附帯して雑気かつ華蓋印綬が臨んで、これを四墓と見做すのである。

「経典」にいう—

　財星官星印綬が、寅申巳亥支の四生に鎮位するのである。

『真寶賦』にいう—

　子午卯酉支とは八専の象位で、文章能力は一品官級と見做し、国柱として精勤して威武はすなわち精鋭を統率して成功し、印綬を束帯することができるだろう。

　いわば寅申巳亥支の四生とは、位階は三公大臣に高昇するだろう。

『元理賦』にいう—

　命局に子午卯酉支が全備すれば、酒色に酩酊するだろう。

『千里馬』にいう—

　命局に辰戌丑未支の四庫が全備して、ドラゴンへ変貌して大海に際会して「九五之尊」（飛龍在天、利見大人）と見做すのである。

『寶鑑賦』にいう—

　命局に辰戌丑未支が順布すれば、帝王君主の拝命は決定的なのである。

『理愚歌』にいう—

　命局に四庫が全備するときは四貴と見做して位階は上級官吏で、上席なのは調整役員だからである。

『獨歩』にいう—

　命局の寅申巳亥支とは四生之局で、身強で有為なので附帯して福分が発揚するのである。

　命局の子午卯酉支とは四敗之局で、男命が侵犯して浮沈して女命が侵犯して孤独相なのであり、これらに当格するケースはおおむね己主は大富貴だが、ただし六親の損傷は免れずにその進退が結尾しないのは、それぞれが衝相して和合が存在しないのである。

　たとえば子午卯酉支が年月日時に互換的に配置するときとは、まず子支は辰申支を同属と見做し、また酉支は巳丑支を同類と見做し、また午支は寅戌支を合絆と見做し、また卯支は亥未支を連繋と見做して、命局それぞれの親方は親近するが、己主は決定的に六親と背離して、さらに孤辰寡宿や刑衝破害を附帯して、かならず重剋して陥没するだろう。

『精紀』にいう—

命局に子午卯酉支を帯びて当格すれば四極全備だが、失局して遍野桃花と見做し、男女ともにこれを侵犯して貴相帯財しても、酒色の淫質は免れずに薄徳の人材なのである。

『太乙』にいう—

およそ物体は過分に太盛して損折するのは、暴風雨が到来して漂揺するように、容易に浮沈してこの代替に懐胎を要し、すなわち恒久で大容の命相を肯定するのである。

さもなければ衝揺を侵犯して、早発揚かつ早退陣者が多いと予見できるのである。

〔詩訣〕

命局に、寅申巳亥四支が順布するときは、
命局に、辰戌丑未四支も同じケースであり、
多数派に安処せずに、魁首の権を掌事して、
かならず決定的に、朝廷で君主に近侍するだろう。

〔詩訣〕

命局の、日徳日貴が魁罡を併見すれば、
そこで命局が純全で、大吉昌するならば、
六格局のなかに、すなわち当格するならば、
この命造の造化が、どうして庶民であろうか。—

これらの日徳四位や魁罡四位や日貴四位とは、支干の種別なくそれぞれ格局が純全で同じテーマなのである。

【一気生成】（すなわち四位相の純全であり、たとえば天干が同干のケースは天干の一気質と見做し、また地支が同一地支のケースは地支相の同相と見做し、さて三格局を併論してみようか。）

まず天干が同一気とはすなわち四柱壬寅干支、四柱辛卯干支、四柱庚辰干支、四柱己巳干支、四柱戊午干支、四柱丁未干支、四柱丙申干支、四柱乙酉干支、四柱甲戌干支、四柱癸亥干支のケースなのである。

四柱命局の干支が同一気ならば、その中間に介在する軽重や貴賎を詳解すべきなのである。

そこで壬寅干支辛卯干支甲戌干支は富貴双全であり、己巳干支のケースもまた貴相であり、戊午干支丁未干支のケースは羊刃が旺強なので貴相だが危険度が高く、妻女を傷剋して結局は不善なのである。

また庚辰干支のケースは貴相かつ風流として、名声は重いが利得は軽度であり、乙酉干支のケースは残傷が多く、また癸亥干支のケースは窮状が多いのである。

また丙申干支を北方局が搭載してまた貴相の取用を肯首し、運歳で刑衝破奪に巡ればかならず窮状が発生するのである。

その支蔵のあらましを推測するが、財星官星印星食神の当格の有無や、天干の損傷の有無や支根得令の有無や、干頭支蔵干の財星官星印星食神の化気の可否や、従象の可否でその軽重や貴賎が決定するのである。

いわば四柱戊午干支は子支を衝出し、戊癸干合は真実の火質だが、そこで午支が寅戌支に合絆して印星と見做し権威の貴命なのである。

また四柱壬寅干支は食神が財星を生扶して、また午戌支と暗合して財星と見做して、己主は大富貴なのである。

また四柱辛卯干支は酉禄支を背衝して、己主は貴相だが晩年期に財気が薄く、寿元も堅牢ではないのである。

また四柱甲戌干支は戌支に財星官星を支蔵して己主は貴相だが、ただし四戌支はみな火土質で重気の墓符で、おおむね己主は孤独相かまた幼少期に両親を失うか、また晩年期の窮状が過多なのである。

もし酉未支の時宜に巡れば、傷官が官星を帯びまた時宜の亥支は劫殺で、己主は窮状するだろう。

また四柱庚辰干支は戌支を背衝して、官星貴相と見做すので魁罡がテーマだが、ただし金質が旺盛なのはおおむね凶揺で妻女を傷剋するだろう。

また四柱丁未干支は羊刃の旺気で、おおむね凶揺で軍人と見做し、かえって四未支が亥支を遥合して「羊撃猪貴」と見做し、雑用員から大貴相に昇格するだろう。

運歳で羊刃を合絆して官星を附帯する当地では、必然的に凶揺の勃発を畏れるので、顧慮すべく大警告して適宜なのである。

ただし羊刃格や合絆を帯びるのを肯定すれば、みなこの凶揺を帯びこれ

を予防すべきなのである。

　また四柱丙申干支では申月の火質が病死符するので、旺財が七殺を生扶して凶揺と見做すのである。

　そこで四丙干が同干で助身して有益であり、聚堆財を捻得して己主は富貴であり、さきに窮状するがのちに富裕するだろう。

　また四柱乙酉干支では胎元の貴相と見做して、男命は吉相だが女命は多くは非長寿で凶揺するのである。

　また四柱癸亥干支では旺水が太過して、巳支蔵の丙戊干を衝出して有益で「飛天禄馬」と見做すのである。

　ただし酉丑一支が存在しなければ、巳合支を呈して己主は貴相に該当するが、填実に復しとても不益なのである。

　また四柱己巳干支では己主は窮状し、または亥支蔵の壬甲干を衝出して財星官星と見做し、四火質を印星と見做しておおむね貴相で、男命は凶相だが女命は吉相なのである。

　いわば四干頭が純一で不雑であれば、天干が一気質なので比肩のテーマを肯首せず、まずその支星の生扶や合化の有無や刑衝の有無を詳解すべきであり、そこで財星官星印星を附帯して格局に当格するのである。

　そこで運歳が乖背しなければかならず大貴相に相当するが、逆に刑衝や制剋すればまた凶揺なので、一気質の固定に執せずみな貴相を言及するのである。

　たとえば甲子年甲戌月甲寅日甲子時のケースでは「鳳凰干格」と称するのである。

　また葉氏（正郎官）の壬辰年壬子月壬寅日壬寅時の命局では、壬干を寅支が搭載して自絶かつ雑駁を肯首する故に、正郎官級で昇階がストップしたのである。

　いわば四支が純一で混相しなければ、支蔵干は同相なので「芝蘭並秀格」の一名称があるが、まず干頭を看てから支蔵干の禍福の聚態を肯首して、たとえば聚福に当格を肯首して、多くは両府庁を兼務する貴相なのである。

　たとえば甲寅年丙寅月庚寅日戊寅時の命局のケースでは「鳳凰支格」の名称があるのである。


　もし命局が三子支で時宜が亥支ならば「羣鼠夜遊」と見做し、また三酉支で時宜が寅支ならば「羣雞報暁」と見做し、また丑支が己未干支を附帯して「犀牛望月」と見做し、また寅支が己巳干支を附帯し「猛虎嘯風」と見做してみな推理すべきで、人命への活きた取用が存在するのである。

『獨歩』にいう—

天干が一気質で地支が同相で人命が領得すれば、階位は三公大臣に列位するだろう。

〔詩訣〕
天干が一気質で、尊位栄相が決定し、
天干が同一干で、混相せず清澄なのであり、
そこで比肩が併争するテーマを肯首せず、
生得的に富貴で、公卿に昇階するだろう。

〔詩訣〕
天干が、全壬干か全癸干で水源と見做し、
そこで秋冬季の生扶の好作用に言及してはならず、
堆土が一星附帯すれば、大吉昌なのであり、
年少にて仕官し、かならず高昇するだろう。

〔詩訣〕
天干が、全戊干か全己干で堆基と見做し、
生時が土旺のときは、さらに奇瑞を肯首し、
そこで申酉二支が、添加して入局すれば、
破格的に聡明かつ、俊秀の子息なのである。

〔詩訣〕
天干が、全甲干か全乙干で根基と見做し、
伝統を燈明して、元命の福分が顕示し、
そこで命局の官星が支根を領得すれば、
功名や利禄を、先駆ける好機なのである。

〔詩訣〕
天干が、全庚干か全辛干で堆金と見做し、
そこで日時柱が魁罡で深度の福分であり、

羊刃が併衝して、貴相を附帯すれば、
恒常的に高貴の人物に際会し、欽慕するのだ。

〔詩訣〕
天干が、全丙干か全丁干で融和と見做し、
日時柱が大吉ならば、軍功を挙げるときで、
そこで財星官星を衝起して発揚と見做し、
福貴は恒常的で、福分が興隆するだろう。―

二格局を詳究すれば、天干が同一気の多くは貴相だが、地支の同一支には介在次第で貴相ではなく、清澄すれば軽質だが重濁すれば重質に分類するのである。

〔詩訣〕
命局に、壬寅干支が四併相するときに、
水火気が交夾して、旺気が派生し、
運歳の火郷エリアに巡り、顕貴を添加するが、
遁巡して月令を対衝し、不益なのである。

〔詩訣〕
命局に、辛卯干支が四併相するときに、
己身が軽質で福分が浅薄とは、暇過のようであり、
ただ寿元の当主が、堅調でないのを畏れるのだ。

〔詩訣〕
庚辰干支とは春季辰月に変化するが、
命局に全併相して、大権を掌事するが、
朝廷の堂閣に参じる宰相と見做すのではなく、
その名利とは、藩鎮の雄士なのである。

〔詩訣〕
命局に、己巳干支を全併相する配置とは、
天干を禄支が生扶し、土質を生扶し沈埋して拘泥しても、
人界にかならず、尊貴の名誉が顕表し、
秀才にて異能の徒輩中でも、抜群であろう。

〔詩訣〕
戊土が重複して、午支を併相するときは、
天干が全戊干で、中和を領得し、
恒常的に虚名、かつ実利を向趣し、
子支が月令を衝し、寿元はどうなるだろう。

〔詩訣〕
命局に、丁未干支を四併相すれば、
暗裏に合絆生扶して、禄刃を懐胎し、
東方西方に分岐して富貴が成立し、
水質に際会して、無情が到来するだろう。

〔詩訣〕
命局に、丙申干支を四併相全備すれば、
身殺停相して、元命の福分が顕われるが、
比較できない程、破格の名利を被る客分であり、
かならず権勢は、大魁の重鎮なのである。

〔詩訣〕
乙木が、生月酉支で透干すれば、
乙酉干支を重複し、併相して有益であり、
左右に分断するまでもなく、みな栄貴なので、
さらに収得して成功し、大器晩成なのである。

〔詩訣〕
命局に、甲戌干支が四併相するときに、
財星官星を分奪すれば、有益ではなく、
たとえばまた運歳の南方位に巡るときに、
この傷官を合絆して、些少に吉兆なのである。

〔詩訣〕
命局に、癸亥干支が四併相するときに、
水木質が相生して、烈衝するので、
名利ともに充当して、旺気を帯びるが、
運歳の南方地を巡り、凶象へ還元するだろう。

【天干順食】即天干連珠【地支夾拱】即地支連茹【両干不雑】

まず「順食」とは甲干が丙干を帯び、また丙干が戊干を帯び、また戊干が庚干を帯びるケースなのである。

また「夾拱」とはたとえば、子寅辰午連支が、丑卯支を暗拱するケースなのである。

また「不雑」とはたとえば、甲年干戊月干や甲日干戊時干のケースなのである。

某氏（元朝系首相）は、壬辰年甲辰月丙戌日戊戌時の命局で、壬干の食神は甲干で、また甲干の食神は丙干で、また丙干の食神は戊干で二辰土二戌土併相はみな食神と見做し、年月辰支で日時戌支のときは不倒で、これが「天干順食」の格局であったのである。

帖干遠氏（三公太師）は、甲寅年戊辰月丙午日丙申時の命局で、寅辰支が卯支を暗夾し、また辰午支が巳支を暗夾し、また午申支が未支を暗夾するのは「地支夾拱」の格局なのである。

葉氏（首相）は、庚寅年戊寅月庚寅日戊寅時の命局で、これは「両干不雑」の格局なのである。

「口訣」にいう――

順食とは、仙人の霊膳なのである。

『元理賦』にいう――

「両干不雑」のケースでは、名声と利得が斎同なのである。

『獨歩』にいう――

命局が連相して支星が有用ならば、造化が作用して名声利得はかならず重複するだろう。

〔詩訣〕

天干順食とは、富貴の奇瑞なのであり、
地支夾拱とは、少数の人々が知るところだが、
両干不雑とは、また貴相とすべきであり、
その一生涯の造化の生成は、稀有なのである。

【棣萼聯芳】

この象位はたとえば年月干が同一干、また日時干が同一干で併甲干併乙干などで、地支もまた同義で寅卯二支が搭載してもっとも好作用なのである。

まず「二曜珍格」と称しまた「鳳凰繼祿」と称するのは、もし甲年干乙月干で甲日干で乙時干のケースなどを肯首するのである。

もし丙丁年干丙丁月干で甲乙日干甲乙時干のケースでは、干支納音が類相して「父子同類」と称するのである。

また甲申干支年柱で甲申干支時柱を「首尾公孫」と見做して同類で、みなこの格局なのである。

【極返格】

この象位とはすなわち正官が過多するか存在しないか、また偏官が過多するか存在しないか、また財星が過多するか存在しないか、また傷官が傷尽してこれらを全局するケースを肯首するのであり、二星ほどを附帯するケースは肯首しないのである。

そこで財星が過多すれば、運歳の身旺地へ巡って発財を肯首し、また官星が過多すれば、運歳の身旺地へ巡って昇官を肯首し、また偏官が過多すれば、運歳の身旺地へ巡って権威を肯首して、また七殺を化成する印星局がもっとも好作用なのである。

もし命局に財星偏官七殺が多く身弱ならば、己主は窮状で疾性的なのである。

何氏（知事）の、戊寅年甲寅月戊寅日甲寅時の命局では、命局が全七殺偏官でみな長生の火質を附帯し印星と見做すので、運歳の南方火土の旺地に巡って、七殺を印化して貴相の適宜として、こうした偏官七殺の過多と皆無を「極返格」と見做すのである。

〔總歌訣〕

それぞれのケースで、貴気が格局に当格するとして、
六格局の定義とは、取捨が難義なので、
さらに運歳の喜忌を看て、星辰が巡るとき、
その一端を取用して、法則化できないのである。

【聞喜不喜】

たとえば六甲干主では庚辛干を官星と見做し、戊己干を財星と見做し、生月寅卯午亥子支では金気は死絶符病敗の当地で、官星と見做すことはできず、土質は春季には死符して冬季には休囚するので、財星と見做すには不足し、たとえ原局に辰戌丑未申酉支の財星官星を附帯しても福分爵禄は薄質で、運歳の財星官星の旺地へ巡って好転するのである。

比肩を即応して帯びるかまた財星官星の衰敗の当地では、始発しても結尾せずにさて日時柱に財星官星を附帯するのを「聞喜」として、年月柱が損傷して「不喜」なのである。

「経典」にいう——

官星を擁して官星に乖背すれば、かえって窮状の命相なのである。

たとえば甲戌年庚午月己丑日丙寅時の命局では、己主は甲干を用いて正官と見做し、時柱に寅支を附帯し禄旺してもとより好相だが、生月午支には適相せず甲木は死符するので、運歳の西方傷官の当地へ巡り、原局に財星が存在せず倚処を肯首せず、官星が存在せず効用を肯首しないので、日主が健旺を領得して救応と見做し、正規の「聞喜不喜」と見做し、一道仏士の命相なのである。

〔詩訣〕

甲乙木が、庚辛旺官の禄地に当処して、
そこで寅卯支を帯び、生扶しても栄昌せず、
生月の木火金水気ともに同じテーマなのであり、
徒に官星を附帯しても、名誉は顕彰しないだろう。

【當憂不憂】

たとえば甲日干が申支庚干の生扶を帯びて、もとより七殺偏官と見做して「当憂」なのである。

もし生月春季で身旺で囚金して、命局に丙丁干か寅午支か卯支乙干の合去を附帯すれば「当憂不憂」を肯定するのである。

もし乙干が生月秋季で精気がなく、また丙干を水質が搭載して附帯し、かえって庚干偏官の制伏を肯首しないが、その他は例推されたし。

たとえば丙寅年戊戌月壬戌日癸卯時の命局では、壬干が戊干を附帯して七殺偏官が当憂し、そこで癸卯干支の時宜を領得して、癸干が戊干を合去するとは、壬干は癸干が戊干を妻帯するとし、壬干は己干を官星と見做しそこで卯支を傷官と見做すので、かえって戌支蔵の辛金が卯支を制伏して有益で、また卯支と戌支は貪合して傷官の作用を肯定しないのである。

また戌月には辛金が旺じて、乙木が衰敗して傷官偏官が存在せず、運歳の東北地を巡り聚財を捻得して寅戌支が財局を会合し、自然に官星が生起するので「不憂」を肯定するのである。

〔詩訣〕

甲干が庚干申支を附帯して、七殺偏官ではあるが、
生月春季に合絆するか、丁火を附帯すれば、
化殺を権官と見做し、貴相が顕表し、
英雄たれば、科挙試験科目を勇んで予測するのだ。

【源清流濁】

天干に用星が存在して年月柱に通関し、生助を得て生旺するときに、日時柱が日主や用星を扶力せず、または衰敗死絶符の当地ならば、早年期は吉運で後年期は精気が存在せず、かならず己主は晩年に孤独にて窮状するだろう。

「賦」にいう——

己主の結末が孤独閑散とは、日時柱に衰絶符の当地が侵犯する為なのである。

いわば時柱が衰敗して月柱が秀気ならば、始発しても結尾はしないだろう。

いわば月柱が旺地ならば、晩年期には窮状するだろう。

〔詩訣〕

年月柱が生旺して、日時柱が枯朽すれば、
正旺のスパンには、かならず福分は尋常ではなく、
子孫や老親はみな去り、孤立するばかりであり、

中年末期ごろには、一窮夫と為るであろう。

【源濁流清】

年月柱を財星官星から照顧して用神が敗絶符か空亡すれば、早年期は艱苦するだろう。

逆に日時柱を財星官星から照顧して用神が生旺の当地ならば、かならず己主は中年末期には栄華するであろう。

月令とは大運の起点でもあり、己主の初年期の得失とは中年の時期に結果すると見做すが、月令の力量が軽微で日時柱が生旺に相当すれば、その故に己主は先に窮状して後に富裕するだろう。

〔詩訣〕

源濁流清とは、月令が軽微ならば、
出身が閑散で、早年期は平庸なのであり、
日時柱が年月柱より、過分に生旺すれば、
財産名誉は晩年期で、福分爵禄が充満するだろう。

【建禄不當】

建禄とは甲干の生月寅支や乙干の生月卯支などであり、月柱を父母と見做して人間は父母から生身し、たとえば人間が家宅から出発する故に月令を門戸と見做し、そこで大運が月令より離発する故に、出門して運限の高低を巡ると称するのである。

甲干は生月寅支で寅支蔵に禄旺するが、そこで甲木は比肩でありまず禄旺で財運を占巫し、たとえば人間の財物が父母の家庭に存在するので、まず長兄が懐中に帯びその弟君は別途に名利を求めることはできず、外辺に在り財禄に遭遇せず、もっぱら物品が成数して日毎に逓減消費するので、どうして豊富を肯首できるだろうか。

そこで運歳でふたたび比劫に巡れば、人間がふたたび兄弟に再会して分配するように、家財を算分して己身の目前に存在するのは、すでに用途が済んでおり財物の分配はなく、かならず訴訟争奪に至り、財産を破耗して妻女を棄却して、父子乖背の象位である故に「建禄不当」なのである。

たとえば癸亥年丁巳月丙寅日甲午時の命局では、建禄かつ長生で寅午支が三合火局して旺じ、壬癸干の官殺や巳午支戊己干を附帯しても傷官を剋去してしまうので、日主は太旺して官星や財星に倚拠できない故に窮状なのである。

また戊申年甲寅月甲辰日丁卯時の命局では、月令が建禄して辰支を財庫と見做し、戊干を偏財と見做し、申支を甲干の偏官と見做して些少は好相なのである。

時柱丁卯干支を帯びて傷官劫財が合絆せず、甲干は辛干を正官と見做し、丁干傷官を被って戊干を財星と見做し、甲乙干の分奪を被るので申支の作用を偏官と見做し、寅支丙干は衝揺するが丙火を食神と見做して申支壬干の衝揺を被り、財星官星食神ともに瑕疵である故に窮状なのである。

また丁巳年丙午月己未日戊辰時の命局では、月令建禄で日主を羊刃が搭載して劫財が太重するので、己身や比肩はともにそれぞれ羊刃を帯び、運歳の壬寅干支を巡り戊己干が壬干を奪去して、財星印星が損傷して寅巳支が刑相して、寅支が巳禄支を刑衝して位相が存在せず、己丑歳に羊刃を衝起して法抵触を被ったのである。

〔詩訣〕

建禄の当生を、月令に支蔵して忌むとは、
祖業を招き難く、ただ財豊を価値とし、
妻や使用人の損失に、重複して際会し、
かえって永年の白髪翁と為るだろう。
そこで従化して、もし別格が成立すれば、
名望利益ともに、自然に従容するだろう。

【背禄不貧】

背禄とはすなわち甲乙干が丙丁干を附帯し、丙丁干が戊己干を附帯するなどのケースで、官星が休囚を帯びてまた傷剋を被り食神傷官を覚知せず、かえって能く財星を生扶して運歳の財郷エリアに巡りかならず自ら発達するだろう。

たとえば壬癸干が生月寅卯支で戊己干が支根せずに傷尽を被り、また卯月で木火気が旺相して財星を暗蔵するので、運歳の財郷エリアに巡りかならず発揚するのである。

もし甲乙干寅卯支を壬癸干亥子支に搭載すれば、湿木では火焔を派生せずとくに財気が薄質ではないが、かえって自ら凶揺を招き七殺偏官を帯びて、己主は窮状するのである。

「経典」にいう――

日干が背禄のケースでは、年時柱に財星を附帯して有益なのである。

ただし命局の財星が精気を帯びて、背禄かつ不貧なのである。

いわば背禄が財星を帯びてもし時柱に附帯するときは、比肩できないほどの富豪なのである。

たとえば壬子年壬子月丁未日戊申時の命局では、丁日干は壬干を官星と見做して有用だが、戊干を帯びて傷官が剋去するので、時申支蔵の庚金を財星と見做すが、子月は金質の死地だが丁壬干合に依拠して、癸水の旺気が能く未支蔵の丁火を抑剋するので、そこで丁干は壬干を附帯して干合化木に従って、水質の生扶が有利で南方火地を肯首し、東方木地で化気を為して、そこで北方地の水質の資養を享ける故に不貧なのである。

【背禄逐馬】

背禄とは甲干は辛金を官禄と見做すが、甲干が生月春夏季で金質が絶気し、すなわち官星が存在しない故に「背禄」と見做すのである。

逐馬とは甲干は己土を財馬と見做すが、そこで乙干や亥卯未支の劫奪を被り、甲干は財星が存在しない故に「逐馬」と見做すが、他は例推されたし。

たとえば壬子年壬子月丁未日乙巳時の命局では、丁干は壬干を取用して官禄と見做し、生月壬干亥支は建禄だが、丁干が生月子支で旺癸を偏官と見做し、そこで壬干の禄支はすでに看過して「背」と見做し、そこで「向」とは禄の附帯であり、また「背」とは禄を附帯しないのである。

また丁干は庚干を財馬と見做し、生月子支に庚干は死符するのでこれを「背禄逐馬」と見做し、運歳の偏官や劫地に巡り福分が発揚しないのは、原局の支根を否定する故なのである。

珞琭子氏がいう――

背禄逐馬とは、守途に窮迫して悲嘆するがこれは斎同ではなく、詩賦の内容を詳解されたし。

【夏草遭霜】

夏季は巳月にすでに炎昌極旺と為り、その後支からすなわち一陰が発生し、暑気が後退して寒気が漸次に派生するが、金気が暗伏して水質が派生する時候なのである。

というのは甲乙干が生月夏季以降の夏至十日期間に、壬癸干亥子支に巡って旺印と見做し、また庚辛干申酉支に巡って旺官と見做して、そこで刑衝剋奪を附帯せずかならず大貴相なのである。

また丙丁干が生月夏季以降の夏至十日期間に、壬癸干亥子支に巡って官星の生扶と見做せば、そこで庚辛干申酉支を財気の附帯と見做すので、土局の傷官を附帯してとても不益で窮状で非長寿なのは、そこで一陰の初気が発生するが、その気質がとても微細の故なのである。

この象位とは丙日干で生月未支を用途に、坐下の寅午戌支の火気が搭載して、そこで壬癸干甲乙干を附帯して官星印星と見做すが戊己干が交夾して、運歳の官星印星や身旺地を巡って大貴相だが、火気衰敗の当地は禄支ではなく不益なのである。

たとえば甲戌年庚午月乙未日丙子時の命局では、夏至十日以内に金水質を帯びて作用し、貴相は某氏（評定官）と見做すのである。

また乙酉年癸未月丙子日癸巳時の命局では、官星印星を透出明見して損傷せず、支蔵の旺火の巳未支を禄元互換と見做す故に、己主は大貴相なのである。

【冬逢熱火】

冬季に至って氷水凍結する盛寒の時候であり、それ以降にすなわち一陽が発動して初煖気の派生として、用途の火質を領得するのである。

たとえば乙日干で、亥卯未支が搭載して時宜ののちに丙丁干を附帯して、壬癸干の交夾が存在しないことである。

順帝氏（元末皇帝）の丁未年壬子月乙未日丙子時の命局では、月干に壬干が透干するが丁壬干合化木がテーマである故に、天子の貴相と見做すのである。

いわば木質が巡ったのちに火気が相出するので、もし庚辛干主のケースでは冬至十日以内で、丙丁干に巡って官星の気質と見做すので、原局に寅支を附帯して火源の生扶と見做す必要があり、大貴相を方成するのである。

もし丙丁干を透出明見しなければ、日柱が庚午干支辛巳干支のケースはまた貴相だが、申子辰支の三合水局が夾傷して視覚碍が遺こるのである。

また丑月では同義ではなく、もし偏官を附帯して重擁すれば水難するのである。

壬癸日干では冬至十日以内に丙丁干に巡り、一陽気を財星と見做すのである。

戊己日干では冬至十日以内に甲乙干を附帯し一陽気を官星と見做して、丙丁干を附帯して印星と見做してこれを合局して富貴と為して、運歳の財星印星の当地が有益で生旺の郷エリアに巡り、凶揺が派生して重篤であれば非長寿なのである。

たとえば庚午年戊子月庚寅日戊寅時の命局では、庚寅日主を丙干偏官が搭載して、子支蔵の癸水がこれを制伏して化殺を権威と見做し、一陽気質に便乗して貴相と見做すのである。

また壬辰年壬子月庚午日戊寅時の命局では、庚干を午支が搭載して官印双全として、辰子支が水合局してまた寅午支が火合局して、力量が均衡する故に貴相なのである。

〔詩訣〕

壬癸庚辛干とは、寒冷の当地であり、
さらに時宜が西北金水郷地エリアでは必然と為り、
もしその後に、丙丁干が巡って附帯すれば、
官位が決定して、皇宮に入局できるだろう。

【吉會凶會】


たとえば甲日干が子辰支を附帯して、申支庚干を会起し全備して甲干の七殺偏官と見做し、すなわち凶揺なのである。

もし命局に丙干か乙干合が制伏すれば、これを化殺かつ権威と見做すが、もし存在しなければ日主が月令を領得すべきで、凶揺の派生を免れる方途なのは、子辰支を水質が生扶するタイミングで化殺を印と見做して貴相なのである。

乙日干は子辰支を附帯して申支庚干を合起するが、また甲日干は己丑干支を附帯して酉支辛干を合起し、ともに飛天禄の吉兆なのである。

丙日干は卯未支を会出して亥支壬干を七殺偏官と見做し、命局に戊丁干を附帯して合絆制御してその七殺を権威と見做し、もし存在しなければ日主が領得すべきで凶揺の派生を免れるが、そこで生月卯未旺支ならば化殺を印星と見做して貴相なのである。

丁日干が卯未支を附帯して壬水を合起し、また丙日干が申辰支を附帯し癸水を合起し、ともに飛天禄の吉兆だが、その他は例推されたし。

また吉兆の会合を詳解すれば、たとえば命局に財星官星印星食神や禄馬貴人を帯びて有益で、運歳の大小に巡ってともに会合して、決定的に己主は富貴を大発揚して吉祥会合と称するのである。

たとえば命局が偏官傷官や羊刃亡神劫殺が不益として、運歳の大小に会合して決定的に己主は窮状を発生するのであり、そこで三合会起とは一者を示唆して言及しているのではなく、その作用はもっとも長遠なのである。

〔詩訣〕

吉祥の会合や凶兆の会合とは、詳推を要し、
吉祥の会合に巡って、もっとも吉昌なのであり、
そこで、もし凶星の相が合起すれば、
財禄や官職が、破綻して己主の窮状なのである。

【四柱暗帯】

壷中子氏がいう―
命局のなかに「暗帯」を擁して栄昌や屈辱があるのは、たとえば年柱甲子干支で月柱丙寅干支のケースでは、乙丑干支を「暗帯」と為して印綬と見做し、天乙貴人と見做し進神と見做し偏禄元と見做して栄昌を肯首するのである。

また年柱甲子干支で月柱壬戌干支のケースでは、癸亥干支を暗帯と為して亡神と見做し空亡支と見做して屈辱を肯首するのである。

これを日柱や時柱に同見して正帯において「四柱暗帯」すなわち暗帯に纏依され、そこで貴賤や吉凶に言及すれば、もし七殺偏官や墓符を凶擁して己主は決定的に卒するだろう。


【五行拘聚】


五行の相生や相剋の作用を相得すれば「拘聚」を内在して、この作用とは好作用なのである。

すなわち相生の法則であり、必然的に陰陽ともに太旺して能く「拘聚」の方途とするのである。

たとえば木質が旺相ですなわち能く「拘火」し、また火質が旺相ですなわち能く「拘土」し、また土質が旺相ですなわち能く「拘金」し、また金質が旺相ですなわち能く「拘水」して、相生の造化が展転するのである。

さらに有情のケースでは、たとえば日干戊己土で生月卯支では衰微して、局中に帯水して財星七殺が過重するが、ただし日時柱に一未支を領得し未支蔵に丁己干を附帯して、すなわち水質により「拘木」し、また木質により「拘火」し、また火質により「拘土」するときには、火土質が扶身して財星七殺に耐久当任して己主は決定的に大貴相だが、その他も例推されたし。


【合化成局】


合とは「和合」であり化とは「変化」であり、すなわち甲己干合のケースなどなのである。

甲干は木質に所属して本来の象位だが、己干の合化ですなわち土質に変化して木質がテーマではないのである。

この作用はすでに前述したテーマだが、ここで総じて合化成局と合化不成局を呈して言及してみようか。

「経典」にいう―

天干の干合化気とは本来的に真実であり、世人が発明して会合に挙用したのではないのである。

たとえば甲乙干主とはただ木質の所属を言及するが、そこで誰がその表背で翻転が多般なことを知るだろうか。

そこで能くその真偽を論じ得るとは、すなわち人間の特権なのである。

甲己干合化土が戊辰干支を附帯すれば、命局が本来のタイミングに帰して真実と見做すのである。

乙庚干合化金が庚辰干支を附帯すれば深度の造化だが、ただし命局に害物が存在せず、凶煞が浸透し難いことである。

丙辛干合化水が壬辰干支を附帯すればもっとも好相だが、そこで辰支は天魁に該当せず、これは人間性は肯首するが世智ではないのである。

丁壬干合化木が甲辰干支を附帯すれば単見して福分と見做し、そこでこれを魁星と認識して該当すれば、とても名誉だと享受すべきなのである。

戊癸干合化火が丙辰干支を附帯すれば好作用と見做し、命局に些少の夾雑が相当して知識人として朝廷の殿堂に参内するのである。

ここで真実の造化の天機を肯首し黄金や伯珠で当価できず、もし生旺庫地を附帯すれば、功名かつ富貴で、名声が天下に充ちるのがこの正規の化合なのである。

おおむね干合化気とは日干を主体と見做すが、そこで月干時干もみな干合化気を肯定し、たとえば干頭に存在せず支蔵干で正禄の代用とするとは、甲干が己干を附帯せずに午支を擁して、己干の禄支は午支であるケースなどで化気を肯定するのである。

ただし成局を要し、すなわちタイミングの旺気かつ聚気を要して方途を肯首し、月令を領得してもっとも好作用なのである。

あるいは日干が旺盛で自ら充足して化合し、また命局が自性的に化合し、かえって運歳の化気旺郷を巡る必要があり、さもなくば用途は存在しないのである。

もしただ月令を領得してかえって化合を肯定せず、日柱が精気を帯びて財星官星印星食神をテーマとしないが、ただし生旺の気を領得して成局して運歳の化気旺郷を巡り、剋傷の当地に巡らなければみな越格の発揚を肯定するのである。

そこで己身の自旺を有益とし、また旺気が生助してすなわち化象がもっとも有力だが、そこで相剋の重複がとても不益で、化気が成象せず己主は下局窮状で、運歳の衝剋に巡りまた揺兆が至るのである。
もし干合を帯びて成局せずすなわち化気しなければ、ただし原局の禍福を取用して占断するので、かならずしも化気がテーマではないのである。

〔詩訣〕
丙辛干合化水では、甲辰干支が有益であり、
人命に、富貴栄華の福分を帯びて、
従革成局して、甲辰干支を一二附帯すれば、
年少にて、青雲上を平歩するごときである。

〔詩訣〕
丙辛干合で、生月四季土旺に当生すれば、
化合して艱難を被り、福分は軽度なので、
そこで堆土が、重複して窮状に巡り、
身上は超俗的で、まるで浮草のごとくである。

〔詩訣〕
丁壬干合化木とは、寅支根が有益であり、
学芸界に威声して、志気は新たかとなり、
さらに年月支が潤下局に成局すれば、
なおざりにできぬ人材と、肯首し知るべきだ。

〔詩訣〕
丁壬干合化木して、運歳の金地に巡り、
狗子に爵位して廻蝿するように、自ら空転し、
節操気概とも、下微で取用できずに、
眼前にて、六親は不和離反するだろう。

〔詩訣〕
乙庚干合は酉支を帯びて、金局を会成するが、
さらに従革局のタイミングで奇瑞と見做し、
そこで辰戌丑未支を併相して帯びれば、
子孫かつ、その名門の象相を肯定するのだ。

〔詩訣〕
乙庚干合とは、もっとも陽炎の炎上が不益であり、
志気が損耗して、事態は良好ではなく、
そこで寅午支が併相して、濁格と見做し、
故に従順して奔馳し、衣食を嘆願するだろう。

〔詩訣〕
戊癸合火して、南方位に高く炎上し、
時上に午寅支を帯びて、英才豪傑であり、
命局の曲直相が、年月柱に臨支すれば、
容易に功名して、錦蘭衣を装帯するだろう。

〔詩訣〕
干頭の戊癸干が、地支帯水すれば、
家門が崩壊して、また情事が多発し、
運歳で、さらに旺水の生扶に巡り、
妻子を剋傷して、奔波を被るであろう。

〔詩訣〕
甲己干合は、中央位の堆土と化し、
辰巳支のタイミングに巡り、塵労を脱し、
そこで命局の年月柱が、炎上へ趨勢すれば、
功名富貴の人命の方途が、顕赫するだろう。

〔詩訣〕
甲己干頭が、生月春季のケースでは、
恒常的に、精神の過労を造作し、
百般の巧機が、そこで拙劣へと翻転し、
隣人は離反し、日々凋落するばかりだ。

〔詩訣〕
格局が清高の人命に、巡るのは稀有であり、
また月令に、潜かに通関する必要があり、
そこで月令に通関せず、生時が乖背すれば、
早年期から窮状するのは、明白なのである。

「其一」

甲干は己土合より土質を生扶して化土するが、そこで乙干を附帯して妻財を暗に損失し、また丁干を附帯して衣糧爵禄は空疎となるが、そこで高貴の顕門とはまた辛金の力量を領得して大富盛家するが、みな戊土の効能に因るもので、そこで癸干を附帯して恒常的に発福して壬干を附帯して生涯漂流し、そこで生月庚金で家族は内勤し、そこで生時柱に丙火すれば爵禄千鍾を享受するだろう。

「其二」

己干は能く甲干を化土するが寅支に秀気が当在し、そこで丁干を附帯して他者を侵犯し、また乙干を附帯して自己は昏迷し、陽水質が重複して俗塵を食客として奔馳し、また庚金が精鋭であれば白屋窮状の人物で、また丙干は辛干を含有してかならず貴相を領得し、また戊干は癸干を暗蔵するので窮状に至らないが、もし官職が栄転したければまず癸干を附帯するべきで大富盛家するが、そこで辛金の附帯が必要なのである。

「其三」

乙干は庚干より干合化金するが、気質の西方位を稟得して塞滞するので丙干の生扶を帯びて、また壬干に当在して長く栄華し、また丁火が当盛して春季の花葉の日々に浴するように、また辛金とは世表を堅持して秋季の草葉が降霜するように、もっとも己干の併臨が有益で金塊が堂閣に満載し、また甲干の偏向が適宜で穀糧が蔵庫に満載するが、日々過労してそこで堆土を波乱と見做し刻々と消耗するが、ただ堆水を窮状の原因と見做すのである。

「其四」

庚干より乙木が干合化金するが金質はいよいよ硬質で、もっとも辛金の損壊がもっとも不益だが、そこで丙火が焦燥して不益で、また丁官を附帯して龍蛇が雲雨を降射するようで、また己土印星を附帯して鳳凰が秋季の天空に在天するようで、また癸水が旺相であれば田園は荒廃し、また壬水が盛相であれば財産爵禄が加増し、戊土が侵相すれば巨富とは成らないが、そこで壬水が生助して力量を長期間に永保できるだろう。

「其五」

丙干を陽性の火質と見做して辛金を附帯して化水し、また戊土が位相して福分を帯び、また乙木を添加し成名して官級爵禄が栄転し、また癸巳干支が生扶して家門が顕赫し、また庚寅干支を帯びて長生するが、また甲午干支で強旺が横起し、また壬辰干支を帯びて禍敗が発生し、また陰性火質が点在してたとえ富貴でも幾日耐久できるか、また己土を重複して帯び栄華であっても浮雲のようなのである。

「其六」

辛干は能く丙干を領得して化水を方成するが、命局に戌支を附帯してもっとも適宜で、また生涯庚金を附帯してもっとも有益で、また己干を附帯していつ発福し、また壬干を附帯していつ名を成すだろうか。

そこで癸水が旺相すれば困っても困窮せず、また甲木が旺相すれば栄昌しても繁栄せず、そこで栄華富貴とは乙木を重複して附帯し、瑕疵窮状とは丁火を重複して附帯することである。

「其七」

丁干とは陰性の火質と見做し陽性壬干を附帯して有益であり、また丙干を附帯して百年安泰で、また辛金を附帯して一生涯優游と富貴双全で、また甲干を衡量に臨んで有益で双美之禄であり、己丑干支が有益だがまた活計が零細とは、みな戊土が敗因で生涯寂漠なのである。

そこで癸干を起点と見做し乙木が重複すれば、財産爵禄は決定的に成敗し、また庚金が作用を発耀すれば功名するが妄動してはいけないのだ。

「其八」

壬干が丁干より従化すれば秀気は東方位に当在し、そこで甲干を附帯して僕馬を招致し、また辛金を附帯して広範に荘田を配置し、また丙火を併相してすなわち英雄かつ豪傑で、また癸水が会相してビジネスの苦境かつ「佩印乗軒」と見做し、また己土が官位に臨んで左遷降格し、また戊干が七殺を会成して老齢に至っても完成しないのは、みな庚金が乗旺して青年期の不遇と見做して、ここで乙木が窮状を為すのを肯首するのである。

「其九」

戊干が癸干より合化すれば化火して成功し、乙干を附帯して結局は能く顕達し、また壬干を附帯して自ら豊隆して男衆の助勢を得て、丁干が乙干に臨んで有益なのである。

また六親が和合せずとは甲干を寅宮が搭載して旺気し、そこで丙火が炎上して福禄を求め難いのである。

また庚金が発耀して容易に亨通するが、妻子を損失するのはみな旺己に因り、謀事して拙劣なのはそこで辛辣の雄と見做すのである。

「其十」

癸干が戊干より干合化火して当格すれば、また丙火は辛金を暗蔵して一生浮沈が多く、また甲干は己干を暗蔵して百年間努力して蔵庫が満載し、また丁火を附帯して田宅財産が充実し、また庚金を領得して官位爵禄を挙揚して有益で、また乙干を併相して資財が富貴なのである。

そこで壬干頭支蔵壬干とは財源の獲得の可否であり、また辛金が太旺しそこで己土が侵相して仕途が彷徨するだろう。


【返象】


さて返象とはすなわち絶処に生扶に逢う象意であるが、たとえば乙庚干合化金が生月寅支のケースではすなわち庚辛干の絶地だが、命局に木質が重複してまたかえって化金するとは、すなわち化気の失効である故に「返象」と称するのである。

また『玉井奥訣』に「化気のなかに返称して、化気が失効するケースを返と称する」としている。

たとえば乙庚干合化金で亥支根で木質が過重であれば、化金気ではなくかえって化木気と見做すのがその一義なのである。

運歳も同様に断定してまた身弱で官殺を附帯して、そこで正官を帯びてすなわち進展するが、偏官を帯びてすなわち後退するのを「返象」と見做すのである。

「経典」にいう――

造化の化成とは衰墓絶符のそれぞれに位居して雑局を成象するが、会合の巡不巡のようにこの象位の性情とは、恒常的に居処が落ち着かず反復して成就せず性情不安定で、いわば身弱で官殺に巡るのと同一義なのである。

たとえば辛未年壬辰月丙午日癸巳時の命局では、丙干は癸干を正官と見做して壬殺を受剋して合相せず、丙辛干合化水して命局の辰巳午未支とは、すなわち壬癸干の墓衰絶符の当地なので真実の「返象」なのである。

また癸丑年丙辰月丙申日辛卯時の命局では丙辛干合するが、丙火を申支が搭載して精気なく、辛金を卯支が搭載して衰符し、そこで運歳の辛金の旺地で夫が妻君に従順し、運歳の丙火の旺地で妻君が夫に従順し、この命相に祖業の蔭護は難儀で一生の進退が滞るが、その他も例推されたし。


【照象】


さて照象とはすなわち火土気の高明の象であり火気は高く明らかで、また土気はここに稼穡するが土質は上空で黄砂として遮天し、また火質は地表で陽光を照射するので、すなわちまず晦冥するが、のちに解明する象位なのである。

生日戊干で寅午戌支の火局、また地支午支を領得して時柱丙干であれば、その戊土を生扶して「照象」と称するのである。

命局に水質を帯びて不適宜で、水質を擁して土質が溶解して、火質が熄滅してすなわち福力が逓減し、火質を搭載して水質が盤踞してまた「照象」と見做すのであり、たとえて在天の陽麗かつ水底の耀光でまた能く返照するのである。

「経典」にいう――

命局に瑕疵が存在せず、朝廷の上班に直列するが、支蔵に危惧してまた名声にて窮状しないが、運歳の衰郷エリアに巡りかならず窮状が発生するだろう。

たとえば戊戌年戊午月丙午日戊戌時の命局では、丙日干が三戊干を食神と見做し、丙火が生旺して命局に瑕疵なく、そこで午戌支が能く子辰支の官星を衝出するだろう。

また丙戌年癸巳月戊午日丁巳時の命局では、生日戊干で支象が巳午戌支の純火局であり、年時柱の丙丁干が戊土を生扶して命局に一癸干を附帯するが、また火気に化成してまた化気のタイミングと位相である故に、みな大貴相なのである。

また戊戌年甲寅月丙午日甲午時の命局では局中に瑕疵が存在せず、また甲戌年丙寅月丙午日庚寅時の命局では照象に破相が存在せず、ともに総理大臣の命相なのである。

【鬼象】

さて鬼象とは凶殺であり、すなわち干星が凶殺に剋される象意であり、命局の干頭支蔵や鬼殺が旺じて己身が衰微するか、また己身が旺じて鬼殺が衰微するかを明らかにするのである。

たとえば乙木は庚金を正官と見做して干頭が化合するか、また辛酉干支七殺偏官を附帯して、すなわち旺鬼と見做すのである。

「経典」にいう──

己身が鬼殺に臨むときには、まず干頭地支蔵や旺衰の象位を明らかにすべきで、その貴賎や栄枯を識る必要があるのである。

そこで己身が衰微して鬼殺が旺ずれば肢体に瑕疵し、また己身が旺じて鬼殺が衰微すれば、決定的に賊徒の命局の造化であり、鬼殺己身ともに衰微すれば、男命は流浪して女命は尼姑の命相なのである。

『玉井奥訣』にいう──

己身と鬼殺がともに旺強ならば有名で兵法刑法に尽力し、鬼殺と己身がともに微弱ならば、決定的に破敗して窮状するのである。

木質が有力であればもっぱら微金質が用途だが、そこで水質が過多すれば土疾を肯首し、また金質が過多すれば衰火が点在すべきで、また火質が旺強であれば水質の浅薄を要し、また土質が堆厚すればかえって木質を片究すべきなのである。

たとえば己身が旺気に添乗して鬼象を附帯すればかえって貴命と見做し、旺相を制伏して全福の方途と見做すが、そこで己身と鬼殺が全作用して陽刃制御を領得して、己主は粗暴勇敢かつ貴相顕彰、また酒席に便乗して官位を領得するのである。

たとえば癸卯年辛酉月乙亥日辛巳時の命局では、乙木は生月酉支には精気が存在せず、二辛干を偏官太旺する故に己主は遺疾するのである。

また戊辰年己亥月甲申日庚午時の命局では、生日を偏官が搭載して時柱庚干を相得して己身が受揺し、また亥支蔵に旺水してまた甲干は午支に死符するので、これは左遷の命相なのである。

【伏象】

さて伏象とは顕表せず隠伏する象位であり、命局に財星官星印星偏官を附帯して月令に通関せず、また透出しなければ地支蔵干に隠伏して形象なく、明示し難いことを称しているのだ。

『玉井奥訣』にいう──

己身が月令に通関せずに伏蔵して、己身に別支根が扶助して生起するときに、日干が生旺せず死絶符を併相してかえって官殺が過重して、己身を抑圧すれば伏象と見做すのである。

「経典」にいう──

官殺が全局すればすなわち長寿を遂げず、支蔵干ともに破敗して技芸家として従事するだろう。

たとえば戊午年甲寅月戊寅日辛酉時の命局では、戊日干は甲寅干支の重剋を被り、己身に精気が存在しない故にテクニシャンと見做すのである。

また癸丑年辛酉月甲子日己巳時の命局では、甲木が生月酉支で精気が存在せず、月令の官星が過重して巳酉丑支三合官局して貴相だが受領せず、あるいは乙木を添加して作用してかえって非長寿なのである。

おおむね伏蔵の気象とは生扶が存在せず、己主は孤立して窮状かつ非長寿で、救援に際会してすなわち拒否するのである。

【屬象】

さて屬象とはそれぞれの五行の所属の象意であり、すなわち主干星がどの方位に臨むとは、すなわち東西南北位の星辰なのである。

寅卯辰支は、すなわち東方位かつ木気に所属し、
巳午未支は、すなわち南方位かつ火気に所属し、
申酉戌支は、すなわち西方位かつ金気に所属し、
亥子丑支は、すなわち北方位かつ水気に所属して、それぞれ一方位の専属の気象なのである。

「経典」にいう──

さきに南北方と東西方に分類してついで二合気の内訳を認識して、かえ

って干星の所属の当地の適宜の可否や、財星官星また印星食神天乙貴人を看て、そこで貴相を成象するのである。

　この干星とは地象に通関して気相を感受するのは、たとえば柑橘類は江南地方に植樹するもので、またカラタチは江北地方に植林するものだが、それぞれ所属の適宜な気象なのだが、そこでそれを人々の巧機に付会することはできないのだ。

　寅卯辰支は木質の気象だが、干頭戊己土でも木質の所属がテーマなのである。

　巳午未支は火質の気象だが、干頭庚辛金でも火質の所属がテーマなのである。

　申酉戌支は金質の気象だが、干頭甲乙木でも金質の所属がテーマなのである。

　亥子辰支は水質の気象だが、干頭丙丁火でも水質の所属がテーマなのである。

　精気が存在しないと言及しないのではなく、精気が存在してすなわち所属の気象なのである。

　たとえば壬子年壬子月癸丑日癸丑時の命局では、子丑支は北方に所属し、壬癸干が二子支癸干禄を占有して日干が太旺するのである。

　そこで癸干は火質を妻君の用途と見做し、土質を子息と見做すが、また火質は水質に巡って熄滅し、また土質は水質に巡って溶解して、妻子ともに衰敗する故に道仏士と見做し、さもなくば己主に子息は存在し難いのである。

　また乙酉年甲申月乙酉日乙酉時の命局では、干頭が甲乙木で地支が申酉支に所属して官星と見做すのである。

　劉文荘氏（大目付）は、乙酉年甲申月甲申日甲戌時の命局で、干頭甲乙木で地支が申酉戌支で金質に所属して財星官星の好作用と見做して、貴命を成象するのである。

【類象】

　さて類象とは一家の会成の象意なのであり、たとえば—

　甲乙干を亥卯未支が搭載して、木局を会成するのである。

　丙丁干を寅午戌支が搭載して、火局を会成するのである。

　庚辛干を巳酉丑支が搭載して、金局を会成するのである。

　壬癸干を申子辰支が搭載して、水局を会成するのである。

　戊己干を辰戌丑未支が搭載し、土局を会成するのである。

すなわち命局の過重に従って類象と見做し、また比肩が類象のように、命局がみな純一に帰局してそこで同一干頭はもとより類象ではなく、また化気のケースとして成局せず、また印綬のケースも印綬が生成せず、多く人の営為と乖背して家人の余剰員として養子の命相なのである。

　たとえば丙寅年戊戌月庚戌日戊寅時の命局では、二戊干が庚日干を生扶して印星に相当し、二寅支が戌支を夾揺して七殺偏官と見做すのである。

　また寅午戌支三合火局とは、年柱に丙干が透干して印星のようで印星ではなく、照熯が過度で頼みの父母とは別居状態なのである。

　また丁未年己酉月乙巳日乙酉時の命局では、乙木を巳酉丑支金局が搭載して金質への従化のようだが、そこで庚干が存在せず化金しないので七殺と見做さず、主人は性格剛毅だが持病的でいわば窮状の命なのである。

「経典」にいう—

降誕して活性しないとは、家人の余剰員で養子の人物であり、化相して化気しないとは、確立せず遅滞する子息なのである。

　また庚戌年戊寅月庚午日丙戌時の命局では、金質と火質が類象し濁質にて清澄ではないのである。

　また丁丑年丙午月庚寅日丙戌時の命局では、金質と火質が類象し貴相だが恒久ではないのである。

　また癸卯年乙卯月己卯日乙亥時の命局や、乙亥年己卯月己卯日乙亥時の命局は、己土を木質が類象し、また乙巳年乙酉月乙酉日乙酉時の命局では、乙木が金質と類象して鬼殺が過多して不益ではなく、ともに福分かつ貴相と見做すのである。

【従象】

　さて従象とは夫君と妻君の従相の象意であり気質の引用がテーマだが、そこで夫君が乗旺してすなわち婦女が従順し、また妻君が乗旺してすなわち夫君が従順するのである。

そこで官殺とは夫君であり財星とは妻君だが、夫君が妻君の名称を借用して人命の禍福に取用するのである。

たとえば乙日干が生月巳酉丑申支に位相するのは、婦女を肯首して夫君が従順し、また庚日干が生月亥卯未寅支に位相するのは、夫君を肯首して婦女が従順するのである。

もしその従相に巡るとき、すなわちその地支の専気に従象して言及し、その本義に帰局するとき、すなわちその本義に従象して言及するのである。

『玉井奥訣』にいう━

ただし従象が、精気を帯びるか堆塊して、また従象と見做すのである。

いわば己身に精気が存在せず変局して従象するのは、三合支と同質の所属に相当するのである。

「経典」にいう━

従象には貴相と濁相があるが、従象に貴相が顕彰するタイミングでは位階は三公大臣に同列するだろう。

従象が衰符敗地でタイミングを失効すれば、窮状にて奔馳するだろう。

たとえば甲戌年丁卯月庚申日己卯時の命局では、庚申日主の金質が自旺して生月卯支生時卯支では、木気が極旺して妻君が乗旺して夫君が従順するが、己主は妻君に因って財産を領得するか、妻君に同伴して財産を領得するだろう。

たとえば庚申年戊寅月己酉日丙寅時の命局では、己日干が月時柱に二寅支を併見して甲干が正官と肯首し、すなわち夫君が乗旺して妻君が従順する象意であり、庚申干支であっても寅支の抑伏を渇望するが、そこで寅支蔵の長生丙火がこれを制伏するのである。

また甲干主は酉支蔵の辛金を正官と見做すが、いわば夫星の正官を領得して甲干を寅支が禄帰として搭載する故に、嫁夫ともに貴相が顕彰して三公大臣級の内助なのである。

いわば支根が存在せず従象と見做すとは、たとえば乙酉年壬午月甲申日己巳時の命局で、甲日主に倚処が存在せずすなわち能く土勢に従象するのである。

また庚辰年乙酉月乙酉日庚辰時の命局や庚戌年乙酉月乙酉日壬午時の命局では、ともに乙木は倚処が存在せず金質に従象化象するが、いわば庚辰干支庚戌干支とは納音金質に所属するので、みな貴相の命局なのである。

【化象】

さて化象とは陰陽の化合の象位であり、すなわち天干と地支の停相、かつ命局の均衡なのである。

「経典」にいう━

命局が化気して成局するとは、運歳により成局や抑封が、天帝のサイドで展転することなのである。

いわば化象が抑伏すれば恒常的に平庸で、命局が停相して化成するが、ここで日時柱の化合の可否を看るべきなのである。

『玉井奥訣』にいう━

五行の作用には化象が存在し純一かつ清澄を要するが、化象または返象でもあり、貴賤の分岐や化合の可否や寿命の長短が存在するのである。

『通玄論』にいう━

乙干は旺庚に従化し、また庚干は旺乙に従化するが、庚日主に精気が存在せず化精気を帯びて用途を肯定するが、もしそれぞれともに精気が存在しなければ、用途を肯定しないのである。

たとえば丁壬干合は春季に当令し、すなわち夫君に妻君が従順して生扶し、冬季に当令しすなわち妻君に夫君が従順して生扶し、これを「化象」と称するのである。

たとえば甲寅年己巳月甲戌日壬申時の命局では、甲己干合化土と称し申支を附帯して長生土局を領得するのである。

また甲戌年甲寅月癸巳日戊午時の命局では、戊癸干合化火して生月寅支で、巳支に建禄して午支に帝旺するが、これが化気がタイミングと位相を領得したことなのである。

また辛卯年戊戌月甲寅日庚午時の命局では、甲干が午支蔵の己土に就位して、化合して真実の土質と見做す故に己主は厚福かつ富貴で、その他も例推されたし。

玄虚道人氏がいう―

「類象」が化気に従属するケースとは、格局は旺衰で当否を判別するが、暗伏を抉顕して遥彼を拱起し、格局の吉凶と明暗を分岐するのである。

荊山居士氏が解説する―

もし甲乙日干で、地支に寅卯辰支を全備して附帯すれば「類象」と見做し、また亥卯未支を全備して「属象」と見做すのである。

また乙日干を巳酉丑支が搭載するか、申酉戌支が搭載するなどは「従象」なのである。

また甲日干が己干を附帯し、乙日干が庚干を附帯するなどは「化象」であり、そこで「類象」「属象」は身旺を要し、逆にまた「従象」は衰微を要するのである。

また丙丁日干が局相旺火のときに、時柱卯支を領得して木火気の相照と称するのである。

また壬癸日干が局相旺水のときに、時柱申酉支を領得して金水気の相照と称するのである。

また壬干が生月午支で水質を支根せず、すなわち午支蔵の丁火に従勢するときに、丁壬干合してカップルに為るときは「伏象」であるが、これらの「伏」や「照」の解説は同義でないが、その作用は異相しないのである。

以上の八法則とは、すなわち命局の格局が成否するキーパーソンであり、詳細に推究してそれぞれの貴格局の家風を再考されたし。


【天地徳合】以下指南正貴。

天干を天象の清気と見做し、また地支を地象の厚載と見做すとき、干合とは賢人の精神を領得して原局が天象に親近して上界で、また支合とは衆人の精神を領得して原局が地象に親近してその下界なのである。

干頭と地支がともに合絆して「天地徳合」と見做すのは、たとえば甲子干支が己丑干支を附帯し、また戊戌干支が癸卯干支を附帯するケースなどである。

時柱の合絆を上席と見做し、また日柱の合絆をその次席と見做し、もし年柱と月柱が合相して、また日柱と時柱が合相すれば、もっとも福分が緊密と見做すのである。

たとえば張舜臣氏（長官）は、乙卯年丁亥月戊寅日癸亥時の命局で、また林見素氏（長官）は、辛未年丁酉月己卯日甲戌時の命局で、このケースなのである。


【君臣慶會】

天干とは君主の象位であり、地支とは臣下の意義であるが、干頭と地支がともに合絆して局中併見するのを「君臣慶会」と称しているが、たとえば甲戌干支が己卯干支を附帯し、また戊辰干支が癸酉干支を附帯するなどを肯首するのである。

時柱の合絆を上席と見做し、日柱の合絆がその次席であり、そこで年柱と月柱が合絆して、また日柱と時柱が合絆するのを「雙鴛徳合」と見做してもっとも好作用だが、以上の二ケースは前述した合化の項目ですでに言及したが、ただし未だ当格例を呈示しないだけなのである。

〔古歌訣〕

甲干が、己巳干支を附帯して甲申日主に巡るとき。

乙干が、庚辰干支を肯首して乙酉日主に親近するとき。

丙干が、辛卯干支と丙戌日主を併見すべきとき。

丁干が、壬寅干支と丁亥日主を添乗するとき。

戊干が、癸亥干支を附帯し戊寅日主に巡るとき。

己干が、甲戌干支を起因として己卯日主に巡るとき。

辛干が、丙申干支が用途で辛巳日主を歓迎するとき。

壬干が、丁未干支を附帯し壬午日主を併見するとき。

癸干が、戊午干支を求め癸未日主を星神とするとき。

ここで福分の栄華と長寿を肯定し、
そのときさらに他格局を添加するときは、
決定的に己主は、王侯首相の身上であろう。―

たとえば虞氏（長官）の、癸未年甲寅月戊午日丙辰時の命局や、蔡氏（文官吏）の、甲申年戊辰月己巳日庚午時の命局や、魏氏（首相）の、己卯年甲戌月乙酉日庚辰時の命局や、謝源明氏（長官）の、丁巳年己酉月甲申日壬申時の命局などが該当例なのである。

【一気為根】

いわば年柱月柱日柱時柱胎元が、全局金、木、水、火、土同一納音のケースを肯定するが、たとえば甲子年癸酉月辛巳日乙未時甲子胎元のケースである。

「賦」にいう―

一気為根とはすなわち監察官吏部門では―

甲乙干主を寅卯辰支が搭載し、

丙丁干主を巳午未支が搭載し、

庚辛干主を申酉戌支が搭載し、

壬癸干主を亥子丑支が搭載して一気為根を肯定するが、もし当格するときは鬼殺の過多は不益ではなく、鬼殺が重複してすなわち貴相なのである。もし命局が全局一気質のとき、たとえば甲乙干主が丁壬干合亥卯未支全備のケースでもっとも好作用なのである。

凌相氏（大目付）の、乙未年庚辰月壬寅日辛亥時の命局や、王一夔氏（首席進士）の、乙巳年戊子月丙申日丁酉時の命局や、翁萬達氏（長官）の、戊午年己未月癸巳日丁巳時の命局が該当例なのである。

【両干不雑】

いわば年月日時柱に両干を併見して純一かつ不雑のときで、たとえば甲子年乙亥月甲戌日乙丑時の命局では、甲乙干が乱相せず併干し、また丙寅年丁酉月丙辰日丁酉時の命局では、丙丁干が乱相せず併干するとき肯定するのだ。

「賦」にいう―

干頭が類相すれば、官級をワイロで購入するケースで、そこで甲干主が乙干を領得し、また乙干主が甲干を領得して偏禄と称して、おおむね科挙試験を透関しないのである。

【三合聚集】一名龍鳳三合格。

まず年月日時胎元を称するときに、三併干同一星または三併支同一星または三併納音同一五行のケースであるが、そこで一数が二数を派生し、また二数が三数を派生し、また三数が万物を派生して盈数する義則なのである。

たとえば三丁干一癸干また三壬干一戊干また三庚干一丙干などのケースで、切に建旺が不益なのは過重な太過だが、ただし土金質はそうではなく、たとえば三金質が土質を擁し、また三土質が火質を擁し、または三戊干三庚干三辛干のときは、建旺しても支障はないのである。

また地支星では、たとえば三寅支一申支を駅馬と見做し、また三亥支一寅支を六合と見做すケースなどである。

また納音三位とは、たとえば甲子海中金、乙丑海中金、壬申剣鋒金を領得するケースなどで吉兆なのである。

【五行倶足】

まず年月日時胎元に木火土金水気を附帯するとは、真気五行また納音五行また命局に精気を帯びて全局五庫地を附帯するとは、たとえば甲子年戊辰月丁巳日丁未時己未胎元のケースで、相生を肯首して死絶符を否定し、そこで福星が互いに遁乗するのが貴相の方途だが、たとえば命主が死絶符して救応が存在せず、格局に当格しないのである。

壷中子氏がいう―

命局の五行が倶足すれば胎元はテーマではなく、すなわち真気の五行を取用して円満に済み、そこで真気の五行とはすなわち当年を己主とするが、そこで暗昧するとは胎元の星辰に納音を添意して誤謬なのである。

李廷相氏（長官）は、辛丑年甲午月丙申日戊戌時乙酉胎元で、また何洛文氏（学士院吏）は、丙申年辛丑月壬子日辛亥時壬辰胎元で、これに該当するのである。

【六位相乗】

いわば年月日時胎元とは、年日柱にふたたび禄馬を添加し、または命局に十二支星を合起し、さらに干頭の五位相の十干がすべて合起して貴相と見做すのである。

たとえば甲子年丁卯月戊寅日辛酉時戊午胎元の命局は、すでに安全命局のケースであり、また余（万氏）の命局は、壬午年癸丑月庚寅日丙戌時甲辰胎元で、申支の禄馬を肯定するのである。（育吾氏が自記した）

【聚精會神】

『淮南子』にいう―

精神とは天上から所受したもので、また形体とは地上で禀得したものであり、離卦を火気と見做し、また坎卦を水気と見做し、そこで太陽を火性と見做し、また月象を水性と見做すのである。

太陽と月象が天上で運行して、四季を生成するがこれが天賦の精神であり、また水性を精気と見做し、また火性を神気と見做し、また精を気質の母元と見做し、また気を神性の子息と見做すのである。

そこで旋気流が周一してそこで長生して死符せず、これが人の精神でありたとえば人命や命局干支や納音五行なのである。

また二水質かつ二火質のそれぞれが、乗旺して支根を領得して、夾雑しなければ相合済性し、すなわち英霊の精気で天賦の運に同調するが、ただし貴人を顕出せずかつ悠久たる寿命を抑止するのである。

李東陽氏（宰相）の、丁卯年丁未月癸亥日己未時の命局や、楊一清氏（宰相）の、甲戌年丙子月壬午日丁未時の命局が、これに該当するのである。

【神藏煞没】

いわば甲丙庚壬干とは陽干の会合として吉兆と見做し、生月寅巳申亥支がもっとも佳運であり、また乙丁辛癸干とは陰干の貴徳と見做し、生月卯午酉子支がもっとも好運なのである。

このケースで六凶星が臨んで潜蔵であり、また四悪殺が巡って伏没するのである。

たとえば年月日時四位相の干星が分明で、刑衝破害がテーマでなければみな吉兆であり、さらに禄馬や官星印星を添加してもっとも吉兆なのである。

「賦」にいう―

命局に陽性奇数と陰性偶数を附帯して、もっとも英豪を肯定するのである。

いわば命局の墓殺には四ケースあるが、

生月寅午戌支の墓殺には丑支に該当し、丑支を金質墓符と見做す故に大吉で、金殺と見做して亥没に至るのである。

生月亥卯未支の墓殺は戌支に該当し、戌支を火質墓符と見做す故に河魁で、火殺と見做して申没に至るのである。

生月申子辰支の墓殺は未支に該当し、未支を木質墓符と見做す故に小吉で、木殺と見做して巳没に至るのである。

生月巳酉丑支の墓殺は辰支に該当し、辰支を水質墓符と見做す故に天罡で、水殺と見做して寅没に至るのである。

また人命が生月寅午戌支で、生日丑支かつ生時亥支を領得し、すなわち殺没と見做すのである。

また天乙凶将には六ケースが存在し―

螣蛇や朱雀は火質に所属し、壬癸干亥子支を帯びて江河に一擲し、

白狐は金質に所属し、丙丁干巳午支を帯びて被災窮状し、

玄武は水質に所属し、申寅辰戌丑未支を帯びて脚足碍するのである。

これらは制剋を被っても勝果するので、すなわち六神蔵を肯首して、すなわち玄武当権などの神殺なのである。

【禄馬交馳】

寅午戌支の駅馬は申支で、そこで時柱庚干を領得するとき。

亥卯未支の駅馬は巳支で、そこで時柱丙戊干を領得するとき。

申子辰支の駅馬は寅支で、そこで時柱甲干を領得するとき。

巳酉丑支の駅馬が亥支で、そこで時柱壬干を領得するとき。

たとえば四柱命局に互換して領得するときに、年月柱に附帯せず日時柱に互換して、もっとも好作用だが衝破や空亡が不益なのである。

【趕禄欄馬】

まず甲戌干主では甲干を寅支が搭載して建禄するときに、丁丑干支を領

得して「趕」とするが、そこで戊支の駅馬は申支に該当するので、癸酉干支を領得して「欄」と見做すケースである。

かならずしも正禄正馬を渇望せずに禄馬が自性的に巡り、この格局はきわめて貴相なのである。

いわゆる禄支が「趕」でなければ発揚せず、また駅馬が「欄」でなければ不住とはこのケースなのである。

【集福發福】

すなわち命局に帝旺建禄支が集福して、帝旺建禄支が局中で発福するのは、すでに年月日時のテーマで前述している。

王昺氏（侍郎官）は、壬子年壬子月乙酉日丁丑時の命局で、また呉遠氏（大目付）は、戊寅年甲寅月壬寅日戊申時の命局で、これに該当するのである。

【干支雙連】

いわば甲午干支が乙未干支を帯び、また丙申干支が丁酉干支を帯び、また戊戌干支が己亥干支を帯びて、相互に相連するケースなのである。

たとえば甲子干支が乙丑干支を帯び、また庚午干支が辛未干支を帯びるときに、甲庚干の貴人星が丑未支で、また乙辛干の貴人星が子午支のときには、一名儀で二義則の貴偶際会で、これを連珠福星と見做して能く衆殺を抑伏して、さらに禄馬支を添加して充当の命運なのである。

また連珠進退するとは、たとえば丙寅干支が丁卯干支を附帯して、同気質でこれを退気と称し、また丁卯干支は丙寅干支を附帯して一星辰が後退し、かえって進捗を肯定してすなわち真気と見做すのである。

【天干連珠】

いわば年月日時胎元に甲乙丙丁戊干を順見し、あるいは己庚辛壬癸干を順見するケースで、甲干は己干に合絆し、また乙干は庚干に合絆し、また丙干は辛干に合絆し、また戊干は癸干に合絆するのは「十干連珠格」と称するのである。

もし納音五行が局中で連珠するときも承相し、年柱から時柱へ順布派生し、また時柱から年柱へ順布派生するのを肯定するのである。

また倒垂連珠とは、たとえば丁未干主が時柱丙午干支を領得し、また辛丑干主が時柱庚子干支を領得するケースなのである。

また正印連珠とは、たとえば壬午干主が時柱癸未干支を領得し、また甲子干主が時柱乙丑干支を領得するケースなのである。

また懸印連珠とは、たとえば乙亥干主が時柱甲戌干支を領得し、また癸巳干主が時柱壬辰干支を領得し、また丁巳干主が時柱丙辰干支を領得するケースなのである。

壷中子氏がいう――

一路連珠するときは、早年に名誉が四方位を占拠するだろう。

彭氏（検事長）は、丁卯年戊申月己亥日庚午時の命局で、黄華氏（長官）は、甲戌年丙子月戊午日庚申時の命局で、これに該当するのである。

【地支連茹】

いわば年月日時胎元に、子寅辰午申戌支が一支づつ介して相連し、あるいは子丑寅卯辰支が相連するなどである。

「賦」にいう――

抜茅連茹とは、いよいよ質実堅固なのである。

いわば連茹を領得すれば富裕なのは、支干の別途を肯首するが、もし干頭地支ともに相連して富貴双全なのである。

英國氏（公侯）の、丁巳年丙午月丁未日戊申時の命局や、誠意伯劉瑜氏の、庚子年戊寅月庚辰日壬午時の命局はこれに該当するが、もし年柱から二支間隔し、また月柱と日柱が一支間隔して、たとえば年柱子支で月柱卯支や、日柱巳支で時柱未支などのケースで、貴人局相を称して己主は吉兆なのである。

【五行正印】

たとえば甲子干主で時柱乙丑干支を帯び、また丙寅干主で時柱甲戌干支を帯びるなどのケースであり、もし衝破空亡や死絶符が存在せず、さらに福星が相互に生助しまた局相庫地で、上格と見做して取用するのである。

もし甲乙干頭未支や丙丁干頭戌支などのケースで、命局を全庫地が搭載して己主は両府庁で大臣輔佐の高官となり、また空亡を帯びても吉相なのである。

【禄庫逢財】

年柱が墓符に該当して禄庫と称し、禄庫支蔵に支蔵財星また納音を財気と見做して領得するときは、貴相ではなくても己主は富裕で、逆に財気が存在しなければ官位が顕職しても、家庭は窮状するのである。

「経典」にいう――

禄庫支が空疎であれば、俸給が空疎な重職に従事するだろう。

【福會相迎】

この十干の相生の当所また相剋の当所では、たとえば甲干が丙干を生扶して戊干を剋伐するなどのケースで、すなわち食神が財星を附帯して他干星を侵犯せず、すなわち貴気を帯びるが、もし胎月日時柱に附帯して、己主は衣食が豊かに充足して官位爵禄が崇高で、運歳の大小の当地に至り、また官級が栄転し財運が進捗して有益なのである。

【生死相聚】

たとえば庚辰年辛巳月庚午日辛巳時の命局や、また甲戌年乙亥月甲子日乙亥時の命局や、また壬寅年癸卯月壬辰日癸卯時の命局や、また丙申年丁酉月丙戌日丁酉時の命局では、陽性が長生死符して陰性が長生死符するので、甘苦を同受する象意なのである。

いわゆる庚干を巳支が搭載して長生し、また辛干を巳支が搭載して死符し、また甲干を亥支が搭載して長生し、また乙干を亥支が搭載して死符し、また壬干を卯支が搭載して死符し、また癸干を卯支が搭載して長生し、また丙干を酉支が搭載して死符し、また丁干を酉支が搭載して長生して、互相が乖離しないのである。

もし金気がすなわち金質を生扶し、また木気がすなわち木質を生扶して貴賎に当相せず、所在してすなわち否定するのである。

【一旬包裏】

すなわち甲子干支が癸酉干支を附帯し、また甲寅干支が癸亥干支を附帯するなどのケースで、月日胎元ともに年時柱を「包」しもっとも好作用なのである。

そこで四五七支干が同旬包倶して、かつ二十四位かつ三十六統位の「大衍虚一」と見做し、命局の支干が有用で年時柱が、財星官星印星食神また禄馬貴人のとき、みな大貴相なのである。

【四柱順布】

いわば時柱と日柱が順布し、また日柱と月柱が順布し、また月柱と年柱が順布して、先後ともに乱相しないとき肯定するのである。

【五行一旬】

いわば年月日時胎元がともに同一旬で、たとえば甲子年丙寅月己巳日庚午時の命局などのケースだが、そこで生旺六合を帯びて衝破が存在しなければ、すなわち吉兆なのである。

また年月日時胎元を、それぞれ同一旬が占有して「五福集祥」と称しまた大格局だが、福星が相互に遁乗すべきで衝破が存在せず、吉兆の方途なのである。

【貴人黄樞】

いわば戊己干を辰戌丑未支全局が附帯し搭載するとは、たとえば戊戌年己未月己丑日戊辰時の命局また丑支が貴聚併相して、戊己日干を搭載して当格と見做すのである。

〔古歌訣〕

四維鎮護の福星は、自性的に旺強であり、
さらに権威の鬼殺が、在局の方途と看れば、
貴位爵禄が重複して、生旺を兼備し、
公侯と成らなければ、君王と成るであろう。――

たとえば明王朝の朱元璋氏（太祖洪武帝）は、戊辰年壬戌月丁丑日丁未時の命局で、四季土旺かつ辰戌丑未支に順拠して陰陽全局貴相する故に、明王朝創業の天子なのである。

【四衝得位】

四衝得位は四位純全とは微妙に不同なのだが、寅申巳亥支が自性的に生旺か互換して生旺を渇望し、また子午卯酉支が自性的に生旺を渇望し、また辰戌丑未支が自性的に墓符を渇望し、また甲申年丙寅月辛巳日己亥時の、命局の方途を取用して命局が自性的に生旺し、胎元の丁巳干支を添加して五行が充足して、また「詞館学堂」を肯定する故に公侯に拝命されたのである。

たとえば辛卯年庚子月癸酉日戊午時の命局は、すなわち胎生元命かつ自旺して「四仲局」と見做すのである。

たとえば乙丑年癸未月丙辰日壬辰時甲戌胎元の命局では、「四位秀局」と見做して五行が充足する故に大貴相なのである。

韓史の命局考証では平原王氏は、壬申年辛亥月己巳日丙寅時の命局なのである。

「楊良講」では—

申支を金質の位相と見做して坤土を帯びて堆厚するので、剛金を添加してはならない故に納音剣鋒金を取象するのである。

そこで金質は火質の添加を畏れず、ただ丙寅干支が能くこれを制伏するのは、丙寅干支が納音炉中火でともに火質で、そこで木質を夾擁して木質が火気を生扶して生々窮通するが、たとえ百錬の剛金質でも結局は熔解を被るのは、天賦の自然の作用なのである。

およそ人命の降誕のタイミングでは、己主の主体とはすなわち現今の邂逅なのであり、年歳の丁卯干支では火質を沐浴と見做し、微精気で衰敗し熔解して灰燼で、自性的に支星を肯定できず、年歳の丙寅干支に巡り水質金質火質が液状で、外相は剛強で内容は乾質なので、剛質が苛烈に巡り天地は赫々と灼熱精錬の装置となり、万物とは一巨星で近辺を何処へでも誘導できるので、人物をおおいに容領してその作用を窮尽して否定を肯首せず、一陽派生し萌芽してそのタイミングが集積するのである。

そこで寅巳申亥支が全備して、二気質が交夾し大いなる福分を否定して、また衝撃の窮状を招くのである。

袁韶氏（南宋大臣）は科挙進士の秀才で、辛巳年丙申月乙亥日壬寅時の命局で、また四孟全備して干頭の丁壬干合丙辛干合が真実の合化で、地支が巳申亥寅六合支で「鴛鴦徳合」また「天地徳合」と見做し、命局がとても分明である故に韓平原氏の比ではなく、二気化合の倶生が有益だが韓氏はここでかえって不及し、これの領得を講じて己土が甲干を官星の用途と見做し、また丙干を印星と見做し、時下帰禄して甲木が亥生月に長生して、そこで申支が衝揺を渇望して巳衝を受用と見做し、また寅亥支が六合するので申支が自性的に受衝し寅支が衝揺できず、運歳の寅卯支に巡って官星が支根を領得して、貴相に邂逅するのである。

そこで丙辰干支との交点で、旺水が印星を衝揺し火制の傷官が存在しないので、丁卯年についに政難に遭い、享年五十六歳という一説を肯定するのである。

【四時乗旺】

たとえば生月春季の甲乙日時干や生月夏季の丙丁日時干などで、当主は心性明快で全容を附帯すれば、健脚長寿かつ富貴権威であろう。

【三五連合】

干頭と支下が陰陽が合相し、両同干頭が年月柱で一干頭が日（時）柱に相当し「順排連合」と称するのだ。

一干頭が年（月）柱で両同干頭が月日（時）柱に相当して順排するとは、甲→乙→丙→丁→戊→戊→己→庚→庚→辛→壬→壬→癸→甲干などの順序なのである。

また倒垂するとは癸→壬→辛→庚→己→己→戊→丁→丁→丙→乙→乙→甲→癸干などの順序で、いわば「倒垂相連」なのである。

そこで順排列数が上席と見做し、不順列雑がこの次席なので、他干頭を侵犯せず生旺乗相して福分爵禄が助相してもっとも勝果なのである。

【六合雙鴛】
たとえば戊辰年癸亥月戊寅日甲寅時の命局では、一亥支が二寅支に合絆して馬鞭と見做すのである。

「経典」にいう―

六合双鴛とは、朝廷に鎮座して政事を布政することで、たとえば甲寅年丙寅月甲寅日丙寅時の命局で「双飛蝴蝶格」と称して極貴の格局なのである。

【貴気衝和】
たとえば丁亥主人が時柱甲辰干支丙辰干支を領得して、陰陽六星と見做して自性的に清貴なのである。

さらに天干と納音五行が調和すれば、富貴が極盛するだろう。

【引従包承】
まず年柱干支から干支を進展して「引」と称し、また年柱干支から干支を後展して「従」と称するのである。

たとえば甲子主人が三干支進展して「引」と見做し、すなわち丙寅干支でありまたは丁卯干支を「引」とみなすときに、また三干支後展させて「従」と見做し、すなわち壬戌干支でありまた癸亥干支を「従」と見做して遠離へ「引」して適宜なので、丁卯干支を遠と見做すときに「従」は近貼して適宜なので、そこで癸亥干支を近貼と見做すのである。

甲子主人を後展して癸亥干支で進展して乙丑干支であり、また丙寅干支を後展して乙丑干支で進展して丁卯干支を当得するなどのケースである。

いわば甲子主人は丁卯干支を「引」と見做すときに子卯支相刑して、そこで丙寅干支を食神かつ禄馬と見做さずに、壬戌干支のタイミングを領得して、すなわち丁壬干合かつ卯戌支六合して暗裡に合絆するのは、壬戌干支癸亥干支甲子干支なのである。

乙丑干支を用途の待期に進展星辰とは丙寅干支また丁卯干支だが、一甲干には天地の気質が全備して進展後展のときは、納音五行や生旺の気の有無を看る必要があり、諸貴星殺星の幇助を兼備して大貴相で、命局に一旬中に附帯してもっとも好作用なのである。

また引従包承とは年歳と拱在してすなわち官途は清華だが、そこで刑衝破害を帯びて、すなわち一生窮状するだろう。

たとえば己酉年癸酉月戊申日を後展かつ「従」させて、壬子時干支を進展かつ「引」させるが、そこで遠離して進展させ近貼して後展させて、すなわち大貴人として朝廷に起居して要人の往来が多いのは、そこで「引従」が連動するからなのである。

また乙丑主人は甲子干支を附帯して「従」と見做し、また進展して庚午日干支を「引」して添乗し、乙庚干合しまた己巳干支を「引」して添乗して、甲己干合し干支に情義があるが、他は例推されたし。

たとえば辛卯主人が壬辰日や庚子時に巡り、これはすなわち遠離へ後展して近貼へ進展しているのである。

さもなくば壬辰日は壬寅時を帯びて卯支を拱起するが、「丁酉正端門格」を造作して「引従」がテーマではないのである。

「賦」にいう―

「引」と「従」は同義ではなく、進展と後展を精査すべきである。

「賦」にいう―

官星貴星の「引従」とは、官吏の催事の両班に列位するが、また官星が進展して貴星がまた後展し、あるいは貴星がまた進展して官星が後展し、また凶星が進展して吉星がまた後展して「引従包承」とは、もっとも貴相なのである。

たとえば徐階氏（太子輔佐官）の、癸亥年壬戌月癸未日壬子時の命局は、壬戌干支を後展かつ「従」してすなわち近貼し、また壬子干支を進展かつ「引」し、すなわち遠離して干頭が壬癸干一水質を亥子支の禄支が互換搭載して、すなわち「引従包承格」なのである。

また楊博氏（太子副教育任）は、官級一品を十二年間の満期と考えるが、己巳年庚午月乙卯日庚辰時の命局で、庚午干支を進展かつ「引」して、また庚辰干支を後展かつ「従」して干頭が乙庚干合化して、二庚干を官星と見做して「引従」し方途を奇特と見做し、進展後展の二支を「包承」として本命に該当するのである。

たとえば辛亥主人が、生月庚子干支のとき生日戊戌干支は子支を進展して「包」と見做し、戌支を後展して「承」と見做し「包承」がポイントなので、己主は清貴厚福で空亡や衝破を畏れるのである。
たとえば孫慎氏（大目付）は、乙亥年丙戌月辛丑日戊子時の命局で、孟重氏（大目付）は、乙亥年丁亥月乙丑日丙戌時の命局で、すなわち十二位の「包」でまたおおむね一格局なのである。

〔古歌訣〕
年柱は、天子を中宮が搭載すると見做し、
日時柱が巡相して、両侍従に邂逅し、
そこで貴星の輔佐を、識る必要があり、
官星を気勢と見做せば、もっとも英雄なのである。
（楊博氏の「引従」とは、未だ詳かではないのである。）

【四般生一】
〔古歌訣〕
命局全容が一義を派生し、また一義が局相を派生するとき、
すなわち公卿を断定するのを、さらに懐疑してはならない。
そこで福星の添加や逓減に、その厚薄が随伴し、
官吏の資質の仔細を、訊究して決定するのである。—
たとえば許氏（転運使官）の、癸巳年癸亥月辛亥日壬辰時甲寅胎元とは、納音釵釧金が四水質を生扶して肯定するのである。

【驛馬駝禄】
たとえば謝氏（参与）とは、乙卯年戊寅月己酉日己巳時の命局で、甲申干支が背合絆して、乙干を卯禄支が搭載して己卯干支を遁得し、巳支を禄支馬支と見做す故に「馬駝禄」と称し、官星の背合絆を肯定するのである。

【鞍馬坐貴】
〔古歌訣〕
玉製アブミに黄金のクラで、貴人が御者するときには、
すなわち官級三品を知り、栄官が決定するが、
もし的殺が存在せずに、この格局に当格すれば、
両府庁で書記して、帝都に居住するだろう。—
たとえば王氏（皇女）は、庚寅年乙酉月辛亥日乙未時庚寅胎元の命局で、乙未干支を附帯して攀鞍と見做し、庚干を未支が搭載し貴人星で納音砂中金を肯首し、貴人星を黄金の鞍が搭載することを称号するのだ。

【錦衣特賜】
〔古歌訣〕
甲日丙日庚日干を、時柱寅支が搭載して、
また丙庚壬干が、巳支を指向して支蔵を推究し、
また庚壬甲干が、申支を帯びて地支に搭載して、
また壬甲丙干が、亥支を附帯して取用するときは、
これは錦蘭衣の筆頭格局を肯定するのである。—
以上は日時柱が決定して差移しないケースで、たとえば石氏（参与）の、壬申年己酉月甲辰日丙寅時の命局や、また甲申年乙亥月丙辰日庚申時の命局を肯定するのである。

【清貴入堂】
〔古歌訣〕
乙丁辛干が、馬支を附帯するときに、
丁辛癸干が、酉支を指向すれば、
これは正郎官職の格局を肯定し、
清華にて、錦蘭衣を装帯するのである。—
たとえば林氏（遣察官）は、己酉年乙亥月癸丑日乙卯時の命局で、すなわち「暗合三奇格」なのであるが、これは戌子寅各支を夾擁して財官禄と見做すのである。

【循環相生】
〔古歌訣〕
年柱が遁巡して、癸亥干支を附帯して、

また月柱が遁巡して、甲寅干支を附帯して、
また日柱から推併して、辛未干支を附帯すれば、
当格局は、功名を成就するであろう。―

たとえば陳氏（右大臣）は、癸巳年癸亥月甲寅日辛未時の命局で当格と見做すのである。

【龍吟虎嘯】

〔古歌訣〕

寅支と辰支の二支星を、タイガーとドラゴンと見做し、
当生人が附帯して、もっとも福分が隆昌なのである。
そこで風雲が吟嘯するとき、聚成に際会して、
栄華かつ富貴にて、皇族を拝命するだろう。

〔歌訣〕

壬干を寅支が搭載し、庚干を辰支が搭載して有益であり、
龍虎が風雲を告げて、精神越格であり、
命局に重複して、夾衝しなければ、
朝廷の清流の、官位爵禄を肯定するのである。

「預知子」にいう―

ドラゴンが咆哮して降雨を潤得すれば戊辰干支が甲寅干支を附帯し、またタイガーが咆哮して萌樹を領得すれば甲寅干支が戊辰干支を附帯するのである。

珞琭子氏がいう―

ドラゴンやタイガーが咆哮して、降雨を資助して暇休の吉祥なのである。

『玉門關集』にいう―

「龍吟虎嘯」の局相とは、日時柱に附帯してとても好格で、また月日柱に附帯するケースがその次席なのである。

月日柱かつ年月柱に附帯し、かえって時上が建禄支であればまた佳質だが、ただし空亡や局中の破相を侵犯しないとき肯定するのである。

たとえば王氏（首席進士）の、戊寅年甲寅月丁酉日甲辰時の命局が該当するのである。

【夾貴夾禄】

甲主人が卯丑支を領得し、また乙主人が寅辰支を領得し、また丙戊主人が辰午支を領得し、また丁己主人が巳未支を領得し、また庚主人が未酉支を領得し、また辛主人が申戌支を領得し、また壬主人が戌子支を領得し、また癸主人が亥丑支を領得して、禄支を夾擁する当地と見做すのである。

また丁己庚干が未支を領得して、また丙戊乙干が辰支を領得して、また甲癸干が丑支を領得して、また辛壬干が戌支を領得して、禄支を夾擁して上格と見做し、さきの夾禄の当地がその次席なのである。

およそ禄地とはもっとも墓符が有益で、いわば庫地の所蔵を帯びて空亡かつ衝揺が不益だが、しかし生扶して印星庫地に巡って福寿と見做すが、ただし運歳で印星墓符に巡って凶揺と見做すのである。

丙丁干亥酉支とは戊支を夾貴と見做し、また壬癸干巳卯支とは辰支を夾貴と見做し、また丙午干支丁未干支丙子干支丁丑干支とは、納音水質で火質を財庫と見做し、また壬子干支癸丑干支壬午干支癸未干支とは、納音木質で土質を財庫と見做し、これらを印星庫地の貴相の夾擁と見做し、火質財星が壬辰干支水質を領得するときや、土質財星が戊辰干支納音大林木を領得するときを庫中で鬼殺に逢瀬すると称し、先発して成功するがかならず窮状するのである。

また甲戊庚干乙己干丙丁干壬癸干六辛干のときは四干頭が不断に順連するとし、かならずしも丑未子申酉亥午寅支を要さずただし辰戌二支を附帯して、すなわち天乙と見做して福分を領得するのである。

己主は博学かつ文章力華麗で、科挙試験に高位合格して清華の官職だが、そこで庫地が印綬を附帯してまた庫地墓符とは上格と見做し、庫地墓符で印綬を附帯しなければその次席で、印星が存在しないのは次格と見做すのである。

いわば一干星に支星が応相して、前支に貴星を帯びて後支馬支の添乗が存在して、建禄支を夾在すれば「夾貴夾禄」を肯定するのである。

たとえば己未主人が、生月己巳干支かつ生日己未干支かつ生時己巳干支のケースでは、己干四星が一位も夾雑せず、己干を貴人の申支が搭載する故

に、さきに貴星を帯びると称し、のちに未支を有して巳支が駅馬を帯びる故にのちに馬乗すると称して、貴相は三品官級以上の命局なのである。

もし丁巳干支丁未干支はすなわち正規の夾禄で、また辛卯干支辛丑干支はすなわち正規の夾貴と断定するのである。

いわば禄支や貴人を夾擁するケースは稀少であり、たとえば戊午主人が日時柱丙午干支を領得して戊干の禄支は巳支に所在し、夾擁ののち戊干の貴人は未支であり、また夾擁する前とは己未年辛未月己未日辛未時の命局で、そこで己干の禄支の午支に後展布し、また己干の貴人支が申支へ進展布するので、禄支と貴人支が己身を夾扶して他種支星を夾雑せず、すなわち貴命と見做すのである。

「古訣」

前遮後擁の人命が幽仙に相当するとは、すなわち「禄馬夾貴」を本命干支の前後の所在として、その秘匿することを肯定するのである。

『理愚歌』にいう――

およそ提綱を堅持して、宮廷に入朝したければ貴星が賤星と交雑せず、そこで将軍ならば貴星鬼殺の裏面を肯定し、また首相ならば禄支馬支を重擁しておよそ貴人の格局なのである。

そこで命局に一干支も夾雑せずさらに生旺して、精気が往来して福星を附帯して上格かつ命局貴相で、かえって首頭的格局を肯定しないのである。

〔古歌訣〕

年柱が好相に適い、月柱が不如意であれば、
月柱が好相に適い、時柱が不如意であれば、
かえって尊崇する帝座に、親近して位相し、
その前後に、高貴の人々が随伴するのである。――

たとえば陳氏（宰相）の、庚寅年丙戌月辛卯日己丑時の命局は、大敗を懐疑するが、かえって天乙貴人を領得して、さらに本命の年歳に巡り天子と見做すのであるが、前述の歌訣の「尊親帝座位」とはこれを肯定するのである。

また己丑干支庚寅干支辛卯干支が相連して「連珠鳳凰」と称して、科挙透関せずとも官吏の位相で、また寅支が天徳貴人を帯び、生月戌支を太殺と同義と見做し、いわば陳氏の姓名の徴音の所属が火質に所在して戊寅支合に内在するのである。

「経典」にいう――

墓符の本懐の当処とは天徳太殺と同義であり、己主は三公大臣級の命局の栄相であり、自ら年歳と交夾せずに禄馬と同義かつ等価で、そこで宰相と成ったのである。

【福神相還】

およそ禄馬や官貴星や六合や華蓋や金轝や文星貴人とは、印綬庫地食神のように奇徳の瑞兆のケースなどでみな「福神」と称し、遁巡互相してかえって格局と見做すのである。

もし死絶符や衝破や空亡が存在せず、旺気の五行が福星を資助すれば、己主は将軍大臣公爵と見做すのである。

たとえばここで殺星を附帯すれば、すなわち年少にて顕達して重役を歴任し、また死絶符を附帯して衝破空亡が存在しなければ、ただ上格局と看るのである。

また尊崇すべきとは、吉星の方途を肯首し、主干星の本体を重要と見做し、およそ干星が生旺建禄や福星を造作して、みな吉兆の位相を肯定するのである。

そこで納音と死絶符とはここに吉兆を蔑視するので、もし納音が衰質かつすでに死絶符で、さらに衝破空亡を附帯してすなわち成就せず、州県府庁の一経理スタッフに過ぎず、たとえ他処に福星が資助しても帝都官僚は難儀なだけなのである。

もし空亡や衝破してさらに三刑六害を附帯すれば、かならず一介の窮状者あるいは道仏士で、科挙試験合格は成就しないのである。

さらに五行それぞれの軽重やなりゆきを観相して、生旺に乗気すれば奇特の人士でただ一件成就し、また生旺に大乗気すれば両件案の成就を肯定するのである。

【四時攝聚】

甲寅干支丙寅干支とは、寅支に木火気が接聚し、

丁巳干支辛巳干支とは、巳支に金火気が接聚し、
庚申干支甲申干支とは、申支に金木気が接聚し、
壬申干支戊申干支とは、申支に水土気が接聚し、
癸亥干支乙亥干支とは、亥支に水木気が接聚するが、これに巡相して己主は清澄を要して顕達するので、月令に得地しなくてもまた福分と見做すのである。

『神白経』にいう――

金水質が申支に聚気し、また木火質が寅支に聚気し、また水木質が亥支に聚気し、また火土質が巳支に聚気して、日時柱に全備し往々にして福分を帯びて、もしさらに四季月令が生扶して十中九分は貴相なのである。

【致一凝神】

聖人が一真儀を抱得してすなわち通達しない処は存在せず、また鬼神が一神霊を含得してすなわち無窮に変化するのは、それぞれ陰陽の作用でありまた精神の運用であり、その抑伏と挙揚とは一義である故に一命局と見做し、すなわち世間の賢臣や抜群の大貴人なのである。

たとえば命局の年月日時胎元に五種納音や、四木質一水質や、四金質一土質など時柱一附帯のケースだが、また一金質四水土質や、一水質四金土質など年柱一附帯だが、それぞれ一路の旺気が越格に発効するのを肯首するのである。

局相で胎元月支ともに丑支で、また日時柱に一寅支を附帯するなどのケースや、年月時胎元ともに戊己干でそこで丙日干を搭載するなどのケースで、また天乙貴人干頭正官かつ文星天徳貴人が命局に附帯往来して、福分貴相の精気と見做すのである。

ただ胎元一位だけ福分貴相の精気が存在せず、そこで禄馬官星印星の福徳が日時柱を介して三合会局を会成して、一位の本命星辰や禄馬四位ともに旺気に添乗するが、ただ時上に死絶符を一附帯するか局相が死絶符を四位倶帯しても、ただ日時柱に生旺の気を一附帯して展路するのである。

また局相四位が甲乙干また丙丁干また庚辛干また壬癸干、またそこで日時柱に一官星が好作用するなどのケースで、会合が往来して一義に帰局して、この格局を方成するのである。

もし自性的に生旺を一附帯して福分貴相だが、また自性的に死絶符を一附帯して、また福分貴相を肯定するのである。

【虚中精實】

人命の年時柱の干頭支下が天干を地支が搭載して、地支を天干が覆蔽するときに、大虚質のなかに太陽と月象が運行するときを「虚中精実格」として、もっとも好作用の奇瑞なのである。

整雑混相かつ喜忌相半して兼併包容して、真実の大器成業の命相なのであるが、年柱と時柱が生旺の精神に便乗するのである。

ただ陽遁が衰敗死絶符を附帯して、また干頭支下を剛柔金珠の徳が添乗して、そこで太陽と月象とが水火変通の気精を肯して巡り、また干頭支下がともに天乙天官文星貴人禄馬ならびに諸吉星を互換して附帯し、ただ生日に禄馬貴星が存在しないのである。

また年月時柱に寅午戌支生旺火庫を領得して三合全局を純相して、ただ日柱一位が衰敗死絶符を三合絆して附帯して肯首するのである。

これらに当格するケースとは、世表顕赫して有益で容態を暇休し、富貴にして淫蕩せず威武にて不屈なのである。

たとえば陳以勤氏（宰相）は、辛未年戊戌月丁卯日辛亥時の命局で、申時行氏（首席進士）は、乙未年乙酉月甲辰日乙亥時の命局で、その学説は『蘭臺妙選』に註記されてこの格局を肯定するのである。

【功奪造化】

年月日胎元がともに死絶符で精気が存在せず、時柱一干支が生旺の当地のとき肯定するのである。

たとえば命主が金質に所属して年月日胎元ともに精気が存在せず、そこで癸酉干支を領得するケースなのである。

そこで火質に所属して戊午干支を領得し、また水質に所属して丙子干支を領得し、また土質に所属して庚子干支を領得し、また木質に所属して辛卯干支を領得して、みな納音自旺の当地なのである。

また辛巳干支丙寅干支己亥干支甲申干支戊申干支はみな納音自生の当地なのである。

そこで大運と年歳の行運では、ただ生時柱でその福分と窮状を較量するので、そこで生旺しなければすなわち成人を肯定しない故なのである。

【功倖造化】

命主の納音木質とは精気が存在せずに当地して、かえって救応を領得して巡相往来して本来の位相を肯定するのである。

たとえば辛酉主人が癸卯干支を領得し、また癸卯主人が辛酉干支を領得して、そこで辛酉納音石榴木が金質当地で困窮して、かえって癸卯干支を領得して、また辛干を酉支が旺載し、また甲乙主人を卯支が旺載して互換往来する故に、吉相の際会と見做すのである。

いわば辛酉納音石榴木とは失効位相で、ただ癸卯干支に相対してすなわち剛柔相済して、これを領得すれば文章明敏で決定的に科挙試験高位合格に取用するのである。

明朝皇帝の穆宗氏（一五六七～七二）は、丁酉年癸卯月癸卯日辛酉時の命局で、また嚴嵩氏（宰相）は、庚子年己卯月癸卯日辛酉時の命局で、この格局を肯定するのである。

【内陽外陰】

たとえば年時柱が納音金水質に所属し、また日月柱が納音木火質に所属するときには、金水質を陰性と見做し、また木火質を陽性と見做すのである。

また年時柱が水質に所属して、日月柱が木質に所属するとは、流水が華壇丘陵を経巡り、すなわち外表が陰性で内容が陽性でともに肯定して、いわば内容外表に拘泥せず、ただ成象して好作用と見做す必要があるのだ。

【鼎足鎡基】

「鼎足」の義則とは、いわば三合会局が三奇を附帯し、また三合会局が一駅馬合を附帯し、また三合会局が同質干頭を搭載して命主を容帯するので、ともに生旺を領得して貴相と見做してそこで切に金質をもって、寅午戌支などに契当して不益なのである。

また旺中の寿元の欠損とは、三合会局が三奇を附帯し、すなわち乙丙丁干また甲戊庚干が局中に併相して三合地支などのケースなのである。

また三合会局が一駅馬を附帯し、すなわち申子辰支が寅駅馬支を領得し、また巳酉丑支が亥駅馬支を領得するなどである。

また三合会局が駅馬合支を附帯して、すなわち寅午戌支が巳申合支を附帯するなどのケースなのである。

また三合会局が同質干頭を搭載するとは、すなわち甲乙干主を亥卯未支が搭載し、また丙丁干主を寅午戌支が搭載するなどのケースである。

また三合会局が元気を搭載するとは、たとえば寅午戌支が丙丁干を搭載し、そこで丙寅干支戊午干支甲戌干支とは同火質を附帯し、また亥卯未三合支が己亥干支辛卯干支癸未干支を領得し、同木質を附帯するなどのケースである。

また三合会局のときに寅午戌支の駅馬が申支だが、申支が寅支を衝去し、また亥卯未支の駅馬が巳支だが、巳支が亥支を衝去し、申子辰支の駅馬が寅支だが、寅支が申支を衝去し、また巳酉丑支の駅馬が亥支だが、亥支が巳支を衝去するなどを「三合馬換頭支」と称しているのである。

【拱揖闕門】

闕門とはすなわち年柱に相対する位処で、命主が甲子干支ならば己巳干支辛未干支を拱揖と見做し、虚午支を闕門と見做すのであり、また命主が乙丑干支ならば庚午干支壬申干支を拱揖と見做し、虚未支を闕門と見做すが、他も準拠するのである。

諸書籍を考証すれば、子午支がもっとも重度で他はいささか軽度なので、そこで子午支を「端門帝座」と見做す故なのである。

陽命主では干頭官星合化を附帯し、また陰命主では干頭官星印綬を附帯して、日時柱に拱揖二位相が存在するケースとは、たとえば甲干は己干を干合すると見做し、また辛干は丙干を干合すると見做して、そこで壬干を印星と見做すなどのケースなのである。

また二干合絆や干頭二官星や印綬二星が、闕門を夾助してまた貴相なのである。

資質的には天徳天乙貴人がもっとも貴相で、そこで二位星が拱擁して一位星を虚夾するときに、両干頭が同一のケースなどである。

真実の拱擁の方途とは、拱将、拱官、拱座、拱貴、拱印などで同一ではないのである。

すでに拱門して奇特ではなく、そこで拱将とはすなわち月将であり、また拱官とはすなわち官星であり、そこで拱座とはすなわち帝座のタイミングで、また拱貴とはすなわち天乙貴人で、また拱印とはすなわち甲戌年乙丑月壬辰日癸未時を本家印と見做し、ただ衝破せずに貴相と見做すのである。

『林開五命』にいう――

質実が搭載するときより、拱虚は不如意に過ぎないし、また明白な合絆より、暗裏の際会は不如意だと肯定するのである。

拱には七十二格局あり、拱刃、拱害、拱馬、拱学堂、拱飛刃、拱劫殺、拱亡神、拱鬼、拱旺、拱破、拱孤辰、拱寡宿、拱岩廊、拱合、拱君臣合などで、およそ「拱」とは神殺星の軽重を詳解して、高低に分類しその禍福貴賎に言及するのである。

もし甲子干支が甲寅干支を附帯し、また乙丑干支が乙卯干支を附帯し、また丙寅干支が丙辰干支を附帯し、また丁卯干支が丁巳干支を附帯し、また戊辰干支が戊午干支を附帯し、また己巳干支が己未干支を附帯し、また庚午干支が庚申干支を附帯し、また辛未干支が辛酉干支を附帯し、また壬申干支が壬戌干支を附帯し、また癸酉干支が癸亥干支を附帯するときは、命主から進展二支星辰がかならず用星として貴相で、不用ならばただ平常底なのである。これらは一名称で金章格とも称するのである。

【龍躍天門】

辛亥主人が日時柱壬辰干支を領得し、また壬辰主人が日時柱辛亥干支を領得するときに、丁亥干支を附帯して正規と見做して当格するのである。

天門（亥支）は西北方位かつ乾卦の位相に存在するので、壬辰干支を領得して印綬的水性かつ六龍隠在を領得するので、亥支を附帯して福分と見做す故なのである。

もし丁亥干支を領得すれば干星合絆し、また壬干を亥禄支が搭載して当格すれば、潤沢かつ経世済民の功業を為するのである。

【虎臥龍閣】

庚申主人が日時柱辛卯干支を領得して、正規と見做して当格するが、白虎が庚申干支を家宅としてそこで辛卯干支がこれを重複して、すなわち龍閣と見做す故に「虎臥龍閣」と称し、当相して己主は貴相で名誉あり治世の名臣なのである。

【雲行雨施】

丙午主人丁未主人が日時柱戊子干支己丑干支を領得するか、また戊子主人己丑主人が日時柱丙午干支丁未干支を領得するとき、そこで丙午干支丁未干支が納音天河水で、また戊子干支己丑干支は納音霹靂火を附帯するのである。

そこで子午支とは陰陽の正規のタイミングで、これを全備すれば陰陽融合し、すなわち降雨象ですでに貴相に当格するのである。

さらにこれを領得して、己主民衆ともに肥沃で衝破空亡を帯びても、州県官吏を失職しないであろう。

【清粛憲臺】

巳酉丑支が乙干を搭載して己主を肯定し、たとえば乙丑主人が生月乙酉干支を領得し、また生日乙巳干支が時柱乙酉干支を領得して正規の当格と見做すのである。

己主が金質で衝し、乙干を巳酉丑支金質が搭載して正位と見做して、干頭に全備して多くは評議上奏官で、そこで胎月に駅馬を附帯してすなわち憲司官吏を担当するだろう。

【風雲慶會】

この格局とは、三日展し一干至して甲干か寅支を領得し、また六日展し四干至して乙干か卯支を領得し、また九日展し七干至して丙干か巳支を領得し、また十二日展し十干至して丁干か午支を領得し、また十五日展し十三干至して戊干か巳支を領得し、また十八日展し十六干至して己干か午支を領得し、また二十一日展し十九干至して庚干か申支を領得し、また二十四日展し二十二干至して辛干か酉支を領得し、また二十七日展し二十五干至して壬干か亥支を領得し、また三十日展し二十八干至して癸干か子支を領得するのは、三日を一干分限として十干日のスパンを細究し、そこで甲乙干を寅卯支が搭載して貴相と見做すのである。

【重蔭重官】

「重蔭」とはたとえば甲主人が癸干を擁して庚干を帯び、また「重官」とはたとえば甲主人が辛干を擁して丙干を帯びるケースである。

そこで甲干は癸干を「蔭」と見做し、癸干は庚干を「蔭」と見做し、また甲干は辛干を「官」と見做し、辛干は丙干を「官」と見做すのだが、たとえば甲主人が二辛干を附帯すればこのテーマは不用なのである。

【包裹旗旌】

およそ命局に存在する劫殺を「旗」と称し、また亡神を「旌」とするが、この二者を併見して「旗旌」の方途と見做すのであり、一者に巡るケースは否定するのである。

また「包裹」とはすなわち貴相であり、たとえば庚辰年丙戌月庚午日丙子時の命局では、劫殺は巳支に該当し、また亡神は亥支に該当するのである。

そこで庚辰干支庚午干支は劫殺の巳支を拱擁して「包裹旗」と称し、また丙戌干支丙子干支は亡神の亥支を拱擁して「包裹旌」と称するが、他のケースもこれに類推されたし。

もし「旗旌」が全備するケースは、下級官吏だが省長となるかまた将校と見做し、もし陽刃七殺を附帯して多数の人間を斬傷するが、七殺が剋身すればかならず凶揺で卒するだろう。

【富貴所成】

たとえば甲主人を亥卯未支が搭載するか、甲辰干支が辛亥干支丙寅干支己亥干支を領得するか、また甲寅干支が辛未干支丙子干支己亥干支を領得するケースなのである。

【真體守位】

たとえば丁主人が壬干を領得して寅卯辰亥支が搭載するか、また丙辛干を併見してそれぞれ支根の旺地で、別途に丁干が存在しなければ肯定するのである。

【虚一待用】

四干頭が相連して一干を跳介するケースで、たとえば甲乙丙戊干頭が丁干を跳介するケースを肯定するのである。

これを領得すれば青雲を穏歩するが、そこで四地支が相連して一地支が重複するケースで、たとえば子丑寅支ではすなわち始頭が重度で結尾が軽度で、己主は非長寿なのである。

【假音得時】

たとえば戊己干主が生月夏季で、また申子辰支を位相して、運歳の四季土旺にめぐるケースなのである。

【寶義制伐四事顯朝】

尊位が卑位を生扶して「寶」と称し、また卑位が尊位を生扶して「義」と称するケースなのである。

上者が下剋して「制」と称し、また下者が上剋して「伐」と称するケースなのである。

この四者とは命局胎月日時などにおける、干頭支下の相生相剋のことなのである。

【五行不雜九命相養】

いわば天干地支蔵干（三元）が一方途に位相して、命主の位禄と融和して、また天干地支蔵干（三元）それぞれが旺地庫地に該当して、また納音五行と干支五行が相生相育するケースなのである。

【主旺本成會於一方】

庚子壁上土が生月丙戌干支と胎元丁丑干支を領得し、また庚辰日主が時柱癸未干支などのケースで、もし衝破が存在しなければ、かえって本気の方途に際会して、さらに禄馬を附帯してもっとも好作用なのである。

【月官徳合暗逢支禄】

たとえば丁亥干支が壬辰干支壬戌干支を領得し、また甲主人が丑未亥支を領得するなどのケースである。

【用刑者有時守刑者不亂】

たとえば寅支と巳支が刑衝して、生月春季で制剋が作用するときや、また癸巳干支が戊申干支を刑衝して丁干が存在しないケースを肯定するのである。

己主が元命に生扶されて、命局支干が諸格局に該当して、己主に同気の精気が存在しなくても、己主の名声は抜群に顕出しているのである。

局相が支根を領得して貴相で、局中に合絆が巡って栄昌し、局相ともに作用して支根を領得して、かならず富貴にて清澄に顕表するのである。

命局胎月日時が相互に交合して、勅命されてすなわち栄貴清顕の命運を肯定するが、ただし空亡死絶符が衝揺すれば損壊と見做すのである。

もし命主が格局に当格すれば、さらに福分を領得して帝座に脇侍して、清華の抜擢を歴巡するが、また刑衝破害を附帯して斜行して逓減すると言及するのである。

もし干頭が衝揺して刑衝し、七殺偏官を附帯しておおむね官吏を肯定し、さらに天干が衝揺刑相して己主は転勤が多いであろう。

【十干十二年生大貴人例】

六甲年丁卯月乙未日戊寅時、六乙年己卯月甲戌日乙亥時。
六丙年庚寅月丁巳日丙午時、六丁年丙午月壬辰日丁未時。
六戊年壬戌月己丑日戊寅時、六己年辛未月己未日丙寅時。
六庚年甲申月庚申日辛巳時、六辛年丙申月庚午日辛巳時。
六壬年辛亥月壬辰日丁未時、六癸年丙辰月丙辰日戊子時。—

以上は逐年毎の一日時のケースで、己主は応世の大貴人かつ建業立功の命相で、さもなくば超俗の仙人で恒久的に潜術して、白日に呈することはできないのである。

そこで大貴人とは帝王より過度であってはならず、歴々の王朝創君や明朝の諸皇帝で合致するケースは皆無で、余（万氏）が天下の趨勢を挙揚すれば、億兆たる民衆でこの年月日時に降誕した者がどうしてその当人に該当し、未だに皆かならずしも大貴人ではなく、要は天賦の大貴人とはかならず背冥の運気を主体として、年月日時ではおおむね不充足なのである。

余（万氏）は高貴人と平民が同命相なのを、列記して数え切れない程で、いささか高貴人をテーマとしてみようか。

たとえば黄懋官氏（侍郎官吏）と申价氏（正使補佐官）とは同一命相で、黄氏は兵災で凶死して申氏は窓辺で卒したが、申氏よりさきに黄氏が卒されたのは、官位の高低がテーマではないのである。

朱衡氏（副御史）と李庭龍氏（庶民）は同一命相で、朱氏が壬辰時に科挙合格して李氏が癸丑時に科挙合格したが、朱氏は長官級に昇階したが、李氏は四階位に留位してまた非長寿であり、その子孫の多寡や賢否はテーマではないのである。

萬宋氏と饒才氏は同一命相で、萬氏は進士に合格して長官に昇階したが、饒氏は挙人合格に留まり知事に昇階したが、饒氏は子息が多いが萬氏は少数で、また萬氏は告訴されて逝去したが饒氏はそうではなく、その寿夭や得失のテーマは難しいのである。

三河王かつ斎兄弟は同時出生だがその功名は先後しており、みずから同一ではなくましてや天下は大容で九州は広大で民衆も億兆なので、その命局同相者をどうして限定できるだろうか。

また例証を進言してテーマとすれば、余（万氏）の小説の記載では、一兵卒と魯君主が同一命相で、魯公氏は朝廷で厚遇されて大恩寵だったがこの兵卒は大責罰を被り、また魯公氏はいささか喜慶に浴してすなわちこの兵卒はいささか過失罪に遭い、このように相反しているのである。

また染物業者の子息が魯公とが、年代差六十後年で同一命相だったが、術者がこれを魯公の命相と證して当家はとても喜び、そのうちにかならず高貴になると称し、幼少期に恣意にしたために、のちに酒色に酩酊遊蕩して溺水して酔死したが、寿命十九歳に止まったのは教育の失態の致すところであろう。

また『楽善録』記では、太学（官吏養成校）の二十人が同一命相で、同期に卒業就業して省庁に勤めて相公に近侍し官途したが、かれらの災福を知る得るならば、一人は鄂州教授に任命されてあと一人は黄州教授に任命されたが、黄州赴任者が卒して鄂州赴任者が治世の事後に祝して陳述して、小生は公君と同一命局で出処が同一だったが、公君は先に小生を棄てて卒したが、小生はいま公君のわずか死後七日のちに卒しようというのである。

そこで神霊が存在すれば夢枕に託宣し当夜において告げるには、小生は富貴の境遇で降誕して享用が過分の故に卒するが、公君は出身が辺域で降誕しても未だに享用を領得しない故に生存し、のちに監察補佐の鄂州官吏となったが危惧する心配は存在せず、享用が過分しなかった故なのであると。

また小生の郡郷に顔守芳氏（院試合格者）と庶民の袁天綱氏が同一命相だったが、顔氏は窮状して袁氏が富裕で、また顔氏が子息が多く袁氏がただ二子息だが、顔氏の存命中に袁氏はすでに卒したのである。

顔氏は読書して礼節を守り、持病があったが自ら摂生して、結局は貢員出身だったがまた袁氏がこれに反しているが、数名を観相してその符合を肯定するのである。

そこでまず生家が同一ではなくまた各人の習業が異なり、己身が誡慎を保って長年にて克服したのである。

また我々はみずから多くの福分を求めるだけで、命相が富貴長寿に該当すれば、進学修徳せずに法外に驕恣するのも、それは命相の故ではなくそれこそ命運と見做すのである。

巻七

子平説辯

現今（明朝代）の命理の論議とは「子平」の名称と見做すが、「子平」とは何処の所義なのであろうか。

そこで天象は子支に開始するので、「子」とはすなわち水質の専位かつ地支の首頭かつ五行の元根であり、天象の一義に派生して北方に合絆して「平」に巡ってすなわち止静するが、坎に巡ってすなわち陥流することから「子」の意義の用法なのである。

またたとえば世人の物質の秤衡では、平をもって規準と見做して秤衡には軽重があり、すなわち「平らかではない」のである。

人命は命局八字に降生するがこれを先天の気と見做して、たとえばすなわち秤衡であり、その年柱を「鈎」と見做し、また時柱を「権」と見做し、また月柱を「提綱」と見做し、また日柱を「衡量」と見做すので、命局は日柱をもって主体と見做して、そこで財星官星印星食神の旺相を含容するときに日干を旺相の地支が搭載して、たとえて物体の施錠で時柱と応相すれば、その命局はすなわち富裕かつ貴人相なのである。

たとえば財星官星印星食神が旺相して日干がすなわち休囚に相当して、たとえば物体を重鎖閉錠するように時柱と応相しなければ、その秤衡はすなわち平らかではなく、その命相は濁性かつ窮状相なのである。

たとえば財星官星印星食神が休囚して凶揺だが、日干が旺相に相当して物体の施錠が軽装で時柱と応相しなければ、その秤衡は平らかではなく命相は塞滞し、そこで局相に精気が存在せず日主が休囚すれば、窮状でなければすなわち非長寿なのは、これが「平」の意用なのである。

「経典」にいう――

先天運が太過して後天運が逓減したり、また先天運が不及して後天運が補填したり、また先天運後天運ともに太過不及が存在せずに、そこで能く「平らか」と見做すのである。

そこで運歳とは後天運であり、また命局八字が先天運なので、日干が旺相して太過すれば、運歳の休衰地を巡って適宜でその気質を発揚し、またたとえば日干が休囚不及すれば、運歳の旺相地を巡って適宜で、その気質を生扶するのである。

この二ケースは、すなわち能く財福を発揚して展転して亨通するので、たとえば医学家の「吐泄の法則」のケースに契当するのである。

もし日干が極旺すればすなわち旺運を巡り、また日干が衰敗すればまた衰運を巡り、すなわちこれはみな太過か不及であり、窮状が生起して塞滞して不通なのだなあ。

また大運のスパンとは、十年毎に一展してその窮通を知るべきで、みな大運の浮沈の由縁により年歳の禍福を験証する故に、貴賤栄枯を観相して肯定するとは、子平の観相と見るべきで子平の観相は、先天運と後天運のテーマを観相して見るべきなのである。

この「子平」の二文字の論説を精査すればまことに理論的であるが、ただし子平とは徐居易氏の字なのであり、現今（明代）の命理を論議する者の宗法は、遠源である故に子平と称し『濯纓筆記』を考証すれば、子平氏の姓名は徐居易氏で子平がその字であり、東海の人物で別称して、沙滌先生また蓬莱叟と称号し太華西棠峰の洞窟に隠棲し、そこで子平の法則を人命の降誕時の年月日時の命局で、その福禄と命運を推量して悉く的中したのである。

その淵源はすべて春秋戦国期（BC七七〇～二二一）の珞琭子氏で、伝世の『元理消息賦』の一篇が著書とされるがその文章を詳観したところ、後人の偽書で本人の真撰ではないことが危惧されるのである。

同時代の人物で鬼谷子氏、また漢代の董仲舒氏（BC一七六～一〇四）、また司馬季主氏、また東方朔氏（BC一五四～九二）、また嚴君平氏、また三国時代の管輅氏（二〇九～二五六）、また晋代の郭璞氏（二七六～三二四）、また北斉の魏定氏、また唐代の袁天綱氏、また僧侶の一行氏（六八三～七二七）、また李泌氏（七二二～七八九）、また李虚中氏（七六一～八一三）などの徒輩は、みな術祖なのである。

さて李泌氏はかつて遊学して管輅氏の著書『天陽訣』また僧侶の一行氏から授領した『銅鈸要旨』で人々の吉凶を占断して極めて応験があり、そこで李泌氏はこれらを李虚中氏に伝法して、推命術の用法の布衍としたのである。

そこで珞琭子氏は年柱を主体とし、李虚中氏は日柱を主体としてその法則が一変しており、五代十国期（九〇七）の麻衣道者の陳希夷先生や子平学者が、李虚中氏の用術を補填して五行の看法を専門かつ主体として納音を主体とせず、ここですなわちその法則が一変したのである。

また徐子平氏の没後に南宋帝孝宗氏の淳熙年間（一一七四〜）に准甸術士が沖虚子と称号して術に精通して当時の重鎮だったが、僧侶の道洪氏がその秘伝を密受して銭塘へおもむき、その学説を伝布したとき世俗の人々はその由来を知らなかったが、直接には「子平」と称するだけであったのである。

そののちに道洪氏が徐大升氏に伝法して、当代の所伝とはたとえば『三命淵源』や『定真論』などなのである。

それらの著書はみな悉く変易して本書『三命通会』に是集され、そこで『五行精紀』『蘭臺妙選』『三車一覧』『應天歌』などの諸書を観ると、『淵源』と『淵海子平』とは同書籍ではなく、明朝代の統治期にみな時宜にしたがって改変され、故に百年間のスパンではあったが数術の学説は相異しておらず、ましてや徐大升氏の時期以来、子平術はすでに上古より三百余年隔たっており、その法則が幾度も変遷しただろうことを知ることができないのである。

または徐大升氏が子平の真伝を領得したと称するのは、『繼善篇』などを観れば『明通賦』の外辺とは見做さないが、ただしさらにその詞文は平易なのであり、そこで『元理消息賦』とは、すなわち徐大升氏が独占したところなのである。

現今（明朝代）の推命術とは、元祖がまた子平術家統と大升家統の法術を推究して、これが演繹されたものなのである。

現今（明朝代）の命理のテーマを省察すれば、子平術の動向や名称やその淵源を知る必要がない故に、余（万氏）が子平の二字をここで詳説したところなのである。

論性情相貌

さて貴賤とは命局八字に相関し、また性情は命局五行に応相して、善悪や仁義礼智信を己主の心所として、喜怒哀楽や愛欲や悪欲を己主の情所としているのである。

木質は東方震位の青龍を号して曲直と称し、五常の仁をつかさどり、また色は青色で、また味覚は酸味で、また性質は直性で、また情は和気なのである。

そこで旺相すれば己主は博愛惻隠の精神をもち、慈祥和悦の精神で体物を済し人物を利し、憂悩孤寡して高直清朴だが、昂揚の行為を蔵して容姿端麗かつ骨格長用かつ手足は精粘質かつ口唇は尖鋭して毛髪は美しく、面相は青白色で口調は意気軒昂なのである。

これはすなわち盛木して仁義が多く、また休囚すれば己主は長痩して少髪で、心性は偏拗して嫉妬深くて仁愛なく、これはすなわち哀木寡情の義であり、死絶符してすなわち眉眼は不整合で貪吝嗇かつ肌肉は乾燥して喉頚がながく、行座とも揺動して身体はおおく傍立し、かつまた火気に巡って赤色を帯び、また土気を附帯してすなわち黄色を帯び、また金気に巡ってすなわち白色を帯び、また水気を附帯してすなわち黒色を帯びるが、その他の四行とは例証通りなのである。

火質は南方位に所属して炎上と称して、五常の礼節をつかさどり、また色彩は赤色で、また味覚は苦味で、また性質は性急で、また情は恭気なのである。

そこで旺相すれば己主は、謹譲の風格かつ恭謙敬和の義則をもち、その威儀は凛々と苛烈かつ純朴で崇敬し、面相は尖頭部下顔広肥し長脚の体型で、眉間は狭く濃眉で鼻根は平らかで小耳かつ、精神瞬発して言語急速かつ燥性で毒舌せず、聡明で有意義なのである。

また太過すれば、すなわち焦燥を発声して赤ら顔で好く揺動するが、また不及すればすなわち痩躯黄色で角張り、妬毒を詭詐して虚言を言語し、始発して結尾しないのである。

土質は中央位に所属して稼穡と称して、五常の信をつかさどり、また色彩は黄色で、また味は甘味で、また性質は重性で、また情誼は厚情なのである。

また旺相すれば己主は、言行ともに省顧して至誠にて忠孝し、神仏を敬信して乖背せず、信を期してまた背腰円広にて鼻口が方大で、眉目清秀かつ黄肥面相で度量寛厚にて、事を処するに方途があるのである。

また太過すればすなわち頑古に執着して、頑迷にて明らかではなく、また不及すればすなわち顔色が憂悩して偏面で低鼻かつ音声重濁で、事理を弁えずに狼勇乖背して衆情に合致せず、顛倒して信頼を失い吝嗇虚言なのである。

金質は西方位に所属して、従革と称して五常の義をつかさどり、その色は白色で、また味は辛味で、また性質は剛質で、また性情は苛烈なのである。

また旺相すればすなわち英勇豪傑かつ、丈義して財貨に執せずに廉恥恥悪を識り、六親は応相して精神体躯は清健で、面相は潔白で高眉透眼し、また直鼻かつ紅耳で声色は清亮で剛毅果断なのである。

また太過すればすなわち無謀にて好勇し、貪欲にて仁愛なく、また不及すればすなわち吝嗇かつ貪欲酷薄で、志事が多いが頓挫しまた迷想三巡して決断力がなく、酷薄かつトゲがあり淫質殺意を所懐し、身体は痩躯なのである。

水質は北方位に所属して潤下と称して、五常の智をつかさどりまた色は黒色で、また味は塩味で、また性質は聡明で、また性情は善良なのである。

また旺相すればすなわち深謀枢機して智謀が多く充足し、学識抜群で詭詐せず面相黒彩で言語は清澄和淳するのである。

また太過すればすなわち是非を断行して、貪欲にて遊蕩するが、また不及すればすなわち矮小人物で行事に乖背が多く、情性は恒常ではなく肝胆は小器で無策なのである。

これらは五行の比喩だが事実と人事の干相であり、以上の五行の情性は命局の吉凶星辰の判断で参究し、そこで大抵は生旺すれば己主は長大だが、逆に死絶符すれば己主は矮小なのである。

もし七殺偏官が臨めばこの限りではなく従殺の判断と見倣し、もし剋伐を帯びればすなわち剋伐五行に従って断定するが、おおむね日時柱の納音五行を取用して、剋伐の有無を看るのである。

そこで神殺の臨処を測り精気の有無から、その形状や性情を判断して験証できるのである。

いわば人命の性行を推究するのに、ただ日時柱の所在の五行の本義を看て、納音をテーマとしないのである。

もし格局に当格して生旺するケースでは、己主は天性明白で人物に邂逅して背逆せず、動作してかならず枢機に即応し、言語威声は高く大きく闊達して、事に臨んで能く断行して公平にて疑心なく、艱難を畏れず恒常的に財物に吝嗇せず、施与を好んで私心ないが、また歓楽に奢泰して多情にて義を尚ぶので、結末の不善の憂いを防備できるだろう。

もし命局が貴格に当格して死絶符すれば、己主は寡性に機密の深謀に合致して疑い深いのを忌み、行動は礼節に拘泥し警戒して行為を抑止し、儀節修態してつねに自ら倹約して施与を妄作せず、陰謀の患禍を防備できるのである。

もし小人物の命局ならば、すでに濁格局で生旺するケースでは、己主の性気は恒常せず自ら省顧せず、事を為すのに危険度が高く争事を好門し、強恃して弱者を抑圧して悪党に親近して、家業に従事せずかならず善き結末を領得しないだろう。

また死絶符すればすなわち淫質にて動作し、かならず偽装して執拗にストックして、その挙動は修飾してもっぱら言質を拈弄し、みずから好く誇示して事に処して断行せず、肯定は些少だが否定が多く、一生の立地が存在し難いだろう。

『宰公要訣』にいう──

智量高遠とはそこで水処の深源に因り、篤仁を信守して岳土成山の地神と為り、仁慈が厚敏なのである。

木質が甲乙干の方途と成り弁明は速性なのであり、また火質が丙丁干の位相に応じ高誉重義して、そこで金質が庚辛干の堆聚に因って中庸とは性質正しく不移また浮沈して性情は変易して、水質に添乗して衰敗して闇棲無頼で、土質が薄微ならば寡作用を隠守するのである。

木質が危険地に帰着して過柔にて事々に方規なく、火質が勃発せず弁舌些少にて瑕疵して決断しないのである。

金質が浅薄相で義性だが始発して結尾せず、これらは五行の地支根の得失や太過不及で、みな能く凶揺と見做すのである。

『子平賦』にいう――

美貌美姿とは、木質とは生月春夏季の時候であり、水質は丑未支日に巡って困惑するのは、性質聡明でそこで水象の秀気と見做し、事に臨んで果断なのはみな金気の剛質に因るのである。

五行の気が充足すれば体躯はかならず豊肥するが、命局に情誼が存在せず、おおむね性質は頑迷なのである。

『指迷賦』にいう――

文章明敏とは、決定的に盛火であり、また武剛威烈とはすなわち金質過多であり、また盛木とはすなわち惻隠の精神を懐き、水質が多ければすなわち巧智を抱機して、また土性に至ればもっとも重厚で貴相と見做すのである。

『廣信集』にいう――

およそ五行が生旺であれば、華飾を好事して胸中に懐物せず、また己主は好色で丙丁干のケースはもっとも緊密なのである。

そこで死絶墓符相剋すれば、おおむね禅教道教を好んで帰根の本質に復するのである。

張白先生がいう――

五行それぞれが自ら絶符する情誼とは、
金質は義をつかさどり、自ら絶符してすなわち義は寡少で、
木質は仁をつかさどり、自ら絶符してすなわち仁愛せず、
水質は智をつかさどり、自ら絶符してすなわち智を失し、
火質は礼をつかさどり、自ら絶符してすなわち礼儀なく、
土質は信をつかさどり、自ら絶符してすなわち信は寡少であり、およそ五行とはさきに生旺してのちに死絶符して、すなわち多大な濁相と見做すのである。

壷中子氏がいう――

言質が円滑であるとは虚言のタイミングで、六虚に合致して六虚の本拠とは譫語神と称し、およそ人命がこれを領得して心性が虚詞の撰飾を好み、重複して附帯してかならず円猾で恒常的に尊親を瑕疵し、他国を漂流して事を作すのに虚声が多いのである。

論疾病五臓六腑所屬干支

〔歌訣〕
甲干は胆臓で乙干は肝臓で丙干は小腸であり、
丁干は心臓で戊干は胃腑で己干は脾臓であり、
庚干は大腸で辛干は肺臓であり、
壬干は膀胱で癸干は腎臓であり、
三焦臓器はまた膀胱付近であり、
曲線で腎臓に同じく、帰結しているのである。

〔歌訣〕
甲干は頭部で乙干は項（うなじ）で丙干は肩であり、
丁干は心臓で戊干は脇で己干は腹部であり、
庚干はヘソで辛干は四股であり、
壬干はスネで癸干は足で、一身体なのである。

〔歌訣〕
子支は膀胱に属して尿道であるだけで、
丑支は胞臓かつ脾臓と見做し、
寅支は胆臓や頭髪や脈拍また両手であり、
卯支は十指や肝臓であり、
辰支は皮膚や肩や胸などであり、
巳支は顔や喉や歯や尻肛であり、
午支は精神と眼をつかさどり、
未支は胃腑胸部や脊髄であり、
申支は大腸や血管や肺臓であり、
酉支は精液血液や小腸であり、
戌支は命門ツボやフクラハギ（裸足）であり、
亥支は頭部や腎臓と見做して、
もしこの方法で病人を推究すれば、
黄帝輔佐の岐伯氏や雷公氏の布術技量なのである。

〔歌訣〕
午支が頭部で巳未支が両肩であり、
辰申支とは左右二股であり、
卯酉支は両脇で寅戌支は大腿（ハギ）であり、
丑亥支は脚足に属し、子支は陰部なのである。

〔歌訣〕
乾卦は首で坤卦は腹で坎卦は耳の範疇であり、
震卦は足で巽卦は股で艮卦は手にとどまり、
兌卦は口で離卦は眼で八卦を分類するときは、
およそこれを推究して疾病を看るのである。—

さて疾病とは五行の不調和が原因であり、すなわち身体の五臓の不調和なのである。

そこで五行が五臓六腑や身体九穴に透通すれば、およそ十干は六腑に属する病気を受けるが、また十二支は五臓に属する疾性を受けるのである。

丙丁干巳午支とは火局かつ南方離卦であり、己主の疾因はこの炎上に存在し、また壬癸干亥子支とは水局かつ北方坎卦であり、己主の疾因はこの水面下に存在するのである。

甲乙干寅卯支は震卦に属し、己主の疾根は左腑に存在し、庚辛干申酉支は兌卦に属し、己主の疾根は右腑に存在するのである。

戊己干辰戌丑未支は坤卦艮卦に属し、己主の疾根は脾臓胃腑に存在し、諸風疾や眩揺や視力低下や血行不順や薄髪や筋骨枯相などである。

肝臓の所属とは甲乙干寅卯支の木質欠損で、己主の病根とは血膿や炎腫などである。

吃者唖者とは心臓の所属で、丙丁干巳午支の火質欠損かつ己主の疾根なのである。

腫瘍脚気や黄腫口臭とは、胃腑や脾臓の寒冷か温熱であり脾臓の所属で、戊己干辰戌丑未支の土質欠損で己主の疾根なのである。

鼻詰まりや疾鼻や吃語結核や激咳や発叫は肺臓の所属で、庚辛干申酉支の金質欠損で己主の疾根なのである。

白斑を帯び嘔吐下痢虚弱体質や小腸閉塞は腎臓に所属し、壬癸干亥子支の水質欠損で己主の疾根なのである。

甲乙干主で庚辛干申酉支が過多すれば、肝胆が動悸して過労し手足が麻痺硬直して筋骨が疼痛し、己主の頭部眼部は眩揺し口元目元は不整合で左右不均衡や卒倒受撲は、丙丁干の旺火に巡り水質が済相しなければ、すなわち痰炎喀血また中風吃語また皮膚乾燥また宿熱涸燥して、女性は血行不順で妊娠者は堕胎し小児は神経過敏で夜泣きで咳き込み顔色は青黒いであろう。

丙丁干主で壬癸干亥子支が過多すれば、己主は心臓が疼痛して強度に痺舌し口内炎で絶句して神経過敏で言語萎渋し、己主は昂揚して視力を逓減して、小腸閉塞かつ血膿腫で漏尿し、女性は過労凝血して不整脈で、小児は発疹皮膚炎で赤ら顔なのである。

戊己干主で甲乙干寅卯支が過多すれば、己主は脾臓胃腑が不調和で胃疾で詰食し、腹内が膨張してむせび、黄腫瘍で吐泄して好物ばかり飲食し、気分を害して嘔吐するだろう。

己主は右手が負荷して毒湿が陥流し、胸腹が閉塞するだろう。

女性は飲食が美味しくなく、虚弱で酸化し過労でアクビするだろう。

小児は甘物類を偏食して熱気と唾液を帯びて、顔色は黄色く萎えているのである。

庚辛干主で丙丁干巳午支が過多すれば、己主は腸疾かつ痔瘻で排便後に下血し、また咳痰炎で喘息で吐血し、魂魄が遊離して煩悶して過労するが、己主の皮膚は枯燥し肺疾赤鼻で背中に腫瘍を発症し、膿血して無気力なのである。

女性は痰炎産血で、小児は血疾して顔色は黄白色なのである。

壬癸干主で戊己干辰戌丑未支が過多すれば、己主は残精失汗して夜間に鬼霊に侵攻され白昼が虚損して濁り、寒散と交夾して伺聴開眼せず衆眼に晒症されて、己主は風便に疼痛して腎臓が偏疾し、腰痛かつ膝痛して漏尿嘔吐し、冷酷な悪寒に畏怖するであろう。

女性は水子を懐胎して月経が不調和で、また小児は耳穴に腫瘍して小腸が疼痛し、夜間に発作して顔色はドス黒いであろう。

「賦」にいう―

筋骨が疼痛するとは、そこで木質が原因で金質の瑕疵を被るが、また視力が逓減するとはかならず火質が水剋に遭遇し、また虚土が旺木地に巡るとは決定的に脾臓疾がテーマで、また弱金が火炎地に巡るとは決定的に血疾なのである。

いわば木質が金剋に巡るとは決定的に己主は腰脇疾し、また火質が水剋を被るとはかならず視覚碍で、また心肺喘息とは火金質の衝夾で、また脾臓胃腑の疾はそこで水土質の交夾だが、そこで支水蔵で干頭火気ならばかならず心臓腹疾で、また支火蔵で干頭水気ならばすなわち視覚碍で、また土燥炎上とは薄髪盆暗で、また潤下局で阻土が存在しなければ腎疾患で伺聴せず、また火星が乗旺しさらに木火気に臨めば聴風を聾断し、金星が堅質で水土気に有利に合絆すれば、出征で没落已前なのである。

いわば心臓の疾とは表現不可で、また肝臓の疾とは視覚碍で、また脾臓の疾とは摂食碍で、また肺臓の疾とは嗅覚碍で、また腎臓の疾とは聴覚碍で、またそれぞれの己主の依処でその虚実を證明するのである。

そこで金質とは刺傷が不適宜で、また火質とは刈衝は不益で、また土質とは丸塊は不用で、また木質とは四散が不益なのである。

また金質を福分と見做して西方位に医術を希求し、また木質で生扶が巡って東方位に薬術を用益し、また水質が絶気すれば注刺すべきで、そこで薬術は能く金石塊を展生し、また弱土質は火炎の領得を渇望するが、医姓を訪尋して危険は存在しないのである。

また鬼火質は能く薬草を煎じて治癒し、また鬼水質は丸塊また四散に決定して適宜なのである。

嗚呼、人間の病には百端緒が存在するが理由は乖離しておらず、切に訊問を望めばすなわち医師の好治療で、また命局の生剋制化とは術師の玄微と見做し、もし能くその根源を参究すれば、以上の標本とこの法則とは乖離していないのである。

論説するならば―

健康で安泰な生とは和合の故であり、また疾病とは刑衝より惹起するが、究尽すれば五行の旺衰の作用であり百疾の表裏を詳推して、体内的には五臓に相応し、また外容的には四股に所属するのである。

たとえば木気が休囚すれば、側頭髪は疎散して薄髪なのである。

また火気が死絶符に臨めば、両眼の視力が逓減するだろう。

また火気支蔵土が些少に浸水すれば、精神恍惚するだろう。

また木気支蔵金に木質が比助しなければ、脚足を瑕疵するだろう。

また甲乙干に生扶が脱抜して、壬癸干を附帯すれば酩酊して卒するだろう。

また丙丁干が庚辛干過多に陥接すれば、卒亡するだろう。

また盛水気に木質が浮漂すれば、吐泄が多いだろう。

また土質が堆重して金質が沈埋すれば、恒常的に病身で蠢揺の風情であろう。

また乙木が旺強で辛金衰敗すれば、腫瘍に疼痛するだろう。

また丁火が盛熾して癸水が微弱ならば体内腫瘍だが、ただし己土が太過すれば鬱病痿情し、そこで辛金の不及と見做すが、癸水が旺盛ならば耳目聡明だが、腎不全不血行で寒疾するだろう。

また甲乙干は能く戊己干を損傷するが、応救が存在しなければ口唇症なのである。

また丙丁干は善く庚辛干を抑伏するが、制御が不足すれば唖者なのである。

また火気支蔵土では、首部碍なのである。

また水気支蔵土では、腹部疾なのである。

命局で用神が抑制や刑衝を被れば杖刑で撲殺され、干頭支下が鬼殺で応救が存在しなければ絞殺されるだろう。

命局が連衝しておおむね凶兆で他郷にて客死し、五行が衰敗欠乏すれば熱病で卒亡するだろう。

水敗気とは身障者で漢方医術の用法ではなく、金気刑相とは不佳姿勢なので家門の方法で静養するのである。

庚辛干とは西方の秀気で、木気を附帯して難儀で卒し、また甲乙干は申南地で敗絶符するので、水質が存在しなければ骨肉は飛散するだろう。

また辛巳干支と丙申干支が刑相すれば、臂疾で手足碍なのである。

また己卯干支と戊寅干支が不整合すれば、胃腑虚弱でつねに吹き出物を発症するだろう。

また乙未干支と甲午干支が金質を附帯すれば、おおむね頭疾なのである。

また癸卯干支と己丑干支が刑相すれば、腰膝疾なのである。

また甲申干支と乙酉干支が刑相すれば、幼少期から肝臓血行を疾病するだろう。

また辛卯干支と庚寅干支が刑相すれば、晩年に筋骨は過労するだろう。

また丙火が炎上して丈夫だがいつも身心が不快で、また丁火の支下が湿性で女性は過労で産血するだろう。

また土金質が寅卯支に臨み肺喘息脾臓寒冷で、また戊己干が敗火を帯びて脾臓疾で腫塊に困窮し、また庚辛干が火質を帯びて刑相すれば女性は白斑的に憂悩し、また丙丁干がともに南方偏向して女性は切に陰道出血を用心、そこで羊刃とはすなわち肱股の鍼灸で、また懸針とはすなわち文字を墨刑され、また日時柱が衰敗して疾患で治癒し難く、また支干が刑衝して小疾で療養しないのである。

また気を得相して安穏和平だが、気を逆相して窮状なのである。

そこで病気の症状とは六脈から乖離せず、生死とは五行から超克し難く、その興隆と衰退を細究すれば、万に一失も存在しないのである。

〔古歌訣〕

戊己生時干で、気質が不全のときに、
月柱時柱に傷官を附帯すれば、
かならず頭部顔面に瑕疵が存在して、
少年期は、吹き出物で憂悩するだろう。

〔歌訣〕

日柱に戊己干の生扶が臨んで添加すれば、
地支火局勢で、精気が熏蒸し、
そこで刑衝剋破して疾患が遺こり、
どうして薄髪と視覚碍に耐久できるだろうか。

〔歌訣〕

丙丁日干で、五行が衰敗するときには、

七殺偏官を添加し、三合会成するときに、
日々に升合を求めて衣食を欠損し、
聴覚碍かつ、顔面に塵埃が塗垢するだろう。
〔歌訣〕
壬癸干が重複し、併相するときには、
時柱星辰が、干頭財星のケースには、
たとえ頭部顔面に瑕疵が存在しなくても、
決定的に己主は、視覚碍が用心であろう。
〔歌訣〕
丙丁干旺火では、疾患は防ぎ難く、
命局が休囚し、辰巳支の方途ならば、
木火気が相生し、当地に巡れば、
唖者かつ中風で、暗中に病没するだろう。—

いわば人の生命とは父君より受気して、また母君より成形するが五臓が平和ならば疾患は存在せず、また剋戦かつ太過不及すれば己主は疾するだろう。

『黄帝内経』にいう—

東方位は質実だが西方位は虚性であり、また南方位は漏泄だが北方位は補填であるケースとは、まず東方位が質実とは木質太過であり、西方位が虚性とは金質不及であり、南方位が漏泄とは火質太過であり、北方位が補填とは水質不及なのであり、ここで五行の太過もしくは不及とはみな己主の疾なのである。

もし水気が上昇して火気が下降すれば、火気の下降とは金気の清気なのである。

金気の清質とは木質の平庸であり、木質の平庸では剋土には不及するのである。

そこで五臓それぞれが中和の気を領得して、どうして疾病が自ら惹起するだろうか。

人の命局の局相で五行が融和すれば疾患は存在せず、または剋戦や太過不及すればみな疾なのである。

「陰陽書」にいう—

剛金質で強火気のときは、その方途は自ら刑衝するように、樹枝が落下して本源に帰し、水流が東方へと奔流する故に三刑がテーマなのである。

刑衝とはすなわち損害の残滓であり、いわば太過とは身体の疾であり、もしただ不及を取用すれば疾と見做し、かならず一偏の失態が存在するのである。

およそ五行が死絶符して疾患するとは、—

水気が死絶符して、おおむね腎疾かつ腰脚疾で攻向失禁し、すなわち不利の疾に沈溺するのである。

火気が死絶符して、己主は腸疾かつ神経質か健忘かつ精神不安定の疾なのである。

木気が死絶符して、肝機能消耗し視覚碍して揺身して、爪甲枯痩して喜怒が顛倒し、好飲好食の疾なのである。

金気が死絶符して、己主は虚気にて喘息咳き込み、皮膚毛髪は乾燥して慳吝し、骨筋は疼痛して垂涎垂涙し、大腸疾で血便するだろう。

土気が死絶符して、己主は黄顔で食が細り胸閉塞して吐泄し、身体怠惰して横臥を嗜好して、思慮は多く充足するが聾断して精神濁気で健忘症かつ不活動の疾症なのである。

そこで相剋を帯びて疾症するとは、—

金火気が相剋して生旺ならばすなわち腫瘍が複疾し、また死絶符してすなわち過労で吐気するだろう。

土木気が相剋して生旺ならば、己主は過労で昏揺して風疾し小腸疾かつ腫疼して、また死絶符してすなわち己主は食事を吐泄して、腹腫かつストレス疾症かつ己主は中風が用心なのである。

金木気が相剋して生旺ならば、己主は肢脚筋骨が不完全で視覚碍で、また死絶符して己主は精気を虚脱して過労疾なのである。

水土気が相剋して己主は脾臓疾で吐泄し、膨満して咳痰不利の疾なのである。

また相生を帯びて疾性するとは、—

木火気が相生して生旺ならばすなわち上盛隔壅し視覚碍頭痛だが、また死絶符してすなわち悪寒で悶疾するだろう。

火土気が相生して生旺ならばすなわち胃腑質実だが、死絶符してすなわち口唇焦紅して熱を帯びて便秘気味なのである。

金水気が相生して生旺ならばすなわち気分が塞ぎ、また死絶符してすなわち精潤滑なのである。

水木気が相生して生旺ならばすなわち胃疾にて嘔吐し、また死絶符してすなわち精涸敗で瘧疾で悪寒するのである。

土金気が相生して生旺ならばすなわち肌肉が虚質で、また死絶符して腹腸に内疾するだろう。

およそ水土木気に巡相して精気が存在せず、己主は内疾で膨腸して吐泄疾するだろう。

およそ金水火気に巡相して精気が存在せず、己主は下痢疾で金気は大腸をつかさどり、水火気はこれを補守して陰陽の不和合なのである。

およそ水気に土気過多すれば、己主は胃疾で土気が過多して、木気が流気しなければ己主は視聴覚碍だが、そこで腎腑つまり排尿せずすなわち胃疾で通気せず、視覚碍と見做すのである。

およそ疾病の残症がテーマのときはまず日干がテーマであり、つぎに月令を詳解したのちに年時柱を看るが、そこで傷官とは残疾をつかさどり、偏官もまた同義なのである。

また乾卦が亥支に当在して亥支を天門と見做すが、六辛干主が日時亥支を領得しておおむね視聴覚碍なのだが、そこで亥支とは腎臓に所属して、腎臓とは聴耳に通関する故なのである。

また丙火が水剋に遭うとは子支とは坎宮の位相で、傷官偏官が重複して刑衝すれば、己主は肢疾でありまた寅宮は艮土に属して、己主は脾臓胃腑や顔色が黄萎する疾なのである。

もし戊己干主のケースで甲乙干を旺刑七殺と見做し、乙木が生月卯支で子卯支が刑相して、子支が卯支蔵の木質を刑起して七殺と見做すとは、また己主は肢疾なのである。

また辰支は震卦に所属して、ここで月柱に傷官を附帯すれば年少者の多くは神経質だが、そこで震揺とは作動であり、軽疾ならばすなわち己主は神経質で脾臓胃腑疾だが、重疾ならばすなわち己主は脚足疾で、また震卦とは長男子なので、生月卯支で水気が木気を生扶してまたこのケースなのである。

また巳支を巽卦と見做し、傷官偏官が重複して己主女性は経血不調かつ過労なのである。

また午支を離卦かつ眼目と見做し傷官偏官が重複して、己主は視覚碍して頭痛なのである。

また申支は坤卦に所属して衆陰と見做し、傷官偏官が重複して己主は腰脚筋骨の疾で、そこで傷官が傷尽すればこのテーマは存在しないのである。

また酉支は兌卦に所属して、口歯不整合的の疾に所属するのである。

また戌支を火庫と見做し、己主は痔瘻の疾なのである。

また丑未支の傷官は己主は脾臓胃腑をつかさどり、傷官や官殺が旺相すれば発熱に羅患し、己主は干頭支下の夾衝が作用して五行の応救が存在せず、己主は身体不備で頭部顔面が瑕疵するのである。

「賦」にいう――

申支蔵で精気が存在せず寅支が衝揺すれば、頭部視覚が不整合なのである。

乙丙干を刑衝が搭載して辛傷官に巡れば、凶揺が発生するだろう。

火炎相が盛水にしたがって耗滅し、視力が逓減するだろう。

虚土相が旺水にしたがって崩壊し、腹腸に内疾するだろう。

丙干が支蔵土気して多く視覚碍して、また巳支が震（東）方位へ巡り、決定的に己主は唇症し、また土質が制木を受けてすなわちおおむね脾臓胃腑の疾で、また木質が衝金を被り筋骨の疼痛疾なのである。

また水土質が衝相して応救が存在しなければ、決定的に歩行難を危惧するのである。

また火金質が衝相して鬼殺と見做し、多くは喘息疾なのである。

また壬癸干と戊己干が相扶するときは、音楽音痴なのである。

また丙丁干と壬癸干が併相してたちまち青顔黄顔に変貌し、時柱が日柱を来剋すれば四股碍なのである。

水質が刑衝に巡れば頭部顔面を瑕疵しやすく、もし干頭支下を鬼殺が剋伐し死墓符が全併臨し、また土質が甲乙干に臨んで吐疾するだろう。
　また火局を会成して庚辛干を附帯すれば精神碍で絶気し、また水木質は腎不全でまた金水質は疲労骨折体質で、また木火質は風疾患であり、さらに空亡や五墓や元辰や七殺偏官を附帯して死絶符に巡れば、生命を保持し難いであろう。
　いわば諸神殺では己主の疾患とは、劫殺とは小腸をつかさどりまた己主は聴覚咽喉碍なのであり、また官符とは腰脚疾をつかさどり、また咸池とは酒色過労血膿便疾で、また大耗とは己主は盆暗また腫疾で飛廉かつ天瞽と称し、局相に精気が存在しなければ己主は視覚碍なのである。
　およそ当主とは摂食に因って疾症するが、七殺剋伐の帯身の方途で肯首するだろう。
　およそ命主とは真実の衝剋か刑衝で、気質が散逸するが多くは廃人なのであり、そこで甲辰年甲戌月乙丑日乙未時の命局では、土木気が交夾して悩疾であり、また丙申干支丁酉干支では金火気が交夾して己主は血流筋肉が受損し、また戊子干支己亥干支では水土気が交夾して己主は脾臓胃腑を疾し、また庚寅干支辛卯干支では金木気が交夾して己主は筋骨労咳の疾で、また癸巳年壬午月丙子日丁亥時の命局では、水火気が交夾して己主は頭部顔面視覚の碍なのである。
『指南燭神経』にいう―
　日柱が時柱から来剋を被り相対してはいけない、
　結局は難病で、凶揺の纏身を肯首して、
　金木質が衝夾して、骨疾を憂悩し、
　水質が火気を侵食して、視覚碍が発症し、
　金水質が敝死して皮膚疾と見做し、
　土質が過多し、水質が些少で丹田が衰敗し、
　土質が剋木に遭い、脾臓胃腑が弱態し、
　熔火の残金質とは、血塊の病床であり、
　重水質に堆金して、水厄に遭い、
　水質に逢瀬して決定的に深淵に沈降し、
　水質が些少で、火気が過多して涸渇を被り、
　火質が過多して土気が些少で言語が狂轉し、
　水質に深度があり、火質が明赫であれば、
　水質が充ちて、火質が明赫で延寿は難しく、
　金質の絶符とは、切に四股碍を忌み、
　土質が過多して火気を帯び、焦悩を被り、
　もし盛木のタイミングに蹇塞に即応し、
　さらにその根源の仔細を口述すべきなのである。
『廣信集』にいう―
　およそ禄命に一星辰が対衝するときに、たとえば命宮が搭載するか厄宮に疾症すれば、己主は手足が欠損して身体不備で六厄係累かつ五戦と称し、そこで日時柱が辛卯干支ならば白虎閉目と称して、火質年歳にかならず視覚碍するが、その他の辛干卯支のケースもまたこれを忌むのである。
壷中子氏がいう―
　衰金質に火気盛熾すれば、喀血して不本意に肛疾するが、涸水して堆土すれば疾病で突然に視聴覚碍となるだろう。
『沈芝源髓歌』
　羊刃を破砕すれば、残疾を招来し、
　六害が疾宮して、また吉兆を否定して、
　日時柱に併累して、旺鬼が侵犯し、
　精気なく空亡を帯び、病疾で卒するのである。
〔歌訣〕
　月陰の溢逸に、巡相して不益であり、
　女命は附帯して、下通を憂悩し、
　月経が不調和で、好事に縁故なく、
　男児のケースも痔疾か心疾だろう。
（月陰とは月殺であり、すなわち寅午戌三合支に卯支が添加するケースである。）
　およそ疾病や災厄を推測したければ、先ず命身の禄身三等級を看て、大運年歳の相関であるが、もし命局に精気が存在しなければ禄馬支が敗絶符するが、ただし財禄を領得して旺財相ならば致死しないであろう。

もし父君の疾病で子息の命運を推究するときは、たとえば子息の命相が孤辰寡宿か喪門弔客か白衣帯殺を附帯して、その父君はかならず応救不可の疾を附帯するのは、夫婦のケースもこれに批准して推測するのである。

論貧賤凶悪

およそ窮状の命局ではおおむね貴気が存在しないか、また命局が死絶符して局相が閑緩して均衡せず、または禄支が空亡に陥るか、大耗が己身を衝身するところである。

また日座空亡また命局が死絶符また空亡に陥り、また一位相の禄馬支が凝聚して生旺するが、かえってこれに空亡が臨み、また他柱から刑害が巡って散気するか、また福分の聚処で独立できず衆位の福分が分裂を被り、また駅馬が剋身するかまた比劫が多く巡って制剋するか、また辰戌丑未支が夾相して五行に精気が存在せずに昂揚せず、処々が合絆に巡り、また合絆も衝剋もせず干頭支下の気質が異相し、また命局が夾雑して陰陽が偏枯するのである。

また命局に格局の扶持が存在せずに局相が刑相を帯びて夾雑し、まず生旺に巡ってついで死絶符に巡り、また化合気が時令を失効して命局に精気が存在せず、また納音が殃響して己主は本末顛倒して父子が乖背し、以上これらの命局はともに己主は窮状なのである。

いわば窮状の命局では、つねに建禄や食神を救応と見做し、命局にこの二救応が存在して窮状するが困窮に至らず、濁命でも拘禁に至らず一発揚のタイミングでかえっていささか承意するが、スパンを経過してすなわち窮状と見做すのである。

『鬼谷遺文要訣』にいう――

聚刑が存在して敗地の極みなのは、甲申干支が丁巳干支や己卯干支や己巳干支を領得するケースなどであり、命局が収拾できず甲子干支が丙寅干支や丁巳干支や辛亥干支や壬申干支を領得するケースなどであり、五行が完備せずに甲子干支が庚子干支や己卯干支や癸卯干支を領得するケースなどであり、一方途の前後とはたとえば甲乙干主が巳丑支を領得するなどであり、命局に隔角を領得するとはたとえば辛丑干支が辛卯干支を領得し、また甲子干支が甲戌干支を領得するなどで、みな己主は窮状なのである。

およそ凶揺の命相とはすなわち命局かつ五行に精気が存在せず相剋し、また干頭支下が乖夾して刑衝して七殺凶殺を附帯し互相して衝剋し、また真義に刑剋して散気し、また官符かつ大耗で命主が刑揺して、五行が死絶符し全く応救が存在せず、官符が剋身するのである。

木質を複擁して刑衝を支相し、また辰戌支を併見して魁罡が衝相して、まったく貴人星や駅馬の相助が存在せず、また局相が死絶符してかつ相剋して、天火や水溺や白虎や自縊などの凶煞を処見するか、また命局が充旺してかえって処々が相剋して散気し、また空亡や孤辰寡宿を互見し、また歳殺や白虎や羊刃などの凶煞や、また天中や大耗や劫殺や亡神が同宮して相剋が重複し、また局中に隔角などの凶煞を多く帯び、また日時柱が劫殺亡神を並見して凶煞が年柱を剋伐し、また懸針や倒戈や金神や七殺や羊刃などの凶煞が重複して、命主を剋伐するかまた聚刑極敗して命局が救応せず、また局中が刑相してさらに廃虚の当地に臨み、これら以上の命局はともに己主は凶揺なのである。

いわば凶揺の命造とは、つねに三奇貴人や華蓋や夾貴を救神と見做して、これを附帯して凶神を帯びても加害には至らず、局相の閑緩かつ建禄食神が存在せずに、干頭地支蔵が刑殺を帯びて剋帯してそこで貴気の扶相が存在せず、すなわち窮状かつ凶揺なのは決定的なのである。

論壽夭

さて非長寿の数象の修法とはたいてい生旺すればすなわち長寿で、また死絶符すればすなわち非長寿だが、たとえば根源が深度とは根元が堅く、源泉が奥深いとは長流なのは自然の作用なのである。

およそ命局で月柱日柱が生旺に相当して時上が枯気しても支障はないが、たとえば月上が死絶符すれば日時柱が生旺でも気勢が雄壮ではないのは、そこで生旺が死絶符を承担する故なのである。

また月柱日柱が生旺で時上が死絶符すれば、寿命は四十五歳を経過せず、また月柱日柱が死絶符して時上が生旺すれば三十歳已前に卒し、さらに凶煞を帯びて局相を侵犯すれば、かならず夭逝の児童なのである。

法では月柱は一歳～三十歳を主管し、また日柱は三十一歳～四十五歳を主管し、また時柱は四十五歳～百歳を主管し、また生旺あるいは死絶符するが逐次に詳解すべきなのである。

さて人界の旦那たるものは聚気してすなわち回生し、また散気してすなわち没するが、もし気性が大運年歳に巡って死絶符の当地に会集して、さらに年歳が刑剋して窮状のタイミングに相符すれば決定的に卒するのは、それぞれ己身の月日時上に精気の発揚が存在しないからなのである。

およそ局相に生旺が過多して凶煞が侵犯しなければ、疾病の些少を肯首して善い結末なのである。

さて一念想のスパンで赴亡するとは、もし死絶符が過多し刑相凶煞を重複して附帯し、己主は憔悴苦悶に難儀し、あるいは恒久の歳月を難疾するのである。

およそ旺運のスパンで赴卒するか、公務中に赴亡するときは己主は承意して卒し、また老人が生旺の行年で苦痛にて赴亡するが、そこで生旺すればすなわち身心疲労して永く停滞するが、また年少者はすなわち善性疾患で赴卒し、命局に亡神や大耗の重複を肯首して死屍裂相するだろう。

およそ干頭が生旺して損傷しなければ長寿だが、干頭が敗死符して応救すればもっとも長寿なのである。

また干頭が敗死符して凶揺して非長寿であり、干頭が生旺して破損すればもっとも非長寿なのである。

『三命鈴』にいう―

およそ人の寿命の長短を知りたければ、当年納音五行をもってその衝剋を看て、もし生月が損衝すればすなわちおおむね非長寿だが、命局の生月が受損すれば己主は寿元の延長を企図するのである。

たとえば癸亥命主で生月巳支ですなわち寿元を否定し、そこで年柱の戊癸干で生月丁巳干支では納音砂中土に所属し、土質は能く水質を衝剋して生月柱の受傷を肯首するのである。

また癸亥主人で生月巳支では、禄命が絶符すると見做す故に寿元は存在しないのである。

たとえば癸丑納音桑柘木の命主では、生月辰支ではすなわち寿元が存在し、生月丙辰干支では納音砂中土なので、木質が土質を剋伐して命主の生月の剋伐を肯首し、たとえば凶煞が支下に派生してまた己身の制殺と見做すのである。

また癸丑主人で生月辰支では禄命が墓符に廻生し、おおむね己主の寿元と為すが、ただし三十歳已前につねに難疾が存在し、絶符のタイミングの前兆でのちに病死符して衰地を悉く巡り、運歳の旺地に到達する故に己主の晩景の福分なのである。

『玉門關集』にいう―

およそ寿元とは生月で定義するが、生月が干支かつ納音の旺処に位相するが、そこで五行と納音が相生して乖逆し、日時柱胎元がみな順数を領得しなければ、己主の寿元は上格なのである。

『玉霄寶鑑』にいう―

人の命局に天賦の寿元や建禄支があり、すなわち納音が死絶符の当地に位相し、五行と納音五行が衡合すれば真実かつ生旺の位相を肯定するのである。

たとえば乙酉主人は納音井泉水ですでに敗地だが、もし辛亥干支や丙申干支を領得するとき、すなわち丙申干支は水質に真透してまた申支に生扶するので、このケースは己主は白眉の寿元を享受するのであり、たとえば乙亥主人が癸亥干支や戊寅干支を領得するケースなどを肯首するのである。

また子平術では印綬を重複して長寿で、また局相干支が均衡して長寿だが、六格局に忌処を添加して寿元を否定するが、余（原著者）は人命を験証して必然的に信じるのである。

珞琭子氏がいう―

もしすなわち身旺で鬼殺が絶符すれば破相しても長寿だが、鬼殺が旺盛で衰身すれば命局の扶相でも非長寿なのである。

とりわけ局相が露呈して凶煞が交夾すれば、幽魄は文王氏の酆都に逃散し、この瑕疵を侵犯して幽魂は泰山府都に帰游するだろう。

壷中子氏がいう―

死絶符の已前は生旺だったのであり、命相は返魂と称するのである。

（すなわち死散してまた復生し、絶息してまた盛旺するのが、命局の位相なのである。）

命主を墓符が搭載して、絶符の本体と称するのである。

（墓符の位処を丘陵と見做し、丘陵と命主とは同一の方途なのである。）

いわば寿元の瑕疵とは命主は、かならず三合会局を附帯するのである。

（たとえば庚辛干主を、巳酉丑支金局が搭載するケースなどである。）

壷中子氏がいう―

顔回氏が非長寿だったのは、ただ四大空亡が原因なのである。

（甲子甲午旬列は水質が空疎し、また甲申甲寅旬列は金質は空疎し、もし併見重複するか大運年歳で巡って円相かつ一重複するときを肯定するのである。）

『沈芝源髄歌』にいう―

命相の扶助とは寿元を延長すると知るべきであり、たとえば丑支主が子支を附帯し、また子支主が丑支主を附帯するなどのケースで、たとえば滋助に巡っても剋伐が存在せずおおむね長寿なのである。

李虚中氏がいう―

およそ命局が長生を併見すれば決定的に長寿であり、また局相と納音が併旺して長生と称し、制剋を附帯してすなわち非長寿なのであるが、およそ禄馬貴人が巡当して生旺の当地なのである。
そうではなく気質が死絶符すれば、早年に発揚してまた早歳に卒亡するが、必然的に乗旺の当地で福分の方途と見做しその他も必然するが、もし力量を領得するタイミングではすなわち晩年期に発揚してかつ長寿なのである。

〔古歌訣〕

寿元を算定する、幽玄なる識者とは稀少であり、
識るタイミングとは、天の泄気であることを肯首するが、
六格局のときに、忌処が存在するときには、
運歳でこれに巡って、総じて不適宜なのである。

〔歌訣〕

食神が好作用して、寿元は長久であり、
そこで偏印を附帯して、肯首不可であり、
財星が応救して、相助に巡らないときは、
命運は、秋季に枯草が降霜するようなものである。

〔歌訣〕

丙干を申支が搭載して、壬癸水を附帯するときは、
決定的に天寿を推測することは不可であり、
そこで干頭に壬癸水が透出するときには、
その当人はかならず卒亡が決定的なのである。―
たとえば乙酉年壬辰月丙申日癸巳時の命局での結果とは、非長寿の揺兆なのである。

『理愚歌』

天寿の算出を知るには、長遠を要するが、
命局が生旺して、もっとも高強であるが、
そこで旺鬼が身を剋して、非長寿と見做し、
財禄に精気が存在せず、また窮状と為るのだ。

『神白経』にいう―
丙丁干が申酉亥支が不益とは（甲申干支乙酉干支癸亥干支）であり、
庚辛干が亥子丑支が不益とは（乙亥干支戊子干支己丑干支）であり、
壬癸干が寅卯巳支が不益とは（戊寅干支己卯干支丁巳干支）であり、
戊己干が寅卯巳支が不益とは（庚寅干支辛卯干支己巳干支）であり、
甲乙干が巳午申支が不益とは（辛巳干支甲午干支壬申干支）であり、―
さらにもし陰性の鬼煞を附帯し寿元の算定が永く留まらず、生活に艱難辛苦が恒久で、発動してすなわち凶揺の由来を訊問し、もし人命が当地に巡れば天啓に怨請せず、人々が鬼門を透過すると称し、気度は北方辺境の関門のようである。

〔訣〕

鬼殺とは生来より憂悩のポイントであり、
人命の死期を知ろうと希求するならば、
庚辛金の出退で、午支の暇休とし、
丙丁火が帰巡して、丑支が搭載してはならず、
甲乙干が子巳支に通関し、長駆すべきであり、
壬癸干が酉子支を附帯して、憂愁に堪え、
戊己干がさらに、亥卯支の阻止を切望し、
歳月の光彩を保ち難く、白髪に至るのである。
（すなわち小児煞や鬼關煞に相当するのである。）

〔訣〕

重複して鬼殺の受気に臨んではならず、
命局に交加し、どうして親近できるだろうか。
命主のタイミングで還た巡相すれば、
たとえ富貴でも寿元は存在しないのである。

〔衝夭殺歌訣〕

生日に時柱が対峙する人は非長寿であり、
生年に月柱が対峙する人はまた瑕疵に堪え、
ここで人間の非長寿の大法を肯定し、
人生でこれに逢瀬すれば夭逝するだろう。
（たとえば寅支年申支月午支日子支時の局相では、月柱と時柱が対衝され、さらに時支が受剋するのを肯首するのである。）

〔歌訣〕

生日が時柱と対峙するケースが延寿を催促するのは、
時柱と日柱が衝相して長寿を否定して、
また四大空亡すれば、衛守は難義であり、
決定的に路頭での横死を知るのである。
（余（万氏）が日時柱の対衝を見れば、多くは妻子を剋傷して非長寿ではなくとも横死し、また寿元を催促するとは、局相を詳解して対衝を断定するのは難しく、またいわば対衝とは破害ではないのである。）
〔歌訣〕
生日と年柱が対衝して歎嘆を肯首して、
生時と日柱が対衝してまた瑕疵に堪え、
どうして生時と同歳に堪えられるだろうか。
そこで寅酉支の布星では、寿元は長久ではないだろう。
（たとえば甲寅年丁酉月戊申日甲寅時の命局では、周歳の横死を逸せず、必然的に月柱と対衝してまた必然なのである。）
〔短命殺歌訣〕
亥子支が存在しなければ戌支丑支は勇敢であり、
酉頭年支は、雞聲迎彪して、寅時支を渇望し、
辰未巳卯支が添加しないときに、
巳午支が存在せず、人命は白髪に至るだろう。
（この妨害殺と隔角とは同例に相当し『三命鈐』では、夭年殺の作用として己主は長寿ではなく多く凶揺に遭い、もし己身が能く凶殺を抑制して、すなわち窮状を免れるであろう。）
〔急脚殺歌訣〕
甲乙干を申酉支が搭載するとは閻魔王の謁見であり、
丙丁干を亥子支が搭載して切に阻堤すべきであり、
庚辛干を巳午支が搭載して風前の灯燭であり、
戊己干を寅卯支が搭載して損傷は重度であり、
壬癸干を辰戌支に丑未支が添加して搭載すれば、
浮世の生存とは永別し、鬼界へと入郷するのである。
（『廣信集』では天鬼截路殺の作用として、もし甲干主を申支が搭載して、また乙干主を酉支が搭載して、生時支に帯びて支干に全備すれば決定的に非長寿なのである。たとえば甲干主が庚申干支を附帯するケースなどであり、年歳と大運がこれに巡り、おおむね己主は忠孝に服し、さらに小運に併見して己主は非長寿なのである。）
〔歌訣〕
庚金は午火で沐浴して卯木で胎符するが、
戊己土は亥子支で、絶胎符して戊丑支で墓符し、
命局が有限なので、遁巡して再犯と見做し、
閻魔様が速達で召喚状を送書するだろう。
〔截命煞歌訣〕
人命が順次する一支を帰納するときには、
子生支のときは、丑支期をスパンと見做し、
三逢瀬してかならず凶揺に難儀して、
また両見すれば、かならず着衣の染血を憂悩するのだ。
（子生支で丑支を附帯するとは、それぞれ命主の順次一星辰を肯首するのである。）
〔推命煞歌訣〕
命主の順後一星辰を附帯して不適宜であり、
重複併見すれば、猜疑が渉外して、
さらに三重複して、心外にも中年期に卒亡し、
五百年のちにかならず報禍が至るであろう。
（子生支が亥支を附帯するように、それぞれ本命の順後一星辰を肯首するのである。）
〔五行満数歌訣〕
五行の生処と陰陽を決定するときに、
太陽と月象とは、両位象づつ当分するが、
（およそ月象とは一日から十五日までを陽遁と見做し、また十六日から三十日までを陰遁と見做すのである。）
まず初生の六日を甲乙干と称し、
（初生の六日が木質生日で初十日に至って満期するのである。）

また次生の丙丁干を火気の強旺と見做し、
（十六日に火気が派生して二十日に至って満期するのである。）
壬癸干の布水が、その測註を定義して、
（二十六日に水気が派生して三十日に至って満期するのである。）
生死の不分岐とはこのポイントなのである。
（たとえば己亥年の九月三十日の己酉日丁卯時のポイントで満水の日値であり、年次の己亥干支を肯首して日次の己酉干支を肯首して、その水気が両土気の剋所のケースでは、この当人は非長寿なのである。）
〔陰陽二極歌訣〕
陰陽の二分極を、君は知っているだろうか。
男性と女性は、みな本命の数位に従象し、
男性は九順位で女性は六順位を巡るが、
それぞれの位相に巡って順去を兼能し、
そこで大小の運歳の気は全く無効であり、
ここに到達して己身の死期を知るべきであり、
両運歳が精気を帯び、すなわち支障は存在せず、
そこで運歳一年の窮状と苦痛に合致するのである。
（男性は本命から順数九星辰で陽極と見做し、また女性は本命から順数六星辰に至って陰極と見做すのである。）
『沈芝源髄歌』
壬癸甲乙干が巳寅支金質を附帯するときに、
火質金質の生扶が身主を瑕疵し、
局相の五行で、これをみな防備すれば、
巡相すれば白髪者ではないことを知るのである。―
以上の諸説を詳解すべきであり、まず五行の生旺や死絶符を看て、次に格局の有無や失効を看て、そののちに諸神煞を考察して、また流年歳を参究して契当するのだ。
いわば人命の寿命とは父母から稟得し、父君の精と母君の血に因って盛衰は不同である故に人命の寿元が相異するのである。
その生命の初期で受気して両盛すれば上中格の寿元で、受気が偏盛すれば中下格の寿元で、受気が両衰すれば能く保養して些少に下格の寿元であり、さもなくばおおむね非長寿なのである。
そのケースでも定理のテーマに拘泥してはならず、あるいは外因の風寒暑湿の感傷やまた内因の衣食労の感傷が存在するので、どうしてそれぞれが元気の稟得に尽処するだろうか。
そこで結局は天賦の年歳なので、君子たれば命運を覚知して、修身の所在を要して天命を俟つだけなのである。

論女命

婦命の利得が何星かと問うならば、利得は夫星に存在するのは、亭主はかならずその妻君を利得するからであり、亭主が窮状すればその妻女もかならず窮状するのである。

妻女は亭主に従属することから、先ず夫星を観相してそこで出身やその貴賎を決定して、またふたたび子星を看てそこで晩年期の栄辱を察するのである。

命局の官殺財星が支根を領得して夫星に有利であり、また食神が支根を領得して子星に有利なのである。

そこで夫星が有利であれば、すなわちその出身は富貴であり一生涯の福分を享受し、また子星が有利であれば、すなわち晩年期の孝養が厚く褒章と恩寵が下賜されるだろう。

そこで夫星が旺盛とは食神が財星を派生し、また財星が官星を派生する故なだけだが、これに乖背してすなわち否定するのである。

女性命局では己主を剋伐する星辰を夫星と見做し、また己主が生扶する星辰を子星と見做し、みな時令の領得を要し生旺の気勢が添乗して、そこで旺気が聚気するタイミングを肯定するのである。

そこで用途の官星を夫星と見做し偏官を帯びる必要はないが、有用な偏官を夫星と見做すときは、官星を帯びる必要はなく一位星を好相と見做すのである。

官星が両位相すれば偏官が存在せずとも夾雑と見做し、命局が全局偏官七殺のとき官星が存在せずとも混相と為してともに良婦命と見做すのだが、さらに己身が自旺してもっとも佳質だが、ただし自旺でも太過を肯首できず食神を子息と見做し、時柱に帰旺すればふたたび天月二徳貴人の扶身を領得し、すなわち子息の栄貴の命相なのである。

また身旺で重複して夫星を支蔵して、および傷官偏官七殺魁罡が刑衝し、羊刃が太過重複して多情に合絆して不適宜で、みな好相ではないのは運歳もまた同然で、八格局の法則を看て詳解すべきなのである。

「純」

純とは純一であり、たとえば官星が純一また偏官が純一で、財星や印星を附帯して刑衝せず官殺混雑を肯首しないのである。

たとえば癸巳年戊午月辛酉日丙申時の命局では、己身を専禄と為して旺盛にて従化せず、そこで辛日干は丙官星を夫星と見做し、午月火旺で夫星は健旺なのである。

また丙干は癸干を官星の用途と見做して貴星が搭載するが、戊干を附帯して食神と見做して巳支に同じく禄支に帰旺するのである。

また辛金は壬水を生扶して子息と見做し、申時支を帯びて長生の当地なのである。

干頭の癸戊干と辛丙干とは水火既済と見做し、また地支の巳午酉申支の順相は財庫の拱夾と見做す故に、婦女は夫星を官星また食神を天賦の禄級と為して、夫君が栄昌して子息が貴顕する命局なのである。

また癸亥年甲寅月丙戌日甲午時の命局では、丙日干は癸干を夫星の用途と見做し、亥支の建禄支が搭載して、また甲干を印星と見做して寅支建禄が搭載し、己身丙干を戌庫が搭載すれば己土とは子息と見做して午時支に帰禄するのである。

また時柱とは子息の位相だが甲木を己土の官星と見做して、命局が純粋で夾雑しなければ故に己主の子息は蔭護の貴相だが、その他はこれに例推されたし。

「和」

和とは静然であり、たとえば己身が柔弱であれば夫星が一位存在して、命局に攻撃衝破の星辰が存在せずその中和の気性を稟得し、すなわち「和」と見做すのである。

たとえば壬辰年辛亥月己卯日己巳時の命局では、己日干は甲干を夫星の用途と見做し、そこで亥支とはすなわち長生の当地で、天のタイミングに地の利得を領得するのである。

また甲干は辛干を官星と見做し、たとえば庚金は巳支に長生し、また己土とは金質を子息と見做してまた巳支に長生するのである。

また夫星の官星を領得すると称するのは、子支に長生を領得する故に、己主が夫星を扶益して子息が旺じるので、己干を卯支が搭載して七殺偏官と見做し、巳支蔵の庚制で偏官を控除して正官を留位するテーマなのであり、女性命局の貴相なのである。

また丁丑年壬寅月丁酉日己酉時の命局では、丁日干は壬干を夫星の用途と見做し、甲干を印綬と見做し、すなわち夫星の禄源なのである。

丁酉日主は己酉干支の子息を生扶し、また壬水は己土を領得して正官と見做して、己主の夫星は貴相であり、また己土は甲干を領得して正官と見做して己主の子息は貴相であり、酉支とは旺財に相当して夫星の栄昌かつ子息の蔭護の命造で、その他は例推されたし。

「清」

清とは浄潔の称だが、女性命局では一正官か一偏官で混雑しないのを清と称し、そこで夫星が時令を領得するのを要し、局中で財星が官星を派生し、また印星を帯びて扶身して混濁が一点の気も存在せず、清貴の方途と見做すのである。

また己未年壬申月乙未日甲申時の命局では、乙日干は庚干を夫星と見做し、庚干は申支に巡って建禄し、そこで丁干を子息と見做し丁干は未支に旺じるが、そこで壬干を印綬と見做して壬干を申支が搭載して生扶するのである。

乙日主の坐下支星では未財と見做し、そこで旺財すなわち能く官星を生扶するが、そこで命局に刑衝敗破が存在しないことである。

「経典」にいう──

財星官星印綬の三般星のケースでは、女命はかならず健旺の夫星に巡る故に、両国府の拝命として大旦那の命局なのである。

また甲寅年癸酉月丙寅日戊子時の命局では、丙日干は癸干を夫星の用途と見做し、夫星を酉支が搭載して生扶しまた癸干は戊干を領得して官星と見做すが、癸干は子支に建禄するので夫者が建禄を領得して貴相であり、また丙火が戊土を領得して子息と見做して、龍鳳登池の堂閣として己主の子息は貴相だが、その他はこれに例推されたし。

また「龍池殺」とは、甲子辰支主人は「龍午鳳酉」であり、寅午戌支主人は「龍子鳳卯」でり、巳酉丑支主人は「龍卯鳳子」であり、亥卯未支主人は「龍酉鳳午」なのである。

「貴」

貴とは尊栄の称号で、命局に官星を附帯して財星を領得して、相資すれば「三奇得宗」と為して命局は鬼症に相当せず、すなわち女命版の堯舜帝級なのである。

「経典」にいう──

七殺が存在しない女性命局とは、旦那の一貴顕の造作を肯定するのである。

いわば女命に七殺が存在せず、天月二徳貴人を附帯すれば両国府の拝命を肯定するが、そこで二徳貴人とはただ天月二徳貴人のケースだけではなく、すなわち財星をまず一徳と見做し、また官星を一徳と見做し、そこで印星食神を添加してますます貴相と見做すのである。

たとえば甲午年丙寅月丁未日壬寅時の命局では、丁日主は壬干を正官と見做し、たとえば壬干の食神は甲干で、また甲干の印星は壬干なのである。

また壬日干は丙干を財星の用途と見做すが、壬干を亥支が搭載して建禄と見做し、二寅支の暗合絆を領得して夫星が時令を失効しても、運歳の旺支かつ西北地が有益である故に己主は大貴相なのである。

また乙亥年丙戌月辛卯日癸巳時の命局では、辛日干が乙干を用途の財星と見做し、亥支に生旺して丙干を夫星また庫地が搭載して、時上巳支に帰禄して癸水を夫星の正官と見做すときには、辛金が癸水を生扶して子息と見做して、巳支が搭載して禄夫と同位相で、貴星を肯定して「財官双美」と見做し、すなわち夫星と子星ともに貴相であり、併見して褒章拝命されるが、その他もこれに例推されたし。

「濁」

濁とは混濁であり、すなわち五行の失効なのでたとえば水土気が交夾するように、己身が太旺して正規の亭主が適配せず、不正規の偏主が跋扈するのである。

局相に分岐が多煩して財星官星印星食神が存在しなければ、下濁郷また娼妓妾かつ淫質の妖婦なのである。

また己亥年乙亥月癸丑日己未時の命局では、癸水が生月亥支で溢逸するが、癸日干は戊官を夫星と見做すが顕星しなければ、時柱己未干支を用途として不正規の偏主を肯首して、丑未土を忌み土質混雑と為すのである。

そこで局中に財星が存在しなければ乙木を食神と見做すが、旺干ならば己土が損傷して敗鬼帯身して五行が失効するのであり、まず清澄したのちに汚濁するので、福分を享受できないのである。

また癸未年甲寅月辛酉日乙未時の命局では、辛酉日主とは八専で自旺するので、用途の丙火を夫星と見做して寅支が搭載して長生するので、もとより旺夫の好相なのである。

ただし辛日干は乙未干支蔵の財庫を貪劫して、未支蔵の丁火を惹起するので偏夫と見做し、偏夫両庫すれば正夫を過重して正偏交集すれば、正夫ではあっても未だに夫君の得財を闇盗を免れずすなわち濁乱の象位だが、その他もこれに例推されたし。


「濫」


濫とは貪濫であり、局中に明夫が多いとは、暗裏に旺財して局相に多く鬼殺を附帯すれば、かならず酒色が原因で暗裏に得財するが、こうした命局とは使用人または正夫を害して再嫁すると見做すのである。

たとえば庚寅年丙戌月庚申日丁亥時の命局では、庚申日主は八専にて自旺するが丙火を夫星と見做して、そこで寅戌支が会局して時柱丁干で火情を渇望するのである。

庚申干支は金質で寅亥木を財質と見做して暗剋するので、亥支蔵の壬水を食神が財星を生扶すると見做し当人は美貌で福分を帯びても、貪欲得財を免れないのである。

また戊子年甲寅月己未日丁卯時の命局では、寅月に甲木が旺じて卯未支が会局するので偏夫正夫とも多く、また子支とは旺財なので己日干に甲官が合絆して陰陽匹配する故に、聡明秀麗だが貪欲の失態を免れず、いわば「倒挿桃花」して弟妹を戴台して官星を肯首せず、どうして良婦と見做せるだろうか。

また己酉年丁丑月癸丑日壬戌時の命局では、局中に己夫を明見して支相も二丑一戌支で三夫星を暗蔵するが、丁火を財気と見做して戌支に帰庫して丑支と刑相するが、火気もまた進気して夫星と財星の過多と丁壬干の太過を肯定するのである。

また甲辰年癸酉月丙子日辛卯時の命局では、丙子日主は陰陽殺を侵犯するので、己主は男子を挑誘するだろう。

また丙日主は癸干を夫星と見做し、辰子支が水局会して正偏夫が多く、日時干が丙辛干合して子卯支刑衝するのは、支刑干合の相で淫質流浪を侵犯して酒色に昏迷するが、酉支とは旺財に相当して癸夫が専坐するのは、二命局ともに娼妓で不義にて得財するが、その他はこれに例推されたし。


「娼」


娼とは娼妓であり、すなわち身旺にて夫星が衰絶符するか、また官星が衰微して食神が旺盛かまた命局に官殺を附帯しないか、また傷官が傷尽するかまた官殺混雑して食神が旺盛ならば、このケースはかならず娼妓の命相で、さもなくば尼女と見做して夫君を剋伐して奔馳するのである。

たとえば丁亥年庚戌月戊辰日庚申時の命局では、戊日干は甲干を夫君と見做すが、戌月は時令を失効して精気が存在せずまた庚干の剋伐を被り、時柱申支でそこで庚干を食神と見做すので、申支に建禄して戊辰日主とは魁星で申支は生扶されて太旺するので、亥支蔵の壬財もまた旺盛するのである。

そこで身旺にて生扶に巡り食神財星を貪劫して夫君は絶符して、秀麗の妓娼と見做すのである。

また乙亥年丙戌月甲子日丙寅時の命局では、甲日干は庚辛干を夫君と見做し、戌月は金気が衰退して時柱の食神を長生が搭載して木地支が会局して、甲日主が身旺帰禄して庚金は寅地が巡って絶気するので、二丙干の食神が太旺して金質夫星を傷剋するので、自旺食盛と称して衣食は良好だが娼妓を免れないのである。

また癸丑年庚申月戊辰日庚申時の命局では、戊日干は乙干を夫星の用途として申支に絶符するが、戊日干は庚申干支を領得して食神と見做し、月柱時柱に重見していわば旺食夫絶する故に、己主を娼妓と見做すのである。

およそ陽干の女命で食神が過多すれば娼妓と見做し、また陰干の女命で食神が過多すれば妓娼と見做すが、その他は例推されたし。

「淫」

淫とは淫質であり、すなわち己身が地支根を得て夫星が正偏交集し、日干が自旺して局中が満盤官殺のケースを肯首して干頭に透れば明星と見做し、支蔵干すれば暗星と見做すが局相で太過するとき、たとえば一丁主が三壬干を重見して壬干や辰子支が過多するケースを、交集と称して人智に納所が存在しないのである。

たとえば戊辰年壬辰月壬戌日癸亥時の命局では、壬辰干支癸亥干支は自ら得地しており、戊土を明見して正規の夫君と見做し、また辰戌支を暗見して不正規の夫君と見做すのである。

また庚戌年戊子月乙酉日甲申時の命局では、乙日干は庚干を正夫と見做し、己身を酉支が搭載してまた時柱申支で偏夫と見做すのである。

そこで運蔵の旺金の西方地を巡って、二命局ともに夫星の正偏が交集するので、淫質は言うまでもないのである。

また癸亥年壬子月丁丑日壬寅時の命局では、丁火日主が聚水に浮在するので、正偏の夫星が過多するので淫質無恥なのである。

「経典」にいう――

丁主で壬干が太過すれば、かならず淫質を侵犯するのである。

また癸卯年甲子月己卯日乙亥時の命局では、己日干が甲干を夫星の用途と見做し、甲干は子支に敗地するので卯支を偏夫と見做して、同支が搭載するかまた亥卯支が過多すれば正偏交集するので、正規の夫君が禁制を主張できず、また不正規の夫君が得勢して侵入するので、正規の夫君がかえって廻避するのであり、その他も例推されたし。

「旺夫傷子」

さて女命で夫君が旺盛で、子息が瑕疵するとは何だろうか。

この法則をみな時上で推究するのは、時柱を帰宿の当地と見做すからであるが、夫君と子息の二星を時柱に帰位して、夫星が生旺して子星が衰退するときを肯定するのである。

たとえば丙戌年丙申月丁巳日辛亥時の命局では、丁干を巳支が搭載して自旺するが、そこで壬水を夫君と見做すのである。

時支蔵壬干はすなわち夫星かつ臨官の当地を肯首して、生月申支とはすなわち夫星壬干の長生の当地でそこで辛金を財星と見做すのである。

生月申支は旺金にて二丙干が併相して、みな夫星の財星印星が搭載する故に、己主の主君は聡明優秀かつ富貴なのである。

また丁日干は戊干を子息の位相と見做し、時柱亥支を擁して亥支蔵の甲木が能く戊土を剋伐するので、すなわち子星が剋伐を被るのは難義である故に、己主は夫星が旺盛で子星が損傷するが、その他も例推されたし。

「旺子傷夫」

子息が旺盛で夫君が損傷するとは何かとは、この法則とはもっぱら月時柱でこれを推究するが、己主を剋伐するものを称して官星かつ夫星と見做すが、精気と時令を領得するとき、すなわち夫君の福分が発揚するのである。

もし局相が失効して月令を領得せず、また局中に衝剋を附帯し時上に旺気や己身の子星が存在せず、時柱に巡って長生建禄帝旺の当地を附帯し刑衝が存在しなければ、子息が盛旺して夫君が瑕疵するのである。

たとえば己卯年甲戌月乙卯日戊寅時の命局では、乙日主は庚金を用途の夫星と見做し、生月戌支では庚金に精気が存在せず、また乙日主は丙干を子星の用途と見做し、そこで丙火を寅支が搭載して長生として、戌合火局してみな火気に所属するが、月令はすでに金気が存在せず時柱に巡って絶地するのである。

また火剋を被りその夫君を損傷してその子息が旺盛する故に、子星が旺盛して夫星を瑕疵すると称し、その他は例推すべきなのである。

「傷夫剋子」

夫君を損傷して子息を剋伐するとは、すなわち夫星が局相や月令を失効して、局中に衝剋を附帯してまた時支が生扶せず、印綬の重複を兼備して夫星を盗気して、子星の剋伐が甚大で夫星子星ともに旺相を肯首せず、かえって絶符のタイミングを肯定するのである。

たとえば丙子年庚子月乙亥日丙子時の命局では、乙日主は庚金を夫星と見做すが、生月子支とは金水気が寒冷しまた金質が子支に敝死するのは、地支の亥子水質が金質を悉く盗気して局中に土質の生助が存在せず、傷官が過多する故に傷官を夫星と見做すのである。

また乙日主は丙火を子息と見做して時柱子支に巡り、すなわち旺水かつ滅火の当地で年時柱二丙火だが、聚水の剋伐を被るので夫君子息ともみな損亡する故に、夫君を瑕疵して子息を損傷すると称し、その他は例推されたし。

「安静守分」

守分の安静とは、すなわち夫星に精気があって日干が自旺し、均衡して交夾や刑衝が存在せず、財星食神が在局して肯定するのである。

たとえば癸巳年庚申月乙卯日丁亥時の命局では、乙干を卯支が搭載して専禄自旺して、また時柱亥支を領得して合局するので己身は身旺なのである。

そこで庚金を夫星と見做し、生月申支は庚干が建禄するので、年柱巳支を領得して庚官の長生の当地で、夫星の旺盛を肯定するのである。

また亥支蔵の壬水とは夫君の食神作用と見做す故に、己主の夫星は「食天禄」して、すなわち自己と夫君がともに交夾せず、それぞれ旺気が添乗して混雑侵相が存在せず、夫婦和解して「安静守分格」なのである。

「横夭少年」

さて少年期の凶揺非長寿とは、造化の窮尽かつ異変格局だが、橋梁投身や難産堕胎や殺人被死などが何かとは、すなわち身弱で七殺重複に巡るか、七殺が過多して己身を損剋し、また刑衝破敗を被るなどのケースなのである。

また原局に官星を帯びて損傷して、運歳でまた官星の当地に巡るか、また官星が存在せず傷官を帯びて、運歳でまた官星に巡復するケースなどである。

また羊刃を附帯して制伏せず、運歳で羊刃合絆や亡神劫殺などの当地に巡るのは、みな凶揺非長寿なのであるが、女命のケースだけではなく男命のケースもまた同義なのである。

たとえば丁卯年癸丑月庚辰日丙子時の命局では、庚日主は丁干を正官の用途と見做し、癸干子辰支水質傷官の重複を被れば、剋伐が過多して堆水に沈金するのである。

運歳の丁巳干支に一交して傷官が正官を附帯して、丙干偏官の剋身に際会する故に溺水に被害するのである。

また乙酉年戊子月丙寅日己亥時の命局では、丙日干を寅支が搭載して長生するが、冬季の生月亥子支では官殺が重複して、旺火を盛水に投ずると称する故に、産後に卒亡したのである。

また壬子年癸卯月甲戌日丁卯時の命局では、月令陽刃で時柱丁卯干支で傷官陽刃で、子支刑衝かつ戌支合して局中に夫星も財星も存在せず、癸酉年乙丑月己卯日に卒されたのである。

およそ女命で官殺が重複して羊刃が情通しなければ、淫質でなければすなわち凶揺するが、その他は例推されたし。

「福壽両備」

さて福分と寿元を兼備するとは、中和の造化かつ純粋格局なので、一生涯を享用して永く享賜して老敗し難いであろう。

これが何星とは、すなわち己身を旺地が搭載して月令に通根し、干頭地支が互助するので、さらに財星官星印綬を附帯してそれぞれの位相を領得して、財星不在や傷官佩印の失効に巡らず、食神がもっとも有益なのである。

もし身旺で運歳の財星食神の当地に巡るならば、これはみな福分と寿元を兼備する命局なのである。

たとえば丙午年庚子月辛酉日癸巳時の命局では、辛日干を酉支が搭載して専禄自旺するが、時柱癸干が子支に建禄して食神子星と見做して得地するのである。

また辛日干は丙火を用途として正官と見做すが、丙火は時柱巳支に帰禄するので、夫星の得地と見做すのである。

また生月子支ではすなわち金白水清の象相で、干頭地支の互助を兼備してともに損傷せず己身は従化しない故に、己主は美貌端正の人物と見做し、夫星子星とも均衡して福分と寿元が兼備するが、その他は例推されたし。

「正偏自處」

さて正と偏の自性の位処とは何かとは、すなわち夫婦伴相また比肩の分奪に巡り、たとえば一星の夫（官）星が併透妻（財）星と合絆して争合と称するのである。

もし己身が自旺して彼身が衰敗して局相が衝揺せず、すなわち己身が正ならば彼身が偏で、また彼身が旺盛ならば己身が衰敗するのであり、命局が衝揺すなわち彼身が正ならば、己身を偏と見做すのである。

そこで身旺で精気があれば、すなわち夫星が己身に従順して正と見做し、また衰身して別位相が盛旺すれば、すなわち夫星が別位相に従順するのである。

　また己身をかえって偏と見做し、彼身旺と称して己身と夫星を控除するので、己身はただ偏と見做すのである。

　そこで自旺太過して局中に夫星が存在せずまた偏と見做し、あるいは官殺混雑また傷官重複してまた偏と見做しまた淫質なのである。

　たとえば壬子年丙午月辛酉日辛卯時の命局は、辛日干は丙干の用途を夫星と見做すが、そこで辛日主を酉支が搭載して専禄自旺するので、時柱の辛卯干支が金質でも彼身に力量は存在しない故に、己身を正と見做しまた彼身を偏と見做し、ここで二女命の夫星の争合と見做すのが「正偏自処」なのである。

　また癸未年壬戌月癸巳日壬子時の命局では、癸日主は土質の用途を夫星と見做し、また癸巳干支とは微水質だが壬子干支とは旺水質で、微勢では盛旺を肯首できず、そこで壬水が正夫戊土を控除し、すなわち彼身が旺盛して己身が衰敗するが、ただ己身が偏と見做して領得するので、そこで壬水の重複漂蕩また桃花殺の附帯として、自性の位処を肯首せず、その他もこれに例推されたし。

「招嫁不定」

　さて招嫁不定とは何かとは、すなわち月支蔵に夫星を帯びて、透干して己干と合絆して己身が従順して、その夫星にかえって精気が存在せず、時柱が夫星また偏官七殺に該当して、かえって旺地に添乗して己身を来剋するので、そこで偏夫に雌伏する故に「招嫁不定」と称するのである。

　もし夫星が旺盛せずまた制剋を被れば、かならず夫家に嫁ぐのが遅滞して明顕せず、あるいは夫君が了承しないか外辺多情なのである。

　たとえば癸酉年甲子月己未日乙亥時の命局では、己日主は甲干の用途を夫星と見做し、生月子支では時令を失効して衰微するが、時柱亥支に巡りすなわち甲官は長生して旺夫を肯定するのである。

　かえって合絆せず乙殺が己未日主を制伏するとき、未支を乙木の庫地を見做すのである。

　甲干は生月子支では夫星を敗地が搭載して顕われず、時柱の乙亥干支を附帯して亥支蔵また長生の甲木を帯び、そこで甲木は乙木の召喚を渇望するのを「招嫁不定」と見做し、その他はこれに例推されたし。

論説するならば—

　およそ女命を観相するには、先ず夫君と子息の興衰を推究してその栄枯の究明を要し、次に日時柱の軽度と重度を述べるがそこで官星を夫君と為し、財星を父君と為すが旺財とは夫君の栄昌で、また食神が子息で印星が母君だが、そこで印星が旺盛すれば子息が衰敗するのである。

　そこで日干は太旺が不適宜だが、月令が中和を稟気して日主が旺相するときは、夫権を簒奪して窮状するだろう。

　また月令が休囚すれば、本分に安んじて家宅を所有して官星が支根を領得して、夫君と日主は栄華するが、そこで傷官が損傷しなければ子息が貴顕するのである。

　そこで正官を附帯すれば偏官を帯びるのを肯首せず、また偏官を附帯すれば正官を帯びるのを肯首せず、そこで官殺混雑と見做すのである。

　安らかに貞祥を領得する女命と見做すには、官星が損傷せず天月二徳貴人を附帯して両国府の拝命を肯定するが、偏官が制伏を有して三奇貴人を併見して、一品官級の貴相と見做すのである。

　そこで食神が有益なのは、偏官を制伏して財星を生扶するからだが、傷官を忌むのは夫君を盗気して瑕疵するためなのである。

　そこで財星が印星を損壊すれば、どうして好人物を肯首するだろうか。

　また用途の偏官が正官を帯びれば、貞節の婦女と見做さず窮状かつ濁性なのである。

　そこで子星が原因で死符休囚すれば当人の富貴は険路だが、ただ夫君と子息の興旺と見做すのである。

　また官星が過多すれば延寿は難儀で、また財星が重複すれば老化して早卒するだろう。

　また身旺に位相して富裕充足しても夫星子星を瑕疵するが、逆に日主が衰敗すればたとえ窮状でも夫君子息は完備し、また日主が生旺とは婦業に巧妙だが、日主衰敗とは女工として拙技なのである。

また貴星が一位相とは富裕でなくとも、すなわち栄昌して星辰が重複して合絆すれば、尼僧でなくともすなわち妓娼なのである。

そこで貴人星と駅馬が添乗して決定的に己主は花街の美妓娼だが、正官が桃花殺を附帯すれば、決定的に深窓の佳人なのである。

また食神が一位相とは、安穏にて子息を有して寿元を帯び、貴相を重複して合絆すれば嬌態媚呈して濁情が過多するので、そこで桃花殺が混入して不適宜で、また沐浴を呈符してもっとも不益で、侵犯して伺候する使用人で、該当して決定的に尼師と為るだろう。

また子卯午酉支が全備すれば、すなわち酒色に興ずる女命だが、また寅巳申亥支が全備すればすなわち聡明で利発な人命なのである。

そこで未丑支の刑衝を忌まず、また戌辰支の冲衝は良好ではなく、おおむね夫星の健旺を要して己身が中和を稟得すれば、食神の刑衝は肯首できずに、子星が生地に臨む必要があり、印綬が扶身するときには一星ならば肯首しまた財星が福分を発揚するが、過多して損傷しなくても旺財身弱ならば福分は発揚せず、身旺で微財ならば安寧かつ良好と見做すのである。

また傷官が重複して夫星を損衝すれば再嫁相であり、また印綬が重複すれば死別しないが存命離別の婦女であり、また羊刃が刑衝すれば狼勇無恥で、また金神が破害すれば難産の相なのである。

命局に夫星が存在しなければ決定的に偏房を継承せず、命局が空亡して寡鵠でなければ決定的に孤鸞を肯首するが、おおむね貴賤とはその夫星の位相を看て、その栄枯は財星官星を究明するのである。

ここで地象によって天象と見做し、また地象とは天象の附属物である故に、貴顕とは夫君に従伴して貴命だが、また窮状とは夫君に従伴して窮命なのである。

前述の八法則とはその玄義の泄気で、また後述の八法則とはその奥旨の解明だが、なお欠誤を帯びるので賢者の択別を俟つのである。

いわば乾卦の道理とは男性と成り、また坤卦の道理とは女性と成るが、陽剛陰柔とはそれぞれ本体を帯びる故に女命は柔質を本義と見做すので、剛質を刑揺と見做し、清澄を奇瑞と見做し、濁性を失態と見做すのである。

その故に三奇貴人が得位すれば賢良ならば、万里領域の公侯を拝命し、また天月二徳貴人が在局すれば、高貴の子息が九秋月歩し、また一正官一貴人ならば豊かな黒髪を黄金戴冠するが、四偏官四空亡ならば満月で美女が感涙して哭するのである。

また行運の官星では鏡台とカンザシが破損して、財星を帯びて財地に巡れば、夫君が栄昌して子息を損失するが錦衣を珍蔵するのである。

およそ官星が精気を帯びれば、黄金珠を堆積して財庫は瑕疵せず、おおむね官星が過多すれば栄昌せず、財星が過多すれば富裕せず、用途の印綬が偏印を帯びれば閨閣は寒冷し、用途の偏印が印綬を帯びれば春樹栄珠し、また金水清冷や土燥火炎ならば不感症で、また陰陽が群聚して清灯を貞守して、官星印星が重複して艶髪で独睡して田園を広く配備し、また食神が位相を領得して官星を附帯せず、穀糧財帛が余剰に充ち、また印綬が時令を失効してまた偏官を附帯するか、傷官が正官を附帯しなければ、なお貞潔と見做すのである。

また食神が存在せず印綬が過多すればかえって瑕疵と為り、偏印倒食に窮して花果の枯朽を搭載し、官殺混雑して春季の落葉として遠情勾合して、正夫に乖背して雇主を尋訪するだろう。

また官星や食神が衝破すれば、子息を棄却して他人に従事し、また財星が衰敗して印星が絶気すれば、幼娘にして家門を出離して、身旺かつ印旺ならば早期に正夫亭主を刑剋するのである。

命局に七殺偏官を帯びれば花街にて日夜賓客を送迎して、三刑かつ鬼煞を附帯して終始ともに子息正夫を傷剋して絶世の美貌を誇り、また禄支に桃花殺を附帯して才高才女を謝し、また己身に詞館が添乗して華蓋に官星を附帯して道仏士に情通し、また孤星を印星が搭載して尼姑の身上で身ごもってつねに堕胎するだろう。

また食神が旺盛して己身が衰敗し孤鸞寡鵠の分度として、また官星が軽微で比肩が重度で妹が剛強なので、すなわち房事に煩殺される婦女なのである。

命局で財星官星が死絶符するならば、孝順の子息を招致すべきだが、運歳の財官星の当地に臨みかならず夫君は栄昌し、また財地に巡って子息を瑕疵するだろう。

また偏官偏印が禄支根を連破して水火質のように冷酷で、比肩羊刃が刑衝して失局すれば、沙塵の散骨と為りまた駅馬の交馳を附帯して、母君は野卑で孤星の錯差に相対して夫家が没落するのである。

また五六馬支財星とは比肩の当地の窮処で、また七八官殺かつ刑衝分離の当地で、また刑衝空亡官殺とは重複婚で厚化粧を放棄するのである。

また印星と財星が夾衝して、たとえ家宅を領得しても厚福は成就し難く、支蔵財星が透出しないか偏官を明見して傷官がなく、印星を重複して財地を巡るかまた財星が過多して印星を附帯して、また四敗地を帯びて佳人の幸福と見做せず、また四衝地を帯びてまた良好の婦女を否定するのである。

また聚水の旺郷とは花街の女命で、また成金して秀麗にて洞仙の桃李だが、命局が生旺で四馬支ならば郷土に背いて離郷するだろう。

また局相が三合して刑衝すれば夫君は窮状し、また暗に七殺刑衝すれば夫君は善良ではなく、また官星を明見して馬支を帯びて、正夫亭主が繁栄して黄金が満升し、一財星が好処を領得して好容貌は適配を失効して、両家に貴相は存在しないのである。

原局の比肩に財星が巡れば、辺出から富裕にいたり、官星が衝揺して食神を合絆すれば、子息に依附して夫君を刑衝し、死絶胎符して花弁は寂々枯朽するが、支根が長生すれば子息が長久するだろう。

また貴星財星を合絆して黄金珠が屋内に満載するが、財星佩印が破綻して寒床の府庁室で稀代の玉の輿として天下に馳名するが、ただ陰添して陽剛を併局すれば、美女が懊悩して高階投身の様相と化すのである。

そこで偏印の偏官を衝位と肯首して、秋季に水質が通根して立節の目処を失効し、また冬季に金質が搭載して後手の好方途と為り、妹が同宮して適配せず先ず怨恨を抱くが、つまり命局の財星に精気が有れば、夫君が適配にて老齢に至って憂悩しないのである。

『通明賦』にいう―

女命では官星一位を良好と見做し、食神が重複すれば寡婦であり、官殺が過多すれば淫性の命なのである。

（ここでの貴星とは官殺のことを言及しており、食傷と官殺が交夾して孤苦の星相なのである。また官殺が重複すれば淫性の象相なのである。）

天月二徳貴人とは真実の貴星で褒章を肯定し、三奇貴人が真実に良好ならば国家の称号が下賜され、また金木質を附帯して貞淑の徳を帯び、また水火質が派生して虚乱の化性で、命局が休囚に偏して有益で局相の生旺は不適宜で、当人の富貴や窮状とはすべて夫君と子息に依拠しているのである。

（貴人の一徳星とはすなわち天月二徳貴人で、女命がこれを領得してさらに財星官星を帯びて夾雑せず純相不雑ならばかならず褒章され、三奇甲戊庚干のケースや財星官星印星食神はまた三奇と見做し、女命が附帯してかならず国家の称号を拝領するだろう。また徳星とは純一不雑を称して金木質が純性ならば、もとより女命に所守と見做して、己主が流水して漂蕩で、炎上して暴敗で、水火質が過多してすなわち夾乱して虚花の人物と見做し、純相でなければ濁性なのである。己主陰命は柔質でまた己主陽命は剛質で、女命を陰性とすれば男命は相反する故に、休囚が有益でまた生旺が不益なのである。）

『繼善篇』にいう―

女命で偏官七殺が存在せず、貴人一星を良好の命造と肯首し貴人が聚合過多すれば、かならず尼師か娼女を肯首し、傷官が損衝してすなわち食神が皆無で孤苦し、そこで夫君が健旺ならばすなわち子息が優秀で己身が栄昌するのである。

『玉振賦』にいう―

女命で印星が重複すればもとより子嗣が断絶するので、運歳の官殺に巡ってかえって吉兆なのである。

（夫星子星が生旺するのが、この作用の常規なのである。）

女命が傷官を侵犯するときは抑制を適配すべきであり、運歳の旺財に巡ってまた佳相なのである。

（傷官が財星を派生しまた財星が官星を派生するのは、いわゆる能く情義なくしてさらに情通するのである。）

棄命従殺とはかならず名家に適配されるが、食神が専禄すれば断固として辞令を拝受し、そこで孤鸞とはもっとも偏官七殺が有利で、また桃花殺とは官星の附帯が有益なのである。

（この四格局とはみな己主は富貴で、夫星子星を旺益するのである。）

官星貴星が過多すれば側室ではなくすなわち舞芸妓と見做し、また合絆が重複すれば婚姻せずすなわち尼姑者なのである。

（女命では官星貴星を忌まないが、ただ過多すればすなわち不吉なのである。命局が三合会局や六合を過多に領得すれば、かならずこのケースと見做すのである。ただし二姓家に連嫁するので、万人は尼姑と見做して見棄てるので、この人事を参究すれば明白なのである。）

甲木を申支が搭載して庚金が透干すれば子息とはすべて金質の派生で、また丙火を申支が搭載して壬水が透れば絶世の美貌であろう。

（いわばこの二日は七殺を専用としてそこで官殺混雑しなければ、その女命はかならず傾国傾城の色香なのである。）

「賦」にいう――

庚寅干支と戊寅干支また戊申干支のときには、たとえ破敗しても領得と見做し、また己卯干支と癸未干支のときには、紅艶の相侵は止熄するのである。

（この四日干支はともに長生符して官星を夫星とするときとは、たとえば庚干を寅支が搭載してまた戊干を申支が搭載して、すなわち官吏の妻君だが、乙干を巳支が搭載しまた癸干を巳支が搭載してまた失効せず、佳命の婦女と見做すのである。ただし五陰日干では紅艶煞と桃花煞の二神殺は不適宜だが、五陽日干で二神殺はたとえ耐久できなくとも己身は養生すべきなのである。）

官星が墓絶符の当地に臨めば老齢にて暢娘に困惑し、また夫星が雑気に位相してもっとも佳婦人なのである。

（たとえば庚干主は用途の丁干を夫星と見做し、生月子支では辛干主は用途の丙干を夫星と見做すが、生月酉支では亭主の名義でも質実ではなく、たとえ美貌でもかならず困窮していわゆる美人薄命なのである。たとえば癸日干で生月未支では雑気中に丁乙己干を支蔵するので、夫星と子星の財帛は全備し、雑気の所員だが不益ではないのである。）

官星が得令して傷官を附帯すればかえって使用人と為り、偏官が当権して制伏が効せば恒常的に正妻と見做すのである。

月刃が偏官七殺を兼備して偏拗せずすなわち尼師だが、月柱傷官で帯刃すれば隷従しないがすなわち使用人なのである。

（日刃が偏官を附帯するとは、たとえば壬子日主で時柱戊申干支のケースやまた月柱傷官併刃して、たとえば生月丁卯干支で日柱甲辰干支のケースなのである。）

傷官が夫星を劫奪する象相では、偏官に転勢して夫星を資扶するが、桃花殺が官星にともに添加して有益で、紅艶が偏官と同伴して休囚して些少に閨怨すれば、また命局が孤鸞に該当しまた早期に寡婦で閨枕すれば日柱に寡鵠が臨むのである。

（命局が絶符して官殺が存在せず当日を不益と見做せば、たとえば官殺などを帯び依頼心がテーマなので、孤鸞陰陽錯差等日を侵犯せずともかえって吉兆であり、寡鵠とはすなわち孤鸞なのである。）

孤鸞のときもし夫星を附帯すればかならず子女が多く、天徳貴人が七殺の制化を附帯すれば決定的に従女なのであり、また比肩を一見して官夫星の放擲が決定するのである。

己身が従泄すれば印星が嗣子の渇望に耐久して、夫君が旺盛して子息が瑕疵し、すなわち官星に偏印が効能して子息が旺盛して、夫星が瑕疵するのである。

食神が起因するときに、官星が絶符して印星が満盤に重複すれば、富裕の正夫に巡って多くの子息を領得し、食神が好作用で得令して弟妹の壮盛を得て、かならず夫君の栄昌を許容するのである。

（富裕な正夫とは、すなわち官星が財星を附帯するテーマなのである。）

官星と印星の重複が軽微ならば夫権を横奪し、鳳鸞が飛舞すれば使用人に沈降する命相なのである。

（孤鸞日とは、すなわち旺毒の星辰なのである。）

天月二徳貴人が他処に乱相が存在しなければ、錦蘭衣に黄金を戴冠し、また羊刃や七殺偏官が好作用しなければ身髪は塵垢し、陰性七殺を一附帯して志操を堅守せず、子息は存在し難いのである。

また陽性傷官が併透すれば、嬌態して剋婿しないのである。

（五陰日干が五陰七殺を附帯して凶揺と見做し、陽性傷官が印星重複を領得して、かえって栄身せず剋婿しないのである。）

日刃が陽刃を同局してもっとも作用を忌み、また食神がかえって破綻して命中の作用は難儀なのである、

（日刃同刃とは衝揺を肯首し、たとえば丙午年庚寅月壬子日癸卯時の命局では、年午支と日子支が冲衝するが、また食神犯破とは偏印の在局を肯定し、たとえば丙申年庚子月戊日丙辰時の命局では、月干庚金食神だが時干丙偏印の剋伐を被るのである。）

官星が死絶符に臨んで夫君の喪失を知り、偏印が巡って子息断絶を控除するのである。

どうして夫君の貴顕を知り、子息の任官を察することができるかとは、食神に官星が附帯して知ることができ、また官星がすなわち食神を附帯すべきなのである。

（たとえば己未日と辛亥時では甲己干合するが、そこで辛官が甲干を附帯してかつ食神が健旺だが子息貴相が衝揺するので、すなわち不肖の子息なのである。）

興衰が先後するとは夫星の良否に準拠し、始発には修練するが盛旺して負替することで、子息の運勢の栄枯を察するのである。

（たとえば一命局の戊日干で生月春季甲寅干支では、偏官が戊日主の夫星で壮気だが財星を附帯せず、運歳の東方木地でその木質に制金が存在せず、この夫君には名利は存在せず、運歳の午地に巡り夫星が食神のポイントに巡当して、かえって甲木が死符する故に夫君を剋傷して再嫁したが、未申支のスパンで財帛が馳聚して大発揚するのである。運歳の酉支スパンで甲干が寿元を胎動し、戊日主に丙運が巡り当地で倶卒し、偏官が傷官を附帯して甲干は倚処が存在せず衰乏したのである。）

壷中子氏がいう──

灯明たれば艶彩充足し、また太乙（水神）とは淫性なのである。

（亥支を入夜のタイミングと見做し、また巳支を迎夜のタイミングと見做して、女命が亥支を併相して容姿に恵まれ、また巳支が併相して好色なのである。）

木質が旺盛してすなわち妖美であり、また水質が清澄してすなわち清潔であり、また金質が過多して非長寿であり、また火質が堆致して剛強であり、また土質が堆厚して富裕なのである。

天月二徳貴人を符して すなわち衣裾をよそおい黄金を戴冠し、身命が三財禄を領得してすなわち夫君子息が栄貴するのである。

（年干が剋伐するポイントが禄支財星のときや、年支が剋伐するポイントが局中の財星のときや、納音五行の剋伐するポイントが己身の財星のときなど、それらの三財星が命局に所属するが、そこで局中の財星が好作用で全備すれば、夫君子息はかならず貴顕するだろう。）

切に陰性羊刃を忌むのは、尊親を損害してもっとも純陰相が不益で、子息が不適宜なのである。

（建禄支の順後一星辰を陰刃と称し、男命が領得して妻の親族を妨害し、また女命が領得して夫の親族を妨害し、また四柱命局が全干支陰性に属するか、生月午支から生月子支までの生月では、陰性の極地で陽性が派生せずこれを純陰性と見做し、おおむね子息が存在せずそこでただ陰性が派生しなければ、陽性の派生の端緒ではない故なのである。）

命局の内外に白衣殺が羅患し、局中に冠帯を附帯して是非を交渉して招致するのである。

（骨髄破とはすなわち白衣殺を領得すれば、身内外戚を刑剋するのであり、また枕星とはすなわち冠帯の位相を領得して、一生涯多くの是非を交渉するだろう。）

夫婦円満のときには、水質を差し挟むのを敬遠するのである。

傾国傾城とは（およそ局相が鳳凰格、麒麟格、鳳沼格の三支干を女命が附帯して、すなわち転変して鴛鴦煞と見做して己主は淫性で、局中に多く滞水して己主はおおむね娼妓なのである。）

貴相局中に官殺が生旺すれば、衣裾に鳳飾を戴冠して花釵と桃花を相犯して、朝暮ともに曇天で貴人と同棲して席次を好争し、算段して下策で挑誘するだろう。

（命主の順次一星辰を花釵殺と見做し、また順後一星辰を桃花殺と見做すが、命主から上見して全備して偏りがなく、これを同種の侵犯と見做して己主を娼妓と見做し、三奇を領得すればこのテーマは存在しないのである。天乙のポイントを貴人と称し、旺気のポイントを喜神と称し、本命の

上に附帯してまた同宮すれば争席と見做して、己主は蕩奔馳の妾娼だが、空亡すればこのテーマは存在しないのである。）

「賦」にいう――

女命で偏官七殺が存在しなければ一貴人は何の支障も存在しないので、天月二徳貴人を附帯して有益だが、そこで官殺混雑を附帯して不益なのである。

そこで貴星が聚合してすなわち歌舞扇展し、合絆が過多してすなわち暗密に約するタイミングなのである。

命局が健旺して礼節の行法を遵守せず、冠帯を互見して決定的に醜聞の風声を肯首するのである。

また廻眸倒挿や泛水桃花や沐浴裸形や養子相重見すれば、おおむね使用人か娼妾か尼姑だが、些少の附帯は貞潔だが淫星として、雙魚雙女（多情）の称号で重複して不適宜なのである。

正官偏官とは正夫主人の称号なので、重複して附帯すれば不益であり、寅申支を互見して情々荒唐であり、また巳亥支を併相して定心せず、また傷官を附帯して入嫁して、近日中に決定的に夫君を瑕疵するだろう。

また偏印や印綬の星辰が重複すれば生別しなければ、結局は死別して命局に官殺が墓符すれば夫君を他界させるが、また運歳で夫星の絶符に位相してカップルを異路に分飛して配流するのである。

また女命を観るには、さきに官星をポイントとして官星が偏官を附帯して窮状で、官星が支根を得て栄昌に安処し、そこで傷官が重複すればかならず夫君を妨害し、かつ性情の重複した人命と見做し、偏印が食神を重複すれば福分は逓減するので、どうしてさらに孤神の侵犯に耐久できるだろう。

偏官が重複するならば貴人の側室に従事すべきで、合絆が過多すれば決定的に貞淑を損失し、建禄支が搭載して玉の輿に便乗し重度の平穏なのである。

駅馬が衝揺すれば軽薄で、桃花殺が流転して奔馳の醜聞は、言うに堪えられない程である。

日主が時柱に帰禄するのを、人命は貴重珍奇をもっとも渇望して、そこで天月二徳貴人を本命と見做したとえば印綬を附帯して、その貴顕は両国府の拝命に相当するのである。

日時柱が羊刃であればもとより剛質なので夫星に不利益で、日常の性行を損壊するのである。

時柱の金神健旺を侵犯すれば、命局の強度を観る必要があり、もっぱら食神を子息の栄昌と為すので、切に偏印が不益で閨門を堅守して正静で、かならず陰日干で中和を領得して、夫君婿君の代行で経営するのである。

ここで局相が陽極するとして、正規の建禄の附帯が有益で、咸池の侵犯を畏れるのである。

また清秀とは長生の輔佐を領得することだが、濁雑とは暴敗の帰局への該当で、命局に衰敗が多ければ己身の衝揺と合絆に巡るのが、とても不益で一生忙殺されるだろう。

もし娼妓でなければすなわち媒女と見做し、そこで印星が重複して公主と姑が妬相するが、食神が好作用して子息の適宜を領得し、また官殺が重複して淫質を防備すべきなのである。

また妹の透出とはすなわち夫君の争議を肯定し、そこで魁罡とは霊異のタイミングだが、日貴とは恒常的な福分を安得するだろう。

また女命を観るときはすなわち男命とは異なり、富貴とは一生涯官星が生旺で純粋であれば局相が休囚し、また濁濫であれば局相が衝旺し、また濁娼であれば官殺混雑し、また官星が存在せず合絆が多ければ良性でないと見做し、偏官七殺が満局して制剋と見做さず、また印綬が過多して至老して子息が存在せず、また傷官が生旺して生得的に夫君を瑕疵するのである。

命局に夫星が存在せず未だに貞潔と見做さず、命局に子星が好作用ならば淫性を免れ難く、また食神が一位で生旺すれば子息を招致して、聖壇に明示して礼拝すべきなのである。

また官殺混雑せず印綬が生扶して入嫁の亭主は、決定的に雲梯を直上し、本人は本家を堅守して清潔なのである。

辛亥日と甲寅日が巡相するとき（この二日干支は夫君を損剋するが、正規を遵守）して、空帳を対守して独り貞眠するのである。

戊申日と丁巳日が巡相するとき（この二日干支は夫君を剋傷して不正規）なのであり、また旺財が官星を生扶するかまた食神が作用して傷官が存在しなければ、夫星子星が栄貴するだろう。

官星食神に建禄支が旺じて一印星が資助するときは后妃級に寵褒され、また傷官が重複して財星印星が存在しなければ、妻座を失効して夫君を瑕疵するだろう。

官殺が重複して三合会局を附帯すれば淫性無恥で、また合絆が過多して官星が重複すれば好色の人物なのである。

官殺混雑して衰気すれば刑夫の妻妾を嗜好し、また身旺官殺の凶揺で尼師でなければ娼女と見做すが、そこで食神が変徳して先に窮状してのちに栄華するだろう。

「口訣」にいう――

およそ女命のテーマでは、月支蔵の財星官星印星の三併見で奇瑞と見做し、第一テーマが印星のときに財星印星を欠損して、たとえば天月二徳貴人を領得して年月柱に存在するときは、決定的に己主は父母家の資財を領得し、福徳広盛で温厚の人物と見做し、凶処に際会して凶揺ではなく、名望の正夫を招致して貴賢の子息を生育し、褒章を拝領する命相で運歳も同じテーマなのであり、休咎すれば財星が不益で官星が有益なのである。

第二のテーマは官星でまた支蔵星が一位で奇瑞と見做すが、官星の重複は第一の不益で、また傷官の重複が第二の不益で、また合絆のテーマが第三の不益で、また官殺混雑が第四の不益で、また日主の身弱が第五の不益で、以上の五ケースの不益以外は除外するのである。

おおむね適徴の財星を要し、決定的に己主は富貴の出身で、夫君と子息ともに賢富また剋剥の欠陥が存在せず、精神明晰怜悧の人物と見做して福分を帯びて尊重するのである。

第三のテーマは財星であり月支蔵を取用する必要があり、財星の過多は不適宜でただ一位星が適宜であり、おおむね年柱に一位の官星を領得して、この命主は父母の扶力を招致して、黄金の財宝の福分を見成して夫君と子息を裨益し、善家を堅持するだろう。

この三格局以外を除外して、以下の十五格局はみな婦命の適配ではなく、傷官や偏官七殺や羊刃や建禄や衝動や逢合であり、多くは官星が存在せず傷官財星印星を帯びる故に取用しないのである。

また婦命では官星の用途を夫星と見做し、傷官を附帯して夫星の瑕疵と見做し、生扶の作用を子星と見做すのである。

たとえば甲日主では木質に所属し、丙丁干巳午寅戌支の作用を子息と見做し、月令火気ですなわち子息の過多の命相と見做して言及し、火質が墓絶符の当地また水局に臨んで壬癸干が衝剋して子息の無存在の方途を断定し、もし火質が絶墓符の当地で命局が夾衝して、晩年期に嗣子を領得するので結局は孤相とは見做さないのである。

『三命鈴』にいう――

また六壬日干を時柱寅支が搭載し、陽干が陽干を派生して子息と見做し、陰干を派生して子女と見做し、また陰干が陰干を派生して子息と見做し、陽干を派生して子女と見做すのである。

また寅支蔵の分野で甲木主臨官の当地であり、栄貴福寿の子息を派生し、もし甲乙木が午未申酉支の支相に当在して火土質のエリアであり、甲乙木の墓死絶符の当地で己主の子息は少数で、たとえ多数でも窮状かつ疾性で、さもなくば道仏士か養子などである。

また乙干主では庚干の用途を夫星と見做し、また庚干主では丁干の用途を官星と見做し、また丁干主ではかえって乙干を食神と見做してすなわち子星なのであり、丁干が生旺で時令を領得してすなわち夫星の象称とは、まず食神の旺相を取用して官星が好作用すれば、夫星が栄昌せずとも子星が顕貴するので、その他は例推されたし。

いわば女命で局中に偏官七殺を附帯してすなわち偏夫と見做し、正官の際会に因って正偏が交夾する故に不益であり、もし偏官がただ一位相で局中に制伏が効せば、淫性のテーマは存在しないが、ただし己主は夫君を欺き奪権し、家宅を専横して性剛なのである。

もし日柱が健旺か、また背禄か、また月時柱にポイントが存在しないか、また夫星が死絶符するかまた孤神六害すれば、おおむね出家尼姑の命相で、さもなくば房守寒望して独揺する命相なのである。

たとえば夫星が墓絶符して鬼殺傷官を併見して己主は再婚再嫁し、夫星がもし命局旺相で適配を肯定してもかならず不和で、生別かつ死別するだろう。

そこで官星を生旺の当地に明顕し、また偏官が衰弱死絶符の当地に隠伏して、また正清の財禄の命相を造作するのである。

官雑混雑をテーマとせず、もし偏官が過多してすなわち不益であり、さらに合星を附帯して官星が衰敗して、食神が盛旺して財星党殺して娼妓流ではなく、すなわち淫質の婦女なのである。

いわば女命は産厄が多く、すなわち食神が偏印を附帯して偏印が太過し、また年干に傷官を附帯して時柱羊刃して刑衝剋害し、さらに運歳で偏印羊刃と衝揺合絆すれば、決定的に己主は産厄難するだろう。

もし命局が静穏で交夾が存在せず、日干が建禄で偏官を制伏しさらに天月二徳貴人を附帯すれば、一生産厄や鮮血の障災を侵犯せず、凶意が巡っても応救するのである。

いわば婦人で日主が身弱で比肩が旺強ならば、己主が妾女で奪権するので、たとえば甲寅年己巳月己卯日辛未時の命局では、己日主を卯支が搭載して柔弱無力で、己巳干支月は同類項で生月巳支で火土気の旺印のタイミングで、比肩が支根を領得して年上の甲官を夫星と見做すが、月上の己巳干支が合去するので日主は衰微して無用であり、平生この婦命は妾女の奪権を被るので、正常底かつ和気を領得せず、その他はこれに例推されたし。

およそ女命を看るには五行の清濁を看るべきで、生旺を要さず暴敗に位相せず臨官を侵犯せず、局相の和気で佳質と見做して休囚死絶符して上格と見做し、貴人や駅馬や旺禄を附帯せず、合星を良好と見做しもし生旺や臨官を侵犯し、貴人や駅馬や旺禄合星を兼備してみな好相と見做さず、また亡神や劫殺や三刑や六害や羊刃や飛刃を侵犯してみな不善と見做すのである。

『神白経』にいう―

駅馬が貴星を併見して結局は街頭に沈淪するが、絶符と合絆すればよく貴星と併合してかならずこのケースで際会は難儀なのである。

ただし日柱を年柱の代替と見做し、これは聖人が伝承した口訣であり、禄支を附帯して生旺すれば死兆として人々の謗言に逢瀬するが、建禄支を附帯して衰地に交入して凶揺だが、窮状とは見做さないのである。

司馬季主氏がいう―

およそ女命の推究では貴人一星を良好と見做し、もし交夾して合絆が多ければ尼師でなければすなわち娼妓なのである。

『沈芝源髄歌』にいう―

桃花殺また雙鴛合を附帯して、貴人星を口上して真実の妓芸の才覚であり、桃花殺とは臨官に馬支を添加して桃花馬と称し、また臨官に劫殺を添加して桃花殺と称するのである。

また神殺とは一般に、すなわち巳酉丑支主人が午支を併見するケースで咸池殺と称し、全備して遍野桃花殺と称して女命はもっとも不益なのである。

また雙鴛合とはたとえば一己干が二甲干を併見し、また一乙干が二庚干を併見し、また一辛干が二丙干を併見し、また一丁干が二壬干を併見し、また一癸干が二戊干を併見するなどのケースである。

また原局に甲己干合を附帯し、また乙庚干子丑寅亥支を帯びて両対合絆なので雙鴛合と称するのである。

女命がこれを帯びてみな良好とは見做さず、もし桃花殺さらに雙鴛殺を侵犯してもっとも粗野と見做すのである。

『理愚歌』にいう―

貴人支また空亡支のときは禄馬支とは背異して応相せず、たとえば性的意識が甚大かつ聡明で、男命ならば俳優で女命ならば娼妓なのであり、また出身が貴族でも淫質の蹤跡に同相し、この命相のポイントでありまた生月辰支の桃花殺とは春風を惹起するのである。

『沈芝源髄歌』

桃花殺が輾転として、滞水漂蕩するときは、
月華たる龍髪が、艶々と偏旺するので、
多情だが、ただ空疎と見做して瑕疵を帯び、
怨恨たる佳人も、容易に消魂するだろう。―

以上はみな桃花殺のテーマであり、侵犯すればみな凶揺と見做し、もし三刑や六合や亡神や劫殺や孤辰や寡宿を侵犯して、みな己主は夫君子息を瑕疵するのである。

およそ女命では建禄帝旺の全備を畏れて、夫婦が相互に夾傷するだろう。

『沈芝源髄歌』

命局の建禄帝旺とは、未だに好相とは見做さずに、
婚嫁が重複して、また早期に損傷するが、
もし命局が負相すればカップルを造作するが、
家長は男命女命ともに、非長寿と為すべきである。―
もし羊刃を侵犯するか、および建禄羊刃ならばみな己主は産厄するだろう。

さらに局相が、交夾するケースには、
日刃または、時柱建禄に該当するならば、
また時刃支して、胎元に羊刃を添加するときは、
妻君の身胎が、産厄に憂悩するだろう。―

『沈芝源髓歌』

いわば夫君の命局がこれを侵犯して、妻君は産厄を帯びるならば、婦女の命相がこのケースとなり、敢えて産厄の派生の憂悩を断定し、さらに時柱に卯酉支を添加すれば、かりに堕胎を免れても子息を損剋するだろう。

いわば建禄羊刃とは、たとえば年柱卯支主では日時柱甲干のケースか、また日柱辰支で時柱乙干を添加してみな建禄羊刃と称するが、その他はこれに例推されたし。

およそ女命では年柱を祖父と見做し、また胎元を祖母と見做し、月柱を兄弟の妻君と見做し、また日柱を亭主己身と見做し、また時柱を子孫と見做すのである。

女命が生日子午卯酉支に該当して、夫命の子午酉卯支に合嫁するケースとは、寅巳申亥支や辰戌丑未支のケースもまた同義なのである。

もし嫁命が日干が合絆するか、また地支相が三合会局や六合すればともに偕老せず、また局相の納音五行が上下に交夾して己主はとくに福兆だが、下上に交夾して己主は横柄に欺詐するだろう。

もし年柱の納音五行が時柱の納音五行を、剋伐するときは子息は不適宜であり、もし刑衝破剋すれば己主は子息が少数で子女が多数なのである。

もし絶中廻生するか旺中赴亡するか、空亡が衝破して命局に情義が存在せずすなわち吉兆だが、刑衝して情義が存在せず上格と見做し、ただ情義が存在しないのがこの次格なのである。

日柱を年柱禄支が、搭載して栄相ならば群郷国府から拝命されるが、また日主が夫星建禄支を附帯して、すなわち質実の庫地でこの次格なのである。

精神の栄昌とは、春季の甲乙干や夏季の丙丁干のケースであり、もし生旺帯絶して死相帯旺して空亡が合絆し、さらに孤辰寡宿元辰を侵犯すれば窮命なのである。

およそ女命で印星が虚質のときは庫地の質実を要し、命局が平静で情義が存在せず惹起不相であれば、清廉の上格局なのである。

もし天月二徳貴人のとき、日支蔵に正官を帯びて己主は賢淑であり、身旺だが禄支が衰敗して不益であり、また日柱が冠帯建禄帝旺に該当し不吉と見做すのである。

いわば庫地とは虚質を要し、貴星は空亡に陥らない必要があり、印星に精気が存在してすなわち夫権を奪去し、また庫地に精気が存在してすなわち夫君の財帛を蓄財して、交夾しないが情理は存在せず、すなわち凶揺が存在せず下女宮位に浮沈煞が存在して、己主は使用人として過労するのである。

およそ女命の生日が官殺死墓絶符に該当して己主は夫君を瑕疵し、もし官殺が空亡に陥るか、また日座空亡また生日に精気が存在せず、己主は夫君が存在せず、たとえ存在しても存在しないように、旺気かつ刑衝凶殺を附帯して夫君を瑕疵して不遇なのである。

〔古歌訣〕

命局が失効して、空亡に陥落するときは、
さらに身上は低層して、どうして官位などあろうか。
そこで街娼でなければ、濁妾なのであり、
たとえ下夫を所帯してもまた娼婦なのである。

『寸珠尺璧』

命主が納音金質では、火気を夫君と見做し、
孤辰寡宿が重複して臨むときには、
戊亥二宮位かつ夫星が死絶符すれば、
嫁君が退屈し、家出して虚場然だろう。―

およそ女命で命局の年柱と日柱が同一位相のケースでは夫君を損剋し、嫁君が同質納音かつ同一年柱のケースを切望し、また年柱日柱に甲干を附

帯すれば帯甲と称し、己主は夫君を剋伐し、また月柱日柱ともに附帯しまた夫君を瑕疵するのである。

たとえば年柱甲午干支で日柱甲午干支が重複すれば、十中九分で夫君を損剋するのを金神帯甲と称し、このケースはもっとも緊密なのである。

もし生日柱が旺気を附帯するとは、たとえば丙子日や庚子日や戊午日や癸酉日や辛卯日などは旺夫を承ると称し、窮命ではないが多くは夫君を瑕疵するのである。

もし十分に福徳を附帯してすなわち宮内人物を肯首し、また五六分の福徳は貴位官吏に近侍し、また三五分の福徳はすなわち貴人に近侍し、上格は游娼妓でまた次格はすなわち尼師妾女で、重篤すれば淫質で夫星を瑕疵するだろう。

いわば戊午日は貴相が過多して癸酉日辛卯日がその次格で、また丙子日庚子日とは濁命なのであり、いわば戊午日癸酉日辛卯日とは大容美かつ小瑕疵である。

もし壬癸干主が丙子干支癸亥干支を附帯して、また申子辰支主が壬癸干を重複して「流水煞」と称し、己主は不摂生であり水質が過多して、阻土が存在しなければ己主は淫質であり、また火質が過多して堆水が存在しなければ己主は淫質であり、また胎月日時が八専を侵犯して己主は淫質かつ過労の疾であり、また九醜の過多を侵犯して己主は淫質かつ産厄し、沐浴咸池すなわち酒色星を侵犯して己主は淫質であり、また十悪大敗を侵犯して己主は破家し、また桃花劫殺を侵犯して己主は年少にて娼館に入り老齢にて扶養されるだろう。

それは寅午戌支主で冬季亥月、また巳酉丑支主で春季寅月、また申子辰支主で夏季巳月、また亥卯未支主で秋季申月のタイミングなのである。

〔古詩訣〕

桃花殺と劫殺が、併相侵犯するときには、
盗賊とは見做さずとも姦通を侵犯し、
女命に忽然と在局して顕相すれば、
年少にて娼婦と為り、老齢にて窮状するのだ。——

およそ女命で合絆が過多しさらに貴人を附帯すれば官妓として上游し、さもなくば貴人に近侍し、もし生日に精気が存在せずかえって貴人が搭載して、命局に天月二徳貴人を附帯し、また日禄支かつ帰禄支のときは、己主は窮命でも貴子息を生誕し、また拝命下賜の原因とは福分が日時柱に当在する故なのである。

そこで終始ともに濁性とは、多くは咸池自敗や大耗天中や交夾刑衝や自刑散気であり、凶煞を附帯して性分と見做して淫質かつ濁界で、たとえ貴格に該当して風評を帯びても、魁罡が交夾して険狼で帰順せずまた漂質なのである。

命局が太過して生旺であれば、局中に劫殺を附帯し交夾すれば性情は苛烈と為り、六親とは不和だがかえって清澄誠実で淫性せず、動揺して凶揺を招来するのである。

もし咸池と大耗が同宮すればすなわち媚質中傷し、また天中と暴敗が相承してすなわち性情虚詐また私通して屈辱し、さらに刑衝を帯びればかならず己主は私通し官権に抵触するだろう。

日時柱が死絶符して凶煞を帯びれば、己主は窮状または街頭で自営業して俗塵の劣婦であり、礼節なく軟禁されまた天中印また墓符と大耗を合絆すれば、おおむね触媒巫術の徒輩だが、局中に建禄貴人を附帯すれば、市井ブローカーの狼藉婦なのである。

もし生日柱に大耗や咸池を附帯すれば、夫婦は背心外濫してまた官符を附帯すれば、おおむね粗暴俗人の亭主に適配されて棄逐されるか、また亭主を妨傷し一生亭主に煩悩するだろう。

生時柱に劫殺や大耗や空亡を附帯すれば、子息は寡少で濫雑して憂悩するか、または反逆児であり、そこで咸池を附帯しておおむね堕胎し、日時柱に勾煞を侵犯して絆縛の象位で、おおむね難産または間引きするだろう。

また運歳で大耗を附帯して凶意と見做し、夫君子息が不肖混濫してさらに剋伐を被身すれば、往々にして敵倒するだろう。

命局の数象とは結局は陰性の由しを凶揺と見做し、日時柱に華蓋印綬を侵犯して、己主には夫君も子息も存在せず、終局の年歳で夾尽が存在するとは、刑害や空亡や衝破や飛刃や陽刃や亡神や劫殺や破砕や大耗などの凶煞なのである。

己主が夫君子息を剋害して、さらに命局の均衡に言及すれば、一生涯子女を出産しないかまたおおむね難産するだろう。

また嫁姻しないとはたとえ児女を帯びてもおおむね和合忠孝せず、そこで空亡や元辰や咸池や華蓋や攀鞍を侵犯して、すなわち凶婦人で己主は夫君を剋伐して、子息は少数で妬疾して不益なのである。

およそ女命は命局の日時柱に羊刃を附帯して、己主は夫君や子息は存在せず、すなわち充分に好命を肯首するが、また剋相して羊刃また建禄羊刃を侵犯して、おおむね己主は産厄して月経過症の疾であり、中年以降に己主は冷症で卯酉支を重複侵犯し、堕胎流産で血疾するだろう。

命局が純陽質ならば男命を出産せず、また純陰質ならば女命を出産せず、時柱が陽干支で干頭胎元が陽質ならば男命を出産し、時柱が陰干支で干頭胎元が陰質ならば女命を出産するだろう。

ここで子卯午酉支のケースでは己主は子卯午酉支の子息を出産し、また亥寅巳申支のケースも同義で亥寅巳申支を多く附帯して、己主は双生児を出産するが、そこで亥支を併見して双生男児であり、また巳支を併見して双生女児を出産するのである。

また三年に一懐胎また二年に一懐胎また一年に一懐胎とは、みな時柱の納音五行を取用するが、そこで水質は一象でまた火質は二象でまた木質は三象でまた金質は四象でまた土質は五象で験証するのである。

すなわち日時柱の納音五行とは決定的に夫君子息の数象であり、火気の侵犯が過多すれば己主は一世代生長せずに、命局が涸燥して伏吟を同伴するタイミングとは子息に不利で、たとえ中年期に有為でも晩年期にはかならず後退するので、伏吟日に相当して己主は夫君を瑕疵して年柱が斎同して方途は免れるのを肯定し、月柱が伏吟月ならば兄弟の妻君や妹と不仲で、胎元が伏吟胎ならば六親に不利益なのであり、返吟のテーマとは同論なのである。

およそ女命では平和を領得したければ貴格局に相当して、さらに禄馬貴人を附帯して自性的に生旺し、また六合とは己主は性巧かつ賢徳で容姿端麗だが、太旺して被傷を肯首せず柔順の欠乏を畏れ、死絶符して過分を肯首せず、すなわち媚性かつ淫性なのである。

命局の平和を領得して、日時柱で福気が聚集するのを緊要としてすなわち佳運であり、そこで日支を夫星位と見做して、時柱を子息と見做すのである。

あらゆる福星を日時柱に添加すれば、夫君子息に因って貴顕するのは、女命の福分とは夫星と子息に存在し重複して貴褒称号の拝領に相当し、早期に賢夫に適配するのである。

もし日時柱ともに福分力量が緊密でなければ、すなわち常庸の命相であり、たとえば月柱や胎元に福聚すれば、ただ富貴の家門に降生し、結局はそれを夫星の福分とは見做さないのである。

およそ女命はもっとも金輿が有益で、六合かつ自旺してすなわち厚福かつ六親を利益するが、印綬禄支鬼煞を附帯するか水火既済を成象するか、金水質が相生すれば容姿美麗で自性的に自旺するだろう。

また官符を附帯して局相が順流せず情義が存在しなければ、家内潔白かつ規律厳守なので淫性を不益として、もし禄身が死絶符すればすなわち質素倹約で華美ではなく、偏官が印綬を佩印すればすなわち権能の重複に耐久し、六合が相生すればすなわち六親が繁盛して全局和好なのである。

また時柱に貴人や駅馬を附帯すれば、おおむね賢良忠孝の子息を出産し、妊娠に危険度は存在しないのであり、また日柱にこれを附帯すれば賢良かつ聡明の夫君を領得して、生涯愉快なのである。

夫君が陰事を負担し陽展すれば男命と見做し、夫命が陽事を負荷して陰執すれば女命と見做すが、ここで男命降生にはすなわち旺相が有利で衰相が不利益だが、女命降生にはすなわち衰相が有利で旺相が不利益だが、そこで男命旺相はすなわち福兆で衰相してすなわち否福であり、また女命衰相はすなわち福兆で旺相してすなわち否福なのである。

〔古歌訣〕

財星と官星と印綬の三般の星辰とは、
女命はかならず旺盛な夫君とカップルとなり、
偏官が過多せず、官殺混雑しなければ、
身強で制伏を効し、呼称できるのだ。

〔歌訣〕

女命の傷官とは福分は真実ではなく、
財星印星が存在せず窮状を慳守して、
もし局相に傷官が透出するときには、
かならず堂閣の面前でも人々に喚くだろう。

〔歌訣〕
夫星を附帯合絆し、また正規と為して、
合絆を帯びて夫星が存在せず偏頗を定見し、
官殺を重複すれば、下格局と為るので、
傷官の重複かつ合絆には言及すべきではない。

〔歌訣〕
官星が桃花煞を添加し、福寿は長久であり、
桃花煞が七殺を添加し、慶祥は些少なので、
合絆が過多し、もっとも桃花煞が不益であり、
比劫と桃花煞を併見し、とても粗野である。

〔歌訣〕
女命の傷官格局の内訳は嫌悪だが、
財星また印星を附帯し、福分の方途は堅く、
傷官が太旺すれば夫星を瑕疵し、
傷官が衝剋し、寿元の損失である。

〔歌訣〕
飛天禄馬格と井欄斜叉格局とは、
女命が附帯し、もっとも粗野であるが、
ただ偏官を好転と見做して芸妓と為り、
そこで財星の方途で栄華を享受できるのだ。

〔歌訣〕
眉墨を翠柳に描き、頬はまるで華美であり、
禄馬かつ長生で、貴気がまた驕奢して、
紫木羅陽星が子卯午酉支に臨むときには、
夫君を益し子息の蔭護で家産に際会できるだろう。
（禄馬支が長生に際会するか、また墓庫を附帯してまた貴人を一重見すれば、いわゆる長生禄馬貴人のタイミングであり、子息は貴顕し夫君は栄貎してかならず奇瑞を肯首するのだ。）

〔歌訣〕
亡神劫殺を一重複し、未支を附帯すれば、
天乙貴人が禄馬の当地に同伴するので、
過分に色香を絶し、貞潔の人物となり、
夫君は栄昌して子息が利益し熾昌するだろう。

〔歌訣〕
駅馬支が無礼刑衝を多く附帯すれば、
建禄帝旺を帯び、さらに人は憂悩し、
局中にふたたび咸池を附帯すれば、
これらの佳人を尋訪する必要はないだろう。

〔歌訣〕
亡神、劫殺、刑衝、孤辰、寡宿が隔雙するか、
そこで平頭華蓋の一相を詳究すれば、
寶物は香燻を被りて孤家相と成り、
照月の孤床を、珠簾で耐えるのである。
（亡神や劫殺や孤辰寡宿や隔角や平頭や華蓋二星や六害や三刑とは、いわゆる切に五行の神殺の重複が不益なのである。）

〔歌訣〕
羊刃、劫殺、亡神が合作動を休止すれば、
高閣が作動して、雲雨を展夢して、
そこで貴人や馬支や咸池を合絆するときは、
かならず決定的に当人を虚仮に尊重するだろう。
（たとえば庚申年己丑月丁亥日壬寅時の命局のケースである。）

〔歌訣〕
生月がどうして日干の合絆に耐久できるだろう。
さらに時柱を兼合し、凶聚は同義であり、
外見の容式は尊重しても真実ではなく、
家内をもっとも防乱し、結末は不善であろう。

（たとえば乙亥年甲申月己巳日乙亥時の命局のケースである。）
〔歌訣〕
命局が咸池を帯びて日柱星辰を洗浄し、
性巧の人物と為り、さらに多能なのであり、
男命がこれを領得して博識だが、
女命がこれを附帯し、僧衆と密通するだろう。
〔歌訣〕
日干は切に廉貞の附帯が不益であり、
己身が私通せずとも妻君はかならず淫通し、
たとえ夫婦がみな公明正大であっても、
官庁の咎事とは、妻君か女人が原因である。
（上宮とは日干の配置のことである。）
〔歌訣〕
女命の咸池を日柱に添加するときは、
聡明で義を堅守して、奸邪をせず、
かえって夫君婿君を憂悩して顛倒が多く、
賭博遊蕩して、家宅を破相するだろう。
（たとえば甲戌年乙亥月乙卯日丁亥時の命局では、丁亥納音屋上土が乙卯納音大渓水を制土して、かえって徒輩を発生し自己は淫せずとも、その夫君が遊蕩して破産するだろう。）
〔歌訣〕
咸池一神殺とは、もっとも乖逆であり、
己身の生剋ともに、みな不利益なので、
たとえ比和してもこの星宿の濁命を肯首し、
好色にて財物に貪欲で貴顕し難いのである。
（たとえば癸酉年己未月丙午日庚寅時の命局では、自星食神が色欲で妻君が淫性で、また甲戌日癸卯日では夫君は多く修学して完成せず淫性を為すであろう。）
〔歌訣〕
咸池を口述すれば、己主は淫性であり、
そこに深浅が存在すると看るべきであり、
制剋を帯び、他方途の福分と看るべきであり、
冷静底にて衆人の情誼を領得しないのだ。
〔歌訣〕
桃花殺と子卯午酉支を孛星のごとく臨むとき、
どうして駅馬とさらに同調して耐久できるか。
そこで巧言令色して衆人に和合し難く、
小奸邪智にて、心操を変節するだろう。
〔歌訣〕
亥支や子支を重複するのを肯首できず、
当人姑兄弟嫁君が和合することなく、
男性陣母君が健丈で重ねて敬拝すべきで、
妻君放免の方途で、一家は敗処なのである。
〔歌訣〕
日柱に亡神劫殺を帯び、さらに刑衝すれば、
そこで男女の逢瀬とは、凶揺の一例であり、
宝月を真規に修正することは一度ばかりではなく、
赤い糸をふたたび手繰ればかならず際会するだろう。
（たとえば甲子年丙寅月己巳日丁卯時の命局は再嫁相である。）
〔歌訣〕
羊刃や亡神や劫殺が日柱に符合するときには、
妻君を損剋疾病し、もっとも凶意と見做し、
もし進神が同じタイミングで巡り至るときには、
死別また生別すること、疾風のごときである。
〔歌訣〕
孤辰寡宿が併相して隔角を見るときには、
日時柱に附帯して六親を瑕疵し、
子息や官位を虚飾し、どうして言及に足りるのか。
すなわち男女ともに恥辱に遭って不益なのである。
（たとえば丁未年戊申月戊申日丙辰時の命局では、男命のケースでは賊者

で女命のケースは淫者なのである。）
〔歌訣〕
女命の羊刃は過多して不適宜であり、
密書を操作して造反を所懐するように、
内部に凶兆が惹起して、女装が闇流するが、
たとえば華美女人は馬嵬坡には容避し難いのである。
（たとえば丙戌干支と壬辰干支また戊午干支と壬子干支のセットでは、訴事の奔出に因り街頭に陥流し、また戊午年己卯月癸未日戊午時の命局では、羊刃の合絆を肯定するのであり、結局は凶亡するのだ。）
〔歌訣〕
羊刃一重複とは権威と見做すが、
二三重複してもっとも凶揺であり、
淫性かつ奸妬して多くは娼妓と為り、
凶揺にてすなわち非長寿なのである。
〔歌訣〕
婦命の亡神劫殺とはもっとも瑞祥を否定し、
日時柱に附帯してかならず剛性であり、
死絶符してつねに多分に己主を兼剋し、
合起また相生ともにまた窮状と為り、
兄弟嫁姑はみな寡少に聚党し、
官件が内部に生起し、醜聞が発揚するのだ。
〔歌訣〕
四柱命局が交夾して降参しても、
命宮に瑕疵がなく、風光に歓喜して、
男命は斎宰相の崔氏のように花街を尋訪し、
女命は楊貴妃氏のごとき美貌に陶酔するだろう。
（子午卯酉支全備が上文に批准するのだ。）
〔歌訣〕
女命で天乙貴人が二三重複すれば、
多くの貴人を担当し、吉兆が凶揺へと翻意し、
高階風聞のなかを活計と見做すが、
ただ死絶休囚とはまた同義ではないのだ。
〔歌訣〕
貴人一星ならば好命と見做し、
貴人二星ならば精神不安定となり、
貴人三星ならば娼婦が決定的となり、
晩年期にはまた家門を豪正と為すだろう。
（たとえば丙子年己亥月己亥日乙亥時の命局は娼婦であり、また丁酉年辛亥月己亥日乙亥時の命局はいかず後家となり、老齢でも子息は存在しないであろう。）
〔歌訣〕
色香が原因で傾国なのは明登攀だが、
自裏中で太乙星（水神）を企図して、
さらに駅馬が六合を附帯して兼備すれば、
一生涯に醜聞を帯びるのを免れないだろう。
（たとえば乙亥年甲申月己巳日乙亥時の命局では、淫質を帯びて三夫を交替し、また喪中でも結縁を犯すだろう。）
〔歌訣〕
紫木羅陽星に子卯午酉支を併相すれば、
貴人星が印星偏官を兼備して衝啓すれば、
夫君子息は栄貴して、厚徳の端緒であり、
両国府の拝命が、天上までに轟くであろう。
〔歌訣〕
禄馬と咸池とが貴人を夾合して巡れば、
紫木羅陽四正全備が、三公大臣を併兼し、
聡明性巧かつ和順の人物と為り、
風聞では、情誼才覚の人物との評価である。
〔歌訣〕
牡丹の花とは古来より花の王様の称号であり、
風流に占断して、一方途の彩艶であり、

花々は好笑に堪えて、子息を結び難く、
歳々虚心にて、時光を好迎するのである。
〔歌訣〕
貴人と禄馬とは決定的に精緻に分岐するが、
時上に精微な吉星が附帯するときには、
卓抜した明貌や英豪とは衆生とはみな異彩で、
とりわけ熟慮して、その福分は堅牢なのである。
〔歌訣〕
貴人と禄馬を生時柱に附帯するときは、
決定的に己主は多くの男性が白眉であり、
または広容で生来より人望があり、
家祖として光彩が増幅して好男児なのである。
〔歌訣〕
命相が渇望せず福星が降臨すれば、
温厚かつ恭順で、かならず至誠であり、
天使と鳥類の唱歌とは、半々には折半せず、
かえって頑強な福分を交加し、重荷は千斤なのである。
〔歌訣〕
命相に印綬が満局して、夫星を領得すれば、
運勢が夫星を指向して巡り、子息を生扶し、
夫星の造化に、劫奪が存在しなければ、
夫君子息が興旺して、両情が適宜である。
（印綬が過多すれば己主に子息は存在せず、運歳の財星官星を巡りかえって子息が多く、陰干印星が過多して言うまでもなく子息が存在せず、運歳の洩剋に巡りまた己主に子息が多くて優秀なのである。たとえば癸未年癸亥月乙酉日癸未時の命局では、運歳の南方火土地を巡るが財星食神の当地であり、そこで財星が偏印を制伏して食神が欠損せず、七人の子息が顕達して夫婦は偕老同穴して、一命局は壬午干支のタイミングで五子息を出生したが、夫君が法抵触して節度を失効したのである。）
〔歌訣〕
雑気格局で臨官を支蔵し、もっとも佳質であり、
干頭が官雑交夾しても耐久し、
運歳の財地に巡り、傷官劫財が存在しなければ、
嫁君は才官吏を領得し、多大な福分を享受するのだ。
（甲乙干主で生月丑支のケースでは、ともに夫星を支蔵して干頭の官殺混雑は不益ではなく、これが月柱への言及である。）
〔歌訣〕
壬辰日壬戌日とは夫星が搭載しており、
また庚戌日庚寅日とはまた自ら特異であり、
壬午日甲申日戊寅日とは、
婦命はこの福分を領得し、ともに偏するのだ。
（これらの数日干支は夫星が搭載しており、ただ一位相が適宜で福分と見做すのは、この当地を言及しているのだ。一命局の庚申年己丑月庚寅日庚辰時の命局とは、大富裕の命相で寿元が五十余歳なのである。）
〔歌訣〕
丙庚干と子午支のそれぞれを分推し、
また己土は卯未支に偏載して適宜であり、
さらに乙日干を巳酉丑支が堪載し、
癸水が巳午支に臨むタイミングである。
（これらの数日干支は夫星が搭載しており、支相の衝破は不適宜であり、単見してすなわち吉兆なのである。）
〔歌訣〕
偏官に一印星の格局は清相に該当し、
そこで身主は清高かつ富貴が成就して、
官星が巡って格局が混相しなければ、
重複して褒号され、恭淑を称されるだろう。
（女命では偏官佩印がもっとも吉相だが、たとえば己卯日己未日や癸丑日乙丑日や乙酉日癸未日や辛未日甲申日や庚寅日戊寅日や壬戌日壬辰日や丙寅日などは、夫星が再び重複して不適宜だが貴相と見做すのである。）
〔歌訣〕

五陰日干の女命は衰身を要し、
もし剛強を附帯すれば窮状が巡り、
運歳がふたたび身旺地を巡るときには、
草花は風雨を目前に踏砕を恨むのだ。
（五陰日干は微力が適宜であり、過強ならば窮状が発生するので、建禄や旺地に際会して局中に官殺が存在しなければ、夫君子息を瑕疵するだろう。）

〔歌訣〕
生日を孤鸞が侵犯し、もとより子息は存在せず、
官星を一見して子息を領得して奇瑞であり、
運歳の旺地を巡り妹が多数で、
怨恨して風前に臨み、投身のタイミングである。
（孤鸞日とは局中に官星を附帯して、かえって子息を領得し陰日干は、さらに好相で官殺混雑を肯首せず子息の不在を断定し、運歳の身旺地や比肩を巡って争奪し真義の孤鸞日なのである。）

〔歌訣〕
夫星が支根を領得し、子息が過多して余剰で、
妹を交夾して添加し、かえって虚性と為し、
そこで旺財すれば、さらに子息を附帯し吉兆で、
傷官を局相に帯びて、初期のテーマとなるのだ。
（婦命は夫君をもって主体と見做すが、夫星が時令を領得してかならず子息が多く、もし比肩の分奪を附帯すれば、かえって孤相で子息が存在しない故に財星の生扶が有益であり、ふたたび傷官を附帯して初期のテーマに戻るのである。）

〔歌訣〕
夫星が一位相で妹が過多し、
運歳の傷官をすなわち通過に支障し、
たとえ夫星を附帯しても瑕疵し、
閨室の孤枕をどうしてくれましょう。
（官星がただ一位相で比肩の分奪を畏れるが、いわば運歳でまた傷官を附帯してその夫星をかならず損害するのである。もし原局が傷官格局で局中に官星を帯びなければ損害はなく、運歳で官星に巡るのを畏れ「戦門讐仇」と為し、決定的に夫君を瑕疵するのである。）

〔歌訣〕
傷官格局とは、また懐疑なのであり、
命局に食神が生旺して夫星を利益し、
命局に旺財が生処して旺官を派生し、
局中に食神財星が存在せずとも印星が巡り有益である。
（傷官が時令を領得して損害はなく、ただし財星佩印して用途の破綻を畏れるのである。また食神を用途と見做すときは時令を領得しもっとも奇瑞であり、かえって印星の附帯が適宜なのである。ただし印星太過は不適宜で好適してすなわち吉相なのである。一命局の癸未年乙卯月庚子日庚辰時の命局では、傷官佩財して貴夫に嫁いで褒章されて一子息を授かるのである。）

〔歌訣〕
婦命の格局では、清相和相が要されるが、
夫君の気象が休囚して窮状が過多し、
運歳の財星官星の旺相重複に巡り、
絹錦衣を纏束して、呵呵大笑するだろう。
（たとえば辛日干で生月子酉支では、干頭に丙火を附帯して正官は作用しなくても、己主は器用貧乏でふたたび辛壬干を互見すれば、夫君を損剋するだろう。もし運歳の官殺や財星を巡るときは、木火気を生起してすなわち吉兆だが、その他はこれを参照されたし。）

〔歌訣〕
傷官とは性格重濁で権威に便乗し、
また比劫を重複して帯び疎通せず、
印綬を日支に附帯し、清々しく謹慎し、
丁壬干合を帯びて、詩書に通暁するだろう。
（これは言わば傷官の性情が知覚と乖背し、女性威丈夫なのである。）

〔歌訣〕

局相が金水質とは、秀麗の佳人であり、
比肩五行が、金水質の造化を誇負し、
丙干が壬制を帯び、容貌は珠玉のようであり、
また甲干が金制を帯び、容貌は花々のようである。
（金水質は潤秀である故に美貌が多く、もし壬干が丙干を抑剋し、また甲干が金質を附帯すれば、偏官一星で清濁を分岐して美貌で性情は静性だが、官殺混雑すれば淫質かつ器量よしではない。）
〔歌訣〕
印綬が己身を生扶し、偏官を附帯し良好であり、
傷官佩財旺すれば、高臺堂閣に鎮座し、
たとえば死絶符し、陽下に墓処を堅守し、
閨殿を独守し、子息の喪失に哭泣するのだ。
（偏官佩印や傷官佩財はみな上格局と見做し、もし財星偏官が死絶符して、陽刃比肩また傷官墓符の当地では、夫君子息を瑕疵するだろう。）
〔歌訣〕
陰陽ともに自旺して、日主は平常底であり、
健身かつ依拠なくして、未だに良好を肯首せず、
運歳の夫郷に赴き、競争が惹起して、
容姿を改装して再婚し、家宅を補佐するだろう。
〔歌訣〕
桃花煞と紅艶煞の双方が交差すれば、
頻繁に化粧台に興趣し、理髪に傾倒し、
もし官星を支蔵し、透干するときは、
かえって良家の側室に帰し、無涯の福分であろう。
（偏官二星が不吉であり、婦命はもっとも不益だが、たとえば官星を附帯してすなわち依拠と為し、かえって己主の福分なのである。）
〔歌訣〕
桃花煞と凶煞とは同作用を畏れるが、
官星が桃花煞を附帯し、かえって夫君が旺盛し、
金水質が併相すれば、美貌ではあるが、
官星貴人が存在せず、房室は過分に汚染するのだ。
（官星と桃花煞とは好人物を阻害せず、偏官と桃花煞とはすなわち娼婦と見做すが、そこで桃花殺と偏官の一セットと官殺混雑するケースとははるかに相異し、また金水傷官に官殺が存在せずこの志操は不安定なのである。）
〔歌訣〕
食神一星が旺じて、好作用を瑞祥するときに、
また金水食傷が官火を領得するならば、
受気を被り、妹を附帯し不適宜であり、
偏官一星ですなわち好作用と、見做すのである。
（食神一星が生旺するときに、金水質が火質を附帯して比肩が存在せず、偏官一星のタイミングを得て、この格象は婦命のケースはみな吉兆なのである。）
〔歌訣〕
官星が禄支を領得し、夫星の貴相を知り、
食神が禄支を領得し、すなわち子息は賢良であり、
偏官食神の「福位青龍格」と見做して、
下男を駆使して、夫権を横奪するだろう。
（たとえば己干主が甲夫星を附帯して生月寅支を領得するか、また甲干主が丙食嗣を附帯して、生月巳支を領得すれば夫君子息ともに好相なのである。もし偏官格局か食神格局で用途の建禄支を附帯して「青龍福井格」と為れば、己主は夫権を横奪して聡明に専横するだろう。）
〔歌訣〕
食神が夫星を暗合絆して巡るときには、
食神が旺じて、夾雑なく富貴を懐胎し、
また財星が透出し、均衡するときには、
偏印偏官が際会し、懐疑が惹起するのである。
（食神には財星の軽微が不適宜だが、また太過して不適宜だが、好作用が第一で官星附帯がその次格だが、偏印偏官の併見は不吉なのである。）
〔歌訣〕

乙庚干が生月夏季で正規の金属疲労であり、
運歳の西方位へ赴き、庚夫星は時令を領得し、
丙子日主に、金水質の好相が巡らなければ、
運歳の東方位へ赴き、乙貴星が庚夫を分奪するのである。
（乙干主は庚干をもって夫星と見做し、金質は生月夏季で失令するが、行運の西方位で扶起し吉兆と見做し、また丙干が庚干を附帯して瑕疵とは、乙木を併見して争合する故にみな不益なのである。）

〔歌訣〕
辛干の官星が生月秋冬季で、夫星は軽微であり、
ふたたび辛壬干のタイミングで分度するときに、
運歳の木火質に巡り、福分勝果は難儀であり、
自己は瑕疵せずに、他者も損傷しないだろう。
（辛干は丙干を官星と見做し、辛干が生月秋冬季で丙干を附帯して、すなわち軽微だがタイミングとして、辛壬干が分剋してすなわち丙干はますます軽微で、運歳の木火質に巡り夫星が時令を領得するが、その福分の勝果せずを畏れて自己も他人も損害を免れないだろう。）

〔歌訣〕
己干主が生月秋季で、甲夫星を暗に瑕疵すれば、
干頭に乙木を附帯して、分度するタイミングでは、
東方地で旺木を附帯するケースを除外して、
傷官金質が木質を、剋撃また交夾するのだ。
（己干が生月秋季で甲夫を附帯すれば、傷官を支蔵して有害と見做し、ふたたび乙未干支を重見して彼星を控除して此星に従順し、すなわち甲己干合して乙干の剋撃を被り、官星のポイントが不能で偏官に従相するのだ。己主の両度成婚とは東方位の旺木の当地に赴き、火質が金質を駆追して好相だが、また夫星の損傷と再嫁は免れずおおむね寡婦なのである。命局の辛未年甲午月己未日甲子時の命局は、子息は進士合格者で女命は王妃で、また丙午年辛丑月己未日の命局は王妃なのである。）

〔歌訣〕
庚干が生月秋冬季で、丁官を附帯するときは、
干頭で壬丙干を併見して交夾すれば、
富貴が春風すれども閨枕は冷床して、
支蔵の傷官は、干頭の分情を畏れるのである。
（庚干主は丁干をもって官星と見做して、秋冬季に壬干を搭載し金水質が時令を得れば、前夫君が剋害を被りまた丙火に従相して、もし丙戌干支のタイミングでその夫君が永眠し、子息のタイミングでその夫君が瑕疵するので、富貴に該当しても結局は寡婦で子息もまた少数なのである。）

〔歌訣〕
甲干が生月春夏季で、辛官を附帯するときは、
丙辛干合を附帯して熔火を被るので、
身旺で食神が旺じて富家が充足し、
閨室の独床で、春風にて怨恨するだろう。
（甲日干は辛干を夫星と見做し、また辛日干が生月春夏季で時令を失効して、また丙火を附帯すれば吉兆のテーマは難義なのである。そこで婦命は夫君をもって身主と見做すので、官星はすでに損害し財星食神が太過しても夫君の損傷が免れず、もし命局に辛干が存在せず丙丁干を附帯して運歳で辛干に巡ってまた吉兆なのである。）

〔歌訣〕
丙干が生月夏季で、支蔵傷官が癸官を剋傷すれば、
もし庚辛干西方地に巡り瑞祥するが、
木火質が透干して、能く水質を泄気して、
夫君財官星が発旺するが、伸長は難儀なのである。
（丙干は癸干を夫星と見做し、癸水は生月夏季には休囚するので支蔵土を傷官と見做し、たとえば戊己干が透出せず辛金の輔佐を領得して、西方地を巡って吉兆なのである。命局に木火質を附帯して癸気に漏泄すれば結局は恒久ではなく、癸干を附帯せず食神が作用してさらに吉兆で、傷官の附帯はすなわち不吉なのである。）

〔歌訣〕
癸水が生月寅卯支のケースでは、
戊干が遁巡して、南地での合絆が適宜であり、

ただ局中に甲干を、明見するのを畏れるが、
自ら閨床を憐れみ、誰を依附するだろうか。
（癸日干が生月春季では戊干を附帯して夫君と見做し、南方地また金印地を巡っても利害とは見做さないのである。もし甲傷が透干するか癸干を分奪して、すなわち夫星を剋傷して戊干を附帯せず、ただし甲傷を帯びて運歳の戊干を巡り同じケースで、もし原局に戊干が存在せず食神傷官が作用するときには、火財地を巡ってみな吉兆なのである。）
〔歌訣〕
壬癸干が、生月四季土旺に該当するときには、
夏季のスパンは、また土旺と同じテーマであり、
そこで寅支甲干を重複して不適宜であり、
瑕疵を重犯して、かえって功は存在しないのだ。
（壬癸干が生月辰戌丑未支また夏季のスパンでは、夫星がタイミングを領得してもっとも吉兆だが、ただし太過は不適宜なのである。もし寅支甲干を併見して食神が重複すれば傷官のテーマを造作し、そこで甲干が寅支の単見がすなわち吉兆なのである。一命局の庚辰年癸未月癸酉日戊午時の命局では、婦君富貴かつ夫君俊雅で四子息を産み、褒授されたのである。）
〔歌訣〕
甲乙干が生月秋季とは夫星の正規のタイミングであり、
もし官殺が混相するときは、これを詳解すればよく、
控除か留位を、適配して吉成格局となり、
そこで丙丁干を付会し、困相かつ乖離するのである。
（甲乙干は用途の金質を夫星と見做し、また庚辛干が生月秋季で時令を領得するので、もし官殺混雑して控除と留位を適配し混雑しなければ聡明かつ富貴で、丙丁干を重複して時柱に引きすなわち傷官であれば有害なのである。）
〔歌訣〕
戊己干が生月春季とは、正青の木質であり、
官殺が堆重して、すなわち情義と見做し、
命局が合絆を帯び、吉成の方途であり、
そこで金水質に重会し、また一試論されたし。
（戊己干が生月春季で二テーマが存在し、己日干は官殺混雑しても甲合絆を貴相と見做し、戊日干は清貴の官星が適宜でありすべて有効な偏官を用途と見做し、みな金水質の過多を畏れ堆土が浸水しまた埋金が損木するので、ただ運歳の南地を巡るのが有益なのである。）
〔歌訣〕
庚辛干が生月夏季では、丙丁干を支蔵するので、
干頭に透干せず、すなわち良好を肯首し、
ただ官殺が交夾するのを畏れるが、
不吉でないケースとは自強した混相である。
（庚辛干が生月巳支未支または生月寅卯戌支では、ともに財星官星を帯び丙丁干が多く透出して不適宜で、官殺混雑すれば瑕疵するのである。二丙干一辛干合では争合で不吉と見做すが、そこで庚辛干が生月春夏季ではすでに柔性を失効し、ふたたび透出するのはすなわち太過する故なのである。）
〔歌訣〕
丙丁干で、生月冬季は秋季と同義であり、
官星を単見して奇瑞と見做し、夾雑して空疎で、
正官と偏官とが、折り目正しく富貴に相当し、
官殺混雑には耐久できず、日柱に臨めば凶揺である。
（水質は秋冬季に旺相するが丙丁干が生月秋冬季では、夫星が時令するので官殺がみな好作用するが、そこで官星を附帯してただ官星がテーマで、また偏官を附帯してただ偏官がテーマで官殺混雑が不適宜であり、清相すれば富貴でまた乱相すれば淫質なのである。）
〔歌訣〕
旺財が官星を生扶する格局とはもっとも稀少であり、
財星を官星を併擁して、充分に奇瑞なので、
夫君子息の栄貴とは、旺財が原因であり、
貞潔かつ賢良の適切とは、五行の福分なのである。

（さて丁丑年癸丑月己未日甲子時の命局では、嫁の夫君が貴人で三子息が褒授したが非長寿である。また丁酉年癸丑月己巳日甲子時の命局は、子息が褒授された同じケースなのである。）

〔總歌訣〕

月令正気の官星は筆頭格局であり、
財星と官星が両旺し、また同じテーマであり、
官星が合絆を帯びて、禄支が搭載すれば、
女命は真実の福分を附帯するだろう。

〔歌訣〕

官星が桃花を附帯し、良好を肯首し、
合絆と七殺とはすなわち同義ではなく、
印綬と天徳貴人の併見はもっとも好作用であり、
日貴と財官星とは、また象相である。

〔歌訣〕

偏官一星を羊刃が制して同義であり、
傷官佩財は、また凶意ではなく、
帰禄して財星を附帯し、この占断であり、
食神が生旺作用し、もっとも渇望に堪えるのだ。

〔歌訣〕

偏官佩印（綬）し、格局は純相であり、
天月二徳が扶身し、比類なく貴相であり、
三奇かつ合局し、造化は真実であり、
拱禄や拱貴は、畏れるべきではない。

〔歌訣〕

官雑混雑して、制伏が発効しなければ、
これらの女人は妻帯には堪えられず、
傷官が重複して、正官を附帯すれば、
財官印星の破貪に、ともに耐久しないだろう。

〔歌訣〕

比肩を重複侵犯して妬争が多く、
財星官星が劫財を附帯し決定して窮状し、
多財身弱も、また同じケースであり、
羊刃が刑衝すれば、不完全の屍である。

〔歌訣〕

金神が羊刃を帯び、凶揺を断定し、
桃花殺が合絆を帯び、淫性と看て、
官星が存在せず合絆が多く、また官星を合絆すれば、
倒挿桃花して、閨閣は散乱するだろう。

〔歌訣〕

身旺無頼して夫君子息の瑕疵であり、
これらの女命はとても不肖であり、
偏印を重複侵犯し、福分が逓減し、
さらに寡宿を侵犯し、命局が濁相するのだ。

〔歌訣〕

孤鸞や紅艶や陰陽差とは、
これらの神殺はともに佳質ではなく、
もし貴命で、官星印星が適配ならば、
いささかの神煞など疾とは見做さないのだ。―

婦命の解釈は冷静にすべきで説の詳細を拝聴すれば、まず夫星が健強である必要があり、また日主が柔順に相当して、天月二徳貴人を正財が搭載すれば富貴が自然に巡るだろう。

また命局が休囚を附帯して名声寿元が増長して、貴人が一位相で正効すれば、二三説の婚姻を請されるであろう。

そこで金水質が巡相してかならず容姿美麗を招来し、四貴相偏官一星で富貴の権家がテーマであり、もし財星や官星を庫地に支蔵して、衝啓すれば富裕なのである。

また寅申巳亥支が全備して孤相的かつ如才なく、また子午支と卯酉支を並見して決定的に奔馳に順じ、また辰戌支が丑未支を兼備して婦道はかならず不益であり、そこで辰支を帯びて戌支を帯びるのを畏れ、また戌支を帯びて辰支を帯びるのを畏れ、そこで辰戌支を併相しておおむね淫質者なの

である。

また偏官を帯びて合絆を畏れず、偏官が存在せずかえって合絆を畏れるが、もし合絆が過多すれば妓娼ではなく向陽に謳歌するだろう。

また羊刃が傷官を附帯して駁雑多端の事象で、かえって印星が満盤してかならず子息を損失するだろう。

天干一字連すれば孤相にて連綿たる窮状で、また地支一字連ならば重婚相で、これらの婦命訣とは価千金で軽視はできないのである。

論小兒

さて小児の命相を観るのは草花木種の法則のようで、培養を善処すればすなわち苗根が盛茂して果花が興昌するが、培養が不善処ならばこれに乖背するのである。

これに言及するならばおよそ人間の花木種には、かならず土質でその根子を栽培するが、根子が質実ならばすなわち盛苗して、かならずその体質が水潤し、体質が壮旺ならばすなわち花々が繁茂し、その花果は陽火質の照温に依拠するとき、花果はすなわち成実するのである。

かりに金斧でその枝葉を修伐するとき、枝葉が清観ならばすなわちもとより堅固で、たとえば虚土浅根かつ少水枯苗で陽射して、花々は焦げて風雨で果実が折落するのは、これはみな中和かつ培養の気の失効であり、その草木果実が安泰ならば枯朽しない道理なのである。

人命の命局では年柱を根と為し、また月柱を苗と為し、また日柱を花と為し、また時柱を果と為してその作用はみな自然である故に、小児の命運を推究するのである。

また日干が清気を帯びて月令が生扶すれば、年上を栽培する必要があり、印綬が損傷せず財星官星を制伏して偏官を化殺して、傷官を合絆して中和の気を稟得して刑衝破害に相当しなければ、すなわち容易に長寿を扶養する命相なのである。

たとえば偏官が重度で己身が軽微、また財星が重複して己身が微力か、傷官や食神が重複するか、また日干が甚旺で依拠が存在せず柔質で、印星が些少で中和の気を失効して、命局が刑衝破害を帯びればすなわち扶養し難く、寿元を催促する命相でこの二ケースとは、草花の栽培の法則のケースのようであるだけだ。

いわば小児の命局は時柱星辰のテーマとは、まず七殺偏官の有無を看てついで格局を看て、日主が強度で財星官星が旺盛で、七殺偏官に相関せずに正規と見做すのである。

また日主が微力で財星官星が些少であればつねに病身で扶養し易く、日干が微力で財星官星が過多して七殺偏官に相関して扶養し難いのである。

さて「関」とは何かとは、すなわち偏官を「関」と見做すとき偏財を「殺」と見做すが、もっぱら日干を主体と見做して生成の断象を取用するので、そこで「関」とはたとえば現今の陥没地すなわち険阻の地形で、人命が「関」に至って明顕でなく敢えて私事しないが、これに乖背してかならず凶揺を招来するのである。

そこで小児の命局がこの「関」を侵犯すればすなわち不利益と見做すが、局中で日干が健旺で制伏が好作用で印綬が損傷しなければ、明顕のケースで順調に遂行通達して長寿を扶養し易いが、これに乖背してすなわち否定するのだ。

いわば古今往来でただ命局に「関」を附帯してもっとも緊密だが、適応しないケースが多いのは、星術家は「関殺」のケースを帯びてなお「三命関之説」とするが、ここで子平術の「関」とはただ偏官七殺をテーマとするからなのである。

たとえば初降生の小児では、甲日主では庚殺を「関」と見做し、局中に戊土が堆党してこれは「関」が重度で財星が存在しないと見做し、日主が健旺で印星の生扶を領得して、印化すれば「関」が軽度で無害なのである。

そこで甲日干は庚干を「九歳関」と見做し、また丁日干は癸干を「六歳関」と見做し、また戊日干は甲干を「三歳関」と見做し、また丙日干は壬干を「一歳関」と見做し、また壬日干は戊干を「五歳関」と見做し、また癸日干は己干を「半歳関」と見做すのである。

これを原局に附帯して肯首し、運歳で巡るのをすなわち否定するが、陽干が偏官を附帯してまた陰干が偏官を附帯するとき、陽干は単一の年数が不益で陰干が複双の年数が不益なのである。

たとえば一六数が水質に所属するとき、壬干を陽性の一数と見做し、そこで丙干主がこれを附帯して「一週半関」と見做し、また癸干を陰性の六数と見做し、そこで丁干主がこれを附帯して「六歳関」と見做すが、とくに干頭偏官七殺を「関」と見做すのではなく局相に隠伏して緊密として、その他はこれに例推されたたし。

さて小児の関の侵犯とは『河図洛書』生成の数象で占断するが、そこで「百日関」「鉄蛇関」「雞飛関」「閻王関」「深水関」「鬼門関」「四季関」「四柱関」「将軍箭」などの諸説は百経典を参照して考察すべきだが、そこでおおむね験証できない故に集録はしないのである。

いわば小児の「関」の侵犯とは、たとえば甲子干支壬子干支戊子干支の三旬主人は、ともに申支を起点に数起し、また庚子干支丙子干支の二旬主人は、ともに寅支を起点に数起し、たとえば辛未命主とは甲子旬中に当生するので、甲子旬の申支から数起して順行し用途とするが、一位星辰とは卯支に巡って辛未年主の「関」を肯定し、かえって命宮が何星かを看てもし兄弟や奴僕や遷移や相貌の四宮位を「犯関」と見做すが、その他の宮位は否定するのである。

そこで三宮位に相当して三歳を経過せず、また六十二宮とはつぎに言及するが、ただ第九宮とは三十歳卒亡を免れず、もし行年や年歳や大小運歳が併衝すれば、決して免れず「大関」と称するのである。

たとえば辰戌年主の「関」は辰子支に相当し、また亥酉年主の「関」は亥午支に相当し、また丑未年主の「関」は卯支に相当し、また寅巳年主の「関」は未支に相当し、また卯年主の「関」は子支に相当するのである。

また命宮の何星かを看て、もし「殺」が三宮六宮九宮十二宮であれば「死関」を肯定し、また六宮九宮は三百日を経過せず、また三宮五宮は同週で、また十二宮にさらに悪煞が臨めば決定的に凶揺で「小関」と称するのである。

また一例では子卯支、丑未支、寅巳支、卯子支、辰辰支、巳申支、午午支、未丑支、申寅支、酉酉支、戌未支、亥亥支とはすなわち三刑であり、たとえば子支主人とは卯支に「殺」が上起して、三宮六宮九宮十二宮に所在して己主は非長寿なのである。

また春季の丑巳支や、夏至の辰申支や、秋季の未亥支や、冬季の戌寅支はすなわち孤辰寡宿であり、また申月の巳亥支や、卯酉月の辰戌支や、辰戌月の卯酉支や、巳亥月の寅申支や、午子月の丑未支や、未丑月の子午支や、寅月の巳支や、申月の亥支はすなわち六衝で、このタイミングを侵犯すれば己主を扶養し難いのである。

また生時柱の納音五行が年柱を剋伐してはならず、たとえば生年が納音金質では時柱午支が不益で、火質に所属して「鬼関」と称して侵犯すれば、おおむね三十歳を経過しない非長寿なのである。

また納音金木質は時柱巳酉支を侵犯してはならず、また納音火質は時柱辰申支を侵犯してはならず、また納音水土質は時柱午戌支を侵犯してはならず、「三関殺」と称して己主は非長寿なのである。

もし生月に旺気が添乗し、また鬼殺が絶符して損傷なく元気であれば、また己主の寿元に相当し、もし命局に父母を附帯して一二位相すれば「犯関」だが死亡せず、また戌支から寅月を上起して逆行して生月位に巡れば、かえって子支から上起して向日し、また順行して生時位に巡れば、辰戌丑未支に巡って「関殺」を肯首するのである。

また生月寅申巳亥支が生時子午卯酉支を附帯し、また生月子午卯酉支が生時辰戌丑未支を附帯し、また辰戌丑未支が生時寅申巳亥支の附帯を侵犯して、かならず応験との諸説とはまた悉く験証できないのである。

また運歳の小児の陽男陰女では、寅支から卯支に巡り寅支が一歳ならば、卯支が二歳で辰支が三歳なのである。

また陰男陽女では、申寅支から未支に巡り申支が一歳ならば、未支が二歳で午支が三歳であり一年を一位相が巡り、およそ辰巳戌亥年に接続しかならず窮状があるので、運歳の孩児と称するのである。

また一法則では第一に命で、第二に財で、第三に疾厄で、第四に妻で、第五に福で、順行の流儀で数象が当年十五歳に至り、もし凶煞に巡って決定して憂悩し、この星盤が小児看法に相当するのである。

古来より男女の生日刻を占相するのに陰晴貴賎法があり――

まず命主が辛干主では己主の官級は貴相だが、そこで傾陰すれば窮状で風向の大小を問わず非長寿なのであり、そこで冷水質を帯び己主は孝心順善なのである。

また命主が乙干主では大富裕で、陽丙であれば官級恒久で、そこで傾陰すれば衣食微細で非長寿なのであり、また冷水質を帯びて己身は高貴孝順なのである。

また命主が癸干主では野卑だが、衣食大容で大貴明顕だが、そこで傾陰すれば非長寿かつ窮状なのだが、風向を帯びてのちに久しく貴人と提携するのである。

また命主が丁干主では大富裕で、陽丙であれば富裕だが非長寿であり、そこで傾陰であれば官級を分担し、風向の大小を問わず衣食を領得し、そこで凍水質ならば非長寿で、また冷水質ならば五十歳前後で疾性するだろう。

また命主が己干主では十五歳を経過せず卒亡し、また水潤質では三十歳を経過せずに大富裕となり、傾陰すれば富貴で官級分担して非長寿なのであり、大風揺して人道に悖り非長寿で、冷水質ならば身外の財物を領得し、陽丙ならば長遠に富貴なのである。

およそ小児で日時柱に甲乙干を附帯すれば、己主は眉間が寛広かつ目蔵神かつ人中が長く秀麗眉であり、丙丁干を附帯すれば、己主は巨眼で長髭で狭額で、少年期に多く疾するのである。

戊己干を附帯すれば、己主の頭額は広大であり、また庚干を附帯して己主は面相方正で額が広く、辛干を附帯して己主は眼目秀麗で耳が口元まで長く、耳朶垂珠するのである。

壬癸干を附帯すれば、己主は眼が巨きく酒食を好み大胆だが、辰巳支や申酉支が重複して眼耳口元が左右碍で、また寅丑支や戌亥支が重複して己主は両脚が不整合で、卯辰支が三四支侵犯して己主は左利きなのである。

『沈芝源髄歌』にいう――

小児が丙丁干を重複して侵犯し、干頭併透してさらに衝破や損剋を添加すれば、己主は大頭小躯で非長寿であり、時柱が卯酉支に該当すれば、月日柱を門戸と為して己主は巨眼相また斜視と為してまた恒常的に徒党を組みまた親道から離路し、また偏官を附帯して刑衝すれば視覚碍なのである。

原局の時柱が辰戌丑未支また局中に墓符が重複すれば、己主は養子相なのである。

命局に午未支が併相すれば「執拗殺」と称し、己主の性分は執拗と為るのは、戌支が重複してまた同然なのである。

命局に子亥支が重複すれば、己主は腸下垂疾で時柱子支ならば符相し、そこで壬子干支丙子干支ならばもっとも窮状であり、時柱胎元が同星辰でもまた同然なのである。

原局に火質を重複して附帯すれば、己主は少年期に血疾の炎症で、また丁干午支を重複して未支を附帯すれば、己主は頭部皮疾なのである。

大人の脳内腫とは生月寅巳申亥支で、火金質を附帯して交夾すれば、おおむね腫瘍神経疾なのである。

また金水火質が交夾して己主は皮疾で、そこで金水質が過多すれば、己主は拙弁でまた木質を附帯して己主は早口なのである。

原局の一星辰が三四星を生扶して幼少期に乏乳し、日時柱の戊寅干支戊申干支癸巳干支を侵犯して己主と両親は紐帯せず、命局に寅巳申亥支また辰戌丑未支が重複して、おおむね父君に乖背して陥剋を廻避し、そこで寅巳申亥支ならば母君を先に喪失し、辰戌丑未支ならば両親を瑕疵するだろう。

『寸珠尺璧』にいう―

命局の辰戌支は父君を傷剋し、また丑未支は母君を傷剋し、巳午支を重複して侵犯すれば十中八九両親を剋傷するのは、時柱巳午支はもっとも緊密なのである。

また胎元と年柱が同位相また胎元と元局が同位相ならば、己主はまず母君を剋傷するが、そこで五行が全備すれば己主はいささか怜悧俊清なのは、とても霊験があるのである。

命相が生月から生時上に順生して至るケースでは、生旺して刑衝が些少であれば吉兆で、己主は長寿者で人物として成器するが、これに反すればすなわち非長寿なのである。

たとえ福相星辰が重複して応救しても少年期に十中九死し、また成人に至っても上格の寿元ではないのである。

そこで命局の生旺を稟得して、質実の気象ですなわち長寿だが、命局が死絶符すればすなわち薄質の気象でまた非長寿なのである。

およそ命局の月日時支干が交夾して、年歳を重複すれば元星の重複と称し、己主は養子相で寄生するか、また養子相の子息なのである。

原局で食神重複または偏印太過すればみな己主は授乳が欠乏し、命局に財星が過多して己主は庶家の偏生者、また養子相また両親を障害するのである。

もし幼少期に運歳の旺財の当地を巡るのはこのケースであり、そこで生旺の気を附帯すれば庶家出身で義母から扶養され、胎元や元命に精気を帯び、さらに年時支が胎元を刑衝破剋すれば母君は不正規なのである。

局相に四水支干を帯びて、運程に三金支干が生扶して逆に行程と為し、また従革的威声を聞き声哭を挙し、また孝行子息として白衣煞を附帯して婦命を観相すれば、三木支干を帯びて喧噪に風驚してまた正規堂閣に所在せず、山林付近の村荘の舎屋に所在するのである。

また三土支干を帯びて時柱は、堆塚に近付して土堤堆丘の位処また土工作業の事象で、また三火支干を帯びて近所に弔喪の凶事が存在し、また家内に別件で恐怖する憂悩が存在するのである。

もし胎元を生年や駅馬が搭載すれば、己主は胎動頻躍して生刻のタイミングで知的碍して時柱に劫殺を附帯すれば、己主は項有雙旋また頂旋して亡神を附帯すれば、己主の母君は風驚してまた家内に訟事がありまた難産なのである。

また月煞を附帯し己主は父君に背理して生活し、および偏頂して印綬を附帯すれば、些少に哭驚して自らの小児は風驚せず扶養し易いのである。

命局に羊刃を併重して満盤刃と称し多くは扶養して成長せず、さらに時柱に刑害を附帯すれば決定的に卒するのである。

また女児が差慢すれば結局は産厄を免れずに、生時柱に官符を附帯すれば父君は公の場で訟事があり母君は風驚し、そこで咸池を重複合絆すれば両親の養育を領得せず、また庶家出身で義母に扶養され、重複して空亡を附帯すれば、己主は顛倒失墜して両親を瑕疵し、生時柱に空亡を侵犯して命相が死絶符すれば、七歳以前に衰疾して七歳以降に急速肥満するだろう。

また胎元を空亡が侵犯すれば己主は眼元が左右碍で、弔喪が前後するので喪弔直帳と称し、多くは熱災を被るので、喪門弔客を附帯すれば白懵尿草の性分であり、また生時柱に喪門を附帯すれば、母君は難産かつ生存しても疾症が多いのである。

およそ一般に小児運の正否を推究するには、命局に孤辰寡宿を附帯しておおむね家房を隔移して威勢が巡らず気質が転枢せずに、幼少期に両親と別離するのである。

たとえば戊辰大林木が庚辰白鑞金を領得して、木質が金剋を被るのでその威勢は巡らず、またたとえば庚辰白鑞金は己巳火性土質を附帯して、金気が十二支のタイミングで轉枢するが、すなわち火質が截断する故に気質が轉枢しないが、その他はこれに例推されたし。

また胎元が廉貞を附帯するとき、両位相が一位相を衝剋するので、陰陽が不整合で養子相と見做し、また六害刑衝が凶煞を帯び己主は養子相なのである。

また胎月や生時柱に、それぞれ墓絶符空亡刑衝が同位相で生母を双異せず、かならず姪児に帰寄して抱擁するのである。

命局の日時柱に勾絞を侵犯して、己身を損剋すればおおむね己主は敬遠し、もし生時柱に禄支を附帯して年少にて粗乳かつ口舌張角するが、年少期に飲酒に興ずるだろう。

〔古詩訣〕

時柱を年柱が害圧し、華蓋が臨むときに、
辰戌丑未支胎元が空亡で六害を添加すれば、
もし他家に寄養するのでなければ、
庶家出身とし親に倚拠するケースが多いだろう。—

たとえば戊寅干主と戊午干主が時柱戊戌干支を領得すれば、生時柱と年干支に華蓋が同宮するケースなのである。

〔詩訣〕

時柱が空亡に該当し、子息は拗性であり、
干頭が受剋して、おおむね剛勁であるが、
また辰戌支などを、局中に添加すれば、
庶家出身とし、身上が不自然で両姓と為るのだ。—

たとえば辰戌丑未支の四季月が空亡に相当し、おおむね庶家出身で執拗の性分で、定刻毎に生殖するだろう。

〔歌訣〕

子卯午酉支が、天干へ透出して搭載し、
寅申巳亥支を全備し、己身は安閑で、
辰戌丑未支が固定全備して翻意を肯定し、
これは決定的に人間の、仙域のタイミングである。—

また問うならば双生児は、同じタイミングで一母胎の所生だが、何故に貴賎や栄枯が別岐するのだろうか。

答えるならば、一箇のタイミングで八刻十二分を帯びる故に、深浅や前後があるので吉凶は同一ではなく、そこで一母胎で同刻出胎して深浅や日時柱の陰陽質に分岐すべきなのである。

たとえば陽干支日時柱では兄貴が優れるが、陰干支日時柱では弟分が優れるが、また浅度とはすなわち占筮以前の精気で、また深度とはすなわち占筮以降の精気を示唆する為である。

〔古歌訣〕

双生児の法則とは、奇瑞の門処であり、
その栄枯を験証したければ日柱星辰を看るが、
陰性日主では弟分が優れ、兄貴はかならず微勢で、
陽性日主では兄貴が貴顕し、弟分が窮状するだろう。

李九萬氏がいう—

およそ小児が子卯午酉支を附帯すれば、おおむね己主は双生児であろう。

『神白経』にいう—

陽干支命主で後続して出胎すれば卒し、また陰干支命主で先行して出胎すれば卒するのは、男性女性の別なく一テーマである。

また一テーマに運歳の方途の分岐があり、たとえば甲乙干命主が運歳の東方地に赴けば、生気を稟得するが、逆に西方地に赴けば剋気を被り、貴賎や寿元が話は別なのである。

余（万氏）が三河王氏から伝聞したところ—

兄弟の双生児では先に出胎して弟分で、後続して出胎して兄貴であり、功名や寿元はおおむね相似するが、結局は兄貴とは弟分とは似て非なるものである。

穎州（阜陽市）の李氏兄弟は双生児だが、一時的な時間差の故に弟分は科挙進士合格者だが、兄貴は秀才に止まり、その命局の日時柱を考証すれば、果たして以上の説のようであったのである。

論六親

問うならば、陰陽の配合の夫婦や六親とは、何の当所であろうか。

答えるならば、たとえば甲干は乙干を妹星と見做して庚金の配当を妻星と見做し、また丙干は丁干を妹星と見做して壬水の配当を妻星と見做し、また戊干は己干を妹星と見做して甲木の配当を妻星と見做し、また庚干は辛干を妹星と見做して丙火の配当を妻星と見做し、また壬干は癸干を妹星と見做して戊土の配当を妻星と見做すのである。

そこで一陰干一陽干を配成で夫婦と見做し、そののち父子と見做し、そののち兄弟と見做しているのである。

そこで六親とは父母や兄弟や妻子であるが、六甲干は己干を擁して妻君と見做すが、甲己干合して庚辛干を生扶して子息と見做すが、男命は剋伐を被る干星を嗣子に取用し、また女命は派生する干星を子息と見做すのである。

すなわち己干とは庚辛干の母星で、また庚辛干とは己干の子星であり、また庚干は乙干を妻星と見做して取用し、そこで乙庚干合して丙丁干を生扶するので、すなわち乙庚干とは丙丁干の両親と見做すのである。

そこで庚干を父星と見做して乙干を母星と見做す故に、己身を生扶する陰干を母星と見做し、己身が剋伐する陽干を父星と見做し、また己身自身を剋伐する官星を子星と見做し、己身が剋伐する財星を妻星と見做し、比和する干星を兄弟妹星と見做し、己身自身を生扶する干星を妻星かつ陰干ならば健母と見做し、また妻星が剋伐する陽干を男星と見做し、己身を剋伐する女星とは女婿と見做し、食神を子孫と見做すのである。

その他の六親とはともに十干の変化を取用するが——

たとえば六甲主人は癸干を母星と見做し、そこで癸干は印綬なのでたとえば己土正財に巡り、戊土を父星と見做して戊癸干合するので、戊干が偏財で比肩劫財を附帯してすなわち父君の瑕疵なのである。

また六乙主人は癸干を母星と見做しそこで癸干は偏印なので、そこで戊干を父星と見做し戊干とは正財なので、甲乙干はともに庚辛干を子星と見做すが庚金を男星と見做し、そこで甲干はすなわち偏官七殺であり、また乙干とはすなわち正官と見做すのである。

そこで辛金を女星と見做し、これを乙干主がすなわち偏官七殺と見做すが、そこで甲干はすなわち正官と見做すのである。

また己土を妻星と見做し、また戊土を妾星と見做すのは、乙木が己土を剋伐すると称するが、陰干は陰干を附帯して配合が成立せず、そこで乙干では戊土を剋伐できず、そこで婦女とは陰干をもって正規と見做すのである。

その故に甲乙干はともに己土を妻星と見做し、そこで戊土を妾星と見做すのだが、また女命ではすなわち甲干が庚干偏官七殺を附帯し、また乙干が庚干正官を附帯してみな夫星なのである。

いわば庚金とは陽男で正夫と見做し、陽性に所属して陰辛を夫星と見做すことはできないが、ただし陽干が陽干を附帯して情義なく、陰干が陰干を附帯してすなわち囀り合うだろう。

いわば正財を妻星と見做して、偏財を妾星と見做して取用するが、女命甲干はすなわち辛干を正夫星と見做し、陰陽の正合として取用するのである。

また甲乙干主はともに甲干を兄弟と見做し、また乙干を弟妹と見做し、丁干を公婆と見做し、己身父君を生扶するものを祖母と見做し、そこで丁干は戊干を生扶するが、壬水を長老星と見做すのは壬丁干合するからなのである。

また丁火を母星と見做すのは、己身妻星を生扶するのは己身の母星と見做し、そこで丁干が己干を生扶するとき甲干の配合を正妻星と見做すが、壬干を男星と見做し壬丁干合するのである。

妻星の兄弟星を妻舅と見做して己土を妻星と見做すが、そこで戊土はすなわち妻兄星かつ妻舅と見做し、そこで癸水はすなわち舅の妻星と見做すのである。

その他の八干星をともに類推して、女人に取用して男命は同義ではなく、己身が生扶するのを子息星と見做し、また己身を剋伐するのを夫星と見做し、また己身夫星を生扶するものを姑と見做し、己身姑を剋伐するものは長老と見做すが、その他の父母兄弟星とはみな男命と同義に判断するが、ただしこの陰陽を弁別すべきなだけである。

たとえば甲乙干ではすなわち丙干を男星と見做し、また丁干を女星と見做し、また庚干を夫星と見做し、また辛干を夫の兄弟星と見做し、そこで己干を姑星と見做し、また甲干を長老と見做すのである。

いわば食神を子星と見做すとき傷官を子女星と見做し、陰陽それぞれの当生に取用するのである。

「経典」にいう――

年柱を祖業と見做し、月柱を父母兄弟門戸と見做し、日柱を妻妾己身と見做し、時柱を子息星と見做すのである。

四柱命局の局相とは、ポイントは父母兄弟妻子の配星の居地が何かを看て、その旺相休囚からその吉凶に論及するのである。

たとえば父母星を長生旺庫が搭載して禄馬貴人の当地であれば、すなわち父母の富貴や福寿栄耀を主事するのである。

たとえば空亡刑衝凶煞が搭載して、死亡衰敗交併の当地であれば、すなわち父母の窮状や刑衝破夭を主事して、他のケースでは卒して不善の結末なのである。

もし刑衝破害を附帯すれば生旺庫地が搭載しても、父母の寿元や窮状を主事し、そこで兄弟星が時令を領得して長生旺庫が搭載して禄馬貴人の当地であれば、兄弟星の富貴や栄華群成を主事するのである。

たとえば刑衝偏官羊刃が搭載して、死絶衰敗符の当地ならば兄弟星は力を得られず、たとえば長生旺庫が搭載し刑衝破害を附帯し兄弟星を擁しても、仇敵で力を得られないだろう。

たとえば妻妾星を生旺庫地が搭載して禄馬貴人の当地で、またこれを生扶する星辰が存在すれば、妻妾星の富貴栄華や美貌多才を主事するのである。

たとえば空亡刑衝凶殺羊刃死絶敗符の当地が搭載して、すなわち妻妾の窮状かつ法抵触かつ淫質残疾を主事して、また力を得られず出産時に卒するのである。

たとえば生旺禄馬の当地が搭載して刑衝破害を被れば、妻星は寿元を帯びてもまた破相窮状なのである。

たとえば禄馬貴人財庫の当地が搭載して刑衝凶殺を附帯すれば、己主妻女は富貴だが非長寿なのである。

たとえば子息星を生旺地が搭載して禄馬貴人かつ官星印星の当地で、星辰が相生して己主子息は栄華聡明で多くは長寿を領得するだろう。

たとえば禄馬貴人が搭載して死絶符の当地に位相すれば、聡明俊秀だが長寿には至らないだろう。

たとえば生旺の当地に位相して刑衝破害を被れば、子息が存在しても己主は頑愚だが老齢にて残疾するだろう。

たとえば死絶符に位相して刑衝破害劫財の当地であれば、子星の扶力を領得せずたとえ子星が存在しても、己主は破相残疾で才覚が欠損するだろう。

女命で子星の生旺の当地に位相すれば己主には子息が多く、たとえば禄馬貴人が搭載すれば、己主の子息は富貴かつ福寿なのである。

たとえば空亡刑衝凶殺が搭載して死絶符の当地で羊刃を併衝すれば、己主の子息は力を得られずにもし妾女の位相が生旺ならば、すなわち己主には偏生の子息が適宜なのである。

「賦」にいう――

六親配星のテーマとは、死絶符を憂悩するのである。

『三命鈴』にいう――

四柱命局でその六親を観るとき局相の干頭支蔵干で、その六親を口述して肯定するのである。

問うならば、甲乙日主では戊癸干で両親と見做すが、四柱命局に癸水が存在せずただ戊壬二干が干頭に透干するか、地支蔵干すればすなわち両親と見做すとは何のテーマなのか。

答えるならば、典故では透干とは干頭を取用し、干頭に存在しなければ支蔵中に求めて肯首し、たとえば命局に癸干が存在せずにただ戊干だけ存在するとき、甲乙干の父星を肯定し父星をもってその母星を定義するが、たとえば母星が存在しなければただ壬干をもって母星と見做し、また戊干を父星と見做すテーマなのである。

その戊干壬干とはカップルに関係なく児女を娶嫁するのではなく、かならず成親が適切な年齢の父母に帰服したときに入婚を失効するが、カップルを再配するのである。

問うならば、甲日主で年月支に乙木が存在し、時支に甲木を肯定するときは、乙木が先行して甲木が後発するので何をもって兄星と見做し、また何をもって弟星と見做すのか。

答えるならば、その先後がテーマなのではなくただ強力をもって兄星と見做し、また弱星をもって弟星と見做すのが男星の生態なのである。

おおむね父母が上席で、また妻子が下席で、兄弟が中席と見做すとき、その聯属離合を命理と見做すのであり、いわば命理に六親が不及するとは、自ずと偏見と為しているのである。

ただし世間の人々は正理に到達せず、五陽干をもって母星や妻星や女星に取用し、また五陰干をもって父星や夫星や男星に取用するとは、はなはだ誤謬なのである。

この法則を人に教示すれば、甲干は己干を妻星と見做して取用し、また乙干はまた己干を妻星と見做すが、戊干は取用しないのは戊干が陽干だからである。

また甲干は庚干を嗣子と見做すことから戊干を父星と見做し、また癸干を母星と見做し、乙干もまた同様で正偏に拘りなく、陰陽や陽男陰女をテーマとして大順の作用なのである。

『神白経』にいう―

甲干主は丁干を父星と見做しまた壬干を母星と見做すが、また乙干主は戊干を父星と見做しまた癸干を母星と見做すが、その他はこれに例推されたし。

陽男と陰女をテーマとせずただ陰性が陰性を派生し、また陽性が陽性を派生し己身を生扶するものを母星と見做し、母星と合絆するのを父星と見做し、その両親は合絆してのちに子星を派生し、また陽干傷官を父星と見做してまた印綬を母星と見做し、陰干正財を父星と見做して偏印を母星と見做し、父星を附帯してすなわち父星不在が発効し、母星を附帯してすなわち母星不在が発効するのである。

年干を剋伐すれば父星に不利益で、月干を剋伐すれば母星に不利益で、干頭偏官は父星に不利益で偏印は母星に不利益だが、胎元と命局が交夾してすなわち父母星が変異するが、その説は通用するのである。

いわば春分秋分の二時節とは、日時柱卯酉支を前後に侵犯するとき、己主の六親祖業は散絶し、また日時柱の辛酉干支を「白虎臨庭」と称し、日柱に所在して妻星を剋伐し、また時柱に所在し子星を剋伐して六親に不利益なのである。

また戊申干支戊寅干支とは「六道消虚」と称し、己主は親族に不利益で日時柱壬戌干支とは「天后先行」と称し、己主は妻子に不利益なのである。

『廣録』にいう―

およそ命局の生時柱が辰戌丑未支のとき己主は両親を妨害するが、劫殺や亡神や元辰や羊刃を重複して附帯してもまた同然なのである。

また日時柱に亡神を重複侵犯すれば母星を剋伐し、もし時柱に辰戌丑未支を侵犯すれば、かえって悪煞を侵犯せずまた剋伐しないのである。

『天元変化指掌提要』にいう―

およそ命局で父母星が存在して絶符微相すればかならず刑衝し、凶煞を重複附帯すれば己主は背離して、かならずしも四季土旺のタイミングに所在しなくてもよいのだ。

『寸珠尺璧』にいう―

およそ時柱に劫殺羊刃を侵犯するとき辰戌丑未支ではなくても剋伐し、土旺のケースは母星で子卯午酉支のケースは父星なのである。

『直道歌』にいう―

辰戌丑未支主人は太陽に乖背すると為し、決定的に己主は先に父君を亡失するだろう。

壷中子氏がいう―

月柱を孤虚が搭載するときは、梅花枯朽するのである。

『寸珠尺璧』にいう―

およそ巳酉丑支が全備して辛干を附帯すれば、己身は六親とは他郷にて客死するのである。

『鬼谷遺文要訣』にいう―

命局に墓符が満局する当地では、貴顕のタイミングに支障はなく、寅巳申亥支とは孤絶の星辰なので、凶煞のタイミングを附帯してかならず窮状するのである。

珞琭子氏がいう――

六親とは水火質と同義であり、沐浴の当地に相逢し六親とは分岐して離道し、そこで孤辰寡宿とはもっとも隔角を忌むのである。

〔古歌訣〕

隔角が亥子支とは、明分岐にて初動と為し、
日時柱に侵犯すれば、決定的に孤相であり、
もし早期に両親と隔絶しなければ、
決定的に己主は、外辺に寄処し偏房するのだ。

〔歌訣〕

係累を侵犯するならば、孤立が適宜吉兆であり、
さらに年上をポイントに日柱を定義するときに、
妻君は家宅を喪失せず、無人とは為らないので、
すなわち自己の姓名が、一姓では収まらないだろう。

〔歌訣〕

時上を看て子孫が些少か、さらに後年と為るとき、
そのときは宮中への親近者を輩出せずに、
月柱の兄弟星が些少のときには、
背離にて妻女が出入するが、防備すべきである。

「妻妾引例章」

また正財は正妻で偏財が妻妾であり、たとえば甲日主の己干の用途は正財であり、すなわち正妻と見做しまた戊干を偏財と見做し、すなわち偏妻と見做すのである。

もし日干が健旺で命局に己干を附帯して正妻と見做し、時令を得て旺地に巡りおおむね官星を附帯すれば、己主の妻君は賢明で才色兼備なので、妻君に因り貴顕に浴するだろう。

また年柱時柱に印星が在局して、己主の妻君は財物を携所して入資するが、もし正財が衰微して偏財が顕旺すれば、己主は偏妻と縁故するだろう。

もし命局に己干が欠損するか、死絶符の当地が搭載するか、生月春季で日主健旺でたとえば甲寅干支などのケースでは、己主は妻女を瑕疵しないであろう。

もし妻君が生旺日を領得して、衰局地もしくは死絶符の当地が搭載すれば、己主は一生碍滞して妻妾が裏切り背いて他人に再嫁するだろう。

もし甲申日や甲戌日で生月甲寅月乙卯月では、日主は太旺して妻君が存在しても比肩が分奪するので、他人に入嫁する恐れを免れず、また他人を覗察してまた妻君は別離の情を帯びるが、その他はこの例に同じである。

「子息引例章」

嗣子とはすなわち官星のことであり、官星が時令を領得して命局で傷官と交夾しなければ、日主を旺地が搭載して添加して、すなわち孝行の子息を輩出して後代まで栄昌するだろう。

たとえば甲乙日主は金質を嗣子の用途と見做すが、旺金質とはすなわち四九の子数の合数であり、もし日主が微勢で偏官が搭載し、官星を顕旺の当地が搭載して、さらに三刑六害に隔角また偏官合局を添加して附帯すれば、決定的に己主子息はおおむね不孝で、他郷に遠離して家宅を亡失するだろう。

もし日主が太旺して空亡宮が搭載して、命局が傷官敗財を附帯し官星に精気が存在しなければ、決定的に一生孤独で結局は子息を輩出せず、偏房かつ庶家出身でまた招致は難儀であろう。

もし時上の偏官が太旺するかまた偏官の制伏が太過すれば、みな己主は子星と見做すのは難儀なのである。

たとえば官殺混雑して控除や留位が不清相ならば、事情のある子息を招致するが、ただし偏官が透干すればかならず先に子女を招致し、そこで偏官のケースは偏子息か子女と見做すのである。

余（万氏）は官僚富裕者文人の命局を考察したところ、正官が過多すれば正家統の出身で、偏官が過多すれば庶家の出身で、また偏官が重複して子女が多く、また正官が重複して子息が多いのである。

また局相を子息星と子女星に分類するとき、官殺が重複すれば子息子女ともに多く、もし時柱が空亡に陥落すれば原局の官殺を肯定して、子女を二三人附帯してともに傷官が存在せず、財星印星を附帯すれば別のテーマな

のである。

また印星とはすなわち子女星で、また財星とはすなわち子息星であり、もし傷官格が成局すればたとえば「六乙鼠貴」が刑衝か合絆するケースでは、局中に官殺を帯びてまた己主が子息を附帯すれば、空亡に陥落して存在しないのである。

もし傷官を偏官が搭載して、たとえば丙日干が時柱己亥干支を附帯するケースではまた子息星が存在するが、ただし和順しないのである。

もし運歳で子息星を派生するケースでは、官殺が重複してすなわち傷官食神が存在するとき官殺が軽微ならば、すなわち運歳財星また運歳官殺のときに、官殺が軽微で食傷が重複すれば偏印印綬の年歳を肯定し、また官殺が重複して財星が過多すれば比肩劫財羊刃を領得すべきで、また天干支蔵干合や三合会局や六合を分度して、この活法を参究するが軽視して該当しないのである。

「父母引例章」

また父君のテーマとは偏財であり、母君のテーマとは印綬であり、局相に瑕疵が存在しなければ少年期に支障は存在しないのである。

たとえば庚日干は甲干を父君の用星と見做すが、たとえば局中にふたたび庚干を重見するか、巳酉丑支三合金局を帯合して、ふたたび父君の瑕疵と為るのである。

もし命局に偏官七殺を附帯すればすなわち支障なく、たとえば日干が健旺ならば甲干を亥卯未寅支が搭載するか、冬季月令ならば己主の父母は和順して、また父君は爵禄を受領するのは、みな類推されたし。

また生日戊干では丁火を取用して母星と見做し、命局の正財重複が不益で印綬を轉衝し、たとえば財星を渇望して印綬を衝壊するテーマなのである。

原局に天干支蔵干に財星を帯び運歳の財星を巡り、すなわち早々に衝剋するのである。

ただ地支蔵の財星は運歳で財地に巡らなければ、すなわち衝剋が遅滞するが命局に正官が一星存在して支障なく、たとえば生日戊干で原局に二壬干を附帯して支根を領得し、己主の母星は二夫星を二股に帯びるのである。

また印綬を正母星と見做し、また偏印を継母星と見做し、もし人命が父母星を全備すれば一生祖業の縁故を領得し、瑕疵の窮状が存在しないのである。

「兄弟引例章」

兄弟星とはすなわち比肩劫財のことであり甲干が乙干を附帯し、また乙干が甲干を附帯するケースなどである。

たとえば庚日干を寅午戌支が搭載しまた死墓符の当地に臨めば、かえって辛干酉支つまり自旺弟を附帯して財星を領得するとき、己主の弟星は自ら明顕するので、兄星は弟星の福分に不及するのである。

たとえば兄弟が相和し強弱が均衡すれば、その作用はすなわち一法規なのだが、逆に不和するケースではすなわち命局に庚辛丙丁干を附帯するなどは、兄星の官星が弟星の本身を抑剋するように、命局は自性的に不和相なのである。

「本経」にいう—

また「仁義ではない」とは、庚辛干と甲乙干が交夾することを称し、その他はこれに例推されたし。

〔歌訣〕

官殺混雑が、三刑を附帯するときに、
さらに財星が作用せず、生扶は逓減し、
己主が明星で他星が背用なら、従象と見做し、
父君が卒去のとき、霊前に赴参しないだろう。

〔歌訣〕

庚金が化成して、火質が相扶すれば、
父君卒亡のとき、決定的に血光が露見し、
比肩が三合会局して親族を損害し、
三刑を帯び零落し、妻星が離去するのだ。

〔歌訣〕

比肩つまり門房を暗損するときは、
兄弟には情誼がなく、裏切りを被り、
たとえ比肩を附帯し、別に成象しても、

兄弟の不和合を、君に報知するだろう。

〔歌訣〕
妻星が三合会局を帯びるか妻星が搭載し、
妻星が認証され、親近の星辰を肯定し、
妻星が搭載し、透干すれば別に成象し、
決定的に己主は離妻し、再婚するだろう。

〔歌訣〕
命局に妻財が併透し、婦女を畏るべきで、
婦命は帰路を絶して、児子を生扶せず、
別象を化成して、正夫星を剋伐するが、
かならず己主は、夫星かつ礼節を裏切るだろう。

〔歌訣〕
身旺かつ食神旺強とは、またこのようであり、
食神が好作用かつ旺相で、死相を畏れるとは、
陽母星が専横して、己身が偏生するときに、
母星は上父星に巡り、驚愕を感銘するだろう。

〔歌訣〕
天のタイミングかつ地の利で、生月を経過して、
偏官を附帯して巡れば、干頭は偏頗し、
小児は偏官星に帰せられ、母星は疾症するだろう。

〔歌訣〕
丙丁干が併局して、双霊を截台し、
日柱禄支で時柱に帰禄し、夢を孕胎し、
そこで小児に授乳なきとは食神の衝揺なのだ。

〔歌訣〕
時柱壬子干支乙酉干支とは、偏生児であり、
局中に丙戊丁壬干を附帯し、妻霊が守護し、
父君に乖背するとは甲乙干卯支の派生であり、
このタイミングを、分明に記す必要があるのだ。

「賦」にいう――

養子の入家相とは年月柱それぞれの衝揺であり、父母に随伴して旺印だが財星が空支のときまた早年に父星を損失するとは、偏財が死絶符凶殺の宮地に臨みまた幼歳のうちに母星と離別するとは、印綬に財星が重複して死地に相当し、また比肩が重複して兄弟星に情誼が存在せず、また羊刃が重複して妻宮が欠損し、また官星が死絶符の当地に巡り子息の招致に難儀するだろう。

もし傷官が太旺すればまた児子を留位し難く、たとえば月令の衝破に巡れば己主は決定的に祖業を離脱するのは、空亡を三四支重複する為である。

また印綬が廻生すれば母星は賢貴に相当し、また偏財が時支帰禄すればかならず父星は高貴に険攀し、また官星を禄旺の当地が搭載すれば子息が栄昌顕貴し、また偏官が長生の当地に位相し女命は高貴の亭主を招聘するだろう。

己身が所生の命局を照拠するならば、おおむね己主は人に過度に依存して生活し、局相の妻星が時令を失効すれば半ば放擲するだろう。

またすなわち所生の命局を照拠するときは義女（他人）を肯首し、印綬が太旺すれば子息はごく少数だろう。

また命局で偏官が旺強ならば女星が多く男星が些少であり、また偏財が衰敗すれば父君は風流を主事し、また子息星が臨星すれば家産蕩尽するだろう。

また妻星が墓符すれば妻財を領得せず、また父星が庫地に臨星すれば、父君が先に卒するだろう。

また比肩を禄支が搭載すれば兄弟星は高名であり、印綬が損衝すれば母親を早期に喪失し、もし桃花殺を偏官が搭載すれば、妻星はかならず淫質なのである。

年柱と月柱が衝揺すれば祖業を堅守せず、日柱と時柱が衝揺すれば、妻子星が難儀と見做すが、もし干頭が衝揺すれば父母は全備せず、たとえば地支根が生扶すれば凶意が吉兆へと好転するだろう。

また能く偏官は印綬を生扶し、萱堂で眺望する精神と為り、また傷官は能く偏財を裨益して百歳の老父として安泰長寿なのである。

また比肩は兄弟星だが、比肩が重度であれば父君の延寿は難しく、また旺

財の官星の生扶を肯首し、そこで財星が過多すれば母寿は堅固ではなく、また食神が重複するならば継続力が欠ける人命で、また羊刃が併相すれば持家の婦女と再婚し、官殺が盛旺すればすなわち兄弟星が逓減するが、そこで偏官が興旺すればすなわち己身に不利益なのである。

また夫婦の偕老同穴とは、みな身強旺財が原因で子女は見事だが、また官殺盛興で局相で相生吉耀すれば家統三代は安泰なのである。

命局が交夾して凶星を附帯すれば六親が完備せず、女命の推究のケースではかえってこれを参照するのである。

また義祖母とは偏財で、もし傷官がポイントならば寿元を考量し、また長老とは比肩劫財と見做し、たとえば偏官を附帯すれば延命は難儀なのである。

また財星官星が興旺すれば、かならず富貴の亭主を招致し、また食神比肩が当権すれば孝賢の子息を生育し、そこで印綬は能く子息星を損傷するので、かえって財星を附帯して安泰を領得するのである。

また同一干頭を妹星と見做し、絶支符が財星を搭載して夫星は興旺せず、すなわち六親の真実の妙訣かつ命局の生剋による、興衰の決定打なのである。

いわば年柱が羊刃偏官を附帯すれば、父娘星を幼歳で損失し、時柱で羊刃傷官を附帯すればかえって後年に児女を損失し、また衝揺すれば兄弟は存在せずまた刑衝すれば六親を損失するのである。

また命局を外衝すれば六親は扶力せず、局相が衝揺すれば夫婦は協合せず、また年月柱に官星印星財星が全備すれば祖先三代が富貴で、また日時柱が偏官羊刃で偏印を附帯すれば、道程半ばで妻子を欠損するだろう。

また男命で傷官が重複すれば子息を損失し、また女命で傷官が重複すれば夫星を瑕疵するが、そこで傷官が財星を附帯すれば子星が存在し、また偏官を制御すればすなわち子星が多数なのである。

また財星が重複すれば父母星を刑剋し、また鬼煞が生旺すれば後代に栄遷するだろう。

また劫財が重複すれば早年に父君を喪失し、印星の破綻が過重すれば、先に母星が卒するだろう。

年月柱の財星官星が旺相すれば長老父祖が顕栄し、また日時柱で禄馬支が相生すれば、妻子は賢俊なのである。

命局で印星を伏蔵して顕財すれば庶家出身の偏生者で、また正財が生旺して己身が失令するとき、早年に母君を損失するだろう。

また偏官偏印偏財が重複すればかならず庶家偏生で、また正官印綬正財が単顕すれば正規の宗家なのである。

また男命で官星が旺盛ならばかならず子星が多く、また女命で偏印が重複すれば、かならず子星が断絶するだろう。

また月柱に劫財を帯びて絶符して財星官星に乖背すれば、結局父君は左遷させられるだろう。

また年柱と月柱が乖背してさらに衝揺破害すれば、長老を他郷で葬送する羽目になるだろう。

また日刃で時柱偏印ならば妻妾が産厄し、年柱偏官かつ月柱傷官のケースでは、兄弟星に難儀があり、また月令傷官におおむね長生を専横し、また時柱に神殺が巡れば兄弟星が存在しないのである。

また男命で劫財が重複すれば外家に游泊し、また女命で偏官が重複すれば六親と断交するだろう。

また命局が専禄と陰錯を兼備して外家に独行し、また馬支が陽差を附帯して長老星と姑星が欺反し、また印星が旺盛ならば児女星を妨害し、また財星が重複して長老星と姑星が妬反するのである。

年月柱に偏官が重複して刑害を帯びれば長老星と姑星が逢衝し、また日時柱が乖背して救応が存在しなければ妻子と離別するだろう。

また正財と偏財を重複合絆すれば、妻妾星が多数でも己主は淫質で、また偏官と正官がさらに衝害すれば、健丈を自任して密通するだろう。

夫星が旺盛で子息が損傷するとは、すなわち食神の位相が損傷しまた子息が旺盛で、夫星が損傷するとは、官星を看察すれば衰絶しないのである。

また女命では印星が旺じて官星が軽微とは、夫星が権威を手中として男命で財星が過多して、身弱とは妻君が弁説快心で、また日刃で支下傷官ならば夫星はかならず横死するだろう。

また月柱に印星を附帯して刑衝すれば母家が零落し、また羊刃偏官が剛健ならば、祖徳が薄微であろう。

　また財星官星が旺強ならば後代まで栄昌し、また日柱が禄馬支の背逐を附帯すれば、おおむね祖業を破り離郷する客分と為るだろう。

　また時柱が旺財で官星を生扶すれば、国家を幇助する男命で月柱に偏官陽刃を附帯すれば、父星が存在して母星が欠損し、偏官が重複すればおおむね子女が多く子息が少数で、また偏財を附帯して正妻を些少に愛好し、妾女を多大に愛好するのである。

　原局に財星が支根を領得して、そのため妻星に困り富家と成り、その妻星を抑伏して有為なのである。

　また正官が月令に臨めば己主は祖業を敬崇して高顕し、また男命は興旺するだろう。

　また月柱の官星印星や年柱の傷官は、父君は優秀だが祖業は濁性で、また日柱に財星が位相し、時柱が劫財ならば父星が興旺して子息星が衰敗するだろう。

　また比肩が重複してかならず晩婚で、また官星子星が派生してかならず早婚なのである。

　また男命は傷官陽刃を附帯し官殺を擁せば、その嗣子が存在しないと断定できないのである。

　また女命は傷官佩印に財星官星を附帯して、またその嗣子に耐久するだろう。

　また女命は食神が重複して軽微な官星を附帯すれば、夫星が衰絶して子息が旺盛するだろう。

　また男命は旺強な偏官が比肩劫財を附帯すれば、兄星は有為で弟星は無為で、その太過や不及とは兄弟星ともに存在しないのである。

　命局が庫地で中和して己主に同気質が存在し、偏官が生旺して正官が衰退するときに、女命は旺盛して男命は衰敗するだろう。

　また命局の財星官星が生旺ならば身主の暇休と為し、夫家は興隆するが祖業は失効し、女命で比肩劫財が太過すれば、夫君から義絶される妻女であろう。

　また男命で財星が好作用だが、劫財が重複すれば妻君が私情を懐くだろう。

　また年月柱に印綬が相生すれば現在の基業を継承し、日時柱の傷官が傷尽すれば、不義の財物を専横するだろう。

　命局の年上の官星を父祖と見做し、また月上に官星を帯びて兄弟星はかならず貴顕するだろう。

　また男命は命局に比肩劫財を附帯すれば、決定的に妻女星を剋傷し、また女命は印星を附帯すれば嗣子は難義で、また局相で陽刃が傷官偏官と交夾すれば、六親友人の情誼の瑕疵だが、また三合会局や六合が相和すれば、善友誼が巨大湖のようであろう。

　いわばおよそ六親の推究では、男命では年柱を父星と見做し、また胎元を母星と見做し、また月柱を兄弟星と見做し、また月柱の官星附帯を厚友星と見做し、また日柱を己身や妻妾星と見做し、また時柱を子息星に帰すると見做し、また時柱の官星を命主の禍福の局相と見做すのである。

　およそ命局の生日が子午卯酉支のケースでは、己主はまた子午卯酉支生日の妻星を娶ればよく、もし妻星の生日申子辰丑支が甲己干を搭載すれば、みな永続しないだろう。

　たとえば干頭を過剋すれば妻君は再嫁し、さもなくば剋伐が重複すれば娶嫁の生日干支が相異するケースで方途が剋伐せず、寅申巳亥支や辰戌丑未支の生日では、ともに上説に同義なのである。

　およそ命局で己身が剋伐する位相を妻星と見做し、己身の被剋相が存在しなければ、命局に妻星が存在しないと称し、かえって生日のポイントが何処なのかを看て、たとえば旺財の当地ならば妻星の扶力を領得し、さらに年柱に禄馬貴人を附帯すれば、己主や妻星が官星つまり嫁星夫星を附帯するのである。

　もし命局にポイントが存在して財星が死墓絶符の敗地ならば、己主は決定的に陥没また一生寡夫なのである。

　もし日柱の禄支を時上に附帯して、たとえば六丙日干が時柱癸巳干支を領得し、また六壬日干が時柱辛亥干支を領得するなどのケースで「名誉煞」と称し、己主の富裕を示唆しないのである。

　また己主は妻星に困って官級を肯首するが、もし日柱が年柱に官星または印星を附帯すれば、己主の妻女は夫権を横奪また妻女の蔭助で稼出、また妻君が権貴の出身つまり皇族高官家のケースなどである。

また日柱を財星が搭載して、さらに旺財の当地に所在すれば己主は妻財を領得し、また己主の妻女は賢明だが、もし死絶墓符の当地に所在して妻家の弔貨を領得するだろう。

また日柱を貴人星が搭載すれば、己主の妻女は一族の羨望また賢淑かつ美麗相だが、もし命局の日柱と年柱が刑衝を附帯して年柱の陽刃や劫殺や六厄や元辰や空亡を衝揺すれば、三四重嫁または妻女が存在しないかである。

また日柱に羊刃を附帯して「日煞」と称し、また時柱陽刃で日主を搭載して、ともに己主は妻星を瑕疵するのである。

また日柱が「破砕煞」を附帯すれば、己主は過労性のケースであるのは、丑日がもっとも緊窮で巳酉支が緩慢なのである。

また日柱が年柱墓符を附帯し日干を印綬が搭載すれば、己主は正妻星を剋傷するだろう。

命相が順流してすなわち吉兆で、日柱が刑衝破害また悪煞を附帯して「浮沈煞」が搭載すれば、おおむね夫婦は生別するか凶揺するだろう。

命局の日柱の財星が死絶符の当地に所在すれば、己主は妻女を剋傷するが、たとえば庚辛日干を午未申支が搭載して、すなわち納音五行がテーマなのである。

〔古詩訣〕

納音金質は、局中の木質を妻星と見做し、
そこで午未支位を死葬のタイミングと為し、
さらに一星進展し、妻星と断絶し、
もし傾陥が存在しなければ、先ず欠損するだろう。—

生日を華蓋が搭載すれば、己主は度々妻星を剋傷するが、おおむね土旺日とはこのケースなのである。

〔古詩訣〕

命局の時柱に華蓋を帯び、己身は孤独相で、
子星が年柱に臨み、かならず損失するが、
日主が時柱をポイントとし、度々妻星を瑕疵し、
そこで娼尼の娶嫁でなければ、すなわち使用人だろう。

『寸珠尺璧』

生日を華蓋が搭載すれば己主の妻女は孝廉ではなく、生日を駅馬が搭載すれば己主の妻女は怠惰多疾また孤独相であり、命局が剋相すれば己主は剋陥し、そこで生日辛酉干支は妻君を剋伐し、また生日癸巳干支とは夫婦ともに病質また酒色淫性なのである。

また年柱と日柱が同一位相ならば「主本同宮」と称し己主は妻君を剋伐したが、同年に娶妻して免責の方途で一般に「鳳凰池」と称するのである。

『沈芝源髄歌』にいう—

兄弟星が「鳳凰池」に同宮するときは、ただし人心に不快感を懐帯させるが、そこで日時柱が相衝や相破や相刑や六害のときには、みな己主は離婚して嗣子とは離別するのに男女の別はないのである。

また命局が生日申支かつ生時辰支また生時未支かつ生時亥支また生日寅支かつ生時戌支また生日丑支かつ生時巳支などは、みな井欄斜叉の衝相と見做し、己主が妻女と見做し難いのである。

さらに命局に食神を附帯すれば「絶房殺」と称し、己主には子女星が多く子息星が少数で、たとえば甲辰干主が壬午干支を帯びれば、偏印を附帯するがもっとも緊要なのである。

「古賦」にいう—

井欄斜叉が衝揺するとは『荘子』「亡妻弔喪の歌訣」の正しい意義のことを称し、生日が刑衝すれば己主の妻女は多疾病で日柱を「沐浴煞」が搭載すれば、己主は美妻を領得しておおむね廉正ではないのである。

およそ命局では日柱の納音五行で妻星の数位のテーマであり、水質が一数位で火質が二数位で木質が三数位で金質が四数位で土質が五数位で、甚大であればこれを倍数するのである。

およそ人命が妻位を衝揺すれば娶妻のタイミングであり、ときとして日柱が三合会局六合絆して妻星を附帯するのは、さらに言質を選択するのである。

「賦」にいう—

命主が両親の年齢に到達すれば、その老婦女は恭謙を失効し、たとえば乙丑主人が辛日干を附帯すればすなわち年柱乙干を傷剋し、また癸日干を附帯すればすなわち年柱乙干を併呑し、また午日支を附帯すればすなわち年柱乙干の長生で、おおむね夫君に服従せずそこで年柱を両親と見做し、また日柱を妻妾と見做すときに、さらに支星が刑衝帯殺すれば恭順ではないのである。

また生助するとは別干の生扶ではなく、たとえば乙干が辛干を併見するときに、壬干が介在すれば辛金が壬水を生扶するので、壬水が乙木を廻生するのである。

いわば実害已前とは風調の不順で、いわば局相がすでに六害を附帯し、運歳の大小に巡り有害の既存と称し、その年歳はかならず夫婦は不和合であろう。

いわば日支の運歳のタイミング已前では衆人が、妻女の醜聞が発揚してこれを嘲笑するのを畏れるが、そこで日支を妻星と見做し、運歳已前に存在する支星すなわち己主は妻星とその性気を畏れ、そこで偏官が妻位に臨星すれば己主はおおむね損傷するが、もし妻象が傾斜すれば免れるだろう。

いわば陰に陽に怨恨するとは、亥支が子支に巡支して夫星を妨害して夾角夾維し、また寅支が丑支に向赴して妻女を瑕疵するのである。

（辰戌丑未支とは「惆悵煞」とは見做さずただ陰陽併相で、そののち有為なのは亥支が子支に赴向し、すなわちその陽支に陰悵するのは、たとえば妻君がその亭主を称号するようである故に、亥支が子支に巡って夫星を妨碍すると称し、また子支が亥支を領得してすなわちその陰支に陽悵するのは、たとえばその妻君は亭主が哭号する故に、子支が亥支に巡って妻星を妨碍し附見して言うまでもないのだ。また子午卯酉支には隔角寡宿殺は存在せず、ただ四偶の方処としてそののち有為であり、そこで寅支が丑支を領得してすなわち隔角寡宿、すなわち妻星に不利益である故に、寅支が丑支に向赴して婦星を瑕疵し、また丑支が寅支を領得して隔角孤辰すなわち亭主に不利益であり、また丑支が寅支に向赴して夫星を瑕疵する故に説明するまでもないのだ。）

いわば男命が妻星絶符に当生すれば、子女の降生には不適宜で子女を降生すれば、すなわち妻君を損失するが、たとえば甲子納音海中金の男命では木質を妻女星と見做し、生月申支では妻星は絶符すると見做し、逆に女命は夫星が絶符して当生すれば、子息の降生には不適宜で、そこで子息を降生すれば夫君を損失するのである。

たとえば甲子納音海中金の女命では火質を夫星と見做し、生月亥支では夫星は絶符すると見做し、その他はこれに批准されたし。

（癸亥日丙寅日己巳日乙巳日庚申日などの生日を「皷盆煞」と見做して、その旺日を畏れるのは孤鸞と大体同義であり、また絶地を皷盆煞と見做すのである。）

また申酉支は金質でまた巳午支は火質でまた亥子支は水質でまた寅卯支は木質で「望郷殺」と称し、憎々しく強命で建禄と相異しないのである。

また亥未戌支の春季また巳子辰支の夏季また寅卯午支の冬季また申酉丑支の秋季を「狼藉煞」と称するのである。

（「百忌歴」—寅月を大敗と見做し、また卯月を狼藉と見做し、辰月を八敗と見做し、男命は妻家を敗退し、また女命は夫家を敗退するのである。）

また寅申巳亥支で生月申支また子午卯酉支で生月丑支やまた辰戌丑未支で生月卯支とは「絶房煞」と称するのである。

『百忌歴』にいう—

十二支の生月辰支をポイントとするとき、男命はその妻子父母を瑕疵し、女命はその夫君長老姑を瑕疵するのである。

子星の位相とは妻星の所生を子星と見做し、たとえば甲乙干主は土質を妻星と見做し、土質は金質を派生して子星と見做し、陰命の所生するのを子星と見做すのである。

たとえば甲乙干主は火質を子星と見做し、たとえば子星位が旺相の当地ならば、己主は聡明忠孝の子星つまり「光顕祖宗」と見做すが、これに反すればすなわち否定するのである。

子星の性情を知りたければそれぞれの五行を推究し、また甲乙干主は金質を子星と見做し、己主の子星は廉正を懐性かつ「剛烈自用」で、また火質は水質を子星と見做し「謙和淡泊」「接下高扶」で、また水質は土質を子星と見做し、性質慈悲忠孝かつ柔順謙和で些少が適切で至老とは見做さず、金質は火質を子星と見做し、性質はおおむね貪吝で心中は虚妄で利己逐勝し始発して結尾せず、緩慢かつ「凝重硬芯」で老齢にて迎福するのである。

それぞれの五行は精気の当地に所在してこのテーマを肯定するが、もし休墓符の当地に所在してかえって肯定し、男命は命局に鬼煞が存在せず「局中無子」と称し、かえって生時柱の所在を看てたとえば甲乙干主は金質を子星と見做し、もし「局中無子」であれば時柱申酉巳支を領得してかならず子星が存在し「子承旺気」と称し、そこで庚金は子支に死符してまた寅支に絶符して、すなわち子星が存在しないのである。

およそ時柱の納音五行で子数を推究すれば、水質は一数位また火質は二数位また木質は三数位また金質は四数位また土質は五数位で、旺気に添乗しすなわちこの倍数に言及してまた無気に失効し、すなわちこの減数に言及するのである。

これに数依しなければ五十歳以降に禍福の方途が定まり、もし男命が「局中無子」を侵犯し、また時柱に旺殺の生地が存在せず、かえって支干が年柱と合絆するときは、ただ子女を得成して子息は生育しないだろう。

〔古詩訣〕

子星が帯刑し、哭泣すれば死相が傍立し、
子星が重複して、また少年夭逝であり、
もし命局が、並徳整合するときには、
ただ養女を適宜とし、子息ともに双成するだろう。—

たとえば癸未年癸亥月丙辰日戊子時の命局では、「局中無子」また官殺が死絶符の当地で、かえって癸戊干合する故に子女が多く、降生してみな成育しないのである。

もし甲子干支を附帯すればすなわち己主には子息が存在し、そこで日干がテーマとなり、丙辰日主は辛官を子星と見做し、時上の建禄の当地に帰禄して己主は子星が多数だが、かえって子息が存在しないのは年上の納音五行を取用するテーマで、これに批准するのだ。

また癸未年甲子月辛卯日癸巳時の命局では「局中有子」を肯首して死符に当地し、時柱が官殺長生の当地で有益である故に、数子息数子女を降生したのである。

また庚辰年壬午月戊寅日辛酉時の命局では「白虎臨庭」と称し、五十六歳で卒して子息子女ともに存在しないのである。

『寸珠尺璧』にいう—

およそ命局に亥支が重複すれば子息星が多く、また巳支が重複すれば子女星が多く、年時柱に刑衝破害羊刃劫財元辰を附帯してともに子星を瑕疵し、また年時柱に空亡が重複して子星が断絶し、また自刃や飛刃は子星を剋傷し、時柱を華蓋が搭載して五十歳以降は頼りなく、また時柱に自刑を附帯して子息は疾性で、そこで子星に厄が多く「浮沈煞」とは吐泄疾で、時柱を同質納音墓符が搭載して己主は長寿だが、子息が存在せず老齢を迎節するが、ただし孫息は存在するだろう。

また日坐空亡を刑衝し食神羊刃を附帯してみな己主は長子を損剋し、納音が絶気かつ時柱が絶地で、たとえば癸巳時壬寅時庚申時乙亥時丁巳時などを肯首し、たとえ庚申日主が時柱壬寅干支を領得して、己主は決定的に嗣子が断絶するのである。

およそ命局で申日亥時支また巳日支寅時支が互相するとき「狡害煞」と称し、己主の子息は断絶するので養子相が佳運なのである。

〔古詩訣〕

命局の狡害煞とは、もっとも粗野であり、
カップルは、それぞれ単独で房室を独守し、
子息が死去して存在せず、墓前で哭泣し、
異姓を他求して、かえって適相である。

『鬼谷遺文要訣』にいう—

もし命局の生時柱に禄馬支を擁帯して朝廷に拝命されるが、そこで孤辰寡宿を侵犯せず子孫が存在し、また時干が年干を剋伐してまた年干が偏印ならば、己主は男児を降生するが従順しないだろう。

『五行要論』にいう—

およそ運歳の大小で年歳の命主が三合会局成合すれば、己主は男児女児を降生する慶兆であり、そこで陽性が過多して男児が降生し、また陰性が過多して女児が降生だが、もし純陽性のケースはすなわち極度でかえって陰変して女児を降生し、また純陰性のケースはすなわち極度でかえって陽変

して男児を降生するのである。

たとえば甲子日主は陽命に所属し、運歳の大小で辰支か申支に臨んで三合水局すれば、辛巳干支を外夾して年歳は陰性で、すなわち陽質が過多して男児を降生するが、その他はこれに批准されたし。

定婦人孕生男女

〔訣〕
両干頭の安泰とは、父母の歳数であり、
受胎した生月を、中心に取用し、
亥子寅卯支を男児と見做し、
巳午申酉支はすべて女命に属するのだ。—
たとえば父母の双歳を割裂と見做すときは、当人の受胎一箇月を単体と見做し、子支が成立して男命が決定し、また父母の年箇を単体と見做すならば、受胎双月を割裂と見做し、午支が成立して女命が決定するのである。
そこで年上が父星で年下が母星で月中が胎星で、その他はこれに批准されたし。
または「大衍之数」でこれを推究されたし。
「訣」にいう—
七×七＝四十九。娘が何箇月が存在するか問うときに、母星の生年を除いて単相が奇数で双相が偶数だが、そこで奇数と偶数が恒常でなければ、寿命は長久ではないだろう。
たとえ先んじて算盤で四十九数の目下でも、すなわち母星の受胎の月数を添加して総じて若干数を領得するとき、もし正月胎の数値を五十数と肯定すれば、母星の三十一数を除去して十九数に止まり、そこで九数端数とは単相ですなわち男命と見做し、逆に単相で女命降生ならば双相で男命降生と見做すが、己主は非長寿なのである。
いわば加算除算の法則とは、天元が一数で地元が二数で人元が三数で、これを控除した数を看るのである。
また一数二数三数を、すべて控除した零数を看るのである。

巻八

六甲日甲子時斷　以下所忌月分與時同斷。

〔歌訣〕

六甲日干で、生時甲子干支のときには、
沐浴にて、印綬が官星の生扶に至れば、
木気が月令に、通根して尋常ではなく、
これに反すれば、名利の虚質に言及できるだろう。—

甲日干で生時甲子干支のケースは、甲干が子支を擁して沐浴に符するが、暗に癸水が印綬の生扶と為るので、官星を兼帯してその印星を生扶するときに、もし己土が印星を衝破すれば月令に通根して貴相だが、さもなくば秀才だが質実ではないだろう。

甲子日干で時柱甲子干支とは「子遥巳禄」と為り、年柱月柱に庚辛干申酉支が存在しなければ、丑支は紐帯で午支は衝揺なので、祖家を離れて自立して貴相なのである。

もし年月柱ともに寅支を附帯して運歳の申酉支に巡れば、大富裕ののちに財気は逓減するだろう。

年月子亥卯未支で運歳の酉支に巡って貴相で、月柱の甲辰干支でまた貴相で、生月酉支とはただ正官格をテーマとして大貴だが生月巳午戌支は平常底で、また生月午支は甲干は死符して子支衝揺してもっとも不吉であり、生月乙卯干支乙巳干支は己主は法律に抵触するだろう。

（樊繼祖氏（長官）は庚子年己卯月で甲子時に辞職され／魯邦彦氏（征兵）は戊子年己丑月であり／陳太珊氏（進士）は戊午年丙辰月であり／趙壽祖氏（進士）は己未年乙亥月であり／歐氏（解元）は甲戌年丁卯日であり／銭氏（首相）は己巳年乙亥日であり／朱氏（東宮学士）は甲寅年甲戌月であり／魏氏（護衛官）は丁酉年壬子月であり／曹氏（護衛官）は庚寅年癸未月であり／陳大道氏（丙戌進士～府長官楚人）は己酉年丁卯月であり／何氏（地方官）は戊子年辛酉月である。）

以上はともに日柱時柱を主体と見做し、人命局の年柱月柱を附合してその官吏の階位が同一でなければ、これに代替するテーマとして以下も同ケースなのである。

甲寅日主で時柱甲子干支では丑支を拱起し、辛干を支蔵して貴相なので、年月柱に庚辛干申酉丑未支が存在しなければ大貴相であり、月柱甲寅干支を重複衝揺して道仏士ならば肯定できるのである。

そこで年月柱亥子支ならば官級四品の貴相で、また生月午支で運歳の東北地の方途を巡りまた貴相なのである。

また生日申酉丑巳支などは官殺星を明見し、命局に印星を附帯してともに貴相だが、卯未支甲干が太旺して未だに刑衝を免れず、生月乙巳干支で刑揺して生月丁亥干支に旺途に凶揺したのである。

（某氏（長官）は壬寅年甲辰月であり／某氏（公侯）は乙亥年丙戌月であり／潘九齡氏（参議）は辛亥年丁丑月であり／王鶴氏（府長官）は甲戌年丁丑月であり／傳行簡氏（首席進士）は戊子年甲寅月であり／陳九思氏（鎮護官）は戊子年癸亥月であり／韓氏（監察官）は己巳年丙子月であり／臧氏（護衛官）は壬寅年甲辰月であり／張氏（軍事長官）は庚寅年戊子月であり／呂氏（藩鎮官吏）は乙丑年己卯月であり／趙氏（藩鎮官吏）は乙亥年戊子月であり／范氏（都事官吏）は辛丑年辛丑月である。）

甲辰日主で時柱甲子干支では、もし年月柱が水位相ならば木質が水上に浮漂し、己主は葉根を移換するのである。

生月申支では偏官また佩印ともに貴相で生月子支では、運歳の水木質を巡りまた貴相で、生月酉支は正官なのでまた大貴相なのである。

生月寅午戌支はともに吉兆だが生月乙卯干支は刑衝し、また生月癸巳干支では水火質において、また生月癸亥干支では凶揺にて、それぞれ卒したのである。

（秦吉士氏（知事）は壬辰年辛亥月で辛巳歳に卒したのであり／陳典氏（知事）は庚辰年戊子月で庚午歳に卒したのであり／張振先氏（使節補佐官）は庚子年壬午月であり／某芸妓氏は壬寅年壬寅月であった。）

甲午日主で生時甲子干支とは、日柱時柱が併衝して妻子を損傷するが、木気が月令に通根して貴顕するだろう。

また年柱月柱で子午支で純相、また生月亥未酉支で貴相で、一つに高顕一つに孤身また名声財帛ともに清貴なのである。

生月乙巳干支で破祖非長寿で生月乙亥干支で自損し、生月癸亥干支で旺盛にて凶揺するだろう。

（李彌綸氏（大臣）は己未年庚午月であり／張四維氏（宰相）は丙戌年甲午月であり木火通明の象で文章秀麗かつ「子午雙包」であり／許讃氏（長官）は癸巳年庚申月であり入閣した河南省の人物であり／陳菓氏（長官）は戊戌年壬戌月であり湖北湖南省の人物であり／張孟男氏（長官）は甲午年丁卯月で河南省の人物であり／明帝熹宗氏（一六二一～二七）は己酉年壬申月であり／曹子登氏（知事）は丁酉年壬子月であった。）

甲申日主で生時甲子干支とは、甲干が印星を懐胎して偏官佩印の貴相で鴛鴦重複して嗣子は難儀と見做すのである。

もし運歳の東南地の方途では武官文官ともに登壇し、生月の亥卯未辰申丑支などはともに貴相だが生月乙卯干支は非長寿で、生月丁巳干支では卒されたのである。

（華金氏（使節補佐官）は己亥年丙子月であり／某氏（大臣）は癸酉年甲子月であり／某氏（挙人）は丙申年庚寅月であり／苑氏（郡王）は癸亥年乙卯月であり／李剛氏（首相）は癸亥年己未月であり／帖木花氏（大臣）は甲子年乙亥月であり／張我續氏（総督長官）は庚申年丙戌日であり寿元が八十歳で北方出征した人物であり／黄廷用氏（侍郎官吏）は庚午年己卯月でありまた庚申年甲午日ともされている。）

甲戌日主で時柱甲子干支とは亥支を拱起し、同帝支には欠際会するが、甲干は亥地に長生するので隔角をテーマとできず、年月柱が申巳酉丑支の金気に通関して大貴相なのである。

年月柱戊寅干支とは視覚碍また狼虎に被傷するが、壬干を附帯しすなわち吉兆だが、生月乙卯干支は法抵触し、生月乙亥干支は難儀で窮状するだろう。

以上の六日主の年月柱の喜忌とは、活きた看法で融通すべきなのは、以下も同義なのである。

（謝遷氏（宰相）は己巳年丁丑月で甲子時に辞職され／王譲氏（侍郎官吏）と孫氏（侍講官吏）とは同命局で丁丑年壬寅月であり／呉希孟氏（参議）は戊辰年乙丑月であり／孫錝氏（常卿）は戊戌年甲寅月で浙江省の人物であり／某氏（地方軍吏）は癸卯年癸亥月で浙江省の人物であり／朱維京氏（判事長官）は己酉年乙亥月であった。）

〔歌訣〕
甲干が、建禄支を附帯するときには、
白珠が沈泥から、耀出するように、
一朝廷で運歳のタイミングが至るときは、
自性的に貴人位をアピールできるであろう。

〔歌訣〕
甲子干支が甲子干支に、連逢して併相すれば、
月天宮で桂枝を折る神仙に形容され、
丑支合絆に官殺を、併相して衝破すれば、
功名のため彷徨し、周域を全備できないだろう。

「西江月（要領）」
生時甲子干支が甲子干支を附帯すれば、そこで印綬の附帯と同義とされている。
もし庚申干支と辛酉干支が相逢し、年月柱に丑未支を再帯すれば、暗蔵の貴相を拱起して極めて貴顕するだろう。
また巳午支が平穏に衝揺するときに、刑衝や空亡が存在せず質実となり、決定的に己主は群衆から超出するだろう。

六甲日乙丑時斷　以下六甲日所忌。月同上。時忌並論。

〔歌訣〕
六甲日干で、時柱干支のときには、
劫財や羊刃を附帯して不適宜であり、
局中に火質を擁し、辛金を附帯すれば、
平和に制伏し、貴相が恒久なのである。—

甲日干で時柱乙丑干支のときには辛金を正官と見做し、また己土を正財と見做し、丑支蔵が己土だが乙干を搭載して劫奪を被り、また乙丑干支は金

神なので、もし日時柱に火局を成合して制伏を領得し、己主の徳性は和純かつ貴相だが火質が充旺せず、たとえば水局を合成すれば凶揺にて家宅を損するだろう。

甲子日主で時柱乙丑干支では、得合して連珠するので妻子は賢貴で、生月春季では身旺なので財帛が破耗し、生月夏季では甲干は衰退して金神を帯びて貴気を制伏し、秋季に近附して貴相で、生月丑支はもっとも吉相だが、そこで亥子支を重複して凶揺なのである。

（程勲氏（鎮護官）は癸亥年癸亥月であり／魏氏（長官）は庚辰年壬午月であり／楊氏（進士）は丙子年辛丑月であり／張應鳳氏（挙人）は壬戌年己酉月あり／某氏（富裕者）は乙丑年丁亥月であり／朱國祚氏（首席進士～宰相）は己未年癸酉月で浙江省の人物であった。）

甲寅日主で時柱乙丑干支では生月春季で窮状だが、秋季は貴相で冬季は富裕だが、生月夏季で火質が制伏して金神を擁するので吉兆なのである。

（汪集氏（侍郎官吏）は壬申年己酉月であり／某氏（侍郎官吏）は戊子年甲寅月であり／某氏（侍郎官吏）は乙丑年壬午月であった。）

甲辰日主で時柱乙丑干支は己主は厚財富裕で、年月柱に火気が通関して貴相かつ己主は激性なのである。

（胡柏泉氏（名臣長官）は癸亥年癸亥月であり／某氏（宰相）は丙辰年辛丑月であり／陳邦瞻氏（侍郎官吏）は丁巳年癸丑月で江西省の人物であった。）

甲午日主で時柱乙丑干支は、金神が火局に添加して身弱かつ窮命なので、寅戌支が火局を会成して一木質が火質を重複するので不吉だが、もし寅支と戌支がそれぞれでまた生月申酉亥支ならば、官級四品五品の貴相なのである。

（楊受堂氏（使節補佐官）は乙亥年壬午月であり／聶静氏（護衛官）は乙卯年甲申月であり／某氏（挙人）は己酉年癸酉月であり／某氏（挙人）は丁亥年壬寅月であり／趙世卿氏（長官）は戊辰年壬戌月であり／史学遷氏（学閥者）は壬戌年庚戌月で山西省の人物であった。）

甲申日主で時柱乙丑干支は平常疾症で生月子支で、運歳の南方地で巡貫し、また生月秋季は純粋な偏官で、天干に印綬が透干しもっとも貴相なのである。

（王一鶚氏（大目付）は甲午年壬申月であり／劉鳳翔氏（鎮護官）は乙酉年戊子月で／某氏は丙寅年乙未月で同貴相であり／陳氏（進士）は乙巳年乙酉月であり／某氏（巨頭賊）は丙午年戊戌月であり／陳長祚氏（長官）は乙巳年丁亥月であった。）

甲戌日主で時柱乙丑干支では領田東西連綿として財貨満載するが、ただし未だに被刑を免れず年月柱寅支で父君子息ともに顕表し、生月子支で運歳の西方地で黄金帯冠かつ紫恩衣纏帯なのである。

（陳瑞氏（長官）は乙亥年乙酉月であり／王宗沐氏は丙戌年壬辰月で夫妻子息五名進士合格であり／王三重氏（地方長官）は庚寅年丙戌月で江西省の人物であり／楊一清氏（宰相）は甲戌年甲戌月であり／周家謨氏（長官）は丁未年戊申月で湖西湖南省の人物であった。）

〔歌訣〕

丑支を、鎖金質の合局と見做すときに、
解錠しなければ、通関は不可であり、
そこで局中に、寅午戌支を附帯するときは、
火質が制効し、成功の始兆なのである。

〔歌訣〕

時柱に劫財羊刃を附帯し、不益であり、
局中の財星官星が、閉門鎖関するので、
辰未支に相逢し、大吉と見做し、
たとえ肯首しなくても、日夜順調であろう。―

甲日主で時柱乙丑干支を附帯するときに、庫地支蔵中の金珠を収蔵するが、そこで貴人星劫財傷官とは明月を雲遮して蕩光し、火局を合成して運歳の南方地が貴相だが、金神を制伏して当相し、また枯木重水しても平常底で、祖家に背離郷するが晩節は旺盛だろう。

六甲日丙寅時斷　以下所忌月分。與時同斷。

〔歌訣〕

六甲日干で、時柱丙寅干支のケースでは、
時支建禄と食神が、日干を搭載するので、
旺壬干を附帯しなければ、衝破は存在せず、
福寿かつ康寧で、富貴の人命なのである。―

甲日干で時柱丙寅干支では甲木を寅支が搭載して健旺、また丙干を食神と見做して支根を領得するので、局中に壬癸干の衝剋が存在せずに、月気に木火気が通関して貴相で、官星や申支衝禄を附帯して不益なのである。

甲子日主で時柱丙寅干支のときは、日主を時禄が搭載して青雲に得路して、そこで年月柱に庚辛金が存在せず貴相だが、木火気が通関して極めて貴相なのである。

生月午支で運歳の東北地の方途を巡り官級五品六品の貴相で、生月申支では帰禄して偏官を附帯するので、己主はとても権貴なのである。

そこで水局会成は平常底で、もし年月柱と日時柱が同一ならば大貴相で、また一つに転勤者の命相なのである。

（韓琦氏（首相）は己未年壬申月であり／陳蔡氏（評定官）は辛卯年己亥月であり／崔峨氏（参議）は庚申年壬午月で富裕であり／銭氏（知事）は丙午年癸巳月であり／張氏（郡司）は甲辰年庚午月であり／孟氏（監察官）は丁巳年戊申月であり／王氏（郡主）は乙未年乙酉月であり／徐氏（首席進士）は甲寅年丁卯月であり／某氏（挙人）は戊子年乙卯月であり／姜璧氏（監察官）は庚子年己卯月であり／徐一鳴氏（鎮護官）は甲子年乙亥月で江南の人物であり／張成氏（宮中官吏）は庚寅年丁亥月であり／謝紹芳氏（挙人～監察官）は丁丑年壬子月で福建省の人物であり／熊文燦氏（太政官）は乙亥年辛巳月であったのである。）

甲寅日主で時柱丙寅干支では、年月柱に辛干巳酉丑支が存在せず帰禄格を肯首し、官位は一品二品に昇階し、木火気純性で土気を附帯して富貴双全かつ六長官クラスであった。

丙子干支や生月亥未卯支では官級四品五品の貴相で、運歳の南方地に巡りもっとも吉相で、また生月酉丑支も貴相でそこで透干や年柱干支を看るのである。

（王大用氏（大目付）は己亥年丁丑月であり／聶豹氏（学者長官）は丁未年壬寅月であり／黄氏（地方軍長官）は己未年己巳月であり／王氏（参与）は戊寅年丙辰月であり／鄭氏（中央軍吏）は甲寅年丙寅月であり／張鹵氏（大目付）は癸未年己未月であり／翁愈祥氏（評定官）は丙寅年壬辰月で江南の人物であり／胡雪田氏（進士）は甲辰年癸酉月であった。）

甲辰日主で時柱丙寅干支で「龍虎拱門」また「龍吟虎嘯」として、己主は貴相また一生貴人に近侍し、財源に得失や名利の決済に既済未済が存在するだろう。

年月柱未寅支では官級が六長官クラスに昇階し、生月戌支では知名士で、生月酉支では三品官級で、生月子亥支では四品五品官級であった。

運歳の西方地を巡って大貴相で、年月柱卯巳支は平常底で『神白経』に「己主が化木して貴相」とある。

（孫燧忠烈氏（公侯）は庚辰年戊子月で寧王の乱（一五一九）に参じ／靳貴氏（宰相）は甲申年丙寅月であり／周氏（侍郎官吏）は己卯年癸酉月であり／石氏（参与）は壬申年己酉月であり／某氏（挙人）は辛酉年丁酉月であり／某氏（挙人）は癸酉年癸亥月であり／曹大章氏（丙午癸丑科で次席進士）は辛巳年乙未月で江南の人物で一富商と同命相であり／荘奇顕氏（丙午癸丑科で次席進士）は戊子年甲寅月で福建省の人物であった。）

甲午日主で時柱丙寅干支で、己身は絶地に位居して己主は平庸で、もし生月に水質が通関すれば木質が扶助を領得して吉相だが、生月火質では非長寿で天干に甲比を併見して支障は存在しないのである。

（趙卿氏（鎮護官名将）は甲子年庚午月であり／崔氏（鎮護官）は丙戌年戊戌月であり／王堯日氏（給事中）は壬戌年甲辰月であり／銭氏（参与）は丙午年癸巳月であり／郭氏（進士）は己亥年丙寅月であり／某氏（少卿吏）は壬子年甲午月であり／某氏（地方官）は甲子年甲戌月であり／銭若賡氏（進士）は庚戌年戊寅月で子息が科挙合格され／某氏は丁未年丙午月であり／某氏は乙酉年丙戌月であった。）

甲申年日主で時柱丙寅干支は、日時柱が併衝して妻子が憂衝するが、もし年月日柱が同一ならば大貴相で、己亥干支は官級二品三品で、年月柱辰子支に水質に際会して偏官佩印して吉相で、生月未支は財庫でまた吉兆なのである。

（温景葵氏（挙人～大目付）は丁卯年辛亥月であり／喬宇氏（長官）は甲申年丙寅月であり／鄭慶雲氏（進士）は壬子年壬子月であり／張喬氏（進士）は戊寅年癸亥月であり／荘科氏（郡主）は壬辰年丁未月であり／薛氏（中央軍吏）は丙申年庚子月であり／黄承昊氏（監察官）は丙子年丁酉月であり／安遠氏（公侯）は甲子年乙亥月であり／呉中行氏は庚子年庚辰月で学士院で癸未歳に復職し子息は八名で江南の人物であり／趙氏（地方官）は丁未年甲申月であり／陸長庚氏（通政司）は甲寅年丁丑月で浙江省の人物であり／銭策氏（少卿南宋系）は己巳年丙寅月であった。）

甲戌日主で時柱丙寅干支のときは、年月柱に土質を附帯してすなわち富裕だが、金質を附帯してかえって元帰し、たとえば金質を附帯して生月亥子支の方途は貴相だが、他の月はすなわち否定し、『神白経』に「火木質が化気して己主は厚福である」としている。

（某氏（宮中官吏）は己丑年丙子月であり／倚頓氏は壬辰年戊申日で財命局で辰戌支を欠相して寅申支が衝相するので、先んじて富裕したのであり／陳情氏（使節補佐官）は甲戌年丁丑月であり／林聡氏（長官名臣）は丁酉年辛亥月であり／韓氏（参与）は壬申年壬子月であり／某氏（富裕者）は戊午年壬戌月であり、某氏は癸酉年乙丑月であり／某氏は甲子年丙寅月であり／王象恆氏（蘇州藩鎮）は己巳年丙寅月で山東省の人物であり／袁中道氏（江南人事官）は庚午年壬午月であり／申為憲氏（監察官）は癸未年甲子月であり／崔呈秀氏（長官）は甲戌年辛未月であった。）

〔歌訣〕
日干が時柱に、帰禄する格局とは、
官殺が存在せず、奇瑞の始兆を肯首し、
そこで刑衝しても、官殺を帯びなければ、
その富貴を、猜疑してはならないのだ。

〔歌訣〕
甲丙干を併見し、寅支が搭載すれば、
福星を禄支が搭載し、文章を顕振し、
運途で命局に、傷害が存在しなければ、
早々と昇階し、憲堂に到達するだろう。—

甲子日主が時柱寅支で丙干を搭載すれば、学業と福禄が斉同均呈し、もし辰戌支を附帯して二三妻君を妻帯するときには、己主は建禄支にて晁旦の富貴であろう。

そこで丁庚干午申支では福分が逓減し、官殺が存在せず合絆して奇瑞と見做し、生得的な貴顕を衆目に提示し、この命相は先に難儀するがのちに快易するだろう。

六甲日丁卯時斷　以下所忌月分。與時同斷。

〔歌訣〕
六甲日干で、時柱丁卯干支のときには、
傷官と羊刃とが、同相して奥悩し、
たとえ月気の扶助を帯び、肯首しても、
当人の性情が不好と、見做すのを免れず。—

甲日主で時柱丁卯干支では傷官羊刃が同局するので、甲干が辛干を正官の用途と見做すとき丁干を傷官と為し、また己干を正財の用途と見做すとき卯支蔵の乙干卯支を劫財と為し、己主は狼勇の人格と見做すのである。

もし命局に辛干が透干すれば傷官が正官を併見して、百端の損害かつ運気も凶揺で善い結末を領得せず、命局に偏官帯刃して運歳の財星官星印綬を巡って大貴相なのである。

甲子日主で時柱丁卯干支では剋剥して吝嗇で、事を造作するには一進一退して妻子の損傷を免れずまたは他郷で客死し、生月辰戌丑未支は貴相だが生月卯支は凶揺で、局中に官殺が制伏すればそこで吉相なのである。

（李遷氏（侍郎官吏）は辛未年戊戌月であり／楊禹氏（参与）は丁酉年庚戌月であり／歐陽煥氏（進士）は丙寅年乙未月であり／趙葉氏（進士）は壬

子年癸丑月であり／某氏は庚戌年辛巳月で浙江省の人物であった。）

甲寅日主で時柱丁卯干支では、年月柱に木火気が相停して木火通明の貴象で、そこで月令の丑未支が搭載して貴相で、また生月乙亥干支では冠世の文章力で官級三品位に昇階し、局相に金水質を全備し官印双顕して貴相、または水火気が交夾して己主は凶揺なのである。

（屠大山氏（長官）は庚申年辛巳月であり／趙氏（侍郎官吏）は丙午年丙申月であり／某氏（巨富者）は甲子年甲戌月であり／某氏（武高官）は丙子年癸丑月であった。）

甲辰日主で時柱丁卯干支では財帛満載かつ生計満盈し、妻子孝賢にて高命がテーマなのである。

生月春季で太旺して制伏しなければ窮状かつ残疾だが、生月丑酉支は貴相また独身のケースは凶揺なのである。

（繼周氏（解元）は壬申年癸丑月であり／某氏（進士）は辛卯年壬辰月であり／某氏（使節補佐官）は丙申年丁酉月であり／某氏（知事）は丁卯年甲辰月であり／某氏は戊申年甲寅月であり／某氏は己卯年丙寅月であった。）

甲午日主で時柱丁卯干支では、己身を絶地が搭載して凶揺だが、もし生月秋冬季では非長寿だが、生月春夏季では富貴また生月甲午干支では大貴相で、運歳の東北地の方途が適宜なのである。

（某氏（挙人）は辛酉年丙申月であり／胡正蒙氏（三席進士～学政長官）は癸酉年乙未月で浙江省の人物であり／林春氏（人事官）は戊午年乙卯月で江蘇省の人物であり／林烇氏（長官）は庚子年丙戌月で福建省の人物であり／王氏（知事）は丙午年癸巳月であった。）

甲申日主で時柱丁卯干支では、己主は武職を司事して権貴の名声で、生月酉支で運歳の木火気が貴相、また年月柱の寅午支が大貴相、また生月寅卯支は凶相なのである。

（李世忠氏（鎮護官）は癸未年丁巳月であり／劉棟氏（侍郎官吏）は戊戌年甲子月であり／范之箴氏（参議）は乙亥年庚辰月であり／李秋氏（大目付）は庚午年辛亥月であり／許宣氏（進士）は壬申年甲辰月であり／陳九徳氏（挙人）は乙卯年乙酉月であり／某氏（長官）は壬寅年丙午月であり／宇文氏（首相）は戊午年丙辰月であり／某氏は庚申年己卯月であり／某氏は甲戌年丙寅月であり／王應選氏（三席進士）は甲午年辛未月で浙江省の人物であり／辛稼軒氏（藩鎮）は庚午年辛巳月であった。）

甲戌日主で時柱丁卯干支で、生月亥支では学才が貴顕し、そこで羊刃がもっとも造化を崩壊するので、制伏や合絆の方途が吉兆なのである。

また身弱でも凶揺ではなく、もし年月柱が偏官併擁して生月秋季の甲木では、己主は非長寿なのである。

（毛鵬氏（大目付）は壬午年庚戌月で子息は寿元四十歳余であり／呉情氏（三席進士～小官吏）は甲子年丙寅月であり／方攸芋氏（挙人）は庚午年甲申月であった。）

〔歌訣〕

明月が、籠雲に欠局するときには、
人道の通行が不通と為り、
局中に、救助が存在しなければ、
財帛禄級の従容は、些少であろう。

〔歌訣〕

甲日が陰遁し、丁卯干支を帯びるとは、
重複附帯し、ただ刑衝を畏れるが、
運歳の背禄に巡り、官貴が存在しなければ、
老齢に至って経綸に窮し、名声は肯首しない。—

甲日主で時柱丁卯干支を附帯して羊刃を併相すれば、甲干が丁火に巡って炭化と見做し、父母兄弟は倚拠し難く祖業の領田財貨は離合集散するので、そこで妻子が総じて欠損すれば運歳の官殺を巡り奇瑞の始兆と為り、喜怒偏頗の性情なのである。

六甲日戊辰時斷　以下六甲日所忌。月分同上。時犯併論。

〔歌訣〕

六甲日干で、時柱戊辰干支のときには、

天干財星を庫地が搭載し、滋養の際会であり、
巨富巨商にて、その田園が繁盛し、
月柱に辛金を附帯し、貴位爵禄の人命である。―

甲日干で時柱戊辰干支では、干頭の財星を庫地が搭載し、辰支蔵の水局が滋生して月気に通関すれば、ビジネスで財源が発揚し田園も繁盛するだろう。

生月酉支では爵禄を帯び財官双全かつ富貴双全だが、比肩羊刃が財気を横奪して不益なのである。

甲子日主で時柱戊辰干支では葉根の移換と称し、家姓の改易かつ妻子賢孝で高命のテーマを造作し、生月未支で運歳の北方地を巡り貴相、また生月酉支で運歳の北方地を巡り大貴相なのである。

（童承叙氏（春宮坊）は乙卯年乙酉月であり／岳偘氏（鎮護官）は甲申年丙寅月であり／張氏（皇族）は戊子年丙辰月であり／李氏（参与）は庚寅年乙酉月であり／耿氏（巡察官）は癸酉年丁巳月であり／某氏（貴人）は乙亥年乙酉月であり／某氏（宮中官吏）は甲午年庚午月であった。）

甲寅日主で時柱戊辰干支ではドラゴンとタイガーが咆哮し、辰支が好作用して貴相で寅支が好作用して健寿であり、亥卯未支が三合木局すれば身旺財旺にて大貴相なので、年月柱の丑申支もまた吉兆なのである。

（高簡氏（長官）は庚申年丁亥月であり／林元甫氏（大目付）は乙丑年癸未月で子息も同貴相であり／趙憲長氏（辛亥月転運使）は丁亥年癸卯月であり／李仰止氏（進士）は乙卯年戊子月であり／聞人詮氏（地方教育官）は庚辰年乙丑月であり／姚懌山氏（進士）は丁卯年庚戌月であり／某氏（監察官）は壬申年己酉月であり／鄭鄤氏（学士院吏）は甲午年癸酉月で江南の人物であり／牛鏡氏（進士）は庚午年丙戌月であり／靳光氏（事務官）は己丑年丙子月であった。）

甲辰日主で時柱戊辰干支では刑衝して財気を発揚し、妻女が複数で子息は晩年期で両親ともに瑕疵し、生月酉支は官級三品四品の貴相で、生月丑支もまた貴相で四併辰連支すれば大貴相なのである。

（潘恩氏（長官）は丙辰年壬辰月で三子息が進士合格者で一名は時柱己巳干支であり／陳健氏（知事）は辛亥年戊戌月で極富裕で子息も貴人であり／某氏（郡主）は丙子年庚子月でありまた馬應魁氏は同命相であり／方一梧氏（護衛官）は乙丑年丙寅月であり／呉普泉氏（護衛官）は甲寅年戊辰月であり／某氏（節度使）は丙戌年庚寅月であり／某氏（文高官）は丙戌年庚戌月であり／某氏（武高官）は丙申年辛丑月であり／張瑞圖氏（三席進士～閣僚）は庚午年己卯月で福建省の人物であり／陶望齡氏（三席進士～上勅官）は壬戌年戊申月で浙江省の人物であった。）

甲午日主で時柱戊辰干支では財気に成敗が多く、早年に老成して年月柱亥子丑卯午未支は大貴相で、また生月酉支も貴相なのである。

（張臣武氏（首席進士）は庚辰年己卯月であり／黄氏（侍郎官吏）は辛未年甲午月であり／方時逢氏（知事）は己卯年癸酉月であり／李氏（進士）は壬子年癸丑月であり／某氏（挙人）は己酉年乙亥月であり／舒應龍氏（長官）は辛丑年庚子月であり／鄒徳溥氏（学士院吏）は己酉年壬申月で戊戌歳に退職した江南の人物であり／某氏（進士）は辛酉年庚寅月であり／毛惇元氏（次席進士）は乙酉年庚辰月で庚申歳に卒した浙江省の人物であった。）

甲申日主で時柱戊辰干支では、己主は孤独相で清高な道仏士で、生月丑支は富貴また生月寅支はもっとも貴相なのである。

（唐符氏（進士）は丙申年辛丑月であり／某氏（進士～知事）は庚寅年己卯月であり／某氏（宰相）は辛丑年甲午月であり／某氏（挙人～知事）は庚子年壬午月であった。）

甲戌日主で時柱戊辰干支では、大富裕で年月柱が互扶してまた貴相で、年月柱寅亥支では官級三品四品の貴相で、ただし日時柱が併衝すれば早年から孤身で中年期に発福するだろう。

（林洪氏（挙人）は乙亥年丁亥月であり／劉文岳氏（挙人）は丙戌年甲午月であり／徐縉芳氏（江蘇省鹽務長官）は癸酉年丁巳日で福建省の人物であり／王鏊對氏（監察官）は癸巳年壬戌月で江西省の人物であり／周汝器氏（挙人）は乙亥年乙酉月であり／壬午年癸丑月、丁卯年丙午月、丙申年庚子月、乙卯年癸未月、己未年甲戌月はともに大富裕者であった。）

〔歌訣〕
辰支庫地とは、銭蔵の局相であり、

財運の門戸が、日々に開扉すれば、
運歳の、官星禄地に巡るときには、
福分爵禄が、自然に到来するだろう。
〔歌訣〕
時上偏財のケースでは、重複は不用であり、
命局内と外辺を、詳細に捜邏すれば、
運歳で旺財が、官星の生扶に巡るときは、
その運途が拙く、衰身損耗を畏れるのだ。—

甲日干で時柱戊辰干支に巡るときは、局中に戊干が相扶するのを要し、財星官星で運気が輾轉するだろう。

辰庫守銭に巡って有益で庚辛干が透干して貴顕し、また壬癸干が滋扶して枯朽せず、ただ比肩劫財兄弟の過多や、運歳でこれに巡って凶揺なのである。

六甲日己巳時斷

〔歌訣〕
六甲日干で、時柱己巳干支のときには、
巳支蔵の財気が、質実に耐久し難く、
月柱に火気が通関し、貴相の方途と為り、
もしそこで衰身すれば、また耐久できないのだ。—

甲日主で時柱己巳干支のときは食神が旺じて衰身し、甲干を巳支が搭載して病符するので、暗に戊干を財気と見做しても丙干を食神と見做すので、月令に通関しなければその福分に耐久し難いのである。

甲己干を「平頭殺」と見做し、生月春季に生扶すれば身旺にて衰財するので六親は離反し、平生の造作は巧妙を拈弄して拙劣を為すだろう。

己巳干支とは「金神」で火質の制伏を帯びて、巳酉丑支三合金局し運歳の南方地へ巡り名声爵禄は重高で、命局に火質を擁さず化気の残害と為して、己主は凶揺するだろう。

甲子日主で時柱己巳干支では、先に窮状するがのちに富裕するとし、祖業は軽微で妻君が稼勤労働するので子息が拗性するだろう。

年月柱寅未巳丑支のケースでは貴相だが疾症に防耐し、甲子辰戌支は大貴相なのであり『神白経』に「化気すれば己主は貴相だ」としている。

（岳飛氏（武穆）は癸未年乙卯月であり／萬衣氏（地方長官）は戊寅年己未月であり／某氏（地方官）は甲子年癸酉月であり／某氏（指揮官）は癸酉年丁巳月であり／陳熙昌氏（長科）は辛未年丁酉月であり／解經邦氏（節度使）は辛未年丁酉月であった。）

甲寅日主で時柱己巳干支では日時柱が刑衝して妻子を損傷し、年月柱に火質が生扶すれば明察果断の才覚で兵権を掌事し、年月柱戊子支ならば父祖の蔭護を世襲継承して、己主は富裕であろう。

（史朝賓氏（進士）は庚午年壬午月であり／某氏（知事）は辛未年甲午月で富裕であり／解經雅氏（吏科）は丁卯年庚戌月であった。）

甲辰日主で時柱己巳干支では、容姿敦厚かつ一生平安で財帛が成充し、年月柱巳酉丑支で運歳の火金質に巡って貴相だが、化気して凶揺がテーマなのである。

（萬鐣氏（長官）は乙巳年戊子月で時柱壬申干支ともされ／呉應宸氏（庶常）は乙丑年庚辰月であり／方逢時氏（長官）と趙鏜氏（知事）は同命相で、方氏は楚州担当で趙氏は冀州担当で金神なので「喜火忌水」だがこれと異相であり、姚文華氏（挙人）は壬子年丁未月であった。）

甲午日主で時柱己巳干支では、金神が火地に入郷して大貴相だが、生月酉支で運歳の木火気を巡り武権職だった。

（雷禮氏（長官）は乙丑年丙戌月であり／徐問氏（長官）は庚子年庚辰月であり／王氏（郡主）は辛巳年甲午月であり／呉氏（節度使）は壬辰年丁未月であり／史浩氏（首相）は丙戌年戊戌月であり／蹇達氏（大目付）は壬寅年己酉月であり／賀鼎氏（進士～参議）は乙未年庚辰月であった。）

甲申日主で時柱己巳干支では聡明敦厚かつ善処を決断し、孤身かつ清貴で破綻を免れないであろう。

（陳琳氏（侍郎官吏）は壬午年癸丑月であり／蹇氏（進士）は戊寅年己卯月であり／某氏（貴人）は乙酉年壬午月であり／某氏（貴人）は丙辰年乙未

月であった。）

甲戌日主で時柱己巳干支では貴星の財格かつ名利双全で、年月柱子戌支では官級五品以上の貴相なのである。

（劉畿氏（侍郎官吏）は己巳年己巳月であり／陳氏（使節補佐官）は乙亥年丙戌月であり／曾熙炳氏（挙人）は丙子年丁酉月で南道出身であった。）

〔歌訣〕
局相で食神が、建禄と符合するときには、
志操があり、門庭を改風するが、
そこで、幾度もの成敗に翻展し、
破綻したのちに、また栄昌に再逢するだろう。

〔歌訣〕
甲己干が中央位にて、土神を造作すれば、
時柱に辰巳支を附帯し、洒脱に払拭し、
局中や運歳に、火災が趨奔するときには、
功名が顕達して、富貴の人命なのである。―

甲日主で時柱己巳干支を附帯し、火質が厚土に臨んで光彩が存在せず、枯苗が降雨して枝葉が強壮するだろう。

火局を会成して金神は旺相するが、進士ならば有名無実だが、一般人ならば祖荘を改翻する非常規の性格の人物と見做し、運途は晩年期の気象なのである。

六甲日庚午時斷　以下六甲日所忌月分同上。時犯併論。

〔歌訣〕
六甲日干で、時柱庚午干支のときには、
また死符かつ、干頭偏官に逢瀬するので、
そこで丙丁干を、己身が附帯せず再び微勢とし、
春秋四季に拘わりなく、窮状奔馳するだろう。―

甲日主で時柱庚午干支のときは、死符が偏官を搭載するが、甲木は午支に死符して干頭に庚殺を搭載するので、月気に通関せず救応が存在しなければ寿元の疾症の附帯を促し、また生月丙寅干支ならば身旺にして庚干が衰絶するのですなわち吉兆で、また己主は始発して結尾しないだろう。

もし木気が通関すれば己主は方正な面相、また水気が通関すれば運歳の東方地に巡り、郎官吏止まりであろう。

甲子日主で時柱庚午干支ならば、日時柱が相衝するので妻子が悩傷して平常底であり、もし年月柱子午支また生月寅戌支で運歳の西北地の方途に巡り、金紫恩衣の名声であろう。

（張安氏（参与）と呉中氏（巡察官）は同命相で甲午年壬申月であり／某氏は甲午年庚午月であり／李萬實氏（検事官）は庚午年戊寅月であり／某氏（經歴）は戊子年甲子月であり／周延儒氏（首席進士～閣僚）は癸亥年丁巳月であり／某氏（進士）は丁卯年丙午月であった。）

甲寅日主で時柱庚午干支で生月春季では寿元を帯び、また生月夏季では傷官が傷尽し、そこで財源のなりゆきとは、申支は権能するが酉支は反否し、生月冬季では妻子を瑕疵して年月柱子未支ならば偏官佩印で官級四品位だろう。

（林應榻氏（長官）は癸巳年壬戌月であり／呉執卿氏（侍郎官吏）は丁卯年癸丑月であり／李繼芳氏（監察官）は庚午年戊寅月であり／汪萬里氏（挙人）は戊寅年戊午月であり／上海某氏（裸一貫巨富者）は癸亥年癸亥月であり／某氏（挙人）は甲子年壬申月であり／某氏（宮中官吏）は甲申年乙卯月であり／某氏（詹事丞）は壬午年庚戌月であった。）

甲辰日主で時柱庚午干支では田園を受領し、また生月寅支で運歳の金地を巡り名声、また己主は脳内痛なのである。

（石繼節氏（長吏）は乙酉年乙酉月であり／鄧澄氏（庶常）は癸亥年庚申月であった。）

甲午日主で時柱庚午干支では祖業を破綻するが、財貨爵禄を発揚して善果を領得しないが、年月柱寅午戌支では貴相なのである。

（林梅氏（進士）は辛亥年辛丑月であり／詹氏（首相）は壬午年庚戌月であり／賈氏（国政総務）は庚寅年壬午月であり／李氏（補佐官）は丙寅年丁酉月であり／某氏（貴人）は辛卯年戊戌月であった。）

甲申日主で時柱庚午干支では、年月柱辰子支で印星に際会し、年月柱亥卯支で身旺でともに貴相で、また寅戌支が際会して傷官制殺するので、甲干が倚託して貴相また運歳の金水気が有益なのである。
（趙鑑氏（参与）は甲戌年丁卯月であり／常氏（侍郎官吏）は庚寅年庚辰月であり／陳治則氏（吏科）は戊午年庚申月であった。）
甲戌日主で時柱庚午干支では、生月辰戌支では敦厚として貴相ではないが富裕であり、生月丑支では運歳の火土気を巡り、金紫恩衣の名声また生月寅支は清貴なのである。
（唐皋氏（甲戌科首席進士）で己丑年丙寅月で江南の人物であり／馬毅庵氏（監察官）は戊寅年丁巳月であり／呉悌氏（挙人）は甲戌年甲戌月であり／陳光前氏（挙人）は壬午年庚戌月であり／某氏（参与）は庚戌年戊寅月であり／某氏（進士）は壬寅年甲辰月であった。）
〔歌訣〕
日時柱の偏官の格局とは、
身強で制伏して高尚であり、
命相に衝破が存在しなければ、
ヨモギからニンニクが出類するようなもの。
〔歌訣〕
時柱午支とは、庚申干支が偏官と見做し、
制伏して適相であり、なおざりではなく、
身弱で偏官が旺強で、食神を附帯しなければ、
恒常的に智謀するが、己主は難儀であろう。──
甲日主で時柱庚午干支を附帯するとき、局中に寅申支を附帯して有益だが、身強で偏官が微勢にて精神が轉向し、両親は不順にして離れ去り、早年に妻子を傷害するが、晩年に群衆から超出して恒常的に翻意を好んで反抗するので、先に破相してのちに成就する命相なのである。

六甲日辛未時斷

〔歌訣〕
六甲日干で、時柱辛未干支のときには、
正官を貴人星が搭載し、もっとも奇瑞と為り、
また月柱が、金気を帯びて栄貴と見做し、
財星建禄が相停し、敢えてこれを断定するのだ。──
甲日主で時柱辛未干支では、時柱で貴人星が正官を搭載するが、甲干が辛干を正官と見做し、未支が天乙貴人に相当して己主を正財と見做すのは、未支蔵の己土が気を領得する為である。
もし木気が月令に通関すれば富裕、また土気が月令に通関して富貴双全なのである。
甲子日主で時柱辛未干支のとき、生月辰戌丑未支また巳酉支のときは、土金質の方途で文達顕貴するだろう。
（屠氏（長官）は庚申年丙戌月であり／某氏（府監察）は己巳年戊辰月であり／某氏（州監察）は己丑年戊辰月であり／某氏（東宮学士）は庚戌年丁亥月であり／馮夢禎氏（會元～侍郎官吏）は戊申年辛酉月であり／某氏（挙人～郡司）は癸亥年辛酉月であり／方従哲氏（大臣）は壬戌年己酉月であった。）
甲寅日主で時柱辛未干支では、生月寅申支で貴相また年月柱酉丑支で大貴の純相で『神白経』に「金質や木質に化気して己主は大貴相」とある。
（趙汝謙氏（正卿吏）は乙卯年戊寅月であり／黄體行氏（知事）は乙酉年丙戌月であり／王氏（侍郎官吏）は戊寅年丁巳月であり／某氏（挙人）は辛巳年丙申月であり／某氏（挙人）は乙巳年戊子月であり／王氏（中央軍官）は戊寅年庚申月であった。）
甲辰日主で時柱辛未干支では生月辰戌丑未支は富裕で年月柱巳酉丑午支は貴相なのである。
（游氏（進士）は丙子年戊戌月であり／某氏（挙人）は乙未年己酉月であり／翁正春氏（首席進士～長官）は戊子年戊午月であり／某氏（挙人）は庚午

年己卯月であった。）

甲午日主で時柱辛未干支では、生月春季は吉兆だが夏季は凶揺、また秋季は身弱で官位爵禄に耐久し難く、また冬季は高貴人なのである。

（左鑑氏（護衛官）は己卯年癸酉月であり／某氏（護衛官）は癸巳年己未月であり／某氏（挙人）は甲辰年戊辰月であった。）

甲申日主で時柱辛未干支では生月春季は吉兆だが、夏季は辛苦だが秋季には顕達し、また冬季には別途の根基と見做し、生月子丑支は大貴相で『神白経』に「金木質に化気して己主は貴相」とある。

（王世貞氏（大目付）は丙戌年庚子月であり／某氏（挙人）は丙申年甲午月であり／林民悦氏（両司政官）も丙申年甲午月であった。）

甲戌日主で時柱辛未干支では、先に瑕疵しのちに貴顕するので、年月柱寅卯酉丑支は貴相また年月柱子申支は官位は六長官に昇階するだろう。

（何良傅氏（進士）は己巳年乙亥月であり／黄鳳翔氏（次席進士～春官吏長）は己亥年丁丑月であり／余懋學氏（侍郎官吏）は己亥年己巳月であった。）

〔歌訣〕

官星を庫地が搭載し、開局するときは、
険路を巡って、危難を免れるが、
貴人星の幇助が、その作用を領得すれば、
その富貴を、猜疑してはならないのだ。

〔歌訣〕

時柱に辛未干支を附帯し、財星官星を肯定し、
青雲を平歩し、行路は艱難ではなく、
比助を渇望し、小雞は後退し鳳凰に進化して、
そこで時令を得て彩雲の上端を飛翔するのだ。—

甲日主が時柱辛未干支を附帯し、辛官を庫地が搭載して相扶すれば、貴人財星建禄を良好に企図するので、初期に苦境でも結局は富栄するので、君子は栄転昇階し一般人は充厚に豊余し、そこで局中に刑衝破害が存在しなければ、決定的に青雲に得路するだろう。

六甲日壬申時斷

〔歌訣〕

六甲日主で、時柱壬申干支のときには、
食神を明見し偏官を暗蔵して、己主を搭載し、
局中に丙戊干が存在せず、秋冬季が盛旺すれば、
艱難に漂蕩して、定礎なき人命なのである。—

甲日主で時柱壬申干支では甲木を申支が搭載して絶符し、また申支が壬水を搭載して長生しまた庚干がここに建禄するので、偏印を明見して偏官を暗蔵し、そこで甲干が旺化すれば偏官を正官と見做すが、なお粗暴を免れないのである。

もし生月秋季では庚金が旺じ、また生月冬季では壬水が旺じ、そこで局中に丙戊干の阻土が存在しなければ転勤の象相なのである。

もし生月巳午支ならば大吉で、旺強な庚干が透干すれば鬼殺のテーマを造作し、運歳の北方地を巡り貴相なのである。

甲子日主で時柱壬申干支では生月申子辰亥支で浮木漂水し、根葉移換して「玉堂金馬」の貴相で、運歳の水土気が凶揺なのである。

（某氏（使節補佐官）は庚申年戊寅月であり／某氏（小官吏）は壬寅年戊申月であり／某氏（軍省長官）は乙卯年丙戌月であった。）

甲寅日主で時柱壬申干支のときは旺気だが失効があり、生月辰戌丑未支では「土神の得位」と見做し、また生月寅午戌支では偏官を制伏するのでともに貴相だが、生月秋季で運歳の東南地を巡りまた貴相と見做すのである。

（謝源明氏（長官）は丁巳年己酉月であり／某氏（長官）は丁酉年己酉月であり／某氏（首相）は庚午年辛巳月であり／某氏（進士）は丙午年己亥月であった。）

甲辰日主で時柱壬申干支では文章力が顕貴するが、丙戊干が透干してもっとも好相なのである。

（留正氏（首相）は乙酉年丙子月であり／王廷氏（都察官）は癸未年癸亥月であり／李璿氏（州監察）は己巳年壬申月であり／孫承宗氏（三席進士～

督師閣僚）は癸亥年甲寅月であり／某氏（挙人）は甲戌年戊辰月であった。）

甲午日主で時柱壬申干支のとき、生月申子辰支では姓宗を更改して敦厚の命相で、また生月午支は高貴相なのである。

（馬従謙氏（光禄寺長官）は乙卯年壬午月であり／某氏（府察官）は戊戌年甲寅月であり／某氏（挙人）は甲辰年戊辰月であり／某氏（首相）は壬申年丙午月であった。）

甲申日主で時柱壬申干支では生月寅支では身殺両停し、また生月卯支では陽刃帯殺してともに貴相なのである。

年月柱子辰支では偏官佩印また生月巳午支では、偏官を制伏してともに吉兆だが、もっとも身弱旺殺を畏れて凶揺だが、そこでは離郷して福分が発揚するのである。

（陳位氏（進士）は庚申年戊子月であり／劉墨庵氏（評事官）は己丑年丁丑月であり／某氏（宰相）は乙巳年戊寅月であり／某氏（首相）は庚午年辛巳月であり／某氏（貴人）は丁酉年癸卯月であり／某氏（富裕者）は庚寅年庚辰月であり／某氏（頭賊）は庚申年甲申月であり／某氏（屠殺業）は丁亥年壬子月であり／曾櫻氏（長官）は辛巳年庚子月であった。）

甲戌日主で時柱壬申干支では、生月辰戌丑未支では絹帛恩衣を纏成し、また生月亥支は学堂と為し生月寅支建禄とともに貴相で、また生月午酉支では寿元が延寿するが、さもなくば窮状の命なのである。

（沈氏（首相）は壬申年辛亥月であり／馬同知氏（刑務官）は己巳年戊辰月であり／某氏（大貴人）は己丑年甲戌月であった。）

〔歌訣〕

晦冥のなかで、建禄を得局すれば、
覚醒ののちに、思量しなくてもよく、
さらにそこで刑衝空亡を帯びれば、
恒常的に、忙々たる心事であろう。

〔歌訣〕

甲日干は、時柱に甲干を附帯し有益であり、
また偏印佩殺が刑衝を畏れるが、
そこで名利を渇望し、結局は定義し難く、
救応の存在を、運歳の通気が教えるのだ。―

甲日主で時柱壬申干支では偏印佩殺が相侵するので、生扶されて身旺ならば己主は栄昌するが逆に身弱ならば性情が不確定で、六親血族の扶力が些少なので自主独立して成功し、運歳の吉地に巡り名声が顕表するが、運歳が微勢ならば平常底の命相なのである。

六甲日癸酉時斷

〔歌訣〕

六甲日主で、時柱癸酉干支のときには、
印綬を明見し正官を暗蔵し、奇瑞を稀求せず、
局中に火質を帯び、衝破が存在しなければ、
時令胎符が生扶し、貴相と知るべきである。―

甲日主で時柱癸酉干支のときは時令が胎符するが、甲木を酉支が搭載し胎符するので甲木の生気と見做し、干頭に癸印を明見しまた支蔵辛官を暗見するが、そこで己土を帯びて印星を衝破して貴相ではないのである。

また酉支を金神と見做し、もし局中に寅戌支を帯びて火気が通関すれば純性厚徳にて貴相だが、火気が存在せず水気を帯びれば残疾して粗暴なのである。

甲子日主で時柱癸酉干支のときは春季のタイミングで木旺なので、生月酉支では官星が純貴相と為るが、もし偏官が混入するか過多して、局中に全く火気が存在せず凶揺で、祖先を破綻するがのちに大富裕と為るであろう。

（何正庵氏（吏員）は甲午年甲子月であり／某氏（貴人）は辛巳年丙申月であり／某氏（頭賊）は甲申年壬申月であり／某氏（通政司）は辛巳年庚子月であった。）

甲寅日主で時柱癸酉干支では、生月春季では長寿だが、夏季は矛盾が多く秋季は安定せず冬季は平常底で、生月丑未支は貴相なのである。

（余午渠氏（使節補佐官）は甲戌年辛未月であり／周氏（長官）は壬申年癸

丑月であり／楊氏（宦官長吏）は癸亥年辛酉月であり／某氏は庚申年乙酉月で官殺両旺し局中に制火がなく／龔三益氏（解元進士～学士院吏）は戊辰年壬戌月であった。）

甲辰日主で時柱癸酉干支では、年月柱子戌支で財星官星を附帯して貴相なのである。

（某氏（首相）は丙午年己亥月であり／某氏（地方教育官）は戊申年辛酉月であり／某氏（知事）は戊午年辛酉月であった。）

甲午日主で時柱癸酉干支では、己主は孤独相で生月寅午戌支で、運歳の東北方途を巡り郎官吏なのである。

（陳寵氏（挙人）は庚午年癸未月であり／鄭子充氏（州監察）は壬寅年戊申月であり／某氏（轉運司）は庚戌年戊子月であり／某氏（挙人～人事官）は辛未年辛卯月であった。）

甲申日主で時柱癸酉干支では、平常底で生月に火質が通関し運歳の南地を巡り富貴で、年月柱の申酉支ではおおむね非長寿なのである。

そこで水質を帯びて化金質ならば毒性で、ただ官星佩印がテーマで金神を帯びて造作せず吉意だが、ただし己主は早期退職するだろう。

（盧氏（省長官）は癸丑年壬戌月であり／周道興氏（知事）は癸酉年壬戌月であり／洪鏘氏（員外官吏）は戊申年癸亥月であり／張峰氏（検事官）は庚午年己卯月であり／某氏（給事中）は己亥年戊辰月であり／李誌氏（長官）は乙卯年丙戌月で己未歳に仕官した浙江省の人物で一巨富者と同命相であった。）

甲戌日主で時柱癸酉干支で、年月柱子戌支では文章力が顕貴して、生月子午支では貴相ではないが富裕なのである。

（某氏（正卿吏）は己未年甲戌月であり／某氏（挙人）は辛卯年戊戌月であった。）

〔歌訣〕
小雞が青鸞に、進化する局相では、
そこでカラスの欺詐を被らなければ、
晁旦に、翼羽が就航して、
四海を飛翔するのに耐久するだろう。

〔歌訣〕
甲日主で、時柱癸酉干支を配当するときは、
金神や火局が、双方とも適相と為り、
運歳の南地に巡り、衝破しなければ、
富貴かつ栄華にし、事々に奇瑞である。―
甲日主で時柱癸酉干支のときは富貴双全の人物と為り、三奇で福分が発揚して能く栄転し、干頭支下が相和して貴相が顕表し、辺境の君子は将吏の象相であり、一般人ならば田園に配置立哨し、衝破が存在しなければ英賢を肯首し、この命相は決定的に臺憲の位相である。

六甲日甲戌時斷

〔歌訣〕
六甲日干で、時柱甲戌干支のときには、
木質が火局を擁し、精気が展暢せずに、
善福の好人と見做し、平常底であり、
両親ともに並傷し、誠に哀泣すべきである。―
甲日主で時柱甲戌干支では、甲干は丙干を食神また辛干を正官と見做し、戌支上に食神を搭載するが余気に辛金を支蔵するので、己身が焚火を被り好善の人物と見做し、衣禄は平常底なのである。
甲干は戊干を父君と見做し、癸干を母君と見做すが、戌支上の旺甲干が戊干を損傷し、暗に戊癸干は衝剋されるので、両親の難儀と見做すのである。
甲子日主で時柱甲戌干支のときは、春季を寿元と為し、夏季を暴揚と為し、秋季を貴相と為し、冬季を棄根移換と為すのである。
局中に亥支が作用して、それぞれ交夾して貴相だが結局は凶相であり、辰戌丑未支の雑気の財星官星は吉相で、また己主は視覚碍または狼犬や虎に咬傷されるであろう。
（邵康節氏（北宋大儒）は辛亥年辛丑月であり／鸞尚約氏（推官吏）は丁亥年辛亥月で十七命と連累し／陳騰鸞氏（進士）は庚子年己卯月であり／鄧

廷瓚氏（大目付）は庚戌年甲申月であり／王九經氏（挙人）は辛卯年辛卯月であり／某氏（貴人）は乙巳年乙酉月であり／某氏（貴人）は乙丑年乙酉月であり／陳有年氏（長官）は辛卯年庚寅月であった。）

甲寅日主で時柱甲戌干支では比肩が財禄を争奪し、木質が焚焼して四十歳以降は漸次に以前のペースを失効し、年月の甲丙干申子支は大貴相なのである。

そこで戌支が好作用して名声を挙し、生月午支で運歳の水火地を巡り官位七品八品級の貴相なのである。

（周氏（給事中）は甲戌年乙亥月であり／歐志學氏（知事）は甲子年乙亥月であり／顧大章氏（刑部郎）は丙子年庚子月であり／某氏（公侯）は癸未年癸亥月であり／沈節甫氏（侍郎官吏）は癸巳年丙辰月であった。）

甲辰日主で時柱甲戌干支では財源厚穏だがおおむね凶揺で、生月春季で運歳の金火気では官級六品位に昇階したのである。

（楊氏（参与）は己未年乙亥月であり、某氏（貴人）は丙戌年庚寅月であり／某氏（小貴人）は癸酉年己未月であった。）

甲午日主で時柱甲戌干支では、生月春季では貴人星が扶助し生月夏季では禄馬支を背逐し生月冬季では印綬の吉福であり、年月柱の寅支が好作用して貴人に近侍するだろう。

（某氏（宰相）は戊午年戊午月であり／某氏（知事）は壬子年壬子月であり／梁志盛氏は辛巳年己亥月で、多能聡明だったのである。）

甲申日主で時柱甲戌干支では酉支を拱起して官貴相だが、ただし独身で発揚しても恒久ではなく、生月春季では運歳の木土気が貴相なのである。

（王氏（侍郎官吏）は壬申年癸亥月であり／雷雨氏（進士）は丁酉年癸卯月であり／某氏（貴人）は辛巳年辛卯月であり／蒋遵箴氏（郎中官）は甲辰年辛未月であり／某氏は甲申年甲戌月であり／石可章氏（進士）は庚申年壬辰月であり／某氏（挙人）は庚辰年癸未月であり／陸光祖氏（長官）は辛巳年辛卯月であり／涂宗濬氏（長官）は辛亥年壬辰月であり／周如盤氏（大臣）は丙寅年辛丑月であった。）

甲戌日主で時柱甲戌干支では禄馬支を背逐して平常底であり、生月秋季では官殺に貴気があり、生月辰戌丑未支は吉相だが生月卯支は凶揺なのである。

もし年月柱が丙寅干支甲午干支ならば、三甲干が食神二丙干と見做して、丙干は夏季に時令を領得して寅支に長生するので、甲干は食神を附帯して建禄を帯びて、己主は富貴なのである。

（劉文荘氏（大目付）は乙酉年甲申月であり／張欽氏（大目付）は丁酉年戊申月であり／戴静庵氏（長官）は壬申年己酉月であり／詹寛氏（進士）は乙巳年乙酉月であり／某氏（進士）は乙卯年甲申月であり／某氏（挙人）は戊辰年己未月であり／某氏（貴人）は甲子年甲戌月であり／荘際昌氏（會状）は戊寅年丁巳月であり／某氏（皇族）は甲戌年甲戌月であった。）

〔歌訣〕

時柱戌支とは、墓符の火局であり、
そこで心意と志操とが同相せずに、
財星と官星を、倶有しながら背理し、
運歳の官星建禄に巡り、通関するだろう。

〔歌訣〕

時柱甲戌干支とは、比肩の附帯であり、
庫支蔵に天禄と火気とが衝揺するので、
相似して異作用なので、みな離合聚散となり、
心意と志操とが到頭し、同相しないのである。—

甲日主が時柱甲戌干支に通関するときは、比肩が禄支を附帯して相逢するが、そのなかに天倉の孤庫を隠伏するので、そこで酉丑辰支を取用し開錠が存在しなくても衝剋し啓破するが、立身して多く学ぶが成功は些少であり、局相に金木火質が旺じて水質が生扶すれば、先に暗冥するがのちに耀明する命相なのである。

六甲日乙亥時斷

〔歌訣〕

六甲日干で、時柱乙亥干支のときには、

また羊刃とはかえって瑕疵で凶害と見做し、
そこで戊土財星や辛金官星に相逢しなければ、
ただ功名が安泰に亨通しないのを畏れるのだ。—

甲日主で時柱乙亥干支のときには、甲木を亥支が搭載して長生するが、旺乙干を「刃」と見做すので制剋すれば「学堂」と為るのである。

そこで壬干を偏印と見做し亥支が搭載して建禄するが、甲干は庚辛干を官星と見做しまた戊己干を財星と見做すが、辛金は沐浴して戊己干は衰絶符して福分を作動しないのである。

また生月巳酉丑支や辛干で、局中に戊干を附帯して貴相であり、その他は聡明だが功名を遂げずに芸術家なのである。

甲子日主で時柱乙亥干支のときは「趨乾格」が成立して貴相だが、たとえば生月申支では旺殺帯刃して権貴で、生月酉支正官では局中に土質の生助を領得して大貴相なのである。

生月辰戌丑未巳支はともに吉相で、年月柱とも卯支が併相すれば旺刃凶揺であり、財妻を剋害して視覚碍が多く、また財帛は平常底なのである。

（呉氏（首相）は乙卯年乙酉月であり／某氏（首相）は己巳年乙亥月であり／某氏（公侯伯）は戊辰年癸亥月であり／某氏（侍郎官吏）は庚辰年辛亥月であり／徐縉氏（侍郎官吏）は己亥年癸酉月であり／黄氏（易編修官）は戊申年壬戌月であり／顧世科氏（府知事）は辛酉年戊戌月であり／趨氏（州知事）は己巳年丙寅月であり／胡松氏（長官）は癸亥年癸亥月であり／劉應秋氏（解元三席進士～春官長）は戊申年乙丑月であり／白瑜氏（少卿吏）は癸丑年乙丑月であり／李氏（挙人）は辛巳年庚子月であった。）

甲寅日主で時柱乙亥干支では生月辰戌丑未支で富裕、また生月申酉支は貴相また冬季は平常底また生月寅亥支ならば高貴人なのである。

（周氏（中央軍官）は壬辰年辛亥月であり／某氏（郎中官）は庚戌年乙酉月であり／某氏（進士）は癸酉年丁巳月であり／某氏（知事）は辛酉年庚寅月であり／王圖氏（学士院侍郎官吏）は丁巳年戊申月であり／潘柱氏（鎮護官）は甲戌年乙亥月であり／某氏（貴顕士）は庚申年己卯月であった。）

甲辰日柱で時柱乙亥干支では、生月酉支では最貴の正官であり、年月柱の辰戌丑未支また寅亥支はともに吉相なのである。

（賀氏（首相）は辛丑年庚寅月であり／某氏（使節補佐官）は丁酉年乙巳月であり／宋沈氏（長官）は辛未年壬辰月であり／陸深氏（侍郎官吏）は丁酉年己酉月であり／某氏（通政司）は乙卯年己卯月であり／方潤氏（郎中官）は壬寅年丙午月であり／某氏（監察官）は辛亥年庚子月であり／袁氏（知事）は庚戌年丁亥月で名文家であり／某氏（公伯）は辛亥年甲午月であり／某氏（進士）は乙巳年丁亥月であり／洪輔聖氏（征兵）は戊午年丁巳月であり／申時行氏（首席進士～閣僚）は乙未年乙酉月で江南の人物だが同一命相は庶民であり／某氏（使節補佐官）は丁酉年乙巳月であった。）

甲午日主で時柱乙亥干支では生月卯支は羊刃で、六親離反して身弱のケースならば、善き結末を領得しないであろう。

生月春季は貴相で宰輔大臣と見做し、年月柱申子戌午支で運歳の水火気を巡るときは、官級は六長官に昇階するだろう。

（王越氏（長官）は丙午年庚子月で（威寧伯）に拝命され／王華氏（首席進士～長官）は丙寅（申）年戊戌月であり／蕭端蒙氏（監察官）は乙亥年壬午月であり／林文華氏（知事）は己酉年己巳月であり／李嘉會氏（挙人）は己亥年戊辰月であり／兪維屏氏（挙人）は甲戌年庚午月であり／賀幼殊氏（挙人～使節補佐官）は丙戌年甲午月であった。）

甲申日主で時柱乙亥干支では、生月亥支では学問が成就し貴相の名声であり、生月申酉支ならば先に窮状してのちに富裕するだろう。

生月子支で運歳水火気を巡り黄金冠紫恩衣に等価し、そこで辰戌丑未支とは雑気の財星官星なので、生月寅支ならば建禄支なのでともに吉兆なのである。

（李時氏（宰相）は辛卯年壬辰月で純良の人物であり／馮天馭氏（長官）は癸亥年庚申月であり／荘思寛氏（進士）は甲寅年乙未月であり／徐榮長氏（吏員）は癸丑年甲寅月であり／陳氏（知事）は壬申年庚戌月であり／毛氏（知事）は甲戌年丙寅月であり／石華嶽氏（挙人）は癸酉年壬戌月であり／某氏（首相）は甲辰年丁卯月であり／某氏（遠方依覓）は辛酉年己亥月であった。）

甲戌日主で時柱乙亥干支では生月春冬季は富裕であり、厚土地の方途で貴顕するが、夏季は労転して聚財できず、秋季は平常底なのである。
（劉玉氏（評定官）は壬午年癸丑月であり／張達氏（給事中）は癸丑年癸亥月であり／呉非玉氏（博士）は乙亥年壬辰月であり／蔡氏（首席進士）は庚子年戊寅月であり／凌氏（進士）は甲子年丙寅月であり／趨徳涵氏（検事官）は戊戌年戊午月であり／孫陞氏（次席進士）は辛酉年壬辰月で子息四名が科挙試験合格の浙江省の人物であり／某氏（挙人）は癸丑年乙丑月であった。）

〔歌訣〕
命局で、駅馬が局相のポイントになるときは、
先ず財星官星が、全てのメインテーマであり、
命局の寒暖湿燥を承意するかが肝要であり、
そこで自然に調候往来が安穏と為るだろう。

〔歌訣〕
甲日主が、時柱乙亥干支のときは旺強であり、
また官星や印星を附帯し、平庸ではなく、
タイミングが巡り、自ら高持をアピールすれば、
運歳が財地に巡り、大いに顕揚するだろう。—

甲日主が時柱乙亥干支を附帯するときは、壬水が相生して好位相で、時柱が紫微宮の帝座に臨み、嗣子を養子で領得するが両親は揃って離去して扶力せず、いわゆる「開花して子実をむすび風揺を防備する」とし、文章力が顕達して門宮を改装するとし、タイミングが至れば群衆から超出するだろう。

六乙日丙子時斷

〔歌訣〕
六乙日干で、時柱丙子干支のときには、
傷官を貴人星が搭載し、福分を全備せず、
局中に官星を擁さず、これを衝破すれば、
ここで平生の爵禄貴顕の、方途のキッカケである。—

乙日主で時柱丙子干支では「六乙鼠貴」と為り、乙干が庚干を官星の用途と見做して子支に死符し、丙干を附帯して傷官と見做し、そこで丙干は暗裏に辛合して化殺の権威と見做すが、局中に庚辛干を擁さず丑支の紐帯や午支の衝揺が存在しなければ、貴格局の方途が成立するだろうし、上忌に適合し月気に通関せず救応が存在しなければ、凶兆で寿元の瑕疵を促すだろう。

乙丑日主で時柱丙子干支のときは身弱かつ平常底であり、午支の衝揺が存在しなければ温厚賢徳であり、年月柱申酉支は名声また寅子支は顕貴を帯びるが、月柱の丙寅干支己未干支甲戌干支己丑干支では、己主は凶揺するだろう。
（陳俊氏（長官）は己亥年丙寅月であり／虞守愚氏（侍郎官吏）は癸卯年辛酉月であり／周鳳鳴氏（進士）は己酉年丙寅月であり／王秩氏（通政司）は癸未年甲子月であり／銭有威氏（郎中官）は乙酉年戊寅月であり／某氏（知州佐吏）は乙亥年戊子月であり／某氏（宰相）は庚子年己丑月であり／紀大綱氏（検事官）は辛丑年己亥月であり／張鳳翔氏（長官）は丁丑年丙午月であり／某氏（総務官）は甲子年丙子月であった。）

乙卯日主で時柱丙子干支では年月柱辰戌丑未支では、官星貴人星を附帯せず凶意が吉相へ好転し、生月丁巳干支は祖家を破耗して凶揺で、生月戊申干支では己身は完卒せず生月己酉干支では凶揺するだろう。
（徐栻氏（侍郎官吏）は己卯年丙子月であり／喩時氏（侍郎官吏）は丁卯年癸卯月であり／邵錫氏（評定官）は丁酉年癸丑月であり／曹氏（長官）は丁巳年壬寅月であり／某氏（侍郎官吏）は己卯年己丑月であり／某氏（侍郎官吏）は乙巳年癸未月であり／張氏（皇族）は壬寅年癸卯月であり／吉[illegible]氏（首相）は丙戌年戊戌月であり／趙氏（太師）は癸卯年甲寅月であり／王氏（國子監教授）は丁巳年庚戌月であり／孔氏（参与）は甲辰年辛未月であり／葉氏（郡主）は甲申年丙寅月であり／丁以誠氏（郎中官）は癸巳年甲寅月であり／方山氏（府佐官）は庚午年丙戌月であり／陳元暉氏（学士院史）は甲戌年丁卯月であり／張喬氏（挙人）は己丑年丁卯月であった。）

乙巳日主で時柱丙子干支は吉相で、もし年月柱巳午支ならば寿元を促進

し孤身損耗を肯首せず、純土質ならば旺財が官星を生扶するので、運歳の西方を巡り子辰支を帯び、運歳の水火気を巡りともに官級二品三品位の貴相なのである。

生月申支正官や生月酉支偏官や生月卯支建禄はともに吉兆だが、生月甲寅干支は刑揺非長寿また生月酉支は濁性なのである。

（高曜氏（府長官）は甲寅年壬申月であり／某氏（府長官）は甲戌年乙亥月であり／江東氏（侍郎官吏）は己巳年丙寅月であり／帖木氏（首相）は戊申年辛酉月であり／陳氏（長官）は丁巳年癸卯月であり／孫氏（布政司）は戊辰年癸亥月であり／某氏（知事）は甲子年丁卯月であり／某氏（卿監）は壬申年戊申月であり／某氏（挙人）は壬申年己酉月であったのである。）

乙未日主で時柱丙子干支では、年月柱子亥支は大貴相なのは運歳も同義で、生月己未干支を傷揺不益として、生月丙申干支では己身は完卒せず、生月己丑干支では祖業を破綻して凶揺するだろう。

（鄭岳氏（侍郎官吏）は戊子年甲寅月であり／呉靐寰氏（評定官）は甲戌年庚午月であり／林愛民氏（検事官）は戊辰年甲寅月であり／黄氏（参与）は己卯年丙寅月であり／李氏（鎮護官）は甲寅年丁卯月であり／劉氏（元帥）は戊寅年壬戌月であり／蘇氏（太卿吏）は戊子年癸亥月であった。）

乙酉日主で時柱丙子干支は貴相だが孤身で反復起倒が多く、月柱に水気が通関して辛干午支を帯びずに貴相だが、生月戊寅干支では凶揺、また生月丁巳干支では祖業を破綻して窮して、生月己酉干支では金質で凶揺するだろう。

（翁成吉氏（参与）は辛未年庚子月であり／某氏（挙人）は甲戌年丙寅月であり／某氏（挙人）は甲申年丙寅月であり／某氏（参議）は己未年甲戌月であり／周我樵氏、子延儒氏（大臣）は癸亥年甲寅月であった。）

乙亥日主で時柱丙子干支では木火気に化質して己主は福相で、年月柱庚辰干支は富貴だが亥支が好作用して浮沈し、生月丑支で運歳の南地を巡り郎官吏と為るだろう。

巳午支ならば運歳の西方地で窮して、生月壬辰干支の刑揺が不益で、生月乙酉干支では祖業を破綻して高貴だが凶揺するだろう。

以上の六日は喜忌はおおむね同義だが、ただし酉支に搭載して「六乙鼠貴」は成立せず別格局のテーマなのである。

（王氏（長官）は甲申年庚午月であり／張承恩氏（苑馬卿）は丙午年辛丑月であり／某氏（解元帥）は丙戌年己亥月であり／解氏（監察官）は壬戌年辛亥月であり／馬氏（知事）は壬午年壬子月であり／張孚敬氏（大臣）は乙未年戊子月であり／劉氏（判院）は甲寅年甲辰月であり／張氏（藩鎮）は己巳年丙寅月であり／某氏は辛亥年甲午月であり／某氏は丙午年癸巳月であった。）

〔歌訣〕
時柱が、六貴格局に相逢するときには、
先に険難するが、かえって凶意は存在せず、
早歳にて難儀するが、ついに成就するので、
結末としては、財貨爵禄が豊厚なのである。

〔歌訣〕
六乙干は、時柱丙子干支で貴格と為り、
たとえば衝破が存在せず、奇瑞の始兆と為り、
そこで庚干申巳酉丑支に巡らなければ、
決定的に送迎され、宮廷内を拝観するだろう。—

乙日主で時柱丙子干支が臨めば傷官が傷尽して栄昌し、生月亥卯未支は平庸ではなく、運歳が巡れば旺相健身するが、庚辛干を附帯しなければ福分を発揚するのである。

そこで午支の衝揺と丑支の紐帯は平常底であり、たとえば刑衝に巡り一場の空疎と為り、この命相とは衰退もしくは強旺に両極するだろう。

六乙日丁丑時斷　以下六乙日所忌月分與上同。時亦併論。

〔歌訣〕
六乙日干で、時柱丁丑干支のときには、
食神が助相し、財星官星を帯びれば、
月柱に金質化気が通関し、福分と見做し、

これを平庸かつ濁性と看るのを肯首しないのだ。―

乙日主で時柱丁丑干支で、食神に財星官星が際会するとは、そこで丁干を食神と見做し、また庚干を正官と見做し、また己干を偏財と見做すのである。

また丑支蔵の辛金が合局して己土が位相を領得して、たとえば通関して貴相また金気が月令に通関して化気すれば、尊重すべき厚福だが月気に通関しなければ平常底なのである。

乙丑日主で時柱丁丑干支では生月秋季に当権すれば、己主は疾疰を帯びるが、夏季は吉相で冬季は平常底だが、旺春季は貴相の寿元なのである。

（蕭注氏（両制）は癸丑年乙丑月であり／李胤昌氏（解元～学士院吏）は庚午年丙戌月であり／林通氏（挙人）は戊申年甲子月であった。）

乙卯日主で時柱丁丑干支で、生月亥支は身旺また辛干を附帯して、偏官また局中に丁火が制殺すれば名誉ある武官職なのである。

（林東海氏（進士）は丁巳年甲辰月であり／呉與言氏（使節補佐官）は乙未年癸未月であった。）

乙巳日主で時柱丁丑干支では生月亥卯未寅支は貴相で、金気が月柱に通関すれば福分は重複するだろう。

（呉鐸思氏（布政司）は甲申年甲寅月であり／倪禄氏（遊撃士）は庚寅年戊子月であり／某氏（大貴人）は戊辰年辛酉時であり／某氏（挙人）は甲申年乙亥月であり／顧秉謙氏（大臣）は甲寅年庚午月であり／某氏（武科状元）は丙午年辛卯月であった。）

乙未日主で時柱丁丑干支のときは生月辰戌丑未支で富裕であり、また春季は長寿また秋季は名利双全、また夏季は窮状また冬季は平常底、また年月申支は三品級の武官職なのである。

（盛當時氏（検事官）は丁酉年戊申月であり／萬希庵氏（吏員）は乙丑年戊寅月であり／姜博氏（進士）は辛未年己亥月であった。）

乙酉日主で時柱丁丑干支では、もし月柱に木気が通関すれば貴顕し、年月柱申丑支はまた好相で、寅亥支ならば最好相なのである。

（黄光昇氏（長官）は丙寅年庚寅月であり／某氏（長官）は甲申年乙亥月であり／王昺氏（侍郎官吏）は壬子年戊申月であり／李世臣氏（監察官）は戊寅年己未月であり／某氏（郡主）は戊辰年乙卯月であり／沈自邠氏（学士院吏）は甲寅年己巳月であり／某氏（五経魁）は辛巳年戊戌月であり／某氏（監察官）は丁丑年乙巳月であり／黄光升氏（長官）は丙寅年庚寅月であり／某氏（都督）は丙申年甲午月であった。）

乙亥日主で時柱丁丑干支では、生月亥支は性急かつ急燥を懐持し妻子は賢孝であり、官級は六品七品に昇階して、生月午支は長生で年月柱に官星印星が透出して大貴相なのである。

（呉鵬氏（長官）は庚申年壬午月であり／陳汝勵氏（評定官）は丙寅年庚子月であり／王方田氏（郡主）は乙巳年乙亥月であり／王繼祖氏（鎮護官富者）は丙子年辛丑月であった。）

〔歌訣〕
時上の財星官星が、格局を会成するときは、
天干に食神が透出するときは、
もし衝揺に早期に巡相したならば、
決定的に発福が、必然の真実と為るのである。

〔歌訣〕
庫地支蔵が解錠し、乙干が丁食を帯びれば、
食神を庫地が搭載し、財禄が親近し、
飯のタネが存在せず朝廷の食客と為らずとも、
しかし清々しく長閑な、福分の人物なのである。―
乙日主で時柱丁丑干支を附帯すれば決定的に食神が発達するので、己身を丑支が搭載するのを忌み遅疑せずに、そこで庫支蔵に財貨が聚積するだろう。
また年月時柱の合絆は発達し、空亡刑衝は妻子の難儀と見做し、両親や伴侶の有無を懐疑し、タイミングが至れば貴金が升蔵に満載するだろう。

六乙日戊寅時斷

〔歌訣〕
六乙日干で、時柱戊寅干支のときには、

財帛爵禄に敗背し、質実が損傷するが、
精神を擁しても扶力なく、浮沈が多いので、
衣糧爵禄が、平常底の人物に抑止するのだ。—

乙日主で時柱戊寅干支では財禄に敗背し、乙干は庚干を正官の用途と見做し、寅支蔵の丙干とは傷官背禄であり用途の戊己干を財星と見做し、また寅支蔵の旺甲劫財では造作して浮沈する人物で、平常底であり土気に通関して吉相なのである。

乙丑日主で時柱戊寅干支のときは高命で、年柱子支また月柱戌支は富貴者で辰戌支を附帯して、運歳の木火地を巡り権威の命なのである。

（丁氏（宰相）は丁亥年癸卯月であり／曹司賢氏（検事官）は辛酉年癸巳月であり／黄侍顯氏（郎中官）は辛丑年丁酉月であり／黄行可氏（進士）は乙巳年壬午月であり／呉王榮氏（監察官）は庚申年甲申月であり／周端氏（進士）は己未年甲戌月であった。）

乙卯日主で時柱戊寅干支のときは、衝揺して福分が発揚し、生月秋季は貴相また年柱酉支で、生月辰戌丑未支を附帯して富裕、また生月卯支は建禄、また生月午支は印星が生扶して、官星佩印が透出してともに吉相なのである。

（歐陽文氏（忠公侯）は丁未年戊申月であり／某氏（進士）は癸未年乙丑月であり／某氏（大貴人）は癸卯年乙卯月であり／某氏（挙人）戊寅年庚申月であり／某氏（富裕者）は癸卯年乙卯月であり／某氏（鎮護官）は丙午年辛卯月であり／朱國禎氏（詹事）は丁巳年壬寅月であり／某氏（貴人）は庚申年壬午月であった。）

乙巳日主で時柱戊寅干支では孤剋して平常底であり、もし年月柱が申支庚干正官や丑支辛干偏官のケースはともに貴相で、生月辰支で運歳の北方地は吉相、また中年期に恩遇発揚するだろう。

（丘濬氏（名臣宰相）は辛丑年庚子月であり／程秀民氏（参与）は乙丑年戊寅月であり／某氏（貴人）は戊子年乙丑月であり／某氏（俳優）は甲戌年丁卯月であった。）

乙未日主で時柱戊寅干支では生月春季は寿元を帯び、また生月秋季は貴顕また生月夏季は平常底、また生月冬季は背乱また生月辰戌丑未支はともに吉相なのは、運歳のケースも同義なのである。

（李公正氏（使節補佐官）は癸未年己未月であり／某氏（小貴人）は庚午年癸未月であり／某氏（挙人）は庚午年庚辰月であり／某氏（貢員）は己亥年戊辰月であり／會氏（可前三席進士）は壬戌年丙午月であり／某氏（挙人）は戊寅年甲寅月であった。）

乙酉日主で時柱戊寅月では、生月春季は富裕で生月夏季は平常底、また生月秋季は貴相で寿元を促進また生月冬季は吉相なのである。

（宋天訓氏（西寧侯）は壬辰年丁未月であり／盧夢陽氏（布政司）は丁卯年辛亥月であり／黄如金氏（使節補佐官）は癸巳年丁巳月であり／吉三泉氏（評定官）は丁卯年丁未月であり／萬表氏（禅文学に通暁の文雅君子）は戊午年辛酉月であり／某氏（親王）は戊辰年乙卯月であり／孔貞運氏（次席進士～閣僚）は丙子年己亥月であった。）

乙亥日主で時柱戊寅干支では、春季は吉相また夏季は労転また秋冬季は貴相で、年月柱子丑支では貴相で官位三品級で浮沈するが、長寿また三十年後に孤身で福分が発揚するだろう。

（張懐氏（参議）は丙午年辛丑月であり／林遷喬氏（進士）は丙午年辛卯月であり／李表庚氏（宰相）は癸酉年丁巳月であり／某氏（布政司）は乙巳年己丑月であった。）

〔歌訣〕
命相で、寅支を暗蔵する局勢のときは、
行運するに、危惧たる憂慮を背蔵し、
局中の星辰が、好作用に透出するときは、
光彩のスポット、または迷雲の陋巷なのである。

〔歌訣〕
乙日主で、時柱寅支の仔細を推究するときは、
招聘客人と見做すか、また招聘を否定するか、
運歳が衰地で、さらに空亡刑衝が巡るときは、
尽力また心操が、無期限に徒労するだろう。—

乙日主で時柱戊寅干支では、ましてや暗に財星を瑕疵するが、傷官背禄が局相に併相すれば富貴だが妻子を傷害するが、運歳の旺財旺官で福分が発

揚し、運歳の比肩偏官を巡り窮状し六親和解は些少なので、自発的に成立して自在と為るだろう。

六乙日己卯時斷

〔歌訣〕

六乙日干で、時柱己卯干支のときには、
時支に日干の禄支財星が臨み、好相なので、
木気が旺通し、決定的に貴相であり、
酉支に辛干を、重複搭載して憂悩のタネである。―

乙日主で時柱己卯干支では「禄入廟堂」と称し、乙木を卯支が搭載して建禄し秀麗の人物と見做し、木火気が通関して貴相だが庚辛干を附帯して、禄支の瑕疵で破相と見做して視覚碍なのである。

もし生月巳酉丑支では衣糧爵禄は平常底、また辰戌丑未支は吉相、また生月申支は吉相なのである。

乙丑日主で時柱己卯干支は高命であり、中年期に多大に福分を享受し、生月春季に己身太旺して孤相、また生月夏季は窮状また生月秋季は疾症、また生月冬季は温厚なのである。

局中に辛金を附帯せず吉相、また生月辰戌丑未支では黄金冠紫恩衣の貴相なのである。

（余福氏（郡主）は乙丑年戊寅月であり／孫渭氏（進士）は庚午年庚辰月であり／某氏（進士郡主）は丁亥年己酉月であり／某氏（進士）は甲寅年甲戌月であった。）

乙卯日主で時柱己卯干支は高命で、生月春季に生旺するが充足して富裕な道仏士と見做し、また生月夏季は平常底だが辛金を附帯せず吉相、また生月秋季は疾症を帯び、また生月冬季は温厚また年月柱卯丑支では、高位に顕達して長寿なのである。

（林廷選氏（長官）は庚午年戊子月であり／張氏（視察使）は癸未年戊午月であり／謝應徵氏（進士）は壬申年癸丑月であり／某氏（萬戸官吏）は乙卯年戊子月であり／某氏（運使官）は戊子年乙卯月であり／某氏（進士）は辛卯年庚子月であり／某氏（挙人）は丁丑年乙巳月であり／某氏（大富者）は癸丑年乙丑月であり／某氏（長官）は壬申年辛亥月であり／某氏は癸未年辛酉月であり／某氏（検事官）は戊午年乙丑月であり／某氏（進士）は乙酉年丁亥月であり／丁賓南氏（長官）は癸卯年甲寅月で某一官吏と同命相であった。）

乙巳日主で時柱己卯干支では、生月春季は窮状相また生月夏季は平常底、また生月秋季は疾症また生月冬季は貴相で、年月柱午辰支では地支が一連相路してもっとも吉相なのである。

（陳氏（知事）は丁卯年甲辰月であり／某氏（富裕長寿者）は丁亥年丙午月であり／陳龍圖氏は癸亥年甲子月であった。）

乙未日主で時柱己卯干支では、年月柱に庚辛金を附帯せず貴相、また生月秋季では地支の厚薄を看て、たとえば年月柱に壬戌干支を附帯して官位三品四品級の貴相なのである。

（李兆龍氏（給事中）は壬申年辛亥月であり／某氏（首相）は甲午年丁丑月であり／某氏（参与）は辛酉年辛丑月であり／某氏（挙人）は庚辰年丁亥月であり／某氏（挙人）は庚申年己丑月であり／某氏（挙人）は己卯年壬申月であり／某氏（挙人）は壬午年辛亥月であり／某氏（宣尉司）は辛酉年乙未月であり／殺宗氏（明末帝）は辛亥年庚寅月で交丙運で国政を退き／李成梁氏（封伯）は丙戌年丙申月であり／某氏（二子息とも進士）は甲寅年庚午月であった。）

乙酉日主で時柱己卯干支では秀才で、早年期に祖業を破綻しまた中年期に財禄を発揚し、末年期に孤相で己主は埋葬地に難儀し、年月柱の申丑支では黄金冠紫恩衣なのである。

（胡鐸氏（参与）は辛卯年辛丑月であり／陳雲衢氏（進士）は丁巳年癸卯月であり／呉三省氏（挙人）は癸未年丁巳月であり／某氏（監察官）は乙卯年己丑月であり／劉之鳳氏（司法長官）は辛未年戊戌月であった。）

乙亥日主で時柱己卯干支では月柱寅巳支が搭載し、庚辛干を附帯しなければ「日禄帰時格」として清貴に顕達し、また年月柱に卯支が併相すれば道仏士の高階位で、戊支は聡明にて特達して財帛爵禄を帯びるのである。

（陳錫氏（評定官）は甲申年丁卯月であり／曽茂卿氏（進士）は甲寅年丁丑月であり／林氏（中央軍官）は戊子年甲寅月であり／陳黄氏（参議）は丙申年壬寅月であった。）

〔歌訣〕

日柱の禄支が、時柱に存在する局勢では、
青雲を直上し、桂枝を抜擢するだろう。
そこで官星の衝害が存在しなければ、
その名誉は、四方位に伝播するだろう。

〔歌訣〕

日柱の禄支が時柱の格局は、斎同ではなく、
食神や財星馬支に、相逢する必要があり、
そこで運歳の傷官佩印を、みな吉相と見做し、
官星に相逢せず、爵禄は自ら豊厚なのである。―

乙日主で時柱己卯干支が臨むときは、時柱を偏財が搭載して歓迎し、辛金を西支が搭載して相刑はせず、姓名の威武を標榜して定礎し、両親六親は頼りに為らずそれぞれ自発的に飛去して、文章が耀光して才能を帯び、そこで衝破が存在せず貴命なのである。

六乙日庚辰時斷

〔歌訣〕

六乙日干で、時柱庚辰干支のときには、
金白水清の化象が、真実と為るので、
壬干が辛酉干支に通関すれば、貴相の官気であり、
かえって視覚や精神の、逓減を防ぐのである。―

乙日主で時柱庚辰干支では、妻子は賢貴で乙庚干合が化金するので、もし生月申巳酉丑支に通関して秀麗の人物と見做し、己主は貴相またかえって視覚碍を防ぐだろう。

たとえば化合を附帯しなければ、壬干を印綬と見做し庚干を正官と見做し、辰支蔵の癸水が合局して乙木が通関するので、運歳の東南地を巡り平和に貴顕するだろう。

乙丑日主で時柱庚辰干支では、父祖を破剋して身弱で疾症するが、月気に通関して貴相また年月柱子申支で天干に甲戊干が透干して、三奇を帯合して大貴相なのである。

（喬宇氏（長官）は甲申年戊辰月であり／楊慎氏（首席進士）は戊申年甲子月であり／李纘氏（鴻臚卿）は辛巳年庚寅月であり／呂孔梁氏（知事）は丁丑年癸卯月であり／黄士俊氏（首席進士～閣僚）は丁丑年甲辰月であり／許獬氏（會元～編修官）は庚午年丙戌月であった。）

乙卯日主で時柱庚辰干支では富貴だが、年月柱が火土質ならば大貴相、また衝揺して大発揚また凶揺するが、もし年月柱が救応すればただ衝揺するのである。

（楊博氏（長官）は己巳年庚午月で甲戌歳に卒し、子息は進士で山西省の人物であり、某氏（挙人）は己卯年庚午月であり／董其昌氏（礼部長官）は乙卯年戊寅月で「善書名」と為ったのである。）

乙巳日主で時柱庚辰干支では造作が浮沈するので、道仏士は富貴だが疾症で一般人では妻子を瑕疵し、年月柱の申子辰卯巳支は貴相なのである。

（銭亮氏（僕少卿吏）は壬戌年乙巳月であり／呉氏（郡主）は乙巳年丁丑月であり／黄東松氏（進士）は癸酉年壬戌月であり／某氏（百戸～指揮官）は丙戌年癸巳月であり／某氏（進士）は辛亥年庚寅月であり／劉生和氏（河北省戸部郎官）は己巳年丁丑月であり／某氏（進士）は丁丑年壬寅月であり／某氏（進士）は庚辰年乙酉月であった。）

乙未日主で時柱庚辰干支では、生月亥卯支は身旺また巳申支は旺官で、天干に官星が透出して偏官佩印ともに貴相、また丑酉支は偏官が作用し局中に火制を帯びて吉相、また年月柱の戊丑支は四維金庫の大貴相だが、また祖業を破綻して孤身するのである。

（呉一貫氏（少卿吏）は乙亥年己卯月であり／史褒善氏（評定官）は己未年丁丑月であり／李貫氏（給事中）は丙申年辛卯月であり／唐順之氏（會元～評定官）は丁卯年辛亥月で乙亥日に配星し／李巨川氏（進士）は壬申年辛亥月であり／陶仲文氏（神仙人）は己亥年乙巳月であり／某氏（挙人）

は壬辰年己酉月であり／李春芳氏（首席進士～大臣）は癸丑年甲子月であり／某氏（進士）は戊申年乙卯月であり／楊漣氏（總務官）は壬申年戊申月であったのである。）

乙酉日主で時柱庚辰干支では、年月柱亥子支で戊癸干が透出して貴相、また生月寅巳午支は官殺を制効して吉相、また酉支が化金して好作用し己主は厚福なのである。

（魏氏（首相）は己卯年甲戌月であり／鄭氏（首相）は乙卯年庚辰月であり／李氏（侍郎官吏）は乙酉年乙酉月であり／李人龍氏（監察官）は甲子年丙子月であり／某氏（布政司）は庚午年辛未月であり／某氏（判官）は丙申年癸巳月であり／贊氏（皇令触法）は丙戌年癸巳月であり／某氏（挙人）は乙酉年戊子月であり／某氏（大貴人）は庚辰年乙酉月で支干双合しているのである。）

乙亥日主で時柱庚辰干支では、貴相ではなくすなわち富裕で、もし年月柱癸戊一化合して申卯支両旺、また巳丑酉支が金局を会成して運歳の木土気を巡り、官位は黄金冠紫恩衣に昇階、また発揚して自性的に衝揺するのである。

（周禾氏（巡察官）は丁卯年癸丑月であり／高文達氏（参与）は乙亥年戊寅月であり／曽氏（布政司）は丙寅年丁酉月であり／某氏（挙人）は丙寅年己亥月であり／某氏（小貴人）は辛未年庚子月であり／某氏（大富者）は癸酉年戊午月であり／陳薦氏（長官）は乙巳年甲申月であった。）

〔歌訣〕

天干と地支の、化気の局勢とは、
生月秋季が、昌々たる大吉相であり、
運歳の東方地や北方地を巡るときに、
世表顕出を要するのは、とても平庸ではないのだ。

〔歌訣〕

乙庚干が相会し、決定的に貴相であり、
乙木と庚金が正規に合絆するタイミングでは、
運歳が吉兆で、身強にて衝破が存在しなければ、
栄転して、自ら貴人をアピールできるだろう。—

乙日主で時柱庚辰干支とは正規であり、干頭官星が庫地を守衛して「乾元之相」であり、青年期に武挙合格の標名が伝播し、温良恭謙の性情を稟得し度量があり妻子賢貴、かつ才人として爵禄が栄転し、南方火地で戊癸化火が相連すれば富貴にして謙虚なのである。

六乙日辛巳時断

〔歌訣〕

六乙日干で、時柱辛巳干支のときには、
金質と木質が交夾し、己主は仁と為らず、
化質して、月柱生旺ならば貴相だが、
通関せず化質しなければ、傷身を畏れるのである。—

乙日主で時柱辛巳干支のときは、暗裏に金質が交夾するので日柱が可否を帯び、もし己身が月旺に通関すれば官殺と見做し運歳の身旺地を巡り貴相、また木気が月令に通関して運歳の旺金地を巡り大貴相、また月柱の金気に通関して運歳の身旺地を巡りまた貴相なのである。

乙丑日主で時柱辛巳干支では先に濁雑してのちに清純し、年月柱が丙丁干寅午支では偏官を制効し高命相の造作と看て、生月柱巳申酉丑支ならば官殺重複して多疾を附帯するので、従殺してまた吉相だが身強ならば、己主の兵権威事で名誉を帯びるのである。

（周琉氏（評定官）は丁巳年癸丑月で子息十名であり／方近沙氏（評定官）は乙卯年己丑月であり／賀萬祚氏（山東省の学憲～福建省の参議憲長）は丁卯年壬子月であり／饒伸氏（卿吏）は戊午年戊午月であり／某氏（頭賊）は辛巳年戊戌月であった。）

乙卯日主で時柱辛巳干支では生月春季では身強で偏官が微勢で、大貴相また夏季は平常底また秋季は官殺が生旺、また冬季は印綬が生旺でともに吉相だが、秋季とは冬季のそれの如くではないだろう。

（賈詠氏（宰相）は甲申年丙子月であり／史彌遠氏（首相）は甲寅年丙寅月であり／李篪氏（侍郎官吏）は癸未年乙卯月であり／王篆氏（評定官）は

戊子年己未月であり／魏氏（校太卿）は癸卯年壬戌月であり／曾一經氏（参議）は己卯年丙寅月であり／林應奎氏（進士）は乙亥年丁亥月であり／某氏（参与）は丙申年戊戌月であり／某氏（参与）は庚子年己丑月であり／某氏（郎中官）は丙辰年乙酉月であった。）

乙巳日主で時柱辛巳干支では、妻君を傷剋するので妻子ともに晩成であり、また生月巳酉丑支では木質が柔軟で金質が重複するので、己主は疾症を附帯して促寿しないのである。

年月柱甲己干子巳支では偏官格に当格するので、運歳の西方地で名声また生月春季は身旺でさらに吉兆なのである。

（陸泰氏（学士院吏）は癸酉年辛酉月であり／黄榮氏（検事官）は癸亥年乙卯月であり／某氏（検事官）は甲子年己巳月であり／某氏（守備兵）は乙巳年辛巳月であり／某氏（首相）は甲辰年丙寅月であった。）

乙未日主で時柱辛巳干支では、生月午支は強干で武官として名誉があり、亥子支は印綬で吉相なのである。

（田楽氏（監察官）は己亥年丙子月であり／劉葵氏（郎中官）は乙未年癸未月であり／王楠氏（郡主）は庚子年丙戌月であり／成勇氏（江南科第）は甲午年丙寅月であり／某氏（学府吏）は丙申年癸巳月であった。）

乙酉日主で時柱辛巳干支では、もし生月未支では己身が制神を搭載して吉兆、また秋季は偏官の貴相また生月酉支で、運歳の南方地へ巡り窮状さもなくば疾患が遺症するだろう。

（張文憲氏（長官）は辛亥年壬辰月であり／宋悌氏（検事官）は甲子年甲戌月であり／郭兵憲氏は丁巳年乙巳月であり／何延賢氏（挙人）は甲寅年丁丑月であり／王徳新氏（進士）は丙午年甲午月であり／某氏（解元～知事）は戊申年壬戌月であり／某氏（武科状元）は甲寅年癸酉月であり／張溥氏（学士院吏）は壬寅年乙巳月であった。）

乙亥日主で時柱辛巳干支では、生月巳午支は偏官が制効して、生月春季は強干にて名誉の階位、また生月秋季は偏官重複し疾患が遺症するのである。

（高昌王氏は丁酉年丙午月であり／沈瑤氏（進士）は丙寅年辛卯月であり／劉一儒氏（侍郎官史）は乙未年戊寅月であり／何起鳳氏（長官）は辛卯年辛丑月であり／黎玉田氏（遼藩鎮）は甲申年癸酉月であり／某氏（挙人）は癸亥年丙辰月であった。）

〔歌訣〕

「時上偏官格」の、局勢のケースでは、
危機に際会し、かえって亨通するので、
身強にして、運歳の旺地に巡れば、
祖元から出離し、方途が貴成するだろう。

〔歌訣〕

乙巳干支の瑕疵とは、金質木質の交夾であり、
名声利潤を追求し、つねに顛倒するので、
六親血族が存在して、扶力と為らずに、
運歳の印綬の当地で、能く福分を発揚するのだ。—

乙日主で時柱辛巳干支では局相が衰身旺鬼し、六親は頼処と為らず和悦せずに、企図して浮沈成敗し重複して巡凶し、すなわち吉相するのは苦難と知って耐久して善処し、運歳の身旺印綬の当地に巡り、富貴のタイミングで衆人が喝采するのである。

六乙日壬午時斷

〔歌訣〕

六乙日干で、時柱壬午干支のときには、
印綬が生扶し、財星食神が聚処し、
月気に水木質が通関し、爵禄が豊盈し、
月気に通関しなければ、数象は平庸なのである。—

乙日主で時柱壬午干支では「印綬学堂」と為り、乙木を午支が搭載して長生また壬干を搭載して印綬、また丁干の作用を食神と見做し巳支を財星と見做し、また午支が丁己干を搭載して健旺なのである。

もし月気に水質が通関して文章力は秀麗だが、月気に通関しなければ衣糧爵禄は平常底で、運歳に通関してまた好相なのである。

乙丑日主で時柱壬午干支では、生月春夏季は多分に富貴また生月秋冬季

は官星印星、また偏官が透干作用してもっとも吉相なのである。

（呉氏（参与）は庚戌年己丑月であり／文明氏（進士）は辛丑年丁酉月であり／祝時太氏（挙人）は庚申年庚辰月であり／劉存省氏（挙人）は辛酉年丙申月であり／趙汝江氏（辺境統軍吏）は戊寅年己未月であり／孫慎行氏（三席進士～長官）は乙丑年甲申月であった。）

乙卯日主で時柱壬午干支では高命相で、生月丑支では雑気財官格に当格また生月申酉支では身殺両停ともに己主は貴顕、また年月柱午酉支では官位三品四品級だが辰戌支ならば平常底なのである。

（秦檜氏（頭賊）は庚午年己丑月であり／朱天球氏（少卿吏）は戊子年癸亥月であり／汪氏（評定官）は丁酉年壬子月であり／海瑞氏（挙人評定官の直臣）は甲戌年丁丑月であり／某氏（挙人）は丙辰年壬午月であり／某氏（挙人）は庚午年庚辰月であった。）

乙巳日主で時柱壬午干支では吉相で、生月春夏季は富貴だが、生月秋冬季は平常底なのである。

（王詢氏（評定官）は丙子年壬辰月で己未時に辞職し／孫傳庭氏（總督官は癸巳年丁巳月であり／張宗衡氏（總督官）は丁丑年壬寅月であり／某氏（挙人）は甲午年乙亥月であり／某氏（進士）は戊戌年辛酉月であった。）

乙未日主で時柱壬午干支では、寅卯支が身旺地また亥子支が印旺地、また生月丑支では「財星官星印星の三奇」でともに己主は貴顕し、生月申支では正官なのでもっとも吉相なのである。

もし年月柱庚丁干午亥支では食神同巣と見做し、食神をポイントに建禄支を附帯して富貴なのである。

（黄侶氏（郎中官）は丙戌年丙申月であり／何裕徳氏（監察官）は己亥年甲戌月であり／洪子成氏（監察官）は甲午年丁丑月であり／鄭子昂氏（挙人）は乙丑年甲申月であり／某氏（首相）は癸亥年乙卯月であり／某氏（郡主）は乙亥年己丑月であり／某氏（貴人）は庚辰年壬午月であり／某氏（富裕者）は乙亥年己丑月であり／李文纉氏（州知事）は庚寅年戊寅月であり／某氏（公伯）は甲午年丁卯月であった。）

乙酉日主で時柱壬午干支では、生月春季は吉相また生月秋夏季は平常底、また局相に乙酉干支が好作用また庚干が透干合化、また印星が生助して大貴相なのである。

（某氏（侍郎官吏）は庚戌年乙酉月であり／某氏（郡主）は癸丑年丙辰月であり／唐大章氏（中允官）は丙辰年辛丑月であり／張緯氏（進士）は乙亥年庚辰月であった。）

乙亥日主で時柱壬午干支では、生月春季で生旺また生月夏季は厚福、また生月秋季は顛倒だが生月冬季は吉慶なのである。

（林俊氏（名臣長官）は壬申年癸卯月で丁巳年でも同貴相であり／崔氏（参与）は戊申年壬戌月であり／某氏（席書長官）は辛巳年癸巳月であり／銭邦彦氏（長官）は庚申年壬午月であり／葉観氏（使節補佐官）は乙酉年壬午月であり／楊時中氏（挙人）は癸卯年癸亥月であり／某氏（方伯）は癸未年甲寅月であり／某氏（部郎官）は辛酉年甲午月であった。）

〔歌訣〕

印綬が時柱に、臨む局勢のときには、
そこで支蔵する、食神に巡るので、
タイミングが至って、己身が顕達し、
拙劣な運途が、功名を阻害するのだ。

〔歌訣〕

乙日主で、時柱壬午干支が生扶するときは、
月柱に水木質が通関し、貴人相を欽慕し、
運歳の旺官地に巡り、衝破が存在しなければ、
家業が豊隆し、事々に承意するだろう。—

乙日主で時柱壬午干支では、食神と印綬が官星と同義と見做し、衝破が存在せず刑揺しなければ、名声響応を信得して詞館清秀の高士、また文章力が群衆から超出するので、貴人ならば喜悦するが小人物ならば怨憎し、中年末期に険攀の名誉と為るだろう。

六乙日癸未時斷

〔歌訣〕
六乙日干で、時柱癸未干支のときには、
そこで墓符に該当し、偏印傷官が巡り、
また財星食神が劣質で、馬支が衝揺すれば、
己主の一生の衣糧爵禄は、平常底なのである。—

乙日主で時柱癸未干支のときは乙干は癸干を偏印と見做し、未支蔵の丁火食神と己土偏財が癸印を破相、また癸干が未支蔵の丁火食神を倒食し衣糧爵禄は平常底で、土気が月柱に通関してすなわち吉相なのである。

乙丑日主で時柱癸未干支では、孤相窮状して年月柱に土気が通関して吉相、また先に濁雑してのちに清純するだろう。
（孟氏（進士）は甲戌年丁卯月であり／熹宗妻氏（明帝皇后）は丁未年辛亥月であった。）

乙卯日主で時柱癸未干支では、祖親を改離し妻君に就事して家統と見做し、年月柱午未支は貴相また生月春季はもっとも貴相なのである。
（許論氏（長官）は乙卯年戊寅月であり／某氏（太師）は丙申年辛卯月であった。）

乙巳日主で時柱癸未干支では、貴相でなくすなわち富裕し、先に艱難してのちに快易また午支が好作用して官位三品級の貴相、また生月辰戌支はともに吉相なのである。
（張纓泉氏（使節補佐官）は戊辰年戊午月であり／謝時泰氏（進士）は庚子年庚辰月であり／某氏（進士）は癸丑年壬戌月であり／高儀氏（大臣）は丁丑年庚戌月で、某氏（百戸）と同命相であった。）

乙未日主で時柱癸未干支では、生月春季では傷揺また生月秋季では旺殺で科挙合格に有利、また生月冬季は安穏また生月夏季は平常底なのである。
（李逢時氏（挙人）は庚辰年己亥月であった。）

乙酉日主で時柱癸未干支では、己身を偏官が搭載また生月春季では身旺で吉相、また生月夏季では衰身弱殺して窮状また生月秋季では旺殺で、能く己身は従化して貴相また生月冬季は平常底、また生月辰戌丑未支で庚辛干が透干して、運歳の金地を巡り貴相また運歳で羊刃が巡当し罷官退職するのである。
（張來渓氏（評定官）は丙子年庚寅月であり／高江氏（視察使）は庚寅年丙戌月であり／曾乾亨氏（進士）は戊戌年庚申月であり／銭士完氏（巡察官）は乙卯年癸未月であった。）

乙亥日主で時柱癸未干支では、生月春季に旺木して妻子を損傷、また生月申支は旺官の貴相また生月酉支は旺殺、また年月柱は火質を附帯してすなわち貴相なのである。

年月柱午未戌支では官位一品二品級の貴相また生月冬季は穏厚篤実なのである。
（夏邦謨氏（長官）は丙午年戊戌月であり／張津氏（評定官）は甲申年丁卯月であり／程氏（太卿吏）は庚午年癸未月であり／某氏（給事中）は己亥年甲戌月であった。）

〔歌訣〕
六乙日主で、墓符の局勢のときには、
そこで身旺で、財星官星が用途と為り、
命局に交夾が存在しなければ、
功名が決定し、すなわちなおざりではないのだ。

〔歌訣〕
乙日主で、時柱癸未干支を附帯するときには、
算段して、祖元を乖離して成家せずに、
そこで刑衝剋害し、浮沈が多いが、
運歳の吉途に巡り、錦華を添加するようなもの。—

乙日主で癸未干支を附帯して、乙木の墓符に逢生して孤相非長寿、また兄弟が存在しても飛去し、心性は喜怒不定して自ら事業を成立し六親血族は疎遠、また貴人の相扶を拱合して、この命相は先に窮状してのちに富裕するのである。

六乙日甲申時斷

〔歌訣〕

六乙日干で、時柱甲申干支のときには、
官星佩印し、生成の位相であり、
そこで月柱に通関し、衝破しなければ、
かならず仕官し、決定的に栄華の人物である。—

乙日主で時柱甲申干支のときは官星佩印が己身を生扶して、乙干は庚干を用途の官星また壬干を用途の印星と見做し、また申支が旺庚干を搭載また壬干が己身を生扶して通関するので、運歳の金水気に通関して貴相だが通関せず、身弱で官星が重複すれば貴相だが恒久ではないのである。

乙丑日主で時柱甲申干支では高命で、年月子辰支が好作用するので、運歳の東南地を巡り大貴相また巳酉丑支は貴相にて凶揺に防備し、また午未支が好作用して吉相また亥卯支も吉相、また他の月は平常底なのである。

（柯實卿氏（知事）は乙丑年丁巳月であり／某氏（貴人）は甲午年丁丑月であり／某氏（富裕者）は乙酉年乙亥月であり／李自華氏（次席進士～國子監教授）は丙申年庚寅月であり／某氏（何洛書検討史）は戊申年辛酉月であった。）

乙卯日主で時柱甲申干支では貴相に好転し生月に水気が通関するので、衝破が存在しなければ貴相またさもなくば富裕なのである。

（張氏（侍郎官吏）は甲子年辛未月であり／劉奮庸氏（学府吏）は甲午年丙寅月であり／鄭以偉氏（大臣）は丁卯年戊申月であり／史氏（給事中）は庚子年己卯月であった。）

乙巳日主で時柱甲申干支では、身強旺官にて生月春季には聡明にて顕達し官級は四品位に昇階、また生月夏季では身心過労また生月秋冬季は視覚碍、また年月柱午支で運歳の財地は貴相また刑揺して貴相に好転するだろう。

（路氏（知事）は乙亥年癸未月であり／某氏（評事上官）は癸酉年戊午月であり／周道登氏（礼部侍郎官吏）は丙寅年甲午月であった。）

乙未日主で時柱甲申干支で、生月未酉亥支では聡明俊秀にて特達し、官級は二品三品位に昇階、また年月柱の丙丁干寅午卯酉支では食傷が制殺して権貴相、また生旺のなかで失効するが結局は旺相なのである。

（茅瓚氏（首席進士～侍郎官吏）は乙巳年癸未月で一蔭恩者と同命相であり／張氏（侍郎官吏）は甲子年辛未月であり／黄應鵬氏（評定官）は乙未年己卯月であり／某氏（県首長）は甲午年癸未月であり／某氏（挙人）は甲辰年壬申月であり／但貴元氏（進士）は己酉年甲戌月であり／某氏（挙人）は癸丑年甲寅月であり／某氏（鎮護官）は庚申年壬午月であり／某氏（解元）は壬申年甲辰月であった。）

乙酉日主で時柱甲申干支では官殺混雑であり、もし命局で丁火が制殺して官星が留位してすなわち吉相、また年月柱亥卯未酉支では極端な人品の武職で恒久ではなく、運歳の南方地を巡り大貴相なのである。

（蒲氏（長官）趙氏（長官）李氏（侍郎官吏）は命書を考証して同命相で乙酉年乙酉月であり／鄧氏（郡主）は乙巳年庚辰月であり／周大桂氏（挙人）は辛丑年壬辰月であり／余復氏（首席進士）は壬申年癸丑月であり／某氏（貴人）は庚申年戊子月であり／某氏（貴人）は庚子年乙酉月であり／この日時で年月柱酉支併相は純殺局勢、また己丑干支も殺局また子辰支は印化して、ともに吉相なのである。）

乙亥日主で時柱甲申干支では、時柱が空亡に陥落して己主は子息が少数、また生月秋季は官位が六長官に相当また月柱亥卯午未支はともに吉相、また『神白経』に「乙庚合化が通関して己主は厚福」とある。

（王堯封氏（長官）は戊戌年庚申月であり／某氏（長官）は壬戌年己酉月であり／辛賓氏（侍郎官吏）は甲申年丙子月であり／洪公偕氏（使節補佐官）は乙亥年庚辰月であり／范輅氏（参議）は丁酉年丙午月であり／呉守禮氏（巨商）は庚辰年己丑月であり／某氏（進士）は癸丑年癸亥月であった。）

〔歌訣〕

長生と駅馬とが、同相する局勢では、
天賦の福分で、己主の文章力を主事し、
運歳の金土地に巡り、吉相であり、
その功名の量途は、測り知れない程である。

〔歌訣〕
乙日主が、時柱申支に相逢するときには、
長生と駅馬とが、同相して親近し、
そこで天乙貴人が、巡って相助すれば、
かえって庶人でも、奥宮殿への参内と解釈するのだ。—

乙日主を時柱申支が搭載して貴相、またこの配置を高貴人が附帯して有益、また小人物ならば好相だが奇特と見做し衝破刑剋して力量が減耗するが、運歳の身旺地に巡って吉相また財星官星の両旺を知得して、鞍馬衣冠で闊歩し決定的に己主は門庭を改装するだろう。

六乙日乙酉時斷

〔歌訣〕
六乙日干で、時柱乙酉干支のときには、
金局を領得し、火質を奇瑞と見做し、
そこで用神の木質を、重複して附帯するときは、
鬼殺が衰亡し寿元を瑕疵し、かえって依拠がないのだ。—

乙日主で時柱乙酉干支では旺殺絶身つまり、乙干は辛干を鬼殺と見做し、酉支が旺辛干を搭載して乙干は衰亡するのだ。

もし生月巳酉丑支に通関して局相が化金質で貴相、たとえば用星を木質が搭載して身旺ならば化気せず、また酉支を附帯して非長寿でなくとも窮状するだろう。

乙丑日主で時柱乙酉干支で、生月巳酉丑支ならば金質を合局し、さらに運歳の西方地を巡り大貴相なのである。

また生月寅午戌支は窮状するが生月亥卯未支は吉相で、年月柱に子支が併相して運歳の南方地を巡り、官位が一品二品級の貴相また生月寅支で火金質ならば、官位が七品級の貴相また生月申支で水木質ならば、黄金冠紫恩衣纏装の貴相なのである。

（毛澄氏（長官）は庚辰年乙酉月であり／某氏（長官）は壬子年壬子月であり／陳一貫氏（進士）は乙卯年丁亥月であり／蕭世延氏（進士）は乙丑年辛巳月であり／某氏（郡主）は辛丑年丁酉月であり／呉汝南氏（礼部吏）は甲午年戊辰月であった。）

乙卯日主で時柱乙酉月では、生月に金局が通関して貴相また年月柱未寅支ならば、官位は一品二品級に昇階するだろう。

（韓信氏は辛酉年丁酉月であり／某氏（軍長官）は乙酉年己酉月であり／林大章氏（進士）は庚午年丙午月であり／李春馨氏（挙人）は戊寅年甲寅月であり／趙彦氏（兵部長官）は辛酉年己亥月で陝西省の人物であった。）

乙巳日主で時柱乙酉干支では、生月春季は吉兆また生月夏季は傷官が制効し、また生月秋季では衰木質で金質が重複して非長寿、さもなくば疾症また生月冬季は厚福だが非長寿なのである。

乙未日主で時柱乙酉干支では、申支を拱貴する格局なので衝破が存在しなければ貴相、また申支に復して填実すなわち衝破して空疎、また生月亥卯支で運歳の西方地を巡り貴相で生旺にして衝相なのである。

（林銭氏（監察官）は癸卯年丙辰月であり／陳時範氏（進士）は壬申年乙巳月であり／劉康祉氏（會魁～部郎官）は乙亥年庚辰月であり／某氏（挙人～部郎官）は庚子年丁亥月であり／張泰徴氏（進士）は甲寅年丙子月であった。）

乙酉日主で時柱乙酉干支では衝揺旺処にて、年月柱に火土質が重複して己主は窮状し、もし月気に通関して印星食神が透干して、運歳の火木質を巡り大貴相なのである。

酉地支が全備して金象を化成するが、ただし印綬を附帯して貴相には言及せず、運歳で官星に巡りもっとも畏れるのである。

（クビライ氏（元朝世祖 一二八一～）は乙亥年乙酉月であり／張貴妃氏は乙酉年乙酉月で一清高氏や一知事と同命相であり／趙葵氏（首相）は庚戌年乙酉月であり／曲從氏（太師）は甲寅年癸酉月であり／梁夢龍氏（侍郎官吏）は丁亥年壬子月であり／唐氏（通政司）は壬戌年庚戌月であり／陳氏（知事）は己丑年乙亥月であり／林成立氏（挙人）は戊午年丁巳月であり／某氏（貴人）は乙酉年甲申月であり／某氏（富裕者）は壬子年壬子月であり／某氏は壬申年癸丑月であった。）

乙亥日主で時柱乙酉干支では、生月春季では「仁寿格」の貴相また生月寅支で、運歳の金火地を巡り大貴相なのである。

（倫文叙氏（首席進士）は乙亥年甲申月で子息を訓戒しともに貴相であり／李喬氏（吏員）は壬申年庚戌月であり／某氏（郡主）は丙寅年丁酉月であり／某氏（参与）は戊辰年甲寅月であり／某氏（知事）は甲午年庚午月であり／某氏（州監察官）は甲寅年癸酉月であり／何起鳴氏（侍郎官吏）は辛卯年辛丑月であり／某氏（封長官）は庚寅年丁亥月であり／某氏（卿吏）は丙寅年辛丑月であり／某氏（使節補佐官）は庚戌年乙酉月であった。）

〔歌訣〕
水行に順流すれば、船局の巡りであり、
長江が逐流して、また歳月を繰り、
七殺を制伏し、身旺ならば吉相であり、
財帛爵禄を貪求して、また当任するのだ。

〔歌訣〕
乙日干で、時柱に酉支が臨むときには、
偏官の権威と見做し、身旺ならば奇瑞だが、
身弱にて官星に巡り、徒に労転し、
功名は運途を待期し、タイミングが叶うのだ。―

乙日主で時柱乙酉干支が臨むときは、降誕のタイミングで乙木は憂悩はせず、そこで権貴のために企謀を当任し、衝破が存在しなければ功名が決定的なのである。

また早年に妻子を剋害して財源が雲雨散収して、祖宗を改遷して憂悩はせず、中年末期に家産が成就するだろう。

六乙日丙戌時斷

〔歌訣〕
六乙日干で、時柱丙戌干支のときには、
官殺の敗地が、己身に臨み損傷し、
もし身旺にて、月気に通関しなければ、
孤相かつ窮状し、労々たる難儀だろう。―

乙日主で時柱丙戌干支のときは官殺の敗地に己身が臨み、乙干が用途の庚干を正官と見做し丙干を背禄と見做し、戌支蔵の余気の辛金が殺星ならば、丙丁干の庫地の食神が制殺するのである。

もし局中に庚干が透出すれば「傷官見官」と見做し窮状百端と為り、年月柱に寅午支丙火が合局し、すなわち一木質に火相が重複して巡り、当主は傲慢でプライドが高く、衣糧爵禄は平常底で疾患が遺って促寿しないが、身旺で月気に通関して吉相なのである。

乙丑日主で時柱丙戌干支では、生月春季は身旺で吉兆また生月夏季は傷官重複、また生月秋季で過労にて辛苦し、生月冬季は亥子支で印綬傷官で極貴相、また生月戌支は運歳の木火地にて官位七品級の貴相、また年月柱戌支併相で庚干が天干に透出すれば、丙干には大貴相だが寅午支合局全備して非長寿なのである。

（李彬氏（人事官）は壬申年乙巳月であり／林如楚氏（侍郎官史）は癸卯年壬戌月であり／凌雲翼氏（長官）は己卯年甲戌月で一（吏員）氏と同命相であり／柴經氏（評定官）は丁酉年戊申月であり／孟重氏（評定官）は乙亥年丁亥月で劉大實氏や秦粱氏と同命相であり、そこで劉氏は戊戌時に合格し、秦氏は丁未時に合格し、孟氏は癸丑時に合格したが、劉氏の官位は亜卿に止まり、また秦氏は布政司に止まり、孟氏はすなわち未定なのである。ところで配属地は劉氏が豫州また秦氏が揚州また孟氏が雍州でエリアが異なる為なのである。）

乙卯日主で時柱丙戌干支で、生月寅卯支で運歳の西方地を巡り、官位六品七品級の貴相また生月子支は印綬また生月丑支は雑気で、財星官星を衝出してともに貴相なのである。

（劉訒氏（長官）は癸卯年甲子月であり／某氏（貴人）は乙丑年己丑月であり／某氏（進士）は癸亥年丁巳月で江南出身者であった。）

乙巳日主で時柱丙戌干支では、年月柱丑戌未支は六長官の名誉また生月亥支で、運歳の東方地を巡り学士院吏の清貴相なのである。

（閔如霖氏（侍郎官吏）は癸亥年丁巳月であり／呉希賢氏（大臣）は丁亥年

壬寅月であり／丘秦氏（進士）は乙卯年丙戌月であり／余以中氏（進士）は己未年乙亥月であり／某氏（貴人）は戊辰年丙辰月であり／某氏（巨富者）は壬寅年庚戌月であり／某氏（巨富者）は乙丑年戊寅月であった。）

乙未日主で時柱丙戌干支では、旺処の凶地また年月柱卯午未戌支では貴相顕表するだろう。

（王鴻儒氏（長官）は己卯年乙亥月であり／靳學顔氏（学府吏）は丁卯年庚戌月であり／呉大本氏（知事）は甲午年乙亥月であり／某氏（挙人）は甲戌年庚午月であった。）

乙酉日主で時柱丙戌干支では、生月春季は身旺また生月冬季は印星が生助して大貴相、また生月夏季巳午支また生月秋季酉戌支はともに貴相なのであり、また天干が何星かを看るのである。

また丁未干支甲辰干支では、生計は辛苦だが一生が貴相に巡り、また生月丑支で戌支を刑衝して吉兆なのである。

（楊五華氏（長官）は丁亥年壬子月であり／屠直斎氏（長官）は庚子年丙戌月であり／徐紳氏（評定官）は丙子年庚寅月で当死を廻避し／徐玨氏（鎮護官）は丙辰年丁酉月であり／田蕙氏（進士）は乙未年戊寅月であり／林環氏（首席進士）は乙卯年辛巳月であり／某氏（挙人）は戊戌年戊午月であり／某氏（貴人）は戊申年丁巳月であり／平氏は乙未年丙戌月であり／某氏（上勅官）は己巳年丙子月であり／某氏（進士）は癸酉年庚申月で江南出身者であり／某氏（監察官）は庚辰年丙戌月であった。）

乙亥日主で時柱丙戌干支では、血疾また生月亥子卯未寅支では貴相に巡って福分を発揚し、天干に財星が透出し傷官が財星を生扶してもっとも吉兆なのである。

（張孚敬氏（宰相）は乙未年戊子月で一説に丙子時とされ／李膺氏（進士は癸未年戊午月であり／李偉氏（皇族）は庚午年己卯月で武清伯に封じられ子息三名であった。）

〔歌訣〕

枯れ木が、相互に巡る局勢では、
生月春季で、葉緑が更生するので、
晩年期に、得地の方途ならば、
開花発揚し、再び重複し栄昌するだろう。

〔歌訣〕

乙日主で、時柱丙戌干支で火庫地であり、
辛干を支蔵する丑支とは、すなわち吉昌であるが、
もし運歳で巡って、凶害を衝揺し、
算段してこの命相は、常規相なのである。—

乙日主で丙戌干支に相逢して、傷官庫地かつ枯木枝であり、辛干丑支が臨まなければ解錠せず、六親血族は倚処し難く、伴侶も飛び去り和相せず人心悲嘆して疎遠であり、要するに家風を改装して福分が発揚する為に、この命相は先に艱難してのちに果報するだろう。

六乙日丁亥時断

〔歌訣〕

六乙日干で、時柱丁亥干支のときには、
食神と印綬のセットが、また奇瑞であるが、
月柱が水土質で、財星貴星が存在しなければ、
切に妻子を、損傷する窮状を忌むのである。—

乙日主で時柱乙亥干支では、死符廻生の当処つまり乙木を亥支が搭載して死符し、かえって壬水を印綬の生気と見做して乙干は用途の丁干を食神と見做し、亥支が丁干を搭載して精気が存在せず、甲木の生助が有益また丁干食神を福分と見做すのである。

たとえば金局を会成して運歳の水地を巡れば視覚碍を予防し、命局に財星を附帯また運歳の財地を巡り、財気を貪って印星を損壊し、己主は財気を破耗するのである。

また戊干を財星や妻女と見做し、また庚干を官星や子息と見做し、亥支が庚干を搭載して病符土絶地して妻子は衰微するのである。

乙丑日主で時柱丁亥干支では秀気であり、生月壬干子申未卯支では財星や印星が透干すれば才徳全備して名誉職に当任し、年月干支が純金質では

衰身旺殺として己主は凶揺するのである。

（彭華氏（宰相）は壬子年壬子月であり／某氏（侍郎官史）は乙未年己丑月であり／某氏（富裕者）は庚戌年戊子月で四名の子息が國子監學生であり／某氏は辛巳年庚子月であり／某氏は己丑年丁丑月であり／某氏（進士）は壬申年戊申月で一（知事）氏と同命相であり／張泮氏（少卿吏）は甲寅年丙子月で山西省の人物であった。）

乙卯日主で時柱丁亥干支では、生月巳酉丑支は偏官また生月申支は正官でともに貴相、また生月亥支で運歳の東南地では名声、また生月未支では三合会局で大貴相なのである。

（董氏（首相）は己巳年辛未月であり／某氏（教官）は戊申年戊午月であり／某氏（挙人）は壬午年甲辰月であり／劉良弼氏（少卿吏）は辛卯年戊戌月であり／邢玠南氏（兵部長官）は庚子年丙戌月で山東省の人物であり／某氏（進士）は辛卯年庚子月であった。）

乙巳日主で時柱丁亥干支では吉相で、生月卯支で運歳の西北地は官位五品級の貴相、また月気に通関して運歳の南方地は中位貴相、また年月柱に丁壬干が透出して卯酉寅辰支が搭載して大貴相なのである。

（翟鑾氏（宰相）は丁酉年壬寅月であり／某氏（宰相）は丁巳年甲辰月であり／某氏（州長官）は乙未年己卯月であり／海瑞氏（挙人～江南總督）は癸酉年辛酉月で清直であり／某氏（地方軍官）は己卯年戊辰月であり／某氏（挙人）は癸酉年甲子月であり／方宜賢氏（知事）は壬辰年壬寅月であった。）

乙未日主で丁亥干支では貴相で、年月柱子亥支は公侯また生月春季で、運歳の西北地を巡り、郎官吏とくに酉支は孤相的貴人なのである。

年月柱の木火気では己主は科挙試験合格、また水土金質と日干が合化し有益のケースではともに吉相なのである。

（黄佐氏（学士院吏）は庚戌年己丑月であり／王文焯氏（首席進士）は壬寅年丙午月であり／李价氏（吏員）は癸未年乙丑月であり／尹相氏（給事中）は戊午年癸亥月であり／張書氏（給事中）は庚子年戊寅月であり／某氏（侯伯）は乙亥年丁亥月であり／林萃氏（挙人）は庚子年戊寅月であり／陳詩氏（挙人）は壬申年癸卯月であり／某氏（宮廷官史）は壬申年壬子月であった。）

乙酉日主で時柱丁亥干支では、金局が月気に通関して運歳の水地を巡り大貴相、また木気が通関して発達しまた土気は承意するだろう。

（姚氏（長官）は丙申年庚寅月であり／田頊氏（使節補佐官）は丙辰年丁酉月であり／翁兩川氏（進士）は癸未年己未月であり／良璞氏（進士）は甲子年壬申月であり／閻忠信氏（挙人）は癸未年乙卯月であり／某氏は辛丑年辛卯月で先んじて貴相であり／某氏は壬申年甲辰月であり／楊述中氏（湖北藩鎮）は庚申年丙戌月であり／由選貢氏（江南郡主）は癸巳年癸亥月であった。）

乙亥日主で時柱丁亥干支では、財気刑相し寅卯支に身旺するので、天干に財星が透出して富裕また辰丑支を帯び、運歳の金火地に巡り貴相また亥子申支の官星印星ともに清相、さらに財星を幇助して大貴相なのである。

（陳氏（長官）は丙午年己亥月であり／王氏（長官）は戊子年壬戌月であり／張時徹氏（長官）は庚申年丙戌月であり／呉世騰氏（少卿吏）は辛亥年庚子月であり／某氏（郡主）は乙丑年丁亥月であり／某氏（挙人）は丙寅年丁酉月であり／某氏（富裕者）は乙卯年己卯月であり／呉玄由氏（東昌郡主～使節補佐官）は乙丑年丁亥月であり／某氏は庚戌年戊子月で富裕で子息が多く／某氏（富裕者）は己亥年丙寅月であった。）

〔歌訣〕

時柱に、印星と食神を附帯する局勢では、
その功名は、測り知れない程であり、
貴人星が、相聚して際会するので、
富貴にし、朝廷の堂閣に鎮座するだろう。

〔歌訣〕

時上に亥支が生扶し、丁干を搭載するときは、
食神を搭載する、乙木が長生扶に巡り、
運歳で、空亡や衝破に巡らなければ、
富貴双全にし、姓名が顕表するのである。―

乙日主で時柱丁亥干支では、食神と印綬が相扶し長生を意得して文儒を趣向し、清名を顕表して貴相に巡り、丁壬干合化気に巡って有益で、また運

歳の冠帯に臨んで左遷せず妙法の玄機は洞察し難く、そこで丙干巳寅申支は貴相が逓減するだろう。

六丙日戊子時斷

〔歌訣〕

六丙日干で、時柱戊子干支のときには、
財星官星が生旺し、食神を附帯するとき、
月気が相扶すれば、もっとも貴相と見做し、
衰身して倚処が存在せず、平常底の人物である。—

丙日主で時柱戊子干支のときに旺官を財星が生扶するとし、丙干は用途の辛金を正財と見做しまた癸干を正官と見做すが、丙辛干合また戊癸干合して子支蔵の旺癸干を辛干が生扶するが、そこで丙火には精気が存在しないので、もし生月が火気に通関しなければ通関して貴相また通関せず窮状し、また木気が通関して吉相なのである。

丙子日主で時柱戊子干支では生月寅巳卯未支では、能く木気が火質を生扶して大貴相また生月冬季では丙火に精気が存在せず窮状、また生月戌支で運歳の火土地を巡り、官位五品六品級の貴相また生月丁巳干支が不益かつ非長寿、また生月己酉干支では家門を破綻し窮身失地するだろう。

（董玘氏（會元〜侍郎官吏）は癸卯年辛酉月で神童と称され／應大猷氏（評定官）は丁未年丙午月であり／張治氏（監察官）は己未年丙子月であり／某氏（大貴人）は辛丑年辛丑月であり／某氏（中貴人）は壬申年己酉月であり／衍聖氏（公侯）は己卯年癸酉月であり／王廷瞻氏（長官）は辛巳年戊戌月であり／陳于陛氏（南戸部長官）は丁酉年壬寅月で子息が五名であった。）

丙寅日主で時柱戊子干支では、生月卯丑支は清貴相また生月寅戌支は平常底、また生月夏季は身旺なのである。

局中の金水質の方途は吉相また生月子支は正官で大貴相、また生月癸巳干支は刑衝で忌み、また生月癸亥干支では凶揺し、また生月己酉干支では乖背なのである。

（鄒應辰氏（給事中）は壬辰年乙巳月であり／莫如士氏（監察官）は壬申年戊申月であり／某氏（挙人）は癸卯年甲子月であり／毛伯知氏（首席進士）は丁酉年甲辰月であり／某氏（進士）は丙申年庚寅月であり／某氏（視察使）は辛酉年乙未月であり／曹學程氏（監察官）は己酉年乙亥月であり／某氏（進士）は己卯年丙子月であり／李璣氏（長官）は己未年丙子月で一説に丙子日とされている。）

丙辰日主で時柱戊子干支では、丙辰日主が「日印格」と見做し官星を附帯して有益で、もし生月戌支では身旺なのでもっとも武運顕貴が適宜で、生月寅支で運歳の金水地に巡り中貴相、また生月申支では偏官三合局かつ印星が貴相なのである。

生月己巳干支では不益で凶揺し、また生月己亥干支では自ら衝揺、また生月癸丑干支では祖元を破綻して凶揺するのである。

（李南庵氏（参与）は戊辰年癸亥月であり／陳新氏（知事）は乙酉年甲申月であり／某氏（学府吏）は癸酉年辛酉月であった。）

丙午日主で時柱戊子干支では、丙午日を「日刃格」と見做すので官殺の制伏合絆を要し、生月辰戌丑未支では大富裕また年月柱亥卯未寅支は大貴相なのである。

また申巳支は「文貴三品」と称し顕武顕貴は恒久ではなく、また子支が好作用して「子午雙包貴格」と見做し、生月丁巳干支が不益で凶揺し、また生月丁亥干支では衝揺また生月辛丑干支は孤独相なのである。

（顔回氏（亜聖）は己丑年辛未月であり／成國公氏は辛未年庚寅月であり／某氏（長官）は戊戌年己未月であり／白怡氏（官生郡主）は辛酉年癸酉月であり／陸果氏（進士）は癸亥年乙卯月であった。）

丙申日主で時柱戊子干支では、年月柱巳午支で運歳の東北方途を巡り名声、また生月子支で運歳の木火気を巡り官位三品級、また生月丑支は官位七品級なのである。

また生月酉亥支は貴相に巡ってかえって濁命、また生月癸巳干支は中年期に刑揺、また生月乙酉干支では窮状なのである。

（鄭岳氏（侍郎官吏）は戊午年甲子月であり／明一化氏（解元）は戊辰年辛

酉月であり／魏琯氏（挙人）は辛巳年己亥月であり／曽志清氏（挙人）は辛巳年丙申月であり／某氏（挙人）は戊子年癸亥月であり／某氏（監察官）は丁未年庚戌月であり／方九功氏（侍郎官吏）は甲子乙丑科挙試験合格で戊子卒の中州の人物、また鍾化民氏（使節補佐官）は己卯庚辰科挙試験合格で甲午卒の浙江省の人物でともに丁酉年壬子月であった。）

丙戌日主で時柱戊子干支で生月春季では、印綬がもっとも吉相また生月夏季は身太旺で平常底、また生月秋季は衰身旺財で通関してすなわち貴相なのである。

また年月柱酉支併相では文章進捗の貴相、また生月己亥干支は不益また五体肢碍で往生できず、また生月癸丑干支では窮状なのである。

（劉白川氏（長官）は癸未年乙卯月で丁丑年に仕官し／何笋亭氏（監察官）は丙辰年己亥月であり／呉國倫氏（参議）は甲申年丙寅月であり／徐行氏（布政司）は己丑年丙寅月なのである。）

〔歌訣〕

食神が駅馬を、迎容する局勢にて、
財星が生旺して、十全の気勢であり、
そこで空亡や衝剋を、侵犯しなければ、
才覚や名声が、遠近を問わず伝播するのである。

〔歌訣〕

生涯の活計とは、四季隆盛の通関であり、
丙日主が戊子干支を帯び、食神官星が同宮し、
瑕疵が存在せず、晩年期に悉く成就するので、
吉途にて逢凶しても、険処を通関するのだ。—

丙子日主が時柱戊子干支を附帯すれば官星と食神が同宮し、そこで十二午未支に巡り沈埋するが、中年期に通関して大快しまた父母妻子ともに喜悦して合絆し、胸襟に文章才覚を秘匿して、もし好運に際会して一時に出来するが、その富貴とは自在に清澄なのである。

六丙日己丑時斷　以下六丙日所忌月分與上同時亦併論。

〔歌訣〕

六丙日干で、時柱己丑干支のときには、
旺官が傷相し、禄支が成為しがたく、
もし申支庚干を附帯し、旺乙干を併見して、
財星や禄支を渇望せず、平庸に看過するのだ。—

丙日主で時柱己丑干支では「傷官背禄」と称し傲慢でプライドが高く、また丙干は用途の癸干を正官と見做し、丑支蔵の余気癸水が表裏ともに土質の損傷を被り、命局に癸干が透干して凶揺と見做すのである。

もし命局で庚辛干傷官が財星を生扶して、かえって福分の慶兆と見做し、また上格局を明見して己主は貴相なのである。

丙子日主で時柱己丑干支で、年月柱寅亥申辰支で天干に財星印星食神が透干して貴相なのである。

（羅倫氏（首席進士～名臣）は辛亥年庚寅月であり／舒春芳氏（使節補佐官）は戊寅年癸亥月であり／某氏（郡主）は戊辰年乙未月であった。）

丙寅日主で時柱己丑干支では平常底で、生月乙酉干支では正財格で乙庚干を帯びて健旺ならば貴相、また年月柱己丑干支で「官星佩印」が透出して貴相また『神白経』に「火土質の象相で己主は貴相だが血疾」としているのである。

（徐錦氏（評定官）は乙巳年丙戌月であり／江良才氏（使節補佐官）は壬辰年己酉月であり／詹恵氏（監察官）は己亥年戊辰月であり／陳謹氏（首席進士）は乙酉年己丑月であり／雷賀氏（進士）は丁卯年癸丑月であり／郭琥氏（鎮護官）は丙子年丁酉月であり／潘允端氏（進士）は丙戌年癸巳月で父兄とも貴人であり／張氏（皇女）は戊申年丙辰月であり／劉氏（刑務官）は庚辰年壬午月であり／林欲楫氏（礼部長官）は王加延氏（進士）と同命相で、林氏が癸卯丁未科挙試験合格また王氏が甲午戊戌科挙試験合格で、林氏が福建省の人物また王氏が江蘇省の人物でともに丙子年己亥月であり／某氏（参議）は丙戌年癸巳月であった。）

丙辰日主で時柱己丑干支で、年月柱申亥支では化水質してすなわち吉兆だが化気せずに促寿し、また生月戌支では庫地が衝揺するが人為なくして発揚せず、寅午支を帯び身旺で炎上格を成局して大貴相なのである。
（馬愉氏（侍郎官吏）は乙亥年丙戌月であり／某氏（侍郎官吏）は甲戌年癸酉月であり／董傳策氏（侍郎官吏）は庚寅年壬午月であり／姚淶氏（首席進士～長官）は戊申年戊午月で子息は策士であり／王慎中氏（参議で優秀無双）は己巳年甲戌月であり／方浮玉氏（部郎官）は丁酉年丁未月であり／王宏誨氏（長官）は壬寅年戊申月であった。）
丙午日主で時柱己丑干支では、生月春季で運歳の火金地を巡り官位は極品級に昇階し、また生月夏季は平常底また生月秋季は富裕また生月冬季は貴相で妻子が難儀と見做し、また年月柱午酉支は官位五品六品級、また生月禄支で財星を生扶し験証できるのである。
（徐乾氏（布政司）は甲辰年甲戌月であり／王應鍾氏（監察官）は庚午年己丑月であり／駱維儼氏（挙人）は丁丑年戊申月であり／某氏（進士）は壬申年癸卯月であった。）
丙申日主で時柱己丑干支では血疾、また生月申支では儒学文官、また生月戌卯支は貴相、また生月子辰支は官星に際会し、また生月寅卯支は印星に際会しともに吉兆なのである。
（林啓氏（解元）は甲戌年丁丑月であり／某氏（監察官）は庚子年乙酉月であり／趙煥氏（監察官）は壬寅年壬寅月であり／某氏（挙人）は戊寅年丙辰月であり／某氏（賜爵位）は丙子年庚寅月であった。）
丙戌日主で時柱己丑干支では武高命相で刑揺ののち旺発揚し、また生月亥卯支で運歳の火金地は大貴相また辰未支併相し、四庫全備また火土成局して大富裕また『神白経』に「六丙日主で時柱己丑干支ではおおむね己主は血疾」とある。
（王進氏（布政司）は乙卯年丙戌月であり／余氏（宰相）は丁卯年癸丑月であり／盧源氏（知事）は辛未年辛丑月であり／某氏（富裕者）は戊辰年己未月であった。）
〔歌訣〕
時上に傷官を、搭載する局勢では、
たとえ栄華しても、長久ではなく、
庶人であれば祖元から離郷し吉兆であり、
君子であれば、外辺を征し栄昌するだろう。
〔歌訣〕
丙日主で、財星官星を庫地に支蔵すれば、
また戊辰未支では、文章を顕振し、
そこで衰身すれば、解錠は存在せず、
名利を渇望し、総じて平常底なのである。—
丙日主で時柱己丑干支では、傷官を財気伏蔵庫地が搭載し、運歳の未戌支の交点で非常規であり、財星官星を衝出してかならず旺発揚するだろう。
貴人に近侍して謀事とは劫財の被奪であり、算段して有害かつ六親血族に真仮の別なく穏和は些少、また猪突に依頼を断絶するタイミングを怪しむ迄もないのである。

六丙日庚寅時斷

〔歌訣〕
六丙日干で、時柱庚寅干支では、
学堂が気を生扶し、己身を生助し、
運歳で合絆し、金局が通関すれば、
かならず栄華かつ、富貴の人命と為るのだ。—
丙日主で時柱庚寅干支では学堂が気質を生扶して、丙干を寅支が搭載して長生し文章力は秀気、また丙干は庚辛干を財星と見做し、寅支が庚干を搭載して絶符、また丙干を搭載して生旺するのである。
もし月柱に金局が通関して旺財にて富貴双全し、運歳の西方地が有益だが、金局に通関しなければ財気が薄微なのである。
丙子日主で時柱庚寅干支で生月子支では貴人に近侍して、生月癸酉干支で運歳の水木地を巡り高貴また運歳の火木地を巡り官位五品級超の貴相、また年月柱癸干未申午支では己身は武職に当任し大貴相だが非長寿なのである。
（余端禮氏（首相）は乙卯年戊子月であり／張氏（参与）は丁巳年壬寅月であり／某氏（参与）では己酉年癸酉月であり／閻光潜氏（使節補佐官）は戊寅年己未月であり／呉時来氏（給事中）は戊子年甲子月で上勅復官し（評定官）に昇階し／符驗南氏（州知事）は癸丑年辛卯月であり／楊廷筠氏（学士院吏）は丁巳年丙午月であり／武定侯氏（郭勲）は丙申年戊子月で癸未年に卒したのである。）

丙寅日主で時柱庚寅干支は貴相だが恒久ではなく、また年月柱酉申支では末裔は閑職また年月柱子丑寅未支は貴相が顕彰して、また寅支が好作用してもっとも吉兆なのである。

（陳氏（長官）は癸卯年乙丑月であり／呂氏（侍郎官吏）は癸未年甲寅月であり／呉稜氏（解元）は庚午年乙酉月であり／周汝勵氏（解元～進士）は癸巳年甲子月であり／某氏（大貴人）は丁未年壬子月であり／某氏（小貴人）は甲戌年乙亥月であり／某氏（賜蔭財帛）は壬辰年壬子月であり／某氏（千戸）は庚辰年戊子月であったのである。）

丙辰日主で時柱庚寅干支では、年月柱寅午戌未支では妻子賢孝かつ富貴双全にて、年月柱申子支を帯び運歳の北方地へ巡り大貴相、また酉丑支附帯は富裕で総じて高命相なのである。

（甘為霖氏（長官）は丁未年壬子月で土木質で辛干を領得／趙氏（郡主）は辛卯年庚子月であり／温氏（挙人）は癸卯年戊午月であり／簡繼芳氏（進士）は辛丑年庚寅月であり／某氏（部郎官）は辛丑年庚子月であり／某氏（検事官）は壬寅年壬寅月であり／宋夏英氏（公侯）は癸酉年壬戌月であった。）

丙午日主で時柱庚寅干支では、年月柱に壬癸干子未巳支は存在せず「飛天禄馬」の貴相、また年月柱巳酉丑申支では己主は文学に特達し、貴相ではなくとも富裕なのである。

生月未支では傷官、また生月辰支では先に窮状してのちに富裕するが、生月亥支で運歳の西方地を巡り貴相が顕彰するのである。

（費宋氏（長官）は癸卯年丙辰月であり／劉思問氏（評定官）は己卯年丙子月であり／廖慶氏（郎中官）は辛丑年癸巳月であり／劉氏（長官）は丁亥年戊申月であり／某氏（宰相）は甲戌年丙寅月であり／某氏（待詔官）は丁酉年癸丑月であり／范謙氏（長官）は癸巳年乙丑月であり／某氏（鎮護官）は己酉年丁丑月であった。）

丙申日主で時柱庚寅干支では亥卯未支また申子辰支の二局相では官星佩印して大貴相、また巳酉丑支局は吉相だがまた寅午戌支は平常底なのである。

（曾従氏（首席進士）は乙未年甲申月であり／木氏（長官）は庚申年戊子月であり／莫氏（侍郎官吏）は丁亥年辛亥月であり／何氏（中央軍官）は己卯年丁卯月であり／曾氏（参与）は己未年壬申月であり／謝少南氏（参与）は戊午年己丑月で名文家であり／某氏（監察官）は壬戌年壬寅月であり／王鐸氏（礼部長官）は壬辰年癸卯月であり／某氏（挙人）は甲寅年辛未月であり／黄瑗氏（知事）は壬辰年壬子月でまた時柱壬辰干支ともされる。）

丙戌日主で時柱庚寅干支では生月亥子支は貴相顕彰して、年月柱申酉支では運歳の北方地を巡り、また年月柱寅午戌支で運歳の官殺地を巡りともに大貴相だが、もし運歳の死絶符に臨みすなわち決定的に卒するのである。

（魏氏（長官）は戊申年戊午月でまた癸亥年ともされ／顧遂氏（侍郎官吏）は辛亥年甲午月であり／程一新氏（布政司）は癸酉年壬戌月であり／朱紈氏（評定官）は甲寅年甲戌月であり／某氏（卿吏）は癸亥年戊午月であり／某氏（卿吏）は癸亥年庚寅月であり／某氏（要人）は癸丑年丁巳月であった。）

〔歌訣〕
時上の財星が、局勢と為るときには、
金質財星が福分を生扶し、測り知れない程であり、
十年隠伏して、仰窓して精進すれば、
志操を堅持し、姓名が芳香するだろう。

〔歌訣〕
丙庚干が併相して、寅時支が搭載するときには、
艱難を控除し、自ら福分が随伴し、
寒門にタイミングが至り、将相の名誉と為り、
時宜到来し、雲梯上を平歩できるだろう。—

丙日主で時柱庚寅干支では両親とも浮沈して離郷し、また早年に妻子を損害するが晩年が栄昌し、「白虎帰山」にて正旺するので木質は成林し松柏と為り、生涯広汎に財帛を聚収し金珠を堆積して高堂に満載し、ともに人々が羨望して上記のように言及するのである。

六丙日辛卯時斷

〔歌訣〕

六丙日干で、時柱辛卯干支のときには、
旺木ならば複数妻帯し、巧性の人と見做し、
生旺せず化水すれば、郷地にて隠伏し、
己身に色欲が随伴し、愛欲が過多である。—

丙日主で時柱辛卯干支では沐浴と財地とが符合し、つまり丙日主を卯支が搭載沐浴して辛干合絆するが、もし身極旺にて化気しなければただ無礼の人物と見做し、色欲を貪好するのである。

たとえば身弱で化水気すれば、卯支上に斃死するので秀才だが質実ではなく、人に馴れて巧みに虚詐する人物と見做し、ただ丙午（寅）日主で生月春季で身旺にて化合しなければ文秀顕貴するのである。

丙子日主で時柱辛卯干支では、子卯支が相刑して妻子を傷害し、また年月同柱ならば魁主として名声し貴人に近侍し、寅午丑戌支で天干地支が倶合すれば大貴相なのである。

（鄭紀氏（長官）は癸丑年壬戌月であり／劉行素氏（使節補佐官）は丙子年辛卯月であり／彭大治氏（進士）は丙申年庚寅月であり／某氏（卿吏）は辛酉年丙申月であった。）

丙寅日主で時柱辛卯干支では祖元なく自立して肢体に瑕疵し、生月寅卯未子支は貴相だが他月は平庸なのは運歳も同義なのである。

（高雲川氏（監察官）は己未年甲戌月であり／某氏（大貴人）は己未年乙亥月であり／王氏（郡主）は乙未年丁亥月であり／朱端明氏（挙人）は庚戌年丙戌月であり／陳彝氏（挙人）は己巳年丙寅月であり／某氏（進士～知事）は丙辰年壬辰月で乙未時に行革し／某氏（人事官）は丙申年辛丑月であり／習孔教氏（学士院吏）は丙申年辛卯月であり、およそ丙日干で年月柱午戌合局すれば炎上格のテーマを造作するのである。）

丙辰日主で時柱辛卯干支で、生月寅戌支では天月二徳貴人で高命相、また生月巳支で運歳の北方地へ巡り貴相、また生月酉丑支も貴相また生月亥卯未支ならば大貴相なのである。

（稽世臣氏（編修官）は癸亥年癸亥月であり／常道立氏（巡察官）は辛巳年辛丑月であり／某氏（法司官）は癸酉年乙丑月であった。）

丙午日主で時柱辛卯干支では、年月柱に癸水を領得して官星が午刃を控除し、すなわち吉兆また生月子支では妻子を瑕疵、また生月寅酉支は性剛強で撃揺しなければ官位三品四品級の貴相、また生月午戌支で運歳の東南地を巡り、また生月卯支で運歳の西北地を巡りともに貴相生旺だが失効するのである。

（王忬氏（侍郎官吏）は丁卯年丙午月で羊刃を制伏せず／張氏（首席進士）は丁酉年乙巳月で月令禄支であり／許楽善氏（進士）は丁未年己酉月であり／某氏（首相）は戊寅年甲寅月であり／某氏（太師）は甲寅年戊辰月であり／某氏（春長吏）は甲寅年癸酉月であり／陳棟氏（會元～三席進士）は丁酉年乙巳月であった。）

丙申日主で時柱辛卯干支では滞相で、己主は聡明で酒色を貪欲し、身旺で化気せず貴相また生月春季は吉相なのである。

また生月冬季で運歳の北方地を巡り、富貴双全また年月柱巳丑支で運歳の東方地を巡り、官位二品級また年月柱午未支ならば官位三品級なのである。

（張袞氏（太常長官）は丁未年丁未月であり／某氏（参議）は戊戌年辛酉月であり／某氏（國子監吏）は丙午年辛卯月であり／某氏（進士）は癸酉年甲子月であり／呉哲氏（参議）は癸未年癸亥月であり／徐三畏氏（総務長官）は庚子年戊寅月であり／某氏（挙人）は甲戌年甲戌月であった。）

丙戌日主で時柱辛卯干支では、妻子を傷害して身旺にて化気しなければ貴相、また生月春季は聡明で酒色を貪欲し、また生月冬季で運歳の西方地を巡り富貴、また生月夏季は名声で『神白経』に「火木質が化気して己主は厚

福」とある。

（姚曄氏（首席進士）は乙酉年丁亥月であり／某氏（侍郎官吏）は癸丑年壬戌月であり／某氏（進士）は癸酉年甲子月であり／某氏は（挙人）は戊辰年辛酉月であり／某氏（富裕長寿者）は壬辰年壬寅月であり／褚鉄氏（長官）は癸巳年乙卯月であり／韓爌氏（大臣）は丙寅年己亥月であった。）

〔歌訣〕
丙辛干合し、化水気の局勢のときには、
身弱で艱難でも、福分と見做し、
そこで官吏宮人ならば、合絆惹起に防備し、
庶民であれば、顛倒浮沈が多いだろう。

〔歌訣〕
丙辛干合が化水し、象意に相当せず、
身旺にて生扶すれば、大吉昌なのであり、
もし命局が、衝揺して破剋すれば、
身心とも労々とし、歳月を経過するだろう。—

丙日主で時柱辛卯干支では財星印星を貪壊して成相が難義で、財星官星が作動して名声が顕彰し、身弱ならば性情が不安定また父母血族は依頼し難く、身を呈して祖元を改風し成功の方途であり、それぞれ自ら渇望して飛去する前途とは、破綻すれば平庸の命相なのである。

六丙日壬辰時斷

〔歌訣〕
六丙日干で、時柱壬辰干支のときには、
偏官を庫地が搭載し、火質に親近せず、
かえって己身が身旺ならば、官星貴相と見做し、
たとえば身弱ならば、決定的に窮状命の人物である。—

丙日主で時柱壬辰干支では「水火未済」と為り、丙干が壬水偏官を附帯して辰支上に壬水を搭載し合局するが、火質は斃死して光彩が存在しないのである。

もし生月春夏季では身旺で、鬼殺が好転して官星と見做し、また運歳の身旺地を巡り貴相だが生月秋冬季では衰身旺殺で、さらに通関が存在せず窮して遺疾するのである。

丙子日主で時柱壬辰干支で生月辰戌丑未支では偏官を制伏して吉相、また年月柱亥卯支では富貴、また年月柱寅午支で運歳の子支を巡り、また年月柱子支で運歳の寅午支を巡り、ともに貴相で道仏士を肯首せず、また招財とその可否を帯びるのである。

（曾氏（首相）は丁丑年壬寅月であり／何氏（郡主）は癸丑年壬戌月であり／某氏（挙人）は丙申年庚子月であり／某氏（小貴人）は庚午年丙戌月であり／某氏は丁丑年丁亥月であり／阮旭青氏（吏員）は辛卯年丙申月であり／某氏（監察官）は庚申年戊寅月であり／楊景辰氏（大臣）は辛巳年庚子月であった。）

丙寅日主で時柱壬辰干支では身殺両旺するので、年月柱寅卯辰丑未支は大貴相、また年月巳午戌支もまた貴相また凶相同伴は凶揺なのである。

（夏言氏（宰相）は壬寅年丁未月であり／呉寛氏（首席進士）は乙卯年己丑月であり／王渤氏（解元）は戊寅年己卯月であり／某氏（侍郎官吏）は壬午年己酉月であり／某氏（進士）は乙未年戊寅月であり／某氏（官吏）は庚辰年丙戌月であり／某氏（挙人）は己丑年丁卯月であり／某氏（巨富者）は乙卯年癸未月であり／某氏（賜官位）は丁未年己酉月であった。）

丙辰日主で時柱壬辰干支では孤身帯財して己主は凶揺し、生月春季で運歳の北方地を巡り、また生月夏季で運歳の東方地を巡りともに貴相、また生月秋季で運歳の南方地を巡り、官位は三品級に昇階するだろう。

（許天錫氏（給事中）は辛巳年庚寅月であり／楊一魁氏（長官）は乙未年己丑月であり／某氏（常少卿）は甲寅年甲戌月であり／某氏（使節補佐官）は己巳年乙亥月であり／何永慶氏（郡主）は癸未年辛酉月であった。）

丙午日主で時柱壬辰干支は貴相また身殺両旺するので、もし生月辰戌丑未支ならば偏官を制効して貴相、また制伏が存在せず平常底なのである。

（王健氏（光禄寺卿）は壬戌年癸卯月であり／王時槐氏（吏員）は壬午年丁未月であり／葛大紀氏（進士）は丙午年辛丑月であり／高琅氏（進士）は

壬寅年壬寅月であり／某氏（侍郎官吏）は甲寅年癸酉月であり／某氏（大理寺丞）は己巳年丁卯月であり／許弘綱氏（長官）は甲寅年丙子月であり／某氏（鎮護官）は辛卯年辛丑月であった。）

丙申日主で時柱壬辰干支では生旺窮状して、生月春季は平常底また生月夏季は裕福、また生月秋季は富裕また生月冬季は促寿するのである。

もし命相で申子辰支水局会成し、印星が透干して比助し大貴相、また食神が制殺してまた貴相だが、偏官が透出して制効しないのを忌み、そこで聚財強殺ならば凶揺するだろう。

（石崇氏（富裕者）は己卯年壬申月であり／銭鍾氏（知事）は乙酉年甲申月であり／倪元璐氏（学士院長官）は癸巳年己丑月であり／陸燦氏（少卿吏）は戊寅年甲寅月であり／某氏（吏員）は戊子年丙辰月であり／某氏（監察官）は丙子年丙申月であり／潘潢氏（長官）は丙辰年丙申月であり／周王氏（河南省）は癸亥年甲子月で賢人であり／某氏は丁未年壬子月であったのである。）

丙戌日主で時柱壬辰干支では凶相で、年月柱卯未支で運歳の火土地を巡り官位は三品級に昇階し、妻子賢孝で生月辰戌丑支は平庸、また年月柱寅午子巳支は名声なのである。

（汪宏氏（長官）は丙戌年戊戌月であり／劉氏（評定官）は癸卯年丁巳月であり／楊氏（監察官）は庚午年戊子月であり／周懋爾氏（知事）は己巳年庚午月であり／楊濂氏（苑馬卿）は甲子年壬申月であり／操守經氏（進士）は甲申年甲戌月であり／翁詠氏（挙人）は戊戌年甲子月であり／某氏（監察官）は丙戌年乙未月であり／某氏（監察官）は己卯年丁丑月であった。）

〔歌訣〕

辰支を官星庫地の、局勢と見做すときには、
妻君子息が全備して、環状せず、
たとえ財星建禄支が生旺するときにも、
祖元を乖離すれば、窮状が控除されるのだ。

〔歌訣〕

丙日主のとき、時柱壬辰干支は申支の附帯を畏れ、
ふたたび旺水質を帯び、窮状が決定するが、
局中に、もし寅午戌支を領得するときには、
凶意が吉兆へと好転し、絶倫の貴相なのである。—

丙日主で時柱壬辰干支は墓符にて鬼殺に衰身減耗し、その方途とは夫妻相互に倚処し難く、妻子は何故にか縁故を誤ったと困惑し、また君子ならば文章力が福分を幇助するが、庶人は恩遇をかえって敬遠して、運歳の官星禄支を巡り企謀を当任するので、破相しなければ貴相ではなくてもすなわち富裕なのである。

六丙日癸巳時断

〔歌訣〕

六丙日干で、時柱癸巳干支のときには、
日干の禄支が、時柱で正官を搭載し、
そこで月柱に、壬癸干巳寅支を附帯しなければ、
功名を渇望し、容易に領得するだろう。—

丙日主で時柱癸巳干支では日禄が時支に帰根して、丙火が巳支上に癸干を搭載し、正官と見做し貴星が搭載するのである。

局中に壬己干や寅亥支の衝揺が存在しなければ貴相だが、存在すれば貴相ではなく官星に旺水が通関して、また丙火が旺木に通関して貴相でない訳がないだろう。

丙子日主で時柱癸巳干支では、丙干の禄支を巳支が搭載し、癸官の禄支を子支が搭載すれば「互換禄馬」と称して、運歳で壬干巳寅亥支の衝破が存在しなければ、権威に近侍して位階は公侯に昇階し『神白経』に「己主が化火すれば福分を帯びるが飲酒が不適宜」とある。

（梁材氏（長官）は庚寅年乙酉月で名臣であり／呉章氏（評定官）は庚子年戊戌月であり／某氏（宰相）は甲寅年壬申月であり／唐商氏（監察官）は戊子年癸亥月であり／某氏（進士）は壬辰年庚戌月であり／南氏（通政司）は戊午年壬戌月であり／某氏（進士）は癸酉年癸亥月であった。）

丙寅日主で時柱癸巳干支では、生月春季で局相に水質が存在しなければ、

文章が進捗して栄転し妻子を栄昌蔭護するが、年月柱卯戌申酉支では官位二品三品級の貴相、また『神白経』に「化火して己主は貴相だが、寿元は存在せずそこで飲酒が不適宜」とある。

（倪岳氏（長官名臣）は丁卯年庚戌月であり／林一龍氏（監察官）は癸巳年乙丑月であり／某氏（監察官）は壬寅年庚戌月であり／某氏（進士）は辛卯年庚寅月であった。）

丙辰日主で時柱癸巳干支では祖家に不利益で、年月柱酉戌寅丑支で魁罡格的に通関して貴相なのである。

（朱笈氏（評定官）は庚申年乙未月でのち復職し／康朗氏（評定官）は戊辰年庚申月であり／郭日休氏（進士）は庚子年丁亥月であり／施傅愛氏（會魁）は辛未年甲午月であり／劉省元氏（挙人）は丁未年戊申月であり／張氏（太師）は壬辰年丙戌月であり／張裕氏（地方長官）は己巳年丙子月であった。）

丙午日主で時柱癸巳干支で、生月丑辰支では「雑気財官」として貴相が顕彰し、また生月寅支蔵の丙干が長生して、また生月巳支蔵の丙干が建禄するのである。

天干に財星印星が透干して大貴相で禁酒が適切で、また子支旺官や酉支旺財はともに吉兆なのである。

（林廷機氏（侍郎官吏）は壬戌年己酉月であり／某氏（使節補佐官）は庚午年己丑月であり／某氏（郡主）は丙午年庚寅月であり／某氏（国公侯）は癸丑年丁巳月であり／某氏（元帥）は甲辰年己巳月であり／某氏（真人）は己卯年丙子月であった。）

丙申日主で時柱癸巳干支では、己身を偏官偏財が搭載して貴相ではなくすなわち富裕で、また陸上溺死とは巳午未支併相だが身旺がもっとも吉相、また寅卯辰支併相は旺印また亥子丑支併相は旺官でともに吉兆なのである。

（張鎬氏（評定官）は辛酉年乙未月であり／沈教氏（評定官）は乙巳年丁亥月であり／黄宗概氏（給事中）は丙寅年庚寅月であり／林炳章氏（挙人）は丙子年壬辰月であり／某氏（挙人）は乙丑年丙戌月であり／某氏（大貴人）は丁未年丙午月であり／某氏（小貴人）は丙寅年壬辰月であり／某氏（進士）は丁酉年戊申月であった。）

丙戌日主で時柱癸巳干支では、生月卯戌丑未支は貴相だが恒久ではなく、年月柱寅亥支は名声だが刑揺を忌み禁酒が適切なのである。

（王瓊氏（長官）は己卯年甲戌月であり／程一佳氏（監察官）は丁亥年辛亥月であり／王欽氏（進士）は乙未年癸未月であり／陳光氏（解元）は甲午年丁卯月であり／張慶氏（挙人）は辛卯年庚子月であり／陸陽氏（挙人）は甲申年丙寅月であった。）

〔歌訣〕

日干の禄支が、時柱に帰位する局勢では、
官星や建禄を附帯し、また敷設と為し、
タイミングが巡り、碍滞は存在することなく、
そこで労することなく、富貴の版図なのである。

〔歌訣〕

丙日主が、時柱癸巳干支を附帯し真実と為り、
称号して正規の貴相と見做し、親近して有益で、
局相の年月柱に、衝破が存在しなければ、
かならず栄華かつ富貴の、人命を肯定するのだ。

丙日主が時柱癸巳干支を附帯すれば「正官禄馬」がもっとも奇瑞だが、算段して早年に妻子の艱難と見做し、また官星や建禄支の衝揺がもっとも不益なのである。

君子たる名文が群衆から出類し、また一般人ならば財帛爵禄が余剰であり、そこで黄金伯珠が沈泥から耀出して、運歳のタイミングが巡り雲集するだろう。

六丙日甲午時断

〔歌訣〕

六丙日干で、時柱甲午干支のときには、
格局に火質が伏燻するので土質を要し、
そこで戊己干を附帯し、もっとも祥楽と為し、

しかし火勢が太過すれば、辛苦が重複するのだ。—
丙日主で時柱甲午干支では、丙火を午支が搭載して太旺するので、己干を帯びて甲干を合化する必要があり、火土質が伏熾して四方位を照明するので、もし土質を附帯しなければ福分を亨受し難く、生月辰戌丑未支上に火質を搭載すれば、そこで造化を領得するだろう。

そこで年月干頭にふたたび戊己干が透出して、運歳の金水質を巡り貴相だが透出せず、運歳の土気を通関してまた貴相だが刑衝を忌むのである。

丙子日主で時柱甲午干支では生月春季は吉兆だが、また生月夏季は依拠が存在せず、また生月秋季は旺財、また生月冬季は官星貴相で子息は少数晩成運、また運歳の火土質に発達するだろう。

（莫氏（首席進士）は己巳年壬申月であり／鄭氏（進士）は壬子年戊申月であり／査志立氏（進士）は甲午年庚午月であり／趙氏（千戸）は戊午年戊午月であり／某氏（進士）は辛卯年丙申月であり／温應祿氏（三席進士）は戊辰年己未月であった。）

丙寅日主で時柱甲午干支では、生月辰戌丑未支に火気を搭載するので、造化中に貴相を領得し生月午支では火気が太旺して凶揺なのである。

（馬乾庵氏（長官）は癸酉年甲子月であり／某氏（挙人）は甲辰年庚午月であった。）

丙辰日主で時柱甲午干支では、寅卯支印星が扶助また申酉支は旺財、また巳午支は身旺また亥子支は旺官でともに吉兆だが、ただし火土質が堆重と見做すが、逆に存在しなければ福分は薄微また未戌辰丑支はともに吉相なのである。

（林廷棩氏（長官）は壬子年丙午月であり／劉吾南氏（布政司）は己卯年丙寅月であり／高廷華氏（使節補佐官）は甲戌年癸酉月であり／何琛氏（監察官）は壬申年庚戌月であり／某氏（評定官）は乙酉年癸未月であり／某氏（挙人）は甲戌年己巳月であった。）

丙午日主で時柱甲午干支では、生月寅午戌支は「倒衝論」のテーマを造作し、官位一品三品級の貴相、また生月子支で運歳の南方地では官位八品九品級の貴相、また生月寅支で運歳の南方地は黄金冠紫恩衣の貴瑞、また運歳の東方地は貴人に近侍するだろう。

（張氏（宰相）は戊戌年甲寅月であり／某氏（参議）は甲寅年庚午月であり／某氏（参与）は乙丑年壬午月であり／呉相氏（監察官）は甲戌年癸酉月であり／華汝勵氏（挙人）は癸未年辛酉月であり／某氏（知事）は癸未年甲寅月であり／呉邇道氏（郎中官）は壬寅年庚戌月であり／某氏（進士）は戊戌年戊午月であった。）

丙申日主で時柱甲午干支では、火土質を附帯しなければ福分は薄微で、運歳の金水質を巡り貴相なのである。

（陳伯諒氏（進士）は己亥年甲戌月であり／謝崑氏（進士）は己酉年乙亥月であり／某氏（参与）は乙亥年丙戌月であり／某氏（解元）は乙亥年甲申月であった。）

丙戌日主で時柱甲午干支では生月春季は吉相、また生月夏季は孤相衝揺また生月秋季は吉相だが子息は少数、また生月寅午戌支は富貴が抜群に超出し神威的宰相なのである。

（王錫爵氏（次席進士～宰相）は甲午年癸酉月であり／呉默氏（會元～通政司）は壬子年己酉月であり／金麗兼氏（人事官）は己丑年丁丑月であり／某氏（甲部合格士）は甲午年丁卯月であり／林果氏（生員）は甲戌年丙子月であった。）

〔歌訣〕
火炎質に木質を、添加する局勢のときには、
憂悩しつつ、己主は爵禄を発揚し、
祖業を遵守するのは、不適宜であり、
祖元より乖離し、かえって福分が成為するのだ。

〔歌訣〕
丙日主で時柱午支が搭載し、微水なら窮状であり、
命局の局相が、木火気に充旺するときは、
局中に火質を擁し、刑衝が存在しなければ、
中年末期に栄華するのを、疑ってはならない。—
丙日主で時柱甲午干支では、局相が劫刃傷官だが「衰木旺火」ならば炭化と見做し、月令土旺は貴相の方途で、また君子として往来が亨通し、一般人ならば祖家を守衛して窮状し、六親血族の和合は些少で造作が成敗浮沈す

るだろう。

六丙日乙未時斷

〔歌訣〕

六丙日干で、時柱乙未干支のときには、
月柱に火質を附帯し、多大に富貴であり、
乙干を印綬と見做し、命局に帯びれば、
そこで財星を併見せず、方途の安堵である。―

丙日主で時柱乙未干支では、印綬が気を生扶して丙日干を未支が搭載し印星庫地と見做し、もし月柱に火気が通関して貴相だが、逆に通関せず局中に財星が存在せず、また運歳に財星が巡らず高命相がテーマであるが、もし附帯すれば財気を貪って印星を損壊するので己主は平常底、また生月冬季で旺官が印星を輔佐して貴相が顕彰するのである。

丙子日主で時柱乙未干支では、生月春季で印綬が堆厚しまた生月夏季で平穏底、また生月秋季で顛倒また生月冬季が貴相なのは運歳も同義なのである。

（謝氏（長官）は甲戌年丙寅月であり／唐瑤氏（郡主）は癸卯年乙卯月で荊川父君であり／劉氏（首席進士）は乙丑年癸未月であり／某氏（挙人）は丁卯年乙未月であり／傳宗龍氏（兵部長官）は辛卯年庚子月であり／某氏（監察官）は乙酉年己卯月であった。）

丙寅日主で時柱乙未干支では、生月卯未支は印綬格で智慧豊厚だが、妻子を成為するのが難儀で、また年月柱寅巳子辰支では貴相なのである。

（紀公循氏（使節補佐官）は庚辰年戊寅月であり／賀一桂氏（監察官）は辛卯年丙寅月であり／陳懿徳氏（庶常）は癸巳年甲子月であり／龔氏（進士）は丙申年庚子月であり／麻祿氏（鎮護官）は壬申年壬子月であり／某氏（参議）は辛丑年乙未月であった。）

丙辰日主で時柱乙未干支では、生月春季は吉相また生月夏季は平穏底、また生月秋季は永く過労また生月冬季は貴顕、また生月巳午支で運歳の西北地を巡り官位六品七品級の貴相なのである。

（游震徳氏（評定官）は丁丑年丁亥月であり／丘偉氏（吏員）は甲子年己巳月であり／李旦氏（進士）は甲寅年乙亥月であり／荘一俊氏（参議）は庚子年己丑月であり／廖雲從氏（挙人）は戊午年壬戌月であり／楊照氏（鎮護官）は甲申年丁卯月であり／劉氏（東宮学士）は丙午年癸巳月であり／某氏（郡主）は辛丑年戊戌月であり／某氏（公侯）は己酉年癸酉月であった。）

丙午日主で時柱乙未干支では、貴相ではなくすなわち富裕であり、年月柱午戌支では名誉職階また日刃を附帯し生旺過分なれば、もし年月柱に偏重旺して刑衝七殺を重複して視覚碍、また年月柱申辰子支の官殺制刃または亥卯未支の印星帯刃ともに吉相なのである。

（張時挙氏（大夫）は甲子年甲戌月であり／某氏は乙卯年戊子月であり／某氏は丙寅年庚寅月であった。）

丙申日主で時柱乙未干支では火気に通関せず、財星を附帯しなければ好命相のテーマを造作し、また年月柱子辰支では官星に際会、また年月柱亥卯支では印星に際会してともに貴相なのである。

（光宗氏（明朝泰昌皇帝一六二〇～）は壬午年己酉時であり／呉納齊氏（郡主）は壬子年壬寅月であり／施千祥氏（苑馬卿）は甲子年丙子月であり／黄應星氏（挙人）は丁卯年丙午月であり／某氏（挙人）は癸巳年辛酉月であり／王一夔氏（長官）は甲辰年丙子月であり／某氏（礼部長官）は甲寅年乙亥月であり／馮琦氏（礼部長官）は戊午年乙丑月であった。）

丙戌日主で時柱乙未干支では、年月柱申子辰支では貴人に近侍し、また年月柱寅卯巳支では大貴相なのである。

（顧鼎臣氏（首席進士～宰相）は癸巳年乙卯月でまた丙申日癸巳時ともされ／某氏（刑務官）は丁酉年庚戌月であった。）

〔歌訣〕

時柱未支とは、印綬の局勢であり、
附帯すれば、決定的に貴相なので、
福星が降臨する、照々の当処とし、
黄金を束帯し、紫綃衣を纏身するのだ。

〔歌訣〕
時柱未支が丙日干を搭載し、懐疑は存在せず、
縁に随従しカップルとして、それぞれ自ら飛翔し、
運歳が、それぞれ東方位や北方位へ赴けば、
平生の衣糧爵禄が、自ずと欠乏することはないのだ。—

丙日主で時柱に乙未干支が臨み、運歳の東北地が栄華と為り、身強旺財ならば嘆くことはなく、貴顕して高堂豪邸にて君子を拝命して妻子を蔭護し、また一般人ならば決定的に好相の生涯で、黄金塊珠を堆積して質実を誇負し、富貴の重荷に騎馬が耐久するばかりである。

六丙日丙申時斷

〔歌訣〕
六丙日干で、時柱丙申干支のときには、
衰身かつ破財して、比肩が分立するが、
これは暗に、七殺偏官の旺地なので、
救応が存在せずに、どうして家道が充実するか。—

丙日主で時柱丙申干支では、衰身旺財にて丙干が庚干を支蔵し、財星また壬干を支蔵して偏官と見做し、申支庚干が壬干を生扶して旺じ、また丙火に精気が存在せず財星が比肩の分奪に遭うので、もし月柱に通関して身旺でなければ窮状格、また通関して救応して身旺なのは、運歳で際会しても同義で貴相なのである。

丙子日主で時柱丙申干支ではもし火気に通関するか、生月寅卯支でふたたび運歳の身旺地を巡り、年月柱で金気が好作用すれば棄命従財して、また吉兆がテーマなのである。

（賈似道氏（傑臣）は癸酉年庚申月であり／狗子氏（宰相）は庚子年己卯月であり／某氏（富裕者）は己丑年丁丑月であり／某氏（貴族）は己卯年壬申月であった。）

丙寅日主で時柱丙申干支では、日時柱が衝揺して妻子を損傷し、火気が月柱に通関して運歳の身旺地を巡り吉相、また生月亥支はテクニシャンまた生旺敗地して濁相なのである。

（呉一本氏（検事官）は辛卯年甲午月で郭氏（検事官）と同命相であり／温學舜氏（進士）は癸亥年辛酉月であり／田一儁氏（會元～侍郎官吏）は庚子年辛巳月であり／戴士衡氏（吏科）は丁卯年庚戌月であり／某氏（武高官）は乙酉年癸未月であった。）

丙辰日主で時柱丙申干支では、生月寅支で運歳の南方地を巡り貴相、また子支が三合官局して天干に印星が透出して大貴相、また生月亥支で壬干が透干しておおむね非長寿だが、生月戌未支は平常底なのである。

（張敬修氏張居正氏子息は（進士）壬子年庚戌月で、行革し退陣したのである。）

丙午日主で時柱丙申干支では、己主は血災火厄ののち大発揚し、もし生月巳支で庚辛干が透出して財星格局と為り武高官なのである。

（張星湖氏（州知事）は乙丑年庚辰月であり／呉禮氏（挙人）は乙巳年丙戌月であった。）

丙申日主で時柱丙申干支は高命相また好色で、年月柱子辰支で運歳の東方地を巡り貴相、またさもなくば遺疾して寿元を促して亥卯未支が吉兆なのである。

（劉氏（知事）は庚辰年己丑月であり／某氏（富裕者）は甲辰年戊辰月であり／王衡氏（次席進士）は辛酉年戊戌月であり／某氏（人事官）は乙酉年丙戌月であった。）

丙戌日主で時柱丙申干支では、命局に壬癸干亥子酉支が存在せず填実を復し「拱格局」がテーマで貴相、また寅戌巳支では身旺で依拠が存在せず、道仏士また祖元を破綻して火難を発症する結末なのである。

（張師載氏（評定官）は甲戌年庚午月であり／楊氏（郎中官）は癸未年甲寅月であり／方興邦氏（挙人）は戊寅年乙丑月であり／某氏（貴人）は戊戌年庚申月であり／某氏は己丑年丁丑月であり／某氏（甲部合格士）は乙亥年己卯月であった。）

〔歌訣〕
旺官かつ、長生の局勢のときには、

生得的な、富貴の運途に属するが、
禄支に乖背するか、空亡衝揺すれば、
奔馳して財神が、作用に不足なのである。
〔歌訣〕
二丙干が併相し、時柱の申支が搭載するとき、
刑衝が存在せず、家門を改装するが、
火金質が交夾して、浮沈が多大であり、
そこで印星を帯び、能く倫理が超俗するだろう。—

丙日主を時柱の申支が搭載すれば比肩丙火の遅滞を疑うが、そこで偏官の栄旺には可否が存在し妻財を背用して方途を遂げ、祖元が栄衰得失しまた両親伴侶は依頼し難く、タイミングが巡り交通手段や家計が整合するが、その資本はまだ名利ともに虚薄なのである。

六丙日丁酉時断

〔歌訣〕
六丙日干で、時柱丁酉干支のときには、
丁刃が生扶し、死符して窮状と見做し、
局中に救応が存在せず、凶揺が決定し、
棄命従財がポイントで、寿元は難儀だろう。—

丙日主で時柱丁酉干支では、丁刃が生扶して己身は死符するが、また辛干を正財と見做し酉支が旺辛干を搭載し丙干は死符するが、丁火を酉支が搭載して長生するので棄命財局がポイントなのである。

もし救応が存在せず月柱に通関して身旺でなく、丁刃が衝揺せず狼勇の人命と見做し、礼儀に暗く始発しても結尾せず、月気に通関するかまた救応すればテクニシャンの流儀と見做すのである。

生月癸卯干支では能く癸干が丁干を衝破するが癸官帯刃と見做し、癸水を卯支長生が搭載して卯支蔵の印乙干を印星と見做し、たとえば用神が扶力また運歳の水土地を巡り貴相が顕彰するのである。

丙子日主が時柱丁酉干支では、生月春季は穏厚また生月夏季は貴相、また生月秋季は平穏また生月冬季は吉相なのである。

また年月柱未申酉亥支は大貴相また辰支を帯びて、子支に際会また丑支を帯びて酉支に際会してともに貴相がテーマなのである。

（邵賓氏（侍郎官吏名臣）は庚辰年乙酉月であり／許琯氏（進士）は癸丑年癸亥月であり／范氏（進士）は庚辰年丁亥月であり／李起氏（鎮護官）は丙申年庚寅月であり／裴賜氏（郎中官）は戊戌年丙辰月であり／某氏（鎮護官）は壬辰年癸卯月であり／某氏（進士）は丁丑年己酉月であった。）

丙寅日主で時柱丁酉干支では、年月柱卯亥未支で干頭に官殺が透干して貴相、また他月はテクニシャンで平常底なのである。

（李沖奎氏（給事中）は丙戌年辛丑月であり／某氏（宰相）は癸卯年庚申月であった。）

丙辰日主は時柱丁酉干支では、年月柱寅午戌巳支で「偏官佩印」が透出して貴相、また申子辰支官星会局して比肩印星が併透して貴相であり、たとえば年月柱が火土質で財星を帯びて適宜すなわち吉相なのである。

（某氏（宰相）は壬寅年乙巳月であり／某氏（編修官）は庚辰年丙戌月であり／某氏（監察官）は丁巳年戊申月であり／趙秉忠氏（首席進士）は庚午年己卯月であった。）

丙午日主で時柱丁酉干支で、生月巳午戌支では道仏士ならば好命相、また生月酉支は貴相また年月柱亥子丑寅卯辰支「官星佩印」して大貴相なのである。

（師氏（首相）は甲寅年戊辰月であり／銭氏（太卿吏）は丁卯年癸丑月であり／呉羽文氏（人事官）は丙子年丙午月であり／李氏（首席進士）は壬戌年辛亥月であった。）

丙申日主で時柱丁酉干支では、月柱が水木質に通関するとき運歳の水木地を巡り貴相、また生月巳午支ならば身旺また生月亥子支では旺官、また両旺全局して大貴相なのである。

（王一葵氏（首席進士）は乙巳年戊子月であり／何其仁氏（進士）は庚戌年己卯月であり／某氏（鎮護官）は丁丑年丁未月であり／畢自嚴氏（長官）は己巳年乙亥月であった。）

丙戌日主で時柱丁酉干支では、月柱に木気が通関して運歳の水地を巡り貴相、また月柱に金気が通関して運歳の火地を巡り「金馬玉堂」と称し、世表に冠たる才覚名声だが、庚干が透出して戊干を支蔵すれば窮状命なのである。

（党緒氏（挙人）は丙寅年庚寅月であり／方宗重氏（挙人）は甲寅年丙子月であった。）

〔歌訣〕
火炎が金質と、交夾する局勢のときは、
衰身をもっとも愁傷すべきであり、
一般人では、顕達するのが艱難であり、
そこで君子ならば、やや平常底なのである。

〔歌訣〕
丙火を酉支が搭載し、附帯に相当せず、
陽光が日没時に、その輝光が逓減するように、
もし局相が交夾、また衝破するケースでは、
六親血族が損害し、迷走沈淪するだろう。—

丙日主で時柱丁酉干支のときは干頭の丙火が酉支を銷熔し、六親血族が守相しても安堵せずに前途を阻害して進捗は難しく、昼夜ともなく思量は欠乏し吏員でもなお自ら憂悩窮状するが、もし生月巳支を附帯して家門を改装しても、子午支を併相して傍人の怨恨を被るのである。

六丙日戊戌時斷

〔歌訣〕
六丙日干で、時柱戊戌干支のときは、
火局を会成し、食神を附帯すれば、
生月に火気が通関し、福寿と見做し、
また通関せず、吉相を帯びて一般人である。—

丙日主で時柱戊戌干支では「廟堂食神」と称し、丙日主は戊干を食神つまり寿星と見做し、戌支庫上に丙火を搭載して戊土の専位と為るのだ。

もし火気が月柱に通関し、運歳の東南地を巡れば福寿厚有だが、通関しなければ平常底なのである。

丙子日主で時柱戊戌干支では長寿で名利を失効せず、年月柱寅亥卯未支印星また申酉戌巳支では己主は貴相なのである。

（張憲氏（長官）は丙寅年庚寅月であり／潘熙臺氏（方伯）は丙申年戊戌月であり／林璧氏（郎中官）は癸亥年壬戌月であり／洪珠氏（進士）は甲辰年丁卯月であり／張文鎬氏（進士）は乙卯年癸未月であり／宋元瀚氏（知事）は丙戌年庚子月であり／劉庭蘭氏（進士）は丙午年戊戌月であり／楊珂氏（郎中官）は癸未年甲子月であり／某氏（郡主）は丙午年戊戌月であり／某氏（進士）は丙辰年丙申月であった。）

丙寅日主で時柱戊戌干支で、生月夏季は福寿双全また生月春季は木質が土質を剋伐して偏印倒食と為り、生月寅支では丙戊干とも長生でもっとも吉相なのである。

また局中に申支庚干が甲木を制効して大貴相、また生月秋冬季は衰火質で窮状格また年月柱巳申亥支では極品級の名声なのである。

（張賢氏（長官）は戊申年壬戌月であり／某氏（長官）は己巳年壬申月であり／韓鳳橋氏（郡主）は癸酉年甲寅月であり／朱衡氏（長官）と李庭龍氏（長官）は壬申年壬寅月で同命相で参議に昇階して丙子年に卒し、配地は荊州また呉（南京）と異なり／林石海氏（監察官）は庚午年甲申月であり／李元陽氏（監察官）は丁巳年庚戌月であり／黄希白氏（検事官）は己巳年戊辰月であった。）

丙辰日主で戊戌干支では、生月午支は丙火が精気を帯び厚土地の方途で、官位五品六品級の貴相また生月亥支で運歳の火金地を巡り名声、また孤相して祖元を破綻するので道仏士と見做して肯首するのである。

（宋氏（勅令官）は壬申年癸丑月であり／汪氏（視察使）は癸巳年乙丑月であり／呉琛氏（郡主）は戊申年庚申月であり／龔懋賢氏（監察官）は己亥年丁丑月であった。）

丙午日主で時柱戊戌干支では食神帯刃して健旺、また名利が雲聚発揚また年月柱亥未辰戌支で、運歳の西方地で名声だが有益かつ凶揺するのであ

る。

（某氏（侍郎官吏）は甲寅年戊辰月であり／某氏（侍郎官吏）は戊戌年戊午月であり／某氏（使節補佐官）は甲子年辛未月であり／劉懿氏（郡主）は丁巳年丙午月であり／姜以達氏（進士）は壬戌年癸丑月であり／王一貫氏（亜魁）は壬申年辛亥月であり／某氏（監察官）は庚午年戊子月であり／某氏（使節補佐官）は戊午年壬辰月であった。）

丙申日主で時柱戊戌干支では、生月亥支で運歳の東方地は貴相、また寅午支は身旺また財星が透干して吉相、また丑辰支が戌庫を衝揺して晩年期に発揚、もしくは窮状するだろう。

（李廷相氏（長官）は辛丑年甲午月であり／袁汝是氏（給事中）は壬申年辛亥月であった。）

丙戌日主で時柱戊戌干支では窮状するが、もし寅巳午戌支火局を会成して福寿双全かつ大貴相で、財星を附帯してまた吉兆なのである。

（韓邦彦氏（長官）は丙午年癸巳月であり／林仕鳳氏（進士）は丁酉年乙巳月であり／某氏（吏員）は戊寅年丁巳月であり／某氏（挙人）は乙酉年戊寅月であり／某氏（富裕者）は戊戌年壬戌月であり／某氏は壬戌年戊申月であり／某氏（進士）は丙戌年辛丑月であり／某氏（僕少卿）は壬戌年丙午月であった。）

〔歌訣〕

時上に食神を、搭載する局勢のときは、
楼閣かつ飯店の屋舎が、話頭の席となり、
喫茶店や居酒屋に、また興趣しながら、
幾度も、その家風を挙揚するだろう。

〔歌訣〕

丙日主で時柱戊支では、支蔵財庫が啓くが、
少年期に巡衝せずに、そこで沈埋したままだが、
運途が早期に通関し、官位爵禄を拝領し、
たとえ官位が存在せずとも、財帛を発揚するのだ。―

丙日主で時柱戊戌干支を附帯すれば、とりわけ支蔵干が全備すれば福分爵禄が重複するのは天賦の自然であり、富貴かつ妻子賢良なのである。

そこで君子ならば文章力が早期彰揚し、また一般人ならば連綿財帛であるが、ただ非長寿孤独相で両親は早年から連去するが、ここで辰戌支が解鍵して開示顕表するのである。

六丙日己亥時断

〔歌訣〕

六丙日干で、時柱己亥干支のときには、
亥支蔵の旺壬干が、己干の瑕疵を被り、
もし月柱に通関すれば、貴相の方途と為り、
そこで寅卯支を附帯せず、己主は漂揺するのである。―

丙日主で時柱己亥干支では、絶身旺殺して丙干は己干を附帯して傷殺と見做すのは、壬干が正規の鬼殺と為るのでまた甲干を偏印と見做し、亥支上に己干を搭載明見して、旺壬干が甲干を生扶しても丙火が絶気するので、もし月柱に通関して身旺であり鬼殺が官星に好転して、己主は貴相なのだが結局は狼勇人格者なのである。

また運歳が身旺に通関して貴相だが、身弱で通関が月気に存在せず局中に壬干が透出して窮状百端と見做し、傲慢でプライドが高く己主は平常底、また丙干は小腸や心臓に所属するので心臓血疾が多いのである。

丙子日主で時柱己亥干支では生月秋冬季は平常底、また生月未支で運歳の水木地を巡り木火質が透出すれば貴相、また生月子支で運歳の東方地を巡り大貴相、また年月柱申亥丑戌支もまた貴相なのである。

（張瀚氏（長官）は辛未年庚子月で九十歳超の長寿であり／蔡氏（国公侯）は甲子年丁丑月であり／方氏（首席進士）は辛亥年辛丑月であり／謝騫氏（布政司）は丙申年己亥月であり／華察氏（大臣）は丁巳年丁未月であり／某氏（富裕者）は丁丑年癸卯月で子息が多かったのである。）

丙寅日主で時柱己亥干支では、生月夏季では鬼殺が官星に好転し妻子賢孝、また貴相でなくともすなわち富裕また年月柱寅卯辰巳申丑支また午戌支が会局して、さらに干頭に丙戊干が透出して己主は大権貴相、また『神白

経』に「納音五行木火質が貴相」とある。
（某氏は庚辰年庚辰月で極品級王爵位を拝領し一（首相）氏と同命相であり／某氏（太師）は庚寅年庚辰月であり／王以旂氏（総務長官）は丙午年戊戌月であり／郭琥氏（鎮護官）は丙子年丁酉月であり／謝存儒氏（使節補佐官）は丁巳年戊申月であり／郭持平氏（評定官）は癸卯年乙卯月であり／羅瑆氏（次席進士）は癸丑年甲子月であり／某氏（春長吏）は辛丑年辛丑月で知人が同命相であり／張従律氏（進士）は癸巳年丙辰月であり／常自新氏（進士）は癸巳年乙丑月であり／某氏（州知事）は辛亥年己亥月であり／某氏（挙人）は辛未年庚寅月であり／某氏（挙人）は己卯年丁卯月であり／某氏（知事）は乙酉年己丑月であり／臧爾勸氏（侍郎官吏）は乙丑年乙酉月であり／某氏（挙人～州知事）は己酉年癸酉月であり／某公弟氏（巨富者）は己亥年癸酉月であった。）

丙辰日主で時柱己亥干支では「日徳格」と為り生月寅支が吉相、また生月辰支を道仏士と見做して己主は富裕だが、一般人ならば孤相交夾また生月戌支では辰支が衝揺、また生月巳支は亥支が衝揺ともに丙干を旺庫が搭載して吉相なのである。

また卯未支を附帯して運歳の金水地を巡り、また申子支を附帯して運歳の木火地を巡りともに貴相、また『神白経』に「火土気に変質して福相だがただ非長寿」とある。
（夏子開氏（知事）は己巳年丙寅月であり／顔守賢氏（州知事）は壬午年庚戌月であり／唐時雍氏（挙人）は己巳年壬申月であり／某氏（經歴）は甲午年丁丑月であり／某氏（首相）は丁酉年戊申月であった。）

丙午日主で時柱己亥干支では、武運貴相でまた生月寅巳午支では複妻で子息晩得で貴相でなくすなわち富裕、また生月秋冬季では名利が浮沈また生月酉午戌支は大貴相なのである。
（李遂氏（侍郎官吏）は甲子年癸酉月であり／李敬氏（首席進士）は戊戌年乙卯月であり／某氏（参与）は庚子年己卯月であり／某氏（上勅官）は丁卯年丙寅月であり／杜南谷氏（検事官）は辛未年丁酉月であり／林允宗氏（進士）は丁卯年甲辰月であり／羅外山氏（挙人）は乙亥年癸未月であり／王時槐氏（吏員）は壬午年丁未月であり／某氏（憲長）は庚申年丁亥月であった。）

丙申日主で時柱己亥干支では、生月春夏季では葉根移換と為し妻君に因り招福し、また生月秋冬季では平常底、また生月酉支で運歳の東南地を巡り名声なのである。
（周奇雍氏（評定官）は己亥年丙子月であり／陳大護氏（進士）は戊午年乙卯月であり／劉禹謨氏（郡主）は甲申年乙亥月であり／張裔氏（監察官）は甲午年壬申月であり／某氏（部郎官）は丁丑年壬寅月であり／某氏（江南科第）は庚子年丙戌月であり／某氏（憲長）は丙寅年己亥月であった。）

丙戌日主で時柱己亥干支で、局中に寅卯巳午支を帯びて木質が火炎を派生し、妻君を瑕疵し子息は少数だが聡明かつ富貴、また局中酉亥子丑支は平常底で運歳の東方地はまた貴相なのである。
（黄元恭氏（検事官）は丙子年庚寅月であり／王守氏（巡察官）は丙子年甲午月であり／周氏（監察官）は癸卯年辛酉月であり／屠仲律氏（進士）は辛巳年辛丑月であり／林安禎氏（挙人）は辛酉年己亥月であり／李用賓氏（挙人）は壬午年癸卯月であり／某氏（通政司）は己未年壬申月であり／某氏（学府吏）は丁未年丙午月であり／王用汲氏（江南刑部長官）は戊子年丙辰月であった。）

〔歌訣〕
天乙貴人が、官星を扶立する局勢では、
清々しく名声を挙揚し、処々に到達し、
一般人ならば、また福分を発揚すべきであり、
君子ならば、王侯に就任すべきである。

〔歌訣〕
丙日主で、時柱亥支の命相は最高格であり、
ヨモギ群からニンニクを採取するようであり、
もし命相が、交夾衝破を帯びるときには、
名利を渇望し、かえって過労するばかりである。—

丙日主で時柱に己亥干支が臨むときに、もし局中に壬干が存在せず稀少の奇瑞と為り、また局相に子支を少見して二三妻君を妻帯し、局相に天乙貴人を附帯して有益だが、両親伴侶とも遠方に飛去し、そこで刑衝空亡や文章

力や福分が斎同し難いのはみな命局の格式の高低が原因で、そこで切に財貨を盲貪して失職するのを忌むのである。

六丁日庚子時斷

〔歌訣〕

六丁日干で、時柱庚子干支のときには、
衰身して、暗裏に旺鬼を支蔵し、
月柱が扶助しなければ、多くは窮状命し、
支根を領得して身強ならば吉昌と為るのだ。—

丁日主で時柱庚子干支では絶身旺鬼し、丁干は庚干を正財と見做し、また癸干を偏官と見做すが子支蔵に鬼殺を附帯し、丁火に精気が存在しなければ扶助できないのである。

もし身旺つまり月柱に通関すれば貴相、さらに運歳の身旺地を巡り大貴相だが、これに反すれば窮状濁性、また丁干は心臓に所属して心臓は血腑なので己主は血疾なのである。

丁丑日主で時柱庚子干支では、木火気に通関また運歳の身旺地を巡り貴相、また年月柱亥子支を附帯して貴相とは、丁火が陰柔質で水地を畏れない故であり、また先に窮状してのちに吉兆へ好転するが、ただ生月戊寅干支は非長寿また生月辛丑干支は祖元を破綻し、中年期に窮状するだろう。

（羅江氏（進士）は己酉年丙寅月で一（参与）氏と同命相であり／陳譲氏（進士）は辛亥年庚子月であり／一（検事官）氏は壬子年癸卯月であり／某氏（進士）は庚辰年癸未月であり／某氏（挙人）は癸未年甲子月であり／韓敬氏（會元～首席進士）は戊戌年乙丑月であり／王錫爵氏（宰相）子息の王衡氏（次席進士）で癸巳年庚申月であり／某氏（巡察官）は庚申年戊子月であり／某氏（進士）は丁巳年戊申月であった。）

丁卯日主で時柱庚子干支では窮状し、そこで辰戌丑未支では偏官を制効し、生月午支は強干また生月春夏季は生旺でともに吉相また生月秋冬季は平常底だが、月柱癸巳干支は祖元を破耗して凶揺で忌み、また生月己未干支では刑揺また生月甲申干支では面相瑕疵するのである。

（翁理氏（使節補佐官）は丙子年庚子月であり／林城氏（監察官）は丙午年乙未月であり／金鏡氏（挙人）は癸酉年壬戌月であり／某氏（首相）は辛亥年丁酉月であり／高文薦氏（評定官）と陶大臨氏（次席進士）は丁亥年癸卯月で同命相で癸酉年に卒したが、配地は呉（南京）また梁（江南）と異なったのであり／某氏（僕少卿）は壬辰年壬辰月であった。）

丁巳日主で時柱庚子干支で生月春夏季は旺強でともに貴相、また生月秋冬季は平常底また生月土旺四季は制効して吉相、また生月子辰支で運歳の西方地を巡り官位四品五品級の貴相、また横揺発旺とは生月庚寅干支が刑相、また生月庚申干支が大破綻また生月辛酉干支は衝揺するのである。

（李尚智氏（評定官）は戊寅年壬戌月であり／陳元琰氏（郡主）は壬申年辛亥月であり／張郤齊氏（監察官）は丁丑年丁未月であり／某氏（首席進士）は甲子年丁丑月であり／某氏（甲部合格士）は癸卯年辛酉月であった。）

丁未日主で時柱庚子干支で、生月辰戌丑未支では偏官が制効また生月午支は強干で貴相、また他月も制効して吉相なのである。

また生月戊子干支では文章力が秀顕し、生月戊申干支は非長寿で忌み、また生月丙戌干支は刑揺また生月辛丑干支は刑夾するのである。

（陳綬氏（参議）は庚午年壬午月であり／某氏（参与）は己未年癸酉月であった。）

丁酉日主で時柱庚子干支で、生月辰戌丑未支では剛明にて特達し貴相、また年月柱辰巳支では貴相かつ尊相であり、生月甲寅干支では窮状敗地を忌み、また生月癸巳干支では客死また生月乙酉干支では拘禁されるのである。

（王筆峰氏（参与）は丁巳年丁未月であり／呉定泉氏（郡主）は丙子年甲午月であり／黄大經氏（吏員）は乙卯年戊寅月であり／魏公濟氏（進士）は戊申年癸亥月であり／劉爾牧氏（郎中官）は乙酉年己卯月であり／朱端氏（挙人）は癸亥年庚申月であり／張氏（皇族）は壬寅年癸丑月であった。）

丁亥日主で時柱庚子干支では、五十歳以降に大発揚また生月辰戌丑未支が吉相、また年月柱寅午支は貴相だが生月庚寅干支は凶揺を忌み、また生月庚申干支は天寿を全うせず、生月辛酉干支では窮状なのである。

（張氏（首席進士）は壬子年癸丑月で鄭材氏（進士）と同命相であり／某氏

（参与）は己酉年丙寅月であり／某氏（参与）は庚子年己卯月であった。）

〔歌訣〕

大沙原にて、金質を洗練する局勢では、
官吏また庶人とも、己主は平常底であり、
刑夾すれば、険路艱難が多端だが、
君子ならば、窮状が免責されるだろう。

〔歌訣〕

丁日主が、時柱庚子干支を附帯するときには、
火質が江湖に陥落、暗転したのち復明すれば、
もし命局に、衝破交夾を附帯すれば、
万書を積読して到老し、ただ虚名ばかりである。—

丁日主で時柱庚子干支では、丁日干の彩光が火耀して火金質が胎絶符し、栄虚を帯びれば妻妾は賢美ではなく、刑衝破相してとりわけ文章力と福分が斎同し難いが、相生して貴人星が救応すれば、この命相は先に艱難するがのちに快易するだろう。

六丁日辛丑時斷　以下六丁日所忌月分同上。時忌併論。

〔歌訣〕

六丁日干で、時柱辛丑干支のときには、
庫支蔵の財気を、多般に深蓄し、
己身が、通根扶助しなければ佳質ではなく、
そこで賢妻に依託し、福分は厚いだろう。—

丁日主で時柱辛丑干支では、丑支を財庫と見做しまた辛干を妻財と見做しまた己干を食神と見做し、また丑支とは旺金局で暗に己土が位相を領得して丁火に精気が存在しないのである。

もし時令を失効して通関が存在しなければ妻女に因って発揚するが、また通関救応すれば財帛衣糧が豊かに充足するだろう。

丁丑日主で時柱辛丑干支で、生月申酉支では財星格局で旺財が官星貴相を生扶し、また生月午支では身旺だが財気の瑕疵であり、己主の官位爵禄と為るであろう。

また局相の子寅支が好作用して武運貴相三品級だが、生月水質では艱苦辛労するが、生月辰支は貴相のアイテムなのである。

（陳氏（長官）は癸卯年戊午月であり／王氏（侍郎官吏）は乙卯年己丑月であり／某氏（使節補佐官）は戊辰年己未月であり／譚一召氏（進士）は己酉年丙寅月であり／某氏は丙寅年辛丑月であり／某氏（礼部郎官）は戊戌年壬戌月であった。）

丁卯日主で時柱辛丑干支で、年月柱辰巳未支では富貴だが妻子を晩得し、生月寅卯支は印星が扶助し、また身旺で戊庫が丑支を刑衝すれば、丁干は通関を領得して大貴相なのである。

（李三才氏（長官）は壬子年癸丑月であり／張漢氏（侍郎官吏）は丁卯年庚戌月であり／賈淇氏（郡主）は甲申年丙子月であり／陳憲氏（挙人）は丙辰年癸巳月であり／陸氏（都察官）は丙寅年乙未月であった。）

丁巳日主で時柱辛丑干支では、人物の陰護に因って昇貴し、年月柱巳酉丑申支では旺財が官星を生扶して富貴、また生月卯支は平常底また運歳の北方地に巡り貴相、また生月丑支で運歳の西南地を巡り大貴相なのである。

（楊氏（首相）は戊午年乙丑月であり／王氏（大臣）は乙卯年己丑月であり／奚良輔氏（知事）は壬戌年丁未月であり／李一徳氏（知事）は丁丑年己酉月であり／某氏（挙人）は丁亥年己酉月であり／某氏（挙人）は癸酉年戊午月で、生月午支は建禄で官星が透出して吉相であり／某氏（甲部合格士）は壬申年己酉月であり／某氏（宮中官吏）は甲午年丙寅月であり／某氏（参議）は乙巳年戊子月であった。）

丁未日主で時柱辛丑干支では、日時柱が併衝するので妻子を損傷して、生月酉支では水気が通関し吉相なのは、運歳のケースも同義なのである。

（林照氏（挙人）は己卯年甲戌月であった。）

丁酉日主で時柱辛丑干支で局相が寅卯巳午支とは、身旺通関して己主は高貴かつ名文家で、とても重用されるであろう。

また局相申酉戌支は旺財従象してもっとも吉兆、また局相亥子支は旺官でまた吉相なのである。

（胡濙氏（名臣長官）は乙卯年辛巳月であり／黄鎬氏（長官）は辛丑年丁酉月であり／汪宗凱氏（郎中官）は戊辰年戊午月であり／某氏（吏員）は戊寅年甲寅月であり／呉文偉氏（挙人）は丙辰年戊戌月であり／蔡宗徳氏（挙人）は丙辰年庚子月であり／王莉氏（公侯）は甲申年丙寅月であり／黄志清氏（常庶）は癸亥年壬戌月であり／熊尚文氏（楚州藩鎮）は甲寅年己巳月であり／陳懿典氏（学士院吏）は甲寅年辛未月であったのである。）

丁亥日主で時柱辛丑干支では、生月春季は印綬吉相また生月秋季は火気を帯びて吉相、また生月夏季は太旺不吉また生月冬季は官殺生旺して吉相、また生月未戌支は丑庫を衝啓して富裕なのである。

（朱南岡氏（進士）は庚子年戊子月であった。）

〔歌訣〕

時上の財星を、庫地が搭載する局勢では、
人生で様々な、縁故に邂逅するが、
瑕疵が存在しなければ、結末は富貴であり、
この話頭とは伝統があり、虚質ではないのだ。

〔歌訣〕

辛丑日主に丁干が透出し、宝蔵の庫地と為り、
そこで局中に開鍵が存在せず、富裕に言及し難く、
運歳で刑衝に巡り、高貴に昇階し、
他郷へ飛翔して、その名誉が顕表するだろう。―

丁日主で時柱辛丑干支では、偏財を庫地が搭載するので刑衝が有益だが、もしまた顕能しなければ名声は虚質だが、その妻子は慶兆の象相が適宜であり、また両親は同伴飛去して和合し難く、また家門を改装して新規が重複し、財帛福分を発揚して中興に相当し、またかならず栄華の命運を肯首するのである。

六丁日壬寅時断

〔歌訣〕

六丁日干で、時柱壬寅干支のときには、
己身を控除し、木勢に化気して従官し、
月柱に水木気が通関し、成局象相すれば、
比類なく安らかな、尊栄かつ富貴である。―

丁日主で時柱壬寅干支では己身を控除して官星に従相、つまり丁壬干合化木して寅支が健旺して搭載するので、もし生月が水局会成すれば大貴相また生月に木気が通関し吉相、たとえば生月丁未干支で運歳の東方地を巡り好相なのである。

丁丑日主で時柱壬寅干支では化気貴相、また生月冬季では旺官の貴相また生月春季では印綬安穏、また生月夏季は吉相また生月秋季は平常底、また運歳の東方地を巡り好相なのである。

（黄鞏氏（進士）は庚子年戊子月であり／某氏（大臣）は乙酉年壬午月であり／鄭汝璧氏（巡察官）は丙午年庚寅月であり／萬恭氏（侍郎官吏）は乙亥年丙戌月であり／某氏（富裕者）は乙卯年辛巳月であった。）

丁卯日主で時柱壬寅干支は貴相で化気吉兆、また年月柱寅卯支で運歳の金水地を巡り大貴相、また生月亥子支で運歳の西方地を巡り貴相なのである。

（王徳明氏（評定官）は壬寅年庚戌月であり／邵梗氏（使節補佐官）は癸丑年乙卯月であり／某氏（使節補佐官）は庚申年壬午月であり／方正梁氏（會魁）は丙辰年辛丑月であり／某氏（吏員）は戊辰年庚申月であり／某氏（知事）は癸丑年戊午月であり／某氏（進士）は壬申年壬子月であり／邵氏（皇族）は丙寅年庚寅月であった。）

丁巳日主で時柱壬寅干支では丁干を寅支が搭載して死符し、巳支は生意が存在せずまた寅支と刑相するので始発が存在して結尾せず、もし運歳の金水地を巡って栄貴また年月柱寅午支は身旺、また局相の申子辰支は旺官、また局相の亥卯未支は旺印でともに貴相に言及できるだろう。

（李仁傑氏（編修官）は壬子年壬寅月であり／丁洪氏（進士）は丙午年戊戌月であり／史朝宗氏（進士）は丙戌年辛丑月であり／張正卿氏（吏員）は己未年丙寅月であり／兪紹氏（挙人）は甲申年辛未月であり／某氏（郡主）は丁酉年丙午月であり／某氏（郎中官）は辛亥年辛卯月であり／趙可氏

（鎮護官）は壬辰年壬寅月であり／某氏（鎮護官）は癸巳年己未月であり／傳朝佑氏（長科）は甲申年丁卯月であり／李春芳氏（首席進士～首相）は癸丑年乙丑月で君子に拝命され／某氏（進士）は庚辰年庚辰月であり／某氏（監察官）は甲午年癸酉月であった。）

丁未日主で時柱壬寅干支では凶揺となり、生月春季は印星吉相また生月夏季で運歳の木火地では福分が発揚し、生月秋季は富裕また生月冬季は貴相、また年月柱酉戌支では官位三品級に昇階し、局相の亥卯寅戌支は文彰貴相また卯支が好作用して、運歳の金水地を巡り黄金冠紫恩衣の貴装、また『神白経』に「己主が木気に化合して貴相」とある。

（彭澤氏（評定官）は己卯年壬申月であり／時臣氏（鎮護官）は丙午年庚子月であり／董一夔氏（鎮護官）は癸巳年己未月であり／孟賜氏（進士）は丙午年戊戌月であり／陳嚚氏（進士）は癸卯年甲寅月であり／黄廷宣氏（検事官）は壬寅年壬子月であり／趙四山氏（検事官）は己卯年甲戌月であり／章氏（首相）は乙亥年戊子月であり／何氏（首席進士）は戊辰年癸亥月であり／劉如寵氏（進士）は乙卯年庚辰月であった。）

丁酉日主で時柱壬寅干支では、年月柱亥未寅卯申子支では聡明かつ富貴で極品級の名声、また年月柱巳午支は首相級また生月辰支で運歳の金水地を巡り、また生月戌支で運歳の東方地を巡りともに貴相、また『神白経』に「己主は木気に合化して貴相」とある。

（胡宗憲氏（長官）は壬申年辛亥月であり／陳則清氏（評定官）は乙巳年甲申月であり／林二山氏（評定官）は戊申年癸亥月であり／顧可久氏（使節補佐官）は乙巳年丁亥月であり／張大倫氏（進士）は甲辰年庚午月であり／袁正氏（鎮護官）は辛未年己亥月であり／沈氏（進士）は丙子年庚寅月であり／黄日敬氏（挙人）は癸丑年甲寅月であり／孔聖氏（公侯）は己卯年丙子月であり／趙南星氏（首相）は庚戌年庚辰月であり／譚昌言氏（学府吏）は辛未年丙申月であり／某氏（甲部合格士）は丁巳年己酉月であった。）

丁亥日主で時柱壬寅干支では「日貴格」で、壬寅干支を併臨して「官印双全」で文章力が顕達し、生月子支は大貴相だが化気すれば凶揺、また『神白経』に「己主が木気に合化して貴相」とある。

（徐氏（侍郎官吏）は丙子年庚寅月であり／祖大壽氏（鎮護官忠臣）は己卯年丁丑月であり／某氏（郡主）は己巳年癸酉月であり／某氏（挙人）は癸酉年壬戌月であった。）

〔歌訣〕

納音金箔金が金局と、重層する象相では、
時柱に附帯して、とても吉昌なのであり、
一般人は多大に、福分を発揚するとし、
君子ならば、名利が顕彰するだろう。

〔歌訣〕

丁壬干合化気し、金地に赴くときには、
配下が労転し、自ら空疎に奔馳し、
通節の気概は衰微し、その脚足が稼働せず、
周囲の血族も、また離散するだろう。—

丁日主で時柱壬寅干支では干合化木の旺木の局相で、生月申酉支に相当しなければ志操を領得し、上司が信用するが両親は同伴飛去して扶力せず、他人が春風に喜悦して笑うが、そこで運歳の水木地を巡って金質を含有しなければ、貴相が顕表して栄達する命相なのである。

六丁日癸卯時断

〔歌訣〕

六丁日干で、時柱癸卯干支のときには、
衰身旺鬼し、窮状を禁じ得ずに
月柱に通関して福分の方途がテーマであり、
さもなくば窮状濁性で、苦心悲嘆するだろう。—

丁日主で時柱癸卯干支では、衰身旺鬼して丁干は癸干を鬼殺と見做しまた乙干を偏印と見做し、卯支上の癸干が旺乙干を生扶し、もし通関救応しても生月身旺では鬼殺が官星に好転して吉相、または局中に存在せず運歳に通関してまた吉兆だが、これに反して窮状で視覚碍また血疾で、妻君は被損

して子息は少数なのである。

丁丑日主で時柱癸卯干支で、生月辰戌丑未支では制効を領得して、生月午支は強干で貴相また生月申丑支は名声なのである。

（黄士觀氏（郎中官）は甲申年庚午月であり／李際泰氏（進士）は壬子年癸丑月であり／趙可懐氏（楚州藩鎮）は辛丑年乙未月であり／某氏（公伯）は癸丑年己未月であり／方應祥氏（進士～兵部郎官）は辛酉年丙申月であった。）

丁卯日主で時柱癸卯干支では、生月寅卯支は「偏官佩印」が生扶するので、凶意のテーマと見做さず、運歳で相当を巡って貴相が顕彰するのである。

（楊白泉氏（長官）は辛丑年癸巳月であり／蕭良有氏（會元次席進士～春官吏）は庚戌年丁亥月であり／某氏（参与）は己巳年癸酉月であり／某氏（郡主）は乙未年戊寅月であり／某氏（挙人）は辛巳年庚寅月であり／某氏の一命は庚午科挙合格仕官歙人また一命は丙子科挙合格し就学吏し福建省の人物で、ともに己酉年辛未月であり／江鐸氏（評定官）は戊申年丙辰月であった。）

丁巳日主で時柱癸卯干支で、生月丑支で運歳の北方地では厚土地の方途で吉相、また秀水質の当地で官位二品三品級の貴相、また局相の申酉支は財星の用途でまた吉相なのである。

（陳應之氏（郎中官）は乙巳年甲申月であり／某氏（皇族）は丙戌年甲午月であり／某氏（首相）は戊戌年癸亥月であり／某氏（御医官）は乙酉年辛巳月であり／楊時寧氏（進士）は丁酉年癸丑月で兄氏（挙人）で弟氏（進士）であり／某氏（挙人巨富者）は丙午年丙申月であった。）

丁未日主で時柱癸卯干支では偏官佩印して、生月春季は吉相また生月夏季は平常底、また生月秋季は富裕また生月冬季は窮状するのである。

また丁火は水質を畏れず、生月亥子支では偏官が重く己身が柔微で大貴相、また生月丑未支で運歳の東方地を巡り貴相なのである。

（章氏（首相）は丁亥年壬子月であり／林氏（進士）は丙戌年辛卯月であり／韓紹氏（方伯）の子息の敬氏（會元～首席進士）で丙申年乙未月であり／唐龍氏（長官）の子息は汝楫氏（首席進士）で丁酉年丁未月であり／某氏（進士）は庚寅年戊寅月であった。）

丁酉日主で時柱癸卯干支では、日時柱ともに貴人星が搭載してもっとも吉相、また生月春夏季は身旺で鬼殺が官星に好転、また生月秋冬季では衰身勤苦また生月巳戌支は貴相、また年月柱午丑支で庚己干が透干して清貴相なのである。

（楊繼盛氏（刑務官／愍公）は丙子年甲午月であり／金氏（首席進士）は乙卯年丁亥月であり／李春芳氏（首席進士～宰相）は庚午年己丑月であり／項喬氏（使節補佐官）は癸丑年丙辰月であり／林策氏（評事官）は己巳年乙亥月であった。）

丁亥日主で癸卯干支では、生月卯支は印綬と為り貴人に近侍して、生月寅午支は首都官僚で官位五品六品級なのである。

（林敬氏（吏員）は乙亥年戊子月であり／某氏（礼部郎官）は己未年庚午月であった。）

〔歌訣〕

夢中にて、胡蝶に変化する局勢では、
覚醒ののち、思量する必要はなく、
運歳と己身とが、旺地に通関するときには、
その方途を許容し、昌々たる名利であろう。

〔歌訣〕

丁丑日主で、時柱癸卯干支のときには、
名利を渇望し、かつ平庸に相当し、
衰身にて巧妙を拈弄し、拙劣へと翻転し、
得志して通関すれば、貴人に邂逅するのである。――

丁日主が時柱癸卯干支を搭載して衰身し、倚拠が存在せず平常底、また家門の内賊が財帛糧源を損耗するので祖元を守備して破蕩を防ぎ、両親に同伴飛去して依頼できず、また妻子は離郷を免れず、運歳で身旺偏官の方途へ傾斜し名利の栄暢を許容するのだ。

六丁日甲辰時斷

〔歌訣〕

六丁日干で、時柱甲辰干支のときには、
　官星が位相を領得し、己主を印星が生扶し、
　月気に通関しなければ、福分は平庸と見做し、
　そこで扶拠を附帯して、建禄貴人星と同義である。―

丁日主で時柱甲辰干支では官星佩印（綬）の庫地で、そこで甲干を印綬と見做し、また壬干を正官と見做すのである。

また辰支蔵の甲木印綬が己身を生扶し官星が合局するので、もし月気に通関支根して貴相だがさもなくばすなわち平常底、また生月春季で運歳の北方地が有益、また生月冬季で運歳の南方地を巡り吉相なのである。

丁丑日主で時柱甲辰干支では吉相また生月亥子支は富貴、また生月申支で運歳の東方地また生月午支で運歳の金水地はともに貴相、また寅支が好作用して極品級の名声なのである。

（孫氏（中央軍官）は丙申年庚子月であり／王氏（長官）は甲辰年壬申月であり／何氏（教諭）は癸丑年辛酉月であり／傅治氏（挙人）は甲寅年丁丑月であり／某氏（巨富者）は丁亥年辛亥月であり／某氏（挙人）は癸丑年癸亥月であった。）

丁卯日主で時柱甲辰干支で生月辰戌丑未支では、孤相交夾して運歳で財星の発揚に通関、また生月丑支で運歳の南方地が貴相、また生月卯支で運歳の金水地は、権貴人に近侍するが上奏は不利益なのである。

（倫以諒氏（進士）は甲寅年辛未月であり／周儀氏（挙人）は庚辰年壬午月であり／呉大選氏（挙人）は甲寅年丁丑月であり／某氏（給事中）は癸未年乙卯月であり／某氏（知事）は戊申年乙丑月であり／某氏（富裕者）は壬戌年戊申月であった。）

丁巳日主で時柱甲辰干支では、孤相交夾して生月春季は印星の吉相、また生月夏秋季は平常底また生月冬季は旺官、また戌支が好作用して運歳の木火地は閑職官吏であろう。

（王氏（皇族）は丙午年壬辰月であり／某氏（知事）は己未年壬申月であり／陳子壮氏（三席進士～侍郎官吏）は丙申年己亥月であり／陳観陽氏（人事官）は丙戌年癸巳月であり／某氏（進士）は癸未年乙丑月であった。）

丁未日主で時柱甲辰干支で、生月丑亥卯未支では官星佩印の貴相、また生月夏季は平常底また生月辰戌支は厚貴、また生月酉午支で運歳の金水地を巡り大貴相なのである。

（王廷相氏（長官名公侯）は甲午年丙子月であり／伍氏（布政司）は壬午年庚戌月であり／王氏（郡主）は己未年甲戌月であり／劉豫卿氏（進士）は辛卯年戊戌月であり／謝氏（検討）は壬戌年丙午月であり／某氏（中書令）は己卯年丙寅月であり／喩天性氏（巡察官）は癸亥年甲子月であり／某氏（貴人）は己巳年壬申月であり／唐龍氏（名臣長官）は丁酉年丁未月であった。）

丁酉日主で時柱甲辰干支では平常底で、年月柱に戊支を附帯せず日主は「栄貴格」、また生月春季で運歳の南方地が貴相また運歳の北方地が大貴相、また年干と月支が合局して「馬化格」に該当してもっとも貴相なのである。

（李維禎氏（方伯）は丁未年辛亥月で湖北省の人物、その「文集」が伝世しており／夏氏（侍郎官吏）は乙亥年庚辰月であり／方氏（郡主）は丁丑年壬寅月であり／韓氏（視察使）は甲申年己巳月であり／王三接氏（知事）は丙辰年壬辰月であり／徐大用氏（知事）は丁丑年壬子月であり／某氏（吏員）は丙辰年壬辰月でのちに仕官され／某氏（副知事巨富者）は丙子年戊戌月であり／某氏（進士）は乙丑年壬午月であり／李春芳氏（宰相五世同堂）は庚午年己丑月で時柱癸卯干支ともされる。）

丁亥日主で時柱甲辰干支では「日貴格」で、官級爵禄を領得しかならず顕達に相当、また年月柱甲辰干支は大貴相、また生月午支で運歳の東北地を巡りまた生月辰支で運歳の北方地を巡りともに貴相だが、凶揺ともされるのだ。

（某氏（首席進士）は丁亥年甲辰月であり／某氏（評定官）は壬戌年己酉月であり／周尚文氏（鎮護官）は乙未年戊寅月で真実の才将であり／某氏（宮内官吏）は庚申年戊子月であった。）

〔歌訣〕

時柱で庫地が、官星を搭載する局勢では、
福分の発揚には、衝揺が必要であり、
もし運途にて、亨通に巡るときには、
財星が官星を生扶し、自ずと従相するのだ。

〔歌訣〕
丁日主で時柱が「官星佩印」と為相するときには、
財庫を解錠して「虎の子」を発見し、
そこで命局に、刑衝破相が存在しなければ、
運歳の方途に巡れば、富貴長寿の称号なのである。—

丁日主で時柱辰支とは、旺庫地で印綬が相生するので、そこで戊支庫を解錠して啓けば壬丁干が有益で、文才秀気が群衆から超出するが、そこで六親血族が交夾しても、花果に成謝して栄昌が重複するが、ただ運途で虎の子を遅見して争雑と見做し、ここで先に暗冥するがのちに開明する命運なのである。

六丁日乙巳時斷

〔歌訣〕
六丁日干で、時柱乙巳干支のときには、
傷官が暗裏に、また偏印に際会し、
運歳の東方地で、虚性が秀成するが、
金水気の当地は、建禄貴人相なのである。—

丁日主で時柱乙巳干支では、丁干は壬干を正官と見做しまた乙干を偏印と見做し、巳支が壬干を搭載して絶符し、乙干を明見して偏印また暗に戊干傷官が建旺して、傲慢でプライドが高く平常底だが、もし月柱に金水気が通関してまた貴相なのである。

丁丑日主で時柱乙巳干支では、生月春季は富裕また生月夏季は孤相、また生月秋季は吉相また生月冬季は貴相なのである。

（許成名氏（侍郎官吏）は癸卯年癸亥月であり／陳仁氏（布政司）は甲戌年丙寅月であり／荘獻氏（挙人）は辛未年甲午月であり／徐封君氏（巡察官）は壬辰年癸卯月で子息（民式任官）され／李長春氏（礼部長官）は乙巳年丙戌月であり／某氏は己卯年丁卯月であり／某氏（頭賊）は壬戌年壬寅月であった。）

丁卯日主で時柱乙巳干支では、生月春季は印旺また生月夏季は生旺、また生月秋季は財旺また生月冬季は旺官で「取用の看法は何か」とはともに吉相がテーマであり、年月柱午未支では文章力が顕貴して、運歳の官星禄支が吉相なのである。

（某氏（進士）は辛未年丙申月であり／某氏（甲部合格士）は乙酉年乙酉月であり／陳以勤氏（宰相）は辛未年戊戌月であった。）

丁巳日主で時柱乙巳干支で、また生月巳支では亥支壬干を倒衝して官星と見做し、水質が存在せず填実に巡相すれば、己主は官位四品五品級の貴相とされるのである。

（項氏（編修官）は癸卯年丁巳月であり／任氏（首席進士）は丙子年癸巳月であり／趙氏（参与）は甲午年丙子月であり／何氏（郡主）は甲寅年甲戌月であり／王氏（郎中官）は戊辰年丁巳月であり／施氏（判院）は辛酉年癸巳月であり／某氏（運使官）は辛未年丙申月であり／某氏（文高官）は己巳年癸酉月であり／某氏（武高官）は丁卯年庚戌月であった。）

丁未日主で時柱乙巳干支で、もし「倒衝格」に該当して衝破が存在せず貴相、また年月柱巳亥支は官位三品四品級の貴相、また年月柱酉丑支は財星局が会合して富裕なのである。

（張承叙氏（郡主）は癸酉年乙丑月であり／某氏（貴人）は丁巳年乙巳月であり／某氏（栄昌長寿者）は癸未年乙卯月であり／某氏（天啓西宮）は丁未年乙巳月であり／某氏（総務長官）は辛巳年甲午月であった。）

丁酉日主で時柱乙巳干支では財星破相し偏印相で、もし年月柱で金水気が通関して運歳の金水地を巡り吉相なのである。

（向成氏（監察官）は辛卯年丁酉月であり／文氏（参議）は癸卯年丙辰月であり／某氏（大貴人）は癸卯年己未月であり／葉氏（左大臣）は丁巳年乙巳月であり／朱愷氏（郡主）は壬戌年辛亥月であり／李會春氏（挙人）は戊寅年丙辰月であり／黄洪憲氏（少詹）は辛丑年戊戌月であり／汪可受氏

（都察院）は己未年辛未月であった。）

丁亥日主で時柱乙巳干支では、日時柱が併衝して妻子を損傷し、局相巳酉丑支申子辰支は金水二局相また財星官星が作用を領得して富貴がテーマなのである。

（王爌氏（侍郎官吏）は壬辰年甲辰月であり／某氏は丁亥年甲辰月であった。）

〔歌訣〕
偏印がテーマで、財星が破耗する局勢では、
早年季から、蓋世に沈埋するが、
運歳の官星禄地を巡るときには、
富貴が自ずと、天賦に差配するのである。

〔歌訣〕
丁日主では、時柱寅支の刑衝を畏れて、
運歳の財星官星を巡り、能く通関の始兆であり、
人情が好意的で、悪意に背反し、
先に艱難しのちに快易し、従容を悦するのだ。—

丁日主で時柱乙巳干支では、財星を破相し通関し難く偏印がテーマであり、また両親伴侶は和合平穏また妻子も怒気煩悶しないのである。

そこで君子ならば文学優秀、また一般人ならば財帛技芸に精通し、壬庚辛癸干を重複附帯すれば中年末期に財帛名声が充足して作用するだろう。

六丁日丙午時斷

〔歌訣〕
六丁日干で、時柱丙午干支が生扶するときは、
日主の禄支が、時上に位相して有益であり、
局中に癸干子卯支を帯び、瑕疵が存在せず、
年少にて、青雲路を高昇するだろう。—

丁日主で時柱丙午干支では青雲に得路し、また丁火を午支が搭載して建禄、また局中に偏印の破相が存在せず干星が癸干と交夾せず「禄元純粋」と為し、己主は貴相なのである。

たとえば局相に子卯支を帯び、癸干が透干すれば「禄元破耗」するので巡当しても不遇なのである。

丁丑日主で時柱丙午干支では平常底で年月柱寅卯戌未支は貴相、また年月柱酉丑支は財星が作用してもっとも吉相だが、年月柱亥子支は官殺星で不益なのである。

（史氏（宰相）は己亥年丙寅月であり／某氏（挙人）は戊寅年辛酉月であり／某氏（挙人）は庚寅年己丑月であり／范氏（辺境統官）は辛未年庚午月であった。）

丁卯日主で時柱丙午干支では、生旺帯災また卯支衝揺が丁日主のことであり、生月巳支で運歳の西北地で貴相また運歳の東南地で極品級の権威、また局相寅亥支は武官二品級、また子酉支が全局して大貴相なのである。

（黎氏（侍郎官吏）は戊子年辛酉月で王其勤氏（郎中官）と同命相であり／和氏（参議）は甲午年丙寅月で陳氏（宰相）と同命相であり／鄭氏（寺簿官）は辛未年丁酉月であり／劉一燝氏（宰相）は丁卯年壬子月であった。）

丁巳日主で時柱丙午干支では、丁干を午支が搭載禄支また丙干を巳支が搭載禄支して「互換禄格」とし、局相に寅亥子支が存在せず文章力が顕貴して、妻子は褒賞庇護されるのである。

（盧後屏氏（長官）は癸丑年丁巳月であり／林承訓氏（進士）は庚申年壬午月であり／呉雲臺氏（挙人）は丙辰年戊戌月であり／某氏（挙人）は丁亥年乙巳月であり／某氏（進士）は乙卯年壬午月であり／金達氏（會元～三席進士）は辛酉年乙未月であり／某氏は丙子年丁酉月で継子を領得され／某氏（進士）は癸巳年乙丑月であった。）

丁未日主で時柱丙午干支は貴相だが、祖元を破綻させて成立し、年月柱壬癸干が不益で生月甲申干支では「財星官星印星三奇」と為り、また生月辰支は官星庫地また生月亥支は官星佩印でともに大貴相なのである。

（譚綸氏（長官）は庚辰年甲申月で丁丑年に卒され／呂柟氏（首席進士）は己亥年己巳月であり／某氏（萬戸）は己丑年戊辰月であり／某氏（使節補佐官）は辛酉年壬辰月であり／某氏（大貴人）は乙巳年乙酉月であり／某

氏（解元）は己亥年丙子月であり／王孫蕃氏（挙人～検都濟寧州知事）は丁亥年庚戌月で平和主義者と現今まで称され／某氏（甲部合格士）は辛丑年壬辰月であり／某氏（公侯）は庚辰年辛巳月であった。）

丁酉日主で時柱丙午干支では、平常底で子孫に不利益また年月柱亥卯未支は貴相、また年月柱巳酉丑支は平常底また年月柱寅午戌支は富裕なのである。

（王安仁氏（郡主）は丁丑年壬子月であり／鄭氏（補佐官）は己巳年庚午月であり／陳所志氏（刑務官）は癸酉年壬戌月であった。）

丁亥日主で時柱丙午干支は平常底また生月子支で、運歳の金水地にて郎官吏また年月柱未申酉丑支ともに吉相であり、先に破耗してのちに富裕するのである。

（張氏（首席進士）は壬申年丁未月であり／姚氏（左大臣）は辛酉年辛丑月であり／陳奇瑜氏（総務長官）は癸未年壬戌月であった。）

〔歌訣〕

匹馬が麒麟に、飛翔する局勢では、
巡相すれば、かならず豊饒に満盈するが、
そこで刑衝破耗を侵犯しなければ、
その名声が、皇帝府の庭前まで奏されるだろう。

〔歌訣〕

時柱午支が、丁日主を搭載する禄元格局では、
官星が太過した比劫を、抑圧する局相を呈さなければ、
局相に刑衝が、存在せずに吉運を巡れば、
青雲を直上し、宮中を闊歩するだろう。—

丁日主で時柱丙午干支を附帯し「互換禄馬」が光り輝き、功名が赫々と伝世して希望に応えるが、文章を習学して己主は貴相なのである。

そこで年月柱に癸干子卯支が存在せず、文才福分のタイミングが巡り吏班に参列し、布製の着衣から錦絹衣に改装し、万里の雲梯に追い風が吹くのである。

六丁日丁未時斷

〔歌訣〕

六丁日干で、時柱丁未干支のときには、
火質が木局勢に依り、生気を帯び、
衣糧爵禄が安泰で、平常底であり、
運歳で水気に巡り、得地の方途である。

丁日主で時柱丁未干支では火質が木局勢に通関し、丁干は甲干を印綬と見做しまた未支を木庫と見做して印綬の当地であり、もし命局に財星を附帯せずまた運歳の財地を巡らず、年月柱に亥卯未支木局が通関すれば福分は安泰なのである。

丁丑日主で時柱丁未干支では、丑未支が衝揺するので善い結末を領得せず、年月柱辰戌支四庫全備すれば極品級の貴相、また年月柱申未支は官位三品級の三法司で、淡泊清閑また祖元が破綻するのである。

（朱元璋氏（明朝太祖）は戊辰年壬戌月で『國史』を考証すれば、戊辰年丙子日己丑時（九月十八日）と伝承が異なり、もし『國史』の丙子日己丑時の降誕ならば名君と見做すのだが／某氏（参与）は丙申年丙申月であり／某氏（巨富者）は戊辰年庚辰月であり／蔡國用氏（宰相）は己卯年庚午月であった。）

丁卯日主で時柱丁未干支では刑揺発揚し、生月寅卯支は印綬また財気を発揚して敦厚、また生月辰戌申午支はともに吉相なのである。

（韓氏（参与）は甲午年壬申月であり／兪林氏（侍郎官吏）は甲戌年戊辰月であり／林兆金氏（吏員）は壬申年丙午月であり／黎氏（検事官）は乙酉年壬午月であり／貲郎氏（官吏）は癸未年丁未月であり／陶大臨氏（次席進士～侍郎官吏）は丁亥年癸卯月であった。）

丁巳日主で時柱丁未干支では「拱禄格」の貴相、また年柱子支を帯びすなわち午支を闕門と見做し「拱」を領得して大貴相で、空亡もしくは填実が巡り不益なのである。

また年月柱に財星官星印星を帯びともに吉相なのは、財星が富裕また官星や印星が貴相なのである。
（費宏氏（首席進士～宰相）は戊子年乙卯月であり／許大亨氏（監察官）は壬午年戊申月であり／傅燮氏（進士）は壬子年己酉月であり／楊階氏（進士）は丁卯年壬寅月であり／某氏（巨富者）は辛丑年丁酉月であり／某氏（巨商）は癸亥年己未月であり／某氏（祖威賜官）は丁未年丁未月であった。）
丁未日主で時柱丁未干支では「八専」にて太旺し、早年に両親妻子を損剋して衣糧爵禄は平常底で道仏士ならば吉兆と見做し、局相に金水木気が通関してまた運歳の金水地では衣糧爵禄が安泰で大貴相、また凶揺だが晩年期に発揚して大富裕するだろう。
（楊一清氏（名臣宰相）は乙亥年己丑月であり／鄒守益氏（會元～長官）は辛亥年辛卯月で名臣道学者であり／唐文獻氏（首席進士～侍郎官吏）は己酉年丁卯月であり／羅大紘氏（礼部郎官）は丁未年辛亥月であり／馮岳氏（長官）は乙卯年甲申月であり／某氏（進士）は丁未年丁未月で一氏（生員）と同命相であり／某氏（甲部合格士）は壬午年己酉月で早年卒し／妻志徳氏（卿吏）は己亥年丁丑月であった。）
丁酉日主で時柱丁未干支では「日徳格」で、もし生月亥卯未寅支ならば衣糧爵禄が敦厚で、生月寅支で運歳の金水地を巡り黄金冠紫恩衣の名誉だが、かつ非長寿ともされる。
（黄希晦氏（知事）は丙寅年甲午月であり／余氏（知事）は壬寅年丙午月であり／顧應陽氏（官吏）は壬戌年辛亥月であり／某氏（巨富商）は庚申年乙酉月であり／某氏（挙人）は丁未年癸未月であったのである。）
丁亥日主で時柱丁未干支で生月卯支は三合印局と為り、貴相かつ長寿また申支は旺財また亥支は旺官でともに吉相、また生月夏季は丁火が精気を帯び、儒学吏だが孤独相かつ窮状を免れないのである。
（耿裕氏（長官）は庚戌年己卯月であり／黄謙氏（給事中）は己卯年乙亥月であり／唐時雍氏（挙人）は丁丑年戊申月であった。）
〔歌訣〕
時柱に木質庫地を、附帯する局勢のときは、
印綬が解錠とし、有益と為り、
運歳で、旺官の当地に巡るときには、
福分かつ爵禄が、自ら天賦の差配であろう。
〔歌訣〕
二併干を時柱未支が、搭載して巡相すれば、
険路を経て中年期に、福分の発揚が巡り、
運途で貴人に際会し、吉相に符合し、
衣糧爵禄が安泰なのは、疑うまでもないのだ。—
丁日主で時柱丁未干支では、庫地沈埋に相当し年少期に発揚し難く、タイミングが巡りそこで丑未支が冲衝泰通するので両親伴侶に咎なく、開花して妻君財帛を収果し、またタイミングが巡り寿元が充足して福分が重複し、栄華に浴した末に爽快に悦するだろう。

六丁日戊申時斷

〔歌訣〕
六丁日干で、時柱戊申干支のときには、
天干が禄支とは、乖背して敗身し、
月柱に救応が存在しなければ、財気が発揚せず、
ただ衣糧爵禄が、平常底の人命なのである。—
丁日主で時柱戊申干支では、己身爵禄に乖背し丁干は壬干を正官と見做し、申支が戊土を搭載して傷官が作用するので、もし年月柱に壬干が透出して官星の凶揺と見做すので、旺庚干を財気と見做しても自ら敗地にて制剋を権能せず、そこで身旺で月柱に通関せず平常底、また年月柱甲寅干支が有益で壬子干支が不益なのである。
丁丑日主で時柱戊申干支では秀貴相、また年月柱未申支は貴相で運歳の東南地を巡り大貴相、また生月巳支で運歳の西北地で六長官の権職なのである。
（盧宗哲氏（光禄寺卿）は乙丑年己卯月であり／黄禎氏（郎中官）は庚戌年

戊寅月であり／某氏（挙人）は癸巳年丁巳月であり／某氏（挙人）は壬辰年辛亥月であった。）

丁卯日主で時柱戊申干支では、生月春季は「傷官佩印」また生月秋季は「傷官佩財」でともに吉相なのである。

また生月夏季は比肩また生月冬季は「傷官見官」で平常底、また生月四季土旺は吉兆なのである。

（歐陽必氏（進士～長官）は辛亥年辛丑月であり／范氏（参与）は庚午年戊寅月であり／高才氏（挙人）は癸未年丙辰月で、二兄存在かつ当人は富貴であった。）

丁巳日主で時柱戊申干支では貴相ではないが、すなわち富裕であり刑衝を免れず、生月夏季で運歳の西北地を巡り貴相、また生月秋冬季は労々の命相なのである。

（謝三洲氏（評定官）は辛酉年己亥月であり／郭氏（刑務官）は己酉年戊辰月であり／趙氏（監察官）は己巳年丁丑月であり／蕭春芳氏（挙人）は乙未年戊寅月であり／某氏（富裕者）は乙卯年庚辰月であった。）

丁未日主で時柱戊申干支で局相巳午未戌支は身旺で貴顕、また生月亥卯支が未支と際会また生月子辰支が申支と際会して、ともに貴相がテーマなのである。

（蒋之奇氏（学士院吏）は乙亥年丙戌月であり／某氏（貴人）は壬子年壬子月であり／某氏（貴人）は癸巳年壬辰月であり／黄文煥氏（学士院吏）は丙申年辛卯月であり／黄汝良氏（礼部長官）は戊午年乙丑月であり／英国氏（公侯）は丁巳年丙午月で、また癸巳年戊午月ともされている。）

丁酉日主で時柱戊申干支で、生月寅午戌丑辰未支で傷官が傷尽して奇瑞、また「日貴格」と為り己主は科挙進士試験に合格し、運歳の金水地を巡り紫衣で黄金を腰束するのである。

（武宗氏（明朝皇帝一五〇五～）は辛亥年戊戌月で、命局地支が亥戌酉申支と間断なく相連また干頭に透出して栄格局、また辛亥干支戊申干支とは「天関地軸格」と称して貴相に至り／耶律氏（参与）は壬子年丙午月であり／某氏（検事官）は丙午年乙未月であり／某氏（挙人）は癸亥年戊午月であり／某氏（吏員）は辛卯年甲午月であった。）

丁亥日主で時柱戊申干支では、日時柱が害相して妻子を損傷、また身旺で月気に通関すれば貴顕し、年月柱戊戌干支丁巳干支では火土質が偏重して視覚碍なのである。

（董士衡氏（使節補佐官）は癸亥年丙辰月で巨富者であり／某氏（参与）は己未年辛未月であり／應伯川氏（監察官）は壬申年庚戌月であり／某氏（知事）は甲子年丁卯月であった。）

〔歌訣〕

福分爵禄が、命局に伴って好作用すれば、
凶相の運途が、かえって吉兆へと好転し、
運歳の金水気の、当地を巡れば、
日主の方途は、財神の発揚を肯首するのだ。

〔歌訣〕

丁日主で、時柱戊申干支で正規と見做すときには、
天干の旺気が、明晰な文彰を顕示して、
官星が作用して肯首するが、果実は淡泊であり、
運途が吉兆で、結局は家道が成就するだろう。―

丁日主で時柱戊申干支は正規で、申支が戊土を搭載して長生的で、傷官が傷尽すれば否相だが亨通し、そこで癸亥干支とは填実に復して用途は不益なのである。

そこで君子ならば辞職して引退し、また一般人ならば家計の成就は難儀であり、もしまた富貴にて窮状が不安ならば、生時刻の不定義が想定されるのである。

六丁日己酉時斷

〔歌訣〕

六丁日干で、時柱己酉干支のときは、
学堂が貴人星に附合し、稀少に誠実と為り、
妻子星に精気があり、食神が旺相すれば、

そこで刑衝が存在しなければ、奇瑞の方途である。―

丁日主で時柱己酉干支では、丁火を酉支が搭載して長生するので、学堂かつ天乙貴人でみな兼備領得するが、丁干は用途の己干を食神と見做し、また辛干を財星と見做し、酉支が己干を搭載して暗に辛干が生旺するので文章秀麗だが、たとえば卯支乙干が衝揺するケースは貴相ではないのである。

丁丑日主で時柱己酉干支で、年月柱辰巳午未申戌支は貴相なのである。

（張氏（学士院吏）は甲午年戊辰月であり／曾存仁氏（参議）は庚戌年庚辰月であり／蔡弈琛氏（侍郎官吏）は丁酉年癸卯月であり／岳氏（封翁）は庚子年己丑月で子息三名が進士試験に合格したのである。）

丁卯日主で時柱己酉干支では、日時柱が併衝するので妻子を損傷し、火気が通関して吉相だが乙卯干支が不益であり、年月柱に亥未巳丑支を附帯し、一支を夾合すれば衝揺がテーマではないのである。

（楊令氏（公三位）は丁亥年丁未月で、天乙貴人が三位偏官と同局し武人戦略家として百戦錬磨であり／某氏（大臣）は丁巳年乙巳月であり／林嵩氏（知事）は癸巳年辛酉月であった。）

丁巳日主で時柱己酉干支で、年月柱巳酉丑支では旺財が官星を生扶するので、生涯富貴また年月柱亥子支はまた吉相なのである。

（師宗魯氏（侍郎官吏）は辛巳年戊戌月であり／沈紹徳氏（参議）は癸未年癸亥月であり／林穎氏（挙人）は辛亥年辛丑月であり／某氏（富裕者）は乙丑年辛巳月であり／劉生中氏（学士院吏）は丙寅年庚子月であった。）

丁未日主で時柱己酉干支では火気が通関して貴相、また癸乙干卯支を附帯して貴相ではないのである。

（劉氏（宰相）は乙酉年乙酉月であった。）

丁酉日主で時柱己酉干支では孤揺だが、生月に木火気が通関して吉相なのである。

（楊氏（使節補佐官）は甲子年辛未月であり／郭天禄氏（使節補佐官）は丙戌年庚寅月であり／歐溥氏（挙人）は乙巳年丁亥月であり／某氏（光禄少卿吏）は辛未年丙戌月であり／趙氏（総務長官）は丙申年乙未月であった。）

丁亥日主で時柱己酉干支では、窮状相また使用人を採用して妻君と見做し、たとえば年月柱戊己丙丁干は権貴人に近侍位居し、年月柱甲乙干寅卯支で運歳の西北地にて貴相なのである。

（某氏（礼部官吏）は乙酉年壬午月であり／李珊氏（府長官）は乙丑年丙戌月であり／呂旻氏（編修官）は戊子年甲子月であり／陸従太氏（進士）は戊寅年丁巳月であり／孫如游氏（宰相）は戊寅年壬戌月であり／葛寅亮氏（学府吏）は庚午年戊寅月であった。）

〔歌訣〕
生月秋季で、生扶に相当する局勢では、
財星が好作用し、明朗であり、
もし刑衝破害が存在しなければ、
そこで富貴が、己身から乖離しないのだ。

〔歌訣〕
丁日主で時柱酉支が搭載し、結局は貴相と為り、
それは偏財が食神を搭載し、帰禄を附帯することで、
命相が生旺すれば、凶意が吉相に好転するが、
そこで財星を衝破して、凶揺のタイミングを隠伏するのだ。―

丁日主で時柱己酉干支では、食神が旺相して財星を生扶し、福分爵禄が清相で自ら巡当し、その一生は爽快の人命と見做し、また君子ならば海容寛宏また一般人ならば世間を懐情するが、また財星官星が双美して整象すれば滔々たる一路に障礙は存在しないのである。

六丁日庚戌時斷

〔歌訣〕
六丁日干で、時柱庚戌干支のときには、
墓庫敗地にて、福分が成就し難く、
もし救応が存在せず、鬼殺が巡衝すれば、
財帛が聚処しなければ、視覚碍なのである。―

丁日主で時柱庚戌干支では墓庫敗地と為り、丁干は庚辛干を財星と見做し戊支蔵の丙（丁）干を敗地と見做してその福分が成就せず、もし救応が存在せず癸水が重複すれば己主は視覚碍なのである。

丁丑日主で時柱庚戌干支では、日時柱が刑揺して妻子を損傷するので、もし年月柱寅亥申酉支ならば官位三品級に昇階するので、年月柱午未子辰支で運歳の金木地を巡りまた貴相なのである。

（鄭一龍氏（使節補佐官）は丙子年庚寅月であり／郭公周氏（監察官）は壬申年甲辰月であり／某氏（郎中官）は戊寅年辛酉月であり／某氏（挙人）は丁未年壬子月であり／程正誼氏（知事）は戊午年辛未科第し丙戌卒され、虞懐忠氏（方伯）は丁卯年辛未科第し癸巳就官され、両者ともに甲午年甲戌月であった。）

丁卯日主で時柱庚戌干支で、年月柱亥未支で三合局が印星に際会、また生月子支は「偏官佩印」で吉相、また年月柱建禄支は道仏士で己主は貴相なのである。

また命局に救応が存在せず旺癸干を帯び視覚碍が多く、また生月酉支は貴相ではなく年月柱に酉戌支が好作用し、天干に己甲干が透干して貴相帯凶するのである。

（陳長春氏（使節補佐官）は乙未年庚辰月であり／楊守謙氏（使節補佐官）は乙丑年丁亥月であり／江以瀚氏（郎中官）は辛酉年庚子月であり／何良輔氏（進士）は戊申年甲子月であり／谷中虚氏（評定官）は丁丑年丁未月でまた戊辰年己卯月辛卯日辛卯時ともされ否定し難いのである。）

丁巳日主で時柱庚戌干支で生月辰巳支で運歳の金水地で名声、また生月壬癸干子亥支で運歳の南方地で官位極品級、また未支が好作用して運歳の西北地で官位三品四品級、また身旺で運歳の財星官星の当地を巡らず平常底だが、道仏士ならば清々しく高階位であろう。

（侯居坤氏（吏員）は戊戌年乙丑月であり／金一鳳氏（解元）は甲申年辛未月であり／某氏（吏員）は戊辰年壬戌月であり／某氏（進士）は戊子年辛酉月であり／勞堪氏（福建藩鎮）は己丑年丁卯月であり／某氏（公侯）は戊辰年庚申月であったのである。）

丁未日主で時柱庚戌干支では己主刑相、また局相亥卯支が印星に際会また局相申子辰支が官星に際会して、ともに己主は文彰貴顕また生月午支は建禄で子支衝揺して凶揺、また年月柱の土質が作用して財星を生扶して己主は富裕、また財星が作用して官星を生扶して富貴双全なのである。

（張治氏（會元～宰相）は戊申年辛酉月であり／周伯温氏（首相）は戊戌年甲子月であり／某氏（進士）は己卯年戊辰月であり／楚書氏（評定官）は辛亥年辛卯月であり／李學詩氏（学士院吏）は癸亥年癸亥月であり／晏沃氏（挙人）は丁丑年甲辰月であり／劉堯臣氏（挙人）は壬辰年壬寅月であり／某氏（指揮官）は甲子年乙亥月で子息七名であり／張電氏（白衣中書官～侍郎官吏）は戊辰年丙辰月で二子息を招官し／某氏（富裕者）は己巳年戊辰月であった。）

丁酉日主で時柱庚戌干支では「日貴格」で貴人に近侍し、技芸に通暁して策謀、また局相酉戌支は六害で血族に情誼が存在せず、生月秋季で官位五品六品級の貴相なのである。

（張震氏（侍郎官吏）は丁巳年壬寅月であり／鄭鋼氏（郡主）は丙辰年戊戌月であり／王應麟氏（蘇州藩鎮）は癸卯年辛酉月であり／陰武郷氏（長官）「星案傳」は丁亥年庚戌月であった。）

丁亥日主で時柱庚戌干支では「日貴格」で、年月柱巳酉丑支では官位四品五品級の貴相、また年月柱寅卯亥支で運歳の火金地は官位は六長官に昇階するだろう。

（謝氏（長官）は己酉年乙亥月であり／馬氏（侍郎官吏）は丁巳年癸卯月であり／劉翰氏（参与）は己卯年庚午月であり／劉雲鶴氏（進士）は癸酉年甲寅月であり／陳省氏（評定官）は己丑年庚午月であり／劉大化氏（郡主）は戊寅年甲寅月であり／徐一唯氏（吏員）は壬寅年己酉月であり／王一乾氏（吏員）は辛丑年辛丑月であった。）

〔歌訣〕

降雨が残花を、滴射する局勢では、
巡相して、通関することが不可であり、
運歳の財星官星に巡相すれば、
窮状を免れる方途と、知ることができるのだ。

〔歌訣〕

丁日主で、時柱戌支を附帯し真実と為り、
また施錠に解鍵なく、その庫地は閉鎖して、
両親兄弟が、和合依拠し難く、
自ら家計成立のため、精勤するのである。―

丁日主で時柱庚戌干支では火金質が交夾して窮状、また丑辰支に解錠が存在せずまた巡らなければ閉庫収財して能くストックし、そこで妻家に依託して同棲しまた血族は離散するが、晩年期に福分が発揚して門邸を改装するので、この命相は先に艱苦してのちに果報するのである。

六丁日辛亥時斷

〔歌訣〕

六丁日干で、時柱辛亥干支のときには、
財星官星が双美し、印星かつ長生であり、
もし月柱に通関すれば、極めて高貴だが、
また月柱に通関しなければ、名利は軽薄である。―

丁日主で時柱辛亥干支では財官双美として、丁干は用途の壬官を正官と見做し、また辛干を偏財と見做し、また甲干を印綬と見做し、また亥支が辛干を搭載明見して偏財また壬干を暗蔵して正官、また甲干が生扶して印綬と見做すのである。

もし火気が通関すれば大貴相で全美相と称するが、また通関しなければ名利に背劣するのである。

丁丑日主で時柱辛亥干支では、生月秋季には旺財また生月夏季には身旺、また生月春季には旺印で貴相が顕彰、また生月冬季には官殺が太過して身弱を畏れ、その福分に当任して耐久し難いのである。

（郭惟賢氏（進士）は丁未年庚戌月であり／某氏（公伯）は壬戌年癸丑月であり／王杲氏（長官）は庚子年戊子月であり／洪朝選氏（侍郎官吏）「星案傳」は丙子年丁酉月であり／何汝健氏（進士）は戊子年癸亥月で子息や孫も進士試験に合格し／裴應章氏（吏部長官）は丁酉年丙午月であった。）

丁卯日主で時柱辛亥干支では時上に「財星官星印星三奇」を附帯し、ふたたび年月柱で印星や財星が生助して、みな己主は大貴相なのである。

また子支が好作用して運歳の木火地を巡れば、官位六品級を肯定また生月巳酉丑支では、辛干偏財が得局して旺倚の方途で富貴双全なのである。

（陳以勤氏（宰相）は辛未年戊戌月であり／趙炳然氏（長官）は丁卯年癸丑月であり／謝東之氏（長官）は己卯年癸酉月であり／董策氏（使節補佐官）は乙丑年辛巳月であり／某氏（侍郎官吏）は庚辰年壬子月であり／王好問氏（長官）は丁丑年丁未月であり／劉日升氏（進士）は丙午年甲午月であった。）

丁巳日主で時柱辛亥干支では、日時柱が衝相して妻子を損傷するので、もし火気が通関して生月秋季で運歳の東方地を巡り貴相、また辛月干を巳亥支が搭載すれば祖元を破耗して秀気が顕表するがまた濁相である。

（洪孚仲氏（長官）は己丑年丙寅月で「駅馬羊刃七殺」であり／胡周鼎氏（刑務官）は辛亥年甲午月であった。）

丁未日主で時柱辛亥干支で、年月柱亥卯未寅辰午支では「正官佩印」が透出し聡明にて貴相顕表し、また運歳の西方地を巡り極品級、また生月巳丑支は名声なのである。

（殷塘川氏（宰相）は壬午年甲辰月であり／張程氏（学士院吏）は丁酉年己酉月であり／張位氏（宰相）は癸巳年乙丑月であり／盧象升氏（侍郎官吏）は庚子年庚辰月であったのである。）

丁酉日主で時柱辛亥干支では、貴人星かつ印星貴人また生月子支で運歳の東方地で名声、また局中に巳丑支帯財また卯未支帯印し天干に財星官星印星が透出して大貴相なのである。

（郭朴氏（宰相）は辛未年乙未月また癸巳月で子息九名ともされ／某氏（検事官）は甲申年丁丑月であり／饒才氏（郡主）は丁丑年壬子月で子息五名が（侍郎官吏）に就官されたのであり、饒氏（挙人）は貴州省の人物また萬氏（進士）は江西省の人物でともに同命相であり／陰武卿氏（評定官）「原本傳」は丁亥年庚戌月であり／劉元霖氏（長官）は丙辰年乙未月であり／曹三陽氏（長官）は丙子年戊戌月であった。）

丁亥日主で時柱辛亥干支は「日貴格」また「三奇全備」、また月柱に通関

して身旺では貴相、また局相卯未支で三合印局して大貴相、また自ら衝爽するのである。

（劉崙氏（監察官）は乙亥年甲戌月であり／李氏（挙人）は戊子年甲子月であり／兪氏（知事）は癸丑年乙丑月であり／某氏（貴人）は丙子年庚寅月であり／某氏（皇族）は丁丑年壬子月で年月子丑支また亥支が官殺相連し、陰丁干は柔質でもっとも吉相なのであり／某氏（解元）は戊午年庚申月であり／李宗延氏（少卿吏）は丙辰年癸巳月であり／祝以豳氏（検事官）は庚戌年甲申月であり／某氏（甲部合格士）は乙卯年己丑月であった。）

〔歌訣〕
巨魚が変化し、鵬へ飛翔する局勢では、
名声がここに、自ずと顕彰するので、
運歳の官星建禄の、当地を巡れば、
常規を逸し、破格に発達するだろう。

〔歌訣〕
丁日干を、時柱亥支が搭載する局相では、
青雲を平歩し、仕途は正長であり、
志操を領得し羽毛が退き、雞が鳳へと変容し、
鵬が万里の雲程を、飛翔し耐久するだろう。―

丁日主で時柱辛亥干支では「禄馬同郷」の天元と為り、官位は進士に及第し朝廷正装を纏い、かならず出身は寒門でも将侯相国を肯定、また決定的に己主は妻子賢孝、また測り難い威儀権勢で省庁台閣や帝都堂閣を高昇するのは、財星官星の生旺が好因なのである。

六戊日壬子時断

〔歌訣〕
六戊日干で、時柱壬子干支のときには、
生月土旺に通関し、墓庫が財星を搭載し、
もし己身が合化し、火気の真実と為れば、
運歳の旺水地で、視覚碍を忌むのだ。―

戊日主で時柱壬子干支では妻女財帛ともに旺じ、そこで戊干は壬干を妻財と見做し、また子支が壬干を搭載して旺じ戊土に精気が存在しないが、生月辰戌丑未支で合化しなければ財帛を懐収するのである。

もし癸干が合化して旺水の当地に巡当して、火質はその光彩を顕彰せず、事々を造作して成立せず、虚質にて質実ではなく視覚碍と為り、月柱に通関して生旺すれば貴相なのである。

戊子日主で時柱壬子干支では、財星格局で生月寅卯支を「禄馬朝元」と称し貴相が顕彰し、年月柱酉亥丑支で運歳の西北地では黄金冠紫恩衣の名誉だが、年柱乙卯干支で刑揺また生月癸巳干支は生旺刑相、また生月丙午干支も生旺刑相なのである。

（楊巍氏（侍郎官吏）は丁丑年丙午月であり／某氏（使節補佐官）は乙亥年己丑月であり／黄謹容氏（進士）は丙辰年辛卯月であり／某氏（首相）は壬戌年癸卯月であり／某氏（元帥）は甲子年丙子月であり／某氏（三席進士）は庚午年乙酉月であり／某氏（進士）は庚子年戊寅月であった。）

戊寅日主で時柱壬子干支では生月卯支は正官格で貴相、また生月夏季は顛倒また生月秋季は帰順せず年月柱丑酉支は吉相だが、生月己巳干支や己亥干支は衝揺で凶揺なのである。

（洪朝選氏（侍郎官吏）「原本傳」は丙子年丁酉月であり／某氏（貴人）は癸未年乙卯月であり／林益氏（郡主）は壬寅年癸卯月であり／姚永氏（大理寺丞）は甲午年乙亥月であり／韓奕氏（監察官）は戊戌年壬戌月であり／劉忭氏（憲長）は癸未年甲寅月であり／某氏（少卿吏）は庚申年己卯月であり／某氏（知事）は丁未年丁巳月であり／某氏（賜官位）は甲寅年丙寅月であり／某氏（監察官）は甲午年丙子月であり／康弌氏（知事）は丙子年乙亥月であった。）

戊辰日主で時柱壬子干支では生月春季は財星官星が生旺して貴相、また生月夏季は顛倒また生月秋季は帰順せず、また生月冬季は旺財で運歳の西南地を巡り官位五品六品級の貴相、また生月庚辰干支は自刑相で凶兆、また生月辛巳干支は水害凶夾、また生月乙丑干支は破耗して凶揺なのである。

（劉燾氏（都察院）は壬申年壬寅月であり／陳甘雨氏（郡主）は丙子年辛卯

月であり／孫獻策氏（遊撃士）は己卯年乙亥月であり／某氏（中央軍官）は乙巳年庚辰月であり／某氏（宰相）は辛未年庚子月であり／某氏（進士）は丁丑年乙巳月であり／某氏（進士）は庚午年戊寅月であり／某氏（京卿吏）は戊辰年丙辰月であり／某氏（監察官）は丙寅年庚子月であった。）

戊午日主で時柱壬子干支では、日時柱が併衝して妻子を損傷し、年月柱巳午支は名声また年月柱寅卯亥支は六長官、また生月申支で運歳の木火地を巡り公侯伯なのである。

だが生月丙午干支は不益で健全ではなく、生月癸亥干支は自刑相かつ非長寿また年月柱子午支は夾雑せず、また年月柱丑戌支は刑揺だがともに己主は大貴相なのである。

（賈元氏（参与）は壬子年癸丑月であり／某氏（参与）は戊午年壬子月であり／某氏（参与）は戊戌年癸亥月であり／某氏（少卿吏）は壬戌年壬寅月であり／某氏（運轉司）は庚子年乙酉月であり／某氏（布政司）は壬戌年辛亥月であった。）

戊申日主で時柱壬子干支は、高命相で先に碍滞してのちに生旺、また年月柱子酉支は時上偏財格の貴相、また局相巳午未戌支は己身が制伏化気し、用途の財星が好作用してみな吉兆がテーマなのである。

局相申酉支では食神傷官が財星を生扶するので、天干に甲乙干が透出して富貴双全だが、生月己巳干支は刑害相また生月壬午干支は非長寿で血族を瑕疵し、また生月癸亥干支は窮状して孤相なのである。

（梁儲氏（宰相）は辛未年丙申月であり／許氏（都督）は乙巳年乙酉月であり／雷龍氏（鎮護官）は乙酉年乙卯月であり／葛恒氏（郡主）は乙巳年甲申月であり／某氏（郡主）は戊子年辛酉月であり／朱潮氏（進士）は丙午年丙申月であり／某氏（検事官）は庚午年丁亥月であり／某氏（吏員）は庚午年丙戌月であり／貢氏（郡主）は己酉年丁卯月であり／某氏（評定官）は癸亥年甲子月であった。）

戊戌日主で時柱壬子干支で年月柱寅巳午支では、財星を控除して印星を留位し官位三品四品級の貴相なのである。

「経典」に「能く義を重んじて利を失念するときは、印星を取用して財星を控除しこれを肯定する」とある。

年月柱子酉支では五品級の学士院吏で、酉支が好作用して運歳の水木地では「玉堂極貴」で、生月戊午干支が不益で面相を瑕疵して非長寿、また生月辛卯干支では破耗して刑揺、また生月癸丑干支も刑揺また生月庚午干支は視覚碍なのである。

（曾氏（首席進士～大臣）は壬子年己酉月であり／談石山氏（評定官）は癸亥年甲子月であり／胡宗明氏（参与）は甲寅年戊辰月であり／自啓常氏（少卿吏）は己丑年戊辰月であり／傅作雨氏（人事官）は癸卯年辛酉月であり／某氏（進士）は戊寅年癸亥月であり／某氏（進士）は己亥年丙子月であり／某氏（挙人）は丁未年乙巳月であった。）

〔歌訣〕
旺財が官星を、生扶する局相では、
能く財星が、命局に作用するが、
しかし時令を失効し、その居処は下層と為るが、
そこで志操を領得すれば、王侯と為るだろう。

〔歌訣〕
戊日主で、時柱壬子干支を附帯して有益であり、
身旺かつ官旺で、また適宜な正相であり、
運歳が乖背して巡り、かえって休囚の当地なので、
栄禄もしくは波乱は、造作次第と為るだろう。—

戊日主で時柱壬子干支では旺財の官星の生扶と見做し、そこで合化して丁火が蔓延り、また子支が作用して運歳の東西地を巡り運歳の旺木地で顕達、また文章力秀麗かつ多端また博覧の人物と為り歓楽に耐久し、また万貫の財産で富貴なのである。

六戊日癸丑時斷　以下六戊日所忌月分倶同上斷時犯亦同。

〔歌訣〕
六戊日干で、時柱癸丑干支のときは、
かえって退き、妻女に従順して配偶が成為し、

巧性の人命と為り、とても聡明であり、
もっとも風流を愛し、花街酒色を嗜好するのだ。―

戊日主で時柱癸丑干支では、戊干は癸干を妻財と見做し、丑支蔵に余気の癸干を帯びて旺癸干に従財するのである。

もし月柱に通関すれば、化気は真実の火質と為り聡明の人物と見做し、もし土気が通関すれば己主は富貴にて権力を操縦し、また生月夏季で運歳の東方地を巡り貴相が顕彰するのである。

戊子日主で時柱癸丑干支では、生月戌支では雑気の印綬星で天干に丙丁干が透出して格局を為さずとも己主は富貴、また年月柱午酉支では庚乙干が透干し庚乙干合また戊癸干合では、戊干の食神は庚干また庚干を酉支が搭載して帝旺、また丑支は天乙貴人なのである。

また癸干を正財と見做しまた乙干を正官と見做し、そこで午支が印星の支根また日時柱が「天地徳合」と見做し貴禄星が交添し、いわば羅文星の貴相で巡相して己主は極品級なのである。

（王鏊氏（宰相）は庚午年乙酉月で時柱甲寅干支ともされ／林徳輝氏（州長官）は癸卯年甲寅月であり／某氏（知事）は乙卯年癸卯月であり／楊選氏（侍郎官吏）は甲戌年丁丑月で戊申干支癸亥干支ともされたのである。）

戊寅日主で時柱癸丑干支で、生月寅巳午未戌支では火気に合化して吉相、また生月秋冬季は平常底なのである。

（陳伯獻氏（使節補佐官）は甲申年乙亥月であり／李伯氏（知事）は壬戌年戊申月であり／某氏（僕卿吏）は甲寅年庚午月であった。）

戊辰日主で時柱癸丑干支で、生月寅巳午未戌支では火気に合化し支根を領得するが、局相申子辰支は財星局で吉相、また年月柱が全土質また四庫土旺が全備して貴相なのである。

（趙燿氏（監察官～宰相に昇階）は己亥年丁卯月であり／某氏（北燕征兵）は壬午年丙午月であった。）

戊午日主で時柱癸丑干支で年月柱寅戌未午支では、性情聡明にて権威が特達するのである。

（林應亮氏（侍郎官吏）は丙寅年乙未月であり／李福氏（鎮護官）は戊寅年丁巳月であり／牛秉中氏（鎮護官）は庚辰年己丑月であり／某氏（挙人）は癸未年丙午月であり／某氏（挙人）は庚戌年丙戌月であり／某氏（京卿吏）は丁未年癸卯月であった。）

戊申日主で時柱癸丑干支で、生月辰戌丑未午支では富貴で酒色を渇望し、生月夏季で運歳の東方地を巡り貴相、また生月秋冬季で旺財が官星を生扶して、もし衰身するときは非長寿でなくともすなわち窮状するのである。

（兪應辰氏（郡主）は己丑年癸酉月であり／唐仕濟氏（総務官）は庚午年癸未月であり／某氏（富裕者）は庚戌年癸丑月であり／某氏（富裕者）は壬申年辛亥月であった。）

戊戌日主で時柱癸丑干支で、生月夏季で運歳の東方地を巡り貴相、また生月辰戌丑未支では権威を操縦し、富貴にて花街酒宴の風流を愛好するのである。

（施氏（挙人）は乙卯年庚辰月であり／解學龍氏（兵部侍郎官）は癸未年庚申月なのであり／某氏（貴妃）は戊辰年乙丑月であった。）

以上の六日主の年月柱の喜忌は融通して活看法すればよく、さらに諸命局を参照してすなわち領得するだろう。

〔歌訣〕

火気に合化し、旺火相の局勢のときには、
財帛の門処が、日々に開扉するが、
命局に、衝破が存在しなければ、
福分爵禄が、自然に到来するだろう。

〔歌訣〕

戊癸干合化気し、時柱丑支は蔵庫なので、
もっとも刑衝が有益で、閉鎖が不益であり、
運歳のタイミングで、解錠開庫に巡れば、
家門が興旺し、その活計と見做せるだろう。―

戊日主で時柱癸丑干支では、火災に変化すると見做し光彩が発生するので、運歳の水地を巡り相当しないが、また運歳の東南地に到り興旺するので、そこで祖業とは離相して規定なく妻女のアドバイスで荘田を購入配備するとき、血族の損傷は肯首できないが、晩景は旺相して栄華なのである。

六戊日甲寅時斷

〔歌訣〕
六戊日干で、時柱甲寅干支のときには、
病的に己身が、鬼殺の損傷を被るが、
もし月柱に通関し、身旺なら吉兆であり、
また日干が衰微し、非長寿の人であろう。—

戊日主で時柱甲寅干支では、衰身旺鬼し寅支蔵の甲干が建禄また丙干が己身を生扶するので、たとえば月柱に通関して身旺また救応すれば、鬼殺が官星へと好転して己主は富貴だが、これに反すれば窮状であり、運歳の身旺地を巡り吉相なのである。

戊子日主で時柱甲寅干支では、先に破耗してのちに貴相発揚するが、生月未支で制伏の干星が存在して貴相、また生月午支で制伏が存在しなければ聡明にて貴人に近侍し、また生月辰戌丑支は身旺また生月亥卯支は旺殺だが、ただし印星を帯び制伏して貴相、また年月柱乙丑干支は黄金冠紫恩衣の名誉なのである。

（梁辰氏（布政司）は壬午年丁未月であり／鄭逢陽氏（吏員）は甲戌年戊辰月であり／方隨我氏（知事）は戊戌年丙辰月であり／丘民仰氏（知事）は丙午年辛丑月であり／某氏（監察官）は丙申年己亥月であり／某氏（使節補佐官）は戊寅年壬戌月であった。）

戊寅日主で時柱甲寅干支は身旺で血族と同居せず、また生月午支は「陽刃偏官佩印」また生月子支は「正財帯殺」で制伏が透干するのである。

また局相亥卯未支は、偏官が重作用して柔身するので、陽刃が透干して運歳の西南地を巡り万里に兵権が威武し、年月柱巳丑戌支は「身旺耐殺」また年月柱酉丑申支は偏官を制伏して、己主はみな大貴相また劫殺が己身を瑕疵しすなわち凶揺なのである。

（李氏（長官）は庚子年戊子月であり／尹氏（評定官）は壬子年壬子月であり／鄭氏（長官）は庚寅年壬午月であり／劉氏（侍郎官吏）は癸卯年己未月であり／劉順徵氏（進士）は庚戌年乙酉月であり／管石峰氏（参議）は辛亥年戊戌月であり／蔡昂氏（侍郎官吏）は辛丑年庚子月であり／顔氏（鎮護官）は乙酉年癸未月であり／麻貴氏（鎮護官）は戊戌年壬戌月であり／某氏（挙人）は甲午年戊辰月であり／某氏（挙人）は丁酉年丙午月であり／某氏（進士）は己亥年丁丑月であり／某氏（進士）は甲戌年辛未月であり／某氏（公侯）は甲午年戊辰月であり／顧大峻氏（三席進士）は己未年戊辰月であった。）

戊辰日主で時柱甲寅干支では「時上偏官」かつ「偏官佩印（綬）」で、局中に制伏の庚辛干を附帯すれば貴相、また局相辰戌丑未支は身旺でまた貴相なのである。

（李志剛氏（視察使）は戊子年丙辰月であり／周文光氏（給事中）は甲辰年癸酉月であり／某氏（解元～進士）は丙午年辛丑月であり／顧憲成氏（解元～進士）は庚戌年乙酉月であり／陸樹德氏（給事中）は壬午年庚戌月であり／汪元極氏（國子監教授）は己巳年庚午月であり／賀逢聖氏（次席進士～閣僚）は甲戌年乙亥月であり／陳道亨氏（侍郎官吏）は壬子年辛亥月であり／某氏（挙人）は丙申年庚子月であった。）

戊午日主で時柱甲寅干支では、日刃かつ時上偏官なので「偏官帯殺」して貴相、また生月巳酉丑支は武道文筆が驚異的な人命で太過が不適宜なので制伏し、年月柱寅卯辰巳戌子支で制伏が透干してともに己主は大貴相、また貴相へ好転するので己主が濁命でも貴相に該当するのである。

（唐効純氏（己丑科常庶）は戊午年癸亥月であり／張元忭氏（首席進士）は戊戌年癸亥月であり／王希烈氏（侍郎官吏）は辛巳年庚子月であり／鄒守愚氏（侍郎官吏）は辛酉年庚寅月であり／何總山氏（宰相）は乙未年戊寅月であり／羅一忠氏（挙人）は丁巳年戊申月であり／某氏（武高官）は乙酉年癸未月であり／某氏（富裕者）は庚辰年戊午月であり／張綸氏（員外吏）は己卯年庚午月で貢員で向学心があったのだ。）

戊申日主で時柱甲寅干支では、局相申酉支を「傷官帯殺」で厚土なので方途は貴相、また年月柱丑卯支は鬼殺を控除して官星を留位して大貴相、また運歳の火金地を巡り位階は人臣の極地なのである。

（葛守禮氏（都察院名臣）は乙丑年己卯月であり／何東序氏（評定官）は辛卯年庚子月であり／韓應龍氏（乙未科首席進士）は戊午年壬戌月で丁酉年

に卒され／華章氏（挙人）は辛丑年辛丑月であり／某氏（文高官）は甲寅年庚子月であり／某氏（武高官）は甲子年辛未月であり／汪來氏（使節補佐官）は乙亥年辛巳月であり／某氏（宮中官吏）は庚寅年壬午月であった。）

戊戌日主で時柱甲寅干支で、生月辰戌丑未支で運歳の水木地を巡り官位三品級、また年月柱丑未支で運歳の金水地を巡り富貴双全、また年月柱申子酉支はともに貴相かつ子孫吉昌、また年月柱巳午支も貴相だが妻子を瑕疵するのである。

（朱氏（長官）は庚辰年丙戌月であり／張椿氏（監察官）は辛酉年乙未月であり／楊曼秩氏（大臣）は甲戌年甲寅月であり／劉勲氏（評定官）は丁未年丁未月であり／夏育才氏（郡主）は乙丑年乙未月であり／饒孚氏（州長官）は壬辰年癸丑月であり／李廷裕氏（進士）は壬戌年癸丑月であり／某氏（挙人）は甲戌年丁卯月であり／某氏（挙人）は丙辰年甲午月であり／某氏（挙人）は丁巳年壬子月であり／某氏（進士～使節補佐官）は戊戌年甲寅月であり／萬廣愷氏（長官）は乙丑年庚辰月であり／某氏（東宮貴妃）は丁未年庚戌月であり／某氏（部郎官）は丙午年己亥月であった。）

〔歌訣〕
時上に偏官を附帯する局相では、
身旺で印星が、併相して有益であり、
そこで刑剋衝破が存在しなければ、
将吏の象相で、双権を掌事するだろう。

〔歌訣〕
寅時支が戊日干を搭載し、自ずと非凡と為り、
卓越して世間から、抜群に超出するので、
寒門から将公を輩出し、決定的に顕彰し、
しかし身弱のケースでは、艱難を肯定するのだ。――

戊日主で時柱甲寅干支とは正規であり、身旺で官貴星で生月春季のときは、偏官が刑衝に巡るのを畏れるので、たとえ鬼殺がかえって「偏官佩印」と見做しても、衰身旺殺で福分が逓減して伴侶両親は依拠し難く、たとえば運歳で印星に巡り利幅進捗するので、決定的に己身は当初から才覚名声が順調なのである。

六戊日乙卯時斷

〔歌訣〕
六戊日干で、時柱乙卯干支のときには、
命局に傷官を附帯し、好相ではなく、
ただ辛干と甲干偏官の夾衝は無害であり、
直径に宰相に高昇する功名と見做すのである。――

戊日主で時柱乙卯干支では、身弱旺官で戊干は用途の乙干を正官と見做し、また卯支が旺乙干を搭載して戊干は衰退するので、もし月柱に通関しなければ身弱として正官が鬼殺へ変化し、たとえ貴相でも非長寿だがもし月柱に通関また身旺で局中に庚辛干申酉支の傷官を附帯しなければ、また甲木が命主を衝揺して貴相が顕表するのである。

戊子日主で時柱乙卯干支では、日時柱が刑揺して妻子を傷害するので、自ら成立して年月柱に重見して己主は名誉、また命局に午酉支つまり四正支が全備して大貴相、また『神白経』に「木火気の象相では己主は貴相非長寿」とされ、また刑衝して凶揺なのである。

（馬文昇氏（一品級長官で在官九年）は丙午年丁酉月で考証し一代の名卿であり／翁世經氏（郡主）は乙巳年丁卯月であり／鄧顯麒氏（進士）は甲辰年乙亥月であり／呉可行氏（学士院吏）は丁亥年壬子月であり／某氏（使節補佐官）は乙巳年己卯月であった。）

戊寅日主で時柱乙卯干支では、年月柱亥子支は妻子賢孝で貴相、また年月柱卯辰支が好作用して吉兆、また年月柱寅巳支で吉兆なのである。

（衛氏（大臣）は甲子年庚午月であり／徐堯封氏（郎中官）は戊辰年乙卯月であり／林大有氏（進士）は乙亥年戊寅月であり／某氏（運使官）は甲辰年丁丑月であり／袁繼咸氏（湖北藩鎮）は戊戌年乙丑月であり／呉孔嘉氏（三席進士）は戊子年乙丑月であり／某氏（挙人）は癸未年甲寅月であり／某氏（丁卯科挙人）は庚子年癸未月であったのである。）

戊辰日主で時柱乙卯干支では孤身貴相で、年月柱巳卯支では身旺旺官なので、己身が栄昌して祖元を顕彰して妻子賢孝であり『神白経』に「水木気の象相では己主は貴相だが非長寿」とある。

（鄢懋卿氏（侍郎官吏）は戊辰年乙卯月で両干不雑であり／夾谷明氏（郡主）は壬戌年癸卯月であり／張琦氏（郡主）は辛未年丙申月であり／金情氏（監察官）は丙辰年乙未月であり／馬明衡氏（進士）は辛亥年丙申月であり／曹氏（員外吏）は壬申年庚戌月であり／張氏（視察使）は甲申年庚午月であり／某氏（使節補佐官）は庚辰年乙卯月であり／某氏（首相）は戊申年庚申月であり／羅萬化氏（首席進士～長官）は丙申年戊戌月であった。）

戊午日主で時柱乙卯干支では「日刃格」で、正官が陽刃を制伏して福分と見做し、年月柱子寅卯辰午未申亥ではともに己主は貴相が顕彰するのである。

（趙貞吉氏（宰相）は戊辰年甲子月で剛直にて丙子年四月に卒され／周延氏（都察院）は己未年丙子月であり／李氏（監察官）は丙子年丙申月であり／某氏（参与）は壬申年壬子月であり／某氏（進士）は乙卯年戊寅月であり／某氏（貴人）は丁未年丙午月であり／某氏（貴人）は癸亥年壬戌月であり／某氏（監察官）は癸酉年丁巳月であった。）

戊申日主で時柱乙卯干支では、中年期に祖元を破耗して生月春季は貴相、また生月夏季は貴人に近侍し生月秋季は苦難孤相、また生月冬季は富貴双全また生月巳支で運歳の木火地を巡り、官位五品級の上層貴相なのである。

（燕氏（首相）は壬午年丁未月であり／王尚文氏（鎮護官）は乙亥年辛巳月であり／梁氏（県長官）は壬寅年庚戌月であり／寧王氏は丁酉年丁未月であった。）

戊戌日主で時柱乙卯干支では、生月春季は旺官また生月夏季は「官印双全」で貴相が顕彰、また生月秋季は平常底また生月冬季は貴相、また年月柱戊丑支は官位三品級また生月戌支で運歳の東方地を巡り孤相窮状、また出身と発揚は些少であろう。

（呉徳彰氏（検事官）は戊子年壬戌月であり／孫氏（県長官）は丁巳年己酉月であり／某氏（挙人）は丁丑年戊申月であり／某氏（刑務官）は癸卯年甲子月であり／某氏（部郎官）は庚午年癸未月であり／某氏は乙酉年戊寅月であった。）

〔歌訣〕

さて「天禄朝元」の局相のなかでは、
たとえば「玉兎が月宮に到達する」として、
そこで刑衝破耗に、巡相しなければ、
淵底のドラゴンが変容し、出現するのだ。

〔歌訣〕

時上の正官を、建禄が搭載するときは、
そこで戊日主が、附帯して応験を成為し、
身強にて通関し、貴相が方成するが、
官星を合絆制伏し、また貴顕は難儀なのだ。—

戊日主で時柱乙卯干支では、木質が衝揺か六合絆して通関するので、黄金雞や玉製兎が光栄を顕表するので仰観し権印が光り耀くとし、乙酉干支や辛干傷官は伴侶のように花々が重咲して種子をむすんで方成するとし、ドラゴンに因って水潤を領得し騰雲し有益なので、そこでタイミングが巡り群衆から超出するのである。

六戊日丙辰時断

〔歌訣〕

六戊日干で、時柱丙辰干支のときには、
宝蔵すなわち庫支財星が、己身に有利であり、
また衝破が存在せず、何も懐疑はなく、
そこで禄馬が相扶すれば、富貴の人命なのである。—

戊日主で時柱丙辰干支では官星財星の蔵庫なので、戊干が用途の壬癸干を財星と見做し、また乙干を正官と見做しまた丙干を偏印と見做すのである。

また辰支が丙火を搭載して精気が存在せず、壬癸干を庫地に支蔵して余

気が乙木だが、もし月柱に通関すれば貴相が顕彰するのである。

戊子日主で時柱丙辰干支では、生月春季は貴人に近侍また生月夏季は辛苦、また生月秋季は高権かつ促寿また生月冬季は財気で、火土質が通関すれば貴相なのである。

（某氏（天師）は辛酉年丙申月であり／王良桂氏（郡主）は辛酉年庚子月であり／姜金和氏（三席進士）は乙亥年甲申月であり／呉道南氏（宰相）は庚戌年戊子月であり／汪以時氏（都察院）は壬寅年乙巳月であり／某氏（小貴人）は丁亥年辛亥月であり／某氏は癸卯年乙丑月であった。）

戊寅日主で時柱丙辰干支では、「龍吟虎嘯格」と称し中年期が大貴相、また生月子支で運歳の北方地では厚土の方途で官位三品級に昇階、また運歳の東方地で名誉なのである。

また年月柱の丑辰支は官位四品五品級の貴相、また年柱寅午戌支で月柱の土質に通関して運歳の木火地を巡り極品級なのである。

（康愛氏（吏員）は癸酉年丙辰月であり／某氏（大富者）は癸亥年丙辰月であり／魏氏（国公侯）は丁巳年丁未月であった。）

戊辰日主で時柱丙辰干支では父君を瑕疵して大発揚し、身旺で月柱に通関して運歳の東方地を巡り富裕、また生月水木質で運歳の身旺地を巡り貴相なのである。

（徐仁氏（鎮護官）は己巳年戊辰月で、一（進士）氏と同命相であり／林養浩氏（都察副官）は甲寅年癸酉月であり／孔天胤氏（布政司）は乙丑年乙酉月であり／某氏（首相）は庚午年甲申月であり／林材氏（京卿吏）は庚戌年己卯月であり／汪應蛟氏（長官）は庚戌年乙酉月であった。）

戊午日主で時柱丙辰干支では、年月柱亥卯支で運歳の東北地を巡り富貴、また年月柱未丑支で運歳の西南地を巡り名誉なのである。

（范瑟氏（編修官）は甲子年乙亥月であり／呉氏（監察官）は辛未年辛丑月であり／某氏（富裕者）は辛未年丙申月で子息が多く／夏汝勵氏（州長官）は庚午年戊寅月であり／某氏（鎮護官）は庚寅年壬午月であり／陳所學氏（侍郎官吏）は戊午年癸亥月であり／某氏（富裕者）は己卯年壬申月であり／某氏（富裕者）は己卯年甲戌月であった。）

戊申日主で丙辰干支で、生月辰戌丑未支は貴相なので土気に通関しなくても、運歳の土質を巡りまた貴相なのである。

（劉元擴氏（編修長官）は庚子年丙戌月であり／蘇茂相氏（浙江藩鎮）は戊午年癸亥月であり／林子雲氏（貢員）は戊寅年乙卯月であった。）

戊戌日主で時柱丙辰干支では、日時柱が併衝して妻子を損傷、また魁罡が運歳の東北地を巡り己主は権威が重複また福分が発揚するが、生月酉支では貴人に近侍して福分爵禄が存在せず、また生月亥卯未支では「官星佩印」がテーマで貴相、また破綻ののち大富裕または凶揺なのである。

（孫交氏（長官）は甲戌年辛未月であり／李仕安氏（侍郎官吏）は癸亥年辛酉月であり／張時氏（進士）は庚午年丁亥月であり／許以明氏（挙人）は癸亥年乙卯月であり／白震氏（都察院）は戊辰年庚申月であり／某氏（貴人）は庚戌年庚辰月であり／某氏（富裕者）は丁丑年壬子月であり／山東魯王氏は丙申年辛丑月であった。）

〔歌訣〕
水気財星を、蔵庫する局相のときには、
庫地を、衝揺しなければ解錠せず、
そこで開鍵とは、また鎖錠の解脱であり、
そうでなくとも安泰を極め、還た巡衝もするのだ。

〔歌訣〕
戊日主が、時柱丙辰干支を附帯するときには、
庫地に財星官星を支蔵し、また閉鎖塞門し、
そこで解鍵に巡らなければ、発達は難儀なので、
衝揺を渇望して、昼夜とも過労するだろう。—

戊日主で時柱丙辰干支とは正規だが、火光を庫地が搭載して効能が存在せず、また財星官星を閉鎖して己主は興隆しもっぱら解鍵を用途に備えるが、たとえば卯戌支合絆を解鎖して乙癸干を解放すれば富貴にて高名挙崇し、運歳の火土地を巡れば亨通せず、作事ことごとく酔泡の夢と為るのである。

六戊日丁巳時斷

〔歌訣〕
六戊日干で、時柱丁巳干支のときには、
印星や禄支が日干を生扶、そこで時柱が有益であり、
また財星や官星が、刑衝破耗しなければ、
早年に風雲に際会し、タイミングが適うだろう。—

戊日主で時柱丁巳干支のときは印綬建禄を帯び、つまり戊日主を巳禄支が搭載して丁火印星を明見、また巳支が丁火を搭載して帝旺するのである。

そこで年月柱に財星や官星を附帯して不適宜なのは、官星を擁して禄支を欠損しまた財星を擁して印星を損壊するので、官殺を擁さず財星官星の当地に巡らず、運歳の食神傷官印星の当地を巡り高貴だが、そこで刑衝破害して不益なのである。

戊子日主で時柱丁巳干支では貴相で、生月子支は正財なので厚土の方途で顕達、また年月柱亥丑支は極品級の官位、つまり重臣かつ富貴双全なのである。

（楊榮氏（少師名臣）は辛亥年辛丑月であり／孫文錫氏（進士）は甲子年丙子月であり／丘氏（中央軍官）は乙卯年壬午月であり／某氏（大富者）は辛亥年甲午月であり／某氏（人事官）は丙寅年己亥月であった。）

戊寅日主で時柱丁巳干支では、寅巳支が相刑するので妻子を瑕疵、また生月午支で運歳の東北地は名声また年月柱の寅午支は官位四品級なのである。

（林氏（侍郎官吏）は壬午年壬寅月であり／鄭東白氏（検事官）は戊寅年丁巳月であり／張邦紀氏（大臣）は癸酉年辛酉月であり／徐民式氏（評定官）は己酉年甲戌月で一（挙人～州知事）氏と同命相であり／呉梓氏（挙人）は庚申年戊寅月であり／連標氏（評定官）は丙申年甲午月であった。）

戊辰日主で時柱丁巳干支で生月巳酉丑支では風流な性格だが、権威重大また年月柱に財星官星を附帯しなければ青雲を高昇得路し、生月亥戌支で運歳の南方地を巡り官位五品六品級の貴相、また生月申支で運歳の北方地を巡り貴相なのである。

（戴氏（長官）は甲子年丙午月であり／王氏（侍郎官吏）は辛卯年辛丑月であった。）

戊午日主で時柱丁巳干支で、局中に甲乙干寅卯支が存在せず「日禄帰時格」と称し、戊日干の禄支が時柱また丁時干の禄支が日柱なので「互換禄」と見做し高貴相、また運歳の食神傷官印星の当地を巡り吉相、また局相に甲乙干寅卯未支を附帯して「官星佩印」を取用しまた貴相なのである。

（郭用賓氏（長官）は癸酉年乙丑月であり／黄可大氏（参議）は己丑年丁卯月であり／趙鏘氏（参与）は丙戌年癸巳月であり／某氏（貴人）は壬戌年己酉月であり／某氏（両司政官）は丙辰年丙申月であり／某氏は甲戌年己巳月であった。）

戊申日主で時柱丁巳干支では、生月春夏季は平常底また生月秋季は浮沈が多く、また生月冬季は富貴で運歳の木金地を巡り吉兆なのである。

（董氏（巡察官）は甲戌年丙寅月であり／林烶章氏（使節補佐官）は辛卯年庚寅月であり／郭田氏（進士）は丁酉年丁未月であり／蕭氏（挙人）は己丑年丙寅月であり／某氏（子息賜官）は己未年戊辰月であり／某氏（子息巨富吏）は戊辰年庚申月であり／某氏は癸未年丁巳月であり／林文俊氏（主政司）は癸卯年甲寅月であり／某氏（常庶～少卿）は壬戌年甲辰月であり／某氏（進士）は己酉年己巳月であった。）

戊戌日主で時柱丁巳干支で、衝破が存在せず年月柱に財星官星を附帯せず、運歳の財星官星を巡らず貴相なのである。

また生月寅支は偏官のテーマを造作して運歳の未申支を巡り貴相、また生月子支で甲干が透出してまた貴相、また局相の亥卯未支では財星官星を擁してともに貴相だが「帰禄格」と見做し、官殺と財星は不益ではなくそこで身旺のケースならばかえって福分と見做すのである。

（林文俊氏（侍郎官吏）は丁未年癸卯月であり／曾同亨氏（評定官）は癸巳年乙卯月であり／范氏（吏員）は乙亥年丙辰月であり／某氏（進士）は甲寅年癸酉月であり／韋經氏（錦衣千戸）は戊午年乙卯月であった。）

〔歌訣〕
風雲かつ雲聚が、際会する局勢では、
局中に官星を、附帯する必要はなく、

そこで年月柱に、損傷が存在しなければ、
その功名が、また一路に通関するのだ。
〔歌訣〕
日干の禄支根が、時柱に帰して有益なので、
財星や官星を附帯せず、貴相のタイミングと為り、
禹門聖王の三試関を、錯誤することがなければ、
観察すれば、まもなく天上池に一飛躍するのだ。—
戊日主が時柱に丁巳干支を附帯し「禄元印綬」の相逢と為り、早年に天上宮廷を闊歩して公卿権威を仰観するが、運歳の食神傷官が吉相だが財星官星が巡相して功績なく、両親伴侶は扶助同調せず、そこで破損するときは別に用途の格局を究尋するのだ。

六戊日戊午時斷

〔歌訣〕
六戊日干で、時柱戊午干支のときには、
性情狼勇で、剛質の人物と見做し、
そこで月柱に化火や官星が位相し吉兆と為り、
また破害刑衝は、かえって善化好転するだろう。—
戊日主で時柱戊午干支では陽刃重複し、戊干を午支が搭載して陽刃と見做し性情はおおむね狼剛なので、たとえば命相に刑衝破害を帯びて陽刃を制伏して、月柱に通関すれば辺境の武官職と見做すのである。
また月柱に化気を帯び天干が時令を領得して大貴相、また年月干に甲干を附帯して道仏士の命相、また午支蔵の旺火で戊土は被焼しおおむね脾臓肺臓疾と為り、もし月柱に寅午戌亥支が通関せず運歳で通関してまた貴相なのである。
戊子日主で時柱戊午干支で生月巳寅戌支は名声、また生月夏季は鎔解せずさきに刑揺してのちに発揚するので、生旺して官星が重ければ祖元を窮状するのである。

（張果氏（運使官）は庚申年丙戌月であり／某氏（解元）は丙午年辛卯月であった。）

戊寅日主で時柱戊午干支では生月戌支では三合火局を会成し、癸干が透干して化気し天干地支が有利であれば貴相、また年月柱に申子支水局を会成また寅午支火局の会成とは既済の好作用、また生月辰支で酉支傷官また未支「官星佩印」ともに吉兆なのである。

（王子勉氏（巡察官）は癸未年辛酉月であり／趙伯氏（員外吏）は戊辰年甲寅月であり／方國佐氏（進士）は戊午年己未月であり／鄧羊叔氏（都察院）は壬申年壬子月で一（給事中）氏と同命相であり／周瀾氏（挙人）は甲子年戊辰月であり／某氏は癸酉年戊午月であり／李同芳氏（會元）は庚子年己丑月であり／任啓元氏（解元）は丙午年辛卯月であった。）

戊辰日主で時柱戊午干支では「拱禄格」と為り、年月柱に甲乙干寅巳支が存在せず貴相、また年月柱卯申支は武官吏また年月柱酉丑亥支で、運歳の南方地を巡り貴相また凶揺なのである。

（劉氏（郡主）は癸卯年癸亥月であり／某氏（郡主）は丙寅年癸巳月であり／王氏（監察官）は甲辰年癸酉月であり／某氏（監察官）は癸酉年癸亥月であり／李純氏（知事）は癸未年戊午月であり／蔚元康氏（挙人）は己卯年丁丑月であった。）

戊午日主で時柱戊午干支では、先に刑衝してのちに発揚しおおむね結末は不善、また年月柱寅巳午戌支は印綬星で大貴相、また午支が好作用して威武権職で藩鎮の重用の名称、また局相亥卯未申支では富貴双全なのである。

（關羽将軍氏（聖帝君）は戊午年戊午月で李鎮氏（巡察官一萬戸）と同命相であり／張氏（長官）は戊申年戊午月であり／李昉氏（首相）は戊寅年戊午月であり／張潮氏（侍郎官吏）は乙巳年壬午月であり／周廷用氏（視察使）は壬寅年辛未月であり／丁懋儒氏（進士）は乙亥年癸未月であり／某氏（参与）は壬午年丁未月であり／某氏（卿吏）は辛卯年庚子月であり／某氏（州知事）は壬辰年己酉月であり／某氏（挙人）は辛卯年庚寅月であり／某氏（京卿吏）は壬子年壬子月であり／某氏は戊辰年戊午月であり／某氏は癸未年戊午月であった。）

戊申日主で時柱戊午干支では、「拱貴格」として年月柱寅支で運歳の南方

地を巡り名声、また年月柱午支を附帯して貴相長寿、また年月柱戌支で文彰貴相また年月柱未支で填実に復し、また年月柱巳支で建禄で一者が併相して大貴相、また己主は法抵触だが戦死しないだろう。

（沈練氏（権相經歴）は丁卯年庚戌月であり／許天倫氏（参与）は乙巳年甲申月であり／某氏（貴人）は丁未年癸未月であり／某氏（山西藩鎮）は乙亥年辛巳月であり／某氏（富裕者）は壬午年乙巳月であり／宋氏（節度使）は己未年戊午月であった。）

戊戌日主で時柱戊午干支は凶揺だが、年月柱卯午支ならば運歳の官途に貴相が顕彰、また局相寅支では「偏官佩印（綬）」で凶処が吉兆へ好転するだろう。

（呉崑氏（郡王）は甲寅年庚午月であり／某氏（進士）は辛巳年辛卯月であり／陳龍氏（挙人）は己酉年辛未月であり／某氏（富裕者）は癸丑年壬戌月で子息が多く／某氏（挙人）は甲申年己巳月であった。）

〔歌訣〕

石塊中に珠玉を、容蔵する局相では、
剛毅果断だが、施為の精神があるとして、
六親血族がこれを防備しても不足であり、
早年に妻子が、おおむね欠損するだろう。

〔歌訣〕

戊日主が戊午干支を附帯し、旺火の当地と為り、
身強かつ旺刃で、多大に顕揚するが、
運途が蹇塞し、名声に乖背して成就せず、
衣糧爵禄が平常底で、ただ時光を送迎するのだ。―

戊日主を時柱戊午干支では比肩が財禄と乖背するので、妻女が重複して子息を晩得し、任務に耐久するが運歳の壬癸干に臨んで発達し、両親伴侶の利得は些少で六親血族は乖背氷冷し、そこで衝破破相して奇瑞の始兆と為り、中年期に己主は貴相するだろう。

六戊日己未時斷

〔歌訣〕

六戊日干で、時柱己未干支のときには、
そこで「偏官帯刃」の交夾を畏れず、
ただしおおむね狼勇の性分の人物と為るが、
平生の衣糧爵禄に、凶意は存在しないのだ。―

戊日主で時柱己未干支では「偏官帯刃」だが、たとえば戊干は己干を陽刃的と見做し、また甲干を偏官と見做すが、時柱の己干と支蔵己干を「刃」と見做して、甲木を未支が搭載して支蔵己干と合局するので、もし刑衝破害を附帯して「刃殺」が制伏され己主は貴相で、月柱に通関して生旺すれば衣糧爵禄は平常底、また二十年経過して両親を喪失し、もし月柱に通関せず寅申支を領得して貴相なのである。

戊子日主で時柱己未干支では、日時柱が夾相するので妻子を瑕疵して早年に辛苦するが、晩年に好転また月柱が土気に通関して運歳の財星官星を巡り貴相、また生月水木質で運歳の身旺地を巡りまた貴相なのである。

（某氏（挙人両司官）は丁丑年辛亥月であり／湯道衡氏（評定官）は戊子年癸亥月であった。）

戊寅日主で時柱己未干支では先に艱難してのちに快易し、貴人星が生扶するので貴相ではなくすなわち富裕なのである。

また年月柱に甲干が透出して陽刃を制伏するときに、地支の午未支は身旺で「殺刃双顕」と称し、己主は大貴相なのである。

（郭乾氏（長官）は辛未年甲午月であり／李多見氏（會魁吏員）は庚子年丁亥月であり／某氏（常庶~礼部吏）は己未年丙寅月であり／某氏（挙人）は甲申年丙子月であった。）

戊辰日主で時柱己未干支では、生月春冬季で運歳の北方地を巡り富貴なのである。

（閻璞氏（春官吏）は甲子年辛未月で性剛であり／李廷梧氏（進士）は庚寅年辛巳月であり／某氏（貴人）は己卯年壬申月であり／某氏（貴人）は戊

辰年己未月であった。）

戊午日主で時柱己未干支では「偏官帯刃」として、己主は謀機の人物だが寿元を促進しなければ妻子が艱難すると見做し、その成立は重複過重で年月柱午亥支で、運歳の金土地で貴相また年月柱申酉支は富裕なのである。

（某氏（参議）は乙卯年甲申月であり／林應亮氏（侍郎官吏）は丙寅年乙未月であり／某氏（貴人）は甲申年庚午月であり／某氏（貴人）は乙酉年丁亥月であった。）

戊申日主で時柱己未干支では、運歳の財星官星を巡り福分が発揚するが寅支が衝剋すれば不益で凶揺、また辛卯干支か庚寅干支を一見してはたして衝剋して凶揺なのである。

（劉伯躍氏（侍郎官吏）は癸亥年辛酉月であり／某氏（首相）は戊午年丁未月であった。）

戊戌日主で時柱己未干支では、生月春季は旺官の貴相また生月夏季は印星安泰、また生月秋季は平常底また生月冬季は孤相窮状、また生月戌支は魁罡格で官位五品六品級の貴相なのである。

また年月柱申子辰支は財星に際会、また年月柱寅午支は印綬星また年月柱巳酉支は傷官、また年月柱亥卯支は官殺星でそれぞれ局相が成立して吉兆の方途なのである。

（王守氏（評定官）は壬子年甲辰月であり／李慎氏（使節補佐官）は丙寅年庚子月であり／謝汝像氏（進士）は己酉年己巳月であり／某氏（郎中官）は壬寅年丁未月であり／某氏（吏員）は壬申年戊申月であった。）

〔歌訣〕

古鏡を反復し、研磨する局勢では、
昏沈しながらも、曙光を彰見するが、
もし「官星佩印」の当処を巡るときには、
破格的に、顕彰発達するだろう。

〔歌訣〕

未支蔵に戊己干が、堆積成立するときには、
刑衝破害が巡っても、事態は穏和なので、
先に陥闇ののちに復明し、凶意が吉兆へ好転し、
そこで貴人星が生扶し、埋塵から耀出するだろう。—

戊日主に時柱己未干支が臨み六親血族は成処するが、暗に火気印星に巡って生扶し有益なので、そこで甲乙干寅卯支をポイントと見做して花果の開結を深謝し、両親は飛去して孤相非長寿なので自ら企謀して自立を謀り、貴人星の扶力に依拠するだろう。

六戊日庚申時断

〔歌訣〕

六戊日干で、時柱庚申干支のときには、
時干の食神が、相親して有益であり、
そこで甲丙干や寅卯支を附帯しなければ、
どうして玉飾を束帯し、栄身しないと憂悩するのか。—

戊日主で時柱庚申干支は、戊干は庚干を食神と見做し壬癸干を財星と見做し、また申支が旺庚干を搭載して壬干を生扶し戊干が精気を帯び、丙火が食神を倒食したり財星が破綻せずに、また寅巳支の刑衝が存在しなければ生月秋季は大貴相なのである。

たとえば丙火を附帯して甲寅干支が巳支を併相するとき、顛倒とも功名の人命とも見做し、年月干は甲干が透出せず三奇と為らず、地支が会局また寅辰支が存在せずみな貴相なのである。

戊子日主で時柱庚申干支でもし生月亥子支ならば、禄貴星への合絆を肯首するのである。

（謝氏（首相）は己未年壬申月であり／周氏（長官）は壬申年壬寅月であり／王氏（郡主）は辛未年戊戌月であり／蔡可教氏（主政司）は癸巳年癸亥月であり／陳亮采氏（挙人）は庚午年辛巳月であった。）

戊寅日主で時柱庚申干支では凶揺で衝揺発揚し、たとえば生月寅支では食神禄支を偏官が制伏するテーマで貴相なのである。

（張明氏（進士）は丙辰年辛丑月であり／某氏（参議）は戊子年壬戌月であり／某氏（郡主）は壬申年辛亥月であり／肖學和氏（知事）は甲戌年丙子

月であり／王肯堂氏（学士院醫書編纂吏）で模範証書され、また一（挙人～知事）氏は向徳人物だが子息王金壇氏は向志の人物でともに己酉年甲戌月で同命相であった。）

戊辰日主で時柱庚申干支で食禄専合するので、年月柱の寅支が好作用すれば、二寅支は一申衝を畏れずまた貴相なのである。

（高耀氏（長官）は甲戌年庚午月であり／鄭茂徳氏（郡主）は壬寅年己酉月であり／呂律氏（郡主）は壬辰年丁未月であり／鄭氏（太師）は戊戌年丙辰月であり／蜀王氏は己未年戊辰月であり／某氏（貴人）は戊申年甲寅月であり／某氏（貴人）は庚寅年戊寅月であり／某氏（貴人）は庚午年戊午月であり／某氏（進士）は己酉年癸酉月であり／某氏（進士）は辛巳年丙申月であり／遼王氏は乙酉年壬午月であった。）

戊午日主で時柱庚申干支で、年月柱未酉丑支で局中に甲丙干寅卯支が存在せず「合禄格」に該当し、運歳の西北地を巡り貴相また局中に甲丙干を附帯して、神殺蔵没に該当し「四柱純陽格」にて大貴相なのである。

（黄華光氏（光禄寺卿）は甲戌年丙子月であり／蔡煥氏（員外吏）は戊辰年甲子月であり／史氏（春宮坊）は壬午年己酉月であり／呉氏（吏員）は甲子年癸酉月であり／楊氏（挙人）は丁酉年辛亥月であり／張氏（知事）は庚申年庚辰月であり／畢懋康氏（侍郎官吏）は辛未年癸巳月であり／倪氏（進士）は己酉年癸酉月であった。）

戊申日主で時柱庚申干支では、身禄同巣かつ富貴双全で年月柱子辰未酉支で、運歳の西方地を巡り「合禄格」に該当し、上席に近侍して官位三品級なのである。

また年月柱丑戌支は吉兆だが辰戌支が衝揺して平常底、また年月柱亥巳支で運歳の東北地を巡り官位一品二品級の貴相なのである。

（胡守中氏（評定官）は壬戌年乙巳月であり／伊王氏は壬申年癸卯月であり／王崇古氏（長官）は乙亥年辛巳月であり／呂臻氏（首席進士）は甲寅年戊辰月であり／曾氏（首相）は己未年癸酉月であり／汪氏（監察官）は庚申年丁亥月であり／張氏（長吏）は乙亥年癸未月であり／王家棟氏（解元）は壬辰年甲辰月であり／郝守業氏（進士）は丁丑年壬子月であり／邵姜氏（布政司）は辛巳年丙申月で子息二人が進士合格されたのである。）

戊戌日主で時柱庚申干支では疾症で、生月丙子干支ではまた「合禄格」で文官位二品級の貴相、また年月卯辰支は大貴相なのである。

（黄氏（侍郎官吏）は己未年丙子月であり／某氏（教官）は丁巳年壬寅月であり／韓四維氏（学士院吏）は戊戌年庚申月であり／某氏（部郎官）は壬戌年丙午月であり／某氏（孝子）は丁未年癸丑月であった。）

〔歌訣〕

食神が生旺する局相とは、
綿麻衣を、錦絹衣へと改装するように、
仕路に進捗する、用途として適宜と為り、
名望利益ともに、自然の奇瑞なのだ。

〔歌訣〕

戊日主で、時柱に庚干が臨んで有益であり、
食神が合禄し、己主は栄昌するので、
たとえ生旺でも、刑衝を附帯すれば、
おそらく生涯の活計は、ただ平常底なのである。―

戊日主で時柱庚申干支とは、申支が搭載して生旺して稀少の奇瑞と為り、また食神が福分を生扶して光輝を顕彰し、干頭支下に旺気が流通しそこで丙火が枝葉を損傷するならば、甲干寅支の好作用の瑕疵と為り、もし時柱庚申干支を衝揺するときには、珠玉黄金を堆積する貴相なのである。

六戊日辛酉時斷

〔歌訣〕

六戊日干で、時柱辛酉干支のときには、
傷官が鋒洩し、時柱に帯びるのを忌み、
命中に、たとえ財星の幇助が存在しても、
子息を帯びても命途を為さず、結末は早期である。―

戊日主で時柱辛酉干支では己身が傷官を敗地と見做し、また戊干が乙干を正官と見做し辛干を傷官と見做して、酉支が旺辛金を搭載するのである。

また戊土が沐浴を帯びれば、性情傲慢かつ行為濁性と為り、年月柱に乙干が透出すれば窮状百端と為り、たとえば乙木を附帯してふたたび運歳の旺官地を巡り衝揺して不吉だが、もし月柱に通関して運歳の官星を巡るときは、貴相ではなくとも富裕なのである。

戊子日主で時柱辛酉干支で、年月柱巳酉丑支では傷官が傷尽して、運歳の旺財地を巡り武官の名誉で、子息が賜官して妻女が褒賞されるのである。

（某氏（州長官）は壬午年癸卯月であり／某氏（賜官位）は癸未年戊午月であった。）

戊寅日主で時柱辛酉干支では月柱に土気が通関すれば、運歳の西北地を巡り貴相でなくとも富裕なのである。

（王酉石氏（長官）は壬申年壬子月であり／魏濟民氏（吏員）は甲申年丙寅月であり／黄啓初氏（挙人）は戊辰年丁巳月であり／某氏（挙人）は乙卯年戊寅月であった。）

戊辰日主で時柱辛酉干支では、年月柱丑未支で財星が透干して己主は貴相、また生月癸巳干支では月令が「詞館學堂」に位相して、己主は文学能力が高く科挙試験に高位合格、また年柱の寅申巳亥支ではすなわち時柱が「狼藉殺」を侵犯し、晩年期の成果が存在し難いのである。

（銭福氏（首席進士）は辛巳年癸巳月で時柱甲寅干支ともされ／某氏（侍郎官吏）は癸未年乙丑月であり／某氏（貴人）は乙亥年辛巳月であり／李氏（待問總河長官）は壬午年壬子月であり／某氏は戊戌年乙丑月であった。）

戊午日主で時柱辛酉干支では、生月春夏季は平常底また生月秋季は傷官が傷尽して権威の貴相で寿元を促進し、また生月冬季は妻子の難儀と見做すのである。

（劉氏（首相）は乙未年庚辰月であり／戴廷章氏（挙人）は丙辰年庚子月であり／周孔教氏（監察官）は戊申年己未月であり／祁光宗氏（侍郎官吏）は癸亥年乙卯月であった。）

戊申日主で時柱辛酉干支で、年月柱戊亥丑子支は権威の貴相なのである。

（某氏（首席進士）は丁巳年庚戌月であり／某氏（教官）は辛亥年辛卯月であり／曾丁欽氏（挙人～郡主）は乙亥年辛巳月であり／唐汝楫氏（首席進士）は壬申年己酉月であり／某氏は癸巳年辛酉月であった。）

戊戌日主で時柱辛酉干支では生月辰戌丑未支で貴相、また古人は水土質を酉支が搭載して敗地である故に、おおむね結果が存在せずまた功名して早期引退また子息が成功せず、以上の六日干支を俯観して大官僚の命相が存在しないのは「傷官のタイミングを不吉」と見るべきなのである。

（祝氏（侍郎官吏）は丙午年辛丑月であり／王鉅氏（進士）は丁未年乙巳月であり／呉寶氏（進士）は甲辰年甲戌月であり／某氏（州長官）は乙巳年庚辰月であり／呉振纓氏（監察官）は己巳年辛未月で責死を免れ／某氏（検校官）は戊子年壬戌月であり／某氏（挙人）は丙申年辛卯月であった。）

〔歌訣〕

時上に傷官を、附帯する局相では、
晩年期に己主は、窮状すると見做すが、
運歳の、財星印星の当地を巡るときには、
方途の始兆、すなわち亨通するのである。

〔歌訣〕

戊日主が辛干を附帯し、官星を損傷して、
時上に附帯し、もっとも不益と忌むので、
もし官星が巡相して、窮状の奇瑞と為り、
もっとも疾症と、子息の不完全を畏れるのだ。—

戊日主が時柱に辛酉干支が臨んで、傷官が官星を不益と為すが、運歳の財星地が亨通の始兆だが、その性格心情が不定なので祖業に窮状が巡り、ただ破綻することなく伴侶は放任主義でそれぞれ躍動するので、妻女が重複して子息を晩得して安寧の始兆と為り、先に艱難してのちに快易する命相なのである。

六戊日壬戌時斷

〔歌訣〕
六戊日干で、時柱壬戌干支のときには、
己身が正位相にて、天干財星と為り、
もし生月秋季で、通関して身旺ならば、
家産は万貫にし、損洩はないのだ。

戊日主で時柱壬戌干支では、財星専位にて戊支が壬干を搭載して財星と見做し、また戊支が壬水を搭載して冠帯なのである。
また生月春夏季では壬水に精気が存在せず財帛が生旺せず、また生月冬季はすなわち大旺相にて身弱虚土にて駆動せず、ただ生月秋季以降は戊土が堅厚にて、命主財星に精気があり富貴なのである。

戊子日主で時柱壬戌干支では生月酉申戌支では家産満載にて、年月柱辰丑支は刑衝して開庫吉兆なのである。
（陳奎氏（使節補佐官）は甲申年甲戌月であり／許氏（太政大臣）は辛卯年壬辰月であり／某氏（小貴人）は庚辰年己丑月であり／某氏（賜官位）は辛亥年壬辰月であった。）

戊寅日主で時柱壬戌干支では年月柱寅午戌辰支で、運歳の金水地で大貴相なのである。
（林氏（長官）は戊午年丙辰月であり／黄大廉氏（進士）は戊午年乙卯月であり／某氏（府察官）は癸亥年甲寅月であり／某氏（参議）は丁卯年辛亥月であり／趙志皋氏（三席進士〜閣僚）は甲申年戊辰月であり／某氏（府丞官）は辛亥年辛丑月であった。）

戊辰日主で時柱壬戌干支では、日時柱が併衝して妻子を瑕疵するが、たとえば厚土の方途にて大貴相また生月辰支で運歳の火金地を巡り中貴相、また生月寅申戌丑支で運歳の西南地を巡り極貴相なのである。
（周斯盛氏（監察官）は乙酉年戊子月であり／張燭氏（運轉司）は甲申年戊辰月であり／甘雨氏（監察官）は辛亥年壬辰月であり／韋徳甫氏（挙人）は壬寅年己酉月であった。）

戊午日主で時柱壬戌干支で、生月寅午戌支では局相に火質が多く、印綬星がテーマで未だに孤独相を免れず、先に艱難してにちに快易しつまり貴相ではなくすなわち富裕、また生月卯支は「官星帯刃」で吉兆なのである。
（王弼氏（郡主）は己巳年癸酉月であり／柯維羆氏（挙人）は辛亥年辛卯月であり／某氏（挙人）は丁丑年癸卯月であり／某氏（国公侯）は庚寅年甲申月であった。）

戊申日主で時柱壬戌干支では、生月春季は貴相また生月夏季は平常底、また生月秋季では富貴また生月冬季は平常底なのである。
（張璉氏（侍郎官吏）は辛卯年庚寅月であり／某氏（挙人）は壬辰年甲辰月であり／岳和聲氏（学府吏）は己巳年己巳月であり／某氏（郡主）は辛亥年壬辰月であり／李和氏（皇女）は庚子年戊寅月で、また戊戌日癸亥時ともされ／楊時馨氏（吏員）は庚子年甲申月で三兄弟ともに貴人であった。）

戊戌日主で時柱壬戌干支では生月秋季が富貴相、また生月夏季で運歳の西方地また生月春季で運歳の北方地また生月冬季で運歳の南方地はともに貴相、また生月辰丑支がもっとも吉兆なのである。
（某氏（主政司）は庚子年甲申月であり／孟氏（布政司）は甲子年丙子月であり／鄭文煥氏（挙人）は丙寅年庚子月であり／郝勳氏（挙人）は癸酉年乙丑月であり／王紀氏（長官）は戊午年辛酉月であり／某氏は辛丑年辛卯月であった。）

〔歌訣〕
旧習を棄却し、新事を迎容する局相では、
時上に偏財を、明見搭載するので、
また比肩を附帯しなければ、
そこで己主は、身旺ならば亨通するだろう。

〔歌訣〕
時柱壬戌干支とは、財庫を内蔵するので、
解鍵が巡り、そこで開錠する必要があり、
運歳の財星官星の、生旺の当地を巡り、
その富貴や栄華に、また損洩はないだろう。—

戊日主が時柱壬戌干支を附帯し局相卯丑支を有益と見做し、また乙干子辰支は財星官星の貴顕なので貴人を伴相して出類し、後妻なら開運して舍宅に就位また伴侶を刺激しなければ完遂し難く、先に窮状してのちに富裕して事態が円満と為り、貴相ではないが蔵庫は満載に堆積するだろう。

六戊日癸亥時斷

〔歌訣〕

六戊日干で、時柱癸亥干支のときには、
化火相で戌支が存在せず、水地の夾衝であり、
もし乙庚干を附帯し、また丑支が搭載しなければ、
かえって官星の命途で、平庸ではないのだ。—

戊日主で時柱癸亥干支では戊癸干合化火するが、そこで火質を亥支が搭載して絶符し水地の交夾で成象せず虚秀の人命と見做し、おおむね偏業者向きでありまた貴人に近侍する人命は己主は視覚碍なのである。

そこで戊干は甲干を偏官と見做しまた壬癸干を財星と見做し、亥支が旺壬干を搭載して甲干を生扶するので、戊土は敗地して財帛は浮沈するだろう。

もし年月干頭に乙丁庚干が生旺して「三奇之貴相」と見做し、月柱土気に通関して身旺なので、運歳の木火地を巡り吉兆なのである。

戊子日主で時柱癸亥干支で、年月柱に戊干を附帯しなければ破格的だが貴相、また年月柱甲子干支で運歳の東南地また年月柱亥卯支で運歳の南方地はともに貴相、また年月柱に巳午未支が生旺して大貴相なのである。

（李文進氏（評定官）は戊辰年己未月であり／朱卿氏（右政司）は曰白年乙巳月であり／王舜卿氏（検事官）は癸亥年甲子月であり／呉氏（首席進士）は己卯年庚午月であった。）

戊寅日主で時柱癸亥干支で、生月午未支では化火会局して高命相、また生月春季は「官殺混雑」で衣糧爵禄が飽余、また年月柱酉丑支は官位三品級の京堂吏なのである。

（張舜臣氏（長官）は乙丑年丁亥月であり／姜良翰氏（憲長）は甲子年丁丑月であり／徐應氏（光禄寺卿）は甲子年庚午月であり／章東儞氏（進士）は戊辰年癸亥月であり／高仁氏（進士）は辛丑年壬辰月であり／某氏（進士～知事）は庚辰年丙戌月であり／某氏（封君）は壬辰年癸卯月であり／某氏（進士）は辛卯年庚寅月であり／某氏（皇女）は辛未年壬辰月であり／某氏（監察官）は壬午年甲辰月であり／陳貴妃氏は乙亥年癸未月であった。）

戊辰日主で時柱癸亥干支は秀才で、生月亥子支は財官格で貴相ではなくすなわち富裕、また年月柱寅卯支は貴相が顕彰また生月夏季は教官吏なのである。

（黄杭氏（員外吏）は甲寅年己巳月であり／宋國祚氏（挙人）は甲申年甲戌月であり／某氏（挙人）は辛丑年乙未月であり／某氏（進士）は戊寅年戊午月であり／滄州戴氏（封君世家）は乙亥年丁亥月であり／劉鋌氏（鎮護官）は癸丑年己未月であった。）

戊午日主で時柱癸亥干支は貴相、また年月柱寅巳支で厚土秀水の方途で官位六品七品級の貴相、また年月柱卯辰丑支はともに吉相なのである。

（鄭弼氏（進士）は壬子年癸卯月であり／某氏（挙人）は癸未年癸亥月であり／陳大資氏（進士）は癸亥年乙丑月であり／王氏（使節補佐官）は丙戌年己亥月であった。）

戊申日主で時柱癸亥干支で、年月柱子未支では祖業を否定し妻女に因り積富、さもなくば葉根移換して窮状の命なのである。

（刑尚簡氏（評定官）は戊辰年丙辰月であり／鄭公畹氏（使節補佐官）は壬寅年壬子月であり／扈水道氏（吏員）は己未年丁丑月であり／某氏（長官）は戊子年癸亥月であり／陳九疇氏（郎中官）は辛巳年庚子月であり／金學曾氏（福建藩鎮）は壬寅年壬寅月であった。）

戊戌日主で時柱癸亥干支で年月柱寅卯午巳丑戌亥支で、天干に乙庚丁干が透出して清貴の要人権職また運歳の火土地が適宜なのである。

（姚謨氏（長官）は乙酉年己卯月で子息が（首席進士）であり／趙氏（太師）は辛丑年辛丑月であり／黄金氏（吏員）は丙辰年庚寅月であり／周宣氏（布政司）は戊戌年癸亥月であり／蒋珊氏（郡主）は甲子年甲戌月であり／蕭祥曜氏（監察官）は己巳年辛未月であり／金文峰氏（郎中官）は己

巳年己巳月であり／某氏（皇女）は戊子年乙丑月であり、陸炳氏（都督）は庚午年丁亥月でまた己亥日ともされた。）

〔歌訣〕

天干が、化火する象相では、
得局が決定し、非常規と為り、
運歳の吉地に巡るときには、
四海に姓名が、芳香するだろう。

〔歌訣〕

戊癸干合化火し、時柱亥支のときには、
照耀が江湖に暗陥し、また復明するので、
そこで生月卯未支とは、三合木局の吉相と為り、
舎屋を移換して、かならず安寧と為るだろう。—

戊日主が時柱癸亥干支では天干化火の奇瑞と見做し、乙庚丁干が生旺して適宜の好相と為り、己主は決定的に名声が顕貴するので、四海に春風が快く響き、六親血族は欠損しても妻子賢孝で悦楽し、また科挙試験合格が成就するだろう。

巻九

六己日甲子時斷

〔歌訣〕

六己日干で、時柱甲子干支のときには、
また正官を明見し、また財星を暗蔵するが、
もしそこで月令に通関するときには、
平生の衣糧爵禄は、自ずと天賦の配であろう。―

己日主で時柱甲子干支では、正官を明見し財星を暗蔵するが、己干の用途は甲干で正官と見做し、また癸干を偏財と見做し、また辛干を食神と見做すのである。

そこで子支を天乙貴人と見做し、子支は甲干を搭載明見して癸干を暗支蔵するが、たとえば辛干は子支に長生するが己身が月令に通関すれば富貴、また身旺でなくても運歳の土気に巡りまた好相なのである。

己丑日主で時柱甲子干支では合化貴相だが、年月柱午寅支は非長寿また月柱土質に通関して貴相だが、生月甲寅干支は不益で貴相だが凶揺し、生月丁未干支は被衝また生月丁丑干支では祖元を破綻また郷地を失効して凶揺するだろう。

（丁襄氏（知事）は癸酉年丁巳月であり／某氏（進士）は乙巳年丁亥月であり／于慎行氏（大臣）は乙巳年丁亥月であり／何寛氏（長官）は甲戌年丙子月で潘春谷氏（参議）と同命相であり／某氏（武高官二品級）は己丑年甲戌月であり／某氏（文武両道吏）は癸丑年乙卯月であり／奔寛氏は辛亥年辛亥月であった。）

己卯日主で時柱甲子干支では、先に祖元を破綻してのちに生旺また生旺だが瑕疵し、生月辰戌丑未支は貴相また己身に午子支が適配して聚貴相、また亥支は官星が長生するのでともに大貴相だが、日月柱巳支が不益で窮状また生月庚申干支は窮状、また生月壬子干支は刑衝が重度なのである。

（孝宗氏（明朝皇帝一四八七～）は賢君にて庚寅年甲申月で十八年間在位し丙寅年に崩御され／屠氏（長官）は庚子年戊子月であり／鄭氏（少保）は己酉年庚午月であり／聞氏（宮中事務官）は癸亥年癸亥月であり／林豫氏（布政司）は甲辰年乙亥月であった。）

己巳日主で時柱甲子干支で、生月辰戌丑未支では官位三品級の名誉で、運歳の水木地を巡るのを要し、運歳の西方地は成為せず、また運歳の南方地で財星官星に精気は存在せず、名利は虚薄で貴相だが顕表せず、年月柱子寅支で運歳の東南地で貴相が顕表するのである。

また『神白経』に「己主は化土して福相ただし顕表せず、生月壬寅干支は刑相で不益また生月乙未干支は傷揺また生月癸酉干支は非長寿」とあるのだ。

（某氏（首相）は乙亥年己卯月であり／某氏（中央軍官）は甲子年己巳月であり／張東谷氏（評定官）は癸亥年甲寅月であり／某氏（州長官）は癸亥年乙卯月であり／某氏（小貴人）は丙寅年辛丑月であり／某氏（巨富者）は甲午年甲戌月であり／沈坤氏（首席進士）「星案傳」は庚申年戊子月であったのである。）

己未日主で時柱甲子干支では、己身を官庫が搭載して生月辰戌丑未支は吉兆、また生月寅亥支は旺官で文章力が振威発揚また容易に貴相の顕表が成就し、また生月己丑干支は文章力が晩年期に貴成また生月寅卯支は窮状濁性、また生月甲申干支は不益で己身は完卒せず、また生月丙子干支は孤独窮状また生月丁丑干支は刑揺するのである。

（黄應魁氏（挙人）は庚申年戊寅月であり／胡直氏（視察使）は丁丑年己酉月であった）

己酉日主で時柱甲子干支で、年月柱寅申午未丑支では文章貴相の名誉、また生月午支で運歳の東北地で極品級だが、また生月庚寅干支は不益で窮状、また生月己巳干支は凶揺また生月戊戌干支は孤相するだろう。

（沈坤氏（首席進士）「原本傳」は丁卯年壬子月であり／江暁氏（府長官）は壬寅年甲辰月であり／某氏（侍郎官吏）は辛亥年庚寅月であり／朱之芾氏（首席～進士長官）は戊午年乙卯月であった。）

己亥日主で時柱甲子干支で、生月春夏季は財星官星は生旺して吉兆、また生月秋冬季は「背禄逐馬」にて凶揺、また生月寅支で運歳の金火地では郎官吏、また生月午支で運歳の東北地では黄金冠紫恩衣の名誉だが、また生月壬寅干支は不益で凶揺し、また生月壬申干支では孤相窮状して拘禁、また生月

癸酉干支は窮状するだろう。
（路天亨氏（員外吏）は壬戌年辛亥月であり／張智望氏（挙人）は己卯年丙寅月であり／張道氏（監察官）は癸未年癸亥月であり／某氏（賜官位）は丁亥年壬寅月であった。）

〔歌訣〕
牛宿と斗宿が、それぞれ衝気する局相では、
文章力が博雅にし、また富裕であり、
未だに雞声たる、つまり賓客を迎えずとも、
そこで邂逅のタイミングで姓名が芳香するだろう。

〔歌訣〕
己日主で、時柱甲子干支を附帯し有益であり、
財星官星が双美、貴相して奇瑞と為り、
一朝廷にチャンスを得て、風雲に際会するのは、
また月天宮を独歩し、桂枝を選抜するようなもの。―

己日主で時柱甲子干支では、厚土に化生し耕策するので、財星官星がすでに幇助すれば光輝が顕表するのは、青ドラゴンが撥水する様相に似て、また庚金卯午支を附帯せず貴人ならば福分が斎同、また一般人ならば福分が発揚して施為、また君子ならば科挙進士試験に合格するだろう。

六己日乙丑時斷　以下六己日所忌月分與上同時犯併論。

〔歌訣〕
六己日干で、時柱乙丑干支のときには、
偏官が制効しても、損傷と見做さず、
命局が身旺ならば、多大に栄貴し、
そこで生助がなければ、昼夜激忙だろう。―

己日主で時柱乙丑干支では「専財帯殺」なのは、丑支上に乙殺を搭載明見また癸水を暗蔵して財星と見做すので、もし月令に通関して身旺ならば貴相また運歳で通関してまた吉兆で、もし偏官を助旺するときは耐久できずに衣糧爵禄は平常底なのである。

己丑日主で時柱乙丑干支では時上に偏官を搭載、また帝都守備の武官吏なので地方巡察は拒否し、また生月卯支で運歳の金水地では官位六品七品級の貴相なのである。
（劉鑰氏（侍郎官史）は甲子年乙亥月であり／顔頤壽氏（宮中事務官）は壬午年己巳月であり／邵原哲氏（郡主）は庚寅年己卯月であり／佛印氏（禅師）は乙巳年壬午月であり／公鼐氏（侍郎～春長官吏）は戊午年壬戌月であり／張肇氏（進士）は丁巳年癸卯月であり／岳氏（女命）は癸卯年癸亥月で、三子息の元聲氏和聲氏金聲氏は科挙進士試験に合格したのであった。）

己卯日主で時柱乙丑干支では、生月子申支で運歳の金土地を巡り公侯伯、また年月柱己干酉丑戌支はともに吉相なのである。
（史氏（侍郎官吏）は乙巳年乙酉月であり／劉光濟氏（侍郎官史）は庚辰年己卯月であり／林有孚氏（評定官）は辛丑年戊戌月であり／某氏（貴人）は丙子年辛丑月であり／某氏（貴人）は乙亥年壬午月であり／孫繼皐氏（首席進士～長官）「星案傳」は庚戌年丙戌月であり／某氏（禮科）は甲辰年己巳月であった。）

己巳日主で時柱乙丑干支で生月寅卯支は偏官格で、局中に酉戌支が存在しなければ文才進捗の貴命なのである。
（蔣氏（首席進士）は癸卯年乙卯月であり／楚王氏は丙寅年辛卯月であり／秦燿氏（巡察官）は甲辰年丙寅月であり／某氏（武科状元）は戊申年庚申月であり／孫鎮卿氏（護衛官）は己亥年丁丑月であった。）

己未日主で時柱乙丑干支では、日時柱の併衝で傷妻するので財星の生扶を肯定、また年月柱卯午支では金神が火郷へ赴くので運歳の西南地は貴相、また生月辰戌支では四季土全備にて大貴相、また丁辛干が透出して陰性が好作用しまた貴相なのである。
（翁五倫氏（監察官）は丁卯年戊申月であり／某氏（郎中官）は庚午年己卯月であり／廖雲龍氏（進士）は乙卯年丙戌月であり／戴一俊氏（進士）は辛卯年戊戌月であり／萬世德氏（都察院）は丁未年丁未月であり／某氏（卿吏）は丙戌年辛卯月であった。）

己酉日主で時柱乙丑干支で、生月卯支は偏官また生月辰支は「偏官佩財」の貴相、また生月申酉支は傷官が傷尽、また生月巳午支はともに印綬で貴相、また生月丑戊支は貴相なのである。

（尹臺氏（長官）は丙午年壬辰月であり／崔銑氏（学士院史）は戊戌年乙丑月でともに名文家であり／趙卿氏（名将鎮護官）は己未年辛未月であり／孫繼皐氏（首席進士）「原本傳」は庚戌年丙戌月であり／周良賓氏（使節補佐官）は辛卯年戊戌月であった。）

己亥日主で時柱乙丑干支では、生月卯支は大貴相また生月申支で運歳の水木地では名誉の方途なのである。

（蔡子文氏（通政司）は乙丑年庚辰月であり／方隣氏（布政司）は戊寅年壬戌月であり／某氏（賜官位）は辛卯年癸巳月であった。）

〔歌訣〕

時上に偏官を、搭載する局相では、
身強かつ旺印ならば、奇瑞と為るが、
もしかえって救応が存在しなければ、
そこで名利が双成して、虚質と為るだろう。

〔歌訣〕

柱に乙丑干支を附帯して、もとより衰身と為り、
財星を、庫地支蔵に含有するので、
そこで解錠に巡らなければ、顕達は難儀なので、
衝出の方途が、その所懐を称すると知るだろう。—

己日主で時柱乙丑干支では、庫地の鬼殺が損耗して窮状が興発また祖元の事業が浮沈するが、そこで財星の用途を企図するので、また戊未支が刑衝して福分が発揚するが、そこで解錠が存在せず運歳が作用するときは、両親伴侶の端緒は依頼し難いが、また救応すれば結局は貴相を取用するのである。

六己日丙寅時斷　以下六己日所忌與上同時犯併論。

〔歌訣〕

六己日干で、時柱丙寅干支のときには、
正官を暗蔵、また印綬を明見して旺身するが、
月令が木質に通関し、衝破が存在しなければ、
その貴相は、三公大臣クラスとして成就するのだ。—

己日主で時柱丙寅干支では「官星佩印」して生旺、また己干の用途の甲干を正官と見做しまた丙干を印綬と見做し、そこで寅支蔵の旺甲干が丙干を生扶するので、もし衝破が存在せず月令の木局に通関すれば大貴相、また運歳の木火地を巡るのは有益だが、金水地が不適宜なのは歳運のケースも同義なのである。

己丑日主で時柱丙寅干支では、また生月春季は旺官また生月夏季は旺印、また生月秋季は済性また生月冬季は平常底なのである。

また年月柱辰戌支は文才貴相が顕達、また丑支が好作用して高寿また生月戌支で運歳の木火地では官位五品六品級の貴相、また『神白経』に「己主が火土気が象相して貴相だが血疾」とある。

（傅氏（首相）は甲申年壬申月であり／章極氏（評定官）は己亥年甲戌月であり／某氏（進士）は乙丑年壬午月であり／某氏（監察官）は庚辰年己丑月であった。）

己卯日主で時柱丙寅干支で、年月柱午辰支では文章力が顕達して大貴相、また年月柱寅午支では官位は三品級に昇階するだろう。

（某氏（兵部長官）は戊午年丙辰月であり／陳珂氏（布政司）は丙子年庚午月であり／韓楷氏（布政司）は甲辰年癸酉月であり／朱徹氏（使節補佐官）は甲寅年丙寅月であり／劉譽氏（首席進士）は甲申年丙寅月であり／黄鶴氏（吏員）は壬辰年辛亥月であり／蔡光氏（挙人）は戊寅年癸亥月であり／蕭良譽氏（進士〜参議）は丙辰年庚子月で兄弟も進士合格され／某氏（進士）は壬寅年壬子月であり／某氏（兵吏科）は庚寅年辛巳月であり／某氏（郎中官）は甲寅年庚午月であった。）

己巳日主で時柱丙寅干支では、刑相だがのちに生旺また生月寅支は正官格で文章力が顕貴、また運歳の亥子支水木質は貴相また戊支が好作用して武官三品級、また年月柱中亥支で四生全備して大貴相だが結末は不善なのである。

（魏謙吉氏（評定官）は己巳年丙子月であり／陳煥氏（布政司）は戊戌年壬戌月であり／陳洸氏（給事中）は己亥年丙寅月であり／劉東立氏（挙人）は丁亥年癸丑月であった。）

己未日主は時柱丙寅干支では、厚土生地の方途が貴相また年月柱水木質で、運歳の東北地を巡り貴相、また庶家養子相また実父が不詳で降誕しているのである。

（沈氏（布政司）は壬戌年戊申月であり／某氏（布政司）は丁卯年庚戌月であり／某氏（高貴権者）は甲寅年丙子月であり／林應采氏（挙人）は己巳年庚午月であり／袁氏（首席進士）は甲子年丁丑月であった。）

己酉日主で時柱丙寅干支では、月令に木火気が通関して貴相、また運歳の木火地で栄達するだろう。

（翁茂南氏（布政司）は甲申年丁丑月であり／張鉞氏（視察使）は甲午年丙寅月であり／劉經緯氏（使節補佐官）は甲午年癸酉月であり／某氏（巨富者）は戊戌年己酉月であったのである。）

己亥日主で時柱丙寅干支では、生月春季で官星が生旺で貴相また生月夏秋季は平常底、また生月冬季は旺財の吉兆また年月柱の寅申丑巳午辰戌支は貴相、また『神白経』に「木火気の象相は貴相」とある。

（靳貴氏（宰相）は甲申年丁丑月であり／熊浹氏（長官）は戊戌年丁巳月であり／沈應時氏（侍郎官吏）は辛巳年辛丑月であり／某氏（首相）は戊寅年丙辰月であり／某氏（鎮護官）は丙子年丁酉月であり／某氏（鎮護官は丙戌年甲午月であり／穆撤氏（使節補佐官）は丙寅年庚寅月であり／某氏（卿吏）は己卯年乙亥月であり／倪嘉慶氏（進士〜戸部、元朝系君子）は己丑年乙亥月であり／謝烱氏（吏員）は戊辰年であった。）

〔歌訣〕

寅支を附帯し、好作用する局相では、
財星や官星が、局相で好作用するときは、
そこでもし衝揺破綻が存在しなければ、
かならず決定的に、公卿に昇階するだろう。

〔歌訣〕

己日主で、時柱丙寅干支では規格外と為り、
年少にして富裕、かつ文章力に巡相せずとも、
運歳の卯地に巡り、明月が降耀し、
青雲を平歩し、皇帝の宮府に到達するのだ。—

己日主で時柱丙寅干支では「正官佩印（綬）」長生するので、学堂が三合局し光栄して有益、また文章博覧にして聡明俊秀、また年月柱に衝破が存在しなければ決定的に科挙試験に合格、また運歳の旺官地を巡り己主は亨通するので、上級高等の命相なのである。

六己日丁卯時断

〔歌訣〕

六己日干で、時柱丁卯干支のときには、
支蔵の偏官が、虚星偏印を搭載し、
局中の幇助の方途を、福分と見做し、
生助は難義ではなく、顕達の人命なのである。—

己日主で時柱丁卯干支では、己干が丁干を偏印と見做しまた乙干を偏官と見做し、また卯支上に丁干を搭載明見して乙干を暗蔵するのである。

もし年月柱が通関救応しなければ秀実虚性にて浮沈し、月柱に辛干を附帯して身旺で制伏すれば貴相、また運歳の旺途も吉兆なのである。

己丑日主で時柱丁卯干支では、局相申子辰支は武官吏また局相亥卯未支は栄貴相、また局相巳酉丑支で運歳の東北地を巡り吉兆なのである。

（林茂竹氏（進士）は己酉年乙亥月であり／謝明昜氏（挙人）は癸酉年甲寅月であり／陳篪氏（進士）は丁巳年乙巳月であり／某氏（挙人）は己酉年壬申月であり／某氏（進士）は甲申年甲戌月であり／某氏（大理寺卿）は庚申年戊子月であり／某氏（挙人）は丁卯年甲辰月であった。）

己卯日主で時柱丁卯干支では、年月柱巳酉支では制伏の適宜を得て、庚申干支は偏官と合絆するので文才が進捗して大貴相、また生月子支は偏官刑揺して貴相で兵権や法官吏を主事するだろう。

命局の地支印星が好作用また三合木局して、運歳の寅支で官雑混雑してふたたび流年と運歳が衝揺すれば凶揺するだろう。

（史道氏（長官）は乙巳年乙酉月であり／呉山氏（長官）は庚申年庚辰月で剛正の人物であり／陳選氏（進士）は癸未年甲子月であり／李宜春氏（進士）は壬申年甲戌月であり／袁福徵氏（進士）は辛巳年丁酉月であり／宋開春氏（戸部郎中官）は丙申年辛卯月で平原省の人物、余（万氏）は同氏に『三命通会原本』を恵贈され／某氏（大貴人）は乙卯年戊子月であった。）

己巳日主で時柱丁卯干支では、衝破が存在しなければ富貴また年月柱寅午辰支は刑揺不利益、また生月亥支で運歳の木火地は貴相なのである。

もし生月春季で甲乙干が透出し、官殺が太旺するときは制効化殺して貴相だが、さもなくばすなわち凶揺なのである。

（路通氏（侍郎官吏）は癸卯年辛酉月であり／呂調陽氏（次席進士～宰相）は丙子年辛卯月で紳士的で子息も進士合格され／張祚氏（指揮官）は戊子年丙辰月であり／某氏（挙人）は丙戌年丁酉月であった。）

己未日主で時柱丁卯干支では貴相ではなく、すなわち富裕また年月柱卯戌亥丑支は吉兆なのである。

（劉靖臣氏（進士）は壬子年癸丑月であり／方名南氏（進士）は癸丑年乙卯月であった。）

己酉日主で時柱丁卯干支では九勝十敗と為し、生年未支は旺支また年月柱に通関して生旺、また干頭の辛癸干が丁乙干を制伏すれば吉相なのである。

（鄭氏（侍郎官史）は丁丑年己酉月であり／朱天和氏（使節補佐官）は己丑年丁卯月であり／賈黙氏（首席進士）は壬戌年丁未月であり／尤烈氏（検事官）は丁卯年丙午月であり／汪氏（郡主）は癸丑年乙卯月であった。）

己亥日主で時柱丁卯干支では、生月秋季は偏官を制効して富貴また生月春季では寿元を促進、また生月夏季は身旺で吉兆また生月冬季は平常底、また生月戊丑未支は貴相なのである。

（陳氏（通政司）は辛酉年辛卯月であり／陳氏（巡察官）は乙丑年甲戌月であり／金九齢氏（郎中官）は己巳年丁丑月であった。）

〔歌訣〕

偏官佩印の局勢のときには、
局相に当生し、剛強の性質なので、
身強であれば、大吉相と見做すが、
たとえば微勢では、また平常底なのである。

〔歌訣〕

己日主で時柱卯支では、自ら福分を損折し、
名利を渇望し、すべて不適宜と為り、
命局に、ただ刑衝交夾を附帯するときは、
東方西方へと他郷へ奔馳し、市井を離別するのだ。—

己日主で時柱丁卯干支では偏印偏官が交配するが、庚辛干酉支の破剋で夾波を被るので、思想が通達できず両親伴侶は絶望し、結果が凋落したのちに根子が芽吹き、円相は欠損して祖元を離脱して成家を肯定、また「山林澗下」を発祥するだろう。

六己日戊辰時斷

〔歌訣〕

六己日干で、時柱戊辰干支のときには、
己身が位相を領得し、財神を帯び、
富貴の田園とし、多大に誠信なので、
月令甲乙干で、爵禄貴相の人命なのである。—

己日主で時柱戊辰干支では、庫地財星の専位として己干主は壬癸干を財星と見做し、辰土とは墓庫として己土の専気なので、誠信かつ富貴の人命と見做すのである。

もし月柱に通関また甲乙干が透出するとき、生月帯禄を肯定して大貴相、また生月辰支は身旺なので両親の扶力を領得できず、局相に甲干合化土す

れば大富裕、また生月冬夏季は旺財生官で富貴、また運歳の西方地は平常底なのである。

己丑日主で時柱戊辰干支では孤身、また生月寅卯支は旺禄また生月辰支で甲干が透出して化気が成れば貴相、また生月午支は厚富裕また生月寅酉支は名声なのである。

また年月柱子丑支で甲干が透出して、運歳の東南地を巡り黄金冠紫恩衣で貴人に近侍、また運歳の西北地を畏れて辞職するだろう。

（汪田氏（尚寶卿）は甲午年乙亥月であり／陳儒氏（進士）は乙丑年丙戌月であり／某氏（挙人）は庚午年乙酉月であり／朱璉氏（監察官）は乙未年丙戌月であり／傅氏は壬辰年癸卯月であり／某氏（監察諌官～少卿吏）は甲子年戊午月であり／某氏（進士）は甲午年庚午月であった。）

己卯日主で時柱戊辰干支で生月卯支は名声、また年月柱水木質で運歳の東北地を巡りまた名誉なのである。

（羅瑤氏（評定官）は癸未年壬戌月であり／王喬桂氏（監察官）は庚寅年乙酉月であり／梁津氏（進士）は癸酉年戊午月であり／某氏（都督）は丁亥年丁未月であり／某氏（三席進士）は癸未年乙卯月であり／某氏（貴人）は甲寅年丁卯月であり／某氏（富裕者）は乙卯年癸未月であり／善弈氏は戊午年甲子月であり／某氏（挙人）は乙卯年丁亥月であり／某氏（進士）は壬寅年己酉月であり／舒弘志氏（三席進士）は戊辰年甲寅月であった。）

己巳日主で時柱戊辰干支では孤身のちに発揚、また生月春季は官星貴相また生月夏季は平庸、また生月秋季は凶相また生月冬季は旺財で、歳運のケースも同義なのである。

（荘仁春氏（郡主）は壬戌年壬寅月であり／高斂舜氏（両淮撫院）は戊子年辛酉月であり／李廷機氏（解元會元～壬午年に大臣就任）は壬寅年辛亥月で贈賄を拒否し／某氏（検事官）は戊寅年乙丑月であった。）

己未日主で時柱戊辰干支では、生月丑支は雑気財官星で吉兆、また年月柱寅辰巳亥午戌支では文章力が貴相顕表するのである。

（丁士美氏（首席進士～侍郎官吏）は辛巳年壬辰月で丁丑年に卒され／劉一焦氏（使節補佐官）は甲辰年丙寅月であり／邵梗氏（使節補佐官）は壬申年丙午月であり／陳餘馨氏（監察官）は丁酉年壬子月であり／某氏は戊申年己未月であり／某氏（道仏士）は丙辰年辛丑月であった。）

己酉日主で時柱戊辰干支では、生月春季は旺官また生月夏季は平庸吉相、また生月秋季は粗暴また生月冬季は旺財なのである。

（林氏（侍郎官吏）は丁丑年癸丑月であり／尤奇氏（員外吏）は癸亥年丁巳月であり／蘇佑氏（監察官）は丁酉年癸卯月であり／某氏（進士）は庚午年庚辰月であり／方逢年氏（壬戌科進士～宰相）は乙酉年壬午月で丙戌年に卒され／富納氏（中書令）は癸未年甲子月であった。）

己亥日主で時柱戊辰干支で、生月丑支は雑気財星官星で貴相、また生月戌支で運歳の水木地は官位六品七品級、また年月柱寅午子辰支は大貴相なのである。

（周廣氏（評定官）は甲午年丙寅月であり／某氏（挙人）は戊子年甲寅月であり／某氏（貢員）は癸巳年甲寅月であり／葉有聲氏（副都督）は癸未年乙卯月であり／某氏（鎮護官）は壬寅年辛亥月であった。）

〔歌訣〕
翠竹群にて緋桃とが、鮮明な局相とは、
稀少な緑碧を背景に、紅彩が映えるので、
そこで寅支を附帯せず、衝揺するときは、
銭庫を開扉して「虎の子」が顕示するのだ。

〔歌訣〕
時柱辰支が己日干を搭載し、規格外と為り、
庫地に「虎の子」の鎮蔵を含有するので、
運歳で比劫に巡相せず、吉兆と為り、
決定的に荘田広汎の富貴を教示するだろう。—

己日主で時柱戊辰干支では、己身が豊盈の旺庫を附帯し、必然的な果花に深謝し栄昌がまた重複、そこで丑戌支が刑衝して財帛が旺盛、また壬申干支が財官双美にて妻女が重複し子息を晩得する方途と為り、また両親伴侶が中立和平するが、独立して自ら成為する命途なのである。

六己日己巳時斷

〔歌訣〕

六己日干で、時柱己巳干支のときには、
金神と火質の、両相が融和するが、
だが月柱に通関しなければ平常底と見做し、
月令に通関して、科挙進士試験の栄昌なのだ。—

己日主で時柱己巳干支では金質と火質とが相合して、己干は丙干を印綬と見做し巳支蔵の旺丙が健祥、また己巳干支を金神と見做し火質が搭載して相合するのだ。

もし月柱に火気が通関して命局で財星が印星を衝破し、運歳の財地を巡らなければ破格に福分が発揚、もし月令に通関せずまた生月冬季のケースでは秀実は虚質で、運歳の南方地を巡らずまた吉兆なのである。

己丑日主で時柱己巳干支では、生月辰支で運歳の西北地にて貴相、また生月午未支旺火は大貴相、また生月申子戌巳支はまた吉兆なのである。

（周啓祥氏（挙人）は辛丑年乙未月であり／某氏（錦衣吏）は辛卯年丁酉月であり／歓氏（元朝系首相）は壬辰年丁未月であった。）

己卯日主で時柱己巳干支では、財庫辰支を拱夾して己主は大富裕、また卯支は巳支を駅馬と見做し、二巳支の通関を看て駅馬搭載の再生と称して、生月午支は禄支と馬支を倶有してもっとも貴命と見做し、また生月亥支では財星が旺地に臨み、官星が長生また生月巳支は金神が火質を帯び、己主はみな大貴相なのである。

（李植氏（巡察官）は乙酉年庚午月であり／翁正春氏（首席進士〜長官）は壬子年癸丑月で湖廣氏（吏員）と同命相であった。）

己巳日主で時柱己巳干支で、年月柱午支とは赫々たる権威また昭々たる名誉、また生月春季では妻子賢孝また生月秋冬季は平常底で貴相だが顕彰せず、生月辰戌支では財星印星官星食神にて申支傷官が財星を生扶し、ともに吉相の造作を推定するのだ。

（康大和氏（長官）は戊午年壬戌月で丁丑年に卒され／林廷玉氏（評定官）は甲戌年戊辰月であり／黄河清氏（通政司）は戊戌年庚申月であり／馬氏（運使官）は庚辰年甲辰月であり／劉日桂氏（進士）は甲辰年壬申月であり／某氏（進士）は癸卯年壬戌月であった。）

己未日主で時柱己巳干支では拱禄格として、もし羊刃偏官午支が填実か空亡を巡相しなければ、己主は貴相が顕彰するのである。

また年月柱亥丑辰申支で、運歳の東方地を巡り極品級の文才威武とは、この格式はたとえば丁巳干支丁未干支でなければ、そこで丁干の正規の禄支なのは巳支に禄支が寄旺する故なのである。

（楊氏（郎中官）は庚午年丁亥月であり／蘇得禄氏（挙人）は庚子年癸未月であり／某氏（富裕者）は乙酉年己丑月であり／某氏（長寿者）は己巳年丙子月であった。）

己酉日主で時柱己巳干支では、生月夏季は金神が火地に赴き貴相が顕彰するのは、歳運のケースも前述に同義なのである。

（趙子昂氏（大臣）は甲寅年甲戌月であり／童氏（大臣）は己酉年己巳月であり／某氏（挙人）は戊午年甲子月であり／某氏（千戸）は乙巳年辛巳月であった。）

己亥日主で時柱己巳干支で、生月夏季では資本財帛が満載で意気軒昂と行楽また生月冬季は平常底、また生月戌支で運歳の東南地を巡り黄金冠紫恩衣で国師級、また生月寅支は貴相なのである。

（銭汝京氏（長官）は戊戌年丁巳月であり／某氏（使節補佐官）は丁丑年甲辰月であり／鄭溥氏（進士）は乙卯年丙戌月であり／李廷龍氏（監察官）は己亥年己巳月であった。）

〔歌訣〕

旺火が金神を、附帯する局相では、
運歳の南方地が、佳質の気象なので、
もし生月令が、冬季に相当すれば、
その財帛爵禄は決定的に虚花に了ずるのだ。

〔歌訣〕

己日主が時柱己巳干支を、重複して附帯すれば、
金神が旺化し、適相が必要と為り、

運歳の南方地を巡り、財星官星が顕現すれば、
また寅卯支の東方地を巡り、また奇瑞なのである。―
己巳日主で時柱己巳干支で生月夏季とは金神かつ丙火であり、局相で戊亥支や庚申干支に巡らなければ名声呼応は破綻せず、両親も旺衰浮沈また局相刑衝空亡で事業が窮状、また顕達するには家門の改名を要すると知るのが、旺火かつ運歳の南方地なのである。

六己日庚午時斷

〔歌訣〕
六己日干で、時柱庚午干支のときには、
時柱に帰禄し、己主は栄昌するが、
そこで局中に、官星を附帯するのを畏れるが、
これが伏晶の肯定かは、評価を二分するのだ。―

己巳日主で時柱庚午干支では日干の禄支が時支に帰局し、そこで己干が庚干を附帯し傷官と見做すのは、乙干が正規の鬼殺と見做し、また午支が庚乙干合を搭載明見するのは、傷官と偏官の併合なので、己主は独立心で成為するのである。

もし年月柱に乙干が存在せず、また傷官が敗地に臨星して局中に甲丙二干を附帯し「伏晶格」と為り、格局が欠損せず衝破が存在しなければ大貴相なのである。

己丑日主で時柱庚午干支で、生月寅支は貴相また生月夏季は凶相、また生月秋季は粗暴また生月冬季は旺財で子息は少数また大貴相なのである。
（林茂達氏（評定官）は丙子年壬辰月であり／楊思忠氏（侍郎官吏）は庚午年丁亥月であり／張文拱氏（検事官）は庚申年辛巳月であり／某氏（監察官）は庚子年丁亥月であり／某氏（武科状元）は丙辰年丁酉月であった。）

己卯日主で時柱庚午干支では、己干は午支が建禄また年月柱甲丙干また寅午支が大貴相、また生月卯支は偏官生旺で庚干合絆して権貴相なのである。
（畢鏘氏（長官）は丁丑年乙巳月で広東省池州の人物で、某氏（生員）の浙江省の人物と同命相であり／任鎧氏（吏員）は甲申年乙亥月であり／周尚文氏（辺境鎮護官名将）は乙未年戊子月であり／田氏（太師）は癸卯年乙卯月であり／范宣氏（挙人）は丙寅年庚寅月であり／某氏（挙人）は丁酉年丙午月であり／某氏（挙人）は戊申年甲寅月であり／某氏（吏員）は丁卯年丁未月であり／羅朝國氏（江南長官）は丁未年庚戌月であった。）

己巳日主で時柱庚午干支は貴相、また生月寅午戌支では金神が火地へ赴き、印綬のテーマを造作して貴相が顕彰するのである。

また年月柱辰戌丑未支は公侯伯、また運歳で偏官と合絆すればかならず結末は不善、また生月酉支で運歳の東南地にて貴相なのである。
（翟景淳氏（會元～侍郎官吏）は丁卯年丁未月でまた丙午月ともされ／某氏（皇女）は乙丑年丙戌月であり／某氏（教官）は戊子年癸亥月であった。）

己未日主で時柱庚午干支では、「背禄傷官」と称して六親血族を傷剋するが、衝破しなければ晩年期に生旺発揚また年月柱未戌支は貴相なのである。
（湯日新氏（通政司）は甲戌年辛未月であり／方重耿氏（進士）は辛酉年乙未月であり／梁佑氏（元師）は己卯年甲戌月であり／張綱氏（遊撃士）は丙申年丁酉月であり／周道興氏（郡主）は癸亥年己未月であり／某氏（挙人）は壬辰年戊申月であった。）

己酉日主で時柱庚午干支では―
（馬士英氏（明末閣僚）は丙申年癸巳月であったのである。）

己亥日主で時柱庚午干支では、年月柱午戌支では財星官星印星禄支で大貴相、また生年寅支で生月午支ならば巨富者、また生月卯支で運歳の西方地は貴相なのである。
（毛鋼氏（評定官）は壬午年癸丑月であり／趙氏（首相）は壬申年丙午月であり／某氏（宰相）は壬辰年乙巳月であり／某氏（検事官）は丁卯年戊辰月であり／某氏（進士）は辛未年乙未月であり／某氏（吏員）は庚午年丙戌月であり／某氏（知事）は丙子年甲午月であった。）

〔歌訣〕
日主が時柱に帰禄し、吉兆の局相であり、
決定的に、青雲直上のタイミングと為り、

もし局中に官星を帯び、合絆と為るときには、
たとえ衝破しても、奇瑞とは見做さないのだ。
〔歌訣〕
己日主が時柱庚午干支で、帰禄の局相と為り、
そこで衝破が存在せず、能く福分を発揚し、
局中に丙甲干を併相し、附帯するときには、
また己身が徳潤し、また屋舎が富潤するだろう。―
己日主で時柱庚午干支では背禄傷官と称し、そこで刑衝破害して窮状多端また六親血族は冷淡、また局中に甲丙干を附帯して清閑な伏晶格局、また月柱が金木星に相当し高攀に耐久するのでその富貴は疑うまでもないだろう。

六己日辛未時断

〔歌訣〕

六己日干で、時柱辛未干支のときには、
食神を官庫が搭載し、好相にて有益であり、
木質が月令に通関し、言質は貴相だが、
そこで月令に通関せず、ただ富命相なのである。―

己日主で時柱辛未干支では食神と官星を相助し、己干は辛干を食神と見做し乙干（甲）を官星と見做すので未支を官庫と見做し、未支上に辛干を明見また乙干（甲）を暗蔵するので、もし月令に通関して貴相また食神の生旺は能く財星官星に優越、また木気が月令に通関して旺官でもっとも貴相、また通関せず己主は富裕また運歳で通関して貴相なのである。

己丑日主で時柱辛未干支では貴相ではなくすなわち富裕、また月令に土気が通関して富裕、また月令に木気が通関して貴相だがまた凶揺するだろう。

（鄭鳳氏（挙人）は丁未年辛亥月であり／某氏（挙人）は壬午年癸卯月であり／談相氏（侍郎官吏）は甲寅年丙寅月で、書生任官され／某氏（貴女）は辛丑年己亥月であった。）

己卯日主で時柱辛未干支で、年月柱酉戌亥巳卯未支は貴相で運歳の東南地を巡り黄金冠紫恩衣の名誉なのである。

（朶列氏（宰相）は壬子年癸卯月であり／某氏（首相）は丁丑年癸卯月であり／宋日仁氏（吏員）は辛未年丙申月であり／葉邦榮氏（挙人）は乙卯年戊子月であった。）

己巳日主で時柱辛未干支は金神日なので、生月寅午戌支は貴相また生月亥卯辰午支で、運歳の金火水木地を巡り大貴相なのである。

（商輅氏（三元宰相名臣）は甲午年丁卯月であり／某氏（極品吏）は甲辰年戊辰月であり／鄭玉氏（使節補佐官）は己卯年庚午月であり／林燦章氏（進士）は己卯年己巳月であり／某氏（監察官）は壬申年甲辰月であり／某氏（挙人）は丙午年戊戌月であった。）

己未日主で時柱辛未干支で、生月春夏季丑支では特達して容姿豊厚、また言語弁舌清秀にて高名重禄で妻女が褒賞子息が蔭護され、また生月秋冬季は平常底で運歳の木火地で衝揺して財気を発揚、また財気を自損するのである。

己酉日主で時柱辛未干支では、生月春季は顛倒また生月夏季は吉相、また生月秋季は促寿また生月冬季は財帛豊厚なのである。

（張氏（中央軍官）は乙巳年壬午月であり／随氏（使節補佐官）は癸巳年丙辰月であり／某氏（富裕者）は己未年壬申月であり／某氏（進士）は庚午年丁亥月であった。）

生月卯支で運歳の金水地で官位五品級超の貴相、また生月丑支で運歳の西南地で郎官吏また生月辰戌支は財星印星の庫地で、ともに吉兆だが凶揺ののち発旺するのである。

（蔡克廉氏（長官）は辛巳年壬辰月であり／林見素氏（父嗣長官）は庚戌年戊子月であり／黄仕達氏（知事）は甲寅年丙子月であった。）

己亥日主で時柱辛未干支では、生月春季は貴相また生月夏季は平庸、また生月秋季は窮状また生月冬季は富裕、また生月酉支は己土を搭載し長生また食神帯禄し自然に享受、また栄相だが非長寿なのである。

（張氏（宰相）は甲子年壬申月であり／方攸躋氏（郎中官）は壬申年己酉月

で子息貴相であった。）
〔歌訣〕
時柱が、庫地官星の局相のときには、
生月春季が、もっとも吉昌と為るので、
運歳の旺官の、エリアを巡るときには、
姓名が、自然に芳香するだろう。
〔歌訣〕
己日主で、時柱辛未干支を附帯するときには、
寂漠たる燈窓を、誰が知るだろうか。
運歳の旺財、かつ旺官を巡るときには、
名利の双全が遅巡と、怨恨しなくてもよい。—
己日主で時柱辛未干支では、食神を官庫が搭載するのを衝開する必要とは、また丑戌支が刑衝して官星財星が顕現するとして前述の阻滞を抑止し、そこで君子ならば文章力や福分を生助しまた一般人ならばビジネスの首魁と為り、開鍵で福分が発揚して局相が充足、また財神の往来が恒常的なのである。

六己日壬申時斷

〔歌訣〕

六己日干で、時柱壬申干支のときには、
天干が損耗し、精気が不完全なので、
もし天干が損剋し、通関しなければ、
窮尽せずとも、すなわち非長寿で延寿し難い。—

己日主で時柱壬申干支とは旺水虚土質にて己干は甲干を正官と見做し、また壬干を正財と見做し、また庚干を背禄と見做しまた申支は庚干を搭載して旺じ、甲干は壬干に生扶され絶符、また己土は退気するのである。

もし四季土旺に通関また運歳の土気に通関して吉相、もし時令を失効して通関が月令に存在しなければ、窮しなくてもすなわち窮状、また疾症は肯定しないが恒常的に狼狽するのだ。

己丑日主で時柱壬申干支では年月柱酉支で甲干が透干し、富貴にて礼節を好為し正義感の人物、また年月柱辰戌支は吉相また年柱亥支とは天清濁地にて非長寿格局、また年月柱寅申支では官貴星が相輔してともに吉兆なのである。

（蒋因氏（首相）は丙寅年丁酉月であり／黄顒氏（参与）は癸未年癸亥月であり／某氏（進士）は壬子年乙巳月であり／某氏（貴人）は乙酉年丙戌月であり／某氏（富裕者）は戊申年丙辰月であり／某氏（富裕者）は己丑年壬申月であった。）

己卯日主で時柱壬申干支では生月辰支は雑気相だが、財星官星の貴相が早年発揚、また生月亥支で運歳の南方地にて官位六品級の貴相、また年柱寅申支は官位二品三品級の貴相なのである。

（陸氏（首相）は辛亥年庚子月であり／某氏（首相）は辛亥年戊戌月であり／某氏（首相）は辛亥年壬寅月であり／某氏（参議）は壬申年庚子月であり／魏氏（侍郎官吏）は甲寅年壬申月であり／王氏（首席進士）は壬子年甲辰月であり／馮氏（布政司）は辛卯年丁酉月であり／某氏（評定官）は乙丑年己丑月であり／孫忠烈氏（公侯）は壬寅年己酉月で子息は錦衣吏であった。）

己巳日主で時柱壬申干支では凶揺、また生月巳酉丑支は傷官で運歳の財地を巡り吉相、また生月寅午戌支では金神が運歳の火地に赴き西南地が貴相、また生月申子辰支で運歳の木火地で貴相なのである。

（某氏（進士）は丙午年壬辰月であり／楊四知氏（監察官）は乙巳年丙戌月であった。）

己未日主で時柱壬申干支で生月巳支では銭貨糧が陳蔵満載、また生月亥子寅支で運歳の金火地は公侯伯、また年月柱辰亥支には貴人に近侍するだろう。

（林石渠氏（郡主）は癸巳年壬戌月であり／李庶氏（進士）は乙亥年辛巳月であり／陳華氏（進士）は癸未年戊午月であり／郭清氏（進士）は乙未年甲申月であり／鄭公琦氏（進士）は辛丑年辛丑月であり／某氏（富裕者）は癸丑年乙丑月で三子息であった。）

己酉日主で時柱壬申干支では、生月巳酉丑支は傷官が傷尽して吉相、また生月寅支は粗暴また生月卯未支は武官吏、また生月子未支は公侯また己主は心疾かつ腎臓疾だが大貴相なのである。

（兪大猷氏（都督）は癸亥年丁未月であり／戴時中氏（評定官）は戊申年乙丑月であり／朱氏（評定官）は庚午年甲申月であり／何繼之氏（進士）は癸亥年癸亥月であり／某氏（挙人）は庚戌年癸未月であった。）

己亥日主で時柱壬申干支では、年月柱卯未支三合木局して官星を会局し、印星が透干して大貴相また生月戌子支では旺財が官星を生扶し、また生月酉巳支は土質が生扶されるので、甲丙干が透出してともに吉相なのである。

〔歌訣〕

鳳鸞がアオギリに、棲息する局相では、
大飛翔や高騰は、また難義ではなく、
たとえば刑衝破剋を附帯するときには、
営々と過労し、安閑と処し難いだろう。

〔歌訣〕

己日干で、時柱申支に際会するときには、
衝破が存在せず、もっとも適宜に符合し、
局中に、たとえ官星が顕現しなくても、
また旺財を添加し、決定的に根基と為るのだ。—

己日主で時柱壬申干支では、とりわけ三合会局が適宜であり、月令が天乙貴人に該当し財星官星が作用し貴相が顕彰、また戊己干辰戌支が位相を領得して文章力博学と知るべきで、妻子賢孝で福分と文才とが斎同だが、刑揺して中年期は不利益なのである。

六己日癸酉時斷

〔歌訣〕

六己日干で、時柱癸酉干支のときには、
沐浴のエリア、かつ水土質が混濁し、
局相の財星食神が、多大に聚散するときは、
そこで衰身失令すれば、寿元は難儀なのである。—

己日主で時柱癸酉干支では水土質が混濁するが、己干は癸干を偏財と見做し、また辛干を食神と見做し酉支が癸干を搭載して旺辛干かつ病符、また比肩が財星を損傷して財星が多大に聚散するのである。

さらに衰身して時令を失効し、己主は浮沈顛倒するので促寿せず、もし身旺で月令また運歳に通関して吉相なのである。

己丑日主で時柱癸酉干支では、生月春季は平庸また生月夏季は静穏、また生月秋季は傷官傷尽して権威また生月冬季は富裕なのである。

たとえば生月丙干寅巳支では金神が火質を附帯して貴相、また運歳の木土金水地で郎官吏また乙干が透出して大貴相なのである。

（龔廉氏（遊撃士）は庚午年辛巳月で寿元五十九歳であり／馮時可氏（進士）は乙巳年丁亥月であった。）

己卯日主で時柱癸酉干支では、日時柱卯酉支併相して己主は衝揺、また傷官帯殺で己主は性格粗暴で造作が遅滞、また生月四季土旺は吉相なのである。

（恵宗氏（明朝建文帝 一三九九〜）は丁巳年壬子月で水土質酉敗地のタイミングで破砕殺を侵され／王春復氏（使節補佐官）は丁卯年癸卯月であった。）

己巳日主で時柱癸酉干支で生月巳酉丑支では傷官傷尽し、生月相武官吏の憲威また生月寅卯戌支は金神が火地に赴き貴相にて、能く中傷貴彰また反省謹慎するのは、水土質が酉支で敗地する故なのである。

（林石洲氏（使節補佐官）は癸未年甲子月であり／某氏（貴人）は己巳年壬申月であり／某氏（小貴人）は己卯年丙寅月であり／某氏（富裕者）は庚申年戊寅月であったのである。）

己未日主で時柱癸酉干支では、運歳の西方地が貴相また年月柱子巳支は大貴相、また年月柱卯辰支は貴人に近侍するが大発揚はしないだろう。

（楊兆氏（長官）は戊子年丁巳月で全局が互換貴相であり／周氏（書生員）は壬辰年庚戌月で極富裕であり／某氏（運使官）は己未年甲戌月であった。）

己酉日主で時柱癸酉干支では、偏財食神にて己主は積徳積財また生月丑未子午支はともに吉相、また生月酉支は父系親族また生月巳酉支は「破砕殺」を全犯し、己主は一生後退また放縦にて結果が存在しないだろう。

（陳效氏（郡主）は癸亥年辛酉月であり／某氏（貴人）は辛未年辛丑月であり／蔡纉氏（挙人）は壬子年丙午月であり／某氏（挙人）は甲子年丁卯月であった。）

己亥日主で時柱癸酉干支では土気が月柱に通関して、運歳の木火地を巡り貴相なのである。

（黎來氏（挙人）は壬午年癸丑月であった。）

〔歌訣〕

食神が財星を、生扶する局相では、
刑相して、さらに衝揺すれば不益であり、
もし刑揺支の侵犯が、存在しなければ、
早晩にも、門風を改装できるだろう。

〔歌訣〕

己主が、癸水や酉時支を附帯するときは、
食神が生旺し、自ずと従容するので、
そこで身弱にて、さらに衝剋破を兼相し、
この命相を推算すれば、ただ平庸に相当するのだ。—

己日主で時柱癸酉干支では、偏財が食神を附帯して有益なので、両親を依頼できず飛去また性格懐情は不定義、また財帛も去来聚散して眺望の広汎を存し難く、開花に献花してふたたび新規重複、またこの命相はさきに背逆するがのちに帰順するだろう。

六己日甲戌時斷

〔歌訣〕

六己日干で、時柱甲戌干支のときには、
妻星が従象また夫星が化象し、真実の土質であり、
たとえば月令に通関し、禄源は深度と為り、
これに反すれば、平常底の取用として言及するのだ。—

己日主で時柱甲戌干支では妻星従象夫星化象にて、甲己干合化土成局では堆土聚秀かつ禄源深厚だが、月令が化土に通関しなければ甲干を取用して正官と見做し、また丙干を印綬と見做し、また戌支上に甲木を搭載して成形するので、丙火が火性合局また月令に通関するか、通関せずに刑衝破害を帯びて平常底、また己身が吉相でも両親を早期に逸するのである。

（傅氏（監察官）は壬辰年癸卯月であった。）

己丑日主で時柱甲戌干支では、太旺して父君を剋伐また生月辰支は厚土、また局相巳午未申支は建禄帝旺で吉相、また局相戊亥寅卯支は疾土的、また局相酉辰支は官位三品四品級の貴相また中年期に退官、また運歳の亥支木火地では官位六品七品級の貴相なのである。

（周卓氏（教官）は甲辰年癸酉月であり／周繼昌氏（府知事）は丁巳年辛亥月であり／某氏（解元）は壬戌年壬子月であり／傅氏（監察官）は壬辰年癸卯月であった。）

己卯日主で時柱甲戌干支では、年月柱丙丁干午戌支また庚辛干が官殺星を制伏して山水秀明の当地にて、官位は二品三品級に昇階するだろう。また生月未酉丑支で運歳の火土地を巡り官位四品五品級、また生月午支で運歳の東北地にて大貴相、また生月子支で運歳の木火地で名声、また局相辰巳支で通関して官位極品級なのである。

（王正國氏（侍郎官吏）は壬午年壬子月であり／陳益氏（評定官）は己巳年戊辰月であり／某氏（大富者）は壬午年乙巳月であり／李春芳氏（郡主）は乙酉年丙戌月であり／某氏（富裕者）は戊辰年乙卯月で子息五名であり／某氏（参議）は辛酉年庚寅月であり／某氏（部郎官）は辛酉年甲辰月であった。）

己巳日主で時柱甲戌干支で、生月寅午戌支では金神が火地に赴き貴相顕彰、また年月柱戌亥支では官令堅守にて極めて名声、また生月子支で運歳の木火地を巡り極品級なのである。

（皇甫芳氏（員外吏）は甲子年癸酉月であり／某氏（給事中）は丁丑年壬寅月であり／方重杰氏（挙人）は戊申年丙辰月であり／某氏（挙人）は丁亥

年己酉月であった。）
己未日主で時柱甲戌干支では遭刑衝陥、また年月柱寅午支では官位三品四品級の貴相、また生月戌支で運歳の東南地は官位五品級、また年月柱辛干卯支が作用して衝揺なのである。
（王氏（郎中官）は癸未年壬戌月で張氏（吏員）陳氏（挙人）と同命相であり／趙雲翔氏（進士）は戊戌年乙丑月であり／某氏（賜官位）は壬午年庚戌月で二子息ともに貴相であった。）
己酉日主で時柱甲戌干支で、局相辰丑支が衝揺して財源進益また局相酉戌支が害揺して名利和平、また生月子支が己干を搭載して貴人星、また生月寅支は「官星佩印」で運歳の印星を巡り貴相、また年月柱乙干酉支が作動して粗暴、また孤独相にて郷地を背離するだろう。
（李克齋氏（長官）は乙丑年丙戌月であり／林景陽氏（進士）は庚寅年戊子月であり／沈鯉氏（挙人）は辛卯年壬辰月であり／某氏（挙人）は甲戌年癸酉月であった。）
己亥日主で時柱甲戌干支では土気が月令に通関すれば、運歳の木地を巡る要途また水木気が月令に通関すれば、運歳の身旺地を巡る要途がありともに貴相なのである。
（宋景氏（長官）は丁酉年辛亥月であり／張氏（大臣）は乙丑年庚辰月であり／陳豪氏（監察官）は己未年丙子月であった。）
〔歌訣〕
秋季の紅葉が、降霜を経る局相とは、瞬く間に、翠緑が緋紅へと変容するが、ただし衝揺の剋支を附帯するときには、そこで凋落し、東へ西へと翻弄されるだろう。
〔歌訣〕
甲己干合化土で、土気を収蔵すれば、
たとえば解鍵に巡れば、優游たる福分と為り、
かりに財星を帯びても、そこで聚星しなければ、
木葉が深閑として、晩秋に巡当するのだ。—
己巳日主が時柱甲戌干支では、妻星従象夫星化象して佳質と見做し、もっぱら庫財は解鍵開錠を待期するので壬干申丑支で安泰に通神、また両親は瑕疵して非長寿また花果も飛去して悦楽し難く、もし時柱に附帯して運途が一時に巡るときに、家業が興隆して快通するだろう。

六己日乙亥時斷

〔歌訣〕
六己日干で、時柱乙亥干支のときには、
偏官星が正官を暗蔵するが、奇瑞ではなく、
局相で金質が制殺し、吉相の方途と為り、
そこで身旺でなければ、凶揺と知るべきなのだ。—
己日主で時柱乙亥干支では偏官を明見し正官を支蔵し、己干は甲干を正官と見做しまた乙干を偏官と見做し、亥支上に乙干を明見また甲干を暗蔵して官雑混雑と見做し、局中で辛干が乙干を剋去すれば偏官を控除して正官を留位、また月令に通関して貴相が顕彰するのである。
また亥支とは旺水虚土質にて失業して漂流、また財気を擁して聚星せず進退が浮沈、また身殺両停の方途は吉相だが月令に通関せず、運歳で通関してまた吉兆なのである。
己丑日主で時柱乙亥干支で、生月巳酉丑支では偏官を制効また正官を留位、また生月午支は身旺にて貴相また生月子支で運歳の火地では官位七品八品級の貴相、また局相卯未支で辛干が透出して乙殺を制伏して大貴相なのである。
（嚴訥氏（宰相）は辛未年己亥月であり／秦尚氏（評定官）は丙午年庚子月であり／某氏（侍郎官吏）は壬申年癸丑月であり／黄乾亨氏（使節補佐官）は己巳年庚午月であり／呉一琴氏（吏員）は己丑年庚午月であり／沈應文氏（長官）は癸卯年乙丑月で歙縣程氏（國子監巨富學生）と同命相であり／趙標氏（侍郎官吏）は乙丑年己丑月であった。）
己卯日主で時柱乙亥干支で、生月卯支は偏官格局で重殺柔身のときは棄命従象と見做し、そこで壬干に巡相し志気軒高また局中で制伏して、運歳の土金地を巡り官位は三品四品級に昇階、また生月丑支は雑気相なので運歳

の辰巳酉支で黄金冠紫恩衣、また生月亥支で運歳の水地は疾症なのである。
（范氏（長官）は辛巳年癸巳月であり／某氏（進士）は癸未年戊午月であり／某氏は乙酉年丁亥月であり／某氏は壬辰年辛亥月であり／某氏は辛巳年己亥月であった。）

己巳日主で時柱乙亥干支で、生月寅午戌支では金神が火地に赴き貴相、また生月巳支で運歳の西方地では官位は公卿に昇階、また年月柱卯午支は名声、また年月柱子亥支が好作用して財星帯殺し棄命従格と見做し、己主は大兵権を掌事するだろう。
（李西涯氏（宰相）は丁卯年丁未月であり／金幼孜氏（長官名臣）は戊申年丁巳月であり／戚繼光氏（都督名将）は戊子年癸亥月であり／沈懋學氏（首席進士）は己亥年壬申月であり／黄仲昭氏（進士）は乙卯年己卯月であった。）

己未日主で時柱乙亥干支では、刑衝や官殺混雑しなければ清高かつ富貴にて文学能力も誇負に耐久するだろう。
（崔東洲氏（侍郎官吏）は己亥年丁卯月であり／黄佐氏（学士院吏）は庚戌年己丑月であり／蔡白石氏（評定官）は乙亥年丁亥月であり／李旻氏（首席進士）は丙寅年丁酉月であり／宋天民氏（進士）は丙辰年壬辰月であり／某氏（知事）は癸酉年丁巳月であり／盧岐嶷氏（郎中官）は乙亥年丁亥月であった。）

己酉日主で時柱乙亥干支で、生月春夏季は顕達また生月秋季は制伏が太過して窮状儒士、また生月冬季は旺財また年月柱午巳戌支は官位六品七品級の貴相、また生月寅支で運歳の火金地を巡り官位四品五品級の貴相なのである。
（董芬氏（侍郎官吏）に庚午年丙戌月であり／王印東氏（参与）は乙亥年辛巳月であり／林華氏（進士）は乙卯年丙戌月であり／某氏（部郎官）は乙亥年丁亥月であり／某氏（兵道士）は甲午年乙亥月であり／某氏（刑務官）は癸酉年乙卯月であり／邢雲路氏（進士）は己酉年乙亥月であった。）

己亥日主で時柱乙亥干支で、年月柱に辛干が透出し制殺して貴相また制効せずまた己主は特達、また生月戌支は名声また局相巳支も貴相、また厚土丑支は官位三品級に昇階、また刑衝は浮沈が多く晩年期が富裕なのである。
（應櫝氏（総務長官名臣）は癸丑年甲寅月であり／邵經濟氏（郡主）は癸丑年庚申月であり／趙灼氏（給事中）は庚寅年丙戌月であり／黄穆氏（編修官）は乙丑年丁亥月であり／舒芬氏（首席進士）は甲辰年戊辰月であり／某氏（進士）は己卯年癸未月であった。）

以上の六己日の時柱乙亥干支ではみな文学の才士が多く、出身は科挙高位者で清要の官職なのである。

〔歌訣〕
游魚が、深淵に赴く局相とは、
志操を領得し、クジラや巨龜に化身し、
そこで刑衝や空亡や破剋が存在しなければ、
帝都省庁を牛耳り、名誉が標されるだろう。

〔歌訣〕
命局の時柱が、乙亥干支のときには、
駅馬や長生の、所在を看過できず、
身旺かつ強殺で、福分爵禄を兼備し、
功名が顕達し、自ら歓喜に悦するのだ。—

己日主で時柱乙亥干支では偏官佩財して有益と為り、もし身旺ならばまた佳質と見做すが官殺混雑して天干は減耗し、行運や支蔵や進退に定義が存在せずに、六親は飛去して興衰し運歳の禄馬支に自然に巡れば、その富貴また清閑はおのずと自在なのである。

六庚日丙子時断

〔歌訣〕
六庚日干で、時柱丙子干支のときには、
己身と鬼殺ともに、逓退の傾星と為り、
通関して有為なら栄華、また通関せず無為濁命であり、
そこで鬼殺が生旺すれば、長寿は難儀であろう。—

庚日主で時柱丙子干支では、己身も鬼殺ともに衰微するので、庚干は癸干

を傷官と見做し丙干を偏官と見做し子支上に庚干を搭載して死符、また丙火に精気が存在せず癸水が建旺するのである。

もし己身に通関が存在せず吉兆、また通関がなく運歳の衰身旺鬼を巡り漂揺命、また火気が月柱に通関して運歳の西方地を巡り貴相だが、つまり身弱は肯首できないのだ。

庚子日主で時柱丙子干支は貴相、また年月柱に子支を重見して併衝、また午支上の丁干を正官と見做し己干を印綬と見做し「飛天禄馬格」に当格するのだ。

局中に財星官星がなく填実に復して、己主は貴相で道仏士と見做し一塵も染汚せず全法空性にて常識人と見做し、名利を有するが妻子を瑕疵またさきに窮状してのちに富裕だが、生月己巳干支は衝破窮状また生月癸未干支は孤相また生月己亥干支は衝相なのである。

（喬行簡氏（首相）は丙子年丁酉月であり／左鎰氏（少卿吏）は丁卯年壬子月であり／何源氏（少卿吏）は己卯年丙寅月であり／戈氏（郎中官）は癸酉年癸亥月であり／陳褒氏（進士）は甲辰年丙子月であり／郭子章氏（貢員登科～長官）は癸卯年甲寅月であり／某氏（進士）は庚辰年癸未月であり／某氏（部郎官）は己未年丙子月であった。）

庚寅日主で時柱丙子干支では、生月春季は「偏官佩財」にて運歳の金火地を巡り黄金冠紫恩衣、また生月夏季は旺殺で大貴相また生月秋季は身旺で運歳の南方地を巡り貴相、また生月冬季は己身偏官ともに衰微して平常底なのである。

また年月柱午支が好作用して官位が公卿に昇階、また局相壬子干支では食神を前程に偏官を後附、また一陽派生ののち順じ丙火が精気を帯び貴相が人臣を極め、生月癸酉干支が不益で破衝して凶揺、また生月辛亥干支は血痕症また生月甲子干支は非長寿なのである。

（憲宗氏（明朝成化皇帝一四六四～）は丁卯年壬子月であり／霍韜氏（會元～長官名臣）は丁未年乙巳月であり／黄氏（長官）は丙午年甲午月であり／陳氏（首席進士）は壬寅年乙巳月であり／何天衢氏（侍郎官吏）は己酉年辛未月であり／魏良貴氏（評定官）は癸亥年壬戌月であり／王氏（使節補佐官）は辛卯年癸巳月であり／某氏（監察官）は庚午年丁亥月であり／某氏（挙人）は丁丑年戊申月であり／時霖氏（進士）は己未年己巳月であり／陳堯氏（侍郎官吏）は壬戌年壬寅月であり／某氏（解元）は丁卯年癸丑月であり／某氏（上勅官）は壬辰年乙丑月で辛巳四月に卒され／黄氏（太政大臣）は丁酉年壬子月であり／王佐氏（長官）は庚戌年戊寅月であり／某氏（進士～鹽道守）は乙未年戊寅月であった。）

庚辰日主で時柱丙子干支で、月令に木火気が通関し運歳の西方地を巡り好作用、また生月乙巳干支では破敗また生月丁酉干支では生旺凶揺、また生月己丑干支では凶揺するのである。

（林塾氏（参与）は丙戌年丙申月であり／某氏（経魁會元）は乙巳年辛巳月であり／某氏（礼部吏）は己巳年甲戌月であり／張拱北氏（知事）は己酉年丙子月であり／某氏（挙人二名）は甲寅年辛未月で三子息であり／林元美氏は辛巳年戊寅月で子孫五長官輩出し／袁宏道氏（人事官）は戊辰年甲子月であった。）

庚午日主で時柱丙子干支は貴相、また日時柱が相衝して妻子を瑕疵、また運歳の西南地が有益また生月未支は火気が通関して名声にて官位三品四品級、また生月秋季では丙火に精気が存在せず子息の難儀と見做し、生月己巳干支は不益で祖元を破綻して凶揺、また生月己亥干支では難儀凶揺また生月癸丑干支は孤相なのである。

（何鰲氏（長官）は壬子年癸丑月であり／黄封氏（進士）は辛未年庚子月であり／張承勛氏（鎮護官）は己卯年癸酉月であった。）

庚申日主で時柱丙子干支では生月申支では厚土の方途で貴相、また年月柱辰未支で運歳の西方地を巡り公侯、また生月辛巳干支は刑揺して不益また生月辛亥干支は孤相なのである。

（定（國公）氏は戊辰年己未月であり／李本氏（宰相）は甲子年辛未月で時柱壬午干支ともされ／陳元琦氏（郎中官）は乙丑年丁亥月であり／金暐氏（進士）は丙午年庚寅月であり／呉氏（遊撃士）は戊寅年庚申月であり／揚子充氏（解元）は壬申年壬寅月であり／洪聲遠氏（進士）は丙申年丁酉月であった。）

庚戌日主で時柱丙子干支で、生月春夏季で運歳の西南地また生月秋季で運歳の木火地はともに貴相、また生月乙巳干支は凶揺また生月乙亥干支は官件が多く、また生月己丑干支は凶揺また生月戊戌干支では凶揺するのである。

（文彦博氏（首相）は癸亥年乙丑月であり／馬西園氏（侍郎官吏）は癸丑年壬戌月であり／任氏（巡察官）は乙卯年丙戌月であり／羅崇奎氏（進士）は戊辰年戊午月であり／胡緒氏（吏員）は丙戌年辛丑月であり／某氏（大貴人）は乙卯年丁亥月であり／蕭大亨氏（長官）は壬辰年甲辰月であり／某氏（尚寶丞）は辛丑年甲午月であり／黄懋官氏（侍郎官吏）は丙子年戊戌月であり、申價氏（使節補佐官）と同命相で、黄氏は福建省の人物また申氏は山西省の人物、また申氏が先に逝去されのちに黄氏が卒され、申氏は子息が存在せず黄氏は一子息であった。）

〔歌訣〕
廻游魚が、捕網を回避する局相では、
己身が跳躍し、天帝の帝都に到達し、
タイミングが到り、凶揺が吉兆へと好転するので、
タイミングが巡り、窮状を甘受することはないのだ。

〔歌訣〕
庚日主が、時柱丙子干支を附帯するときに、
傷官の合局とは、奇瑞とは見做さずに、
両親が難儀し、祖業を成就するが、
飛燕寝床または鸑鳳が棲みつき、基礎を別立するのだ。―

庚日主で時柱丙子干支では官星禄支に乖背して安身、また両親は早期から艱辛に陥り伴侶と和順できず、学問を捨てビジネスで福分を発揚また荘田を先に怠慢してのちに精勤、また家宅に居して財帛がいささか晩成するので、さきに暗蒙してのちに開明する命相なのである。

六庚日丁丑時斷　以下六庚日所忌月分與上同時犯併論。

〔歌訣〕
六庚日干で、時柱丁丑干支のときには、
貴人星が正官を搭載、また火質が軽微と為り、
運歳の木火地とは、貴客が軒先を通行するように、
そのとき独立自存してなければ、ただ虚名と為るのだ。―

庚日主で時柱丁丑干支では重金質軽火質なので、庚干は丁干を正官と見做しまた己干を印綬と見做し、丑支上に丁火を搭載して軽微だが己土の正位相にて、もし月令に木火気が通関して「官星佩印」して生旺ならば貴相、また通関しなければ虚名であるだけで、月柱生旺で火土気が通関して富裕、また通関せず運歳で巡相して己主は名声なのである。

庚子日主で時柱丁丑干支では、生月春夏季は貴相また生月秋季は平常底、また生月冬季は夾孤なのである。

（沈應乾氏（守衛兵）は庚午年丁亥月であり／史官（郡主）氏は壬午年乙巳月であり／鄭贊氏（吏員）は丙申年辛卯月であり／某氏（挙人）は甲寅年甲戌月であり／賀烺氏（侍郎官吏）は甲申年丙寅月であり／周文燭氏（國子監教授）は壬子年丙午月であり／某氏（進士）は辛酉年丙寅月であり／某氏（志士）は癸丑年癸亥月であった。）

庚寅日主で時柱丁丑干支を魁元と称し、生月寅卯午未亥支では清高秀才の命相、また運歳の午未支は貴相が顕彰し、年月柱の火土質に通関して貴相なのである。

（倫以訓氏（會元～次席進士）は戊午年乙丑月で侍郎官吏まで昇階され／黄世範氏（挙人）は乙巳年己丑月であり／某氏（鎮護官）は壬寅年癸丑月であり／某氏（常勤吏）は戊午年壬戌月であり／申己卯氏（挙人）は癸丑年癸亥月であったのである。）

庚辰日主で時柱丁丑干支で、生月丑支は富裕また己土を附帯して大貴人に近侍、また生月火土旺気して貴相だが運途で巡柾しなければ、また富裕かつ名誉なのである。

（某氏（首相）は戊辰年戊午月であり／穆鐸氏（挙人）は戊子年癸亥月であり／胡汝欽氏（給事中）は甲午年戊辰月であり／顧錫疇氏（礼部長官）は乙酉年乙酉月であり／某氏（志士）は己巳年庚午月であった。）

庚午日主で時柱丁丑干支では月令に土気が通関するので、貴相ではないが富裕かつ名声なのである。

（嚴蒙氏（首相）は乙丑年戊子月であり／周在氏（参与）は庚子年戊寅月であり／陳氏（進士）は庚寅年丁亥月であり／某氏（知事）は甲午年辛未月であり／林以善氏（挙人）は戊戌年丙辰月であり／某氏（挙人）は己巳年戊辰月であり／某氏（富裕者）は己丑年庚午月であり／楊道賓氏（次席進士～侍郎官吏）は壬子年己酉月であり／張嗣修氏（次席進士）は甲寅年辛未月であり／雷轟氏（三十四歳士）は壬戌年己酉月であり／某氏（進士）は庚辰年壬午月であった。）

庚申日主で時柱丁丑干支では、生月丑支で運歳の火金地は極品級、また生月辰巳午未戌支は「官星佩印」双旺で貴相なのである。

生月申酉支は己身が太旺するので木火地を巡るべきで、生月寅卯支は財星太旺するので金水地を巡るべきで、生月亥子支は金水地の寒冷地なので運歳の火土地に巡り貴相なのである。

（王氏（長官）は乙巳年庚辰月であり／陳虚窓氏（評定官）は壬申年己酉月であり／呉球氏（使節補佐官）は己巳年己巳月であり／曽龍山氏（監察官）は己卯年丙寅月であり／鄭三得氏（巡察官）は壬午年丙午月であり／張氏（進士）は丙午年庚子月であり／某氏（解元）は己巳年庚午月であり／林春澤氏（進士～郡主）は庚子年丁亥月で寿元百四歳の官吏であり／某氏（監察官）は戊申年辛酉月であった。）

庚戌日主で時柱丁丑干支では、生月春季は旺財また生月夏季は旺官、また生月秋季は平庸また生月冬季は脱力的また刑難だが四十歳以降に発揚するだろう。

（蔡氏（侍郎官吏）は丁巳年丁未月であり／黄萬石氏（州長官）は庚申年壬午月であり／彭球氏（知事）は乙未年戊子月であり／林培氏（挙人）は己未年戊辰月であり／某氏（挙人）は戊戌年丁巳月であり／某氏（解元）は丁酉年癸丑月であり／某氏（兵道士）は丁酉年丁未月であり／黄道周氏（詹事假道学吏）は乙酉年己卯月であった。）

〔歌訣〕

吐気が彩虹に、架橋する局相では、
一斉に倉庫の門戸が、開扉するように、
一晃旦に、運歳のタイミングが到り、
福分爵禄が、自然に巡当するだろう。

〔歌訣〕

庚丁干が併相し、時柱丑支が全備すれば、
明月の好像が、碧天に燿々として、
そこで刑衝に巡相せず、稀少は真実と為り、
さらに長い歳月を、財星官星が興旺するのだ。—

庚日主で時柱丁丑干支では、正官を財庫が搭載併相するので、生月午未戌支は余剰の福分が優々として、庚日干が時柱に容金を帯びれば金質が火質を帯びて成器と為るので、かならず必然的に子息が賜官また妻女が褒賞されて家統の酒歌は相離せず、決定的に己主は清閑かつ悦楽の趣意なのである。

六庚日戊寅時断

〔歌訣〕

六庚日干で、時柱戊寅干支のときには、
火気を生扶し庚金が絶符し、福分の欠損であり、
そこで月令が木質に通関、また秋季以降ならば、
かえって皇族や、国家の重臣と為るだろう。—

庚日主で時柱戊寅干支では火気を生扶また庚金が絶符するが、庚干は丙干を偏官と見做し戊干を偏印と見做し、寅支が戊癸干合化火を搭載して庚金が絶気するので、もし月柱旺金に通関せず救応しなければ窮状するだろう。

また生月巳支は庚干が長生して丙干が健旺なので、己身偏官ともに旺強で運歳の西方地を巡り武勇の貴人、また生月申酉丑戌支では金火質が合局するので鬼殺が官星に好転し、さらに運歳で身強を領得して貴相なのである。

庚子日主で時柱戊寅干支では、年月柱寅午支では科挙試験に合格して顕達、また甲干が好作用して官位三品四品級の貴相、また生月丑支で運歳の金

火地は公卿と為るだろう。
（呂震氏（長官）は乙巳年己丑月であり／某氏（極品吏）は己未年癸酉月であり／某氏（侍郎官吏）は壬午年壬寅月であり／姚氏（視察使）は己丑年戊辰月であり／宋茂熙氏（進士）は甲寅年甲戌月であり／某氏（鎮護官）は庚寅年丙戌月であり／某氏（知事）は丙午年癸巳月であり／李騰芳氏（少詹）は乙丑年壬午月であり／某氏（仏信徒）は丁卯年辛亥月であり／某氏（国公侯）は戊午年乙卯月であり／福王氏（明末擁立帝一六四四～）は丙戌年庚寅月であった。）

庚寅日主で時柱戊寅干支では月柱が火局に通関、また生月秋季で運歳の身旺地を巡り貴相、生月庚子干支は死符また年柱辛酉干支では衰身して、窮状して非長寿なのは丙干の太旺と同じテーマなのである。
（黄氏（長官）は甲申年乙亥月であり／馮成氏（参与）は壬辰年己酉月であり／某氏（視察使）は壬辰年壬寅月であり／雍見川氏（進士）は壬子年庚戌月であり／季科氏（進士）は庚寅年己丑月であり／呉杰氏（守衛兵）は己亥年丙寅月であり／于氏（県長官）は丁卯年丁未月であり／某氏（州知事）は乙酉年庚辰月であり／某氏（極品吏）は庚寅年戊寅月であり／某氏（監察官）は己亥年丙戌月であった。）

庚辰日主で時柱戊寅干支では、生月春夏季で運歳で丙丁干が透干して身旺地を巡り貴相なのである。
（蔡氏（長官）は丙寅年辛卯月であり／史梧氏（進士）は壬子年壬寅月であり／某氏（州知事）は壬戌年壬寅月であり／金氏（進士）は戊戌年甲寅月であり／某氏（挙人）は丁卯年癸丑月であり／某氏（府長官）は壬戌年丁未月であり／某氏（進士）は戊辰年甲子月であった。）

庚午日主で時柱戊寅干支で、生月寅午戌支では衰金旺金にて疾症を帯び、また寅支が好作用してかえって己主は極貴相また秋季は旺金で多大に貴相だが、ただし時柱に附帯したり劫殺が損身してすなわち凶揺なのである。
（某氏（春官吏）は甲寅年丙寅月であり／劉真氏（参与）は庚午年戊寅月であり／某氏（進士）は庚申年戊寅月であり／王宗會氏（検事官）は丁丑年己酉月であり／劉氏（視察使）は戊戌年庚申月であり／戴綸氏（鎮護官）は壬午年丙午月であり／某氏（指揮官）は庚子年己丑月であり／某氏（富裕長寿者）は丙申年庚寅月であり／某氏は辛巳年丙寅月であった。）

庚申日主で時柱戊寅干支では日時柱が併衝するので妻子を瑕疵、また生月寅卯辰支で運歳の火金地では公侯伯、また生月春季で運歳の西南地は大貴相、また生月寅支は貴相が顕彰するが恒久ではなく、また先に刑揺してのちに吉兆なのである。
（彭韶氏（長官）は庚戌年丙戌月であり／余子俊氏（長官名臣）は己酉年戊辰月であり／陳氏（首席進士）は癸亥年壬戌月であり／曹氏（挙人巨富者）は丙戌年己亥月であり／某氏（挙人）は丁丑年癸卯月であった。）

庚戌干支で時柱戊寅干支では貴相、また生月戌支は雑気相また局相財星官星印綬は貴相、また年柱庚辰干支で月柱己卯干支は公侯伯なのである。
（傅伯壽氏（中央軍官）は辛酉年丙申月であり／郝氏（中書令）は己未年丁丑月であり／黄氏（運使官）は壬申年庚戌月であり／劉大受氏（少卿吏）は丁亥年癸丑月であり／劉堂氏（錦衣吏）は壬寅年壬寅月であり／某氏（蔭監）は丁未年丁未月であり／陳禹謨氏（侍郎官吏）は乙巳年癸未月であり／某氏（進士）は己酉年丙子月であった。）

〔歌訣〕
優良な匠工が、珠玉を削琢する局相では、
未だに際会せず、タイミングの初期に契当し、
一晁旦に、巧匠に際会するときには、
成器と為り、貴人として出世するだろう。

〔歌訣〕
庚日主で時柱寅支とは、甚だ誇負すべきであり、
そこで刑衝破剋が存在せず、栄華を顕彰するので、
運歳が巡り、自ら上司の幇助が存在するので、
タイミングが至り、錦絹衣に華飾を添加するようなもの。—

庚日主で時柱戊寅干支では秀才で、偏印を抑伏し難く少年期に巡らず憂悩せずとも、この命相はまた窮状かあるいは富裕であり、タイミングが至り財帛福分を発揚、また運歳が巡り行舟が順流するように、月令が金水質に際会して破相しなければ功名が成就するだろう。

六庚日己卯時断

〔歌訣〕

六庚日干で、時柱己卯干支のときには、
胎符つまり、元命妻星に因り発揚し、
命局に通関し、旺庚干を搭載すれば、
財帛爵禄が豊盈し、福分寿元が斎同するのだ。―

庚日主で時柱己卯干支では胎生元命と為り、庚金を卯支が搭載して胎符また局中に己土を擁して印綬の生扶と為り、庚干は乙干を正財と見做し、卯支蔵の旺乙干とは妻星に因り福分が発揚するのである。

もし局中に旺丁干が生扶し月柱に禄支を附帯して貴相なので、通関して富裕また旺財が生扶して通関、また運歳で旺財を生扶してともに貴相なのである。

庚子日主で時柱己卯干支では、子卯支が相刑して妻子を瑕疵、また年月子支は貴相また年月丑未支は官位は三品級に昇階、また破祖失地しても大貴相なのである。

（岳鍾英氏（郡主）は辛卯年庚寅月であり／萬崙氏（長官）は甲午年乙巳月で一富裕者と同命相なのである。）

庚寅日主で時柱己卯干支で生月亥卯支は財星格局であり、早年栄昌だが早年引退また生月午戌支は三合官局で、金水質が透干して運歳の西北地を巡り吉兆なのである。

（某氏（宰相）は甲申年甲戌月であり／邵同渓氏（鹽運使）は丁卯年癸卯月であり／王錫爵氏（宰相父祖）は乙亥年丙戌月であり／某氏（女命）は癸巳年乙丑月で子息が（巡察官）であった。）

庚辰日主で時柱己卯干支は孤相、また年月柱に木気が通関して貴相なのである。

（韓氏（首相）は壬子年癸卯月であり／高氏（参議）は辛酉年丙申月であり／某氏（解元）は丙辰年庚子月であった。）

庚午日主で時柱己卯干支は刑衝、また局相申子辰支また巳酉丑支ともに運歳の東南地は貴相、また局相寅午戌支また亥卯未支で運歳の西北地を吉兆と見做すのである。

（何氏（監察官）は乙丑年乙酉月であり／某氏（國子監丞）は壬寅年己酉月であり／某氏（富裕者）は戊戌年己卯月であり／某氏（武科状元）は癸酉年乙卯月であった。）

庚申日主で時柱己卯干支では、生月卯支は財星格局だが貴相ではなく富裕、また年月柱丑巳支が学士院吏で清貴相また官位は亜卿吏に昇階、また些少に窮状して中年期に妻子を瑕疵し子息は少数なのである。

（梁氏（首相）は甲戌年丁卯月であり／某氏（宰相）は己卯年甲寅月であり／某氏（都督）は甲午年戊辰月であった。）

庚戌日主で時柱己卯干支では、些少に孤相で母元が濁命だが中年期に貴相、また生月卯酉辰丑支は官位が公卿に昇階するだろう。

（某氏（江南出身）は戊申年癸亥月であり／某氏（進士）は壬辰年庚戌月であり／某氏（運使官）は乙丑年癸未月であり／李戴氏（長官）は丁酉年乙巳月であった。）

〔歌訣〕

胎星が、元命と為る命局では、
旺財かつ身強が、有益であり、
タイミングが到り、進退が適宜なので、
中年末期に、姓名が芳香するだろう。

〔歌訣〕

庚日干が、時柱己卯干支を附帯するときは、
爵禄かつ文筆で、その富貴が全備するので、
そこで命局に、刑衝破剋が存在しなければ、
貴人の上司が迎接し、青天へと引率するだろう。―

庚日主で時柱己卯干支では運歳財星官星で亨通し、もし刑揺が存在しなければ褒賞が決定するが、破相して中年期に不順調また六親血族は飛去し和合し難く、自ら成家して企計は無窮なのでタイミングが巡り発達して功名が顕彰、また自ずと上司が重用するのである。

六庚日庚辰時斷

〔歌訣〕
六庚日干で、時柱庚辰干支のときには、
生月秋季の金水質で、純粋の気象であり、
もし魁罡を附帯し、貴賤を内包するので、
財星や官星の喜忌が、六宮地に分度するのだ。—

庚日主で時柱庚辰干支では金白水清と称し、六庚日干では庚戌干支と庚辰干支を魁罡と見做し財星官星の附帯を畏れるが、そこで刑衝を帯びなければ当主は粗暴豪勇また貴相だが、刑衝を附帯してすなわち凶揺するのである。

また庚子日庚寅日庚午日庚申日では財星官星を附帯して有益、また生月秋季では秀麗の人物と見做し、貴人でなければすなわち富裕また己身が合化せず、甲乙丁干を領得して透出また生月木火質のスパンでは財星官星のテーマを造作、また月令に通関して有益また運歳で通関して吉相なのである。

庚子日主で時柱庚辰干支で生月申支では「井欄斜叉格」で、局相また運歳で丙丁干巳午寅戌支は貴相、また年月柱卯支が好作用して位階は公侯伯に昇階するだろう。

（某氏（京卿吏）は庚午年己丑月であり／某氏（解元）は庚辰年乙酉月であり／某氏（進士）は甲申年壬申月であり／某氏（都督）は戊申年乙丑月であり／郭希顔氏（教官）は己巳年丙寅月であり／当日時干支の同命相で祖父はみな貴人で、運歳の申支で軍律の威信を問われたのは、頑金質が火質を要するからであり／一命相の年月柱庚辰干支では罪人の死屍を検分し、また三柱を魁罡が併相して独旺にて局中に火制が存在せず、頑金塊のため揺兆と為り／夏氏（遊撃士）は丁丑年乙丑月であり／某氏（検事官）は癸巳年甲子月であった。）

庚寅日主で時柱庚辰干支では「龍虎拱門」と称し、年月柱に火土質が通関して貴相、また庚辰干支が好作用して王侯伯また不用然ならば極めて凶揺、もし年月柱に木火質を附帯し運歳でふたたび巡れば極品級なのである。

（王道立氏（編修官）は庚午年辛巳月であり／舒氏（評定官）は己巳年戊辰月であり／金琦氏（検事官）は乙丑年丙戌月であり／某氏（大富者）は壬戌年壬子月であり／劉廷柱氏（河間郡主）は背政され／孫鋌氏（常庶）は戊子年甲寅月であり／項鼎鉉氏（常庶）は乙亥年丙戌月であり／某氏（使節補佐官）は辛丑年丁酉月であった。）

庚辰日主で時柱庚辰干支では年月柱魁罡だが、局中に財星官星を附帯せず戌支併相して貴相また衝揺して富裕、また年月柱申子支は井欄斜叉格を造作また運歳の西南地を巡り吉相、また庚辰干支庚申干支が好作用また乙酉干支と化金して、火気が通関せず凶揺の小人物また法抵触するのである。

（某氏は乙亥年庚辰月で運歳甲戌干支で刃衝、また年歳戊辰干支また小運己未干支で五十四歳で卒され／陸萬鍾氏（進士）は壬寅年丁未月であり／王鼎氏（評定官）は戊寅年甲寅月であり／趙廷槐氏（大長官）は甲申年乙亥月であり／某氏（挙人）は戊子年辛酉月であり／胡氏（郡主）は甲戌年乙亥月であり／張佳胤氏（都察院）は丁亥年戊申月で商惟正氏（監察官）と同命相であり／董氏（鎮護官）は甲申年庚午月で朱氏（都察院）と同命相であり／某氏（武高官）は甲寅年戊辰月であり／王麟洲氏（少卿吏）は丙申年甲午月であり／某氏（統制官）は乙酉年庚辰月であった。）

庚午日主で時柱庚辰干支では自揺して金神が火地に赴き、生月申支で運歳木火地を巡り官位六品級を肯定するのである。

（王嘉賓氏（選文工）は丁巳年丁未月であり／黄希憲氏（監察官）は丁丑年己酉月であり／某氏（郡主）は辛丑年乙未月であり／某氏（挙人）は丙子年己亥月であり／某氏（宰相）は己卯年己巳月であった。）

庚申日主で時柱庚辰干支で年月柱子申支では、「井欄斜叉」に入格して局中また運歳で丙丁干巳午支を附帯せず貴相、また庚申干支庚辰干支が好作用して運歳の西北東地を巡り極品級武官なのである。

（韓氏（郡主）は戊申年庚申月であり／周忠氏（布政司）は乙巳年甲申月であり／王鶴氏（府長官）は癸亥年乙丑月であり／某氏（評定官）は己卯年庚寅月であり／某氏（員外吏）は癸亥年庚申月であり／尹鳳武氏（首席進士～地方官）は癸未年庚申月であり／周令氏（中書令）は己亥年辛未月で

あり／費尚伊氏（給事中）は甲寅年丙寅月であり／某氏（県長官）は壬辰年壬寅月であり／末清霞氏（道教仙人）は戊寅年乙卯月で百二十歳の長寿であり／（子）黄士俊氏（首席進士～宰相）は乙未年庚辰月であり／銭龍錫氏（宰相）は戊寅年甲子月であり／周應秋氏（長官）は戊午年庚申月であり／某氏（進士）は辛酉年癸巳月であった。）

庚戌日主で時柱庚辰干支は魁罡で厚土地の方途また官禄重高、また生月子支で運歳の西南地で貴相また年月柱寅辰支で平常底なのである。

（魏氏（首相）は丙辰年辛丑月であり／胡璉氏（評定官）は乙丑年己丑月であり／陳之良氏（郎中官）は癸丑年己未月であり／隗邦衡氏（主政司）は甲申年丁卯月であり／李氏（進士）は己酉年丁丑月であり／某氏（公侯伯）は癸酉年乙卯月であった。）

〔歌訣〕

遠来の揺震で、雷光が轟く局相では、
臨機応変の人命と見做すが、
福星が臨宿し、巡処するときには、
己身が鳳凰の棲池に昇階するだろう。

〔歌訣〕

六庚日主で、時柱辰支では推究を仔細とし、
辰支蔵の印庫を、解鍵開錠するときに、
もし命局に刑衝を附帯するときには、
福分爵禄は安泰然で、天賦の自性と為るのだ。―

庚日主で時柱庚辰干支のときに、地支が三合会局して正規の魁星と見做し、とりわけ卯戌支開庫地して紫恩衣金束帯に破相なく、局相丙丁干巳午支で福分が逓減するので、財星の巡相や控除と見做して企謀、また命相は妻女重複かつ子息晩得に該当するので、その富貴や清閑が自在なのである。

六庚日辛巳時斷

〔歌訣〕

六庚日干で、時柱辛巳干支のときには、
偏官帯刃（辛）し、己身は長生するので、
剛毅の人物と為り、妻女財星を損失し、
運歳が金地に巡り、貴位爵禄が亨通するのだ。―

庚日主で時柱辛巳干支では偏官帯刃なのは、庚干は辛干を「刃」と見做し丙干を偏官と見做し、辛干明見かつ丙干暗蔵で偏官合絆して権威と見做すので、身旺で月令に通関して貴相だが、通関しなければ貴相ではなくその寿元を考証するのである。

庚子日主で時柱辛巳干支では、生月春季は富裕また生月夏秋季は貴相、また生月冬季は窮状また年月柱辰戌丑未支は印綬で、運歳の西南地を巡り貴相なのである。

（張瑞氏（郡主）は己未年丁丑月であり／蕭氏（吏員）は丁丑年癸卯月であり／黄徳純氏（進士）は己未年己巳月であり／宋氏（使節補佐官）は己丑年戊辰月であり／某氏（運使官）は甲戌年壬申月であり／福順氏（進士）は戊戌年壬戌月であり／王庭譔氏（三席進士）は甲寅年戊辰月であり／劉光復氏（監察官で諫言辞職～光宗皇帝により光禄寺官に復帰）は丙寅年癸巳月であった。）

庚寅日主で時柱辛巳干支で、生月巳酉丑支は身旺貴相また身弱旺殺では窮状、また年月柱申支が好作用して大貴相かつ悠久、また生月亥支で運歳の東南地で己主は権貴相なのである。

（沈氏（侍郎官吏）は庚子年甲申月であり／陳祥氏（評定官）は甲午年癸酉月であり／薛氏（進士）は己酉年乙亥月であり／某氏（挙人）は壬辰年辛亥月であり／某氏（挙人）は庚辰年己丑月であり／某氏（郡主）は癸丑年癸亥月であり／某氏（州長官）は壬子年壬寅月であった。）

庚辰日主で時柱辛巳干支では結末は窮状、また年月柱に財星を附帯せず高命、また木気が通関し運歳の西南地を巡りまた年月柱未申支で運歳の

東北地を巡りともに貴相、また先に無為にしてのちに有為なのである。

（汪鏜氏（長官）は壬申年壬寅月であり／李氏（少卿吏）は丙午年丁丑月であり／方萬有氏（吏員）は庚辰年乙亥月であり／某氏（州長官）は辛酉年丙申月であり／張學顔氏（長官）「原本傳」は甲申年丙子月であった。）

庚午日主で時柱辛巳干支で年月柱巳午丑支では進士の名誉で、年月柱巳申酉戌支で運歳の土木地を巡り公侯伯なのである。

（盧孝達氏（吏員）は甲子年己巳月であり／白元氏（挙人）は甲申年甲戌月であり／某氏（吏員）は辛未年戊戌月であり／邵景堯氏（次席進士）は辛酉年丁酉月であり／某氏（八十歳超長寿者）戊辰年壬戌月であった。）

庚申日主で時柱辛巳干支は刑揺、また生月巳酉丑支は特達また生月春夏季は木火旺気、また財星官星が支根を領得して吉相、また生月辰戌丑未支は印綬で運歳の南方地を巡り貴相なのである。

（洪鼐氏（越名臣）は丙寅年己亥月であり／王東臺氏（少卿吏）は辛未年戊戌月であり／張氏（県長官）は癸酉年乙丑月であり／某氏（方伯）は丁未年壬寅月であった。）

庚戌日主で時柱辛巳干支では年月柱に財星を附帯して吉兆、また年月柱午未支で運歳の東南地を巡り文官吏の権威また畏怖せず結果は好相、また年月柱寅申支は学士院副監でもし運歳の火地を巡り、また難儀するが結果は善果なのである。

（曹鼐氏（首席進士〜宰相）は甲申年丙寅月であり／翁溥氏（長官）は壬戌年丁未月であり／蔡氏（大臣）は壬申年辛亥月であり／某氏（首席進士）は辛巳年戊戌月であり／某氏（参与）は戊辰年庚申月であり／楊且氏（癸丑科進士）は丁丑年丙午月で辛酉年に卒され／張間氏（吏員）は癸巳年乙丑月であり／劉勃氏（進士）は癸卯年乙未月で子息の元震氏と元霖氏もともに進士合格されたのである。）

〔歌訣〕

日干が、生旺する局相のときには、
局相に、喜星と忌星を内蔵するので、
運歳で旺財の当地に巡るときに、
あえて富貴を、渇望するまでもない。

〔歌訣〕

庚日主で、時柱巳支を附帯するときには、
福分爵禄の人命と為り、平庸に依拠はせず、
命局に、刑衝破害を附帯するときには、
自ずと成立し、窮状を免れるだろう。—

庚日主で時柱辛巳干支では、劫財明見かつ偏官暗蔵して失追また財星が去来すれば小人物が侵犯、また父祖家の基調が難儀で賜官が難しく、合絆を帯び重複して巡り福分が発揚、また兄弟は飛去して音沙汰なく妻女子息を晩得して開心喜悦、また先に苦悩してのちに甘受する命相なのである。

六庚日壬午時断

〔歌訣〕

六庚日干で、時柱壬午干支のときには、
官星印星の福星が、食神を搭載し、
金土質が己身を生助し、貴相が顕彰し、
しかし月令旺火では、命運は通関し難いのだ。—

庚日主で時柱壬午干支では「官星佩印」かつ健旺、また庚干は丁干を正官と見做し己干を印綬と見做しまた壬干を食神と見做すのである。

また壬干食神を午支が搭載し、精気が存在せず丁己干は旺禄するので、生月金土質に通関して生扶すれば貴相、また火気が通関して官貴星が太過すればかえって鬼殺に変転すると為し、そこで庚金は軟質にて福分を作動できず、運歳で扶身してまた貴相なのである。

庚子日主で時柱壬午干支では日時柱が併衝して妻子を瑕疵、また金気が通関して貴相また火気が通関して大貴相、ただし過労して多大に憂悩するだろう。

（胡韶氏（侍郎官吏）は癸酉年己未月であり／周煦氏（評定官）は庚子年丙戌月であり／沈一定氏（使節補佐官）は甲寅年戊辰月であり／趙性剛氏（進士）は甲辰年庚午月であり／周冕氏（解元）は己未年丙寅月であり／

余孟麟氏（次席進士～春官吏）は戊子年甲子月であった。）

庚寅日主で時柱壬午干支で生月辰戌丑未巳申酉支では身旺貴相、また生月寅午支で運歳旺火に重複して促寿、さもなくば疾症が遺こるだろう。

（趙時春氏（會元～評定官）は己巳年丁卯月であり／呉子孝氏（吏員）は乙卯年己丑月であり／馬謙氏（進士）は甲戌年甲戌月であり／某氏（首席進士）は戊午年戊午月であり／某氏（挙人）は己巳年己巳月であり／羅鳳翔氏（挙人～評定官）は丙戌年丙申月で時柱空亡であり／沈一貫氏（大臣）は丁酉年甲辰月であった。）

庚辰日主で時柱壬午干支では、食神生旺して善く飲食して志操を堅持するが、発揚してすなわち卒するだろう。

（劉基氏（誠意伯）は庚子年戊寅月で地支相連して最好作用であり／張學顔氏（長官）「星案傳」は甲申年丙子月であった。）

庚午日主で時柱壬午干支で、生月寅午戌支とは旺火軟金質にて萎縮して疾症が遺こり、また生月亥子午支で運歳の木火気を巡り貴相なのである。

（李氏（宮中事務官）は戊子年甲子月であり／丘秉文氏（大理寺丞）は癸酉年丁巳月であり／陳氏（郡主）は己巳年甲午月であり／鄭氏（洛書監察官）は丙辰年乙未月であり／某氏（指揮吏富裕者）は癸巳年丙辰月であり／某氏（推官吏）は壬寅年癸丑月であり／某氏（郡主）は己丑年丁丑月であり／某氏（挙人）は己卯年丁卯月であり／某氏（進士～府知事）は庚寅年乙酉月であり／某氏（監察官）は己酉年乙亥月であった。）

庚申日主で時柱壬午干支では「禄馬同郷」にて最吉相、たとえば年月柱午未支では位階は臺閣に昇階また年月柱卯辰巳支は貴相、また生月戌支で運歳の火土地を巡り清冷閑職なのである。

（曹氏（匠工）は丙午年庚子月であり／麻氏（進士）は甲子年辛未月であり／鄭壷陽氏（参与）は丙戌年丁酉月であり／劉廷芸氏（州長官）は乙亥年己卯月であり／王宷氏（州長官）は壬申年甲辰月であり／呂本氏（宰相）は甲子年辛未月で浙江省の人物で江蘇省の某氏と同命相であり／徐兆魁氏（都察院吏）は庚戌年癸未月であり／孔貞時氏（学士院吏）は辛未年丁酉月であり／某氏は己酉年丙子月であり／某氏は庚子年庚辰月であった。）

庚戌日主で時柱壬午干支で生月卯支は正財吉星、また生月未支では雑気財官貴星また生月辰丑支も貴星なのである。

（祝氏（大臣）は辛未年辛卯月であり／楊俊民氏（評定官）は辛卯年庚子月であり／某氏（参議）は乙未年癸未月であり／蒋彬氏（進士）は己未年丁卯月であり／某氏（給事中）は癸丑年乙卯月であり／楊旦氏（吏員）は庚辰年甲申月であり／洪承選氏は壬申年丁未月で丁酉科解元また癸丑科進士また未年に殿試され／某氏（兵部吏）は辛丑年甲午月であった。）

〔歌訣〕
駿馬が群聚から、出類する局相では、
人間には将兵また大臣の才覚が、肝要であり、
そこで命局に、衝破が存在しなければ、
富貴が、その命局に降臨するだろう。

〔歌訣〕
壬庚干が際会し、時柱に午支が臨むときに、
衝破が存在しなければ、自ずと福分が巡り、
そのため名利が、みな有望と為り、
貴人として、上層階級に推挙されるだろう。

庚日主で時柱壬午干支のときには「官星佩印」を支蔵かつ「貴人禄馬同郷」にて窮状が漸消し福分が伸長するが、そこで刑剋衝破は不吉また命局が空亡して不益だが局中の将星や天乙貴人で己主は栄昌、また中年末期に家門が興旺するのである。

六庚日癸未時断

〔歌訣〕
六庚日干で、時柱癸未干支のときには、
官星が権星を、さきに抑伏するので、
命局に己干を擁し、丁干を附帯しなければ、
かえって能く顕達し、官位を領得するのだ。—

庚日主で時柱癸未干支では印星財星の庫地であり、庚干は乙干を正財と

見做して未支蔵庫また用途の丁干を正官と見做しまた己干を印綬と見做し、未支蔵の己丁干をかえって干頭の癸干がこれを制伏するが命局で己干が癸干を制御するので、そこで丁干が透出しなければ官界に顕達するが、もし己干が存在せず丁干が透出すれば凶揺の端緒と見做し、運歳の火土気に通関して貴相なのである。

庚子日主で時柱癸未干支で年月柱に丁干が透出せず、己土が癸干を制伏すれば貴相なのである。

（鄭王氏は己卯年庚午月でのち正位に復され／益王氏は丁酉年己酉月で子息三十六名であり／某氏（富裕者）は壬子年戊申月であった。）

庚寅日主で時柱癸未干支では貴相、また生月辰戌丑未支は高命また生月夏季は富裕なのは運歳も同義で、また生月巳酉申支は身旺で大貴相なのである。

（汪俊氏（長官）は戊子年庚申月であり／曾于拱氏（評定官）は辛巳年辛卯月であり／王士翹氏（評定官）は辛酉年癸巳月であり／柯英氏（郡主）は戊子年甲子月であり／某氏（監察官）は乙亥年戊子月であり／某氏（使節補佐官）は癸卯年乙丑月であった。）

庚辰日主で時柱癸未干支は魁罡日で、辰支蔵の土質が癸水を制伏し年月柱に丁干が存在しなければ貴相、また生月卯支で運歳の金火地で官位七品級の貴相なのである。

（某氏（挙人）は壬午年壬子月であった。）

庚午日主で時柱癸未干支では貴相、また年月柱酉申巳亥支は胡兵の総督で官位は二品級に昇階、また先に虚質だがのちに質実なのである。

（蒋詔氏（侍郎官吏）は戊戌年甲寅月であり／潘仲驂氏（編修官）は癸酉年甲寅月であり／汪玄錫氏（評定官）は丁酉年庚戌月であり／張鳴崗氏（長官）は戊申年甲子月であり／某氏（部郎官）は辛丑年戊戌月であった。）

庚申日主で時柱癸未干支では、生月酉支は威武貴相だが初年度に退官され、また年月柱寅午戌支また申子辰支の二局相は貴命に適合するのである。

（胡訓氏（長官）は甲午年丙子月であり／韓敬氏（會元～首席進士）は庚辰年庚辰月であり／牛相氏（鎮護官）は甲申年丙寅月であった。）

庚戌日主で時柱癸未干支で、生月戌支で運歳の東方地は貴相また生年卯支生月辰支は大貴相で、生月秋季はもっとも吉相また生月夏季で運歳の西北地の方途は吉兆なのである。

（李承勛氏（長官）は辛卯年壬辰月であり／某氏（監察官）は辛巳年壬辰月であり／劉以修氏（九一翰林）は辛丑年丙申月で四川省の人物で福州君子に寓居された。）

〔歌訣〕

鏡面で背裏を、観容する局相では、有益にして、すなわち憂悩を附帯するので、雲間が開通し、明月が耀出するように、ただ作事造作の、纏縛を畏れるのである。

〔歌訣〕

庚日主で、時柱未支は財星を支蔵するので、
解鍵開錠して卓立し、魁首と見做し、
運歳の旺財生官のエリアに至るときに、
決定的に富貴にして、かつ栄華なのである。—

庚日主が時柱癸未干支を附帯するとき丑戌支を帯び、財神が栄昌して有益なのは傷官背禄では庫地を解錠し難く、祖業の興旺は支障また両親非長寿するが、妻子を晩得して悦楽また運歳の吉地に巡って窮状の発生を免れるので、財官星の旺地にて通関して安泰なのである。

六庚日甲申時断

〔歌訣〕

六庚日干で、時柱甲申干支のときにには、
帰禄支が財星を搭載し、格局がもっとも好作用し、
そこで局中に、丙干寅巳支を附帯しなければ、
功名や富貴が、自然に進展するだろう。—

庚日主で時柱甲申干支では日主が時禄支するので、庚金を申禄支が搭載また甲干を偏財と見做し、局中に丙火や寅巳支刑衝が通関しなければ己主は貴相、また通関すれば平常底なのは運歳のケースも同義なのである。

庚子日主で時柱が日主の禄支なので、財星を附帯して局相に丙干寅巳支が存在せず富貴双全、また局相辰戌丑未支では土質が能く金質を生扶して吉兆、また局相寅午戌支は平常底、また局相申酉支で運歳の木火地を巡り貴相、また局相寅亥支は官位三品四品級の貴相、また局相卯子支刑相して凶揺なのである。

（孔子先生（儒祖）は庚戌年戊子月《『林開五命』記載》なのは『孔子家語』の記述また『路史（宋版）』には己酉年癸酉月とされ／某氏（監察官）は丙戌年甲午月であり／李黙氏（長官）は己未年己巳月であり／彭黯氏（長官）は丁未年辛亥月であり／范惟一氏（方伯）は庚午年己丑月であり／洪垣氏（郡主）は乙丑年庚辰月であり／劉存徳氏（使節補佐官）は戊辰年甲子月であり／楊以誠氏（監察官）は庚午年辛巳月であり／張星氏（州長官）は己亥年戊寅月であり／徐生啓氏は壬子年辛亥月で鎬滄州の人物であり／某氏（双生男子）は己巳年丁丑月であった。）―以上の諸氏はそれぞれの道義がある故にともに名跡を列記したが、どうして孔子先生の生涯と同じなのが必然だとできようか。

庚寅日主で時柱甲申干支で、生月寅亥支では官位は三品級に昇階したのである。

（某氏（通政司）は丙寅年己亥月であり／金柱氏（検事官）は丙戌年庚子月であり／汪鏉氏（富裕商人）は甲子年丙寅月であった。）

庚辰日主で時柱甲申干支は魁罡日、かつ帰禄支でともに財星官星が不益で、局中に丙丁干寅午巳戌支が存在せず貴相なのである。

（施篤臣氏（府長官）は庚寅年乙酉月であり／某氏（郡主）は丁亥年壬子月であり／某氏（巡察官）は戊子年辛酉月であり／某氏（進士）は乙巳年丙戌月であり／劉堯卿氏（監察官）は癸巳年辛酉月であった。）

庚午日主で時柱甲申干支では貴相、また身旺で月令に通関して丙丁干寅巳午支の瑕疵が存在せず貴相なのである。

（頼氏（大臣）は壬子年丙午月であり／席氏（参与）は己巳年戊辰月であり／黄氏（甲科首席進士）は庚午年丁亥月であり／陳廷謨氏（挙人）は甲寅年辛未月であり／孟時芳氏（少詹）は庚午年己卯月であった。）

庚申日主で時柱甲申干支では、局中に丙丁干卯午未戌支が存在せず貴相、また生月子丑支で運歳の金水地で文才貴彰であり、余（万氏）が庚申日甲申時を看れば専禄帰禄で硬金質は火質で煅煉できない故に、生月巳午戌支は多大に貴相また帰禄には七法途が存在するのを忌まずに、生月財星がもっとも吉相なのである。

（呉嘉會氏（侍郎官史）は甲戌年己巳月であり／武金氏（評定官）は壬午年丙午月であり／田楊氏（使節補佐官）は庚辰年乙酉月であり／王氏（國子監教授）は戊子年壬戌月であり／紐緯氏（給事中）は戊辰年庚申月であり／某氏（州長官）は己卯年甲戌月であり／某氏（挙人）は丁丑年癸卯月であり／某氏（武科状元）は癸未年甲申月であり／某氏（工部侍郎官史）は庚寅年甲申月であり／石星氏（兵部長官）は丁酉年癸丑月であり子息が東明に派遣され、一儒士氏（江蘇省）と同命相であった。）

庚戌日主で時柱甲申干支では、生月寅巳午戌支では妻子賢孝で貴相、また『神白経』に「金水質が印星を帯び、己主は福分を清顕する」とある。

（金氏（長官）は乙丑年戊寅月であり／張氏（参与）は乙丑年丁亥月であり／楊逢春氏（進士）は戊午年甲寅月であり／黄文漢氏（挙人）は己未年戊辰月であり／某氏（挙人）は乙卯年丙戌月であった。）

〔歌訣〕

庚日主で、時柱甲申干支のときには、
局相刑衝し、未だ奇瑞と為らず、
運歳で破相が存在せず、巡るときには、
上層界への階梯を、平歩するだろう。

〔歌訣〕

日干が時柱申禄支を、附帯して有益であり、
局中に丙干巳支が寅支を、添加するのを忌み、
タイミングが巡り、もし上司貴人が推挙すれば、
柳緑桃紅が鮮明にて、春季は万里の如きである。―

庚日主で時柱申支が己主と為れば、財星と禄支が相扶して清閑を長養して「詩書」を愛好し、性分はいちいち憤怒せず、拙運ならば農工商を営みタイミングが巡っても職位は変遷しないので、高貴人は有益だが小人物は扶身するが、青雲得路してその直上に破綻は存在しないのである。

六庚日乙酉時斷

〔歌訣〕
六庚日干で、時柱乙酉干支のときには、
金質が相互に際会し、真の金質へと変化し、
また局中に火質が欠損し、剛質の欠損とし、
そこで火質を帯び、貴気が相成して栄昌するのだ。—

庚日主で時柱乙酉干支とは真金化気として、庚干は乙干を正財と見做しまた辛劫を「刃」と見做し、酉支上に正財を搭載して絶符かつ旺刃するのである。

もし真金質に化気して、局中に火質が存在しなければすなわち剛金質を欠損し、運歳の火地を巡り抑揚を作動して合絆の方途を領得し、また庚辰日主が最好相で年月柱に馬支を附帯して官位三品四品級の貴相だが、ただし己主は子息が少数または不肖の子息なのである。

庚子日主で時柱乙酉干支では、己主は富裕また生月火気に通関して貴相だが、通関しなければ平常底また運歳で通関して得心、また年月柱卯亥支は守節また祖元を破綻して凶揺するのである。

（汝伯氏（太卿吏）は壬申年癸丑月であり／某氏（國子監學生）は己丑年庚午月であった。）

庚寅日主は時柱乙酉干支では刑揺して、局相寅午戌支が吉相また局相甲子干支は粗暴なのである。

（樊深氏（通政司）は癸巳年乙卯月であり／端逢赦氏（評定官）は甲寅年丙寅月であり／呉子仁氏（鎮護官）は壬辰年己酉月であり／張志選氏（郡主）は丁丑年癸丑月であり／孫孟氏（郡主）は甲子年丙寅月であり／范氏（進士）は丁未年癸卯月であり／陳進氏（挙人）は己巳年己巳月であり／林士章氏（三席進士〜長官）は甲申年丙子月であった。）

庚辰日主で時柱乙酉干支は刑揺で、年月柱寅卯午未支は官位二品級の権威の貴相、また年月柱戌亥支は大貴相、また『神白経』に「化金して己主は厚福」とある。

（李天榮氏（進士）は丁丑年辛亥月であり／方大順氏（挙人）は甲子年丙寅月であり／張國彦氏（長官）は乙酉年戊子月であった。）

庚午日主で時柱乙酉干支は刑揺貴相で、局相寅午戌支や亥卯未支の木火二局は貴相また局相巳支も吉兆なのである。

（舒氏（郡主）は壬午年丁未月であり／某氏（学府吏）は丁亥年癸卯月であり／蔡國珍氏（長官）は丁亥年癸卯月であった。）

庚申日主で時柱乙酉干支は真実の刑揺、また局相寅午戌支は大貴相また局相巳酉丑支は中貴相、また局相申子辰支は富裕また局相亥卯未支は凋落だが財運は吉兆なのである。

（趙氏（國子監教授）は丁卯年丁未月であった。）

庚戌日主で時柱乙酉干支では、刑揺発揚また局相寅午戌支では官星が耀明して貴相、まは武道に発揚するので武高官が最適宜、また文高官でも己主は兵権を掌事するが結局は羊刃の凶揺を被るのである。

（呉兌氏（長官）は乙酉年辛巳月で、一（生員）氏で浙江省の人物と同命相であり／李汝華氏（長官）は戊申年乙丑月であり／沈漼氏（宰相）は乙丑年庚辰月であり／某氏（進士）は庚午年庚辰月であった。）

〔歌訣〕
大海原へ赴き、宝珠を渇望する局相では、
文章は天才的で、また天賦の富裕であり、
君子であれば、その官位爵禄が高昇し、
一般人であれば、財帛穀糧が満載なのである。

〔歌訣〕
命局の天干化合を、時柱酉支が搭載するとき、
そこで生月に土気を、通関して附帯すれば、
財星官星を帯び栄昌し、みな顕達するが、
功名を利得し、爵禄も栄昌を賜るだろう。—

庚日主で時柱乙酉干支ではとりわけ真金質に化合し、運歳の財星官星を巡り福源が生扶また甚大に聡明文秀だが、局相に亥子支を附帯しなければ妻女を傷剋し、また貴賎を挙揚して所懐を失効し、およそ先に多大に凶意だがのちに吉兆と為り、官級顕達する命相なのである。

六庚日丙戌時斷

〔歌訣〕

六庚日干で、時柱丙戌干支のときには、
火金質が交夾し、事態は不祥と為り、
月令に通関し身旺、つまり印綬が吉相だが、
通関救応が存在せず、窮状かつ難儀なのだ。—

庚日主で時柱丙戌干支では、火金質が交夾して庚干は丙干を偏官と見做し、丙火を戊支が搭載合局して金質に精気が存在しないのである。

もし月令に通関して身旺かつ印旺、つまり月令が幇助して貴相だが扶助が存在せず、平常底また窮状を肯定するが、運途で通関して吉相なのである。

また庚干は大腸に所属するのでもし丙丁干が太過すれば、己主は痔漏疾や内臓疾や血疾の窮状なのである。

庚子日主で時柱丙戌干支では、生月春季で「偏官帯財」するのが吉相、また生月夏季で衰身旺殺して粗暴また生月秋季で身殺両旺、また生月巳酉丑支で運歳の西方地では紫恩衣黄金腰帯束し、生月寅亥子支では庚金が絶病死符するので、おおむね濁命また視覚碍また狼犬咬傷を被るだろう。

(呉慎庵氏(侍郎官吏)は庚寅年丙戌月であり/彭氏(侍郎官吏)は辛丑年辛丑月であり/詹瑩氏(進士)は癸巳年丙辰月であり/某氏(挙人)は壬午年己酉月であり/魏允中氏(解元~會魁)は甲辰年乙亥月で三兄弟ともに科挙進士試験に合格され/某氏(常少卿)は甲子年丙寅月であった。)

庚寅日主で時柱丙戌干支で、生月申子辰支では偏官が制効して吉相また生月秋季では身殺両旺かつ爵禄権威、また午支を単用して窮状して倚処が存在せずさもなくば疾患が遺こり、年月柱丑午支で運歳の西南地を巡り公卿官級超の貴相、また局相寅支が好作用して貴相なのである。

(鄒應龍氏(侍郎官吏)は乙酉年戊寅月であり/聞淵氏(宮中事務官)は庚子年甲申月で子息五名であり/黄宗明氏(侍郎官吏)は丁未年癸丑月であり/江汝璧氏(大臣)は丙午年辛丑月であり/鄒繼之氏(長官)は乙未年戊子月であり/方孔昭氏(楚州藩鎮)は辛卯年辛卯月であり/某氏(賜官位)は壬寅年己酉月であり/高鶴氏(給事中)は丁丑年丙午月であり/晋應槐氏(少卿吏)は癸巳年乙丑月であり/某氏(挙人)は戊寅年丙辰月であり/李勇氏(鎮護官)は戊寅年乙丑月であり/黄瓚氏(郡主巨富者)は庚戌年甲申月であり/郝杰氏(参与)は丙戌年庚寅月であり/某氏(県知事)は戊子年戊午月であり/某氏(儒士)は庚申年癸未月であり/某氏は乙丑年丙戌月で甲寅年に卒し/某氏(木工職人)は庚辰年乙酉月であり/某氏は癸亥年壬戌月であり/萬育吾氏(参議)は壬午年癸丑月でまた傅津氏(鎮護官)と同命相であり、傅氏が雍州の人物また萬氏が冀州の人物だが、そこで庚日主で雍州人の利地だが冀州人はすなわち寒冷地なので、傅氏は西北鎮護の武官だが萬氏は東南地で兵権掌事しまた三子息だが傅氏は一子息だったのである。このように年月柱が同一で運行が異相すれば、そのスパンが隔絶するとはこのようなことなのである。)

庚辰日主で時柱丙戌干支では、日時柱が衝揺するので妻子を損傷また生月金水気に通関して貴相、また局相で木火気が偏重すれば辛艱また窮状非長寿また遺疾患なのである。

(何遷氏(侍郎官吏道学士)は辛酉年戊戌月であり/李鼻氏(監察官)は壬午年癸丑月であり/某氏(監察官)は辛酉年丙申月であり/蒋紫渓氏(学府吏)は辛丑年辛丑月であり/某氏(監察官)は甲戌年癸酉月であり/某氏(進士)は壬辰年戊戌月であった。)

庚午日主で時柱丙戌干支で局相申酉亥丑支は官位三品級の富貴、また局相巳午未申支で壬干が透出すれば、運歳の東北地また西北地の陥地にて卿吏相公また長寿なのである。

(呉道直氏(侍郎官吏)は乙亥年丁亥月で丁丑年に卒され/牛天氏(大理寺卿)は壬寅年癸丑月であり/某氏(大貴人)は己亥年癸酉月であり/某氏(亜貴人)は丙寅年癸巳月であり/某氏(享福者)は甲戌年丙寅月であり/某氏(挙人)は庚午年丙戌月であり/某氏(進士)は壬午年壬子月であり/某氏は己亥年丁丑月であった。)

庚申日主で時柱丙戌干支では運歳の東南地が貴相、また生月申支は大貴相なのである。

(蔡茂春氏(會元)は丙戌年辛丑月で使節補佐官まで昇階され/某氏(視察

使）は丁亥年辛亥月であり／某氏（布政司）は己未年甲戌月であり／呉氏（推官吏）は癸巳年己亥月であり／某氏（推官吏）は丙子年丁酉月であり／周氏（郎中官）は甲戌年甲戌月であり／例（貢員）氏は甲辰年丙寅月であり／某氏（郡主）は戊申年乙卯月であり／某氏は丙寅年辛丑月であった。）

庚戌日主で時柱丙戌干支で、生月辰戌丑未支では印綬が生扶して吉相、また生月申子辰支は偏官が制効して貴相、また生月金気に通関して壬干が透出しなければ、運歳の北方地を巡り貴相なのである。

（張甬川氏（長官）は甲辰年庚午月であり／林爌氏（侍郎官吏）は甲申年丁卯月であり／金賁亨氏（使節補佐官、道学士）は癸卯年甲子月で三子息ともに進士試験に合格され／某氏（府長官）は丁未年丙午月であり／某氏（評定官）は丁亥年癸卯月であり／某氏（進士）は丙午年庚寅月であり／某氏（挙人）は癸卯年丙辰月であり／某氏（挙人）は庚戌年癸未月であり／某氏（方伯）は壬寅年庚戌月であり／周世選氏（江南兵部長官）は壬辰年壬子月であった。）

〔歌訣〕

時上に偏官を、搭載する局相では、
また身強ならば、もっとも好作用なのであり、
そこで生月秋季とは、旺財の当地と為り、
たちまち福分爵禄が、自然に到来するだろう。

〔歌訣〕

時柱戌支が官庫を搭載し、もっとも進取的で、
そこで丑戌支が刑衝し、自ら庫地が開錠し、
たとえ己主が、初年中年期に顕達しなくても、
結局その晩景は、その所懐に叶うだろう。―

庚日主で時柱丙戌干支のときは偏官が庫地に半没し、とりわけ鬼殺には相当しないので身弱ならば銭帛を蕩尽するが、運途の旺地で身強と為り福分が発揚し、六親血族は和解せず飛去しても妻女が重複し子息を晩得して瑕疵はせず、その晩景は公侯を賜り大臣に拝眉するだろう。

六庚日丁亥時断

〔歌訣〕

六庚日干で、時柱丁亥干支のときには、
己身が衰身、また官星も失令するので、
月令に通関しなければ、福分の成就は難しく、
もし魁罡を附帯すれば、かえって好作用である。―

庚日主で時柱丁亥干支では庚干は甲干を偏財と見做し、また壬干を食神と見做しまた丁干を正官と見做すが、亥支上に丁火を搭載して精気が存在せず、旺壬干が甲干を生扶して庚金が失令するので財星食神に耐久し難いのである。

もし身旺として月令に通関しなければ福分を成就できず、また月気に通関して己干丑未支が生扶すれば財気を発揚、また官星が生助して貴相だが庚戌日庚辰日の二日干支は魁罡で財星官星の生旺が不適宜、また時柱に丁亥干支を附帯してかえって貴相なのである。

庚子日主で時柱丁亥干支で貴相、また生月申子辰支は傷官に損耗、また生月卯支で運歳の火金地は官位五品六品級の貴相なのである。

（敖璠氏（進士）は庚申年丁亥月であり／某氏（県知事）は庚寅年戊子月であり／顧可學氏（参議～大臣）は壬寅年甲辰月で修養精進されたのである。）

庚寅日主で時柱丁亥干支は平庸で、初年期は貧窮また中年期は秀才また末年期に己主は旺富裕、また年月柱辰戌支は貴相が顕彰、また年月柱申酉亥卯巳午支で乙己干が透干して大貴相なのでである。

（高公韶氏（侍郎官吏）は庚子年甲申月であり／沈鑾氏（進士）は辛酉年辛卯月であり／某氏（富裕者）は丙寅年庚寅月であり／朱裳氏（挙人）は辛巳年癸巳月であり／某氏（挙人）は辛巳年辛亥月であり／某氏（極貴人）は乙巳年甲申月であり／某氏（進士）は壬午年庚戌月であり／某氏（挙人）は辛巳年丙申月であった。）

庚辰日主で時柱丁亥干支では未支が好作用して顕達、また局相巳午支で

運歳の西北地では黄金冠紫恩衣の名誉、局相亥卯支は黄金冠紫恩衣の権威、また生月申支は建禄で最吉星なのである。
（閔煦氏（長官）は丁卯年辛亥月であり／李方至氏（郎中官）は癸酉年丙辰月で子息は学士院の神童と称賛され／某氏（大臣）は甲辰年壬申月であり／魏忠賢氏は戊辰年乙卯月であった。）

庚午日主で時柱丁亥干支は貴相、また生月辰戌丑未支では能く土質が金質を生扶して顕栄、また生月申亥酉支で運歳の木火地を巡り官位極品級なのである。
（蒋瑤氏（宰相）は己丑年癸酉月であり／陳道基氏（評定官）は己卯年丁丑月であり／曹氏（長官）は丁丑年戊申月であり／饒氏（布政司）は戊午年癸亥月であり／陳氏（郡主）は乙卯年己卯月であり／朱懐幹氏（郡主）は辛亥年庚子月であり／某氏（明経科司道）は丁丑年己酉月であり／某氏（監察官）は丁卯年庚戌月であり／蘇民望氏（挙人）は壬戌年庚戌月であり／李喬氏（巡察官）は癸巳年壬戌月であり／某氏（貴人）は丁未年丁未月であり／某氏（貴人）は庚子年丁亥月であり／某氏（貴人）は辛未年辛卯月であり／某氏（貴人）は戊辰年戊午月であり／某氏（貴人）は庚申年壬午月であった。）

庚申日主で時柱丁亥干支で、生月秋季で運歳の南方地で貴相顕彰また運歳の北方地は平常底なのである。
（李纉氏（長官）は庚辰年己丑月であり／陸完氏（長官）は丁丑年癸丑月で通寧藩官吏であり／佟登氏（鎮護官）は乙酉年乙酉月であり／牛氏（副帥）は甲申年丙寅月であり／朱氏（参与）は己巳年壬寅月であり／王原相氏（監察官）は乙未年丙戌月であり／某氏（貴人）は壬午年壬子月であり／某氏（貴人）は癸卯年丙辰月であり／徐秉正氏（進士）は丁未年癸丑月であり／某氏（進士）は甲戌年己巳月であった。）

庚戌日主で時柱丁亥干支で、生月辰巳午支では官殺混相だが己主は武勇貴人、また生月丑支で運歳の西方地は郎中官、また生月辰支で運歳の西北地はプロなのである。
（梁劍庵氏（侍郎官吏）は丁未年丙午月であり／楊循氏（布政司）は癸丑年丁巳月であり／黄潤氏（参与）は癸丑年癸亥月であり／楊銓氏（進士）は丁丑年戊申月であり／張氏（給事中）は己巳年甲戌月であり／李氏（員外吏）は辛未年壬辰月であり／陳氏（府判事）は丙申年辛卯月であり／某氏（挙人）は甲申年丁丑月であり／某氏（監察官）は甲子年丙子月であった。）

〔歌訣〕
功名を遂げ、成功する局相では、
麻綿衣を錦絹衣へと転装し、
もし局相に衝夾破剋が存在しなければ、
福分爵禄の加増へと好転するのである。

〔歌訣〕
庚日主が、時柱丁亥干支を附帯するときに、
喜色が重複し、宮廷大扉をも照明するので、
この日時柱とは、爛漫たる桃紅色彩と為り、
自ずと一陣の春風が、その威を顕彰するのである。—

庚日主で時柱丁亥干支では局中が「暗合三奇」して、三妻女の旺干と知るべきだが父祖子息は飛去して美観、また局相戊癸辛干巳支を附帯し文章を博覧して知識多大、また衝破が存在せず貴人と為り、結局は亨通して吉相利得なのである。

六辛日戊子時斷

〔歌訣〕
六辛日干で、時柱戊子干支のときには、
印綬学堂を、食神が搭載するので、
そこで丙丁干や午支が衝揺しなければ、
かならず栄華貴顕の要人なのである。—

辛日主で時柱戊子干支では「六陰朝陽」と為り辛金を子支が搭載して長生学堂、また辛干は戊干を印綬と見做しまた癸干を食神と見做し、時柱に戊干を明見して癸干を暗蔵するのである。

また局中に丙丁干午支の衝揺を附帯せず、月令に通関して身旺ならば大貴相だが附帯すれば貴相ではなく、また月令に通関せず運歳で通関しまた貴相なのである。

辛丑日主で時柱戊子干支で生月丑支では雑気財官星の貴相、また丑支が好作用して儒学吏また辰支が好作用して運歳の西方地を巡り評定官、また生月酉支で運歳の東北地で貴相だが、生月庚寅干支では面相凶揺また生月癸未干支は刑揺、また生月癸丑干支では破財孤相なのである。

（孫慎氏（評定官）は乙亥年丙戌月であり／荀穎氏（太僕卿）は癸酉年乙丑月であり／林希元氏（検事官）は辛丑年戊戌月であった。）

辛卯日主で時柱戊子干支では、生月春季の寅支は窮状また卯支は貴相、生月夏季は清貴相また生月秋季は羊刃無益、また生月冬季は富裕で生月丑支がもっとも吉相、また生月辰戌未支は財星官星印綬ともに吉相、また『神白経』に「火金合化して己主は貴相だが、生月辛卯干支が不益で両親が卒亡また生月辛巳干支が凶破相、また生月壬申干支は五体不備碍する」とある。

（顧氏（評定官）は丙辰年壬辰月であり／譚氏（監察官）は庚辰年癸未月であり／葛氏（監察官）は丁丑年癸丑月であり／某氏（進士）は辛卯年辛卯月であり／楊顯亜元氏（推官吏）は乙未年己卯月であり／某氏（挙人）は壬子年壬子月であり／某氏（挙人）は乙亥年乙卯月であり／某氏（挙人）は丙申年丙申月であり／劉一焜氏（巡察官）は辛酉年庚寅月であり／某氏（侍郎官吏）は己丑年辛未月であり／黄熙胤氏（太僕正卿吏）は丁酉年壬寅月であった。）

辛巳日主で時柱戊子干支で生月寅巳午支は正官が貴相顕彰、また生月亥子支は傷官で妻女が多く子息は少数、また生月卯戌支は官位五品級の貴相、また『神白経』に「金気に化象して己主は貴相だが生月丙寅干支は刑揺して不益、また生月乙巳干支は先に窮状また丁酉干支は非長寿だ」とある。

（張氏（長官）は丙寅年戊戌月であり／張氏（参与）は癸丑年辛酉月であり／蔡元偉氏（知事）は丙寅年丁酉月であり／某氏（進士）は戊子年丁巳月であり／銭謙益氏（三席進士～侍郎官吏）は壬午年庚戌月であり／王及泉氏（監察官）は丁亥年壬寅月で異術士を探訪招聘したのである。）

辛未日主で時柱戊子干支は貴相、また年月柱寅巳午酉支で運歳の木火地が貴相、また年月柱亥子支が学府吏また年月柱辰戌丑未支の雑気財星官星印星でともに吉相だが、生月庚申干支は不益で五体完備して卒さず、生月壬子干支は孤相また生月癸丑干支は凶揺するだろう。

（彭鳳氏（学士院吏）は己未年戊辰月であり／王國光氏（長官）は壬申年壬子月であり／羅洪先氏（首席進士）は甲子年乙亥月で江蘇省の人物また某氏（生員／江蘇省）や某氏（山東宗室）ともに同命相であり／張氏（郎中官）は丙申年戊戌月であり／馬彬氏（監察官）は乙卯年癸未月であり／周俶氏（府長官）は甲戌年庚午月であり／李采菲氏（監察官）は癸巳年丙辰月であり／楊惟平氏（郡主）は甲戌年丁丑月であり／兪汝氏（進士）は壬寅年辛亥月であり／某氏（大臣）は癸亥年丁巳月であり／某氏（郡主）は癸酉年甲寅月であり／孟養浩氏（江南都察院）は己未年丙子月であった。）

辛酉日主で時柱戊子干支で、生月子酉支で丙丁火気が存在せず運歳の南方地を巡らなければ官位三品四品級の貴相だが妻子を損剋し、重鎮の権職武官なのである。

また『神白経』に「火金気が合化して己主は貴相で祖元を破綻する方途で発揚、また生月壬寅干支は凶揺また生月辛巳干支は凶相、また生月庚戌干支は凶揺する」とある。

（虞氏（侍郎官吏）は甲午年丁卯月であり／趙氏（侍郎官吏）は丙子年辛卯月であり／劉國氏（鎮護官）は癸巳年甲寅月であり／林有年氏（使節補佐官）は丁亥年乙酉月であり／周瑩氏（郡主）は庚子年庚辰月であり／劉起宗氏（進士）は甲子年癸酉月であり／某氏（参議）は丙寅年戊戌月であり／王凝氏（侍郎官吏）は戊子年乙丑月で己卯年に卒され／某氏（学府吏）は戊子年辛酉月であり／某氏（巡察官）は丙戌年辛丑月であり／宋師襄氏（府長官）は戊寅年戊午月であり／某氏（進士）は乙亥年丁亥月で当四月に卒され／某氏（侍郎官吏）は丁酉年戊申月であり／某氏は戊戌年乙卯月であった。）

辛亥日主で時柱戊子干支では貴相ではなくすなわち富裕、また生月亥支は官星が存在せず傷官傷尽して福分が発揚して子息は少数、また生月春夏季や亥子丑支で運歳の木火地の局相では黄金冠紫恩衣の名誉なのである。

（某氏（長官）は癸丑年庚申月であり／孫化龍氏（進士）は甲辰年丙寅月で

あり／胡杰氏（春官吏）は壬午年辛亥月であり／某氏（郎中官）は壬申年癸亥月であり／某氏（郡主）は乙巳年辛巳月であり／某氏（貴人）は丙戌年庚子月であり／某氏は己丑年丙子月であり／某氏（使節官）は壬戌年壬子月であり／某二氏は丁未年丙午月で、男命は刑揺者で女命は娼婦なのである。）

六辛日主で時柱戊子干支では「天庭の清気が顕われる」と称し、辛酉日主か辛亥日主を領得して最高格で生月丙寅干支が不益で五体不全碍、また生月丙申干支では離郷客死また生月丁酉干支では失効卒亡するだろう。

〔歌訣〕

寒門に貴気が、派生する局相では、
福分爵禄が、自然に顕彰するので、
そこで刑衝破相を侵犯しなければ、
高昇し、官公庁で栄達するだろう。

〔歌訣〕

六辛日干を、時柱子支が搭載するときには、
春季に花々が開き、燦爛と耀明するが、
そこで局相で、丙丁干巳午支を帯びて破綻し、
功名は難航し、晩年に成就する方途なのである。―

辛日主で時柱戊子干支では六陰朝陽に際会して、金神や印綬が威光を顕揚し一身を相助して栄昌するが、局中で巳午支を帯び福分が逓減し、また丙火気で伴侶は良妻尊堂と為って妻子が精勤して荘家を扶助するので、そこで破相が存在しなければ辺域から将軍大臣に栄達するだろう。

六辛日己丑時斷　以下六辛日所忌月分同上時犯併論。

〔歌訣〕

六辛日干で、時柱己丑干支のときには、
金土質を帯び、夾勢して安泰ではなく、
また年月柱の財星官星が救応相助すれば、
そこで窮状を被らずに免れるのだ。―

辛日主で時柱己丑干支では、土金質が衡相して辛干は己干を偏印と見做し、丑支上に己干を搭載明見また辛干を暗蔵するので、年月柱に財星官星の救応が存在しなければ窮状、また運歳で官星を得地してまた吉兆なのである。

辛丑日主で時柱己丑干支では孤相停滞するが、生月申酉支で運歳の旺金地また火地エリアを巡り疎通して妻子を損傷するが道仏士ならば貴相、また丑支が好作用して運歳の西南地が大貴相なのである。

（洪氏（布政司）は壬午年壬寅月であり／余氏（使節補佐官）は庚戌年辛巳月であり／焦氏（検事官）は丙午年庚寅月であり／張氏（郡主）は戊辰年辛酉月であり／趙氏（首席進士）は辛丑年辛丑月であり／某氏（県知事）は戊子年甲子月であり／某氏（参議）は丙申年乙未月であり／某氏は甲申年辛未月であった。）

辛卯日主で時柱己丑干支で、生月寅卯亥未支が財星格で運歳の南方地が貴相、また生月辰戌丑未支は印綬で運歳の南方地が吉兆なのである。

（胡氏（県知事）は壬辰年癸丑月であり／某氏（挙人）は丙辰年丁酉月であり／某氏（富貴者）は庚寅年丙戌月であった。）

辛巳日主で時柱己丑干支で、生月丑巳申酉支では金質が過多すれば木質を削剋するので妻子を瑕疵するが道仏士ならば貴相、また生月寅卯辰支で運歳の南方地は貴相なのである。

（仁宗氏（明朝皇帝一四二四〜）は丁卯年己酉月で時柱戊子干支ともされ／代王氏は丙戌年戊戌月であり／王國禎氏（方伯）は癸酉年甲子月であり／王邦瑞氏（長官）は乙卯年癸未月であり／陳奎氏（挙人）は壬申年乙巳月であり／羌氏（検討）は庚辰年戊寅月であり／某氏（封君子）は甲辰年乙亥月であった。）

辛未日主で時柱己丑干支では生月寅卯未支は財星格、また生月巳午支は官星を顕揚するのである。

（何鏜氏（参与）は戊寅年乙卯月であり／林文獻氏（挙人）は辛亥年戊戌月であり／龔用卿氏（首席進士）は辛酉年甲午月であった。）

辛酉日主で時柱己丑干支では祖元を瑕疵、また生月巳酉丑支は金質が過

多して木質を削剋し、財星を帯びて好俊また妻子の難儀と見做し、生月寅午支は貴人に近侍するだろう。

（王氏（長官）は丁卯年乙巳月であり／王宗沐氏（学府吏）は癸未年甲寅月であり／督亢氏（県知事）は辛巳年丁酉月であり／某氏（進士）は庚寅年甲申月であり／史范氏（少卿吏）は癸巳年甲寅月であり／周澄氏（県知事）は戊戌年乙丑月であった。）

辛亥日主で時柱己丑干支では、生月寅巳午支は官星耀明にて成計立家、また生月卯未支は財星格の富貴また局相未戌支が衝揺して吉相、また年月柱申子辰支では金水質が潤沢佳秀、また局相酉支は建禄にて運歳の木火地を巡り吉相、また局相亥支が好作用して金水質が潤沢秀貴なのである。

（王教氏（侍郎官吏）は己亥年乙亥月であり／姚鳴鸞氏（進士）は丁未年壬子月であり／呉翰氏（進士）は己酉年己巳月であり／蘇璞氏（挙人）は戊申年辛酉月であり／某氏（県知事）は甲申年辛未月であり／某氏（知事）は辛亥年乙未月であり／某氏（通政司）は辛丑年庚寅月であった。）

〔歌訣〕

偏印を、時上に搭載する局相では、
庫地に、財星官星を支蔵するときには、
乖背のタイミングで、多大に険路が阻止するが、
そこで六親血族が不和合なのである。

〔歌訣〕

辛日主で、時柱己丑干支のときは険阻と為り、
財星官星が埋没し、未だ奇瑞と見做さず、
また六親血族が、多大に夾害するが、
そこで年月柱が衝揺して、富貴と推究するのだ。――

辛日主で時柱己丑干支では、おおむね偏印が滞留する為とりわけ黄金の容器に急収監理するとし、そこで局相午未戌衝支で開庫成就また局相甲丙干寅卯支で福分が発揚、また局相壬癸干子亥支は漂揺、また少年期の大志が前途難航しても中年末期に初志は成就しているだろう。

六辛日庚寅時斷

〔歌訣〕

六辛日干で、時柱庚寅干支のときには、
旺財が官星を、生扶して貴星を帯び、
局中の金木質が、月令に通関するとき、
かならず栄貴かつ、富豪の人命と見做すのだ。――

辛日主で時柱庚寅干支では、貴人星が財星官星と同宮し辛干を寅支が搭載し、天乙貴人と見做し丙火を正官と見做し甲木を正財と見做すのは寅支蔵の旺丙甲干であり、もし金木質が月令に通関また運歳で通関して己主は顕達して富貴なのである。

辛丑日主で時柱庚寅干支は、生月春季は貴相また生月夏季は旺官、また生月秋季は顕達また生月冬季は吉兆、また生月丑支で運歳の南方地は名声また威武貴相だが、発症して精神碍また年月柱に申酉支を併見して火気が存在せず濁命なのである。

（顧清氏（長官）は庚辰年戊寅月であり／劉天和氏（評定官）は己亥年辛未月であり／張明氏（監察官）は壬戌年丁未月であり／某氏（侍郎官吏）は壬戌年辛亥月であり／饒城山氏（監察官）は己卯年甲戌月であり／施夢龍氏（郎中官）は己丑年丙寅月であり／沈演氏（方伯）は丙寅年乙未月であり／耿定開氏（南京高司祭士）は甲申年乙亥月であり／某氏は乙酉年甲申月であった。）

辛卯日主で時柱庚寅干支で局相午未亥子支はともに貴相、また局相寅卯申酉支は官位六品七品級の貴相、また父君を早期に亡くし多大に風揺疾なのである。

（胡鎮氏（鎮護官）は癸未年己未月であり／王氏（郡主）は乙亥年丙戌月であり／陳賓氏（挙人）は辛未年己亥月であり／某氏（挙人）は丁卯年辛亥月であり／某氏（挙人）は乙酉年甲申月であり／某氏（進士）は丙寅年乙未月であった。）

辛巳日主で時柱庚寅干支は、生月春季は貴相また生月夏季は官星爵禄で

運歳の西北地を巡り大貴相、また生月秋季は身旺また生月冬季は粗暴で法抵触したのち帯財するのである。
（韓氏（太師）は壬申年丙午月であり／京諳氏（首相）は戊午年己未月であり／顔若愚氏（挙人）は庚辰年己卯月であった。）
辛未日主で時柱庚寅干支で、生月己干未丑支は科挙合格表彰かつ妻子賢孝だが、晩年が風揺疾また生月寅卯午戌支がともに吉兆なのである。
（劉氏（首席進士）は甲寅年甲戌月であり／某氏（長寿者）は甲戌年庚午月であり／某氏（富裕者）は丁卯年丙午月であり／王佐才氏（挙人）は戊寅年乙卯月であり／某氏は戊午年丙辰月であった。）
辛酉日主で時柱庚寅干支では、生月春季は聚財星また生月夏季は官星爵禄が成就、また生月秋季は身旺また年月柱亥子丑戌午酉支などはともに貴相なのである。
（呉三楽氏（侍郎官吏）は乙亥年己丑月であり／魏氏（侍郎官吏）は丙申年辛卯月であり／王騰氏（進士）は甲辰年丙子月であり／藍渠氏（進士）は丁酉年辛亥月であり／某氏は辛酉年庚寅月であり／某氏（求道士）は壬寅年庚戌月であり／某氏（吏員）は丙辰年戊戌月であり／温純氏（長官）は己亥年辛未月であり／某氏（挙人）は癸未年己未月であった。）
辛亥日主で時柱庚寅干支は貴相だが己主は暗疾、また丙干が透出して発揚また年月柱午酉寅亥支では運歳の南方地が貴相なのである。
（李幼孜氏（長官）は丙子年辛卯月であり／何氏（侍郎官吏）は癸酉年壬戌月であり／胡氏（評定官）は庚子年己丑月であり／王氏（参与）は甲子年庚午月であり／喩氏（郎中官）は戊寅年辛酉月であり／鄧氏（吏員）は壬辰年庚戌月であり／某氏（挙人）は壬申年己酉月であり／某氏（帝都軍吏）は辛未年丁酉月であり／某氏（極富者）は戊戌年乙卯月であり／某氏は己亥年癸酉月であった。）
〔歌訣〕
暗裏に向背また、耀明に向陽する局相では、
恒常的に、志気軒高なので、
年月柱に財星官星を附帯すれば、
ヨモギ群からニンニクを採取するようなもの。

〔歌訣〕
六辛日主で、時柱寅支を附帯するときには、
旺財が官星を生扶し、また互相推究し、
拙運では、名利が即応し窮状するので、
もし運途で財星禄支を巡り、さらに畏怖はしない。―
辛日主で時柱庚寅干支を附帯し兄弟血族が疎通し、祖元両親が依頼し難く伴侶も中年期に迷走、壬癸干亥支陥地で福分が逓減また丙丁干巳午支では名声、また生月春冬季は貴人の欽慕また中年末期に栄華する命相なのである。

六辛日辛卯時斷

〔歌訣〕
六辛日干で、時柱辛卯干支のときには、
比肩を搭載し、妻子の難儀と見做し、
生月秋冬季は、窮状濁格と為り、
丙干を寅午支が搭載し、かえって権威と為る。―
辛日主が時柱辛卯干支では、比肩が財星を分奪して辛干は乙干を偏財と見做し、卯支蔵の旺乙干が比肩に分奪され妻子を瑕疵するのである。
また生月秋冬季では財星官星に精気が存在せず平常底、また生月寅巳午支で丙火が透干して丙辛干合化気して官貴星が顕達また辛卯干支は「懸針殺」で局中に多見して不吉なのである。
辛丑日主で時柱辛卯干支では、生月春夏季で厚土の方途は富貴また生月秋季は妻子を傷剋、また生月冬季は辛艱また生月寅巳午支は貴人に近侍、また年月柱甲戌干支で運歳の木火地は名声なのである。
（張氏（長官）は丙申年辛丑月であり／査氏（布政司）は壬辰年庚戌月であり／蕭氏（監察官）は甲申年丙子月であり／費懋賢氏（進士）は庚申年己卯月であり／耿定力氏（南京高司祭士）は辛丑年庚寅月であり／某氏（進士）は乙丑年戊子月であった。）

辛卯日主で時柱辛卯干支で、生月寅午戌支は「財官双美」にて貴相顕彰、また年月柱卯酉申辰支は貴人に近侍し、また官星印星財星を帯び好作用また些少に苦役し中年期に大発揚するのである。
（徐氏（宰相）は戊午年乙卯月であり／嚴世蕃氏（侍郎恩賜官位）は癸酉年丙辰月であり／余元立氏（学士院吏）は戊午年乙丑月であり／鄭紳氏（長官）は己亥年丙子月であり／魏一恭氏（方伯）は壬子年壬子月であり／郭萬程氏（進士）は丁卯年己酉月であり／楊一鳳氏（監察官）は辛巳年辛丑月で戊午年に卒され／林奎氏（県知事）は甲戌年己巳月であり／某氏（使節補佐官）は甲子年壬申月であり／某氏（使節補佐官）は己卯年丁卯月であり／林喬相氏（使節補佐官）は辛丑年辛丑月であり／伍令氏（監察官）は丁卯年己酉月であった。）
辛巳日主で時柱辛卯干支では、生月春季は旺財また生月夏季は旺官、また生月秋季は身強また生月冬季は柔弱、また年月柱巳酉支で運歳の木火地を巡り貴族、また生月申支で運歳の水火地で黄金冠紫恩衣、また生月巳支で運歳の西北地で名声なのである。
（王繼禮氏（視察使）は己亥年甲戌月であり／某氏は辛未年丙申月で運歳辰支戊午年に卒されたのである。）
辛未日主で時柱辛卯干支は未支が好作用、また年月柱丁干併相は大権貴だが結末は不善で、局相寅巳亥支が好作用して吉兆なのである。
（趙鳳氏（長官）は癸未年丁巳月であり／傅鎭氏（評定官）は辛酉年庚寅月であり／殷士儋氏（宰相）は乙亥年乙酉月であり／某氏（進士～州知事）は戊申年甲子月であり／方大楽氏（州知事）は甲子年乙亥月であった。）
辛酉日主で時柱辛卯干支は、孤相苦役の出身だが中年期に福分を領得、また未年に妻君褒賞子息賜官して貴相、また生月巳支は「官星佩印」で天徳貴人を帯び官位一品級の貴相、また生月丑支で運歳の木火地は貴相、また年月柱申酉亥支で運歳の東南地は名誉なのである。
（張居正氏（宰相）は乙酉年辛巳月で十年専政されたが、運歳丙子干支壬午年に冲衝にて卒され／陸氏（布政司）は戊申年戊午月であり／方一正氏（挙人）は辛卯年丙申月であり／花應期氏（首席進士～侍郎官吏）「星案傳」は丁亥年辛亥月であり／某氏（征兵）は丙子年辛丑月であり／孫嘉績氏（進士）職方郎氏（才人學吏）はともに丙辰年癸酉月で佳運にて明末に侍郎官吏に昇階され／王國氏（侍郎官吏）は辛亥年辛丑月であり／肖景訓氏（進士～州知事）は戊申年甲子月であった。）
辛亥日主で時柱辛卯干支は、生月春夏季で「財官双美」にて貴相顕彰、また生月秋冬季は「背禄逐馬」にて過労顛倒、また亥支が好作用して金水潤秀にて多大に科挙試験で秀発、また局相辰戌支は吉相また局相丑未支は最吉相なのである。
（呉桂芳氏（長官）は辛巳年戊戌月で時柱庚寅干支ともされ／汪道崑氏（侍郎官吏）は乙酉年己丑月で文才名声であり／銭四窓氏（監察官）は乙丑年丙戌月であり／范應期氏（首席進士～侍郎官吏）「原本傳」は丁亥年辛亥月であり／汪旦氏（監察官）は己未年壬申月であり／林煥氏（挙人）は辛丑年癸巳月であり／某氏（監察官）は戊寅年壬戌月であり／某氏（監察官）は丙寅年丙申月であった。）
〔歌訣〕
命局に、羊刃や劫財を附帯するときには、
月令の旺衰が、ポイントと為るので、
中年期に、財帛爵禄が聚積するが、
ただ伴侶の愁傷を危惧するのである。
〔歌訣〕
二辛干を卯支が搭載し、爵禄は分明で、
比肩劫財が財星を帯び、事象は成為せず、
生月春夏季のとき、財帛爵禄が生旺し、
生月秋冬季のとき、命局刑揺し平常底なのだ。—
辛日主で時柱辛卯干支では二辛干が妻財を分奪するので、伴侶は飛去して悦楽は些少だが独自に成立して障碍は存在せず、そこで年月柱の財星が生旺すれば自ら喜悦して天賦の爵禄だが、運歳の比肩劫財で事態は沈埋、しかし運歳の火木地で安泰通関するのだ。

六辛日壬辰時斷

〔歌訣〕

六辛日干で、時柱壬辰干支のときには、
傷官が傷尽するので、その精神が膨張し、
そこで命局の虚火質が、交夾を防備すれば、
卜占医術の、九流技芸人と為るだろう。—

辛日主で時柱壬辰干支では金質が水底に暗沈するので、辛干は用途の丙火を正官と見做しまた壬干を傷官と見做し、また辰土は水庫なので丙辛干に精気が存在せず、壬水が在局しまた年月柱に丙干が透出して「傷官見官」を肯首し窮状百端、また誇大高慢の人命と為り秀才だが質実ではなく、月令に通関しなければ窮状の人物かつ医卜芸術人と為り、局中に木火質を帯び身旺で運歳の東南地を巡り貴相なのである。

辛丑日主で時柱壬辰干支で、生月春季は顕達また生月夏季は平常底で名利を帯び己主は粗暴、また生月酉支で運歳の東方地を巡り貴相、また年月柱戌未支では四庫全備して最貴相また未支が好作用して「雑気財印」、また丑未支衝揺開庫して己主は権貴相なのである。

（王繼津氏（侍郎官吏）は癸未年己未月であり／殷正茂氏（長官）は癸酉年己未月であり／何懋官氏（進士）は戊申年癸亥月であり／某氏（解元）は甲申年戊辰月であり／劉堯誨氏（長官）は壬午年己酉月であった。）

辛卯日主で時柱壬辰干支では、生月春季は旺財で妻子賢孝また生月夏季は傷官見官で必然的に多大に富裕、また生月秋季は吉相また生月冬季は孤夾するが多大に貴相なのである。

（張氏（給事中）は壬辰年辛亥月であり／周鯤氏（進士）は丁卯年丙午月であり／某氏（進士）は丁卯年癸丑月であり／某氏（生員）は乙巳年壬午月であり／何棟如氏（進士〜江南兵部吏員）は壬申年戊申月であったのである。）

辛巳日主で時柱壬辰干支で、生月春季は傷官が財星を生扶また生月夏季は支蔵星が顛倒して巡り粗暴、また生月午未支は奇瑞また生月秋季申酉支は身旺で火質を領得してすなわち吉兆、また生月冬季亥子支は傷官が傷尽して木土質を帯びて好作用かつ清高で貴重と見做し、未だに衝揺を免れず局相辰戌丑未支の己主は威武貴相なのである。

（羅欽順氏（首席進士〜名臣）は乙酉年戊子月であり／孫應奎氏（長官）は丙午年辛丑月で剛直人物であり／林廷進氏（進士）は庚午年己卯月であり／鄭邦興氏（進士）は丁丑年丙午月であり／陳堂氏（錦衣吏〜指揮官）は癸丑年丙辰月であり／曹世徳氏（地方統官）は戊辰年辛酉月であり／某氏（府長官）は丁巳年丁未月であった。）

辛未日主で時柱壬辰干支は孤身、また生月春季は財星格で吉相また生月夏季は過労、また生月秋季は貴相また生月冬季は傷官が傷尽して奇瑞と見做すのである。

（某氏（礼部長官）は庚申年甲申月であり／楊廉氏（侍郎官吏）は壬申年戊申月であり／王廷聲氏（侍郎官吏）は丙戌年戊戌月であり／王廷弼氏（挙人）は壬午年丙午月であり／某氏（県知事）は辛未年庚子月であり／張秩氏（学士院吏）は戊子年乙丑月であった。）

辛酉日主で時柱壬辰干支では、生月春季は富貴双全また生月夏季は好相、また生月秋季は身旺貴相また生月冬季は庶民男性、また生月子支で辛日主で学堂なので己主は文才大臣であり年月柱火気済性は貴相、また生月甲戌干支は官位は三品級に昇階するだろう。

（王九庵氏（長官）は庚子年己卯月であり／王仲山氏（検事官）は丁巳年壬子月で子息が進士合格寵用され／黄大中氏（郡主）は丙子年癸巳月であり／某氏（挙人）は乙酉年辛巳月であり／某氏（挙人）は辛巳年癸巳月であり／某氏（刑務官）は乙酉年乙酉月であり／崔恆謙氏は乙酉年乙亥月であったのである。）

辛亥日主で時柱壬辰干支は貴相、また生月春季は旺財が扶身また生月夏季は吉相、また生月秋季は身旺好相また生月冬季は傷官が傷尽して自ら成立、また年月柱卯未支は貴相なのである。

（許國氏（学士院吏）は丁亥年丁未月であり／楊鐸氏（郡主）は戊辰年乙卯月であり／黄鐙氏（郎中官）は己酉年癸酉月であり／沈愷氏（進士）は壬子年癸丑月であり／某氏（侍郎官吏）は丁卯年丙午月であり／某氏（挙人）

は癸巳年壬戌月であり／某氏（挙人）は戊午年壬戌月であり／闞汝梅氏（刑務官）は甲戌年庚午月で某二氏（丁酉科挙人）（戊辰科進士）と同命相でともに厚篤君子であり／張居正宰相御尊母氏は丙寅年壬辰月であった。）

〔歌訣〕
水流が、長鋭する局相のときには、
総じて六辛干は、陰性に所属するので、
運歳が、旺財の当地を巡るときには、
自ら官位爵禄が、巡りて降臨するのだ。

〔歌訣〕
六辛日干で、時柱壬辰干支のときには、
財星官星を閉鎖し、未だに効能せず、
そこで解鍵が通関せず、その抑伏を兼相し、
自ら古趣にて、年少期の発揚が難儀なのである。—

辛日主で時柱壬辰干支では傷官が傷尽して奇瑞と見做し、祖業両親は早期から離儀にて飛去分散し依意は存在せず、生月春夏季は財星官星が生旺また運歳の東南方地で営為、また自ら作家を謀立し立家の資と為り親近者の扶力を甘得しないのである。

六辛日癸巳時断

〔歌訣〕
六辛日干で、時柱癸巳干支のときには、
貴気が存在せず、傷官佩印が太過し、
そこで月令に通関し、支根と為れば、
早年期から栄貴し、姓名が芳香するのだ。—

辛日主で時柱癸巳干支では官星佩印して扶益し、辛干は丙干を正官と見做しまた戊干を印綬と見做しまた癸干を食神と見做すのである。

また巳支蔵の丙戊干が健旺し、癸干合火気して火金質は文章能力また月令に通関して顕達するが、もし月令に通関せず運歳で通関してまた貴相なのである。

辛丑日主で時柱癸巳干支は凶揺、また両親と別離して福分を発揚、また生月春夏季が吉相また生月秋冬季は粗暴、また貴人星が合化して酒色を慎むべきなのである。

（林子仁氏（魁元）は戊戌年癸亥月であり／善才氏（進士）は戊辰年丁巳月であり／張懋修氏（首席進士革士）は丙辰年癸巳月であり／某氏（刑務官）は辛卯年乙未月であった。）

辛卯日主で時柱癸巳干支では生月春夏季は身弱で寿元を促し、また生月秋季は身強で過労辛苦、たとえば月令木火気は官位三品四品級の貴相なのである。

（趙鸞氏（郎中官）は丙寅年甲午月であり／何道濟氏（進士）は丙午年辛卯月であり／張子滔氏（郎中官）は乙亥年甲戌月であり／胡公濂氏（進士）は丙辰年乙未月であった。）

辛巳日主で時柱癸巳干支は貴人星が化合、また年柱子午支月柱寅午戌支は貴相また局相亥卯未支は清貴相、また局相申子辰支は背義また辛巳干支癸巳干支は「両干不雑」にて、局相寅辰支から丙干が透出しともに己主は極貴相、また局相丑酉支は三合金局でまた吉兆なのである。

（呂純陽氏（神仙家名臣）は丙子年癸巳月であり／富弼鄭氏（公侯名臣）は丙辰年丙寅月であり／寇準莱氏（公侯）は辛巳年癸巳月であり《「道教義書」を考証して呂公氏は天寶十四年（乙未）四月十四日巳時刻とされるが『宋史』を考証して寇氏は七月十四日に降生され『魏野詩』にはただ明日何時降生とだけあり「星家傳」とともに偽載であろう》／傳鳴會氏（郡主）は壬午年壬子月であり／胡朝臣氏（参議）と沈東氏とも曰戊年甲戌月でともに己巳月に背政され／某氏（鎮護官）は戊午年乙丑月であり／某氏（挙人）は癸亥年庚申月であり／張錠氏（進士）は庚子年己卯月であった。）

辛未日主で時柱癸巳干支で生月寅午戌支は高命相、また生月巳酉丑支は身旺にて平穏また生月申子辰支は庶民男性、また生月亥卯未支は清貴相なのである。

（鄒氏（長官）は己卯年辛未月であり／史氏（郡主）は丙午年丙申月であり／

張潤氏（極富錦衣吏）は甲子年乙亥月で子息が多く／蔡仁氏（進士）は己未年庚午月であり／某氏（荒猛士）は戊戌年己未月であり／陳栢氏（使節補佐官）は丙寅年乙未月であった。）

辛酉日主で時柱癸巳干支は貴相顕彰また酒色重耽、また局相寅卯支は旺財吉相また丑支三合金局が全備して富貴なのである。

（林介和氏（郡主）は壬寅年癸卯月であり／某氏（富貴者）は辛巳年辛丑月であり／某氏（使節補佐官）は丙寅年乙未月であった。）

辛亥日主で時柱癸巳干支は日時柱が併衝して妻子を瑕疵、また生月春季は旺財また生月夏季は吉相、また生月秋季は平穏また生月冬季は粗暴、また年月柱酉午支で運歳木火地は評定官職の名誉なのである。

（湛若水氏（長官道学士）は丙戌年己亥月であり／周進隆氏（布政司）は癸酉年庚申月であり／金定氏（検事官）は辛巳年戊戌月であり／蔣相氏（侍郎官吏）は己未年壬申月であった。）

〔歌訣〕

辛日干と時柱とが、対峙する局相では、
官星佩印に逢相して有益だが、
局相の、刑衝破相を附帯しなければ、
己身が出世し、帝都宮廷に到達するのだ。

〔歌訣〕

辛日干で、時柱癸巳干支を附帯するときには、
局中に財星官星を、用星して有益だが、
運歳の禄馬地を巡り、衝地に当在しなければ、
科挙表彰され、皇帝陛下と同伴列歩するだろう。—

辛日主で時柱癸巳干支では生月春季は旺財耕錬、また年柱丙丁干午支はもっとも奇瑞だが局相の衝剋刑揺が不利益、また局相壬癸庚干申支で破綻せず功名富貴が当確、また妻子賢孝で双方とも好相だが、時柱巳支が衝破して済性を否定するのである。

六辛日甲午時斷

〔歌訣〕

六辛日干で、時柱甲午干支のときには、
偏官佩印を暗蔵し、真の畏怖を肯首し、
もし通関が存在せず、かえって営々と過労し、
そこで六辛干を午支が搭載し、貴相と見做せない。—

辛日主が時柱甲午干支では衰身旺鬼して、辛干が用途の丁干を偏官と見做しまた巳支を偏印と見做し、また甲干を正財と見做すのである。

また甲午干支は死符すなわち精気が存在せず、丁干巳支は健旺また午支を附帯し天乙貴人と見做すが恒常的に顛倒するので、たとえ旺気に通関しても貴相は恒久ではなく、もし生月火土質で運歳の西方地は貴相なのである。

辛丑日主で時柱甲午干支では、年月柱未申支で局相刑揺するので富命だが非長寿、また金気が通関するので貴相だが恒久ではないのである。

（方守氏（布政司）は丙辰年甲午月であり／彭希賢氏（進士）は壬戌年癸丑月であり／某氏（進士）と某氏（官吏）の二氏は丁酉年丁未月で同命相であり／劉覺吾氏（郎中官）は壬辰年丁未月であり／周天佐氏（吏員）は戊寅年壬戌月であり、または辛未年辛卯月壬午日庚戌時ともされる。）

辛卯日主で時柱甲午干支では、生月卯支は威武貴相また生月寅戌支は祖元を破綻さもなくば非長寿、また生月巳午支は官位七品八品級の貴相で運歳のケースも同義なのである。

（陳仲氏（挙人）は丙午年癸巳月であり／周王氏（河南省）は庚子年甲午月であった。）

辛巳日主で時柱甲午干支は平庸、また局相寅午戌支は旺官吉相また局相申子辰支は平常底、また年柱卯戌支は「官印双全」にて公侯と為るだろう。

（史氏(参与)は癸酉年戊午月であり／某氏(県長官)は辛亥年丙申月であり／楊成氏（長官）は辛巳年己亥月であり／某氏は壬辰年乙巳月であった。）

辛未日主で時柱甲午干支で局相申子辰支は偏官制効して吉相、また局相

丑戌支は地方官また生月未支は貴相なのである。
（歐陽鐸氏（侍郎官吏）は丁未年戊申月であり／藍濟卿氏（監察官）は甲戌年甲戌月であり／沈良氏（挙人）は戊午年甲寅月であり／張居正宰相氏の父君氏は甲子年丁丑月で子孫繁盛また夫婦偕老同穴し、丁丑年九月に卒されたが生前の恩義栄昌は比類がなく／某氏（挙人）は壬辰年庚戌月であった。）

辛酉日主で時柱甲午干支では、生月春季は旺財また生月夏季は官星貴相でともに吉相、また生月秋季は身強で富裕だが恒久ではなく生月冬季は平常底なのである。
（薛文清氏（公侯）は甲午年己巳月で廷廟に従祀され／某氏（挙人）は乙卯年丙寅月であり／紀正時氏（封侯令）は庚戌年壬午月であったのである。）

辛亥日主で時柱甲午干支で、年月柱亥子支では金水質が潤秀し文学能力が魅惑的、また局相辰戌丑未支は雑気財官星で貴相が顕彰するのである。
（楊氏（長官）は丁亥年壬子月であり／趙文華氏（長官嚴嵩黨）は癸亥年己未月であった。）

〔歌訣〕
三心四心に、趣意する局相のときは、
策謀して、事態が疑滞するので、
必然的に財帛爵禄が聚積しても、
その運用を肯定、あるいは否定してみるのだ。

〔歌訣〕
六辛干で、時柱甲午干支のときには、
財星に精気が存在せず、相当ではなく、
生月春季旺木、また運歳の財星官星のときに、
滔々たる一路に、その姓名が芳香するだろう。—

辛巳日主で時柱甲午干支では、妻財に精気が存在せず衰身し強干旺火を鬼殺の胎動と見做し、そこで火質が重複また柔金質にて煉壊するのでもっとも用神の損傷が不益で、金質が海底に沈降して窮状を派生するが、刑衝が存在せず心懐が乗機また広大な光明として貴重なのである。

六辛日乙未時斷

〔歌訣〕
六辛日干で、時柱乙未干支のときには、
木火気が成象し、金質を畏怖せずに、
月令に金気が通関し、春栄象と為るので、
旺財が官星を生扶し、己身は貴相なのである。—

辛日主で時柱乙未干支では天干財星を庫地が搭載、また辛干は乙干を偏財と見做し未支庫が搭載、また己干とは偏印と見做しまた丁干は偏官と見做しまた未支は丁干を暗蔵、また己干は乙干を明見して制伏されるので損害を肯首せず、もし生月巳酉丑支に通関して貴相、また火気に通関して運歳の西方地また金気に通関して運歳の南方地はともに貴相なのである。

辛丑日主で時柱乙未干支は刑揺、また生月亥卯未寅支は旺財が官星を生扶するので貴相ではなく、すなわち富裕また生月辰戌丑子支はともに吉兆なのである。
（林省吾氏（侍郎官吏）は乙未年丁亥月であり／陳克恭氏（監察官）は己丑年甲戌月であり／某氏（大臣）は辛酉年戊戌月であり／胡汝霖氏（評定官）は壬申年丁未月であり／王繼禎氏（進士）は丁卯年壬子月であり／某氏（挙人）は壬午年己酉月であり／某氏（挙人）は丁丑年戊申月であり／某氏（挙人）は戊辰年庚申月であり／某氏（挙人）は庚寅年癸未月であり／某氏（上勅軍士）は乙酉年丙戌月であり／陳紹儒氏（長官）は丙寅年庚寅月で廣南府の人物で某氏（貢員／江蘇省）と同命相であった。）

辛卯日主で時柱乙未干支で、生月亥卯未支は旺財が官星を生扶し吉兆なのである。
（鄭鏊氏（挙人）は辛未年辛卯月であり／李國樑氏（鎮護官）は己丑年辛未月であったのである。）

辛巳日主で時柱乙未干支では、火金気が月令に通関して貴相また運歳で通関して貴相なのである。
（易氏（学府史）は甲寅年癸酉月であり／某氏（参議）は壬寅年癸卯月であ

った。）

辛未日主で時柱乙未干支で、年月柱寅卯未支は旺財が官星を生扶して高名爵禄で、火気に通関して西方地を巡り、また金気に通関し南方地を巡りともに吉兆なのである。

（蔣冕氏（宰相）は癸未年乙卯月であり／王俊臣氏（布政司）は丙寅年丙申月であり／某氏（吏員）は丁酉年壬寅月であり／沈儆慣氏（四川省藩鎮）は甲寅年丁未月であり／某氏（進士）は戊子年乙卯月であった。）

辛酉日主で時柱乙未干支では、月令火気に通関して運歳の東方地を巡り貴相、また辰戌丑未支エリアが最吉相また生月亥卯支は貴相が顕表するが恒久ではなく、生月秋季は己身が太旺また財星官星に精気が存在せず凶揺なのである。

（歐陽紳氏（指揮官～都督）は己巳年甲戌月でその余徳で子息が進士試験に合格され／朱運昌氏（進士）は己未年乙亥月であり／秦氏（都督、子息長官）は己巳年戊辰月であった。）

辛亥日主で時柱乙未干支で、生月亥卯未支では財星格で吉兆、また生月秋冬季は孤独相また生月辰丑支は三品級の近侍官吏なのである。

（某氏（貴人）は戊辰年甲子月であり／某氏（解元）は己酉年丁丑月であった。）

〔歌訣〕
時柱に偏財が、旺相する局相のときには、
乙未干支が庫中に、支蔵星することにより、
そこで丑戌支が、衝相する当処と為れば、
功名が学府の「お墨付き」として芳香するのだ。

〔歌訣〕
辛日干で時柱未支が、地支開庫するときには、
卓立して家門を成し、自ら財神を発揚するので、
運歳の金木地で、身旺ならば吉兆なのであり、
重険を経過し、聚福が巡るだろう。―

辛日主で時柱乙未干支では、庫支蔵の乙干偏財が透出し運歳の木金地を巡って衰身が不益だが、運歳の丑戌支に通関して安泰また巡歴して初期に福分が発揚、また閨房に支障災が存在せず命相に栄華富貴を配星、また破綻が存在せず清泰の官位と見做すのである。

六辛日丙申時断

〔歌訣〕
六辛日干で、時柱丙申干支のときには、
月令に金気が通関し、火質の精神へと転じ、
金質が水質に化成し、金地が搭載するので、
福分が聚積し、能く富貴の人命と見做すのだ。―

辛日主が時柱丙申干支では、丙辛干合化水して申支に長生するので、もし生月巳酉丑支金気に通関して精神聚福かつ文章秀麗にして、火気に通関して旺じ通関して貴相なのである。

また辛酉干支辛未干支は最好相で化象が成立せず、また申支搭載の正官星に精気が存在せず、衣糧爵禄は平常底なのである。

辛丑日主で時柱丙申干支は化気貴相だが、年少期は窮状また中年期は貴相顕彰、また生月亥支は化気を造作して吉兆また生月寅午戌巳未支では官星に精気が存在するので、生月春季旺財でともに吉兆なのである。

（倪緝氏（進士）は辛酉年己亥月であり／某氏（貴人）は辛酉年戊戌月であり／趙氏（進士）は戊辰年庚申月であり／某氏（貴人）は己亥年壬申月であった。）

辛卯日主で時柱丙申干支は化気貴相、また生月寅巳午未戌酉亥支は官星が好作用かつ山水秀明にて科挙試験に合格し栄貴相、また土気に通関してまた貴相で些少に窮状だが中年末期に好転するだろう。

（丘茂英氏（挙人）は丙申年乙未月であり／某氏（郡主）は辛亥年戊戌月であった。）

辛巳日主で時柱丙申干支では血相がすなわち福分だが貴相を失効、また年月柱申未支では己身が厚く妻女が重複また子息は孝行にて、三品級の武官職なのである。

（薛氏（侍郎官吏）は戊戌年甲子月であり／趙氏（参与）は庚子年戊子月であり／姜應熊氏（鎮護官）は乙酉年甲申月であり／呉逵氏（郡主）は辛亥年甲午月であり／周氏（首席進士）は丁巳年庚戌月であり／某氏（巨富者）は丁亥年壬寅月であり／某氏（進士～州知事）は乙巳年辛巳月であった。）

辛未日主で時柱丙申干支では貴人の恩寵で門下は富裕を領得、また生月春季は清貴相また生月夏季は平常底、また生月秋季は富裕また生月冬季は大貴相にて寿元を促進、また『神白経』に「金質と水質の符合では己主が化水して貴相する」とある。

（林樹聲氏（會元～長官）は己巳年丁卯月で寿元九十七歳であり／楊萬程氏（郡主）は壬戌年丙午月であり／某氏（進士）は己卯年癸酉月であり／某氏（挙人）は甲午年丁丑月であった。）

辛酉日主で時柱丙申干支では生月寅巳午未戌支は旺官にて栄貴相、また『神白経』に「己主が水気に化合して貴相」とある。

（某氏（郡主）は己酉年庚午月であり／某氏（巨富者）は丁酉年己酉月であった。）

辛亥日主で時柱丙申干支は福分が発揚して孤夾に対して防備、また疾症を帯びまた金気に通関して己主は厚福秀麗、また水気に通関して大貴相なのである。

（蔡存遠氏（進士）は壬子年癸丑月であり／王氏（侍郎官吏）は辛亥年丙申月であり／潘允哲氏（進士）は甲申年乙亥月であり／楊道亨氏（郡主）は癸未年乙丑月であり／馮銓氏（宰相）は乙未年己丑月であり／薛國觀氏（地方官～閣僚）は壬午年癸卯月であり／某氏（州知事）は庚戌年丁亥月であった。）

〔歌訣〕

天干が、干合化気する局相のときには、
生月冬季には、福分が余剰と為り、
タイミングが巡り、その貴相が顕伴し、
科挙試験合格者標名に、また銘記されるのだ。

〔歌訣〕

辛日主で、時柱丙申干支とはタイミングが良く、
天干が干合化気し、その真実を領得するが、
もし生月冬季で、衝破が存在しなければ、
貴相が顕彰し、要人として登壇するだろう。―

辛日主で時柱丙申干支では長生禄馬支の奇瑞と為るので、天干が干合化気して耀光が顕彰また高名の威勢で重職、また君子ならば文章力が上位に立ちまた一般人ならば盛家栄基、また生時刻の真実を定位して欠損がなければ、運歳で正規の木火地エリアが有益なのである。

六辛日丁酉時斷

〔歌訣〕

六辛日干で、時柱丁酉干支のときには、
偏官が禄支を揺し、凶禍百端と為り、
通関して身強ならば、吉兆の方途と為り、
月令に通関し、偏官の制伏を肯定するのだ。―

辛日主で時柱丁酉干支では、火金質が交夾して辛金を酉支が搭載して健旺、また丁干を偏官と見做し酉支が丁干を搭載して長生するが、禄支を破相すればその福分を成為せず窮状なのである。

また身強で月気に通関して制伏すれば偏官のテーマを造作、さらに運歳の身旺地を巡り貴相、また金気に通関して丁干が存在せず身強で運歳の南方地を巡り大貴相なのである。

辛丑日主で時柱丁酉干支では平穏高命にて、生月酉支で運歳の木土地の方途を巡り地方官、また年月柱戌亥子巳未支は大貴相なのである。

（張岳氏（侍郎官吏名臣）は壬子年庚戌月であり／荘仁山氏（進士）は癸丑年癸亥月であり／徐養相氏（挙人）は辛巳年辛丑月であり／代府松渓殿下氏（皇族）は壬午年乙巳月であり／某氏は仮印星がテーマであったのである。）

辛卯日主で時柱丁酉干支では日時柱が併衝するので、生月が金気に通関して丙丁干が透干せず運歳の南方地が貴相なのである。

（王淩氏（侍郎官吏）は甲子年癸酉月であり／何棨氏（使節補佐官）は戊寅年甲子月であり／某氏（進士）は庚辰年乙酉月であり／呉宗達氏（三席進士～宰相）は丙子年己亥月であった。）

辛巳日主で時柱丁酉干支は平庸、また生月亥支は顛倒不安定また生月午支は疾症の偏官にて寿元を促して顕達、また生月子支は貴族また財星が有害と為り寿元は三十一歳未満なのである。

（莊用賓氏（検事官）は甲子年丙寅月であり／曹氏（知事）は辛巳年辛卯月であり／舒化氏（長官）は丁亥年壬子月であり／某氏（賜官位）は庚辰年戊子月であり／呉三畏氏（挙人）は丙子年戊戌月であった。）

辛未日主で時柱丁酉干支では貴相ではなくすなわち富裕、また生月に金気が通関して丙丁干が存在せず運歳の南方地を巡り貴相なのである。

（戴大賓氏（編修官）は己酉年壬申月で戴氏の御主張では生年庚戌干支だが、朱熹氏（宋大儒）の附記では己酉生年とし、戴氏の短命を惜しまないことを危惧し／馬仍氏（吏員）は辛丑年辛丑月であり／某氏（富裕者）は己未年丙子月であり／某氏（百歳超寿者）は丙申年庚子月であった。）

辛酉日主で時柱丁酉干支では年月柱に金気が通関して吉兆、また生月丑支で運歳の西方地は名誉また生月寅午戌支は貴相なのである。

（衛承芳氏（長官）は甲辰年甲戌月であり／郝良臣氏（方伯）は壬戌年丙午月であり／某氏（進士）は庚申年己卯月であり／楊鎬氏（經略長官）は乙卯年戊寅月であった。）

辛亥日主で時柱丁酉干支は貴相、また年月柱丑寅卯酉支で黄金冠紫恩衣の近侍官吏なのである。

（婺源人氏（浙江省挙人）胡正隨氏（江北挙人）正道氏（江南挙人）王國昌氏（被弾劾官）がともに丙午年己亥月であり／沈健氏（郡主巨富者）は己亥年辛未月であったのである。）

〔歌訣〕

時上に偏官が、当在する局相のときは、
天干に正官を、併見してはならず、
身強で運歳の財星禄地では、
貴相が顕彰し、黄金的皇帝に参列するだろう。

〔歌訣〕

辛日干で時柱酉支とは、同倫均質なので、
門戸の出類を迎容し、事々新たに喜悦し、
そこで刑衝や空亡や破剋を附帯しなければ、
己身に富貴が添加するとき、どうして憂悩するのか。―

辛日主で時柱丁酉干支では偏官の併臨が作用、また丙丁干を重見して己主は窮状、また嗣子は女系が多く男系が些少で、祖業が秋暮に残余し当人は遊々と雲月を皎収し、そこで身強で旺官ならば優遊たる福分と為り、運歳が財星官星の当地に至り大発揚するだろう。

六辛日戊戌時斷

〔歌訣〕

六辛日干で、時柱戊戌干支のときには、
印綬が己身を生扶し、禄堂が搭載し、
人命が福分を執れば、祖元と和悦し難く、
月気に通関せず、平常底を肯首するのだ。―

辛日主で時柱戊戌干支では禄堂印綬が同居、また辛干を戌支が搭載して禄堂と見做し、また戌支上に戊干を明見搭載して印綬と見做し、また丙丁干を官星と見做しまた戌支が戊土を搭載して正位相かつ丙丁干の火局エリアだが、もし月気に通関すれば祖業を為し難く、通関しなければ平常底なのである。

辛丑日主で時柱戊戌干支は刑揺、また局相辰戌丑未支は印綬で運歳の南方地を巡り大貴相、また局相寅巳支は正官貴星また局相子午卯酉支は武官職の名誉なのである。

（某氏（宰相）は壬辰年甲辰月であり／呉氏（布政司）は壬午年庚戌月であり／曹當勉氏（郡主）は戊辰年甲寅月であり／某氏（挙人）は辛巳年辛丑月であった。）

辛卯日主で時柱戊戌干支とは刑揺して貪欲、また生月亥卯支で運歳の木火地は官位五品六品級の貴相なのである。

（湖廣氏（襄王）は辛卯年甲午月であり／霍冀氏（長官）は丙子年辛亥月で寿元還暦であり／葉珩氏（布政司）は丁未年辛亥月であり／栗祁氏（郡主）は丁酉年丙午月であり／某氏（監察官）は庚寅年戊子月であった。）

辛巳日主で時柱戊戌干支で生月辰戌丑未支は、印綬かつ文才貴顕で寡疾また厚土地のエリアが貴相、また生月戌支で運歳の木火地を巡り名声なのである。

（某氏（公伯）は丁丑年丁未月であり／某氏（参与）は乙亥年壬午月であり／高時氏（給事中）は乙丑年己丑月であり／陳文浩氏（進士）は丁未年乙巳月であり／某氏（挙人）は庚申年甲申月であり／周應賓氏（礼部侍郎官吏）は甲寅年丁卯月であり／曾朝節氏（三席進士～侍郎官吏）は乙未年甲申月であり／某氏（州知事）は己亥年丙子月であった。）

辛未日主で時柱戊戌干支では粗暴で妻子を瑕疵、また生月寅巳午戌丑支は貴相また生月申子辰亥支は金水質が潤秀してもっとも貴相、また両親を傷剋し身旺ならば中年期が富裕なのである。

（王國光氏（長官）は壬申年壬子月であり／李鳳毛氏（少卿吏）は乙亥年辛巳月であり／姚鳳翔氏（使節補佐官）は甲子年丁丑月であり／兪咨伯氏（使節補佐官）は辛未年戊戌月で「両干不雑」であり／丘天祐氏（監察官）は甲戌年丙寅月であり／李鶚氏（吏員）は壬午年庚戌月であり／李奇俊氏（挙人）は辛未年甲午月であり／某氏（挙人）は甲寅年丁丑月であり／某氏は丁卯年庚戌月であり／某氏（貴人）は辛未年甲午月であった。）

辛酉日主で時柱戊戌干支は刑揺、また年月柱巳酉丑辰戌未支は首席卿吏長官の命相なのである。

（萬士和氏（長官君子）は丙子年己亥月であり／李氏（侍郎官吏）は己巳年癸酉月であり／陶謨氏（監察官）は丙辰年庚寅月であり／某氏（郡主）は戊子年己未月であり／某氏（進士）は丙寅年辛丑月であり／林文聰氏（県知事）は戊戌年庚申月であり／某氏（挙人）は辛丑年乙未月であり／某氏（少卿吏）は癸丑年丙辰月であり／中氏（庚戌科進士）は己卯年丙寅月で同年に卒されたのである。）

辛亥日主で時柱戊戌干支は、謀勇かつ奸計にて凶揺ののち発揚するだろう。

（林夔氏（進士）は乙酉年戊寅月であり／趙申甫氏（挙人）は甲申年壬申月であり／某氏は丁亥年乙巳月であり／某氏（監察官）は戊辰年辛酉月であり／某氏（公伯）は辛卯年乙未月であり／某氏（監察官）は己丑年丙寅月であった。）

〔歌訣〕
時柱に官星佩印が、臨星する局相では、
早年期から、事態を軟化させてはならず、
運歳が至って、タイミングが巡る末には、
支蔵庫が、自然に開扉するだろう。

〔歌訣〕
辛日干で時柱戊支では、財庫が閉鎖するが、
たとえば丑辰支の巡当を、待期して開扉し、
年月柱に、甲丙干が透出するときには、
疑うまでもなく、富貴栄華なのである。—

辛日主で時柱戊戌干支では命局の財星禄堂が栄昌、また局中に辰戌支を両相して解鍵で蔵庫を開くと称し、局中で火水質が光輝すれば発達するが空亡かつ閉鎖して平常底、また運歳の財官星エリアを巡り天干星に破綻がなければ福分の象相なのである。

六辛日己亥時断

〔歌訣〕
六辛日干で、時柱己亥干支のときには、
官禄星に剥背し、かえって破耗するが、
たとえば「飛天禄馬格」を造作して貴相と為り、
時令を失効し合絆が存在せず、忙々空転するのだ。—

辛日主で時柱己亥干支では「飛天禄馬格」が合局、そこで辛干は丙干を正官と見做し、また亥支に旺壬傷官を支蔵する故に丙官に精気が存在せず、た

とえば重複して生月日亥支併相でまた亥支が巳支を衝出して、これは支蔵の丙火を正官と見做す為なのである。

もし局中に辛酉干支辛未干支を附帯して貴相、また他辛干に合絆が存在せず月気に通関が存在せず窮状格だが通関して吉兆なのである。

辛丑日主で時柱己亥干支で生月辰戌丑未支また寅卯支では「飛天禄馬格」を造作して貴相、また生月未支で運歳の金水地は黄金冠紫恩衣の地方官なのである。

（林氏（視察使）は乙亥年丁亥月で飛天格に適合するが、甲申干支丙子干支をただ財星官星の作用と看て貴相であり／某氏は辛酉年丙申月で運歳の東南地が有益また貴相であり／某氏（兩司）は乙丑年丙戌月であり／某氏（進士）は辛酉年戊戌月であり／中氏（庚午科挙人）は甲辰年丁卯月であったのである。）

辛卯日主で時柱己亥干支で生月寅卯亥未支は旺財が官星を生扶し、結局は己身が慶事で年月柱丁干巳酉支が貴相なのである。

（某氏（南軒郎中官）は丁丑年壬寅月であり／張氏（大臣）は辛丑年己亥月であり／張希虞氏（挙人）は乙卯年戊子月であり／帥蘭氏（給事中）は辛卯年丁酉月であり／某氏（進士）は壬戌年壬寅月であり／某氏（京卿吏）は癸卯年辛酉月であり／某氏は戊申年甲子月であった。）

辛巳日主で時柱己亥干支では、巳支に巡り填実と為り「飛天格」に該当せず「官星佩印」のテーマを造作し、己主や両親は尽力扶持ののち富貴と為るだろう。

（世宗氏（明朝皇帝一五二一～）は丁卯年己酉月で四十五年在位して丁卯年に崩御され／沈良材氏（侍郎官吏）は乙丑年己丑月であり／諸大綬氏（首席進士～侍郎官吏）は癸未年甲子月で癸酉年に卒され、某氏（孤相士）と同命相であり／萬民範氏（州知事）は丁亥年壬寅月であり／某氏（貴人）は甲子年丁卯月であった。）

辛未日主で時柱己亥干支は貴相、また生月亥卯未寅支では能く金質が木質を削剋し旺財が官星を生扶すると見做し、名利や貴相が顕彰また年月柱巳午支は富貴、また生月秋季で丙干が透出してまた吉兆なのである。

（秦鳴雷氏（首席進士）は戊寅年乙卯月であり／丘愈氏（解元）は丙午年丙申月であり／賈應元氏（参与）は丁酉年壬子月であり／汪道崑氏（父賜侍郎官位）は癸亥年乙丑月であり／楊秉義氏（進士）は癸卯年辛酉月であり／某氏（解元）は甲戌年己巳月であり／田門氏（都察院）は辛丑年戊戌月であった。）

辛酉日主で時柱己亥干支で局相辰戌丑未支では雑気財官星の吉兆、また亥支が好作用して巳支蔵の丙火を衝揺すれば官星貴相と見做すのである。

（王廷儒氏（挙人）は丁丑年辛亥月であり／某氏（挙人）は辛亥年辛丑月であり／鄭綱氏（侍郎官吏）は辛酉年己亥月であり／趙錦氏（長官）は丙子年辛卯月で、某氏（高僧／四川省）と同命相であり／王四槐氏（使節補佐官）は庚子年己丑月であり／宋鳳翔氏（解元）は庚午年庚辰月であった。）

辛亥日主で時柱己亥干支は、年月柱二亥支併相して「飛天禄馬格」と為り三品四品級の武官職かつ極品級の公侯だが、寅巳支が填実に復してすなわち逓減また年月柱子辰支はまた吉兆なのである。

（方一桂氏（監察官）は癸丑年乙卯月であり／徐元稔氏（進士）は壬辰年戊申月であり／姚鳴鳳氏（進士）は辛亥年癸巳月であり／某氏（布政司）は丁亥年乙巳月であり／某氏（吏員）は甲子年乙丑月であり／某氏（郎中官は甲戌年丁丑月であり／某氏（挙人）は己丑年己巳月であり／某氏（侯伯）は甲寅年庚午月であり／某氏（道学士）は丙辰年庚寅月であり／某氏（教官）は庚辰年丁亥月で七十歳の長寿であった。）

〔歌訣〕

キノコ類を草叢から、採取する局相では、
それぞれの配星が、この日主に友厚と為るが、
旧習を固守すれば、また成就し難いので、
恒常的に自ら、造作として営為するのである。

〔歌訣〕

辛日干で、時柱己亥干支のときには、
偏印が背禄し、その己主の窮状を畏怖し、
衝揺が存在せずに、福分が発揚しても窮状はせず、
自ら飛天禄馬格とし、格別に貴相なのである。——

辛日主で時柱己亥干支では偏印と背禄が同宮、また月像が雲隠に欠相す

るのを由しとし、そこで癸巳干支甲寅干支に作用は存在せず両親も完全に和合せず、ただ残容の花果が風塵を防備するが、そこで局相に窮状が存在しなければ「飛天禄馬格」として福分が重複するのである。

六壬日庚子時斷

〔歌訣〕

六壬日干で、時柱庚子干支のときには、
子支が庚干を明見搭載し、暗処を損傷し、
月令が火土気ならば、すなわち己主は吉兆だが、
月令に通関せず狼勇、ただ平常底なのである。―

壬日主で時柱庚子干支では身強旺刃、また壬干は庚干を偏印と見做しまた癸干を羊刃と見做し、時上に庚干を明見して癸干が生旺、また月気が火土質に通関すれば庚癸干を制伏して大貴相だが、通関せず狼勇また通関して平常底また運歳で巡り貴相なのである。

壬子日主で時柱庚子干支では、生月辰戌丑未支は雑気財官星また生月巳申丑酉支は印綬、また厚土地のエリアともに貴相また生月寅支で運歳の金水地で黄金冠紫恩衣の近侍官吏、また生月午支で運歳の西方地を巡り官位六品級、また運歳の子支揺地また壬子干支が作用して羊刃つまり窮状なのである。

また年少期が富裕でも三十五歳以降は辛艱するが、結局は大富裕また生月辛巳干支が不益で凶揺また生月辛亥干支は凶意、また生月甲子干支は刑揺するのである。

（張氏（法務官吏）は己卯年癸酉月であり／黄氏（侍郎官吏）は癸酉年乙卯月であり／李邦珍氏（評定官）は癸酉年己未月であり／楊午東氏（吏員）は甲戌年乙亥月であり／嚴清氏（長官／浙江省）は甲申年己巳月で某氏（北征士／平民）と同命相であり／張氏（首席進士）は甲子年乙亥月であり／葉夢熊氏（長官／賜嗣錦衣）は辛卯年庚寅月で王孫氏と同命相であり／袁宗道氏（會元～春宮坊）は庚申年己卯月であり／某氏（挙人）は戊午年戊午月であり／某氏（挙人）は甲寅年丁卯月であり／蕭遍氏（使節補佐官）は辛丑年戊戌月であった。）

壬寅日主で時柱庚子干支では貴相刑揺、また生月辰戌丑未支は雑気財官星また生月巳申酉支は印綬でともに貴相だが、生月乙亥干支は刑揺して不益また生月丁酉干支は祖元を破綻し、また生月乙巳干支は刑揺なのである。

（方獻夫氏（宰相）は乙巳年庚辰月であり／焦氏（侍郎官吏）は癸酉年甲寅月であり／薛天華氏（布政司）は庚午年己丑月であり／孫丕楊氏（長官）「原本傳」は壬辰年甲辰月であり／宋徳成氏（戊午科挙人）は庚辰年辛巳月であり／某氏（挙人）は乙亥年甲申月であり／饒氏（侍郎官吏）は壬戌年辛亥月であった。）

壬辰日主で時柱庚子干支では、もし生月寅午支では財星生旺また生月辰戌丑未支は官星生旺でともに吉兆なのである。

また辰支が作用して庚壬干が透出して「壬騎龍背格局」を造作して大貴相、また生月丙辰干支は非長寿かつ五体不備碍、また生月丁未干支は祖元破綻孤相また生月辛丑干支は刑揺衝破するのである。

（趙氏（首相）は庚辰年庚辰月であり／王氏（参与）は乙酉年甲申月であり／宋儀望氏（評定官）は甲戌年丙寅月であり／某氏（經魁士）は庚戌年戊子月であり／某氏（甲子科挙人）は己丑年戊辰月で戊辰年に卒され／某氏（富裕長寿者）は辛亥年戊戌月であり／孫鑛氏（會元）は壬子年丙午月であり／某氏（総務官）は壬寅年戊申月で八十九歳にて健祥／某氏（工科）は癸酉年壬戌月であり／某氏は癸酉年乙卯月であり／李楨氏（長官）は庚子年甲申月であり／某氏（進士）は辛亥年己亥月であった。）

壬午日主で時柱庚子干支では日時柱が併衝、また女系者が過多して男系者が些少、また生月丑未支で運歳の南方地を巡り富貴なのである。

また命局の年月柱でそれぞれの貴命相を看るべきで、生月甲午干支は刑揺して不益なので多見には否定的、また生月癸酉干支は衝破して他郷で客死また生月辛亥干支も凶揺するのである。

（徐緝氏（検事官）は辛酉年甲午月であり／某氏（検事官）は丁卯年己酉月であり／郭成氏（鎮護官）は戊子年己丑月であり／蔡季良氏（吏員）は乙卯年乙酉月であり／袁氏（封君子）宗道氏（會元）宏道氏（中道）は癸卯

年乙丑月でともに孫彭にて進士に合格され／莊朝賓氏（挙人）は丙寅年乙亥月であり／兪獻可氏（挙人）癸丑年壬戌月であり／宋堯武氏（進士）は丙申年庚寅月であった。）

壬申日主で時柱庚子干支は窮状、また生月未支は雑気財官星で運歳の旺財地を巡り貴相顕表して、先に艱難してのちに快易、また辰支旺水に際会して運歳の火土地を巡り吉相、また生月丑戌支は財星官星印綬三宝星にてともに吉相、また生月春冬季は平常底また生月秋夏季は吉慶だが、生月乙巳干支は刑揺また生月丁酉干支は非長寿、また生月乙亥干支は孤相衝揺するのである。

（夏邦謨氏（長官）は甲辰年丁丑月であり／趙氏（侍郎官吏）は壬午年乙未月であり／李鋭氏（進士）は己亥年戊辰月であり／某氏（進士）は己卯年乙亥月であり／陳萬言氏（学士院吏）は癸未年戊午月であった。）

壬戌日主で時柱庚子干支は非長寿、また生月丑支で運歳の金火地また生月辰未支で財官格局ともに貴相、また生月寅酉支で運歳の西北地を巡り貴相、また生月申子辰支で運歳の東南地で官位極品級また生月己酉干支は孤相にて不益、また生月丁亥干支は凶揺また生月辛丑干支は刑揺なのである。

（曾省吾氏（長官）は壬辰年壬子月であり／邢一鳳氏（三席進士）は庚午年戊寅月であり／某氏（進士）は乙丑年丙戌月であった。）

〔歌訣〕

舟船が海岸に、重複停船する局相では、
張帆を挙揚し、順風を待機するが、
幾度もの、凶険の当処に逢瀬して、
そこで吉兆に巡れば、また亨通するだろう。

〔歌訣〕

壬日干で、時柱庚子干支のときには、
干頭の偏印を劫財が、そこで搭載するため、
運歳の弱地では、また妻子の瑕疵を防ぎ、
運歳の強地では、自ら天賦の財帛爵禄なのだ。—

壬日主で時柱庚子干支では劫財偏印を留附するので、運歳の比肩劫財を巡り憂事が切迫し、また財帛爵禄が通関顕現し難く、また両親伴侶は失意し妻子とは際会が遅延し、すなわち円満と為り運歳の財星官星エリアで滔然と福分を携帯し、また祖業に従事して新規改変を成為するだろう。

六壬日辛丑時断

〔歌訣〕

六壬日干で、時柱辛丑干支のときには、
正官が印綬を、搭載する局相なので、
たとえば月気に通関し、運歳の西南地では、
官星佩印が扶身し、清秀の人命なのである。—

壬日主で時柱辛丑干支では、官星佩印の位相で壬干は己干を正官と見做し、また辛干を印綬と見做しまた丑支は土金質で暗に己干を支蔵するので、もし月気に通関すれば清秀の人命で爵禄貴相が安穏だが、逆に通関しなければ己主は異癖を帯びるだろう。

壬子日主で時柱辛丑干支では、生月巳酉丑支は印綬なので両親が多大に蔭護、また生月申支で運歳の火土地では権貴に近侍し、生月辰戌丑未支は官星佩印かつ動作曠達で名声が天涯まで伝播、また生月寅午戌支では財星が禄印星を破星して成局せず平常底、また年月柱亥申支は貴相なのである。

（管懐理氏（布政司）は丙辰年丙申月であり／張氏（給事中）は丁亥年戊申月であり／朱儼氏（監察官）は戊子年辛酉月であり／某氏（小貴人）は壬子年辛亥月であり／某氏（挙人）は丁卯年庚戌月であり／某氏（富裕者）は辛巳年甲午月であり／陳祖苞氏（参議）は丙戌年丙申月であった。）

壬寅日主で時柱辛丑干支では、生月丑支は雑気の印綬で高命、また生月辰巳支は偏官強旺で制効せず財星官星己身が微力ならば窮状するだろう。

（徐浦氏（給事中）は癸未年乙丑月であり／某氏（進士）は癸巳年己未月であり／符佶氏（県知事）は癸酉年乙丑月であり／王基仁氏（都察院）は丙申年辛丑月であり／孫丕揚氏（長官）「星案傳」は壬辰年甲辰月であり／董裕氏（長官）は丁酉年乙巳月であった。）

壬辰日主で時柱辛丑干支で、局相辰戌丑未支は雑気の財星また印綬

ともに吉相、また生月春季は平常底また生月夏季は財禄星、また生月秋季は吉相帯凶また生月冬季は身旺で運歳の南方地の方途で顕表するだろう。

（范文正氏（公侯）は辛丑年辛丑月であり／黄志淑氏（布政司）は辛丑年丙申月であり／潘旦氏（評定官）は丙申年辛丑月であり／秦鳴夏氏（修撰士）は戊辰年丙辰月であり／鄭洛氏（評定官）は庚寅年丁亥月であり／李天寵氏（評定官）は辛未年丁酉月であり／祝大舟氏（監察官）は戊戌年丙辰月で某氏（中書令）と同命相であり／某氏（進士）は甲子年丙寅月であり／耒宗道氏（礼部長官）は辛未年戊戌月であり／某氏（進士）は辛未年戊戌月であり／某氏（挙人）は戊戌年甲寅月であった。）

壬午日主で時柱辛丑干支では「禄馬同郷」の貴相、また生月夏季は吉相また生月秋季は財星官星印星が全備して貴相なのである。

（某氏（江蘇省憲長）は丙辰年丁酉月であり／張冕氏（検事官）は癸酉年戊午月であり／林湛氏（郡主）は己巳年癸酉月であり／林廷瑩氏（給事中）は戊辰年丁巳月であり／劉臺氏（監察官）は乙未年戊寅月であり／鄒元標氏（進士～長官）は辛亥年丁酉月であり／魏時春氏（江南刑部長官／江蘇省）は己丑年丁丑月で某氏（生員／江蘇省）某氏（四川省吏）と同命相であり／鄧以讃氏（會元三席進士～侍郎官吏）は壬寅年辛亥月であり／陳景行氏（皇族）は癸酉年庚申月で「固安伯」を拝封されたのである。）

壬申日主で時柱辛丑干支で、年月柱寅卯亥未支は進士の名誉で官位二品級に昇階するが結末は顛倒、また生月辰戌支は富裕充足また生月申酉支は自然に享用して運歳の北方地を巡り貴相なのである。

（鄭暁氏（長官博雅人）は己未年丙寅月であり／曹熙氏（大臣）は庚寅年丁亥月であり／許従誠氏（皇女）は丁酉年戊申月であり／柯維熊氏（進士）は丁未年庚戌月であり／某氏（任官吏）は戊申年甲寅月であり／某氏（公爵）は甲戌年壬申月であり／黄承玄氏（巡察官）は癸亥年辛酉月であり／練國氏（国政巡察官）は壬午年壬寅月であり／某氏（挙人）は己巳年戊辰月であり／某氏（刑務官）は丙辰年庚寅月であり／鄒元標氏（進士）は辛亥年丁酉月であり／劉臺氏（監察官）は乙未年戊寅月でまた生日壬午干支ともされたのである。）

壬戌日主で時柱辛丑干支で、生月辰支では財星官星を衝開して貴相また生月丑戌支は吉兆、また局中の乙癸干卯支は平常底なのである。

（何洛氏（中央軍官）は丙寅年戊戌月であり／楊氏（侍郎官吏）は乙酉年己丑月であり／某氏（主政司）は己未年辛未月であり／馮夢龍氏（梁長官封君子）は甲子年乙亥月であり／某氏（公侯）は辛酉年癸巳月であった。）

〔歌訣〕

時柱に官星佩印が、臨星する局相では、
また身弱ならば平常底であり、
そこで功名の顕揚を、また渇望するならば、
運歳の、財星官星を巡って栄昌するのだ。

〔歌訣〕

六壬日干で、時柱辛丑干支のときには、
官星佩印が相生し、事々奇瑞と為り、
生月午支で、さらに土金質が通関生旺すれば、
清貴の官職が決定し、移変は存在しないのだ。―

壬日主で時柱辛丑干支では局相財星官星印綬を附帯し、庫地を解鍵開錠して通関する必要があり、局相戊己干が火質に重複して巡相また癸乙干卯支は福分が逓減、また局相辰寅支の衝相を附帯しただ早晩に門風を改装、また恩典を任じて富貴またドラゴンに拝眉するだろう。

六壬日壬寅時断

〔歌訣〕

六壬日二で、時柱壬寅干支のときには、
局相水火質を帯び「既済」がテーマなので、
月令水木質に通関し、財禄星が貴相であり、
通関また応救が存在せず、平常底の人命である。―

壬日主で時柱壬寅干支では「水火既済」と為り、壬干は用途の丙干を偏財と見做しまた甲干を食神と見做し、また寅支蔵の丙火で甲干が生旺し壬水に精気が存在せず、もし水局に通関してみな貴相だが通関また応救が存在

せず福分が薄く、壬寅日主は健旺で己主は大富裕また月令に通関せずとも貴相なのである。

壬子日主で時柱壬寅干支では、年月柱子支が好作用して午支の衝破が存在せず「飛天格局」に該当して富貴、また年月柱寅卯巳申酉戌亥支はともに貴相なのである。

（方良永氏（長官）は辛巳年戊戌月であり／韓氏（評定官）は庚寅年乙酉月であり／劉氏（視察使）は辛酉年辛卯月であり／某氏（少卿吏）は壬子年丁未月であり／張氏（吏員）は己未年丙寅月であり／某氏（進士）は乙巳年丁亥月であり／某氏（県知事）は丁丑年乙巳月であり／李氏（太后）は丙寅年庚子月であり／某氏（皇族）は丁酉年壬子月であり／某氏（皇族）は庚寅年戊寅月であり／某氏（大貴人）は壬子年壬子月であり／孫鑛氏（會元～江南兵部長官）は癸卯年丙辰月であり／某氏（貢員）は辛巳年丙申月であり／某氏（公伯）は辛丑年戊戌月であり／某氏（進士）は癸巳年丁巳月であり／某氏（挙人）は庚子年庚辰月であった。）

壬寅日主で時柱壬寅干支では「六壬趨艮格局」で、厚土の方途かつ山水秀明で紫衣に黄金腰帯束して、年月柱己干亥支は三品級の武官職で厚篤純富なのである。

また生年寅支生月午支で運歳の北方地を巡り黄金冠紫恩衣、また生月巳支で運歳の西北地を巡り貴相、また局相辰戌丑未支は吉相また寅支が好作用してもっとも吉相、また中年期が貴相だが五十歳以降は難儀するだろう。

（王氏（宮中事務官）は戊午年丙辰月であり／陳氏（正卿吏）は丙申年丙申月であり／林氏（首席進士）は癸巳年甲子月であり／韓氏（評定官）は壬寅年壬寅月で某氏（巨富者）と同命相で一気生成であり／張機氏（進士）は壬午年戊申月であり／姚氏（州長官）は戊辰年丙辰月であり／某氏（挙人）は丁卯年甲寅月であり／張志發氏（刑部侍郎官～閣僚）は癸酉年甲子月で淄県の人物であり／某氏（大富者）は丙戌年乙未月であり／某氏（刑務官）は壬辰年甲辰月であった。）

壬辰日主で時柱壬寅干支では辰支が好作用して「壬騎龍背格」と為り、干頭に丙丁戊己干が存在せず運歳の比肩を巡り大貴相、また寅支が好作用して大富裕また生月卯戌支で運歳の木金地を巡り官位三品五品級の貴相、また生月午支は平常底なのである。

（方鈍氏（長官）は戊申年癸亥月であり／賀賢氏（検事官）は甲戌年辛未月であり／許穀氏（會元～侍郎官吏極富者）は甲子年戊辰月であり／楊道南氏（挙人）は辛巳年辛丑月であり／鄭澄氏（挙人）は丁未年丁未月であり／鄭希齋氏（進士）は乙丑年庚辰月であり／劉楚先氏（礼部長官）は甲辰年丁丑月であり／謝陞氏（宰相）は己卯年癸酉月であり／程國祥氏（侍郎官吏高品士）は己卯年丁丑月であり／林釬氏（三席進士～宰相）は癸未年壬戌月であり／某氏（監察官）は乙卯年癸未月であった。）

壬午日主で時柱壬寅干支では年少期に疾症し、また壬午日主は「禄馬同郷」で年月柱に辰寅支は官位二品級の貴相、また年月柱申酉支は高尚人物なのである。

もし木火気が通関すれば才覚名声が世表に冠たる貴相、また生月戌支で運歳の東南地を巡り極品級地方官なのである。

（盛端明氏（長官）は庚戌年丙戌月であり／某氏（首相）は庚寅年己丑月であり／段煉氏（郡主）は壬申年壬子月であり／胡儼氏（春宮吏）は甲辰年丙寅月であり／某氏（郡主）は辛未年庚子月であり／黄中氏（監察官）は辛酉年甲午月であり／沈思孝氏（常庶～侍郎官吏）は壬寅年辛亥月であり／丘預達氏（挙人）は戊辰年辛酉月であり／某氏（挙人）は戊戌年壬戌月であり／某氏は丁亥年壬子月であった。）

壬申日主で時柱壬寅干支では、生月巳酉丑支は三品級の武官職また生月辛干卯戌支は貴相、また子息は富裕大貴相または窮状が発症しても恒久ではないだろう。

（蔡天祐氏（侍郎官吏）は丙申年甲午月であり／馬世傑氏（郎中官）は辛亥年壬寅月であり／劉伊氏（進士）は壬辰年壬子月であり／某氏（進士）は辛卯年戊戌月であり／某氏（挙人）は乙酉年戊寅月であり／韓邦域氏（進士～州知事）は戊午年甲寅月であったのである。）

壬戌日主で時柱壬寅干支では、生月巳支は偏官格局で科挙合格表彰され己身が玉製の殿堂に鎮座し、また生月子支が好作用して官位三品級また生月寅卯支で運歳の北方地を巡り名声、また六壬日干で時柱壬寅干支では「太虚」と称して貴相だが恒久ではなく、また盛旺だが窮状が派生するのだ。

（閔如霖氏（侍郎官吏）は癸亥年辛酉月であり／楊氏（太卿吏）は甲子年丙子月であり／馬本初氏（参与）は壬寅年戊申月であり／顧叔龍氏（知事）は壬戌年壬子月であり／某氏（使節補佐官）は壬申年壬子月であり／易應昌氏（高司祭士）は戊寅年壬戌月であり／某氏（監察官）は庚戌年乙酉月であった。）

〔歌訣〕
壬日主で、時柱壬寅干支のときには、
官星が存在せず、また財星を附帯し、
局中に、寅辰支を重見併相するときは、
自ら天賦の富貴が巡るだろう。

〔歌訣〕
六壬干を寅支が搭載し、浮泡と見做すが、
富貴や功名を、渇望してはならないので、
局相「官星佩印」では上格局と為り、
財禄星が聚堆すれば、憂愁はしないだろう。—

壬日主で時柱壬寅干支では、比肩と食神が同相して兄弟伴侶が寡少で和合せず、ここで時柱干支を確定して運歳の官星地に巡り、身強ならば倫位超禄また衰身して刑衝して凶揺が侵相すれば、その衣禄は平常底の命相なのである。

六壬日癸卯時斷

〔歌訣〕
六壬日干で、時柱癸卯干支のときには、
時柱に死符し、威勢は安定し難く、
また劫財羊刃偏官傷官を夾擁するとき、
もし通関すれば、恒常なき命相と看るのだ。—

壬日主で時柱癸卯干支では、己身が死符して「刃」を搭載するのは、壬干は癸干を「刃」と見做しまた卯支蔵の乙干を傷官暗鬼と為し、卯支が癸干を搭載して旺乙干を生扶し、そこで壬干が身旺かつ月令に通関せず死符して救応、また通関が存在せず非長寿なのである。

また生月巳酉丑支で旺印星で制化が存在しなければ、性質は孤僻で虚詐してプライドが高く、また身旺で金気を帯び運歳の財地を巡り貴相、また傷官が傷尽して運歳の南方地を巡り貴相なのである。

壬子日主で時柱癸卯干支は、子卯支刑相すれば妻子を瑕疵するが、そこで貴人星を附帯すれば財帛盈充敦厚の命相なのである。

（某氏（使節補佐官）は乙丑年癸未月であり／林一陽氏（挙人）は丁卯年壬寅月であり／某氏（頭賊）は丙申年辛丑月であった。）

壬寅日主で時柱癸卯干支では、財禄星に敗背また興廃浮沈また年月柱子支は貴相、また生月巳支は財星官星でまた刑相だが貴相でもあり、局相辰戌丑未支では官殺星が羊刃を制伏してともに吉兆なのである。

（倪岳氏（長官名臣）は甲子年己巳月であり／張大韶氏（經歴）は己卯年丙寅月であり／某氏（解元）は丙子年戊戌月であり／某氏（都督）は癸巳年己未月であった。）

壬辰日主で時柱癸卯干支では、身旺で月令に通関して土金質が羊刃を破相して、運歳の財星地を巡り貴相なのである。

（田汝成氏（学府吏）は辛酉年庚子月であり／胡叔廉氏（給事中）は壬申年癸丑月であり／某氏（検事官）は乙卯年己卯月であり／某氏（太常卿）は甲辰年丁卯月であった。）

壬午日主で時柱癸卯干支では、壬干を午支が搭載して「禄馬同郷」と為り、また時柱卯支を帯び顕達栄貴また年月柱巳午支は名誉武職また生旺破相なのである。

（唐一麟氏（解元〜進士）は癸未年甲寅月であり／某氏（宰相）は己丑年丁卯月であり／某氏（教授）は丙戌年甲申月であり／呉牲氏（侍郎官吏）は己丑年丁丑月であった。）

壬申日主で時柱癸卯干支で、生月亥卯未寅支では傷官が傷尽して妻子賢孝、また厚土質は貴命また辰支が好作用して醫卜師、また生月子支は水木質の貴相なのである。

（李氏（太后聖母）は丙午年庚子月であり／眞徳秀氏（名儒士）は戊戌年壬

戊月であり／王象乾氏（兵部長官）は丙午年庚寅月で官途五十年であり／周廷侍氏（進士）は甲子年癸酉月であり／常儒甫氏（挙人）は辛丑年辛丑月であった。）

壬戌日主で時柱癸卯干支で年月柱甲癸干午酉支は文才貴相、また年月柱申支は平常底で運歳の火金地が貴相なのである。

（林世明氏（挙人）は丁亥年丁未月であり／兪大有氏（挙人）は乙亥年己丑月であり／某氏（百戸）は丁亥年辛亥月であった。）

〔歌訣〕

局相で、劫財傷官を附帯するときには、
早年から事態が沈埋するので、
原局に、財星を聚帯しなければ、
用星は作動せず、また巡相し復旧するのだ。

〔歌訣〕

壬癸干を併相し、卯支が搭載して貴相だが、
刑衝破害し、作用が完全ではなく、
月柱に、二徳貴人を帯びて身旺ならば、
凶禍が解消し、自然に祥楽するだろう。—

壬日主で時柱癸卯干支が臨星して財禄星に敗背当相し、恒常的に顛倒して事態が遅疑するので、そこで水気が東方位で失効して貴人星の応救があれば、己身の文才と福分は斎同し難く、祖元の財帛や血族が異動するので、この命主は先に窮状してのちに晩成する命相なのである。

六壬日甲辰時断

〔歌訣〕

六壬日干で、時柱甲辰干支のときには、
局相「壬騎龍背」が食神を搭載するので、
局相が通関し、刑衝が存在しなければ、
かならず栄華かつ、富貴の人命を肯定するのだ。—

壬日主で時柱甲辰干支では「壬騎龍背」と見做し、そこで壬干は甲干を食神と見做し辰支が水気合局し、壬水が甲干を生扶して食神が旺相するので月気に通関して富貴厚福、また生月冬季で運歳の卯支は不利益なのである。

壬子日主で時柱甲辰干支で、年月柱子支が好作用して「飛天禄馬」が破綻しなければ六長官級、また年月柱巳酉支は大貴相また年月柱亥支は貴相なのである。

（曹氏（長官）は壬子年壬子月であり／周氏（長官）は壬寅年壬子月であり／某氏（進士）は甲午年己巳月であり／某氏（挙人）は丙申年辛丑月であり／某氏（進士）は丁丑年庚戌月であり／某氏（挙人）は丁亥年壬寅月であり／陳大科氏（都察院）は甲午年辛未月であり／趙拱極氏（江南都督）は丙辰年戊戌月であった。）

壬寅日主で時柱甲辰干支で、生月巳支は偏官格局で衝破が存在しなければ貴相顕表また生月午支正官で貴相、また局相辰卯支で東方合局全備し年少期に科挙試験に合格して栄貴相、また局相が陥夾して窮状なのである。

（馬森氏（長官）は丙寅年庚子月であり／李詔氏（郡主）は丁酉年丙午月であり／黄希英氏（運使官）は乙卯年丁亥月であり／某氏（府副知事）は甲寅年丙子月であり／某氏（鎮護官）は癸卯年丁巳月であり／某氏（挙人）は辛丑年戊戌月であり／某氏（富裕者）は壬寅年壬寅月であり／袁貞吉氏（江南兵部長官）は庚寅年甲申月であり／劉若宰氏（首席進士）は乙未年甲申月であり／某氏（長寿者）は甲辰年丙寅月であった。）

壬辰日主で時柱甲辰干支で、生月辰支は「壬騎龍背」で大貴相また生月寅支は貴相ではなく富裕、また生月戌支は雑気財星で辰支庫を衝開して高命相なのである。

　また生月子支では葉根を断損して成敗不確定また生月未支で運歳の金水地は貴相、また水火気は災揺でやや孤相また局中に財星を帯びても衝揺すれば失効するのである。

（曹一鵬氏（常庶）は壬子年甲辰月であり／齊王氏（元帥）は戊辰年丁巳月であり／楊氏（宰相）は庚辰年丙戌月であり／韓氏（進士）は辛丑年庚寅月であり／劉氏（給事中）は戊寅年辛酉月であり／盧氏（運使官）は甲辰年丁卯月であり／沈氏（監察官）は庚辰年庚辰月であり／某氏（貴人）は

壬寅年壬子月であり／某氏（進士）は戊戌年戊午月であり／某氏（一品級太夫）は丙午年己亥月であり／某氏（富裕者）は丙寅年庚辰月であり／某氏は戊申年癸亥月であった。）

壬午日主で時柱甲辰干支では水火質が災揺し、また年月柱寅辰支は学府儒官吏また春長官級また年月柱子支が好作用して名声、また局相寅卯支で厚富裕また局相辰子支で儒学吏、また局相衝揺して窮状するだろう。

（陳節之氏（進士）は乙丑年庚辰月であり／盛古泉氏（少卿吏）は乙丑年丁亥月で子息が多く／某氏（吏員）は己未年癸酉月であり／某氏（解元）は丙申年壬辰月であった。）

壬申日主で時柱甲辰干支では水火質が災障、また年月柱丑寅支は文武両道の武権職、また局相子支が好作用して運歳の金火地では地方官なのである。

（周金氏（長官）は癸巳年丁巳月であり／李愷氏（使節補佐官）は丁巳年辛亥月であり／楊大年氏（使節補佐官）は辛亥年戊戌月であり／姚文炤氏（進士）は乙卯年己丑月であり／周氏（参与）は辛未年庚子月であり／徐學古氏（使節補佐官）は丁酉年戊申月で運歳癸卯干支年歳辛巳干支に卒され／某氏（甲部合格士）は丁酉年庚戌月であり／某氏（挙人）は癸亥年癸亥月であり／某氏（解元）は己巳年壬申月であり／朱希忠氏（成國公）は丙子年丁酉月で時柱辛亥干支ともされたのである。）

壬戌日主で時柱甲辰干支で生月寅申酉支で運歳の南方地を巡り貴族、また年月柱亥卯未申子辰巳午支はともに吉兆また財星を帯びて孤相なのである。

（李氏（郡主）は丙子年庚子月であり／謝氏（郡主）は乙酉年甲辰月であり／陳祥麟氏（進士）は辛亥年辛卯月であり／王繼祖氏（鎮護官）は戊辰年甲子月でまた時柱申支で富裕ともされ／王際亨氏（丁丑科進士／南和令）は丙午年己亥月であったのである。）

〔歌訣〕

局中に「壬騎龍背」を位相するときには、
自然に禄支馬支が、また豊厚と為り、
局相に辰支が併相し、また官禄星が重堆し、
局相に寅支を併相し、晋官石崇氏に並ぶ富裕である。

〔歌訣〕

壬日干で、時柱甲辰干支のときには、
喜神が重堆し、福分多端と為り、
早晩にタイミングが巡り、功名が成就し、
運歳で申辰支に巡り、官吏に着任するだろう。—

壬日主で時柱甲辰干支は好相、また「青竜入廟」と称して高命相と見做し、なおニンニク類をヨモギ群から採取、また水木質が滋生栄昌また日時柱を衝揺して旺庫するので、自然に居処が成就して運歳の吉地を巡り英豪傑、また貴相が顕彰するので親近者が和悦し難いのである。

六壬日乙巳時斷

〔歌訣〕

六壬日干で、時柱乙巳干支のときには、
己身が絶気し、財星を帯びても聚堆せず、
鬼殺を深蔵し、夾剋が進捗するとき、
局相己干が透り、刑相窮状を肯首するのだ。—

壬日主で時柱乙巳干支では絶身旺財また壬干は用途の丙干を偏財と見做しまた戊干を偏官と見做しまた庚干を偏印と見做し、また巳支が乙干を搭載して傷官と見做して丙戊干が健旺、また庚金が長生また壬水が絶気して局中に己干正官を附帯し傲慢でプライドが高く凶揺なのである。

もし月令に通関せず身旺でなく救応が存在しなければ窮状、また通関して身旺また運歳の身旺地を巡りみな吉兆なのである。

壬子日主で時柱乙巳干支は、貴相だが妻子の難儀と見做してその性格は剛強また撃揺を被らず、また年月柱戌支では偏官を制効し運歳の木金地を巡り官位は三品級に昇階するだろう。

（方良節氏（布政司）は甲申年甲戌月であり／某氏（侍郎官吏）は甲戌年甲戌月であり／汪相氏（進士）は癸酉年乙卯月であり／夏範氏（中書令）は

庚午年壬午月であり／劉存業氏（次席進士）は庚辰年戊子月であり／某氏（州知事）は庚戌年乙酉月であった。）

壬寅日主で時柱乙巳干支では孤相高命で妻子を傷剋するが、たとえば道仏士のケースは富裕貴相なのである。

（某氏（使節補佐官）は戊寅年壬戌月であり／某氏（庶務官）は戊寅年甲寅月であり／陳于陛氏（宰相）は乙巳年己丑月であり／王思善氏（辛丑科進士）は壬申年丙午月であったのである。）

壬辰日主で時柱乙巳干支では、生月春季は平庸また生月夏季は財帛、また生月秋季は平穏質実また生月冬季で救応が存在せず己主は窮状の命相なのである。

（周孟氏（長官）は癸未年辛酉月であり／陳京氏（進士）は甲寅年甲戌月であり／彭文質氏（挙人）は甲申年己巳月であり／某氏（知事長寿者）は乙巳年戊子月であった。）

壬午日主で時柱乙巳干支で生月辰戌支は貴相、また生月亥支で運歳の金地エリアで官位は都帥級に昇階するだろう。

（敖銑氏（春官吏）は甲辰年戊辰月であり／某氏（監察官）は癸酉年戊午月であった。）

壬申日主で時柱乙巳干支では、己身を長生学堂が搭載また財帛が盈虚また名利に奔馳、また生月未支で運歳の北方地を巡り貴相、また生月辰戌丑支ともに吉兆だが手足を瑕疵して自損するのである。

（張氏（元帥）は丙辰年庚寅月であり／夏漢壽氏（評定官）は癸未年辛酉月であり／某氏（長官）は辛亥年戊戌月であり／葉寛氏（参与）は甲戌年癸酉月であり／傅卿氏（進士）は庚午年丙戌月であり／某氏（挙人）は己亥年戊辰月であり／陶大年氏（使節補佐官）は癸丑年乙丑月であった。）

壬戌日主で時柱乙巳干支で、年月柱寅支は「日徳格」に入格して貴相また年月柱辰戌丑未支は貴相、また生月秋季は印星郷また生月夏季は財星官星ともに吉相、また生月春季は傷官また生月冬季は生旺、また透干星を看てまた貴相に取用するべきなのである。

（鄭主敬氏（進士）は乙酉年庚辰月であり／呉宗器氏（県知事）は丙戌年甲午月であり／黄珠氏（挙人）は丁未年壬子月であり／某氏（進士）は丙申年丁酉月であり／趙參魯氏（常庶〜典史〜長官）は丁酉年癸丑月であった。）

〔歌訣〕

壬日主で、時柱乙巳干支の局相のときには、
局中に官星を、附帯してはならず、
もし官星を帯び、防備に不足するので、
衝害が、事々多端と為るであろう。

〔歌訣〕

壬日主で、時柱乙巳干支が臨むときには、
未だに併臨せずに、沈吟すると見做し、
また財官星が生旺し、貴人が推挙するが、
そこで子嗣とは、一心同体すると見做さないのだ。—

壬日主で時柱乙巳干支が併臨して「傷官背禄」を取用せず、天乙貴人の生扶を肯首するが貴相顕表の可否ではなく渇望して顛倒、また恒常的に事実が虚質と為りタイミングが巡り発揚し、集落を改装するのは涸苗が慈雨を潤得するようなものである。

六壬日丙午時斷

〔歌訣〕

六壬日干で、時柱丙午干支のときには、
聚堆財星を、また胞胎符が搭載するので、
月令に金水質を附帯し、富貴と見做すが、
そこで棄命従象し、財星がポイントなのである。—

壬日主で時柱丙午干支では「禄馬三奇」と称し、壬干は己干を正官と見做しまた丙丁干を財星と見做し、午支蔵の丁己干を禄馬と肯定また壬水が胎符かつ月令金水気に通関、または財星をポイントに棄命従財してともに己主は富貴、また火気に通関して貴相なのである。

壬子日主で時柱丙午干支では公直を堅持して孤高にて貴相、また年月柱

子午支を重見して「水火既済」にて極品級また旺盛だが妻子を瑕疵するのである。

（黄氏（郡主）は壬辰年乙巳月であり／某氏（大貴人）は丙午年壬子月であり／某氏（女命）は戊戌年癸亥月で夫子ともに進士合格され／某氏（挙人）は己酉年乙亥月であった。）

壬寅日主で時柱丙午干支で、生月寅午戌支は財星格局だが身弱が不益で道仏士が吉兆、また生月秋季は印綬星また生月冬季は身旺で運歳の金火地を巡り黄金冠紫恩衣に相当するのだ。

（周氏（侍郎官吏）は辛酉年庚子月であり／劉汝南氏（解元）は癸亥年乙卯月であり／何如寵氏（宰相）は辛未年辛丑月であり／某氏（知事）は乙卯年乙酉月であった。）

壬辰日主で時柱丙午干支で、生月寅午戌支は旺財で大貴相なのである。

（某氏（長官）は戊辰年乙丑月であり／羅任智氏（挙人）は己巳年癸酉月であり／陳文燭氏（参与）は丙申年壬辰月であった。）

壬午日主で時柱丙午干支で、生月冬季は身旺吉相また生月夏季は多財身弱、また生月丑支は貴人に近侍また生月寅午支で運歳の金土郷は、干星微弱だが従強なので棄命従財して高命相なのである。

（袁煒氏（會元～三席進士～宰相）は戊辰年癸亥月であり／林冕氏（郎中官）は己巳年己巳月であり／譚杲氏（検事官）は庚辰年丁亥月であり／某氏（首相）は丙午年庚子月であり／某氏（郡主）は丁亥年壬子月であり／某氏（指揮官巨富者）は乙亥年壬午月であった。）

壬申日主で時柱丙午干支では月令金水気に通関して貴相、また通関せず棄命従財して己主は富裕さもなくば窮状格なのである。

（温如璋氏（評定官）は乙亥年己丑月であり／某氏（進士）は癸巳年庚申月であり／劉氏（中書令）は丁亥年戊申月であり／某氏（富裕者）は丙午年癸巳月であり／某氏（富裕者）は壬戌年丙午月であった。）

壬戌日主で時柱丙午干支で、生月寅支は「三合財局」と為り棄命従象して富裕、また生月秋季は通関して貴相また生月冬季は吉相なのである。

（黄初氏（次席進士）は丁酉年戊申月であり／廖逢時氏（評定官）は己卯年戊辰月であり／史弘詢氏（州知事富裕者）は戊辰年庚申月で子息も貴人であり／沈紹代氏（検事官）は辛巳年庚寅月であり／某氏（挙人）は乙亥年己卯月であった。）

〔歌訣〕
局中に「禄馬同郷」を附帯するときには、
身強ならば、財帛爵禄が隆昌と為り、
一般人ならば、能く福分を発揚し、
君子ならば、また朝廷堂廟に尊座するだろう。

〔歌訣〕
壬日主が旺強で、時柱丙午干支を併相するときは、
時柱の禄馬支とは、特異で尋常ではなく、
運歳の吉郷を巡り、また衝破が存在しなければ、
早晩に省庁堂閣に、及第して栄転するだろう。—

壬日主で時柱丙午干支では「禄馬同郷」と称し、とりわけ「既済」の象相で文章力を拝見すれば志気軒高海容なので、局相で刑衝破害を附帯せず自然に財禄が満載し、また運歳の財旺エリアまた官星エリアを巡り、決定的に朝廷での宰相級を肯定するのだ。

六壬日丁未時斷

〔歌訣〕
六壬日干で、時柱丁未干支のときには、
夫星が妻星に従化し、格局は奇瑞と為り、
もし局相に、水木質が通関するときには、
財帛福分が発揚し、双方とも好相なのである。—

壬日主で時柱丁未干支では夫星が妻星に従化、つまり壬丁干合で未支とは木気局なので貴相、またもし木気が月令に通関すれば財神を発揚、また通関せずともにただ資助が存在して妻君に因り富裕堆積するだろう。

壬子日主で時柱丁未干支では、木気が月令に通関して貴相また金気が通関して富裕、また火土気が通関して富貴双全また通関せず運歳の火土地を

巡りまた吉兆なのである。

（王氏（首席進士）は壬辰年辛亥月であり／趙氏（節度使）は丁酉年壬子月であり／呉恕氏（州知事）は丙申年丙申月であり／某氏（挙人）は庚寅年壬午月であり／某氏（貢員）は戊子年乙丑月であった。）

壬寅日主で時柱丁未干支では丁壬干合化木して、生月亥卯未寅支は貴相なのである。

（彭洞氏（進士）は庚子年己卯月であり／陳艮山氏（県知事）は戊寅年甲寅月であった。）

壬辰日主で時柱丁未干支で、生月辰支は局相「壬騎龍背格局」で貴相顕表、また生月寅支は妻子が栄昌、また局相三合水局して身旺にて倚処が存在せずおおむね窮状して妻女を瑕疵するのである。

（張傑氏（監察官）は癸巳年辛酉月であり／馬思聰氏（進士）は壬午年丁卯月であり／楊國本氏（州知事）は甲午年乙亥月であった。）

壬午日主で時柱丁未干支では、生月春季は平庸また生月夏季は富裕、また生月秋季は貴相また生月冬季は吉相で年月柱巳午支では爵位は王侯級に昇階、また生月未支で運歳の東方地は貴相また生月子支は「正印三奇」と称し、ともに貴気を伏蔵して極品級に相当するのである。

（楊一清氏（宰相名臣）は甲戌年丙子月であり／某氏（郎中官）は乙亥年癸未月であり／鄭登高氏（進士）は壬子年壬子月であり／某氏（富裕者）は庚午年壬午月であり／某氏は壬申年壬寅月であり／某氏（賜官位）は戊戌年乙丑月であった。）

壬申日主で時柱丁未干支では大富裕、また年月柱巳午支また戊己干が透干して富貴双全なのである。

（某氏（左監丞）は乙卯年乙酉月であった。）

壬戌日主で時柱丁未干支は「日徳」で、妻君が褒賞され子息が蔭護されるが、中年期に妻子を瑕疵また生月亥子申酉支は貴相、また生月巳午支は貴相ではなくすなわち富裕、また生月辰支は天月二徳貴人なのである。

（劉斯潔氏（長官）は己卯年戊辰月であり／李氏（参与）は丁丑年甲辰月であり／某氏（挙人）は丁丑年癸卯月であり／厲汝進氏（給事中）は己巳年丙子月であり／朱道瀾氏（進士）は丙午年丙申月であり／某氏（貴人）は辛卯年丙申月であり／某氏（長吏）は丁卯年壬子月であり／某氏（挙人）は丙子年乙亥月であった。）

〔歌訣〕
些少に征往し、多大に巡相する局相では、
家門が漸次に興昌するので、
一朝廷にて、運途のタイミングが至るときは、
自然に、名利が成就するだろう。

〔歌訣〕
壬日干で、時柱丁未干支が併臨するときには、
木気が成林へと変容するので、金質が不益と為り、
もし年月柱にかえって破損が存在しなければ、
かならず富貴を顕示し、深度の福分なのである。―

壬日主で時柱丁未干支が臨むとき、とりわけ妻財星を暗合また丑戌支の解鍵開錠を由しとし、多量の銭貨財帛を収蔵戴堆するので、年月柱に衝破が侵犯せず天賦の衣糧爵禄を整然安置するが、早年期から子息が乖背して一心同体ではなく、中年期でも安泰に亨通するだろう。

六壬日戊申時断

〔歌訣〕
六壬日干で、時柱戊申干支のときには、
長生地が偏官を、搭載するので被傷し、
身強で偏官を制効し、高命相と為り、
これに背反し、決定的に窮状の人命と知るのだ。―

壬日主で時柱戊申干支では水土質が混濁するので、壬干は戊干を偏官と見做しまた庚干を偏印と見做し、また申支蔵の庚金が健旺して壬水が長生、また戊土は偏官また身殺両強するので狼勇の人命と見做すのである。

もし月令に通関生旺して運歳の身旺地を巡り、甲干食神が制効して貴相また通関しなければ聡明だが貴相ではなく、ふたたび運歳の旺殺地に巡り

顕達は難儀なのである。

壬子日主で時柱戊申干支では「羊刃帯殺」かつ貴人と提携、また年月柱巳午支は権威者に近侍するだろう。

（史際氏（少卿吏富裕者）は乙卯年甲申月で江南の秀才であり／傅好禮氏（使節補佐官）は丙午年戊戌月であり／呉昭氏（使節補佐官）は甲戌年丁亥月であり／郭端氏（監察官）は己丑年乙亥月であり／某氏（大貴人）は丁巳年戊子月であり／某氏（都官吏）は丙申年乙未月であった。）

壬寅日主で時柱戊申干支では、日時柱が衝相して孤身するので道仏士で吉兆と見做し、たとえば局相寅午戌支また年月柱辰支併相してまた貴相なのである。

（梁震氏（鎮護官名将）は丁未年丁未月であり／呉遠氏（評定官）は戊寅年甲寅月であり／李氏（知事）は丙戌年庚子月であり／胡氏（参与）は丙辰年甲午月であり／翁氏（監察官）は辛亥年壬辰月であり／某氏（皇女）は乙未年癸未月であり／某氏（監察官）は乙卯年甲申月であり／周憲氏（吏員儒士）は乙酉年己卯月であったのである。）

壬辰日主で戊申干支で、生月戌支では早年に科挙試験に高位合格し地方官に昇階、また年月柱寅卯丑申子午支などは極貴相で一品級の武官職なのである。

（劉文靖氏（公侯名臣）は癸丑年乙卯月で健祥であり／曹金氏（侍郎官吏）は戊寅年庚申月であり／張松氏（総務官）は甲戌年壬申月であり／某氏は戊戌年甲子月で四十五歳で卒され／張問達氏（長官）は己酉年甲戌月であり／某氏（部郎官）は辛亥年甲午月であった。）

壬午日主で時柱戊申干支では「偏官佩印」して生月亥卯未寅支は権威者、また生月子丑支で運歳の木火地では清貴相の学士院吏、また生月戌支で運歳の東南地を巡り高位人品なのである。

（張秉壷氏（侍郎官吏）は丙寅年辛丑月であり／某氏（戸部）は辛未年丙申月であり／林大欽氏（壬辰科首席進士）は辛未年庚子月で丁酉年に卒され、某氏（挙人）と同命相であり／翁氏（鎮護官）は丙子年庚子月であったのである。）

壬申日主で時柱戊申干支では、壬水を申支が搭載長生して身強旺殺、また生月亥卯未支では偏官を制効して吉兆なのである。

（董堯封氏（評定官）は丁亥年癸丑月であり／某氏（侍郎官吏）は癸卯年壬戌月であり／某氏（視察使）は戊子年丁巳月であり／某氏（挙人）は壬申年丙午月であり／某氏（貴人）は壬申年甲辰月であり／某氏（武科状元）は甲子年己巳月であった。）

壬戌日主で時柱戊申干支では、窮状だが局相酉支が好作用し巨富者、月令に身旺通関せず旺殺エリアに巡り不吉相だが甲干食神が制効して肯首、また局相戊己土が堆積して己主は視覚碍で平常底なのである。

（舒汀氏（監察官）は戊午年甲子月であり／皇甫鍾岳氏（挙人）は庚辰年壬午月であり／成徳氏（進士～部郎官）は庚子年庚辰月であり／宣國柱氏（庚辰科進士）は癸巳年癸亥月で当年合格したが辞退され／某氏（背政者）は己未年丁卯月であった。）

〔歌訣〕

壬日干で、時柱申支のときには、
身旺ならば、窮状の士ではなく、
大名声が科挙合格に通達するが、
そこで財星官星が発揚し、ピンチに際会するのだ。

〔歌訣〕

天干壬戌干支で、時柱申支を併臨するときには、
運歳で財星官星を控除し、自ずと福分と為り、
衰身旺殺し、救応が存在しなければ、
恒常的に過労し、周域へ全備しないだろう。—

壬日主で時柱戊申干支で顕表、また局相旺殺併相してまた局相辰子支が併相かつ有益にて錦衣吏のテーマに際会し、そこで被害刑衝夾交とりわけ福分文才は艱難で、運歳の吉地を巡り紫衣娼妓が好際会、また富貴にて妻女が重複かつ子息が健祥するのである。

六壬日己酉時斷

〔歌訣〕
六壬日干で、時柱己酉干支のときには、
正官を明見、また印綬を暗蔵して扶相し、
身旺で月令に通関し、清貴の人命だが、
なお酒色に貪恋し、窮状を畏れるのだ。—

壬日干で時柱己酉干支では「敗処逢生」と称し、壬水を酉支が搭載沐浴して辛干を印綬の生扶と見做し、酉支蔵の旺辛金また酉支が己干を搭載明見するのである。

もし月令に通関して運歳の財官星を巡り貴相だがこれに反して平常底、また命相が桃花煞を侵犯して風流の人物で酒色に貪恋するのである。

壬子日主で時柱己酉干支で、生月春季は平常底また生月夏季は吉相、また生月秋季は平常底また生月冬季は生旺、たとえば生月卯支では酒色を愛好するのである。

（呉阿衡氏（侍郎官史）は戊子年甲子月であった。）

壬寅日主で時柱己酉干支は大富貴また水気が通関して有益で、運歳の官星地を巡り貴相だが酒色を愛好する風流の人物なのである。

（孫氏（首席進士～宰相）は甲辰年甲戌月であり／林應節氏（挙人）は癸未年乙丑月であり／呉正郎氏（挙人）は己未年丁丑月であった。）

壬辰日主で時柱己酉干支は高命相、また月柱が日柱と同干支で「壬騎龍背」と為れば大貴相、また生月巳支が運歳の東北地を巡り貴相なのである。

（高昭氏（挙人）は丁未年癸亥月であり／趙堂氏（典膳官）は己未年乙亥月で子息五人は大富裕であり／某氏（進士）は乙未年丙戌月であり／呂坤氏（長官）は丙申年戊戌月であった。）

壬午日主で時柱己酉干支は「禄馬同郷」にて先に艱難してのちに快易、また生月丑寅支で運歳の金水地を巡り二品級の武官職だが、祖元を破綻して凶揺なのである。

（桂蕚氏（挙人～宰相）は戊戌年壬戌月であり／林氏（使節補佐官）は丙申年己亥月であり／某氏（貴人）は癸巳年己未月であり／程軏氏（侍郎官史）辛酉年庚寅月であり／龐尚鵬氏（評定官）は丁丑年辛亥月また乙酉年丁亥月ともされたのである。）

壬申日主で時柱己酉干支では「官印臨門」と称し、局相に衝破が存在せず「禄馬双全」にて貴相でなくすなわち富裕、また生月戌支で運歳の東南地の方途にて紫恩衣腰帯黄金束するのである。

（李邦噐氏（魁元）は壬午年丙午月であり／劉殿撰氏（首席進士）は壬申年己酉月であり／陳思育氏（春官史）は甲午年己巳月であった。）

壬戌日主で時柱己酉干支で、生月亥寅子支で運歳の財官星を巡り常軌を逸して貴相が顕彰、また生月亥支が好作用して文才貴相なのである。

（趙賢氏（長官）は甲午年丙寅月であり／陳于魯氏（挙人）は戊子年丁巳月であり／某氏（挙人）は己卯年丙寅月であった。）

〔歌訣〕
局相で、官星佩印が臨門するときには、
衝揺が存在せず、福分爵禄を全備するので、
まず東方位また西方位で、その承意が叶い、
そこで南方位また北方位で自然に安泰なのである。

〔歌訣〕
壬日干で、時柱酉支が真実と為れば、
凶禍を改刷し瑞祥すれば、貴人に際会し、
もし官途でなくとも、品級位を封贈されるので、
晩年に福分を享受し、家門が盛旺するのだ。—

壬日主で時柱己酉干支では正官佩印（綬）で偏星せず、そこで縁故により栄枯や貴賤にて自ら人生の利便を見成、また局相で乙癸干卯支が夾交すれば財官星が駁雑と遁滅、また右往左往して富貴双全せずそこで述懐するならば、生時柱とは論述し難いものなのである。

六壬日庚戌時断

〔歌訣〕

六壬日干で、時柱庚戌干支のときには、
己身を財庫が搭載し、かえって障碍と為り、
庚干を明見また、戌支を暗蔵して夾交を相し、
恒常的に財帛爵禄が、多大に聚散するのだ。―

壬日干に時柱庚戌干支では偏印を財庫が搭載するので、壬干が丙丁干を戌庫が支蔵して財気と見做し、また庚干を偏印と見做しまた戊干を偏官と見做すが、もし月令木火気に通関して貴相また通関せず財帛聚散するのである。

壬子日主で時柱庚戌干支では名利が一進一退、また年月柱庚辛干は貴相また局相辰丑支は刑揺、また生月酉支は揺害また財庫が用途のとき、局相巳午支財官星ともに生旺して吉兆なのである。

（呉仕典氏（郡主）は乙巳年庚辰月であり／劉芬氏（進士）は乙酉年己丑月であり／黄氏（指揮官）は甲辰年丙子月であり／某氏（指揮官）は丙申年辛丑月であり／某氏は辛丑年庚寅月であった。）

壬寅日主で時柱庚戌干支では、妻子を傷剋また生月春季は平庸、また生月夏季冬季は吉相また生月辰丑未支は貴相なのである。

（某氏（郡主）は庚戌年己丑月であり／某氏（布政司）は戊戌年甲子月であり／沈幾氏（解元～進士～州知事）は戊子年壬戌月であった。）

壬辰日主で時柱庚戌干支で、生月夏季は富裕ではなくすなわち貴相また生月春季は平庸、また生月秋季は平穏また生月冬季は勤労辛苦または道仏士と見做し財神が衝揺するのである。

壬午日主で時柱庚戌干支は「禄馬同郷」で壬日干を禄馬が搭載、また庚辛干が甲乙干を制効して貴相また年月柱辰戌丑未支は吉相、また生月申支は学堂で文彰貴顕また局相亥子支は旺水なので壬干が透干して己主は凶揺、また局相午戌支で戊干が透出して旺殺にて凶揺、また駁雑と名利が一進一退するのである。

（張守直氏（長官）は乙亥年甲申月であり／某氏（首相）は丙戌年壬辰月であり／某氏（侍郎官吏）は戊子年壬戌月であり／某氏（県知事）は壬辰年辛亥月であり／某氏（都督）は戊子年乙丑月であり／某氏（裸一貫成家）は丁卯年辛亥月であった。）

壬申日主で時柱庚戌干支は、月令木火気に通関して富貴また通関せず運歳で通関したとき好相、また年月柱丑戌支は大貴相なのである。

（馬如松氏（進士）は丙子年丁酉月であり／胡頤氏（尚寶丞）は丁酉年戊申月で富裕長寿者であり／某氏（進士）は癸巳年甲子月であり／蔡茂春氏（會元／福建省三河県籍）は丙戌年辛丑月で、某氏（江蘇省生員）と某氏（江南僧侶）と同命相であり／某氏（鎮護官）は戊申年戊午月であった。）

壬戌日主で時柱庚戌干支は妻女に不利益、また己主は妻妾被害また成敗顛倒し胡族に従順して貴顕、また生月寅丑支は武職級また生月申支は長生学堂で文才貴相で多大に修養し、また生月亥支は建禄で財星官星が透出また生月卯支は傷官で財星が透干してともに貴相、また生月未支は雑気財官星また生月丑戌支は刑揺して吉兆なのである。

（黄相氏（郡主）は丙戌年庚寅月であり／宋大勺氏（郡主）は戊辰年庚申月であり／蘇繼氏（郡主）は辛未年丙申月であり／尹秉衡氏（鎮護官）は丙戌年己亥月であり／張氏（尚寶丞）は己未年甲戌月であり／黄氏（守衛兵）は戊戌年己卯月であり／某氏（進士～県知事）は丙午年己亥月であったのである。）

〔歌訣〕

局相の清濁とは、また分類し難く、
拙運などでもタイミングが巡れば、
年少でも、福分が発揚するように、
財庫を解鍵開錠することである。

〔歌訣〕

壬庚干併相し、時柱戌支が搭載するときは、
庫支蔵の財星官星を、閉鎖深蔵するので、
そこで財官星が透干せずに、多大に顛倒し、
功名は浮雲のようにで、到底ムリであろう。―

壬日主で時柱庚戌干支では局相の偏印を任用し難く、財星官星印綬を庫支蔵に深蔵するとき、解鍵が存在しなければ取用に不可能また局相丑酉辰支は福分を造作、さらに局相に丁己干を擁して名声を成為するが、ただ刑衝夾交を畏れて雑然平常底の命相なのである。

六壬日辛亥時斷

〔歌訣〕

六壬日干で、時柱辛亥干支のときには、
印綬建禄支が併相し、もっとも奇瑞と為り、
局中に、財星官星や衝破が存在しなければ、
青雲を直上得路し、また果報するだろう。―

壬日主で時柱辛亥干支では、日干が時柱に帰禄するので衝破が存在せず、通関して局中に財星官星を附帯しなければ顕達して富貴、また運歳の東方地を巡り大貴相だがもし通関すれば福分が逓減、また運歳の南方地は貴相ではないが巨富者なのである。

壬子日主で時柱辛亥干支では己主の両親は結末が不善だが、そののち発揚するが富裕でた戊己干のケースは財帛を帯びるだろう。

（何洛文氏（教官）は丙申年辛丑月であり／范愛衆氏（監察官）は癸巳年壬戌月であり／李氏（太尉）は庚寅年壬午月であり／饒景暉氏（江南兵部～侍郎官吏）は癸丑年壬戌月であり／某氏（進士）は壬子年壬子月であり／某氏は丁卯年壬寅月であり／某氏は甲辰年丙寅月であった。）

壬寅日主で時柱辛亥干支では艱難ののち発揚、また生月未支は雑気財官格で敦厚にて中年期が貴相、また五十歳ののち結末し生月亥支で運歳の東南地を巡り地方官級なのである。

（李璣氏（長官）は己未年丙子月であり／凌相氏（評定官）は乙未年庚辰月であり／宋宣氏（参与）は己卯年辛未月であり／黄泮氏（監察官）は己卯年甲戌月であり／周大謹氏（進士）は丁酉年乙巳月であり／某氏（挙人）は乙巳年乙酉月であり／某氏（都察院）は丙戌年甲午月であり／某氏（郎中官）は己卯年乙亥月であった。）

壬辰日主で時柱辛亥干支は秀才貴顕だが凶揺し、また生月午支で干頭に己干が存在せず青雲を直上得路、また甲干合を附帯して官星を控除して偏官を留位するので、官位三品四品級の貴相また生月酉支も貴相なのである。

（蔡氏（魯公）は丁亥年壬寅月で同命相の某氏（十九歳）が卒され／趙王氏は己未年乙亥月であり／顧氏（侍郎官吏）は甲申年乙亥月であり／某氏（長吏）は己酉年乙亥月であり／蘇志皐氏（評定官）は丁巳年辛亥月であり／張大韶氏（郡主）は辛卯年辛卯月であり／張志淑氏（解元）は己巳年丁卯月であり／郜光先氏（侍郎官吏）は癸巳年乙丑月であり／王學夔氏（長官）は壬寅年戊申月で九十三歳の長命であり／某氏は己卯年丁丑月であり／某氏は甲戌年乙亥月であり／某氏（部郎官）は己丑年乙亥月であった。）

壬午日主で時柱辛亥干支は平庸、また生月丑支は名声また生月寅支は「禄馬同郷」で運歳の金水地を巡り地方官、また生月戌支は運歳の東北地で官位四品五品級、また生月丑午支は官命道仏士の命相なのである。

（朱希周氏（首席進士～長官）は癸巳年己未月であり／潘晟氏（次席進士～長官）は丁丑年丁未月であり／賈氏（長官）は己未年乙亥月であり／劉氏（学府士）は丁亥年己酉月であり／陳宗慶氏（検事官）は乙丑年己丑月であり／某氏（挙人）は乙卯年己丑月であり／翁洪氏（吏員）は戊子年丙辰月であり／某氏（給事中）は壬午年庚戌月であり／劉庭蘭氏（進士）は戊申年壬戌月であり／某氏（進士）は己巳年甲戌月であり／鄒元標氏（長官）は辛亥年丁酉月であり／褚太初氏（検討）は退陣され／某氏（甲部合格士）は庚戌年丙戌月であり／某氏（京卿吏）は壬子年辛亥月であり／王佐氏（侍郎官吏）は庚申年戊子月であった。）

壬申日主で時柱辛亥干支は貴相、また局相辰戌丑未支は雑気財官格で吉相、また年月柱に己土が透干せず「日禄格」に該当、また生月酉支生年申卯支で運歳の東北地を巡り貴相が顕彰するのである。

（劉安峰氏（長官）は壬申年丙午月であり／徐南湖氏（監察官）は乙卯年辛巳月であり／張王氏（監察官）は乙丑年癸未月であり／陳玠氏（都察院長～司祭士／江蘇省）は丙子年丁酉月で某氏（南京庶民）と同命相であり／

周大有氏（監察官）は甲子年乙亥月であり／劉詢氏（給事中）は己巳年甲戌月であり／蕭鳴鳳氏（進士）は庚子年壬午月であり／某氏（吏員）は庚辰年己卯月であり／某氏（侍郎官吏）は辛酉年丁丑月であり／某氏（挙人）は辛未年壬辰月であり／某氏（挙人）は庚戌年己丑月であり／楊啓元氏（編修侍郎官吏）は丁未年庚戌月であった。）

壬戌日主で時柱辛亥干支は年少期に富貴、また年月柱亥申巳戌支は官位一品二品級の貴相、また局相戌支が好作用し運歳の水火地は黄金冠紫恩衣級なのである。

（胡錠氏（侍郎官吏）は甲午年丙寅月であり／黄養蒙氏（侍郎官吏）は癸亥年乙丑月であり／朱庭立氏（大理寺丞）は壬子年己酉月であり／某氏（布政司）は辛酉年辛丑月であり／周用氏（評定官）は丙申年戊戌月であり／韓雍氏（評定官名臣）は壬寅年辛亥月であり／呉希白氏（使節補佐官）は甲申年丙子月であり／饒湖田氏（参議）は丙寅年辛丑月であり／倫以諒氏（郎中官）は甲寅年乙亥月であり／龔愷氏（監察官）は庚午年壬午月であり／某氏（挙人）は丁巳年丙午月であり／某氏（辺境統軍吏）は己卯年丁卯月であり／魏允中氏（解元～宰相）は丁未年壬辰月であった。）

〔歌訣〕

局相を禄馬支が、巡相する局面では、
タイミングが巡り、名利双全と為り、
そこで局相に、刑衝夾交が存在しなければ、
市井から仙域へ昇壇するのを、肯定できるのだ。

〔歌訣〕

壬辛干頭が、時柱亥支を帯びて推究すれば、
伯珠が暇休を忌み、遅刻して馳参するように、
局相の長生禄馬に、刑衝が存在しなければ、
かえって麻衣装を放擲し、紫絹衣に改装するのだ。—

壬日主で時柱に禄馬が臨相し印綬が同星するときは、壬水が金木質に従相して自然に強旺し、この命相は極上高命だが局相乙癸干が暗合して福分が逓減、また衝破が存在せず文章力が顕彰、また黄金珠玉を堆積して堂庫に満載し、子息を蔭護し妻君が褒賞される象相なのである。

六癸日壬子時斷

〔歌訣〕

癸日干で、時柱壬子干支のときには、
青雲を直上得路し、もっとも奇瑞と為り、
もし己土の衝揺で、また破相しなければ、
自ら功名し、顕達するタイミングなのである。—

癸日干で時柱壬子干支では、日干が時柱に帰禄また癸水が建禄するので、もし局中に戊己干午未支の衝害が存在せず、命相が月令に通関すれば文章力秀麗にて官職に顕達するのである。

もし月令の木気に通関してまた貴相、たとえば局中に己干が透出して甲干合を帯び貴相、さもなくばすなわち顛倒するだろう。

癸丑日主で時柱壬子干支で、局相午寅支を夾擁して生月乙丑干支己丑干支ならば四品五品級の文官職、また月令木気に通関して身旺で戊己干午巳支が存在せず貴相が顕彰、また局相未支は名声また局相巳午支では進士合格、また生月壬寅干支乙未干支庚戌干支はともに衝揺、また生月乙丑干支は濁相なのである。

（朱英氏（郡主）は壬戌年戊申月であり／樊氏（監察官）は壬子年癸丑月であり／魏氏（吏員）は庚辰年辛巳月であり／李氏（進士）は癸巳年庚申月であり／某氏（進士）は辛卯年辛丑月であった。）

癸卯日主で時柱壬子干支では、日時柱刑揺するので妻子を傷害して貴人に近侍また己干が存在せず己主は権威、もし局相亥巳支併相すれば進士に選抜され、年月柱寅支併相して傷官帯財して大貴相ではないが大富裕、また生月甲辰干支は窮状孤相また生月丙申干支は凶揺、また生月己丑干支は刑揺するのである。

（某氏（極品吏）は壬寅年壬寅月で、某氏（富裕者）と同命相であり／戴燿氏（長官）は壬寅年庚戌月であり／某氏（挙人）は壬午年癸丑月であり／某氏（江南科第）は乙酉年戊寅月であり／某氏は癸亥年癸亥月であり／某氏は戊午年辛酉月であった。）

癸巳日主で時柱壬子干支では、生月春夏季は福分財帛を発揚、また生月辰戌丑未支は貴相ではなく結局は富裕また生月戊寅干支は刑揺、また生月戊申干支は刑揺また生月己酉干支は扶養者なのである。

（包節氏（監察官）は丙寅年丙申月であり／許希孟氏（使節補佐官）は庚寅年乙酉月であり／湯賓尹氏（會元次席進士～封君子）は戊申年庚申月であり／褚國賢氏（武進人／癸酉丙戌科吏員）また魯史餘氏（姚人／辛卯科吏員）がともに癸丑年乙丑月であり／某氏（使節補佐官）は己未年丁丑月であった。）

癸未日主で時柱壬子干支では、生月申酉支は貴相また生月戌亥支は大富貴相、また生月寅卯支が孤相また生月辰巳支は凶揺、また生月壬申干支は不益で肢体碍であり凶揺また生月庚辰干支は揺相、また生月乙丑干支は堆土を失地して凶揺するだろう。

（徐階氏（三席進士～宰相名臣）は癸亥年壬戌月で孫息が進士合格され／孔惟徳氏（郡主）は乙酉年戊子月であり／方氏（巡察官）は癸未年甲子月であり／趙氏（応接官）は甲午年丁丑月であった。）

癸酉日主で時柱壬子干支では、行為が一進一退して子息が少数また妻家が難儀、また生月丙寅干支は不益で肢体不備碍また乙巳干支は破綻して凶揺、また生月丁酉干支は自ら凶揺するだろう。

（徐陟氏（大理寺卿）は癸酉年戊午月であり／崔棟氏（監察官）は乙酉年丙戌月であり／陳楓氏（挙人）は辛未年庚子月であり／某氏（三品級官吏）は辛酉年庚辰月であり／某氏（挙人）は庚辰年辛巳月であり／某氏（上勅官）は己巳年甲戌月であり／徐元泰氏（長官）は丁酉年壬寅月であり／某氏（治水省吏／江蘇省）は壬午年戊申月であり／皇后氏（明朝神宗氏一五七二～）は甲子年乙亥月で天月二徳貴人全備されたのである。）

癸亥日主で時柱壬子干支は貴相、また生月亥支は「飛天禄馬」で科挙試験高位合格され大貴相、また癸干は子支に建禄また壬干は亥支に建禄し日時互相して官位三品四品級の貴相、また生月戊寅干支が不益で肢体不全碍されまた生月戊申干支は窮相、また生月己酉干支は孤相窮状なのである。

（如老彭氏は癸亥年甲子月で己身が冬旺に帰禄する故に長寿であり／張禎氏（宰相）は丁巳年癸卯月であり／宋日克氏（評定官）は乙酉年庚辰月であり／宿應參氏（郡主）は甲戌年丁丑月であり／某氏（挙人）は乙丑年戊子月であり／某氏は癸巳年癸亥月であったのである。）

〔歌訣〕

局相が、禄支財星生扶を領得するときには、
外辺に処通しながら、また沈潜待機し、
タイミングが巡り、名利が順相するので、
そこで富貴にて、家風が顕揚するのである。

〔歌訣〕

局相で日主が時柱に、帰禄を領得するときには、
食神が有益だが、また刑衝を畏れるので、
傷官を運途で「傷官生財」に言及してはならず、
官星を添加しなければ、財帛は豊充しないのだ。―

癸日主で時柱に壬子干支が併臨して「帰禄格」と為ると称し家門窮状して険路、また「玄武当権」が重禄するので清水が盛瓶宝益、また博覧な文章力で多方面に通暁、また栄転して紫衣娼妓と巡歴するが、そこで甲午寅亥支は揺動するのである。

六癸日癸丑時断　以下六癸日所忌月分同上斷。六癸時併論。

〔歌訣〕

六癸日干で、時柱癸丑干支のときには、
支中に、偏官を暗蔵して衝揺し、
月令に通関し身旺なら、妻女の欠損はなく、
局相丑巳支遥合し、非常規に貴相なのだ。―

癸日主で時柱癸丑干支では、偏官の隠伏を支得して癸干は己干を偏官と見做すので、丑支蔵の己土が暗位を領得また癸干は丁干を妻星と見做し、丁火は丑支に巡相して精気が存在せず、もし月令に通関して身旺比肩ならば妻財星の欠損を防備するのである。

また局相に丑寅支を多見してそこで寅巳支刑相また丑巳支合相、また刑

揺して巳支蔵の丙戊干財官星を捻出、また干頭に戊己干が存在せず大貴相また己干未卯支で破格するのである。

癸丑日主で時柱癸丑干支では、丑支逢合の巳支蔵の丙戊干を財官星と見做し、もし年月柱丑寅申子酉支三合生扶すれば己主は妻子賢孝で特達して栄貴、また運歳の火土地は凶揺また運歳の金水地が吉兆、また孤相にて堆土を失効して貴相なのである。

（張瓚氏（長官）は癸巳年壬戌月であり／孫恩氏（侍郎官吏）は辛丑年辛丑月であり／王家屏氏（宰相／山西省山陰県）は丙申年辛丑月で、儒士（福建省）と同命相であり／馬理氏（通政司）は甲午年丙寅月であり／宋纁氏（評定官）は壬午年壬寅月であり／羅一鸞氏（参与）は辛未年己亥月であり／某氏（長官）は癸丑年癸亥月であり／辛甫端氏（給事中）は丙戌年辛卯月であり／安得氏（郎中官）は癸酉年癸亥月であり／馬芳氏（鎮護官）は戊寅年戊午月であり／某氏（監察官）は壬戌年癸丑月であり／某氏（参与）は庚申年庚辰月であり／于仕廉氏（江南太僕卿）は庚申年乙酉月であった。）

癸卯日主で時柱癸丑干支は「日貴格」で、己身が孤相夾剋して貴相また年月柱丑寅辰支で局中に戊己干巳午卯支が存在せず極品級なのである。

（翁大立氏（長官／浙江省）は丁丑年甲辰月で、某氏（生員／河南省）と同命相であり／某氏（大貴人）は甲寅年丙寅月であり／實氏（教官）は丙子年庚子月であり／某氏（方伯）は壬辰年己酉月であり／某氏（方伯）は癸卯年戊午月であり／某氏（刑務官）は己丑年丁丑月であり／侯于趙氏（参与）は丙申年丙申月であった。）

癸巳日主で時柱癸巳干支は「福徳秀気格」で、学問英才聡明で特達して貴相、もし年月柱丑巳支は大貴相なのである。

（王基氏（長官／山東省）は戊戌年甲子月であり／杜鴻氏（州知事）は戊子年甲寅月で、某氏（武科生員）と同命相であり／某氏（貴人）は戊午年癸亥月であった。）

癸未日主で時柱癸丑干支で、年月柱子丑寅支は貴相また中年期に富裕、また生月卯支で運歳の金水地を巡り極品級また局相辰戌支四庫全備して大貴相、また早年に濁性だが中年期に貴相で両親を瑕疵するだろう。

（某氏（太政大臣）は甲戌年辛未月であり／黄澤氏（布政司）は乙丑年戊子月であり／黄獻可氏（進士）は壬戌年庚戌月であり／陳化州氏（挙人）は戊寅年丙辰月であり／某氏（子息七名）は癸亥年壬戌月であり／凌嗣音氏（進士）は丁未年壬寅月であり／某氏（甲部合格士）は己酉年丙寅月であり／某氏（進士）は庚申年甲申月であった。）

癸酉日主で時柱癸丑干支は「福徳秀気格」で、学問は淵源に達するが行為は一進一退また妻家に難儀また窮状拘禁、もし年月柱子巳支で庚辛干が透出して「月隠三奇」を肯首、また年柱に印星禄支を領得して一品級の貴相なのである。

（傅石淵氏（評定官）は癸丑年辛酉月であり／張白灘氏（官吏科第）は甲子年丁丑月であり／某氏（兵部省）は癸卯年癸卯月であり／朱賡氏（宰相）は乙未年甲申月であり／銭象坤氏（宰相）は己巳年壬申月であり／某氏（甲部合格士）は丙子年癸巳月であり／某氏（参議）は丙申年丙申月であった。）

癸亥日主で時柱癸丑干支は「拱禄格」で衝破また填実に復して畏れ、局中に子巳午未支が存在せず大貴相、また生月寅午戌支で運歳の南方地は官位六品七品級なのである。

（柯潛氏（首席進士）は癸卯年乙丑月であり／余申氏（首席進士）は庚寅年戊子月であり／鄭氏（中央軍官）は丁丑年癸丑月であり／梁氏（首相）は丁未年癸卯月であり／李氏（参与）は辛未年戊戌月であり／蔡大用氏（監察官）は乙丑年己丑月であり／某氏（評定官）は乙丑年甲申月であり／成憲氏（検討）は己亥年庚午月であり／張執中氏（吏員）は己卯年丙寅月であり／林茂挙氏（進士）は庚午年壬午月であり／陳氏（太后）は乙巳年戊寅月であり／某氏（進士）は丁酉年乙巳月であった。）

〔歌訣〕

庫地に金質を、支蔵する局相のときには、
局中に未支を擁し、開鍵と為り、
解鍵が存在せず、空疎に閉鎖して、
ただその晩景の所懐を回顧するばかりだ。

〔歌訣〕

時柱庫地に陰水質が、重複し収蔵するときには、
年少期に発揚し難く、当人に強要してはならず、
中年期の経過を、予測して呈すれば、
高殿堂閣に安坐し、白髪に当任するのだ。—

癸日主で時柱癸丑干支では流水金局にて盈揺、また局中戌未支庫地で財帛豊厚また不遇に空転して作動し難く、解鍵が存在せず年少期に顕表せずまた解鍵が存在し禄馬支が同添し、タイミングが巡れば難儀労役を用益とし、門庭が発達して大慶相なのである。

六癸日甲寅時断

〔歌訣〕

六癸日干で、時柱甲寅干支のときには、
「刃傷背禄」と称し、精神が逓減するが、
局中に、庚干申支が存在しなければ、
刑揺合絆財星官星は、貴人を肯首するのだ。—

癸日主で時柱甲寅干支は「刑合財官」と称し、癸干は丙干を正財と見做しまた戊干を正官と見做し、また寅支が巳支蔵の丙戊干を衝出して局相に官殺が存在せずに刑衝破相して貴格局だが、局相庚戊己干申支で制伏が存在せず貴相を肯首しないのだ。

癸丑日主で時柱甲寅干支はもとは貴相だが、丑支蔵の辛金がその配分を減数また年月柱が水質好作用して官位一品級に昇階、また生月秋季は印綬で貴相また生月辰支で運歳の東方地を巡り窮状濁格、また申支が作用して寅支を衝揺するのである。

（高拱氏（宰相／河南省）は壬申年癸丑月であり、某氏（生員／浙江省）と同命相であり／某氏（大貴人）は乙巳年己丑月であり／石茂華氏（侍郎官吏）は壬午年戊申月であり／張大綱氏（県知事）は丙子年辛卯月であり／陳璐氏（挙人）は庚辰年壬午月であり／胡堯時氏（憲長）は己未年甲戌月であり／宋纁氏（長官）は壬午年壬寅月であった。）

癸卯日主で時柱甲寅干支で、生月亥卯未支は昇貴また年月柱寅卯支は「刑合格」で公侯伯、また局相寅亥支は官位四品級また生月寅支で運途西方地は黄金冠紫恩衣、また局相丑戌辰巳支はまた貴相なのである。

（蔡清氏（春官吏）は癸酉年己未月であり／某氏（大臣）は庚戌年癸酉月であり／劉顯氏（都督）は乙亥年丙戌月で医士出身であり／曾銑氏（評定官）は己未年丁丑月であり／某氏（使節補佐官）は乙亥年戊寅月であり／麻祿氏（鎮護官）は辛卯年庚子月であり／朱氏（参与）は癸丑年甲寅月であり／婁氏（参与）は癸酉年辛酉月であり／某氏（運使官）は癸丑年辛酉月であり／龔氏（進士）は乙亥年戊子月であり／某氏（貴人）は庚申年戊子月であった。）

癸巳日主で時柱甲寅干支は平庸、また月令に通関して身旺ならば大貴相、また局中戊己庚干申支が不益なのは運歳のケースも同義なのである。

（呉嶽氏（長官）は甲子年壬申月であり／楊宜氏（侍郎官吏）は乙卯年丙戌月であり／杜拯氏（侍郎官吏）は戊寅年戊午月であり／蘇見章氏（給事中）は癸亥年甲子月であり／陳于階氏（監察官）は庚辰年丁亥月であり／某氏（挙人）は庚辰年乙酉月であり／某氏（甲部合格士）は癸酉年甲子月であり／某氏（上元人）は癸丑年乙丑月であり／某氏（巡察官）は甲辰年乙亥月であったのである。）

癸未日主で時柱甲寅干支では、己主は秀才質実で中年期に貴相が顕彰、また年月柱己未干支己巳干支では武勇貴相なのである。

（王氏（視察使）は甲子年癸酉月であり／某氏（富裕者）は癸未年丁巳月であり／某氏（人事官）は壬午年甲辰月であり／某氏（進士）は壬午年甲辰月であり／某氏（布政司）は辛亥年甲午月であった。）

癸酉日主で時柱甲寅干支は「金神格」、また生月寅午戌支は火気合局して特達し貴相が顕彰して官位二品三品級に昇階、また年柱丑支は不益で貴相ではなく年月柱の巳未亥子支は富裕長寿、また年月柱辰丑支で甲丁干が透出して凶揺また高貴人への架途なのである。

（李氏（長官）は辛亥年丁酉月であり／陳氏（侍郎官吏）は甲戌年甲戌月であり／高氏（学府巡察）は乙未年甲申月であり／王氏（参議）は戊戌年甲寅月であり／鄭氏（富裕省魁士）は癸亥年甲子月であり／黄希護氏（県知

事）は甲子年丙戌月であり／沈位氏（常庶）は己丑年己巳月であり／某氏（少卿吏）は戊申年庚申月であり／某氏（解元）は己巳年戊辰月であった。）

癸亥日主で時柱甲寅干支で、生月子丑未申支は進士また運歳の金水地エリアを巡り名声、また年月柱卯戌支は六合貴相だが凶揺するだろう。

（王氏（大臣）は壬子年癸丑月であり／趙氏（節度使）は乙未年癸未月であり／曽氏（監察官）は甲辰年丁卯月であり／高氏（県知事）は辛未年庚子月であり／荘允中氏（解元）は丙申年乙未月であり／林文迪氏（進士）は丙戌年丙申月であり／某氏（貴人）は癸巳年壬戌月であり／某氏（貴人）は丁亥年癸亥月であり／張宗氏（太監）は丙子年癸巳月であった。）

〔歌訣〕

陽昇に、薫霞煙幕する局相のときには、
否相が泰極へと、好転して亨通するので、
一般人ならば、また厚福を添加して、
君子ならば、また過程を前進するのである。

〔歌訣〕

癸日主で、時柱甲寅干支で戊丙干の開用とは、
未だ年少期に、好遇せずに沈埋していても、
もし命局に、衝破が存在しなければ、
雲程を登梯し、省庁台閣に及第するのだ。―

癸日主で時柱寅支を添加するときに命局が相合して光栄、また局相に戊己庚壬干申支が存在せず、かならず財帛爵禄が豊潤またタイミングが巡り皇府へ顕達、また文章力が科挙合格標記されるが、ただ空衝一支を附帯し妻子を傷剋して俸禄が減給するだろう。

六癸日乙卯時断

〔歌訣〕

六癸日干で、時柱乙卯干支のときには、
長生の当地が、食神を搭載するので、
局相に午酉支や辛巳干支が存在しなければ、
福寿双全かつ、禄位相の人命なのである。―

癸日主で時柱乙卯干支では食神生旺にて、癸干は乙干を学堂食神と見做して卯支が癸水を搭載長生、また乙干を禄支が搭載また局中に己干が存在せず辛干が瑕疵、また局相午酉支が刑揺また月令に通関して己主は聡明長寿、また官位食禄に相当また局相己土は貴相ではなく、生月春季で運歳の北方地で顕達するのである。

癸丑日主で時柱乙卯干支で、生月辰丑支は高貴相だが些少に濁命でも中年期に貴相なのである。

（葉氏（侍郎官吏）は乙丑年己丑月であり／劉璋氏（挙人）は甲寅年丁卯月であり／龍宗武氏（府知事）は壬寅年戊申月であり／某氏（県長官）は甲辰年丙寅月であった。）

癸卯日主で時柱乙卯干支は艱難、また生月寅卯支は傷官格局で富貴に言及し難く、また年月柱未戌支はテクニシャンで貴人に近侍また年月柱辰丑支は吉兆、また年月柱己丑干支丙子干支で凶揺なのである。

（林志氏（大臣）は戊午年庚申月であり／某氏（國子監教授）は癸卯年丁巳月であり／梁懐仁氏（進士）は庚午年己丑月であり／周軫氏（運使官）は甲寅年辛未月であり／閔紳氏（挙人）は庚辰年庚辰月であり／某氏（挙人）は丁卯年甲辰月であり／某氏（一品級太夫）は丙申年辛丑月であった。）

癸巳日主で時柱乙卯干支は「財官双美」、また生月春季は傷官星また生月夏季は旺財、また生月秋季は印星平穏また生月冬季は平常底、また年月柱丑午子亥支は官位三品四品級に昇階、また局相乙亥干支乙酉干支は残疾なのである。

（王氏（侍読教授）は丁巳年己酉月であり／譚氏（太尉）は辛亥年庚寅月であり／黄嘉善氏（長官書家）は己酉年庚午月であり／丁此呂氏（参議）は庚戌年壬午月であり／某氏（卿吏）は丙辰年己亥月であった。）

癸未日主で時柱乙卯干支で、生月寅亥卯未支は傷官は傷尽して剛毅果断だが平常底、また生月辰戌申子支は貴相なのである。

（某氏（宰相）は甲戌年壬申月であり／某氏（学府吏）は壬辰年辛亥月であ

り／謝原氏（監察官）は己亥年甲辰月であり／林遠氏（進士）は己酉年甲戌月であり／陳恩氏（進士）は庚申年戊子月であり／趙師尹氏（三席進士）は乙丑年己丑月であった。）

癸酉日主で時柱乙卯干支で、生月申子辰支は貴相また生月寅午戌支は中庸、また生月亥卯未支は平常底また生月巳酉丑支は富裕なのである。

（黄氏（郡主）は己卯年戊辰月であり／郭應聘氏（長官）は癸亥年甲申月であった。）

癸亥日主で時柱乙卯干支で、生月辰巳支は名声なのである。

（常氏（参与）は庚寅年己卯月であり／劉節氏（学府吏）は己亥年丁巳月であり／某氏（進士）は乙未年庚辰月であり／某氏（監察官）は庚子年癸未月であり／曹勲氏（會元～三席進士）は己丑年丙子月であり／某氏（公侯）は丁未年庚戌月であった。）

〔歌訣〕

食神が、文星爵禄の局相のときには、
当人の名声が、その聞処に到達するので、
局相に、庚壬干を添加して興旺し、
君子ならば、公卿階級に昇階するだろう。

〔歌訣〕

局相で乙癸干が、併相して食神生旺すれば、
天賦の被造物に、もとより私心は存在せず、
タイミングが巡り、自ら高位を挙揚し、
階梯的に宮廷を、雲上へと栄転するのだ。—

癸日主で時柱乙卯干支は食禄貴人の当地、また乙卯干支は玉堂王侯すなわち「金門将相」を肯定、また君子ならば文章力が発揚伝播また一般人ならば財帛爵禄が満載、また局相甲寅干支辛酉干支はとても安泰常規、また富貴栄華にて大いに亨通するだろう。

六癸日丙辰時斷

〔歌訣〕

六癸日干で、時柱丙辰干支のときには、
偏官に精気が存在せずに、貧窮と見做さず、
もし局相に、木気の通関が存在しなければ、
決定的に清高な、福分爵禄の人命なのである。—

癸日主で時柱丙辰干支では、己身を官庫が搭載また癸干が用途の戊己干を官星と見做し、また辰支は墓土質で官庫と見做し、また丙干を正財と見做すのである。

また辰支を水局と見做しまた丙火に精気が存在せず、癸水が合局して局中に甲干が存在せず官庫を破損して己主は貴相なのである。

癸丑日主で時柱丙辰干支は平庸、また生月辰戌丑未支は財官星に精気が存在して貴相また財帛孤相なのである。

（焦冕氏（挙人）は丁丑年辛丑月であり／某氏（少卿吏）は乙巳年戊寅月であり／某氏（皇女）は丙寅年壬辰月であった。）

癸卯日主で時柱丙辰干支は孤独相で両親に依拠し難く、財帛を帯びて貴人的敬慕また年月日柱卯亥支は「日貴格」、また年月柱午戌支は官位九品級から五品級に昇階、また生月寅支で運歳の南方地で名声なのである。

（呂光洵氏（長官）は戊辰年庚申月であり／穆宗氏（明朝皇帝一五六七～）は丁酉年癸卯月であり／朱希孝氏（都督）は戊寅年甲寅月であり／李氏（参与）は甲子年戊辰月であり／某氏（郡主）は辛巳年甲午月であり／沈同和氏（丙辰科會元）は庚辰年丁亥月で能文改革され／某氏（挙人）は甲戌年丙寅月であった。）

癸巳日主で時柱丙辰干支で、生月子支で南方地の方途で山水秀明で高貴また年月柱子未支は厚富裕、また年月柱戊卯支は貴人に近侍また年月柱未戌申支は儒学官吏なのである。

（仇鸞氏（咸寧侯）は癸亥年丙辰月であり／某氏（長官）は乙未年己丑月であり／某氏（公侯）は癸卯年辛酉月であり／張祐氏（布政司）は己丑年戊

辰月であり／李平公氏（監察官）は辛丑年辛丑月であり／傅夏器氏（會元～郎中官）は己巳年己巳月で高命長寿であり／丘茂氏（挙人）は壬子年壬寅月であり／某氏（挙人）は丙辰年壬辰月であり／某氏（府長官）は癸酉年壬戌月であった。）

癸未日主で時柱丙辰干支は高命相、また生月寅卯未支は平常底また生月辰戌丑支は吉相、また生月巳支は財官星が両旺して貴相なのである。

（陳音氏（太常卿）は丙辰年壬辰月であり／某氏（挙人）は辛卯年壬辰月であり／熊鏡湖氏（評定官）は丙寅年辛丑月であり／劉天受氏（憲長）は癸亥年壬戌月で子息が多く／彭甫氏（検事官）は辛未年癸巳月であり／李盛時氏（挙人）は甲辰年乙亥月であり／熊廷弼氏（經略侍郎官吏）は己巳年丙寅月であり／汪道亨氏（長官己卯癸未科／婺源出身）と林學曾氏（少卿吏壬辰科／福建省）はともに丁未年壬子月であり／楚王氏は丁酉年戊申月であり／某氏（参議）は壬戌年戊申月であった。）

癸酉日主で時柱丙辰干支は孤独貴相、また生月巳酉丑支は貴相また生月寅卯支は不吉相、また生月子午支は富裕また生月戌支は大貴相なのである。

（韓文公氏は戊申年庚申月であり／秦鳳山氏（長官）は丁亥年庚戌月であり／某氏（挙人）は丁巳年庚戌月であり／林湖氏（長官）は甲寅年戊辰月であり／某氏（貢員）は甲戌年壬申月であり／某氏（富裕者）は丁丑年癸丑月であり／饒位氏（進士）は辛亥年己亥月であり／李柄氏（巡察官）は乙丑年乙酉月であり／某氏（卿吏）は辛亥年己亥月であり／某氏は丁卯年壬子月であった。）

癸亥日主で時柱丙辰干支で、局中の甲木が官庫を破損せず貴相で、運歳の南方地が有益なのである。

（鄭清之氏（中央軍官）は丙子年辛卯月であり／某氏（武高官）は乙亥年丁亥月であり／某氏（公侯）は丁卯年戊申月であり／某氏（財産家）は庚戌年壬午月であり／萬一貫氏（監察官）は庚子年癸未月であった。）

〔歌訣〕

珠玉が藍田より、耀出する局相のときには、
暇休を忌みつつ、遅々として出現し、
局相卯戌支を帯び、また解鍵と見做し、
財帛爵禄は、自ずと天賦の采配であろう。

〔歌訣〕

癸日主で時柱丙辰干支は、官星閉庫と為り、
財星が透出しても、かえって精気は存在せず、
官星は開鍵を要し、また財星は興旺を要し、
局相に卯戌支を附帯し、貴相の方途と為るのだ。—

癸日主で時柱丙辰干支のときには、庫地に財星官星を閉鎖するので、卯戌支の解鍵開錠の附帯を要し祖元血族の障碍に耐久し、暗に食神を相助を帯び資財が空虚に乏度するので、命相に配星して先に窮状してのちに富裕、また祖元を改刷して漸次に快易して重複興旺するだろう。

六癸日丁巳時斷

〔歌訣〕

六癸日干で、時柱丁巳干支のときには、
貴人星が偏財を搭載、また正官を暗蔵し、
局相が通関し、財帛爵禄が盛旺するが、
扶星が存在せず、かならず福分が偏頗するのだ。—

癸日主で時柱丁巳干支では癸干が財星官星に併相、また癸干は用途の丙干を正財と見做しまた戊干を正官と見做し、また庚干を印綬と見做すのである。

また局相の巳支を天乙貴人と見做し、巳支蔵の庚金が長生また丙戊干が建禄し癸水が胎符するのである。

もし水気が月令に通関して貴相また水気が通関せず平常底、また時柱が「三奇」を帯び大抵は晩年期に発揚するのである。

癸丑日主で時柱丁巳干支では先に窮状してのちに富裕、また運歳の火水地を巡り発達するのである。

（馮熊氏（郡主）は癸酉年癸亥月であり／某氏（挙人）は辛巳年甲午月であり／某氏（少卿吏）は庚戌年己丑月であり／某氏（乙部合格士）は庚戌年

甲申月であり／侯恂氏（戸部長官）は庚寅年戊寅月であった。）
癸卯日主で時柱丁巳干支で、もし生月子支は身旺かつ旺財で貴相が顕彰するのである。
（柯鄰氏（検事官）は辛酉年辛卯月であり／張氏（中書令）は庚申年丁亥月であった。）
癸巳日主で時柱丁巳干支は「財官双美」、また生月子支は貴相また生月火性は富裕で干頭に戊己干が透出、また地支午未支で己主は大権貴相、また丑支が好作用して極品級また濁命だが貴顕なので貴顕中に血痕するだろう。
（劉章氏（長官）は庚辰年丁亥月であり／翁萬達氏（長官名臣）は戊午年己未月であり／許誥氏（大臣）は辛卯年辛丑月であり／李迨氏（侍郎官吏）は乙丑年己丑月であり／張瑒氏（府長官）は戊辰年辛酉月であり／賈名儒氏（鴻臚卿）は丙戌年甲午月であった。）
癸未日主で時柱丁巳干支で、生月寅午戌支では身旺両旺して顕彰、また生月秋冬季は旺禄で疾症が遺こるだろう。
（路可由氏（評定官）は丁卯年辛亥月であり／陳克宅氏（進士）は甲午年丁卯月であり／某氏（挙人）は丁酉年戊申月であった。）
癸酉日主で時柱丁巳干支ではさきに窮状してのちに富裕、また生月巳酉支は「官星佩印」が生旺また生月亥卯未支は食神傷官が財星を生扶して貴相が顕彰、また生月午戌支は旺財にて吉兆なのである。
（李傑氏（長官）は甲午年己巳月であり／謝騏氏（少卿吏）は辛卯年辛卯月であり／某氏（郡主）は辛巳年乙未月であり／楊維聰氏（首席進士）は壬子年辛亥月であり／宋南川氏（副将軍）は丙子年丁酉月であり／某氏（使節補佐官）は庚子年乙酉月であり／劉瑊氏（次席進士）は辛卯年辛卯月であり／某氏（参議）は辛丑年丁酉月であり／陳収氏（府知事）は辛巳年乙未月であった。）
癸亥日主で時柱丁巳干支では衝揺、また生月春夏季は好相また生月秋季は印綬吉星、また生月冬季は平常底また年月柱庚寅干支は武勇貴相なのである。
（某氏（参与）は辛未年戊戌月であり／某氏（郡主）は甲子年丁卯月であり／周岐麓氏（監察官）は壬子年己酉月であり／謝恩氏（挙人）は丁卯年乙巳月であり／王琁氏（評定官）は乙未年壬午月であり／某氏（郡主）は甲午年丙子月であり／頼庭檜氏（参与）は辛丑年丁酉月であった。）
〔歌訣〕
鳳凰が荊山に、就着する局相のときには、
粗石のなかに、美宝珠を隠匿するので、
志操を領得し、良工匠に際会すれば、
貴相ではなくとも、すなわち富裕充足するだろう。
〔歌訣〕
巳支は貴人星と禄馬が、その魁先を同争し、
その造化に私心は存在せず、大賢人を輩出し、
局相が刑衝して逓減、また空亡夾剋が存在せず、
タイミングが巡り、名声が九天に挙揚するだろう。—
癸日主で時柱丁巳干支では貴人星かつ「禄馬同郷」なので、局相に巳午支が三併相して正規の朝廷の提綱と見做し玉製宮殿の黄金階梯を往来、また局相壬干亥申寅支で逓減して運途が空亡に陥ればタイミングを憂い、そこで刑揺衝剋が存在しなければ鳳凰池を拝観して上層を旋舞するのである。

六癸日戊午時斷

〔歌訣〕
六癸日干で、時柱戊午干支のときには、
火気合化を、時柱の帝旺地が搭載し、
運歳の、東南方木火質エリアが有益であり、
正禄たる清官星と見做し、栄昌するのである。—
癸日主で時柱戊午干支は、火気化成の局相つまり癸戊干合化火また午支が帝旺合局して貴相だが身旺ならば化気せず、また癸水は北方位の気象なので南方位へ合引しても、癸水には精気が存在せず貴相促寿して運歳の東方地が吉兆なのである。
癸丑日主で時柱戊午干支は厚財星、また運歳の南方地で己主は貴相促寿

また運歳の東方地が吉兆なのである。

（黄鰲氏（進士）は丁未年丙午月であり／某氏（挙人）は丁卯年丙午月であり／翁海門氏（県知事）は乙亥年丁亥月であった。）

癸卯日主で時柱戊午干支で、生月申子辰亥支は身旺で合化せず平常底、また生月卯戌支は貴相なのである。

（顧東階氏（侍郎官吏）は丙申年乙未月であり／黄嗣成氏（進士）は庚申年癸未月であり／某氏（県知事）は甲午年壬申月であった。）

癸巳日主で時柱戊午干支は中年期に大富裕、また運歳の東方地を巡り貴相が顕彰また生月申未支もまた貴相なのである。

（某氏（富貴者）は甲戌年丙寅月であり／某氏（県知事）は甲午年壬申月であった。）

癸未日主で時柱戊午干支では、局相の寅午戌支が化合火局して貴相が顕彰するのである。

（王汝正氏（監察官）は壬午年辛亥月であり／兪鸞氏（給事中）は癸亥年甲寅月であり／張元衡氏（進士）は壬戌年戊申月であり／徐氏（参与）は甲午年己巳月であり／王氏（經歴、子息長官）は癸酉年癸亥月であり／周起元氏（監察官）は壬申年丙午月であり／某氏（参議）は丁亥年壬寅月であり／某氏（進士～助手）は己酉年庚辰月であった。）

癸酉日主で時柱戊午干支では、己主は妻女を損傷するので家産も初期に堆財して結局は散財、また生年子支は子息が貴相だが爵禄が存在せず運歳の南方地を巡り好相、また祖元を破綻して凶揺するだろう。

（金澤氏（長官）は丁亥年庚戌月であり／林雲同氏（都察院）は庚申年戊寅月であり／某氏（都察院）は乙卯年辛巳月であり／蒋淦氏（府長官）は丁巳年壬子月であり／傅詮氏（県知事）は己亥年丙子月であり／周鳴鸞氏（挙人）は乙酉年壬申月であり／某氏（進士）は壬寅年甲辰月であり／某氏（監察官）は己未年甲戌月であり／某氏（甲部合格士）は丁卯年戊申月であり／張楚城氏（参与）は丁亥年壬寅月であった。）

癸亥日主で時柱戊午干支は貴相、また生月未支で運歳の東方地で黄金冠紫恩衣いわば帯財凶揺なのである。

（某氏（大貴人）は戊申年庚申月であり／某氏は癸亥年癸亥月であり／某氏（封子息一品級太夫）は癸亥年乙卯月であり／某氏（挙人革者）は乙巳年甲申月であり／某氏（進士）は甲寅年甲戌月であり／某氏（挙人）は戊寅年戊午月であった。）

〔歌訣〕
「将星扶禄」の局相のときには、
旺財星が、官禄星を生扶するので、
合絆を衝破し、平常底と為り、
財帛欠乏し、奔馳するだろう。

〔歌訣〕
将星扶禄の命相には、高級低級が存在し、
人は渇望に際会して肯定、また否定するが、
志操を領得し、雞は鳳へと変容進化するので、
先んじて平地に臥伏し、その脱兎を欺けばよい。—

癸日主が時柱戊午干支を附帯して天干既済の方途なので、真実の火質に化気して威光が顕揚また窮状が消除して福分を長養、また壬干甲寅干支にて逓減してその可否成敗を防ぎ難く、また血族は和合せず暗に損傷するので、その旺財資富を領得し難いのである。

六癸日癸未時斷

〔歌訣〕
六癸日干で、時柱癸未干支のときには、
衰身旺殺し、福分は斎同ではなく、
月令に通関しなければ、救応は存在せず、
恒常的に、衣糧爵禄が欠乏するのである。—

癸日主で時柱己未干支では衰身旺殺、また癸干は己干を偏官と見做しまた未支は二己干を搭載かつ暗蔵して専位相を領得、また癸水に精気が存在せず清澄せず混濁して窮状するので、もし月令に通関して制伏また水気が通関せず平常底なのである。

また癸干は腎臓に所属また膀胱も臓腑と見做すならば腰疾また膝下疾また腎経ツボの脈絡の循環に窮状が生起するだろう。

癸丑日主で時柱己未干支は高命相、また生年月丑支併相は窮状また局相辰戌丑未支土旺全備して己主は視覚碍であり、また金木水気が通関して貴相また生月午支で運歳の東北地は官位六品七品級の貴相だがまた揺動するのである。

（羅氏（元帥）は甲辰年甲戌月であり／鄭雲鵬氏（挙人）は壬辰年庚戌月であり／徐氏（宰相）は丙子年乙未月であった。）

癸卯日主で時柱己未干支で、年月柱子巳未支は官位二品級、また年月柱寅巳支は血族を瑕疵するのである。

（張經氏（長官）は壬子年丁未月であり／李氏（参議）は丁巳年壬子月であり／某氏（進士）は壬戌年戊戌月であった。）

癸巳日主で時柱己未干支は「財官双美」にて、局中に戊土が存在せず卯木が合局して時柱偏官を造作して制効すれば貴相なのである。

（張鼎氏（布政司）は戊寅年庚申月であり／包孝氏（監察官）は戊辰年乙卯月であり／楊昂氏（監察官）は庚午年癸未月であり／崔道光氏（推官吏）は癸未年己未月であり／徐可求氏（河川巡察官）は癸亥年戊午月であった。）

癸未日主で時柱己未干支は高命相、また生月春季は偏官制効して吉兆また生月夏季は平常底、また生月秋冬季は身旺また生月申支で運歳の木郷エリアを巡り貴相が顕彰、また年柱辰巳支は六長官級だが瑕疵するのである。

（葉鏜氏（侍郎官吏）は壬戌年戊申月であり／某氏（進士）は己卯年丁卯月であった。）

癸酉日主で時柱己未干支で、年月柱寅巳申酉丑戌支は貴相なのである。

（毛伯温氏（長官）は壬寅年丁未月であり／某氏（挙人）は戊寅年甲寅月であった。）

癸亥日主で時柱己未干支は貴相、また生月未支は忠孝兼備で名誉官級に昇階するが、たとえば「官殺混雑」すればおそらく外辺で結末、また年月柱亥支は貴相なのである。

（李東陽氏（宰相）は丁卯年丁未月であり／馬鍾英氏（進士）は丙子年乙未月であり／何氏（監察官）は庚辰年丁亥月であり／某氏（参議）は癸丑年庚申月であった。）

〔歌訣〕
辛労が悉く甘佳へと、好転する局相では、
未だに奔馳波乱を被ることはなく、
年少期に遂志を領得し難く、
祖元を乖離し、成家を肯定するのである。

〔歌訣〕
局相で偏官かつ鬼殺を、庫中に深蔵するとき、
険難に憂逢し、その財帛は聚堆せずに、
局相丑戌支併相し、解鍵の吉兆なのであり、
生旺かつ福分が発揚し、決定的に窮状を否定するのだ。—

癸日主で時柱己未干支では庫支蔵の偏官に己身は衰耗、また局相卯戌支の解鍵開錠が存在せず閉鎖して泰通できず花果が重落して嗣子を栄結、また両親伴侶が和悦し難いがたとえ先に窮状してものちに富裕、また旧習を棄却して新規を迎容し障碍など存在しないのである。

六癸日庚申時斷

〔歌訣〕
六癸日干で、時柱庚申干支のときには、
「官星佩印」が生旺し、時支に存在するので、
もし局中に、丙己干寅巳支が存在しなければ、
自らのタイミングは、栄華かつ富貴なのである。—

癸日主で時柱庚申干支は印禄星を専合作用、また癸干は戊干を正官と見做しまた庚干を印綬と見做し、また申支に庚戊干が生旺また申合支の巳支蔵の戊丙干で、癸日主は財星官星を領得するのである。

もし通関が存在し局中に財星がなくまた「官星佩印」を衝揺して己主は貴相、また局中に財星を附帯して運歳の財星地では顛倒かつ一進一退して些

少に貴相なのである。

癸丑日主で時柱庚申干支で、年月柱辰戌丑未支では世表に冠たる文章力で官位は三品級に昇階、また生月子支の禄支根が搭載してまた吉兆なのである。

（趙氏（首相）は乙酉年癸未月であり／韓淮氏（侍郎官吏）は庚子年戊子月であり／劉氏（侍郎官吏）は戊申年甲寅月であり／白允中氏（鎮護官）は丙申年乙未月であり／胡有恒氏（参与）は庚戌年己卯月であり／楊鰲氏（参与）は己未年甲戌月であり／劉佐氏（使節補佐官）は戊戌年乙丑月であり／某氏（員外吏）は壬午年庚戌月であり／程氏（知事）は癸酉年乙丑月であった。）

癸卯日主で時柱庚申干支で、生月卯支は「合禄格」を造作して運歳の西北郷エリアが貴相で黄金冠紫恩衣、また生月申支で運歳の東北郷エリアは名声、また年月柱庚辰干支庚戌干支は正官格の貴相、また生月辰支で運歳の金水地エリアで官位七品級の貴相なのである。

（韓氏（長官）は癸丑年庚申月であり／盛應期氏（評定官）は甲午年甲戌月であり／胡氏（指揮官）は乙卯年甲申月であった。）

癸巳日主で時柱庚申干支は窮状、また「合禄格」を肯首して生月未支では学問が完成、また運歳の西北郷エリアが貴相また運歳の東北郷エリアもまた貴相なのである。

（陳氏（侍郎官吏）は辛酉年丙申月であり／某氏（受封者）は戊子年丙子月で、某氏（庶務官）と同命相であり／董徳潤氏（挙人）は甲午年辛未月であり／某氏（両司官）は丁酉年丙午月であった。）

癸未日主で時柱庚申干支で局相に甲寅干支乙卯干支を附帯し、甲己干合また庚乙干合すれば妻子賢孝で後年は栄華、また年月柱酉申支は官位三品四品級また生月秋季で運歳の木火地を巡り官位二品三品級、また生月亥卯支は文才進捗して貴相なのである。

（鄭氏（首相）は乙酉年癸未月であり／歐陽塾氏（少卿吏）は乙丑年丙戌月であり／楊國相氏（進士）は乙未年乙酉月であった。）

癸酉日主で時柱庚申干支は、年月柱卯酉戌寅支が貴相また年月柱申酉支で運歳の木火地が大貴相なのである。

（丁氏（首相）は庚午年乙酉月であり／何氏（鎮護官）は庚戌年壬午月であり／某氏（鎮護官）は庚戌年戊子月であり／劉維芳氏（挙人）は壬申年壬子月であった。）

癸亥日主で時柱庚申干支は性情平庸孤身、また生月卯未支は学力超過して貴命相また生月申支も貴相、また生月子申支は貴人に近侍して権威また些少に窮状して向学心があり才覚幹丈なのである。

（陳氏（侍郎官吏）は丁丑年壬子月であり／某氏（貴人）は癸卯年庚申月であり／某氏（貴人）は乙酉年乙酉月であり／張氏（評定官）は甲戌年丙子月であり／某氏（監察官）は癸未年乙丑月であった。）

〔歌訣〕
太陽に金烏が、棲息する局相のときには、
九天を指向し、上空へと飛昇するので、
もし局中に衝破が存在しなければ、
皇朝の重鎮たる名誉、と為るであろう。

〔歌訣〕
癸日主時柱庚申干支の、仔細を推究すれば、
ドラゴンの飛翔を、禹門の深処で仰観するように、
文章力を領得し、雄壮な威力を資助するので、
局相に財官星を附帯し、世表が希求する当処なのだ。—
癸日主で時柱庚申干支は符正して、印綬と官星が斎同また局相丙干寅亥申巳支が衝揺して離合集散して立身不確定、また科挙試験合格が破綻しなければその姓名を顕揚し、一般人ならば財帛爵禄が安寧、そこで衝害や忌星が存在しなければすなわち錦衣つまり雞が鳳凰へと変容進化するのを肯定するのである。

六癸日辛酉時斷

〔歌訣〕
六癸日干で、時柱辛酉干支のときには、

己身に支根がなく、さらに何星を肯定するか。
命局の干支ともに、辛干に被傷するので、
扶助が存在せずには、結局名利を遂げないのだ。―

癸日主で時柱辛酉干支では、干頭支下とも偏印つまり癸干は辛干を偏印と見做し、また酉支が辛干を搭載建旺して癸干は地支を失効するので、もし通関が存在しなければ救応して貴人に際会、また通関して生涯すなわち吉兆なのである。

癸丑日主で時柱辛酉干支で、生月秋季は印綬格また運歳の官殺星を巡り吉相、また生月冬季は「福禄双全」また年月柱子寅支で干頭に戊己干が存在せず貴相なのである。

（史氏（侍郎官吏）は乙丑年己丑月であり／馮京氏（首席進士）は辛酉年辛卯月であり／張氏（國子監丞）は甲子年丙寅月であり／唐九經氏（進士～県知事）は己亥年壬申月であり／某氏（進士）は丁巳年丙午月であり／某氏（乙部合格士）は甲申年乙巳月であった。）

癸卯日主で時柱辛酉干支は「日貴格」、また生月辰戌丑未支は貴相また年月柱子卯支は大貴相、また年月柱巳午支も貴相だが妻子に不利益なのである。

（穆宗氏（明朝皇帝一五六七～在位七年三十七歳）は丁酉年癸卯月で時柱丙辰干支ともされ／麻錦氏（鎮護官）は辛卯年庚子月であり／任邱劉氏（封君子）は壬午年癸丑月で二子息は元震氏と元霖氏であり／嚴嵩氏（宰相）は庚子年己卯月で《当人に子息が存在せずその妻姪君は蕃氏とされ晩年に窮状を被ったのはみな子息のこの件が招いたのが惜しく、また余（万氏）はとくにその不足のテーマが惜しい》のである。）

癸巳日主で時柱辛酉干支は孤相、また生年寅卯支生月辰戌丑未支は貴相、また生月子午卯酉支は中庸貴相、また生月寅申巳亥支は最貴相なのである。

（昌應時氏（吏員）は甲申年乙亥月であり／馮保氏（太監）は辛巳年己亥月で《論拠のテーマは水質が時柱酉支に敗地した結果が当人であり、また時柱丁巳干支ともされた》のである。）

癸未日主で時柱辛酉干支で、生月春季は窮状また生月夏季はさきに艱難してのちに快易、また生月秋季は吉相また生月冬季は貴相なのである。

（袁桂臻氏（郎中官）は己亥年丙子月であり／葉龍圖氏（大臣）は甲子年己巳月であり／某氏（評定官）は甲寅年癸酉月で寿元三十五歳であり／許夢熊氏（吏員）は壬辰年己酉月であった。）

癸酉日主で時柱辛酉干支では、生月申酉支は印綬が過多して能く祖元を堅守するが妻家が破綻、また年月柱子巳支で庚辛干が透干して印綬と禄貴星が双全して貴相に言及できず、年月柱寅戌支は黄金腰帯また年月柱午亥支は大貴相また生月丑支は偏官過重して凶揺なのである。

（成祖氏（明朝皇帝一四〇二～）は庚子年辛巳月であり／某氏（中央軍官）は戊午年庚申月であり／楊氏（布政司）は壬子年辛亥月であり／王棠氏（郎中官）は甲子年乙亥月であり／陳茂然氏（監察官）は己卯年辛未月であった。）

癸亥日主で時柱辛酉干支では、生月戌支で運歳の東南地を巡り黄金冠紫恩衣また運歳の東北地は名声、また生月子支は建禄また年柱に財星官星を附帯して大貴相なのである。

（神宗氏（明朝皇帝一五七二～）は癸亥年辛酉月で在位四十八年におよび／倪啓祚氏（学士院吏）は戊寅年甲子月であり／王楫氏（使節補佐官）は壬午年壬子月であった。）

〔歌訣〕
鴻雁が聚群から失跡した局相のときには、
血族はそれぞれ東方、また西方へと離散して、
血族の和悦は、また些少と為るので、
祖元を堅守しても、家宗は成立しないだろう。

〔歌訣〕
癸日干で、時柱辛酉干支のときには、
用途が消尽し、機度は日々に空転するので、
「官印双全」にさらに印星が附帯するときには、
その懐中が、すなわち恒常的に富裕するだろう。―

癸日主で時柱辛酉干支では偏印倒食を否定できず、局中に支根が存在せず窮状に安堵、また生月に財星官星を帯び承意してもただ癸水の失令を畏れ駆動勝果できず、血族はそれぞれ東方また西方へ離散するので生涯労役

する命相なのである。

六癸日壬戌時斷

〔歌訣〕

六癸日干で、時柱壬戌干支のときには、
財庫支蔵に、正官を擁するので、
月令が救応して貴相、かつ多大に成就し、
もし通関が存在せず、結局は積富しないだろう。—

癸日主で時柱壬戌干支では「水火既済」と為り、また癸干は用途の丙丁干を財星と見做しまた戊土を正官と見做し、また戊癸干合が生旺して智謀の人命と見做し、もし月令に通関して貴相だが通関せず平常底、また月令が火土質に通関して富貴双全で運気が通関してまた吉兆なのである。

癸丑日主で時柱壬戌干支は刑揺、また生月亥支は厚土地の方途で貴相上格また年月柱辰申支で運歳の南方地で進士首席合格、また生月午支で運歳の南方地は名声また生月春秋季で運歳の南方地は官位八品九品級と為るだろう。

（忽答細氏（宰相）は庚午年戊寅月であり／譚惟鼎氏（検事官）は辛巳年戊戌月であり／焦竑氏（首席進士）は庚子年戊子月であった。）

癸卯日主で時柱壬戌干支では「日貴格」、また年月柱寅巳支で戊丁干が透出して「財官双旺」大貴相の権威また年月柱卯辰丑午子支などは文才貴相、また年月柱酉戌支で運歳の土金地エリアで官位五品六品級なのである。

（于肅愍氏（公侯）は戊寅年丁巳月であり／劉渤氏（検事官）は壬午年癸丑月で子息が学士院吏であり／某氏（県長官）は壬辰年壬寅月であり／某氏（挙人）は丁巳年丙午月であり／某氏（挙人）は己卯年壬申月であった。）

癸巳日主で時柱壬戌干支は「財官双美」で、生月春季は平庸また生月夏秋冬季は貴相、また年月柱辰丑未寅酉支は評定官級なのである。

（張氏（評定官）は癸酉年甲寅月であり／陳士賢氏（評定官）は己未年丁丑月であり／某氏（進士）は辛酉年庚子月であり／楊氏（太政大臣／侍郎官吏）は庚午年丁亥月であり／某氏（甲部合格士）は壬申年庚戌月であり／張以誠氏（首席進士）は戊辰年乙卯月で丙辰年に卒されたのである。）

癸未日主で時柱壬戌干支は刑揺で生月巳支は官位三品四品級、また年月柱庚午干支は貴人に近侍するだろう。

（林廷幾氏（長官）は丙寅年癸巳月であり／林繼美氏（挙人）は甲寅年庚午月であり／某氏（大富裕者）は丙辰年辛丑月であった。）

癸酉日主で時柱壬戌干支で、生月亥子支は才智に長け高貴人かつ妻子賢孝また生月春季は平常底、また生月夏季は財官星また生月秋季は印綬星ともに吉兆貴相、また局相で丑戌支衝庫して富貴双全また生月戌支で運歳の東南地エリアで武勇貴相なのである。

（洪承疇氏（宰相）は癸巳年壬戌月であり／石氏（方伯）は辛卯年丙申月であり／孫振宗氏（進士）は壬申年戊申月であり／陳裕氏（挙人）は壬申年丙午月であった。）

癸亥日主で時柱壬戌干支で、生月春季は「傷官見官」また生月夏季は旺財星、また生月秋冬季は吉兆で名利が成就また生月戌辰支で運歳の亥子支を巡り貴相、また生月子支で運歳の西南地を巡り黄金冠紫恩衣なのである。

（何維栢氏（評定官）は辛未年庚子月であり／金立敬氏（学府吏）は乙亥年丁亥月で父子兄弟ともに貴相であり／某氏（監察官）は甲子年丁丑月であり／韓皋氏（進士）は癸卯年甲子月であり／某氏（帝都民）は己卯年丁卯月であり／某氏（監察官）は甲辰年丙子月であり／某氏（甲部合格士）は癸未年癸亥月であった。）

〔歌訣〕

野ネズミが船倉を、這廻する局相では、
運途が拙劣ならば、そこで奔馳波乱し、
そこで辰丑支を附帯し解鍵と為り、
晩景の福分が、多大なる財帛と為るだろう。

〔歌訣〕

天干に乙壬癸干、また時柱に戊支を配星すれば、
庫支蔵の財官星などを開錠するのだが、
そこで刑衝空衝に巡らず、閉鎖庫地と為り、

年少期に発揚し難く、さらに窮状が発生するのだ。—
癸日主で時柱壬戌干支ではとりわけ支蔵が盈余、また将星と天徳貴人がともに生扶し、局相辰戌支が解鍵開錠して旺土流水が長じる局相は、血族の成処が疎恩また空亡に巡らずに増余剰にて、そこで中年末期に栄華して福分を享受するだろう。

六癸日癸亥時斷

〔歌訣〕
六癸日干で、時柱癸亥干支のときには、
「飛天禄馬」が旺神に臨支するので、
官星もしくは、合絆を附帯しなければ、
かならず超規的な貴格相と為るだろう。—

癸日主で時柱癸亥干支は「飛天禄馬格局」であり、癸水を亥支が搭載建旺また癸干は用途の戊干を正官と見做しまた丙干を正財と見做し、亥支にて丙戊干ともに絶符また癸干は財星官星が存在せず、かえって亥支が衝去した巳支蔵の丙戊干が癸干に飛来して財星官星に就位相するので、局中に戊己干の合絆星が存在せず官星の破禄相であり、もし庚辛干を擁帯して金白清秀また智慧の人命にて地方官の貴相なのである。

癸丑日主で時柱癸亥干支では「拱禄格」を造作、また生月巳酉丑支は福徳秀気また生月午支は平常底、また生月卯酉支で運歳の南方地を巡り黄金冠紫恩衣の名誉だが、ただし寿元が難点なのである。
（和氏（長官）は壬子年癸丑月であり／許成名氏（侍郎官吏）は癸卯年癸亥月であり／江潮氏（進士）は癸未年辛酉月であり／某氏（給事中）と某氏（評定官）は癸亥年癸亥月であり／某氏（挙人）は辛未年辛丑月であった。）

癸卯日主で時柱癸亥干支は平庸で「日貴格」、また生月寅卯支は傷官がテーマであり運歳の金水地を巡り名声、また生月辰戌丑未支は旺官星また生月卯支が好作用して官位三品級の貴相、また局相辰戌支で卯支ともに刑揺して己主は窮状するのである。
（唐汝楫氏（首席進士）は壬申年戊申月であり／盛唐氏（使節補佐官）は己丑年乙亥月であり／某氏（進士）は甲申年丁卯月であり／劉清氏（鎮護官）は丁未年壬寅月であり／張思誠氏（給事中）は庚午年乙酉月であり／某氏（郡主）は乙卯年壬辰月であり／某氏（遊撃士）は丙申年庚寅月であり／張位氏（学士院吏）は癸巳年甲寅月であった。）

癸巳日主で時柱癸亥干支で、生月丑支は雑気印星の貴相また年月柱亥子支で運歳の南方地で貴相、つまり「禄馬同郷格」にて年月柱巳申支は大貴相なのである。
（許讃氏（宰相）は癸巳年庚申月で父子兄弟ともに貴相であり／張尚忠氏（進士）は癸卯年甲寅月であり／許奨氏（挙人）は壬寅年壬寅月であり／某氏（大理寺丞）は甲寅年辛丑月であり／某氏（進士）は癸卯年癸亥月であり／某氏は庚寅年癸未月であり／某氏（乙部合格士）は己亥年乙亥月であり／某氏（侯爵）は甲子年丙寅月であった。）

癸未日主で時柱癸亥干支では、日主を支蔵の財官星が搭載また生月辰戌丑未支で運歳の東北地を巡り貴相、また生月秋季で運歳の東方地を巡り官位七品八品級の貴相、また印星官星が透干し黄金冠紫恩衣に相当するのである。
（馬氏（学士院吏）は己巳年庚午月であり／陸氏（給事中）は庚寅年庚午月であり／戴品氏（監察官）は癸丑年庚申月であり／某氏（解元）は丁丑年丁未月であり／李汶氏（長官／直隷省）は丙申年戊戌月で某氏（蘇州）と同命相であり／李樗氏（巡察官）は己巳年甲戌月であった。）

癸酉日主で時柱癸亥干支で、生月辰戌丑未支は一生涯の意向を遂げ、また生月酉支で運歳の東北地を巡り官位八品九品級の貴相、また生月申支で運歳の東北地を巡り官位五品級なのである。
（張嗣修氏（学士院吏）は癸丑年己未月であり／邢氏（長官）は庚子年丁亥月であり／劉氏（萬戸）は壬辰年壬子月であり／某氏（大臣）は丙戌年丁酉月であり／毛氏（進士）は辛未年戊戌月であり／某氏（挙人）は丙子年丙申月であり／某氏（挙人）は癸未年甲寅月であり／某氏（挙人）は甲子年辛未月であり／李盛春氏（参議）は癸卯年甲子月であり／某氏（挙人）

は甲辰年壬申月であり／某氏（江南出身）は戊午年丙辰月であった。）
癸亥日主で時柱癸亥干支では性情は飄々として聡明で中年期に大富裕、また生月冬季は「飛天禄馬格」でまた局相に戊己干子支が存在せず合絆が填実に復して貴相が顕彰、またさもなくば夾孤して道仏士と見做し己主は清高命、また年月柱辰亥支で辛壬干が透出して巳支が填実に復さず智慧大貴相、また生月卯支で黄金冠紫恩衣また局相己丑干支もまた貴相なのである。（王守仁氏（長官／封新建伯）は壬辰年辛亥月であり／宗臣氏（学府吏）は乙酉年己卯月で才覚を称賛され寿元三十六歳超であり／劉廣成氏（参議）は癸丑年丁巳月であり／荘士元氏（参議）は己卯年己巳月であり／王槐廷氏（郡主）は丙午年庚子月であり／陳氏（首席進士）は癸丑年癸亥月であり／劉時秋氏（検事官）は丙戌年乙未月で子息九名であり／史氏（侍郎官吏）は丁巳年辛亥月であり／周氏（宰相）は癸酉年甲寅月であり／張仁氏（県長官）は辛丑年辛丑月であり／周延寿氏（癸丑科會元～首席進士～閣僚／癸未年卒）は己丑年丙子月であった。）

〔歌訣〕

ウグイスが高い木々を、遷廻する局相では、
乖背して暗蒙、また迎容して耀明に帰着し、
冲衝に巡相し、開錠するときには、
さる吉報に、その羽毛が飛躍するようなもの。

〔歌訣〕

陰性の水質が、重複して海波を透通し、
少年期には、未だに挫折なく時節を送るとは、
得志すれば、能く龍神が困惑して方便を化導してくれ、
不遇なタイミングで虎に遭えば、大地に平臥し俟て。―

癸日主で時柱癸亥干支では劫財帯禄して亨通するので、生月秋夏季が有益で生月冬春季が不益だが、局相戊丙庚干かつ木気象で富裕盛旺また局相己甲丙干かつ亥支で顛倒、つまり血族は非常に同調和合せず自己一身は不定機に翻転高騰を趣向し、先に負荷してのちに成就する命運なのである。

以上の諸命局は「原本」は十分の六割掲載で十分の四割を増補しており、一個命で重複記載しているものは伝承の誤解であり、どうして誤解が存在しないと言えるだろうか。

それらの命局の所在を知りたければ、なりゆきの経緯を納得してくれたまえ。

巻十

およそ命理の看法とは、まず月令の財星や官星の存在の有無を看てからその他の看法をするので、月令を命運と見做し月令に精神を取用また年柱の天干を取用、また日柱の天干を取用、また流年歳運の天干を取用するが大運は支神を取用し、月令を本義と見做しまた日柱を日主と見做すのである。

たとえば月令が正官また偏官に相当して、時柱が他格局に入格すればただ月令を取用して他格局は無用であり、たとえば月令に全く用星を肯定できなければ他格局の方途を看るのである。

〔古歌訣〕

命局に帯びる格局の詳細は、混沌として難しく、
通暁せずに、誰が貴相の方途を肯定できるのか。
命局はみな、格局の附帯に一任できるのだが、
ただ月令の作用を領得し、肯定するばかりでもない。――

また月令が地支に作用たとえば官星は、干頭支下に透出して好作用と見做すが、また干頭に透出して支下に透出しないのが肝要で、己主は聡明俊秀なのである。

そこで年柱や時柱が月支との衝揺が不益で、また日支の衝揺は支障なく大運また年歳が月支に巡衝してすなわち凶揺なのである。

およそ正官一星の位相とは、すなわち君子貴人また厚篤純粋また廉直剛明であり、年時柱に印星が存在してもっとも好作用だが、過多してすなわち己主はかえって成敗浮沈、また命局で官星が満局して官途は虚名また偏官一星位相して聡明怜悧だが、二星また三星のケースは先に清澄してのちに汚濁、また命局で偏官が満局して制効すれば貴相だが制効せず窮状するのである。

およそ財星一位相は、タイミングを得て要務に就き富貴にて成家し、当人は性質早急かつ緊迫また二星相は性気が半減また三星四星は衰身退耗するのである。

もし極身旺ならばすなわち成立を肯首、また身弱ならば労役苦生しおよそ印星とは一星相二星相四星相すべて好相、局中で財星が印星を破綻して不適宜なのである。

およそ好運を巡るとき、日干が年歳の干頭を傷剋して災禍は軽度だが、悪運を巡るとき日干が年歳の干頭を傷剋して窮状は重度なのである。

もしすでに発症すればすなわち卒去、また局相辰戌丑未支にはそれぞれ三分割の余気、たとえば運歳の午支が未支に巡って三分割の火気、また運歳の子支が丑支に巡って三分割の水気が存在するケースなのであり、すべて土気の作用をテーマとできないのである。

およそ陽刃格局はもっとも歳運の衝揺合絆を畏れて、また年歳が日時干頭と合絆して「晦気殺」と見做し、また命局の日時柱が年歳干支と同一干支のときは「轉趾殺」と見做し、たとえば庚申日主が年歳の庚申干支や庚寅干支に巡るケースで、そこで軽度ならばすなわち遠方変遷また重度ならばすなわち家財を破壊するのである。

およそ命局の年月日柱に吉星が存在するとき、時柱が生旺の当処だがまた局中に凶星が存在して時柱が制伏の当処、また時柱が吉星また凶星を附帯、また年月日柱が吉星ならば生扶また凶星ならばこれを制伏するのである。

また命局の月柱に用星があれば祖元の扶力を領得、また時柱に用星が存在すれば子孫の扶力を領得するが、これに反すればすなわち否定するのである。

およそ命理の看法では日干の作用を天元と見做し、ここで干を「禄」と見做し、また日支や月支を地元と見做し、ここで支を「命」と見做し、たとえば壬癸日干で月柱己未干支で透出して財星官星を肯首し、原局の財星官星の有無また原局の地支蔵に財星官星が存在し、天干に透出しなくても支障はないのである。

もし地支蔵に財星官星が存在せず、ただ干頭に顕出して好運を巡ってもまた事態が済性せず、ただ年歳を看てただ日干を作用と見做し、もし運途で地支が重複してもまた運途で日干を看る必要があり、人命の局中にまた正官また偏官が存在し、太過して制効すれば運歳で官殺に巡相して発揚を肯

首し、局中に財星を支蔵せず運歳の財星干頭に巡相してまた福分を肯首し、命局の支星に偏官が存在せず運歳で偏官に巡相し凶揺を肯首するのである。

人の命局で生月の当処を運元と見做し、もっとも大運と年歳巡衝するのを畏れて凶揺と見做し、そこで当生月の官星を禄元と見做しもっとも衝撃を畏れて、たとえば生日丁干は壬干を正官と見做し、生月亥支は壬干を支蔵して丁干の「禄」を肯首し、もし年柱か時柱に巳支が存在してすなわち禄元を衝撃するので、そこで生月財星を馬元と見做しもっとも劫衝を畏れるのである。

たとえば生日庚干は甲乙干を財星と見做し、生月寅卯支では寅支蔵が甲木偏財また卯支蔵が乙木正財であり、もし年時柱に辛干が存在してかえって争奪の凶揺と為り、運歳のケースも同じテーマなのである。

およそ年干頭に生日主の官星が存在して最厚福気であり、また生日主の偏官が存在して終身ともに除去できず、そこで官星を禄と見做しまた財星を馬元と見做して、運途で官星が巡り官星が発揚し、また運途で財星が巡り財星が発揚することから官星と財星二者は不可分でありそれぞれの作用が存在し、年柱月柱に財星官星が存在してかならず富貴の家統に降生し、根基を父祖として少年期にすなわち運歳の官禄星を巡り多分に早年期に仕途を拝命、また功名を発揚また年月柱に財星官星が存在せず日時柱に存在して、すなわち自己立身成功を肯定するのである。

人の命局では財星官星が本義で、局中にその一星を領得して福分の発揚を肯首し、もし原局に官星が存在せず他格局に入格せず、局相に財星を重擁してまた運歳の旺財地を巡り、また能く功名が成就するのである。

また旺財星は能く官星を生扶するが身旺ならば許容し、年月柱に財星官星が存在せず幼年期に好運を巡らずおおむね出身は辺域、また祖父を傷破して福分の見成は存在せず、およそ命相が官殺混雑して傷官が夾雑して男子がこれを侵犯して酒色に耽迷、また女命がこれを侵犯して自ら媒嫁しないのである。

およそ命運を看るときはもっぱら日干を主体と見做し、また月令を取用して作用の星相を命運と見做したとえば月令で木火土金水気が作用、ただし一ポイントは節気の先後や軽重や深浅や成局の衝破を取用しこの詳細の添加を考究するのである。

また官星や印星や財星や偏官や食神や傷官の六星法則のなりゆきとは、まず正官が財星を帯びまた偏官が印星を帯びまた印星が官星を帯び、この四セットを取用して偏倚せず生剋制化して上格と見做し、また破害休囚して下格と見做し、運歳で生扶また除去して福分と見做し、また過助また剥奪して凶揺と見做すのである。

また局相の年日時支の作用で格局が成合して月令の作用を肯首し、たとえば月令で金気が作用してただ金気が用途また火気が作用してただ火気が用途なので、十八格局のうち六格局を取用して重要と見做すのである。

また相生作用して格局の合局が決定するが、かえって年日時柱が作用して下格なのでその軽重や深浅を推量し、たとえば正官を附帯して印星が作用すれば偏官を畏れずに殺印格局を肯首し、己身が印局なのでまた上格局の取用を造作して印星を附帯して偏官を擁し、ただし命局に官殺が存在して運途の官殺エリアに巡り、また貴相のテーマを造作するのである。

また月令に官星が通関し局中に財星を帯びて旺財星が官星を生扶して、すなわち富貴また局中に財星を附帯して運途の旺財に赴き福分が発揚するのである。

ただし局中に偏官一星を附帯して、すなわち偏官を重星と見做して財星の作用を肯首せず、もし運途の旺財を巡りすなわち生財党殺して窮状のテーマを造作して、およそ格局偏官を重星と見做すのである。

およそ命相ではまず干頭の制剋の有無を看てから、支星の刑衝や干支納音五行の有無また「戦門降伏」の有無を看るのであり、たとえば甲干は寅支を建禄と見做すが寅支が搭載する干星、また甲干は辛干を正官と見做し、そこで辛干を搭載する支星またそこで干星が支星を侵相せず、すなわち天賦の尊位また支星が干頭を侵犯せず、すなわち地象の卑位なのである。

また命局が夾雑せず、すなわち人命は順相また寅巳申亥支（四孟）が害相せず、また馬支がすなわち能く馳駆また命局の干支を侵犯して命局夾相し、己主の精気の有無や作用の有無や救応の有無や格局の成否を分別し、すなわち局相が錯綜して五行が変容しその造化がその内容に存在するのである。

李淳風氏がいう――

局相が生旺して福気の往来を観て、また局相が死絶符して吉星の救応が存在し、もし局相が支根を領得また納音が相生するとき吉星への生助が存在せず栄昌、また局相に精気が存在せずまた納音が障相しなければ、たとえ吉星が存在しても作用は問わないのである。

およそ命局では天干が有益で地支が禄支根、たとえば甲己干合は四季土旺が有益、また乙庚干合は申酉支が有益また丙辛干合は亥子支が有益、また丁壬干合は寅卯支が有益また戊癸干合は巳午支が有益なのである。

また地支が有益な天干とは、合絆すればたとえば子丑支合は戊干が有益また寅支は己干が有益、また卯辰支は庚干が有益また巳支は辛癸干が有益、また午未支は甲壬干が有益また申支は乙干が有益、また酉戌支は丙干が有益また亥支は丁干が有益なのであり、天干と地支はみな有為で恒常的に崇高な福気が存在するのである。

また皆無のケースは名利は成立せず、天干が破相すれば三十九歳以前は名利の発揚が難しく、地支が破相すれば四十歳からの福分はなく、もし天干の秀気を禄支根が搭載、たとえば癸干が子支を領得また甲干が寅支を領得するケースで貴相ではなくすなわち富裕なのである。

また地支は天干との衝剋が不益たとえば子丑支は己干を忌み、また寅支は庚干を忌みまた卯辰支は辛干を忌み、また巳支は甲壬干を忌みまた午未支は乙癸干を忌み、また申支は丙干を忌みまた酉戌支は丁干を忌み、また亥支は戊干を忌むなどは、さらにどのような喜忌を看るのかは固執できないのである。

およそ命局では、干支の取用は納音の取用と同類項であり—

まず壬子干支壬午干支は真木質また己酉干支己卯干支は真土質、

また丙子干支丙午干支は真水質また戊子干支戊午干支は真火質、

また乙丑干支乙未干支庚辰干支庚戌干支は真金質なのである。

もし日柱乙酉干支時柱庚辰干支は精金質、また日柱丁巳干支時柱丙午干支は精火質、

また日柱癸亥干支時柱壬子干支は精水質、また日柱己丑干支時柱戊辰干支は精土質、

また日柱甲寅干支時柱丁卯干支は精木質であり、これらの日時柱のセットはともに己主は富貴なのである。

また火人質とは日柱丙干時柱辛干や日柱辛干時柱丙干、

また木人質とは日柱甲干時柱己干や日柱己干時柱甲干、

また土人質とは日柱戊干時柱癸干や日柱癸干時柱戊干、

また水人質とは日柱壬干時柱丁干や日柱丁干時柱壬干、

また金人質とは日柱庚干時柱乙干や日柱乙干時柱庚干などで、これらは五行の真実の貴相と見做すが福分の逓減を重犯するのである。

およそ命局は五行交互の真実に気質を取用—

まず辛亥納音金質が丁巳納音土質で、丁壬干合で真実の木質が往来、また丙辛干合して真実の水質が往来するのである。

また丁巳納音土質が癸亥納音水質で、戊癸干合で真実の火質が往来、また丁壬干合して真実の木質が往来するのである。

たとえば戊戌年癸亥月丁巳日辛亥時では真気が交互に全備して、すなわち宰相級の命相なのである。

また戊午納音火質が壬子納音木質で、丁壬干合で真実の木質が往来、また戊癸干合して真実の火質が往来するのである。

また丙申納音火質が乙酉納音水質で、丙辛干合で真実の水質が往来、また乙庚干合して真実の金質が往来するのである。

また庚寅納音木質が己卯納音土質で、甲己干合で真実の土質が往来、また乙庚干合して真実の金質が往来するのである。

たとえば庚寅年己卯月庚寅日己卯時の命局は交互全備して、すなわち両府庁長官兼務級の命相なのである。

およそ命相では化気がテーマであり「五運篇」を考察すれば、甲丙戊庚壬干に合絆する五陰干にて太過と見做し、また乙丁己辛癸干に合絆する五陽干にて不及と見做すが、この太過や不及の内容には権能が存在するのである。

『天元変化指掌提要』を考察すれば—

一日を昼夜に分割するように、たとえば六甲干では昼刻生木質は夜刻降生で化土する故に、六戊主が甲干を領得して昼刻に取用して鬼殺と見做し、また夜刻生で官星の作用と見做すのである。

また六乙生日は金質を用途とし、夜刻降生は木質を用途とする故に六己日がこれを擁し、昼刻降生を官星と見做しまた夜刻降生を鬼殺と見做し、ただ六己干と六庚干だけは不変に作用するのである。

ここで五陽干は昼刻生を本体と見做し、夜刻生を化質作用と看るのであり、また五陰干は夜刻生を本体と見做しまた昼刻生を化質作用と看るのである。

六陽干主では男命が禄鬼偏印を侵犯し、そこで夜刻生を取用してかえって凶意が吉兆へ好転して鬼殺を官星と見做しまた偏印を喜神と見做し、かえって生日の順性と見做すのである。

六陰干主では男命が禄鬼偏印を侵犯し、そこで昼刻生を取用してかえって凶意が吉兆へ好転するのは前述と同義でかえって夜刻生を順性と見做し、また女命のケースはこれに反して求めるが、この昼夜の気象とは陰陽の配合かつ剛柔の本体と作用なのである。

およそ命相では支下が天干を生扶して「助気」と称し、己主は自ら一生その福分を享受し、また干頭が支下を生扶して盗気と称し、己主は一生人命の福分を供与し、そこで干頭が支下を剋伐して「順」と称して己主は威勢があり、人命を制伏また支下が干頭を上剋して「逆」と称し、己主はおおむね沈滞して発揚は難しく、そこで死絶符はもっとも緊要だが生旺では緩慢なのである。

命相に納音五行偏官が多く、己主は時令を領得して官星乗旺と称し、納音五行財星が多く己主は雑気が存在せず「旺財損身」と称するのである。

およそ命局の五行の貴賤や陰陽象相などは、たとえば二金質が二木質を附帯また二火質と二土質と二水質のケースであり、それぞれ自ら方途が成象して吉兆なのである。

そこで太過したり不及したりとは、たとえば三水質と一木質また一水質と三木質などのケースで、ともに福分と為らないだろう。

たとえば庚辛干主ならば三金質と一木質で、金質が木質を剋伐して財気と見做して、三金質が一木質を夾衝してこの福分の分奪を肯首し、おおむね己主は財運を遂げることはできないだろう。

また一金質と三火質では、火質が過多して金質が些少なので七殺太過と見做し、己主は一生忙殺されるだろう。

たとえば甲干主のときに三壬干と三己干では「三呑四偶」と称し己主は不吉、また二己干二庚干では「重偶重傷」と称し三大凶兆と見做し、窮状せずとも非長寿でその他はこれに批准されたし。

およそ命局を看るとき「傷官見官」は非長寿、また偏官帯財は非長寿また重劫微財は卒去、また過財衝印は凶兆また盛水流木して結局は「外鬼」と見做し、偏印倒食は拘禁また重劫微財は卒亡なのである。

また偏官過旺とは支根の不作用であり、そこで亡神や偏官や刑衝とは流民でなくとも拘禁であり、また傷官陽刃が併重して肢体全備しても血痕的であり、また財星帯刃では散財卒亡するだろう。

また命局の庫墓地で生旺死符したり、生旺地で庫墓絶符すれば晩年期は吉運なのである。

また未だに凶運に赴かずどうして死去に分度し、または凶運が巡って未だに吉運に巡らずどうして福分の発揚をテーマにできるであろう。

それらは気の進退の究明の由縁であり、さらに発揚の有無の義則を詳らかとして速やかに招来し、その帰局と了畢を功能としてそこで一生の運歳が全凶ならば夭逝し、逆に結末として命星が支根を旬得すれば、至高長寿である故に老年期には生旺を畏れて若年期には死絶符を忌み、また陽刃をさらに生扶しておおむね凶揺また旺殺有根では決定的に結末も凶揺なのである。

また生月春季で旺火相ならば、おおむね運歳の西北地が適宜で庫地が帰局であり、また生月夏季で旺金相ならば運歳の東南地が有利で官殺地が寿元なのである。

また「四刃星重」とはたとえば正財を死符が搭載、また官貴一星が浅度では結局は陽刃がポイントであり、また四柱満局傷官が自死符するとは、庚辛干が溺水に赴き凶揺するのである。

また「陽刃倒戈」や「無頭之鬼」や「殺星疊刃」のときは肢体碍と為り、そこで制伏して中和するとは全局偏官で従殺絶気、また生扶が太過してさらに印星が加旺すれば己身は結末し、また傷官が墓死符に赴き晩景は最壮観と為るだろう。

そこで陽性が派生して陰性が死没、または陰性が死没して陽性が派生して、偏官三合局を帯びて太過すればかならず傾陥するなど、五行消長の内訳を詳細にすべきなのである。

およそ命局を看るとき、五行の太過や不及とはもとより福分と見做さず、その中位相は微細に異なり、たとえば水土質が死絶符を忌まないのは、そこで天地とは水土質が敷衍して四季の分度も存在せず、どうして死絶符の作用が存在するだろうか。

ただし軽重を弁別するならば、たとえば水滴は堆土質にてすなわち乾消し、また逆に掌土塊が容水のなかですなわち散逸して、これは量の多寡や軽重の分度がテーマなのである。

また金質は土質でなければ生扶できず、また木質は水質でなければ生長できない故に、金木質は生旺を渇望して死絶符を畏れるが、たとえば死金質はすなわち沈降しまた死木質はすなわち灰燼し、また水土質では同義ではないのである。

また火質は木質に伏蔵して土質に伏宿する故に生旺を渇望せず、生旺すればすなわち焚滅また死符を渇望せず死符すればすなわち滅尽するのは、ただその平庸を領得してすなわち佳質でありそこで五行の水土質が均等ならば、およそ木金火質命主にはもっとも肝要と見做すのである。

およそ五行の象相の取用では本象を本象として取用し、たとえば甲乙丙丁干の木火質の象相のケースであり、また化象を化象として取用するとは、たとえば戊癸壬丁干はまた木火質を象相するなどのケースなのである。

まず「金水質の象相が土質を擁してはならない」とは水土混雑と称し、また金質は自性的に清澄ではなく、運歳で土質に巡って塞滞するのである。

ただし「金水不雑」とは生月秋季が最貴相、たとえば神宗氏（明朝皇帝一五七二～）は癸亥年辛酉月癸亥日辛酉時の命局で「金水不雑」と為り、また壬癸日主が生月申酉支では「金水助清」と為り、二水質と二金質が成象しいわゆる「金白水清」で、夾雑五行が存在せず両干不雑と合致する故に「天子の尊位相」と見做すのである。

たとえば癸酉年癸亥月庚子日辛巳時の命局では、庚金が生月水質を生扶して金質はかえって泄気して亥子支水質のなかに沈降する故に水厄を免れないのである。

また「土金質の象相が木質を擁してはならない」とは、「木剋土」と称しすなわち土質は能く金質を生扶できず成象せずに「堆土成金」や「重土微金」では、その福分は質実が厚く逆に「重金微土」では福分は艱難なのである。

また「火金質の象相が水質を擁してはならない」とは、水質を擁すればすなわち火質が熄滅して金質が沈熔して成器と為らず「重金微火」では発達遅滞だが長寿であり、また「重火微金」では早期に発達して速やかに退き、また己主は寿元を瑕疵するのである。

また「金木質の象相が火質を擁してはならない」とは、活木質は金質を畏れて火質を擁して成秀しても死木質が金質を領得して造化の方途が成立するとし、また「重金微木」とは当人は骨痛疾また「重木微金」とは己主は銭貨財帛を損失また肺疾を併症、ただし金質と木質とが適相ならばすなわち吉兆なのである。

また「水木質の象相が秀質かつ清高である」とは、局相に卯巳支を擁してはならず、そこで水質が死絶符するからなのである。

また「木火質の象相が秀質かつ豊厚富である」とは、局相に金質を擁してはならず、そこで木質が受衝しまた年歳で巡相してともに窮状なのである。

また「水火質の象相が既済を成立してもっとも好作用また未済でも領得する」とは、局相で土質を擁してはならないのは「旺火燥性」で、水質が過多して視覚碍また火質は死符を畏れ、また水質は沐浴を畏れて酉支にて火死符水沐浴すれば、己主は艱難にて卒するのは運歳のケースも同義でこの象相は日時柱に擁して不益なのである。

また「水土質の象相が火質を擁してはならない」とは、「重土微水」では秀才だが質実ではなく、逆に「重水微土」とはかえって科挙試験合格の名誉なのである。

また「火土質の象位のとき水質を擁してはならない」とは、虚火聚土では質量は成立せずとして、そこで同義に水流で己主が陥没するとは、たとえば戊子年戊午月己丑日己未時または丁巳年丁亥月丙辰日丙戌時の局相では、丙丁干と戊己干が夾相するので「虚火聚土」なのであり、また李九萬氏の命局は戊子年己丑月戊午日己未時または丙辰年丁巳月丙戌日丁亥時の命局では、みな火土夾雑の象相で連珠之相を肯首せずに貴相と見做し、そこで時上に壬癸干水質を帯びて滞土滅火して恒常的に薄微蹇滞するのである。

　また併火が土質を擁してすなわち晦冥であり、また併土が火質を擁してすなわち虚質でありそこで「重火微土」はすなわち燥質、たとえば己卯日主で時柱丙寅干支を擁するときを肯首しまた「重土微火」とは明瞭ではなく、たとえば丁酉日主が時柱戊申干支を擁するときを肯首するのである。

　たとえば韓氏（大臣）は戊戌年丁巳月戊戌日丁巳時の局相で、火土成象して「鳳凰干支格」と見做す故に貴相なのである。

「経典」にいう―

　金水質が多大に清澄で金土質が多大に厚質とはその相生なのであり、また金火質が多大で剛毅であり金水質が多大に方正とはその相剋なのである。

　また火土質が多大で嫌毒また木火質が多大で聡明、また火水質が多大で蒙昧また火金質が多大で苛烈、また木火質とは文彩また水木質とは清奇、また木金質とは方直また土木質とは害毒であり、水火質とは智慧でありまた水木質とは仁智であり、また金水質とは秀麗でありまた水土質とは重濁であり、それぞれの五行の性情をこれで推究するのである。

　およそ命局で「同類相破」を畏れるとは、たとえば己未干主が甲辰干支を帯びまた甲辰干支が己丑干支を帯び、また己丑干主が甲戌干支を帯びまた甲戌干主が己未干支を帯びて、およそ四衝之当地かつ納音五行同火質のケースで、ついで両位相を逆数したとき寅申巳亥支や子午卯酉支を取用して、己主は恒常的に欠乏しておおむね成器と為らないのである。

『道經』にいう―

　井欄斜叉局が相互的に破局し、応救がなくとも応救を肯首するとき、空亡に巡るのを渇望するが運歳ではこれは不益なのである。

　およそ命主の本義では運歳で死地に巡るのを肯首できず、たとえば丙寅納音火質は乙卯納音水質を畏れ、また辛巳納音金質は丁酉納音火質を畏れ、また甲申納音水質は己卯納音土質を畏れ、また戊申納音土質は壬午納音木質を畏れ、また己亥納音木質は甲子納音金質を畏れるのは、人生で死を忌避するのと同義であり、己主の生死の本義と同途とするときはすなわち不益ではないのである。

　およそ命局では「鬼剋」をもっとも畏れるが「窠殺」が最毒であり、たとえば丙子納音水質が庚子納音土質を擁し、また丁丑納音水質が辛丑納音土質を擁するケースであり、相剋の位相に就く故に凶揺なのである。

　また「墓中鬼」とは、たとえば壬辰納音水質が丙辰納音土質を擁し、また丙辰納音土質が戊辰納音木質を擁するケースなのである。

　また「隔壁鬼」とは、たとえば庚子納音土質が癸丑納音木質を擁するケースなのである。

　また「空亡鬼」とは、たとえば甲戌干主が空亡の甲申干支乙酉干支を擁するケースで、みな己主の有害と見做し、その内訳は窠鬼では墓鬼が軽度でまた墓鬼では壁鬼が軽度で、また壁鬼では空鬼が軽度なのである。

　また木命主で生月火質かつ日時柱金質を領得するケースで、火剋金を為して金質が木質を傷剋できず、禦鬼を肯首して「鬼」を有害と見做さないのである。

　また水命主で局中に火土質が存在して土剋水を為し、火質が土質を生扶して助鬼を肯首してその「鬼」はもっとも凶兆であり、干支五行で作用また納音五行でもっとも緊用だが禦鬼とはすなわち艱難ののち立身し、また助鬼はすなわち血族を多大に破綻するので鬼中有鬼とも称するのである。

　また「鬼嘯」と称するとは、たとえば土命主で生月木質日時柱金質を領得して、木剋土また金剋木と為り根基が劣質なので、すなわち凶兆だがそこで己主が身強ならば不益ではないのである。

　たとえば己未年乙亥月丙寅日辛卯時の命局では、三合木局が生扶してさらに寅卯支に巡相して官星エリアに赴き己土を為し、また丙辛干合して大貴相だがそこで己土が乙木に巡り鬼殺を作動して忌み、また辛干が乙木の鬼殺として作動かつ、また寅卯支の官鬼に変転かつ己土鬼を作動、また局相亥卯未支三合木局位に所在して鬼剋を肯首して通関、また「鬼嘯」を侵犯する故に己主は卒するのである。

「経典」にいう―

　命局では切に下賊が上剋して不益、また恒常的に事態が不足して造相するのである。

　いわば鬼嘯格局が劣質なのは明らかで、さらに刑衝七殺凶揺を添加して錯異し、たとえ以前に富貴でも決定的に後年華美を拒否するだろう。―

およそ命局を看るときは、胎月や庫地生旺を取用して四庫と見做し、また死絶病敗地を取用して四忌と見做しその他を四平と見做し、そこで年干を主体と見做して五行を配当して、四貴や四平や四忌の位相を取用して貴賎を分度し、貴相が多大なればすなわち貴相また濁相が多大なればすなわち窮相と為すのである。

また四貴星のなかで四旺を分度すれば、庫地を上席と見做しまた胎月を次席と見做し、そこで人の命局の胎月日時が三貴相に巡ればみな干星を輔佐するが、そこで建禄や正官や印綬を兼備して三公大臣の命相なのである。

また正規に天乙貴人を附帯するとは、たとえば年柱支主が丑未支で月日時柱に甲戊庚干を領得するケースなどである。

また本家禄を附帯するとは、たとえば年寅支主が月日時柱に甲干を附帯するケースなどで「福會」と称し、また天乙貴人が重複合絆してまた三公大臣の命相なのである。

また三貴相を干頭に帯び支下が合絆したり、または正官佩印（綬）一セットもしくは一正規の天乙貴人また一位相の本家禄で、これら三両位の貴人が合星して宰輔大臣の命相なのである。

もし命局の日時柱に両貴を附帯して上記に符合して必然するが、もし一位相の災殺や地殺や亡神劫殺羊刃などの星神は、兵権を主事して司馬旗章紋の貴相なのである。

また胎月や生月日時柱が胎庫一貴相を附帯して、また正規の天乙貴人に干頭支下が合星また天乙貴人と本家禄が合星したり、正官佩印（綬）や本家禄で精気が存在し、また天乙貴人を上載して上記の禄干星では宰輔大臣かつ九卿大臣の命相なのである。

また月柱に忌星が存在して日柱が貴星を帯びるか、また日柱に忌神が存在して時柱が貴星を帯びれば、凶害ではなく清華と見做し侍従職級なのであり、また局相月日柱ともに貴相が存在して時柱に忌星を帯びれば、これは常規として人選を調査するのである。

また己主が四忌星ならば窮状で、軽重が存在して死敗絶符を重度と見做し、また病符を軽度と見做すのである。

また命局それぞれの三位相とは、たとえば局相寅午戌支火局が丙丁干主を搭載して貴相と見做し、そこで四貴相と三位相とは同義であるがただし胎月貴相の一位相を欠損して、その己主の福分貴相は四貴相と同義なのである。

また陽禄貴は建禄に当在しまた陰禄貴は帝旺に当在し、もし陽禄貴が帝旺に巡相して陰禄貴が建禄に巡相して、本位相と見做してその福分が半減するのである。

もし旺相にして無禄支であるとは、たとえば丙寅年主が日時柱戊午干支を領得して、さらに命主を損剋すれば刑殺を帯び、己主は淫質劣等の位相だが一両位に巡相すれば貴相でかえって凶殺刑害と見做し、破相が重複深度であればまた己主は無禄と見做すのである。

『沈芝源髄歌』にいう―

命局は生旺であれば君子と見做し、また建禄であれば宰相と見做し、もし納音五行木質で局相月日時柱に寅卯支両位相が存在し、また納音金質に申酉支また納音水質に亥子支また納音火質に巳午支また納音土質に辰戌丑未支がそれぞれ存在して、みな貴相がテーマなのである。

およそ命局を看るときは五行を生旺や死絶符に分類して、たとえば甲申干支丙寅干支己亥干支辛巳干支戊申干支はみな五行の「自長生」と見做し、四季をテーマとせず超然として自生の作用を領得するので、人命がこれを禀得して快敏高明なので、貴者がこれを領得して漸次に進捗また富者がこれを領得し、栄昌堅恃するのはその長生を領得する故なのである。

また丙子干支戊午干支辛卯干支癸酉干支庚子干支はみな五行の「自旺」と見做して、四季を恃まずまた能くその自旺を招来して福分が奮起発揚して比容できないほどである。

また癸未干支壬辰干支丙辰干支甲戌干支乙丑干支はみな五行の「自墓」と見做して、すなわち命根復帰の時相で、およそ庫地に所在しかならず物品の収集を欲してすなわちその庫地を満載するので、たとえば壬辰水質では交水帰衆の領得を欲してそののち生旺と見做し、さらに金質が往来相生して重権を当得して水剋火また火剋金を輔用し、さらにこれに天中殺が臨み印星起動の否定と見做して、己主は窮状の命相なのである。

また乙卯干支丁酉干支壬午干支甲子干支己卯干支などの五行は「自死」と見做して、生旺すなわち過労また死符すなわち嘆息などは、自然の作用で死地に所在せずその人物は自ら帰局せず、いわゆる自性死符とはその帰局の作用の真実を領得するのである。

およそ命局がこれを附帯して抜群に高明、また智慧多大で福分が些少にて体質は沈黙静性にて不利益、また淡泊薄微の事象と見做して興旺決起に不利益で、神仙を探訪して学道するのを肯首し生死の門処を超克するのである。

また癸巳干支乙亥干支庚申干支壬寅干支丁巳干支などの五行は「自絶」と見做して、天の道理に断絶は存在せず干支が適配、すでに絶符してすなわち更生すればよく、およそこれに巡相して喜忌不定規であり、たとえば癸巳干支は水質絶符だが旺金の癸酉干支の扶助を領得して、絶水逢生と称してもっとも吉慶と見做すのである。

およそ命局が死絶墓符や生旺庫地などを附帯すれば肯定を言及せずともよく、そこで月令を清濁に弁別してまず清相とは制伏の作用を称し、たとえば病水質が土質を擁しすなわち濁性にてかえって阻堤を機能せず、すなわち止熄せずすでに止静してすなわち漸次に清澄するのである。

濁相とは制伏の不作用を称し、たとえば旺水質に土質が存在せず、すなわち溢濫して帰局せずそこで極水質は木質を生扶して極度、すなわち変容また受容すなわち通変するのである。

そこで五行がなお変容しても尚当しなければ、貴相が隠伏して貴相ではなく顕表、また死絶符に救応が存在しすなわち還魂と見做し、多大に貴相がテーマなのである。

また生旺が夾剋してすなわち精気の散逸と見做し、かえって己主の福分は浅度なので、もし星宿が相互相生するとして順性してすなわち本義を益し、また逆性してすなわち精気を奪気して相互相剋するので、順相してすなわち強勢また逆相してすなわち瑕疵なのである。

「経典」にいう―

小事を以て大事を凌駕しまたその損害に自ら補填し、また柔弱を以て強者に克つなどはその災殃を自ら収拾するように、一水質が三火質を剋伐するときは、柔弱を以て強者に克ちそこで陰性が陽性に勝果するので災殃だが顕彰せず、また陽性が陰性に勝果するときには有害だが深度ではなく、両陽塞相して凶揺が巡相また両陰敵相とはその安処ではなく、たとえば乙巳納音火質が壬申納音金質を剋伐して陰性が陽性に克つのを肯首し、また壬申納音金質が己巳納音木質を剋伐して陽性が陰性に克つのを肯首して、陰陽に情誼が存在する故に大害を否定するのである。

もし丁卯干支が癸酉干支と対峙して二陰敵相と為り、また戊午干支が甲子干支と対峙して両陽拒相と為り、それは陽剛陰柔でかならずその故に勝果ののちに果得するのである。

『太乙』にいう―

天地陰陽の変化の機枢とは、未だかつて陰性が陽性を召喚せずまた陽性が陰性を召喚せず、すなわち天地正合また五行気融なのである。

すなわち陽性は陽質に従性しまた陰性は陰質に従性して、すなわち陰性と陽性が偏出して動静の秩序を失効する故に禍福ともに方途と為るのである。

おおむね陰性陽性の偏出では造化は成立せず、命局でも火質過多して金質が些少のときには聚合離散して成形を領得せず、また火質が些少でも金質過多ではすでに銷鎔できず、かえって覆没の窮状と為り、その他も例推されたし。

およそ命局を看るときには、まず五行の体勢局面をテーマとしたのちに、その喜忌の好悪や旺相休囚を参究し、たとえば庚辛干主が庚辛申酉支を領得して体質面相と見做し、また巳酉丑支三合金局を領得して局勢と見做し、火質の制伏や土質の生扶を有益として、また寒金冷水質が不益なのである。

そこで四季の生月三秋季を旺相と見做し、また生月春夏季を休囚と見做すが、その他の木火土水質もこれに例推されたし。

庚辛干主が庚申干支辛酉干支を附帯して「五離殺」と見做し、もし生月秋季で水質を附帯してすなわち金質の化毒で金白水清の造化と見做し、また火質を附帯してすなわち金質を制剛して鋭利器の煉成と見做し、局中に火質や水質が存在せず頑金質と称して己主は早年期から酒色に耽り心身が過労し、もし日時柱戊寅干支では剛質生処にて己主は富裕長寿なのである。

甲乙干主が土質を領得してすなわち支根を領得して栽培を功し、また水質を領得してすなわち枝葉繁暢と為るので、彫削の金質を領得してすなわち材質を成為するのである。

甲乙木が局相寅卯支を附帯して、さらに生月春季は最吉相また三合木局を全会するときは、生月春季でなくともおおむね己主は仁厚長寿で、木質を制金また金質を煉伏してすなわち剛柔制相して、そこで火質が過多してすなわち焚焼また金質が過多してすなわち損折、また虚土質はすなわち培養できずまた漂水質はすなわち湿潤できず、好作用にてその中和を領得するのである。

壬癸干主は亥子支を水源と見做しそこで寅卯辰巳支を容納と見做し、自ら源頭を北方位として朝陽東方位に万岐する故に、壬癸干主は東方位を附帯して有益すなわち波浪平息にてそこで水質は土質の阻堤に堆土し、もし生月亥子支のときには土質が堆積してすなわち吉兆なので、すでに東方位に当在して土質を附帯して吉兆だが土質の過多は不適宜なのである。

さらに貴人星に財星禄支が存在してすなわち貴相、また日時柱で庚申干支辛酉干支では流水忌西方位にておそらく高寿元ではなく、また生月秋冬季では生旺清澄するので壬癸干が亥子支を附帯するタイミングでは、己主には文学能力が存在するのである。

さらに納音水質ではすなわち水質が太過するので、局中に阻土が存在せずすなわち子息少数と判断してただ芸術諸門派はすなわち吉相、さらに隔角が重複して決定的に己主は刑揺して生月春季は涸渇また生月夏季は混濁漂水するので、局中に水質の資助が存在しなければすなわち貴相ではないだろう。

また丙丁干主が局中に寅卯支を附帯して、生月春季では「木火秀明」かつ富貴栄華、また生月夏季はすなわち炎上して、局中に水質が存在せず決定的に非長寿だが水質が存在すれば早期貴顕するのである。

また生月秋季では火質が死符して金質が成為するので蔵内光照と為り、日時柱に微添加して旺気ならばすなわち吉兆であり、そこで水火質は死絶符を忌まずただ恬淡が適宜で福分と見做すのである。

また生月冬季では局中に火質が再助添加し、すなわち霜雪が潜消して山河が温暖と為り、古人のいう「冬日を渇望して夏日を畏怖すべき」とはこれを称しているのである。

また戊己干主が四季土を全備して上貴相、たとえば納音土質が全局して局中にさらに寅支を領得して「艮山」と見做して貴相、また能く厚土を堆載して万物を生扶するところから、金木水火質はみな不可欠である故に、この四行の枢要と為るのである。

さて五行の作用のテーマでは多量ならばすなわち太過であり、また少量ならばすなわち不及であり、その気数には余剰と不足がありみな能く凶揺を招来して、その抑揚に帰局しそののち福分と見做すのである。

そこで成功者は宜しく退蔵してその招来とは栄昌を振作し貴相、また局相が生旺を稟得して成功と称し、生旺して能く止熄して退蔵と称して肯首するのであり、命局に冠帯や胎養符を帯びてその精気が欠損して盈充せず、これを将来と称するのである。

その故に母子相生を欲し、その精気が増益すなわち発栄振作の道理が存在し、たとえば木質が時令を領得せず衰微してすなわち閉塞、また死符してすなわち枯材また旺金質が太過してすなわち過作動にて凶揺、また炎上すれば貴相にて止熄だが止熄せず自ら焚焼して凶揺なのであり、また漂滔すれば貴相にて止静するが止静せず、自ら沈溺して凶揺なのである。

五行のうち火行は南陸的で熱化し、また盛熾すればすなわち焚烈して物資を損害するが、酉戌支に巡至してすなわち能く陰翕するが、そののち能く万物を温煖するのである。

また水行は北陸的に寒化し、また盛冷すればすなわち冷却して物資を殺生するが、卯巳支に巡至してすなわち能く陽闢するが、そののち能く万物を滋生するのである。

また生扶の有無や旺相の有無とは、これを凶兆と見做してのちに吉兆へ好転するが、また死質の有無や絶性の有無はこれを吉兆と見做して、のちに凶兆へ変容するのである。

たとえば水質が戊申納音土質を擁するとはこれは生扶の有無であり、また庚子納音土質を擁するとはこれは旺相の有無であり、また多く成為して敗地せずまた喜悦に因りて憂悩せず、たとえば水質が癸卯納音金質を擁するとはこれは死符の有無であり、また辛巳納音金質を擁するとは絶性の有無なのである。

　また五行の精気が滅尽し両親の徳を領得してこれを生益、すなわちその精気が復して生益するので巡相して危難しても福分を帯び、また窮尽して通用しまた屈折して伸長するのである。

　また生旺が太過すればすなわち福分のなかに凶禍を伏蔵し、また死絶符が太過すればすなわち福分は存在せず通関を肯首し、また局相が死絶符して廻生に巡るときは災殃が能く逃散し、そこで火土質がもっとも顕表して金水質が後顕するので、—

　火性絶符が土質を領得して「睿」と称し（火質は土質を子息と見做して亥支に巡って火質は絶符また丁亥干支の領得を肯定する）のである。

　土性絶符が金質を領得して非死にて「寿」と称し（土性絶符が巳支を擁して辛巳納音金質を肯定する）のである。

　金性絶符が水質を領得して精気が復して体を継承し（庚金を寅支が搭載絶符して甲寅納音水質を肯定する）のである。

　水性絶符が木質を領得して魂が復して天遊し（壬水を巳支が搭載絶符して己巳納音木質を肯定する）のである。

　木性絶符が火質を領得して木質から出火し、灰燼と化して飛灰が煙滅する故に単独で凶揺と見做すのである。

　また匹蛇や匹馬の膽腑を否定するとは脚足が証するが（甲木を申支が搭載絶符して丙申納音火質を肯定する）のであり、匹蛇匹馬とは巳午支に該当して木質は巳午支に巡相して死符し、また木質の所属は肝臓や膽腑であり、木質死符を証して凶揺と見做すのである。

「経典」にいう—

　土質身に火質身生扶が巡って漸次利得し、また命相水質が金質を領得してすなわち年主は長優するので、また金質が過多すれば火質を要しまたは従革相して名声を成就、また木質が重複して金質を領得して曲直相して使用に耐任し、また流水は止静せず堆土を擁帯すべきであり、また火熾は依処が存在せずただ水質でこれを済性するので、五行の作用の適宜を領得してたとえ相剋しても福分と見做し、もし作用の適宜が失効すればたとえ相生しても窮状と見做すのである。

　およそ命局の五行が太過逆相するとき、たとえ禄支重見してもすなわち窮状また馬支重複してすなわち疾症、また印星過多してすなわち孤相また庫地併見してすなわち虚質なのである。

　また局相が過分に生旺して帰宿が存在せず、また過度に死絶符しておおむね激揚が存在せず、局相は過度に夾傷してはならずまた過度に純粋を肯首せず、また貴人星や馬支を多見して抜擢昇格また一般人が馬支を多見して奔馳するのである。

　また局相が破相して夾傷を要し、また空疎して全空亡を要し、渇望の当処は毀却できずまた畏怖の当処は過旺できず、まず畏怖したのちに渇望して福分と見做し、また先ず渇望したのちに畏怖して凶揺と見做すのである。

　また局相に合絆が多ければ発揚せず媚態し、また学堂を多見してすなわち成就なく、また貴人星を多見してすなわち柔懦にして立志せず、そこで禄馬支が過度に顕星して貴人星のテーマを肯首できず、そこで貴人星の表裏ともに充足して庶民のテーマで肯首できないのである。

　また四柱命局全陽のケースは口舌悪性だが心性善良であり、また命局全陰のケースは毒狼に沈戻するので、そこで拱馬支や拱禄支や拱貴人や拱福神などの拱起を要し、また拱刑衝や拱凶禍や拱年支や拱時支は不要であり、陰陽の貴相が均等に所在するので傷症を制剋する必要が存在するのである。

　およそ命局で丙辛壬癸干が戊戌干支を附帯して、すなわち戊土は堆塊なので傷刃は損折し、また壬子干支と丙午干支また丙午干支と壬子干支は精神水木質かつ陰陽純粋にて他位相に幇助が存在しなければ常用器ではなく、当令かつ秀気を添加してすなわち曠世有益かつ大徳容量すなわち偉丈夫なのである。

　また局相の卯酉支は日昇日没の当地、また局相の子午支は陰陽の分始宮なので巡相すれば当人は恒常的に往来するのは運歳も同義で、また局相の巳亥支は両極端の当地なので天地進展し、また局相の寅申支は三停方途で往来融通し、これを人命が附帯して気が多く守一せず、また局相丑未支は遅滞また局相辰戌支は速通し、当人が巡相して方途を執事し性情は通変せず、そこで辰戌支に精気が存在してかえって能く大事を建立するのである。

また丙子主人が局相に壬寅干支を擁し、壬干が丙局に添加して破相して好相ではなく、また庚子主人が庚午干支を擁して「五鬼臨門」を肯首し、また戊寅主人が甲寅干支を擁して甲干が戊干を剋伐するが、戊寅納音土質が甲寅納音水質を剋伐するのは、干支五行と納音五行の不調和であり、別岐の福星を除外して福力の方途と見做すのである。

また癸酉主人が戊寅干支を擁し、戊土が癸水を剋伐して金気が絶郷へ赴参し、劫殺と元辰が同局また月令の秀気の領得を除き、方途の作用と見做して肯首するがまた恒久であれば佳質ではないのである。

また庚午主人と丁酉干支は相互旺破、すなわち旺地破相として福力と見做して全容を肯定できず、また己未主人と辛酉干支では食神を領得しても、かえって死符に帰局して結局は恒久的に佳質ではなく、また乙丑年乙未月庚辰日庚戌時の命局では戊寅干支を附帯して大好相なのは、運歳もまた同義なのである。

「経典」にいう――

たとえば剛金質を領得して戊寅干支を済性し、絶性の有無を渇望して福分を成為し、また乙卯主人が戊寅干支を擁しまた戊寅主人が乙卯干支を擁し、大好命相を肯定するのである。

『丹陽書』にいう――

ます三奇の辺際ではなお虚称が存在し、また局相の死絶符にはもっとも生旺が処在するとは、そこで三合局や三奇とは月令とは分離して合星せずすなわち貴相を否定するが、たとえば甲戌庚干に時柱子午支が存在して貴相の方途、また乙丙丁干の時柱寅卯支が存在して貴相の方途なのである。

『天元変化指掌提要』にいう――

まず乙丙丁干は正規に酉亥支を渇望し、さらに交渉の有無を納音で看るのである。

いわばおよそ三奇や三合局とは月令中に秀気を附帯して貴格に入格しても、また庶民養子相を免れずまたむこ養子と為るだろう。

いわばおよそ三奇や三合局とは年柱に附帯せず、生月寅巳申亥支に当在また子卯午酉支辰戌丑未支の月日時を領得して四仲と四季は同じテーマであり、および胎月日柱にて互換干合や六合を命主が附帯せずみな「掉太歳」と称し、おおむね己主は祖元を乖離して孤立し扶力を領得できない人命と見做し、救応は些少でかえって義処に適い仮合絆して立命するのである。

また貴命であればすなわちおおむね偉丈夫に昇階し、およそ命局に三奇三合局を附帯して、もし己身が庶家養子相でなければかならず将来に子孫に庶家養子を輩出いわゆる母子家庭なのである。

〔古詩訣〕

局相の、三合会局と三奇とが、
清秀ならば、さらに豊肥して、
養子相と見做さなければ、
すなわち母子家庭児を肯首するのだ。――

およそ命局では前展支の五支星を「宅舎」と見做し、もし精気が存在してまた吉星がこれに臨星すれば己主は好宅之相と見做し、当人の門閥は崇高かつ子孫華顕するのである。

たとえば甲申主人の宅舎は丑支に当在し、また生月子支では天乙貴人が宅舎に臨星を領得して吉兆と見做し、もし精気が存在しないかまた凶神がこれに臨星すれば、己主の宅舎は虚耗し破綻して完備せず祖業を遵守しないのである。

たとえば庚午主人の宅舎は亥支に当在して、甲子旬列では亥支は空亡支に該当、また劫殺がこれに臨星して凶揺と見做し、その他もこれに批准されたし。

また命局の後展支の一支星を「破宅殺」と見做し、もし破宅殺に当在すれば己主に父祖産業は存在せず、また他郷で客死するのである。

また宅舎の納音を看るときに命主の納音五行と相生してすなわち吉兆、また宅舎が己身を相剋して好宅を領得するが、そこで己身が宅舎を相剋してかならず破耗散乱するのである。

たとえば甲子納音金質が己巳納音木質を宅舎と見做し、生月卯支では宅舎旺地に通関するが合星して好宅に当在、また己身が宅舎を相剋してのちに破落に相当するのである。

また戊午納音火質が癸亥納音水質を宅舎と見做し、生月戌支では宅舎冠帯また生月亥支では宅舎建禄、また生月子支では宅舎帝旺などは宅舎が己身を生剋してかならず好宅を領得するのである。

もし宅舎が生旺鬼するとは、官星が存在してすなわち吉兆また官星が存在せずすなわち凶揺であり、およそ命禄主人が休旺に当令してもさらにその宅舎をテーマとしてその吉凶を論述するのである。

『沈芝源髄歌』にいう—

宅舎が破宅の侵犯を畏れるとは、たとえば甲子主人は己巳干支が宅舎に相当し、たとえばそこで亥支を侵犯してその宅舎が破綻を被り命元は希薄と為り、年歳が局相年柱と衝揺破綻して方途の長災を断定するのである。

たとえば丙子主人が辛巳納音金質を領得して宅舎と見做し、年歳の乙亥干支に巡相するケースでは好命、またさらに興旺して救応の方途を作動するのである。

およそ命局では後展支の五支星を田園と見做し、もし当地に精気が所在また福星がこれに臨んで己主は沃野の田園として倉庫が充実するので、たとえば甲子主人の田園が未支に当在すれば生月未支は旺土に乗気、また天乙貴人の附帯で吉兆と見做すのである。

もし精気の存在しない当地に巡り、また凶神が臨星して己主の田園は窮状また倉庫は空疎、またたとえば戊子主人の田園は癸未干支に当在、また生月未支とは甲申旬列で空亡に該当するが、その他はこれに批准されたし。

『鬼谷遺文要訣』にいう—

馬無害（刑破）や禄無鬼（鬼剋）や食無亡（空亡）や支合無元（元辰）や干合無厄（六厄）や旺無喪（喪門）や衰無弔（弔客）や妻無刃（羊刃）や財無飛（飛廉）や孟無孤（孤辰）や季無寡（寡宿）では、体質が重複して鬼殺と見做しまた爵禄が重複して官星と見做し、夫星が些少ならば妻星を加倍して吉意が自然に顕示して凶意が沈昧するので、局相が和合を失効して閉塞し、また夫婦が時令を失効して凶揺なのである。

四柱命局の主体の本義では、禄馬支が往来してその建相を分岐すべきで、天乙貴人が生扶堅持して将徳星が衝揺してさらにその尊卑を弁別すれば、支根を領得して実苗が存在せず窮状してもなお甘食を肯首し本気が絶符して花々繁開し、たとえ子息が成功しても味覚拙劣だが、もし貴星の当位に巡って諸凶殺は伏蔵するのである。

また命局の旺相とはどうして神殺だけが専科であり、たとえば局中で神殺が作用しても五行の作用を本義と見做し、たとえ五行が支根を領得すれば貴神殺が存在しなくてもまた貴相であり、また悪神殺が存在しても無害なのはこの事なのであり、そこで五行が支根を領得せずたとえ吉神殺が存在しても、また発揚しても恒久ではなくたとえば生月冬季で花開するだけなのである。

また納音とは天地の添数であり「駅馬学堂」が長生の位相に当在し官職位の才能と見做し、また旺相の当地に存在して文章富貴また印庫の庫地に当処すれば、たとえ衰敗符を附帯してもすなわち三分之一に凶意が逓減、さらに死絶符を附帯してもすなわち五割が逓減して切に空亡衝剋が不益、また刑害倒食が不適宜なのである。

その故に同源で相成とは（順数を上席と見做しまた雑数をその次席）と見做し、すなわち天地添全で基本が強壮であり、また同類は相傷するとは（たとえば丁未干支が丁丑干支を刑揺）するケースで、すなわち支星散気して作用が復旧合弁しないのである。

管輅氏がいう—

五行が相互に生旺すれば気の衝揺を完遂せず、また五行が相剋すれば気の合絆を散乱せずとは、これを称しているのである。

問うならば—

人生に功名や富貴の始終が存在し、いったん崛起すればたちまち興駿し、また始終が存在して陥落し、その中間期で奮発して半生を覆滞しても晩年期に成就する故は何であろうか。

答えていうならば—

それは命運であり、そこで始終ともに富貴すなわち局中の己主が専旺また吉星の作用、また官星印星財星食神それぞれが禄支や時令を附帯領得して偏頗せず刑衝破害が存在せず、門処より出門して運途を巡り行歩すれば、みな吉兆である故に能く人材と成り能く耀きを振作して先達の基栄を紹介し当代の功名を立脚して中傷を被招せず傷害を被らず、その始終を保持するのでこれは命運が生旺で本体と作用を兼備する故なのである。

そこでいったん崛起してたちまち興駿し、局中の所用の貴星に従順してすべて乗旺を得位して格局に符合すればどうして日主が無力であろうか。

そこでその福力に耐久任用して克たない故に、過労困蹇するのですみやかに運歳の好途で生扶し、そこで日干がその強健を領得するので、その元命用神は己身の方途を作用し、己身がこれに便乗することで虎が咆哮して風雲を生起し、富貴を大発揚して偏気に添乗して和合、また衰敗して生旺に巡相する故に吉兆を迎容して発揚しそれぞれははるかに異相なのである。

また日主が旺強で五行神殺が純粋不雑のときに、根本原理に抑伏が存在せずどうして富貴が成就しないだろうか。

ただ運歳のタイミングを待ち、神殺を抑伏して化殺して権威と見做し、功名が顕達して聚群を超出するのである。

そこで星神を旺力で制伏し、非常規に福分が発揚する故に興駿するのでたとえ窮状でも極品級に昇階するが、すべて運歳の巡相や支根の領得に従順して、またその興駿の方途を見てたとえば運歳が巡相しなければすなわち庶民層であるだけである。

その始発と結末で奮発してその中間期で陥落するとは、すなわち局中で日主が健旺かつ用神生旺でそれぞれ力量が停相すれば、富裕皇統で賢良の子息およびその成功も長く巨きく、要するに好日に際会することなのである。

もし大運が月支元命に作用して、その財星が被奪されその官星が被傷され、その印星が衝壊されまた食神が偏印に巡り、この運途に際会していう迄もない凶揺なのである。

その故に盛年期に傾陥して発揚せず、たとえばその悪運を撤去また好運を扶持し用星の作用が一新するときは、たとえば枯苗が降雨を領得して勃然と興起、また鳳鴻の羽毛が揺風して飄々と挙揚するのは抑止できないだろう。

もし前半生が覆滞して晩年期に成就すれば、命局は身強で陽刃と比肩それぞれが争旺、ただ財星官殺など浮薄軽虚ならば力量や功名成就とも存在せず、門戸より出処して運途を巡り福分の当地で作用せず、その故に一生が窮状にて労役に陥落するだろう。

そこで晩年に径直して至り、とつぜん好運に巡り財星官殺などが補起して仮殺が権威と為り、陽刃を制伏または貴顕を領得して顕揚、また資産を生起して福分を発揚して五行の清濁に随伴してその運歳の当在は別途なので、さて感嘆して窮通して命運が当在、また富貴とは天賦に配在し―

孔子さまはそこで「どうして人智の力で能く易移できようか」と仰せなのである。

問うなれば―

世間の興廃や人命の生死とは何か。

答えるならば―

およそ人の命局に神殺が存在して作用と見做すときは、神殺を未だに抑制せずすなわち裸一貫窮途の人命または豪門かつ明瞭卓抜の人士と為り、運歳は制伏に巡る必要があり、化殺して興旺また切に運途の制伏を抜脱できず、また一変して財星地に赴き能く財星帯殺してふたたび年歳で財星偏官が加旺して力量両旺して災殃と見做し、己主は孤剋寒害してそこで軽度ならばすなわち傾家配流また重度ならばすなわち刑揺棄身して、神殺の併合とはその凶兆卒亡をこのように畏れるべきなのは、陽刃のテーマと同義なのである。

また局中で官星が月令正気すれば一生は富貴だが、ただ財星印星を帯びすなわち官星が有利なのは旺財星がこれを生扶して有益だからであり、旺印星がこれを生扶する故に当人は能く仁性を行い、徳を布敷して邦國経緯にて高爵重権ののち官殺が位相を領得して、運歳神殺が併臨して官星が鬼殺に転化してかならず喪身するのである。

また運歳の鬼殺地に巡らずまた運歳の官星傷官を巡り、またこれを印綬が制伏せず傷官が支根を領得して貴禄星が被傷して妻子を瑕疵するので剥職して窮状を生起し、さらに年歳で堆星に巡りかならずまた窮状と為るであろう。

たとえば見識高明では知識が一進一退して、存亡の危機また己身を保身すれば横禍に遭わずとも、自己が不善疾の結末なのである。

また局中に専一の用神が存在し官殺に精気が存在せず、ただ正財偏財が生旺して財星が作用して隠伏興隆すれば財富聚積するが、ただし貴気は些少であるだけなのだ。

　そこでふたたび運歳の巡りを看るとは何かとは、たとえば旺官禄地では富貴双全でたとえ不幸で局相財星を喪脱して陽刃が巡相し、さらに年歳が巡って陽刃と衝揺合絆して財星被傷し、さらに元命衰微すれば陽刃は災禍を生起しかならず窮状するのである。

　そこで生死のテーマとはすなわち格局であり、たとえば印綬が財星を擁して運歳の財地を巡って死絶符を添加すればかならず他界し、局相に比肩が存在して解紛を渇望すれば正官が偏官か傷官を附帯して、さらに刑衝破害して運歳が併相すればかならず卒するだろう。

　また正財偏財は比肩の分奪や陽刃劫財を被り、運歳で衝揺合絆してかならず卒するだろう。

　また傷官格局で旺財身弱や官殺混雑かつ陽刃衝揺して、運歳で際会してかならず卒するだろう。

　また制伏すればかならず傷痕するので、拱禄拱貴填実して官殺劫殺亡神陽刃衝揺し、運歳で重複してすなわち卒するのである。

　また日干が時支に帰禄して刑衝破害して官殺星を擁して、空亡が陽刃を衝揺すればかならず卒するのである。

　また官殺が運歳で併相して不益にてかならず卒亡、またその他諸格局で凶殺星また填実が運歳で巡相してかならず卒するのである。

　諸凶神悪殺の勾絞や元辰や亡神や劫殺や弔客や墓病死符などの際会は、九死に一生を得るだろう。

　また財官星が太過して身弱で原局に偏官が侵犯して微身で、たとえば丙丁日干で年月時柱庚辛干のとき、運歳で酉支また庚辛干を添加してかならず卒し、また甲乙日干で月時柱庚辛干で運歳庚辛干を夾雑してかならず卒し、そこで救応が存在してすなわち吉兆また救応が存在せず決定的に凶揺なのである。

　命局の神殺では金質過多で非長寿また盛水で漂流、また旺木ですなわち非長寿また土質過多で痴呆また火質過多で頑愚であり、このテーマとは太過もしくは不及の造作なのである。

　またその一端に拘泥できず二端で敢えて断定し、その生死を希求して決定的に疑義なく、またたとえば五行の生死（可否）では、たとえば壬日干で生月卯支で運歳の申支ですなわち死否、また生月申支で運歳の卯支を巡りすなわち死否、すなわち生扶に巡って死否を畏れ、すでに死否して生扶を畏れるのは造化の人事の一端なのであり、これを並行して看るべきなのである。

　かつての人命の生死を称するのに、命局の年月日時柱ともに先天的に定義されているのを姑母氏の一二の挙例をすれば――

　河北省の易県は、金王朝（一一二五～）により定興県と改称されたが、南宋代（一二三八）嘉熙二年仲秋（陰暦八月十五日）に児童と婦女が馬睦閣で盆行事に臨んだときに寶泉寺境内で神仏が降霊したところ、黄金犬と玉製雞また黄色牛と青色犬を夢想して、次第に勇逮して巡相すれば、淮王氏（九位相）すなわち戊戌年辛酉月己未日甲戌時の命局を応果したのである。

　また淮王氏雲孫の雍氏（七公相）はまた江文通祠において占嗣したところ夢で始めに労赤犬またふたたび肥満した黄色犬を路辺に、また平地木の左辺に白馬が立っており、また赤イノシシが犬の尻尾に噛み付いているのを観て屋上土に赴き、周氏（大臣）はみずから心慮してすなわち丙戌年戊戌月庚午日丁亥時の命局を成化して、この時節は暮秋月末の夜半に子息が降生してはたして検証したのである。

　また元朝代の文学高僧は大徳に降生されたが、丁未年寅月十七日壬午（申）時の命局で、明朝洪武十二年（一三七九）己未元旦に、夢中で黄色羊を七十三頭を触数されたのは御逝去の間際に至ってからで、また子息の式敬籌氏（六長老）は夢中にて白色兎が入胎して閨沈懐胎され、それは元朝順帝氏十一年仲春でありさらに甲辰年（一三六四）に慶兆にて正淑を産じたが、それぞれの局相はみな辛卯干支であり、后氏の記載の所在でいうには「古人の周歴を追憶する心性とは高峰を仰観して即今に直径して至り、美兎二双して夢兆にて出現し、また辛卯干支四重複はみな陰性また白色雞や銀色のネズミが辛酉干支庚子干支に詳応する」のは、白色雞は酉支に該当して年歳に当相して兆候の起点としないのだ。

　また上記の数事象の由縁を概観したが人間の生死とは、すでに決定されていることを信じるだろうか。

また尹子氏はつねに夢中で巳支が午支に巡って戹寅支で滅相するとしたが、のちにヘビが巣穴へ潜入して落馬して猛虎から咬みつかれており、みな符合したのである。

また「孝は三叟の介在を経る」とは、夢とは多岐に逢瀬してそこで乙巳干支の対局とは、明朝代成化二十一年（一四八五）に乙巳干支に巡相して高齢に至り四月十五日に宣義郎（散官）に就任したが孫息と幹父君がまた前述と同じ夢をみて、復位ののち正徳四年（一五〇九）乙（己）巳仲夏ついに衛侯に昇格されたのである。

古人が夢で土地神に子孫の件を問うて詩訣にいう――

イヌとヒツジの父母とは青竜子であり、
赤白馬と黄色小馬と白色雞とは、
孫息が虎と際会し、翁公の肖位に属し、
丙干が一気に隆昌し、多彩に変応するのだ。――

これを解説すれば、伯子氏が生甲辰干支で仲子氏が生丙午干支で叔子氏が生戊午干支のとき、生月子支で辛酉干支では孫息が生長して寅支を派生して、また曾孫氏が生丙戌干支なのは推算してみな験証できるので、この一家の祖父子孫とはその生涯はみな先天的な定義なのである。

古人が社廟に嗣候して神示の詩訣にいう――

左辺のドラゴンと右辺のタイガーはまた同方途であり、
ただマシラの炎上また木製のヒツジを畏れるが、
三十八年のスパンで生死が間隔しており、
風雲が際会すればすべて無常なのである。――

そののち四柱命局の生死とは験証が符合しており、古人は先天的な定義であるのに得心と称するが、ましてや功名や生死や子孫などもである。

当人は命理が妄想企図であると知らずにおり、そこで鬼神の笑裡と見做さない者はとても稀少なのである。

巫咸撮要

『天元神趣經』にいう――

およそ人命を推究するのには、まず日主を搭載するものの旺衰を詳解し局相を変化と作用に分析し、天干地支の造化の方途を成為して干頭支下の貴賤を明示し、命局の旺衰を究尽すれば四季の作用に窮通して、命局の栄昌や枯相をみずから稟得するのである。

まず生月春季の甲乙干を寅卯支が搭載すれば、どうして庚辛干を畏れるだろうか。

まず生月夏季の丙丁干を巳午支が搭載すれば、どうして壬癸干を畏れるだろうか。

また生月秋季の庚辛干を申酉支が搭載すれば、どうして丙丁干を畏れるだろうか。

また生月冬季の壬癸干を亥子支が搭載すれば、どうして戊己干を畏れるだろうか。

また生月土旺の戊己干を四季土が搭載すれば、偏官を擁し被傷は存在しないのである。

たとえば五行が支根を失効して被剋すればその災禍は鎮抑せず、もし化気格が象相してその旺衰を分析して相停すれば、もっとも配合が適宜と為るのである。

要するにその来往去就を識るべきであり、まず金気は寅北位に絶符し、また火気は亥酉位に陥没し、また木気は申南位に形象を失効し、また水気は巳東位に位相し失相するのである。

すなわち陽干はみな死符して合絆を擁し、類象に従相するとき妻君は形相を潜消するが、ただし局中に明見すれば定則を肯首するのである。

また陰干は子卯午酉支生月で、旺相すれば己身は貴相で家門栄昌するが、逆に死絶墓衰符のケースは干星の瑕疵で欠乏と見做すのである。

また化気相が当格して破綻せず大貴顕するのは十中八九であり、また化気相が失局して瑕疵し顕栄のテーマとは百中一二も当相しないのである。

もっとも高貴相とは旺処に相当し相扶星を三位相を要し、逆に貧賤相とは衰処に相当して命局の造化を究尽し難いのである。

また玄象とは地支蔵に内在してその配合は天干に内在し、その成象と生旺作用はみな火土気のなかに派生し、そこで局相に瑕疵が存在せず朝廷の上班に列位直参するのである。

また支星を忌畏するときは名声で貧窮せずとも、運歳の衰地エリアに至りかならず己主は窮状であり、そこで造化の化成とはそれぞれ衰墓絶符に位居、また雑局の成象は合絆して巡相しないようなときである。

さて旺運を巡り妻星がすなわち夫星に従相すれば、妻星が運途を扶持して夫星が妻星に従相するテーマとなり、また己身に偏官が臨星するとき局相の干頭地支を明らかにして、その旺象や衰象の貴賤や栄枯を識るべきなのである。

また衰身旺殺では肢体が瑕疵し、旺身衰殺では決定的に凶徒輩の命相、また身殺両停すれば男命はかならず游乱、また女命は尼師僧と為り、己身が潜伏して自ら高名に位居するのである。

また生月気が傷相してすなわち伏象し官殺全局すれば長寿を遂げず、干星が破敗してすなわち己身がテクニシャンと為り、支星が全生扶して血族を依拠せず独立するのである。

命局が象相に所属してみな十二支相にてまず東西南北位に分岐、つぎに三合絆を看て内訳を別認して血族を詳解すればこれを従象と推究するのである。

そこで富貴の内訳とは官禄星がテーマで、そこで盛禄とは寡夫孤独相また官殺星とは残疾非長寿、たとえば己身に化象が顕相して精気が欠損して木性質が全欠損するのである。

そこで仮に命相が成象しても恒常的に困迫するので、どうして祖元の財帛盈福を領得でき、その故に両親とは別居して従象がテーマで気象の引用がテーマなのである。

そこで天干と地支の相停が化象のテーマであり、従象のなかに貴賤が存在しまた化象には富裕や窮状が存在して、従相中に貴相が顕彰してタイミングを得て朝廷に列位するのである。

また化象が成局して運途が転向し皇帝サイドに成封されるが、逆に従象が衰微して老奔駆また化象が抑伏して恒常的に過労するのである。

また子平の法則を看るときは財星官星が専一のテーマであり、そこで月柱の財星官星を緊要と見做しまた日時柱にて発揚、またその強弱のなりゆきを要し財星官星がテーマであり格局がテーマではないのである。

また格局がテーマで財星官星がテーマではないとは、当格すれば富裕でなくともすなわち貴相、また当格せず窮状でなくてもすなわち非長寿なのである。

また一級格や二級格はまず卿吏でなくともすなわち大臣、また三級格や四級格は財星官星が不純相で被刑せずとも卒し、おおむね九流偏業者向きなのである。

また正官は傷官を畏れまた財星は比劫を畏れ、また印綬は財星を擁して一段と多災なのである。

また傷官見官が原局に存在して重度、また原局に存在せず軽度なのであり、重度ならば配流また軽度ならば刑責を被るのである。

また年上の傷官は両親全備せずまた月上傷官は兄弟が完備せず、また日支傷官は妻妾を為し難くまた時上傷官は子孫伝嗣できないのである。

また年月柱傷官劫財は生家窮状か庶民層、または日時柱傷官劫財は子孫を欠損して、己主に晩年の福分は存在しないのである。

また官殺混雑は好色の人物と為り小巧を造作して窮状だが、そこで財星印星が存在して吉兆また財星印星が存在せずまた凶揺なのである。

また劫財敗財はプライドが高く粗野で貪欲の人命と為り、また月令正財は酷勤吝嗇また局相に劫財比肩陽刃が過多して両親を損剋、また妻妾を損傷して財帛を聚堆せずビジネスで損失する財帛と観るべきで、そこで宰相級とは正禄位のタイミングなのである。

また偏官偏印が重複して他郷へと客走、また傷官劫財とは欺瞞心かつ無頼者だが礼儀を奇瑞して貴相、また亡神劫殺を重犯して非長寿であり偏官を制効して独立して強壮と見做すが、偏官に正官が巡って甚大に逼迫するのである。

また偏官を明見して合去すれば局相は和気春風であり、また偏官を暗蔵して合絆すれば局相の瑕疵なのである。

また偏官陽刃を制効せず、女命は多大に産厄また男命は刑衝を侵犯、また天月二徳貴人が破相せず女命はかならず賢良また男命は多大に忠孝なのである。

また局相の財星官星印星食神とは決定的に慈祥の徳であり、また局相の劫財傷官比肩偏印とは寡夫不名誉を免れ難く官星を衝揺して合星せずすなわち流民の輩、また馬支が搭載して空亡すれば失職の輩なのである。

また月令が衝揺して養子相で祖元から乖離し、また官星佩印が偏頗して妾腹庶民また干星が夾揺して伯牛氏のように嘆息、また日時柱が刑衝して占相ビジネスの憂悩を免れ難いのである。

また易六虚が乙亥干支に臨星し、また孟浩然氏（唐代詩人）の文章力を有し、双つの才能が壬辰干支に際会し、また石季倫氏（唐代富豪）のように黄金珠玉に恣情、また文章力が有っても印綬が存在しなければ賈誼屈氏（漢代名文官／湖南省）のようで、また印綬が存在して文章力が無ければ李斯専氏（河南省）のようなのである。

また刑揺が多大なれば不義の人物と見做し、また合絆が多大なればみな背信して馴れ、また合絆が多大で己主は晦冥また衝揺が多大で己主は凶揺、また辰支が多大で好闘また戌支が多大で訴訟事を好み、そこで辰戌支とは魁罡で多大に凶兆で些少に吉兆なのである。

また日時柱空亡とは妻子を成為し難く、水火質駅馬は郷土から離別また官雑混雑は衣食に奔走し、また印綬が被傷して名利浮沈また偏印倒食して食糧爵禄が盈虚、また傷官が羊刃劫財を附帯して食住のために終日狭苦しく、また正官が偏官を帯びて瑕疵なれば一生忙殺されるだろう。

また局相の財星官星は上司の顧慮を招き、また偏官傷官は小人物の恥辱を憂慮また局相の官星に衝破が存在せず爵禄が超顕、また局相の財星に傷官劫財が些少ならば名利双全なのである。

また局相の官星佩印が刑揺して忙身乱心して、そこで日時柱が偏官墓符で多大に憂悩して些少に悦楽して福分を福分と為さず、おそらく吉意がかえって損傷するので成就を成功と為さないのである。

また局相の格局に偏官を附帯し財官両旺すれば己主は旗章紋を挙揚、また偏官陽刃が併顕して兵権を掌握するだろう。

局相では官星が扶身して本義なので官星が長生して富裕学徳、また財星を養命之源と見做しまた財星の旺処で銭帛は充足、また局相財星官星印綬が三吉星で必携なのである。

また局相の劫財羊刃傷官偏官は四凶星で畏怖し、また印星が天乙貴人に臨星して盛世之封を受領、また財星官星を蔵庫して希特の財宝をストックし、また生時柱に三奇貴人を擁して清華学館の稀世の当処なのである。

もし貴人が禄馬支を併見して、たとえ黄金や文章力を駆使しても未だに充足せず、もし官貴星が財星官星の幇助を重複して奇特にて宰輔大臣級、また逢作せず蓬莱三島の仙人客分と見做し、そこで黄金珠玉製の殿階を往来すべきであり、禄馬支が互相してともに青年大臣の羨望だが、また刑衝を附帯して結局は若年書生と為るだろう。

また局相に印星を帯びて官星が存在せず、発揚しても速やかに当処せず、また官星を帯びて印星が存在せず顕栄の名声を求め難く、また財星官星が印星を附帯して黄金珠玉を堆積、また正財偏財を附帯して倉庫が満盈、また印綬とは馬車の錦製の鞍や御革、また官貴星とは佩魚金や珠玉の附帯なのである。

また羊刃については凶兆を凶意と見做さず、また傷官については凶禍を凶意と見做さず運途で羊刃劫財敗財に巡って財物が消耗散逸、また羊刃とは生気が同質的であり外辺で権威を持するのである。

また傷官が合絆を被り妻子を妨害、また傷官帯刃して爺娘を損傷また正官が偏官を伏蔵して決定的に横揺を招き、偏官が混雑せず正官を明見して藩鎮相輔級なのである。

また些少に悦楽して多大に憂悩するとは、また官星が劫財を附帯して血族不和、また孤鸞が傷官偏官と重擁しまた三刑六害が衝揺すれば険路にて領得し難く、また孤辰隔角が重複して己主は多大に窮状非長寿なのである。

また作用の享用が見成するとは、出門してすなわち財星禄地を巡り一生寂漠、また運途を巡り命相が分張しまた官星が存在して食神爵禄がなく、また月上の正官が傷官に被傷また財星が存在して享用を領得せず、局中の正財が分奪されまず生月禄馬支を陰徳栄華、また日時柱に財星官星が重複してこれはすなわち巡相の可否なのである。

また局相で隠土が顕成また局相で干星が秀質で栄昌と見做し、また支相の亥卯未支が甲乙干を滋栄搭載し、また寅午戌支が丙丁干を聚福搭載し、また潤下局相が壬癸干を喜生搭載し、また従革局相が丙丁干を愛見搭載し、また四季局相が戊己干を土旺搭載するのである。

また水質潤下局は文学貴顕し、また土質稼穡局は富貴経商し、また生月春季甲乙干は仁徳之志を抱懐し、また生月夏季丙丁干は明弁之才を胸蔵し、また生月秋季は庚辛干は多大に剛毅の性分であり、また生月冬季は壬癸干は権謀智足するのである。

そこで盛木質に金質が存在せず仁質だが造化を成為せず、また旺火質に木質が衰微してたとえば学業艱難でも貴相が顕彰し、また多水質に土質が巡相して堤岸之功を成為し、また盛木質に金質が巡相して棟梁之美を造作し、また水質と火質が相停して既済を成為し、また土質が旺木質に巡相して稼穡と為り、また金質と火質が均質化して鋒刃之器を煉出し、そこで五行の造化とはみな鬼殺（偏官）に因って成功するのである。

そこで敗木質は仁質ではなく妄想造作し、また衰金質とは寡義にして無恩で、また滅火質とは無礼之輩であり、また濁水質とは失智之人であり、そこで土質が木質に剋伐され言質が恒常的に信意を失効し、また金質偏官は殺生を好みまた盛水質は淫質性なのである。

また日主が旺相して自立すべきであり、さらに干頭支下の吉凶を詳解して年柱と月柱が相扶して祖元に因り発揚、また日時柱が相衝して妻子に功が存在せず、また局相衰墓符は恒常的に孤立し、また生旺とは一時的に険路だが干頭支下が柞合して無害、また剋戦が往来しすなわち多く憂悩、また禄馬時柱が日柱を剋破してたとえ職級に就位しても結局は退官、また日主生旺で時柱が強聚して秀気、また福分が存在せず横禍が発症、また月柱を傷害と見做し時柱が得地して運歳の財地で自ら能く成立し、また月柱絶符傷官に時柱が対衝して門戸の三遷が定まり生年が衰地に巡り幼歳が難儀、また生月旺郷に当在して晩年期は欠乏、また時柱衰微して日柱秀気で始発が存在して結尾せず、また月柱微弱で時柱強壮では晩年期に栄顕して元気旺強にて未だ到達せずとも、結局は功名が顕赫するのである。

また局相が基本的に休囚すれば、たとえ支根を領得しても富貴は成就し難く、もし日干が衰弱すれば命相は蘇甦せず、そこで甲乙干主が休囚して窮状で支根が存在せず、旺気が損傷すれば険相に巡っても終身ともに救応が存在し、また敗気が生処してたとえ支根を領得しても生涯は成為しないのである。

また局相が支根を失効して「禄馬司郷」に言及せず、局相は帰局せず財官双美をテーマとし難く、日主が剋伐する星神を妻星と見做し、また妻星が派生するのを子星と見做し、その生旺を考証してその死絶符を定義するのである。

また時柱が旺処に臨んでかならず子息が多く、また時柱が敗地ならばかならず嗣子が断絶、また男命が両位相の財星を附帯してかならず妻妾を囲い、また合処が禄支を附帯して決定的に妻星栄昌を挙揚し、財地が合絆を帯び立身しても妻女に倚処し、そこで陽干の干頭支下が合絆すれば妻女が多大に領得し易く、合絆に生気が巡り妻妾が賢良なのである。

また局相が互相親巡して多大に喜慶が生じ、局相の往来が交夾してみな日主は義質ではなく、また財星が支根を失効して路辺の行商人、また極身旺はすなわち九流偏業者なのでである。

また火水質が聚徳して刑相すれば僧侶と見做して顛倒、また水質が旺土質を附帯して残相するとして道程と見做して結尾せず、また木火秀明ならば幼年期より朝廷に顕達、また火炎質で水質が涸燥して結局は己身が市井に財帛を求め、また金白水清では多大に顕達するが偏官が正官を交夾して己主は困窮、また財星を財星が搭載して富裕だが吝嗇なのである。

また局柞の羊刃が偏官を附帯して刑揺を被り、男命ならば鞭配酷使され盛財星が両親を刑衝、また旺鬼殺が後代に栄昌するとき従化相が本義に反して、恒常的に衰楽は非寧相なのである。

また局相が丙辛干合化水して水地に巡相して朝廷に列位相し、また丁壬干合化木して木位相に臨み己主は宰輔大臣級なのである。

そこで東方位の金質や西方位の木質は従化せず生涯の虚名であり、また南方位の壬水や北方位の丙火が位相を領得するとき恒常的に顕揚、また用神が衰敗すれば禄支を附帯して福分と見做すことはできないのである。

また禄馬支が旺気して貴星合絆して己主は顕栄するが、貴星が存在して馬支が存在せず、職級は員外吏だが、馬支が存在して官星が存在せず己身は窮状なのである。

また局相が生旺で官禄星が存在せず、また長年に命局が衰敗してたとえ禄馬支を附帯しても結局は非長寿、また魁罡が相逢して冲衝すればおおむね拘禁の難に遭い、また建禄が財星刑相の制伏が存在せず決定的に下級職と見做すのである。

また陽火質が墓絶死符して性質頑凶でおおむね酷吏と見做し、また陰火質が長生養符して豊厚の人命かつ富豪と見做し、また命局は沐浴が傷官を帯びるのを忌み、また局相が生旺して制殺して有益でまた有害ならば親族は四散し、また衝夾して疾病が纏身するのである。

また局相木火質が申酉支を附帯して病災に呻吟、また衰金質は旺火質に巡るのを畏れて苦悩悲嘆、また時柱に偏官が臨み制伏が存在せず窮状するのである。

また運歳が財星官星に巡り刑揺しなければかならず発揚、また偏官羊刃は大顕位の名声また正官佩印（綬）は刑衝の凶禍だが「六壬趨艮」位相して、すなわち資財を発揚して偏官が正官に変質するのである。

また幼歳にて功名が顕達するとは、戊日干で生月午支のとき火質が過多して運歳の官地が有益で、また財官星の運歳財地とは生涯窮状だが、三奇ならば瑕疵なく恒常的に富貴なのである。

また日柱建禄支で局相に財星官星を附帯せず己主は孤相、また日柱が時柱に帰禄して局相に財星印星を附帯せず発揚し難いのである。

また時上偏財で運歳が比劫の位相に巡り己主の妻女が被災し、また時上羊刃で運歳の正財偏財では窮状を生起、また月上で正官が生旺して富貴双全、また時上偏官は情義なく凶揺が存在し、また財星が旺地に帰局して衝破が存在しなければ家道が興隆、また印綬が己身を生扶して瑕疵が存在せず、門閥は賜光喝采されるのである。

また局相で官星が存在せず印星が存在せずすなわち真実の正官ではなく、また局相に印星が存在して官星が存在せずかえって厚福を成就するのである。

そこで桃花殺が合絆を帯び風雅儒学派の人命で、五湖に風雲廻乱して棲山餓志の客と為るだろう。

また干頭が衝揺して地支が合絆すれば悦楽が憂悩に変異し、また干頭が合絆して地支が衝揺すれば有益だが好相ではなく、もし九流道仏士などでなければ決定的に爺娘を重用拝跪するだろう。

時柱墓符が雑気で解局すれば顕栄の始兆を領得、また羊刃金神が偏官を附帯してかならず大貴相と見做し、また二辰支が拱夾して偏生庶民の人命、また寡宿孤辰は同居だが異姓の子息と見做すのである。

また「壬騎龍背格」で辰支を多見して年少期でも宮廷に登壇し、また乙木を子支併相して搭載すれば早年期でも宮中を闊歩し、また日主が時柱に帰禄して官星が存在せず錦製の鞍に刺繍の御革で搭乗し、また生月日干の財星に精気がなく佩魚金や珠玉を束帯するだろう。

また「六陰朝陽格」で生月四季ではただ印星の作用と看て、また「六壬趨艮格」で生月亥支では貧相がテーマであり、そこで格局が衝破せず名利が成就するのである。

また官星佩印が傷官を附帯し、欠損と為して爵位が廃停し妻星衰弱するので、そこで劫財を侵犯してかならず妻女を欠損するだろう。

また兄弟星柔位のとき旺強な官星を帯びかならず仲間（スタッフ）を欠損し、また天干が衰弱して時令を失効して延寿が難しいだろう。

また日主が高強位で化殺して厚福中庸、また日主生旺で依拠が存在せず祖元を乖離して転居し、そこで転居しなければ他郷で客死するのである。

また日主が生旺で依処が存在せず財妻星を損傷して、もし妻星を損傷しなければ外戚が凋落するだろう。

また正官が合絆を被り恒常的に名利双虚、また偏官が合絆を被り処世にて凶意が吉兆へと好転し、偏官生旺してさらに衰身して衣食に奔走、また正官が偏官と邂逅して夾雑また降格するだろう。

また身強旺財にて資財が載積し、たとえば甲辰干支甲戌干支は寅亥支に当落して黄金財帛が屋内満載し、また丁亥干支丁卯干支が酉亥支に巡相して珍貨財宝が室内に満載するのである。

また六甲日主が庚辛干を擁してもし重複すればかならず己主の災厄であり、また六丙日主が亥子支に位相して制伏が存在しなければ決定的に窮状儒士を肯首するのである。
また行運の得失はさらに詳察すべきで、支根を領得して時令を失効するとは、たとえば田畝降雨また時令を領得して支根を失効するとは、たとえば車体（ナガエ）を欠損して陥泥し、時令を領得してまた能く抜擢されまた時令を失効すれば栄転し難いのである。
まず火質が南方位に巡って栄昌、
また水質が北方地に臨んで盛旺
また土質が東方位に臨んで病符、
また木質が西方位に臨んで衰符、
また金質は北方位へ赴き沈降するので、旺処にて生扶、また生処にて逓減、また死処にて生扶、また旺処にて虚脱化するのである。
また年歳と運歳ともに損傷し、日主が巡相すればかならず生命の危機、また運気と祖気が残傷して門戸と両親をともに欠損、また運歳が年歳で剋伐して刑事訴訟を招来、また年歳が運歳を剋伐して官庁の災難が発生するのである。
また庚辛干主が羊刃を帯びて刑傷、また壬癸干主のケースは江河に覆溺し、また甲乙干主のケースは梁木に自縊して龍虎に嗔咬され、また丙丁干主のケースは不眠障害かつ焚死して匹蛇に咬傷され、また戊己干主のケースは牆壁が陥士し、それら五行の偏官重複はこれを詳解されたし。
また局相の化象の順不順や聚象のタイミングの可否や合絆の可否や秀気の虚実、そこで化象は貴気にて可否を損しまた聚象は財気にて可否を損し、また合絆は官星にて可否を損しまた秀気は福分にて可否を損するが、そこで化象の可否の原因また聚象の可否の枢機、また合絆の可否の作用また秀気の可否の用途、また化象の成否とは権貴の位相を定義しまた聚象の可否とは富裕の充足にて結末し、また合絆の可否とはかならず高職に栄転し、また秀気の可否とは禄位相の享受なのである。
また四季の生旺の有無とは五行の精気の有無を察し、物質に随伴して物質に変容、また類属に因り類属を希求するのである。

また命局はともに中和を要して一要素が偏枯してはならず、そこで水質が火質に克たずに波乱流蕩、また火質が金質に克たずに困苦煩悩するのである。

また三辛干が丙干を附帯して銭貨財帛が破耗し、また二壬干が丁干を附帯して家道興隆するのである。

そこで秀才だが官位がなければテクニックを施巧し、また財星を擁して通関しなければただビジネスにて遂志するだろう。

また甲干が従革相の方途に位相して風災困苦、また金質が潤下相を成局して他郷に流浪するのはともに生旺してすなわち当処に使益するのである。

またともに衰微すれば他物質の変易と見做し、そこで一偏官は二正官に克たずまた一禄支は二偏官に克たず、命局が本来に相当して貴相でなければすなわち富裕、また局相が破綻的に臨み濁命でなければすなわち窮状し、そこで生旺を上席と見做しまた徳分秀気を奇瑞と見做すのである。

そこで己身を学堂が搭載して清高な文芸の客層だが、命局が鬼煞凶神に臨み流民頭賊の人命、また禄支刑揺して決定的に塞外民族と操兵交戦、また秀気だが相剋してかならず己主は宮廷にて書類を調査されるだろう。

また鬼殺が暇休して母星生旺ならば銭貨財帛奴馬を多大に招致し、また鬼殺生旺して母星衰微ならば両親兄弟は四散、また官星佩印ならば武職で軍旗を挙揚かつ秀淑兼備して人事を通関し科挙試験上位合格、また局相に暗禄を支蔵して官位は極品級に位相、また官星が真実に作用して抜群の禄位相なのである。

また干星が死絶病衰符に臨み塵中に濁相、また命局が三奇庫墓符を擁して栄列位に参内、また偏官二星が偏印の当地に巡りかならず使用人となり、また一気質が生月墓符に帰局して決定的に己主は窮相なのである。

また土神が辰巳支に位相領得して三公大臣級の貴相に列し、また「玄武当権格」が亥子支を附帯して一品級の官位に封じられ、また癸干が庚申干支を附帯して右職級に位相、また辛干が戊子干支を附帯して科挙試験高位合格、また陰水質が秀気に巡相して支根を失効して道仏士と見做し、また陽火質が帰局せず水質を擁し決定的に賊徒と為るだろう。

また金質が火地エリアに巡り財帛が多大に流動、また旺木質が南方地エリアに赴き家道が繁昌、また庚干が生月三冬季で金水寒冷質なので、火質が相扶すればなおざりにできないのである。

そこで破禄とはすなわち卒亡であり、また絶気とはすなわち疾患であり時柱に鬼殺（偏官）が臨相してさらに衝揺すれば主張できず被傷危機、また建禄が衰敗地を重複添加して決定的に死絶符に相当するのである。

もっとも貴相とは官星を肝要と見做し、また正財偏財を領得して福分と見做し、またもっとも凶相とは偏官纏身して天赦二徳を瑞祥と見做し、また官星が比肩劫財に巡り官星でも貴相ではなく、もし偏官が加助してその鬼殺はますます凶揺なのである。

また三合局や六合が運歳と合絆してかならず栄昌し、官星七八重複して生月官星ならば有益と見做し、また刑合四支ではその正邪を明らかとし、また七八衝撃では際会を伏蔵して有益、また貴丘拱夾を暗会と見做し財官庫地が明白衝揺し、官星が生旺の方途に所在して逢合してすなわち何らかを発見すべきなのである。

また局相の印綬が寅巳申亥子卯午酉支に支下蔵して透出して用星は不要であり、また印綬が劫財を領得して貴相と見做し、また財星は傷官が有益で奇瑞と見做し、また傷官佩印（綬）の貴相はいうまでもないのである。

また局相が帰禄して食神傷官を擁して福分は無限に好作用であり、また年日柱が互相に陰陽二羊刃では刑法を重犯してまた局相が官殺混雑して天月二徳貴人を附帯すれば爵禄位が高昇するのである。

また飛刃や伏刃や會刃は多大に凶揺、また傷官剥官するとき官星を凶兆と見做し、また羊刃が印綬を附帯して貴相だが己身が残疾するだろう。

また偏官を制効せず正官に巡相して凶揺と見做し、その寿元は長久ではなくそこで三偏星や三正星や三奇星の貴相は一品級の尊位相であり、また局相の四旺星や四生星の福分が衆人の上位相なのである。

また殺印化相では早期に科挙試験で高位抜擢され、また旺財生官相では些少に恵贈を受領し、また官殺同局して官殺二星の扶星を要するので、そこで偏正二星の相會では正偏合弁を知るべきで、局相の帰禄支が生月羊刃に巡り世事が不明瞭なのである。

また局中の金神が運歳の水郷エリアに巡り屍身分裂、また偏官鬼殺を暗蔵して月支用神を明見その見処に財星が存在せず、かならず空疎窮状を被り、さらに羊刃が会合すれば千里配流され、また用途の財星が劫奪を被れば一生窮状するだろう。

また人生とは已前に決定されており、その窮通や通達も已前に分配されており、そのなりゆきを識るべきでまたその始終を究明すべきなのである。

また先に窮状してのちに富裕、また窮状が急発だがまた裸一貫で公卿となり、また皇家統での戒食や飽食また一生涯の長楽事、また一生涯の失態などは運歳の根源を詳細にして、年歳の位相を察する必要があるのだ。

またたとえば身弱で偏官を附帯して運途で制伏すれば、かならず傾陥また身旺で軽度の福分を附帯して運歳の衰敗地でかならず卒するだろう。

また年歳で命局が不和合し、災禍を帯びて局相が相生して窮状が存在せず、また身弱で当格すれば発揚しても早卒、また軽度の凶揺とは休囚に巡りかならず非長寿で傾陥し、ここで用神を渇望してはならず形相を自然的に発見すればよく、また福分を擁するとはすなわち他星の用星に相当、また時令が存在せずかならず己身の用星を肯首し、そこで五門派には窮状が存在するのである。

また福分栄昌とは運気に存在し厚福の人命とは同処共用、たとえば原局の瑕疵で結局困窮するので、その中の作用のなりゆきを自己が明晰に通暁し推理すべきなのである。

また絶符とは支下財星を取用できず、また衰符とは旺鬼に抗することができず、そこで逆に制効して無情でありまた順生して応救すべきなのである。

また日主には本義が存在せず一端を応救すべきで、そこで日時柱ともに二徳貴人を附帯して百事が凶態せず、さらに財星官星が作用して決定的に己主は富豪なのである。

また日主の本義が有力で鬼殺を正官と見做すべきであり、また日主の本義に精気が存在せず、官星が鬼殺を造作する刑衝の法則の仔細を詳推すべきなのである。

そこで刑衝を擁して刑が出入するとき、刑衝の吉凶とは衝動の可否であり、衝揺合絆の可否の弁別であり、たとえば衰微干星はかならず動揺するので、有情星が巡相して富貴の方途と見做すのである。

また局相で雑気を蓄蔵するときはその先後星を定義すべきで、月令が作用して精気の深浅に分度するのである。

また一陽来復して局相の木火質が伏水質を用途とするとき、一陰派生してまた火土質が盛旺して伏金質を招来して進捗するので巡相して有功、また成功すれば退き何の利益を領得するのか。

また生月の財星官星印綬に相当して月律分野の帰元を作用、またその不足を補填またその太過を抑制して造化の中和と為って吉相なのである。

また命局の天干地支蔵干の定義とは、まず局相の五行格局の成否ついで命運の強弱がテーマであり、たとえば身弱旺財では身強の郷エリアを要し、また逆に身旺衰禄では切に禄旺の生地エリアが有益なのである。

また印星の生扶を福分と見做し財郷エリアを畏れ、局中に偏官が存在して偏官の旺相は不適宜、また局相に財星禄支が存在せず運途で禄馬を附帯しすなわち窮状なのである。

また原局に傷官を帯び、ふたたび財郷エリアを巡りすなわち凶揺であり、もっとも不益なのは日干と運途の衝揺また有益とは運歳が日干を生扶することなのである。

ただし情義の有無や合絆の成否や際会の吉凶のなりゆきを看て、そこでたとえば原局に有害羊刃を附帯してすなわち血族は残傷、また原局に傷官偏官を帯びて地支が死絶符、また運歳で禄馬支を添加してともに微弱なのである。

また凶揺とは廻避できず、さらに年歳の抑揚禍福の有無に批准はなく、もし建禄地エリアで禄馬を明見してともに絶符して寿元は廻避し難く、局相の禄支が絶符かつ発揚また比肩でも退耗でもあり、その気の深浅や格局の成否とは、その一端にだけ執着はできないのである。

玉井奥訣　安東杜謙著

〔歌訣〕
およそ造化の作用を推究するのに、その法則とは生日を日主と見做すのである。
〔註解〕
ただ月令が本体の作用として日主を認識してその端緒と見做す必要があり、そこで化気また本体と見做すのである。
子平の入門としてはすなわち通変作用が肝要であり、干主星を認識してその本象や化象となりゆきの方途を肯定、たとえば甲干の本象は木質また化象すれば土質なのである。
〔歌訣〕
日主坐下の星神では、先ずその意向を求めることである。
〔註解〕
すなわち日干の支蔵星で先ず干頭を看てからこの地支象を看るが、そこで月支一位星また時支一位星また年支一位星、そこで刑衝破害や相生相剋とは何でありまた主干星の喜忌をどのように領得、またそれば変容して洞察また顧慮できないのである。
〔歌訣〕
月支蔵の節気の深浅では、その主権は何星であろうか。
〔註解〕
月支蔵の節気の深浅とは五行の精気で干星が何星かとは、この日干の時令の正当や五種干頭の一気質また徳分秀気の有無なのである。
〔歌訣〕
地支とは当相を切望し、そこで盛党して旺強と見做すのである。
〔註解〕
地支の四支星を切望するとは、天干星相をもっとも切望すると見做し、そこで何星が日干の局相かを看て用星の稼働が何星か、また星神のそれぞれの軽重を看る必要があるのだ。

命局とはすなわち支根の領得の方途、また稼働はすなわち乗貴の当処と領得し、まず第一にその勢力の衝起が何星であり、第二にその勢力の拱起の支星であり、第三にその勢力の刑起の支星であり、第四にその勢力の合起の支星であり、第五に地支の全容を看るのである。

この法則とは空疎にして有為であり、地支の「衝」「拱」「刑」「合」の四件がテーマで極めて成局を切望、また一法則としてただ日干の主な取用を呈起して支星の作用を肯定し、介在する吉星や刑衝や凶殺や拱合とその生旺休廃などが交差して一作用ではなく稼働が難しく、たとえばただ地支四基盤の詳解だけではないのだ。

局相の五行のなかで何星が最重度で堆星を招来し、かえって能く何星を耗散また能く何星を生扶、また能く何星を衝合また能く何星が変化するのを看るのだ。

そののちかえって日干の五行の所属またその局相の最重気質が何か、すなわち財星官星などを掌握するのである。

また局相の用星の精気とは前述の五気質ともに、時柱を顧慮してその星神の軽重を参究較量するがそこで義理順調で瑞祥と見做し、これに反し乖背返戻するのである。

たとえばここで既に立命が決定し、そののち支気やそれぞれ喜忌のポイントの端緒を看て詳解しなければならないのだ。

また五気質とは木火土金水気であり五気それぞれの作用のテーマを記載し、そこで五気質のうちの星神の堆党過多を重度と見做し、たとえば命局の局相外辺ではたとえば木質過多の明暗すなわち木気質の盛党だが、その喜忌はすでに前述の五行のテーマであった。

〔歌訣〕

専一に用星に執事するとは、その喜忌の詳解を切望するのである。

〔註解〕

そこで用星一位相に専一に執事し「権星神」また「号令」また「本領」また「通関」と見做し、これは些少な肯首ではなくこの推究を執事するのである。

未だ敢えてその意味を希求して外辺に用星を取用、また財星また官星また羊刃また結局また食神また貴人星また印星また禄馬支などのそれぞれのケースを取用するのである。

また原局に定法則が存在せずその用星の損失侵犯が、もっとも不益で分耗を畏れまた太過や不及が不適宜でたとえば太過した要素は本来は好相を了承せず、また運歳や生扶が巡りすなわち傾覆損壊するのである。

たとえば木質は損折また水質はすなわち傾陥、また土質はすなわち崩壊また火質はすなわち一発揚して一熄滅、また金質はすなわち損折するのである。

たとえば不及の要素は本来は好相を了承せず、また運歳や損剋が巡りこの要素が壊尽するので、どうして凶揺が単立するだろうか。

局相の用星の喜忌とは玄妙に至道するのは別に後篇で詳解するので、ここでは中和を貴相と見做す必要があるのである。

〔歌訣〕

精気は作用の究明を切望し、そこで物質要素が転枢通関の至極なのである。

〔註解〕

木火土金水の五気質はそれぞれ一陰一陽とも十般目のなりゆきが存在するので、一要件としてその旺衰軽重や明暗廣狭を看る必要があり、そこで窮尽すればすなわち尽処の作用を究明、たとえば何星を生扶また何星を剋伐また何星を刑衝また何星を合絆するケースなのである。

そこで破壊する要素また生扶する要素など、己主が何事象は通関また要素の控除を推究、また相関陥落の存在を要して何処の肯定も存在せず、すなわち轉関を肯首して格調の当格にて極処が一転すなわち建功を肯首し円融透関するので、かえって決定的に陥落する必要があり成器の可否の断定とは何なのか。

〔歌訣〕

精気が存在して急速ならば、情義が存在するのを切望するのである。

〔註解〕

精気が存在するとは時令の当令の当相であり、そこで命局の局相外辺やその干支の明暗を看るが、たとえば生月未支中気（旬）頃に土金質が旺相して精気が存在するケースなのである。

　これを至急を見做し余剰はすなわち否定また有情してすなわち合気し、たとえば甲干が己干を擁しまた丙干が辛干を擁しまた丁干が壬干を擁するケースなのであり、そこに介在する干支の明暗合絆をみな取用しこれをもっとも切望すると見做すのである。

　それは合気有情の特異な一説ではなく、吉星が己身を生剋して有情と見做し、また貴気を虚拱して己身を生剋また己身を刑揺合絆して特異は存在しないのである。

〔歌訣〕

　年干が統括星ならば次点に月時柱を看て、そこで時柱が権威かつ衝揺するときその微細を加減されたし。

〔註解〕

　年干を搭載する支星を看て己身が何星相と見做すか切望、また貴気支相に精気が存在する必要があり、体局の方途が大容また用星を看て運歳と係累して吉凶神殺星を肯首、もし用星と年歳が和合して決定的に全貴相なのである。

　また次点に月時柱二干星の関係を看て緩慢を造作し、結末せず撹拌を招来せず局中の象数の変容や五気質の真仮や神殺星の吉凶などは、時柱に帰位しその軽重を細分化してかならず微細を比較衡量するのである。

　いわば年歳とは一年の統括また諸星の主宰にてその用処を究尽すれば、ただ徐子平氏により日柱を日主と見做して専一に財星官星を取用するが、多少は後代の人々が誤解また意義を錯解する故に年柱を鉤（カギ）と称し、その物質を統起また月柱を繋（つなぐ）と称し、その提綱を紐起また日柱とは身衡（バランス）のように両星が差異せず、また時柱とは錘（メカタ）と称してその軽重を加減するのだが、その譬喩を切に称するべきなのである。

〔歌訣〕

　合絆が随伴してすなわち緊要、また遥合して閉塞しないのである。

〔註解〕

　たとえば随合とは丙午干支の壮気すなわち辛未干支を知得し、隠影が形相に随伴するようにまた辛未干支を看て、また当家の恩人がかえって仇人と為るのである。

　また遥合とはすなわち支蔵星つまり所蔵の精気の合絆であり、たとえば申卯子巳亥午支のケースでそこで精気の遥合のケースでは、その事象と意義とは自らなおざりにできないのである。

〔歌訣〕

　体質とは、すなわち広大を成為すべきである。

〔註解〕

　およそ命局では気象の容量また豁況の達勢、また天地の相停また雄壮な健質、また五気の順逆力量また化生を逆倒して功と為し、また貴気が往来して夾雑せずかならずその格調は平庸ではないのである。

　また命局の体質の大意は清澄して過度、すなわち寒質また薄質または厚濁して過度、すなわち濁質また滞質すなわち華麗にして過度、すなわち軽質また浮質また恣逸にして過度、すなわち流質また蕩質また有情にしてまた過度、すなわち濫質また淫質また孤介にして過度、すなわち独立して要素を容量せずまた剛勇にして過度、すなわち暴質また燥質にて涵養せずまた柔懦にして過度、すなわち愚質また鈍質にして作為なくまた執実にして過度、すなわち拘局にて己身を知りまた高豁にして過度、すなわち広く謀図して柔質だが質実ではないのだ。

〔歌訣〕

　様相により、その先後を分析するのである。

〔註解〕

　様相とは緊用でありかえって遠離して後在、また別岐の閑星を被り先に占枢して隔相してしまうのだが、もし瑕疵が存在せず亘歳の生扶を領得して全好相の方途と見做すのである。

　様相とは緊用であり、さきに近貼してもかえって閑星の様相が存在し、遠処を後在として動揺を切望して用星の様相を妨障して、かえって局中の何星が領得もしくは控除するかを看るのである。

〔歌訣〕

　天干とは専一に、その生剋や制化がテーマなのである。

〔註解〕

生扶とは相生であり生扶が存在すれば相生の作用を渇望せず、また剋伐とはすなわち相剋であり、剋伐が存在すれば相剋の情義を渇望しないのである。

また制剋とはすなわち水質が火質を剋伐、また土質がその偏官鬼殺を制伏、また火質は能く復生の情義があり、すなわち化質とは水質はもとより火質を剋伐して能くその気質を損耗して化枢し、火質が転生の作用を領得するが、その他はこれに批准されたし。

〔歌訣〕

地支とは専一に、その刑衝や破害を取用するのである。

〔註解〕

刑衝とはたとえば生日丑支が時柱戌支のケースですなわち刑像がその顕出であり、たとえば生日巳支が時柱寅支のケースですなわち刑像がその帰局であり、悪要素は刑像の控除が適宜でまた好要素では刑像の帰局が有益なのである。

そこで吉星は凶星を衝剋して適宜、また貴星は己身を衝揺して適宜なのである。

また破衝とはおおむねその要素を破壊して介在に吉星と凶星が存在し、たとえば卯午支破衝はすなわち乙干午支蔵の己土を衝剋を被るので、もし己土が偏官のケースでは地支相は有力なのである。

また運歳で偏官に一巡相してその損害は決定的であり、また顕出しなければ抱虎畏眠するようである。

また局中で酉支を附帯して精気の有無ではなく、能く服御を肯首しないのである。

たとえば己干を貴気と見做し顕星して勢力が存在し、すなわち原因の破綻に巡って福分と見做すのである。

また害とは六害の当処であり、もし忌星や凶神殺を附帯して損耗して真実の仇害と見做すのである。

〔歌訣〕

命局が成象すれば、貴気には執着しないのだ。

〔註解〕

人の命局のなかで局相に財星官星などの貴気相が存在せず、とつぜん富貴が奮起発揚するとは何か。

そこで相生の気象とは自ら象相を成立し、滔々たる生意で情義が尽きずこのように高遠かつ堅実なのである。

そこで本象を本義に配するとは、たとえば甲乙丙丁干のケースで化象が配相、またたとえば戊癸丁壬干のケースにおいて木火質が成象また火土質が成象、また土金質が成象また金水質が成象また水木質が成象するケースのときである。

三象相の順序でもこの法則に同義で、たとえば火土金質象相のケースまた四象相が協育生和も必然的であり、たとえば水木火土質のケースなのである。

〔歌訣〕

根源的な一精気により、生物が満盈するのである。

〔註解〕

たとえば金気質が正規に天時の建旺に臨星すれば、すでにその精気の損耗は存在せず、そこで一往途してその子星を派生すなわち水星であり、その水星がすでに透干顕出また水支星が漂乱して要素の盛旺の瑞祥ではないのであり、また能く太過した火土質が阻堤の頼処なのは、その他はこれに批准されたし。

すなわち造化盈虚の道理が明白然と信じ、万に一失も存在しないのである。

〔歌訣〕

命局の通関の鍵錠とは、五行開始の端緒なのである。

〔註解〕

命局の八法則のテーマをすでに前述したが、また五行とは聚散や全欠また虚実や深浅また生剋や廣狭また軽重や厚薄や寒暖などでみな同義ではないのである。

まず天干と地支がともに有力で夾剋要素を帰納また精神強健で「聚」と見做し、また吉星が有益で凶星が不益また吉星を輔佐して衝揺が不義なので刑揺して帰局せず「散」と見做し、また凶星が適宜で吉星が不益なとき木火土金水質とも全備して気数が順相して「完」と見做し、また五行のうち一行が欠損して運歳の巡りで補足して気の「欠」と見做すのである。

また「実」とはすなわちたとえば甲戌干支が丙寅干支を擁するケースで生扶合絆が存在し、まず一象相が成局また一方途が碍滞して、局中に激揚や激昂などが存在しないケースである。

たとえばすなわち一人の富翁者に過ぎず、すなわち本体が存在して作用が存在せず、たとえば貴相で祭祀饗昌また局中に土気質が太過重複し、おおむね官星が巡相しすなわち貴相、その他はこれに批准されたし。

また「虚」とはすなわち土質が酉寅支に赴きまた木質が乙巳干支に臨み、また金質が辰亥支に巡りまた水質が卯戌支に赴き、また火質が丑申支に位相して虚気質にて確固質を肯首せず、その他はこれに批准されたし。

また気質の「深」とはたとえば木質の本象や化象が清明節（四月五日頃）に近付することなのである。

また気質の「浅」とはたとえば木質の本象や化象が雨水節（二月十九日頃）の方途を領得するケースなのである。

また気質の「敵」とはたとえば辛酉干支が乙卯干支を擁しておおむね凶揺甚大、また己未干支己丑干支を附帯して転枢憑依してかえって吉兆、たとえば憑依が存在せずまた賓主分の旺衰を看て主分微弱はすなわち鬼象と見做し、また賓分微弱はすなわち財象と見做すのである。

また「友」とはたとえば丁巳干支が辛亥干支を擁し、また丙戌干支が己丑干支を擁しまた庚辰干支が癸未干支を擁するケースで、すなわち旺気の分度が何かに言及するのである。

また「狭」とはたとえば一支星また二支星の情義での用星成局、また「狭」には生旺が存在するときその気処を引用してもかえって巡相し領得しないのである。

また「廣」とはすなわちその精気の巡りの用処を領得し、そこで源生処すなわち精神が三合局また六合に通気して存在するのである。

また気質の「軽」とはたとえば木質の本象と化象であり、かえって金郷エリアに赴き天時に当令しないケースなのである。

また「重」とはたとえば木質が寅卯支に巡相し、すなわち本象かつ地相のケースなのである。

また「薄」とはたとえば本象が局相死絶符を象相し、すなわち天時の当令ではないケースなのである。

また「厚」とはたとえば木質が庫墓符や長生に巡相して、また天時の当令を領得また他干星が巡相生助するケースなのである。

また「寒」とは枯木質や散火質や寒金質や冷水質や凍土質にて、天干星が休囚また地支星が死絶符するケースなのである。

また「和」とはすなわち合絆と生助や情義と生助や建禄帝旺が存在して休廃死絶符が存在せず、または旺相の星神巡相生扶また天時の当令前後にて満盛気が存在し、すなわち要素に依処や阻堤が存在しなければ恒久ではなく傾陥、精気が欠衰すなわち根本的に質実ではなく、すなわち時令を領得せず不足して生扶が存在せず、これらの廃的要素とは何と言及できようか。

また衰気が恒久に存在して天時を領得せず死敗符に臨み、かえって暗干星が相互生助し時柱が生旺地に帰局し旺気質は存在するが長久ではなく、その始兆はすなわち気炎奮発また自ら舒暢通関するように結局はすなわち帰蔵して収斂するのである。

また結局は処去されれば依拠は存在せず容易に散漫し、盛旺の承意に源頭は存在せずとくに生化の転枢に乏しく、威勢に添乗して嗣続は存在せずその精気は容易に軟折するのである。

また精気の方途が巡相し人命はみな旺相之象と見做し、その介在で頑厚の精気が損耗すればその凶揺はいう迄もないのである。

また精気が過分ならば遠方に耐任し、すでに過去の事象はともに休廃と見做すのでまた成功すれば後退し、とくに精気の余剰ではなくたちまち旺処にて要素の巡りを被り、生意が締動また実気質が返処いよいよ歳寒に耐久し、そこで余剰の精気はすなわち休廃して別途に他局を化象する故なのである。

〔歌訣〕

造化の要素とは、まず原局を本体と見做すのである。

〔註解〕

東方位で陽気性が発揚かつ洩気して風性を派生し、風性が木質を生扶するのである。

西方位で陰気性が止熄かつ収斂して燥性を派生し、燥性が金質を生扶するのである。

南方位で陽極性が発熱かつ発火して火性を派生し、火性が火質を生扶するのである。

北方位で陰極性が発寒かつ寒水して水性を派生し、水性が水質を生扶するのである。

中央位で陰陽性が交差かつ生湿して土性を派生し、土性が土質を生扶するのである。

五行の本体と象相の淵源とは、すでにその取用を前述でテーマとしたところである。

〔歌訣〕

命局の成器の完成の由来は、根基の顕出なのである。

〔註解〕

およそ成象の当処を完器と見做し、およそ貴気が守一帰局してまた完器と見做し、およそ血族が守一して己身が子息を派生し、たとえば丙辛干合化水質が木質を擁するケースなどである。

また一説に妻星が派生してすなわち子星であり、それらの両義性を活法として取用しそれぞれ作用の趣向があり、また己星を生扶するものを母星と見做し、己星と合絆するのものを妻星と見做してそれらの要素象相成器が備わって、また血族の所生として守一として成象するのである。

たとえば運歳にて成象そこで根基に由来する含意にてすなわち成象し、いわば木火質はかならず停相が存在せずそれぞれ軽重が存在して木質を重度また火質を軽度と見做し、また運途で火質干支に巡相してその真象が結集するのである。

もし命局中で原局火質で建禄や帝旺や長生や墓庫符を附帯して完器の方途を肯首し、さもなくばすなわち真実かつ正完ではなく、肯定に相似して否定であり、その他はこの義則に批准されたし。

〔歌訣〕

たとえば法則性を検捜すれば、それぞれ吉凶を稟得するのである。

〔註解〕

命局相の時柱と日柱また月柱と年柱の干支には、上下左右の往来や夾合を要し互相して取用するので、一微塵も分処を肯首せず通関を照顧して到達しないのである。

たとえば局相の四干星を四支星が搭載しそれぞれ自己や貴気や神殺を占相、また年干を月支が搭載して時支を貴気に取用また年干を日支が搭載、また日干を月支が搭載また月干を年支が搭載して、また貴気や神殺星また年月柱の二支また時日柱の二支では、自ら干星貴気を取用してたとえばこの検捜にてその概要が誤差しないのである。

〔歌訣〕

その物質的要素を呈示し、その軽重の方途を明示するのである。

〔註解〕

このプロセスではまず四支星を看る必要があり、それぞれの蔵干の精気の当処を顕出呈示して聚堆星の何作用かを仔細に推究して、何処の力量の多寡や旺弱や軽重にて用星の吉凶作用の方途を領得明示またそれぞれの顕示を控除せず、その綱紀が晦冥なのでその取捨選択は難儀なのである。

〔歌訣〕

栄昌が容易に枯朽するとは暫次に己身が発揚するが、顕出にして透出せず要素の歳寒を成為するのである。

〔註解〕

およそ浮虚柔脆の気質とは休廃敗絶符の当処で、局相支干を夾拱生扶すれば暫次に和合して一時的に発揚するのである。

なお運歳に巡相して生助の星神が損傷またその抑揚に精気が存在せず、すなわち容易に敗背して長久せずたとえば要素が顕出せず用星に精気が存在し、合星が成象して添乗相路して運歳で破綻せず、すなわち恒久的に耐任するのである。

たとえば運歳が毎歳に駁雑してすなわち浮雲蔽光また樹陰横影であるだけで、その故に顕星が存在せず局中に深蔵して精気を領得して廻生すれば、かえって遠路を大いに肯定するのである。

〔歌訣〕

換骨奪胎とは意図が自然に顕出するとして、その本義を取捨してその些末を逐意するので、そこで元来の原局とは真義と見做さないのである。

〔註解〕

たとえば原局に財星官星貴神が存在して、また別位相に通関して化象が成立するケースで用途がかえって清澄するので、福気に添乗して適宜として勉学ではなく行為なので、類気象に感傷してかならず至処が存在するのである。

また真象の化質を望むときは、たとえば丁壬干合化木質のケースで万一に局相が妬合絆や交夾して成為しなければ、たちまち運途でかえってその本体と具象を資助し、原局の財星官星などの貴星に添乗し、すなわちその原局の元来の真義また逐次その末節の休気も捨象するのである。

〔歌訣〕

雲耕たる大器とは自然に悪星を搾尽し、また善星を挙揚するのである。

〔註解〕

局相体質がもし大容また源頭本体が堆重、また用星作用が専一で貴人星や徳秀気を兼備すれば、局中に大耗や元辰や羊刃亡殺などを悪作用と見做してもかえって能く威信を扶助、すなわちいわゆる悪星を搾尽してまた善星を挙揚するのである。

〔歌訣〕

才覚が薄微の局相の本体では、害星がさらに人命を損傷することを知るのだ。

〔註解〕

年柱と日柱の星辰が虚薄では専一ではなく、かえって吉凶神殺を展弄するので、蕩気動揺して精神がその作用を被り、自家の主張に定義は存在せず多大に凶象を肯首し、また羊刃殺や亡神劫殺や金刃や白虎殺などを作動するのである。

その故に徳秀厚純の精気に比較できず、事業を建立して偶発成為しても人命要素の損害と為るだろう。

〔歌訣〕

貴人星や禄馬星が、勾絞や元辰や亡神と交錯すれば多端なのである。

〔註解〕

貴気には夾雑が望ましくなく用途の財星はただ財星を作用し、また用途の官星はただ官星を作用するのは、たとえば禄馬や貴人や食神や印綬のケースなのである。

ただ一作用また二作用が適宜で貴気すなわち輔佐星に相当し、たとえば用途の財星が官星を相輔また官星佩印また禄馬支兼備のケースなのであり、三作用また四作用は漂蕩してすなわち守一帰局しないのである。

また第一項として貴気とは、貴徳星辰の相助を要し大顕揚の方途を肯首するが、または勾絞や劫殺や元辰や亡神などの要素はもし貴気が重複すれば、すなわち身行助威して悪神殺が重複すればすなわち酷害恣意にて、一説ではこれらの神殺は多端で単見してそのなりゆきを適宜肯首するのである。

〔歌訣〕

吉星とは天月二徳貴人の扶持であり、また凶星とは空亡に赴き品飾と為るのだ。

〔註解〕

貴人星や禄馬星とはみな吉星であり、さらに天月二徳貴人を附帯してもっとも吉兆だが、また勾絞や元辰亡神とはみな凶星だが、もし空亡に赴き凶意半減の互相に言及するが、逆に吉星は空亡を忌みまた凶星は天徳二徳貴人を要するのである。

また「旧註釈」では吉星貴気は清相に帰一するが、さらに夾雑が存在せずまた別格局に当格してその好作用の原因を推究するのである。

もし天月二徳貴人が存在せず、天月二合絆また月空や天赦などが幇助し、分度が逓減また福力が全備しないのである。

また空亡とは生日に係わり所属する旬空であり、たとえば甲子旬列ではすなわち戌亥支二位相また空亡には三星が存在し、一旬内の後処の干星たとえば甲辰旬列では二干頭の甲乙干を肯首し、また一旬内の後処で巡相する干星たとえば甲辰旬列では丙午干支すなわち庚辛干を肯首するのである。

また截路空亡とは巡相して緊迫、たとえば甲己日干の申酉時支のケースで凶星を空支が搭載して適宜だが吉星を空支が搭載して畏怖、または金火質は空亡が適宜また木土水質は空亡が不益また水質単独は空亡して有益でもあるのは、局中で凶星を併見して有徳星辰とは険相に巡り自ら散逸かつ死符して命相を為さず、局相の日時柱に附帯してすなわち緊要なのである。

〔歌訣〕

貴気が十全であるとは還た凶星の抑伏を看て、局相の一凶星を隠蔵を要すれば福気を識るのである。

〔註解〕

貴気を十分に完備すれば終始とも損壊せず、そこには介在する凶星の隠蔵が一件も存在せず、また凶神殺が繁雑に往来するがそこでかえって一福星を深奥に隠伏、または虚合遥夾また刑衝出帰また切に当処の有為に係わり、すなわち凶星満局の造作を看るべきではなく、ただ運途を待期して局中の福気を扶起しすなわち吉兆、また局中の凶星を扶起して貴相を破壊してすなわち凶意なのである。

〔歌訣〕

孤峻の格調とは、勢力が窮尽して正義に作用するので、その変通を望むのである。

〔註解〕

日干と用星を推究すれば、その明暗や造化の吉凶や神殺星の隠処と顕処を検捜するのである。

その体質は孤峻また気質は窮絶と見做し、その取用は難儀なのである。

これらの関処の転枢に至れば、自ら窮処がすなわち変容してすなわち作用が用通するのである。

また運途で何星が迎気して一気に挽回するが、この情源の発揚の生意と起点とは何であり、またその義則は無限に存在するのである。

〔歌訣〕

精気の要素の盈盛で、運歳が併衝して己主はどうして能く恬淡止静するのか。

〔註解〕

大概容の義則つまり気象や盈虚や流義が観たければ、その要素作用の本体を察し、すなわち極盛にて自ら耐久しない兆候なのである。

いわば運歳で抑伏とはすなわち覆傾また挙揚とはすなわち漂没、さらに衝揺が併相して己身つまり命主は能く単独で安静恬然と乱れず、この作用は存在しないのである。

〔歌訣〕

命局すなわち年月日時の干支序列には君主と臣賓があり、そこで本体格局の倫義が晃旦するのである。

〔註解〕

まず月干支は年干支に併相して適宜、また時干支は日干支に併相して適宜にまたなりゆきが循環して奇瑞であり、たとえば甲子年乙丑月丙寅日丁卯時の命局のケースなのである。

また格局の奇瑞とは年柱が「君」で日柱が「主」と見做し、そこで月時柱とは「賓」や「臣」のように貴気を輔佐するのである。

また「朝」とはその恒常的な綱紀、また「輔」とはその秩序倫理、また「正」とはその尊厳いわば陽性とは単独謹慎を望み、また陰性とは群衆随伴を望み、すなわち貴人星や凶殺星の添加のポイントを察するのである。

〔歌訣〕

日主はもっとも後展干星が有益、また日主は次展干星を忌むのである。

〔註解〕

日主の後展干星とは、たとえば甲日干が癸干を附帯するケースでありこれらには三益事象があり、第一に能く戊干財星を合絆して己身の資星となり、第二に能く己主を恒久に発揚して善処となり、第三に能くその象相が己身を生扶して生化するのである。

ただしすでに往展干星は緩慢で日主に副次し、たとえば甲干が乙干を擁するケースなどでこれらには四損事象があり、第一に能く妻財星を劫奪して己主が空疎、第二に能く偏官を合絆して己身の損失となり、第三に能く化象して己主の泄気となり、第四に前路を遮断して己身の刃害を造作するのである。

〔歌訣〕

地支星が前展相するか、また地支相が後展相するケースである。

〔註解〕

地支星が多大に前展支迎容すれば、恒常的に精神磊落の人命と見做し、たとえば甲子年主で生日子支で局相丑寅卯辰巳支などのケースなのである。
また逆に地支後展相では己主は造作が屯否、また挫折また逡巡多端たとえば甲子年主また生日子支で局相が亥戌申未支などのケースで、その他はこれに批准されたし。

〔歌訣〕
年柱だけが轉相し、そこで日主が虚孤然と為るのだ。

〔註解〕
局相の月日時柱の干支がまず連相堆党、また生旺合絆を造作または一象相を成為し、または一気象を化成してただ年柱だけ分位相して、疎遠に似てかならず祖宗と別離して自立、または偏生養子相で孤独にて窮状するのである。
また年月時柱の干支の連相堆党も上記に同じで、日主が孤独寡居すなわち自ら合絆や生扶が存在せず、欠陥の当処に分立するとは別居共生ではなく、すなわち寄生扶養にて外居贅立するのである。

〔歌訣〕
双党が争合して、すなわち妻星財星の両義性なのである。

〔註解〕
たとえば局中にすでに堆土が過多して、天干時令に旺木質が相関して抑揚を作用し何の作用が存在し、すなわち両相仇競を肯首しないのである。
もし局相が虚相ではなく堆土加厚して、木質が精気を帯びて顕出そこで地支相が刑衝剋害せず、かえって能く秀木成林を培養してさらに用途の奇瑞と見做すのである。
そこで己身の合絆星を妻星と見做し、また己身の剋伐星を財星と見做し、世の人々はただ己身の剋伐星すべてを妻財星と見做しこの誤相を善処せず、またかえって化象が何星かを看るのである。

〔歌訣〕
用神一星の貴気が重複して巡るときは晶晶耀明の象相を望むが、そこで傷気すれば放棄するのである。

〔註解〕
局中で恒常的に一星が単独作用してこれを格相面で称することはなく、ともに聚合かつ四散してそれぞれ自性的に堆群を成為して去了するだけなのである。
また局中で日干が虚懸一星を分岐して倚処が存在しない故に、当相が作用また二星相が作用するのである。
また用星の一件では切に精神厳粛でもっとも好作用、たとえば官星が作用してからまた官星を重来して附帯、そこで建禄などが重複して財星が作用、また食神貴人星を附帯してみな貴気が重複するのである。
また青苗は秀質ではなくまた秀質は質実ではなく、用星が壮健に成象して専一に意図が顕力して昼夜ともに虚背せず、たとえば土木水質が昼刻降生または金火質が夜刻降生が局相のケースでは、どうして名利が特達する人士と為らない筈がないだろう。
もし局相の天干地支にて、結局己星が相顧せず用星が合弁せず、星相が孤虚や刑衝剋害や相背損耗が過多して象相に扶助が存在せず、そこで休廃を重複して成立が存在せず、格局の作用の不足なのである。

〔歌訣〕
己星の生剋では情義が能く後退し、また他星の生剋では精気が自ら帰局するのである。

〔註解〕
およそ己星が生剋するとは、その情義が自ら退散また他星が巡相して己星を生剋するので、その二星相ともに精気の交入と見做し、また支星の生扶と見做しまた吉星の巡衝と見做し、たとえば筆頭格の好作用なのである。

〔歌訣〕
生剋が往来し、己主と合弁して扶持するのである。

〔註解〕
局相が合弁や空亡また赴助の星辰が存在して、また局相が合弁や填実また破壊の星辰に巡相して、生扶して制伏するか抑剋して扶持すればその往来進退とは一義ではないのである。
万が一に取用を失効すれば、微塵に介在すなわち千里に遠隔してかえって己主に会合や扶助が存在して、何星神の巡相を切望してまた至急事と見做すのである。

〔歌訣〕

事態の善悪は繁雑で難しく、タイミングでその多寡に分岐するのである。

〔註解〕

善悪の二位相ともに「衆」また「錯」また「雑」であるが、ただし時柱を看て「聚衆休旺」また「聚寡休旺」のケースでは、そこで悪衆とはすなわち凶殺の堆聚であり、また善衆とはすなわち吉福の集聚だが、そこで些少な善処では怯力しまた悪処の些少を渇望、また年柱と時柱が貴人星の生旺を互相して、日柱と比和すれば筆頭格の好作用なのである。

〔歌訣〕

生扶を重複して生助し、みな何星の為に通関が成立するのである。

〔註解〕

たとえば丙辛干主が運歳戊申干支を附帯して、かえって年歳の庚申干支に巡り倚処に好転して復た生意と為り、また壬水が存在して自ら精神が巡り、いわば丙辛干合化水する故に生扶を領得するので、ここで何星にて通関が成立するのである。

〔歌訣〕

化生にしてまた化質し、結局は眺望し難く何処に帰局するだろうか。

〔註解〕

たとえば丁壬干合化木していわば地支が寅卯亥未支相、また他星が存在してそこで水木質が赴助すれば、騰々たる頑養の木質でそこで水質の巡相作用を肯首、安堵して精気を眺望し難く何処も存在しないのである。

〔歌訣〕

かえって運途を看てまた阻堤防御を作用して能く福分の方途と見做し、もし生処に転枢して散漫に赴向してかえって成立しないのである。

〔歌訣〕

五行の象相が添乗して瑞祥また背碍が存在して、そこで五行が交夾また瑕疵また奮気発揚するのである。

〔註解〕

瑞祥とは、たとえば木火気また火土気、また土金気金水気水木気が二気成象して時令を領得、いわば天時を領得して位相を得て生旺位相を領得すると称し、また建禄などの気質が添乗また権威を得て財星官星貴人星などの添乗を得て、たとえば権勢が存在して執事すれば「乖蹇」と為るのである。

またかえって三者の肯首とは、もし支下に貴気が存在してたとえ貴相支に添乗しても、地支相はかえって刑衝剋害を肯首して「交戦」と為るのである。

また体力の均停を称するならば、たとえば一要素が天時に恃勢してその一要素はその堆聚を恃み、またその一要素が支根を領得してまた一要素が権威を領得して、そこで水火土水質が交夾するが「傷残」と為るのである。

また用星の被剋を称して己主干星は損害、また財星は被傷また官星が被剋あるいは一要素が堆成化して、かえって剋来神壊たとえば丙辛干合化水してたちまち一土質の来剋を帯びるケースが「奮発」と為るのである。

また要素と己星が融相して主客和協して、己主が旺気に添乗して相犯また他星が支根を得て迎容するとき己星強勢で凶星が退去するので、他星には精気が存在するとして晁旦来朝するのである。

〔歌訣〕

局相の財星と官星は真義を望むので、そこで好作用して化気質が成為するのである。

〔註解〕

たとえば丙辛干合化水質が戊癸干合化火質を財星と見做し、そこで甲己干合土質を官星と見做すときは真実の造化と為りその秀気は言うまでもなく、その他はこれに類推されたし。

〔歌訣〕

財星や官星に象相が存在し、精気を帯びて局中の星神への倚処が必要なのである。

〔註解〕

たとえば丙辛干合化水質が戊癸干合化火質を附帯して、火局を領得して財星と見做し、また甲己干合土質で土局の領得で官星と見做し、またその完器の方途に就きそこで比類なく清純にて、その他はこれに批准されたし。

〔歌訣〕

局相の雑気財星官星は庫地を吉兆と見做し、また墓符を凶揺と見做すのである。
〔註解〕
局相の財星官星の気象は均停拱星すれば、さらに貴気を干頭に添加して吉庫地と見做し、また庫支蔵の雑気三星がもし旺相すれば貴相と見做し、己身に有益であれば好作用なのである。
もし官星が鬼殺に凶変墓符して財星が休囚墓符して凶兆と見做し、すなわち庫地とは見做さずにもし吉星庫地ならばすなわち休廃を帯びて巡衝し、また己身を剋伐すれば庫地ではないだろう。
〔歌訣〕
巡衝の善星や悪星とは相剋してすなわち赴き、また相生してすなわち通関するのである。
〔註解〕
地支に貴気が巡衝するのは、すなわちその吉星として言及できず、また悪星もすなわちその凶兆として言及できず、干支の夾剋を肯首して吉凶夾剋また一生剋また一和制の方途と見做し、またそこに変化が通達するのである。
〔歌訣〕
干頭は支下を生扶して精気の洒脱を成為して、その子旺母衰を憂悩肯首また三者が一者損失するとして用星を生扶すれば、翻転してその子衰母旺が有益なのである。
〔註解〕
上層干星が下層支星を生扶、たとえば干星が支星を生扶して支星が音聲を生起して第一件、また年柱が月柱を生扶また月柱が日柱を生扶、また日柱が時柱を生扶して第二件、また生助を領得してすでに子星と見做し、楽神に関わり第三件なのである。
たとえば木質が火質を生起して生月夏季では「子旺母衰」と見做し、その他はこれに批准されたし。
また三者一欠損とは、たとえば金質が三四水質を派生して母星が子星を派生して廣義、また母星はすでに虚質すなわち子衰かつ母衰が有益で、旺郷エリアを吉兆と見做し、たとえば木質は火質を生起して亥支が相当するのは正規の子衰母旺と見做し、その他はこれに批准されたし。
〔歌訣〕
前途もしくは後方へと呼応するとは、相生すればすなわち継承し、また相剋すればすなわち抑治するのである。
〔註解〕
およそ格局の一干星また一支星とは、本体と作用また本来と末節の呼応が存在して難儀であり、相生すればすなわち継続して断絶せず婉轉かつ情義があり、もし相剋すればすなわち彫削煅煉するが、それは既済や堤防や疎通などで造物の抑治、たとえばこの局面では相生相剋の末節に拘泥する故に、その玄機を洞察究明できないだけである。
〔歌訣〕
左辺を包納また右辺を承治して、収納してすなわち帰局し、また四散してすなわち虚疎なのである。
〔註解〕
およそ一干星また一支星が局中で顕出するケースでは、左辺また右辺を相輔する兆候が存在し、そこで「包羅」や「帰向」や「散漫」や「退脱」や軽重の較量や加減の得失を領得して、当処の意義を適宜として小事を執り大事を棄捨するのを肯首せず、これは本末の逐捨なのである。
〔歌訣〕
局中の用星に取用が存在せず、また閑星が巡相派及して清冽なのである。
〔註解〕
局中で日主が財星官星や用星などを取用して、また雑相もしくは濁相また繁相もしくは混相、また成否を欠損また制伏降伏を欠損、また優劣を分岐せずそこで一閑神干星は日主の用途ではなく、かえって左辺や右辺が源頭に巡相し、能く一貴気に添乗するのである。
かえってその干星を取用して、日主の用星に相関して星相の遁巡を、その作用の分岐とし虚象の造処、または官星財星などの合絆の項目がその成局の取用であり、作用の存在では閑神であっても無作用だが、すでに閑星にタイミングが巡れば成器を領得、また作用の際会に巡りすなわち天下に不要な要素、ましてやその造化に於いても存在しないのである。

〔歌訣〕
官星の精気には混相を要し、それぞれ適配すれば好作用なのである。
〔註解〕
すなわち一格体の奇儀を重犯するとは、たとえば官殺混雑を称し、一官星が適配して未だに添乗帰局しなければ運歳を巡相して、さらに適配して局中で巡衝せずに吉兆なのである。
また局中の官殺星とそれぞれが合絆や制伏の当処にて、すなわち佳質また太過や不及のなりゆきはとても切迫の事態と見做し、それは「二正官と一偏官」また「二偏官と一正官」などのケースなのである。
たとえば戊己日主で甲乙干が透出して官殺と見做し、局中に申酉支また辰巳支が存在してその化合や制伏の当処と見做すのである。
〔歌訣〕
心意に互相が存在するとき扶星の査定を要し、そこで真義でも夾拱すれば、その顕星劫損に防備すべきである。
〔註解〕
心意に互相が存在するとは、たとえば丙午干支は壬子干支を擁して、それぞれ頼容が存在するとは、丙干は癸官星を用途としてまた壬干は丁干財星や己干官星を用途とするとき、他星を看て何星が生扶するかを看るのを至急とするが、何星自体は緊要ではないのだ。
また夾拱の真義とは、たとえば乙主が局中に癸未干支乙酉干支二位相を擁して、二位相に介在する甲申干支真官星の夾拱を明見すれば、決定的に貴気また他星が火質を深蔵して運歳で巡相すれば、火質が庚干に際会またその位相に填実を復して、凶禍の勃発に言及できるのである。
〔歌訣〕
合起の発揚に尽力するときなおざりに作為してはならず、精神英気にてその廃朽を洒脱し、好轉添加して作用のタイミングと為るのだ。
〔註解〕
天干星が相合するとき支星の吉凶を看る必要があり、また支星が有力ならばすなわちとても自然態でたとえば局相の支星が相合するとき、搭載する干星の力量を看て力量が重度のときは、ますます精神重用なのである。
いわば干頭支下が符合して「真合殺」が存在し、たとえば己亥干支が甲寅干支を擁するケースまた「合殺」とはたとえば甲子干支が己丑干支を擁するケースで、いわば殺神忌合にてそこで刑衝破害が有益なのである。
また局相で干星と支星に間隔相が存在して、運歳で合絆すれば精神は添加百倍するのである。
いわば局相の禄馬支は六合が適宜で刑衝破害が不益なので、いわば局中に合絆を帯び力量顕出すればなおざりではなく、精神の廃朽を洒脱するのである。
たとえば己身が生剋する精気では、本質的に四散しても己身の精気であり、もし時上に用星を添加して凶兆でもすなわち制御して、かえって生助の転枢として己主の本義と為るのはすなわち生意を挽回して好作用なのである。
〔歌訣〕
日主の専一な巡相には群星の分類を要し、そこで日柱の星辰には吉凶の位相が作用しているのである。
〔註解〕
吉星とは、財星や官星や印綬や食神や日徳や月徳や日禄や貴人星や徳神や天月二徳合や天赦や月空や時禄や時象や奇宝学堂なのである。
凶星とは、金神や羊刃や偏官や空亡や六害や孤辰寡宿や隔角や三刑や冲衝支や死神や死絶符や勾絞なのであり、一説には年柱に存在して亡神と元辰は上説と同義なのである。
〔歌訣〕
局相の年柱の神殺とは聚星作用し、また年歳が局中に吉凶の宮位として赴参するのである。
〔註解〕
吉星とは、建禄や駅馬や宅神や天醫や福徳や闕門や進神や生旺位相や華蓋や三奇なのである。
凶星とは、砕殺や的殺や咸池や沐浴や亡神劫殺や白虎殺や羊刃や飛刃や破宅や大耗や勾絞や喪弔や官符や病符や死絶符なのである。
〔歌訣〕

時柱のなりゆきには、五行の作用が存在して必然的なのである。

〔註解〕

たとえば時柱の、亡神劫殺や羊刃七殺や空亡や元辰や孤辰寡宿や死敗符や金神や白虎殺などの項目は、貫悪聚気して日主から帰局して冲刑剋衝の当処を侵犯して瑞祥せず、もしここに貴気が聚堆すればすなわち瑞祥と見做すのである。

局相の年月日柱の三項目の貴気で、命局に福禄星が赴参して星神の軽重を詳解して分析すれば、たとえば何星が巡相して安穏、また何星を領得せず停滞するのである。

さらにまた命局の領得の存否だが、たとえば船舶車両や宅舎の添加のように、また局相のタイミングでかえって年月日柱の当処で、その相互倚処の存在を看て成否を呼称するのである。

いわば時柱の一位相とは結局は主体の端緒と為るが、余（万氏）は未だにこのように見取せず、また吉凶の弁明に関わり一致して好作用であり、本体が造化の精神を領得するのである。

また局相の年月日柱で、一位相が存在して時柱が融和すれば平庸であり、また二位相が時柱で融和すれば些少に富貴を享受し、また三位相がともに時柱で融和すれば大発揚して富貴を成為するが、ただし日柱を緊要として年柱はやや浅相として月柱は緩慢なのである。

また時柱の衝剋破害や融和生助や勾絞空亡や死敗符などの件では、もっとも事態の察容と見做し、たとえば時柱庚寅干支は乙亥干支を取用して作用と見做し生扶して旺相し、精気支根を領得してその作用の可否が存するので、運歳を参考にしてその吉凶の発揚朽廃の由縁を較量するのである。

また時柱には精気が存在して旺相を要すれば、そこで休囚とは無情義なので使益してはならず、そこでいわば初期中期末期の三期相の情義があり、たとえば時柱寅支蔵の初気は土質に所属また中期は火質に所属また末期は木質に所属するが、時柱が刑衝相して切に緊要するとして搭載する要素は堅牢ではないのである。

また時柱には五行の序調が当処し作用を切望して至道、そこで当日の星辰は天下に普衍するので、衆人がともに綱領を造化するポイントであり、ただ時柱は微塵も差異を肯首せず、揺惑する故に準拠と見做してすなわち依拠、いわば交換点のポイントなのである。

そこで時柱は日主の作用の次点であり、本来的に時柱一刻を次点として肯首し、その銅壷時計器をもちいてかえって時刻午支四刻八刻、いうなれば山僻地の村落にて夜間時刻に降誕するとでもいうのか。

〔歌訣〕

虚星辰の遁巡の法則には、好作用の三術の趣向が存在するのである。

〔註解〕

まず禄馬貴人星などは吉星であり、また羊刃七殺死敗符などは凶星でありそれぞれともに定位相が存在し、すなわち原局の干支に「五虎遁」が作用して、能く任官司事するのは極めて応験と見做すのである。

いわば年歳に言及すれば十二宮位の善処や悪処に臨星して、ただ歳干星が遁干して吉相処で福分を造作、また凶相処で勃禍を造作するのである。

かえって日主の用星を財星官星などに取用するケースでは、正規に年干日干の二位相を看る必要があり、端的に遁干のポイントについて神殺の吉凶何星や日主の当処を軽重に分岐、たとえば人命の出身出処の資格の源流が、何れの派系に相関するかなどである。

〔歌訣〕

時柱が用星と為り方途が旺相ならば、その損剋や制伏を防ぐべきである。

〔註解〕

たとえば用途の水質を官星と見做すときに、土質が申子辰支などの当処に巡り、また用途の木質を官星と見做すときに金質が亥卯未支などを忌み、そこで李虚中氏は命局用星の傷破と称し、作用が独立して用星の発揚起動の当処として先に傷壊を被り、すなわち用星の作用は無為に帰局するのである。

〔歌訣〕

忌星を時令生旺の当処が搭載して、かえって刑衝が有益なのである。

〔註解〕

忌星とはたとえば用途の金質を財星と見做せば、すなわち火質が忌星でただ制剋の星辰が有益で、土質が占相して好作用と見做すのである。

かえって水質が寅午戌巳支などの当処に巡り、忌星が逓減して発揚生旺する命局の基礎なのである。

〔歌訣〕

用星の鬼殺墓符を領得して窮状と見做し、用星の有情貴星を領得して在局賛助するのである。

〔註解〕

用星には自性的に鬼殺墓符が存在し、吉星とはすなわち官星庫地を称し、たとえば凶殺を附帯して刑衝損剋が巡れば、その用星は自性的に忌星つまり日主がもっとも忌み、用星には自性的に財星や官星が存在してそれは原局の財星官星ではなく、そこで順来生扶合意して精神百倍つまり用星が自性的にこれを有益とし、また日主がこれを擁してもっとも適宜とするのである。

〔歌訣〕

局相の墓絶符が七殺羊刃を併見して刑衝すれば、凶揺際会して空亡せず財星官星が在局して本体と見做し、福禄が添加聚集するのである。

〔註解〕

局相の墓絶死敗符では死符は作用に不足するので、もし羊刃七殺亡神劫殺勾絞元辰などが存在して刑衝損剋が巡れば、日主が用星を併見して凶揺が浸透するのである。

また局相の月空や天赦二星が吉星善意に巡り、また天月二徳貴人や天月徳合などは同義に判断してそれぞれすなわち吏員の階権を司り、また財星官星などの貴星が在局するときさらに好相であり、その耀栄たる福気は集星して自然に廣義と為るだろう。

〔歌訣〕

局中に傷官墓符などが存在して局相はもっとも悪質であり、そこで暗に劫財鬼殺庫地が存在して命局が凶変へと分岐するのである。

〔註解〕

原局の傷官が墓庫を附帯するとき、たとえば丙干主が土質を傷官と見做し、局中に辰支を擁して局相墓符であり、もし凶殺を附帯し損剋刑衝して日主が用星を併見し、悪気質が緊要と見做すに至るのである。

原局の劫財が墓庫を附帯するとき、たとえば丙干主を戌支が搭載して干頭に旺丁干を併見し、前述のように凶殺を附帯して損剋刑衝すれば、その用星は凶揺なのである。

〔歌訣〕

局中で印綬が生扶するときは潤沢相が適宜であり、局中で凶星が死符するときは刑衝の作動を畏れるのである。

〔註解〕

原局の印綬が命主の主神と為れば、もし局相で印綬が生旺の当処に相当、また合絆の生神を附帯すれば凶兆が福分へ好転すると見做して、局相の大義は連綿と断絶せずすなわち肯定するのだ。

また局相が満溢するとはまず焚木質が火質を生扶し、また木質が水質に浮漂しまた金質が堆土質に埋没し、また土質が火質に堆虚しまた水質が金質に陥流するケースであり、かえって太過満溢しすなわち傾陥また太過盛旺しすなわち折禍するのである。

また局中の凶星とは、局相すでに死絶符の当処として既在し、干頭に悪星を搭載して損剋刑衝して日主の用星が狼狽し、もし局中で死絶墓敗地が命主を搭載して損壊悪星と見做し、用途の已前に註記しておくのだ。

〔歌訣〕

局相で用星が陥没する当処では地支相の全顕彰を望み、そこで納音五行が生旺の方途ならば、用星は恒常然として有益なのである。

〔註解〕

およそ用星が敗絶符して悪性陥没を位相するときに、局相に忌星が顕出すればおおむね濁相を肯首し、さらに凶殺星辰を附帯するのを肯定するのか。

そこで一二位相の附帯は肯首し、もし運歳で悪性陥気を扶起して鬼殺を会局して、すなわち敗喪して沈淪相と見做し悔吝失敗の気質のケースなのであり、そこで甚大ならばすなわち死符つまり安住の当地ではなく、また空亡に鬼殺を併見する方途と断定するのである。

およそ命局の納音五行が恒常的に生旺、かつ命局貴相にて月柱星辰が廻生して自然に喜悦し、みな忌憚なく自ら安堵して恬然なのである。

〔歌訣〕

局中で火土質の源頭が失効すれば、容易に塵蒙に化象するのである。
〔註解〕
もし局相火土質で中和の造化の精気を領得せず、また燥質また寒質また偏枯して晦冥の要素、すなわち暗蒙の昏象に滞って容易に発耀できず、巡相して成為しないのである。
〔歌訣〕
命局の死敗符が堆党して象相するときは、生旺の星辰を損傷してはならないのだ。
〔註解〕
たとえば局相の死敗符が堆党する象相では、かえって生旺の星辰に刑衝損剋が巡相し非常に亨通しない兆候で、たとえば壬癸干主が局相で卯木質を帯びて、星相が酉金質や辰土質や巳火質などのケースである。
かえって命局の日主が生旺また月令の主星が生旺して、相互に剋伐して甚大の咎と為るのを詳解されたし。
〔歌訣〕
五行が展布して東西位を定義し、地支の作用が能く培養し能く干燥するのである。
〔註解〕
いわば亥子支は水質であり、また寅卯支は木質であり、また巳午支は火質であり、また申酉支は金質であり、また辰戌丑未支は土質なのである。
たとえば金質が亥子支に巡り、すなわち泄気して干竭また木質が亥子支に巡り、すなわち培養を受得するがその他はこれに例推され、極めて切望の事態と見做すのである。
〔歌訣〕
命局の一星辰に貴人や鬼殺が聚蔵し、また納音五行も自性的に生旺するのである。
〔註解〕
たとえば一星辰に貴人星の長生が、鬼殺を附帯し堆聚し、日時柱が鬼殺を同途に生扶していわば鬼殺が貴人星を附帯し、自性的に長生し作用を為し、ここで貴人星が自性的に長生を帯びまた鬼殺を為して貴人星を伏蔵するのである。
いわば年柱干星が長生を伴い、また日時柱に同神殺が在局して真実の長生、すなわち局相年月日時柱が聚気して一聚強かつ四散弱、またいわば命局に長生一位相を要し、その旺気が専一で精神の聚斂と見做すのである。
〔歌訣〕
命局の空亡のなりゆきには数々の端緒があり、どうして十干星の欠損の当処に止まるだろうか。
〔註解〕
この神殺はもっとも緊要と見做しその軽重や真仮が介在し、その仔細の詳審が適宜なのである。
まず空亡（旬空）では十日間を上下のスパンに分岐し、たとえば甲子旬中において五陽干では戌支を空亡の切用と見做し、また五陰干では亥支を空亡の切用と見做すのである。
また一気質を軽重に分岐するのは、甲子干支は壬戌干支を附帯して真空と為すが、戊戌干支を附帯して軽度なのである。
また搭載の一位相が重度とは、たとえば甲干主が癸干を附帯し、また乙干主が甲干を附帯するケースなどですなわち「十悪大敗」なのである。
また一旬中に後禄が空亡に巡るとは、たとえば甲子旬の壬申干支や甲戌旬の庚辰干支などのケースなのである。
また五気質が空亡に陥落するとは、たとえば甲子旬中の水土質や甲戌旬中の金質や甲申旬中の火土質などのケースなのである。
〔歌訣〕
局相の官貴星の抑伏と生扶とが併擁して、止揚と称して一路に雲耕するのである。
〔註解〕
まず官星を一身の福源の貴気と見做し第一の切望事であり、財星がその次点であり、もし一生扶と一抑伏が存在してその意義が両立して、その可否が分岐しないのである。
たとえば陰陽の気質が升降せず運歳の一路で止揚と称し、その情義の強弱の配属でその興衰を肯定して察するのである。

〔歌訣〕
また偏官が顕星して正官が隠伏して情義に託し、また正官が顕星して偏官が伏蔵しその意義が立脚するのである。
〔註解〕
局相に偏官が顕出してその制伏や合絆が適配、また正官が隠伏して印星が存在せず、さらに隠星して己主は外辺に権謀操策、また内心で奇計の奸究を所懐するのである。
もし偏官が過重で制御せずまた正官に情義が存在せず、これに反し正官が顕星して偏官を伏蔵すれば、内心がすなわち性悪無情また外辺はすなわち節義謹和にて、大義とはこのようでまた格局要素のなりゆきの詳解なのである。
〔歌訣〕
専気の偏官とは不益であり仮に用星に情義があり、そこで用星の稼働を切望して不益な偏官を外馳させるのである。
〔註解〕
偏官が不益で生扶が存在してまた生旺の当処が搭載、および赴合の星辰が存在してその心意の専一は言うまでもないのだ。
すなわち局中に用星の虚実合来、また情義が仮の形相象気で顕われ、また空亡に陥落してたとえ旺相でも支根が存在せず仮に情義力量が散逸する故に、自ら専気しなければ用星が赴合して生扶が存在して、また力量が生旺の専気かつ生助の星辰や情義かつ力量が存在し、その分析を切要するのである。
また忌星と七殺偏官の二者は、局中の塞滞を造作して力量が自性的に偏向、また運歳での損剋を併見して自然に命局が滞相するので、散気を領得せず外辺に馳散するのである。
〔歌訣〕
局相で納音の用途が欠損すれば、全局相が気質の補填と見做すのである。
〔註解〕
納音の法則とは大曲造であり、八方の隔位にて有用の具象であり、結局何要素を控除しそこで精気の欠処をすなわち納音五行で補填、たとえば納音土質の欠損に土質が存在し、すなわちその不足を補填するが、そこで休囚して緩慢なのである。
〔歌訣〕
要素はみな好作用の趣意があり、己身が任用できないのである。
〔註解〕
局相の貴気また過多また重複にて己身は精気が存在せず、どうして能く任用に耐久できるか。
たとえばその類象やその化象に随伴、またその象相に従いその気象に即応してこのテーマが存在せず、一説では己身は任用できずたとえば疾性で摂食できず、花々が結実できないようなものである。
〔歌訣〕
命局の情勢が充当して旺気が発揚するタイミングでは、その象意が空疎寒散して過日を幽棲するのである。
〔註解〕
命局の調候状況や本体の情義のプロセスでは、たとえば壮人の精気が満ち和暖喜悦の彩りに似て、能く些少に通達して済性また要素に有利で強靭に発揚、また運歳で扶持するので何を言及するというのか。
もし命局の体制が孤虚かつ冷落の気象で、空亡や休囚を兼帯して才智任勇が存在し轉展の当処が存在せず、歳月すなわち時間と空間だけなのである。
〔歌訣〕
成功の気象が変化して尊位に帰し、精神が交互に往来してともに貴相なのである。
〔註解〕
成功への変化とは、たとえば壬水生月子支で本気が残存しており、局相で木質が引化して第一の好作用の事象なのである。
また交互してともに貴相とは、たとえば丁巳干支が辛亥干支を擁し、また庚寅干支己卯干支のケースであり、地支相が衝揺しても和処せず二支が相互に閑星を帯び貴気が往来するが、その他はこれに批准するのだ。
〔歌訣〕

局相が休囚してさらに空亡に赴き時宜が乖背して事象が後退、また旺相して生扶合絆を併見して権威が総聚して巡相するのである。

〔註解〕

およそ要素が休囚すればもとより好相に了義せず、さらに空亡に赴きただ不遇のタイミングを生起たとえタイミングに便乗しても、また事態は退散して済性しないのである。

もし五行が旺相して空亡に巡って肯首し、まず金火質が生旺して空亡に赴き、かえって好相するが、そこで星辰が旺相して本来の自性的タイミングでは、もし生扶や合絆してたちまち精神の権能が変容して、能く福分が併果してその志操の巡相を肯首し、その去就はみな秩序を失調するのである。

〔歌訣〕

すでに精気が過分であれば後退伏蔵を望み、翻意して墓絶符の当地が適宜であり、要素の方途が巡ればそこで進取すべきだが、原局が生旺の局相であることが有益なのである。

〔註解〕

たとえば生月辰支の甲木は経過気質で、作用合絆が後退伏蔵するので局相の墓絶符の当地が適宜で、すなわち自然の作用と符合するのである。

もし生旺の当地に臨みかえって乖背返戻と見做し、生旺の方途が巡りたとえば生月丑支の甲木は進気、また生月寅支の乙木は進気でまさに進捗の方途が巡り、生旺の立地が適宜で凶揺また福分と見做してもっとも切迫するのである。

〔歌訣〕

局相で休囚が作用し発動を抑伏すなわち遅延して、逆に旺相で情義が存在せず悪質と見做しもっとも速症なのである。

〔註解〕

局中の用星が貴星で作用して己星を生助、また天月二徳貴人や天乙貴人が臨むケースで、もし天時の旺相に臨まなければたとえ有為に作用しても、その発揚や抑伏は遅々として、局中に旺相の星辰を附帯しても己星に心意は存在せず、たとえば吉凶半途して運歳が一巡相してただその鬼殺を扶益して凶意と見做し、またもっとも応果と見做すのである。

〔歌訣〕

局中の進神が権威を執事して精神当相に至り、また納音五行が貴相を搭載すれば生剋が適宜なのである。

〔註解〕

局中の進神が貴気を附帯して、局相筆頭の好作用かつ鬼殺を局相に巡相して、筆頭の凶作用なのである。

局中の貴気が吉星でも、もし情義が未だ切迫せずにそこで納音が巡って己星を生剋して適宜、すなわち有意義の方途と見做しその好貴相を全備し、もし納音が生剋しなければその貴相が空疎を負荷して、己星に統相は存在しないのである。

〔歌訣〕

局相の旺神の気質が衝揺して顕星が凋枯すれば、悪鬼殺が権威を任じその本義を急旬切望するのである。

〔註解〕

たとえば丁未干支また生月夏季の時令を領得するに際し、丑支蔵の辛癸干を衝出して局相透出して作用すれば、その福分は薄気また凶揺も軽度と見做し、本来は悪鬼殺の旺相は凶揺また生月辰支同旬に所在し重禍が速やかに巡相、また貴星同旬では吉星の緊要が巡るのである。

〔歌訣〕

原局で金質満局併刃して亡相のときは、火質に頼処また凶殺星が旺相して、空疎に焚炎するときは水質の象位に依処するのである。

〔註解〕

金質とはすなわち要素の殺害的象相で、金質が満局して凶殺や刑剋星を兼擁して、己主が他人を殺害しないが、かならず他人の刺傷を被るのは、火質が制伏せずかならず応験するのである。

もし火質が焚炎盛象すればこれは多大な火炎に相当し、いわば運歳でその精気が符合するときは、水質を援用して既済の象相と見做すのである。

〔歌訣〕

局相の木土質が託気して発揚明示を待ち、衝揺して力量が止揚して未だにそのなりゆきが分岐しないのである。

〔註解〕

まず木質は土質ではなくすなわち培養できず、また土質は木質ではなくすなわち疎通できず、そこで運歳を待ちその不足を生扶、また精気を発耀せず自然的に堅益するので、衝揺して潤沢し可否が存在して力量が止揚し、すなわちなりゆきが未分岐にてまずその精気のなりゆきを観て、その方途を断定すべきなのである。

〔歌訣〕

局相の扶持や生助では好転の星辰を察し、戦闘の衝揺では損壊の精気を観るのである。

〔註解〕

滔々たる生助とは好転の星辰を看て、何処がその本体と作用の基本と見做し、また吉凶の兆候をこれで定義すると見做すのである。

また戦闘衝揺とは精気の損壊を観て、すなわちこれは閑疎後退かつ無用の人命と見做すのである。

〔歌訣〕

局相の陰干主の羊刃の取用とは分明を要し、支星の力量が当権して暗夾を防備するのである。

〔註解〕

局中の支星の力量いわば貴力と称し陰干主の羊刃の取用、たとえば丁己干を未支が搭載、また辛干を戌支が搭載して「刃」と見做すケースなのである。

支星の力量が当権たとえば未支は貴星また重力に相関、すなわち午支を合絆また午支は子支を巡衝して未支が剋犯するが、たとえば未支に重力が存在して、能く丑支蔵の癸己干の要素を衝起顕出するのである。

〔歌訣〕

局相の旺神が抜群にて要素を前程とせず、悪神殺が満局して干星に止揚は存在しないのである。

〔註解〕

たとえば干星一位相のとき、天時に旺気が巡れば局中で卓越して占拠するので、他星が牽制しなければその被剋の星辰がどうして敢えて顕現、またたとえ伏蔵しても敢えて執事しなくてもよいのだ。

そこで年干や日干が満局七殺羊刃悪星に巡り、命局の干主は結局は静処できず、決定的に己主は瑞祥なく窮状で卒するのである。

〔歌訣〕

鬼殺が重複してその去就が存在せず、また衝揺が重複してその倚処が欠損するのである。

〔註解〕

己星を剋害する星辰を鬼殺と見做し、また鬼殺が鬼殺に重複して巡相損害、また傷夾展轉して極気が己星を逼迫するのである。

もしさらに制化転枢が存在しなければ、窮迫の兆候また支星が衝揺して干星貴気がすなわち安堵せず、どうして衝星が衝揺に巡相し局相に倚処頼基が存在せず、象相や要素が成立せず凶兆でなくてもすなわち非長寿なのである。

〔歌訣〕

呑剋を併重してみな凶揺を成為し、二星双衝はすべて瑞祥と見做さないのだ。

〔註解〕

たとえば甲干が二壬干を附帯して重呑と見做し、また二庚干を附帯して双剋と見做し、局中に衝星が重複してまた合処に刑剋破害が存在して、みな不祥の兆候なのである。

〔歌訣〕

局相では均衡を要しそこで偏頗して能く済性し難く、命局全相が適配と為るが興衰浮沈しておそらく成功しないだろう。

〔註解〕

均衡には五説が存在し――

まず日主と用星の相和済性、また他星と此星それぞれ偏頗せず頼処が存在することである。

また用星の損気とは要素が存在して、これを制伏して塞滞と為り招致しないことである。

また局相の干頭と支下の様相とは、相承領得の当処には太過や不及は存在しないのである。
また死符質また相対する活要素では、多寡すなわち聚堆が克つと肯首しないのである。
また変化を要しまた妬破が存在し、また安静を要しまた犯性や激性が存在するのである。
適配には六説が存在し―
まず衰星の作用では、運途で衰星を扶助して肯首するのである。
また善星と悪星が能く均衡しても、運途で何星が扶助してそこで吉凶が分岐するのである。
また用星が存在しても興衰浮沈して、偏枯が済性しないのである。
また安堵相済して所応の求処で、それぞれに頼倚が存在するのである。
また生旺は、その要素の成為を望むのである。
また衰微では、その全備成為を肯首しないのである。
またそれぞれの干支の配処の貴気とは、また乖背劣質の当処が存在するのか。

〔歌訣〕

恒常的な福徳とは連綿たる要素で化質することなく、次位相の巡星とは遮断暗傷するのを識る必要があるのだ。

〔註解〕

支蔵干の己乙辛丁干のケースでは、みな七殺偏官がその悪星と言及するが、そこで己土質が乙化金質を生扶また乙化金質が辛水質を生扶するように、辛水質が丁火質を生扶するのを知らず、連綿と断絶せずいわば明見顕出なのである。

また虚拱の当処また甲丙壬庚干が暗合絆して、精気が完備すれば大富貴格だが、そこで天干星前展一位相また地支星前展一位相は、みな凶星と見做し知得できないのである。

たとえば乙干が丙干を擁し合辛干を暗損、かつ羊刃附帯のケースまた子支が丑支を擁し、また丑支が寅支を擁しまた寅支が卯支を擁するなどのケースで、羊刃や七殺偏官を附帯また咸池比肩在局で損気多端なのである。

〔歌訣〕

十干星の真気質を看て夾相し、七殺偏官が星辰を侵衝して極めて切迫するのである。

〔註解〕

たとえば乙酉干支が戊戌干支を附帯して、すなわち戊戌蔵火質が乙酉蔵金質を剋衝、また火墓符の六害にてその旺金質が発揺、その他はこれに批准されたし。

また七殺偏官の侵衝とは、たとえば原局の用途の乙木が運歳酉支を巡り、運歳丑支で衝揺して乙未納音金質がその乙木用星を損衝、ともに丑支がその未支を虚衝ここで所蔵の星辰が衝破倒地するのがこの一ケースでその他局の詳細でもあり、このケースは七殺偏官に巡衝して不吉と見做すだけではないので、金質局勢が乙木用星を損壊するテーマを肯首しないのである。

〔歌訣〕

命局が偏官刑衝胎神を附帯して心外を識得し、そこで辰戌丑未支が何干星を搭載してその取用のケースを詳解するのである。

〔註解〕

胎神の所伝のなりゆきはそれぞれケースは異なり、現今（明朝代）の人々はただ総括して十箇月の位相とする故に深浅は存在せず、個体差を召喚して一法則ではその十箇月の左右のスパンつまり当日星辰の対峙星を肯的するのである。

たとえば生日丙午干支が何月の節気に処在、たとえば旧十一月（子月）または旧九月（戌月）で遁巡してこれを作用と見做し、もし刑衝を附帯して己主は早期に両親を妨碍し、そこで空亡や刑衝に陥没して局相は窮状なのである。

〔四印古歌訣〕

局相の辰戌丑未支を「四印」と見做し、
戊己干がこれを領得して己主は偏信し、
甲乙干がこれを附帯して野卑貪欲し、
丙丁干がこれを巡相して疾性であり、
庚辛干がこれを母子児格と称号し、
丑支に七殺が聚堆しておおむね非長寿であり、

壬癸干のケースは未だ詳解できないのだ。

〔歌訣〕

命局の五行が四隅に分布する方途では、死符水質が金質を生扶する相異した作用があるのだ。

〔註解〕

いわば丙火が寅支に長生また敗符卯支で午支が帝旺、また庚金が巳支に長生また敗符午支で丑支が墓符するケースであり、たとえば甲子主が巳支を擁してすなわち金質の派生と見做し、生金質が甲干を剋伐するので絶水質が甲干を生扶、つまり建禄火質が甲木に損耗するケースだが、そこで卯支に巡りすなわち死水質が甲木を生扶すれば旺木と同属、また敗火質が甲木に損耗してそれぞれの位相を司処するか、その他の局相とはその扶抑のなりゆきがテーマで他干も例推されたし。

〔歌訣〕

一閑星が左右ともに止揚すれば、傷官の損耗にてタイミングを待機するのである。

〔註解〕

局相で閑星が左右に止揚すれば、すなわち年月時干多見を肯首しても取用しない故に、一向に緩慢かつ囚停止揚して長智、また養病符にて喪身また傷官に精気が存在せず事態を為すに係わりなく、たちまち運歳がこれらの星辰を助起し、己身の損耗瑕疵を作用してその真仮が半途なので、その質実はすなわち御馭して勢いを領得するが、小人物ならば寵遇して権威を帯びてこの禍根を留位するので、どうして忽然を肯首するのか。

〔歌訣〕

干星の他星比星が相互に安堵して備禄の方途と見做し、地支が巡衝揺してどうしても馬星が馳駆しないのである。

〔註解〕

たとえば甲主の建禄は寅支に所在し、壬寅干支を附帯してすなわち命局が截路空亡を附帯し、道仏士で福分が存在すると見做すのである。

また庚寅干支を破禄と見做し、吉凶半途またたとえば丁干が戌支を附帯して「刃」と見做しただ禄貴と言及し難く、また辛干の建禄は酉支に存在し、そこで癸酉干支を附帯して火水質衝相また丁干は酉支を空亡貴人と見做し、丁干が木質を受気また辛干が水質沐浴して己主は奸淫なのである。

そこで禄支が干星を搭載して真禄と見做して称号し、何れの方途で顕隠作用するかはその干星が天乙貴人を附帯して、その貴人星が干星を搭載明見して復た貴禄星が搭載するのである。

たとえば丁干主の建禄は午支に処在するので午支に巡相して丙干を領得し、また丙干の貴人星は酉亥支なので、そこで辛酉干支辛亥干支を附帯してすなわち辛貴星が復た午支を附帯して格局が極品級と為るのである。

これを李虚中氏は「天禄互貴」と見做しそこで一馬支は衝揺が有益ではなく、また衝揺してすなわち動揺するが、馬支搭載の干頭が貴星ならば吉相、また馬支干頭に有情星が巡相して吉相なのである。

たとえば丁丑主が辛亥干支を附帯し貴相地を要して作用が存在するので、馬支搭載の干星が自ら凶殺や空亡を附帯して悪作用、また主体や用星に巡衝して悪作用また支星轉々と刑衝して激烈と為り、その馬支がどうして安暇を領得できるだろうか。

〔歌訣〕

局相が傷尽のとき官星を帯びて建禄支の用途を知り、禄位相が衝破してから官星を得て始用するのだ。

〔註解〕

局中で傷官の星辰が存在し官星の被衝を明見するときに、かえって日主の禄支が存在すれば禄支作用はかえって穏当なので、併用せず一作用は帰局しないのである。

そこでたとえば禄位相が損壊すれば、かえって官星の作用の本体が定義され、そこで貴星の作用の一端がもっとも好作用であり、多見してすなわち精神が四散するのである。

〔歌訣〕

禄位相を明見してもそこで化気質を忌畏し、原局に駅馬が存在して日主星辰が重幅するのである。

〔註解〕

局相が官星かつ建禄のケースで原局で衝破しなければ、かならず吉福と見做すのである。
もし本体と作用が成化すれば、かえってその位相は妬奪が存在して化質相が巡り、領得しなければ要素の成立と見做さずすなわち苗者は柔質ではなく、また空疎貴人星に官星が存在せず福分が存在し財福厚積せず、原局の駅馬は年歳地で沈埋するので作用の添乗を要し、もし日柱または駅馬が重複して顕星してかえって濁局と見做すのである。
一説では日主星辰の駅馬と運歳の駅馬を併見重複して、もし駅馬が作用して貴気安相していよいよ好相、そこで重見とはすなわち契当しないのである。
〔歌訣〕
禄星を調取して作用と見做し、また馬将を詳観して元星と見做すのである。
〔註解〕
命局の干頭の巡相建禄支を「禄賓」と称し、たとえば年禄が存在せず建禄地に巡相して干星の作用と見做し、日主建禄をもっとも切望するのである。
かえって日柱星辰の用星が何星かを看て馬将を建禄の法規として、たとえば年柱丁巳干支丙日干では馬支が亥支に当在するので、辛干に巡相して丙日主の妻星と見做し、己主の作用方途は外娶処としてかえって貴人星や建禄や財星や官星に分類して、ここで凶殺星の軽重に言及するのである。
〔歌訣〕
象相の用星が合絆を成為するときは、妬合を防備する必要があり、貴気相が往来するときには、切にその分奪を観るのである。
〔註解〕
原局に用星が存在して日主が合絆を帯びるときに、情義や精気が存在して用星を領得、またそのなりゆきで比肩が一妬争して巡相せず、命局の用星が妬争すれば一本体星の作用として断定するのは、運歳のケースも同義なのである。
およそ局相の貴気が専一に作用してすなわち肯首し、二三ポイントに分岐して作用すなわち衆人的要素であり、ただ恒常的ではないが訴訟事紛争が多発して局中の財星を比肩が分劫するとき、彼星が重度で己星が軽度ならばさらに甚大なのである。
〔歌訣〕
命局の財星官星はただ生日星辰に倚処作用、また年歳での亡神劫殺を参究すべきなのである。
〔註解〕
局中の生日星辰はただ財星官星を取用して作用と見做し、もっともその興衰旺絶や相生相剋が緊密で、その局相全容では行運での支蔵星の禍福が極めて験証できるのである。
また亡神と劫殺の二星辰とは年柱に重複して悪神殺と見做し、運歳での推参究もこれに批准してそれぞれ十六般の吉凶の進退が存在し、いわゆる行運の取捨の作用なのはすでに前述した通りなのである。
〔歌訣〕
貴相には昇降軽重などが存在し、また富裕には高低やその厚薄が存在するのである。
〔註解〕
格局の本体と体制を察するとき、たとえば猛烈な熱意ならば己主の本義は雄壮健祥、また貴気が往来互相また凶殺星がポイントを得て輔佐すれば充気せず、またその去就も存在しないのがその第一義なのである。
また第二に、用星が清澄を切望して損壊しなければ、格局は保全して命局順相するのである。
また第三に、福星に情義が存在してまた化象が本体を領得すれば、命局の財星官星は作用また運途で扶持して断絶しないのである。
また局相五行の有益な要素とは時上また運途の扶持だが、悪要素のポイントとは時上また運途で制御し、凶処が益星を兼ねて吉処ごとに発耀するのである。
また第一に、大富命で財星の軽重が所在せずおおむね貴気ともに全備すれば、厚気や壮気を看過せずただし介在する清純の象相が欠落するのである。
また第二に、精神に幇助が存在し、閑星が過多して日主には倚処が存在し、そこで印星食神財星の三星を切望するのである。

また第三に、禄馬支が己星を扶身すれば日主は精気の胞胎絶符を被り、そこで財星官星が作用また生気に巡って遠方流去、また聚気の象相は廣義ではないのだ。

また局相の庫地や財星をともに拱夾また顕出して、すなわち厚質の精気を要し、そこで刑衝を領得して財星印星食神三星が一作用して、また生日星辰が自性専気に執事して貴気が散漫するので、それぞれの詳解を高く明示するのである。

また局相で刑衝や己身の剋伐要素を附帯するときは、財星生旺の精気また財星禄馬支貴人星の精気に係わることである。

〔歌訣〕

たとえば清貧ならば寿元が延長し、また富貴ならば非長寿なのである。

〔註解〕

まず用星の衝剋に即応して倚処が存在せず、また休囚を兼ねて作用が存在せず、また死絶符に臨んで駁雑、ただ己星が中和の精気を領得して運途で偏頗しないのである。

また己身が胞胎死絶符の受気の方途に臨み福星を附帯せず、運途で通関して無害また空亡破砕や元辰大耗や六害鬼墓や金神白虎や死気刃殺に通関して帰局の交点では、印綬一星や食神一星が有力また運途で駁雑の当処に通関して、断絶しなければ前述に批准するのである。

また福星が往来して勢力を領得して己身が旺相するとき、運歳で顕揚また過分に満局して傾斜、また生化転枢の星辰を欠損また己星の被剋処に去就が存在せず、また要素の空疎化では己星を衝剋して聚気するポイントなのである。

また命局の本象と化象では、みな用星を領得して福分と見做し、その左辺右辺が源頭と為り、己星はかえって化気しても化質せず、その本義が不穏当なのである。

また局相で貴気が満局するとき身弱ならば当任できず、運歳と日主が交夾して上記に批准するのだ。

〔歌訣〕

また塞堆とは、火土質に由来しているのだ。

〔註解〕

火質が土質を派生するのは、その心意とはもっとも良性質実にて、気象が自然に凝聚かならず敦厚本義また名利享安また処世優游にて、かえって空疎を凌駕して建立功業する者ではないのだ。

〔歌訣〕

流歳と巡相は、ともに源頭に藉根するのだ。

〔註解〕

およそ流年運歳に従容するとき風波成敗を経ないが、そこで根基元に因り貴気を領得して、運歳の巡相で赴参助が損壊せず依拠のポイントが存在するのである。

〔歌訣〕

およそ聡明であれば徳秀であり、また暗愚とは総じてその休囚と見做すのである。

〔註解〕

徳秀とはたとえば生月申子辰支で壬癸干を徳と見做し、また丙辛干を秀と見做し、これを附帯して多大に文業が通達また聡明通暁の人命で、他局もこれに例推されたし。

局相の休囚廃死符とは天時のタイミングであり、局相の死敗墓絶符とは五行たとえばこれが満局して、ともにこれらの気数を附帯して一生を策謀して成為せず退拙昏沈するが、もし孤気質を兼備すれば出俗し叢庵の人物と為るだろう。

〔歌訣〕

局相の偏気ともに巨強にて土俗的であり、本来の源頭を失効してすなわち漂流するだろう。

〔註解〕

たとえば局相が純陰性もしくは純陽性のときに、局中で合星財星官星など貴星の欠損によりすでに用星が偏強すれば、また能く要素が刑出衝出して巡相すれば、みな偏気のポイントと見做し、たとえ豪俗者でも俊才秀器ではないのだ。

また日主の象相すなわち堆党せず就位を肯首し、そこで精気がすなわち貴相が存在せず添乗を肯首し、また局中に多大に閑星凶殺が相関して刑衝損剋散漫の気象が存在して、これらは怠慢駆逐すれば多大に謀略して些少に成立するのだ。

〔歌訣〕

たとえば猛烈の気質では人物を傷害するが、もし象相が和純すれば貞操がなく放縦なのである。

〔註解〕

天時のタイミングの気象に当勢すれば勇猛剛強であり、もしさらに金神白虎羊刃七殺刑害の神殺を附帯して、そこで凶兆すなわち強盗劫失、また善兆すなわち屠夫ブローカー活計また結局は人物を殺害して人の殺戮を被ることを畏れるが、事態に臨んで果断で臨機応変に通利するのである。

そこで凶殺の星辰は、この理由により塞滞せず用星を輔佐するので、必然的に用途が存在するのである。

もし局中の象数が純和であれば、柔気善実すなわち恒常的に綱紀倫理の能が存在せず、たとえ用星が存在してもまた難義なのである。

〔歌訣〕

軒昂なる意気に呼応して、原局で羊刃七殺の権威を恃むときには、アクセクして財帛豊厚と為り、すなわち墓庫の精気を充帯するのである。

〔註解〕

局相で貴気が存在し羊刃七殺が輔佐しなければ、事態は臨処せずまた威勇も存在せず、とくに作為して相合を欠応するので、この羊刃七殺は貴相を資扶してかならず能く倣業立事して決定的に果断なのである。

また人命の名目が些少であればかえって財帛爵禄を発揚、すなわち墓庫支蔵の雑気財星官星印綬が好厚質また日主に有益であり、ましてや運歳でさらに相扶して符合するのである。

〔歌訣〕

命局が身強で羊刃が顕星すれば翻意して営々たる聚積が適宜で、そこで干合が多大に偏頗すれば、精神微々として錯乱するのである。

〔註解〕

局相が身強壮健ならば、局中が財気暗源を意味し、もし羊刃を附帯顕出して本義を劫財と見做し、ただすでに己身の力量は専一で財星に情義が存在すれば、かえって羊刃の顕出が適宜なのである。

そこで己身が能くその要素の帰納に執事すれば、これらの格調は倹約更新して能く財帛を聚積し、もし局中また運歳で羊刃生旺に当権し、敢えて未だこの議題を断定せず、これを別岐に詳解すべきなのである。

また局中に干合が多見偏頗し、たとえば乙干が二三庚干を妬合絆すれば、どうしてその中に精気を領得するのか。

また自性的に偏枯錯乱し、たとえ化質成象を領得しても未だに全好成為せず、たとえ二重婚同棲でなくても、再婚同棲者いわゆる易姓換姓の人物なのである。

〔歌訣〕

偏官は聚星せず一位相が佳く、そこで虚声張勢と為るので一位貴相だが、たとえば三処に布星して英気が四散するのである。

〔註解〕

偏官の本義は聚堆性ではなく、そこでただ一位相を偏官七殺として、星処布散して自性的に軽疎で多大に謀計して些少に遂げ、弁舌に心意が伴わず大節義を過分に望み、力量些少で重荷するのである。

そこで貴気が一位相で精神の奇瑞は専一と為り、もし二三星散処してたとえば集雲して降雨せず秀才だが質実ではなく、また貴相が空疎して官星が存在せず多大に学習して少成するのである。

〔歌訣〕

命局の平頭に懸針羊刃が巡相して附帯すれば、どうして残傷が存在せずまた勾絞に亡神劫殺が巡相して附帯すれば、綿密ではなく如才なく為るだろう。

〔註解〕

平頭とはすなわち甲丙丁干などの星相であり、また懸針羊刃を生日星辰にて刑害揺すれば、いわば生日柱が七殺偏官や華蓋ならば己主の妻女が他人に嫁ぎ、また疾患が遺るかまた盆暗と為るだろう。

いわば事態の原因が存在して結婚、また好貌だがかならず淫質、たとえば己干主で生日未支また己亥干支や己卯干支で己未干支はいわば日時柱羊刃として身刃附帯し、妻女とは生別離また死別離するだろう。
いわば互換懸針では己主は疾症が官災また悪煞を併見して、自ら刑揺附帯また女命のケースも勾殺二星を擁して己主は円猾破敗だが、吉意ではすなわち権威確立し、もし亡神劫殺が臨めばかならず凶揺いわば日主星辰の不和相なのである。

〔歌訣〕
局相で財星を庫地が搭載して己身が衰地に赴けば、能く性分は野卑吝嗇また気質が怠惰なのである。

〔註解〕
局相の財星が庫地に巡相して閉蔽するが、すでに刑衝開示して激揚また身弱のケースでは、この当人の度量は野卑吝嗇なので、器量の豁達は些少なのである。

〔歌訣〕
局相で木質が学堂を附帯しまた火質が生地に臨み、文彩はすでに精華であり、志操はもっとも偉威なのである。

〔註解〕
局相の木火質は文明の象相であり、生旺に位相して己主は文学が疎通して才能壮健だが、ただし木火質とは炎上性の精気なので、人品は精節を顧慮せず屈服せず偉威驕慢なのである。

〔歌訣〕
徳望の名声を振作し、また智謀の才覚が明敏なのである。

〔註解〕
局相で貴気が幇助して干星が有力で、また天月二徳貴人また天乙貴人が互相巡局して、己主は聡明典雅であり、空亡刑衝を両得作用するのは、上述に批准されたし。
また偏官羊刃が貴象相を扶持して制伏が存在すれば、領得して日干が制伏を背首して上文に批准、また水質が貴気相を附帯かつ扶助して阻堤が存在すれば、才機変略かつ過度の智謀の人命なのである。

〔歌訣〕
財星が局相の源頭と為り街頭店舗を経営、また気質が損耗して依拠せず、化質して江湖の外辺を奔走するのである。

〔註解〕
まず格局が廣義ではなく器量が充宇せず、ただし財星源頭が己身を生助して一二支星が生扶して怜悧にて、命局は純粋の器量また庫星の作用を領得して、局相に情義が存在すれば上文に批准するのである。
いわば食神また印星はこのケースに同義で、およそ泄気の精神は滔々と泄勢し、隔位しても有力また聚堆すれば依処が存在しないのは、上文に批准するのである。

〔歌訣〕
江湖は波濤漂々かつ重風雨宿、また天羅地網は晦冥にて名利絆鎖するのである。

〔註解〕
局中の亥子支を江湖と見做し、もし財星官星禄馬用星に係わり、その精気が漂溢すれば多大に生計の道途と為るので、星月を披戴して水質漂蕩するので、その馬支は刑衝の方途と断定するのである。
また辰巳を地網と為し戌亥支を天羅と為すが、全備して用星は搭載を失効し五行は成象できず、すなわち名利は労々と成為せず、たとえば塵埃廃棄箱また昏迷霧処にて、また運歳が併臨してすなわち日干が交夾して非長寿なのである。

〔歌訣〕
水火質が交夾して叢林に立身せずまた木金質が協和して、命局が義気禮貌して財帛が発揚するのである。

〔註解〕
局相水火質すなわち人間（動物）で、この格局は多大に口調を惹起して侵犯し、およそ立身して事象と見做し、また騒乱に出頭する毎に話頭のなかで脚色を著わし、もし吉兆ならばすなわち決機の策が存在し、凶兆ならばすなわち下卑怒号が存在するのである。
また金木質に偏倚が存在せず、和気を領得して陰陽適配済性すれば、かならず質実を本務として、もし己身が他星を剋伐すれば道義の財帛を領得、もし無情義が交夾して己主が客星の凌略を被れば、己主は不義の人命で己主の損失であり意中の財帛は存在せず、また不義の冤事を被り屈辱に伏すだろう。

〔歌訣〕

局相の駅馬のケースで、己星が他星を剋伐して廻生すれば、尽く外辺の爵禄を発揚また空亡が要素を帯び、精気を明示すれば毎回の作用に名称の意義が存在しないのだ。

〔註解〕

局相で駅馬に巡相して搭載する干頭を能く日主が剋伐、または駅馬の位相の要素が己星を生扶すれば、おおむね遠方外辺の財帛を発揚または外辺に出向して、辺境で財帛爵禄を領得するのである。

また空亡を凶敗の当処と見做しもし有益の象相が巡り、たとえば金火質は空亡乗旺が有益で、官貴星と為って星宿に情義が存在しこの格局に適合するのである。

〔歌訣〕

己身が食神禄地で家計が窮状ならば、また庫支蔵の余気の財星も名目は凶星なのである。

〔註解〕

命局の体質が軽度清澄で官星が添乗して貴相、また地支象が破綻してその財星は休廃するので、かえって死絶符の当処に赴き局相墓庫の貴相を附帯せず、また命局がすなわち衝破すれば上文に批准するのである。

また局相の貴気が空亡に陥落し用星が死絶敗符の当処に赴き、すなわちその生意は存在せず、また咸池沐浴白虎空亡がかえって扶助して、局中の財星庫地つまり財星が専旺して日主を有情に輔佐し抑制すれば、上文に批准するだろう。

〔歌訣〕

年柱に闕門が臨み、朝廷堂閣の近侍職に相当するが、局相を衝気すれば祖業の基礎に依拠し難いのである。

〔註解〕

年歳が相対して闕門と見做し「拱入格」が存在し、己主が食神禄地で職業は朝堂要職として近侍し、年柱の前展五位相では衝破を肯首し、さらに日主また全局を貴気が生扶せず、決定的に己主は祖業の基礎を破綻乖離して居住できず、もし官符や亡神が添乗して己主は免官没封され、そこで破砕劫殺羊刃を侵犯してかならず毀損売却するだろう。

〔歌訣〕

局相の亡神劫殺の二位相は不適宜で、屋舎荘田を売却また子卯午酉支が咸池を侵犯すれば、美貌にて財帛を貪るだろう。

〔註解〕

年柱の前展五位相を命宅と見做し、また年柱の後展五位相を禄宅と見做し、そこで命宅を「第宅家舎」と見做し、また禄宅を「田庄丘墓」と見做すのである。

もし亡神劫殺を附帯して、己主は恒常的に多大に財帛を消費、かえって己主は造家荘田を破壊するので、いわば日主が刑衝破害劫剋するのである。

また局相で子午卯酉支を全備して古来より「遍野桃花」また「廉貞沐浴」と称し、また「暴敗桃花」と見做して、己主はこれを附帯して風雨芸術を愛し、また性情巧急にて是非が中立する身上なのである。

また日柱が刑衝損剋の方途では水質が不益で、己主は淫質また貴殺軽重への言及を兼ねるが、咸池は緊作用でも沐浴では緩慢なのである。

〔歌訣〕

局中で駅馬か空亡を搭載して毎廻に異路の財帛に巡り、また空亡が建禄位に附帯して恒常的に不評の名声を招来するのである。

〔註解〕

馬支搭載の遁干星が作用して、馬支搭載の干星が己身を生助また財気を造作、また馬支を財星生旺の当地が搭載かえって空亡が搭載して有意義で、多大に外辺の方途を往来また外辺の財禄の方途を領得、または別門派の心外の利禄を招来するので異路であり、いわば本義の財帛ではないのである。

また天中殺とはすなわち空亡であり、建禄支を帯びもし衰敗すれば上文に批准、また白虎を日柱に添加して切に緊迫また伝人悪名を招来、いわば水火質象相と咸池桃花の併見なのである。

〔歌訣〕

局相の卯酉支は好く門戸に遷移、また局相の巳午支は能く感傷胎生に相当するのである。
〔註解〕
局相で卯酉支が日時柱に侵犯し、堂宅の装飾や門戸の改装を好み、そこで馬支を附帯してすなわち恒常的に移居するだろう。
また時柱胎符で巳午支を添加し年柱建禄支を附帯して、その日主が穏和ならば己主は両親の夢想の領得に即応して降生するのである。
〔歌訣〕
局中の生旺羊刃が七殺を兼備せず好奇異端であり、またさらに亡神劫殺と他星が逢いただ酒豪飲を企図するのである。
〔註解〕
局中の旺気たる陽刃が別途に七殺を附帯せず、剛廉正直武勇で陰徳受養また義憤して社火盗を打捕するケースで、また学堂や官貴星を附帯するケースは別途に詳解するだろう。
また局相に亡神劫殺羊刃が堆聚して、さらに日柱が和協せず狼食鯨飲して逐日に酔飽するので、風波に当任し着底して成就が存在しないのである。
〔歌訣〕
桃花簪にて己主の風情は恣意であり、また朝元を破砕して落ち着きが適宜なのである。
〔註解〕
日主が桃花簪であるとは、たとえば卯支生人が寅午戌支を附帯、また酉支生人が申子辰支を附帯するケースで「倒挿桃花」と称し「風流高伸」の人物と見做し、かえって賢人のようで賢明ではないのであり日柱が損剋の方途に批准するのだ。
また朝元を破砕するとはたとえば酉支主が寅申巳亥支を附帯し、また丑支主が辰戌丑未支を附帯するケースで回頭破砕と称し、日柱星辰を損剋刑害して己主は円猾非長寿、また軽度でもすなわち発揚生起できずに窮状するのである。
〔歌訣〕
局中の官符が天中殺を附帯して妄語多端、また空亡が天乙貴人に臨み性好謳歌するだろう。
〔註解〕
官符とはすなわち亡神なので空亡に該当して日柱損剋、また天乙貴人が空亡を附帯してまた日柱損剋するが、それぞれは上文に批准されたし。
〔歌訣〕
些少な瑕疵が精気に作用すれば、抱怨恨嘆また身強で重複制御して歪曲妄誕なのである。
〔註解〕
局中の用星の当処がたとえ傷揺せずとも、なお運歳で巡衝すればかならず得意して、かえって失意が成為する故に恨嘆して怨気を生起するのである。
およそ身強の人命は、たとえば飲酒酩酊者は失態しないのが望ましいがそれを領得できず、また運歳で強壮重駕に巡り自然に淫質妄動と為り、家業財産を破綻して胡人を倣って胡族と見做し、また局中に制御が存在して通関するのは別途詳解するのだ。
〔歌訣〕
局中で白虎が羊刃を併見して偏官七殺を制御すれば当人の時宜であり、また局相が華蓋墓符ならば清々しい福分を享受するのだ。
〔註解〕
まず白虎同刃とはすなわち白虎が、飛刃や陽刃を併見して日柱が刑衝損剋するときで、いわば日時柱に所在して年柱を上剋して過敏に娶妻、さもなくば妻女が異議を誣告して訴訟事に服する為に逼迫されるが、血族団結してすなわち肯首し、その妻女とは罵詈雑言する愛人なのである。
また局相が華蓋墓符とにもし生旺であれば、運歳で巡相して日柱が成局和合して極めて清高の福分を享受、さもなくば道仏九流術士と見做すが、たとえば庚辰干支は自性墓符を肯首せず、ただ地域の巫士また粗大工匠と見做すのである。
いわば華蓋墓符で精気が存在し福寿者だが貴人に封爵されず、または著名道仏士と見做し、もし鬼殺咸池を附帯して芸工匠ではなくすなわち地域巫士と見做すのである。
〔歌訣〕

また禄命主に二星辰が衝相して鼓舞作為するので、貴人星と偏官七殺が局中相承して聚堆し取用に帰局するのである。

〔註解〕

前述での「禄命二宅」の法則とはもし刑衝剋害を激揚すれば、その吉凶の趣意をどう看てまた日柱と比和せずこのような応験では、そこで禄命二星辰とは実質的に命主の衝揺に係わり、右辺左辺を鼓舞して必然気象なのである。

または貴人星や七殺偏官が二三重複して一星辰を搭載併見して、いわば命局の局相にはそれぞれ吉凶の星辰が存在し堆聚の分析を要し、何位相がもっとも過多また長短を較量、また寅申巳亥支が長生に該当しなければすなわち凶揺なのである。

〔歌訣〕

局相の水火質の象相では軽質清気ではすなわち文章異術士、また刑衝ではすなわち道徳者で禅門徒なのである。

〔註解〕

局相の水火質とはすなわち子午支の星辰ですでに既済の造化が存在し、相当する清気はすなわち文章能力の魁衆また軽質ではすなわち非常規の術業、また空疎ではすなわち異質的神仙者また刑揺ではすなわち鬼道法符、また夾剋ではすなわち禅宗空門で辺野鎮宿し参究を覚悟し、もっぱら生日星辰の格象の軽重への言及がテーマなのである。

〔歌訣〕

局相の金土質の源頭では、老気質にてすなわち高楼台閣に財庫また柔若性が残存し、すなわちビジネスマンやテクニシャンと為るだろう。

〔註解〕

局相の金土質の意義では賤生して貴功が存在するので、そこで老気質とはすなわちその要素の成就なので、そこで富裕をストックして適宜であり、局相の荘垣は営々たる壮観なのはこの由縁が招来しているのである。

また衰絶符が残気または初頭で柔若性が新気して、もしビジネスマンやブローカーでなければすなわちテクニシャンの人命なのである。

〔歌訣〕

局相の華蓋墓符の星辰に、天月徳貴人が合絆してその家風は霊泉仙石だが、もし日徳が休囚して死絶敗符を扶生して俗塵庶士なのである。

〔註解〕

局中の華蓋墓符の星辰に天月徳貴人が合符して、局相で三者が循環してかならず水石辺上の宿縁で求道して仙人を探訪する意志が存在するのだ。

もし日徳が休廃し、その徳名は虚質いわば干星が死敗符などの位相で、悪気質や空亡が巡相生扶すればただの平庸士であるだけなのである。

〔歌訣〕

もし局相が「十悪大敗」に相当し、真義ならば貴者を将公と見做しまた濁者を寇賊と見做し、もし囚死符空亡が堆聚して生旺すれば道士また衰微すれば仏士なのである。

〔註解〕

まず十悪とは『道藏經』に所載されて批准と見做すのであり、貴気が相扶して入格清厚質ならばかならず兵権を掌事するが、もし凶殺星が聚集して局相併交して用星を夾害し、己身はすなわち凶揺なのである。

また日主の用星が休廃のタイミングに相当、また空亡して孤辰寡宿や六害と見做し、もし長生建禄帝旺の当地に臨み、すなわち黄帽（道士帽）と見做し、もし敗絶墓死符の当処ではすなわち僧衣と見做すのである。

〔歌訣〕

魁罡は権威が重複するがかえって血族を損害し、また劫殺寡宿は孤相だが三貴相が全備して有益なのである。

〔註解〕

また辰支を天罡と見做しまた戌支を天魁と見做して最権威の力量が存在し、ただし孤夾の精気が重複するので未だに血族の妨害は免れないのだ。

また劫殺と寡宿は、もし長生貴人星を帯びて建禄が存在しすなわち福気三相であり、日主が和協すればかならず日主は富貴であり、当該三相が存在しなければたとえ発揚しても恒久ではなく窮状するだろう。

〔歌訣〕

偏印が繁勢するとき、偏生者でなければ決定的に母乳に欠乏し、そこで孤辰寡宿を併見巡相して異姓の理由により仮に合相同居するのである。

〔註解〕

呑啖とはすなわち偏印倒食の星辰で、なお多大に力量や威勢や権能が存在、また生旺の当地に臨むのをとても切望して、上文に批准するのである。

また局相で孤辰寡宿六害を併見し、かえって印綬食神の一星が作用して、すなわち命局の衝破を被るのは、上文に批准するのである。

〔歌訣〕

双星の重複を拝生するとは、たとえば局相の巳亥支などで同支同干を複擁するケースで、巫星醫卜の命相また局相で亡神劫殺が咸池貴人星と交夾するのである。

〔註解〕

命局で巳亥二支相を附帯して、また別途に同一支が存在するケースで二三位相が存在し、たとえば甲干が甲干を帯びまた子支が子支を帯びかならず双生を肯首、また両親を重複拝跪するだろう。

また干星支星ともに同相の方途が存在、さらに劫殺孤辰も同義で巫師や薬剤師やブローカーなどの徒輩はすなわちその軽重や上下に分岐するのは、みな亡神と咸池が二位相在局しているのである。

また局相の羊刃や破砕や墓符鬼殺白虎のケースでは、妄語詭詐また花酒恋迷して才覚なき九流業者、そこで貴人星や徳神や財星官星の生旺を渇望するのである。

〔歌訣〕

局相で子午支が巡相するときは老齢ならば秦代酒楼で酩酊し、また象相のケースが幽清ならば幼歳でも仙府に登壇するだろう。

〔註解〕

局相の子午支が干星を搭載して鉤合するとは、たとえば壬子干支戊午干支のケースで、まず戊干が癸干（子支）と合絆し、また壬干が丁干（午支）と合絆、または丁壬干合や癸戊干合であり水火質に情義が存在し老齢に至って花酒に迷恋、また清相ではすなわち風流また濁相ではすなわち下卑なのである。

また五行の合絆が清象を成為すれば、いわば幽潔の聖地に隠棲また貴星が一義に帰局して夾雑せず清純遠気、そこで別途に死絶符など悪星侵犯が存在せず、上文に批准するのである。

〔歌訣〕

文学業に殊特に精英するテーマとは局相の長生や徳秀であり、酒花を惜気して偏向落魄するので、身旺で咸池を附帯して一義なのである。

〔註解〕

局相の長生帝旺四貴星などの当処で、徳秀二星相にて文学芸術の才能があり、清専に特達して抜群に超出する人命なのである。

また酒色に惜気して旺日干を咸池が搭載して第一義、また己身が自旺して沐浴に受剋して第二義、また己身が太旺して沐浴をさらに多見して福気散漫として堆聚せず第三義なのである。

〔歌訣〕

妻星が比肩の旺奪に巡相して良好人命を肯首せず、また財星は沐浴に因り争夾するので、淫性質を控除し難いのである。

〔註解〕

妻干星が隠伏また顕出するとき、切に比肩の近貼親相に巡るのがよく、その位相が占奪を被るがまた比肩が旺乗するときは、その妻女はかならず外男と私通するか、さもなくば婢妾や娼妓を娶って妻女と見做し、この醜態の方途を免れるのであり、いわば五行の敗処を沐浴と見做しまた桃花咸池殺と称し、同断に例推するのだ。

その星辰が乗勢に巡って財星を争奪、また財星干頭して他星の損剋を被れば、己星と用星の精気はともに聚斂せず星辰散漫なのは、上文に批准するのだ。

〔歌訣〕

妻女を娶ったことが原因で、かえって訴訟事に服するケースは六干頭に明示、また生誕の子息を賢愚に別岐したければ、その本体には五法則が存在するのだ。

〔註解〕

生日干支の丙子日丁丑日戊寅日辛卯日壬辰日癸巳日丙午日丁未日戊申日辛酉日壬戌日癸亥日など、当日を侵犯しておおむね孝心が原因で官訴訟事二件に服するが、結婚間近か成親百日以内で決定的に己主はいきなり両家親処の訴訟事を招き、また己主は外家で力量に欠けまた配偶者の両親と和悦せず、または外戚が存在せずまた両親重複、また妻君財産がなくまた女命は夫の両親と重複などの真仮は半途なのである。

また神殺星の桃花殺は、その花燭は不明瞭にて良婦女ではなく、また入舎残房するなど局中で多見してもっとも濫蕩、すなわち陰錯陽差と見做すのである。

局相に桃花殺を帯びて帝旺が当処すれば、多大に婦人の官訴訟事を惹起、また富家にて妻女が原因で使用人と乱相、さもなくばすなわち子女が役人然と為る体相である。

また別岐に子息の賢愚に五法則が存在するが、第一に妻星が生剋する星辰を子星と見做し、また男命は偏官を子星と見做しまた子女星は正官と見做すのである。

いわば女命は派生星を子星と見做し、時上において生旺に附帯してすなわち好相、すなわち他星辰との会合や有情が貴相の方途なのである。

いわば己星が妻星と同化、たとえば甲干主は土質を子星と見做し、時上の星辰を考究するのである。

また干合化気して派生する星辰を子星と見做し、たとえば甲干主は金質を子星と見做し、時上の星辰を取用するのである。

また己星と同一五行が生扶する星辰が子星であり、たとえば甲干主は火質を子星と見做し、時上の星辰を詳究するのである。

また偏官や正官が有情星と肯首し、時上の星辰が化気成象してすなわち子息の好相、また納音五行かつ長生が赴助して甚大に好作用なのである。

いわばたとえば己星が派生して子星と見做し、まず類推して水質が第一気ならば、火質は第二気、また木気が第三気ならば金質が第四気のとき、土質は第五気に取用するのである。

〔歌訣〕

命局の日時柱に悪星が堆聚するときに、すなわち軽度ならば子息がヒネクレて妻女が愚人であり、すなわち重度ならば空室で孤独に耐えるだろう。

〔註解〕

局相で亡神劫殺孤辰寡宿や三刑のときに、もし三神殺を併見して応救すれば、時上に子星を多見しても不孝であり、また日支の妻星は愚拙者また不和相となり、もし侵犯が重複して尽力して救応しなければ孤独相窮状と為り、一身は自性的に空室を堅守するのである。

〔歌訣〕

局相に羊刃墓符刑衝を附帯するときに吉兆ならば延寿厚福であり、また凶兆ならば破耗した単帽衣だろう。

〔註解〕

局相が羊刃飛刃で墓符と刑衝二位相を侵犯するとき華蓋が存在して始めて吉兆、また局相丑未支で干頭に貴星が搭載して未だに福分を享受せず、日柱と融和してもし華蓋が存在せず空亡死絶符を附帯して孤寒破敗の人命であり、また日柱と不和相でもこのケースなのである。

〔歌訣〕

日柱を悪星が侵犯して資助が存在すれば、妻女と再婚また時柱に凶神殺が臨み、すなわち空疎にて養子を招致するだろう。

〔註解〕

日柱が年柱を侵犯つまり亡神劫殺大敗破砕建禄帝旺のケースでは妻女を剋伐、かえって干星納音が日主を生助してかならずふたたび年少の側室を娶るかまた年少の妾女を妻女と見做し、もし禄貴星を附帯して拱助すれば能く美貌賢人なのである。

いわばもし年柱の禄馬貴人食神が日柱と六合絆して、妻君秀麗で孤独相ではなく、さらに己主は妻女の財帛を領得して時上に凶神殺を附帯し、空亡に陥落してかならず己主に子息は存在せず、もし食神が生助また日柱を衝剋去すればかならず養子相なのである。

〔歌訣〕

命局の日時柱が咸池七殺偏官を附帯して父君の命運が凶揺であり、局相の休囚大敗に空亡が臨めば、妻家の家宅は存在しないのである。

〔註解〕

局相で咸池が日時柱に臨み歳殺と見做し、当主の父君は凶揺さらに悪神殺を添加して決定的であり、たとえば庚辛干主は刀兵また丙丁干主は火厄、また壬癸干主は水厄また戊己干主は熱病、また甲乙干主は杖刑などの五象相をこれで推究するのである。
いわば咸池を帯びて生旺で華蓋破砕、また陰錯陽差を侵犯して醜妻に因り恥辱し、また立場が異なりもし貴豪の家宅では妻女両親兄弟血族が内乱するのである。
いわば咸池陽刃とは算能多才で持病持ち、また日時柱が互相して切に緊要で、命局の日主は妻女の精気を陥没させるのである。
また的殺が十悪大敗日を併見して休廃また空亡に陥落し、たとえば甲寅旬列では癸干の禄子星が空亡に位相して、己主の妻家には基礎や瓦片すら存在しないのである。

〔歌訣〕
局相の胎神を損剋して横死するので局中の衝星が不益、また破砕空亡は孤相にて祖元より乖離するのでは、羊刃の侵犯がその原因なのである。

〔註解〕
胎神とは白虎殺であり局相子卯午酉支のケースで、局中衝揺たとえば申子辰支の支星は水質命主に係わり午支胎神を畏れるので、白虎殺が巡相して日主を損剋して用星を併見すれば、己主は凶揺するのにより五象相を推究されたし。

〔歌訣〕
建禄支の後展一支星が、もし空亡孤辰寡宿破砕などの神殺に係わり、己主は決定的に祖元から出離して旺相にて別岐卓立するだろう。

〔歌訣〕
局相で隔位した二方途の支星が合絆衝揺するときは、この格局はおおむね自ら縊亡するが、そこで「三河」「東井」を兼備合絆し両位相を侵犯すれば水難するだろう。

〔註解〕
自縊殺とは、すなわち戌支主の巳支また巳支主の戌支のケースであり、もし局相に金神白虎亡神劫殺鬼殺墓符空亡官符大耗刃殺を附帯して、局相が死絶符を領得して己身を巡剋して廃身、またその用星が年歳を侵犯また大運を刑衝すれば、上文に批准するのである。
いわば「丙子旺水」また「癸未東井」また「癸丑三河」が咸池金神羊刃亡神を附帯して、おおむね己身は水難するが、いわば亡神を附帯する起端では花酒が原因で事態が惹起するだろう。

〔歌訣〕
視聴覚碍では用星が陥落、また死敗符が損身して腰足碍、また福気が衰退して己主は羊刃七殺偏官刑衝を帯びるのである。

〔註解〕
用星が死敗符など要素の損剋を被るか、休廃の時令に臨み悪気損剋を被る者は、上文に批准するのである。
また局相の貴気が休囚して本体が凶星の制剋を被り、死絶符の通関を兼備して悪気質が顕現し、用星は沈淪して吉兆また羊刃七殺偏官すなわち日主を衝剋して、上文に批准するのだ。

〔歌訣〕
偏官が吐気するとき不善非寿と知るべきであり、本義が欠損するのでその窮状を抑止できないのだ。

〔註解〕
鬼嘯とは偏官吐気でありたとえば甲干主が庚干に巡相、また庚干主が丙干に巡相して轉々と相剋するケースであり、局相に辛干が存在して丙干を合絆する、その貪合亡剋の方途を肯首するのだ。
いわば先に日柱を問いそののち年柱を問い、この格局はもっとも緊密だがそこで本義が欠損、すなわち凶星堆党して日柱を剋気、また年干星を損害する故に窮状難儀して早卒は免れないのだ。

〔歌訣〕
局相の天干地支が包蔵の徳力を具象し、また風雷が激烈を遥聲するのだ。

〔註解〕
局相の申亥二支は力量が明らかに存在し、また局相の酉戌支は用星がポイントを得処して当格正合、いわば申亥支は支星が顕出しないのである。
また虚夾二位相で貴気が存在すれば体局を汎用せず、局相の卯巳支二位相に貴気が内在し局中虚拱と為り、運歳で対衝すれば空処はかならず能く応変化発、いわば拱夾穏処では刑衝過迫を畏れてその貴気は通過してしまうだろう。

〔歌訣〕

拱将や拱座また拱印ではかならず貴人相を肯首し、子息を顧みまた母親を顧みまたもっとも己身を顧みるので、自性的に俗塵の客分ではないのだ。

〔註解〕

拱将とは三合会局の本支星を称し、たとえば子支主が申辰支を擁するケースで、また拱座とはまた対宮と称し、たとえば子支主のすなわち午支のケースまた拱印とは印綬の正位相を称し、たとえば甲干主の子丑支のケースで、また一説には印星庫地なのである。

またいわば印星はすなわち干星庫地で、もし財星官星貴気に作用が存在して、また財星官星生旺の当地ではみな富貴を造化するのである、己星を生扶して母星と見做し、己星が派生して子星と見做し、己星三位相ともに損壊が存在せず往来瞬瞥して福分が有益であれば、福分が存在する人命と見做すのである。

〔歌訣〕

奇宝が三位相で官星が作用すれば英烈芳流と為り、局相の天乙貴人に華蓋が臨星して清世廣高なのである。

〔註解〕

時柱に三合局を附帯して奇宝と称し、もし干頭に官星を搭載して破綻せず不益ではなく世々断絶せず、本人は勲業の芳名人物なのである。

古法では、年干また日干だけがテーマではなく天乙貴人を吉兆と見做し、月時干星に貴人が添乗してさらに好作用なのであり、いわば本命に華蓋が臨み恒常的に凶意が存在せず、また清高貴人の奇瑞なのである。

〔歌訣〕

四局面にて旺相を宣明すれば宮廷内の食客爵禄、または二神殺が拱夾臨星して塞外の沙場で威武を顕揚するのである。

〔註解〕

まず青龍や玄武や朱雀や勾陳を四局面と見做し干星爵禄がここに帰元し、それぞれの方位を占法して旺相、たとえば甲乙干を寅卯支が搭載し青龍と見做し、また丙丁干を巳午支が搭載して朱雀と見做すケースなどで、上文に批准するのである。

また亡神劫殺二位相ともに空疎閑処、またかえって拱夾が存在して、上文に批准するのである。

〔歌訣〕

金水質とは抜群に文彩英華であり、また土金質とは豊富で高成するのである。

〔註解〕

局相の金水質二象相が清澄で、その源頭に混濁した余剰気が存在しなければ抜群に文彩英華の格局、また土金質が相生してそれぞれ偏頗が存在せず、精気の中和を領得して要素は漸次生長し生意高益であり、たとえばこの象相は富貴の格局を造作また和貴協気、また己主の食客爵禄が功名するのである。

〔歌訣〕

耀しき栄昌の発源は木火気であり、清々しい貴相の順相とは水木気の多見なのである。

〔註解〕

まず木火気は発耀し易く、その根源から来処が存在して局相また運歳で生意すれば、その故に能く生扶して耀きが栄昌し、その故に人命が元気を知得せず根基が存在、ただ運途で木火気が透干発耀するのを知得するだけなのである。

また水木質とは清相奇瑞であり、もし精気が偏頗せず順相して生旺が扶助して貴相を帯びれば、かならず学府清要職か宰輔大臣と見做すのである。

〔歌訣〕

黄金の登壇や珠玉の運歩とは、天乙貴人が干頭に官星を搭載して、書類ケースや長傘を携帯して学堂学館が駅馬に逢瀬するようなものである。

〔註解〕

天乙貴人が干頭に官星を搭載明見し、官星を貴人星が搭載すると称し、己主は貴相にてまた学堂とはすなわち日主生旺の位相であり、また学館とは官星生旺の方途と見做し、臨官の位相で取用は同義なのである。

また局中で駅馬に巡相して貴気が存在しなければ、空疎にて才能学究して完成せず、すなわち仕途に赴きおおむね道程を奔走するのは、空亡に陥落してさらに甚大なのである。

〔歌訣〕
学府の名声とは決定的に天地の瑞気を稟けて、破耗した門塀で政事を執り、そこで端門として子午支を拱するべきなのである。
〔註解〕
局相で寅巳二支相が有力で能く亥申支天地相と合絆、また三合で拱局が存在するとは子辰支は能く申支を拱合、また卯未支は能く亥支を拱合して夾雑が存在せず、また申亥支がその貴気に添乗してかならず抜群の造化と見做し、そこで子午支二位相を正拱また三合外拱が存在するとき、たとえば貴気を搭載して勲業の名家にて前人未踏、また丑亥支が子支を拱夾また未巳支が午支を拱夾して正規と見做し、申辰支が子支を正拱また寅戌支が午支を交夾して外拱と見做すのである。
〔歌訣〕
魁罡が些少に貴星を拱夾し刑揺して名声、また辰寅支を領得して職能プロにて玉製殿堂で大臣に拝眉するのだ。
〔註解〕
辰戌支二位相が貴星を拱夾して刑揺名声にて権威の振作と称し、たとえば壬癸干が巳卯支を擁して辰支を拱起、また丙丁干が酉亥支を擁して戌支を拱起するなどであり、そこで魁罡を明見して貴気が堆集するのは前述と同断なのである。
また辰寅支二位相が正拱や外拱に巡相して、貴星吉星を聚堆搭載して好作用また当格、また寅辰支を附帯して堆貴星を領得し旺相が扶持して刑衝剋害が存在せず、すなわち卯支を領得して吉相ならば、前述と同断するのである。
〔歌訣〕
偏陰偏陽の作用とは極崇奮品の尊位であり、また卯酉支を正門と見做し、領外権輔の藩鎮級なのである。
〔註解〕
偏陰偏陽とはその精気が過多して奮発を肯首、また風雷が激飛してもし貴気が専一で力量が重複旺相して多大に駿進極品級、ただし偏気して争乱を好み、また不屈にて抜群また大雄にて豪力するので偏官は容易に発揚生起、ただし後退も速やかまたその命主を肯首しないのである。
もし正官がすなわち穏当ならば過分に選抜されるが、生殺の権能は存在せずそこで卯酉支とはすなわち日象の出入の門戸なので、貴気の拱夾が存在して作用を領得し合致するか、また二位相を明見して用星が福分を聚堆し、力量が存在して破綻しなければ、上分に批准するのである。
〔歌訣〕
年歳の禄馬を御して財星官星を附帯し超出して英雄、また貴局相で日時柱に徳秀が添乗して才覚行業が険峻なのである。
〔註解〕
およそ年歳の禄馬二位相が日主の財星官星に搭載して、どうして英雄として超出しないだろうか。
およそ貴人の局相では日時柱の徳秀二気質を附帯、己主は文章と才業が合致して大器で秀英傑出の人物なのである。
〔歌訣〕
局中の用星が拙劣で、運途で生扶すれば枯相を水質で済性し、用星が強壮で運途が拙運すれば、屈曲した港湾を船舶が巡廻するようなものである。
〔註解〕
用星の力量は拙劣また精気が存在して損剋を被り、また深蔵して衝揺や合絆が存在せず純性だが不利益、また運途でかえって精気を生扶して悠然と暢意するのである。
また用星に力量やタイミングや情合絆が存在して、もし運途でその精気を阻壊すれば、東方位が障碍して西方位を撞通して順通御駕できず、たとえタイミング良く風迅してもどうすることもできないのだ。
〔歌訣〕
運歳では支星が重度かつ基体と見做し、また年歳では干星が重度にて気質が添乗するのである。
〔註解〕
運歳の支星で要素が太過すればすなわち抑伏が適宜であり、要素が不及すればすなわち扶助が適宜なのである。
肝要なのは当生の支星の能作用で、その本来の順背を看るとは何であろうか。

もしただ用星の軽重や扶抑を詳解して、未だに善性ではなく精気の生剋がテーマであり、運歳で支星が重複巡相すれば、その次点で運歳の干星を看るのである。

また戦門の融和は何かとは局相の要素の全容に情義が存在し、その方途に言及して吉兆なのである。

また流年つまり年歳干星との相関は、もっとも緊密で一年間の全局星の吉凶の主体であり、また日柱が年歳を剋伐してすなわち窮状だが合絆してすなわち晦冥なので、もし化質して情義が存在すればすなわち好事相が存在するのである。

いわゆる災禍と福分の遅速の験証は、すなわち運歳との相関が如何なるかを察し、歳支星の刑衝破害の作用は上記に言及し、すなわち偏頗が存在せず肯首するのである。

〔歌訣〕

運歳が色彩の途を巡相して作用の強弱は何星かに分度し、歳運が兵権を打診すれば情勢の急速と慎重を堅持するのだ。

〔註解〕

たとえば日主を己身と見做せば、その貴性を作用と見做すがその二者は偏倚捨象し難く、そこで日主を本体と見做してまたその貴気を作用と見做すときはともに中和を要するのである。

また一説では用星と貴気とは、たとえば登攀程でのリュックサックの食器草糧などであり、運途はすなわち住脚役所の宿泊所のようなものである。

また五行や貴人星や神殺星に、何れがその地理ポイントの適宜を示唆、またそこで従順してその不逍行の兆候なのである。

そこで局中の吉凶二象相の運元は未発動、また歳運でなければすなわちその兆候を激揚できず、ただ歳運だけがもっとも厳密なのである。

また権威の重度に至り、特に急速を掌握すれば威勢が巡相、すなわちたとえば戦門敵陣かつ険迅急速救応の議義を擬して卒然とするのは難しく、鉄鋼関鎖でも能く防御するように、貴気が存在して凶意と見做し、悪性を抑伏して善性を挙揚するが、枢機に添乗して聚堆済性するのを憶測してはならないのだ。

〔歌訣〕

運歳の禄貴星は顕揚を要し、些少に壮気ならば旺地を兼任して適宜であり、また凶神殺が沈昧に従星して老人のケースならば、さらに衰地エリアが有益なのである。

〔註解〕

第一に胎胞養沐浴長生冠帯の当地であり、第二に十年歳の巡相が適宜で運途の建禄帝旺で陽気強壮、また第三第四に十年歳の巡相が適宜で運途の衰病墓絶符の当地であり天干癸星が枯渇、また第五第六に十年歳の巡相が適宜でそこで合絆を肯首する意義すなわち取捨造化の道程なのである。

また通変に言及するとは、運途で些少に壮気が合体してもとよりその貴禄星を宣揚また運途の凶星は覆沈を要し、老齢者は運途の死絶符などを巡って適宜、すなわち日主や用星が不要であり、顕星隠星ともに生意にて誠実な運途の福分と見做すのである。

〔歌訣〕

運気発揚の源頭は力量穏当で容易に成功の方途と為るので、時柱干星が化象すれば情義を求めるが、巡相すれば作用の領得を相得するのだ。

〔註解〕

行運を考究してその禍福を験証すればまた事態の変易を肯首し、各宮位のなりゆきとその巡相の意義を審問すれば、たとえば運歳の発源地は局中の年月日時柱に当在、また空亡衝揺死敗符の当地ではたとえ恒久に発揚せずとも、その発源地は質実の当処に穏在するので難患に耐久でき、その富貴を享受でき悠遠たる福潤なのである。

また行運の法則で時干の化象を取用するとは、まず体象と化象の二意義が存在し、一義では伴侶を領得して有情のケースが存在して成象の作用と見做し、また運歳が巡相して扶持また造化を拈弄してその成器と為るのである。

また第一の好事態はすなわち李虚中氏家伝の秘訣であり、ここでテーマの極論が存在し、他星の精気の引用をもっとも切望、またその生剋強弱を取用して適宜なのである。

〔歌訣〕
黄星が飛騰して到達すれば、運途で官星が一路に展開し豹変して勃興、また年歳とは恒常的に財気を統括するのである。
〔註解〕
局中で官星を附帯し運途ではなく統括の運気ならば、官星は本意を領得して歩調栄耀するのだ。
また局中で財星を附帯して生旺せず、情義が存在しなくても運歳が巡り、生旺の当処すなわち未だ奮起発揚せず、そこで精気が死絶符また窮状するのだ。
年歳とはすなわち君子の尊厳であり吉凶神殺の主体であり、流年また原局財星また財気を生扶、また財星庫地を撃開また逢合や飛衝の生旺処、また財星や禄馬貴人を拱夾蔽包の宮地で、その財星が当地で生旺する理由は年歳と繫略し、豹変し勃発して発揚興起する為なのである。
〔歌訣〕
運歳で局相の身弱を更凌すれば用星を生扶して適相、また運歳で身強に変転してその福気を抑伏するのである。
〔註解〕
局相で身旺に当生してまた比肩が太過し用星が怯縮すれば、その己身の精気の更凌が適宜で、己身の用星を適扶してかえってすなわち不祥事を肯首し、本体の衰気に当生して用星が太過すれば己身が耐任できず、また錯乱して帰一できないのである。
また有益の当処とはこのようだが、これに反してすなわち乖背するので、そこで本義と末節の当生とは本体と作用の相称なので、運途でその太過を扶身してまたその用星が困窮して契当しないのである。
〔歌訣〕
年歳また運歳が吉凶を含意して強要し、また年歳また運歳がその善意も包含するのである。
〔註解〕
まず当生の凶星の力量が重度また吉星の力量は軽度であり、局相の財星官星は散漫だが、勢況であり、運歳で福星と符合して凶気を抑伏して有為である。
また当生の吉星の力量が重度また凶星の力量は軽度であり、運歳で綱紀かつ制御の作用を失効、またたとえ悪殺星の容存に至っても衆生の善意に沈昧して有為なのである。
〔詩訣〕
能く稼働してから『玉井篇』を参究すれば、
人間ならば、かえって行仙の当処を肯首し、
五行を重複開示し、その条紀を分処すれば、
局相が裂破しても符合し、その天象が別岐に存在する。―
『玉井奥訣』とはすなわち安東杜謙先生の所著であり、その内容は妙趣の幽象でその作用と所蔵を見覧すれば「類気に従相せず有為を立脚」また「倒飛暗合」また「一者を領得して三者に分岐」また「換骨脱胎」また「聖域に赴き凡塵を超克」などで、誠訣にして容易に事態を変易できず、また窮途つまり絶処にて廻生を要し、またその過旺には退蔵を識るを要し、また満溢器はかならず傾倒するように要素が過度ではすなわち損失するのである。
また堆盛すればすなわち従順し、また衰微すればすなわち通関するが、その作用の可否や真仮を弁ずべきであり、変様の有無や象相を先に分類する故に、禀気には厚質薄質や清濁や高卑や明暗が存在し、その端緒は万変して千変千化するのである。
また精気には生剋が存在し、結局は机上外の作用に究尽し、要素に造化が存在するように、まず活法を極めてからその玄中の玄談に参究すればよく、これは李虚中氏他学派の正伝の誠得であり、多くは世間の注目を本書同様に領得せず、筆者（万氏）はその故に本書を世表に提出したのである。
（万育吾氏がしるす）

巻十一

気象篇　醉醒子撰

さて現今にて四柱命局を起ち上げ五行を取用するときに、一大運スパンに十年載が定義であり、その清純や濁駁は斎同ではなく万様、またその是非や好悪の作用も一義を執るのは難しい故に古人の命理のテーマでは精微を研究、すなわち本体に由って作用を充て現今の命理のテーマでは格局に拘泥つまり仮論に執して真義を失効、かならず先に五行の象相を観てすなわち富貴や貧賤のテーゼと為し、ついで用星の出処がテーマつまり生死成否の精微に尽きるのである。

　また命局が繁雑ではならずただ五行の融和を要し、命局干支を指向して誰が能くその千万端緒を知り、学究者ならば隠伏された枢要を玄索してその帰根を顕表し、その虚実を究尽し無為に参究して有為を取要するのである。

　また命理とは精微とそう思うのだが、そこで大海原が杓水に従象と為るのは、極陽から少陰は派生するように成立とは、すなわち失効をタイミングとして漸次に変化しこのポイントを深く察し、すなわち一陽派生にて解凍するので寒気の派生を抑伏するのだ。

（この註記は已前に引用したように、冬季に炎熱に巡りまた霜天下の夏草のようである。）

〔歌訣〕

　まず陽剛とは適相ではなく、そこで亢旺すればすなわち損害だが、剛質が能く柔軟ならば吉兆の道途なのである。

〔註解〕

　この象相が亢陽で制御が存在せず、さらに陰性要素を包蔵せずに運歳の東南地エリアに巡り、すなわち陽剛質が適相を失効してかならず己主の損害と為るのだ。

　これが作用すれば凶暴的な窮状者で水火質のエリアで死符、すなわちもし五陽性が陰性月から派生して干支が陰柔質要素を夾擁し、運途で陰柔の当地エリアを巡りすなわち吉兆と称し、これが作用すれば寒門賤層の出身でも結局はかならず栄華と為るだろう。

〔歌訣〕

　また偏枯して柔弱であれば小人物の象相だが、また中正剛健ならば君子の威風なのである。

〔註解〕

　この象相は適相ではなく作用し命局に陰柔質を附帯し、当格せず局相が包陽せずすなわち結局は柔懦と称し、これが作用して陰毒心のタイミングでポイントを失効して至道しないのである。

　すなわちもし剛健質ならば君子の本体、また中正質ならば君子の徳分だが、局相の陽質が陰性を伏蔵するとき剛柔ともに制効を領得し刑衝破剋を侵犯せず、これが作用すれば徳行兼備の人物また中庸径直の世評である故に君子の威風と称するのである。

〔歌訣〕

　また過分に寒冷薄質のときに、和暖処に遇して結局は奮発し難く、また過分に烈燥のときに水激処に遇してかえって凶揺が存在するのである。

〔註解〕

　局相が純陰性のときに生月亥支では、五行の根源が空疎絶性するので、日干が衰弱質で強健の精気が存在しなければ、たとえ和煖の当処に巡っても結局は発達し難いのである。

　また局相が純火質にて夏至前生月では燥火烈性なので、運歳で水激質に際会して制伏できずかえって有害で、これが作用して窮状相にておおむね刑法を侵犯するのである。

〔歌訣〕

　過分に執実するとき事態は顕達し難く、また過分に清冷するとき思量は冷却するだろう。

〔註解〕

　執実するとき一作用では通関せず、たとえば官星が作用して財星が存在せずまた印星が作用して偏官が存在せず、そこで合絆が多く成為が些少とは事態に巡相して結局は顕達が存在しないのである。

もし金水質が過分で清寒性で運歳で和暖処に巡相せず、たとえば庚辛干で生月亥支では局相が純水質であり、運歳の西北地エリアを巡り恒常的に孤食独眠と為り、一生涯は寂漠として当人はその憂悩に耐久できないのだ。

〔歌訣〕

過分に厚情のときは、志操の遠達は存在しないのだ。

〔註解〕

局相の要素が情義の過分を肯首せず、もし過分に厚情ならばすなわち迷絆して自ら透脱できないのである。

そこで外観にポイントが存在せず、たとえば甲木は己土を妻星と見做しもとより有情、また甲己干頭を子丑支が搭載してもとより合絆、そこで干頭に財星官星印綬が存在せず、甲干の作用はすなわち甲干は恒常的に己土の当処にて、志操が安堵して能く遠達するだろう。

〔歌訣〕

過分に力量が作用すれば、成為しても多大に難儀なのである。

〔註解〕

およそ局中に自然的要素を領得して好作用と見做し、もし力量の作用が扶持して結局は好相と見做さず、たとえば用途の財星を局中に附帯しなければかならず傷官食神の生扶を求めるのである。

たとえば食神傷官が時令を失効して精気が存在せず、そこで比肩の扶助や干頭衝星や遥合星を求め、みな過分の力量の作用と称しその成就はかならず難儀なのである。

〔歌訣〕

過分に貴人星ならば災禍に逢瀬して自ら超克、また過分に悪煞ならば福分に巡相して享受し難いのである。

〔註解〕

もし原局が多大に貴人二徳星で、財星官星を扶用して刑衝が存在しなければ、たとえ顛倒に際会して危惧は存在せず、また原局に悪殺や三刑六衝が多大で財星官星に乖背すれば、たとえ財星官星の当地に巡っても何を以て享福の基と見做せるだろう。

〔歌訣〕

また局相の絶処にて、禄馬星が扶身して局相の奇瑞とは、比肩が福分を分担するのである。

〔註解〕

およそ絶処に巡相して用途を肯首できず凶兆と見做し、そこで凶処にて福星の相扶が存在たとえば甲木を申支が搭載して絶符するが、そこで申支蔵の壬水を印星と見做し、また庚辛干を財星官星つまり己主の所用の要素と見做しかならず能く福身扶進するが、ただ星神が所用の宮地を剋害するのを憂悩し、すなわち所用が絶符するのでありたとえて凶揺なのである。

もし官星を貴星と見做しまた財星を奇瑞と見做し、また局相で財星官星を領得してすなわち吉星と見做し、たとえば比肩を附帯して支障なく、そこで劫財が争官してすなわち好相の全備は存在しないのである。

〔歌訣〕

もとより陰陽には剛柔が存在するので、どうして局相に顛倒が存在しないだろうか。

〔註解〕

また陽剛と陰柔とは天道と地道であり、これを顛倒して反覆と称する故は、以下の文章にその端緒を啓示するのだ。

〔歌訣〕

娶妻しても、その亭主は識ることがないのだ。

〔註解〕

カップルがすでに入宮したのを、どうして識らないのか。

ただし情義が隔離して通関せず、すなわちその亭主に際会しないとは、たとえば乙木が用途の庚金を亭主と見做してそこで丙火が介在して隔断すれば庚金は被熔、また子午支敗死地が搭載して結局はその妻女はその亭主と際会できないのである。

〔歌訣〕

もとより子息が存在して、その母君を顧慮しないのだ。

〔註解〕

子息がその母君を顧慮するのは情誼の作用だが、己身に拘束が存在しすなわち結局は養生を領得せず、たとえば甲干は用途の丙干を子息と見做し、かえって辛金合絆を被りただ恋妻の情誼かつ母性愛なのである。
その故に局中に丙火が存在して作用できず、およそ命局のテーマがここに至り錯誤しないことを渇望するのだ。
〔歌訣〕
また父君に子息が存在せず孤独相ではなく、また子息に父君が存在してかえって孤独相なのである。
〔註解〕
木質は火質を子息と見做し、局相にたとえば丙丁干巳午支の位相が存在せず、すなわち子星が存在しないのである。
もし地支に火質を暗蔵、また干頭が制効化質して作用を領得し、また子星が存在しないと見做し、また木質は水質を両親と見做しもし損剋を被れば、すなわちその生扶のポイントを領得しないのである。
たとえば甲乙生日で年柱亥子支で、生月四季土旺のときは水質は堆土を被るので、当処の人命は失効してどうして孤相を免れるだろうか。
〔歌訣〕
なお生存は再生を肯首するが、逆に死亡は復廻生を肯定しないのだ。
〔註解〕
局中の要素で原局に長生が存在すればまず損剋を被り、また運歳で生旺の当地で巡相し、また身強力にして、たとえば再生するが死者とは結末なのである。
およそ命局の要素で原局が死絶符の宮地に相当し、のちに運歳がふたたび当地に巡相しさらに凶意のテーマと見做さず、そこで死者に二義性は存在しないのである。
〔歌訣〕
すでに死者をまた鬼霊と見做さず、また廻生しても人命を成為しないのだ。
〔註解〕
木質が生月春季に当令して生旺、また局中に死絶符の宮地に巡り、もし運歳の生旺の当地を巡り死容とは見做さないのである。
木質が生月秋季に当生して失令、また局中に生旺の宮地に巡相して、もし運歳の衰絶符の当地に巡り結局は廻生とは見做さないのだ。
〔歌訣〕
子息が多ければ母君が病むのは、たとえば耕作永労のようであり、また母君が多大で子息が病むのは深淵に臨むようなものだ。
〔註解〕
子星が母星の所生とは、子星が過多してすなわち母星を洩気するので、正しく能く子星が当令して母星が虚質と称し、もしふたたび母星に衰病符が添加してすなわち精力は及ばず、決定的にその子息を扶撫できずその永労耕作的嘆息と称し、つまり母君に尊位の二義性は存在せずその恩義はすなわち全能的なのである。
もし母星が過多して陰始生聚つまり邪計興謀、すなわち五母星のとき二母君が争権するように、過分に姑息で母君は懐愛を失効するので、子息は何処に所依するのか。
たとえばさらに病死符の宮地に臨み、かならず連日のように省顧忠義の子息の自殺が起きるのである。
〔歌訣〕
正規や衝揺ではなく、また偏頗や合絆ではなく、また横柄や刑衝ではなく、また径直や破綻ではなく、それを「衝」と見做すのである。
また六極岐の啓門、それを「合」と見做すのである。
また万物の形跡を啓くのを、それを「刑」と見做すのである。
また変易を改正するのを、それを「破」と見做すのである。
また敵対して損傷するのは、害地で金属を採掘するように才子佳人などではないのだ。
〔註解〕
以上の四端緒はすなわち撃戦剥剋の象相であり、その内訳は疎遠刑衝の作用であり、もし夾相中に用星を取用して貴福と見做すのは、いわば財星が官星を生扶するのではなく、用途の印星が偏官を領得して自然の好作用なのは、徐子平氏の財星印星食神の専門のテーマなのだなあ。
〔歌訣〕
己主の吉星の星相とは、吉星の作用と象相を求めることである。

〔註解〕

およそ人命が衰弱また刑傷破害して作用を成為しなければ、かならず吉星の扶助を要して己主の福分を成為また己主の用星を観相して、そこでエネルギーの軽重とは何であろう。

もし失令して支根が存在せずまた自ら損傷して、さきに作用を求めて吉星が助相するとは何なのであろうか。

たとえば甲日干で生月夏季で火化焚相して、そこで壬癸干亥子支を領得して己主の救応と見做すが、ただし先に水質が火土質の耗剋を被り己主の福分と見做せず、かならず金質を渇望して旺水質に轉生そこで水質を扶益の情と為し、たとえばこの功用は水質が不在でも金質が存在すればよいのだ。

またたとえば午支が子支の衝揺を被り、未支が己主に頼合して子支が衝するのはすなわち扶相の星神と見做し、たとえば未支が損傷して作用できなければ、かならず有力な生助の未土を求めて作用の成為を領得するのである。

〔歌訣〕

凶兆の要素が己身を損傷するときに、凶傷の要素で作用を解くのである。

〔註解〕

また人命の局中で、もし凶星に巡相して己身を剋宮するとき、かならず局中の何かの要素を求めて能く己星を制効するが、すなわち彼星は自解作用をせずどこで能く己星に作用するのか。

たとえば原局の甲木は金質に被傷して凶禍を免れず、そこで火剋を領得して自ら危難を遠離、またたとえば卯支が酉衝支を被り局中に午支を擁するケースも同然なのである。

〔歌訣〕

五行それぞれそのポイントを領得すれば、帰成して聚福するのである。

〔註解〕

およそ命局では位相は失効せず、ただその時令と帰納の領得を要し能く貴相の方途と見做し、もし帰一聚局して好作用は言う迄もないのだ。

〔歌訣〕

また一格局で分納のポイントを失効すれば、流蕩して依処が存在しないのである。

〔註解〕

およそ日主と用星がともに陥落処を要し、たとえば局相が通根頼処を領得せず、空亡死絶符沐浴刑衝に巡相してすなわち結局は成立が存在せず、かならず必然的に流蕩してポイントを失効するのである。

〔歌訣〕

大運を控除するとき年歳が成為し、小運の順運逆運とは時柱に由来しているのだ。

〔註解〕

この二例の註記は、すでに巻頭の大運小運の項でテーマとしている。

〔歌訣〕

戌支星を衝揺して文明が盛熾し、また丑支星を蔽納して干戈を配装するのだ。

〔註解〕

また戌支を文庫星と見做すのは火質を文明と見做し、そこで原局に財星官星印綬食神の生扶の精気が存在せず、すなわち文章学問の枢機が存在せず、徒に火庫を領得してまた関錯を被るのでこれは拙文家の人命なのである。

もし傷官また印綬を隠伏して明見せず己主は聡明、また局中に辰戌丑支を領得して戌庫支を衝揺して、さらに運歳の東南地エリアで光明が発耀かならず文章力が盛熾し、学府にて高位抜擢されるケースを予（万氏）は多く見たのだ。

また丑支を武庫星と見做すのはそこで金質を干戈と見做し、局相がたとえば生月秋季では庚辛干申酉支を偏官と見做し、そこで偏官羊刃が同宮して畏怖なき好戦的人物、また局中にたとえば子巳酉支合金局して運歳の東南木火地エリアを巡相し、その頑金質を制効しすなわちその威武を蔽隠して干戈を配装し、ここで壮士と為り科挙試験甲部合格を棄てて投機したケースを予（万氏）はかつて見たのである。

〔歌訣〕

ドラゴンが飛翔して天空へ陸離し、また雲間に随伴して瀧淵に潜入することから淵底にドラゴンが潜み、また雲間に随伴して昇天するのである。

〔註解〕

ドラゴンとは辰支であり、また天上とは亥支であり、また雲間とは壬干なのである。

そこでドラゴンとは雲間を領得してすなわち飛翔するので、もし年柱に亥支を擁しまた月柱に辰支を擁して年月干頭に壬干を擁し、すなわちドラゴンが天上に存在するのである。

もし日時柱が旺水質で辰支が会局すれば、ドラゴンはかならず雲間に随伴して瀧淵へと潜入するので、そこでドラゴンは容水を家宅と見做す故に陸離昇天また降下潜水するので、この象相では文章力が顕世するのである。

また恒常的に閉塞や通関が存在し、功名して台閣に入閣してもその事業の結尾には林間霊泉に帰着するのである。

また命局に巳午二支が存在して窮状の命相なので、もし年柱に亥支また時柱に辰支を擁し、日柱月柱が水質に際会してすなわちドラゴンが降下潜淵するのである。

もし命局に刑衝破剋が存在してドラゴンは安堵できず、そこで日時柱に壬干を搭載を要し、ドラゴンはかならず雲間に随伴して昇天するのである。

この象相は年柱に亥支が存在せず、用途の巳支が反衝してまた吉兆だが、ただし寒門の出身で父祖は依拠できずのちにかならず人為借力し、奮発して功名し己主は貴人に近侍、また運歳の己酉財絶地エリアを巡り家職を喪失すなわち壬騎龍背格なのである。

〔歌訣〕

納音大林木のドラゴンが納音天河水に邂逅して、四庫全備して大人物の位相なのである。

〔註解〕

また大林龍とはすなわち戊辰干支で命局に擁する必要があり、納音の天河水を領得してすなわち飛竜在天またさらに四庫全備すなわち四海倶備である故に天下が全雨潤沢してかならず「九五之大人」（飛竜在天、利見大人）と見做すのであり、朱元璋氏（明朝太祖一三六八〜）の戊辰年壬戌月丁丑日丁未時の命局にはこの由縁が存在すると言及できるのだ。

〔歌訣〕

また納音長流水ドラゴンが大海に帰し、また五湖聚水が群青彩を掌事するのである。

〔註解〕

また長流龍とはすなわち壬辰干支で、辰支が納音長流水に際会して地支に亥支を領得して「ドラゴンが大海に帰する」また「ドラゴンが天門に飛躍する」と称し、納音の大海水を領得して好作用なのである。

また局中ともに水質を附帯し、すなわち五湖聚水にてすでに深度が備わりドラゴンの喜悦のポイントであり、局相に庚辛干を擁してこれを派生、すなわちその往来で山岳が動揺すれば貴象と為らないのではないか。

たとえば王陽明氏（明朝大儒一四七二〜封新建伯）は、壬辰年辛亥月癸亥日癸亥時の命局に因り陽明学のテーマを確立したのだ。

〔歌訣〕

また局相の六合絆には功能が存在し、それは六処の尊位相なのである。

〔註解〕

およそ命局に刑衝破剋害の象相が存在してもとより凶意のテーマと見做し、合絆支星を領得して有力ならばすなわちかえって瑞祥と見做し、その福分は高遠なのでそこで年月柱に作用を成し大貴相、また日時柱に作用を成し次点の大貴相なのである。

〔歌訣〕

三刑が作用を領得するとき、威信が三辺境を鎮圧するのである。

〔註解〕

もとより刑象は不吉であるが用途を領得して富貴聡明、また用途が無為ならば窮状だがそこで何を用途の領得と見做すかは、三刑に精気が存在して日主が旺強なことであり、これに反して用途は無為なのである。

〔歌訣〕

子午支とは端門と称するのは、たとえば「童慧深慮により夾拱また外拱を為正する」ようなものである。

〔註解〕

子午支の二位相は正規であり偏頗しない故に端門と称し、もし夾拱を領得して破損が存在せずさらに力量が存在すれば、かならず聡明の人命で勲業を奮起するだろう。
また正拱とは亥丑支が子支を拱夾、また巳未支が午支を拱夾することである。
また外拱とは申辰支が子支を拱夾、また戌寅支が午支を拱夾することで、空亡破剋が不益で有害なのである。
〔歌訣〕
また巳寅支は生地として有為であり、秀気が充分で能く申亥支に合絆するのである。
〔註解〕
巳寅支の生意は有力であり、能く亥申支に合絆するが、すなわち亥支は乾天でありすなわち申亥支は坤地であり、もし夾衝が存在しなければすなわち申亥支は貴気に添乗して抜群の才覚なのである。
〔歌訣〕
天象と地象が精神を包蔵して作用を領得すれば、所懐が顕達するのである。
〔註解〕
まず亥支を乾天と見做しまた申支を坤地と見做し、明らかに力量が存在するので、たとえば局中に亥申二支を附帯せず拱擁支星、つまり二支星が拱起して貴気が存在し、空亡に陥落しなければ顕達に相当また申亥支に酉戌支を拱擁するので、搭載する天干星を看て作用が有為ならば貴相と見做すのである。
〔歌訣〕
たとえ風雷が激烈でも貴相が欠損しなければ、そこで姓名を挙揚するのである。
〔註解〕
また巳支を風門と見做しまた卯支を雷門と見做すとき、局中で一位星を虚拱してさらに貴人星が存在して、運歳で巡衝してかならず能く発達するだろう。

〔歌訣〕
悪賊の当地に家門を成立しても、賊徒により乱家亡身してかならず喪失するのである。
〔註解〕
この法則とは月支星が陰性のケースであり、もし年柱日柱の星神が争合して妻星と見做し、また月支星が介在して陥沈し顕出をもとめて領得できない故に賊地と称するのである。
さらに年柱と日柱の支星が刑衝して、己主と合絆の好機が存在せず、そこで時柱がタイミングを領得して月支と合絆を為し、これを「賊地成家」と称し富貴は浅薄ではないのである。
そこで大運が賊地を控除してすなわち安堵するが、ふたたび賊乱に際会してすなわち凶兆だが、一説では賊星を懐柔してすなわち安堵だが、賊星を捕縛してすなわち凶揺なのである。
〔歌訣〕
梁材質は彫琢して用途に就き、また木質が過多して金質が欠損すれば作用の成立は難しいだろう。
〔註解〕
もとより木質は金質の彫琢により成器と為るので、もし金質が合星に被留されればその木質を巡剋できず、かえって木質と金質が併相して彼星の彫琢に就くのを肯首するのである。
もし盛木質で金質が微弱ならば、すなわち金質を就用しても彫琢を作用できず、たとえば木質が作用するとき金質の合絆が作動して、金木双強してすなわち貴相のテーマと見做すのである。
〔歌訣〕
純陽性の当地では陰性を内包するので、その兵権が赫々と顕彰するのである。
〔註解〕
局相が純陽性のときはもとより偏頗と見做し、とくに子寅辰午申戌支を殊知せずに暗に丑卯巳亥未酉支の陰性支を拱擁して、二性象相が通関するなわち天地の正気に反意するのである。

さらに命局に空亡が存在してはならず、また干頭が生扶して極めて好作用であり、この象相の権威は辺境まで波及し、位階は公侯に昇階して多大に発福するのである。

〔歌訣〕

天門に寅支一星が木気を附帯すれば、清高にして台閣に登壇するだろう。

〔註解〕

およそ年月柱に寅支一星を領得して、かえって時柱に亥支を附帯するのを要するのは、虎はかならず晁旦に咆哮するとし、局中にさらに卯未支木合局が存在して盛木生風また威風は虎に従勢するとし、どうして雄偉でなかろうか。

もし局相で刑衝破剋が作用し、印綬や財星や官星を領得せずすなわち作用は存在しないのである。

〔歌訣〕

局相の学堂が駅馬を附帯して、文章能力は泰斗なのである。

〔註解〕

日主を長生の位相が搭載して学堂を為し、さらに局中に駅馬を附帯して一衝揺また一合絆して、また高大な気象を領得して財星偏官貴人星を附帯して、もっとも貴相にて文章能力が抜群に精麗なのである。

〔歌訣〕

日主を咸池が搭載して、江湖にて酒色に浴するだろう。

〔註解〕

神殺星の咸池はまた桃花殺と称し、男女ともにこれを附帯して淫乱なのは、多大に酒色が原因で江湖に陥流してもし財星官星貴徳星が同宮し、かえって清奇の格局を領得して富貴安堵を享受するが、刑揺合絆がとても不益でただ空亡が有益なのである。

〔歌訣〕

印星が充当して凶禍を防備するが、凶揺が多大ではかならずしも吉兆ではないだろう。

〔註解〕

おおむね印星が作用して身を生扶して、すなわち己身の福分と見做すが原局に官殺星が存在して旺印星が轉枢、また財星傷官食神などの泄気を附帯せず貴相と見做すのである。

また運歳の比肩印星の旺地に巡り、生扶が過多するので印星がどうして凶禍を惹起せず、ここで君子はその過旺を畏れるのである。

また原局に官殺星が過多して、ふたたび運歳の官殺地を巡り凶甚で艱難険地を巡歴し、のちにかならず運歳で身旺を抑伏して泰極転否の象とは、たとえば原局の甲日主が官殺星に困窮して、運歳の星宿がふたたび申酉支を巡りすなわち窮状なのである。

また運歳が順行して亥子支印星に巡り、また運歳が逆行して巳午支の制効に巡り、すなわち応救の要素が存在してどうして佳質と見做せないのか。

以上の二句は、陰陽のなりゆきや禍福の抑伏や天道人事に言及しており、流通の象相と見做しこれを宜しく細究されたし。

〔歌訣〕

また「馬頭帯箭」とは、秦地に降生して楚地に客死するように、匹馬の後半身に加鞭すれば晁旦に北方へ奔り、また昏暮して南方へと奔るだろう。

〔註解〕

これは駅馬が日時柱の地支に存在するときの言及で、かならず合絆の附帯を要し、聯轡と称して大財を聚福して幹事格として人に過ぎるだろう。

もし駅馬が刑衝を附帯して帯箭と称し馬上の手綱を断切する象相で、もし巡衝して金質に所属して受剋し木質に所属して、もっとも甚禍で主人は他郷で客死するだろう。

およそ駅馬の取用では順運ですなわち年柱からその日時柱に取用、また逆運ですなわち時柱からその日柱に取用するのである。

また匹馬に阻垣は存在せず、すなわちたとえ恣意にて究尽せず、たとえばのちにふたたび刑衝を添加して匹馬はかならず疾走するので、結局は安息の当地が存在せず、主人は一生過労して四方を奔馳するので、もし刑衝の星神が三合六合絆を附帯してすなわち加鞭とは見做さないのである。

〔歌訣〕

霊性の寝形とは多大に清濁の流裏であり、また俊貌蒙心とは清澄のなかの混濁なのである。

〔註解〕
　およそ用星の取用で刑衝夾雑して未だに濁性に言及できず、用途は存在せずその内訳の伏蔵要素を詳究、たとえば濁性のなかに清相一点処が波及するときに、すなわち朴訥の人命でも鋭悟の性情を多見して異常に謀機するのである。
　もし用星が清々しく奇特ならば、刑衝夾雑と見做さず未だ清澄に言及できるが、ただ介在する抑伏した要素と所用の要素には傷痕が存在し、その病状を結局は控除できない故に、人命が好貌でも、かならず学問を失効して成為せず酒色に昏迷するのである。
〔歌訣〕
　「将」一位相とは「關」一位相に相当し、群邪星は自ら降伏するだろう。
〔註解〕
　まず「将」とは貴重の星神であり、また「関」とは緊要の当処であり、また「邪」とは己身への妬害の要素であり、たとえば生日甲乙干で年月柱旺金質では金質が己身を巡剋して、月上に丙干の透出を領得して制殺の権威と見做し、また偏官は自ら抑伏するだろう。
　たとえば壬癸干が戊己干に巡相、また地支土星が交夾して己身が耐久できず、緊要のポイントでかえって庚辛干を殺印化と見做す必要があり、敢えて夾雑と見做さないのである。
〔歌訣〕
　聚殺星が己主を剋伐するときは、独力では克つのは難儀なのである。
〔註解〕
　これは偏官過重への言及であり己身が軽微孤独相で、生助が存在しなければそこで通関救応の星神が存在せず、すなわち被剋に克つことができず、決定的に己主は非長寿疾なのである。
〔歌訣〕
　此星の欠損や彼星の附帯は不益だが、此星の化神や彼星の附帯は有益なのである。
〔註解〕
　従化の好作用では、にわかに究尽してはならず詳究を要務としており、たとえば甲己干合化土では木質を欠損して恐妻家だが、もし局相に甲乙干寅卯未亥支を附帯して、みな同気比肩すなわち原局生旺が存在するのでどうして二心は惹起せず、いわば比肩羊刃が能く局中の財星と争合して甲己干は成合せず、かえって怨恨離間が存在するのである。
　またたとえば乙庚干合化金では旺金質を附帯して有益で、妻女はその亭主の倚処を領得また丁壬干合化木では旺木質を附帯して有益で、そこで妻女はその母君の倚処を領得、また丙辛干合化水では旺水質を附帯して有益で、そこで母君はその子息の倚処を領得、また戊癸干合化火では旺火質を附帯して有益で、その財帛の倚処を領得するのである。
　そこで空亡が偏官を附帯してとても畏れるが、そこで比肩妬争して卿吏や巨公侯を成名せず、すなわち庶子異姓と見做すのである。
〔歌訣〕
　駅馬に手綱が存在せず、東奔西走の食客分だろう。
〔註解〕
　ます手綱が存在しないとは駅馬に合絆が存在せず、東奔西走して普く巡廻するので、たとえば人命がこれに巡相してかならず己主は漂落するだろう。
〔歌訣〕
　桃花殺が偏官を附帯して優れた娼妓であり、だが隷属の徒輩ではないのだ。
〔註解〕
　日時柱に桃花殺を附帯して肯首するとき、刑揺合絆は情義と為して不益ではなく、もっとも局中に偏官五星を擁して不益で、およそこれに巡相して礼節や廉恥の教義を受得できないのだ。
〔歌訣〕
　母子ともに始終が存在して頼処し、また夫妻ともに生死を倶得して依相するのである。
〔註解〕
　母子や夫妻とは、もっぱら本体と作用の両端への言及であり、ただ日月柱に所在して肝要と見做し、たとえば戊日干を辰支が搭載して生月申支ではそこで土質は金質を子星と見做し、たとえば庚金を辰支が搭載して養符し些少に母星に倚処して自性強質、また戊土を申支が搭載して生扶するのである。
また老齢にて子息を領得して頼処する象相はとても奇瑞で、運歳が破相して患禍と見做してとても不益である。
たとえば丙日干を生月子支が搭載して酉金質が作用するとき、そこで火質を金質の妻星と見做し、また辛金を子星が搭載して長生し、適切に夫家でその身体を扶養するのである。
また丙火が酉支に巡相して死符するので、妻財を頼処して活命と為し、この貴象は財星官星の作用であり、とても刑衝解局を畏れるのである。
〔歌訣〕
眼目の目処が存在しないとは、局中で火土質により癸水が干燥してしまうことである。
〔註解〕
癸水とは人体の腎臓に所属して、一身体に基礎と見做しつまり両眼の本義だが、そこで眼目は五行の相関では瞳処は水質に所属、また水質は腎虚性にて涸渇するとし、すなわち瞳処に倚処が存在しないのである。
もし日干が生月火土気に当令して日時柱を塞源土が搭載して、局中で木火質に巡相燥耗して従化が成立しなければ多分に視覚碍なのである。
もし年月時柱に水質を帯び月令秋気を領得して、大運の西北地を巡らず木火気炎上の当地に巡相して、おそらく視覚碍の苦悩すなわち水質がやや通根してまた応報疾なのである。
〔歌訣〕
大腸疾とは、すなわち丙丁干が庚金を損剋することである。
〔註解〕
まず庚金は大腸に所属するので水土質に臨んで適宜だが、忌処は丙丁干寅卯支が局相を得て制効せず、そこで庚金が支根を領得してもまた刑衝破剋を被り、大運の木火地に赴きすなわち水土質の衰処なのでこの疾が存在するのである。
〔歌訣〕
局相で土質が湿地を巡り支根が傾陥するのは伯牛氏（嘆息）の怨恨の所在で、また火質が炎天に巡り火局を得て顔回氏（夭逝）の憂いは存在しないだろう。
〔註解〕
戊土は脾臓に所属し、命局に生旺通根の位相が存在せず、生扶に巡り陰湿のタイミングでは虚土浸水を添加して運歳の湿地に巡り、運歳で土質を剋伐してすなわち脾土損傷して疾患の原因なのである。
また火質はすなわち文明の象相なので、生月夏季で寅午戌支三合火局でますます火質が発揚するので、些少に用途の木質が資勢して水質が支根を引くので、附帯は不適宜で人生で火焔に巡相領得して道楽無憂、また火気の極処で多大に木質が生扶し、かえって己主は窮状にて不益に至道するのである。
〔歌訣〕
水木質の浮漂とは死去に際会して納棺せず、また火炎土燥質とは孤独相の生涯である。
〔註解〕
木質が漂水に従相するとは運歳で堆土阻垣に巡相せず、さらに死絶符の当地にて偏官と併衝してかならず断崖陥水、また損害しておおむね好相と見做さないのである。
また土質は火燥に因り万物は生育せず、運初に南方地を巡り廃機と為り作用が存在せず、のちに財星官星に巡相しても作用を肯首せず、窮状奔走して家宅が存在しない命運なのである。
〔歌訣〕
妻星が過多して弱力で生涯を酒色で紛らわし、また比肩が過多して駅馬が微弱では形骸化して飄々泊処するだろう。
〔註解〕
およそ用途の財星を妻女と見做し、もっとも肝要なのはタイミングと位相の領得で、日主はさらに剛強を有益として年月柱に倚処が存在して、陰陽それぞれがそのポイントを領得して適配を知るべきなのである。
もし財星が過多して散逸し刑揺合絆が不斎同のとき、日主は孤弱で作用に耐久できず、かならず妻女に因り利得してその身を養生するのである。

これに反して財星の養身の要素に言及すれば作用は存在し、およそ身強旺財に巡相して恒常的に安楽であり、もし財星が軽微で比肩が過多すれば、その作用は不足して結局はかならず江湖に漂泊して散財労苦するので、どうして何かを安堵享受できようか。

およそ凶星に際会して善処し些少に成し難く、そこで吉星が併臨して悪星を多見してもまた化枢するので、道理を悟って精神以心して万巻を熟読苦求しても、その徴候は誇大または微細の両極端なのである。

六神篇

〔歌訣〕
五行の好作用とは一作用のなかに退避し難く、その進退の可否は通変の作用を識るべきで、そこで正官佩印とは駅馬の添乗のようではないのだ。
〔註解〕
さて官星の用法とはとても健旺清高を要するが、もっとも浅薄が不益でたとえば官星の太旺には印星が適宜だが、軽微はすなわち財星が適宜であり、これは不変の作用なのである。
また用途の印星には財星の作用を言及せずすなわち一説が存在し、たとえば身旺で官星が軽微で印綬を多見して、すなわち日主はいよいよ過旺して官星が微弱なのである。
壷中子氏がいう―
正官の軽微とは偏官のようではない故に旺財の当地が有益で、官星を生扶して印星を抑剋するが、それらの方途で中和を領得して福分が発揚して充足するのである。
〔歌訣〕
偏官に財星が作用するとき、そこで建禄を領得して適宜なのである。
〔註解〕
これは偏官の過旺への言及で日主に依処が存在せず、用途の財星が偏官を生扶して添加すなわち日主はいよいよ微弱で、偏官がいよいよ過旺するので当相できず遠隔できず、ただ棄命従相を領得して侵患を免れるのである。
そこで運歳の財星偏官の旺地を巡り、従相の精神は変易せず一たび運歳の帰禄地に巡り、日主は旺強を恃みすなわち夾殺聚敵に無勢であり、能く抑克できずその凶揺を知ることができるのだ。
〔歌訣〕
印星に財星が巡相して免職、また財星に印星が巡相して官職が転属するのである。

〔註解〕

印星はすなわち清高正大の要素でありそこで財星を擁し、すなわちその名声地位を保全できずたとえば原局の用途の印綬が官殺星を介せず、倚処と見做すとは運歳の官星佩印の当地を巡り仕路は清高だが、一たび財地に巡り印綬を破剋するので、局中に比肩の救応が存在せず官職罷免かつ陥閑を免れないのだ。

また傷官が重複してかならず異郷にて水火被災して難儀、また身旺で財星が作用して栄華を知るべきであり、ふたたび旺財の当地を巡り己主は克つことができず、かえって年途の旺印地で根本的に己身を生扶、かえって能く爵官が栄転するのは貪財壊印のテーマとは見做さないのだ。

〔歌訣〕

命局が非長寿に相当するときは、食神制殺が偏印に巡相することである。

〔註解〕

局中にて偏官で傷身して原局に印綬の救応が存在せず、ただ食神一位星が偏官を制効して運歳の壮年地を巡り制殺の当地を巡って有益で、すなわち有力な偏印に巡相して己星の食神を破剋して局中に偏財が存在して抗せず、たとえば己身の損傷は免れず窮状と見做すのである。

〔歌訣〕

運歳の凶地に巡って危機、また羊刃が重複して破局に逢瀬するのである。

〔註解〕

いわば財星が作用して偏官が存在しないとは、羊刃がとても不益で凶揺と見做し、もし運歳で羊刃劫財に重複して巡相し破局すれば、かならず家宅損傷かつ拘禁の苦悩が存在して、妻子を傷剋して悲嘆かつ水火兵刃災がことごとく存在するだろう。

〔歌訣〕

正官が夾争して、傷官の無存在を肯首できないのだ。

〔註解〕

正官とは禄星であり人命が拒否するのを要せず、もし局中に比肩羊刃を多見してまた正官一星が存在してかならず争奪を肯首し凶揺が惹起するが、運途の傷官に巡らず傷尽佩官すなわち比肩が争奪せず始めて安堵を肯首するのだ。

〔歌訣〕

局相に偏官が帰局して、もっとも制効が不益なのである。

〔註解〕

この原因を称して比肩であり、そこで局中に比肩を多見してかならず爵禄財帛を争奪、また運歳で要素を争奪して凶揺と見做すのである。

たとえば年月柱に偏官一星が透出して、比肩は畏怖するのでかならずこれに帰勢、また運歳で食神一星が偏官を制効してすなわち局中に日主の用星が存在せず、また比肩が初出のように夾乱してすなわち破業散財し、窮状の下で凶揺しその徴候の端緒が存在するのである。

〔歌訣〕

正官が偏官と邂逅してその正官を遵守し難く、また偏官が正官の当地に処して能く偏官に変容するのである。

〔註解〕

まず正官とは純雅の貴人であり、また偏官とはすなわち奸暴の邪客であり、たとえば正官が偏官堆党に位相してその勢力は卓立できずかならず化殺して偏官と見做し、そこで正官の純雅の風格を能く安守するだろうか。

すなわち偏官が剛暴の人命であり、正官礼節の当地に処在して結局は禮星とは為らず、その故に能く偏官は正官に変容すると見做せないのである。

〔歌訣〕

財星を貪り高科抜擢つまり壊印するので、そこで印星を軽重に分類するのだ。

〔註解〕

およそ命局の印星が重度で偏官が軽微のとき結局は貴相と見做さず、運歳の旺財地に巡るのを要し損剋が太過して、印星また生助が不及した偏官など殺印両停してかならず能く超越するが、もし印星が軽微で財星に巡相してすなわち大害と見做すが、そのなりゆきの詳細を肯首されたし。

〔歌訣〕

局中に比肩劫財を附帯し財星が作用し万貫を纏帯し、またそこで比肩の資扶を領得するのである。
〔註解〕
すなわち財星とは己主の用途の要素であり、これを領得してすなわち佳運また局中に偏官一星が専拠して日主が制効を被り、すなわち財星作用のタイミングが存在しないのである。
もし比肩劫財の透出を領得して、また運歳で生扶して日主は衰微せず偏官に抗し得て、そこで始めて財星を己主の用途と見做せるのである。
〔歌訣〕
運歳の旺地に巡相して、かえって己身は微弱なのである。
〔註解〕
いわば従財相や従殺相が成象せず、日主が極衰して未だに棄命従財殺を肯首せず、もし大運で資扶の当地に巡相してかならず財殺星が交夾して抗勝に適わず、かえって財殺星の損害を被りいよいよ微弱と見做し、かならず財星が原因で凶揺を惹起するので疾患に累身するのである。
〔歌訣〕
財星が比肩劫財の当処に、巡相してなお軽禍なのである。
〔註解〕
身弱で財星が過多して当相を肯首せず、運歳の比肩劫財の当地を巡相して生助分財と為しかえって凶禍は軽微なのである。
〔歌訣〕
財星に欠損が存在せず、また凶星が不益なのである。
〔註解〕
局中で用途の財星に比肩劫財羊刃の被奪が存在せず、すなわち損傷が存在せずもっとも庫中支蔵の比肩羊刃や刑衝を被るのが不益で、すなわち私的損害を免れないのである。
〔歌訣〕
偏官を顕星が制効せず、その伏兵星を当究されたし。
〔註解〕
偏官とは頑暴の人命であり、かならず食神制殺を要し方途の肯首を用途と見做し、たとえば局中に顕星の制伏が存在しない人命は凶意が言及する迄もなく、局中の子星の深究を要するのである。
たとえば食神の抑伏や刑衝や三刑絆が存在、また伏兵星の肯首と見做し大運で制殺の当地を巡り、かならず己主は名声を成就し爵禄が進捗するのである。
〔歌訣〕
貴人星が干頭に財星官星を搭載すれば、門庭に四頭馬車が充旺する活況だろう。
〔註解〕
これはもっぱら年日柱の互換貴人への言及であり、そこで空亡劫害に巡相せず、偏官と羊刃が同宮して干頭に財星官星を搭載して正位相に処し、支根が帯合して進気のタイミングを領得しすなわち富貴と見做し、権威は兵刑を掌事して非常規の命相なのである。
『玉井奥訣』にいう―
黄金珠玉の登攀とは貴人星が干頭に官星を搭載し、そこで官星が財星を擁してもっとも肝要と見做すのである。
〔歌訣〕
局中の生旺の宮地に亡神劫殺を所蔵すれば、大軍隊を勇奪できるだろう。
〔註解〕
局中にたとえば亡神劫殺を附帯して正規の長生、また年支納音また長生建禄帝旺を領得するときは、己主は抜群の武略で国鼎を挙揚して山岳を抜倒する勇士なのである。
〔歌訣〕
騎馬に跨がって己身を亡失するのも、爵禄の領得に困り廻避できるのである。
〔註解〕
原局に比肩劫財が過多して用途の財星が存在せず、運歳で財星に巡相するときすなわち日主はその用途を貪り比肩劫財はかならず被奪を肯首し、重度ならばすなわち喪命損家また軽度ならばすなわち休職免官するのである。
また原局の用途の官星が財星を附帯して貴相と見做し、運歳の帰禄の当地すなわち比肩の旺地を巡相して、かならず官星を争奪また正規に比肩に巡相して争競と称し、これに反して俸禄を失効する故に「避位」と見做すのである。

〔歌訣〕

印星は両賢の災厄を解紛、また財星は春秋六国の争乱を勾起するのである。

〔註解〕

ここで両賢とは偏官二星であり印星とは仁星なので、およそ用途の日主が微弱ではなく偏官二星が干頭に顕出、また日主を損剋して食神が救応を為さず、つまり偏印倒食を被り所奪してもっとも凶揺なのである。

もし能く殺印化が作用して己主に有益、たとえば富貴の往来だけではなく、能く福分を享受するのである。

またいわば両賢星つまり正官と偏官とは、もし偏官に言及すれば官殺混雑して濁衆を意味、また財星とは衆人がともに渇望する要素で、これに因り凶揺を多大に起動するのである。

もし局中に羊刃が隠伏して存在し、財星に巡相せずすなわち争劫が存在せず、なお財星が存在して作用また運歳で財星を附帯し、比肩劫財の混禍を惹起して妻星を傷耗してポイントを失効するのである。

〔歌訣〕

局中で偏官が混堆して印星の化殺を肯首し、また偏官一星の専横は単力で制御できるのだ。

〔註解〕

もとより偏官は制御を待機したのちに従星するので、もし偏官が過多して力量を制御できなければ制効して、かならず叛起する故に印星の作用つまり仁星と為し、そこで殺印化つまり自ら偏官が投降して好作用と見做すのである。

また旺印の当地が有益ですなわちその印化を裨益し、そこで制伏の重複は不適宜いわゆるすでに乱調、また偏官一星の専横の勢力は有限的で食神一星がこれを制し、自ら服従を肯首しいわば食神の多大な制殺なのである。

〔歌訣〕

印星が偏官の当地に位相してこれは印化之徳だが、偏官が印星の当地に位相してこれを斎同しそこで揺動するのである。

〔註解〕

たとえば甲日主を用途の申支が搭載して偏官と見做し、己身を剋伐して制効せずその凶揺を知るべきである。

そこで壬水印星が申支により長生と為るのを知らず、自ら能く化殺して凶兆と為らずもし局相に財星が過多して、すなわち下格局と為るのである。

そこで比肩が旺相で財星が軽微のとき作用はさらに好作用、たとえば乙木主は用途の辛金を偏官と見做し、局中に子支を擁して栽根と為し、強恃剋我と為し、己身の印星だがすなわち偏官の生宮であり、もしそこで辛金が透出して日主を損耗するとき食神が存在せず救応と見做すとは、旺午支が子支を衝揺して生殺宮を控除、すなわち辛金は倚処が存在せずことごとく剋身の患禍を免れるのである。

〔歌訣〕

比肩劫財が財星を破綻するが財星が作用、また官殺星が己主を欺くが己主が従相するときなのだ。

〔註解〕

命局の比肩とは日干の専禄であり、局中に財星官星を擁せずすなわち所用が存在せず、かえって比肩の堆成を要するので旺財之宮の空亡衝破が望ましく、また財星の方途を己主の作用と見做し、とても填実が復して衝宮するのを畏れるのである。

また比肩を留位合絆するとは、たとえば辛酉日主で酉卯支冲衝してまた卯午支破衝すなわち正しく作用に合致、また日主が無力で局相がさらに支根を失効せずまた運途で財殺星に巡り、たとえば棄命従殺せずに旺殺の当地に巡り、かならず能く福分を発揚また運途の身旺食神がとても不益なのである。

〔歌訣〕

一頭の匹馬が馬屋に所在して人々は敢えて駆逐しないが、逆に一頭の匹馬が辺野に所在して人々はともにこれを駆逐するのである。

〔註解〕

ここで匹馬とは財星のことであり、すなわち比肩がかならず争奪する要素なので、もし財星を干頭に明見して命局がとくに遮用しなければ、たとえば匹馬が馬屋に所在するように素性が分度して敢えて比肩が争逐しないのである。

また運歳の財星の作用に背くのをとても畏れ、そこで三合会局六合の当地で比肩が添乗して暗損するとき凶揺は軽微ではないのだ。

もし用途の財星を明見せず、支庫中に支蔵してすなわち人命の不可知の当処であり、そこで比肩が併見して争損すれば閉固深蔵しても疾患無きを保全し難いのである。

〔歌訣〕

財星が生庫に臨み宮地を生扶すれば、両家統を兼ねて宗旨を奉嗣するのである。

〔註解〕

およそ命理では印星を母星と見做してまた財星を父星と見做し、そこで財星はもとより印星を家宅と見做し、また印星はかならず財星を主体と見做し、そこで財星は貴相また印星は自ら栄相するが、たとえば夫君が失敗すればその妻君は倚処が存在しない故に、人根のテーマの基本は両親でありかならず先に財星をポイントにするのである。

もし財星が長生の当地に存在して墓庫局を附帯し、かえって破星のポイントの当処だが、そこで墓庫局の侵犯が存在せずすなわち養子相余剰児かつ母子家庭の子息、そこで降生すなわち啓蒙の初期では庫地に収斂が存在する際に、始点を棄却して結末を由しとする故にこの説明なのである。

〔歌訣〕

己身を比肩が搭載して比肩を成局するときは、新郎を幾度も繰り返すと見做すのである。

〔註解〕

およそ命局に傷官食神が存在しなければ、かならず用途の財星を妻君と見做し、また妻星所属の宮地とは生日支星の一位相を肯定するのである。

かえって局相の比肩の占有を被り、また三合成局を附帯して年月時柱に財星を擁して、かならず劫奪また局中に財星が存在せず、運歳で巡相して患禍と見做し、妻妾を剋傷するのは一度や二度のことではないのだ。

〔歌訣〕

父母両親が離合を繰り返すのは、財星佩印（綬）と知るべきである。

〔註解〕

局中の財星と印星はすなわち父星と母星と見做し、当処に納宮しなければ父星母星の名称と見做しても実質的に剥剋の象意があり、どうして能く離反の悔恨を免れるだろう。

もし印星と財星が相進一宮してまた財星印星が好作用し、禄支星が同宮して結局は聚家成合を領得して乖離はしないのである。

〔歌訣〕

夫星と妻星の婚姻と離反とは、そこで比肩の抑伏と見做すのである。

〔註解〕

およそ財星をテーマに妻座と見做すときに旺財の作用のタイミングまた正気が生助して一妻女を領得し、もし原局の財星が比肩を抑伏して偏官の制伏を被ることに因り、可奪のタイミングを遂げずまた一たび財星に巡相して食神制殺を附帯し、すなわちたとえ志気が財気に克っても妻星の恒久は難しいのである。

〔歌訣〕

子息が子星位を充填して孤高嘆行（伯道氏魏将軍）、また妻女が妻星宮を堅守して賢斎直言（三国期政治家孟光氏）するのである。

〔註解〕

子星とは官殺星であり、また子位相とは生時柱であり時上に財星を要し、また官殺生旺の精気を作用し虚刑孤害に巡相せず、用星のタイミングを失効せずすなわち子星を肯首するのだ。

もし官星が時令を失効してさらに傷官食神が存在して「妬」と見做し、時上の填実に巡相してかえって孤高嘆行（伯道氏魏将軍）と為るのである。

また妻星とは財星でありまた妻宮とは日支であり、もし宮地に妻星を附帯してすなわち位相を領得、そこで比肩羊刃刑衝を附帯せず桃花殺が存在せず、すなわち天月二徳貴人が同宮して隠徳の才覚を超過せず、また才智直言（孟光氏）の徳が存在したのである。

〔歌訣〕
傷官が庫地に相当し陰性が派生して陽性が死容し、羊刃が扶身して合絆が有益で衝揺を忌むのである。
〔註解〕
もとより傷官には陰性と陽性が存在し生死とその是否を較量し、およそ傷官を庫地に帯び運歳で附帯しておおむね凶揺するのである。
とくに五陰性の傷官を殊知できずここに力点を置いて咎が存在せず、すなわち羊刃が扶身の要素だが身旺でこれに附帯しとても畏れ、偏官一重複を領得して羊刃と合絆を作し化殺して権星と見做すのである。
もし官星と羊刃を併見して衝夾すなわち悪殺星と化し、その作用とはその軽重や好悪が何処かを詳究するだけである。
〔歌訣〕
偏官羊刃がまた偏官羊刃に巡相して兵刑で亡身、また財星官星がまた財星官星に巡相して貪欲で免職するのである。
〔註解〕
まず「権」とは偏官でありまた「刀」とは兵卒であり、身旺でこの両端が作用してすなわち兵刑で被断される人命なのである。
また偏官旺強は制伏の当地を巡って有益、また羊刃旺強は偏官の当地を巡って有益であり、もし原局で偏官が太旺してまた旺殺地に巡り、立建功業の当処で刀剣の膝下で横亡を免れず、また羊刃を多見して羊刃の当地に重複して爵禄昇進収財を領得するが、かならず結局は食養生のスパンと為るのだ。
また「数」とは必然であり、また「財」とは俸禄であり、また「官」とは禄級であり、身強でこの端緒に巡りすなわち名利抜群の人士なのである。
およそ官星が微弱で旺地を巡って有益であり、また財星が生旺で印星地を巡って有益であり、みな福分発揚かつ成立のタイミングなのである。
もし官星佩印が存在してすなわち禄支が過旺のときに、旺財星が財星を附帯しすなわち余剰の俸禄であり、君子の俸禄は過分に余剰でかならず貪欲退陣と為るのである。
〔歌訣〕
官星に長生が巡り原局に印星が存在して官爵の清任を添加し、また財星に帝旺が巡り原局に傷官が存在せず、官途は昇爵するのである。
〔註解〕
原局の用途の官星が衰微して印綬の栄昌を称号できず、もし官星が長生を帯びすなわち奇特立清を附帯かつ扶印の情義が存在、すなわち印星扶身の本義で三者の作用が既周して、ここでかならず必然的に昇爵するのである。
また原局の偏財正財が作用して位相を領得して、時令を失効しても未だ官位は顕揚せず、かならず帝旺建禄を待機するのである。
また運歳で財星がすでに充足作用して健馬はかならず健馳するとし、原局に比肩劫財羊刃傷官が存在せずここで官位を得て昇爵立業を添加し、財帛の余剰の徴候を肯定するのである。
〔歌訣〕
衰身旺財して廻生、すなわち死容するのである。
〔註解〕
衰身旺財とは力量を当任できずもし心意と象相を併失して、かえって安堵のポイントを附帯して長生の当地に一遇してすなわち処貪し、未だに財星を領得せず凶身するのである。
〔歌訣〕
羊刃が旺強で財星が薄微で、官殺星の生扶を附帯するとき。
〔註解〕
ここで正官の用途は精細また財星が浅薄、そこで羊刃劫財に因り官星を生扶できず、すなわち官星に倚処が存在しないのである。
たとえば偏官帯刃の一位相を附帯して財星を無視して財病と為し、官星の生扶で充足そこで官星自旺するので、ここで学究者は官殺混雑を忌むのを肯首しない。
この法則はとても玄妙でありこのたび習熟して文章を成章し、些少に愚蒙に資助して万者一者を啓明するのだ。

憎愛賦

まず富裕とは純粋に富裕と見做さないように、貧窮とは戦争の故に貧窮するのではなく、貴相とは質実秀才に故に貴彰なのではなく、賤相も瑕疵の故に卑賤なのではないのだ。

また文章力とは錦蘭布また貴星駅馬が学堂に際会して胸襟広達また水火質は情性において合絆して深謀遠慮また徳星は沈静宮に位相するのである。

また玄術の精微とはまた帝旺位が文章之館を堅守し、また魁罡には霊験のタイミングが存在するのである。

また木火質とはすなわち聡明のタイミングであり、貴人星や禄馬星に逢瀬して肯首するが、また劫財羊刃空亡は遠離すべきでまた長生を帯び貴人が寵愛するが、衰敗符に逢瀬してこれを小人物が嫌悪するのである。

また命局が夾乱して仁義を肯首せず、また逆に五行が相生して忠孝と見做すのである。

また局相の印星禄支を刑衝して身心忙乱、また日時柱が偏官庫地では多大に憂悩して些少に悦楽、また日干が生旺して災禍は寡少、また命局財星の衰微は怨恨が多く衣食に奔馳、また旺処が衝揺して名利は浮沈、また貴相が被傷してその禍福は恒常的なのである。

また日時柱がポイントならば一年間の吉凶を司事して、運気が依拠するので福星辰に精気が存在して、また昇級や栄転が変動するのである。

また運歳が夾剋して人物財帛は離散、また大運が危難して百禍が発生するが逆に流年が吉兆で千災を控除、また局相が絶符せず絶符に巡相して命局財星では傾陥するので、生助を求めて生扶を領得して名利遂意と称するのである。

また局相の三合会局や六合を附帯し吉意が重複して凶意は軽微、また偏官四星は凶意で巡相して凶揺が深度で福分は浅度なのである。

また官職の栄転とは決定的に、運歳の禄支の際会に因っており、また田産の増置はかならず財星地との合絆を肯首するのである。

また年歳が己主を衝揺して凶揺を被り、また大運で被傷してとくに吉意は些少で年歳が運歳を生扶して適宜、また運歳が己身を生扶して有益なので、その三位相が相生して一年間の完遂と称するのである。

また局相の財星と官星が両旺すれば仕途の顕達を応験、また局中の財星食神が均衡栄昌してどうして裸一貫のままであろうか。

局相の禄支が聚生扶のエリアに赴き富貴を肯首し、また駅馬が旺禄の当地を奔馳し栄華を断定でき、通関の利息の取用を求めるならば六合絆の附帯を要し、時干を建禄支が搭載して決定的に己主は安堵獲福するのである。

また局相の月柱が衰微して時柱が生旺すれば、早歳から豊饒肥富して本義が重度で己主が軽微なので、結局は己身は漂蕩するのである。

また市井の店舗の利得の慣例とは、かならず旺処に財星に逢瀬することに因りたちまち成家が顕達し、決定的に刑揺貴彰し己主は本義のタイミングに相当し、女人が領得扶持して禄貴星に情義が存在して君子に因り協意して吉兆なのである。

また南方位にて商談また北方位に旅行するとは、決定的に馬星の通関作用を知りまた東方位に販路また西方位に奔馳し、かならず車星の運利を肯首するのである。

また日干が困弱すれば伯牛氏（嘆息）が敢えて蒼天を怨恨するのは禄馬星の衰微であり、また顔回氏が短命を免れ難いのはその凶意を局中羊刃に帰してはならず、そこで吉意とは干星強旺にて吉兆と見做せないのである。

また局中の駅馬財星が些少で男命は逃散また女命は奔走、また天羅地網とは横災禍ではなく窮途にて劫神に逢瀬して懐疑し、かならず自刑を侵犯するのである。

また局相の絶符が財星を擁して妻子ともに隠当な老後は難しく、また大耗小耗しておおむねバクチに因り家宅を亡失、また官符死符とはかならず己主は獄訴のスパンが存在、また命局が絶符を巡相して刑揺するので死罪を免れ難く、結局はイレズミの苦飾を被るのである。

もし局相の偏官五星を附帯して決定的に被雷や虎咬を被り、さらに凶群星に逢瀬して決定的に横揺を断定、またおおむね女命は淫質また男命はかならず荒唐なのである。

また人間の性情を問うときその賢愚や善悪とは、まず貴星と凶殺星の旺衰を推究して霊験の巧機の方途を究明し、かならず高位者は魁罡を凶揺と見做し、また順性とは六合を瑞祥と見做し、幽閑恬淡の人命と観るのである。

また局相で華蓋や孤虚の星宿に巡相して恃勢を好んで覇道する徒輩、また偏官劫財羊刃の権星を侵犯して劫財羊刃は野卑慳吝を生起するのである。

さらに謀機を険出してそこで多大な謀略とは壬癸干に因り、また威猛心とはかならず丙丁干を本義とし、また甲乙干とは大量の仁慈に順じ、また庚辛干とは果断だが剛質を欠損するのは、孤囚に巡相して精神が存在せず、また破敗してこれに逢瀬しておおむね履物に疎遠し、またそこで刑衝とは頑愚者また静安とは賢俊者なのである。

またいわば躁敗者とは盛火質また隠忍者とは過金質、また金水質が司令して相生また火土質が時令を得て相助して心労せず、自ら衣食は充足して空転せずに家計が自ら成為するのである。

さらに徳神が相扶して決定的に郷土愛を肯首し、また貴禄星を夾拱位相してかならず台閣省庁に姓名を挙揚するのである。

その当処で憂悩して福分でも非福であり、その当処で思慮して成立しても非成であり、そこで福分非福とは吉処にて凶揺に遭い、また成立非成とは格局破相なのである。

また傷相の格局はすなわち福分を傷相、また破相の格局はすなわち凶揺を招来するのである。

たとえばもし苗床が秋令に巡り枯死して冬倉は空虚、また花草が春霜を被り夏果は結実せず、智謀裕々でも廃用すれば成立しないのである。

たとえ回天轉枢のタイミングが存在しても建功立業を産出せず、どうして酈都（産地）にて煮鍋器を産出せず、また范増氏（楚軍帥）は退職時に背疾、また陶淵明氏は東方地に隠棲、また杜甫氏は西方地に転属、また孟輿氏は不遇、また馮衍氏も不遇、また朱買臣氏は薪を背負って行歌、また江革氏は寒苦して坐読されたのである。

そこで苗草は秀才でない者が所有し、また秀才は質実でない者が所有、さらに傷敗の太過に巡り、そこで一福分とは草刈人に過ぎず、たとえ百芸多能であっても窮状を免れ難く、渓谷に陥困する命運は必然なのである。

そこで富貴双全を識りたければ何の由来でこれを領得したかであり、農耕具を可大できずまた秀才質実を奇瑞とできず、聖賢に到達するとは時宜がなければ存在せず、また富貴に至道するとは自ら旧体然、また偏官作用の局相では文武高顕、また冠帯の膝下に位相して大業奇才なのである。

もしこの玄微でどう推究するかは、まず学堂の内局をテーマに三四の奇瑞福分を為し、ついで格局の外辺を明らかにして一二吉相が適宜なのである。

もし己未干支が甲子干支を附帯して瑞祥と見做し、また壬辰干支が丁巳干支を附帯して瑞祥と見做し、そこで壬子干支と丙午干支で己主は光雅儒風の人命、また辛酉干支と丙申干支ですなわち俊秀栄華の人士なのである。

命局相で陰性と陽性が好作用してもっとも造化の相生が有益だが、もっとも弁論し難いのは日月の精華また珠玉黄金堂庫を憶測せずに、領得して栄昌また巡相して貴相なのである。

もし賢愚明暗をテーマとして人材を育成するのであり、たとえば鳳凰はトンビから進化し、また匹蛇が進化してドラゴンと見做し、また芳しい蘭華はヨモギ群を断裂せず、また枯れ木はなお山野にて生育し、些少に貴相な濁相で初期に屯否してのちに亨通するのである。

そこで大運の旺衰の由来とは富貴の更改変容に至り、さらに格局が純粋で駁雑して怨恨が残春し、また運歳が老境を巡るときは晩景は優游なのである。

これにより春秋のタイミングが存在し、また月像に円相欠相が存在し、かつて財産相続の子息を観たがその両親が一喪して決定的に不快心と為り、復た月耕月釣の人命を見るのである。

また運歳が一通過して殊に顕彰して積年の爵禄は一旦は休停し、運歳のタイミングが至れば巡相しそこで生旺に相当して未だかならず凶兆ではなく、また情誼が有れば通関また情誼が存在せず碍滞、また合絆が存在して吉兆だが衝揺が存在して凶揺なのである。

また年歳に官星印星が臨み決定的に仕途の進捗抜擢を知り、また運歳で食神財星に巡相してまた庶民は栄昌を許容、また父祖の栄昌に少依して児孫の貴相を長借し、苦難して児髪が垂れ老齢に至って依処が存在しないのである。

そこで命局の旺衰とは大運の成否の故に因り、どうして枯れ木を附帯してたとえ春季に巡っても栄昌せず、盛茂の標目ならば霜雪を経過しても衰敗せず、また日時柱さらに年月柱が欠損しても決定的に些少の低下も存在せず、そこで生時柱が旺気建禄してかならず晩年期に福分が存在し、古来より珠玉の彫琢が存在し、その価値は城郭の連なりで世にいう孤立の人命で自ら家計を成為し、たとえば煅煉の余徳は欠損せず歳寒ののちでも凋落せず、変通のなりゆきが好作用してその禍福が旺衰の明察に相当するので、その知命を渴望して君子ともに評されたし。

消息賦　珞琭子註／育吾子解

〔歌訣〕
先ず天に元素の一気質が在り、自然に清濁を稟得して天地人の三才を顕わし、象位を成為して四季節に分播し年歳と見做すのである。
〔註解〕
この原初とは造化の原始であり、天元人元地元の三命の生起の由しなのである。
ます三命とは干星を「禄」と見做して天元と称し、また支星を「命」と見做して人元と称し、また納音五行を「身」と見做して地元と称し、ここで古人が造化を窺察したのである。
その故に天地の法則の本体は陰陽で、命局に配当して八字を成為し、これが珞琭子氏の巻頭言の義則なのである。
〔歌訣〕
まず干星を「禄」と見做し、その迎向と乖背によりその貧富を定義、また支星を「命」と見做し、その順逆および循環を詳究するのである。
〔註解〕
干星とは幹木のようであり、また支星とは幹枝のようであり、これを統言して干星は陽性また支星は陰性またこれを音聲に分類し、干支にはそれぞれ陰陽が存在し十干つまり禄星が十二支に寄寓するとき、陽道つまり順行しまた陰道つまり逆行するのであり、みな長生より順数して本義の建禄に巡数して寄寓するのである。
そこで陽性が派生して陰性が蔽死し、また陰性が派生して陽性が蔽死するのは自然の作用なのである。
そこで干星を禄と見做して推究し、すなわち「向と背」が存在し、たとえば甲干は寅支に禄在してそこで丑支に巡相してすなわち「向」と称し、また卯支を帯びてすなわち「背」と称する故に、禄支の前展一支星を羊刃と称し、禄支の後展一支星を禄庫と称するのである。

「経典」にいう――

すなわち向禄とはすなわち「生」であり、また背禄とはすなわち「死」であり、このポイントで「向背」を称してその貧富を定義、そこで支星を「命」と見做してこれを詳究し、すなわち逆行と順行が存在するのである。

たとえば陽男と陰女が生月より順行し、また陰男と陽女は生月より逆行するので、人命は陰陽つまり順逆の気質を稟得し、支干星に当在して周旋して復た始発つまり循環が往来するのである。

たとえば寒暑の運行つまり四季は窮まりなき故に支星を「命」と見做し、その順逆つまり循環を詳究するのである。

曇瑩氏がいう――

まず干禄星を推究して「向背」つまり吉凶が存在するので、その深浅を究明してそこで背逆とは決定的に窮状、また向順とはその富裕と知るが、しかし軌道を取用して一方途ではなく「背禄」に巡相して窮状せず支星を肯首して人元と為し、運途で算段得失して男命を迎容して女命を送出し、可否交相して吉凶に際会しその作用を定義するのである。

〔歌訣〕

その運行はすなわち一スパンが十年歳であり、節入迄を三分に割り算し一年歳と見做しその休止と生旺を精究して好作用と見做し、その通変を窮尽して玄素と見做すのである。

〔註解〕

先ず干支に言及すればすなわち命相を定義、そこで行運すなわち命理の最要処である故に巻首にその法規を挙例して人々に教示したのである。

また大運の巡りはすなわち一スパンが十年間と、三分を割り算して一年歳と見做しこれが古人の立運の法則だが、ここで割算出には実際の巡数を明示する必要があり、局相の節気の深浅は同一ではなく、運途の生節の就用で互いに相異し、そこで中間期や休止期や生旺期があり局相の協調符合が必要であり、そこで生旺して有益また休敗して不益が存在し、逆に休敗が適宜ならば生旺が不益で千変万化なのであり、幽玄に通達するのではなく造化のなりゆきの好作用なのである。

そこで誰が能くこれに習熟するのかとは、その故にこの変化と裁容を「変」と称し、その推究と運行を「通」と称して通変の作用を領得し、そこに吉凶の義則が存在する故に能く玄妙と見做してその善美を究尽するのである。

〔歌訣〕

その精気と見做すとは、将来ある者は進捗しまた成功した者は退避し、たとえばヘビが灰炉に存在してたとえばウミヘビが塵芥に存在するようなものである。

〔註解〕

また精気とは五行の気質であり四季に分播し、たとえば春季ではすなわち木質が旺、また火質が相、また土質が死、また金質が囚、また水質は休と為るので、そこで建禄帝旺で将来ある者は進捗し、また休廃死絶を以て乖背し、また逆に成功者は退避し五行の精気の進退が循環するのである。

また人命の行運でも一スパン毎に相する者はすでに進捗、また旺じる者はすなわち退避するので、権威に相当して用途を福分と見做し、また権威に相当せず用途は無益なのである。

もし五行の精気が過度ならばすなわち後退するが、またヘビやウミヘビは火性に類属また火質は囚死に巡相して土質と為りまた休廃して灰燼と為り、そこで巳支蔵の三獣とはまずヘビと見做しまたウミヘビと見做しまたミミズと見做す故に、ヘビやウミヘビを火質であると知り囚死休廃が巡り、すなわち灰燼の所在でありこれは土質の進捗また火質の後退なのである。

瑩老師がいう――

ウミヘビやミミズを水土質の所属と見做し、塵芥に位相してかならず憂悩また昇蛇はすなわち灰火の星神であり、火質に処して悦楽と見做し、同類聚の方途で要素を分類してそこで順相してそのポイントを要して吉兆、また乖背してそのポイントに帰趨してすなわち凶揺なのである。

すなわち要素を造化と観るべきであり、人命の行運とは同命局でも気の進退が存在してポイントは異相せず、命相には生死が存在してその否定を見て精神は休旺せず、窮通変容してこの一説を領得するのである。

〔歌訣〕

その有為とはその無為より有為を成為しその無為と見做すのであり、そこで天象がこの文章を垂示するのである。

〔註解〕

ここで正しく五行の精気を明らかにして、ここで無為から有為が成立する故に天象の五星を借用して、これを明らかにしそこで要素の初期とは何れを有為として、また太極が経過し誰が無為とするかは、そこで有為とは無為から派生しまた無為とは有為から派生して、天象が在天して地象が成形して化質変容するのである。

〔歌訣〕

そこで恒常と見做すとは仁義を立脚、またそこで事態と見做すとは、また見聞と為るのである。

〔註解〕

まず五行とは天に存在して五星と見做し、また地に存在して五岳と見做し、また人に存在して五臓と見做し、この巡相を推究してすなわち五常と為して恒常的に恒久に作用するのである。

『易経』にいう──

天象を立脚する道理を陰陽と称し、また地象を立脚する道理を剛柔と称し、また人間を立脚する道理を仁義と称し、そこで人間の道理が仁義でなければすなわち立脚できないのである。

『書経』にいう──

いわば五事象とは、一事に「貌」と称し、また二事に「言」と称し、また三事に「視」と称し、また四事に「聴」と称し、また五事に「思」と称し、この五常五事とはみな五行の変化かつ人事の相通かつ人間の去就の性情であり、その動静を見聞してみな逃避せずこの象数なのである。

また見聞とはたとえば木火土金水を擁し、納音呂律音階の宮音、商音、角音、徴音、羽音をすなわち聴きまた貌言視思をすなわち観て、そこで聖哲の精謀をすなわち聴き、そこで五行の作用は巡相して窮途せずそれは円明機智の人士ではなく、能く何れかを精察して暗に了解するのである。

〔歌訣〕

崇高を貴宝と見做しまた奇瑞を貴相と見做し、将星や天月徳貴人に天乙貴人が添加して臨み、もとより己主は休囚すれば行為が停止して陥没するのである。

〔註解〕

崇高とは下卑の反極でありまた奇特とは並配の対極であり、要素を高載して堆高を崇高と見做し、そこで局相で干頭が支下を生扶し、また要素に並配が存在せず奇特と見做し、局相の異質の存在とはすなわち群聚星を肯首し、それは将星や月将や天月徳貴人や天乙貴人なのである。

また局相の生年柱を本体と見做しまた生日柱を主体と見做し、そこで休囚とは生旺に対極し、いわば人命の四柱命局には五行が存在してそこで干頭が支下を生扶し、また三奇の乙丙丁干が存在してさらに将星天月徳貴人を帯び、もとより己主が生旺を得地していわゆる吉星往来、また進福成慶してこれを貴相に至る命相と見做すのである。

まず賦にいわば崇高奇特を珍宝貴星と見做し、のちに言及して己主はもとより休囚が不益で崇高奇特を帯びて難遇と見做し、そこで己主の本義の切望を要するのである。

そこでそれぞれの神殺の方途をすなわち次のように言及し、命運を知るにはまず五行を先に見做してその生旺を上格と為し、将星や天徳貴人とは神殺星の最吉星だなあ。

徐子平氏がいう──

もとより己主を崇めていうならば、およそ局中に寿星や財星や禍福の星辰を掌事して、また崇高と称し禄馬を奇特と言及し、およそ命局に財星官星印星食神を附帯して奇特と称するのである。

また徳星とは日支星辰すなわち六合絆であり、たとえば壬寅年庚戌月癸卯日乙卯時の命局では、生月戌支は卯支に将在してその生日柱を扶益し、局相の戌月金土質は卯戌支六合また乙庚干合また戊癸干合なのであり、たとえばこの五行それぞれが休敗の当地に位相せず、すなわち貴相なのだが義質ではないのだ。

〔歌訣〕

もし土神が位相を領得するときは些少な信義も欠損せず、仁質を成為するのである。

また真実の武権を当相して、多大な才覚で瑞兆を分度すると知ることができるのだ。

〔註解〕

ここで水土質を挙揚してその余剰を例示すれば、勾陳とは土質の神将だが五常では「信」と見做し、また真実の武権とはすなわち水神だが五常では「智」と見做すのである。

また「信」とは聖域に達して充足し、また「智」とはその道途を撰述して充足するのであり、五行の作用はここで単立的に善性なのである。

また位相を領得するとは戊己干の生月申支で母子在郷で、また権位に担当するとは壬癸干の生月申支で子母在宅で、この二要素が同質源なのは申支で倶生する故なのである。

徐子平氏がいうには――

まず戊己干を寅卯支また亥卯支が搭載して臨官、また壬癸干を午巳支また辰戌丑未支が搭載して臨官し、官星禄馬が搭載して庫墓旺相して権位当得だが、義質を賦するようで乖背するので、さもなくば戊己土の生月四季や壬癸水の生月三冬を肯首と見做すのである。

〔歌訣〕

仁質や義質ではないとは、庚辛干と甲乙干が交夾して是非を論じ、また壬癸干と丙丁干とは相互に畏怖するのである。

〔註解〕

上記で権位の当得と言及したのは、すなわち交夾せず相互に畏怖せず、もし甲干が庚干を擁し、また乙干が辛干を擁し、また丙干が壬干を擁し、また丁干が癸干を擁して、二女星の同居また両男星の並処のようなのである。

そこで陰陽が符合しなければ成慶しないとは、庚辛干は義質を主司しまた甲乙干は仁質を主司して交夾する故に仁質や義質ではなく、また丙丁干は礼質を主司しまた壬癸干は智質を主司して、相互に畏怖する故にまたその是非をテーマとするのである。

そこでもし庚干が乙干と合絆また辛干が甲（丙）干と合絆してすなわち剛柔相乗、また仁義相済して交夾せずまた丙干が癸官を擁し、また丁干が壬禄と合絆してすなわち陰陽相配また木火既済にて相互畏怖しないのである。

また甲申干支乙酉干支を仁質と見做さず、また庚寅干支辛卯干支を義質と見做さず、そこで寅申支と庚甲干は交夾また卯酉支と乙辛干が暗衝して、そこで丙干が壬干に巡相すなわち丙干を否定して壬干を肯定、また丁干が癸干に巡相すなわち癸干を肯定して丁干を否定、また子午支を同相然としまた巳亥支を一致相とし、およそ命局でこの一星に巡相して始めてこれに言及できるのである。

〔歌訣〕

その故に先賢は己身謙虚にて世俗に所処して神仙を希求、また仏祖を崇拝して官職を離れて静慮を修定また黄老に帰崇すなわち水界を探玄するのである。

〔註解〕

また仁義とは恒常的に矛盾して得失、またその是非は恒常的にその栄枯に伴い止熄なく堆曽せず、日常底を肯定する故に先賢に己身謙虚が存在して世俗に処して神仙を希求し、私心は些少に渇愛して寡欲また仏祖の煩悶熄滅を崇敬、また黄老に帰崇して腎精を裨益また精神を内守し外辺の幻妄を控除するので、己身の要素が非有に到達して色空の了竟を明顕して、そこで有為を否定してはならないのだ。

〔歌訣〕

五行の作用の通関を知りその取用は多岐であり、賢人に作用するが愚人に夾雑するので好作用を成為、また作用せず乖背するのである。

〔註解〕

まず作用が存在せず非存在また要素が存在せず作用せず、五行が変容して大道に通関するのでどのポイントにも該当せず、その一端を取用しない故に多端と称し、たとえば「識根」とは静慮を修めて取用し、また「仙根」とはすなわち玄旨の希求を取用し、自性的に頓悟の人士ではなくどうして能く悟性するのか。

その故に賢者はこれを領得して、能く理性を窮尽し五行の好作用に到達し、愚人は好作用を失効し結局は自ら蒙昧かつ無所得だが、そこで能く扶養して福分を取用また能敗すれば凶揺を取用するのである。

『易経』にいう――

かりそめにもその当人でなければ、作用が虚巡しないのである。

〔歌訣〕

巡相あるいは非巡相の形体とはタイミングが無ければ存在せず、また抽出相あるいは非抽出相の端緒とは、万古から連綿としているのである。

〔註解〕

巡非巡の形体とは、たとえば十干禄が十二支に寄寓して巡非巡の形体が存在し、甲干の禄支は寅支なので巡相の禄と見做し、そこで寅支ではなく戌支が巡相し、そこで五子元が戊支に遁巡して甲戌干支を擁し、そこで戌支を甲干の禄堂と見做し、これはいわゆる非巡の禄なのである。

また甲干は辛干を正官と見做し辛干の禄支は酉支なので、甲干に酉金が巡相して正官の明見と見做し、そこで酉支ではなく未支が巡相し、そこで天官が遁甲して未地に赴き、また未支が辛金を搭載していわゆる非巡の官なのである。

また抽出あるいは非抽出の端緒とは、たとえば陽気とは子支に派生また卯支に生旺また午支に結尾し、また陰気とは午支に派生また酉支に生旺また子支に結尾し、すなわち陰性が陽性に変化するので、すなわち子午支はすなわち陰陽化生の始終つまり無極と見做すのである。

すなわち極陰から陽性が派生また極陽から陰性が派生、そこで精気が自性的に子午支から甲干を軋出してその出入が間断せず無窮に往来するので、たとえて紐絲が連綿として万古から断相しない義則なのである。

太玄氏がいう―

巡非巡の形体また抽非抽の端緒とは、すなわち日月の変遷また寒暑の往来また興廃の交替また休旺の更替が、顕出して隠伏また収縮して抽出し、そこで連綿と存在するがタイミングが無ければ無為なのである。

そこで陰陽五行の巡非巡や抽非抽の作用は玄妙であり、そのタイミングが発露してその要素が無ければ存在せず、そのタイミングが存在しなければ肯首せず、自性的に天地人が存在してからこのようなので、要するに頓悟するかどうかなのである。

〔歌訣〕

これにより河上公氏は偏官七殺を畏れ、また文宣王氏はその元辰を畏れ、また峨眉山の聖仙士は三生態を開明しておりそこで不精な訳ではない。

また鬼谷子氏がその九命相を分播して遍く通暁、また星観相を要約して現今に諸家流の要処を収集してその偏見の向きを的発し、これより未解題に曲折通暁して神的悟性の好作用と為すのである。

〔註解〕

まず元辰と七殺偏官とは最凶殺であり、命相が五行を稟得してこの患禍を忌避するのである。

また上古の聖賢たとえば河上公氏とは仙道の流派また文宣王氏は至聖人であり、なおこの二氏を畏れていわばその膝下では著述書籍が伝世し、その吉凶禍福を広報して萌芽せず、また峨眉仙人の三生態とは不精ではなく、また指陳玄氏は「奥幽は測り難し」と言及され、その故に星観相を集約しても全ての庶士ではなく、そこで三生態とは命相の禄身また九命相とは身宮と命宮の両宮で、たとえて局相の年月日時胎元での禄馬二位相なのである。

また珞琭子氏が諸家の要旨を参究集約して、能くその偏見を概略し単独で発心して、これを領得してこの文章の著述を為しその玄義を解釈、またその妙機に通暁して学者が神域を悟って変容通してこれを善兆と見做すのである。

〔歌訣〕

臣（原著者）は自ずと蘭野から出身し、幼少よりその真風を慕情するが、また恣意に放擲して的中の好用はなく、道途に游漂して指針の星神が存在せず、そこで一気息で精神が凝集すれば、五行が漸消して道理に通暁するのである。

〔註解〕

臣下とは君主との対称また蘭野とは地名称、また自叙伝の典拠であり幼少よりその真風を慕情、すなわち志気が大容なのである。

また放擲して指針と化すとは、すなわち壷公氏こと費長房氏の故事であり先人の至道を称し、己身の無能力を悔恨して諸欲を外辺と断ち、内面に思処がなく一気息で精神を凝集すれば、五行は消散して道理に通達する故に本著を賦して『消息賦』と称し、そこで造化の消息が存在する故に言及するのだ。

〔歌訣〕

天象と地象が分立してその雌雄と為り、また金木質がその剛柔を定義し、また昼夜が互相して君臣と為り、また木火質のタイミングで父子と見做すのである。

〔註解〕

この造化のなりゆきは大規模であり、乾天は陽性に所属して天道と見做し、また君主の道また夫君の道であり、また坤地は陰性に所属して地道と見做し、また臣下の道また婦女の道と見做すのである。

また乾道は動天して本体と見做し開扉と称し、また坤道は止静して本体と見做し閉扉と称して、その乾天と坤地が陰陽雌雄を合立して、その乾坤が通関してそのなかに五行の変化が存在するのである。

その易理巻首の乾天と坤地とはただしくこの義則であり、仁質は柔性で義質は剛性であり、金木気の性質がポイントを司事し、その一陰と一陽の剛柔を相互に推究するのである。

また単剛にして柔質が存在せずすなわち生々変化できず、また単柔にして剛質が存在せずすなわち生々変化できず、また昼刻を剛性と見做し生々変容して進捗、また夜刻を柔性と見做し生々変化して退容するのである。

また剛柔を堆積して変化を成為し、すなわち昼夜毎の進退を成為し、また昼刻を陽性つまり君象と見做し、また夜刻を陰性つまり臣象と見做すのである。

また昼夜の道理のなりゆきは精微でその盈虚を顕わし、その昏明を分岐しその象数には可否が存在し、まず一泰と一否また一損と一益であり、その相因の始終とは新義の故に替相し、その栄辱のポイントに至り福分爵禄が自ら巡相し、これらの諸本義と見做してはならないのだ。

また五行の星神がおっしゃるには、天帝とはまず東方位を青帝つまり父君また南方位を赤帝、つまり子君で青赤色の作用つまり父子伝道で、いわば陰陽五行のなかで君臣父子や夫婦の道理が存在して造化の大指標を肯首し、通称して「人倫」と為すのだなあ。

〔歌訣〕

まず一方途を肯首せず軌道を取用し、つまり一作用を肯首せずこれを推究するので、時令が冬季に炎熱に巡相また夏草に降霜、また類属では黒ネズミが群氷に棲みまた神亀が火炎に巣宿するのである。

〔註解〕

この陰陽五行の道理に言及すれば、微妙に通関し難くまたその隠奥は測り難く、ただ一方途を肯首せず軌道を取用し、一作用でこれを推究するのだ。

たとえば冬季が寒冷で夏季が熱暑で、この作用は恒常的で時令の正規だが、もし冬季に炎熱に巡相して夏草に降霜すなわちそのタイミングではなく、その時令でなければその当令が巡相して恒常的な作用に執して肯定するのである。

そこで火棲ネズミや氷棲カメとは作用が存在して適宜なカップルだが、陰性氷棲鼠や神宿火棲亀はすなわちそのカップルではなく、同類でなければそのポイントに位相して一方途のテーマを肯首するのである。

また常規者は究明し易くまた不常規者は窮通し難く、どうして容易に造化に言及できるだろうか。

『趨子』（趨衍氏著書）吹律では―

寒谷が回春しても孝婦は怨恨、また未月に降霜するようである。

また古今ともに災異を歴紀しているケースはとても多く、陰陽五行の変質でないと称することはできず、たとえば火ネズミの毛皮を紡績して布地と為し、氷棲カイコの脂肪を堆載するのは、世人の知るポイントなのである。

『神異経』にいう―

北方地域には万里の氷山が百丈に堆厚して存在しており、六トンの重量で毛皮が長尺余のトドやアザラシが生態存在し、そこで棲氷の陰鼠を肯定するのである。

『爾雅』（語釈辞典）にいう―

第一に神亀と称し、また第十に火亀と称するのである。

郭璞氏が諧じていう―

天から降生した神物には「十朋之亀または火游する火宿の神亀」を肯定するのである。

徐子平氏がいうには―

まず冬至を一陽派生また夏至を一陰派生と指向して、そこで冬季に炎熱に巡相また夏草に降霜すると見做し、また癸干の禄支は子支で人元と見做し、また丙干は癸干を官印星と見做し、また戊干の禄支は巳支に存在して人元と見做し、そこで癸干は戊干を官印星と見做し、陰棲氷鼠また火亀宿神と見做し、そこで義質を賦配しないのを畏れるのだ。

〔歌訣〕

これにより陰陽は測り難く要素の志向は窮し難く、たいてい三冬季は些少な暑気でまた九夏は多大な陽気であり禍福が存在して瑞祥なのは、術士がその八九分を希究するからである。

〔註解〕

上記の文言は冬季の帯熱や夏季の降霜、また氷鼠火亀なので陰陽の恒常的な作用ではなく、要素類の相互感傷である故に稀測は窮し難く、この上文に反証していわば時令が冬季に炎熱に巡相し、おおむね三冬季の暑気はかならず些少であり、夏草降霜はおおむね九夏季はかならず陽気が多大なのである。

また既に寒暑とは恒常的であり、陰陽のその深奥を窺察すべきで禍福の作用の相当を推究して、その吉祥が顕応に類すべきなのである。

術士専門のテーマで局相五行とは、運歳行年で運歳で旺相に巡って位相を領得しすなわち泰通するが、運歳の休囚に巡相して位相を失効しすなわち否定するのだが、ただその恒常的な道理は八九分の充足を渇望して肯定するのである。

人命局の行年では運歳の禍福の応験では、たとえば吉祥の変異相や要素の志向は窮し難く、究術之士にはこの作用は難しくその八九分が希少と為り、そこで天地に功用の全途が存在しないように、ましてや人に於いてはなおさらだがまた通暁するだろう。

〔歌訣〕

もし局相が生旺して休敗の当地に巡相すれば、早歳から孤相窮迫また老歳にて建旺の当地に巡相すれば当年は顛倒、またもし初季が凶兆ならば後季は吉兆なのは、源泉汚濁して文流清澄だが、逆に初季が吉兆で終季が凶兆では、類祖が甘好ならばその末裔は労苦するだろう。

〔註解〕

まず己身が運途を追っても、かならず運途を仮借して己身を資扶するので、その時勢はタイミングを仮借して時勢に添乗するのである。

また局相が生旺して運途の壮健に巡相、また運途が適宜で旺地に当処して晩年は衰敗に巡相、また運途が適宜で困地に当処してすなわちなりゆきが適相し、その自性的に休旺するので初年季に欠乏が派生また晩年季に興隆するとは、源泉汚濁して支流清澄を称するのである。

また幼年季に建旺にして老年季に臨んで沈淪するとは、末裔が労苦して祖先が甘好するのを称するのである。

すなわちその運気を較量またその根源を究尽するとき、先ずその根基の厚薄を察し、運途のなりゆきを明らかと為し、たとえ百発百中でなくてもまた十中八九を少肯するのである。

たいてい人命では立年を尊位と見做し、その月日時胎元を次点の資扶とする故に、命局の君祖を造作して吉凶を主宰してその年柱を立脚して、運気の本義を明らかにして虚実の基礎を推究し、またその月柱を取用して安否の兆候を観てその苦楽の原理を察するのである。

またその日柱を取用して貴賎の本義を定義して生死のスパンを決定、またその時柱を取用して幼歳蔭護の始兆を弁じ、その立運已前を究明してその胎元を取用するのであり、そこで月柱は初年季を主管しまた日柱は中年季を主管し時柱は末年季を主管し、また年柱はすなわちこれを総じて総括するのである。

そこでなりゆきの総括や前後の相応を要し、すなわち富貴両全かつ財禄双顕また初年が吉兆で結末が凶兆ではなく、また始発が凶兆で結末が吉兆の相異がありそこで領得し難く、また中年末季に興隆してまた質実成為の命相を肯首するのである。

〔歌訣〕

その萌芽の兆候を観てその原理を察すれば、先ずさきに苗根が存在してその後より花実と見做すのである。

〔註解〕

命理のテーマを談ずれば、まず胎元を以て根本と見做し、また月柱を以て苗床と見做し、また日柱を以て草花と見做し、また時柱を以て果実と見做し、その根本を窮尽して苗床を知得また葉花を擁してそのち果実を知り、これにより聖人は前兆を観相し、未だ萌芽せざるを観てすなわちその根源を察し、すなわちその苗孫を知るのである。

徐子平氏がいう—

運途の吉凶を知りたければ、まず根元のなりゆきを看て根元に貴相が存在、すなわち運途が貴相に臨みかならず貴相また根元に財気が存在し、すなわち運途の財気に臨み財気を発揚また根元に災禍が存在して、すなわち運途に災禍が存在して窮状を派生してそのテーマが通関するのである。

〔歌訣〕

胎生とその元命にて三獣でその門宗を定義、また呂律音階の宮商符調や五虎はその成敗をテーマと為すのである。

〔註解〕

禽獣の分類には三十六位相、また支星列には十二星辰が存在してつぎにこれを展布するのだが、まず一星辰に三禽獣が位相するとは、まず子人とはネズミとコウモリとウグイスであり、また丑人とはウシとカニとウミヘビであり、また寅人とはトラとタヌキとヒョウであり、また卯人とはウサギとキツネとムジナであり、また辰人とはドラゴンとミヅチと魚類であり、また巳人とはヘビとウミヘビとミミズであり、また午人とはウマとシカとナレシカであり、また未人とはヒツジとタカと雁であり、また申人とはサルとマシラと山猿であり、また酉人とはニワトリとカラスとキジであり、また戌人とはイヌとオオカミとヤマイヌであり、また亥人とはイノシシと豕と山猪なのである。

「凝神子」にいう—

象相の星神とはすなわち天賦録だが、己主が大富貴で象相星神では天は賦録せずと称し、神気性を具形してこれを断定し、そこで胎生と元命ではたとえば甲子主人で生月癸酉干支で胎生甲子干支のときは元命が同じであり、たとえば乙丑納音金質で生月己卯干支で胎生庚午干支では土質が金質を生扶し、二説が併詳されるがその意味は隔離していないのだ。

またいわば年柱で月柱を取用、また月柱で胎生を取用三属処をついで看て三獣と称し、呑啖の蹤跡の有無すなわち門宗の出処の定義を肯定するのだ。

また陽質を六律音と為しまた陰質を六呂音と為し、総括して五音律呂また律音と呂音が相合して十二支を分度して十干を定義、また五行が合絆して五音と為り、その故に甲己宮音土質が丙寅干支を遁起し、また乙庚商音金質が戊寅干支を遁起し、また丙辛羽音水質が庚寅干支を遁起し、また丁壬角音木質が壬寅干支を遁起し、また戊癸徴音火質が甲寅干支を遁起して、そこで五音質がみな寅支より生起するので、そこで寅支を旧十二月の初頭また二十四（六）時の首頭と見做し、人命の成敗や吉凶がこれに由り始兆するのである。

〔歌訣〕

また合絆の有無とは後学徒は知り難く、一分三解を識得しても先賢が記載しないのである。

〔註解〕

まず両道理の成立とは三数で成為して、五数で変転するので天地は十数を具象し、これを符合するだけで合絆には有無が存在し、たとえば甲己干合では局中に己干を擁さず午支を領得し、午支蔵に己土禄が存在しまた寅亥六合が存在し、局中に亥支を擁さず壬干を領得し亥支蔵に壬水禄が存在し、またたとえば寅午戌火合局で局中に寅支を擁さず、甲干を領得して寅支蔵に甲木禄が存在し、一分三解を領得するのである。

たとえば甲干は己干を領得して一合絆と見做し、また午支を領得して二合絆と見做し、また亥支を領得して三合絆と見做し、ここですなわち一禄星を領得して三禄星に分度、また前述した巡非巡の形相や抽非抽の端緒では象相の作用が貫通するのである。

李虚中氏のテーマでは—

まず支干合絆を前述の格式と為し、命局の年月日時胎元の五位相が能く干支全合していわば子支はすなわち丑支に当在、またいわば寅支はすなわち亥支に当在、またいわば甲干はすなわち己干に当在、またいわば乙干はすなわち庚干に当在するのである。

また干禄星に五位相があり、たとえば甲乙丙丁戊干を附帯して自性的に己庚辛壬癸干を合起し、また十二支ではたとえば寅卯辰巳午支を附帯して自性的に未申酉戌亥支を合起、または子丑支位相に禄馬支を添加してすなわち十干十二支は全合局するのである。

徐子平氏がいう―

合絆の有無はすなわち刑相合相でもあり「子丑遥巳」などの格局で一端を領得してすでに寅巳刑相を附帯して丑支を巳支が破出また丙戊干被刑出して、すなわち三分岐五行つまり三合金局巳酉丑支を肯定するのである。

〔古歌訣〕

寅支が巳支を生奔して亥申支が駆り、未支が亥巳支を撃揺して自ら栄昌と為り、この解法にてまた通関するのである。

〔歌訣〕

また年歳で冠帯に巡相してなお余災が存在し、また初季に衰地に巡相してなお福分は些少なのである。

〔註解〕

まず年とは太歳でありまた運とは大運なのであり、年歳で冠帯に巡相してなお暴敗余災を披瀝、また大運で衰地に巡相してなお旺宮星を附帯して福分は些少であり、この運途の巡相のポイントでは前後五年間のテーマが存在し、それらの二句文の互相の義則を観るのである。

〔歌訣〕

およそ天干が揺弱すれば局相が栄昌とは見做さず、そこで支星支蔵星が興旺して凶卦はその窮状を成為できないのだ。

〔註解〕

まず天元とは十干星のことであり生旺して栄昌と見做すが、もし衰病死墓絶符すなわち天元は衰弱すれば吉宮に臨処しても、たとえば財星官星将星天乙貴人などを領得して栄昌と見做すのである。

また中元とは地支のことであり、また下元とは納音のことであり、中元と下元がともに五行の興旺の当地に臨み、そこで八卦を定義分類して凶兆と見做してもまた被災しないのである。

徐子平氏がいう―

およそ命局の天干が財官星の当地に臨み生旺を領得しないときは、本気質が衰弱して天干納音五行が休旺また相輔せず、宮地が禄馬に巡相して吉兆なのである。

また不及して栄昌と見做すとは、たとえば庚辛干が生月春季で別位相に火剋金が存在して金質が寅卯支甲乙干を擁して財星と見做し、木質中の旺火質が金質を剋害また金質が得令せず、宮地が財星に所属して吉兆またかえって凶禍を発動するケースを肯定するのだ。

中元が人元また下元が支元とは、たとえば丁干は壬干を官印星と見做し、また人元支元の禄馬が建旺成好して火質が絶地に臨んでもかえって人元と支元に貴相が添乗するのである。

『成鑑賦』にいう―

禄星が絶符して、また貴彰立建するのである。

范蠡氏がいう―

絶符禄星が財星を失効しても凶兆と見做さず、また一吉兆が三派生して九宮地に所属また五鬼殺が絶符して命相が八卦に所属してまた通暁するのだ。

〔歌訣〕

もし局相が尊位凶兆また卑位吉兆するときに応救して功能が存在せず、また尊位吉兆と卑位凶兆のケースは逢災しても自ら復旧しまた禄星に三際会が存在し、また窮状には五スパンが存在するのである。

〔註解〕

まず局相の年柱を尊位相と見做しその月日時胎生を次点の資扶と為し、また大運を尊位相と見做し、その年歳と小運を次点の資扶と見做すのである。

もし命局と大運とが建旺地に徳合絆して、その年歳と局中の日時柱が凶兆でも被災と見做さず、また大運と命局とが死囚地に夾交揺して、その年歳と局中の日時柱が吉兆でも救応に不足するのである。

また福禄に三際会が存在するとは、長生や帝旺や庫地その吉地に巡ると見做し、また災禍の五スパンとは局相の衰符や病符や死符や敗絶符で、その凶地に巡相すると見做すのである。

そこで福禄と災禍の相対に言及すれば、干禄星の福禄に相当するのではなく、そこで活きた看法をするのである。

また現今（明朝代）の学者はただ三合会局を挙揚して、そこで金質が巳酉丑支を擁し、また木質が亥卯未支を擁し、また火質が寅午戌支を擁し、また水質が申子辰支を擁し、すなわち福禄に三際会が存在すると肯定するのだ。

さもなくば徐氏が局中に言及するには、局中と外辺に天干と地支と納音が存在してもっとも有力を領得して尊位相と見做し、すなわち用星でありその用星は損衝してはならないのである。

もし損傷が存在すればすなわち別位相が吉星でも救応できず、もし局相の年月日時柱の局中と外辺の天干地支納音に衝剋が存在しても、ただ尊位相を欠損せずすなわち被災しても自ら復旧するのである。

さらに被損のなりゆきの星神と己主の吉凶が何星かを切要して、そこで有害の命相はすなわち己身に被災、また有害の妻星はすなわち妻女に被災するので、官星を被傷してすなわち官星を失効しそのテーマには作用が存在するが、ただその尊位と卑位に通暁する訳ではないのだ。

〔歌訣〕

多大な凶兆で些少な吉兆とは初爻卦（潜龍勿用）の過度のパターンであり、また浅度の福分で深度の凶禍たとえて九五爻卦（飛竜在天、利見大人）の同一者なのである。

〔註解〕

多大な凶兆で些少の吉兆の命相では、その休囚無気力の故に進捗の用途には不適宜で、過度の初爻卦のケースでその爻辞の初六では「藉用白芽」で咎が存在せず、六陰柔質で当人の才覚が過度ではなく、初六の当処が有為のタイミングではなく遁世また避位相を肯定して人命に戒飭して人道を謹慎するのである。

先賢がおっしゃるには——

この術技を謹慎するとは、赴任してそのポイントを失効するのがこの正しい意味なのである。

また浅度の福分で深度の凶禍の命相では、その五行の相剋に精気が存在せず、また進捗作用の謀図の適宜ではなく、たとえて同一人の八卦で九五爻（飛龍在天、利見大人）に相当して、いわば当人は先ず号泣したのちに大笑するので、大師たるならばその巡相に克つのだ。

「象」にいう——

当人の後先とは径直でありそこで径直の道行は難しく、人命の戒飭を以て自ら克つ意味なのである。

〔歌訣〕

また聞喜と不善とは、六甲干の盈虚と虚欠であり、また憂悩の当不当とは五行の救応なのである。

〔註解〕

まず「聞喜」とは盈虚の言及と見做しまた盈虚とは扶益であり、また「不善」とは虚欠の言及と見做しまた虚欠とは欠損なので、その損益の道理は六甲干の由来からこれを推究するのである。

また空亡を天地虚脱の星辰と見做し、また六陽命は陽宮を畏れまた六陰命は陰位相を畏れるのである。

また年歳つまり行年で禄馬貴人に巡相して空亡が存在して、五行が盈虚相制するのは「聞喜不喜」また「当憂不憂」を肯定するのである。

ここで局相の休廃の当処を肯首して生扶に巡り、たとえば木質が甲申干支癸巳干支を領得するケースで、たとえば戊申主人が丁酉干支を領得して暴敗破砕自揺、また丁酉納音火質死符では巳支合化して土質と見做し「母子伝道」し、また甲寅主人が運途で申支に巡相して衝揺反吟かつ禄馬倶絶して旺金の制処と見做し、壬申干支に遁巡して干星の応救を肯首するのである。

「神術」にいう——

絶処のポイントで両親に逢瀬すれば、災禍が転変して福分と見做して肯首するのである。

余（万氏）はその六甲干と五行を観て、そのテーマが円相活揚また命局の元命に盈虚や救応が存在して、また年歳行運にも盈虚や救応が存在して定義できず、盈虚とは吉意また凶意の称意で、また救応とは凶意を制伏して吉意を扶益する称意なのである。

〔歌訣〕

また局相に四貴や四墓が臨み、そこで戊未支まで東方遁巡また六陰つまり正空亡するが、そこで自ら空支の衝支とは南方位の首星神なのである。

〔註解〕

まず甲子旬列では戊亥支を空亡と見做し、その対衝支を六虚と為しすなわち辰巳支なのである。

　そこで戌亥支とは乾天属金の位相で西極かつ北隅に処在し、連接する甲戌干支甲申干支とは自ら乾天南首である故に、寅申巳亥支とは四孤の当地また辰戌丑未支とは五墓の当地で、戌未支を指向して東方巡行して空亡に順相して反転するのである。

　また「八孤」を成為するとは、辰戌丑未支すなわち五行之墓符を除算して余剰の八音が孤虚の星辰で墓符に臨星し、たとえば申酉主人の孤辰は亥支また寡宿は未支なので、五行の墓符は四季に寄寓するのである。

　その精気はみな月建より巡相して東巡して戌地と未地を指向し、すなわち火木質の墓符また木質は自ら亥支にて長生しまた火質は寅支より生起し、そこで木火気はみな自ら寅支より東巡して戌未支の墓符にて鍾蔵するのである。

　たとえば乙丑主人は亥支を六陰つまり正空亡と見做し、また亥支は巳支を衝揺して六虚と見做し、そこで亥支を乾天と見做せば巳支を巽地と見做すのは、巳支はすなわち南方位の首神星なのである。

　その故に六虚処で空亡して孤星がすでに東巡また虚星はすなわち西廻相してその二星は相対するので、このテーマは総じて十二支中の神殺星の名称で、その順行逆行や循環や孤虚や五墓符を人命局の最要ポイントと見做すのだなあ。

〔歌訣〕

　まず「天元一気」とは侯伯公の栄転を決定し、また支星を人元と為してビジネスマンの得失の運途と為すのである。

〔註解〕

　そこで干星を禄星と見做す故に「天元清秀」と為して、吉星が添加して臨めば人命は貴相を領得し、また支星を命星と見做す故に支元純粋と為して局相が比和して人命がこれを領得して富裕なのである。

　この天干と地支の分相とはつまり干星と支星の別岐なので、「天元一気」とはまた一様相ではなく、たとえば現今（明朝代）の命理を談義する者は指向して、その天象とする故に「一気」と称して天賦の禄星の司処なのである。

　また天干が天徳貴人や官星や印星や貴人星や食神を命局中に附帯して、生旺気を兼得すれば貴相に到達するのである。

　またビジネスマンの徒輩は人元地支星を詳究してすなわち要素の得失を定義、また精気の有無を観て進神か退神かを究明すべきである故に下文にいうのは、局相財星ともに精気が存在また局相財星ともに衰絶して運途との相対を定義して言及しまた定義してすなわち決定し、また運途はすなわち流転またそれぞれの義則のポイントを取用するのである。

〔歌訣〕

　ただ命相の財星を看て精気が存在すれば「背禄」に巡相して窮状せず、またもし命相の財星が衰絶符すればたとえ建禄を帯びても富裕しないのである。

〔註解〕

　人命では局相と財星を主体と見做し局相で五行被剋のポイントを財気と称し、また精気が存在して財星や命相がみな局相生旺のポイントを領得して、局相が背禄して官星が存在しなくても窮状には至らないのである。

　もし命相と財星がともに精気が存在せず、そこで月令建禄を領得して軽微な官星が存在してもまた富貴を肯首できず、たとえば庚寅納音木質が丙戌納音土質を財気と見做しまた戌支は旺土質なので、局相二木質が東南地に巡相して戌支が庚禄申支に背理しても、その局相財星には精気が存在する故に窮状しないのである。

　またたとえば甲辰主人が丙寅納音火質を領得して、そこで金質を財気と見做して寅支が搭載絶符するので、辰土は寅支に巡相して鬼殺星と見做し、そこで空亡が併相して局相財星が衰絶符して月令建禄でも、命局と財星に精気が存在しない故に富裕ではないのだ。

　前述では干星を禄星と見做したが、その迎向か乖背でその貧富を定義し、そこで財星局相両宮を指向してそれぞれ旺地が適宜なのである。

　ただし局相ではなく行運を肯首し、徐氏のテーマでは財星局相に精気が存在、たとえば生月で甲乙干が巳午支を附帯して建禄に相当せず、またたとえば生月で甲乙干が寅卯支などを附帯してこれを併詳するのである。

〔歌訣〕

　もしすなわち身旺で鬼殺が絶符すれば、命局が破揺しても恒久であり、また衰身して鬼殺は強旺すれば建旺に巡っても非長寿なのである。

〔註解〕

局相が破揺しても恒久とは、本命局が生旺して絶符鬼殺に巡相して肯首し、たとえば火質を巳官が搭載して帯水、また木質を寅地が搭載して衝金、また土質を申郷が搭載して撃木、また金質を亥水が搭載して帯火することである。

また建相に巡っても非長寿とは、当命局が衰地で鬼殺生旺に巡相して肯首し、そこで土質を寅支が搭載納音木質、また火質を亥支が搭載納音水質、また金質を巳支が搭載納音火質、また火質を申支が搭載して納音金質でともに納音五行を取用し、局中の作用が制効を被りすなわち非長寿だが要素を制伏すればすなわち長命なのである。

「旧伝」にいう―

建相に巡って命主が長寿でも、年主星が破綻すれば非長寿なのである。

『竹輪經』にいう―

命主が建相でもかならずしも延命長寿せず、また命主が破綻してもかならずしも非長寿ではないのだ。

これは珞琭子氏のなりゆきの故であり、天干は貴命がテーマでまた地支が富命がテーマで、また命局と財星は貧富がテーマで己身鬼殺は長寿短命がテーマで、それぞれその重度を指向してこれに言及するのだ。

〔歌訣〕

まず「背禄逐馬」とは守途に窮して傷揺、また「禄馬同郷」とは三公大臣や参議ではないのだ。

〔註解〕

まず禄星とは爵禄を称しておりまた馬星とは車馬を称しており、人の命相では禄馬が重度である故に、まず言及すれば禄馬はみな富貴を招くと肯首するが、背禄して禄去また逐馬して四散するので、二者ともに喪失すればその故に守途に窮して傷揺するのである。

また「背」とはたとえば陰陽の乖背でいわゆる「向」ではなく、また「逐」とはたとえば逐散の逐であり、いわゆる「追」ではないのである。

たとえば癸亥主人が生月甲寅干支を領得しても、そこで癸干を子支が搭載して建禄するので寅支がこれに相背、また禄馬星は巳支に処在するがこれを寅支が刑揺するのである。

前述したように刑象に因りその馬星を逐去し、また背相に因り禄星を肯首せず、そこで馬星が前面に処在してまた禄星が背後に処在するが、そこで馳馬に向前して禄星は巡相せず、また禄星を向後に待機して馬星は漸次に遠離するのである。

この正規の「捍禄欄馬」と「禄馬同郷」とは相反しており、用途の日干遁禄と時干遁馬とはこれを五子元に求めることをすなわち知るべきなのである。

たとえば庚午主人が日柱壬辰干支と時柱丁未干支を領得して、すなわち丁壬干と庚子支が戊申干支に遁巡して、そこで庚午禄馬を申支が搭載してもっとも命相の佳質を相得するのである。

またたとえば甲申主人が、月柱丁丑干支と日柱己亥干支と時柱丙寅干支を領得して、命局の壬時柱を帝座（禄支）が搭載して禄馬会同し、甲申干支己亥干支丙寅干支を兼備して、みな五行生旺の清気を稟得する故に、また晩年期に非常に応遇される故に三公大臣に昇階して寿元が七十歳超なのである。

徐子平氏のテーマでは禄星を官星と見做し、また馬星を財星と見做すがそこで傷官を擁して背禄と見做し、また比肩劫財を擁して逐馬と見做すのである。

たとえば甲主人が生月春夏季で、さらに天干甲乙丙丁干また亥卯未支が搭載するケース、また同郷とはすなわち壬午日主癸巳日主などや、局相で丁己丙戊干を午巳支が搭載して帰禄するケースなどでこれを併詳すべきである。

〔歌訣〕

官星位が顕崇するとは決定的に拱禄の当地を知り、また些少に盈満して多大に欠損するとは、劫財の当地を畏れるのである。

〔註解〕

この夾禄すなわち拱禄とは、たとえば癸丑干支が癸亥干支を領得するケースなのである。

また刧とは刧殺であり、たとえば丁丑主人が丙寅年柱を領得して、そこで納音水質が納音火質を剋伐して財気と見做し、また丙寅干支は自ら納音火質で「小盈」と称号でき、また丑支主は寅支と際会して「孤刧」するとして、そこで丑土が寅木に被制されるので、財気が鬼殺に凶変すると見做し、これはいわゆる「大欠」なのである。

局相では旺財気を吉兆と見做し、人命が財気を擁して福分と見做すので、もし刧地に巡相してたとえ禄命相一二吉星が存在しても、また「大欠」を免れないのだ。

徐子平氏のテーマでは―

拱禄とはたとえば日柱癸丑干支が、時柱癸亥干支を擁して建禄支の本義が搭載できず、歳首の合相化害と見做すのである。

さらに天干星の被衝や地支星の衝揺を肯首せず、拱貴は在局せず貴気が駆了する故に、聚福の当地であり被傷を肯首しないのである。

また聚禍の当地では損欠なきを肯首せず、そこで五陽干が五陰干を擁して刧財と見做し、また五陰干が五陽干を擁して敗財と見做し、その凶星つまり刧財敗財をもっとも詳解するのである。

〔歌訣〕

また局相の生月に建禄を帯び、赫々伝尊が当相して奇儀を重犯するので、また穏廣にて抜群の器量を所懐するのである。

〔註解〕

王廷光氏の解釈では―

まず生月に建禄支を附帯するとき、そこで生月を運元と見做して天禄生旺の精気を附帯するので、運途が順行すれば己主は恒常的に温厚でもっとも多福と為り、生月柱を挙用して生日柱と生時柱を知るべきなのであり、四柱命相で建禄を互相附帯して生旺の気が兼乗して貴相と見做すのである。

瑩老師の解釈では―

まず生月と同義に日干の用法をこれに求めて、たとえば庚子主人で生月甲申干支だが、ただし乙庚日干を領得してすなわち用途の丙子干支をこれで推究して甲申干支を肯首するのである。

徐子平氏の解釈では―

甲乙主人で生月秋季また丙丁主人で生月冬季は、すなわち正気の官星なので生月にこれを附帯して、すなわち父子の精気が近付して禄相の需要と見做し、さらに生日柱の日干自旺して生時柱が休敗せず復た行年で禄地に巡相し、生月柱に禄支を附帯すると見做すのである。

余（万氏）は、そこで戊日干で生月乙巳干支、また壬日干で生月己亥干支、また癸日干で生月戊子干支で、局相が官禄星を附帯また年日時柱を搭載する支星が生月干星を領得、つまり壬寅日主が生月甲辰干支また辛酉日主が生月辛巳干支を領得するケースで、仕路は赫々伝尊を定義して赴くのである。

王廷光氏の解釈では―

奇儀を重犯するとは乙丙丁干を三奇と見做し、また戊己庚辛壬癸干を六儀と見做し、十干星の九用途またその甲干を遁去して「儀」と称し、たとえば乙巳主人が月日柱辛巳干支を領得して辛干を「儀」と為し、また乙干を「奇」と為し、また乙干は辛巳干支で官星の生成と為し、また官禄星が搭載して長生かつ学堂なので、この二巳支すなわち奇儀を重犯するが、奇儀とは天地陰陽の英秀の精気の併合なのである。

瑩老師の解釈では―

すなわち甲戊庚干と乙丙丁干を、天地二儀則の法則とするのである。

李仝氏の解釈では―

すなわち子支に寅支が添加して順数して年月柱に擁して、命局の本義なのである。

余（万氏）は、遁甲つまり三奇六儀のテーマを観て、そこで王廷光氏の解釈を肯定と見做すのである。

これら以上の貴命の根基のテーマは、これに後記して運中際会のテーマである故に、下文で言及するのである。

〔歌訣〕

また陰男と陽女は時宜を年歳の交点で観て、また陰女と陽男は年歳の元辰を看るのである。

〔註解〕

男性と女性の別位相ではムリに形容して男性尊位また女性卑位、つまり陽性の本位が男性また陰性の本位が女性なので、ここで陰性男命と陽性女命に言及してその序調を失効するのである。

すでにその序調を失効してすなわち運途に順行と逆行が存在し、年歳の交点で大運を算出して不測の窮状を招応、また陽性男命と陰性女命ではそれぞれその適宜を領得するのである。

また変遷する大運の年歳ではさらに元辰などの神殺を看て、この故に吉凶や悔吝を生起して作動するので、そこで行運を命理の最要処と見做すのである。

徐子平氏はこれをもっとも詳解され—

ここでの元辰について「元」を有害の生起また「辰」を官印星と見做し、前述の年歳の交点とはこの元辰の年歳のテーマであり、その作用は二義は存在せず節気の深浅のテーマに至っては、財星官星の迎向と乖背でみな先人の未発用のポイントなのである。

〔歌訣〕

また生旺の地に巡相して退身が適宜で位相を避け、また吉凶の際会や伏吟反吟や陰錯陽差とはみな天地の衝撃なのである。

〔註解〕

当説は運歳で吉凶禍福のポイントに巡相して、生地に巡相するのである。

瑩老師が言及されるには—

すなわち当年が長生で旺鬼殺に巡相し、たとえば金質が乙巳納音火質に巡りまた土質が庚申納音木質に巡り、また火質が甲寅納音水質に巡りまた木質が辛亥納音金質に巡るのである。

王廷光氏が言及されるには—

すなわち命局に父子継承の道理が存在して、そこで壮健父であればすなわち幼子息また強壮子であれば、すなわち衰退父なので父君子息が同処するとして、子息がすでに来処また父君はすでに成功して自ら退告すべきなのである。

ここで他星が己星を生扶するのを知得して止休、また子息が父君に代位するのでまた易の震卦を長男の用事と見做し、また乾卦にて父君は西北位に退処してまた作用を肯定するのである。

徐子平氏が言及されるのには—

すなわち庚辛主人の運途が申酉支に巡相してそこで火質を官禄星と見做し、また丙丁主人が申酉支に巡相して病死符、また木質を財帛と見做すとき木質が申酉支に巡相して死絶符するのだ。

また局中に官星と財星とも存在せず、すなわち建禄で富裕しないテーマで、おそらく義質を賦するのではないのだ。

また運歳つまり行年の禄馬の五ポイントはみな生旺の当地で、ともに己星元命を巡扶して吉星際会と称し、ともに己星元命を剋伐して凶星際会と称するのである。

また伏吟とは大運と元命の相対性だが、そこで陰質が陰性に巡相して「錯」と称し、また陽質が陽性に巡相して「差」と称し、そこで人命に陰陽錯雑が存在し、また人運に陰陽交差が存在してまた元命と運途が東南地に当在して、また年歳が巡相して西北地に当在して「天衝」と称し、また元命と運途が西北地に当在し、年歳が巡相して東南地に当在して「地撃」と称するのである。

また吉凶の際会とはいわば運途が伏吟反吟、また陰錯陽差また天地衝撃してのスパンで、吉凶が際会してかならずしもみな凶兆ではないのだ。

たとえば甲子納音金質は伏吟之命で、庚子納音土質を吉兆と見做し、また戊子納音火質を凶兆と見做し、また反吟とは戊午納音火質を凶兆と見做し、また庚午納音土質を吉凶と見做すのである。

また西北位相が東南位相を衝揺して、己主は改動往来して内処が外処を衝揺、また東南位相が西北位相を衝揺して作動せず、また外処が内処を衝揺して巡框してみな己主は安寧ではなく、そこで吉凶の両スパンが存在するのである。

また陰陽錯差とはすなわち純性陰陽で生成せず、所作に奇瑞が多く併列しないのである。

また天地衝撃とはすなわち命局干支にて大運と元命が衝相して、もっぱら陰陽五行絶滅の当地ではなく、年歳でこれを領得してさらに反伏吟上が存在し、すなわちその凶兆際会と為すと知るべきで、局相の干頭に配星したとえ貴相でも非長寿なのである。

〔歌訣〕

また局相にては四星辰また前展五支星、また六害また亡神殺星、また天羅地網また諸神殺、また福臻成慶また併禍危難、また扶相速成また福抑遅慶なのである。

〔註解〕

これはみないわば行運際会の神殺星であり命主の前展四支星を四殺と称し、すなわち寅申巳亥支であり四衝の劫殺であり、命主の前展五支星を五鬼と称し、すなわち子支主が辰支を擁しまた亥支が卯支を擁するケースであり、また辰戌丑未支を指向して四殺と見做し、また五行が被剋して五鬼（偏官）また六害とは寅巳支などのケースである。

また七傷とは亡神劫殺などの神殺また第一を吉と為し、また第二を凶と為しまた第三を生と為し、また第四を殺と為しまた第五を鬼と為し、また第六を害と為しまた第七を傷と為し、また第八を難と為しまた第九を厄と為して、これはみな四柱命局での諸神殺の名称であり、運歳でこれに巡相してその故に凶揺と見做すのである。

もし命局元命の五行が生旺ならば聚福と見做し、なお吉慶を成為して肯首してそこで五行を神殺星に先立つと見做し、命局の五行が衰敗符に当相して運歳、また諸凶殺に巡相して併禍危疑と称するのだなあ。

また扶殺星すなわち災禍速成また福抑遅慶では、余（万氏）は二句つまり禍福を併言して、まず凶禍を扶助してすなわち速やか、また吉福を扶助してすなわち遅々としてまた吉福を抑伏して速やか、また凶禍を抑伏してすなわち遅々として為すのである。

徐氏の言説では—

また局相元命を辰戌丑未支が該当して、大運また行運が当処に巡相して四殺と称し、そこで大運の干星を制鬼殺また財星偏官正官印星は、年歳と同義で五鬼と称するのである。

局相の丑未支主人が丑未支相で、さらに大運で辰戌丑未支に当在して、かえって年歳の子午卯酉支に巡相して六害と称するのである。

また運歳で偏官を附帯して七傷と称し、たとえば甲乙主人が用途の庚辛干を官殺星と見做し、運途の南方エリアか寅午戌支に巡相また年歳巳支と未支を肯首するのである。

そこで四殺は軽度また五鬼は重度、また六害は軽度また七傷は重度で、大運の際会は軽度また運歳の際会は重度なのである。

また天羅地網では、戌支主が亥支を擁さずまた亥支主が戌支を擁さず正規の天羅と称しまた辰支主が巳支を擁さずまた巳支主が辰支を擁さず真実の地網と称し、それはスパンでも分断しても亥支が戌支を擁し、また辰支が巳支を擁してもっとも重度と見做すので際会して連綿たる病災なのである。

およそ運途を推究すれば、生年柱や年歳と運歳が生剋してその生剋を定義したのちに、諸神殺を参究すなわちその吉凶を験証するのである。

〔歌訣〕

貴相地を巡歴してタイミングを待期また比肩に際会して夾争、もしそこで人馬とも疲劣すればなお財旺の当地に依託するのである。

〔註解〕

孟子先生がいう—

たとえ農耕具を所有しても、そこでタイミングを待たねばならないのだ。

もし運歳が貴神の当地に赴けば、タイミングと数象の符合を待ちすなわち福慶が存在するが、そこでもっとも不益なのは比肩であり、たとえば運途で比肩が併行してかならず争奪事が存在して弱星が強星を抑伏、また吉凶神殺が存在してその升降に言及するのである。

もし禄馬が衰微してただ財禄の命相、つまり旺財相を得てまた扶持を肯首またいわば比肩とは争奪の星辰なので、たとえば二庚干と一丁干のセットや二丙干と一戊干食神のセットでその福分を分断するのである。

たとえばこれは交相の可否であり地支星が疲労して駅馬が劣等のとき、本命支星が言及するのは、地支星と駅馬星を兼能してみな局相衰敗つまり無精気に当在、そこで災禍と見做さないのは旺財気なので、戊午納音火命の駅馬は申支に当相、そこで申支蔵の旺火質また火質を肯首するのである。

徐子平氏の解釈では—

貴相地を巡歴してタイミングを待つとは、たとえば壬辰主人や癸巳主人が用途の土質を官禄星と見做し、また用途の火質を財帛星と見做し、そこで生月夏季ではなくまた四季月に当相せず貴相地を巡歴しても、なお基本的に四季を待期して元星の用途の有無なのである。

また局相の比肩を附帯して争奪するとは、たとえば壬辰主人や癸巳主人がさらに夏季や土旺季に相当して、その官禄星のタイミングを領得してまた大運が火土気のエリアに処在し、かえって年歳の壬癸干歳また亥子丑支歳も同義だが、また刑衝を為しまた破害を為して、己主の心意を称して凶揺なのである。

また人命の疲質とは地支相の衰乏であり、そこで劣馬星とは駅馬星の逢瀬の衰微であり、たとえば甲午主人で運途の西方地を巡相して、そこで午支を火質地支と見做しまた火質が西方地の死絶符を巡り地支相が衰退するので、そこで甲干は己干を正財と見做しまた午支蔵の己土が西方地に巡相して、また自ら衰敗符して劣馬星なのである。

また午支は衰乏してもなお西方旺金地を財気と見做し、また秋令金質が壬癸干を懐処してまた己土が鬼殺星を破相して、財気を生扶してこのテーマを領得するのである。

〔歌訣〕

すなわち旺財星衰禄また駅馬星の肯定とは何処を忌避して抑衡、また年歳が臨星してなお窮状と見做さず、また年歳が登昇する故に宜しく福分を獲得するのである。

〔註解〕

まず剋伐星を財星と称しまた寄寓星を禄星と称しまた添乗星を駅馬星と称し、そこで駅馬星とは扶身の本義また禄星とは養命の源泉また禄星が貴相に添乗して栄転、また駅馬星が財星に巡相して福分を獲得また局中に禄星財星駅馬を兼得して、すなわち富貴双全だが偏頗領得してすなわち次点なのである。

また天禄星が衰微しても己身と財星が両旺して、駅馬が巡相して添乗すれば、たとえば歳運の衝撃を抑伏してなお災禍と見做さず、いわば以降の歳運でさらに局相生旺に相当して豊途の会合に当処する故に、多大な福分の獲得を肯定するのである。

そこで抑伏とは伏吟でありまた衝揺とは反吟だが、たとえば癸亥主人が年歳乙巳干支に際会して巡禄、また壬水質を巳支が搭載絶符しても壬癸干主は火質を剋伐して財気と見做し、また旺火質を巳支が搭載して巳支に駅馬が添乗するので、巳亥支衝揺して反吟に臨星して、身旺の財気として窮状とは見做さないのである。

もし運歳が相衝せず局相の三合会局や六合や五行生旺に臨処して、財星駅馬に巡相して年歳豊途と称すべきである故に、福分の獲得が適宜なのである。

徐子平氏が言及されるには―

このテーマと前述は同意だが作用が異なり、たとえば丙午主人が運歳の西方地を巡相して、たとえ旺財地かつ衰禄地でも支星の駅馬建星を資助と為し、いわば酉支蔵の辛干が丙干合すなわち抑伏や衝揺を畏れないのである。

この支星の興旺とは殊異ではなく、前述のテーマの財運地の抑伏と衝揺でもとより不益と見做さず、このテーマは年歳臨星の巡相また凶揺への言及をすべきではなく、そこで年歳を造化の主体と見做すのである。

また百神殺の尊宿が降臨抑運すれば、多大な凶揺また些少な吉兆なので、もし命局の局相と外辺の五行つまり官印星が作用し、また「利見大人」を肯首して吉成際会するのである。

また財帛星に作用が存在し、また貴人星の肯定に因り財帛星を発揚、たとえば壬午日主で大運の庚午干支また歳運の戊午干支を肯首して、これはいわば「歳運並臨」で吉相際会と見做し、その次展年歳の辛未干支との交点でそれは殊気ではなく、局相の官星印星財帛星が有為に作用してその福分の獲得が適宜なのである。

〔歌訣〕

局相の丑支と未支とが生旺巡相してかえって延年長寿し、かえって運途で辰支が戌支に巡相して寄生かつ嗣続寿するのである。

〔註解〕

また局相の丑支を「大吉」と見做しまた未支を「小吉」と見做し、たとえば癸未日主で運歳の丑支を巡相、また丁丑日主で運歳の未支を巡相して「反吟」と称することなく生気と称し、また癸干を巳支が搭載受気また未支にて成形、また丁干を亥支が搭載受気して丑支にて成形するので生気に巡ると称するのである。

たとえば「六壬課」の用星発動では丁干を未支が搭載在課、また癸干を丑支が搭載在課してこの象意だが、そこで丑未支を陰陽の当相際会と見做し、また天乙貴人星が臨処して己主が巡相して本義なので、すなわち年寿長歳が存在するのである。

また辰支を天罡と見做しまた戌支を天魁と見做し、たとえば庚戌主人が運歳の辰支を巡り、また甲辰主人が運歳の戌支を巡り「反吟」と称することなく、そこで庚干を寅支が搭載受気また辰支が搭載成形、また甲干を申支が搭載受気また戌支が搭載成形して、みなその生気を肯定するのである。

鬼谷子氏がいう―

罡は乙干を含有また魁裏に辛干を伏擁して、前述にて生気に巡相また後述にて生気に寄寓と称し、その義質は殊異しないのである。

この後述の八言質にてふたたび「反吟」の吉凶を明らかにして、もとよりかならずしも義質ではなく、たとえば陰男命の乙丑干支で生月未支に当令して癸未納音木質に遁巡して、本命主と生月柱と相剋相合して己主は非長寿傷揺して、かえって乙丑納音金質が癸未納音木質を剋伐すると見做してかえって延年長寿なのである。

〔歌訣〕にいう―

すなわち生月の作用を本身と見做し、かえって納音五行が命主を廻扶しまた身命衰剋して非長寿、また身命往剋して延命長寿なのである。

たとえば陽男命の戊辰干支が生月辰支で立運五歳から順行して五十六歳で運途の壬戌納音水質に巡り巡相して戊辰納音木質を生扶、また生月辰支では壬干に天月徳貴人が倶在また戌支が搭載して寄在、またこの木質を生扶する故に寄生続寿と称するのである。

瑩老師の言及では―

以下の四テーマは印星の並用の真意でその詳細を始得して、また乙丑干支を「金印」また癸未干支を「木印」、また壬辰干支を「水印」また甲戌干支を「火印」、また戊辰干支を「土印」にて、長生続寿してただ寄寓また乖反するので、この乙癸壬甲戊干を控除して未支の有為を必然と知るのである。

また丑支が乙木を附帯また未支が癸水を搭載して、そこで水質がその乙木を生扶して禄元が増長するので、かえって延年長寿を否定してはならないのだ。

また戌支が甲木を附帯また辰支が壬水を附帯して、壬水がその甲木を生扶してその丙火を嗣続する故に、運途の天罡が天魁に巡相して寄生続寿するので、おおむね十干を禄星と見做し人命の修養の短期を定義する故なのである。

〔歌訣〕

先駆して蒼龍の星宿に抵触し、また自ら天賦の財気であり、また衝動して昴宿胃宿の当地に臨み支星の損害なのである。

〔註解〕

まず酉支を昴宿かつ胃宿の当地と見做して先駆を肯首し、また卯支を蒼龍の星宿と称して衝動を肯首するのである。

そこで支星を財気に取用するときにここで天賦星に言及すれば、たとえば酉支が辛干を搭載また卯支が乙干を支蔵するときに、辛金がその乙木を制剋する故に自ら天賦の財気と称するのである。

また酉金がその卯木を剋伐するので、乙木は辛金を畏れてすでに禄支が被傷して支星が被剋するとき酉支主人が卯支に巡相して吉相と見做し、また卯支主人が酉支に巡相して凶相と見做し、列位に尊卑がありここで断柔を断定するのである。

徐子平氏がいう―

また蒼龍宿は辰支に所属するので酉支主が辰支に巡相して、酉支蔵の辛金が辰支蔵の乙木を剋伐して財気と見做し、天干の用星を財星と見做すのである。

また運途で卯支主が酉地に巡り金質が木質を剋伐してかえって衝刑し、そこで支星が人元と為る故に有害と称し有害とは偏官を肯首し、刑衝制剋をまた陰陽性の偏頗を侵犯しないのである。

〔歌訣〕

庚辛干禄星は歳首にて窮尽するが、そこで庚金は重質で辛金は軽質だが、また寅卯支主人は金地エリアにて窮状するが、ところで寅支は深度で卯支は浅度なのである。
〔註解〕
陰性が極まって陽性を派生、また陽性が極まって陰性が派生するのは自然な陰陽の作用だが、そこで庚金を巳支が搭載して長生また子支が搭載して死符、また寅支が搭載して絶符また辛金を子支が搭載して長生、また巳支が搭載して死符また卯支が搭載して絶符、そこで正規の死符や長生を重度と称し、また偏頗の長生や死符を軽度と称するのである。
ついで甲木を亥支が搭載長生また申支が搭載絶符するが、乙木を子支が搭載長生また酉支が搭載絶符するので、甲木を搭載する申支は深度また酉支が浅度、また乙木を搭載する申支は浅度また酉支は深度なのであり、そこで寅卯支は聚木之情を指向また庚辛干は聚金之情のケースなのである。
また局相の申支が壬水を搭載長生するが、木質にしてみれば困窮また寅支は火質生扶之宮なので、そこで金質は窮尽していわば丙辛干合である故に、辛干が軽度また乙庚干合である故に卯支が浅度なのである。
〔歌訣〕
また好作用はその通変作用に識在してその拙説は応神のようであり、また視碍巫士の論調三昧はロレツが希薄で難渋なのである。
〔註解〕
およそ命運の吉凶や禍福とはたとえば上述のように、とくにそのおおむねを言及すればその通変作用に好作用が在識するので、たとえ拙弁を布告しても作用がその精神に妙応するのである。
また通変を肯定しなければ、たとえば視碍巫士の論調三昧のようにロレツが希薄で調和に難儀なのである。
〔歌訣〕
また甲乙干が庚辛干に臨星して君子ならば官途を肯首し、また水質主人が運途の南方エリアに相当してビジネスで厚利獲得するのである。
〔註解〕
また金質と木質が相得して作用また水質と火質が既済して作用する故に、これを特挙言及すればたとえば庚辛干が甲乙干に臨星してすなわち余剰の八干星を類推、また水質主人が運途の南方地に処在して、すなわち木金質と余剰星を類推するのである。
いわば君子は小人物と際会してすなわち肯首せず、いわば水質主人は亥子支の方途を肯首し、そこで甲干は辛干を正官と見做しまた乙干は庚干を正官と見做し、たとえば運歳の庚辛干が甲乙干主人に臨相する故に君子ならば官途を肯首するが、小人物はかえって鬼門と見做すのである。
また北方地亥子支水質また南方地巳午支火質では、そこで水質主人が運途の火地に巡相して、己星が剋伐して財気と見做す故に、ビジネスでその厚利を獲得するのである。
また壬癸干の位相と称するのはそれが坎卦に所属し、また丙丁干の位相と称するのはそれが離卦に所属して水質が火地に帰巡すれば運途の財地に巡り、そこで壬癸干が官地なのではなく巳午支の用途を肯首するのである。
また干星と支星が夾交せずとは、たとえば壬癸干が丙丁干を領得して財禄星と称すべきではなくまたビジネスに論及できず、そこで命理を談義するとは身命の禄相を分類すべきなのである。
〔歌訣〕
また聴けば晁旦に歓嘆して昏暮に哭泣して、そこで熾火を炎上陽盛と見做し、その禍福の眺遥を観てすなわち多大に水土質が因由なのである。
〔註解〕
この五行の性質のテーマとはその禍福の遅速を明らかとして、そこで火気の性質は熾暴被傷である故に木質を穿ち噴煙飛散また石質を衝撃発光するので、そこで晁旦に歓嘆して反旋して哭泣し、すなわち即今を肯定して去昨を非定するのである。
また由来が火質ならば薪を補填するので、その究極を知ることなくまた水土質を要素と見做し、その性質は柔和で禍福の端緒と為り、その遅滞を意得するので「智」と「信」また水性と木性が快易して容易に発効また容易に緩休するのは、その水質と土質が遅々とした性質で成敗が難渋するのである。
〔歌訣〕
まだ金質と木質が能く成器と為らなければ、その哀楽を聴くばかりで功名し難く、また樹木生盛かつ葉花繁茂なのは聚雲して降雨しない状況なのである。

〔註解〕

いわば金質とはすなわち木質の尚可で、また金質が作用を領得して木質を成為し、その剛質の柔化済性を肯首するのである。

いわば木質とはすなわち金質の尚可で、また木質の成器とは金質の領得であり、そこで仁者とはかならず勇敢なので、もし金質が存在して木質が無ければ無礼節すなわち夾乱であり、また木質が存在して金質がなければ庚辛干の欠損は義質の欠損であり、そこで金質とは西方の成器なので己主は衰敗するのである。

また木質とは東方位の要素なので、己主は悦楽してまた悦楽不淫とは木金質の巡相で、衰敗不傷とは金質が木質を領得することである。

およそこれはみな大人物の命相であり、もし水火質の帰局を明らかにするならば、その金木質の作用の間隔にてその哀楽を肯首してもその心意は作動せず、すなわち外辺で功名が難儀の人物なのである。

もし陰陽が偏頗するときは木花繁茂のように、陽性に偏頗して「伏」と称し聚雲降雨また陰性に偏頗して「見」と称し、そこで人命の陰陽均停を要しすなわち格局適応の命と見做すのである。

その故に以下に文述してまた金質が成器せずと称し、火質を借用して陶冶そこで未だ木質は成功できず、たとえば金質が彫琢すればその故に、悦楽はかならず己主の哀楽と為るのである。

また損益でもかならず損失が先効すると見做し、また木花盛繁また秀才で質実ではなく、また聚雲して降雨せずまた晦冥にして耀明し難く、その両極には未計測のスパンが存在しその疑義が生起するのである。

その故に旺盛して制効できずまた衰敗して生扶が存在せず、その比和を得処して純粋性に復帰するのである。

〔歌訣〕

衣冠整装して天子の車馬に搭乗するとは、金質と火質の何れが過多すれば劣班位して陰陽が不安定なのである。

〔註解〕

前述の水火質とは既済相為して慶兆と成り、ついで金木質のテーマとは官星の当地と見做し、そこで水貴上昇かつ火貴下降を知り、そこで木質は柔軟為剛を要しまた金質は損剛益柔を要し、すなわち相互作用して慶兆と見做し、そのスパンで単に剛金強火と知得すべきではないのだ。

また金質が堅質の要素に至りそこで熾火質でなければすなわち更新できず、そこで火質が粗暴の要素と為り金質でなければそれぞれの要素が存在せず、金質と火質が両停して「鑄印之象」と見做すのである。

その故に「詩賦」によれば、衣冠整装して天子の車馬に搭乗して君子の器量であり、また金火質が両停して相当するが、そこで火質過多で金質些少また金質過多で火質軽微は、みな暴敗の命相と見做すのである。

また西方地は旺金質また南方地は旺火質で、それぞれ恃勢すなわち自刑之刑象と見做し、たとえばこの命相は局中の日時柱が作用しても、結局は劣卑帰班するだけでありこれは陰陽を分類定義できない故なのである。

そこで金質が陰性また火質が陽性のときには、すでに陰陽それぞれが偏頗してすなわち高貴卑賤の定義のポイントが存在せず、いわば金質が存在して火質が存在せずまた火質が存在して金質が存在せず、そこで揺輩と見做せるのである。

いわば四柱命局で五行の金質と火質が過多するときに、逆に不足気味で貴相なのはそこで剛金質は順性要素また暴火質はその生益が難儀で気の変容と見做すのである。

その故に君子の道理は鮮明であり、また庚主人が丙干を領得また辛主人が丁干を領得して、それぞれ純陰相また純陽相つまり剋鬼と見做し、また陰陽の不定義と見做し、出身が明白でもまた劣班位して大顕揚できずまた透通するのである。

〔歌訣〕

またドラゴンが唸りまたタイガーが咆哮する故とは、風雨がその暇祥を資助また火勢が興旺する故に、先に薫煙したのちに炎上するのである。

〔註解〕

この上文を五行相剋また非成器また貴相の成否と見做し、これはいわば相生相剋の性質、また龍虎と薫煙炎上の比喩に因り、もし五行それぞれがそのポイントを得処して、すなわちドラゴンが躍動して降雨またタイガーが咆哮して揺風派生するのである。

たとえば旺火質では先に薫煙し、のちに炎上またドラゴンが唸りタイガーが咆哮する二対句人命に形容して吉年星また吉運星なのである。

もし初季が凶兆で後季が吉兆ではかならず肯首できず、たとえば火気が始燃するとき先に薫煙してのちに炎上するとし、そこで薫煙は火炎で派生して能く火質を抑伏、また薫煙には精気が存在して未だに義質の通関と見做さず、どうして外辺火景で晦冥内処とせず、そこで薫煙が昇達してのちに生火するのは、人命に始点凶兆で結局吉兆のケースと為さないのだ。

徐子平氏の解説では―

まずドラゴンが唸りタイガーが咆哮するとはまた戊辰干支甲寅干支のケースで、とても詳義だが肯首せずただ寅支が辰支に巡相して肯首し、先に薫煙してのちに炎上して明らかに陰陽に順気して次点の序調、またその精気と見做して殊異ではなく、結局は義質を布告するのではない。

〔歌訣〕
また凶中の吉意を毎見すれば、吉意すなわち先ず凶揺なので、逆に凶揺を吉兆と見做すのである。

〔註解〕

この上文によればこの吉凶に言及して倚伏の象相と見做し、たとえば前述の魁抵蒼龍の星宿では自ら天賦の財気で吉星であり、これは酉支蔵の辛干が辰支蔵の乙木を剋伐して財気と見做すのである。

また辰土はすなわち水地で、また能く辛金官星を牽制して財気のテーマをかえって失効せず、また官星を失効して凶揺と見做すのである。

また昴宿胃宿が臨星衡揺の当地では地支有害で凶揺であり、かえって木質は用途の金質を官星と見做し、また酉支はすなわち官禄星に乖背せずに、凶兆帯吉するとし始意を布告して運途をテーマとし、次点に五行の後展をテーマとするのである。

復たこれを詳細に言及してたとえば火主人が運歳の水地を巡り、すなわち偏官七殺を肯首して凶揺、また用途の水質を官星と見做し吉兆なのである。

また水主人が運歳の巳午支エリアを巡り、南方地つまり財星の利獲と見做し吉兆だが、かえって戊己干偏官七殺を附帯して凶揺、たとえばこれは極めて多大で学人は通変作用の深究を要し、そこで根本的に最重要の取用としてこれに言及するのである。

曇瑩氏がいう―

また吉凶の象相とはすなわち禍福の因相、つまり陰陽の恒常的な作用であり、もとより世人は吉相者は吉途にて凶兆際会また凶相者は凶途にて吉兆際会するのは、君子の至道しないポイントなのである。

またこの道理とは恒常的なだけであり、もし凶星が吉星に克てばその吉星は含凶、またもし吉星が凶星に克てばそれはまた吉星含凶であり、そこで純粋性から駁雑が生起し、また交夾から比和が顕出する故に吉星含凶、また凶星吉兆に好転するのである。

〔歌訣〕
また「禍旬向末」とは、いわばその福分を運途を迎容して肯首し、たとえ衰地に赴いても災禍をテーマとして好転が適宜するとし、男命迎容と女命送容には否相と泰相が交処するので、陰性と陽性の二気性でその順運と逆運を除算出するのである。

〔註解〕
この言及は吉凶禍福で行運に由来し、また「禍旬向末」とはたとえば凶運に際会しても十年スパンで満期して吉運途と交処して、もし当生の年月柱が深気でまた行運年歳が扶助して向禄が財地に臨み、さらに運途の交処を俟たずただ末運に処在して、すなわち瑞祥迎容を肯首してこれを推究するのだ。
たとえば衰地に赴き人命が恒久に福郷を巡歴して背禄、つまり絶財の運途でそこで肯首できず、すなわち凶兆への言及で災禍のテーマつまり「逆課」を肯首するのである。
そこで男命迎容かつ女命送容つまり陽性男命と陰性女命とは運途の順行であり、また大運一スパンは十年間であり、さらに前半と後半それぞれを五年間づつ分岐して、およそ吉運に赴き節気を深得して男命迎容では前半五年間を福分を発揚、また女命送容では後半五年間を福分が発揚するのである。

また男命は大運の初交年を詳究して禍福を迎容する故に「迎」と称し、また女命は大運の算出の年時でその禍福を送容する故に「送」と称し、そこで男命迎容女命送容とはその可否が交処して一義の造作を看て吉兆を迎容して、また凶兆を送容また凶兆を迎容して吉兆を送容して、その可否の交処を肯定するのである。

また「陰性男命と陽性女命」また「陽性男命と陰性女命」では、順運逆運ともに除算するので、すなわち余剰を三で割り算して一年歳と見做して、運途の新旧ともに吉凶何れが存在するかを看て運途の数象に言及するのである。

曇瑩氏がいう―

この行運のテーマはそれぞれ長生を指向し、その次点に衰地を指向するので、たとえば庚金を巳支が搭載して長生また戌支が搭載して衰符するので、そこで戌支がポイントならば男命順行して死囚休廃、また女命逆行して帝旺建禄また巳支がポイントならば男命逆行して申酉支旺郷エリア、また女命順行して寅卯支困地エリアである故に「禍旬」と称するのである。

そこで陰陽の二気質はそこで言及して小運とは、すなわち年柱の精気また大運とは月柱の精気だが、そこで日干を「運」と見做すときは月支を「気」と見做し、そこで小運はすなわち生日柱より交展また大運はすなわちこの過度の精気がテーマで、それらの二気質の運行が己星の命運の由しである故に陰陽二気と称するのである。

〔歌訣〕

その金質と木質をそれぞれのエリアの方処で占相、その南方地のスパンを標示しておそらくその往来巡相が不利益なのである。

また一旬のスパンでは司歳の干星を問うので、一年歳の司星また一箇月の司星また一日間の司星、つまり「向三避五」でありそのエリアと窮通を指向し、その吉凶を衡量してその年歳の可否を論述するのだ。

〔註解〕

これはいわば東西南北四方位つまり木金火水の当地で、利得の有無が存在して年歳での可否への言及なのである。

王廷光氏がいうには―

まず木火金水気はすなわち四方専位の精気でそれぞれのエリアを占処し、たとえば春季の辛卯干支また夏季の戊午干支また秋季の癸酉干支また冬季の丙子干支、それぞれの四方位が自旺気を抱含して相犯できない故に、五行生旺の星辰を取用するのである。

また白虎殺と称するのは、たとえば東方木質が西方金質に巡相、また南方火質が北方水質に巡相していわゆる四仲支星が鬼殺が不益、つまり要素を拘禁して作用を失効して君主と称しまた父祖と称し、両者の亡失を肯首せずその相剋に巡ってかならず不利益なのである。

もし局相が衰絶符して精気が存在せず、衝揺往来すなわちかえって互相して福分と見做し、たとえば乙亥納音火質が癸巳納音水質を領得して、火質が巳支に添乗して生旺また水質が亥支に添乗して生旺するので互換生旺するのである。

また「往来何傷」とは壬寅納音金質では臣星と見做して旺強ではなく、また庚申納音木質では君星に司事して揺暴せずに一寓地を独占して造化が作用、そこで禄旺の貴星ならば自ら亨通し、艱難すれば救応の得相を要する故なのである。

また一旬のスパンとは司歳の干星つまり年干星、すなわち甲干の配当を知り同旬星を肯定するのである。

また一年歳のなかまた一箇月のなかで当日を問うので、そこで一年歳と称するのはすなわち異同が存在し、陰陽つまり男命と女命の命相また一箇月を求めて、当日を問うのは日数の節気を知ることを要し、そこで年歳を定義して大運の運行の法則と見做し運歳の運行なのである。

また命局の生気の指向の適宜とは五鬼（偏官）殺絶符の局相を忌避して、そこで方途を陳述して陰陽の窮通を指向し、また禄馬星の迎向と乖背を観るのである。

また大運の盛衰浮沈とは、この吉凶の詳察に由来してスパンの指向から超出せず、能く年歳の可否また福徳天醫の生気を論述して局相を指向し、本体の絶符遊魂とは命局の五鬼（偏官）殺絶符なので五鬼（偏官）殺を忌避するのである。

徐子平氏がいう―

解占聲去を造作するとは当生の年月の占処を看て、たとえば木質は用途の金質を官殺と見做し、陽性男命のケースでは運途が未支から出向して申支に入帰、また陰性男命のケースでは運途が亥支から出向して戌支に入帰するのである。

　また禄地を迎向して財星が臨むのを肯首するとは、金木質のエリアに際会してたとえば金質は用途の木質を財気と見做し、そこで陽性男命では運途が丑支から出向して寅支に入帰、また陰性男命では運途の巳支から出向して辰支に入帰するのである。

　また禄地を迎向して財星が臨むのを肯首するとは、木火質のエリアに際会してさらに年歳月令の調候を添加して同じくこれに扶言するのである。

　また標規に対してもとより言及すれば標準之義則が存在し、すなわち命理の基本を肯首し、そこで南方位とは陽明を指向して往き、また北方位とは北暗を指向して巡来するのである。

　これはいわば静動往来また吉凶の運気であり駁雑を肯首せず、また運歳の交点に巡り軽挙妄動を肯首しないのである。

　また一旬のスパンとは年間の干星を問い月数象から日象を求呈し、また一年歳のスパンで月数象を求呈して日象を問うのであり、これは年間の月数象を求呈するのである。

　また「向三避五」とは年間の吉利のポイントの方途であり、およそのその進捗退歩を静慮して吉兆を指向して凶兆を忌避するので、これを過度に大容と為してはならないのだ。

　また一旬とは十日間であり年間とは日象を降生し、およそ一箇月のスパンに処在してまた一旬のスパンでは生日干頭星の配合に言及し、すなわちその当日の休止と瑞祥を知り、生日を日主と見做して定義を挙するのである。

　また一年歳のスパンで月令を取用してその生剋と配合に言及し、すなわち当日スパンの休止と災禍を知り、たとえば人命が地支相を生得して年歳を尊位と見做し、ここで一年歳のスパンで生日柱の禄支や官星や印星を求呈、また原局の配星の有無にて月象を肯首して日象を問うのは、すなわち看命の総括的法規なのである。

〔歌訣〕

　また壬癸干とはすなわち秋冬季に生旺するのは亥子支も同作用であり、また甲乙干とはすなわち夏季に死容また春季に栄昌するのは寅卯支も同作用なのである。

〔註解〕

　これはいわば人命に生旺死絶符が存在し、行運の当処でも適宜の可否が存在して通常は五行を指向して言及するのである。

　まず庚干は聚金の主星である故に申支が位相して水質を派生し、また水質は亥子支に帰局して冬天に生旺して壬干を聚水源と見做す故に亥支が位相して木質を派生、また木質は寅卯支に帰局して春天に生旺して、甲干を聚木首と見做す故に寅支が位相して火質を派生、また火質は巳午支に帰局して夏天に生旺して戊干を聚土尊と見做す故に、巳支が位相して金質を派生するのである。

　また金質は申酉支に帰局して秋天に生旺するので、壬癸干亥子支は水質に類属してまた壬水は申支が搭載長生また子支が搭載帝旺するが、また甲乙干寅卯支は木質に類属してまた甲木は卯支が搭載帝旺また午支が搭載死符する故に、壬癸干は秋冬季に生旺また甲乙干は夏季に死符して春季に栄昌するのである。

〔歌訣〕

　また丙寅干支丁卯干支は納音火質でもあり秋季にも能く扶持、また己巳干支戊辰干支は亥支巡宮して災厄を解脱するのである。

〔註解〕

　これは納音五行を指向して言及しており、丙寅干支丁卯干支は納音炉中火で旺火質なので秋季にも能く扶持して、また火質は秋季には死符するので他の火質がいう迄もないのである。

　また己巳干支戊辰干支は納音大林木で盛木質なので、亥支に巡宮して災厄を透脱するのは、また甲木は亥支に巡相して長生するのは他の木質はいう迄もないのである。

　また丙寅干支丁卯干支とは火質を挙揚するケースで、すでに火質が金質を剋伐するので秋天を扶持する何星とは、いわば水質が秋令に長生する故だからである。

また己巳干支戊辰干支とは木質を挙揚するケースで、すでに甲木は亥支が搭載長生するが、亥宮にて災禍を透脱するのは何かとはいわば亥支とは乾金質である故で、五行休旺や造化自然の道理または元命または行運または流歳を、明らかにしてみな戒慎が適宜なのである。

〔歌訣〕

また病符に憂傷また生扶に巡相するのは、また旺相険攀また休囚絶符なので、その血族がテーマでありその死絶符を憂悩するのである。

〔註解〕

まず病符に憂傷とは休囚絶符と見做して言及し、また生扶に巡相するのは旺相険攀を義質と見做し、また局相病符で鬼殺を附帯して肯首するが、そこで木質が辛巳納音金質を擁しまた火質が甲申納音水質を擁し、また土質が庚寅納音木質を擁しまた金質が乙亥納音火質を擁し、たとえてこのケースなのである。

また休囚絶符や生扶巡相とはまず命局が生扶巡相を肯首するとは、木質が癸亥納音水質を擁しまた火質が庚寅納音木質を擁し、また水質が壬申納音金質を擁しまた金質が丁巳納音土質を擁して、たとえてこのケースなのである。

また旺相険攀とは当主に際会また運歳の巡相、さらに始発と結末を看てそのなりゆきに従伴するのである。

また局相で己星を生扶するのは父母星、また己星が派生するのは子息星、また己星を剋伐するのは官殺星、また己星が剋伐するのは妻財星また比和するのは兄弟星であり、局中に空亡や死絶符に当相また休囚衰敗に当相して憂傷するのは、血族の得処に従伴してこれに言及するのである。

この五行のテーマは総括して、天象と地象のスパンで派生し十二支それぞれに寓処し、そこで長生や沐浴や冠帯や建禄や帝旺や衰病死墓絶胎養符のなかに、四吉星と四凶星と四平庸星が位相するのである。

〔歌訣〕

局相の墓符鬼殺併相は極めて危険であり、また足下臨喪して凶禍速来するのである。

〔註解〕

また墓符鬼殺とはすなわち局相の墓符偏官附帯で、たとえば金質は己丑納音火質を畏れまた木質は乙未納音金質に防備し、また水質は丙辰納音土質に悩患しまた土質は戊辰納音木質を忌み、また火質は壬戌納音水質を畏れ、たとえばこの格局また運歳を巡相して己主は極度の危険度なのである。

また「足下臨喪」とは命主の前展二星辰を喪門と見做し、たとえば辛亥主人が己丑干支を擁してすでに墓符、そこで臨喪また足下とは同禍と見做し、また「面前可見」とはいわばその凶禍が迅速なのである。

もし年歳の諸神殺が大運や小運にこれが臨星して、不測の災禍を憂悩して外装防備の象相なのである。

〔歌訣〕

また陰位によりその陽禍を察するとは、まず歳星が孤辰を侵犯してはならず、また陽鏡が陰災を以て恃勢するとは、年歳とは寡宿に巡相して不益なのである。

〔註解〕

局相の寅卯辰主人は巳支を孤辰と見做しまた丑支を寡宿と見做すが、そこで寅辰支とは陽位相と見做しまた丑巳支を陰位相と見做す故に、陰位によりその陽禍を察するのである。

また歳星が孤辰星を侵犯してはならないとは、たとえば巳午未主人は申支を孤辰と見做しまた辰支を寡宿と見做すが、そこで未巳支とは陰位相と見做しまた申辰支を陽位相と見做す故に、陽鏡は陰災によって恃勢すると称するのである。

また年歳は寡宿に巡相して不益であり、そこで天年とは小運のことでまた歳星とは太歳のことであり、そこで孤辰を陽性で重度と見做しまた寡宿を陰性で重度と見做すのである。

徐子平氏がいうには―

まず陰性は陽性を対極と見做し、また陽性は陰性を併相と見做しいわば陽性はすなわち含陰し、いわば陰性はすなわち含陽する故に陰性によって陽性を察するべきで、また陽性を恃勢して陰性を顧照すべきなのである。

また歳星とは太歳なのであり孤辰が搭載してはならず、たとえば寅卯辰主人が太歳巳支に巡相、また寅主人が喪弔に巡相、また辰主人を控神殺また邀神殺と称して己主の阻塞と見做すのである。

また天年とは太歳であり寡宿が搭載してはならず、たとえば寅卯辰支主人が年歳丑支に巡相して、また辰主人が勾絞に巡相また卯主人が喪弔に巡相して、寅主人が窺神殺また迫神殺と称し主人は窺損かつ逼迫して陥害するのである、その局相刑衝や運歳不和相とは、局相の禄馬が損害する年歳を肯首し、すなわちもっとも凶揺と見做すのである。

〔歌訣〕

まず陰陽二気をテーマとしてついで延生を当課するので、父君が衰病して子息の爵禄を推究し、また妻君が災厄して夫君を当課するのである。

〔註解〕

局相の五行が相生して父子嗣相と見做し、またその精気の伝授と見做し木火質などを肯首、また陰性陽性が相制して夫星妻星と見做し、星辰干支などの交合を肯首するのである。

たとえば病符金質は決定的に火質を畏れ速やかに水質の救応を要し、そこで金質が水質を派生するのは、能く子水質が火質を剋伐すると見做す故で、またたとえば金質の被災とはおそらく火質に相当かつ火質の衰旺の様相を看て、この二法則の救解をもっとも詳要と見做すのである。

徐子平氏がいう―

また二気とは陰性と陽性であり、また延生とは命運のことであり、まず陰性と陽性を別岐してついで命運を分岐し、また病父の二句とは陰陽進捗退歩の象相を明らかにすることである。

たとえば庚辰主人で生月亥支では、庚金を亥支が搭載病符するので病父を肯首、また庚金が壬水を派生して子星と見做し、壬干を亥支が搭載建禄するので子生建禄を肯首するのである。

また庚干は乙干を妻星と見做し、そこで大運の巳支が巡相して乙木を巳支が搭載病符して、妻星の災禍を肯首しまた庚金が延年するのである。

五行それぞれはこのケースであり、たとえば壬癸日主人は庚辛干を父星と見做し、運歳の亥子支を巡り金質が亥子支に巡相して病死符、また己主の父母星が被災するのである。

また丁干憂傷とはそこで丙丁日主が庚辛干を妻星と見做し、運歳の寅卯支を以て金質は寅卯支に絶符して己主の妻星が被損また窮状するのである。

たとえば丙寅主人が大運の戊申干支が巡相して火質が病符するが、丙寅干支は戊申干支の父星と見做し戊土は申支に巡生長生的して、すでに子禄星が生扶して父星が子禄星の蔭護を禀け、たとえ衰病しても致死はしないのである。

たとえば丁卯主人が運歳の甲午干支に巡相して、火質が金質を剋伐して妻星と見做し、庚金を午支が搭載沐浴するので妻星被損を肯首し、また丁卯干支旺火質が午支に巡相して天禄と為り、そこで金質と火質が相得また陰陽相合するので、局相の妻星が被災して夫星が生旺して凶兆と見做さないのである。

そこで父星と子星が会合また夫星と妻星が会合、人命の血族親和を肯首する故に、その夫星子星の命相を観て凶神鬼殺に巡相して、父母星妻子星傷剋すなわち父星の病状はかならず深刻でまた妻星の災禍はかならず重度なのである。

〔歌訣〕

もとより原局が吉兆ならば、凶揺に際会して延寿を推量肯首、また始発結末ともみな凶揺でたちまち窮状が迅速に巡来するだろう。

〔註解〕

原局とはすなわち身命禄地であり、局相の長生の当地が在局当宮して禄馬貴人を附帯して局相生旺して元吉相と称し、行運歳運で凶神悪殺に巡相して凶禍と見做す要があるが、また遅々延滞するだけで非長寿とは為らないのである。

また四柱命局に精気が存在せず、運歳で凶星神殺が臨星して始発結末ともみな凶揺を肯首し、その窮状が迅速に至って救応できないのである。

徐子平氏がいう―

陰陽始終のテーマを前述すればこのテーマは人命の吉凶であり、たとえ命局に天干星地支星納音星が存在せず、局相の年月時柱の局中外辺に貴禄星が当相して休敗位相せず、局相支根の本義を肯首してもとより原局が吉相なのである。

もし年歳が運命乖背の当地を巡り、そこで遅延するとして窮状を推測して、もし局相の内辺外辺に禄馬貴人星が存在しても、かえって局中に刑衝破害が存在して貴星の有無だけではなく結末は凶星の命相と見做し、たとえば吉運に際会してすなわち福分が原因で凶揺が発生するのを防備して、また凶運に際会してすなわち窮状が迅速に巡相し、この二解釈は同一の意義なのである。

〔歌訣〕

局相の宅相と墓相が殺星を被り、賞歌が凋落して呻吟し、また喪門と弔客が人元に臨星また宮商音階の曲が変調して挽歌と見做すのである。

〔註解〕

命主の前展五星辰を宅相と見做し、また命主の後展五星辰を墓相と見做し、また殺星とは劫殺と災殺と歳殺また命主の前展二星辰を喪門と見做し、また命主の後展二星辰を弔客と見做し、また「人」とは人元なのである。

また古来よりの妙歌の善聲であり、その善唱とは宮商音階の曲調であり、現今（明朝代）では愁嘆の呻吟つまり挽歌に変易すると見做し、すなわち喪門と弔客が臨星するのである。

それは宅相と墓相が殺星を被る故であり、また太歳と凶殺が併臨するので、大運また小運にて刑衝すればかならず凶揺を招来するので、切に予防が適宜なのである。

また宅相と墓相の二位相とは、もし太歳を逐年して喪門弔客また黄旛豹尾また太陰大耗将軍など諸凶殺が入宅するのは、まず第一に己主は呻吟し、また第二に己主は忍痛し、また第三に己主は分離し、また第四に己主は哭泣して、これを四聲入宅と見做し「移居避舎」と称して災禍を免れるが、これは流年巡柞の凶殺星への言及で、人命の原局でもっとも重度と見做すのである。

〔歌訣〕

まず「干推両重」とは象相の元首のスパンを防災して、また「支折三軽」とは下半身の災禍を慎戒して、また「下元一気」とは去就の可否のスパンなのである。

〔註解〕

また干推両重とは干頭を天元と見做し、そこで象相の元首なので徳相や貴相に巡相して吉兆、また鬼殺に巡相して凶揺なのである。

また干頭併相して被剋するとは、たとえば甲子主人が生月庚午干支を領得して生日庚午干支を添加して、そこで「重」と称するとは干頭が重複して衝剋しない故で、人体の頭部や目元や胸部や背中のエリアを防災するのである。

また「支折三軽」とはまず支星が人命の「支節」のようでもあり、己主の命相にて三合会局や六合を附帯して吉兆、また三四の刑衝に巡相して凶揺なのである。

また支星が三刑傷揺するとは、たとえば辛酉主人が生月庚寅干支を領得、また日柱丁巳干支で時柱戊申干支で軽度と称するのは刑象が本命局で作用しない故で、人体の腹部や下半身の凶禍を謹慎また三合会局が傷揺して通関するのである。

また「下元一気」とは納音五行の肯定であり、その五行を主司して干支を外辺と為しその変遷と可否を成為し、その災禍が当人の下腿に拘泥しない故に、去就の可否のポイントと称するのである。

さて併干推量とは三ポイントとすれば「支折三軽」、また二ポイントとすれば干支の軽重の別岐なのである。

いわばこの十干星のテーマは大運が巡相して当年が干星を搭載して、かえって年歳を剋伐してその剋伐干星鬼殺と見做して、干頭に臨星して頭部面相の疾なのである。

また十二支星ではもし身命が長生死符して、偏官鬼殺を附帯すれば四肢腰脚碍だが、干星に比較して軽度でまた運気に言及するのだ。

〔陶隠居歌訣〕

甲己干合で五年歳、また乙庚干合で四年歳、また丙辛干合で三年歳、また丁壬干合で二年歳、また戊癸干合で一年歳を推究するのだ。

また納音が存在して運気が巡相し、そこで相生すれば福徳と為り、また相剋して凶揺と為るのである。

そこで五行が恭順相してみな添意するが、庚辛主人が金質に巡相して凶揺を侵犯し、また甲乙主人が木質を擁して営為を遂げ、また壬癸主人が水質を擁して己主が動揺するのである。

　ここで運気の順運と逆運を列記すれば、たとえば男命で癸酉日主で生月辰支では丙辰干支を月建すなわち丙辰干支三歳スパンとして、次点の丁巳納音土質が二歳スパンで、この五年間は納音土質を肯首し別岐に刑揺が存在せず、次点が戊午干支一歳スパンまた次点が己未五歳スパンで、この六年スパンは納音火質を肯首するのである。

　また金質が火質を擁して凶兆だが、庚申干支が四年スパンで辛酉干支が三年スパンでこの七年間は納音木質を肯首し、総括して十二スパンから十八スパンで己主は営為を遂げるが、その他はこれに批准されたし。

　この数象のサイクルとは、一宮地が五年や一年である故は去就のタイミングと称し、大運が旺地に処在してたとえ制効を象相しても、すなわち無害と見做すのである。

〔歌訣〕

　また仁質にて非仁質とは戊己干が被傷するので、生活の司衛に及んでは要素が鬼殺を帯びまた人命が鬼殺を帯び、また逢瀬して災禍と見做すが控除して福分と見做すのである。

〔註解〕

　まず甲乙干の五常を仁質を見做し、現今（明朝代）かえって不仁質と言及して戊己干剋伐して凶揺なのである。

　たとえば甲木が戊干を擁しまた乙干が己干を擁して、偏陽かつ偏陰で剋伐や孤背と見做し、すなわち五行の不仁質と見做すのである。

　もし甲干が己干を擁しまた乙干が戊干を擁して、剛質と柔質が相互に添乗してそのポイントを両得するので、不仁と言及できないのである。

　また詩賦の甲乙戊己干を挙例したと見做しその他の五行も挙例すべきで、五行の変容とは人事と相通しているのである。

　また生活司衛に至ってはみな仁質の外辺ではなく、己星が剋伐する五行を財星と称し、己星を剋伐する五行を偏官鬼殺と称するのである。

　たとえば辛卯主人が丁酉干支を擁し、辛干を酉支が搭載建禄また丁干を辛干の偏官と見做しこれを「禄頭逢鬼」と称し、要素が鬼殺を含有するのである。

　また命局の支星が木質に所属するので、金質が木質を巡剋してこれを「人元受剋」と称し、人命に鬼殺性が存在してまた格局がこのケースのとき、運途で際会してすなわち災禍と見做し、それを控除してすなわち福分と見做すのである。

　またいわば君子は晃旦に興発して昏暮に寝伏し、つねに侍事護衛が適宜でまた摂食調息して、そこで過分に動作して災禍を派生して際会し、鬼殺に逢瀬するので吉相だが凶相を伏蔵して、また人情の作為でもまた陰陽の宰処を肯首し、調寝調食いわば調養を切望するのである。

　また侍事処衛とはいわば左右の近侍であり、この二者ははなはだ軽率ではなく、そこで要素中に鬼殺を帯びまた人命のなかに鬼殺を帯び、そこで吉凶の変容は自ら近侍して遠方に波及して迅速と見做すのである。

　たとえば戊干が甲干を擁して不仁と見做し、また局相の年月時柱に庚辛干を擁してすなわち仁質と見做し、また戊干の食神が庚干と称し、庚干が甲干を制効してまた己干を擁して仁質と見做し、甲己干合と称し能く甲干を侍事処衛、また戊干が甲木を擁して不仁なので災禍と見做し、そこで庚己干が存在して生活侍事処衛と為して、控除して福分と為すと称するのである。

〔歌訣〕

　とりわけ「裸形侠殺」とは人魄が酆都に往きて「犯処被傷」するが、人魂は泰山に帰宿するのである。

〔註解〕

　とりわけ本文の人物の鬼殺的要素に言及して、とりわけ極めて重度に巡相して局相の沐浴の当地を「裸形」と称し、たとえば本来的に沐浴は大運でこれに際会して災禍、また水土質主人が運歳の酉地、また木質主人が運歳の子地、また火質主人が運歳の卯地、また金質主人が運歳の午地なのである。

鬼谷子氏がいう——

　まず波浪限と称しまた侠殺とは「元辰七殺」のことであり、たとえば人運が沐浴に当在して年歳また当生年時と併相して災禍なのである。

　また原局の犯処の星宿とは、すなわち人魂が泰山に帰宿し人魄が酆都に往くが、これは凶兆に巡相する名称なのである。

　いわば侠殺が偏官七殺を拱擁、また裸形が偏官七殺を擁してもっとも不吉と見做し、そこで午支はすなわち辛干の偏官七殺また酉支はすなわち乙干の偏官七殺、また子支はすなわち丁干の偏官七殺また卯支はすなわち己干の偏官七殺で、たとえば辛巳日主で時柱乙未干支では裸形侠殺を肯首し、その他はこれに批准されたし。

また甲子納音金質が年歳戊午干支を領得して金質の裸形が午支に処在し、そこで戊午旺火質を添加して自ら刑相を夾帯して夾殺の反吟として甲子日主の命相を被り、たとえばすなわち被処するのである。

〔歌訣〕

すなわち動作施為とは凶方位を抵触侵犯して、また娶嫁営修とは黄道また黒道への登攀なのである。

〔註解〕

また行来出入とは動作の施為でありまた娶嫁営修とは、すなわち動作施為のなかの大容であり、そこで吉凶を悔吝して動作する故に君子は謹慎するのである。

珞琭子氏がいう──

すでに局相五行を談義してまた出入の方途を論述し、そこで四魔や五鬼（偏官）殺や六害や七傷や八難や九厄を凶方位と見做し、また一徳相や二生相を吉方位と見做し、そこで逐年に太歳神殺を看て取用し、また黄道を巡行して吉兆と見做し、また黒道を巡行して凶揺と見做すのである。

いわばこのテーマは人命の運気であり、自ら運途で吉凶の当地を往来して五行の相生相剋に巡相して娶嫁営修が作用し、己星が剋伐する五行を妻星と称し、そこで妻星が五行生旺の当地に処在してすなわち娶星を肯首し、また娶星はすなわち幇助と見做すのである。

また己星を剋伐する五行を夫星と称し、また夫星が五行生旺の当地に処在して嫁星を肯首してすなわち福分と見做し、いわばカップルの出目で娶嫁成立の義則を肯首するのである。

また営修するとはいわば五行に正規の性質が存在して、両者には変易性が存在してここで君子が営為を修徳するのを肯首し、タイミングを侯つだけである。

また黄道や黒道に登攀するとは、月建つまり運元を指向して黒道を十年間運行して順行満期して黄道上を運行し、たとえば運途が黄道に到達しておよそ事態がみな有利、また運途が黒道に到達しておよそ事態がみな塞滞するのである。

およそ人命の修養を作動と見做し、その進退の迎向と乖背とは陰陽の本義ではなく、運気の合体であり吉凶ともに忌避できないのである。

〔歌訣〕

また禍福は年歳の位相に存在し、それは日時柱の衝揺に由り発揚するので、そこで五行相剋また局相の定義とは、貴人星や食神禄星を附帯して禄馬の当地であり、源泉濁性の伏吟で衰微宮の休地なのである。

〔註解〕

およそ年間の暇休と瑞祥を説くのに、もっぱら局相の日時柱と年歳の生剋と衝揺を看てこれに言及するので、局中の生日支を妻座と見做し、また生時柱を子息座と見做し、そこで日時柱と年歳が和合しておよび財的要素が有効で諸壊星が存在せず、その事象と要素に因りこれに言及するのだ。

たとえば年歳と日時柱が相刑、また六合や三合会局中に元辰や偏官七殺が存在して凶揺、またこのケースに言及して看る故に下文で言及するのだ。

いわば年歳とは太歳行年を指向して言及し、およそ人命が流年歳君に巡相してそこで凶兆すなわち災揺と見做し、また吉凶すなわち吉福と見做し、みな命局中の日時柱の衝揺に因り年柱位相に波及するが、そこで五神とは五行でありまた三生とは三元（天干地支納音）なのである。

およそ人命を観るには根基を究尽すべきで、用途の天干地支納音星で宮地を定義してそこで五行を配当、この法則で日時柱の禄馬星と五行を求めるのである。

また命局の建旺の当地で相生、また衰絶当生地で夾剋するので、もし運途で添加臨星してかならず吉凶の兆候が存在するのである。

およそ命局の造化が衰絶空亡してさらに運途の刑冲が巡相、また凶星が交相して己主は多大に憂悩して些少に悦楽して、かならず非長寿を招来して衰退して呻吟する故に廃宮地と称号、また衰微星を指向して凶星と見做すのである。

また局相の子主人が亥支を擁し、また卯主人が寅支を擁し、また午主人が巳支を擁し、また酉主人が申支を擁して、そこで五行を指向して絶体性遊魂、また五鬼（偏官）殺の絶命的本宮と見做し、局相の天干地支納音を天醫福徳の生起と見做し、以上は往来かつ娶嫁営修の法則と見做し命理のテーマではなく、用途の年歳五行の位相と称してその禍福を看てまた吉兆の日時を択別、すなわち事々作用を肯首してそのテーマが通達するのである。

〔歌訣〕

神殺星の勾絞で横禍が生起しまた元辰亡神で禍敗が発症し、そこで宅墓が同処すればおそらく悦楽が些少で憂悩が多大で、万里を還廻すなわち三帰の当地を肯定するのだ。

〔註解〕

また神殺星とは天象と地象の五行の精気であり、それぞれ吉凶の主処が存在するので、命理を談義する者は先ず命相格局の休旺を推究して、そののち神殺を参究してその事象を観るのである。

そこで陽命主は前展三星辰を「勾」と見做しまた後展三星辰を「絞」と見做し、また陰命主は前展三星辰を「絞」と見做しまた後展三星辰を「勾」と見做し、また運途が臨星してすなわち窮状を招来するのである。

また元辰と亡神の二神殺の名称はさらに当生の凶殺に逢い、運歳での衝星はおおむね官庁事に関連することに因り営途の端緒が存在せず、そこで勾殺や元辰や亡神に宅墓が同処添加してもっとも凶揺なのである。

たとえば癸亥主人の前展五星辰に戊辰干支すなわち壬水の墓符であり、そこで流年運歳で七殺偏官が巡相して同処するのは、宅墓同処を肯首するのである。

また三帰とはすなわち辰戌丑未支で、これを「三丘」と称しまた「五墓」と称し、万物が帰根してまた復命するのでかえって本義に還元するのである。

およそこの四星辰はそこで廻環の象相に即応、また命局五行は帰宿の当地で三帰と見做し、たとえば甲子主人が年歳亥支を領得して「木禄之一帰」と為し、また生月申支を領得して「水命之二帰」と為し、また運途の巳支は「身金之三帰」と為し、みな命局の長生の本位相への言及であり、そこで己星と客星それぞれ長途つまり万里でも、そこで廻環の作用が存在するのである。

徐子平氏がいう—

また勾絞は元命や日時柱や二運途に処在を肯首せず、さらに元辰と偏官七殺が併臨してもっとも凶揺なのである。

また宅墓はたとえば戊子主人が、年歳辛未干支に巡相してまた未支子支に搭載、また日時柱と大運が同宮してすなわち重度であり己主は陰小人に家宅が不利、これは大運に言及して十二星辰のスパンに処在して、順運と逆運が廻環して命局の本義の禄星財星が時柱に宿在して、これに巡相して優々と安堵して福分を享受するのである。

〔歌訣〕

また辰戌丑未支の父星はおおむね養子星を降生し、また不和順の徒輩また血族己身が損傷する事案なのである。

〔註解〕

これはもっぱら血族がテーマであり劫災天地を指向して言及、また辰戌丑未支を四陰殺と見做しまた五鬼（偏官）は、すなわち子主人が辰支を擁し、また丑支が卯支を擁し、また寅支が寅支を擁し、また卯支が丑支を擁し、また辰支が子支を擁し、また巳支が亥支を擁し、また午支が戌支を擁し、また未支が酉支を擁し、また申支が申支を擁し、また酉支が未支を擁し、また戌支が午支を擁し、また亥支が巳支を擁して肯首するのである。

また命局が年歳にて被傷しまた養子相すなわち辰戌丑未支の男命で、かえって反剋受制して不和順と為るのである。

また六害とは子未支衝揺などのケースまた十二支星が不順相で、そこで命相が六害を一二重複また凶殺星を展轉して併衝、たとえば当人は命相に損害星が存在して事態が決まるのは、七傷とは血族と本身の損揺なのである。

または四殺とはもっぱら四劫を指向、また命局は寅巳申亥支に生扶されるので万物の父星であり、己星を剋伐する五行を鬼殺偏官と見做し、人命が生敗旺死絶符の五変容のポイントを肯首するのである。

たとえば甲申干支は納音水質で甲主人劫殺の父星と見做し、庚申干支が派生して木質を子星と見做し、そこで甲干はすなわち庚干の父星で申支が搭載絶符、また庚干に巡相して鬼殺偏官と見做すのである。
そこで卯主人が丁亥干支を以て甲申干支の六害の原因と為り、このケースではすなわち命局に損害星が存在する事態で、そこで七傷とはすなわち神殺名称であり、前述の「詩賦」を観て言及すれば四殺五鬼六害七傷を擁して肯首するのである。

〔歌訣〕
血族の情義とは水火気と同質で、沐浴の当地に巡相して血族の平穏中庸が離散するので、孤辰寡宿が隔角に宿位してもっとも忌むのである。

〔註解〕
この上文に符合して言及すれば、沐浴殺とは長生の次位相で子午卯酉支を肯首し、また孤辰寡宿は前述ですでにテーマとしてまた隔角とは寅申巳亥支を肯首し、人命が沐浴を擁して相剋また孤辰寡宿が隔角の位相に臨むときである。
たとえば生日卯支で時柱丑支また生日丑支で時柱卯支のケースで、そこで丑支は北方位の精気また卯支が東方位の星神で同趣旨ではなく、血族の情誼は水火気と同質でいわば相合せずすなわち分離するのである。

〔歌訣〕
まずその神殺の軽重較量を明らかにする必要があり、そこで己身が神殺星を抑制してなお軽度だが、また神殺星が己身を逆剋してもっとも重度なのである。

〔註解〕
五行の司処とは命局であり、命局のテーマはかならず五行つまり四柱格局を先として、次点に吉凶神殺をテーマとしてその禍福の軽重を較量するだけなのである。
先に五行をテーマとしてその根基の厚薄を見て、格局の良否を別岐してその二者を相互に参究してあまねく誤差はなく、そこで神殺星とは上文の、勾絞や元辰亡神や孤辰寡宿や隔角や沐浴や宅墓や喪弔や伏吟反吟や三帰四殺五鬼六害七傷、などの名称を肯定するのである。
また禄馬星財官星や印綬食神は、すなわち五行生剋の正規の作用で神殺星の名称を肯首せず、そこで己身が年干星を指向して言及、また年柱干支納音また吉凶神殺に言及また日時柱のエリアを領得、また運歳のスパンに逢瀬してただし神殺星が己身を剋伐して重度、また己身が神殺星を抑剋して軽度で、さらに五行つまり四柱格局に随伴してなりゆきを詳察するのである。

〔歌訣〕
また八卦の循環とは『河図洛書』の遺文を典拠として、おおむねその一端を定義と為し、そこで万巻の端緒を翻訳成為して究明するのである。

〔註解〕
珞琭子氏が命局五行に言及したのは九宮八卦の外辺ではなく、その循環を推究すなわち数多の道理を翻出したのである。
これは憶説ではなくすなわち『河図洛書』の遺文に因る為で、その始出の一端で易理には太極が存在すると肯定し、結局は万巻の端緒を成為して六十四卦また三百八十四爻に変展して、その吉凶を悔吝するのでただの千変万緒ではないのである。
その万緒の一端とは在学者が、これを略究してまた口述して一端を定義すなわち一元素気とは先天的であるが、その万巻の端緒を翻出成為すなわち諸賦の所説とは、命理五行なので行運で禄馬星貴徳星に巡り、そこで諸吉凶神殺を肯定するのである。

〔歌訣〕
もし攀鞍に禄馬を附帯かつ際会してすなわち佩印して天子の車馬に添乗、また馬星財星とも劣質微力でこれに巡相して、すなわち辺流して返戻できないのである。

〔註解〕
数象は一数が起点また九数に終局するので、九数象が究極つまり窮数究尽して結局は極数は九数であり、そこで九数とは太過した陽数で生化窮尽の数象なのである。
また人命の貴賤の可否の作用は数象が理由なだけではなく、たとえば命局の癸酉年壬戌月丁亥日庚子時では天禄が搭載し、そこで月日時柱の納音水質と土質で三陽季生旺の成数を領得するので、陰命主が三支星に禄馬攀鞍を附帯してこの命相で、かならず貴顕して己身が戴得するのだ。

その故にたとえば命局の乙酉年丁亥月己卯日丁亥時で、生月亥支に水質駅馬星に添乗して、丁亥納音土質がこれを剋伐して鬼殺偏官と見做し、生日卯支を天禄が搭載しても水質土質ともに卯支に死符するので、己身の鬼殺偏官が命主を衝破いわゆる鬼殺凶揺と見做すのである。

すでに禄馬星が失効してかならず己身の財星を借用して資扶と見做し、また水質は火質が財気で自ら亥支が搭載絶符するのである。

また局相の月日時柱はみな三柱とも財星の死絶符の当地で、これは五行の窮尽の数象であり、たとえ禄馬財星が存在してもすべて鬼殺要素に被奪され、たとえ運途を得てそこで数象が結局は休敗し、窮尽して漂蕩し帰位しない故に劣馬と称するのである。

いわば駅馬星の前展一星辰を攀鞍と見做し、また駅馬星の後展一星辰を鞭策と見做し、そこで攀鞍に位相が存在して干頭が合絆すれば、人命は貴相を領得するのである。

そこで吉星が臨んで添加する必要があり運歳が己身を資扶すれば、さらに旺相の宮地で始めて福分に言及できるが、そこで駅馬が劣微で命局の財星が休囚してすなわち弊塵過労するので結局は成立せず、これが命局に臨星して決定的に己主は漂落するのである。

〔歌訣〕

また「占除望拝」とは、たとえば甲午主人が四十八期をスパンと為せば口舌文書の患があり、また己亥主人が三十二期をスパンと為せば善件悪件が相伴するので、動揺移転してまた殺星を拱夾して三丘相を扶持すれば親族を哭泣して傷心するだろう。

〔註解〕

このテーマは行年や大運小運の象数で、その象数には奇数と偶数の変容が存在し、自ら吉凶がここで生起するのである。

また甲午主人で小運四十八期スパンで丁酉干支は旺金質の当地、また年歳の乙丑干支は本正庫であり、駅馬入局や天乙貴人が臨星添加する故に「占除望拝」の吉兆と見做すのである。

また己亥主人で小運三十二期スパンで丁酉干支は弔客の当地で、年歳の庚午干支が死絶地に処在してすなわち六厄宮地と見做し、命局が被剋する故に口舌文書の窮状と見做すのである。

また大運と年歳の交宮では際会に添意すべきで、吉凶が相伴して禍福が交夾して未だに移転せずに興旺する故に「善悪相伴」と称するのである。

また動揺移転とはすなわち吉凶ともに悔吝して作動するので、そこで辰戌丑未支を四殺と称するのである。

いわば三丘の当地とはそれぞれ五行の墓符地で、たとえば己巳納音木質で生日乙未干支を領得するので「本家三丘」を肯首して、また羊刃を添加する故に鬼殺を拱夾して三丘を扶持すると称し、はなはだ危険度で自ら往来巡相してその「夾殺持丘」を抑止するのである。

この一文節はまた陰陽支用星つまり局宮のケースで、年歳の作用でその禍福を決定、また命局の作用を窮尽してここで尽述できないのである。

〔歌訣〕

また兼論してその執操を詳究して、それを堅持して観るテーマにはこの心髄の厚薄のテーマがあり、この心地を借用して成器と為るので、そこで木気で仁質が盛昌するので、庚辛干で義質が欠乏するのである。

〔註解〕

これはいわば五行の作用で命理を定義しても、その貴賤禍福を見れば非常規に特異傑物の人命で「氷鼠火亀」に似てその資質を測り難く、すなわち命局五行が欠乏窮尽するのである。

兼論してその執操堅持とは状心骨源で、すなわちその由故を観てその安処を察して行心制術して両得するので、そこで相貌と徳行を相互に見るのであり、どうして当人が痩躯などであろうか。

この珞琭子氏の人命観法では「独儒士のテーマで符合」し、また麻衣道人氏の言及では「心相が存在して相位が存在せず、また相位を遂げて心相を生起、また相位が存在して心相が存在せず、心相と相位が随亡してまたこの意義を肯首するのである」としている。

また甲乙木質は仁質を主司し、また丙丁火質は禮質を主司し、また戊己土質は信質を主司、また庚辛金質は義質を主司し、また壬癸水質は智質を主司するのである。

また盛木質はすなわち昌々たる仁質、また欠損金質はすなわち寡義質で、その他はみな象相で器量を知りまた占相して来処を知り、ここで五行に五常を配当して人命の器量を定義するのである。

〔歌訣〕

また悪星が添加してかえって喜悦するのはその大器に擬し、また福星が降臨してまた凶揺するのは表相凶揺の人命なのである。

〔註解〕

また人命が修身してその徳が真実ならば、その故に忠孝仁義と称して順徳して諸殺星が臨んでもかえって権星と見做し、富貴にして驕慢すれば自ら陥阬を招くのである。

その故に傲慢無礼とは反逆の徳であり、善果とは善報を失効しないが悪因を作為して自ら窮状を招くのである。

これは珞琭子氏の深戒であり、疑似と顕表の二文字には最たる意味が存在し、凶星には凶意が添加すれば宜くかえって喜悦が存在して、大器量ではなく君子を肯定しないのである。

そこで遠識大器の人命とは忠孝仁義で戒慎して礼法を守り、どうして能く禍干しその故に疑似と称し、そこで福星が降臨して宜しく喜悦するが、反して凶禍が存在すなわち小人物は命理を恃勢して妄作動するので、また不忠かつ不孝また不仁かつ不義にて背逆無礼なので、どうして能く凶禍が逃散する故に顕表と称するのである。

また言述すれば凶人はその吉兆を凶変、また吉人はその凶兆を好転するのはこれを称し、これら以上の文言は執操堅持かつ状心骨源への言及で君子か小人物かを看るのである。

〔歌訣〕

また「処定求動」とは既剋もしくは未剋では遷処し難く、また安処に居して危難を問うとは、凶兆を肯首して吉兆を占巫するのである。

〔註解〕

これは珞琭子氏が衆人に名義謀動を教示したことにより、吉意に趨勢して凶意を忌避したことに由り、その徳分が天賦でありそのテーマとは己星を剋伐して彼星を剋伐、また己星が彼星を剋伐して権威と見做し、また彼星が此星を剋伐すなわち鬼殺偏官と見做し、また剋伐を肯首して財星を肯首し、また剋伐せずば摂食できないのである。

いわゆる処定求道とは既剋来剋では遷処し難く、運歳行年の五行が本命を来剋して官殺と見做し遷処できず、守静が宜しくこれを俟たとえて士人の功名の問処なのである。

また衝剋せずとは、すなわち凌発し難くまた安処して危難を問い、また凶揺を肯首して吉相を占巫するとは君子が在処、すなわちその象相を観てその言質を玩弄、また動作してすなわちその変容を観てその占巫を玩弄するのである。

これにより自ら天賦がこれを輔けるので、吉兆が存在せず利得はなくかつその吉凶禍福が興旺するので、聖人でなければどうして能く萌芽已前の前兆を察することができるだろうか。

もし能く吉兆に趨勢して凶兆を忌避するとは、安処して危難に配慮するので、あまねくその災禍を否定するのである。

〔歌訣〕

貴顕して濁性を忘却して自ら奢災が生起するので、迷妄して返戻せず凶揺より揺惑が生起するのである。

〔註解〕

君子が天命を所懐して敢えて天賦の福分を求めず、また小人物が天命に慢心して、己身の正規の福分を知らないのである。

また貴顕して濁性を忘却するとは迷妄して返戻せず、安処して危難を訊問できないのである。

また遷処して作動を定義するとは自ら災禍の奢生を肯首し、また凶揺より揺惑が生起するとはそこで敗身亡家に至って悔吝せずまた浅度の憐憫を肯首し、また奢慢して窮尽粋華また揺惑して酒色荒耽を肯首するとき、この二言質とは真実の格言なのである。

〔歌訣〕

また殊異性と恒常性が変容する当地で萌芽し、また善福と淫禍の吉兆と凶兆とは相異しているのだ。

〔註解〕

また動作また止静とは利害のタイミングと為り、また智謀思慮とは禍福の扉処また作術とは戒慎しなければならず、また枢機とは洞察しなければならず、小人物は天命を知らず常道に契当しないのである。

また生扶が軽度で要素が変易するとは、すなわち淫禍の由しにこれを始発するので、そこで君子はタイミングを得て作動、またタイミングを失効して固守するのである。

天賦を行道するとは軽挙妄動を畏れ、すなわち善福の由しによりこれを派生するのである。

『易経』にいう――

まず吉兆と凶兆ともに悔吝するので、その派生そのものが作動なのである。

また吉兆と凶兆ともに領得と失効の象相なので、善行の積家にはかならず余慶があり、また不善行の積家にはかならず余殃が存在するのである。

その進退と存亡を知る道理とは、ただ聖人だけなのである。

それがこの『珞琭子篇』の結局の大戒なのである。

〔歌訣〕

また管公明氏や司馬季主氏はなお恒常識の文章家であり、また郭景純氏や董仲舒氏は形容不可の較容的好作用の術士なのである。

〔註解〕

管公明氏と司馬季主氏と郭景純氏と董仲舒氏の四賢者は天人の奥義や性命の原理を探求し、陰陽之数象を窮尽して未来の吉凶を知り、なお恒常識の文章能力また形容不可の較容的好作用にて造化の深奥と度量の恒常を言及したのである。

また珞琭子氏は姓氏は言及せず何時代か不詳であり、その「詩賦」での自伝には蘭野の御出身、また郭景純氏が称するには六朝時代（二二二～五八九）の人物と考えられ、あきらかに梁朝代（五〇二～五五七）近辺におそらく在処、すなわち蘭陵之野（北斎五五〇～五七七）、または周代靈王氏の太子の晉氏との説はすなわち妄説なのである。

〔歌訣〕

その往時の聖人を推究して前賢を模範、または謀事を陳述して指導、また文章を要約して理論を説明するのは過剰または些少で、その二義性の精神が難しく現今（著述時代）の人はその得失の詳細を参究して遺説を補綴して模範を精神に省鑑し、永年に清々しく台閣に登壇、ここに引用列記を結篇するので希少な千篇の一義を会得されたし。

〔註解〕

およそ五行のテーマでは道法から乖背して否定、また世法から乖離して否定、また人物から乖離して否定するが、そこで文章を要約して理論を説明また謀図を陳述して指導するのである。

また神殺星の赴参往来また吉凶相互の体質で五行の作用を知り、要素の難究を志して巷間に流布するのがどうして些少な補説であろうか。

結局は珞琭子氏はこれを談義していわばこの「詩賦」を作り、往時の聖人の遺文を詳究して前賢人の得失を省鑑し、その博文を約言して妙道は深義また仁顕用蔵、すなわち五行命局の指南書なのである。

そこで後学者はこれを継承して発揚し視聴覚碍者を聡明に施為し、その百世は歴々と無窮でその統一性は恒常的で、その始発と結末を観てその通変合神を縦横に論義して、みな外術に沈溺せずこれを戒諭して言及すればおおむね至道に合致するのであるが、珞琭子氏とは円通機融の人士ではなく高尚の流儀なのだろうなあ。

通玄子撰集珞琭子賦註

〔歌訣〕

庚辛干を寅午戌支が搭載して吉兆の方途であり、そこで丙戊干や巳午支が慶徳で有益であり、また甲乙干寅卯支が財神と為り、また壬癸干や潤下質で傷洩と見做すのである。

〔註解〕

まず庚干の用途の丁干は正官であり、また辛干の用途の丙干も正官なので、そこで寅午戌支の搭載を渇望、また巳午未支旺火地が有益で「向禄臨官」と称するのである。

また辛巳干支庚午干支を貴相と見做すのは、たとえば庚申干支辛酉干支や庚午干支辛未干支や庚寅干支辛卯干支や庚子干支辛丑干支や庚辰干支辛巳干支や庚戌干支辛亥干支これら十二セットの干支とは、庚辛金が火質を官星と見做しまた木質を財星と見做すのである。

また火質が申酉亥子丑支に巡相して精気がなく、また木質が申酉戌子丑支に巡相して衰気するのは、命局の財星に精気がなく窮状の命相なのである。

もし局相の月日時柱が旺相に巡り、また午巳寅支が搭載して貴命を肯首するが、もし火質を附帯しなければすなわち貴命ではなく、また壬癸亥子支水質を附帯して官禄星に乖背して慶成を翻意するのである。

また局相で寅午戌支が全備して官星入局と見做し、また干頭に戊癸干全備して化火官局と見做し、また地支相巳午支全備して暗官局と見做し、さらに木質を擁してまた上局相と見做すのである。

また局相に壬癸干亥申子辰支水質を擁して、さらに戊己干が水質を剋伐して救応すれば有益また印星貴相と見做すのである。

また局相に甲乙干寅卯亥支を擁して財神と見做しまた未支を財庫と見做し、刑害が存在せず財庫地は質実なので財神の発揚を断定肯首、また背禄して官星佩印の貴相を擁さず、ただ旺木質を附帯してビジネスマンとして財神発揚の命相なのである。

〔歌訣〕

また壬癸干を辰戌丑未巳午支が搭載して栄昌、また戊己干は官星栄昌また丙丁干は財星栄昌、そこで甲乙干木質地はみな凶相、また庚辛干顕印星では龍鱗を帯びるようなものである。

〔註解〕

壬癸干とは真実の水質で戊己干辰戌丑未巳午支の方途が吉兆、そこで壬干は用途の己干を正官と為しまた癸干は用途の戊干を正官と為して、局相の巳午支は官禄星の当地なのである。

また局相の四季土旺の土質はみな自旺の当地を巡相し、そこで巳午月上旬や未月上中旬また辰月下旬では官星に生気が存在、すなわち能く成慶するのである。

また水質は土質を官位相と見做し、そこで甲乙干亥卯未寅支木質でその官位を破相して、そこで剋害が軽微ならばすなわち官職下級、また剋害が重度ならば任官を領得せず、そこで庚辛干旺金質を領得して救応と見做しかえって己主は貴相なのである。

〔歌訣〕

また丙丁火を辰申亥子支が搭載して有益、また壬癸干は旺官相また土質は涸窮するので、そこで戊己干は退神また甲乙干は進神で、また金質財星は栄昌顕禄して興隆するのである。

〔註解〕

また火質が壬癸干を擁してそこで丙干が用途の癸干を正官と為し、また丁干は用途の壬干を正官と為して、そこで真実の造化つまり既済の作用なのである。

また局相で亥子支を擁して正官の位相と見做し、そこで丁亥干支丙子干支を貴相また局相の辰申亥子支を貴相と見做し、また土質を擁して六害と為すのである。

そこで救応が存在せずすなわち窮状、また甲乙干旺相が重複して救応と見做し、そこで庚辛干巳酉丑支を擁して財禄の命相と見做すのである。

〔歌訣〕

また戊己土が寅卯未亥支を搭載して、甲乙干官星が栄昌して金質が破禄するとは、庚辛干の背禄を丙丁干が渇望また壬癸干辰支を擁して恒久に福分を享受するのである。

〔註解〕

また戊己干を亥卯未支が搭載して、そこで戊干を卯巳亥支が搭載して貴命と見做し、また官禄星生旺の方途に巡相するときに、庚辛干巳酉丑戌支を擁してすなわち破禄して貴相ではないのである。

そこで生月巳支また生月酉支がもっとも重度なので丙丁干を解救神と見做すが、たとえば戊干が丙干を擁しまた己干が丁未干支を擁して救応できず偏陰偏陽と称するのである。

もし戊干が丁干を擁しまた己干が丙干を擁して解救神を肯首、また生月申酉支では火質が死囚符して精気が存在せず応救でき難いのである。

また局相に亥子辰支を擁して財庫と見做し己主は財気を発揚、またそこでいささかに一木質官星を擁して肯首、また局相の庚辛干巳酉丑申支が有益だが、丙丁干火質炎上して不益だが、壬癸干亥子支を渇望して印星の幇助と見做し、また戊己干辰戌丑未支を財気と見做すのである。

〔歌訣〕

また賢達の人命はこの歌訣に明るく、また愚昧の人命が転迷の極致なのである。

〔註解〕

およそ命理のテーマではまず天干を明察して、のちに地支相また納音をテーマとして、四柱命局また天元地元人元の三才と見做し、そこで局相の五行がテーマで陰性また陽性それぞれの作用を称して、そこで陰性偏頗また陽性偏頗を疾と称するのである。

〔歌訣〕

戊己土が甲乙木に際会して両停止揚、また官貴星が生旺ならば帝王が臨星するのである。

〔註解〕

もし戊己干が木気質に際会して正規相、また己亥干支癸亥干支を擁して真実の長生官星で己主は極品級の貴相また生月が重複生旺して衝揺しなければ、富貴双全でその軽重に言及して看るのである。

〔歌訣〕

壬癸干が戊己干を擁して旺土質の方途では、大局的に上格相を瑞詳するのだ。

〔註解〕

また壬癸干が戊己干辰戌丑未土を擁し、生月巳午支では旺土相で貴相と見做すのである。

〔歌訣〕

庚辛干主人は冬至季で一陽派生するが、そこで丙丁干に生気が存在して福分が林立するだろう。

〔註解〕

庚辛干主人は冬至以降に一陽派生つまり火煖の精気が存在、また木質が漸々に扶旺して能く丙丁火質を生扶して官禄星と見做すのである。

〔歌訣〕

丙子主人は夏至で一陰派生するが、そこで壬癸干亥子支とは偏官の当地なのである。

〔註解〕

この水火質の功能を明らかとして既済之象相であり、たとえば夏季浅くすなわち速やかに発効、また夏至に一陰が生長して水質が漸次旺相する故に、そこで官禄星を生旺するのである。

〔歌訣〕

六甲主人で生月寅支は建禄とは、類別なく富裕しないのである。

〔註解〕

六甲主人で月建正月丙寅干支では月令建禄を附帯して妻女を剋伐、また嗣子断絶して窮状の命相なのである。

また甲干は己干を妻星と見做し、また用途の辛干を官星つまり子星と見做しみな寅支にて絶符するので、土金質が囚絶する当地で禄馬星や妻子星はみな絶符するので貴気とは見做さないのである。

もし用途の丙寅干支は食神の精気と見做し、そこで甲主人が庚申干支を擁しまた乙主人が辛干また酉戌支を擁し、かえって偏官鬼殺の当地で寅支が火質を生扶して、鬼殺を制効して官星つまり貴相に好転するのである。
〔歌訣〕
また乙主人が辛干を多見して生月酉支では、旺鬼衰身して厄疾を帯びるのである。
〔註解〕
乙主人が辛干を擁して干頭鬼殺と見做すので七殺偏官と称し、また乙主人を酉支が搭載して己身が白虎殺つまり無精気の当地に位相、また七殺偏官が己身を剋伐してどうして疾患が存在せず、また甲主人が庚干を擁するとき当人はもし疾症でなくば非長寿なのである。
〔歌訣〕
己主の詞館学堂は科挙試験で功名するが、もし官貴星が存在しなければ決定的に虚名なのである。
〔註解〕
命局が詞館学堂を附帯して、そこで詞館とは官禄星長生の当地を肯首し、また学堂とは当主の長生の当地を肯首するので、官貴星が存在して科挙試験で功名して貴命相と為るが、そこで官貴星が存在せずすなわち虚名の人命、また前述の印星とは甲干が癸干亥子支を附帯して肯定するのである。
〔歌訣〕
また魁星が官星を附帯して、決定的に神童にて貴彰を隠伏するのである。
〔註解〕
魁星とはすなわち甲辰旬中で癸丑干支までの十日間を肯首し、もし当人が官星に位相して官貴学堂を附帯してすなわち神童的科第者に即応して、たとえば癸丑主人が戊申干支を擁して甲辰旬中に所属するケースなのである。
〔歌訣〕
また人命に臨官が当処して衆人は謹仰するので、そこで天馬星や財庫星を貴命と見做すのである。
〔註解〕
命局に臨官を侵犯しておおむね人命は謹慎するので、天馬星を妻財星と見做してテーマとするのである。

たとえば甲干は己干を擁して妻星また財星と見做し、そこで辰支を財庫と見做すので財帛発揚かつ顕達の命相と看るべきなのである。

もし妻星が臨み旺相するときに大運小運また年歳が重複して、おおむね己主は重複婚姻を反復事象するのである。

たとえば甲午主人は己土を妻星また馬星と見做し、運途が申酉戌支に巡相して午支を人元と見做すので、西方つまり火性絶死符に巡相して己土は自ら敗符、また旺金質が存在して土質を財禄星と見做すので、人元つまり財神に精気が存在しないのである。

たとえば丙午主人が運途の西方地に巡り、また丙干が癸干を擁して正官と見做し、また癸水は西方地に敗符して衰官地を肯首するのである。

また丙干は辛干を馬星また財星と見做し、そこで酉戌支が辛金を附帯して辛金を丙干の財星と見做しまた旺辛干を馬星と見做し、また酉支に巡相して馬星を肯定するので本命が動揺また動揺せずに隠蔽、またこれを財気発揚の命相と断定するのである。

〔歌訣〕

また命主を貴相が搭載して亨通を領得すれば、命主が衰微して巡相しても福分を迎容しないのである。

〔註解〕

命主を貴相が搭載して運途の財禄星を指向して顕栄に言及できるが、そこで元命が官貴星の旺相を附帯して、たとえ運途が凶兆でもかならず窮状しないのである。

たとえば壬癸主人が運途の巳午未支を巡相して発揚を肯首し、また壬癸主人が運途の南方地を巡り、貿易で厚利獲得するのである。

また命局が休囚符を附帯して官貴星が存在せず、運途の貴相地を巡り成慶できず、また原局が旺命相で官星を附帯して運途が背禄して年歳と衝揺すれば、官星作用の有無に関わらず己主が運途の長生地に巡るときに免官退陣するのである。

また生扶地と休囚地が同義とは、たとえば甲乙干主人を亥支が搭載して、そこで官地が病符する故に休囚に言及するのである。

また生扶地に相逢して官星の病絶符に言及して己主の人命の官星と見做

し、引退が適宜だがもし大運や小運や年歳に喪弔丘墓侠殺は併臨して、己主は哭泣発聲して「裸形侠殺」と称して自ら嘆息するのである。

〔歌訣〕

また八孤相かつ辰戌丑未支つまり五墓相を道仏士と見做し、祖元を破綻して漂揺する孤独の人命なのである。

〔註解〕

たとえば甲子旬中では戌亥支が空亡であり、六虚と為して戌亥支は乾天に所属、そこで戌支は三位南巡して未支に当相、また未支は三位東巡して辰支に当相、また辰支は三位北巡して丑支に当相、また丑支は三位西巡して戌支に当相するのである。

また局相の辰戌丑未支四位相を孤辰寡宿五墓符と見做し、おおむね祖元を破綻して漂揺孤独の人命なのである。

また九流術士の命相では、命局夾剋して孤単之命と見做し、そこで夾剋が軽度のときは庁舎入命、たとえば真実の孤神に巡相して妻子を損傷する命相なのである。

この通玄子氏の註釈は珞琭子氏の真の本意ではなく、すなわち「自撰集」であり徐子平氏のコメントと同意義なのである。

明通賦　東海徐子平撰／易水萬育吾解

〔歌訣〕

まず太極を判別すれば天象と地象であり、一箇の精気が分岐して陰性と陽性と為り、そこで五行が流出して万物を化生して人物と為り、命運を稟得するのが貧富と貴賤の由来と、術士が部分的に知解してその吉凶や禍福を定義するのである。

〔註解〕

これが原局の造化の始兆なのである。

〔歌訣〕

およそ命局を看るのには日干を命主と見做して、天干地支蔵干の三元に統括して局相干支を配合するのである。

〔註解〕

また天象の時候には四季が存在して万物を造化しており、命局には四柱それぞれの様相が確立するのである。

また命局の四柱では註記してその栄枯を定義して論述し、日柱干支つまり日干を命主の元と見做し、また支星を地元禄と為し、その支蔵星を人寿元と見做すので、すなわち命局は四柱であり天干地支ともに八字干支なのである。

『繼善篇』にいう―

まず四柱それぞれを配列定義して次に天干地支蔵干を分類するが、そこで日干が天元と為りその干支八字の配合を肯定するのである。

〔歌訣〕

また運途をテーマとしてそこで月支を首頭と為して、四季つまり五行のなりゆきを提起するのである。

〔註解〕

また大運とは月支が起点である故に、月柱を「提綱」と見做して月支節気の深浅を看るのである。

そこで四季が何時節を領得するかとは、たとえば春季木質また夏季火質また秋季金質また冬季水質また四季土質であり、その初気と中気のなりゆきは同様ではないのである。

　また行運の当処とはまた順運また逆運があり、また生旺また衰敗があり局相でも生助また剋泄があり、また剋泄また生助の本義に言及したのである。

　また先に言及したのが日干で次に言及したのが月支で、その要処を挙例して人命に教示するのである。

〔歌訣〕

　また旺官地を指向して成功と為して格局に当格して貴相に致り、そこで官星印星財星食神を吉相と見做して平庸の遂良を定義するが、そこで偏官傷官偏印敗財を凶相と見做し、作用が好転して福分と為るのである。

〔註解〕

　五行の建禄や帝旺とは命局の本官成功の当地と見做し、格局に当格してすなわち貴相だが格局が破綻してすなわち濁相、たとえば官星印星財星食神とはもとより吉星なのでそこで衝剋刑傷破敗が存在せず、すなわち平庸が遂良する定義と見做しすなわち当格なのである。

　また偏官傷官偏印敗財はもとより凶星なので、もし制効つまり控除留位合絆化合すれば、作用の好転と称し福分と見做してまた当格するのである。

　そこで諸格局の取用は有益でありその喜忌を自ら察するべきで、そこで四吉星や四凶星は格局の重要ポイントである故に、これを首巻に言及して「賦」に「日主はもっとも健旺が適宜でその用星を損傷できない」と肯定しているのである。

〔歌訣〕

　まず辰戌丑未支とは全備ストックまた巳亥寅申支とは長生鎮位、また子午支はすなわち可否頗相また卯酉支はすなわち交互往来なのである。

〔註解〕

　これは十二支蔵干への言及であり、それぞれ生死可否と交互往来が存在するのである。

『獨歩』にいう―

　まず辰戌丑未支とは四庫地局また寅申巳亥支とは四生地局、また子午卯酉支とは四敗地局なのである。

『喜忌篇』にいう―

　また財星官星印綬を全備するとは四季土旺のストックであり、また官星財星の長生とは寅申巳亥支の鎮位を肯首し、また子午支を天地之基柱と見做し、また卯酉支を日月之門戸と見做し、その基地を指向してまたその作用を遺こすのである。

〔歌訣〕

　また支干星に顕表しない形象とは無相から有為を取用、また節気に余数象が存在して混処のポイントの分類を求呈するのである。

〔註解〕

　これは総じて造化の好作用への言及なので、支干星に顕表しない形象また節気に余数が存在するとは、すなわち十二支蔵の人元のポイントで、すなわち無相から有為を取用また混処のポイントの分類を求呈するのである。たとえば「遥巳拱夾」などの格局では天干から地支の要素を取用、また無相から有為を取用するのではないとは、たとえば子支蔵干星は初三刻を壬水が所属分割、また丑支蔵干星は初三刻を癸水が所属分割、また寅支蔵干星は初三刻を戊土が所属分割するのである。

　これは節気蔵干の一星でありそれぞれ生処が存在するので、混処の分類を求呈するのではないとは何であろうか。

「賦」にいう―

　また合絆の有無とは後学徒が知り難いので三分之一を領得すればよく、敢えて前賢者が記載しないのである。

『繼善篇』にいう―

　顕表かつ非顕表の形象とは、無相のタイミングで有為ではないのである。

〔歌訣〕

　善処と悪処の形象とが交渉してかえって悪処が好転して有益で善処を敬崇、また吉処と凶処が交夾して吉処を損害して凶処を添加するのを畏れるのである。

〔註解〕

これはもっぱら看命の法則への言及であり、この上文で有為を取用して分類を求呈して言及し、たとえば甲日干が丙丁干を擁して背禄で凶揺と為し、また戊己干財星を擁して吉兆善処と為すのである。

そこで丙（壬）丁化木して財気を資助し、悪処が好転して善処を崇敬すると称し乙木が財星を剋害するのを畏れ、吉処を損害して凶処を添加すると称するのである。

また下文を見て財星と印星の交夾では、そこで官殺星がこれを化気して有益で、また官殺混雑のケースでも印綬がこれを化気して有益なのである。

また印星が存在しなければ財星馬星の資星がこれを化して有益で、また財星印星とも存在せず羊刃がこれを合絆してまた食神傷官がこれを制効して有益なのであり、たとえば制殺星が破綻また殺星の制効が作用せず、また印星の化気が破綻また財星が変質して凶揺と見做すケースを肯定するのである。

〔歌訣〕

この故に局相建禄支では富裕でなければすなわち貴相だが、局相が破綻すれば非長寿でなければすなわち窮状するのである。

〔註解〕

局相とは三合会局かつ四季の正宮で、たとえば局相の亥卯未支木局また辰戌丑未支土局のケースであり、甲乙干が亥卯未支を擁して木局と見做し、また丙丁干が亥卯未支を擁して印局と見做し、また戊己干が亥卯未支を擁して官局と見做し、また庚辛干が亥卯未支を擁して財局と見做し、また壬癸干が亥卯未支を擁して傷官と見做すケースなのである。

そこで原局すなわち元劘とは、たとえば癸干の朝元（建禄）は子宮また己土の朝元（建禄）は丑未支のケースで、およそ原局でこれを領得また元命の作用はすなわち寿元なので、そこで官星佩印してすなわち貴相と見做し、また財星すなわち富裕相と見做すのである。

また背禄しても財星を生扶して富裕利益、ただしその一者を領得して刑衝破剋が存在せず功名富貴だが、これに反してすなわち否定するのである。

また局相の侵犯とはたとえば子支貴相は丑未支の衝揺が不益、また午支が衝揺また印星を衝破するケースで一子支と二午支では、一端が破綻して半途の福分を領得するのである。

また破局とはたとえば申子辰支が寅午戌支を、衝破して不益のケースで大凶兆であり、もし用星が虚星でも「飛天禄馬格」を成為してかえって貴相なので、その他はこれに批准されたし。

〔歌訣〕

また此得すれば彼失して中庸均兼、すなわち進退が反復するのである。

〔註解〕

また建禄支を領得して破綻すれば、これは造化の得失や進退が存在して、そこで此得してすなわち彼失するとし、強壮者は進捗してすなわち衰弱者は後退するので、中庸均兼すなわち進退が反復してその変化を測り難く精察詳弁できないのである。

また分類できないとは、たとえば甲干を寅支が搭載建禄するとき申支衝破が不益だが、そこで二寅支に一申支が存在また二甲干に一庚干が存在して損害なく、そこで甲干に力量があり進捗するのである。

たとえば寅支が申支衝破を被りそこで亥支が存在して救応するので、亥支は堅盛で十全の福分と見做すが、そこで亥支が戊己干の衝剋を受けてすなわち敗地するが、そこで亥支を併相すれば畏怖せず強壮に進捗その進退すなわち可否それぞれは、ただ運歳が何処に助起するかを看てその禍福の成否を知るべきなのである。

〔歌訣〕

また神殺星の相互作用とは、その軽重の比較衡量なのである。

〔註解〕

神殺星とはおよそ財星官星印星食神傷官偏官羊刃敗財をみな肯首し、その喜忌のスパンは同一ではなく好悪も相互に異相するのである。

たとえば以下に諸々の格局のテーマを肯首して、その軽重を較量して当時の何星が重度に作用して、また何星が失令して軽度かつ不作用だが、重度ならばこれを留位して軽度ならばこれを控除するので、以上の二句文が総じてその作用に言及してこれを詳細に較量するのである。

そこで『消息賦』を考証してその神殺星を明示する必要があり、その軽重を較量してそこで己身が神殺星を抑剋してなお軽度だが、逆に神殺星が己身を衝剋してもっとも重度なのは、諸々の吉凶神殺星を指向しているのである。

また徐子平氏はもっぱら官星印星禄馬星の貴賎の別称をここに解釈し、たとえば甲申年丙寅月乙卯日辛巳時の命局では、そこで乙干は用途の庚干を正官と見做しまた辛干を偏官と見做し、また庚官を申支が搭載して寅支を衝去、また丙干が辛偏官を合絆して乙木が生旺する故に貴相なのである。

また甲寅年丁卯月癸丑日丁巳時の命局では、己身が偏官が抑剋して身弱旺財で力量がその財星官星に耐久できない故に非長寿なのである。

たとえば乙丑年辛巳月丁巳日己酉時の命局では身旺財旺で、その財星に耐久する故に富命なのである。

たとえば甲子年辛未月乙卯日甲申時の命局では、乙日干の用途が庚官また辛干を偏官と見做し、庚干が申支蔵され生月未支では旺官衰殺で正官の位相を肯得また偏官が位処を失効し、身旺が有益で偏官が正官に変易すると為す故に貴相なのである。

また辛丑年庚寅月乙巳日甲申時の命局では、正官が衰微して偏官が生旺するので、乙木が微力で正官が偏官に変易すると見做し、一生酒癖で落魄して大運の乙酉干支第五スパンの丙申歳八月十九日に卒したのである。

〔歌訣〕

局相に雑気が存在して財星と官星を兼備、また印綬と偏印を併相して禄馬星が同宮するときは「内外三奇」と為して称号するのである。

〔註解〕

これは正規には神殺星の相互作用を指向して、すなわち局相に財星と官星また印綬と偏印が存在して、あるいは同宮また異位相また容蔵また透出し、相互作用して吉凶のテーマが難義でその軽重の較量の作用を要する故に三奇が存在するのである。

〔歌訣〕

まず寅午戌酉支を三奇と肯首して、卯巳支が申支に随伴して変位を肯定せず、また巳酉丑支のなかで子支を附帯して好作用、また午申支が亥支を擁して好く光り耀き、また辰巳子支が逢瀬してすなわち奇処また午亥支が寅支を擁して悩責、亥支が卯午支に巡相して歓喜また寅酉支が巳支を擁して適宜有益、また亥支が午子巳支を擁して後方扶揺また水棲鼠とは未主人で火亀棲池なのである。

いわば神性禄星が飛来して騎馬星に就位すれば、その資財と官職ともに適宜相なので、生旺にしてさらに本義の扶助を領得して上格相の栄華で第一の奇瑞なのである。

たとえば己丑年丁卯月壬午日癸卯時の命局では、壬干が用途の己干を正官と見做しまた丁干を正財と見做し、そこで丁己干は午支に帰禄するので、この格局を肯首する故に己主は大貴相なのである。

〔歌訣〕

また官星が命局の時令に当相して強壮で、早歳にも黄金冠紫恩衣を賜受するだろう。

〔註解〕

これは月令正官の格局であり以下に詳しく格局に言及し、たとえば戊申年甲寅月己丑日丙寅時の命局は、科挙進士の翁仲益氏の命局なのである。

〔歌訣〕

また良効の駅馬星が月柱に添乗して時令壮健のときには、青雲銀路の官職に栄転するだろう。

〔註解〕

これは月令正財の格局であり財星官星の二格局では官星を貴相に取用、また財星を富裕に取用するがいま財官二星を貴相と言及し、日干星から月支蔵の財星に取用して衝揺せずこれに言及するので、その福分と正官とは同義なのである。

〔詩訣〕

日干星が月支財星を取用して黄金珠玉が家蔵に堆積しているのを看て、さらに天干に財星を明見して貴相と見做し、そこで紛々たる黄金財帛が自ら天賦の配処を肯首するのである。

〔歌訣〕

また月柱に印綬を帯びて日柱に財星が存在しなければ、科挙進士試験合格級の賢者として召喚されるだろう。

〔註解〕

『喜忌篇』にいう―

これは月令の印綬格局でありそこで月干や生日に財星が存在せず、すなわち印綬の名称でありいわば印綬格では年月時柱に財星を擁して不益であり、運途が財地に赴きかえって避身退職が適宜で印綬は財星を畏怖するのであり、そこで年時干頭に財星が存在しない方途を取用するのである。

また生月印綬は十全を得難いとは、たとえば甲日干で生月亥支で癸支が透出すれば、偏生が正規に好転また十全の方途と見做して、己主は恩寵貴彰に召喚されまた父祖の資財を領得するだろう。

そこで先行して恥辱への際会また偏生者を免れずに、濁命から貴命に好転また窮状から富裕に好転するので自ら婢女から婦人に好転、そこで官吏と見做して補将兵を卒するのはみな偏印の作用なのである。

そこで印綬偏印を倶有してみな窮状が存在、または両親に拝跪また僧俗交雑また養子相また偏生養子相また正生偏養者なのである。

また比肩が不益でその恩寵を分争、また陽刃が過多また合去また印星微力であればタイミングの可否ではなく、たとえ推挙されても抜群に超出できないのである。

「賦」にいう―

官星佩印が生旺して、かならず要職掌事を担当するのである。

〔歌訣〕

また「日禄帰時格」で官星が存在しなければ、青雲に得路すると称号するのである。

〔註解〕

これは日禄帰時の格局であり、おおむね印綬が最好相で傷官食神を巡ってまた最好相、また運途の財星で発揚するが官星や刑衝や陽刃が不益である。

以上は真実の官星や財星や印星や禄支星で、みな天地陰陽十干星の正気で相生相剋して作用するので、月令が破綻しなければ「経文」に批准するのである。

また月令の破綻とはその軽重に拠ってこれに言及し、タイミングを得て比較的晩期に福分を発揚するので必然的にみな自ら致道し、そこで創業か統括して垂示するのである。

また帰禄格とはただ時上にこれを擁して有益だが、もし月支に重擁して建禄と称しても富裕せず、生月また時上に単見してかえって財星食神が官星を擁して有益で、別格局のテーマを肯定するのである。

〔歌訣〕

また月令の偏官七殺で己星殺星ともに強壮で、青年首相級と見做すのである。

〔註解〕

この月令偏官格とはおおむね月令が偏官で身殺両強を要して、己主の方途は大貴相なのである。

もし身強で偏官が浅度のときは財星で生扶すべきで、また身強で偏官が旺強のときは印星で幇助、または陽刃でこれを制効してみな貴命と見做すのである。

もし用途の印星が被合して七殺が制攻すれば、身弱のケースではかならず非長寿さもなければ疾患が遺こるのである。

たとえば癸卯年乙卯月己巳日乙丑時の命局や癸卯年丁巳月壬寅日甲辰時の命局や壬寅年乙巳月庚寅日丙子時の命局では、身殺両強で制効する故に大貴相なのである。

『喜忌篇』にいう―

命局が月令偏官で年時柱で制効すれば、その故に「賦」の偏頗処への応救と見做すのである。

〔歌訣〕

時上偏財格では身財並旺すれば、裸一貫で公卿級に高昇出世するだろう。

〔註解〕

この時上偏財格局とはただ一位星にて吉兆と見做し、そこで合絆を被れば福分と見做さず、そこで比肩兄弟星の争奪や刑衝破剋が不益なのである。

たとえば丙戌年戊戌月戊子日壬子時の命局では、戊干が癸干を剋伐して正財と見做し、そこで子支壬干が重複して偏財透出と見做すのである。

たとえば丁亥年戊申月壬申日丙午時の命局では、年干丁火でも制合絆して有益で、また能く陰火質は陽火質の作用を覆奪する故に貴相なのである。

『喜忌篇』にいう──
時上偏財格局では別位処が不益を擁する故に、「賦」の補説としては未整備の義則なのである。
〔歌訣〕
日柱建禄支また時柱帰禄支で、財星官星印綬を附帯すれば長年の富貴相なのである。
〔註解〕
まず建禄とは月支星また坐禄とは日支星また帰禄とは時支星への言及であり、この三建禄格で己身は健旺である故に単見して財星を帯び、すなわち富裕また単見して官星を帯びすなわち貴相、また単見して印星を帯び秀相にて旺干星なので、己主は長命で安堵して福分爵禄を享受するのである。
もし財星官星印星を兼備して好作用であり、たとえば丁亥年己酉月壬午日辛亥時の命局では日干が帰禄して午支蔵に官星が存在し、かえって生月酉支は印星と見做して当格するのである。
〔歌訣〕
局相の月刃や日刃や時刃に官殺佩印（綬）を附帯すれば、神威栄昌して蓋世の功名と為るのである。
〔註解〕
この三刃格局では官殺星と印綬の制化の相を要し、ここで栄神とは印綬の異名なので、官殺星が存在して印綬が存在せずまた偏官が存在して正官が存在せず、これらを両得して殺印化星にてもっとも佳質なのである。
ただ羈絆を畏れるとは、たとえば官星が存在して傷官を擁してはならず、また印星が存在して財星を擁してはならず、また偏官が存在して食神傷官を擁してはならないのである。
そこで用星を制去また合去して正規格局を成為せず、たとえば壬申年壬子月戊午日乙卯時の命局では戊午日刃が乙卯官星を制効、また丙戌年癸巳月戊午日丁巳時の命局では日刃が印綬を附帯して変容する故にみな貴相なのである。
〔歌訣〕
局相の月令を偏官七殺が専制して、己身が健旺のときには悠然態なのである。
〔註解〕
『喜忌篇』にいう──
もしすなわち時柱に偏官七殺を附帯して、これを擁してかならずしも凶兆とは見做さず、月干星が制効すればその七殺偏官をかえって権印星と見做し、すなわちこの意義を解釈するのである。
またいわば時上偏官星が月気に通関して、己主は旺々と悠然態するのは些少な相異なのである。
〔歌訣〕
月令に禄支星（財星）が生発すれば、身強へと豹変するのである。
〔註解〕
運元とは月令でありまた三財とは禄支星でありここで日干の背禄を肯首し、すなわち傷官食神格局なので財星を附帯して有益なのである。
たとえば甲日干で生月巳午支では干頭に戊干が透出して、日時柱丑戌未支では日主が健旺なので運歳の東方地を巡り、かならず財帛爵禄を大発揚して裸一貫で成家するだろう。
いわば正規に月支蔵に財禄星に際会し、身強に豹変するのは些少な相異なのである。
〔歌訣〕
年柱に正官や印綬や正財を擁して破綻しなければ、かならず祖元の蔭護を芳しく伝承するだろう。
〔註解〕
局相に重複して破綻が存在せず、もし破綻が存在すればこのテーマを否定するのだが、年柱を祖宗と見做す故に言及するのである。
〔歌訣〕
日主を真為の官星また貴人星また印星が搭載成為し、福星の治世と称号するのである。
〔註解〕
また重複して成為、また成為してすなわち破綻が存在せずすなわち真為の正義だが、もし偏頗して添加すれば仮借処と見做して、真為の正義を非定するのである。

たとえば丙子日丁亥日辛巳日庚午日などを真為の官星と見做し、また丁酉日癸巳日癸卯日丁亥日などを真為の貴人星と見做し、また甲子日時乙亥日時を真為の印星と見做し、局中に破綻がなく資助が存在して福分と見做すのである。

〔歌訣〕

月令偏財で敗財や偏官が存在せず、富裕の人命なのである。

〔註解〕

この月令偏財格局は時上偏財格局と大容は同義なので、比肩劫財の相剋や偏官七殺の泄気を畏れるのである。

〔歌訣〕

日主を正馬星が搭載するとは、生助が存在して名声を天下に挙揚するのである。

〔註解〕

すなわち甲午日や戊子日また甲戌日や乙丑日などの日柱はすなわち「偏」と為し、日柱を貴人星が搭載する格局と同じテーマであり、生助が存在して別支星の財星を肯首、また生扶が存在して別支星の食神傷官を肯首するのである。

〔歌訣〕

日柱が浅度で七殺偏官が搭載して、行運の身旺を巡れば財帛福分を発揚するのである。

〔註解〕

また偏官が搭載するとは、すなわち甲申日乙酉日などで局中に土質が夾雑せず、清身と見做して運歳の寅卯支を巡り、財帛爵禄が大発揚するのでこの格局は印綬が有益でまた正官食神が不益なので、これを侵犯して清身を非定して下級職の命相なのである。

〔歌訣〕

日主単立して建禄支で、日主が運途の貴相地を巡り、職禄賜封を添加するのである。

〔註解〕

日主単立して建禄支とはすなわち丁巳日や癸亥日などで、貴人星が官星を巡衝して貴相と見做し、そこで運歳で巳亥支に巡相重複すれば職禄賜封が倍加、また日主を官星を帯び行運でふたたび官地に巡り解救通関と見做すのである。

〔歌訣〕

食神が生旺して印綬が存在せず刑衝すれば、すなわち母君が子息の爵禄を呑食するだろう。

〔註解〕

この食神格局とはたとえば戊辰年丁巳月壬辰日甲辰時の命局で貴相かつ長寿、たとえば丁未年丙午月甲午日丙寅時の命局では食神に従化して従児格局、そこで丁干傷官辛干正官が巡相して領得せず、その故に窮状非長寿なのである。

〔歌訣〕

日主を建禄支が搭載して、官殺星や比肩劫財が存在せず興旺するだろう。

〔註解〕

すなわち丁巳日主や癸亥日主で生月寅戌支のケースで、局中に官殺星や比肩劫財の兄弟星が存在せず自ら身旺なので、かならず高位長上に列班して立家興業するだろう。

その内訳とはまず丁干を午支が搭載建禄、また癸干を子支が搭載建禄するが、また癸亥干支を正規の旺水地すなわち壬干の禄支であり、また丁巳干支を火質建禄の当地と為して、すなわち丙干の禄支と見做すのである。

これに当格していわば丁癸干はすなわち丙壬干の弟星であり、また巳亥支が丙壬干を搭載して建禄位相である故に弟星が兄班に就くと称し、かならず兄星に因って有為で兄班高位なのである。

また丙午日壬子日を肯首して、もっとも純粋貴相だが夾雑すれば当格せず、もし比肩兄弟星が存在して干支が夾雑すれば、兄星が填実に複してすなわち下級格なのである。

また官星が填実するとは、比肩兄弟星が衝揺して己身が容処せずまた凶揺と断定、また官星が質実でなく干頭単見して禄星が支烈しても、またふたたび成為を肯首するのである。

〔歌訣〕

　また局相が偏印で旺官地に臨星して、すなわち侍臣星が爵禄を貪ると称するのである。

〔註解〕

　たとえば庚子干支が戊子干支を擁して、年月柱が偏印で日柱が上載して偏印と称し、すなわち己主の父君星なのである。

　ここで偏印の搭載を肯首して日干と同局して旺官地に臨星し、すなわち命主が受気して己気を福気が生扶して侍臣星が爵禄を貪り君主の寵用に近侍し、たとえば庚子年戊子月庚子日丙子時の命局が当格なのである。

〔歌訣〕

　また胎元や元命が財星に該当せず、そこで乳児のように恩寵を賜ると見做すのである。

〔註解〕

　また庚寅日や辛卯日や甲申日や乙酉日などのケースでは、みな日主を絶地が搭載して胎生宮と見做してすなわち胞胎格局なのである。

　その生成はとても精微である故に印綬が有益で財星の被剋を畏れるので、年少期に皇統の恩寵を賜るのである。

　おおむね印星格局は同じテーマで、たとえば乙酉年乙酉月乙酉日甲申時の命局は、これに当格するのである。

『喜忌篇』にいう――

　命相の絶符の当処ではすなわち胎元を肯首して、これを生日柱に附帯して受気と称して肯定するのである。

〔歌訣〕

　また局相の年月柱の正官に偏官が夾雑して劣質の人命であり、日時柱が強壮専位して重高の権職、また局相の月時柱の偏官に正官が夾雑して侵病夾交し、運歳で衝剋控除して清々しく顕名するがなお過剰な制効を忌み、また強度の交夾がもっとも不益なのである。

〔註解〕

『喜忌篇』にいう――

　局相で偏官が好作用して制効すれば決定的に一品級の尊位相だが、正官一星を併見すれば官殺混雑でかえって窮命、そこで正官を控除して偏官を留位また偏官を控除して正官を留位するケースでは、いわば局相で偏官が生旺で運途が純粋で身旺ならば官星清貴と見做し、いわば月令に建禄を附帯して切に偏官の際会を忌み凶兆と見做し、正官と偏官が交夾してかえって偏官に融合して貴相と見做して肯首し、この二格局それぞれ命主の当処が存在するのである。

　また年月柱の正官では正官を主体と見做し、偏官の混雑が不益また局相の月時柱の偏官では偏官を主体と見做し、正官の混雑が不益なのである。

　そこで日時柱が専制強旺して、運歳で衝剋控除すれば互相の文義があり、そこで過度に制効してすなわち偏官は顕揚せず夾旺してすなわち控除、また留位し難くその作用を詳細にすべきである。

　たとえば壬子年甲辰月己卯日壬申時の命局では、月時柱が正官で日卯支星を偏官と見做し、また申支蔵の庚金が卯支蔵の乙木偏官を合絆して貴相と見做すのである。

　たとえば張氏（侍郎官吏）の命局では、乙日主が庚干を正官と見做し、また申支蔵の庚金で生月申支では庚干生旺かつ辛干衰相また生月未支では丁火生旺するので、偏官を控除して正官を留位する故に貴相なのである。

　たとえば丙午年丙申月甲寅日丁卯時の命局では、丙丁干が過多して月令の偏官に抗せず、また行運の旺官地に巡相して身旺ならば、偏官鬼殺が好転して正官と見做す故に貴相なのである。

〔歌訣〕

　天干に精気が存在せず、かえって地支星蔵干星の興旺が適宜なのである。

〔註解〕

　これは印綬格局であり、たとえば甲乙干で生月冬季では天干に精気が存在せず、地支の亥子支が搭載して水質が木質を生扶して興旺するケースである。

　たとえば丁亥日や丁丑日などでは、丁火には精気が存在せず壬癸干が巡衝して、亥子支がこれを搭載して堆党し、かえって能く甲木を生扶して地支星の興旺と見做し、土質の巡相剋財が有益で丑支蔵にこれを領得して、財星と見做し利得するケースなのである。

古人の地支星蔵干星のテーマではそこで日時支星に言及するが、たとえば日干や月令に精気が存在せず、もし搭載する支星また時支星が支根を得て、また質実成為の命相と見做すのである。
もし精気が存在せずまた日時柱が衰敗地に相当して、すなわち終身ともに伏臥するだろう。
『喜忌篇』にいう――
およそ天干が衰微してその内訳が弱相に在処し、ふたたび復生を肯首するのだ。
〔歌訣〕
年柱の偏官とはまず始兆が不益で、結局は剋害と為るのである。
〔註解〕
これは歳徳格局であり、たとえば甲日干が年柱庚申干支を附帯して年上偏官と見做し、一名称では元神また一名称では孤辰と称し、その偏官が最重度で終身ともに控除できない故に、己主は終始ともに剋害するのであり、この剋害とはもっぱら父祖血族を指向するのではなく己身に内在するのである。
たとえば丁巳年丁未月辛巳日壬辰時の命局では、一壬干と二丁干の干合絆を制効で有益と為し、また乙卯年丙子月己卯日丁卯時の命局では、丙丁干が三乙干を化去してみな己主は貴相なのである。
ただし結局は剋害を免れずまた偏官多根と称し、切に終始とも剋害が不益でまた通関するのである。
〔歌訣〕
陽刃とは極めて偏官が有益で、その禍夾を制効するのである。
〔註解〕
これは陽刃格局でありおおむね陽刃は財星が不益であり、陽刃によって財星が破綻して財星が偏官を生扶して、また偏官が己身を損傷するのである。
また局相の刑衝や三合会局や六合では、偏官の制効が有益だが自ら偏官を制効して凶揺の造作を断定するのである。
〔歌訣〕
金神はただ制効が適宜で、奸雄を抑伏するのである。
〔註解〕
これは金神格局だがおおむね金神は過度の制効を畏れず、逆に制効の破綻失調が不益なのは運歳のケースも同義で、たとえば甲己日がこの三時令を領得して、ただ甲日がこれを領得して正為なのである。
〔歌訣〕
天月二徳貴人や日徳や天乙貴人や日貴は生旺して、すなわち顕栄するので微力のときも名誉を保持できるだろう。
〔註解〕
陽徳とは天月二徳貴人や日徳、また陰貴とは天乙貴人や日貴格で微力では如意ではなく、強旺では自ら堅守できるだろう。
〔歌訣〕
魁罡格とは衰微してすなわち窮状だが、逆に強旺して当世に絶倫するのだ。
〔註解〕
すなわち魁罡格局で強旺が有益だが衰微して不益であり、また財星や官星が不益でともに抑伏しなければならないのだ。
〔歌訣〕
庫支蔵の財星や官星は衝啓して、すなわち栄昌にて爵禄を拝封され、また閉塞してすなわち窮状して謝罪するのである。
〔註解〕
これは雑気財官格でありたとえば甲干を丑支が搭載して官星庫地、また辰支が搭載して財星庫地、また未支が搭載して木性庫地、また戌支が搭載して食神庫地であり、官星が上格また財星が次格また本気庫地が二次格なのである。
もし年月柱に庫地が存在して、事象の主管は尚早なので年少期の発揚は難しく、もし日支や時支では晩年に発揚して富貴の造化を失効せず、局相に刑衝破害を要して局盤の解錠として星神の閉塞を畏れるのである。
たとえば丁干が用途の辰支を官星庫地と見做すが、そこで戊干が侵犯また戊辰干支が抑圧して閉塞を肯首し、たとえばすなわち丁干は官星を作用せず、局中に甲戊干が存在また運歳で巡相の方途が吉兆なのである。
〔歌訣〕
傷官格が正官を擁するとき傷尽してすなわち孤高の権威を掌握、または夾残してすなわちかならず難儀に際会するだろう。
〔註解〕
これは傷官格局であり、その夾残とは傷尽でないことの言及なのである。
『喜忌篇』にいう――
局中の傷官格局は運途の官星地に赴き、かならず破綻を肯首するのである。
〔歌訣〕
局相の日柱と月柱が官禄星を倒衝して、填実や合絆が巡相せず禄馬飛天格に当格するのである。
〔註解〕
これは「飛天禄馬格」なのである。
〔歌訣〕
局相の天干や地支で偏官を制効合絆すれば過失は存在せず、そこで名声利益が発揚するのである。
〔註解〕
天干地支で偏官を制効合絆して、すなわち天干星相と地支星相が食神制殺また陽刃駕殺するケースだが、そこで制効や合絆が過度では、たとえば偏官一星と食神二星と陽刃三星ではすなわち過剰にて失効し、また身殺両停して過度に制効合絆しなければ、偏官抑凶する故に己主は発揚するのである。
『喜忌篇』にいう――
偏官の制効抑伏が過度のときにはすなわち窮状儒士を肯首するので、過度に制伏してはならないのだ。
〔歌訣〕
局相が官星佩印してもっとも最適宜の象相、徳分政威により賜封を添加するのである。
〔註解〕
これは官星佩印格局で、たとえば甲日主が辛干を領得して正官と見做すとき癸辛干印官星が存在、または地支星が酉子支併相はみな肯首するのである。
己身が官星佩印して衝揺派生して陰陽が配合するので、自ら相生する故に己主は象相を為して君王輔佐の才覚また智謀の将兵また宰政を良守循顕するので、局相が官星佩印相すなわち極品級の貴相、さもなくばすなわち力量に応じてその昇級降格の軽重に言及するのである。
〔歌訣〕
局相に禄馬星を附帯して極めて有益と為り、能く官星が作用するのである。
〔註解〕
これは財官格局であり、たとえば甲日干が己丑干支己酉干支を附帯、また生月が壬午干支癸巳干支のケースで禄馬星の附帯を肯首し、上記のように官星佩印を際会してみな三奇格局と見做すのである。
そこで己身の力量生旺を要しまたタイミングに巡相して当格するので、禄星と己星のバランスが均衡せず降格がテーマで身弱のケースでは非長寿なのである。
〔歌訣〕
また印綬が偏官を附帯してすなわち発揚かつ晦冥するが、もし財星を擁してすなわち被災するが、財星を合去や剋去すればまた発揚するのである。
〔註解〕
これは総じて偏官佩印のテーマで偏官附帯の喜忌であり、印星は偏官に生扶すると称して功名が顕達するのである。
もし偏財が印星を合去また正財が印星を剋去して、みな己主は災禍晦冥だが局中で日干健旺で比肩を擁して財星を破合去するときは、財星印星偏官の併相を肯首して己主は発達するがただ清相ではないのである。
〔詩訣〕
甲乙日干を、金局が搭載するときに、
丙火はすなわち、嘆息を肯首して、
運途が旺火生身の当地を巡るときには、

功名は彼方で、光華を肯定しないのだ。

〔歌訣〕

建禄が官星を帯びすなわち貴相また財星を附帯し、そこで富裕また印星を附帯しすなわち秀才だが、そこで財星や印星を破敗して不吉なのである。

〔註解〕

また局相の建禄はすなわち身旺である故に、官星また印星また財星が作用してみな吉兆だが、そこで劫財や比肩や陽刃を帯びすなわち己身は太旺するので、みな己星が減耗する財星や分剋する官星や奪去する印星など、建禄はもっとも印星と財星が有益なのである。

その故に敗財が印星を破綻し、すなわち偏枯して造化を成為せず財星佩印、つまり混雑して富裕秀才ではなく成為し難い命相なのである。

〔歌訣〕

正官と偏官が併相するときは有益のケースはこれを存続、また不益のケースはこれを控除するが、たとえば武官的には能く正官を控除し、偏官を留位して正官が偏官に変化し、また文官的には能く偏官を控除し、正官を留位して偏官を正官と見做し、運途で身旺ならばかならず賜封を添加するだろう。

また局相で財星と印星が交夾するとき、その進捗を要するがその退歩が不益であり、そこで貴命とは義質だが利得を忘失つまり印星を取用して財星を控除、また富命とはすなわち利得を取用して義質を忘失、つまり財星を取用して印星を控除するので、運歳で身強ならば爵禄が進捗するのである。

〔註解〕

局相の正官と偏官は併用できず、また財星と印星も分位し難い故に惜悪して控除、また偏官を控除して正官を留位、また正官を控除して偏官を留位して、その進捗と退歩の不益を求めるのである。

また局相で印星を取用して財星を控除、また財星を取用して印星を控除して、それぞれの力量に従って重きを用星と為すのである。

その文武や富貴とはそのケースを推言して、未だにかならずしも肯首せず、以上の四格局はみな己主が身旺強命で運歳が生扶して好作用でこの融通がテーマなのである。

また身旺かつ旺財で力量両停して官殺星を附帯、また財星と印星の化助を肯首して益々厚福なのである。

また局相が身弱で官殺星が存在せず、印化が添乗すれば官殺星は好作用せず、また財星佩印して己身を制約して扶助しなければ肯首せずに倚処と為し、かならず決定的に窮状なのである。

〔歌訣〕

命局の十干背禄とは財星を擁して有益豊厚で、劫財が比肩逐馬を附帯して官殺星を兼備してなお偏官を控除また正官を留位、そこで印星が幇助して身強と為りかならず決定的に功職を拝領するのである。

〔註解〕

これは傷官格局への言及なのである。

『喜忌篇』にいう──

十干背禄とは局相の年時柱に財星を擁して、運途で比肩に巡相して「背禄逐馬」を肯定して称するのである。

〔歌訣〕

局相の食神が馬星盛乗するとき印星が生助して凶揺が発生、また正官と偏官が同局して夾錯かつ賢徳に背反し、また偏印と印綬が生旺してたちどころに窮状するのである。

〔註解〕

これは食神格局への言及であり、上記の背禄逐馬より窮極的に官殺星が好転して福分と見做す故に、此章は因財致富への言及であり、そこで官殺星を印星が生助して凶揺と見做し、かえって損壊して相互の分義をみてこの詳察を肯首しないのである。

そこで食神は財星が有益で偏印を畏れるので、官殺星が印星を生扶してすなわち偏印偏旺し、傷官佩印は有益だが食神佩印を畏れる故にこれに言及するのである。

〔歌訣〕

戊日干で生月午支では月刃の造作と看てならず、そこで年時柱に火質が過多して変転して印綬と見做すのである。

〔註解〕

これは陽刃と印星の同宮で火質が過多して、すなわち旺印星と為る故に能く弱勢が強勢に変轉、そこで身強で羊刃が資扶また印星の生助を領得すなわち文章高致の作用で、そこで悪性を隠伏して善性を挙揚するのである。
もし局相に己干が透出しすなわち羊刃と断定するので、印星と羊刃を倶有して当人は忍性を免れず好運が巡相して成功し、また運途が後退して羊刃が巡相してまた財星を被り、衝揺してまた凶揺だがそこで正官が制効して有益で好作用と見做し、たとえば癸亥年戊午月戊午日戊午時の命局ではこのテーマに正符合するのである。

〔歌訣〕
丙日干で月柱丑支では背禄と見做して、局相金質生旺してかえって貪財を造作するのである。

〔註解〕
ここでの「時」とは月令を指向して、また丙日干で生月丑支では丑支蔵己土傷官が背禄と為り、己主は窮状して命局が庚辛干金質旺盛で能く土質が金質を生扶するので、かえって財星と断定して見做すのである。
また丙日干が健旺とは、また寅午戌支火局が搭載し生旺してその財星に耐久し、時柱丑支蔵の己土と酉支が合絆して庚辛干が透出し丙火が生旺してこれに当格、たとえば丙日干は自旺なので生月丑支で庚辛干が透出せず、また巳酉丑支局が存在せず真実の背禄と見做すのである。

〔歌訣〕
官星を羊刃が搭載して結局は被刑するが、三刑でも天乙貴人星にて執政するのである。

〔註解〕
たとえば甲日干が生月辛卯干支また生時辛卯干支で官星が得令せず、かえって卯支が燻生する丁火が傷剋また運歳でふたたび見て決定的に拘禁するのである。
もし官殺星の制伏が適宜では貴相がテーマでも、結局は年歳羊刃で凶揺なのは陽刃がもっとも造化を損壊すると肯首するのである。
また貴星三刑とはすなわち局相に三刑を侵犯し凶揺だが、もし天乙貴人一星が正作用して生旺得令しかえって己主は刑政務を掌典し征伐専行を肯首するが、逆に貴人星が生旺しなくても政局果断に従事し肯首するのは、天乙貴人が最吉神殺星だからである。

〔歌訣〕
天月徳貴人かつ孤辰殺ではかならず道徳的人士を肯首し、桃花殺かつ六合では淫質の人命なのである。

〔註解〕
局相の「徳」とは天月徳貴人すなわち慈善の神殺星、また七殺とはすなわち孤辰殺なので併相して「徳蓋七殺」と称し、主人は道徳心があり道徳に因り貧富を派生するのである。
また「花」とはすなわち桃花殺すなわち淫蕩殺であり、また六合とはすなわち多情殺なので、そこで「花迎六合」では己主は好色にて好く歌唱し端正之士ではとてもないのだ。
たとえば戊午主人が癸丑干支を擁するケースで、すなわち支干星ともに交合して「滾浪桃花」と見做し、また局相の子午卯酉支を「遍野桃花」と見做し、己主男命は媒婚せず己主女命も媒嫁しないのである。

〔歌訣〕
局相で孤辰と寡宿が双全し、官星佩印を附帯すれば道仏士の高階位だが、附帯しなければ平庸の道仏士なのである。

〔註解〕
神殺星の孤辰と寡宿の二星は併見重擁を畏れ、ただ一神殺星ではテーマではなく、そこで官星佩印を附帯して道仏士の高階位だが、たとえば附帯しなければ平庸な道仏士なのである。
たとえば甲戌年戊辰月庚辰日丙子時の命局または甲戌年戊辰月庚辰日丁丑時の命局は、ともに清々しい長老格の高命なのである。

〔歌訣〕
神殺星の隔角が去来して生旺を附帯すれば、かならず養子相だが衰絶すればすなわち結局は寡婦（夫）を素守するのである。

〔註解〕
神殺星の去来では孤辰寡宿を肯首し、たとえば寅卯辰主人が辰巳に際会して神殺星を控除すると称し、また神殺星を来迎すると称し丑寅支に際会して窺神殺と称し、また追神殺と称して他はこれに批准し、さらに運歳が不調和で局相交夾してもっとも甚大な凶意と見做すのである。

〔歌訣〕

命局で偏印が満局すれば家人はみな消散、また空亡偏見するときは血族が瑕疵離反するだろう。

〔註解〕

偏印と空亡の二星辰はすなわち孤辰寡宿剋害の星辰であり、満局偏見して断定の方途を経るのである。

もし食神が偏印に際会して格局が財星食神貴禄星などで、空亡を附帯してもっとも不吉相なのである。

〔歌訣〕

局相で財星と印星と傷官が交夾してかならず天干地支星を否相、また正官と偏官ともに控除して、些少な爺娘などの知己を失うのである。

〔註解〕

この二節文は、血族専門がテーマなのである。

〔歌訣〕

局相で大耗羊刃が交錯すれば匹牛匹羊を解体の凶兆であり、また局相が純陰相また純陽相が併相交夾すれば獣的徒輩と看るのである。

〔註解〕

神殺星の大耗と羊刃すなわち凶星辰とは、そこで偏陰また偏陽すなわち局相失調して大耗羊刃が堆聚して局中で交夾し、己主は凶揺で匹牛匹羊解体のような忌処なのであり、また干頭が全偏星で地支相が刑衝破害して、かならず正規の性質が存在しない人命で獣的徒輩がテーマなのである。

もし年月柱に駅馬や六害や劫殺や亡神などの神殺で、局相が偏陰性また偏陽性でもっとも凶揺なのである。

たとえば甲子年庚午月甲子日庚午時の命局では、甲日干は用途の辛干を正官と見做して庚干偏官が透出して得令せず、また甲日干は用途の己干を正財と見做し、生月午支に禄位を発揚また子午支は対衝するので、財星が成為せずに仁義性の否定を断定するのだ。

たとえば甲午年甲戌月甲午日甲子時の命局では、三甲干を併相して用途の官星が顕揚せず財星と印星が衝揺して依処が存在せず、飽きることなく貪欲にて血族を認証せず薄義的な人命なのである。

〔歌訣〕

局相が衰微して偏印聚星すなわち寄食労働者を肯首し、局相絶符して屠夫ブローカー活計が適宜なのである。

〔註解〕

また偏印と食神とは相反星である故に、これを併挙して己身は衰絶符を忌み、また衰符して偏印を附帯して偏印が作用し難く、また絶符して食神を附帯して食神が作用し難い故にみな不吉で、寄食労働者としてまた偏印に因り飽食を得難く、屠夫ブローカー活計を行為してそこで食神に因り飽食しても窮命なのである。

〔歌訣〕

また局中で正官や偏官や正財や偏財が好作用し、身旺で夾雑しなければすなわち極品級の官位なのである。

〔歌訣〕

およそ命相が純粋不雑で上格と見做しまた偏枯混濁して下格と見做し、たとえば甲日干は辛干を正官と見做し、局中に辛干酉支が存在して正官の好作用と称し、また庚干を偏官と見做し、局中に庚干申支が存在して偏官の好作用と称するのである。

また正財を馬星と見做すのは局中に己干丑未支が存在するときで、また偏財と見做すのは局中に戊干辰戌支が存在して馬財星とも好作用し、身旺のケースには大富貴格と見做すのである。

また格局の建禄支を領得してすなわち出身は富裕充足するが、日支建禄が次格級また時支建禄が二次格級だが、そこで建禄は正官を附帯して筆頭級で、また正財を附帯してその次格級で偏官とは長寿ではないのである。

もし局相月柱陽刃のケースでは偏官が好作用して筆頭級、また財格局はすなわち横変を防備するのである。

たとえば癸卯年乙卯月己巳日乙丑時の命局では、この命相では偏官が好作用すなわち能く善処して極品級の貴相と見做し、たとえば甲戌年丁卯月己巳日乙亥時の命局では官雑混雑であり甲己干合化土して貴相と見做し、過分に力量が雑化して善果を領得せず結末するだろう。
〔歌訣〕
局相の地支が全印星または全食神のときに、命相が旺強で破綻が存在せず、すなわち千鍾の爵禄を拝領できるだろう。
〔註解〕
また局相全印星とはたとえば甲日干が壬癸干亥子支を附帯、そこで通変星の正偏や夾雑の有無や駁雑の有無、また全衝とはたとえば地支全亥相また地支全巳相、また地支全子相また地支全午相などのケースである。
また衝出禄馬とは寅申亥子午卯酉辰戌丑未支みなを肯首して全制効、たとえば甲日干が丁干また午支を擁して傷尽、かつ官星つまり堆土を捻出して財星と見做すのである。
また全食相とはたとえば甲干が丙干を擁して、局相全寅支のケースでそこで日主の生旺を領得して、局相の月日時柱が正庫臨官でみな貴人相なのである。
たとえば己未年乙亥月丙寅日辛卯時の命局は全印駁雑であり、辛財夾剋が存在して運途が身旺を巡りすなわち貴顕、また己身が衰地を巡りすなわち夾陥、たとえば辛亥年己亥月辛亥日己亥時の命局では地支全亥相で、巳支蔵の丙戊干を衝出し全衝して貴相と見做すのである。
〔歌訣〕
日干が太旺して依処が存在せず、もし僧侶でなければもとより道士が適宜であり、そこで天干が微弱で輔佐が存在しなければ、そこでテクニックを擁さなければすなわち巫士と見做すのである。
〔註解〕
これは太過か不及への言及であり吉意とは見做さず、太過とはすなわち財官星の死絶符である故に己主は孤相、また不及とはすなわち財官星に耐久し難く、その故に己主はテクニシャンで造化の貴相中和を擁するので、もし依処輔佐が存在してすなわちこのテーマは肯首しないのだ。
『喜忌篇』にいう―
局中に官星が太旺すれば天干微勢と称するが、逆に日干が極旺して依処が存在せず、もし僧侶でなければすなわち道士を肯定するのだ。
〔歌訣〕
局相が身弱で生扶が存在すればかならず発揚するが、また財馬星が不益で相互傷夾するのである。
〔註解〕
局相が身弱で印星が作用するとき、そこで財星傷官印星の交夾が不益で、財星印星の貪壊のテーマと見做すので、そこで財星と印星を分岐してその軽重に言及するのである。
『喜忌篇』にいう―
日干に精気が存在せず時柱に陽刃を附帯して凶兆と見做さず、陽刃とは劫財でもあり局相が多財身弱のときはその故に陽刃は不益ではなく、これを併論すべきなのである。
〔歌訣〕
局相で食神が偏印を帯びすなわち非長寿だが、そこで財星が生扶救応すれば有益なのである。
〔註解〕
食神は偏印を畏れるので、そこで財星が偏印を制効して用星と見做し救応が存在し、そこで財星と偏印の軽重を分類して言及し、そこで印星は財星が不益だが食神は、すなわち財星を要してそれぞれ当処に意義が存在するのである。
〔歌訣〕
甲子日主で時柱子支で局中に庚辛干申酉丑午支が存在せず、「禄馬飛来」と称するのである。
〔註解〕
これは「子遥巳格」であり、『喜忌篇』と同じ文義なのである。
〔歌訣〕
局中の戊日干で時柱庚申干支のときに、局中に甲丙丁干寅卯午支が存在せず「食神明旺」と称するのである。
〔註解〕
『喜忌篇』にいう―
これは「専食合禄格局」なのであり、戊日干が時柱庚申干支を帯び「食神干旺」の方途と称し、月柱に甲丙干寅卯支を附帯してすなわち巡非巡を肯首するのである。

〔歌訣〕

庚子日また壬子日が午禄支を衝揺するときに、切に丙丁干が不益なのである。

〔註解〕

これは「正衝禄馬格局」なのである。

〔歌訣〕

辛丑日や癸丑日が巳官星を合絆するときは、年時柱の子巳支が不益なのである。

〔註解〕

『喜忌篇』にいう――

これは「丑遥巳格」なのであり、辛日主や癸日主を丑支併相搭載するときは官星は不益であり、年時柱子巳二宮を擁して名利ともに虚質なのである。

〔歌訣〕

丙午日や丁巳日に批准するときには、もっとも刑衝が不益なのである。

〔註解〕

これは「倒衝禄馬格局」なのである。

〔歌訣〕

壬子日や癸亥日が同例で、また填実の巡相に防備するのである。

〔註解〕

以上の正衝や倒衝や遥合とは相互の文章を融通して義質を見るので、たとえば丙丁干巳支を挙揚するとき填実の巡相が不益で、そこで子支を挙例すれば刑衝が不益なのである。

たとえば丙子年庚寅月丙午日癸巳時の命局や庚寅年壬午月丙午日戊戌時の命局は、ともに局相寅午戌支全備が有益で、たとえば辛酉年癸巳月丁巳日乙巳時の命局や癸卯年丁巳月丁巳日乙巳時の命局ともに巳支併相して有益で、合絆の有無はテーマではなくみな吉兆なので、そこで辰支を夾擁して不益ですなわち衝揺できず、かえって巳酉丑支全備して有益で「正衝格」を肯定するのである。

『喜忌篇』にいう――

もし月建傷官を附帯して、たとえば凶処は未だかならずしも凶意と見做さず、その内訳は「正倒禄飛」であり、また官星が不益でまた合絆の不益を肯首するのである。

〔歌訣〕

局相の六辛日を搭載する午支が存在せず、時柱戊子干支を擁して辛干が丙官と合絆して貴相と見做すのである。

〔註解〕

これは「六陰朝陽格局」で、たとえば戊辰年辛酉月辛丑日戊子時の命局また戊辰年辛酉月辛酉日戊子時の命局また乙丑年庚辰月辛酉日戊子時の命局はこれに当格するのである。

『喜忌篇』にいう――

六辛日干が時柱戊子干支を擁し午支位が不益で、運途の西方地が有益なのである。

〔歌訣〕

六癸日干で戊己干星が存在せず時柱の甲寅干支を領得して、寅支が巳支を刑衝するもっとも奇格なのである。

〔註解〕

これは刑合格局であり、この格局は己主の気性が剛質で快察して太質、たとえば乙未年甲申月癸酉日甲寅時の命局では申支蔵の庚干が甲木を傷剋、また寅申支衝揺する故に貴相だが、分度を逓減して厚利だが名望は低度なのである。

『喜忌篇』にいう――

六癸日が時柱寅支を帯びるとき、年月柱の戊己干の二方途を畏れて肯首するのだ。

〔歌訣〕

癸日干が丙戊己庚干申支が存在せず、時柱己土財官星が合絆するときである。

〔註解〕

これは「専印合禄格局」で、また専食格と同看法なのである。

〔歌訣〉
局相の壬干を子午卯酉支の正気や、辰戌丑未支の四季旺土が搭載するときである。
〔註解〉
壬日主のときにすでに官殺星が存在せず、かえって子午卯酉支の四正を為し、また能く辰戌丑未支を合出して官禄星と見做し、四正倶会でなくてもただ四正全備して好作用なのである。
〔歌訣〉
癸日干も上記に同じだが土星が侵犯してはならず土星を領得してその利害が交夾し、そこで高官吏ならば病身し巡相して刑責と恵賜が確実と為り、職務が重責だが家宅は窮状するのである。
〔註解〉
癸日主のときにかえって堆土禄を忌み、また子午卯酉支を擁するのは壬日干と同義で吉凶相半するのである。
〔歌訣〉
また局相の甲干曲直格や丙干炎上格は高官吏で妻女を剋害して富裕せず、また戊干の従革相や庚干の潤下相は職務が重責で嗣子が些少で自ら窮状するだろう。
〔註解〉
局相の甲干を亥卯未支が搭載して「曲直」と称し、また丙干を寅午戌支が搭載して「炎上」と称し、また戊干を巳酉丑支が搭載して「従革」と称し、また庚干を申子辰支が搭載して「潤下」と称するのである。
また甲丙干が木火局を擁してすなわち太旺して能く三合会局、また官星局を顕出する故に己主は高官だが、陽刃劫財を擁する故に妻女を剋伐するのである。
また戊庚干を金水局が搭載してすなわち脱気し、能く三合会局また官星局を顕出する故に己主は職務重責で、そこで原局に官殺星が存在しない故に子息少数であり、この四格局はみな偏頗を要する故に福分爵禄を全備しないのである。
〔歌訣〉
己身を休囚地が侵犯して官貴星を併衝するとき、何故にか嘆息するのだ。
〔註解〉
たとえば辛亥日主に原局に官殺星が存在せず、身旺でなければどうして怨恨しないだろうか。
また亥支併相を知らなければ、また能く巳支蔵の官星印星を勾出して貴相と見做すので何故にか嘆息するのか。
〔歌訣〉
自ら専旺する生日干支とは、対宮の官禄星を衝出してなお貴相なのである。
〔註解〉
すなわち丁巳日癸亥日丙午日壬子日などは自ら建禄帝旺に当宮して、能く支星が対宮の官禄星を衝出するので上文と同義なのである。
〔歌訣〉
乙木を単見して時柱子支を帯び官星が存在しなければ、「六乙鼠貴格」で最貴相なのである。
〔註解〉
これは六乙鼠貴格で『喜忌篇』と同義文、たとえば甲寅年戊辰月乙亥日丙子時の命局では局相に他格局が混揺せず、丙子干支が安泰不動揺で貴相と見做すのである。
「経典」にいう—
用星は動揺を肯首せず、たとえば甲寅年癸酉月乙亥日丙子時の命局では、月令偏官に損傷して日支星の旺印星に頼処するのである。
また失効せずに衣糧爵禄と見做すとは、たとえば辛亥年甲午月乙亥日丙子時の命局では、この貴命が午支の破衝を被り亥支併見刑衝、もとより己身はすでに死地に処在して自ら法抵触して、ともに依処が存在しない故に己主は窮状なのである。
〔歌訣〉
壬水を辰支が併相搭載して衝剋が存在せず、「壬騎龍背格」に当格するのである。
〔註解〉

これは「壬騎龍背格局」で『喜忌篇』と同文義であり、たとえば壬辰年甲辰月壬辰日壬寅時の命局では、壬干が用途の己土を正官と見做しまた丁干を正財と見做し、また辰支併相して戌支蔵の官庫星を衝出するのである。

また午支蔵に財星官星を虚合するとは、寅午戌支三合火局を壬日干が領得して貴相と見做し、たとえば壬寅年壬寅月壬辰日壬寅時の命局では、壬日干が丙火を支蔵して寅支が搭載してすでに財星を肯首し、また寅支が併相して午戌支財官星を合起する故に名声勝利するのである。

〔歌訣〕

庚日干が潤下局を全備して壬癸干巳午支の方途が不益で、時柱に子申支を擁してその福分は半減するのである。

〔註解〕

これは「井欄斜叉格局」であり『喜忌篇』と同文義なのである。

〔歌訣〕

局相で官星や財星と合絆して公卿を成為するので、休囚剋害の陥辱を防備するのである。

〔註解〕

また官星を合絆するとは、たとえば乙日干が庚干を擁するケースで、また財星を合絆するとはたとえば甲日干が己干を擁するケースで、すなわち十干星の変化の作用なのである。

「賦」にいう――

真実の干合化気とは名誉は大公卿だが、仮の干合化気とは孤児異姓者なのである。

また乙庚干合化金気とは水地が搭載し、すなわち休囚符また火地が搭載して、すなわち剋害するのでおよそ干合を附帯してまた独旺して自作用を肯首せず、また干合絆が衝揺を帯びその一端が破剋してみな成合せず、また局相が休囚死絶符の当地で化合して失調錯誤して合絆し、かならず不利益に陥滞するので仮の化合なのである。

たとえば己干が甲干を擁して己未干支を擁して得地と見做し、己土を旺庫地が搭載するからで、また丙干が辛干と合絆して辛卯干支を擁して失地と見做し、また丙火を卯支が搭載敗地また戊癸干合のとき、戊午干支を擁して得地と見做し、戊癸干合化火して午支が旺火の当地である故なのである。

また癸水が先に得地してそこで方合相するとき、もし地支相や時令を失効して寿元を欠損、そこで化気すれば貴相だが身弱のケースには能く勝果できず、たとえ貴相でもまた失効するのである。

また丙辛干合のときに辛未干支を擁して、未支が搭載して火気弱陽でおおむね非長寿、また色疾に因り局中に壬干が存在して丙干を剋伐、また壬干を申支が搭載自旺するとき、対衝地の寅宮は生火の当地で決定的に非長寿なのである。

また合絆を貪り官星を失調するとは、たとえば丁日干が壬干二三星を擁して、丁単壬聚星なので一星では聚星に勝果せず、すなわち汚合絆の人士で卓立の当処がなくどうして能く成功し、そこで丁干が有力のときはいささか半吉途を領得するのである。

たとえば甲己干合では甲木が通気に当宮せず、そこで己土が正義的位相を擁し、たとえ合絆してもその正為を失調してまた同上のテーマであり、もし甲己干合両位を皆得してその高貴が極顕するのである。

「経典」にいう――

甲己干は土郷に盛木するとし仁義を発揚して明君を輔佐、また丙辛干合して旺丙生辛して権威の職を鎮守、また乙庚干合を金局が搭載して木質自旺を兼ねて文武仁義双全、また戊癸干合が旺火を領得してさらに水質独旺して礼節律義智勇を兼備、また丁壬干合とは水火既済にて魚水和同相、また陰陽干支相合してそこで君臣慶会とは高丘で鳳聲を聴き、かならず要処にて悠然底なのである。

たとえば甲辰年戊辰月己巳日辛未時の命局では、己日干が甲干を領得して正官と見做し、また生日辰支に通気して未土が搭載し、印綬と見做して兼能する故に己主は極貴相なのである。

たとえば戊申年庚申月癸亥日戊午時の命局では、癸日干が生月申支では旺印天徳の当地で、戊干を合絆して正官と見做し、時柱午支の旺火地が能く戊土正官を資扶して、官星佩印が倶旺する故に己主が大貴相なのである。

〔歌訣〕

拱貴格や拱禄格とは将公の象相であり、そこで刑衝や填実に復し不益なのである。

〔註解〕

これは拱貴格や拱禄格であり『喜忌篇』と同じ文義であり、たとえば丁巳年丙午月甲寅日甲子時の命局は丑支を拱貴し、また壬子年丁未月丁巳日丁未時の命局では年柱子支が午支を衝出する故に大貴相、また癸卯年庚申月戊辰日戊午時の命局は巳支を拱禄、また辛丑年辛丑月甲寅日甲子時の命局は填実の丑支を複し、かえって辛干を正官のテーマと見做し、また命局の己未年戊辰月戊寅日戊午時の命局では官殺星が重く、また寅支が申支を衝揺して衝啓と見做しすなわち拱起は成為せず、たとえば壬辰年戊申月己未日己巳時の命局は当格する故に大貴相なのである。

〔歌訣〕

局相の官星佩印の暗合とはその貴相を知るべきであり、その支星に福徳が伏存するのでその徳がもっとも堆聚するのである。

〔註解〕

局相が官星佩印して暗合するとは、すなわち食神が正官を暗合また偏財が印綬を暗合、たとえば甲干は辛官を用途として能く丙旺干が辛未日主に暗合して正官と見做し、また用途の癸干を印星と見做し能く戊旺干は癸丑日主に暗合して正官（印）と見做すのである。

さらに局相の地支が子丑合絆を擁し、また午未合絆を擁して福徳隠蔵を肯首し、そこで福星とはすなわち福星貴星また徳星とは、すなわち天月二徳貴人星また福徳秀気や天乙貴人星を指向して、そこで支蔵して好作用と見做すのである。

たとえば甲戊庚干が丑未支を擁さずただ己土を領得して肯首し、己土を丑未支が搭載してもっとも好作用なのである。

そこで局中に卯支乙干が衝破せず、さらに生月四季土旺では己土が得令するので、己主や貴人星を擁して有益なので上述の尊位が顕揚して妻女の好貌また妻財帛を領得するのである。

いわば甲主人が丑支を擁して陽刃が搭載して有益なので、天乙貴人星の当任と見做し、また未支を擁して夜刻降生は得力して福分十全と為り、かえってこの一半途のテーマなのである。

局相に甲戊庚干を全備して乙丑干支を領得して聚貴星と見做し、さらに福力を添加また一庚干と一甲干で支星が丑未支三四星を帯びて、貴相の際会と見做してまた福力を添加するのである。

もし原局の己主が貴人星ともに生旺して、ただ一星を控除するときその福分は自ら全備するので、三合会局や六合が有益で休囚符や空亡衝破が不益なのである。

〔詩訣〕

局相で貴人星を、建禄が擁して生成し、
運歳の旺官地で早期に名声を成し、
もし局相が休囚また衝効するときには、
その蹤跡は虚名で、三公大臣とは遠隔している。

〔歌訣〕

命局が正規に貴相するときには刑衝剋害の星相を畏れるので、局相の吉星が旺官生扶合絆の当地が有益なのである。

〔註解〕

命局が正規に貴相のときにはすなわち官星が正気であり、たとえば甲日干が生月酉支のケースでもっとも酉卯支の衝揺を畏れ、また丁戊干が剋害して貴気が損傷、また貴相を貴星辰と見做し、たとえば甲干を丑支が搭載して丑支蔵の辛干を、甲干の正官と見做すケースなのである。

局中に卯支乙干が存在して、丑支貴人星を損壊して巳酉支三合金局が有益で、そこで乙木が丑支を衝剋して当相せず、また子丑支合絆を肯首するのである。

隔木質が剋伐するとは、たとえば乙卯干支を擁して子卯支相刑すれば丑未支を衝剋できず、または天乙貴人星と見做すときに局中の吉星辰、すなわち官星印星財星食神などの貴相福徳星の奇瑞などの星辰をみな肯首し、ただし一星辰を領得して長生建禄帝旺が正庫に臨星して、三合会局や六合が位相すれば富貴に当格するのである。

〔詩訣〕

人命局で生時柱に、一強星辰を領得するときに、
そこで日時柱に禄馬星が臨むときには、

その前後や扶助合絆を看るときには、
かならず必然的に錦蘭衣で宰相官邸に赴くのだ。

『喜忌篇』にいう——

局相が正規に貴相のときには、刑衝破害の宮地が不益で、局相干支は三合会局や六合の当地が有益なので、いわば干頭地支に合絆が多く貪合忘官と称して、この二義を併論するのである。

〔歌訣〕

もし沐浴が凶殺を附帯すれば人魄は酆都に赴き、また元局がふたたび侵犯被傷して人魂は泰山に帰宿するだろう。

〔註解〕

この上文は刑衝剋害に因る言及で、いわば裸形沐浴が凶殺に際会して畏れるので、そこで生扶すれば軽度また剋伐すれば重度なので、原局がこれを侵犯してすでに不吉と見做し、運歳でふたたび際会して決定的に卒するだろう。

たとえば原局に官殺星を侵犯してその去来は清相ではなく、局相に食神の解救がなく運歳で重複すればすなわち卒するだろう。

もし原局で印星の破綻を侵犯して年歳で重複すればすなわち卒するが、およそ用星が欠損してみなこれを肯首するが、この四句文とは『消息賦』の原文なのである。

〔歌訣〕

局相の偏官や際会の偏官を畏れてすなわち非長寿であり、そこで強旺の鬼殺に陥落すればすなわち亡失するのだ。

〔註解〕

これを上文に因り明言すれば原局での関殺を畏れるが、たとえば甲干が庚申干支を擁して関殺と見做し、運歳で重複して局中で解救しなければ非長寿なのである。

そこで年柱の偏官がもっとも重度で、また印星を擁してすなわち化殺また食神を擁してすなわち制殺、また陽刃を擁してすなわち合絆また身旺ならばすなわち耐久し、また運歳で旺殺に巡相してまた非長寿なのである。

たとえば甲日干を辰土が搭載して陽極数と見做しまた鐵蛇殺と為し、そこで壬干が丑支を擁しまた庚干が戌支を擁し、また丙干が未申支を擁するのはみな「陽関」と称して重度、また乙干が辰支を擁しまた癸干が丑支を擁し、また辛干が戌支を擁しまた丁干を未申支を擁して「陰関」と称してやや軽度なのである。

また局中に侵犯また年歳で侵犯また運途で休囚符が巡り己主は死去、また鬼神殺を被りまたとても「関建之名」と称し、ダイレクトに七殺陽関に言及せず、ここで前テーマの短命と小児関殺を詳解されたし。

〔歌訣〕

また「引合関殺」とは過誤傷身であり、地支星蔵干星が衰絶して凶兆なのである。

〔註解〕

また「引合関殺」とはたとえば丙火衰微して辛未干支を擁して、すでに丙辛干合して辛干が丙官に就き未支位相はすなわち丙干極旺の「陽関」で、ふたたび壬干が巡相剋伐してすなわち卒するのであり、また辛亥干支は偏官地でもっとも緊迫するので侵犯して凶揺するのである。

また丙戌年丁酉月辛酉日乙未時の命局では、壬申年には死容するので支星蔵干星が衰絶符、たとえば壬戌日は財星を搭載また偏官が搭載すると見做し、能く日支星に存在してすなわち長寿なのである。

もし運歳の壬辰干支を巡相して壬癸干を、辰支が搭載聚水して戊支蔵の火土質を衝破するので、別岐に救応しなければすなわち非長寿でこれを倒衝命元と称し、そこで旺土質はすなわち旺水質と為れば、堆土身は自ら崩壊するのをどうやって救済すれば、また旺水ではすなわち火質は熄滅するのである。

その故にいわば支星蔵干星の衰滅で、支星蔵干星とはすなわち天元地元人元の分度であり、その他はこれに例推されたし。

〔歌訣〕

局相で傷官が官星を夾雑して窮状百端、また「逐馬逢馬」して千般の労苦と為るだろう。

〔註解〕

これは独処犯忌への言及である故に不吉と為り、また傷官が官星を夾雑して財星を帯びて解救、つまり推官勧財して窮状が吉祥へと好転するのである。
また逐馬逢馬とは官殺星が陽刃を制御して肯首し、過労してその財星を領得また比肩が堆星して身衰彼旺して逓減しても、その財星を領得するとして均衡せず、三四分之一級に止揚するのである。

〔歌訣〕
局相の財星が陽刃を附帯して多大に損傷するので、また印星が妻財星を帯びても破綻しないのである。

〔註解〕
これは上文と同じであり、およそ命局はもっとも羊刃が不益なので、たとえば財格破綻また印格破衝また官格衝揺のケースでは、ただ七殺偏官の制効が有益だが、陰性羊刃は微力で支障はなく、これが印星が妻財星を被り「貪財壊印」のテーマを肯首するのである。
また歳運の際会で己主の妻財星が傷破また妻女に因り訟事するが、そこで原局に財星が存在しないが財星微力のときには運歳で際会してやや軽度、ただ官殺星が解救進捗してかえって成名推挙を領得するのである。

〔歌訣〕
局相の食神が偏印を帯びて財星が存在せず、すなわち非長寿でまた身弱で財星を帯び、印綬が重複してまた凶揺なのである。
局相で偏官を制して印星を帯びて衝揺すれば、すなわち印化殺して命主が旺殺で官星が存在せず、七殺偏官一星がもっとも勝果なのである。

〔註解〕
『喜忌篇』にいう―
局相で七殺偏官が満局して身弱のケースでは、窮状して支根が存在しない意義を肯定するのである。

〔歌訣〕
局相の三刑衝揺して横禍が生起して、また羊刃が帯合して災殃には至らず、また沐浴が生溢して家客が存在せず、また休囚符して偏官を擁して人士は沈埋しないのである。

〔註解〕
局相の沐浴が休囚符してみな衰身するが、生溢してすなわち浮漂また偏官を帯びすなわち損傷するのである。

〔歌訣〕
局相の月柱に劫財を帯び己主に財帛は存在せず、また偏官は印星が存在せず有益利獲するのである。

〔註解〕
偏官は能く羊刃を制御し、また印星は能く偏官を印化するので偏官は印化して、すなわち羊刃を制御できない故に偏官が有益で印星を控除するのである。

〔歌訣〕
印星を暗衝また印星を壊除するときに、官星が有益で食神が存在せず爵封を添加するのである。

〔註解〕
局相の財星は能く印星を衝破、また官星は能く印星を生扶するので、局中に食神が存在してすなわち官星を破って財星を生扶するので、印星はますます損傷する故に官星が有益で食神を控除するのである。

〔歌訣〕
局相の官殺混雑とは濁相であり、その過多により兄弟星が分散するので、そこで印星が有益で制効せず能文家であり、または制効して印星が存在せず能く功武家であり、そこで制効印化を兼備すれば平庸にて完成し難いのである。

〔註解〕
局相の印星は能く偏官を化殺し、また食神は能く偏官を制効するが化殺するときに制殺してはならず、また制殺するときに化殺してはならず、そこで制殺と化殺が過多してすなわち偏官に精気が存在せずかえって吉兆と見做さないのである。
局相の羊刃が偏官を全制効または化殺が印綬を造作、たとえば戊日干で生月午支のケースで、ここで制殺と化殺が一用途に止揚してみな能く有為と成るのである。

〔歌訣〕

局相が「禄馬背逐」して窮状に陥り、また財星と印星が相互損傷して懐中が破綻、また官殺星を帯び有益で権威と見做し、また官殺星を帯び渇望して貴彰と見做し、そこで官殺星を単見して完遂し難いだろう。

〔註解〕

また「禄馬背逐」とは財星と印星の相互破衝だが、官殺星が重複して能く比肩劫財を制伏して財星を生じ、また印綬を生扶して財星を化すので、そこで官殺星を単見してすなわち力量不足でどうして能く遂意するのだろうか。

〔歌訣〕

局相の偏印と印綬が相雑して恩寵と恥辱の相雑と為り、そこで財馬星が過度で精気を耗尽するがまた身旺が有益で福分と見做し、運歳が不益で窮状が発生するのだ。

〔註解〕

偏印と印綬の二印星が相互夾雑して、また偏財と正財の二財星を倶有するときに、もし身弱ならば生扶が双成せず、その財星を併相してそのスパンを偏正強弱に分度するのである。

もし偏印偏財のセットが強旺して身旺で、運途が強旺のときに聚然として福分を発揚するのは、印綬正財のセットも同然なのである。

〔歌訣〕

局相の官星建禄が衝破して非長寿であり、また墓庫衝散して食事に窮状し、忌処重複して破綻するときには比肩が有益で救応を肯首するのだ。

〔註解〕

官とは官星でありまた禄とは建禄支で、たとえば甲日干が辛干寅支を擁し、また庚干申支また巳午支を擁するケースで、運歳で重複してすなわち非長寿なのである。

もし身旺で比肩を帯びまた生旺のテーマを肯首し、たとえば甲干を丑支が搭載して官星庫地と見做し未支を領得して衝啓すればよく、そこで用途の未土は二丑土を擁してはならず、また丑土は二未支を擁してはならず、そこで丁丑干支と丁未干支のセットが不益なのは、丁干が辛官星を傷剋するケースなどである。

また癸未干支が癸丑干支を擁して癸水が能く丁火を制剋、また己丑干支が己未干支を擁して己土が能く辛官を生扶するが、そこで己干を甲干の財星と見做しまた癸干を甲干の印星と見做し、また丙火を甲干の食神と見做し支干星が生旺して破綻しなければ富貴なのである。

そこで局相に衝剋を擁しすなわち数象を逓減するが、衝剋が極度のときはかえって貧困と為るのである。

以上は財官星印綬星食神星傷官星官殺星羊刃星比肩星偏印星の雑例挙であり、相互忌処また相互制合をこれを交互に言及し、所用の星辰を看たり日干の旺衰とは何であろうか。

「経典」にいう—

日主は健旺が最適宜だがそこで用星を損傷できず、これを簡明に言及して尽意するのである。

〔歌訣〕

局相の劫財や羊刃とは切に時柱に帯びて不益であり、運歳で併臨して災殃が惹起するので、運歳で衝揺すればすなわち崩壊するとして晦冥と為るのである。

〔註解〕

これはもっぱら運歳がテーマでありまず歳星とは天蓋の処星、また運星とは地載の処星であり、そこで歳星と運星とは相互衝撃を肯首せず、そこで重度ならばすなわち崩壊また軽度ならばすなわち晦冥なのである。

局相ではもっとも相合が肝要で、すなわち天地亨泰かつ福分と爵禄が自ら進捗して、そこで年歳が運歳を衝揺して重禍だが、また運歳が年歳を剋伐してすなわち軽禍なのである。

また『淵源淵海』の諸々の説を考証して、ともに運歳が年歳を剋伐して重度と見做し、また年歳が運歳を剋伐して軽度と見做し、すなわち日主が歳星を侵犯する意義なのである。

余（万氏）の験証では、運歳の丁巳干支を巡相して年歳の癸亥干支に際会して、そこで癸干が丁干を傷剋また亥支が巳支を衝剋して、年歳が運歳を衝揺するので当年に罷官辞職して、母君を損傷するのでもっとも惨禍を被り、その例推を肯首するのである。

〔歌訣〕

陰気が結末するときに陽気と断定し、未だに蔽死せず嘆息に耐えられず、また陽性の極度にて陰性が萌芽して蔽死せず何を待つというのか。

〔註解〕

まず甲干が辰支を擁しまた丙干が未支を擁し、また戊干が丑支を擁しまた庚干が戌支を擁し、また壬干が丑支を擁して陽気極と見做し、また乙干が戌支を擁しまた丁干が丑巳支を擁し、また癸干が未支を擁しまた辛干が辰支を擁して陰数終と見做して、年歳で際会してもっとも凶揺なのである。

いわば乙干辰支また丁干未支、また己干丑支また辛干戌支はまた陰符来追を肯首し、陽数を先ず占断するのである。

もし当生に止揚して局相に損害がなければ、もっとも生既犯を畏れて年歳で惹起して卒するのだ。

いわば陰干が陽極に巡相して陰性が陽関に際会すると見做し、また陽干が陰終に際会して陽性が陰関に際会すると見做し、そこで身弱つまり半力量はみな非長寿、または身旺で比肩を領得して堆党生助してすなわち無害なのである。

〔歌訣〕

命相に救応が存在して憂悩の可否に相当するので、タイミングで空亡に際会してその益不益を聴くのである。

〔註解〕

いわば人命が年歳に際会して凶揺とは、以上は衝剋つまり終極の気数のケースで、たとえば命局に救応が存在してすなわち憂悩の可否に相当、またタイミングに空亡に際会するとは年歳での吉星との際会であり、かえって空亡に相当してすなわち益不益を聴くのである。

いわば甲干は庚干に憂悩するが乙干を領得応救、または春季に土質が存在せず土質を畏れず凶揺と見做し、土質が有益ではなく福分と見做すケースなのである。

「経典」にいう――

局相の庚辛干が甲乙干を巡衝するので、丙丁干が既在して危険度は存在せず、いわば春季に土質がなくまた夏季に金質がなくまた秋季に木質がなくまた冬季に火質がなければ肯首して、以下に「婦人二十句」のテーマが存在して、すでに「婦人門」のテーマを引く故に重複して収録しない理由なのである。

〔歌訣〕

これは陰陽の究測でありその一方途で推究できず、その貴賎を分岐し難く、そこで両極端を執って断定する必要があるので、古聖人の遺文を略究して現今（著述時代）の賢人の研鑽の詳細を要約し、もしこの法則を参究遵守して悟れば、人命の遍ねき鑑定と為り誤差は存在しないだろう。

〔註解〕

この上文の諸格局の義則の総括とは、以上に指摘した諸格局であり、前巻で諸格局のテーマにともに言及した故に詳註記はしないのである。

さて『喜忌篇』『繼善篇』とはこの『明通賦』の変容出典であり、現今（明朝代）の人々はただこの二篇を知り、この『明通賦』の存在を知らない故にこれを収録したのである。

まず命局の四柱を配列して定義し、つぎに三才（天干地支蔵干）を分類して日柱天干を専主として八字局中を配合し、顕星と隠星の形象を見て時宜がなければ無為なのである。

つぎに神殺星の相互関係つまり軽重を較量するのである。

もしすなわち時柱に偏官を附帯して顕星しなければかならず凶揺と見做し、そこで月干星が強く制御すればその偏官はかえって権印と見做すのである。

局相に財星官星印綬を全備したり月令四季月に蓄蔵したり、官星財星が長生したり寅申巳亥支に鎮位すれば好いのである。

戊日干で時柱庚申干支を附帯すれば食神旺干の方途の名誉で、そこで年月柱に甲丙干寅卯支を侵犯してすなわち巡相の可否がテーマなのである。

日干月干星に財星が存在せずすなわち印綬が顕星、また日時柱建禄支で官星が存在しなければ官界を得路するだろう。

壬干を辰支が併相搭載して壬騎龍背相であり、また乙干が時柱子支を単見して六乙鼠貴相なのである。

庚日干を潤下相が全備搭載して壬癸干巳午支の方途が不益であり、時柱に申子支を附帯すればその福分は折半するだろう。

もし月令に傷官を附帯して凶処にて、またかならずしも凶揺ではないとは「正倒禄飛」を内包して有為だが、官星が不益なのは合絆を忌むからなのである。

六癸日で時柱寅支を附帯すれば年月柱戊己干の二方途を畏れ、また甲子日が子支を重複して庚辛干申酉丑午支を畏れるのである。

辛癸日干で丑支が併相搭載して官星が不益であり、そこで年時柱が子巳二支のケースは名利は虚質なのである。

拱禄や拱貴とは填実に復してすなわち凶兆、また時上に偏財を搭載して別位に忌星を見て不益なのである。

六辛日で時柱戊子干支のケースで午支を忌み運途の西方位が有益、また局相の月令偏官は年時柱が制効して適宜なのである。

正官を控除して偏官を留位また偏官を控除して正官を留位、また命局全偏官で制効すれば一品級の尊位が決定するが、おおむね一星の正官は官雑混雑してかえって窮命なのである。

戊日干で生月午支で羊刃と看るのではなく、年時柱に火質が過多してかえって印綬と見做すのである。

月令に建禄を附帯しても切に偏官堆星が不益で凶揺と見做し、そこで正官と偏官が交夾してかえって偏官を合絆すれば貴相と見做すのである。

局中で官星が太過すれば干頭衰微と称し、逆に日干極旺して依拠が存在せず、もし僧侶でなければすなわち道士なのである。

生月柱に印綬を帯び年時柱に財星を擁して不益で、運途の財地に赴きかえって退位避身が適宜なのである。

劫財羊刃を時柱に帯びて切に不益であり、年歳や大運で併臨すればたちどころに窮状が巡るだろう。

十干背禄のとき年時柱に財星を擁して有益であり、運途の比肩に巡り「背禄逐馬」と称するのである。

五行が正規で貴相のときは局相の刑衝交夾が不益なので、局相干支は三合会局六合の当地が有益なのである。

日干に精気が存在せず時柱に陽刃を擁して凶兆と見做さず、また正官と偏官が両停するときは在局して有益だが控除して不益なのである。

干頭地支に合絆が過多すれば「貪合忘官」と称し、また局相で偏官が太旺して運途で好作用するときは、身旺ならば官星の清貴相と見做すのである。およそ天干星が衰微して内容が弱処にて生復、つまり偏官満局して身旺とは窮状非長寿また応救しないのである。

女命で偏官が存在するとき貴人一星で良人と見做すが、そこで貴人星が堆党して合絆が過多するときは決定的に尼師または娼婢と為るだろう。

偏官を時柱に擁して制効するとき過度に制効して窮儒士、また局相に傷官を擁して運途の官星地に赴きかならず窮状するのである。

局相が衰絶符してすなわち胎元を肯定するが、生日柱に擁星するときは受気と称するのである。

これは陰陽の稀少な究測であり一挙例で推究できず、中和の精気を稟得して精神を貴賎に分類するのである。

およそ「古聖人の遺書籍」を展布して現今（著述時代）に諸賢の博覧を要約して、もしこの法則に詳参究して通関すれば命理の鑑定に錯誤が存在しないのである。

繼善篇

人命が天地の精神を稟得して命局が陰陽に類属すれば、その天覆地載に生処してことごとく五行の作用に処在するのである。

その貴賎を知りたければまず月令すなわち提綱を観て、次点で吉凶を判断してもっぱら生日日干を主体と見做すのである。

命局（天干地支蔵干）は格局の成為を要し、局相に財星や官星を擁して有益だが用星は損傷を肯首せず、日主はもっとも健旺が適宜なのである。

日干が年柱傷官を擁して主星不和と称し、局相つまり年月時柱で「官殺混雑」をとても畏れるのである。

生月柱で取用を拠処し、その深浅を推究して日時柱に発祥するので、その強弱になりゆきを要するのだ。

官星が正規の精気のとき刑衝を擁して不益であり、そこで時上の偏財星とは比肩劫財の巡相を畏れるのである。

印綬に生気があり運途の官地が有利で財地に赴くのを畏れ、また偏官は制伏が有益で太過が不適宜なのである。

また傷官が運途の官星に巡相して不測の災禍を招来し、年歳の陽刃や衝揺や合絆で勃然と凶揺と為るのである。

富貴双全とは旺財星が官星を生扶して定義し、そこで短命でなければすなわち窮状するとは、かならず衰身帯鬼するケースなのである。

六壬干を午支が搭載して「禄馬同郷」と称し、また癸日干を巳宮が搭載してすなわち「財官双美」なのである。

身弱で財星が過多して正為の「富屋にて窮状者」だが、そこで偏官が権威して決定的に寒門に処して貴彰の客星なのである。

科挙試験の甲科合格者とは官星が破綻せず臨宮、また奏名望官とは財星庫地が生旺に位相するのである。

官星貴相が太過して旺処に臨星すればかならず傾陥、また印綬が損傷してなお栄華は恒久ではないのである。

官星佩印して破綻しなければ宮廟回廊を闊歩する人材と為り、また官星佩印でなくても当格すればすなわち朝廷の要人なのである。

科挙進士表彰とはまた身旺で官星を帯び、聖君主の輔佐を領得して、貴相はその官星の衝揺と合絆に当在するのである。

格局を為さなくても得星を擁して奇瑞と見做し、また身弱で官星を擁して在局して空転費力するのだ。

小人物の命相とは官星佩印（綬）、また君子の格局とは偏官帯刃なのである。

恒常的に少疾壮健とは日主高強で一世代は安泰然であり、命局の財星に精気が存在するのである。

官星が刑揺せず印綬と天徳貴人が同宮すれば、些少に悦楽して多大に憂悩なのは、そこで日主は降級するからである。

身強で偏官が軽微のときは仮の偏官を権威と見做し、また偏官が重度で己身が軽微とは終身ともに欠損し、そこで衰微してすなわち正官が偏官に変化、また生旺してすなわち偏官が正官と化すのである。

日干を月柱が生扶して運歳の財地を巡り不益だが、日主に依処が存在せずかえって運歳の財地を巡り有益なのである。

日時柱建禄支とは恒常的に官星が不益、またもし「六陰朝陽」では切に丙丁火位相が不益なのである。

年歳ですなわち堆殺星が命相に赴きかならずしも災禍と見做さず、もし戦闘の当地に巡相してかならず命主は揺動するのである。

日干が年柱傷官を帯びかならず軽禍と為り、また日主が年歳を侵犯してかならず窮状するのだ。

命局に救応が存在して当年はかえってかならず財気と見做し、局相に情義が存在せずその故に年歳剋伐と見做してテーマと為すのである。

庚辛干が甲乙干と交夾しても丙丁干が在局して危険度はなく、また丙丁干が庚辛干を抑剋しても壬癸干が巡相して畏れないのである。

戊己干が甲乙干を夾擁するときは干頭に庚辛干を要し、また壬癸干は戊己干と交夾するときは甲乙干が臨星して救応するのである。

壬干が丙干に来剋するとき戊干頭を要し、また癸干が丁干を控除するとき、かえって己土が相助して有益なのである。

庚干が壬干を領得して丙干を制効してマクロ的に非長寿であり、また甲干が乙木を擁して庚金を合絆して凶禍が吉兆へと好転するのである。

干頭が生旺しても依処が存在せず一般人であり、また日主が衰微すればたとえ財星官星を擁しても寒門之貴士と見做すのである。

女命が偏官を帯びず天月二徳貴人を附帯して両国府に褒封され、また男命が身強で三奇之相を帯び一品級の貴相なのである。

甲己逢合生旺して決定的に中正之心を懐き、また丁壬逢合太過してかならず虚偽淫乱を侵犯するのだ。

丙干を申支が搭載して陽水質を帯び延寿が難しく、また月柱に印綬を帯びすなわち安尊富栄なのである。

己干が亥宮を擁して陰木質を帯び結局は損寿と見做し、また時柱丙寅干支ではすなわち冠帯もしくは釵纓の吉兆なのである。

庚干が寅支を擁して丙干に巡相して日主生旺で危機はなく、また乙干が巳支を擁して辛干を帯びて窮状と為るのである。

乙干が庚旺干を帯び恒常的に仁義の精神があり、また丙辛干合生化すれば権威掌鎮の職級なのである。

一木質が火質を重複して散文之精気と称し、また一水質が庚辛干三星帯び「体全之象」と称するのである。

水質が冬旺季に当令して恒常的に悦楽して自ら憂悩せず、また木質が生月春季で処世安泰然でかならず長寿なのである。

微金質が火炎の当地に巡相して決定的に血疾であり、また虚土質が旺木質に巡相して決定的に脾臓損傷のテーマなのである。

筋骨の疼痛とはみな木金質の交夾で、視覚暗蒙でかならず火水質夾剋を肯定するのだ。

金質が丑寅支を帯び土質を擁せば還魂と称し、また水質が辰巳支を帯びて金質を擁せば不絶と称するのだ。

土質を卯支が搭載して恒常的すなわち消沈が望ましく、また金質が火地に巡相して年少壮気でもかならず初志却下するだろう。

金木質が交夾して仁義ともになく、また水火質が相互夾交して日主に可否が存在するのだ。

木質が養水質に従象して盛水質すなわち漂流し、また金質を土質が頼生して厚土ならば金質は埋没するのである。

ここで五行は偏枯を肯首せず、中和の気を稟けてさらに能く思慮を忘絶すれば、命理の鑑定に錯誤は存在しないのである。

巻十二

元理賦　徐大升著／萬育吾解

〔歌訣〕
まず元素の一精気から五行が派生し、三才（天地人）を統括して天象と地象の好作用を発揚するのである。
また陰性と陽性の枢機を解析し、四方途の処在を推究してその貴賎を分度してその中庸を領得するのである。
また局相の栄枯は一規定でありここで強いて、その生剋制化や清濁貴賎や寿夭や賢愚を明示するのが、この造化の原始なのである。

〔註解〕
まず金質は土質の生扶に頼処して、そこで土質が過多すれば金質が沈埋、また土質は火質の生扶に頼処して、そこで火質が過多すれば土質は焦土、また火質は木質の生扶に頼処して、そこで木質が過多すれば火質は盛熾、また木質は水質の生扶に頼処して、そこで水質が過多すれば木質は浮漂、また水質は金質の生扶に頼処して、そこで金質が過多すれば水質は汚濁、また金質は能く水質を生扶し、そこで水質が過多すれば金質が沈降、また木質は能く木質を生扶し、そこで木質が盛茂すれば水質が萎縮、また水質は能く火質を生扶し、そこで火質が過多すれば木質は焚焼、また火質は能く土質を生扶し、そこで土質が過多すれば火質は晦冥、また土質が能く金質を生扶し、そこで金質が過多すれば土質は変質するのである。
また金質は能く木質を剋伐し、そこで木質が堅材ならば金質が欠損、また木質は能く土質を剋伐し、そこで土質が堆重すれば木質が損折、また土質は能く水質を剋伐し、そこで水質が過多すれば土質は壊流、また水質は能く火質を剋伐し、そこで火質が炎上すれば水質は蒸発、また火質は能く金質を剋伐し、そこで金質が過多すれば火質は止熄、また金質が衰微して火質に巡相すればかならず鎔解、また火質が衰弱して水質に巡相すればかならず熄滅、また水質が衰弱して土質に巡相すればかならず堆塞と為し、また土質が衰微して木質に巡相すればかならず傾陥、また木質が衰微して金質に巡相すればかならず損折と為るのである。
以上は太過また不及への言及、またそれぞれ利害するが命局五行の中和を肯首するのである。

〔歌訣〕
旺強な金質が水質を領得してその鋭鋒が挫折の方途、また旺強な水質が木質を領得してその勢威を泄洩の方途、また旺強な木質が火質を領得してその頑堅を化生する方途、また旺強な火質が土質を領得してその炎上を抑止する方途、また旺強な土質が金質を領得してその有害を洩制する方途なのである。

〔註解〕
以上は五行の剋伐と制伏への言及で太過や不及せず、中和の領得を要して可否する故に上文を徹検するのである。

〔歌訣〕
道理が人命に作用融和すれば、そこで幽玄な好作用の顕表を察してその本体と見做し、また能く通変が深度でその玄微を較量究明してその作用と見做すのである。
またその軽重をテーマとして原局の有無、また天賦の作用が巡布し吉凶が動静するので、人生の可否盈虚を分度して定義するのだ。

〔註解〕
以上の干支の通常のテーマとは、その陰陽や生剋や制化が実体また本体の作用が幽玄に顕表して、そこでその軽重や有無や吉凶の動静や可否盈虚がみなここに派生し、その通変の妙識が処在しその玄微を究明して、故にその幽玄を推究し顕表してその作用を領得して、以下にすなわち詳しく言及するのである。

〔歌訣〕
また偏官に羊刃がなければ権威はなく、また羊刃に偏官がなく顕揚しないのである。

〔註解〕
偏官はすなわち己身を剋伐、また羊刃はすなわち己身を劫去するが、そこで最凶命相とは第一に言及して偏官羊刃のセットであり、その重処を知得するのだなあ。
「賦」にいう――
また羊刃を兵器と見做し、そこで偏官が存在せず維持し難くまた偏官を軍令と見做し、そこで羊刃が存在せず尊位ではなく、また羊刃と偏官が双顕して天象と地象の威鎮を肯定するのである。
そこで徐大升氏は『喜忌篇』『繼善篇』の二篇を観て、人命の尽意に不足と為す故にまたこの「賦」を撰述してその不備を補説するのである。
〔歌訣〕
また偏官と羊刃が双顕均衡すれば王侯に昇位、また羊刃と偏官の軽重とは己身を制効しなければ下級官吏と見做すのである。
〔註解〕
偏官と羊刃の均衡に言及して極貴相だが、また不均衡ならば濁相なので偏官と羊刃の均衡の可否が貴賎の相に相関しているのである。
〔歌訣〕
恒常的な富貴が好いが、そこで偏官が重度で己身が柔質のときには、中途で卒去また危難なのであり、運途が生扶して干星も生旺するのである。
〔註解〕
すでに均衡せずとは、たとえば従殺格でなければ能く従殺し、かならず偏官が重く己身が柔質でそののち従殺するのを肯首するが、さもなくば従殺を肯首しないのである。
〔歌訣〕
すでに従殺格であればただ偏官がテーマなのでふたたび身旺で抗相を肯首せず、そこで身旺抗相すればかえって凶揺するのである。
〔歌訣〕
身処が道仏士の首魁とは用途の偏官がかえって軽微であり、また御史臺官を担当するのは偏官が支根を領得するときである。
〔註解〕
偏官を権星と見做しまた孤星と為すので、身殺ともに両強して偏官を制効、また身弱で従殺格がみな貴相で偏官が過多して御史臺官と見做すが、もし身旺で偏官が軽微でさらに清奇のときにはかならず道仏士の首魁と見做すのである。

〔歌訣〕
どうして大貴相を知るとは財星が作用して官星が作用せず、また権威の相当とは偏官が作用して印星が作用せず、そこで印星は偏官の生扶に頼処、また官星は財星の生旺に因るのである。
〔註解〕
また財星が作用して官星が作用しなくても財星は官星を生扶、また偏官が作用して印星が作用しなくても偏官は印星を生扶する故に「印頼殺生」また「官因財旺」と称し、印星の作用を否定して官星の作用を肯定するのではなく、もっぱら財星と偏官の作用すなわちそこに「官星佩印」を内包するとして、印星とはこの二句文を緊密に頼処して上文の四句文を承処し、自らこれを発揚明示するのである。
〔歌訣〕
また五行のなりゆきの玄妙な作用を知るべきで、局相を推究明示して用星を見るべきで、食神が既局して偏官が後処して功名両全であり、そこで酉支が卯支を破相また卯支が午支を破相して「財官双美」と為るのである。
〔註解〕
人命の局相では総じて用星を看るが、そこで用星とは処用の星辰であり、たとえば偏官の作用また羊刃の作用また財星の作用とは「官星佩印」の作用ではなく、その作用は極めて玄妙で人命のなりゆきの処在だけである。
また偏官のテーマには羊刃を要しまた羊刃がなければ制効を要し、そこで偏官旺強で制効すればみな貴相のテーマと見做し、そこで偏官が名誉ならば食神は利得である故に「功名両全」と称するのである。
また局相で酉支が卯支を衝破、また卯支が午支を破揺するのは、食神既局して偏官後処の趣意だが、そこで酉支は卯支を財気と見做しまた二支を偏官と見做し、財星と偏官を兼星する故に己主は「財官双美」、そこで破相の所以とはその相剋でありかならず子卯午酉支の破相なのである。
〔歌訣〕
命局の帰禄相の福分を享受すれば、長寿命相が止揚するのである。
〔註解〕
この命局の最要星を挙例して言及すれば、帰禄相や均衡相が肝要でありそこで死絶符偏頗を肯首せず、また帰禄相で福分を享受また均衡相で長寿者なので、それぞれの義処を取用するのである。

〔歌訣〕

また稼穡相においては火質が暗く光彩が存在せず、また丙丁干においては木質の盗気が過多して窮状するのである。

〔註解〕

これは以下に正しく言及して帰禄相や均衡相でない故に福分長寿を領得せず、たとえば土質が火光を蔽処また土質は木質に頼耕するが、もとより木質は火質を生扶して火質が過多して、すなわち盗気するのでかえって中和と見做さないのである。

〔歌訣〕

たとえ虚火であっても炎上するのである。

〔註解〕

また火質は晦冥を畏れるが、そこで虚火とはすなわち炎上して晦冥ではないのである。

〔歌訣〕

金性の質実には、発聲が存在しないのである。

〔註解〕

また金質は火質を要しまた火煉が存在しなければ、すなわち質実の成器ではなくなに故に発聲するだろうか。

〔歌訣〕

水質に木質が浮漂して活力であり、また土質が重複して埋金するとは陽金質であり、そこで実は盛水質とはすなわち危機であれば、また火質の光明とはすなわち熄滅なのである。

〔註解〕

これは五行の細分化で均衡ではなく、ただ陰陽の別岐が存在して五行の太過を肯首せず、たとえば漂水質とはすなわち浮木質なので、すなわち乙木が畏れるが甲木は畏れず、また土質が重複して埋金質とは、すなわち庚金は畏れるが辛金は畏れないのである。

そこで乙木を亥支が搭載死符また甲木を亥支が搭載長生、また庚金は土質系の金質である故に巳支長生また辛金は水質系の金質である故に、子支長生そこで盛水質はすなわち氾濫である故に危機、また明火質はすなわち焼尽質である故に凶揺なのである。

〔歌訣〕

陽金質が過度の火煉を領得すれば変質波乱、また陰木質が月令を失効して結局は柔木の方途と見做すのである。

〔註解〕

金性の質実とは発聲せず、火煉が過度で変質するが帰禄支を擁して福分を享け、また時令を失効して身弱なので中和を要するのである。

また陽金質に堆土質が重複して、すなわち埋没するが過分の火煉を畏れ、そこで土質を否定するのである。

また陰性の木質が時令を失効して、すなわち衰微するとはたとえて当令のケースで壽元の欠損なので、また上記本文とは活木質や陽金質への言及で、水質が存在しなければ土質の生扶を否定するのである。

〔歌訣〕

厚土質で火質を蔽覆して光彩がなく、また盛水質がすなわち漂木性で定義なく、ともに五行の太過を肯首せず命相が中和を領得することである。

〔註解〕

厚土質はすなわち火質が晦冥で光彩が存在しない意義、また盛水質はすなわち木質浮漂の意義であり、この五行の二句文が総括して中和に帰局するだけなのである。

〔歌訣〕

また堆土質が水流を阻止して福寿双全であり、また水質に阻土質が存在せずかならず瑕疵なのである。

〔註解〕

ここで以下に中和の失効に言及すれば、五行が応救して吉兆のテーマを造作するが、応救扶助の方途が存在せず凶揺なのである。

たとえば水流に阻土質が存在してすなわち福寿双全で、その他の挙例を肯定するのである。

〔歌訣〕

また盛木質とは多大に仁質また薄土質とは寡少に信質、また旺水質が阻堤して智質また堅金質とはかえって義質を能く成為、また金水質は聡明かつ好色また水土質は濁雑してかならず失態なのである。

〔註解〕

これは局相の五行の太過への言及、またそれぞれ盛処が存在して偏頗し有害なのである。

また五行を四季に分岐また五常を五行に配当するのは自然の作用であり、また盛厚また薄微また過多また混雑して、そこで仁義礼智が存在して聡明また愚魯に分岐し、それぞれその類属に従うだけなのである。

〔歌訣〕

また中和を領得して長寿であり、また偏枯にて喪失して非長寿と為るのである。

〔註解〕

ここで人命に言及して中和の禀得を要し、すなわち前述の局相均衡つまり長寿の意義であり、もし太過また不及すれば偏枯にて失効するが、安堵領得すれば長寿を享受するのである。

〔歌訣〕

局相で辰戌支が併衝交夾すればかならず刑象を侵犯、また局相が子卯支相刑してその門戸に礼節徳義は皆無なのである。

〔註解〕

ここで以下に地支の刑衝の象相を言及し、提起すれば辰戌支の魁罡の併衝はかならず凶揺、また子卯支の母子の相刑はかならず波乱、すなわち最重度の刑衝でありその他は軽度、また局相で寅申巳亥支の四生局を為すときは、たとえ交夾刑衝しても大害は存在しないのである。

〔歌訣〕

印星を控除して財星を取用するときは、その正偏を明示するのである。

〔註解〕

また前述の大貴相とは財星が用星で印星は不用星、また財星には正財と偏財また印星には印綬と偏印が存在し、印綬が正財を擁して凶禍と為り、また偏財が印綬を擁して支障はなく、また正財が印星を擁して不益、また偏財が印綬を擁して忌まないのは同じ作用なのである。

〔歌訣〕

また棄命従殺格局には、剛柔のテーマが存在するのである。

〔註解〕

前述の当権とは偏官が用星で印星が不用星だが、偏官には剛質と柔質が存在し、干頭星が地支星に従相して陽剛質にして陰柔質なのである。

そこで局相の金水質は従相を肯首しまた木火質は従相を肯首せず、そこで従相の可否の作用を明らかにして、そののち印星の作用の可否を知るのである。

〔歌訣〕

また傷官に財星が存在せず倚処を肯首するがたとえ巧妙でもかならず窮状、また局相が「食神制殺」して偏印を帯びれば窮状せずともすなわち非長寿なのである。

〔註解〕

また傷官と食神は同属星で局相が「傷官剥官」してもっとも不益だが、また財星を介擁して好相なのは傷官が財星を生扶し、そこで財星が官星を生扶する故で、そこで財星が存在せずすなわち窮状を断定するのである。

また局相の「食神制殺」のケースでは、局中に偏印を擁してもっとも忌むのは「偏印倒食」するからで、偏官を制効せずすなわち己身を剋伐する故に非長寿なのである。

〔歌訣〕

また男命が陽刃を併見すればかならず重複婚し、また女命が傷官を侵犯すれば再嫁相なのである。

〔註解〕

また偏官帯刃が均衡してもとより己主は貴相だが、羊刃多見してすなわち妻女を傷剋するのは男命は財星が妻星であり、そこで羊刃すなわち制剋する故に重複婚なのである。

また傷官が財星を擁して倚処を肯首し、もとより己主は貴相でありまた女命はすなわち夫君を傷剋するのは、女命は官星を夫星と見做すので傷官とはすなわち制剋である故に再婚相なのである。

〔歌訣〕
また窮状者とはみな官星の損傷に因り、また孤独相とはただ財星が劫奪を被るからである。
〔註解〕
また官星を禄星と見做して、そこで禄星が存在しても安堵領得すれば窮状であり、また身旺で軽微な官星を領得してまた運途の傷官を巡り「背禄」、すなわち官星の否定なのである。
また安堵領得して窮状を否定するとは財星を妻星と見做し、また妻女が存在して孤独相を安堵領得するとは、財星が軽微かつ身旺でまた運途の劫財に巡相して「逐馬」と称し、すなわち妻女が存在しないので孤独相の該当が適宜であり、そこで命局の財星官星が最肝要なのだなあ。
〔歌訣〕
また財星が旺地に臨み多大に福分の人命、また官星が長生を帯びかならず命理栄昌なのである。
〔註解〕
前述した「食傷帯財」で生旺と見做し、ここですなわち財星が旺地に臨むと言及し、たとえば甲木は戊己干を財星と見做し、巳午支星が搭載して生旺と見做すのである。
前述した「旺財生官」とはすなわち直径的に官星長生への言及で、たとえば甲木は庚辛干を官殺星と見做し、巳子支星が搭載して生扶と見做し、この二者はかならず身旺を要して己主の福分栄貴が存在するのである。
〔歌訣〕
局相で偏官を控除して正官を留位して福分の方途がテーマであり、また正官を控除して偏官を留位して野卑と見做さないのである。
〔註解〕
人命はもっとも「官雑混雑」を畏れるので、そこで用星正官はただ正官が作用、また用星偏官はただ偏官が作用する故に、控除と留位が存在して貴相への言及を肯首するのである。
たとえば「傷官帯刃」は人命が多見して不吉なので、作用の正官を控除して偏官を留位、また偏官を控除して正官を留位してまた福分のテーマを肯首するのである。
〔歌訣〕
そこで正官の知遇とはかえって結局はサラリーマン、また偏官の附帯はすなわち名声を有為するのである。
〔註解〕
局相の正官と偏官とは君子と小人物の分度であり、そこで君子とは小人物のようではなく、また正官が好作用を領得しても偏官一星が制効しすなわち貴相を発聲するので、もし正官が好作用ならば福分の発揚は悠長なので、どうして偏官に比肩できるだろうか。
そこで偏官の重度を挙揚して言及するのである。
〔歌訣〕
局相に傷官を擁してかえって夫星と見做すのは、命局の財星に精気が存在また偏印を擁し、子息を損して福気の依処が存在しないのである。
〔註解〕
女命がもっとも傷官を畏れるのは、すなわち夫君を損傷するからでその作用は容易に通暁、また局相に傷官を擁してかえって夫星と見做すとは、すなわち己身財星に精気があり傷官が財星を生扶して、そこで財星が官星を生扶して夫星と見做す故なのである。
また女命は食神を子息星と見做し「偏印倒食」して、子息星を生扶しても存在しないのは、女命は子息星により福分と見做すのですでに子息星が存在せず、どうして福分に言及しようか。
そこで女命は夫星と子息星の二星が重要である故に、傷官食神を挙揚して言及するのである。
〔歌訣〕
干頭に偏官が顕星して制効しなければ窮命であり、また地支星に財星を伏擁して暗に生扶して奇瑞と為るのである。
〔註解〕
また人命は偏官を重度と見做し、前述でもっぱら偏官に言及したが、羊刃の合絆や食神の制殺や従殺局を要し、たとえば刃合せず制殺せず従殺せず、干頭顕殺星してすなわち無情の偏官と見做す故に己主は窮状なのである。

また人命は財星を福分と見做し、もっぱら財星を前述したが、傷官生扶や衝揺や食神生旺を要し、ただ財星の顕星は不益で支蔵財星を要するのである。

地支蔵干の要素がこれを生扶して、すなわち己主は豊厚である故に奇特と見做すのである。

〔歌訣〕

局相地支星が「三戊一辰」支星で、深度の凶揺なのである。

〔註解〕

局相での魁罡支の揺振ではもっとも相衝を畏れて不吉であり、もし止揚すれば財星官星の庫地は有益、たとえば局相の「三戊一辰」支星では、甲辰日主は財気を貪り凶揺を派生し、すなわち地網が天羅を衝揺する故に不益なのである。

〔歌訣〕

また両干星が不雑相とは、名利ともに斎同なのである。

〔註解〕

また両干星は不雑相を得難き故に、己主は名利兼備だが一概に貴相に言及できず、そこで「財星帯殺」また「官星佩印」また「偏官帯刃」また「局相成象」して、さらに当格して貴相のテーマを造作するのである。

〔歌訣〕

また丙子干支と辛卯干支が、相互刑揺して凶揺なのである。

〔註解〕

そこで丙辛干合して子卯支とは干合支刑であり、丙辛干とは水性象相また子卯支とは無礼刑相である故に、己主は凶揺で極めて淫質に言及して女命はもっとも不益なのである。

〔歌訣〕

局相で子午卯酉支を全備すれば、そこで酒色に耽迷するのである。

〔註解〕

上記の子卯支に重複してこれは午酉支併相のテーマで四敗之局と見做して「遍野桃花殺」と称して全備して多大に貴相だが、ただし己主は酒色に耽迷また女命はこれがもっとも不益なのである。

〔歌訣〕

また財星が原因で凶揺を招来しまた「偏印倒食」して悩疾のタネ、そこで姪男を嗣子と為してまた養女を妻君と為すのである。

〔註解〕

上述したのは財星は支蔵星が肝要で奇瑞と見做し、そこで財星とは衆人の争処である故に羊刃や劫財を擁して財星に因り凶揺を招来するので、財星を重見して肯首しないのである。

上述した「食神制殺」を好作用と見做し、そこで食神とは衆人の貪処である故に偏印を擁して倒食、すなわち食神に因り悩疾を生起、また食神の重複を肯首しないのである。

また男命は官殺星を子息星と見做し、たとえば羊刃劫財官殺星を彼星の作用と見做し、そこで兄弟に子息が存在して己身に子息が存在しない故に、姪男を嗣子を見做しそこで偏財正財を妻女と見做し、たとえば局中に財星が正位相に存在せず官星が別岐に寄処し、他人を娶って養女と見做す故に己身は養女を妻君と見做すのである。

〔歌訣〕

局相の日時柱が卯酉支が相衝するとき、その始兆の生起でかならず己主は遷処移居、また局相の造化が戌亥支を附帯して恒常的に天神を敬い信仰するのである。

〔註解〕

ここで地支星の卯酉支に言及して太陽と月像の門戸であり、局中の日時柱に附帯して己主は不定期に遷処移居、また居相の戌亥支を天門と見做し、日時柱に附帯して多大に天神を信仰もしくは道仏士なのである。

〔歌訣〕

局相で陰性が陰性を剋伐また陽性が陽性を剋伐して、財星が有為に作用また官星が重複して官星を否定、また偏官が重複して偏官を否定するように、官殺星が太過して傾陥するのである。

〔註解〕

人命が局中に財星官星を擁し、重度と見做す故に挙例してこれに言及すれば、人命はみな正財の作用を知るがまた陰性が能く陰性を剋伐するのを知らず、また陽性が能く陽性を剋伐するのを知らないのである。

そこで偏財が正財に克つとは、造化がかえって作用を領得すると見做し官星不在を肯首せず、また官星が重複してかえって己主は官星を否定して不吉であり、また偏官の存在を肯首せずとは偏官が重複して鬼殺に従象するので、かえって有害ではなくみな偏官太旺を要するので、そこで衰身してかえって能く抗せずその遁滅の作用なのである。

〔歌訣〕

また局相が時令を失効して恒常的に完遂せず、また局相が時令を領得して早歳から意気軒昂と為るのである。

〔註解〕

この得局とは三合会局であり、また帰垣とは干星を帰禄支星が搭載することであり、いわば人命は生旺成局が威勢して福分と為る必要があるのだ。

もし三合得局して時令を失効すれば、そこで天干の星象また地支星が三合会局しても、かえって日干が休囚死絶符の当地と見做して恒常的に完遂しないのである。

そこでもし時令に得局すれば、たとえば「五星辰が宮殿に昇階する」ように、すなわち地支星や時令の領得と称し、決定的に己主は早歳から福分を発揚するので、そこで「曲直や潤下」などに相当してすなわち時令得局と見做すのである。

〔歌訣〕

また命局に偏印附帯して富家の運営に適し、また寅支が亥卯支を擁してビジネスで利獲を企図、また局相で財星官星ともに衰敗して死相、また「偏印倒食」すれば凶兆なのである。

〔註解〕

もとより偏印とは忌むべきだが、小人物がこれを得星して有為に作用すれば「富家運営」と称し、たとえば甲干は用途の丙火を食神と見做し、また能く丙干は戊干を生扶して甲干の財星と見做し、また壬水はかえって甲木の偏印と為るので戊財を稟けて使益し、また丙火は甲木に因りかえって相生へ好転し、主星と客星の作用と見做す故なのである。

またビジネスを自ら運営するとは、ドラゴンが亥卯支を擁すると称しそこで寅支をブルードラゴンと見做し、また巳支を太常寺丞と見做し局相の亥卯未支は木局相、また局相で亥卯未支を用星また財星を用星と為し、みな己主は商機の利獲なのである。

また局相の財星官星を禄馬星と見做し、人命がもっとも緊要するので、もし敗絶符の当地に処在また行運で敗絶符に巡相してまた神気を損失するが、安堵領得すれば滅相しないのである。

〔歌訣〕

また局相の食神とは爵星でもあり、財星を生扶して偏官を制効するので局中で緊要であり、局相が「偏印倒食」するので偏官を制効できず、財星の生処が存在せずもし安堵領得して吉兆なのである。

〔歌訣〕

局相に丁巳干支つまり孤鸞を帯びて聡明な詩的女命だが、生日柱が沐浴に該当すれば夾雑して淫質と見做すのである。

〔註解〕

これは女命のテーマだがまた男命も同義であり、すなわち孤鸞とは甲寅日丁巳日戊申日辛亥日などで、四生地が搭載する故に多大に聡明なのである。

また裸形つまり沐浴とはすなわち子午卯酉支の四敗地であり、局相の月時柱に侵犯して支障なくただ日干星を搭載するのを畏れるが、たとえば甲子日庚午日丁卯日癸酉日などで己身を桃花殺が搭載かつ重複して合絆を帯びれば、その故に己主は濁雑して淫質なのである。

〔歌訣〕

丁干を日卯支が搭載して局相に己土を擁して貪欲の人命、またすなわち亥支は粘液星辰なので、酉金に際会して酒好の客星なのである。

〔註解〕

また局相で丁干を卯支が搭載して偏印と見做すが、もし己干を擁して食神と見做す故に己主は貪食星また飲食に因り窮状を発生するのである。

また局相の亥支をネオンと見做すので、酉支に水質を添加して酒類と見做し、そこで生日酉支が亥支に際会してかならず己主は酩酊を貪好、さらに刑衝を附帯して己主は降格また酩酊倒するだろう。

〔歌訣〕

局相が帰禄支にて財星を帯びれば福分を利獲するが、もし財星や帰禄支が存在せずかならず窮状するのである。

〔註解〕

局相の帰禄支は身旺である故に、用途が財星なので局相に財星が存在せずもっぱら帰禄星は不用で、また局相の傷官食神が月柱財星を生扶して吉兆、また官殺星の附帯を畏れるのは財気が損耗するからなのである。

〔歌訣〕

局相で財星と印星が夾雑して結局は困窮と見做し、また偏と正が夾錯してかならず己身は損傷に至るだろう。

〔註解〕

局相の財星を貪好すれば印星を損壊する故に夾雑が不益であり、もし原局財星に印星を添加してかえって己主の福分を成為、またこのテーマでなければたとえば官殺混雑でも控除や留位して吉兆であり、もし夾錯してすなわち己身を損傷して凶揺と見做すのである。

また女命で偏正夾錯すればもっとも不吉と見做し、婦女を看るケースは知るべきであり、また偏正とは財星と印星の偏正への言及で、ただし己身が損傷して通関し難いのである。

〔歌訣〕

また年歳で戦鬥に際会して不益であり、また羊刃とは刑衝が不益なのである。

〔註解〕

このテーマとは日干星と年歳星の際会の禍福であり、もし日干星が年歳星を侵犯すれば年歳が用星で咎が存在せず、たとえば六壬日干では丙丁干を財星と見做し、原局に支根が存在すれば年歳星を侵犯してもかえって吉兆と見做すが、そこで身旺者は凶揺だが衰弱者は支障が存在しないのである。

また日干星と運途がともにこれを侵犯して己主の方途は凶揺であり、また命相に救応が存在して分度逓減でもっとも天干星と地支星の衝揺を畏れるのである。

また局相の性情や陰陽の要素を好察するのが元命の真実であり、たとえば六乙主人が運歳の己土に際会して活木質が活土質を剋伐して、かえって生意を肯首するので財源が倍増するのである。

また六甲主人が運歳の戊土に際会して、死木質が死土質を剋伐して、すなわち不吉でありそこで重複して喪身するのである。

また羊刃格では運歳の刑衝に巡って不益であり、たとえば小人物はこの侵犯を肯首せず、たとえば原局に羊刃を帯び偏官堆星を制効し、運歳の羊刃を巡相してまた凶揺また原局に財星を擁してさらに重度、また原局に衝刑戦鬥を被傷して、己主は不測の凶揺を惹起するのである。

「経典」にいう――

局相で羊刃と年歳が衝揺合絆すれば、勃発的に凶揺が巡相また年歳で戦鬥に際会、また刑衝が羊刃に際会してその最重要処への示唆に言及するのである。

〔歌訣〕

また局相で庚干と丙干が夾錯すれば多大に非仁質、また癸干が戊干合に傾陥して無情を些少に展布するのである。

〔註解〕

これは人命の性情心操への言及であり、たとえば火金質が夾錯する故に発病かつ主人は暴剛、そこで癸干を少陰と見做しまた戊干を老陽と見做し、そこで癸戊干合しても無情之合である故にこれを些少に展布して言及すれば、男命が戊日干で癸干を擁して年少者の婦女を娶り、また女命が癸日干で戊干を擁してかならず老夫に嫁ぐのである。

〔歌訣〕

局相で従化象が成立しなければ仕途が淹滞する人命、また局相で従化象が成立すれば功名して顕達する人士なのである。

〔註解〕

また局相が月令に通関せず時令を失効して孤神を侵犯して従化象せず、もし月令に通関して時令を領得してすなわち従化象がテーマなのである。

そこで旺夫星は夫化相に従いまた旺妻星は妻化相に従って、人命の巡相と伏蔵がどうして一事に帰納してまたは成立し、結局は己身は更改しない故に従化相が成格して、すなわち富貴双全なのである。

まず財星官星のテーマでは天干星が地支星に従相、たとえば乙日干で生月酉支では地支に金質が重複して、すなわち金質のテーマを肯定するのである。

〔歌訣〕

また化象とは旺禄支を要して当生、また化象とは絶禄支に帰局して滅相するのである。

〔註解〕

これは従化象の領得への言及で、旺禄支の領得を要するが死絶符は不要なのである。

そこで化成を造化して局相の旺禄支を巡相するとは、たとえば局相で丁壬干合化木相で月令春季、また運途の東南地の方途で生扶するが、また運途の申酉支に当相して滅相と見做すのである。

〔歌訣〕

局相で長生を附帯して壮年期に爵禄を失効せず、また時柱が敗地に帰局して老後に結末しないのである。

〔註解〕

局相で生扶に相逢するとは、命局に長生建禄を擁してまた運途で重複、たとえば庚辛干を申酉支が搭載して建禄帝旺に処在するのである。

そこで局相で丙丁干が作用して官星と見做し、また甲乙干が作用して財星と見做すので、そこで火質が運途の申酉支に巡相して、すなわち病死符して庚辛干の官星を否定、また木質が運途の申酉支に巡相して、すなわち死絶符して庚辛干の財星を肯定しないのである。

局相の財星や官星ともに敗処して用星が損傷すれば、壮年期に爵禄を逸するのである。

また局相の時柱とは結果で命局の生時柱であり、もっとも局相の敗処を肯首せず、そこで庚金を午支が搭載して沐浴、また甲木を子支が搭載して沐浴、また壬水戊土を酉支が搭載して敗地、また丙火を卯支が搭載して沐浴、また時柱を己主の結末と見做し、もし沐浴敗地が搭載して晩年期は昏滞するので、時柱が破敗符して結末を肯定し難いのである。

〔歌訣〕

また丁干を酉金が搭載また丙辛干併見して絶嗣、また財星が偏官に臨位して父君は滅相して穏座できないのである。

〔註解〕

また局相の丙干は、用途の壬干を子星と見做し壬干を酉支が搭載沐浴、また局相の辛干は用途の丙干を子星と見做し、そこで丙干を酉支が搭載して始兆、また時柱は子息宮なのですでに敗処して滅相するので、嗣子を肯定し難いのである。

たとえば嗣子が存在してすなわち父君はかならず爵禄を失効、また人命は財星を父君と見做すので財星と偏官が同宮してすなわち父君の難儀と見做すのである。

たとえば庚辛干は用途の甲干を父星と見做し、局相の年月時柱に甲申干支を擁して偏官が搭載するので、運歳で偏官が生旺して己主の父君は他郷で客死、また殺星とは劫殺でもありそこで財星を劫殺が搭載し、さらに父星位は通義して批准するのである。

〔歌訣〕

局相の干支が同属質のときに、運歳で偏官堆星に際会して凶揺なのである。

〔註解〕

局相の干支が同属性とは、たとえば甲寅年乙卯月丙午日丁未時の命局また庚申年辛酉月壬子日癸丑時の命局また戊午年己未月戊戌日己丑時の命局を肯首し、運歳で偏官に際会してかならず己主は爵禄を失効するので、そこで強壮を恃勢して夾相するので、結局は偏官が己身を剋伐する故なのである。

〔歌訣〕

もし能く詳細を観覧すれば、その貴賎とは万に一失もしないのである。

〔註解〕

余（万氏）が旧註解文を分析解体すると、そこで『元理賦』の趣旨が失効してしまう故に、下記に「略註」を附することで原作者の意図を明示して言及したのである。

真寶賦　明兵部尚書萬騏撰／萬育吾解

〔歌訣〕
官星が羊刃を附帯して、衝破が存在しなければ、
そこで兵権刑法の大権を掌亨するので、
「財星佩印」が相互資助し、刑衝が存在しなければ、
そこで臺閣つまり三公大臣の貴彰に登壇するのだ。
〔註解〕
正官格局では羊刃や「財星佩印」が有益なので、そこで損傷すなわち衝剋また刑衝すなわち衝破なので、印星や羊刃が存在せずただ財星が資助して吉兆なのは、歳運のケースも同義なのである。
〔歌訣〕
局相で財星と官星が生旺し、印綬を附帯すれば、
そこで中書省のモラルの尊位を拝受し、
局相で三合全局して「財星佩印」するときは、
そこで幸遇にて忌避の、五諸侯の貴相なのである。
〔註解〕
財星と官星を併見生旺して局中に印星を帯び、三合印局また三合財局して吉兆なのである。
〔歌訣〕
局相で劫財陽刃を附帯するときには、
タイミングよく将軍と宰相を兼務するので、
そこでもし印綬が相互扶助するときは、
早歳から難関を高昇するだろう。
〔註解〕
身弱の傷官格局のときには羊刃と印星が相互資扶し、すなわち吉兆なのである。
〔歌訣〕
局相で傷官と食神が重複して宰輔し、
前漢忠臣や魏宰相の功績と為り、
運歳で刑衝を制伏して耐久しても、
そこで傷官を重複すれば凶揺的なのである。
〔註解〕
局相で傷官と食神が重複相扶するときは、刑衝や過度の制伏が忌処であり、また運歳の傷官を巡相して不測の窮状が至るのである。
また局中に官星が存在しなければ、運歳の財星官星を巡相して有益、また局中に印星が存在しなければ、運歳の印綬を巡相して己主は官職を転勤するのは、歳運のケースも同義なのである。
〔歌訣〕
局中で財星が、偏官の資星と為るときは、
そこで権威を単揚し、万人を制圧するので、
局中でもし印星が相互扶星するときは、
そこで極品級の官位と断定するのである。
〔註解〕
また偏官格局では財星の資助が有益、また「偏官佩印」してもっとも吉相であり、そこで偏官の故とは己主の権威、また印星を領得する故に己主は官位極品級なのである。
〔歌訣〕
局相で月柱が「羊刃帯殺」を同宮するときは、
漢宮の鋭刃たる英名に比せられるので、
また運歳のタイミングで「財星佩印」すれば、
そこで中興の聖王と為り、高階位なのである。
〔註解〕
局相が「偏官帯刃」して月令に同宮するときは、年柱か時柱に財星や印星を擁してもっとも貴相で上文と同意義だが、ただしこれは羊刃兼備して言及するのである。
〔歌訣〕
局相で偏官が時令を失効、また印星に精気なく、

さらに己主が生旺し、恒常的に辺流に耐久するのである。

〔註解〕

局相で「偏官佩印（綬）」してもし当令して権処せずに、日干生旺また用星軽微なので清閑吏職でしかなく、そこで運歳が「財星帯殺」に巡相してすなわち吉兆なのである。

〔歌訣〕

月令に「偏官佩印」が相互扶助するときには、
財星を重複し、学府官吏なのである、

〔註解〕

局相の印綬格局は月令相当を要し、そこで日支星に印星を重複生扶して精気生旺し衝揺しなければ、そこで偏官一星と財星一星のセットを好作用と見做し太過が不適宜なので、そこで「財星佩印」が均衡して恒常的に主流なのである。

「賦」にいう――

局相に印綬を重複附帯すれば、学府官吏を肯定するのである。

〔歌訣〕

局相で時上に偏財を搭載し、官星を帯びれば、
早歳から科挙試験合格表彰の名声であり、
さらに食神を領得し、相輔大臣級であり、
はや年少のうちに、天子の尊顔に拝眉するのだ。

〔註解〕

局相の時上偏財格局で年月柱に、官星や食神の生助を擁して上文に批准するので、局相比肩劫財で比肩に際会すれば、百事のうち一処も完遂しないだろう。

〔歌訣〕

命局の福徳相とは、財星顕干して官星を隠伏し、
極めて高位の重職に当任するので、
局相また運途で印星を帯び、土質が存在せずに、
処世は下級の孤相に拘揺するのである。

〔註解〕

命局の福徳相とは、たとえば壬癸日干で生月三冬季のケースであり、財星官星の資扶が有益また局相が合絆また火局を領得し、そこで辰戌丑未支を一星附帯して好作用と見做すのである。

局相に財星や官星が存在せず、印綬に巡相して財星官星に巡相せず、運途の印綬や北方地を巡相して妻子を刑剋して孤独相かつ窮状の命相なのである。

〔歌訣〕

格局の「六壬趨艮」では、
局相で財星や印星が透出し奇瑞と見做し、
また正官と偏官が交夾して、
かえって窮状して下層なのである。

〔註解〕

局相の六壬日干で時柱壬寅干支を重複附帯してすなわち「趨艮格局」であり、局相の年月柱に寅支を重複して丁辛干が透出して好作用で富貴双全なのである。

また局相また運歳で正官と偏官を帯びてもっとも不益と為り、血族は四散して窮状下級の人命と為るのである。

〔歌訣〕

格局の「六甲趨乾」では、
局相で「財星佩印」し、有益で高名重位と為り、
そこで運歳が衝揺するときは、
局相で「官殺混雑」し、窮状疾するのである。

〔註解〕

甲日干で時柱乙亥干支を附帯しすなわち「趨乾格局」であり、局相の年月柱に亥支を擁してもっとも有益、また局相で財星を重複しまた印綬が生扶して、自ずと正官顕星してふたたび旺財地に巡相して吉兆だが、また局相巳支が刑衝して官殺星が衝破して甲乙干が損壊するのは、運歳のケースも同義なのである。

〔歌訣〕

局相で財星が堆局し、印星の生扶を領得すれば、

そこで年少期に福分を享受するのである。
〔註解〕
すなわち原局が財星で印星を後処し、かえってその福分を成為するが、そこで財星が印星を損壊して忌み肯首しないのである。
〔歌訣〕
格局が「倒衝帯印」で、財星や食神に巡相すれば、
早歳から名声を成すだろう。
〔註解〕
局相の「倒衝禄馬格」すなわち丙午日丁巳日辛亥日癸亥日などで局中に偏印を擁し、また運途で財星食神を巡相して貴相と見做し、填実に復するのが不益なのは官殺星が相当しないときである。
「賦」にいう―
局相が「倒衝帯印」すれば早歳から名声を成すので、そこで財星食神を兼星すれば己主は宮廷への近侍を肯定するのである。
〔歌訣〕
年干の偏官が局中で有益のときには、
財星が有益だが、その制伏が不益であり、
そこで運途に印星が巡相するときは、
局相に羊刃を帯びて、兵権刑法を掌事するのだ。
〔註解〕
局相で年干の偏官を「歳徳」と見做すので、局中で偏官が重複して不適宜、また財星や印綬羊刃がもっとも有益で、その制伏を肯首しないのは運歳のケースも同義であり、たとえば甲申年己巳月戊子日癸亥時の命局は「歳徳」で制約がなく、また局相で財星が偏官を生扶して作用し、また印星が偏官を化殺して己身を生助、そこで羊刃が偏官を合絆扶身する故に大貴相なのである。
〔歌訣〕
局相に天月二徳貴人が正官を適配すれば、
漢朝右丞相の王陵氏の命相なのである。
〔註解〕
たとえば辛日干で生月戌支では丙干を天月二徳貴人また正官と見做し、財星の資助が有益で傷官の制剋が不益なのである。
「賦」にいう―
治国法の六典の「平邦国」とは、局相の正官の頼処を変易して天月二徳貴人を肯定するのである。
たとえば乙亥年丙戌月辛丑日戊子時の命局は当格、また正官が変易して天月二徳貴人とは正官に位処して凶禍は存在せず、また財星が変易して天月二徳貴人で善処して財帛を領得、また印星が天月二徳貴人に変易して己主は父祖の遺産を慶受して凶揺が存在せず、また日干が天月二徳貴人に変易してすなわち己主の本身と為るのである。
〔歌訣〕
財星かつ徳秀の星辰とは、
東晉代の謝安氏（太政大臣）の命相なのである。
〔註解〕
たとえば戊己干は甲乙干を官星と見做し、また壬癸干を財星と見做すので、天月二徳貴人が透干すれば徳秀の星辰と見做し、そこで庚辛干が制効しなければ比肩劫財の夾奪を被らず大貴相なのである。
たとえば乙日干が庚干を正官と見做し、生月巳酉丑支または丙丁干は用途の庚辛干を財星と見做し、生月巳酉丑支のケースなのである。
「賦」にいう―
王商氏（首相）が漢王朝を扶助したのは、局相の財星官星を「徳秀星辰」の栄昌と見做して肯定し、また「徳秀」とは福徳之秀気であり、さらに局相に財星官星を附帯してもっとも好作用なのである。
〔歌訣〕
局相で傷官を多見して正官を帯びるとは、頑石塊と珠玉塊のようであり、
原局に正官を擁して運途で重複すれば、そこで窮状なのである。
〔註解〕
また傷官格局とは局中で傷官の重複を要し、たとえば正官一星が存在して貴相と見做し、また原局に正官が存在せず運途で正官に巡相して有益であり、そこでたとえば傷官とは粗石のようでありまた正官とは珠玉のよう

なので、もし原局に官星を擁してふたたび運途で正官が重複してすなわち凶揺なのである。
〔歌訣〕
たとえば傷官が偏官羊刃を附帯するときは、
そこで将軍大臣として出世し、公侯伯に鎮位するのである。
〔註解〕
局相で傷官を主星と見做すときに、局相に偏官羊刃や印綬を擁して時令を領得すれば、情通して相益して刑衝を被らずすなわち極貴格なのである。
「賦」にいう—
局相で傷官が羊刃印綬を全備すれば、兵権の重任の掌事を肯定するのである。
〔歌訣〕
もし局相が徳秀星辰で傷官が幇助するときには、
兵権を掌事して斧刃を屈伏させるのである。
〔註解〕
これは徳秀兼星への言及であり、みな傷官格局を主星辰と見做すのである。
〔歌訣〕
局相の地支星が子午卯酉支を全備して、
国柱の文武経歴の大格局と成るのである。
〔註解〕
局相の子午卯酉支が全備すれば、天干の何星を看て大格局を成為して好作用と見做すのである。
〔歌訣〕
局相の巳亥寅申支を併相して、
さらに奇瑞之儀、また主星が寅支ならば権威なのである。
〔註解〕
局相の巳亥寅申支を全備して天干の何星を看て、さらに奇瑞之儀を領得して好作用と見做すのである。
〔歌訣〕
局相の甲乙干主で生月卯支のとき、
生時柱に午支を附帯して木火質が明動するので、
そこで運途の西南地に巡相して、
極品級の官位に当相するのである。
〔註解〕
これは「木火通明格局」なのである。
〔歌訣〕
局相で主星の食神に印星が重複して、
ふたたび損傷するのでかならず非長寿なのである。
〔註解〕
これは食神格局の所忌のポイントなのである。
〔歌訣〕
局相で食神が堆盛し運途で財星に際会すれば、
そこで功名の有為を肯定するのである。
〔註解〕
また「権臣内勤」と称して、食神格局の所喜のポイントなのである。
〔歌訣〕
「六陰朝陽格局」が印綬駅馬を有益に附帯し、
宮廷の楼門を透関するので、
また局相に財星や印星が存在せず一般庶民であり、
そこで運歳の填実に復して不益なのである。
〔註解〕
「六陰朝陽格局」は印綬と財星が有益であり年月柱に処在して当格するが、そこで財星印星が存在せずすなわち逓減、また運途の財星印星を巡相して運途の官星で轉処するので、そこで刑衝や填実に復して不益なのである。
「賦」にいう—
「六陰朝陽格」で印星を帯びて清々しい達人の朝士だが、そこで財星が資助して彫琢の栄昌ではなくすなわち節度規律に耐久し、また局相に印星が存在せず財星が過多して一般庶民で城郭の守衛級なのである。
〔歌訣〕

まず「六乙鼠貴格局」で食神印綬を重見すれば、
そこで中書令の官吏級であり、
運途で刑相衝揺して不益なのである。

〔註解〕

格局の「六乙鼠貴」とは食神や印綬を重見しすなわち吉兆だが、そこで官殺星や刑衝が夾害して不益なのである。

〔歌訣〕

格局の「子丑遥巳二格」では、
局相で「財星佩印」して極貴相と為り、
もし運歳で輔佐星が存在しなければ、
薄給が昇級して寒職が充当するのである。

〔註解〕

また「子丑遥巳二格局」では局相に「財星佩印」を擁する要があり、かならず貴相だが在星しなければ否定し、運途で「財星佩印」に巡相してまた発揚するのである。

「賦」にいう——

格局の「子丑遥合巳宮」では「財星佩印」を領得し、貴相と為して肯定するのである。

〔歌訣〕

また国柱でありかつ経典道典の論客とは、
局相の財星と官星が有益で自ら旺禄するのだ。

〔註解〕

たとえば甲日干の辛干は正官であり酉支が搭載して建禄、また己土を財星と見做して酉支が搭載長生するケースでありこの大貴相に当格し、運途の刑衝傷官が不益なのは運途も同義なのである。

たとえば呉嶽氏（長官）は甲子年癸酉月甲辰日甲子時の命局で当格して庚午年に卒されたが、恒常的に正しい気性の君子であった。

〔歌訣〕

また貴重書『調元』の謹呈と教化とは、
局相で官星印星財星が自ら生旺することである。

〔註解〕

局相の正官印綬正財を三奇と見做し、そこで庚日干での正官では己干を領得して長生、また壬干での印綬では申支が搭載長生、また戊土の正財では申支が搭載長生して大貴相に当格するのである。

たとえば譚綸氏（長官）は庚辰年甲申月丁未日丙午時の命局で財星官星印星が倶旺、また胡宗憲氏（長官）は壬申年辛亥月丁酉日壬寅時の命局で、局相が財星官星建禄印星長生して丁日干を酉支が搭載長生し、貴星の当地かつ化木成象相と見做す故に、四省庁を威制して一品級の官位なのである。

〔歌訣〕

格局の「井欄斜叉」が印星禄星を相助するときは、
官位は慈徳の摂政級であり、
もし火星や劫刃を帯びて運歳で不和であれば、
かえって窮状かつ下級と見做すのである。

〔註解〕

この格局は局相に禄星や印星を擁して、干頭で「財星佩印」して好作用と見做し、もし火星を擁して劫財羊刃が重複して運歳が不調和ならば窮状相なのである。

〔歌訣〕

局相で建禄が「財星佩印」を附帯するときは、
青年期に科挙進士試験に合格し、
そこで運歳で刑衝交夾するならば、
官殺星を附帯しても好作用しないのである。

〔註解〕

局相が帰禄格のときに局相の年月時柱が「財星佩印」を帯びて、地支が三合会局して好作用と見做し、運途で財星印星の当地を巡相して吉兆だが、刑衝破害して不益で官殺星が破綻するのである。

〔歌訣〕

局相で金水質が清澄して瑕疵が存在すれば、
文章力が顕達しても延寿は難儀なのである。

〔註解〕
局相で巳酉丑支三合金局と申子辰支三合水局の二局全備しすなわち「金白水清」と称するが、かえって干頭で丙丁戊己干が交夾して、すなわち文章力を肯定して寿元を否定するのである。
「賦」にいう—
局相で金水質が清澄して瑕疵を被れば、顔回氏のように秀才だが質実を否定するのである。
〔歌訣〕
局相で木火質が旺衰不均衡するときは、
そこで功名ともに失位彷徨するので、
決定的に非長寿相なのである。
〔註解〕
局相の五行の作用では、まず春季が旺木質また夏季が旺火質であり、たとえば乙木が生月夏季で木質が旺火質を泄洩するので、たとえば命局が盛火質で水質が存在せず、そこで堆土質と微金質を添加して功名失位しないが、ただし配下や両親を早期に疎遠するのである。
そこで局中たとえば壬癸干亥子支の三星を帯びてやや煩悩は解尽し、たとえば局中に壬癸干亥子支が三星存在せず木質が火質に洩耗するので、白昼に灰燼と化するように決定的に非長寿なのである。
〔歌訣〕
局相でドラゴンとタイガーが風雲に相従するときは、
聖朝廷の大器格を演作するのである。
〔註解〕
ドラゴンとタイガーが風雲に乗じるとは、たとえば甲乙干が生月卯春季また生月亥卯未支でブルードラゴンの星宿と見做して、干頭に壬癸水を要して雲龍相従と称し、また局相で庚辛干申酉支をただ一星領得して西方つまり白虎之星辰と見做し、局相の亥卯未支を渇望して巳支が衝合するときは、巽風と見做してすなわち貴相なのである。
もし局相に填実が復して水潤質が存在せず旱龍と称して陽性を肯首し陰性を否定、また君星を擁して臣星を否定するので剛質と柔質が相済せず、かえって中庸に適相しない人士と見做すのである。
または辰支をドラゴンと見做しまた寅支をタイガーと見做し、また壬干を雲と見做しまた巳支を風と見做すので、局相で壬干寅辰巳支が全備して大貴相なのである。
〔歌訣〕
局相で「飛禄」かつ「井欄斜叉」が印綬を帯びれば、
かならず昭々歴々たる名侯公と見做すのである。
〔註解〕
また日主の建禄支が年支星で地支四星ともに衝揺、また日主を暗衝禄と為してまた「飛禄」と見做し、天干三同星して局相申子辰支を相得して「井欄斜叉格」と見做して印綬が適星して当格するので、かならず昭々歴々の大官僚と為るだろう。
〔歌訣〕
たとえ身旺でも官星禄支が軽微のときは、
馬方氏が教壇で人材を教育するようなものである。
〔註解〕
たとえば甲寅日主が用星の辛干を官禄星と見做し、そこで生月三冬季また生月巳午支で用星がすでに浅度なので、財星の資助が存在しなければ儒学師の命相にとどまるだろう。
たとえば生月夏季で財星が資助すれば洪鰲氏のように富裕だが、もし衝破制伏して火質が堆重してすなわち否定するのである。
〔歌訣〕
格局が濁相して用星が稼働しなければ、
西秦代の蕭何氏（漢朝首相）のように文武立身するのだ。
〔註解〕
上文に同義なのである。
〔歌訣〕
もし甲乙干が命相の干頭に透宮すれば、
そこで辰支星が搭載してかならず貴相なのだ。
〔註解〕

局相で甲乙干が干頭に併透して地支星が搭載するとき、局相の年月時柱に辰支一二星を擁して「六甲趨乾通明格」と称して、たとえば局相でこれを象相して己主は大貴相なのである。

〔歌訣〕

局相で壬癸干が金神を擁するときは、
そこで巳午支を領得して佳質と見做すのである。

〔註解〕

局相の甲乙日主で壬癸干を擁し生扶して巳午支星を擁せば、火質を帯びて「水火既済」と見做して「ドラゴンが高昇飛翔する象相」を得て「雲雨施行之功」にて、命局が当相して位階は清光に近侍するのである。

〔歌訣〕

局相で庚日干が壬癸干を擁するときは、
「偏官佩印」が搭載して周瑜氏（孫呉大督）の重鎮である。

〔註解〕

生日庚干で局中に壬癸干が重複して「偏官佩印（綬）」が搭載し己主は大貴相で、何省長官は壬子年癸丑月庚午日丙子時の命局であり、また余（万氏）は壬午年癸丑月庚寅日丙戌時の命局でこの象相に倶合するのである。

〔歌訣〕

局相が「水火既済」して羊刃を帯びるとは、
金質羊刃を擁し賈復氏（後漢将軍）の高命である。

〔註解〕

生日壬癸干で局中に丙火が重複して、そこで寅午戌支火局と申子辰支水局の二局相は水質は亀に属しまた火質は蛇に属し「亀蛇持剣之象」と称し、局中に金質が存在せずその剣鋒は出類しないのである。

〔歌訣〕

局相で庚辛干が重複し時柱に巳亥支を擁すれば、
猛虎が咆哮して風迅を派生し、
局相で戊己干を領得して相互資扶すれば、
その官位は極品級に位相するのである。

〔註解〕

生日庚辛干が庚辛干を重複また年月時柱に巳支一星を擁し、巽風と見做してまた亥支を擁して肯首するのである。

また局相の甲乙干亥卯未支が有益であり、運歳の東南地を巡相して高権重禄、また運歳の北方地を巡相して富裕、また運途の西方地に赴き凶揺的なのである。

〔歌訣〕

局相が一気相承生するときには、
そこで「五行之順食」と称して、
階位は三公大臣級に近付するのである。

〔註解〕

局相で一気相承生すればすなわち甲干が丙干を派生、また丙干が戊干を派生また戊干が庚干を派生し五行之順食と称し、さらに地支星が互相裨益して大貴相だが、これは「天元一気相」の解釈ではないのである。

〔歌訣〕

局相で金神が羊刃を附帯するときには、
運途の火地に巡相し赫々と炎明するので、
その官位は閣僚級と為るのである。

〔註解〕

局相の「金神格局」では局中に陽刃を附帯し、また火地に巡相して大貴相なのである。

〔歌訣〕

局相の「時上偏官格局」では、
劫財羊刃印星財星が年月柱に位相し有益なのである。

〔註解〕

時上偏官格局が局相の年月時柱に財星や印星の生化の資扶を擁して、羊刃が扶身して身強ならば己主は権威の名誉なのである。

〔歌訣〕

局相の父子伝承の道理とは、
文官と武将を兼任して朝廷に顕揚するのだ。

〔註解〕

生日乙干で時柱壬午干支を附帯して肯首し、そこで乙干とは東方位の青帝星神に属し、また午支とは南方位の火帝星神に属し、そこで乙木を父星と見做しまた午支を子星と見做し、干頭壬水を搭載してかえって乙木質を生扶して父子伝承の象相を、木火質が嗣続相する好作用で当格すれば一世の高功と為り千官吏群を籠絡できるだろう。
そこで盛水質が不適宜で乙木質は浮漂するので、すなわち前述の甲乙干生月卯支では時柱に午支を際会し木火質が明動するので、運途の西南地に巡相して極品級の官位を肯定するのである。

〔歌訣〕
局相で傷官が透出して正官が隠星するときは、
また「偏官佩印」に巡相し高位重権するのだ。

〔註解〕
局相で傷官が年月時干頭に透出し正官が地支蔵に隠星し、局相に「偏官佩印財」を全備して大貴相なのである。

〔歌訣〕
天干星と地支星が交泰し陰陽が感応すれば、
戊己干を領得して三公大臣参議級なのである。

〔註解〕
局相の日時柱に亥支を擁して乾天と見做し、また局相の年月柱に申支を擁して坤地と見做しまた戊己干が透干し、地支星の天干星の搭載を肯首して陰性と陽性が交感する趣意、そこで陽性を内容して陰性を外容して健順之象相なので、これに当格して大貴相なのである。

〔歌訣〕
局相の木質と金質が盛繁するときに、
火質を領得すれば忠公正直なのである。

〔註解〕
また木質は金質の彫琢に頼処するので木質が繁茂してすなわち金質は過多し、また制金の火質を要して忠公正直なのは金質と木質に困ると言及するのである。

〔歌訣〕
局相が「金白水清」に位相するときに、
長生を附帯して抜群に聡明なのである。

〔註解〕
庚辛日干で生月申子辰支で地支巳星が搭載し、局相に壬癸干を擁して火土夾雑が存在しなければ、聡明にて文学能力を帯びるのである。

〔歌訣〕
局相が「木火秀明」に位相するときに、
土質を顕星して擁せば科挙進士に首席合格するのだ。

〔註解〕
生日甲乙干で局中に巳支または丙丁干寅戌支を擁し生月春季は奇特であり、もし地支星に午戌亥卯未支星を擁しそれぞれ一星辰を領得して肯首するので、生日甲乙干に拘らないのである。

〔歌訣〕
局相で水木質が生月春季のときに、
土質と金質を擁して公侯伯の質実と為るのだ。

〔註解〕
また水質が土質を擁しまた木質が金質を擁して官星と見做し、また水質が金質印星を擁しまた木質が土質財星を擁して、そこで春季とはすなわち旺木質かつ休水質にて、相互資助する故に貴相なのである。

〔歌訣〕
局相の金質が火煉を帯びれば、
早歳から仕路に出世するので、
また木質が金質の彫琢を擁せば、
幼歳から名声を成為するのである。

〔註解〕
これは五行の相済への言及なのである。

〔歌訣〕
金質が過多して火質を失効し、頑凶にて嘆息の性分なのである。
木質が盛茂して金質が存在せず、功名の非遂を嘆息するのだ。
堆土質に木質の疎通が存在せず、奔馳窮状の徒輩なのである。

盛水質に土質が制効せず、淫質破家の人命なのである。
盛火質に済水質が存在せず死容にて、忌憚なき暴夫なのである。
木質が衰微し火質が盛旺すれば、灰燼に変容し功名は遅々とし非長寿。
局相が「金白水清」し偏印が有害では、文章力秀才だが天寿を全うせず。
〔註解〕
これは総括して五行偏頗への言及であり、そこで制化が存在しなければみな凶揺と見做すのである。
〔歌訣〕
局相が「金白水清」を位相するときには、
そこで偏印を控除し文章力が顕揚するのだ。
〔註解〕
前述の「金白水清」が長生を帯びて、抜群に聡明とはこれを相互に参照されたし。
〔歌訣〕
局相で正官と偏官が併透するときには、
天月二徳貴人を帯び崇高なる爵位なのである。
〔註解〕
二徳とは天月二徳貴人のことであり、正官と偏官が併透して混雑を懐疑するるので、これを解救し得てその故に貴相なのである。
〔歌訣〕
局相の財星とは偏官の資星であり、
いわば子息星が司将星で高権威なのだ。
〔註解〕
局中で旺財星が偏官を生扶してまた偏官が印星を生扶し、長生の当地を領得して日干生旺し格局が好作用ならば大貴相なのである。
〔歌訣〕
局相で金神が偏官を附帯すれば、
外賊的朝廷専横の大器なのである。
〔註解〕
局相で金神を重複侵犯してかえって年月時柱に偏官を擁し、大貴相だが刑衝が不益なのである。
〔歌訣〕
局相の年干偏官で「財星帯殺」して支根を擁すれば、
早歳から顕揚して仕路に登壇し、
さらに印綬羊刃を添加し妬合しなければ、
科挙試験の高位合格が予想されるのだ。
〔註解〕
前述の年干偏官に扶星がありそこで財星が有益で制効を忌むが、また運途の印星に処在して羊刃が際会して兵権刑法を掌事し同義なのである。
〔歌訣〕
局相で年干偏官が財星を附帯すれば、
年少期から科挙合格を要請されるので、
局相の年干偏官が羊刃を附帯すれば、
早歳から名声を成為するだろう。
〔註解〕
年干偏官で偏官が重複となれば、その故にしばしばこれに言及し科挙受験を要請されて年少期の名声を成して、早歳にも科挙高位合格に抜擢されて仕路が顕揚登壇するのは、年柱が初年季を主管して己主の偏官は威風である故なのである。
たとえば甲日干で年庚干を「歳徳」と見做し、局中の戊己干が偏官の資扶を要し、そこで局相の巳酉丑支は支根かつ羊刃を帯びて、運途で印綬に巡相して有益で正官とは妬合の星辰で不益なのである。
〔歌訣〕
月柱に偏官を附帯して年時柱に食神を擁し、
そこで憲府庁を震撼統制する号令と為るのだ。
〔註解〕
また「食神制殺」の位相では、作用は堅固然なのである。
〔歌訣〕
月柱に「偏官佩印」して時柱が傷官では、
そこで龍鳳楼閣の厚寵を享受するのだ。

〔註解〕
月令に「偏官佩印」を擁して、年干支がこれを領得して極めて好作用だが、時柱に傷官が透干する必要があり、印星をこの妻星と見做し偏官の制効と為す故に、己主は大貴相なのである。
〔歌訣〕
局相が丙日火質で時柱が亥宮に当相すれば、
天賦の華麗にて文彰が四海に鮮明なのである。
〔註解〕
丙日干で時柱己亥干支を領得して、そこで亥支は乾天に所属し火質は天上に処在して遍く照らすので、命局が当相して自ら生涯は高貴崇顕し兵権刑法の任を掌事して、その上界では天子を輔佐し下界では四季に帰順して、また外辺の異民族を鎮撫し刑衡破害が処忌だが救応が存在して吉凶なのである。
「賦」にいう――
丙火が時柱亥宮を附帯して、文彰が四海に鮮明なのを肯定するのである。
〔歌訣〕
丙日干が時柱で己丑干支を附帯するときは、
郷地を出離して山河を照耀するのである。
〔註解〕
丙日干で時柱己丑干支を附帯して、地上の昇陽の象相を肯定し天麗に従順して多大に明徳、たとえば安国康氏（公侯）は多大に大賜を受領したが、これが命の価値でありつまり心臓や筋力や手脚に当任、たとえば姚涞氏（首席進士）は戊申年戊午月丙辰日己丑時の命局で当格なのである。
「賦」にいう――
六丙日干で時柱己丑干支が臨むときには、地上に処在して極めて顕揚を肯定するのである。
〔歌訣〕
丁日主で時柱辛亥干支を帯びるときには、
すなわち時上三奇で早期に科挙合格するのだ。
〔註解〕
六丁日で時柱辛亥干支では辛干を偏財と見做し、そこで亥支蔵の甲木印綬また壬水正官を擁して時上三奇と称して、かならず己主は年少期に科挙試験に合格し長久たる富貴である。
「賦」にいう――
丁日主で時柱亥支では、悠々たる富貴と為るだろう。
〔歌訣〕
局相の月柱申支で年時柱子支を附帯すれば、
土水質に順相し将軍大臣のタイミングを肯定するのだ。
〔註解〕
その富貴を知りたければまず月令（提綱）を観て、月柱申支を坤卦に属して地盤と為し、また年支星の子支は坎卦に位相して水質と為すので、そこで地相と水相の師卦つまり水相とは地相の外辺ではないようにまた兵卒は民衆の外辺ではなく、この象相を領得して大貴相なのは時柱子支も同然だが、日柱子支ではすなわち非定規するのだ。
〔歌訣〕
局相が時柱午支また年柱巳支また辛日主では、
そこで甲乙干が透出して三公大臣級の貴相である。
〔註解〕
局相の時柱午支また年柱巳支また辛日主を領得して、そこで辛金は用途の巳支や木質を財星と見做し、また火質を官星と見做して「内得巳順」また「外得火明」の象相と称して、上層界へ昇進また中庸を領得して剛質に即応、もし月令巳支ならばすなわち非定規して大貴相に当格するのだ。
〔歌訣〕
局相が「木火秀明」で生月春季のときは、
この象相で当格し次席進士合格の魁首なのだ。
〔註解〕
木火質が重複して生月春季では、すなわち前述の木火秀明が土質を擁して、早歳から進士試験首席合格の義を占巫するのだ。
〔歌訣〕
局相で食神が羊刃を附帯するときには、

結局は位階は三公大臣級なのである。
〔註解〕
たとえば甲主人が丙干食神を帯びて火局を要し、己主人が辛干食神を帯びて金局を要するので、ただ一星を領得してさらに羊刃は資助して大貴相なのである。
〔歌訣〕
局相で食神が羊刃を附帯して、
官星が搭載すれば一品級の高勲位なのである。
〔註解〕
日主を官星が搭載して年月時柱に羊刃食神が顕星して大貴相だが、ここでの処忌とは偏印衝揺であり、もし運途の財星官星の二方途に巡相して勃発的に駿揚するのだ。
〔歌訣〕
局相で官星が羊刃を附帯するときには、
班超氏（漢朝将軍）のように万里を征服するので、
局相の年月時柱を領得するときに、
周勃氏（漢朝武侯）のように大臣に特進するのだ。
〔註解〕
局相の正官格では用星が当令する必要があり、局中に劫財羊刃を擁して正官妻財星を為して、すなわち剛柔相済するのでかえって財星を領得して貴相と見做し、官星と劫財羊刃を干頭に併見してもっとも貴相なのである。
「賦」にいう—
官星が羊刃を附帯して貴相は言及するまでもなく、局相の年月柱に透出して周勃氏（武侯）が大臣に特進するのを肯首するのだ。
局相が時令を領得して官星の生旺添乗に言及すれば、羊刃の附帯とは局相に拘わりなく言及し、透出してすなわちポイントを直指して言及すれば羊刃とは凶殺星なので、これを官星食神が附帯してみな権貴の造作と看るのであり、たとえば李邦珍氏（大目付）は癸酉年己未月壬子日庚子時の命局で当格するのである。
〔歌訣〕
局相が「財官双美」するときには、
「財星佩印」が透出して臺閣省庁の尊位であり、
そこで運途が比肩に巡相するときには、
さらに刑衝すれば旧態然として保守派なのだ。
〔註解〕
癸巳日主を生月巳支が搭載してまた壬午日主を生月午支が搭載し、干頭に「財星佩印」が透出して運歳の北方地が不適宜で、また刑衝を畏れるのは宜しく勘案されたし。
〔歌訣〕
局相の財星と官星が生旺するときに、
干頭に透出して奇瑞と見做し、
そこで紫衣や緋衣の高階位に登壇するのだ。
〔註解〕
局相の財星が生旺すればかならずしも正官の透出は要さず、財星が自ら正官を生扶するので奇瑞に絶符するが、また財星官星が併透して生旺に位相すれば、みな己主は大貴相なのである。
〔歌訣〕
局相の旺財星が官星を生旺するときに、
印星が羊刃を擁相して好作用と見做し、
そこで三公大臣や参議級なのである。
〔註解〕
局中で財星が当令生旺また印星劫財が扶助して大貴相だが、ふたたび運途の財地を巡相してはならないのだ。
〔歌訣〕
干頭の食神を禄馬星が搭載するときに、
初年季に科挙合格表彰の名誉なのだ。
〔註解〕
庚日干で時柱壬午干支を擁し、また辛日干が時柱癸巳干支を擁して肯首するのだ。
〔歌訣〕

局相で印綬が透出して財官星格局のときに、
早歳から辺境鎮護の重任を担当するのだ。

〔註解〕

財星官星の格局では、年時柱に印星が透干して好作用と見做すのである。

〔歌訣〕

局相で日干が健旺するときに、
そこで印星と羊刃が併擁すれば、
龔勝氏の漢統家の死節義を忖度するのだ。

〔註解〕

「賦」にいう――

局相で偏官生旺して印星帯刃が扶相するときは、龔勝氏の西漢での死節義であり、そこで局相が満局偏官また従官殺のときに印星羊刃が干頭に透出して、すなわち忠義節の良臣なのである。

前述した日干生旺で印星羊刃が生扶して、すなわち太過するので好処を当相してそののち正意と為し、漢朝の処士の龔勝氏は能く死節義を処したのは、局相の五行の太過の瑕疵ではないのだなあ。

〔歌訣〕

局相で「官星帯刃」また「偏官佩印（綬）」するときには、
唐朝代で房玄齢氏が河間郡を巡歩されるようだ。

〔歌訣〕

三公大臣の任務とは「偏官帯刃」の司権であり、
それぞれ長生財星を帯び、極貴相の資質なのである。

〔註解〕

たとえば甲干は用途の庚干を偏官と見做し、また乙干は用途の辛干を偏官と見做すが、そこで局相に巳子支を擁してすなわち偏官長生なのである。

また局相で甲干が乙干を擁し、また乙干が甲干を擁して羊刃と見做し、また局相で亥午支を擁して羊刃長生と見做して、さらに「財星帯殺」また「印星化刃」を領得して極貴相なのである。

〔歌訣〕

枢要司官や軍政務官とは、
局相劫刃の附帯に因り任官の資質とした。

〔註解〕

局相の月令や時上に正官を附帯して羊刃の資星を要し、たとえば甲干は用途の辛干を正官と見做し、そこで乙干を領得して正官の資扶を肯首するのだ。

〔歌訣〕

伸枉抑かつ理冤慝とは、
財星が偏官を生扶して印星が生助することだ。

〔註解〕

局相で偏官が重複してまた財星官星の資助を領得して、すなわち偏官が得勢するのでまた印星が生扶すればよいのである。

〔歌訣〕

直訴進言のため皇宮の門扉に趨勢するとは、
また「偏官帯刃」して干頭に併見することである。

〔註解〕

これは偏官格局であり偏官帯刃して局相の年月時柱に顕星して、己主は路辻で言述するのだ。

〔歌訣〕

学府に居処して天子の言霊を掌事するとは、
局相で正官と帰禄支を位相するときである。

〔註解〕

局相の正官帰禄支とはたとえば丙干は、用途の癸干を正官と見做して局相で子支を擁して、すなわち癸干の禄支が子支に位相して生月三冬季で好作用なのである。

「賦」にいう――

天子の言霊を掌事する命相とは、玉製殿堂の職権に列位して貴禄星に因り、その清奇を領得して肯定するのだ。

〔歌訣〕

年柱の印綬と月柱の正官とは、
國子監学府に位処して当任するのだ。

〔註解〕
局相で正官を月令に帯びて有益、また印綬を年干に顕星する要があり、そこで衝剋の星辰を擁さなければ、上文に批准するのだ。
〔歌訣〕
格局が清奇で時令を領得するときには、
外賓応接玉殿の名誉を称号するのである。
〔註解〕
格局が純粋融和して不雑で用星が当令し、精気が存在して刑衝破害がなく大貴相の命造である。
「賦」にいう――
格局が清く正しければ、外賓応接玉殿を肯首するのである。
〔歌訣〕
治国法六典の平邦国や統六師とは、
局相の官星や天徳貴人の変易に頼処するのだ。
〔註解〕
見解はすでに前述している。
〔歌訣〕
陰陽が作用して宰輔大臣に登壇するとは、
禄馬星や長生の附帯に因るのである。
〔註解〕
局相の正財正官がともに長生を擁し、また羊刃を領得して食神を生扶しまた食神が財星を生扶し、また財星が官星を生扶しまた官星が印星を生扶し、また印星が己身を生扶して止熄なく周流して好作用で、かならず己主は大貴相なのである。
「賦」にいう――
局相の財星と官星とは同根であり、国政統治の権威でまた同根だが、そこで長生を肯定するのは「正官佩財」長生して貴相に就き、長生とはその居処のポイントを指向して言及するので、そこで羊刃と食神の相生解釈は要さないのである。
〔歌訣〕
局相で格局が純和相のときには、
日干が自性的に衰弱するので、
そこで幽玄隠棲を好み泉石を観覧するだろう。
〔註解〕
局相で用星が時令を領得しても、日主が衰微して効用できずかえって林泉隠跡の人命であり、運途で扶身が巡相してまた発揚するのである。
〔歌訣〕
局相で格局が薄微のときには、
また用星が軽微であれば、
たとえ生資しても小官吏級なのである。
〔註解〕
たとえばその処用の星辰が時令を領得しなければ、たとえ資扶星を領得しても小官吏級であり、前述の格局純和相に比較して同義ではないのだ。
〔歌訣〕
局相が堆土質で支星が厚載するときは、
また水質星辰を畏れて木質星辰が有益なので、
そこで格局を仮成すればかならず中庸の大貴相である。
〔註解〕
たとえば戊己日干で局中に戊己干を重複、また地支星に一申支を擁して柔順を好作用して、賦訣は定形詞の方途で合徳無窮なのは坤地が大容なのでこれに相当して大貴相だが、そこで壬癸干が不益で甲乙干が有益なのは、運歳のケースも同義なのである。
〔歌訣〕
局相が盛木質かつ厚土質で火質を帯びるときは、
東方地に順運して堆土地に巡相すれば、
命局と運歳が純相融和するときは、
決定的に功名が顕揚するだろう。
〔註解〕
局相の干頭に甲乙干が併相また地支星に戊己干が重複して、かえって寅午戌支一星を領得して東方地を順運して木質を得地、また堆土地を巡相して土質を得地、たとえば木質はますます旺盛また土質はますます堆厚で、九四上下（或躍在淵、無咎）でこれに即応するのである。
〔歌訣〕
局相で堆土して土質寅支が搭載するときに、
すなわち天干星が支星に済性して光明するのだ。
〔註解〕
命局で年月時柱に戊己干を擁し地支星が支根を領得し月令寅支で、そこで土質を坤地と見做しまた寅支を艮山と見做すのである。
そこで内容を抑止して外辺に順処し、これは謙和義質なので山岳は至高かつ坤地は至卑、すなわち屈従してその下位相を抑止し、この象相に当相して貴相が顕彰して亨通するのだ。
〔歌訣〕
局相で羊刃が禄馬星と財官印星官星を擁するときに、
月令を当令して財星が透出するならば、
一品級の公侯の貴相と見做すのである。
〔歌訣〕
局相で水火質を交夾際会するときに、
金質が透出して土質を支蔵するので、
これを水火質帯剣の局相と見做すのだ。
〔註解〕
すなわち前述の水火質持剣して金質羊刃を兼備するとは、賈復氏が高名の意義なのである。
〔歌訣〕
局相で財星が変徳して偏官が搭載するとき、
李靖氏（唐朝将軍）のように文武全備の人材である。
〔註解〕
たとえば丙申日主では辛金を正財と見做し、生月巳支当主を要して日干を搭載する申支蔵の壬水を偏官と見做すが、そこで己卯干支は壬水を正財と見做し、生月申子辰支当生を要して天月二徳貴人と見做すケースである。
これら二星ともに変易して「徳秀」と為し、また財星変徳を肯首し生旺に当相して被奪がなければ、武官ならばすなわち強耕して暴尽また文官ならばすなわち宅地を分劫するだろう。
「賦」にいう―
財星変徳とは枢要に登壇し、フットワークを当任するのである。
〔歌訣〕
局相が「偏官帯刃」して印星を帯びて相資すれば、
暗部を斟酌して朝廷の耳目と為るのだ。
〔註解〕
「偏官佩印」また「偏官帯刃」して成局すれば大貴相なのである。
〔歌訣〕
局相で傷官が財星と印星を附帯するときに、
生旺を附帯して綱紀を堅持するのである。
〔註解〕
これは傷官の財星と印星の作用の意義であり、そこで財星印星が生旺する方途は好作用なのである。
〔歌訣〕
局相で火土質が均衡して、
木質を擁せば国家人民と見做すのである。
〔註解〕
火質が土質を派生して食神と見做し、そこで木質が火質の印星で、その故に土質を要宮と見做すのである。
〔歌訣〕
王曽魁氏（衆士）は「官星佩印」に因り、食神を帯びて相扶したのである。
葉正氏は進士試験首席合格を占巫するとき印星を頼処し、自性作用は官星と建禄であった。
身旺で財星官星が存在せず輔星として、テクニックがなくかならず僧儀流なのである。
女人が天月二徳貴人の好作用を犯処し、高官吏の制服を受領してご神託を演暢するだろう。
〔註解〕

余（万氏）がこの『真寶賦』を観たところ子平術の外辺ではなく、ただしおおむね偏官羊刃や傷官食神や財星官星印綬などを併相して取用しており、そこで成格合局や堆党や制化や変徳はみな大権貴相の造作であった。

万公（註解者）は直接に聴聞して目撃している故に、子平術の法則を広汎に推究するので、その精微を識る人士なのですよ。

金聲玉振賦　玄虚道人著／育吾居士解

〔歌訣〕
人命の稟得とは相異しているので、たとえば形質を稟得してもその精気の作用は測り難く、まるで過容の大海原を測るようなものである。
そこで陰性は昏陥して陽性は舒暢するので、この盈虚の数象を知れば天象は至高また地象は于遠で、その天覆地載とは無窮の極地で、天河に翔雲して私心は処在しないのである。
また淵泉に陥水するとは悪処のポイントではなく、その気数は原初に決定しておりたとえばその培繁とは諸々の草木が覆地するので、その秘訣とは多言を要さないのである。
また人事に至っては騒乱するので、たとえば従属類化して格局の旺衰や照揚抑伏や拱夾遥合を判断して、格局の明暗を分度するのである。
〔註解〕
また類属を見るときは生旺を要し、また従化を見るときは衰微を要し、そこで照揚と抑伏の二者とはみな格局を明示取用、また遥合と拱夾の二者とはすなわち隠伏された形象を格局に取用する故に「暗」と称して、すでに前註で看命の八法則を詳述したのである。
〔歌訣〕
また用星や日主のテーマとはそれぞれ適配を処し、地支相また天干相を取用して一作用を肯定するのである。
〔註解〕
このテーマの挙揚では造化とは一端緒ではなく、いわばこの六文句は八格局の意義の言明を肯定するので、また意義が通関するのである。
〔歌訣〕
その控除留位また舒暢配処によって、その喜忌や好悪が定義するのである。
〔註解〕

これはいわば造化には多般が存在しないことの要約で中間相が好作用、すなわち一言質で表現できないのである。
たとえば用星のテーマや日干の作用や、地支相また天干星の取用の喜忌や好悪は千差万別で同処ではないのである。
もし控除留位や舒暢配処しなければ、どうして造化を成為してまた貴賎を分度できるのか。
また命理の性向をテーマとして生死を定義する故に、游々と詳究してその意向を決定して専一に察するのである。
〔歌訣〕
また源頭が濁雑して支流が清澄すれば、そこで根家は美食できずまた末裔も苦境なのである。
〔註解〕
たとえば壬癸水が生月土質に当令してその源頭が濁雑するので、運歳の西北地を巡相して土質が金質に変質、また金質が水質に変質するのでその支流は清澄せず、このケースは当主はさきに凶兆してのちに吉兆なのである。
『書經』「洪範」にいう——
まず稼穡とは甘味を為しまた炎上とは苦味を為すので、甲乙干が生月土質に当令して運歳の南方地を巡相して根家が甘食して末裔が苦食すると称するのである。
また局相で能く傷官が財星を生扶し、そこで水質が南方地を巡相しなければどうしてこれに耐久、またこの二文句は総括して五行の巡相の比喩なので、もっぱら水火質を指向するのではなくまた情通するのである。
珞琭子氏がいう——
初季が凶兆またのちに吉兆、もしくは端緒が吉兆で結末が凶兆とは、すなわちこの譬喩を肯定してすなわちこの作用をストレートに言及するだけである。
〔歌訣〕
カップルが仲良く比翼するのを江湖に観れば、かならず日常底を遂げるだろう。
〔註解〕
たとえば丙戌年辛丑月丁巳日壬寅時の命局では、局相で丙辛干合や丁壬干合や寅戌火合や丑巳金合を擁するのである。
もしカップルのオシドリが比翼連飛し、局中に壬水が在星すればまた丙辛干合化水して、江湖の象相を肯定してその閑居の性分を遂げるのである。
カップルのオシドリの比翼とはただその双方の相合を取用、すなわち「徳合雙鴦格局」と為りかならずしも江湖に拘泥しないのである。
〔歌訣〕
格局の「胡蝶双飛」が庭園で逢瀬して、その得処の方途と見做すのである。
〔註解〕
たとえば辛未年戊戌月辛未日戊戌時の命局では未支を木庫地と見做し、また戊戌干支とは納音の平地木と見做しすなわち庭園のポイントなので、その故に格局に相合して貴相でもし木気質が一星も存在しなければ、かならず名利を遂げる人命なのである。
〔歌訣〕
また精金質を青沙黄沙にて採取すれば、盤根が屈曲して別格の利器と為るだろう。
〔註解〕
局相で生日甲午干支が時柱己巳干支を擁し、また生日乙未干支が時柱戊寅干支を擁すれば、そこで甲午干支や乙未干支はもとより納音「沙中金」なので、そこで戊寅干支はすなわち青沙また己巳干支はすなわち黄沙なのである。
また甲乙主人が生月卯支で時令旺木質なので、局相で壬申干支や癸酉干支の納音「剣鋒金」を附帯して当格して正合するが、その他の金質はすなわち非定規するのである。
〔歌訣〕
己主が派生する星辰とは己主を生扶すれば安堵と見做し、また己主を剋伐する星辰とは己主が堆曽して剋伐すれば顕揚と見做すのである。
〔註解〕
これはいわば傷官は印綬に及ばず、また偏官の作用は財星の作用のようではなく、そこで局相の傷官偏官が大貴相でも、そこで堆星してその凶揺を領得するのである。

もし用途の財星印星が好作用しなければ、自然に福分を享受すると見做し、また財星の作用は富裕の止揚にも似ており旺財生官と称さなくても、その故に財星が作用して衆人を制し、また官殺星が作用して衆人を制するのである。

〔歌訣〕

たとえば局相の既済や未済を附帯して止揚や衝揺、また止揚や依処なきを懐疑するのである。

〔註解〕

たとえば壬子年丙午月壬子日丙午時の命局は「既済之格局」、また丁卯年丙午月丙戌日甲午時の命局は「未済之格局」であり、この二命局はともに大貴相なのである。

たとえば一者の俗眼でこれを観相して、すなわち前述の一命相は衝揺を忌み、また後述の一命相は依処なきを忌むのである。

また未済之相とは干頭火質で、地支水質にて局相の過多の解救と見做し、すなわち精神堆聚之格なのである。

〔歌訣〕

局中に三正星また三偏星が在星するときには、かならずしも生扶が透出しなくてもよいのである。

〔註解〕

六壬日で生月巳支では巳支蔵の戊土を偏官と見做しまた丙火を偏財と見做し、また長生（的）金質を偏印と見做す故に「三偏」と称するのである。

六癸日で生月巳支では巳支蔵の戊土を正官と見做しまた丙火を正財と見做し、また長生（的）金質を印綬と見做す故に「三正」と称するのである。

また壬癸水を巳支が搭載絶符しても長生（的）金質、すなわち結局は水質は絶処せずかならずしも生扶しなくてもよいのである。

また聚収してすなわち専気、また発散してかならずしも透出を肯首せず、また財星官星印星を指向生扶して言及し、もし日干が衰微してすなわち生扶を否定するだけである。

〔歌訣〕
道途を奔馳して生処を喪失、そこで秀気に因り繁夾するので拘禁して卒し、ただ「比肩が併争する」と見做すのである。
〔註解〕
たとえば局相の「一甲干三寅支」や「一丙干三戊支」や「一辛干三丙干」とは、官星禄庫が過多して秀気が存在しないのである。
たとえば局相の「三壬干一亥支」や「三庚干一丑支」や「一己干一甲干」とは秀気がその分奪を克服せず、その他はこれに批准されたし。
〔歌訣〕
局相で羊刃が重度で官星が軽微のときは市井で屠殺業者と為り、また局相で駅馬が衰微して印星が破綻すれば法廷で文武を拈弄するだろう。
〔註解〕
局相で「官星帯刃」してもとより吉兆、また官殺星が時令を失効して斧刃を主事し濁相のポイントなので、およそ当格して決定的に屠殺業者と見做すのである。
たとえば局相の寅午戌支の駅馬は申支に位相するので、そこで刑衝破害してすなわち疲馬と見做すのである。
局相の甲木は壬癸干を印星と見做すので、そこで庚辛干金質が在星せず生扶するが、そこで戊己干を擁して破壊星すなわち小官吏の徒輩、また財星や駅馬を指向言及して疲病質なので、財星が病符に臨星して疲馬と称し、そこで珞琭子氏の「疲馬註」また王廷光氏の「前説」を考証して肯定するのである。
〔歌訣〕
局相が三奇で戊辰支を重複すれば、彫琢裁縫の工匠と見做すのである。
〔註解〕
局相の地三奇とは甲戊庚干また天三奇とは乙丙丁干また人三奇とは辛壬癸干であり、干星が三奇を領得して地支星で辰戌支が衝揺、すなわち貴相がかえって濁相と為るだろう。
ここで巡相して彫木匠また裁衣匠と見做して肯定するが、局相で寅辰支に巡相して肯首せず、そこで戌支に合星また辰支に合星が存在し、それぞれ二局相を分度してすなわち「水火既済相」または肯首しないのである。
〔歌訣〕
局相で帰禄支が位相すれば、長寿かつ福景を享受する人命なのである。
〔註解〕
たとえば丙寅年甲午月乙巳日己卯時の命局では、丙干を巳支が搭載建禄また甲干を寅支が搭載建禄、また乙干を卯支が搭載建禄また己干を午支が搭載建禄となり、干頭がそれぞれ帰局が当処するのである。
この当人の一生は富裕かつ長寿で、すなわち『消息賦』で局相が帰禄支を享福、また局相が均衡して長寿相の意義なのである。
〔歌訣〕
局相が衰木質かつ旺火質で、また運歳で西方地を巡相して寿元は非長寿なのである。
〔註解〕
たとえば生日甲午干支で生月巳午支では、木質は南方地を巡相せず金質を擁して破砕するのでもとより非長寿相で、また運歳の東北地を巡相してすなわち否定するのである。
〔歌訣〕
局相で寒冷の金水質で運歳の北方地を巡相して、己身は世間で浮沈するだろう。
〔註解〕
局相の金水傷官のときは、ただ運歳の東南地が適宜で吉兆なのである。
〔歌訣〕
局相で甲干が生月春季また乙干が生月秋季では、過度に官殺星が重複して適宜なのである。
〔註解〕
甲木が生月春季は旺木質なので、金質の彫琢に頼処して成器の方途、また乙木が生月秋季は化金質また偏官はみな吉兆なので、偏官の堆星が適宜で肯首するのである。
またもし甲木が生月秋季では重剋を被るので、かならず己主は凶揺また乙木が生月春季で偏官が過多してまた不適相なのである。

〔歌訣〕
局相で丙火が生月卯支では、印綬が生扶して難処でもあるのだ。
〔註解〕
そこで湿木質は火炎を派生しない作用は固然態なので、そこで乙卯干支癸卯干支はもっとも甚大なので丁卯干支を渇望するのである。
〔歌訣〕
局相で水質が繁溢して制土しなければ膀胱疾が派生、また金質が堆繁して化質すれば咽喉疾なのである。
〔註解〕
また水質は精気に所属また金質は音声に所属し水質が阻堤を失効、つまり制土が存在せずその人命が淫質なのは水質が過多して漂蕩するからである。
また金質が過度に剛堅質で火質が制化せず、その当人は唖者なのは金質実に音声が存在しないからである。
〔歌訣〕
局相が「財官双美」で透出すれば極めて栄昌、また一説に印星を帯びて極めて栄昌、また局相が「木火通明」で土質を擁してすなわち貴相なのである。
〔註解〕
局相が「財官双美」して生月辰戌丑未支を肯首、または壬午日癸巳日などはもとより財星官星が干頭に透出して好作用と見做すのである。
局相が「木火通明」で生月春季はもっとも吉兆、そこで土質は火質を容して木質を培養する故に、貴相の方途と見るべきなのである。
〔歌訣〕
局相の「六壬趨艮」と「六甲趨乾」では、財星と印星を福分の生助と為し、また局相「子遥巳禄」と「丑遥巳禄」は財星と印星で相互に成為するのである。
〔註解〕
以上の四格局はみな財星印星の輔佐星により始めて大貴相だが、そこで官殺星を擁して不適宜なのである。
〔歌訣〕

局相で三奇相を年支星に伏擁すれば年少にして学府庁に入局、また三奇相が時柱に位相して晩年期に臺閣僚に就任するだろう。
〔註解〕
たとえば六甲日主が年柱己丑干支を擁して肯首するのは、己丑支蔵星で辛金癸水己土を肯定して、財星官星印星の三奇相と見做すからである。
たとえば六壬日主が時柱辛亥干支を擁し、亥支蔵の壬水を正官と見做しまた甲木を印綬と見做しまた辛金はすなわち偏財星と見做し、これに巡相して極品級に位相するのは三奇相の一作用だからである。
また貴相の発揚には老年季と年少季の分度が存在して、年柱が先効して時柱が後効、または年柱が近時効ならば時柱は遠隔効なのである。
〔歌訣〕
局相の官星が時令を領得して諸凶殺を制伏、また貴人星が扶身して百災厄を解救するのである。
〔註解〕
これは局中の官星貴人星への言及であり凶悪神殺を忌まず、そこで忌星が正星に克つことなく、時令を領得して己身を扶助するのは「賦文」の方途に批准し、またもし官星が時令を失効して損傷すれば貴相は四散して怒気に充ちるのですなわち否定するのである。
〔歌訣〕
局相の「偏官帯刃」が干頭に顕星して決定的に問責に言及し、また運歳で刑衝に巡相すればおそらく不測の危難を踏路するだろう。
〔註解〕
また「偏官帯刃」を権星と見做して、刑衝がもっとも不益なのである。
〔歌訣〕
局相で丙干を子申支が搭載して干頭戊土が透れば王識氏（六朝貴族）の貴彰、また局相で辛干を未卯支が搭載して乙干が透出すれば洪鑫氏に比肩する富裕なのである。
〔註解〕
また貴彰とは食神の生旺への言及、また富裕とは財星の禄星地への言及なのである。

〔歌訣〕
生月酉支で正官に相当して局中に子辰支を帯びれば、暗に偏官を合起するのである。
〔註解〕
たとえば甲主人が生月酉支を正官と見做し、年時柱地支星に子辰支を擁して、すなわち申金を捻出するのでこれを「官殺混雑」と見做すのである。
〔歌訣〕
局相で丙火が生月三春季で、申子支を帯びれば正官を化成するのである。
〔註解〕
局相で丙火を辰土が搭載してもとより食神を肯首し、子申支水局を会成して官星と見做し、この二文句はすなわち隠伏之形辰なのである。
〔歌訣〕
局相の金水質はもとより聡明だが、そこで土質を擁してかえって頑脆質を成為するのである。
〔註解〕
それは土質は能く水質を濁雑し、金質を埋塞する故なのである。
〔歌訣〕
局相の「偏印倒食」は窮状非長寿でも財星を擁して、たちまち亨通に好転するのである。
〔註解〕
食神とはすなわち財星の源泉で寿星と見做すが、偏印がこれを破相して決定的に窮状なので、運途で財星に巡相して偏印を控除するので、凶意がかえって吉兆へと好転するが、こうした命局ではおおむね他者の富裕を取用するのである。
〔歌訣〕
局相の「六乙鼠貴」は食神在星を渇望、また局相の「六陰朝陽」は比肩劫財は支障なく、また局相の金神が偏官を附帯して御史臺に入局、また局相で「偏官帯刃」すれば憲府庁に盤踞するだろう。
〔註解〕
局相の金神羊刃とはみな忌星なので、そこで官殺星が制伏して有益で、人命がこれを領得して奸弊を控除する象相である故に、当職を断定するのである。

〔歌訣〕

局相で戊土を寅宮が搭載するときは、財星が有益だが印星は不益なのである。

〔註解〕

戊寅干支は偏官が搭載するが質実は長生の当地なので、火質を擁すれば「偏官佩印」に拘泥せずともここで火質が土質を燻焦するが、ここで財星が有益とは財星が偏官を生扶し、官星に精気が存在すると見做すだけである。

〔歌訣〕

局相で壬水を戌辰支が搭載して偏官が透出すれば、そこで切に正官が透出してはならないのである。

〔註解〕

もとより水質は阻土を頓処、また「官殺混雑」が不益なのである。

〔歌訣〕

局相で偏財が官星を擁して食神を兼備すればその栄華に準拠、また己身の用星が墓符すればたとえ縁故がなくても進取的なのである。

〔註解〕

局相で木火質が相互照耀すれば懐中に珠玉が万量、また局相で金水質が潤容するときは、文章力は「千篇の錦蘭」に相当するのである。

〔歌訣〕

前述の格局を見ればこれを重複して挙揚するときは、その卓越した才能華飾を明揚するのである。

〔註解〕

局相が三刑を帯びて合絆を失効すれば損傷破体、また局相で六害を併見して恩義を負担と見なすだろう。

〔歌訣〕

およそ局相が三刑でも、もし合絆を附帯しすなわち刑相は成為せず、たとえば人命が争鬥して融和解救すれば同ケースではなくても、むしろこの疾患を免れるのである。

また局相に六害を併見すれば、人命はかならず恩義を怨恨と見做して、恩義を負荷と見なす流儀なのである。

〔註解〕

局相の空亡はかえって妻子を損失、また局相の隔角は兄弟の窮状と見做すのである。

〔歌訣〕

空亡とはたとえば甲子旬列中で戌亥支が空支であり、また隔角とはたとえば丑寅支が方位的隔角で、局相の日時柱に併見して重度なのである。

〔註解〕

局相が「壬騎龍背」して羊刃を帯びれば大力量の人物、また庚干を戌支が搭載して火質を多見すれば邢侯雍子氏なのである。

〔歌訣〕

辰支蔵にドラゴンを蔵して陽剛的要素で、さらに羊刃を附帯して超人的力量なのである。

「経典」にいう―

辰支とはおおむね好鬥また戌支を火庫と見做して、庚日干がこれを搭載しふたたび火質が巡相、すなわち火煉が過度でとても無情義と見做すのは、いわばそこに婁宿金狗を支蔵するが円猾の要素の星宿なのである。

局相に戌支を併見して訟事を好むが、また邢侯雍子氏とは春秋期に在世して晉代に田畑を争奪した人物なのである。

〔歌訣〕

運路に異香が充満すれば富裕、かつ礼儀好節と為るだろう。

〔註解〕

局相の年月日時の干頭が地支四位星が天乙貴人に相当して肯首し、たとえば壬申年辛亥月己巳日丙寅時の命局では、壬干を巳支が搭載して天乙貴人と見做し、また辛干を寅支が搭載して天乙貴人と見做し、また己干を申支が搭載して天乙貴人と見做し、また丙干を亥支が搭載して天乙貴人と見做すのである。

〔歌訣〕

局相が一旬列で精気が融和すると見做し、悦楽して憂悩を忘却するのである。

〔註解〕
局相の年月日時柱で一旬列が倶出するとは、たとえば甲子年壬申月己巳日癸酉時の命局では甲子旬列を倶出するのである。

〔歌訣〕
局相の帰禄星は財星を渇望するが、そこで官星を擁すればすなわち寿元を欠損するだろう。

〔註解〕
局相の財星とは養命之源つまり帰禄格と見做すときは、身旺で財星を渇望するが径直に官星が不益なのは財気を損耗する故だからである。

〔歌訣〕
局相の正官が時令を領得するときは、印星を肯定して財星を否定するのである。

〔註解〕
もとより局相の「官星佩印」とは好作用であり、もし局相に財星が存在しなければ官星はその生意を失効するが、また印星とは何を作用するのか。

〔歌訣〕
局相が従革相で三奇相を彰出すれば、千年間も血気盛旺にて若々しいのである。

〔註解〕
生日庚辛干を地支巳酉丑支または申酉戌支が全備すなわち従革之象相、つまり生日庚干で甲戊干を重擁、また生日辛干で壬癸干を重擁して、当人は百世代も死期まで宮中で衣食する故にこれに言及するのである。
さて金質の作用は剛質かつ固形質と見做し、そこで剛質では義気を発揚また固形質は作用恒久を肯首するので、人命の義質とは存命ならば忠臣と見做し、また死容して明神と見做すので、この作用に達人士のテーマを肯定するのである。

〔歌訣〕
局相が曲直相で印綬が資星すれば、その仁質の名声は無窮にて九天に伝播するだろう。

〔註解〕
局相の曲直相とは木質象相であり、甲乙干日主で地支星の寅卯辰支または亥卯未支が全備して肯首、さらに局相に印綬を附帯して相生すれば、当人はかならず仁質を帯びその仁質を伝聞するのである。
そこでこの作用を推究すれば仁質とは天下地上の生物の精神であり、春季をタイミングと見做せば五行では木質と見做すが、この木質とは生意の要素を帯び、また仁質とはこの徳性を趣好して生為し、さらに印綬を附帯してすなわち生々と嗣息するのである。
これを領得すれば、沢地が群生繁茂するように恩恵を遍く被る故に、仁質の名声が無窮に九天に伝播するのである。

〔歌訣〕
局相が地天泰（君臣疎通、国家安泰）である故に当人は抜群、また局相が雲雷屯（君子は国家経綸を立志）である故に、すなわち経綸を顕揚して配処するのである。

〔註解〕
ここで指向するのは上記の両格者で、その生意とはすでに自らポイントを帯び虚生ではなくその出類であり、かならずポイントを帯びてとりあえず出類するのではないのだ。
また地天泰（君臣疎通、国家安泰）とはすなわち戊申干支が辛亥干支を擁し、また雲雷屯（君子は国家経綸を立志）とはすなわち壬子干支が乙卯干支を擁して、すなわち天象と地象が交泰また雷雨を経て迎春する二格式を選抜して好作用なのである。

〔歌訣〕
この術数が無窮だと知るならば質実であり、一作用も遺漏せずことごとく言辞が難解なので、吾（原著者）はとくにその一端を挙揚、またその精微を明顕してかの往時の哲理を遵守して、そこで抵触した類属質を演展し後代の学人に遺こすのである。

金鼎神秘賦　育吾著

人の生存には命運が存在し、突発的に殊異を得失して富貴や窮状を殊にするので、これがどうして能く一体質と見做せるだろうか。

たとえば紅彩色が室内に充満して、総じて命局が貴相地に堆聚すれば佳気質が充房するが、命局が福相地に堆聚すれば先んじて窮状し後発的に富裕するだろう。

また局相の生時柱が禄馬同郷に相当すれば、始発して吉兆だが結局は凶揺、また局相の日時柱が空亡衝破を当処し恒常的に不遇、また原局が薄微で凶運が交夾するのである。

また一生涯の栄華とは命相が良好で好運に巡相、たとえば剛金質が火質に巡相して成器の方途で決定的に群衆から超出、また旺火質が水質を領得して既済と見做してかならず抜群なのである。

また木質は金質を擁して繁茂せず、また水質は土質に頼処して散溢せず、また戊己干が寅卯支を擁して土星神を得位、また壬癸干を巳午支が搭載して玄武が当権するのである。

また局中に貴星辰を帯び奇儀が巡相するのでかならず公卿を肯首、また生時柱に華蓋と孤辰寡宿が臨星して決定的に道仏士と見做すのである。

また玉製殿堂で大臣に拝眉するとは、秀質の火炎が火宮に炎上また黄金宮の朝元（建禄支）とは水徳が洋々として水宮に宅位、また水位相が重複すれば水界の雲霞仙と断定、また純陽相が累々侵犯して決定的に仏門の子息なのである。

また局相で長生を附帯して聡明な智慧者だが、そこで局相が死敗符では盆暗なので両親を頼処し難いのである。

また命局の年月柱とも空亡に陥落すれば妻子は容易に欠損、また月時柱に孤辰寡宿を併臨して卯酉支が生旺衝揺すれば、門戸は敗扉して窮状するだろう。

また局相で子午支が併全死墓符すれば他郷に奔馳する客星と為り、そこで子午支はもっとも巳亥支が不益でまた卯酉支は切に寅申支が不益なのである。

また局相が墓符偏官のときは門戸は破敗、また生時柱が空亡で子息は少数また干頭が帯合すれば妻女を複擁するだろう。

また局相の年柱に精気が存在せず幼少季に祖元を乖離、また月柱が空亡を帯びれば門戸が相関立地せず、また日柱に絶符が臨みたとえ妻女が平穏でもおおむね隔離、また時柱が墓符に当在すればたとえ後嗣子が存在しても相性がよくないのである。

また局相で地支合星して秀質なので貴相、また天干星が時令を得て栄昌であり、局相に精気が存在せず窮状また局相が刑揺衝害して疾性なのである。

また局相で用星が休囚すれば窮命、また陰質と陽質それぞれ純一相で孤相、また局相が傷痕して窮命、また陰質と陽質それぞれ純一相で孤相、また局相が傷痕して窮命、

また局相で用星が休囚すれば富貴を求め難く、また秀気が浅相薄質ではおおむね芸術家を肯定、また刑衝交夾を互相して身旺ならば決定的に軍吏と為り、そこで辰戌支を添加して欠損を断定して刑務官と見做し、また金水質が散漫では降格して清貧の人命なのである。

また局相で駅馬が衝揺して市井を奔馳、また魁罡を重複侵犯して屠殺業家に降生、また局中に酉戌支を重擁し己身は下級職と為るのである。

また局相に子午支を双包して省庁に鎮位し、局中が一精気ならば貴相にて侯王に高昇するだろう。

また局相で純陽一星が命主を剋伐するのは滅相ではなく被傷、また局相が印綬満局してともに己身を生扶して貴相ではなくすなわち富裕、また局相の年月柱に傷官を併見して両親や妻妾を肯首し難く、また年時柱に傷官を併見して頼処の継嗣を保全せず、局相の年日柱が衝揺すれば両親生旺だが妻妾を保持し難く、局相の年時柱が衝揺して子女生旺だが両親を容易に乖離するのである。

また命相が破綻すれば年少期に両親を乖離、また生月柱が破綻すれば兄弟を長期離反、また生日柱が破綻すれば一身が独立し、また生時柱が破綻すれば老齢の結果は些少、また胎元が破綻すれば母氏だけが富裕し、これはすなわちテーマの概要だがなお未だに精微には及んでいないのである。

先に官貴星を提示したがはるかに常規を逸しており、局相で甲戊庚干と

丑未支のカップルは貴星に精気が存在し、また局相で乙丙丁干が透出して酉亥支が搭載して天乙貴人が添加するのである。

　また局相で己干が酉支を擁し乙干を子支が搭載、また六辛干を寅午支が搭載して有益、また壬癸干が巳卯支を擁して適宜なのは、これを暗中に貴相を領得すると称し、さらに印星の旺衰を看るのである。

　また局中で甲干を酉支が搭載また乙干が申支の方途を巡相、また丙干が子宮を領得してかならず顕揚、また丁干を亥支が添加搭載して栄昌、また戊干が卯支を擁して能く秀質、また己干を戊亥支が搭載して発聲挙揚、また庚干が火宮に巡相して得気、また辛干を未申支が搭載して安泰然、また壬干を午支が搭載して既済之相なのである。

　また癸干を巳支が搭載して財星官星を支蔵しこれを正官佩印（綬）と見做し、さらに官星禄馬星時支建禄を看てもし刑衝破剋が存在しなければ、かならず大小の器量を兼備した神仙者と為るだろう。

　つぎのテーマは財星富命つまり養命之源泉であり、先ず命局の財星が精気を帯び、次点に禄馬星を観て窮状しないのである。

　たとえば甲乙干が四季土旺に臨星して向禄と見做し自然に裕々充当し、壬癸水を午火が搭載して旺財質はかならず決定的に豊隆するのである。

　また局相で戊己干を潤下相が搭載、また庚辛干を曲直相が搭載また丙丁火を従革相が搭載、また三合会局が禄庫食神を附帯して局相が「食神生財」を帯び、命局が損傷せず日時柱に支根を領得また身旺で精気が存在、また「官星佩財」を帯びて衰身して時令を失効しても、そこで財星が過多すればかえって窮士と為り、もし偏官に位相しておおむね暴徒輩なのである。

　そこで人命には公官吏や胡軍吏やビジネスマンや芸術家などの四者が異相しており、それぞれ居処が存在するのである。

　まず公官吏の命相はおおむね夾剋刑衝して、そこで東西位とは戦門と見做し、また南北位とは衝撃と見做し、局相の長生の当処が破綻すれば局相の死絶符の当処が生起するので、局相が夾雑して象相不純なのである。

　また局相で偏印が財星を帯びて夾擁した貴相が破綻、また「財星佩印」が衝揺して用途の精気が存在せず、そこで秀質帯殺また貴気が損傷し、局相で会合が重複して月令が懸針に相当するなどの命相は公務から乖離せず、そこで官禄星を帯びて福分を獲得また貴星に巡相して進捗を肯首し、すなわち仕途で顕達出世するケースなのである。

　また軍官吏の命相とはおおむね公官吏と同様だが、局中に偏官が重複して局相が均衡せず、象相が貴相軽快でもとより己主は損傷するのである。

　そこで甲干を卯支が搭載また丙干が地支三丁星に臨み、また辛干を亥支が搭載また局中で壬日干が二癸干を擁し、また乙丁干が巳支を擁しまた戊土を午刃駅馬が搭載するケースなのである。

　これはすなわち懸針羊刃であり、さらに刑衝破剋を侵犯して福気を帯びれば、凶意が吉兆を含有して懸針が吉神殺に巡相して相扶、また羊刃が貴星の相助を帯びる故に命相が権威爵禄を帯び自ら軍吏として統帥に耐久し、そこで偏官を重度と見做しすなわち軽視できないのである。

　またビジネスマンを見るとき、その命処とは局相の日時柱を子午支が併臨、また局相全寅申支とは乗馬で手綱を予備しないように、局相の劫財が財星を擁するかまた身旺帯偏財、また行運で財星に巡相また局相の六合絆が財星を擁してさらに駅馬が搭載、また壬主人が運途の南方地また丙主人が運途の北方地とは、経営者やビジネスマンなのである。

　また甲主人が運途の西方地また庚主人が運途の東方地を、巡相して交易当否の徒輩なのである。

　また甲乙干主が酉支を擁して壬癸干を侵犯すれば、未だに他郷への漂泊を免れず、また壬癸干主が亥支に巡相して戊己干が存在せず、かならずドラゴンが外客を判断して利益の得失を言質、すなわちもっぱら財星の旺衰の定義がテーマなのである。

　また芸術家を看るときはビジネスマンのようではなく、局相が徳秀を帯び刑衝を侵犯すればその小径を観るべきで、生時柱で学堂が空亡を擁しておおむね能く地方居住者を肯定するのである。

　また局相の乙庚干が戊酉支上で化金、また丁壬干が巳午支上で化木、また辛丙干は四季土旺上で化水、また戊癸干が一宮上で化火するとは、これはすなわち秀才だが質実ではなく、また干合して化気せずに格局が破綻して禄馬星が全能しないのである。

　さて原局で聡明を挙揚するとは、おおむね学堂の巡生に因り成就に際会して淡薄なので、すなわち命相に根気が存在せず（木根の無存在たとえば水主人に金質がなく、また火主人に木質が存在しないケース）なのである。

もし局相が互相往来せず、さらに局相にふたたび気象が存在せず、そこで天乙貴人が閑処してさらに華蓋が重複すれば飄幽尋蓬の人士ではなく、かならず九流芸技の業士（天乙清閑とはたとえば甲戊庚干のとき上半期が未支貴人で清閑せず、また下半期が丑支貴人で清閑せずそこでかえって六壬干を看るの）である。

また道仏士を看るときは芸術家ではなく、局相に精気が存在せず十干星が死墓符に臨星して、局相の年月柱が孤辰寡宿に巡相また日主が元辰を全併見して、さらに空亡を累犯し華蓋が重複臨星すれば妻子星は衰微するのである。

また局相が身旺で依処が存在せず盛火質では身心ともに静慮、そこで水質が過多すれば閑游自在なのである。

もし局相が貴格に適合かつ死絶符では清虚悦楽、また命相に貴気が存在せず生旺ならば、性分は仏教義を趣向して月干星が融和すれば、高潔な行道で教門での重用度が加増するだろう。

また時干星が安処ならば、業行と果報とが相互輔佐して信徒が増加するだろう。

また月干星が福分幇助してすなわち法類と善く和合して、また同好を賛美するのである。

また生日柱が刑衝して偏官を帯びれば、すなわち教化を求法して縁故なく飄々と流行し、そこで「偏官佩印」してすなわち当権して衆徒は服従するだろう。

また局相で喪弔を附帯してすなわち苦行して身心を彫傷、また局相の華蓋夾貴や三奇とは吉神殺でも自性的に死絶符また生旺して、すなわち吉福の扶助が些少なのである。

もし局相で過分に生旺して干頭偏官を附帯してすなわち名利之心を忘却せず、居相が過分に交夾してさらに凶神殺を巡相してすなわち還俗を免れないだろう。

また局相の咸池とは酒色の星辰でこれを侵犯して、すなわち照顧せず耽迷するだろう。

また局相の羊刃とは凶星の要素であり、これに巡相してすなわち財帛利得を企図、そこで運歳で喪弔伏返を擁して世俗に処してすなわち凶兆だが、道仏士ならばすなわち吉兆で、そこで月令が孤辰寡宿亡神劫殺に当相して一般人では障碍するが、逆に道仏士ならば支障は存在しないのである。

〔古歌訣〕

両親の局相が、ともに孤星を擁すれば、
天上四季の賦禄は存在せず、
そこで辰戌丑未支が添加臨星すれば、
おおむね道士また僧侶を肯定するのだ。—

局相の三合会局で生時辰戌支の時は、決定的に道仏士と見做して疑うべきではないので、もしかえって華蓋と墓符が併臨するときには、懐中は豊隆であり決定的に紫恩衣なので、およそ道仏士のテーマではこれを本質として肯定するのである。

また先に貧窮してのちに富裕したり、さきに富裕してのちに窮状する二ケースは別岐に隔たり、マクロ的に局相の月日柱を看てまず日柱が生旺ならば福分が聚堆し晩景は栄華であり、また月令に精気を帯びて財帛を収聚するので、早年期が富貴でもし生月柱が吉星ではおおむね軽快に作用し、さきに富裕してのちに窮状するのである。

また日主が旺強で支根が不益ならば、さきに窮状してのちに富裕するので天賦の蔭護を禀けるが、そこで局相の年月柱が財星官星が宿星して結末は己主は孤相窮状、また局相の日時柱に空亡衝破を帯び年月柱に財星を擁して精気が存在せず幼年期は拘困、また局相の日時柱に食神を帯びて精気が存在して老景は観喜するだろう。

局相が衰微して恒常的に完遂せず「背禄逐馬」を帯びて生涯が悲嘆、また干頭に財星が顕出して支蔵せず傷官劫財の当地で禄馬星は漂虚するのである。

また身旺でさらに印星が加助して一生は破敗して聚財できず、また身弱で財星が過多すれば外観が余剰して内訳が不足、また原局に財星官星が存在せず運歳で巡相してたちまち展開発揚するが、この命相とは有名だが質実ではないのである。

また郷里を棄て去り地元を失効して家宅を離れるとは、すなわち年柱が月柱を剋伐して相互に制伏また日柱が時柱を衝揺、たとえば子午支衝またもし局相で偏官四星が己身を衝揺すれば決定的に他郷へと奔馳、また局相でふたたび死絶符が三併相すれば未だに外処への出向を免れないのである。

また局相で偏官夾害や刑衝空亡が重複して、また拙運のタイミングで乖背して別処の村里の途程を遊行、また局相が蹇滞して日主が衰微すれば血族より辞去して岐路を右往左往するだろう。

また兄弟のテーマでは妻子に相関し、甲乙主人が生月春季以降で寅亥卯支に巡相して、かならず兄弟が堆曽し、そこでもし局相が火金質を帯びてかならず少数なのである。

また庚辛主人で生月秋季で、巳申酉支が臨星すれば兄弟が家門に盈充するが、もし東方地を巡相して頼処と為らないのである。

また壬癸主人が潤下相で亥子支に巡相し、同質気で多大に栄昌するので辰戌支が巡相して清々しく整流するのである。

また丙丁主人が炎上相で巳午支に巡相し、連綿共枝して酉亥支に巡相して凋落するのである。

また戊己主人が四季土旺相に臨星して男系血族が成為行実し、もし得力の可否がテーマでは局相が空亡に陥落せず孤辰寡宿を侵犯しないのである。

また青龍を子星と見做せば、休婚中の白虎を妻星と見做すとき火徳にて男星が成為するので、そこで亥子支を婦星と見做して娶ってはならないのである。

そこで水質が嗣子星を派生また母星は土質が不益なので、そこで年柱が日時柱と戊癸干を妬合絆して決定的に己主は三妻女を娶るのである。

また局相で甲干が二己干を併見して、巳午支に巡相して二妻女にとどまらないだろう。

また局相で丙干が辛干を重複して酉子支を擁して、おおむね妾女を招寵するだろう。

また局相で庚乙干合して卯午支を擁すれば決定的に下屋に定住し、また壬主人は丁干を併見して巳酉支を擁せば別家の側室と重複婚するので、そこで陽干が盛陰干と合絆して妻女が併立、また陽干が衰陰干と合絆して妻女を再娶するだろう。

また局相で子星を多見して栄貴、また子星が些少にて頑愚する作用は極めて精微で、多大な詳述を要するのである。

局相で庚辛干を火質が搭載して火炎を帯び子孫の前途は満栄、また丙丁干が金質に臨星して従順相して後代の子孫が克起して栄昌、また甲乙干が庚辛干を擁して巳申支に巡相、また戊己干が甲乙干を擁して寅卯支を帯び、また壬癸干が四季土旺に臨星して戊己干を擁して有益なので、そこで局相の日時柱が生処して制剋が存在しなければ、子孫は多大に栄昌するのである。

局相で官殺星が重複して財星の生扶を擁すれば継嗣はかならず貴相、また生日に衰墓死敗符が臨星して男女ともに損傷、また生時に空亡や夾剋が存在して子孫はかならず少数なのである。

また木質を後代と見做せば申午支の方途に巡相して不益、また火質を男星と見做せば酉亥支に巡相して休囚するのである。

また局相の金質を子星位と見做せば酉寅支を擁して畏れ、また水質を男官星と見做せば卯巳支を擁して不益、また土質を後嗣星と見做せば東方位への臨星を畏れるのである。

また男命は剋伐干星を取用して嗣子と見做し、また女命は派生干星を取用して子星と見做すので、局相が敗絶符に帰局して満局傷官では局相が暗合しても養子を後嗣と見做し、たとえ腹違い（妾腹）でも実際は姓名を定義し難いのであり、古来より妻腹を借用して子息を補填するその作用はとても玄旨なのである。

また局相の木質が子星で官殺星と見做し北方位水質女星を多く擁し、そこで水質と子星が官殺星に巡相して、西方位金質妻星を扶養すべきでまた水質星が火男星を制伏するとき木質を借用して母星と見做して木質は土質を損剋するので、そこで火質を採って継娘星と見做すのである。

そこで命局が欠損して相生を借用、また局相が夾剋してもおおむね無害であり、もし母胎を借用せず子星が安堵するならば、どうして能く後嗣が欠乏するだろうか。

また女命のテーマではもっとも夫星の刑剋を畏れ、生日乙巳干支では婚期の適配が難成するので、巳支蔵の金質が作用して決定的に婦女の夫君を喪失、また土質を夫婿星と見做して寅卯支の多寡のバランスが木質の婚期の造作であり、そこで火宮とは損害なのでふたたび孤鸞を重複して窮状なのである。

さらに局相で「八専」に巡相して何説かとは、清潔な婦星と見做して生涯は貴彰際合を侵犯せず、そこで堅性の貞操を要するならば局相で長生して偏官傷官を擁さず、また逆に丁壬干に精気が存在せずかならず淫質を呈するのである。

また局相の戊癸干が休囚符しておおむね濁乱を帯び、局相で建禄合絆して好作用または日時柱に合絆を帯び、夫星が有為で私情にて乖離しないのである。

また逆に局相の桃花殺や劫殺とは、局相墓符また財禄星沐浴のケースでは夫星に乖背して暗裏に密約するだろう。

局相で陰質が陽干に巡相して干合重複すれば娼婦でなければすなわち妓女、また身弱で比肩劫財が分争すれば妾女でなければすなわち使用人なのである。

また局相で位相を失効して休囚し、干頭支蔵干が交夾して行運が精気なく空亡、または局相に沐浴を帯びて局相が死墓符に位相すれば、生涯は使用人と見做して誰をもっとも恨むべきなのだろう。

また局相に偏印を侵犯し、食神が存在しなければ他者が福分を造作、また偏財が比肩に巡相して身旺ならば甘美で富家の幹級と見做して、男命は庁舎に盤踞して異姓名にて婿養子と為るだろう。

局相の庚辛干が金地で寅卯支に巡相、また甲乙干が木地で丑未支に巡相して日時柱に「月鬼破門」を侵犯し、そこで丙壬干とは別途の祖宗に入墓、また魁罡が臨んで華蓋を帯び一生涯妻星に就位して活動、また丑未支が寡宿を重複侵犯して半世は婦宅に依拠するだろう。

また局相が相互に情義があれば相思相愛して成婚と見做し、局相が陰質合絆を重複侵犯して恋愛成婚と見做すのである。

また局相で陽質が衰微して陰質が過旺すれば、別姓の子息を招致して男星と見做し、そこで命理の成婚の配処とはその休敗剋滞ののちに相生を看て、おおむね外婿を招致するがそこで支星に剋滞を多見して決定的に当人の波乱を知るべきなのである。

また干頭支下に生扶が存在せず、どうして能く宅舎を堅守して己身が顕揚して自性は精気がなく、本性分はすべて控除するだろう。

もし別途の成象を仮合成すれば孤児異姓であり恒常的に困迫するので、どうして能く祖宗の財帛を領得できるだろうか。

もし興旺して豊糧を領得して、別宅の両親に依託するがただこのテーマの概要であり、なお未だにその精微を領得しないのである。

また命理の作用の精微とは悟性を得心して、もしその疾病や死絶符や窮状や凶揺とは運歳で可否と為り、それぞれなりゆきが存在するのはすでに前述しておりここで重賦しないのである。

玄機賦

まず太極によって天干と地支を判別して、また一精気によって陰性と陽性を分類して日干を日主と見做すのである。

また財星と官星をもっぱらテーマとするときは、月支星で格局を取用すなわち貴賤を分度すれば、格局が不正規ならば衰敗し格局が存在せずとも用星して成為するのである。

また局相に官星を擁して格局を可否してはならず、格局が有効ならば官星を不益と為し、おおむね局相の官星印星財星食神が破綻しなければ清高、また局相の偏官傷官偏印羊刃が作用してもっとも吉兆なのである。

また局相で喜忌が相互に交夾し、喜星が悪星を控除して善処を敬崇、また吉凶夾雑して忌星が吉星を損害して凶揺するだろう。

また局相で正官と偏官を擁して身旺で偏官を制効して適宜、また「偏官佩印」で奇瑞と見做し、そこで財星が偏官を帮助するのを畏れて凶揺と見做すが、身強で偏官が軽微ならば運途の偏官は支障が存在せず、また逆に偏官が重度で己身が軽微では、運途で制殺して福分と見做すのである。

また局相が身旺で印星が過多すれば運途の財地を巡相して有益、また財星が過多して身弱ならば運途の財地を巡相して畏れるのである。

また男命が比肩劫財傷官を附帯して妻子を剋害、また女命が「傷官佩(偏)印」を侵犯して、夫子を刑喪して幼少期に両親を乖離するのである。

また局相で財星が重複過多すれば孤剋の人命と見做し、また身旺で依処が存在せず年柱が月令を衝揺して祖元を離却して成家、また日主が月令に被衝され本意を更改してふたたび嗣続し、また日時柱が衝揺すれば妻子を離別するのである。

また日柱が月気に通関すれば祖元を得地して己身は安堵、また甲乙木が春季に帰局して伸長、また庚辛干に巡相してかえって仮権と見做し、また丙丁火が生月夏季に位相して壬癸干を擁して能く厚福と見做し、また戊己土が辰戌丑未支を重擁して木質を重擁して成名、また庚辛金が生月申酉巳丑支では運途の火地にて福分を発揚、また壬癸水が亥子支に位相して戊己干が阻堆し難く、己身を休囚符が搭載して恒常的に「未済」なのである。

また身旺で運途の禄馬星を巡相して有益だが、また身弱では財星官星を擁して不益だが、時令を領得すればともに生旺のテーマと見做し、また時令を失効してさらに窮状と見做すのである。

命局に支根が存在せずタイミングを得て生旺と見做し、また日干に精気が存在せず比肩劫財に巡相して旺強と見做すのである。

また身弱では印星が有益で、また己主が生旺して官星が適宜なのである。

また甲乙主人で生月秋季で金質が透出すれば運途の水木火地で栄昌、また丙丁主人で生月冬季で滞水洋々のときに運途の火土木質の方途で貴相が顕彰、また戊己主人で生月春季では運途の西南地の方途で応救、また庚辛主人が生月夏季で伸長して運途の水土質は支障が存在しないのである。

また局相の壬癸干が旺土質を附帯して、そこで金木質が栄昌して適宜、また身弱で印星を擁し、また偏官生旺で傷官がなく運途の財地を巡相して不益、また傷官が傷尽して運途の官星地を巡相して支障は存在しないのである。

また「傷官佩印」では財星を控除して適宜で、「傷官佩財」では印星を控除して適宜だが、そこで傷官が財星と印星を両顕してどうして福分が発揚するだろうか。

また身旺ならば用途は財星また身弱ならば用途は印星なので、そこで財星を用途として印星を控除また印星を用途として財星を控除すればその福分の方途が発揚するので、正しくはいわゆる喜星は温存して忌星を控除するのである。

また身弱で財星が過多して運途の身旺地で栄昌と見做し、また身旺で財星が衰敗して運途の旺財地で福分が発揚するのである。

また局相で官星を重複侵犯すればただ制効して適宜、また食神が重複すれば運途の官星地が不益なのである。

また頑金質で火質が存在しなければ用途が大容でも成為せず、また旺木質で金質が存在しなければ清名を顕わし難く、また木質が過多して土質を領得して財帛厚質また火質が炎上して制水を附帯して高禄位相なのである。

また局相の「官星佩印」で破綻せず栄昌と見做し、官星印星ともに存在せず格局を帯びて、貴相を取用するとは「偏官帯刃」が極めて有益なのである。

また局相で金神が制効してもっとも適宜であり、そこで雑気財官とは衝揺してすなわち発揚し、また官貴星が盛旺すれば旺処はかならず逓減するのである。

また己身が太旺すれば財星官星を擁して有益で、そこで己主が過度に柔質では禄馬星が不適宜であり、また旺官星や旺印星や旺財星が局相墓符して凶揺を帯びて、また身旺で傷官食神を併見しても局相庫地ならば窮状するのである。

また運途で貴彰して支星を取用して年歳が重複すれば干星をポイントとして、また印星が過多すれば財地を巡相して発揚するが、また旺財星は比肩を擁して支障が存在せず格局は清正にて栄華富貴なのである。

また局相で「官星佩印」を生旺明顕すればその名声は特達するが、そこで官星を合絆すれば貴相の取用とは見做さず、また偏官の合絆は凶兆と推測してはならないのである。

また局相で桃花殺が偏官を帯びれば淫奔してかえって有益、また華蓋を重擁しておおむね剥剋するので恒常的に発揚しないのである。

また局相が休囚して一世は権威が存在せず、たとえば己身が衰微して偏官を帯びるときであり、また身旺ではすなわち泄洩して適宜なので、そこで衰身ではすなわち扶助して有益なのは中和の気を禀得して太過や不及してはならず、もしこの法則を遵守して詳推すれば、その禍福の影響に効験するだろう。

絡繹賦

まず天象と地象の深奥の好作用を参究するときは、命局の造化の精微を測って人生の貴賤を判別して生死や吉凶を決定するので、その法則とは日主を取用してまた月支星の旺衰をテーマとするのである。

また甲乙干とは木質に所属してもっとも生月春季が有益、また壬癸干とは水質に所属して冬季に偏旺、また丙丁干とは火質に所属して夏季に明赫、また庚辛干とは金質に所属して秋季に鋭鋒、また戊己干とは土質に所属して四季土用に堆旺するのである。

また日主とはすなわち自己自身でありその強弱を究明すべきだが、そこで年柱を本主と見做してその詳細を推究すべきで、まず年干頭は父母星また日干は自己で日支星が妻女、また月干頭が兄星で月支星が弟星、また時干頭が子息星で時支星が子女星と見做すのである。

そこで局相で日時柱の偏官が年干星を剋伐して、早歳に両親を喪失また年月柱の偏官が日時星を剋伐してかならず子息が離反、また日支星が駅馬でかならず能婦を得家、また偏官を時柱に臨星して反逆児を招致、また日支建禄星で妻縁で摂食、また印星が時柱に臨星して子息の栄昌を享受、また偏印が年柱に位相して祖基は乖離、また生月柱で財星官星が生旺して父君の資財を領得、また忌処は財星傷官官禄支星の薄微、また最忌処は衰身偏官太旺、また食神を隠伏して豊肥的人物、また偏印と印綬が重複生扶して祖元の財帛が揺蕩するのである。

また局相で咸池財星が顕表して己主は奢慢、また凶神殺が年柱と合絆して自ら羊刃を御し、また局相で桃花殺が重複合絆すれば花柳街に咲き、また駅馬が衝揺すれば楚秦往来し、また局相で金火質が交夾して礼義を失効し、また局相で印星と財星を双失して爺娘に少損、また桃花殺が建禄会合して酒色で損身、また局相で旺財星かつ衰偏印では財帛に因り窮状するだろう。

また己身が年歳で沐浴に臨星して水難を畏れ、また己身が戦鬥の当地に赴き火難に危惧されたし。

また局相で財星が官星を生扶して作用は賄官職、また財星が印星を損壊して財帛を貪って官級を転売し、また旺財星が官星を生扶して己身は栄顕、また財星が偏官堆星を生扶して非長寿、また偏官一星が衝破して閑人的、また偏官堆星が刑揺して狼勇的な徒輩なのである。

また干頭に偏官を併見してそこで年干偏官は非長寿、また地支星に偏官を併見して年支星偏官はかならず凶揺するだろう。

また局相で財星が官星を生扶また官星が印星を生扶また印星が己身を生扶して富貴双全、また局相で傷官佩財また財星帯殺また偏官剋身して凶揺にて窮状するだろう。

また局相で酉寅支が衝揺して負婚瑕疵、また巳卯支が衝揺して多大に性急、また官殺混雑してすなわちテクニシャンの流儀、また財禄星を駅馬が搭載してビジネスマンの客星、また駅馬が空亡を帯びて転々と転勤、また建禄が衝破を被り離郷出向するだろう。

また局相で陰質が過度で女命に有利、また陽質が旺盛で男命に適宜、また陽命で陰質盛旺すれば女命は興家の主星、また陰命で陽質盛旺すれば男命は府庁の建星だが、純陽性の男命はかならず孤相また純陰性の女命はかならず窮状するのである。

また局相の生年が官貴星のときは凶殺星が化殺好転して万古に名声を垂れ、また生日に胞胎が臨星して印綬を附帯すれば千鍾爵禄を享受、また一精気が支根を領得して抜群の英秀として顕星、また局相の「両干不雑」では名声が群雄から超出、また局相の「木火秀明」とは国家人事の政調客星と見做し、また局相の深水質厚土質とは官途巧游の才能、また原局が「身旺帯殺」ではかならず己主は権威を添加、また運歳で建禄が臨んで貴人に際会するので、秩序が重複進捗して適宜なのである。

また局相の傷官はもっとも堆官星の控除を要し、また局相で偏官を制効しなくても偏官を化殺して高命だが、もし印化星が微弱で制殺星が旺強では恩恵を施為して不足感に怒り、また印化星が生旺で制殺星が衰弱では事々に臨処して決断能力が不足、そこで偏官を擁して印星が存在しなければ文章顕彩が不足、また印星を擁して偏官が存在しなければ威風は些少であり、そこで殺印双全とは文武兼備なのである。

そこで衰運から発揚して旺運にて止熄、また旺運から発効して衰運にて結末とは、すなわち四季春秋の交替かつ天賦の運行の循環であり、万古不易の作用なのである。

まず四柱命局を推究するときには、もっぱら財星と官星がテーマであり、次点に五行それぞれを究明して調候を求めるが、そこで財星と官星の可否や軽重がテーマであり、調候の深浅可否を察するのである。

　また己星を来剋する彼星とは官殺星なので身旺ならばかならず権威、また己星が剋去する彼星を妻財星と見做し、そこで干星旺強ですなわち富命なのである。

　また局相が年干傷官のときはすなわち父星と子星が親和せず、また時柱星が日主を剋伐して子星が父命を遵守せず、また年柱星が日主を剋伐して能く上位者が下位者を侵凌、また日主が年柱星を剋伐して下位者が上位者を侵犯するのである。

　もし局相の要素が日干星を制剋してすなわち悪化を肯首して発祥、さらに日主が喜星を附帯してすなわち凶星が吉星へと好転すると見做し、喜星が慶兆際会するので資産の豊隆を知るだろう。

　また局相に情義が存在せず決定的に凶禍して端緒を作動、また日主が衝揺して三刑が重複して、さらに運歳が侵凌すればかならず横変を招事するのである。

　また命相が好作用して臺閣の風評も清々しく、そこで身強で偏官を伏擁して藩鎮級を堅守して、財官星が存在せず格局が有為で官途を高昇、また格局が無為で財官星が存在し科挙甲科合格表彰されるだろう。

　しかし財官格局とも失格して窮状士、すなわち功名奔馳の夫星なのである。

　また局相の日干月令とも旺強ならば窮状せず、かならず草庵の隠士と為るだろう。

　また局相の丙丁干を火支星が搭載し、制効しなければ礼法を遵守せず粗暴の徒輩、また壬癸干が戊己干を附帯して相互応救、すなわち徳分資材を抱懐する聡慧の人士、また辛干は乙木を附帯して火質墓符では富裕しても仁質ではなく、また丙干が辛金を北方地で附帯して、たとえ窮状しても徳分有為なのである。

　また局相の年月時支星に偏印を擁して吉凶は隠伏するので、そこで大運年歳で食神に巡相すれば災殃が惹起また幼年期に乏乳、また食神が刑揺して壮年期は険路なのである。

　また局相の財官星が好作用して陽日主で、食神が支根を得て衝揺しなければ、すなわち官星を暗に合星し、また陰日主で食神が損衝しなければ成合、すなわち己身に印綬が親和、また偏財とは能く利益延寿するのである。

　また局相の羊刃は能く財星を鬼殺に変転させるので、財星が破綻して祖元の家風を費尽して、他郷にて別処立地するだろう。

　また局相の印綬が損傷すれば、祖業を失して郷里を出向するだろう。

　また人命が貴命を帯び福分と見做し、交夾に際会してすなわち非祥また局相が凶星に際会して窮状と見做し、また偏官を合絆して食神を併見して有益で貴相と見做すのである。

　また局相に旺殺星を欠損すれば、天赦や天月二徳貴人星が顕星する必要があり、また身弱で財星が豊厚のときには羊刃比肩劫財を幇助と見做して有益、また局相の月令が食神生旺すれば善く飲食して容姿豊盈なのである。

　また局相が吉星を帯びて相扶すれば黄金珠玉を堆積、また局相で凶殺星が侵犯せずに名声が顕揚、また局相で寅申巳亥支を重複して聡明利発の精神で、また局相で子午卯酉支を重複して酒色に興趣して淫質の志操、また局相で桃花殺が偏官を附帯して心操は奔馳するのである。

　また局相で天月二徳貴人が印星を附帯して慈徳性祥また食神堆星して飲食を好貪し、また正官が生旺して滋養酒類を占有、また偏印が興旺して非長寿また食神が生旺して高寿健老なのである。

　また女命の婚姻の難儀を知りたければ、運途が背夫星に赴き子息星の獲識を渇望し、決定的に運途で財地に際会して子息星が重剋、また官殺星が衰没して傷官食神が重堆すれば妻女を損するのである。

　また身旺で財星が軽微で兄弟が多く、さもなくば決定的に妻妾星を剋衝するが、そこで財星を暗合して妻妾は堆聚するときは財星位が虚旦でも妻女が多数だが、そこで財星墓符で決定的に妻女を損し、また支下に財星を伏擁して別室で妾女を寵愛するのである。

また局相で妻星が耀明するには高樹木的な位相を求め、また大運年歳で三合財地と為ればかならず己主は紅鸞的吉兆、また財星が敗宮に臨星して家産損替、また妻妾損傷また配婚難成するのである。

また局相の妻星位と夫星位が何宮とは端的な要処であり、もし官禄星や食神が極端に位相すればその根源を察して、格局が好作用してもたちまち要素が相衝して巡相すれば己主は卒するだろう。

また財禄星が浅薄また運歳で旺相に際会し、駿発揚に相当また日主は好合星を要し、局相で食神が生旺して劫財が堆星すれば生得的に窮状、また局相で財星食神が支根を得て印星が重複、また正官が軽微で偏官旺強で制効せずすなわち非長寿なのであり、また日主が衰微して財星が堆重また偏官堆星してすなわち窮状するのである。

さらに運歳で吉凶の可否を看て、己身の官星が衝破して依処が存在しなければ、祖元を乖離せずともかならず他郷に赴出、また局相で午戌亥申未支が互換相して奔馳好心し主人は定智しないのである。

また局相に華蓋を附帯し、天月二徳貴人を帯びすなわち清貴の人命であり、また正官や偏官が空亡に陥落して九流閑職に任職するだろう。

また局相で五行が交夾して日主の被災とは見做さず運歳で併臨し、もし用星を損傷すればかならず凶揺と為り、また財星墓符で些少に衝揺してかならず発揚、また傷官が傷尽して官星を帯びてすなわち凶揺なのである。

また局相には十八格局がありその善処悪処にしたがって推究するのは、総括して五行に相関するのでそれぞれ旺衰のなりゆきを取用し、そこで身旺ならばどうして印綬が稼労、また干星衰微して財星官星が不益なので、中和を福分と見做して偏頗して窮状と見做すのである。

ただ局相で貴星を拱禄また「禄馬飛天」、また逢合などの虚格局で刑衝が合絆しなければ、みな偏官正官が不益でそれぞれ夾絆を忌み、また填実が復すればすなわち凶揺である。

また運途でたちまち官星に巡相してそこで退職避身、また疲馬相破官相すれば守途に困窮、また旺財星で豊禄して仕途は険路、またたとえば有益に臨処して凶得また三合会局して凶星を隠伏、また忌処に巡相してかえって発祥、すなわち九宮廷にて吉星が顕耀するのである。

また職級の上品下品を知りたければ、運途の星辰の可否を求めるべきであり、そこで清奇相ならばすなわち早歳から成名、また瑕疵相ならば晩年期に利地を得て搬路亨通して高権顕爵するのである。

また途程で倒蹇するとは官禄薄卑であり、そこで子星位を推究してまず妻星宮を看て局相が死絶符すれば嗣子息を温存し難く、また局相が過旺して別門に求処し、そこで子息星が顕出すれば子息はかならず多数で、また嗣宮位を衝揺して男女ともに得処は稀少なのである。

また兄弟の多寡を問うならば四柱局相を精究し、月令が旺強でもさらに運途で可否するので、局相が死絶符衝揺して和合を失調するが、相生して慶兆際会すれば梅華連栄して兄弟も身旺なのである。

また局相で両親星が欠損するときは財星を複擁して母君を乖離、また官殺星が顕星して母君はかえって長寿、たとえば運気の排脱を帯びかえって父君は長寿なのである。

また局相で壬干を午支が搭載、また癸干を巳支が搭載して中和を禀得して禄馬同郷、また局相が休囚して胎元絶符するときに、丙干を申支が搭載また庚干を寅支が搭載、また己干が午未申地に赴きまた乙干を二財星が搭載また金質が火位相に添乗、また甲干を子支が搭載して休囚符と称してもっとも制剋を忌み、そこで偏官を忌処して人魄の喪失に言及し、また食神を好処して人魄の還元と称するのである。

そこで天賦の命運が能く施為して智力を捻出し難く、局相の月令四位の造化とはその陰作用で奪処を肯首し、窮状つまり絶尽しても能く裸一貫から公卿に出世、また逆に過分に奢費すればかえって官吏一党で窮状し家産を費尽し決定的に不肖の男児が降生、また結縁刑揺してかならず非長寿の妻妾を娶るのである。

また局相が禄馬に背くときは忘求を肯首せず官吏将吏は成為せず、そこで財帛を費尽するとは局相に財星がなく本分限を要するので、そこで外辺に越出して貪恋すればかならず凶揺を招来するのである。

嗚呼。そこで窮状を甘受して欠点を改良するとは生得的に非才なのではなく、また天下泰平なのは《軍将伍子胥氏（春秋期呉人）がけっして挫志しなかった》ように命運の故であり、これに帰順を要するだけなのである。

まず人生の富貴とはみな已前に定義されており、術士たるならばそのテーマを詳究すべきで天上の星辰が添加すればこのテーマはさらに誤差は存在せず、局相に月令を添加すれば正規の原局の福分の当地なのである。

また寿元の際会が真実を肯首するときはこのテーマは虚妄な展開ではなく、そこで官禄星や貴人星や駅馬が造化すれば、すなわち（三干相連して）一挙に成名するのである。

また局相で貴人星を帯びて禄馬星を擁すれば壮年期に科挙甲科合格、また局相の禄星を日時柱に拱相して官星と見做してかならず清奇なので、局相の日時柱が夾雑しなければ官星堆耀して顕達すると見做すのである。

また局相で羊刃が重複して偏官を帯びれば大貴相で科挙甲科合格、また局相が三奇を擁して運途で禄馬星を帯びて名誉を天下に挙揚し、日主を食神が搭載また干合絆して首相諸卿吏級と看るのである。

また甲子干支己巳干支とは一つの「天地徳合訣」のテーマで、また丙子干支癸巳干支も前述と同義で三公大臣級の官職を拝命、また木質が庚辛主人に際会して損傷せず両府庁の中書令に就任するだろう。

また火質が壬癸主人に際会して権威で将軍として辺境を鎮護、また金質が丙丁主人に際会して大権威を主事して州長官級、また水質が戊己主人に際会して官星局なので侍従官級なのである。

また土質が木質を領得して正禄位なので参議三公大臣級の福分、また年主が月禄星を領得して有益と見做さず日主の日貴星に取用するが、孤辰寡宿に際会して決定的に道仏士と見做すのである。

また官禄星が空亡として貴人星に際会すれば高階位の法衣の道仏士と為り、また局相に精気が存在せず孤辰寡宿を堅守してかならず行者と為り、また局相が空亡刑衝すれば囚身して覆衣の道仏士と見做すのである。

また人命の主権を知りたければかならず食神生旺全備だが、そこで羊刃偏官傷官が刑衝して己主はかならず法廷に立ち、もし的殺が搭載して（日主を盤足が搭載）に際会して拘禁するだろう。

年柱星辰が拱夾を帯び転勤族が決定的に明らかで、また局相の六害が権星で偏官帯刃すればおおむね非長寿、また日柱が官殺星を擁して刑衝すれば横死する驚態なのである。

また局相で羊刃と劫殺が併透すれば早歳から路上労働者を志向し、また局相の禄馬星ともに運途で絶地を巡相して過労艱難にて保身し、また局相の月時柱刑揺して基本的に一空疎が決定するだろう。

また局相の時柱で官星が生旺すれば子孫は成遂巡相、また局相で禄星を肯向して財官星に臨星してさらに吉兆で家産が有為で貴相顕彰、また局相で官星が好作用して財星が位相しなければかえって己主の官貴星を非定規するのである。

また局相の卯子刑揺とは癸乙干の相生柔曲相、また局相の未丑支また丑戌支の刑揺とは戊未刑揺と同調律、そこで禄馬星を衝剋して己主は財帛を発揚し支蔵人元星を捻出するのである。

（局相で甲乙干が寅卯支を擁して禄馬星を肯首せず、そこで甲申干支乙酉干支とはこのテーマに相当しないのである。）

また局相で「一分三禄」を領得して何説かとは「飛天禄馬格局」であり、年干星が日時干星と併合絆するのは切に詳究すべきである。

そこでもし君子に有利な上奏に際会すれば一般人は窮状晦冥するが、そこで悔恨後退を懐心するのは何故かとは剥官失位を重犯するからだが、そこで局中に禄星を帯び運途で財星に際会すれば、自ら黄金珠玉が天賦に配当するだろう。

そこで能く貴賤のテーマを前述したが、また運途を看ておおむね禄馬星に際会して発効すれば官吏と見做し、また天月二徳貴人を救星と見做し、百災凶変とは見做さないのである。

また局相で禄星を肯首して財星が臨星し、極めて奇瑞で貴相が顕彰して官吏の資質、また局相で禄馬星と貴人星が同局すれば珍奇な珠玉のように福分爵禄、また貴人星的君子星を刑揺偏官が搭載して年少期に発揚成名するだろう。

さて陰陽や貴賤のなりゆきが適宜であれば胸襟の処在が通暁し、たとえ日常や身辺がどれほど多般でも、一訣でその千変容を俯瞰して看るだろう。

造微論

まず陰陽の両儀が開闢の始兆で六甲干の生処なので、局相の天干地支蔵干の三才を造作し、局相で四季を建為するのである。

また干星を禄本位相と見做し一生の職級の高低を定義、また支星を局相の基礎と見做し過去現在未来、つまり寿命の始兆と結末を敷設するのである。

また局相の年柱を「根」と見做し、また月柱を「苗」と見做し、また日柱でビジネス季を主管して中年期の休咎を判断、また時柱を「結果」と見做して晩年期の栄枯を定義するのである。

先ず胎元の息由を推究し、次点で通変の作用を看て官星を貴星と見做し、そこで天干星と支下星が双和することで、そこで多大に碍滞して多大に危惧するのは、局相の支根が衝揺するからである。

その故に格局が清正相ならば臺閣の重臣級と見做し、「官星佩印」が生旺してかならず政局の要衝を当任し、駅馬が偏官帯刃すれば辺境を威武鎮護し、また局相で印綬が華蓋を帯びれば学府に高位相するだろう。

また局相に禄星を擁しても過多すれば有害で福分の起祥と見做さず、また偏官が堆重しても損傷せず凶禍とは見做さないのである。

また局相で三奇を巡相しなければ才能の至高は難儀で成名は解体、また局相で六合が正位に巡相すれば富家にて能く事業を増産、また両親の局相で空亡寡宿が融和して少年期は孤独相、また局相で長生が空亡に陥落すれば窮状にて倒れ、また局相の桃花殺が帝旺に臨星して花色が原因で損身、また日柱に咸池を附帯して妻女の縁故で富裕するだろう。

また局相の支根が浅薄のときは、局相が生旺でも栄昌せずに命主が興旺してかえって休囚符に巡相して吉兆、また局相で「偏官帯刃」すれば決定的に転勤、また局相で勾殺が三刑を重複して配星編成を肯定すべきで、ここで官途を昇級するならば偏印を帯びてはならないのは爵禄が欠損留位するからであり、また兵権を当任するならば空亡を帯びてはならず、その権威が後退するだろう。

また胸襟の清澄とはそこで江湖の済水質のようであり、いわゆる学問の淵源とはもとより壬癸水位相を肯首し、また悦楽慈祥とは甲乙木質の当相、また焦燥凶暴とは丙丁火質の盛相、また高名重禄とは庚辛金質の会容、また財貨堆溢とは戊己土質の鎮相なのである。

また局相の繁木質に彫琢の金質が存在せずたとえ栄昌でも結末は窮状、また局相の火炎質かつ陶溶の水質が存在せずたとえ発揚しても非長寿なのである。

さてもし水質が浮漂するときは阻土質に拠り、また重土質に木質が疎通しなければ結局は夾濁に帰し、また堅金質に火質が精煉しなければ結末は凶揺を肯首するのである。

もし金質が火炎で劣化すればおおむね己身の欠損と為り、また柔木質に金質が重複して稼用すればすなわち己身を損傷、また清水質で堆土すれば柔土質なので盛木相を肯し、また火質が強燥して微及また水質が既済して寛和するのである。

また局相が均配して佳質と見做しまた均衡協調して上格と見做し、大顕揚者の貴相は深隠また大屈曲者の貴相は暢這するのである。

また長寿高齢とはみな建禄帝旺に臨星し、職位崇顕とは駅馬が官星に際会、また局相で華蓋が空亡を帯びて道仏士に偏向し、また学堂が貴人星を帯び儒学師に有為なのである。

また局相を幽究して命格が低微に因り、そこで日柱が空亡寡宿すればそこで多妻離反、また時柱が空疎すればたとえばその子息は不佳で宮地は絶処し喪妻殺と見做し、また宮地が胎符して白虎神と見做し天賦の空疎が嗣続宮に降臨するとして末年に嗣子息を乖離するのである。

また運途で吉星に巡相すれば未だ己主は外邦訪問して喜悦せず凶星を刻守、またそこで嗣子息が存在すればすなわち畏怖しないのである。

もし年歳星が凶処に臨星すればその当歳は右往左往、またもし時柱が休囚符を帯びて憂愁して嘆息的なのである。

また原局が清澄すればその支流はかならず高遠だが、原局が濁雑すればその所作は成為し難いのである。

また命相が抜群に超出すれば貴相でなくてもすなわち大富裕、また局相が夾雑しても安処を肯首して憂慮せず、また局相が休囚符すれば微身卑性だが、逆に局相が旺相すれば名利ともに壮実するが、そこで先行して旺強ならば後行して微弱で、かならず先行吉兆だが後行凶兆、また逆に始発して微弱でも結局は旺強、また先行凶兆ならば結局吉兆なのである。

すなわち当初に貴相吉星に巡相すれば未だに貴彰の推究を肯首せず、そこで中季スパンで凶揺ならばどうして総じて不吉と見做せるだろうか。

おおむね文彩貴彰とは長生之地を要し、また局相の刑衝凶殺とは死絶符が適宜で憂悩の可否を肯首、また聴聞の喜忌を肯首するのである。

その本義と末節を詳究してその盈虚や栄辱や窮通の可否を察するが、それを形容して言及できずその吉凶を悔吝するときに考証して知得を肯定するので、造化の精微と称してどうして些少な補説で言及できようか。

人鑑論

まず天地形成已前の混沌の始兆を判別するとき、甲子干支の生処で昼夜の十二辰の用星は無窮なので、百千万人の命理を考証できるのである。

そこで日柱を主人の生処と見做し、また年柱を君主の長処と見做し、先ず虚実の根本をテーマとして、次点に運歳の強弱をテーマとして天干地支蔵干の三才を配列させれば、局相の権衡や軽重の好作用が処在するのである。

そこで局相に八卦を包蓄して自ら方円的法則が存在するので、そこで天道の作用は盈虚が存在しまた人事もそこで顛倒せず、また始兆が窮状ならば結末は富裕、また先行敗処ならば後発して興旺するので、短絡を控除して悠長に従順、つまり彼星を取用して此星を棄捨してはならないのである。

また局相とも一処を忌むとは、大容の純粋性が些少な瑕疵を呈しても、その原局を詳察しても軽率に判断してはならないのである。

また官星が運途の禄星に処在すれば、そこで殷朝の伊尹氏が摂政職を自負就任したのは、局相の時柱が貴相で功相之興臣と伝承されているが、そこで局相の貴格局が生旺すれば仕途は臺閣僚の尊位と見做し、また局相で偏官が重複して山野避発の道楽（逃散）位と見做し、ここで局相の官星の貴位相また純粋で瑕疵が存在しないと知るのである。

そこで多大に濁雑憂悩するとは局相が夾雑するのであり、根家が甘美で末裔が苦境するので賈誼氏（前漢政治家）が長沙王に降格されたよう、また源頭が濁雑して支流清澄とは長老公が関中で興旺したようなものである。

また局相の禄馬同郷とは臺閣に登壇し、また「偏官佩印」が重複生旺して早歳に科挙試験に合格し、また比肩が重複してたとえ范子でも窮状怨嗟し、また印綬が重複して健老長寿を肯首し、また官貴星を夾拱して局相の日時柱に帯びて居処が豪邸で、また劫財が駅馬を拘処して年時柱に附帯すれば瓶枠窓の草庵で、局相が夾雑して嗣位は絶処して居宅は鵲鳩之巣と化し、また局相の妻星位が偏官傷官にてつまり孤鸞寡鵠するのである。

また運途が背禄を巡相して過去に富裕しても現在は窮状、また局相が旺財星ならば過去に悲嘆しても現在は快笑するのである。

また局相を学堂が搭載すれば廻避して愚陥せず、また局相が墓庫生処して子息は向学者であり、また年柱の傷官が貴人星のときは高才にて解救し成名、また時柱に偏官を帯びて富家にて子息は良好、また庚主人が丙地を巡相して地神を拝跪、また壬主人が戊地を巡相して外辺の死容ではなく皮相的、また局相が交夾することで軍官吏が憂悩することはなく、局相が比和することで階位を非定規するのである。

また己身が衰微すれば運歳の吉星に巡相しても凶揺と見做し、また命主を堅実星が搭載して年歳の凶途はかえって福分と為り、また偏官が堆重しても制効が強ければ、日月柱の顕用がどうして損するだろうか。

また禄星が顕星しても失効すれば、風雲の難儀に際会して巡相を可否、また庚辛主人が壬癸干の当地に処在して憂悩を可否し、また甲乙主人が丙丁干の当地を巡相、また局相で生処が絶敗符に巡相して河南省に帰郷耕作、また局相で禄馬星が病衰符して馮唐氏（前漢）の首相級、また局相が旺相しても己身は草奔で際会し難く、また局相が和合しても未だに「草奔に処しての詩訣の課題」を免れ難いのである。

また西施氏（春秋期）が美貌であったのは局相に長生を複擁、また緑珠氏（西晋）が投身されたのは局相が凶星や偏官を附帯したからなのである。

また局相が孤鸞で夫君が婦件で哭泣しまた婦君が夫件で哭泣し、そこで薫煙花色が纏身して女性が男性を渇望また男性が女性を渇望する結末に、その頭部目元が陥没して肢体が欠損、また財帛が逓減して田宅が損害するのである。

また局相の時柱が刑衝して一生は空疎、また年月柱が劫奪を被臨して百年孤寒、また財星が財局に巡相して貴相ではなくてもすなわち大富裕、また年歳の偏官は安処して危惧憂慮しないのである。

すなわち局相で官星が透出すれば未だに貴彰の推究を肯首せず、また偏官が支下星を衝してどうして凶兆と断定して見做すのだろう。

おおむね貴禄星が印綬を附帯して有益で、また刑揺凶殺は制効合絆して適宜なので、そこで憂悩の可否に相当して喜忌を聴聞するので、その根本を考証してその質実を明示するのである。

その始兆をテーマとしてその結末を究明すれば、妻星宮が交夾して年少早婚者は存在せず、また子息宮が損傷して末年に嗣子息を欠損して恒常的に不吉なのである。

また椿松樹木のような長寿の算出とは局相の財禄星の多見だが、また容姿は福相でも病弱であり、そこで源頭が清澄すればその支流はかならず至遠するだろう。

また局相で木質が壮健のときには、その枝葉はかならず栄昌して命運は抜群で貴彰しなくてもすなわち大富裕に相当するが、逆に局相が衰微して運途の凶揺を畏れるのである。

また命運の万条千緒とは隠伏した形象を求めるので、その諸百派とは一源頭で充身の当地で貴相を領得し、その本義と末節を詳究して具陳し、その盈虚を察して備えて精神を定智して考証知得を肯首すればその機略は潜行するので、これを比喩して言及できず、君子が後附してそれらの諸幸途を軽率にできないのである。

かつての見聞では陰陽二気が天地人の三才を定義し、四季に分播して万物が生成したのである。

人命の栄枯や得失とはことごとく五行の相剋に処在するので、その栄華富貴とは局相中和の外辺には処在しないのである。

そこで先ず節気の深浅を観て、次点に財星と官星の可否を看て、そこで局相の財星官星の質実を得処し難いのである。

余（原著者）は格局を観てただ禄馬星の可否を要し、すでに先賢が格式を成為して後学徒が通変星の太過や制剋が存在せず窮状と見做し、また通変星の不及や生扶が失効して夭折と見做すのを要するのである。

また運途が肯可して適宜で、運途が背否して決定的に窮状を知り、また運途が背否して適宜で、運途が肯可して決定的に窮状したりするケースがある。

そこで有益に生処して生扶に巡相して貴星ならば取用を肯首し、そこで剋伐を渇望して被剋すれば当然吉意に言及できるのである。

また局相で盛木質が金質を附帯して決定的に棟梁に当任、また聚水質が土質を附帯して阻堤之効能で好作用、また煉火質が秋令金質を附帯して剣鋒器を鑄出、また疎木質が四季土質を附帯して稼穡を成実、また火炎質が水質を附帯して既済佳と称し、また浅水質が堆金質を附帯して体全象と称するのである。

また局相の甲乙干が亥卯未支を擁して決定的に富貴、また丙丁干が寅午戌支を擁して栄華に批准、また庚辛干が巳酉丑支を全局して高位重権、また壬癸干が申子辰支を相格して財禄裕足、また戊己干が辰戌丑未支を全局して冠曹諸栄の慶兆と為るだろう。

さらに局相に徳秀や三奇相を擁して統括長官の揚名、また甲乙木が寅卯辰支の方途を全備して自ら功名有為、また庚辛金が申酉戌支相を全備して欠損なく富貴、また壬癸水が亥子丑支に堆源して名利之客、また丙丁火が巳午未支に臨処して顕達の人命なのである。

また旺木質に火質が交耀して殿試を肯首し、また堅金質は水質潤相して文学能力を誇負するのである。

また作用の火質は水質を憂いまた作用の木質は金質を畏れ、そこで木質が春季に重複して聚固して太旺し依処なく、また火質が夏季に炎々として過燥を為してならず抑圧を肯首し、また金質が秋季に鋭々としてもっとも奇瑞と見做し、また水質が冬季に洋々としてもっぱら美彩を肯首するのである。

そこで己星を生扶して忌処と見做し、また己星を制剋して有効と見做し、局相に配星して「康」と称し、また「治」と称し、また「和」と称するのである。

また局相に情義が存在せず「乱」と見做し、また「傷」と見做し、また「禍」と見做すので、合絆帯夾してたとえば大容の治世で、背離反乱に際会して死処廻生するのである。

もし極度の否定を更新して盛世するとは、それぞれが一治世かつ一反乱なので、そこで局相で刑衝が顕彰するとは旺相や衰相ではなく、局中に破害を交夾するので、劉賁氏は科挙合格しなかったのはただ文学能力の徒労が原因、また李廣氏（前漢将軍）が公侯ではないのは、そこで強壮人物だが劣質馬と見做すのである。

また恒常的な貴賤を知りたければ甲科合格星を推究して職級の高低を問う必要があり、そこで財星官星の位相を精察して官途に未だ就任せずとは命相の損傷、またすなわち貴相にて科挙合格すればすでに功名が成就するが、そこで傷官破尽が臨処して肯首しないのである。

そこで魁罡日の官星が好作用してすなわち終身ともに科挙合格せず、また「官星佩印」が好作用して勇奮成名、また木火秀明して科挙甲科合格の徒輩、また金水寒冷質で当人は結局は窮士なのである。

また局相の胎元日主月令が旺印星で首席合格者を獲位、また年柱が聚貴星で学府で玉製殿堂に高栄相するが、そこで疾病とはすなわち魁星であり疾病を控除すれば能く成就の方途で文章力は甲科首席級と見做して官途が巡って高昇の始兆なのである。

また局相の「玄武当権格局」で比肩劫財を複擁して太乙玉堂つまり真実の科挙甲科合格なのである。

また朱雀賦そこで食神生旺して年歳で「官星佩印」して科挙試験合格に巡当し、また局相の比肩が官殺星を複擁して印星にて首席合格を肯首し、年歳が際会して科挙甲科首席合格の徒輩だが、数科目が及第しなかったのはただ財帛星が文章星を破綻したのが原因だったが、そこで一挙に成名してすなわち「魁首科甲」を肯定するのである。

また五行のなりゆきではみな偏官が起因で成功しており、局相が隆盛で病因が存在せず、貴相でなくても偏官が病的に作用して奇瑞と見做しても、結局はこれを控除して福分と見做し、さらに禄馬星が三合会局を帯びるタイミングで玉殿天乙貴人の際会と看るのである。

また丙丁火が生月冬季で戊己干が干頭で貴相であり、また庚辛金が生月夏季で壬癸干を擁して好作用、また甲乙木が生月秋季で水星神的貴相、また庚辛金が生月夏季で土星神が好作用であり、また丙丁火が北方地の聚水質を忌み、そこでかえって戊己干に際会して貴相を推究し、また庚辛金は南方位の盛火質を畏れて、そこで戊己干に際会してかえって貴相と断定、また甲乙木が生月秋季で丙丁干が透出して瑕疵とは見做さず、また戊己土が生月夏季で庚辛干を派生するときは貴相のテーマと見做すのである。

また局相で丙丁火が聚水質を擁して運途の木質を巡相して貴相、また戊己土が旺木質を巡相して運途の火地に巡相して栄昌、また庚金が聚水質を附帯して金水寒冷質なのでもっとも炎熱が有益、また戊土が酉支を併相して衰身脱気にて火煖を渇望するのである。

そこで局相が不及すれば生扶を要し、また太過すれば彫削が適宜であり、そこで甲乙木が従革金質を全局して窮状また庚辛金が潤下水質を全備して富栄と称するのである。

また木質春季で浅水質で高僧の補星、また火質夏季で衰金質で飾冠の道士、また土質が潤下質を全局して奔馳の徒輩、また火質が三合水局を帯び窮状の徒輩なのである。

また堅金質で微火質を帯びビジネスブローカー、また敗土質が堆水質を帯び祖元を乖離して停滞する客輩、また庚辛金が生月秋季で土質が堆重すれば窮状して利器ではなく、また丙丁火が生月夏季で金質が堆重すれば千鍾の富裕、また甲乙木が生月春季で聚水質を附帯して転勤族、また壬癸水が生月冬季で盛金質を附帯して凶揺の徒輩なのである。

また局相の辰戌丑未支が衝揺して発揚人命ではなく、また子午卯酉支が揺合侵犯して淫質、また庚辛金が夏季に堆火質、また壬癸水が秋季に堆金質して過分に偏頗して凶揺しなければすなわち窮命、また庚辛金が春季に堆火質して、また壬癸水が冬季に堆金質して制効しなければ、非長寿でなければすなわち窮状するのである。

また甲乙木が生月秋季で支根がなく従象すれば婦命ならば福分で崇高な禄貴相、また庚辛金が生月夏季で支根がなく栄夫の配相にて顕達して功名、また丙丁火が生月春季で旺木質を附帯して転勤遂名、また戊己土が四季土旺で堆金質を附帯して仕途出世に耐久するのである。

また局相の甲乙木が生月夏季で堆土質ならば、功名半途で地方庄で充足して有益、また丙丁火が生月冬季で盛水質で清源すれば爵禄が錦蘭的に全栄昌するのである。

また局相で建禄が用途で食神傷官を附帯すれば辺境で権威を堅持、また「官殺帯刃」して辺境を威武鎮圧、また局相の「拱禄」や「拱貴」や「夾丘」は爵禄豊厚、また局相の「倒衝禄」や「遥合絆」や「井欄斜叉」は顕達して功名、また「六壬趨艮」や「六甲趨乾」は清々しい名士であり、また「六陰朝陽」や「六乙鼠貴」とは文官吏の学徒なのである。

また全局してタイガーの威風かつ将吏の良材、また局相に雲龍を配備して大人物の徳、また局相が四庫土全備してドラゴンに変容するので大海原に際会して九五之尊（飛龍在天、利見大人）であり、局相に三奇を帯び秀鳳が昇翔して天門つまり臺閣僚級の貴相、また財星官星が生旺して富貴之命、また禄馬星を隠伏して栄華相、また貴相に当格を推するが破格すれば決定的に貴相ではなく、そこで一作用を究明して百処の端緒を察し、一言質を明察して万ケースに通暁するので後学者は君子たるならば、ここで軽率にしてはならないのである。

およそ人命を看るのにはもっぱら六格局をテーマとするが、局相で官星は財星がポイントなので財星を帯びれば富貴であり、また偏官は印星がポイントなので印星を帯びれば栄華であり、また印星は官星を帯びるか巡相すれば十中七分は貴相なのである。

また局相で財星を帯びれば偏官が不益であり、そこで偏官を擁すれば十中九分が窮状するだろう。

また局相の官星は透出が有益で、干頭に顕星してすなわち清高だが、財星は支蔵星を要し支蔵すればすなわち豊厚なのである。

また局相の「官殺混雑」では身弱ではすなわち窮状するが、正官と偏官が均衡して偏官を合絆して貴相と見做し、局相の年月柱の官星は早年から仕路にて出世し、また日時柱の正官貴星は晩年期に成名するのである。

また印綬を胞胎すれば千鍾の爵禄を享受し、また財星が長生を帯びれば肥田万獲、また生月秋冬季で官星が羊刃傷官に幇助して玄武全局が為れば決定的に貴相であり、生月亥支の傷官は正官を擁して有益で印星が破綻して傷官が重複すれば凶揺するのである。

また局相で旺財星が正官を生扶すれば、すなわち些少に貴相で多大に富裕し、また傷官佩財では官位が至高で財帛充足し、傷官が存在しなければ貴相ではなく病身奇瑞と為り、始兆で作用しても奇瑞と見做し、結局はこれを控除して福分と見做すのである。

ここでの好作用とは外辺の何星を要し、たとえば丙丁火が微水質を帯び庚辛干を擁すれば堆固質で身旺で官星を軽微に取用、また戊己土が堆重して木質絶処して壬癸干を擁すれば艱難して身弱で旺官星を定義するのである。

また局相で財星が軽微で運途で劫財に巡相してはならず、また印星が堆重すれば運途の財星がもっとも好作用、また財星が官星を生扶して献金貴彰を取用し、また偏官帯刃すれば宝処を劫占して名声を企図するだろう。

また局相が身旺ならば偏財の取用を肯首し、かならず財帛を横取して己主壮健、また正財が劫財を被り妻災を頻発し、また局相の劫財羊刃が官殺星に際会して臺閣僚の重臣、また局相が帰禄して食神が羊刃傷官を附帯して衝揺すれば宮廷官吏の貴相、また身旺で「偏官佩印（綬）」すれば決定的に権官吏、また己主が微弱で「財星佩印」すれば平庸の客星、また「偏官帯刃」して制効すれば庸職氏（斎飯吏）のように兵権を掌事、また正官佩印（綬）して損傷がなければ統率された野人であり、局相が旺財的稼穡相で給仕官吏、また局相が「飛禄朝陽」して侍従官吏なのである。

またもとより天干地支星が清気相で経世栄国、また局相の子午支を極尊相と見做して侍郎官吏級の貴相なのである。

また局相の日時干頭が癸干で丑亥支が搭載すれば首席級で学府に入局し、また日時干頭が壬干で寅辰支が併相搭載して恩典の高爵位で閣僚に登壇し、また日徳と魁罡を擁してたとえ吉兆でも貧寒士に際会し、また魁罡が財星官星を擁して支根を領得すれば衣糧爵禄の人命を当任し、また傷官が官星を帯びて財星印星に際会巡相して好作用、また財星が印星を衝破するときは比肩劫財の当地に巡相して貴相なのである。

また局相で財星が堆重して運途で偏官に巡相して吉兆に言及でき、また局相で偏官が堆重して運途で財星に巡相して決定的に凶揺なのである。

また甲乙木が運途の西方地を巡相して身旺ならば功名を許容、また壬癸水が運途の南方地を巡相して己主は財帛爵禄が壮健で企図に耐久し、また局相の劫殺は旺地を巡相して不適宜だが、食神が偏財の当地でもっとも好作用なのである。

また女命は局相の傷官が帰禄星を領得して極めて吉兆、また男命が羊刃を帯びても身弱ならば帯びて奇瑞と見做し、また金神や建禄や井欄斜叉とは女命が擁してもっとも凶揺、また羊刃や傷官や偏官とは男命が帯びて権威を領得し、また庚辛金が火質の「偏官帯刃」に際会して決定的に貴相であり、また「堆重偏官佩印」して食神傷官に巡相して栄昌に準処し、また「正官佩印（綬）」では官位顕彰せず「偏官帯刃」して仕路にて出世して名声を馳せ、また身旺で依処が存在せず道仏士の徒輩、また局相で桃花殺を揺帯して娼妓の系統なのである。

また局相で庚辛微金が旺火質を帯びて土木業者や溶接工、また局相で堆土質が浅水質を帯びて集落の巡察士や裁縫工なのである。

また五湖の聚雲を攪乱するように、その始兆とは栄昌ならば結末が恥辱するとは（寅申巳亥支）を肯首し、また遍野桃花とは一生涯は風流で多大に酒色耽溺するとは（子午卯酉支）を肯首するのである。

また局相の亡神が凶星を拱起して頭賊之徒輩、また秀気が時令を失効して清貧之士であり、また身強旺印相で多大に耽酒し、局相の丁壬干妬化合して淫性を侵犯するのである。

また局相の身印両旺のときは恒常的に少病壮健で、天月二徳貴人が幇助して処世に窮状が存在せず、また食神の生旺とは財星官星の好作用にも似ており、また全局「偏官佩財」は貴相で棄命従財、また偏官正官がポイントならば余剰の富貴だが、そこで専旺して依処が存在せず官星財星が絶処してかぎりなく窮状し、局相の棄命的身弱では支根の否定を要するのである。

そこで府庁の官吏級で衰身して化星を時成すれば、位階は天廷に近侍するので、男命の従化局のケースではかえって鬼殺を抑伏して返照するのを精微に詳究して適宜で、また女命は純和相は清貴だが濁乱すれば娼妓なのは、そこで当然だと深究されたし。

驚神論

まず局相が生旺とは朝廷で栄昌貴彰する人命であり、また局相が休囚するとは林隠の清々しい修客なので、そこで衰身旺殺であれば年少期に栄華を領得し難く、また身禄が衝破すれば早年期に父君を喪失して、子息が少数で子女が多数だがただ陰星が過重すれば子息が多数で子女が少数なのである。

そこで局相で陽星が好作用して開拓精神を肯首し、また逆に懸針が夾剋してイレズミ侠客、また魁罡で偏官帯刃すれば軍官吏、また局相の官星が亡神劫殺で偏官を擁して武将吏、また貴人星が「財星佩印」して天月二徳貴人を帯びて忠臣と為り、また財禄星が衝破して市井の屠殺児、また身強禄旺して豪貴の門客人、また孤辰が華蓋を帯び道仏士尼、また劫殺が魁罡を帯びて巫術医士、また咸池を「身旺帯刃」が搭載して花色亡身し、また駅馬が禄支刑揺すればブローカーで積富するだろう。

そこで局相が悠長ならば富貴であり、そこで天徳貴人が長生を擁して衣糧豊盈し、またすなわち財星に衝破がなく日主建禄で地支星が全合絆すれば決定的に貴相、また局相が「官星帯刃」して月時柱に官星を重複してかならず顕揚するだろう。

また局相で戊午干支が戊午干支を併見して貴相で、羊刃印化に因り己身を生扶し、また禄貴星を拱起して填実に際会して凶歳と見做し、また局相で堆財星が顕出すれば成敗浮沈、また些少に財星を支蔵して銭貨が豊溢するだろう。

そこで早年から子息が存在しないのは、みな局相の日時柱刑揺に因り、晩年に幼子息を添加するのは日貴星が縁故のタイミングであると知るだろう。

また局相の丙申干支庚寅干支甲巳干支は真実の貴人を肯首し、また甲子干支己巳干支壬辰干支はプロの医卜業者なのである。

また局相で日柱が「偏官帯刃」すれば、かならず妻君は出産時に卒亡し、また時柱が孤虚相ならば子息は不肖であり、また局相の子卯支が一癸干を擁して富裕で窮状せず、また局相が刑揺合絆して咸池を帯びれば娼妓界のスポンサーであり、また時上偏官星が制効すれば英奇の子息を晩得、また局相の旺財星が官星を生扶して早年にも清々しく抜擢され、また局相の咸池華蓋が月時柱に相犯して主人は孤独相、また局相の弔客喪門を帯び運歳で併臨すれば忠孝心服の方途なのである。

また局相に水質が過多してすなわち溢乱の徒輩で事を為して成就せず、そこで堆土すればすなわち濁性の徒輩なのである。

また局相の化生扶とは福分であり、また駅馬を複擁してすなわち生涯奔馳し、また局相で禄星を複擁してすなわち活計が難渋し、また刑衝を併見して格局は残疾、また局相で衝破が重複してすなわち労役にて嘆息し、そこで駅馬を複擁して禄星が些少ならば奔馳する徒輩なのである。

また身強で旺財星を帯びて忠正顕良の人士、また咸池が合絆して凶殺星に際会して家人は敗離し、また劫殺亡神が「偏官帯刃」して傷官に際会して凶揺を招来するだろう。

また身旺で偏財を帯びてブローカーの人命、また局相が六合で財星を帯びれば経営ビジネスマンの徒輩、また印星貴星を拱起して東方三神山（方丈、瀛州、蓬莱）で珠玉黄金製の殿階の客星であり、また禄星財星を拱起して万絹宮廷の賓客であり、また局相に印星を帯び官星が存在せず清高見成を稟命し、また局相の金神が水質を擁してすなわち窮状疾症の徒輩なのである。

ところで人命の愚痴や無知とはみな局相の精気の泄洩や損傷であり、また文武両道とは天徳貴人が印星を生扶しており、また風流漂蕩とは堆印星かつ身弱を咸池が搭載し、また僧形者とは孤辰寡宿二星が華蓋に臨星、また命相羊刃全併すれば決定的に死屍は四散し、また局相の日時柱ともに空亡で妻子は扶助しないのである。

また局相に堆官星が重複して持病が纏身し、また天乙貴人一星が長生を擁して名利両得、また腰脚碍とはただ凶星の曲脚を帯び、また小躯碍とはそこで身弱旺殺に由るのである。

また局相で干頭衰敗して地支生旺すれば、家宅は平穏質実また干頭生旺して地支衰敗すれば虚花の外容なのである。

また局相の四柱連珠とは「官星佩印」が生助して一品級の尊位相、また五行循環して財帛爵禄の千鍾の富裕を享受するのである。

もし己身が剛強ならば偏官鬼殺の剋伐を畏れず、また日主身弱ならば比肩劫財が相扶して有益であり、また身弱で食神を堆星してすなわち非長寿なのである。

また庚辛金が火質を帯びすなわち貴相、また正義感とは「偏財帯劫刃」、またケチな者とは「正官佩財」であり、また偏官を制効せずすなわち凶星的の徒輩と見做し、また局相の傷官咸池とは決定的に分岐路のポイントの客星なのである。

およそ日干が過度に衰微すれば局相が微力に生処に復揺すればよく、また身旺で相生すれば旺処を衝揺すればよいのである。

明津先生骨髄歌

まず命局の五行の可否の秘訣を知りたければ、どうして凡人が容易に説明できるだろうか。

そこでただ五行の作用に当処し、子平術ではもっぱら運途で決定するので、生涯の富貴を予兆しその死期をどうやって審問できるだろう。

そこで局相の格局でただ用星を推究し、その用星が損傷しなければ破綻せず、またまず運途で十二支を敷設して受節の当宮を看て、そこで財星官星印綬食神の軽重可否を知って審査して分明するのである。

また局相の正官は運途の偏官の際会を畏れ、また局相の偏官はもっとも正官の臨星を畏れるので「官殺混雑」すれば精査すべきであり、そこで偏官を控除して正官が留位して子細を精究し、また正官を留位して偏官を控除するとき偏官を重複してはならず、また偏官を留位して正官を控除するときも正官を重複してはならないのである。

また局相で官殺星に被衝して当人は絶処するが、さらに財星格局の定義も前述したように、局相の日時柱が正財か偏財かを判別し干頭に偏官を擁するのを畏れ、運途で偏官が重複して当人はまた非長寿なのである。

また局相の通変星の正偏を知って災禍の知処と見做し、自性的に偏星正星が正作用してみな福分と見做すのである。

また局相の兄弟星も同じく凶処するので、運途が正財に巡相してかならず競劫と為り、それぞれ正星と偏星が適相してともに推究し、そこで運途の財星官星で発揚栄昌するので、運途の官星財星の当処とは聚福宮なのである。

ただ日主の衰微の当処を畏れ、局相で「堆財帯殺」にて衰身し、また運途の正財で身弱堆財するので源泉に赴く方途と知るのである。

また局相の正官が傷官財星を被らず損劫せず山岳的高寿で、どうして能く崩命するだろうか。

まず第一に印綬の当処を推究し、運途で身旺に際会してかならず栄昌するが、また官星の当処に巡相して官吏職に際会しても、運途が凶処すればその窮状を肯首して知るのである。

もし局相に財星を擁して印星を衝揺すれば橋梁から落下し、そこで官吏に任用中ならば他郷また訪問先の路傍で客死するだろう。

また局相で印星が財星を擁さず人命は死容せず、たとえばそれぞれ精究するならば、局相の財星官星印綬が適処するテーマでは、さらに食神は説明し難く食神が好作用すれば能く財星官星より能効だが、ただ局相に瑕疵を帯びて分断、また運途で偏印に際会してかえって当歳は損傷するので、早期のうちに源泉の涸渇を知るのである。

そこで前述して格局の可否のテーマを君に示唆し、また後述して格局の予兆を断定し、かえってその軽重を分度してその詳細を推究すれば、そこで財星官星が死絶処に臨星してとても畏れ、また局相の傷官は運途でふたたび正官に際会し、凶揺を断定するのである。

また局相で日貴や日徳が衝揺して、この命主は亡失の危機であると論肯して看るのである。

また局相の「飛天拱禄格」は填実を忌み、さらに合絆星辰の侵犯を看てそこで『喜忌篇』のなかで断定したように、格局が傷官を擁して非長寿相と見做すのである。

また後述したように格局の可否に異殊の兆候は存在せず、第一に財星官星を緊要と見做し、そこで運途で財星官星に際会せず、すでに原局に財星官星を擁すれば優劣は存在しないのである。

またその寿元を問うならばその用星を問うことを知り、そこで用星が被制されれば決定的に己身を損し、そこで損傷とはすなわち凶揺と見做してはならず、その軽重でその取用の真義を呈示するのである。

また用星が健旺すれば決定的に憂慮はなく、もし運途が実質的に瑕疵すれば右往左往して退職免官するのは例証の通りのである。

また亡家廃業して子孫が欠損すれば、その血族に遭難係累して礼装して親族を葬送する百端緒なのである。

どうして能くその住処寿元を知るかとは、ただ運途の詳細を推究して適宜であり、そこで日干と運途が同調してたとえば偏官を帯び、また運途で偏官に際会して刑衝侵犯すれば凶揺なので、そこで外辺の凶星がすなわち局相の凶星に際会して、その余星が外辺に分播するのを推究し、そこで局相の凶星を災禍の重複と見做し、また外辺の凶星が局相の凶星に際会して些少に侵犯するのである。

また局相の戊己土が四季土旺に分播して、介在する雑気星を可否し逐年に定まった節気を分度し、その年歳の精気に従伴して制伏や損傷を被り、そこで当運の吉凶星を指向して、その何年何日に災殃が至るかを定義するのである。

また運歳の子支が癸干辰子支に巡相して年歳月位に連動して、そこで運歳寅支とは年歳の丙申干支に際会して同義ならば、そこで巳支と丙干が同質の禍福であるケースとするのである。

そこで運歳の卯支は乙木に巡相して畏れるが、また巳支蔵星が戊庚丙干を雑擁し、また運歳の午支は年歳の午支戊干が凶揺、また年歳の丑未支を畏れ、そこで局相の申支は庚干亥支に際会してはならず、また局相の酉支が辛干丑支に際会してみな不益、また運歳の亥支が壬甲干申支を畏れるのである。

そこでただ局相が四季相を内包して、また四季相が局相干頭と接衝しておおむね際会巡相するのは示唆した通りであり、局相を控除しなければ無窮を肯首し、配星干支が同位相でさらにその軽重を分度してその窮状を定義するのである。

そこで運歳が重度で年歳が軽度では併用のテーマが適宜で、また年歳の吉凶とは運歳と同一義なので、ここで価千金を秘匿せず伝承して、予（原著者）は在世中よりその遺稿を記写しており、術士諸氏は妄りまた軽率に議論しないようにされたし。

捜髄歌

まず局相の造化とはまず日主を看たのちに月令支星を把握する順序であり、局相の専一のテーマが財星官星であり、身旺で財星官星が堆重して富貴なのである。

もしかえって身旺でも財星官星を欠損すればただ窮状争議児を肯首し、そこで身旺で財星官星が生旺して決定的に紫恩衣黄金束帯するだろう。

また身弱で財星官星が生旺し、運途で身旺地を巡相してもっとも奇瑞と見做し、また身旺で財星官星が衰微し、運途で財星官星地を巡相して名利を馳せるのである。

また日主を財星官星が搭載して月令に重擁すれば貴相は容易であり、そこで総括して財星官星を緊要と見做し、早年から富貴かつ高爵禄に昇階するだろう。

また極身旺で財星官星が衰微すれば、太過して依処が存在せず窮状を被り、さらに印星や比肩劫財が幇助して妻子の損傷が惹起すると看るのである。

また身強で官殺星が堆重するときは、一官殺星を制効して賢良と見做し、また官殺星が印星を拱起して多大に貴相にて、盛旺の容姿で決定的に威名を挙揚するのである。

また局相が生月夏季で火土質が過多しても、そこで済水質が利潤して中和の貴相であり、原局の水火質は既済を要し、かならずその名利は山河を利益威鎮し、また局相が猛火質で済水質が存在せずとも、運途の水地を巡相して好観相を肯首するのである。

また局相が滔々たる勢水質で阻土質が存在せず、運途の堆土質に赴き有益を肯首し、また局相で聚木質では運途の西方地が適宜であり、また局相が堆金質では運途の東方地を渇望して、また局相の五行が相済して造化が成為するので、人命がこれを擁して福分が重篤なのである。

また局相が辰戌丑未支四庫全備して堆重すれば、血族不和にて六親を損失しそこで月令を衝揺すれば両親を傷剋、また日時柱が衝揺して妻子が彷徨するだろう。

また局相で比肩劫財傷官が旺相すれば、妻女を損傷せずとも子息を欠損し、たとえ一子息でも不忠孝かまた扶養児であり総じて不適宜、また身旺で比肩を駅馬が搭載して兄弟は風流で渓谷清流を趣好し、また局相を駅馬が複擁して奔馳し、東奔西走して過労するだろう。

なお身心閑処して定智すれば、動作してすなわち風流または止静してすなわち沈愁、また局相で財星を駅馬が搭載して賢妻でも定処せず性急、また局相で財星を庫地支星して己主は財帛を聚堆し、資産財帛を慎守して衆人を模倣せず、妻女子息はケチだが善処内助するだろう。

ただ局相に羊刃を暗蔵して怒気し、また局相で官殺星が重複して蓄財せず、また妻女は能く内助するが穏和ではなく、また姑公は敬心なく徹底して無礼者で、かえって夫権を横奪して所帯するのである。

もし局相で官星が生旺してさらに長生旺相のタイミングでは、子息は聡明かつ多大に俊秀であり、子孫は各々緋恩衣を纏装するだろう。

また局相が「偏官佩（偏）印」に食神を帯びて、妻女は産厄また経脈不調血疾で、さらに運歳で際会して如何とは、男命は「偏印倒食」を重複して身弱ならば過労病弱、また女命は「偏印倒食」して吉兆と見做さず産厄なのである。

また女命が局相で旺官星かつ旺財星のときは賢夫さらに好子息を招得、また局相で財星官星ともに損傷すれば夫君子息を傷剋するのは決定的なのである。

また局相で印綬が扶助して、身旺ならば衝揺の人命と見做し己主は窮状、また局相で官星財星が顕揚して貴人の扶力で抜群超出と見做すのである。

また局相で女命が傷官生旺して日主を傷官が搭載して、夫君を罵倒して一日中口論が絶えず、その百年末にやっと容枯を肯首するほどである。

また局相の乙巳日庚午日辛未日は生日干支として好容、また局中に併見して如何とは決定的に賢夫貴相、また局相の丙丁戊己干子丑支の生日干支で生月春季では決定的に不調和、また局相の甲午日甲申日乙酉日は日支星の財星官星が搭載して富貴栄昌、また局相丁亥日戊子日庚寅日の生日干支は聚福堆重、また局相の辛卯日丙申日丁酉日の生日干支は財星官星を支蔵星として名声が顕揚、また局相の己亥日甲申日庚戌日の生日干支は日支蔵星が印綬財星官星であり、さらに丙辰干支壬戌干支を領得して局相を印星が扶星して非常規、また甲子日丙寅日丁卯日と己巳日壬辰日癸巳日とは同義であり、己身月令とも旺強で名利は虚質で風流を当任するだろう。

また局相の辛亥日庚申日己丑日の生日干支では日支蔵星で財星官星が搭載可否し、また日支星つまり妻星の子女は虚花と為り四維寄宅の身上で、また局相の甲寅日戊戌日庚子日の生日干支では女命は夫君を傷剋また男命が子息を傷剋、また局相の己巳日丙午日丁未日の生日干支は同義であり、壬子干支が重複して己主は窮状、また局相の辛酉日乙卯日戊午日の生日干支では支干星が同質性で妻女は不足し、また局相の己未日庚申日癸亥日の生日干支でさらに月令生旺して凶揺と為るだろう。

また局相で日主が財星官星印綬を全備し、月時柱に附帯すれば連綿たる福分と為り、また生日干支が同質類で身旺ならば妻子を衝剋して祖領は破綻するが、そこで局相を旺衰つまり強弱に分度すれば由く、陰性と陽性に執することなく言及し、これが五行の真実の好作用の秘訣なので、知得に際会せずその虚妄を伝承してはならないのである。

まず先天運が何処でありまた後天運が何処へ巡るのか知りたければ、すなわちその去就を知り、そこで局相の四柱を配星してついで天干地支蔵干を分度し、日干を日主と見做して星辰を配置するのである。

また相伴する神殺星の軽重を較量して、まず月令を観て格局のテーマを詳究して日柱を日主と見做し、また財星官星をテーマとしてその貴賤を分度すれば、好法則が多端なのである。

また一作用は取用し易く複作用してすなわち明示し難く、その控除と留位の配星に準じて格局のテーマは清明を要し、そこで日主が強高で月令を領得して用途の財星を要素と見做し、質実を明顕して正規と見做すのである。

また年柱を年主と見做すケースでは月令が中枢であり、生日柱から百時刻が派生するが、そこで時柱の生旺や空疎と干星支星が同質類で妻財を損傷、また年歳と運歳が一連動すれば祖元は失効するだろう。

また局相の月令建禄では祖家に住処せず、局中に財星官星を擁して自然に福分を発揚するので、用途の火質は水質を愁処し、また用途の木質は金質を愁処して、その軽重のテーマを分岐して能くその禍福が真為するのである。

また局相が生旺すれば揺囚を畏れず、その東方位西方位南方位北方位の四方途を究尽して、また局相が寅申巳亥支四生局で身強の要素が作用し、福分の発揚に際会するだろう。

また局相の辰戌丑未支は四庫星で、支蔵人元の用星が生旺透出して真為と見做し、また局相の四敗局では男命は興廃を侵犯、また女命は孤相を侵犯するだろう。

また局相の精気の進捗と退避では局中の要素が交夾するが、そこで進捗して死容せずまた退避して生処せず、また局相の財星官星が庫地臨星すれば衝揺や発揚せず、そこで局相の際会と合処が有益なのである。

また局相の月令が有益に作用すればもっとも衝揺を畏れ、そこで運途で衝揺してすなわち弛緩するので、衝揺が作用してすなわち凶揺、また三奇相が透出して日主が旺強で支根が有力ならば、その福分爵禄が栄昌するだろう。

また局相の十干の化星とは有象無形だが、無処から有為が派生するのでその福分爵禄は作用し難く、また十悪大敗日とは大忌格局だが、もし財星官星を附帯すればかえって富貴を成為するのである。

また格局を詳究すれば偏官を重度と見做し、また偏官を印化して権星と見做せば作用の欠損はなく、そこで偏官は印星と乖離せずまた印星は偏官と乖離せず「偏官佩印」相生し功名して顕達するのである。

また局相で官殺星が重複して制効すれば、たとえば運途の帝旺は際会して吉兆、また時上偏官に支根が存在せず偏官生旺して貴相に取用するが、時上偏官で支根堆重すれば生旺しても発揚しないだろう。

また生月酉支の官星とは卯支丁干がとても不益で、卯支丁干が衝揺すればその情義を可否し、また印綬の支根が軽微では生旺顕達、また印綬の支根が堆重してかえって生旺しても発揚しないのである。

また局相の印綬比肩は運途の財星地を巡相して有益、また印綬が比肩を擁さず財星傷官を擁して不益であり、そこで原局の財星に印星が際会してかえってその福分を成為、また原局の印星に財星が際会してかえってその瑕疵を成為するのである。

また局相の印綬比肩は運途の財星地を巡相して有益、また印綬が比肩を擁さず財星傷官を擁して不益であり、そこで原局の財星に印星が際会してかえってその福分を成為、また原局の印星に財星が際会してかえってその瑕疵を成為するのである。

また局相の財星官星印綬とは比肩がとても不益で、また傷官偏官とはかえって幇助して権星と見做し、また傷官佩財して官星が存在せず子息を擁し、また傷官に財星が存在せず子息宮に滅相するのである。

また局相の時上偏財相では比肩劫財の附帯を畏れ、生月に財星佩印を帯びれば比肩は有益であり、また局相の傷官見官がとても不益な格局で、用星が欠損しなければ官星に際会して愁処しないのである。

また局相の禄星貴星の拱起とは填実に復してすなわち凶揺であり、また月令が有効作用してテーマは同義せず、また月令が財星官星に当令して福分を発揚して高名強禄だが、そこで比肩が臨処して福分が逓減するだろう。

また局相で財星が透出して帰禄すればよく、また局相の「壬騎龍背」では戊支を擁して情義がなく、また寅支を併相してすなわち富裕、また辰支を併相してすなわち栄昌するのである。

また局相の「天干一気相」で地支星が同質併相で、人命がこれを領得して三公大臣級、また局相の「八字連珠」して地支星が有為に作用し、造化すればかならず名利が堆重するだろう。

また局相の日徳や金神（質）が生月で旺土質を擁し、有為でも名声は軽微でその祖業は揺尽、また金神（質）が偏官を帯びて身旺ならば奇瑞と見做し、さらに火地を巡相して名利が相当するだろう。

また局相の甲日主が金神（質）を帯びて火質が制効して有効、また己日主が金神（質）を帯びて火質の制効が労するまでもなく、また局相の六甲日が生月春季で時柱に金神（質）を侵犯し、水地に際会して発揚せず土質堆重して名声は真為なのである。

また局相の甲乙干が生月丑支で、時柱に金神（質）を擁して月干頭が偏官では視覚碍、また局相の甲寅日が寅支を堆重してまた二巳支が刑揺帯殺、結局は己身はかならず損失するが火質に際会して発揚し難いのである。

また局相の六甲日が生月寅支で財星が透出するタイミングで、運途の西北地を巡相すれば九流芸能の業者、また局相の乙日生月卯支で金質が堆聚して富貴だが、そこで比肩が過旺して横死の絶処なのである。

また局相の干頭二丙干で支星四寅支で、さらに印星の生処を巡相すれば死容して凶禍に際会、また局相が旺火質で二寅支で申支が壬干を搭載し、建禄支が堆厚して水質を擁すれば己身が損するのである。

また局相の六戊日を寅支が併相搭載して月令が金水質では、運途の火地で応救するが土質に際会して己身衝揺、また局相の己日で生月戌支で火質に精気がなく、金水質が過多して視覚碍するだろう。

局相の年干星が火質で日時柱に金質を附帯、また己干が印星を作用して官途にて清名し、また庚辛金が生月午支で丙火が透出して、運途の南方地を巡相して被傷の前途だろう。

また庚辛金が生月秋季に生旺して庚丙併見し、運途の丑支で愁傷し際会帯火して当処に帰順、また庚金が生月午支また辛金が生月未支で、偏官併透して生月冬季はもっとも貴相なのである。

また辛金で生月辰支また庚金を丑支庫地が搭載して、運途を逆行して清孤相また運途を順行して豪富裕、また卯日支が辛干を搭載して年月柱に酉支を擁し時柱に戊子干支を帯び道仏士的と見做すのである。

また辛亥日主で生月戌支を附帯して、運途の水地を巡相して視覚碍に防備すればよく、また辛酉日主で財星官星が印星を用途として、南方地を順行巡相してかならず名利が振揚するだろう。

また辛巳日主で「官星佩印」して建禄を帯びて、運途で南方地を順行巡相して福分貴相を栄顕、また局相の酉金が火質を擁して土質が透出すれば憂慮せず、また土質が存在せず己身が損傷して寿元は止揚しないだろう。

また日主庚辛金で生月四季土旺で、そこで日主の微弱を愁傷するどころか生旺地なので名声を成為、また辛金が火質を擁して土質に際会刑相、また庚金が火質を擁して土質が透出すれば名声を成為するだろう。

また局相で壬干を午支が搭載して「禄馬同郷」なので、火質が重複して格局が高強すればよく、また局相で壬癸干が金質を複擁して申酉支が生扶するとき、旺土質はすなわち貴相だが旺火質はすなわち窮状するのである。

また局相で癸干を巳支が搭載すれば財星官星が印星を隠匿するので、運途の南方地を巡相してかならず名利が振揚、また癸日主が己亥干支を擁して偏官帯財が透出し、地支星の傷官が相合して過労して富裕し難いだろう。

また局相で癸日主が生月申支で年時柱卯亥支では、年柱偏官月柱劫財で隠林孤棲、また癸干が己干を擁して陰質偏官が重複するので、官星が混入しなければかならず名利通達するだろう。

また局相の傷官格局では女命にもっとも不益だが、「財星佩印」を擁してかえって富貴と見做し、また偏官堆星して制効すれば女命はかならず貴相、また官星を夾雑重犯して濁質して淫質なのである。

また局相の正官が桃花殺を帯びてその福徳を誇負、また偏官が桃花殺を帯びて晃旦に劫員して昏暮に営巴、また庚日主で時柱申支で局相の金質の支星が、合絆しなければ傷官劫財が妻星なのである。

また局相の癸日主で生月寅支、また壬日主で生月亥支では月令を侵犯してはならず、その禍福の難儀を推究してまた甲日主で生月午支では偏官と比肩を擁して有益、また金水質が支根を幇助すれば寅卯未支が不益なのである。

また局相の戊己土が生月丑支で比肩が透出し、運途で重複際会して午未支の巡相が不益、また局相の壬癸干酉支が午戌支に巡相して干頭が比肩ならば、運途の東方地を巡相して吉兆と見做すのである。

また局相の甲乙木を寅宮が搭載して卯支を重複すれば非長寿、また運途で順行して子申支で福分を発揚、また庚辛金が生月巳支では火金質が生旺し、比肩が支根を幇助すれば火金両成象するのである。

また局相の丙丁火が生月酉支では比肩は不益ではなく、そこで丙丁火が運途の火宮に赴き比肩が一効用、また同ケースでは甲乙木曲直相で生月丑支で堆重して印星を帯び、また壬癸日主で生月丑支とは厚土沈金質なのである。

また局相で食神が生旺すれば財星官星のように能功用だが、そこで濁雑してすなわち窮命また清澄してすなわち宮吏、また甲木に支根が存在せず身弱で生月丑支で堆水質では貴相に好転するが、そこで堆金質ならばすなわち変節相なのである。

また局相の乙木に支根が存在せず生月丑支では、堆金質で貴相に好転するが火土質ならばすなわち挫折、また局相で丙火に支根が存在せず子申支全併相し、制効生扶が存在せず己身は窮状なのである。

また局相の六甲干を申支が搭載して三堆星して子支を添加し、運途の北方地を巡相すれば横死に防備すべきであり、また丙干を申支が搭載して陽水質がとても不益、また身強で制効して名利ともに旺成するのである。

また局相の己土を亥宮が搭載して陰木質の際会を畏れ、また生月柱で印星が生扶して自然に福分を成為、また己日主が偏官を擁して生旺の印星財星が制伏して、運途の東南地に轉向して高貴にて財帛充足するのである。

また局相の壬寅日壬戌日で戊土が透出し、己土正官が混雑しなければ福禄崇顕、また癸水に支根が存在せず運途の火地で貴相だが、壬水で支根が存在せず運途の火地をすなわち畏れるのである。

また丁酉日主は陰柔質では堆水質を畏れず、そこで丁火比肩が透出して最忌格相、また戊寅日主は偏官生旺は愁傷せず、そこで火質が透出すれば名声を成為し、また水質に際会して揺蕩するのである。

また庚午日主で支星の火質が重複し、土質を擁して貴相に取用するが水質を帯びてもっとも不益、また辛未日主が月令卯支を格局に取用して身弱、また癸酉日主が財星を擁して凶揺なのである。

また局相の癸巳日主に支根が存在せず、火土質を重擁して財星が透出して名利を為すが、そこで支根が顕星するとは窮相と見做し、また局相の辛酉日主が生月酉支で生時未支を人命が帯びて恒常的に窮命なのである。

また局相の甲乙木に支根が存在せず、運途で申酉支に巡相するのを畏れ、そこで偏官を合絆すればかならず視覚碍、また乙木が生月酉支で水質を擁して奇瑞と見做し、また丑支根を帯び絶処また寅支根が存在せず危難相なのである。

また局相の乙木を酉支が搭載して庚丁干が透出し、ともに支根を領得して孤星的可否であり、また局相の丙火が生月申支で支根がなく従殺相を肯首するが、また支根を帯び旺火質とは支根を考慮せず寿元が促進するのである。

また局相の丙火に支根が存在せず運途の水地はかならず不益、また局相の丁火に支根が存在せず運途の水地でかならず応救、また丁日生月酉支で棄命従財相では運途の北方地を巡相して当格するが、運途の南方地を巡相して窮状と見做すのである。

また局相が戊己土で生月亥支で、身弱従象とは生月卯支も同様に推究しここで比劫的支根を忌み、また庚金に支根が存在せず局相が寅支火質宮で、運途の南方地を巡相して貴相し、そこで寿元の促進に備えるべきである。

また局相の辛巳日主は陰柔質なので、官殺星が水質に囚容されれば運途で金質が添加するときにかぎり聡明発揚、また局相の壬日主が生月戌支また癸日主が生月未支で、運途の東方地が有益で衝揺に際会してすなわち絶処するのである。

また局相の棄命従殺相とは財星の堆合を要し、また棄命従殺相とは偏官の堆合を要し、そこで従財相は偏官が不益でまた従殺相は財星が有益で、支根を領得して損失を懐疑せず、この玄妙の法則とは神仙者が識り得て、また学者が事実を伝授するので値千金であり秘匿されたし。

五言獨歩

まず局相に病因が存在することで貴彰の方途と見做すので、局相に瑕疵が存在しなければ奇瑞を肯首せず、そこで局中の病根を控除すれば財帛爵禄が有益に相伴し、局中に寅卯支や丑支金質を複擁して貧富や地位の昇格に奔走するのである。

また運途の南方地では申支の巡相を畏れ、運途の北方地では酉支に際会して止揚し、局相の生月建禄で財星官星が干頭に透出して有益だが、身旺にふたたび際会して不適宜なのは、ただ財星の源泉が有益だからである。

また局相が厚土質で火質を複擁するならば、生月秋季の旺金質に当令すればよく、また生月冬季で水木質が漂揺すれば総じて名利も虚薄と為り、また甲乙木を卯支が搭載して堆金質ではかえって吉祥なのである。

また局相の偏官重複は不適宜で火質が支根して衣糧を領得、また丙丁火は運途の西方酉地が不益、また庚辛金は運途の水地で沈降を畏れ、また甲乙木は午支に際会して止揚し、運途の水地に際会して卯支宮が損傷するのである。

また局相の戊己土は運途の亥支で止揚し、また巳宮で建禄に当処し運途の南方地で旺根するが西北地は巡相してはならず、また「六辛朝陽格」で月令辰宮は支根を否定するのである。

そこで運途の西方地に際会して貴相するが、そこで干頭を火質が衝侵するのを畏れ、また局相の乙木を酉支が搭載生処すれば、巳丑支を帯びて三合金局全備してはならず、その富貴とは子宮と午宮だが丑寅未申支を守処すれば窮状するのである。

また局相に偏官を擁してただ偏官がテーマだが、偏官が存在しなければその作用のテーマとはただ偏官の控除を要し、そこで月令の重複は畏れずまた局相の甲乙木を申支が搭載して暗に「偏官佩印」が相生するのである。

そこで旺木質が旺金質に際会してかならず冠帯纏衣を装備し、そこで丙火の重複を畏れるので運途の北方地がかえって有効であり、そこで水質を擁して適宜だがなお月令の衝揺を畏れるのである。

　局相が生月酉支で官星生旺するとは、甲日主が月令秋季を深度に帯びるが、そこで財星官星が幇助すれば自然に名利が亨通、また甲乙木が生月春季曲直相では干頭に庚辛干を搭載すればよいのである。

　そこで運途の南方火地は富貴を推測、また運途の北方水地はかえって凶兆であり、また局相の甲乙木が生月辰支で庚辛干戊未支を擁して肯首し、また壬癸水を丑支が搭載して支根が存在しないと見做すのである。

　また局相で甲乙木が繁茂すれば金火質が適宜、また衰身して偏官を帯び「關」と見做し、運途の西北地が分岐のタイミングで、また運途の東南地でその軽重を弁別し、時上が胞胎する格局では生月に印綬を帯びて通関するのである。

　また運途の官殺星に巡相して幇助と見做せば官位は三公大臣級に昇階、また局相の二子支は一午支を衝さず、また二寅支は一申支を衝さず、また二午支は一子支を衝さず、また二申支は一寅支を衝さないのである。

　また三格式を占得するとは、局相の財星と官星と印綬の全備であり、そこで運途で衝揺すればその一命は黄泉に喪落するが、そこで死容して進捗すれば死を否定し、また生容して退避して生を否定するのである。

　そこで結局は生旺発揚することがないのは、年少期の刑揺が忌処だと見做したのだが、また時上偏財格で干頭に比肩を搭載して不益だが、己身生月ともに生旺すれば深度に貴気福気が重複するのである。

　また局相の時上偏官格とは支蔵星に処在して肯定し、また日主の剛強を要し精気は名利の方途であり、運途の十年スパンとは上下五年スパンに分岐するが、まずは流年歳を看ることで深く「迎歳」を知るのである。

三命通會跋

育吾山人著

星命之説漢有泰壹星子等書推數行以論吉凶見於藝文志辰弗集於房我辰安在又載於詩書可考是説其来遠矣盖天地以陰陽五行化生萬物人稟天地之気以生而陰陽五行之理即具於所生之中其気有清濁純駁之不齊其理有生尅制化之不一而富貴貧賤壽夭賢愚不外是矣所謂命也古今推命之書如鬼谷遺文要訣命格珞琭子消息賦太乙統紀閭東叟書林開五命沈芝源髓宰公要訣蘭臺妙選五行要論八字金書三車一覧三命纂局玉霄寶鑑金書命訣寸珠尺璧天元変化指掌提要指南燭神經神白經太乙經降誕寶經紫虚局廣信集理愚歌應天歌指迷賦及一行禅師悟玄子壷中子李虚中李九萬並徐子平徐大升今傳淵源淵海等書有専以納音論者有専以納音取象論者有専以五行論者有専以禄馬論者有専以神殺論者有専以格局論者有専以化気論者有専以財官印綬食傷羊刃論者雖所見不同其理則一要在人傳觀詳求通會達変以徐子平之説為主而兼盡諸家之長可也況命之理微此猶不足以盡之而世之庸術者流悪足以語此哉雖然余所集者數也未外人理命也未外人性術家誠能造命協極為他山之石則劉子所謂天地之中庶得其緒餘云。

三命通會跋【訳文】

育吾山人（万民英氏の字）著す。

命理の星辰による学説とは、漢代の『泰壹星子』などの書物から存在し、人間の行為を推測してその吉凶を討論するのである。『明史藝文志』[1]所引の「書経辰弗集」[2]には、「わたしは屋内で星辰を安んずる」との記載があり、また『書経』『詩経』[3]から考えられるのは、この学説の淵源が古く遡及できることである。

そこで天地が陰陽五行の変化により万物万人が成育し、天地の気を稟けて陰陽五行の理（はたらき）が派生するが、すなわちつぶさには生物の気象のなかには清濁や純不純があり、その理（はたらき）とは不整合である。

相生相剋、抑制合化とは一様ではなく、それらは例外なく貧富貴賤長命短命利鈍である。これがいわゆる「命理」というものである。

古今の推命術の書物とは、つぎのようなものである。『鬼谷遺文要訣命格』『珞琭子消息賦』『太乙統紀』『閻東叟書』『林開五命』『沈芝源髄』『宰公要訣』『蘭臺妙選』『五行要論』『八字金書』『三車一覧』『三命纂局』『玉霄寶鑑』『金書命訣』『寸珠尺璧』『天元変化指掌提要』『指南燭神経』『神白経』『太乙経』『降誕寶経』『紫虚局』『廣信集』『理愚歌』『應天歌』『指迷賦』などである。

また先師として、つぎの諸師がおられる。一行禅師。悟玄子。壷中子。李虚中。李九萬。徐子平。徐大升。など各氏である。

現今、淵源の書物を博覧してみると、『淵海子平』などに記載されている専門家の諸家とは、「納音論」「納音象位論」「五行論」「禄馬論」「神殺論」「格局論」「化気論」「財官印綬食傷陽刃論」が存在する。

各専門家の見解は同一ではないが、その理（はたらき）は同じであり、人間の存在に必要な要素である。

ひろく博覧し、詳解に求法し、タイミングに精通し、変易に達観する。

徐子平の学説とは命理の精微はいうまでもなく、おおむね諸学派の長所を兼備しており、世間の養生術家たちの羨望の的である。

しかしながら、わたしは諸説収集者の術数家であり、いまだに「外邦の命理」は門外漢なのである。

また譬えば異邦人の邦人女性愛好家の術士ではあるまいし、かれが極めて誠意をもって命理の創説に協力したことは、まさに他山の石なのである。

すなわち例示すれば、かの劉家一族[4]が活躍したそのときに、よくその慶事の端緒と成ったということなどである。

【注記】

（1）明史藝文志。明朝時代の著述名称を収集した書籍目録のこと。

（2）いわゆる四書五経のうち、四書─『論語』、『大学』、『中庸』、『孟子』。

（3）五経─『易経』、『書経』、『詩経』、『礼記』、『春秋』。のうちの、詩経と書経のこと。

（4）劉氏。漢姓のひとつ。前漢を建国した高祖劉邦（BC二〇六～一九五）の姓。ここでは明朝創業の功臣、劉基（伯温）氏（一三一一～七五）の劉家一族末裔のこと。

訳者後記

本書は明朝時代の大官僚である万民英先生の著書『三命通会』を、読者諸賢氏の参考資料に提供するべく極力平易に訳出したものであり、その内容を肯定や否定するものでは有りません。

鈴木 基弘 拝

【訳者プロフィール】

鈴木 基弘（本名琢磨）

禅密兼修禅道場に掛搭し、四年間自己研鑽に勤める。

「易学全般」を、周易学泰斗原聖象先生に師事する。

さらに台密の陰陽道士より「推命術」の手ほどきを受ける。

「推命術の全学派」を実践参究し、無師見性独悟した。

駒澤大学大学院修了（仏教学修士）／（株）開運館Ｅ＆Ｅ 四柱推命学専攻課程満期退社 本社部長より極意を証される。

著書：みるみる分かる『四柱推命術』東洋書院刊

：『劉基（著）滴天髄全訳精解』東洋書院刊

萬民英〔著〕明朝版 三命通会

２０１７年２月13日　初刷発行

定価――本体２７、０００円＋税

著者――鈴木基弘

発行者――斎藤 勝己

発行所――株式会社東洋書院

〒１６０-０００３ 東京都新宿区本塩町21

電話 ０３-３３５３-７５７９

ＦＡＸ ０３-３３５８-７４５８

http://www.toyoshoin.com

印刷所――株式会社シナノ印刷

製本所――株式会社難波製本

ISBN978-4-88594-505-2